中国乡镇企业年鉴

(1999)

中国乡镇企业年鉴编辑委员会　编

中国农业出版社

中国乡镇企业年鉴编辑委员会

主　　任　齐景发

副 主 任　姜永涛　沈镇昭　刘同占　马杰三　宗锦耀　林定根

委　　员　(以姓氏笔画为序)

马杰三　王贞良　王燕生　卢永军　刘同占　齐景发
孙学诚　李固培　杨树正　邹范鸣　沈镇昭　张纪新
张德君　陈江凡　陈剑光　林定根　周宏大　宗锦耀
胡永万　姜永涛　袁若飞　耿希海　顾大智　戚惟恺
梁书升　傅金凯

特约委员　(以姓氏笔画为序)

马惠全　马福海　王　一　王文义　王远禄　王武敬
王辉生　曲春山　吕重光　刘传奇　刘学文　刘泽臣
齐法滋　关义荣　许祖元　孙兰卿　李万林　李正文
李世才　李炳君　李振东　吴振东　岑鸿平　何团经
张长彬　陈敦璞　武忠群　林学桂　金细安　周文玄
赵武安　赵家明　胡苏山　夏连生　顾常宁　钱信浩
高永亮　高茂新　唐昌黎　黄亚聪　萧　荣　曹维新
啜　文　韩国信　魏明哲　沙吾提·吐尔地

主　　编　姜永涛

副 主 编　宗锦耀　梁书升　邹范鸣

向国庆五十周年
改革开放二十周年献礼

优秀乡镇企业荣誉版

为优秀乡镇企业荣誉版而作　李继周

北京顺添玩具有限公司

总经理　苏信甫

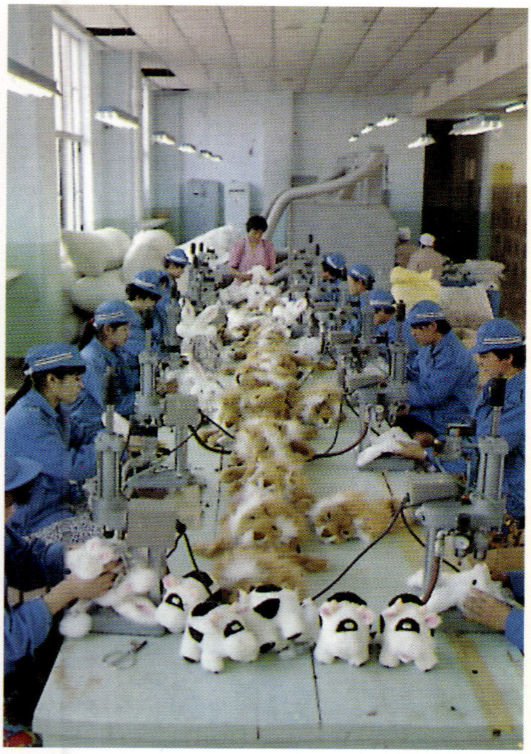

生产车间

公司外景

北京添翼塑胶玩具制品有限公司生产车间

北京东方福利化工厂

厂长　宗士华

工厂生产的桂皮酸

生产车间

内蒙古草原兴发集团

公司外貌

董事长　张振武

公司生产的系列产品

大连金港集团公司

董事长　孔兆恩

办公大楼

专家组对公司参与开发研究的新技术鉴定验收

董事长孔兆恩出席签字仪式

大连市金州区第一建筑工程公司

总经理　范广臣

公司承建的大连侨光大厦

公司下属企业大连博爱大厦有限公司合同签字仪式

公司承建的大连电视台演播楼

海城市桦子峪铝材厂

厂长 孙景良

工厂外貌

生产车间

铁岭市华银肉禽公司

公司外貌

总经理　曹树田

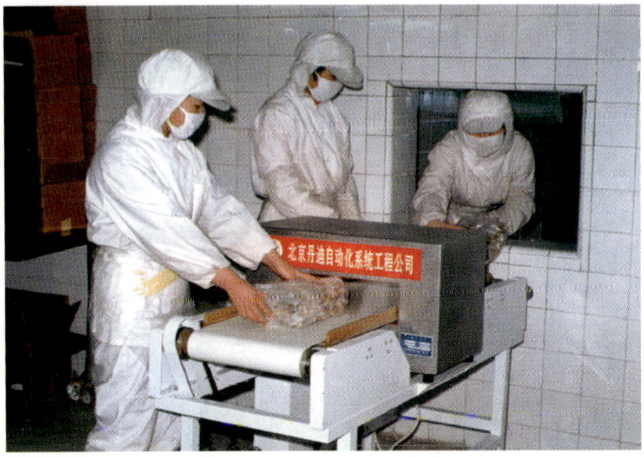

检测室

系列产品

江苏金飞达集团公司

法人代表　张庆奇

公司外貌

系列产品

电机生产线

台站生产线

江苏新远东电缆有限公司

总裁　蒋锡培

公司所在镇——范道镇镇容

江苏永钢集团

集团外貌

董事长　吴栋材

钢材生产车间

热轧带肋钢筋

浙江灯塔集团公司

办公楼

董事长、总经理　罗金弟

生产车间

在建中的杭州灯塔养殖总场

浙江近江集团公司

近江集贸城牌坊

公司所属企业杭州近江化工总厂外景

公司所属杭州近江农副产品综合市场

浙江浮山集团有限公司

董事长　郑智纯

公司外貌

养鳖场

生态养殖基地

万向集团公司

江泽民总书记视察万向集团

董事局主席　鲁冠球

集团总部大楼

万向集团工业企业生产车间一角

浙江永翔电缆集团有限公司

公司外貌

董事长、总经理　傅裕仁

通信电缆制造设备

市话通信电缆生产车间

中国金轮集团公司

总裁、董事长　陆汉振

公司办公大楼——金轮大厦

公司所属企业锦纶股份有限公司生产车间

雅戈尔集团公司

公司外貌

在宁波首届国际服装节上总裁李如成向来宾介绍产品

西服生产中心外景

西服生产流水线

衬衫生产流水线

宁波华茂（集团）股份有限公司

公司办公大楼

厂区一角

彩色胶印车间

网架结构仓库

宁波三星集团股份有限公司

空调生产车间

董事长、总经理　郑坚江

电表激光自动喷码室

公司生产的产品

宁波中环集团有限公司

公司外貌

董事长、总经理　钟阿咪

纯净水逆渗透设备

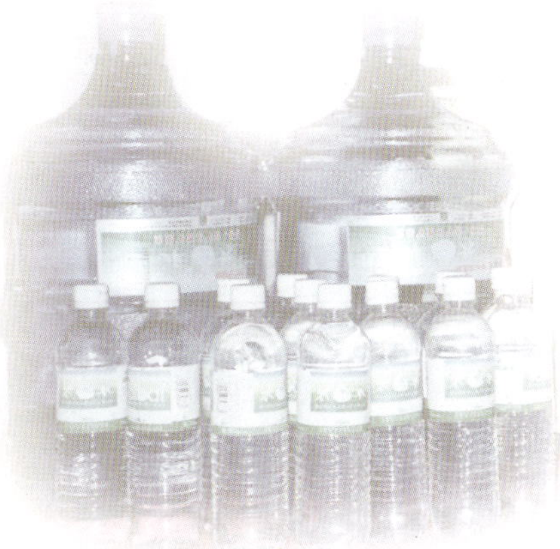

太白水

宁波方太厨具有限公司

董事长茅理翔（前左）在第三届中国国际住宅产业产品展览展销会上向来宾介绍公司情况

总经理　茅忠群

公司外貌

组装车间

脱排油烟机生产流水线

宁波耐吉集团有限公司

董事长、总经理　陈志校

公司外貌

检测设备

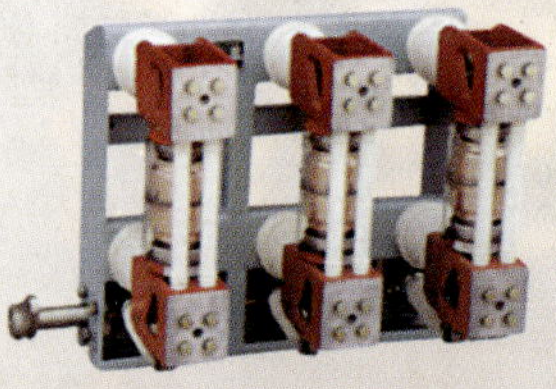

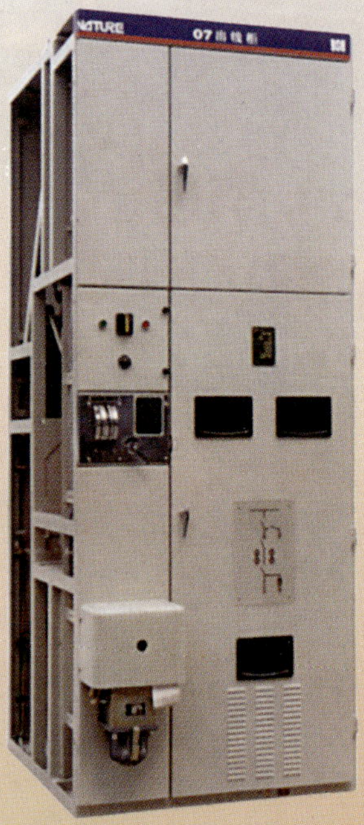

公司研究与生产的真空断路器和开关设备

制造车间

宁波慈兴集团公司

生产车间

总裁、董事长　胡先根

公司外貌

公司生产的系列轴承

HCH 宁波环驰集团公司

公司标志雕塑

公司外貌

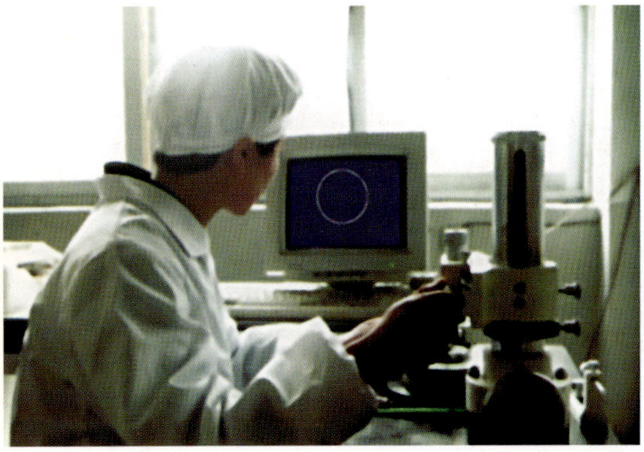

检测仪器——圆度仪

办公大楼

公司生产的微小型轴承

浙江舜宇集团股份有限公司

公司外貌

董事长、总经理　王文鉴

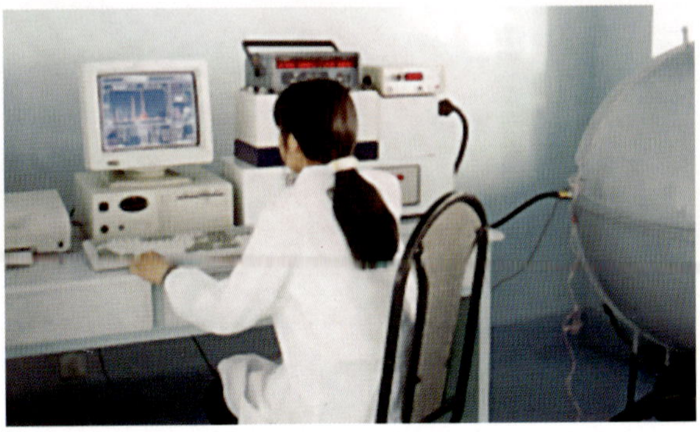
检测系统

生产车间

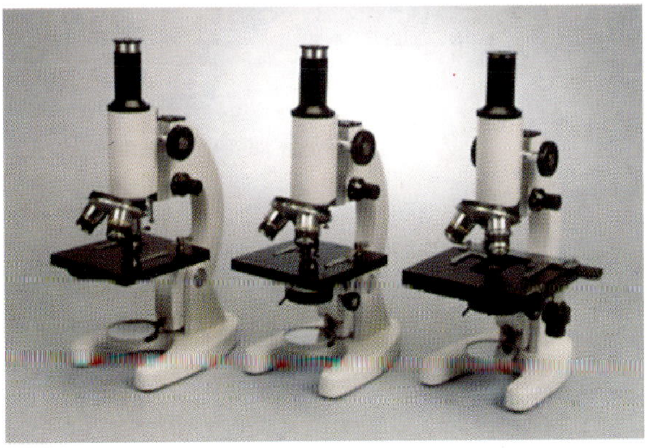
公司生产的显微镜

公司生产的望远镜

浙江帅康集团

集团外貌

董事长、总经理　邹国营

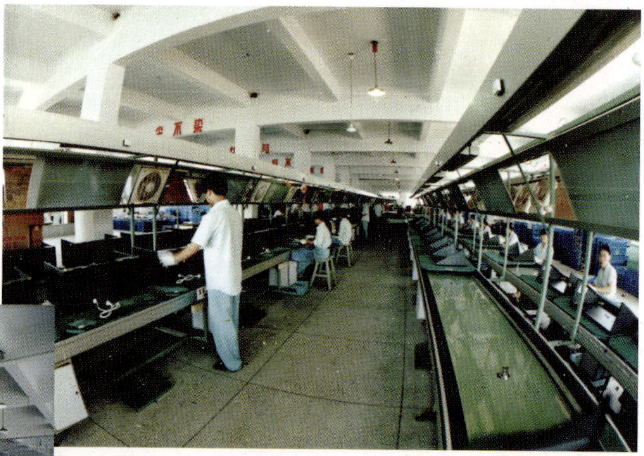

吸油烟机生产车间

“吸烟王”生产流水线

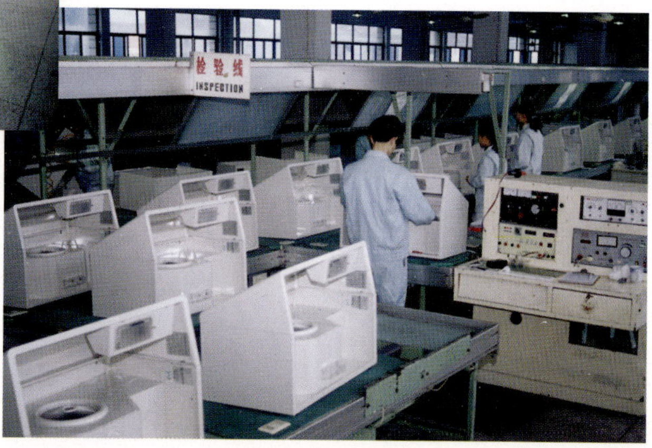

产品检测车间

宁波罗蒙集团股份有限公司

董事长　盛军海

总经理　盛静生

公司外貌

董事长盛军海（左二）与法国同行在世界时装博览会上

一休集团股份有限公司

总裁　陈华姣

童装系列

公司外貌

电脑绣花车间

公司在1998年宁波国际服装节上举办“七彩童年”儿童服饰专场演示会

宁波如意股份有限公司

英国客商到公司洽谈业务

总裁　储吉旺

荷兰客商到公司检测产品

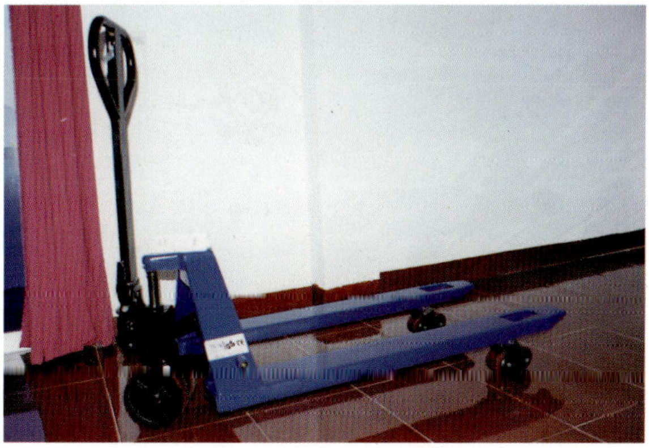

公司生产的手动液压搬运车

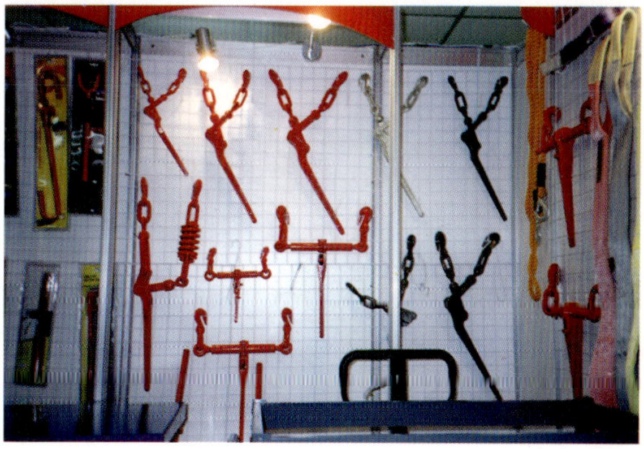

拉紧器系列产品

宁波万安(集团)股份有限公司

公司外貌

液化气瓶阀装配流水线

总经理张勤昌（右一）同美国客商探讨阀门技术

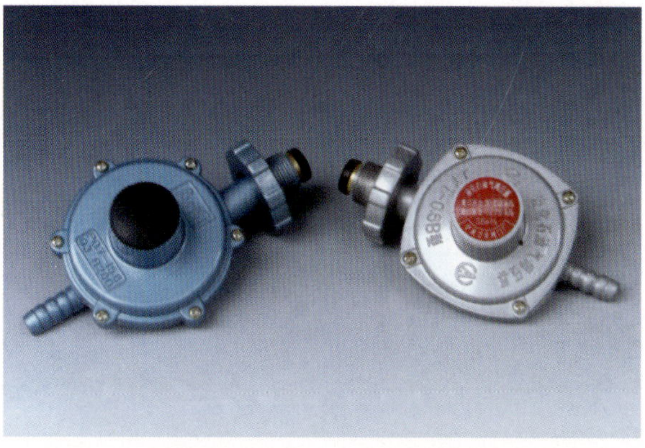

公司生产的阀门产品

宁波天安(集团)股份有限公司

董事长蒋保民（右）在中外合资签约仪式上同外方代表一起签约

董事长、总裁　蒋保民

公司外景

生产车间

生产设备

龙元建设集团股份有限公司

公司承建的宁波五环发展大厦

董事长　赖振元

公司获得的鲁班奖、白玉兰奖等奖杯

公司承建的上海书城

董事长赖振元接待到公司建筑工地慰问的有关领导

海天机械有限公司

公司外景

总经理　张静章

公司三十周年庆典

CNC 综合加工中心

大型机液压系统

CAD/CAE/CAM 中心

宁波东方(线缆)集团公司

总裁　夏崇耀

公司外貌

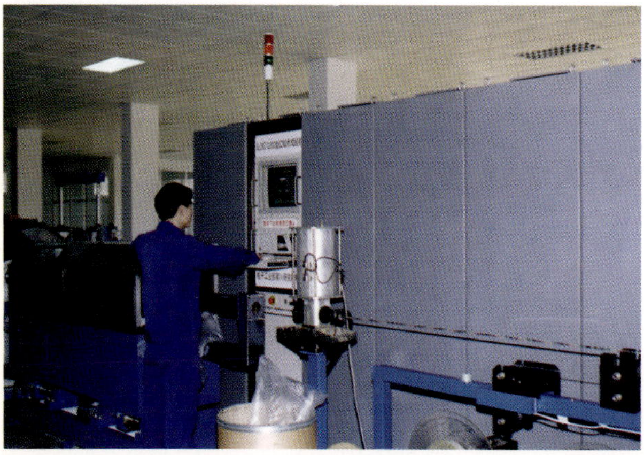

光缆生产线

物理发泡生产串联线

海宁市天通电子有限公司

董事长　潘广通

公司外貌

生产车间

公司生产的磁芯产品

浙江金洲集团有限公司

公司外貌

董事长俞锦方（左）在车间

公司厂房

生产车间

公司生产的防腐管道

金州宾馆夜景

浙江省湖州锐狮集团公司

董事长、总经理　徐虎耿

公司行政大楼

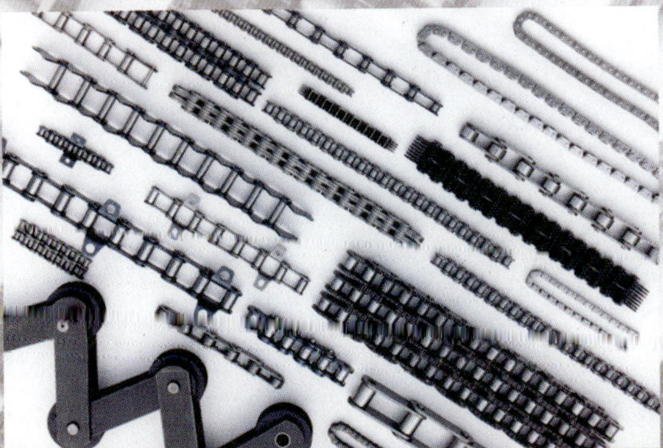

公司生产的链条系列产品

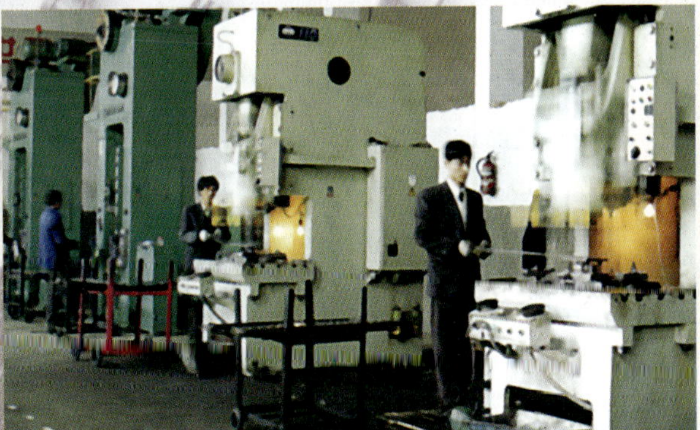

生产车间

浙江联丰集团公司

董事长　蒋梦兰

公司生产的大型冷却塔

公司生产的直燃式溴化锂制冷机

浙江三江集团公司

三江大厦

公司下属企业嵊州市钢铁厂炼钢炉

公司下属企业嵊州市第三建筑公司承建的
绍兴市“兰花杯”优质工程

公司下属企业绍兴丰利粉碎设备有限公司的
超级涡流磨

花园工贸集团有限公司

公司风貌

总经理　邵庆祥

公司在北京的科技小区

维生素 D_3 光化学生产车间

公司下属企业花园火腿厂生产的火腿系列产品

浙江腾达市政工程集团股份有限公司

董事长　叶洋友

公司承建的高速公路工程

公司创办的鑫都国际大酒店

公司创办的台州市小世界幼儿园

合肥市常青企业集团公司

办公大楼

总经理　束维宏

副总经理　胡道兰

安徽第三棉纺织厂生产车间

合肥西城高科技公司

合肥望江宾馆

合肥曙光商厦

中外合资步瑞祺大厦

安徽冶山水泥股份有限公司

董事长　卢荣友

副董事长、总经理　胡宗应

理化综合办公大楼

公司下属第一分公司

公司全景

青岛星火纺机纺织集团股份有限公司

董事长、总经理　崔兆启

公司外景

CNC 加工中心

生产车间

青岛振华集团公司

董事长　赵天来

形象化的公司标志

公司生产的手推车

轮胎系列产品

青岛亚东橡机集团公司

董事长、总经理　李廷玺

公司外貌

公司下属企业橡胶机械厂生产车间

公司下属企业轮胎厂生产车间

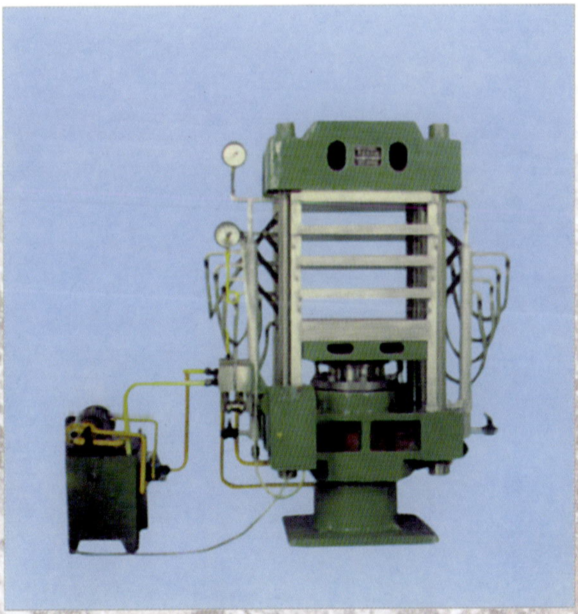

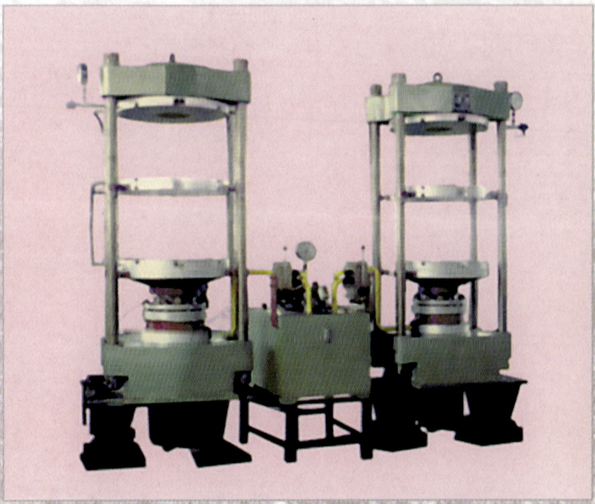

硫化机、炼胶机等生产设备

青岛黄海建材集团公司

董事长、总经理　郭方华

公司所属企业青岛胶州水泥厂外景

公司领导班子

青岛飞龙工艺品集团公司

董事长、总经理　张希春

公司外景

公司生产的假发

公司生产的玩具产品

青岛琴畅集团股份有限公司

总裁李祖修（左一）
陪同有关领导视察公司

公司外貌

机械部有关领导视察企业

公司一角

青岛万福集团股份有限公司

董事长　史福良

公司外景

山东省委有关领导视察公司

全封闭调温无菌工厂

青岛大山实业总公司

公司所属企业青岛市花卉市场外景

山东一青岛“迎春花卉奇石根艺交易会”开幕式

有关领导、专家出席交易会开幕式

花卉市场一角

山东般阳集团公司

董事长、总经理　白富远

公司铜管乐团

公司下属企业/般阳造纸总厂生产车间

万杰集团公司

公司外景

喷水织机织布车间

子公司万杰纤维有限公司长丝生产车间

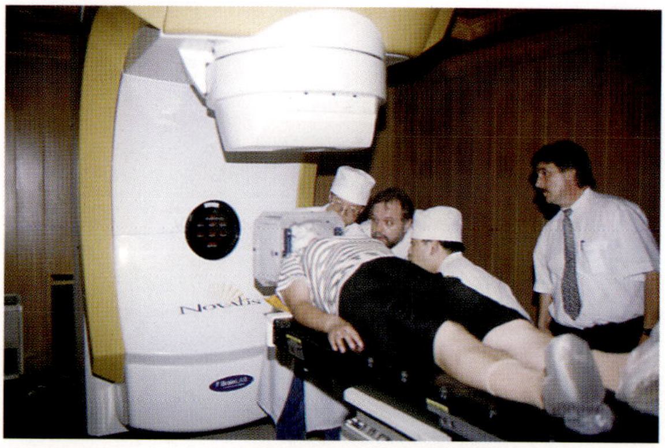

子公司万杰医院的全身肿瘤治疗设备

烟台企荣科辐电缆有限公司

总经理、厂长　李维腾

公司外貌

公司生产的系列产品

山东邱家集团公司

总经理　唐传勤

公司外景

生产车间

炸

蒸

系列产品

炒

煮

山东三乐食品集团公司

总经理　冯寿宝

公司外貌

生产车间

山东工友集团股份有限公司

公司生产的系列机（车）床等产品

山东省泰安市金山口集团实业总公司

公司外貌

公司下属企业金山口造纸厂生产车间

公司下属企业山东泰安衡器股份有限公司外景

公司下属企业泰安市潜水电机厂
生产的系列产品

公司下属企业泰安鲁怡制衣有限公司
生产的系列服装

云南玉溪水松纸厂

水松纸生产线

生产车间

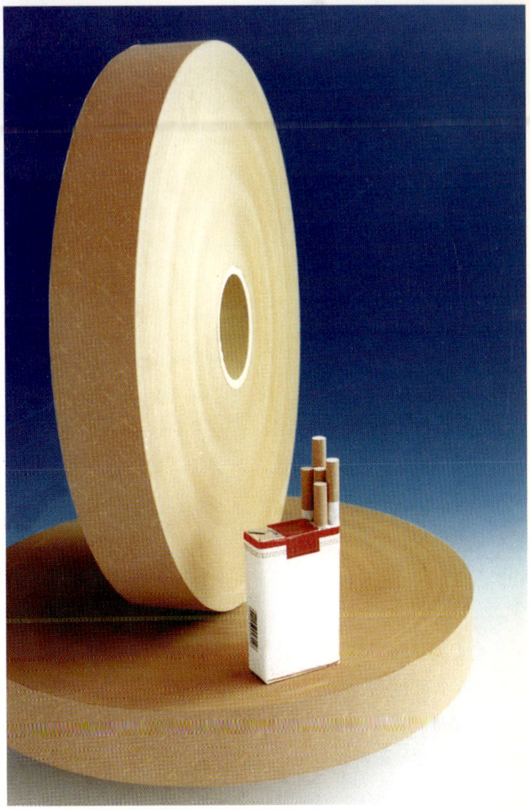

工厂生产的水松纸

无锡百特皮件集团公司

公司外景

法人代表
杨祥娣

系列产品

浙江姚冶集团股份有限公司

董事长　诸建平

公司外貌

成品仓库

编辑说明

一、《中国乡镇企业年鉴》是一部综合反映中国乡镇企业发展进程和成就的资料性工具书，每年出版一卷。

二、本书的文章主要是由业务主管部门和专业研究人员撰写的。统计资料由农业部乡镇企业局和各省、自治区、直辖市、计划单列市、部分省会城市乡镇企业局提供，并经审核。

三、本书选自有关报刊的文章，编委会按统一体例进行了删节。

四、各省、自治区、直辖市按行政区划顺序排列。

五、各类资料数据均未包括台湾省。

栏　目

目　录

文献法规

统计资料

经 营 管 理

质 量 标 准

深 化 改 革

科 技 教 育

东西合作

专题文章

先进县市

明星乡镇

优秀企业

企　业　家

发展综述

1998年乡镇企业发展概况

乡镇企业个数发展情况(图示)

乡镇企业职工人数发展情况(图示)

乡镇企业增加值增长情况(图示)

乡镇企业营业收入增长情况(图示)

乡镇企业利润总额增长情况(图示)

乡镇企业税金总额增长情况(图示)

乡镇企业固定资产增长情况(图示)

乡镇企业流动资产增长情况(图示)

要从战略高度重视乡镇企业发展

——江泽民考察江苏乡镇企业发表重要讲话

大力推进乡镇企业科技进步　努力提高产品市场竞争能力

开创乡镇企业改革与发展新局面

艰难坎坷路　辉煌二十年

伟大的创造　重大的战略

——关于发展乡镇企业与邓小平理论关系的认识

潮落声中看潮起

——全国贯彻落实江泽民考察乡镇企业重要讲话精神综述

1998年乡镇企业发展概况

农业部乡镇企业局

1998年，乡镇企业在党中央、国务院的领导下，认真贯彻党的十五届三中全会和江泽民总书记考察江苏省乡镇企业时的重要讲话精神，落实各项政策，加快改革步伐，努力克服亚洲金融危机和特大洪涝灾害造成的重重困难，继续保持稳步发展的势头。经济总量稳定增长，质量效益同步提高，企业改革稳步推进，整体素质有所增强，结构布局不断优化，为农村经济和整个国民经济的发展做出了重要贡献。

基本情况

主要经济指标。总体而言，1998年乡镇企业运行情况良好，主要经济指标基本达到预期目的。

经济总量增加，发展速度平稳，速度与效益基本同步。1998年，全国乡镇企业完成国内生产总值22 186亿元，比上年增长17.3%，高于全国9.5个百分点，占全国国内生产总值的27.9%，比上年提高0.2个百分点；占全国农村社会增加值的60.8%，比上年提高3.3个百分点。其中第一产业增加值346亿元，第二产业增加值17 311亿元，第三产业增加值4 529亿元。一、二、三产业所占比重由1997年的2.1%、84.7%和13.2%变化为1.6%、78%和20.4%。全年乡镇企业劳动生产率17 698元，比上年提高11.4%，比全国社会劳动生产率高6 297元。

1998年，全国乡镇企业固定资产原值21 567亿元，比上年增长11%。实现营业收入89 351亿元，实缴税金1 583亿元，实现净利润4 635亿元，分别比上年增长17.8%、7.3%和9.6%。

1998年，全国乡镇企业共有2 004万个，比上年下降4.55%。年末职工人数12 537万人，比上年减少4%。乡镇企业职工人数占农村劳动力的比重为26%，比上年下降2个百分点。

集体企业素质进一步提高。1998年，全国乡镇企业中集体企业完成增加值9 971亿元，比上年增长8.8%，占全部乡镇企业的44.9%，比上年下降3.6个百分点。集体企业拥有总资产26 317亿元，固定资产原值13 443亿元，分别比上年增长3.9%和7.2%。实现营业收入38 284亿元，实缴税金866亿元，实现净利润1 698亿元，分别比上年增长0.9%、0.81%和－2.1%。1998年集体企业数为106.5万个，比上年下降17.4%。在结构调整中，全年关停的集体企业共有4.2万个。1998年，集体企业职工4 829万人，比上年减少9.6%，其中因当年关停集体工业而减少的职工达116万人。

发展乡镇企业先进地区不断涌现，上规模的企业（集团）继续增多。1998年，全国乡镇企业营业收入过10亿元的县1 477个，比上年增加361个；过5亿元的乡4 070个，比上年增加1 159个；过1亿元的村7 208个，比上年增加1 866个；销售收入超过5 000万元的上规模企业共有8 726个，其中过1亿元的上规模企业共有3 209个，比上年增加202个。至1998年底，累计组建企业集团6 956个，比上年增加549个。

工业和建筑业。1998年，各地对一些企业和行业进行调整，建立各类工业小区，组建上规模的企业集团，关掉一批污染严重和布局不合理的小煤矿等，扶持了一批农业产业化的龙头企业。

工业生产稳定增长。1998年，乡镇企业全部工业增加值15 530亿元，比上年增长16.9%，高于全国工业8个百分点，占全国工业增加值的46.3%，比上年下降1个百分点。其中集体工业增加值8 104亿元，比上年增长8.9%；个体私有工业完成增加值7 426亿元，比上年增长27.1%。1998年，集体工业企业70.5万个，职工人数3 543万人；个体私有工业企业591万个，职工人数3 791万人。

工业结构更趋合理。乡镇集体工业中，轻工业完成增加值4 353亿元，重工业完成3 751亿元，轻重工业增加值之比由1997年的53.3:46.7变为53.7:46.3，体现了乡镇工业发展逐步由粗放型向集约型转变。轻工业中以农产品为原料的企业完成增加值2 211亿元，以非农产品为原料的企业完成增加值2 142亿元。重工业中的采掘工业、原料工业和加工工业的增加值分别为576亿元、748亿元和2 427亿元。

产品销售有所好转。1998年，乡镇集体工业累计实现销售总额33 638亿元，产销率为94.6%，比上年提高0.2个百分点。轻、重工业的产销率分别为94.7%和94.5%。这说明乡镇企业适应市场变化的能力有所增强，开拓国内外市场的力度不断加大，产品更新换代方面取得新进展。

建筑业下滑趋势有所缓解。1998年，乡镇建筑企业完成增加值1 781亿元，占全国建筑业增加值的31.8%，其中集体企业完成增加值825亿元。建筑企业个数82万个，职工人数1 634万人，其中进城施工企业人数768万人，比上年增加52万人，施工产值3 364亿元，比上年增长13.5%，施工企业进城房屋竣工面积达17亿平方米，比上年增加10.2亿平方米。

交通运输、商业、餐饮、旅游服务及其他企业。受结构调整和市场不景气的影响，第三产业的发展平缓。1998年，交通运输企业415万个，商品流通企业545万个，旅游服务企业221万个，其他企业59.6万个，从业人员分别为886万人、1 419万人、768万人和222万人，创造的增加值分别为1 361亿元、1 970亿元、916亿元和282亿元。

出口及"三资"企业。1998年，乡镇企业出口产品交货值6 853.6亿元，比上年增长2.5%。乡镇企业中生产出口产品的企业12.3万个，比上年增加1.2万个，其中年出口100万元以上的企业4.7万个；职工954万人，比上年增加14万人。至1998年，共有1 600个企业取得自营出口权。乡镇企业出口中，轻工、服装、纺织、食品和工业品仍占主导地位。

外商及港澳台商的投资相对减少。1998年，乡镇企业尽管新签合资合作协议2万多个，比上年有所增加，但协议引进资金45.6亿美元，比上年减少9.4亿美元。1998年，合资合作企业实际投资额48.8亿美元，比上年减少9.5亿美元，其中客商投资35.5亿美元，比上年减少5.4亿美元。截止1998年底，合资合作企业累计投资额453.5亿美元，其中客商投资289.8亿美元。

从"三资"企业的效益情况看，1998年创造增加值1 101亿元，实现营业收入4 672亿元，完成利润总额228亿元。人均创造增加值30 210元，超过乡镇企业平均水平12 512元。1998年，乡镇企业与外商及港澳台商合资合作企业2.7万个，比上年减少近3 000个；职工364万人，比上年增加16万人。

股份制及股份合作制企业。1998年，乡镇企业不断深化以产权制度为重点的改革，极大地推动了股份制及股份合作制企业的发展。截至1998年底，乡镇企业中累计实行股份制及股份合作制的企业近19万个，其中股份合作制企业达16.7万个，占集体企业总数的15.7%。股份合作制企业中原乡村集体企业改制的有9.8万个，个体私有企业改制的有4.1万个，新组建的2.8万个。

股份制及股份合作制企业的效益明显突出。1998年，股份制及股份合作制企业完成增加值2 063亿元，比上年增长12.4%，快于集体企业3.6个百分点，为集体企业增加值的20.7%；人均创造增加值22 835元，比上年增加1 357元，超过集体企业2 184元；实现营业收入7 960亿元，比上年增长13.9%；利润总额464亿元，比上年增长3.6%。

1998年，乡镇企业股份制及股份合作制企业合计资本金总额2 130亿元，比上年增长16.5%。其中国家资本金48亿元，比上年增长14.2%；集体资本金719亿元，比上年增长6.2%；法人资本金488亿元，比上年增长25.8%；个人资本金753亿元，比上年增长27.8%；外商资本金122亿元，比上年下降7.6%。

联营企业。1998年，乡镇企业通过科技、生产、销售等形式，联合组建的企业7 692个，其中与国有企业联营3 925个，与城镇集体企业联营3 767个。职工人数71万人，实现增加值202亿元，实行营业收入835亿元，利润总额42.5亿元。

集体企业职工素质。1998年，乡村集体企业职工的素质进一步提高。从劳动岗位看，集体企业4 829万人职工中，工程技术人员324万人，比上年提高0.3个百分点；工人和学徒3 723万人，比上年降低0.2个百分点；管理人员406万人，服务及其他人员375万人。从年龄结构看，35岁以下的职工3 136万人，占65%；36~50岁的职工1 428万人，占29.6%；50岁以上的职工265万人，占5.4%。从文化结构看，大专及以上学历人员94.8万人，比上年提高0.3个百分点；中专学历人员189.6万人，比上年提高0.5个百分点；技工高中及以下人员4 544万人。从技术结构看，集体企业中拥有高级技术职称人员20.8万人，比上年提高0.03个百分点；中级技术职称人员88.5万人，比上年提高0.2个百分点；初级技术职称人员208万人，比上年提高0.4个百分点。在上述人员中，聘用人员84万人。

1998年，集体企业的人才培训步伐进一步加快。全年共培训人员633万人，其中一年以上的长期培训73.3万人，3个月以上的中期培训149万人，短期培训410万人。

集体企业固定资产投资。1998年，乡村集体企业固定资产投资规模继续呈现下滑趋势。无论是新上项目还是完成投资额均比上年有较大幅度下降。全年固定资产实际完成投资额2 571亿元，比上年减少12.9%，只占全国固定资产投资额的9%。其中设备投资1 137亿元，比上年降低17.6%。当年新增固定资产1 987亿元，比上年降低11.6%。

投资项目和资金有所减少。1998年，乡镇企业施工项目18.9万个，比上年减少2.6万个；当年开工项目14.8万个，比上年减少2.6万个；当年投产项目

16.1万个，比上年减少2.5万个。固定资产投资中新建项目投资1 242亿元，比上年下降18.6%，占总投资的48.3%，比上年降低3.4个百分点；改扩建项目投资1 172亿元，比上年下降9.8%，占总投资的45.6%，比上年提高1.6个百分点；其他投资157亿元，占总投资的6.1%。

投资结构呈现出一些良性变化，第三产业投资比重上升。1998年，第一产业固定资产投资102亿元，比上年下降15%，占总投资的3.9%，降低0.2个百分点；第二产业投资2 130亿元，比上年下降15.8%，占总投资的82.8%；第三产业投资比上年增长11.5%，占总投资的13.3%，提高3个百分点。

投资渠道仍以自筹和引进为主。1998年，乡镇企业固定资产投资中，国家投资(包括主管部门下拨资金)54.7亿元，比上年降低10.3%，占总投资的2.1%；银行(包括信用社)贷款472亿元，比上年降低25.1%，占总投资的18.4%；自筹资金1 264亿元，比上年降低6.8%，占总投资的49.2%；引进资金579亿元，比上年降低11.5%，占总投资的22.5%；其他投资202亿元，占总投资的7.8%。

职工工资。1998年，乡镇企业职工收入稳步增长，为农民收入的提高继续做出贡献。全年支付职工工资总额6 252亿元，比上年增长9.2%；职工人均工资5 398元，比上年增长14.4%(未扣除物价因素)，其中集体企业职工人均工资5 459元，比上年增长13.7%。1998年，农民人均乡镇企业纯收入720元，比上年增加47元，占农民人均纯收入的33.3%，来自乡镇企业净增部分占农民人均纯收入净增部分的一半。

经济效益。1998年，乡镇企业围绕提高企业经济效益，加快改革和调整步伐，基本保持速度和效益的同步增长。乡镇企业劳动生产率17 698元，比上年增长11.4%；人均实缴税金1 263元，比上年增长7.8%；人均创利税4 960元，比上年增长26.4%。其中集体企业劳动生产率20 651元，比上年提高1 786元；人均创利税6 844元，比上年增长11.3%；人均实缴税金1 793元，比上年增长11.2%；资产负债率60.27%，资本收益率20.56%，社会贡献率23.24%。

1998年，乡镇企业利润中用于支农建农资金126.3亿元，其中集体企业投入64亿元。

1998年，乡镇企业中盈利企业1 882.7万个，亏损企业121.3万个，分别占93.6%和6.4%。其中集体盈利企业99.5万个，亏损企业6.99万个，分别占集体企业的93.3%和6.7%，亏损企业亏损额182.2亿元，平均每个企业亏损26万元。

1998年，乡镇企业开发新产品30 032个，创造产值1 173亿元。乡镇企业吸纳城镇下岗职工60.2万人。截至1998年底，全国建成和建设中的乡镇工业小区达10 661个。

个体私有企业。党的十五大将个体私有企业等非公有制经济当作国民经济的重要组成部分，极大地调动了亿万农民发展农村个体私有企业的积极性。各级党委、政府也进行部署，把大力发展个体私有企业作为乡镇企业再造优势的一项重要工作，进一步明确发展目标，制订扶持措施，促进个体私有企业的发展。1998年，个体私有企业已成为乡镇企业新的增长点，为增强乡镇企业回升势头、提高增长质量做出了重要贡献。

发展速度不断加快，运行质量稳步提高。1998年，农村个体私有企业数量不断增加，一部分是集体企业通过产权制度改革转过来的，一部分是农民自办发展起来的，共计1 897万个，职工7 707万人。其中私有企业222万个，职工2 620万人；个体企业1 675万个，职工5 088万人。1998年，个体私有企业完成增加值12 215亿元，比上年增长25.2%，高于全部乡镇企业7.9个百分点，高于集体企业16.4个百分点。其中8人及8人以上的私有企业完成增加值4 843亿元，个体企业完成增加值7 372亿元，分别占乡镇企业的21.8%和33.2%。个体私有企业实现营业收入51 067亿元，实缴税金717亿元，实现净利润2 938亿元，分别比上年增长11.6%、7.5%和12%，分别高于集体企业10.7个、6.7个和14个百分点。

东部地区个体私有企业发展迅速，中西部地区发展放慢。1998年，东部地区农村个体私有企业达717万个，比上年增长6.5%。而中西部地区却出现下降趋势，中部地区下降11%，西部地区下降0.3%。东部地区个体企业1998年完成增加值6 306亿元，占东部地区乡镇企业增加值的近50%，成为拉动东部地区经济发展的重要力量。

整体素质有所提高，发展后劲增强。1998年，全国农村个体私有企业拥有固定资产原值8 123亿元，占乡镇企业固定资产原值37.6%。其中私有企业固定资产原值3 542亿元，占乡镇企业固定资产原值16.4%；个体企业固定资产原值4 582亿元，占乡镇企业固定资产原值21.24%。多数个体私有企业在“专精特”上下功夫，形成了产品适销对路、技术新颖、专业化水平较高的特点。这是个体私有企业发展快、效益高的关键所在。在个体私有企业中还涌现出一大批资产总额过100万元、1 000万元、1亿元的骨干企业、企业集团和混合型企业。

所占比重迅速上升，贡献份额提高。“八五”期间，农村个体私有企业在乡镇企业增加值的比重不到

40%。经过这几年的发展，个体私有企业实现增加值占乡镇企业增加值的比重已超过一半，占55%。个体私有企业的快速发展，对近几年乡镇企业遏制下滑、加快回升做出了巨大贡献。发展个体私有企业是改善乡镇企业所有制结构、增强乡镇企业整体活力的迫切需要，须放手发展，不受比例限制。应进一步改善个体私有企业的发展环境，改进管理，搞好服务，使其发挥更大的作用。

困难和问题

1998年，乡镇企业经济运行中还存在很多困难和问题，形势不容乐观。主要表现在：

经济效益亟待进一步改善。一些企业生产经营困难，经济效益不理想，亏损面和亏损额有所增加。1998年，全国乡镇企业亏损面为6.7%，与上年持平；户均亏损额26.06万元，比上年上升7.2%。

外贸出口企业形势严峻。在出口方面，由于受亚洲金融危机的冲击，出口商品竞争激烈，产品跌价严重，甚至部分产品跌至成本，造成出口受阻，增长明显放慢。1998年乡镇企业出口产品交货值虽比上年增长2.5%，但增幅远远低于“八五”甚至上年的水平。扣除不可比因素，乡镇企业出口产品交货值占全国的34.82%，比上年下降0.8个百分点。主要原因是乡镇企业直接向东南亚、韩国、日本的出口量大大减少；乡镇企业出口产品成本较高，竞争力不强；乡镇企业出口产品的结构和产品质量等诸多因素造成的结果。

东中西地区部差距进一步扩大。1998年，东部地区乡镇企业完成增加值12 937亿元，比上年增长24%，增幅分别比中、西部地区高13.92个和18.16个百分点。东部地区乡镇企业实现营业收入51 669亿元，比上年增长23.18%，增幅分别比中、西部地区高14.67个和2.57个百分点；东部地区乡镇企业实现净利润2 455亿元，比上年增长12.61%，增幅比中、西部地区分别高7.44个和2.69个百分点。东部地区乡镇企业上缴国家税金998亿元，比上年增长11.77%，增幅分别比中、西部地区高11.69个和10.25个百分点。东部地区乡镇企业的快速发展，进一步拉大了东部地区与中西部地区乡镇企业的差距。

对策措施

加大结构调整力度，提高经济运行质量。乡镇企业应围绕经济规模化、产业高度化、经营国际化、布局合理化的要求，面向市场，发挥优势，突出重点，创造特色，大力推进战略性结构调整，加快资金周转率，提高产出率，降低负债率，增强竞争力，着力提高经济运行质量和企业整体素质，构筑面向21世纪的现代企业框架。第一，积极调整产业结构。根据国家产业结构调整要求，积极培育信息产业、生物医药和新材料产业等。加快产品开发和名牌创优工作，提高重点产品产值、利润在经济总量中的比重。第二，重点培育骨干企业。加强对骨干企业的领导和支持，引导它们壮大经济规模。提高骨干企业资本经营能力，促进生产要素向重点企业、优势企业集聚。突出发展重点，选准产品项目，实现政策倾斜，集中力量发展有主导产品的“小巨人”企业集团。第三，研究探索资本经营。鼓励企业通过联合、联营、合资、合作，充分挖掘存量资本的潜力，促进生产要素的合理流动，优化组合，提高资产的利用效率。根据实际情况，以市场为导向，以优势产业、名牌产品为龙头，以资本、技术联结为纽带，大力推进跨地区、跨所有制的相关行业的兼并、联合、控股、租赁，实现低成本、高速度的资本扩张和发展。

进一步扩大对内对外开放，培育新的经济增长点。第一，加大招商引资力度。加大对本地区投资环境的宣传，扩大知名度。完善制定招商引资的鼓励政策。在招商引资中做到引资、引技、引智、引才的有机结合，坚持内资和外资并举，多产业并举，新项目与老项目增资扩股并举。第二，努力拓展外贸出口空间。实施以质取胜和市场多元化战略，加快调整出口市场结构，努力稳住亚洲市场，主攻欧美和中东市场，加快开拓拉美和非洲市场。进一步优化商品结构，扩大名牌产品、特色产品的出口，提高产品创汇能力。

强化企业管理，提高经济效益。随着经济增长方式由粗放型向集约型的转变，提高乡镇企业综合管理水平显得十分迫切。第一，根据乡镇企业实际，采用现代企业管理制度，逐渐形成适应自身特色的管理制度和管理方法，促进各种要素的最佳组合和运作。第二，强调以人为本的整体协调。加强对职工队伍的政治思想教育、法制教育和社会主义文明的教育，通过多种方式，加强科技知识的学习和先进技术、技能的培训，努力造就一支高素质的技术工人队伍。第三，进一步从强化企业内部管理着眼，从降低生产成本着手，最大限度地挖掘管理潜力，向管理要效益。

完善管理体制，深化企业改革。各地应进一步探索构筑适应社会主义市场经济体制运作的乡镇企业管理服务体制。同时，进一步深化乡镇企业改革。在改革中要坚持大胆探索、重在效益的原则，坚持改革的力度与发展的速度和社会可以承受的程度相统一的原则。尽快建立法人治理机构，并独立行使其职能。做好企业改制后被置换、转让的集体资产的监督工作，促使集体资产保值增值，防止乱支滥用和流失。

乡镇企业个数发展情况(单位:万个)

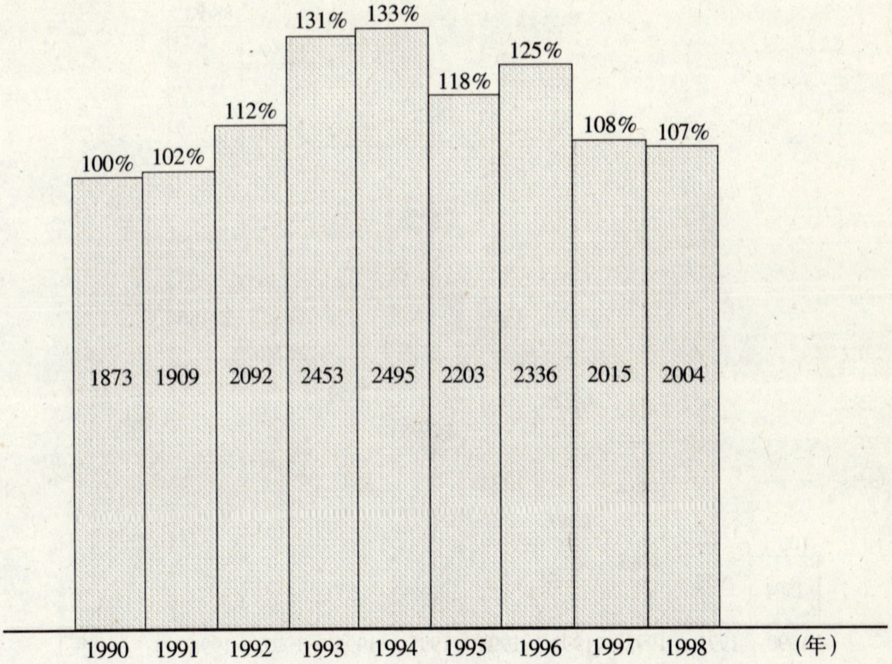

乡镇企业职工人数发展情况(单位:万人)

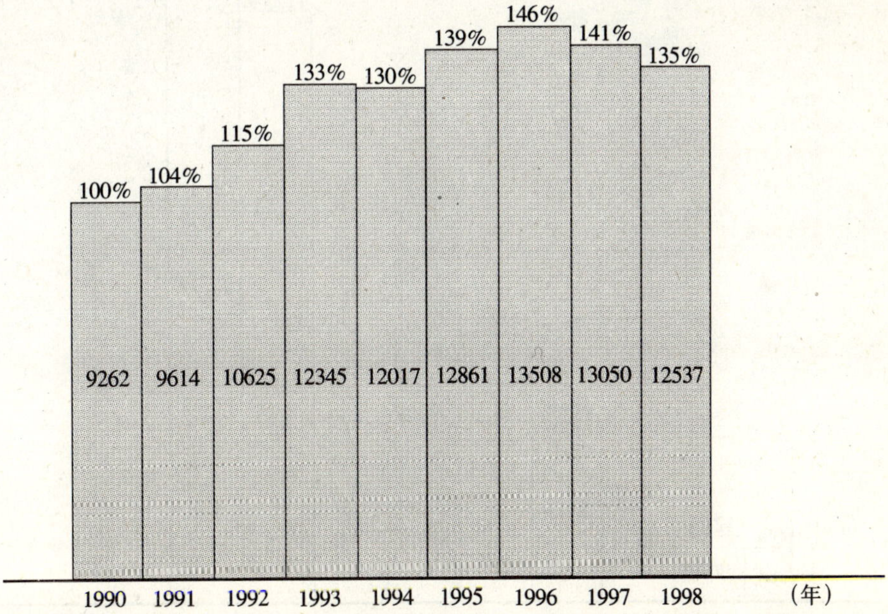

乡镇企业增加值增长情况(单位:亿元)

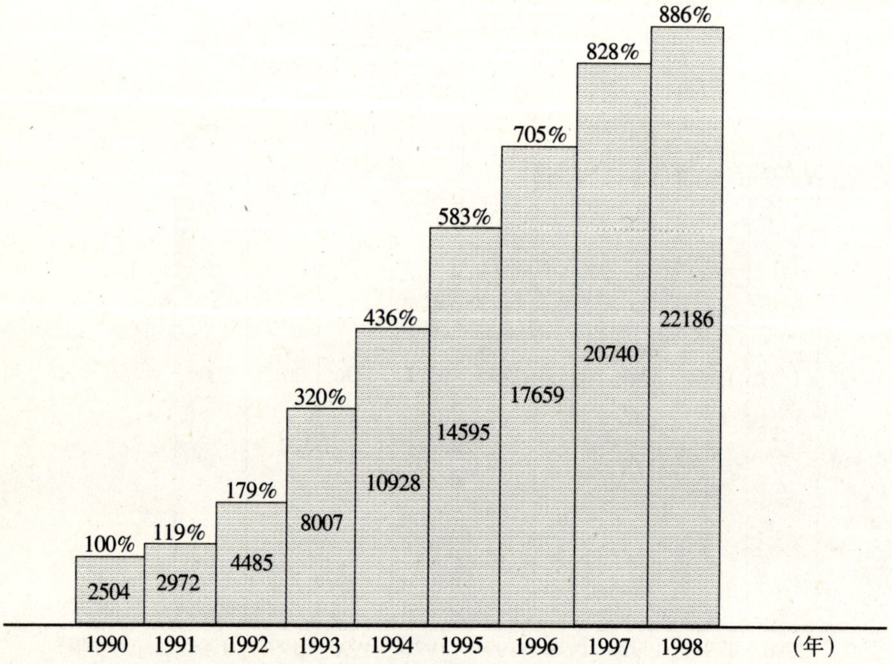

乡镇企业营业收入增长情况(单位:亿元)

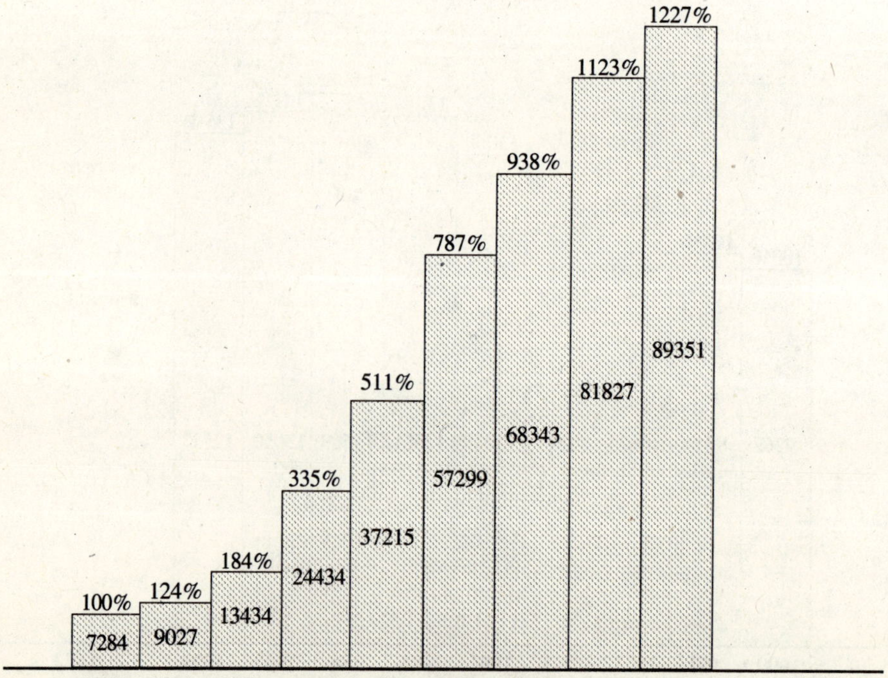

乡镇企业利润总额增长情况(单位:亿元)

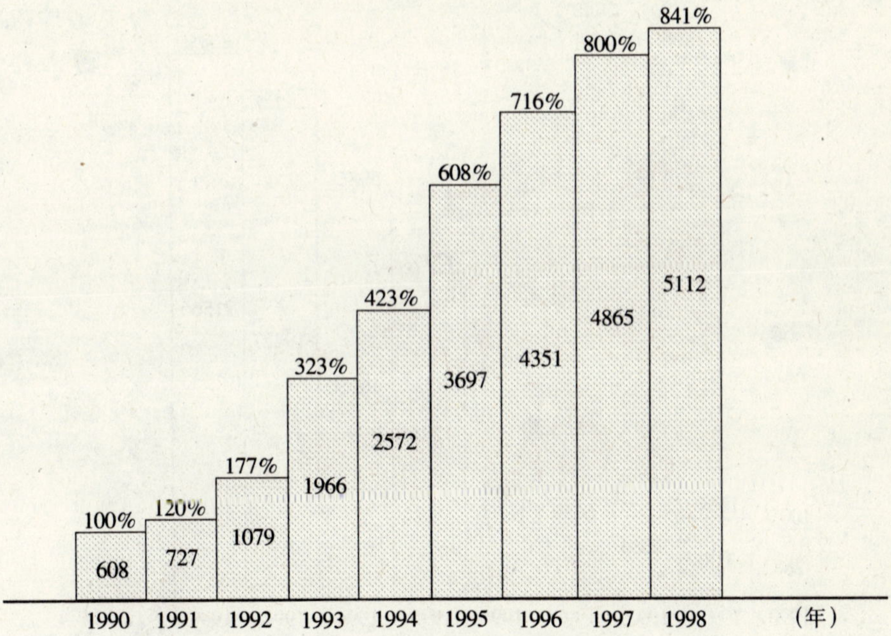

乡镇企业税金总额增长情况(单位:亿元)

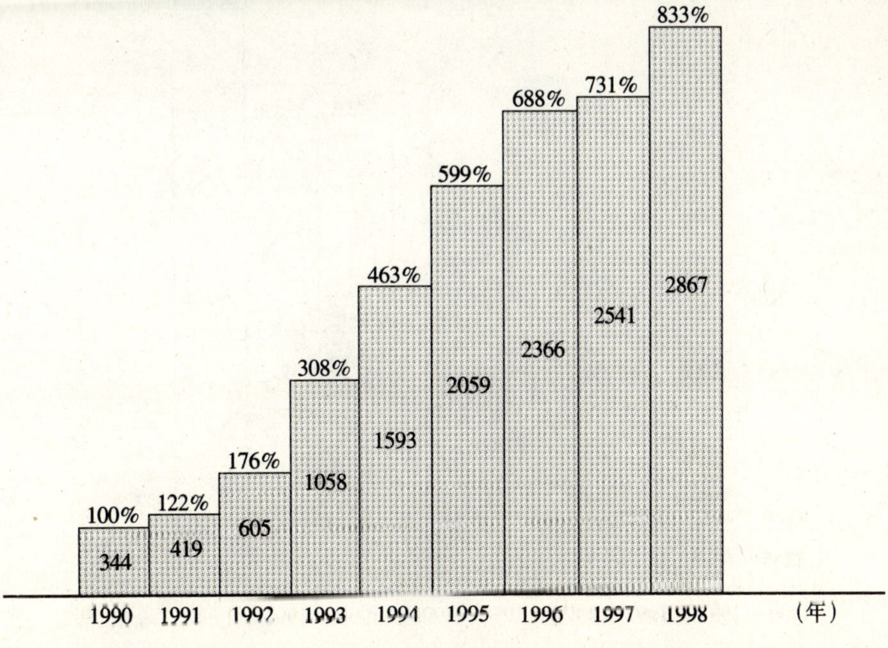

乡镇企业固定资产增长情况(单位:亿元)

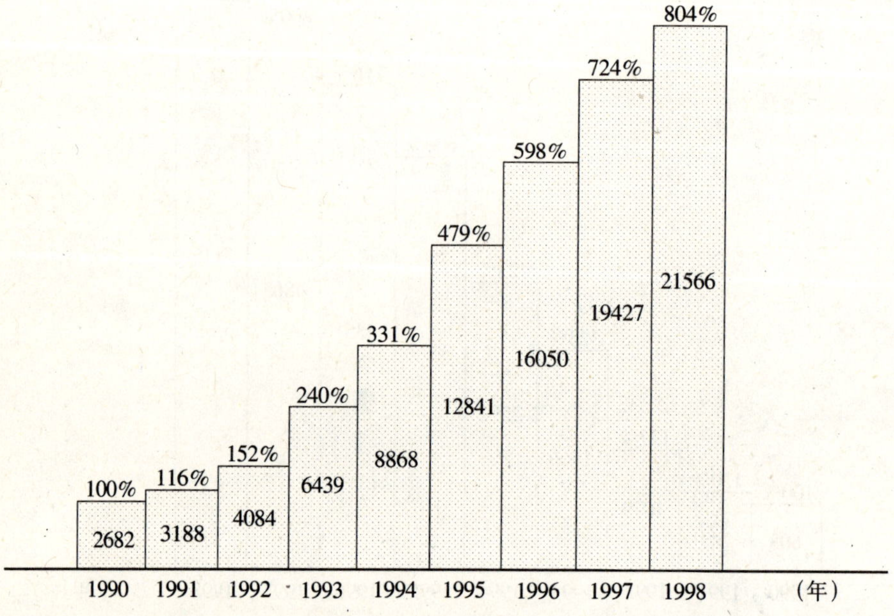

乡镇企业流动资产增长情况(单位:亿元)

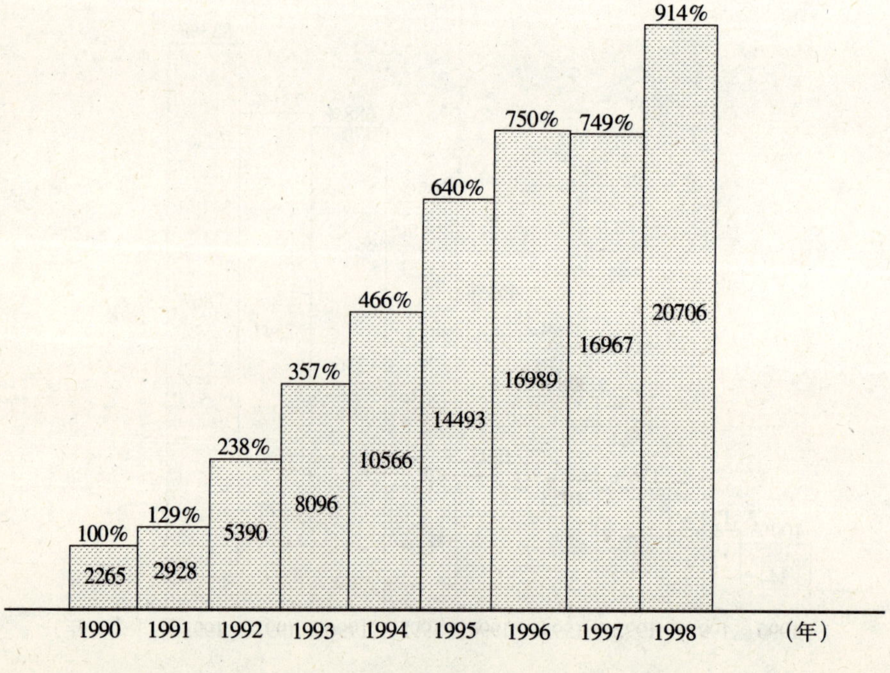

要从战略高度重视乡镇企业发展

——江泽民考察江苏乡镇企业发表重要讲话

张宿堂　殷学成

1998年4月20日至22日，中共中央总书记、国家主席、中央军委主席江泽民在江苏省无锡、泰州等地先后考察了小天鹅公司、双良集团公司、向阳村、华西村、阳光集团公司、春兰集团公司，就乡镇企业进一步发展和如何解决当前面临的问题进行调查研究，与企业的负责人、科技人员进行交谈，并听取江苏省委、省政府关于乡镇企业的汇报。江泽民就乡镇企业的发展问题发表了重要讲话。

江泽民指出，乡镇企业是我国亿万农民的一个伟大创造，也是党领导改革开放所取得的一项巨大成就。他强调，在我们这样一个农村人口占大多数的国家搞现代化，发展乡镇企业是一项重大战略，是一个长期的根本的方针。实践证明，发展乡镇企业是实现农业现代化、实现农村小康的必由之路，也是一条有中国特色的工业化道路。各级领导一定要从国民经济和社会发展全局的高度来认识乡镇企业的重要地位和作用。

江泽民指出，改革开放20年来，我国乡镇企业异军突起，迅猛发展，已经成为农村经济的主体力量和国民经济的重要组成部分。乡镇企业的发展，对促进国民经济增长和支持农业发展，对增加农民收入和吸纳农村富余劳动力，对壮大农村集体经济实力和支持农村社会事业都发挥了不可替代的重要作用。国民经济新增份额中有很大一块是由乡镇企业创造的。搞好乡镇企业，对于实现国民经济发展目标至关重要，也有利于稳定和加强农业，搞活国有企业，促进整个国民经济进入良性循环。

江泽民说，要正确认识乡镇企业面临的形势，增强搞好乡镇企业的信心。乡镇企业进一步发展具有良好的基础和有利条件，但也面临着一些新情况、新问题，不少企业结构不合理，产品没有销路，生产出现滑坡，发展后劲不足。他指出，要通过深化乡镇企业改革，调整优化结构，推进技术进步，切实解决这些问题，努力开创乡镇企业发展的新局面。

江泽民指出，在市场经济条件下，乡镇企业的发展环境发生了很大变化。发展乡镇企业，不能走低水平重复建设、靠外延扩张的路子，也不能单纯依靠国家给优惠政策，只能充分发挥自己的优势，走改革开放、体制创新的路子，依靠科技，加强管理，提高自身素质，实现两个根本性转变。

江泽民说，要深化乡镇企业改革，坚持以公有制为主体、多种所有制经济共同发展，继续调整和完善所有制结构，进一步创造公有制实现形式多样化和多种经济成分共同发展的局面，充分发挥乡镇企业机制灵活的优势。乡镇企业改革，要坚持“三个有利于”的标准，坚持尊重实践、尊重群众。要鼓励探索，随时注意总结经验。改革的根本目的是增强企业活力，调动投资者、经营者、生产者的积极性，确保集体资产保值增值。

江泽民说，要加大结构调整的力度，根据市场需要，大力发展农副产品加工业、贸工农一体化的龙头企业，把乡镇企业发展与推进农业产业化经营结合起来。要通过技术改造和新产品开发，生产适销对路的高质量产品。要打破社区、所有制界限，以优势企业和优势产品为龙头，组建企业集团，提高规模效益和市场竞争能力，同时引导乡镇企业向小城镇适当集中。要加快中西部地区乡镇企业发展，促进东西合作，引导沿海地区的劳动密集型、资源加工产业逐步向中西部地区转移。

他说，要加快科技进步，加强经营管理，努力提高乡镇企业自身素质。要十分重视科技这个第一生产力，加大乡镇企业技术改造的力度，更新设备，改进工艺，提高企业的技术开发和创新能力，大幅度提高产品的科技含量。要大力开拓市场、特别是农村市场，发展外向型经济。要加快人才培养，造就一支高素质的乡镇企业管理队伍。

江泽民强调，要加强领导，促进乡镇企业持续快速健康发展。各级党委、政府要把发展乡镇企业列入重要工作日程，认真贯彻“积极扶持、合理规划、分类指导、依法管理”的方针，制订和落实促进乡镇企业发展的政策措施，加强对乡镇企业改革的指导。各有关部门要关心乡镇企业的发展，在信贷、出口、市场融资、利用外资、技改项目等方面给以必要的支持。要切实减轻乡镇企业的负担，不能各方面都向乡镇企业伸手。

江泽民指出，搞好大中型企业对地方经济的发展作用很大，像小天鹅、春兰这样的大集团，发展很快，已经成为当地的利税大户，而且带动了一批相关企业，促进了地方经济的发展。各地都要下功夫抓好一批这样的企业。同时,要高度重视小企业的发展。小企业数量大,在吸纳就业、适应多层次市场需求、繁荣地方经济等方面举足轻重。要采取相应的政策措施,鼓励和扶持小企业加快发展。

大力推进乡镇企业科技进步
努力提高产品市场竞争能力

陈 耀 邦

党的十五届三中全会指出:"乡镇企业是推动国民经济新高涨的一支重要力量,在技术进步、产品更新换代和开拓国内外市场等方面蕴藏着巨大的潜力。"这就要求乡镇企业高度重视科技进步,紧紧依靠科技进步,积极转变增长方式,在提高企业整体素质、运行质量和经济效益上下功夫。

*充分认识乡镇企业科技进步的紧迫性。*近些年,乡镇企业科技进步取得了一定的成绩,从最早"借脑生财",到后来引进先进技术设备,到现在的不少企业引进人才,自主开发和创新技术,有的走上了产学研结合的路子,很多企业确实"鸟枪换炮"了,改变了土打土闹的形象。但乡镇企业科技进步的总体水平还比较低,技术创新能力较弱。乡镇企业经济增长方式的转变比经济体制的转变任务更为艰巨,要求更为迫切。

当今世界,国与国之间的竞争,市场的竞争,越来越表现为科技和人才的竞争,企业之间的差距更多地表现为科技进步的差距。从参与国际市场竞争看,乡镇企业出口商品总体上附加值低、技术含量低、商品售价低,走的是以低价格竞争的路子,与以质量、档次、品种、服务为核心的非价格竞争相比,显然不行。从抵御亚洲金融危机看,乡镇企业中劳动密集型、加工贸易型产品经受不住冲击,非调整和提升产品结构不可。从适应国内市场的要求看,由于消费结构升级,消费者质量意识、品牌意识日益增强,在商品供应充足,形成买方市场的情况下,生产一般性加工产品就没有多大的竞争力。成功的乡镇企业,如科龙、万向、横店、双良、阳光、森达等企业,无一不是通过技术创新、提高产品质量来扩大市场份额的。从实施可持续发展战略看,也要求乡镇企业充分依靠科技,大幅度降低单位产量的能耗和物耗,不断开发新能源和新材料,实现资源替代,不断开发和引进治理污染的技术和设备,发展环保产业。总之,靠粗放的外延式的扩大再生产,是难以持久的,而只有依靠科技进步,才能使乡镇企业真正担当起推动国民经济新高涨的重任,从而为推动整个国民经济运行质量和效益的提高做出贡献。

*认真调整和优化乡镇企业产业和产品结构。*结构调整的导向是市场、本地优势和国家产业政策,而结构调整的基础和重要手段就是科技进步。要广泛采用先进技术,尽早调整乡镇企业不占优势的产业,改造和提高原材料、能源、建材、农用、轻纺等传统产业,有条件的地方要在较高的起点上发展机电、化工、冶金等基础和支柱产业,积极发展高新技术产业,大力发展农副产品加工业和储藏、保鲜、运销业,形成一批技术装备先进、产品附加值高、市场竞争能力和带动能力强的农业产业化"龙头"企业,这是一个重要的主攻方向。要适应国内外市场变化,不断开发新产品,淘汰老产品,发展名牌产品,提高产品科技含量,提高产品质量和档次,增强产品的市场竞争力;要注重引进高新技术和关键设备,革新工艺,采用新的生产方法,及时淘汰老设备、落后工艺,实现技术、设备和工艺的更新换代;要在消化、吸收的基础上,注重开发研究,实现技术创新。

*不断提高乡镇企业的科学管理水平。*管理和科技是促进企业发展的"两翼",是企业发展的永恒主题。要适应市场经济的要求,加强企业管理,向科学管理要质量、要效益。要朝着建立现代企业制度的方向,按照严格、科学、效率的原则,积极推动企业管理工作的制度化、规范化和科学化。引导企业抓好基础管理、专业管理和现场管理,积极推行现代化管理,提高科学管理水平。建立健全各项管理制度,并严格执行。建立和完善企业民主管理和监督制度,企业内部重大问题,要听取广大职工的意见,实行科学、民主决策,增强企业的凝聚力,注意借鉴和吸收国内外先进的管理办法,改进企业的管理工作,在管理的观念、内容、方法、手段和措施上不断探索,创新体制,完善机制,建立科学的管理体系。突出抓好质量管理,增强质量意识,推行全面质量管理,建立和完善质量保障体系。认真抓好企业财务管理、成本管理和内部审计工作,提高资金周转率和资金使用效益。还要抓好劳动人事管理,严明劳动纪律。抓好安全生产,建立健全安全目标管理责任制和安全监督机制,为职工创造良好的生产和工作环境。

通过科学管理，达到“节约资源、环境整洁、纪律严明、物流有序、信息准确、安全生产”的基本要求，实现提高质量、降低成本、增加效益的目标。在抓好科学管理的同时，要搞好乡镇企业员工的社会保险等福利保障工作。

努力提高乡镇企业职工的科技文化素质。人是生产力中最活跃的因素。现代企业的劳动者必须是具有一定科技文化素质的劳动者。要采取多形式、多渠道培养乡镇企业用得上、留得住的实用人才，通过职业学校、短期培训、岗位培养、民间办学等多种途径加强对农村青年的职业教育，不断扩大乡镇企业的人才后备资源。采取有效措施，积极引进各类科技人才。努力提高企业人才的拥有率和使用率，充分发挥现有科技人员的作用。积极创造条件，采用产学研下相结合等多种形式吸收科研院所和大专院校及社会一切人才资源参与乡镇企业的技术创新活动和科技进步工作。

大力促进产学研结合，搞好产品的设计和开发。乡镇企业虽然有了一定的自主的开发和创新能力，但这方面的优势还不明显，层次还比较低，必须借助大专院校、科研院所的科研力量，搞联合开发。在新产品开发上，包括全新产品、换代新产品、改进式新产品和仿制新产品的开发，要走产、学、研联合开发的道路，生产销售第一代产品，贮备已试制成功的第二代产品，着手研制第三代产品，构思第四代产品，才能经常不断地、及时地推出新产品，不断地占领市场。产品设计要先进、适用、经济、美观，满足人们的生理、心理等需求。

加快实施标准化生产，走“专、精、特”的路子。乡镇企业中的大型企业开始走“高精尖”路子，大量的中小型企业，在适应多层次市场需求和技术创新、吸纳就业等方面有着积极的作用，应鼓励其向“小而专”、“小而精”、“小而特”的方向发展，注意支持那些产品有市场、有效益和开发应用新技术的小企业，在市场信息、新技术推广、人才培训等方面给予服务和指导。随着市场经济的发展，标准化、专业化、系列化、社会化趋势越来越明显，小产品往往是大市场，因为面对的是众多企业，产品又是标准的，通用的。很多国家通过法律保护这些企业的经营领域，如韩国制定的《中小企业系列化促进法》就规定了应由中小企业专营的产品和应优先向中小企业购买的产品。乡镇企业中的中小企业必须在这方面下苦功夫，并与大企业进行分工协作，形成独有的特色。

大力推进技术的消化、吸收、创新和地区间技术转移。乡镇企业的产生，大多是选择好某一种适销对路的产品，再不断进行设备和工艺的消化、吸收和创新，逐步提高质量、增加品种、扩大批量和降低成本，同时也培养了人才和积累了技术。很多乡镇企业开始时，都是从其他企业学习和模仿技术，但通过自身的消化和吸收，有的甚至超过了原来的技术，逼迫原来的那个企业又不断创新，形成企业之间技术不断传递，相互激励的技术创新机制。有的乡镇企业从研究机构或国有企业获取技术，包括引进工艺流程和先进的技术设备，有的是购买专利。据有关部门统计，我国专利的60%为乡镇企业购买。技术信息很重要，一条好的信息能救活一个企业，能引发新产品诞生。信息对技术革命的重要性日益被人们重视。许多大中型乡镇企业，都配备信息员，畅通信息渠道，建立技术信息档案，为技术开发、技术改造、技术引进创造良好的条件。具备了技术优势的乡镇企业，要在优势互补、互惠互利的基础上开展合作。尤其是东部地区的乡镇企业，要重视把技术、人才、信息、产业等向中西部地区乡镇企业转移，开辟新的发展空间，并发挥中西部地区在资源、劳力等方面的优势，推进全国乡镇企业的协调发展。

积极引导乡镇企业向工业小区和小城镇集中。乡镇企业科技进步慢，一个主要原因就是布局分散。乡镇企业适当集中有许多好处。一是可以发挥工业生产的聚集效应，收到聚集效益和规模效益。二是发挥商品流通的集散地作用。三是发挥小城镇交通、邮电的枢纽作用，发挥农村科教、文化、卫生和金融服务中心的作用，为乡镇企业生产提供良好的服务。同时，由于改善了居民的生活条件和文化教育条件，科技人员愿意来，也有利于提高乡镇企业职工及其家属的身体素质、文化素质和思想政治素质。

认真贯彻落实乡镇企业科技进步的有关政策。推进乡镇企业科技进步的政策，如鼓励技术改造的政策，新技术和新产品开发费用的据实列支，新产品的减免税金，引进国内外先进技术设备的关税减免，兴办高新技术产业的信贷优惠，鼓励人才向乡镇企业流动，开展乡镇企业职称评定等政策，从中央到地方都有了明确的规定，有了一定的政策保证，要不折不扣地落实。存在的问题是大部分地方乡镇企业技术改造还没有纳入整体规划，很多企业无力根据市场的变化进行技改，在金融信贷政策方面也未能做到一视同仁，科教经费得不到落实，激励政策难以兑现。科技投入方面，要求企业新增投入中的50%以上用于科技投入，但也有很多企业达不到这个比例。综合折旧率可以提到10%以上，允许企业提高留利水平，设立技术开发基金，但一些企业根本不提折旧，致使企业缺乏后劲。各地除了要认真落实已有政策外，还应根据新情况，新问题，不断协调有关部门，研究制定新的政策。

切实加强对乡镇企业科技进步工作的领导。乡镇企业科技进步工作非常重要，必须加强领导和组织工作。一是加强乡镇企业科技进步的组织体系建设。健全机构，选派和配备得力干部，并为其提供必要的工作条件。同时加强科技经济咨询信息的社会化服务体系建设。二是要制定乡镇企业科技教育发展规划。按照全国乡镇企业科技进步的总体目标和要求，在加强调查研究、信息统计工作的基础上，结合实际，及时提出本地中长期乡镇企业科技教育规划和计划，并将其纳入本地经济、科技、教育和社会发展的总体规划，搞好衔接，认真监督实施。三是引导乡镇企业增加科技投入。新增投入应主要用于科技进步，加快技术改造，加快设备更新，加快产品换代，而不应一味地去上新项目、铺新摊子。四是完善乡镇企业科技进步机制。企业要紧紧围绕市场，提高科技进步的决策能力、市场开拓能力、合理利用资源能力及引进技术的消化吸收和创新能力。五是发挥乡镇企业科技人员的重要作用。努力创造人尽其才、才尽其用的环境，使大批人才脱颖而出，形成人才引得进、留得住、用得上的良好机制。六是各级乡镇企业行政管理部门要努力学习市场经济理论、法律、科技、经济管理等各方面的知识，了解和掌握更多的现代科技知识，不断提高自身科技素质，更好地指导乡镇企业科技进步工作。

开创乡镇企业改革与发展新局面

齐 景 发

从全局和战略高度认识乡镇企业肩负的重任。 1998年是改革开放20周年。20年来，我国经济和社会发生了翻天覆地的变化，其中农村的改革最为成功，农村的面貌变化也最大。这集中体现在实行家庭联产承包和乡镇企业异军突起、迅猛发展，由此而促进我国经济、社会发生一系列的深刻变化，举世瞩目，出乎人们的意料。

乡镇企业的地位、作用、影响、意义，已经讲了多年，从它诞生之日起就在不停地进行宣传。当然，实践已经作出历史性的回答。1998年是我国经济发展和改革攻坚关键的一年。必须面对全局、面对现实想问题。那么，乡镇企业面临的现实和全局是什么，从怎样的高度认识自己肩负的重任，这个重任集中体现在哪里？对于这些，必须有一个明确的认识，统一的认识。

乡镇企业要一如既往地为吸纳农村劳动力做贡献，为农民增加收入做贡献，为支农补农建农做贡献，为国家出口创汇做贡献，为确保国民经济增长做贡献，为稳定农村和社会做贡献，这些都是关系到全局和战略的大问题，就是要从这个高度来认识和处理工作中的各种问题。

从企业长久发展着眼积极稳妥地推进改革。 乡镇企业是在改革中诞生和不断发展壮大的。从总体上看，改革是健康的，效果是明显的。对于调整所有制结构，明晰产权关系，实行政企分开，优化各种生产要素的配置，完善经营机制，调动经营者和职工的积极性，增强企业的生机与活力，都起到了积极的促进作用。但在改革过程中也出现一些值得注意的问题。有些地方用行政手段强制推行一种模式，有些企业人为造成集体资产流失，借机逃废银行债务。对此，应高度重视，积极稳妥地推进改革。

深化乡镇企业改革，目的是进一步发挥优势，保持良好的发展势头。要以建立富有活力的企业经营机制为方向，以“三个有利于”为标准，以探索集体所有制多种实现形式为重点，着眼于整体上提高乡镇企业素质，盘活集体资产，实现集体资产的保值增值。

改革的目的是促进发展，改革应融入发展之中。 改革是企业发展到一定阶段的自然要求，从群众观念来说，任何形式的改革必须尊重企业和群众的实践、创造和选择，把要不要改革、如何改革的权力交给企业和职工。实行股份合作制、股份制的企业，厂长和职工的股份允许有差别，但差距过大，很难激励职工的积极性。应经过各方民主协商，合理确定厂长和职工股份的比例，把两个积极性都调动起来。从资产来说，改革的着眼点应是从整体上搞活集体资产，使其保值增值。通过改革，实现资本的社会化和产权的多元化，形成开放的投资和用人体系，并用现代企业制度把方方面面的权力和利益用经济关系固定下来，实现制度创新。

改革的形式应该多样化，各个环节要缜密操作。 企业情况千差万别，在选择改革形式上，必须从实际出发，尊重群众意愿，适宜哪种形式就采取哪种形式。千万不要搞行政命令，“一刀切、一股风”实行股份有限公司和有限责任公司的，要依法完善各项规章制度，根据企业情况确定产权结构。实行企业集团的，要以骨干企业或主导产品为龙头，以资产为纽带，通过控股或参股等途径进行资产重组，实现生产要素跨地区、跨行业、跨所有制合理流动和优化组合。实行股份合作制的，增量扩股或现金购股比较稳妥，应该提倡，但不要强迫。存量资产实行分红权量化并以现金配股的做法，有利于扩大企业资本金，增强企业职工的凝聚力和责任感，应允许继续探索。实行出售的，要实行公开、公平、公正的原则，不能由少数人内定，搞定向转让或私下交易。实行租赁和承包经营的，要择优选择经营者，合理确定租赁金和承包费，经营者应按规定交纳风险抵押金，并承担集体资产保值增值责任。实行联合或兼并的，要本着自愿互利原则，尊重企业和群众的选择，不得强制，不搞行政"捏合"。

各级要十分注意，经过改革，无论采取何种所有制形式和企业组织形式，这些企业仍然属于乡镇企业范围，都要严格按照中发[1997]8号文件和《中华人民共和国乡镇企业法》的规定，由乡镇企业行政管理部门负责规划、指导、管理、监督、协调和服务。坚决禁止和纠正将各种形式的企业登记为个体工商户。

切实加强集体资产的管理和监督。改革必须按有关规定和程序进行，对于拍卖收回来的资金、租赁费、承包费、风险抵押金、股权收益等资金，关键是怎么管好用好。当前主要是乡村集体经济组织缺位，一般由乡村行政组织来代表行使集体企业的所有权，造成政企、政资不分。这个问题应逐步解决，允许各地继续探索建立健全集体资产管理运营机构，完善对各类集体资产的清查、评估、登记、建档制度，定期向社区农民报告集体资产经营及财务状况，接受监督。各级乡镇企业行政管理部门要依法对现有集体资产进行全面的清产核资和产权登记，制定集体资产管理办法，建立健全乡镇企业集体资产的审计监督制度。出售集体企业和企业股份收回的资金，应纳入集体的资本账户，只能用于企业的再投入，或通过控股、参股的形式投入经济效益较好的企业，偿还银行和其他债权人的债务，补农建农和农村公益事业建设，不得用于非生产性开支和奢侈性开支，不得变为乡镇的财政收入，挪作他用。

在产权制度改革的同时，进一步完善人事、劳动、分配制度，形成富有活力的激励、约束机制。实行股份制和股份合作制的企业，要建立股东(代表)大会、董事会、监事会，完善法人治理结构，健全规章制度，明确各自的职责，真正做到互相制衡、互相促进、有效运转。

正确处理债权债务问题。在企业改革中，债权债务的处理必须有贷款银行参加，不得逃废银行贷款。根据企业负债和经营的实际情况，在有利于企业发展，有利于银行贷款回收和安全的原则下，企业、乡村集体经济组织和贷款银行应充分协商，确定债权债务处理办法。企业生产经营形成的呆账、坏账，要查明原因，分清责任，认真处理。对于非金融部门的债权债务，有关部门应依照国家规定，积极帮助清理，保护企业和债权人的合法权益。

深化企业改革与加强企业管理相结合。改革要与加强管理、推进科技进步、调整产品结构、加强领导班子建设有机结合起来，互相促进，向"好机制、好班子、好产品、好企业"的目标努力。加强管理与深化改革是相互促进、相辅相成、互为保证的关系，两者不可偏废。一些企业效益低下，大量亏损，很大程度上都与管理不善有关。企业管理要适应新的形势，在继承以往好传统、好方法的基础上，重视管理观念的更新，管理内容的变化，管理方法的改进。现代企业在继承原先集体主义、主人翁观念教育的基础上，还需要融入更多更新的奖惩制度来调动职工的积极性和创造性。任何一个企业都要练好内功。

从实际出发积极开辟乡镇企业发展的增长点。党中央、国务院过去从来没有对乡镇企业的发展速度提出过要求。社会上过去对乡镇企业总是觉得速度太快了，认为快得令人不可相信。当乡镇企业发展中遇到困难和问题时，一些人又开始担心乡镇企业速度下滑。乡镇企业要在重重困难中争取较高的增长速度，必须积极开辟新的增长点。

放宽思路，进一步研究如何加快实施"走出去"的发展战略。乡镇企业要克服单纯依赖某一地区、某一国家的单一市场的弊端，积极开拓新的国际市场。生产名优高新产品的企业，要全力向欧美市场进军，以质取胜，走质优价高的路子。生产大众产品的乡镇企业，目光应向非洲、中东、中亚、南美等地转移，那里很多国家连编织袋、塑料凉鞋、黑白电视机都不能生产，而那里资源丰富、劳动力便宜、市场很大，应该抓紧时机打进去。乡镇企业在开辟市场方面是有经验、有魄力的，完全可以捷足先登。

高度重视依靠科技，加快技术改造，不断提高产品的科技含量。这几年，有些乡镇企业在应用现代科学技术方面总是在不断地前进，企业发展后劲很足。也有一些企业总是老样子，尽管规模扩大了，产量增加了，但技术含量依旧。几十年前，世界各国比较国家实力时，都是以产量为标志，钢铁有多少、能源设备有多少。而当今世界，正面临着生产和消费模式的急剧转变，科技进步日新月异，人们经常议论的是稀有资源、环境保护和信息技术，继信息高速公路以后又有知识经济的概念。乡镇企业要高效、持续、快速、健康发展，就要时刻注意世纪之交世界经济发展、科学技术发展的新动向，增强危机感、紧迫感。企业应把眼光放在高新技术上,要有远见。

发展农业产业化的"龙头"企业。搞农副产品深加工具有广阔的市场,潜力很大,全国搞农副产品加工的企业亏损的很少,垮台的更少。

继续坚持多轮驱动,多业并举。大企业在市场竞争中具有明显优势,但中小企业只要素质比较高,也很有竞争力。只要产品有销路、有效益,就能发展。个体、私有企业也是吸纳农村剩余劳动力和快速发展的重要增长点。

根据国家产业政策和资金投向重点,及时调整产业和产品结构。国家资金不再上加工业项目,重点投向铁路、公路、农田水利以及城市公共设施建设,乡镇企业的产品结构调整也要符合这个方向。

当然,乡镇企业新的经济增长点是多方面的。强调现有企业的提高,而绝不主张盲目地铺摊子、搞重复建设。

艰难坎坷路 辉煌二十年

姜 永 涛

乡镇企业是在我国改革开放过程中迅猛崛起的新生事物,是中国农民的伟大创举,是发展社会主义市场经济的一支有生力量。20年来,在党和国家方针政策的指引下,在各方面的大力支持下,乡镇企业异军突起,蓬勃发展,已经成为我国农村经济的主体力量,工业经济的半壁河山,国民经济的一大支柱。实践证明,发展乡镇企业适合我国的国情,是推进我国社会主义现代化事业的正确抉择,是建设有中国特色社会主义的重要组成部分,具有现实而深远的战略意义。

艰难坎坷的路程。乡镇企业是亿万农民艰难而又成功的探索。它萌芽于50年代,徘徊于60年代,复苏于70年代,发展壮大于改革开放以后。回顾乡镇企业20年不平凡的征途,可以看到,乡镇企业的发展大致经历了五个阶段:

开始发展阶段(*1979—1983* 年)。1978年12月召开的党的十一届三中全会,如同一声春雷,神州大地,万物复苏。社队企业开始了历史性的转折。在《中共中央关于加快农村发展若干问题的决议》中指出:"社队企业要有一个大发展"。当时,我国农业家庭联产承包责任制得到普遍推行,农村生产力获得极大解放和发展。广大农民在党的改革开放政策的感召下,在新生活的召唤下,冲破旧观念、旧体制的束缚,利用剩余劳动力,因地制宜,发挥资源优势、拓宽生产经营领域,以多条投资渠道、多种经济成分、多种生产经营方式,有声有色地登上农村二、三产业的大舞台。1978年乡镇企业职工人数为2 827万人,总产值493亿元,利税总额110亿元。到1983年,乡镇企业职工人数达到3 235万人,总产值1 008亿元,利税总额177亿元,分别比1978年增长14.4%、104.5%和60.9%。

高速增长阶段(*1984—1988* 年)。1984年初,中共中央1号文件提出,在兴办社队企业的同时,鼓励农民个人兴办或联合兴办各类企业。当时农牧渔业部向中央呈送了《关于开创社队企业新局面的报告》,3月份,党中央、国务院批转了这个报告,即中发[1984]4号文件,社队企业正式改名为乡镇企业,四个轮子(乡办、村办、合作办、个体办企业)、六大产业(农、工、商、建、运、服)同时发展。当时外部环境非常宽松,乡镇企业发展进入了一个"黄金时代"。1987年,邓小平在接待外宾时高度评价说:"农村改革中,我们完全没有预料到的最大收获,就是乡镇企业发展起来了,异军突起。"1988年,乡镇企业从业人员达到9 495万人,总产值7 018亿元,实现利税892亿元,分别比1978年增长235.9%、1 323.5%和710.9%。

整顿提高阶段(*1989—1991* 年)。这也就是三年治理整顿期间。国家对乡镇企业采取"调整、整顿、改造、提高"的方针,银根抽紧,其中1990年贷款实行零增长,乡镇企业增长速度因此大大放慢,大批乡镇企业被迫关停并转,几百万乡镇企业职工又回到农田,吸收农村剩余劳动力成了负数。但是这一阶段有个意外的收获,就是由于国内资金紧张、市场疲软,很多乡镇企业苦练内功,调整结构,依靠科技,强化管理,大力引进外国资金、技术、设备和先进管理经验,并到国外寻找市场,外向型经济迅速地发展起来了。1991年,乡镇企业完成出口交货值789亿元,比1988年增长近200%。这一年,乡镇企业从业人员、总产值、利税总额分别达到9 614万人、11 622亿元和1 573亿元,分别是1978年的3.4倍、23.6倍和14.3倍。

全面发展阶段(*1992* 年—*1996* 年)。1992年初,"东方风来满眼春",邓小平视察南方重要谈话发表和党的十四大召开,把我国改革开放带入一个新阶段。

邓小平在这次谈话中认为,乡镇企业是中国特色社会主义的三大优势之一,给亿万农民和广大乡镇企业干部职工以极大的鼓舞。1992年、1993年国务院连续下发国发[1992]19号文件和国发[1993]10号文件,为乡镇企业的改革与发展创造了空前良好的外部环境,乡镇企业在社会主义市场经济的大潮中又一次跃上浪尖,进入了一个新的发展阶段。1996年,乡镇企业从业人员达1.35亿人,增加值近1.8万亿元,实现出口交货值6 008亿元,利税总额达6 253亿元。其中从业人员和利税总额分别是1978年的4.8倍和56.8倍。

改革、发展与提高阶段(1997年以后)。1997年,承前启后、继往开来的中国共产党第十五次全国代表大会胜利召开。这一年也是乡镇企业发展史上不平凡的一年,乡镇企业历史的新篇章徐徐掀开。1月1日,《中华人民共和国乡镇企业法》公布实施;1月14日,国务院召开了全国乡镇企业工作会议;3月11日,中共中央下发了中发[1997]8号文件,这是我国乡镇企业发展中的"三件大事"。特别是在1998年4月21日,江泽民总书记发表了"要从国民经济和社会发展全局的高度来认识乡镇企业的重要地位和作用"的重要讲话,极大地激发了乡镇企业干部职工积极性。广大乡镇企业面临严峻的挑战,克服困难,抓住机遇,开拓进取,认真实施科教兴企、可持续发展、外向带动和名牌战略,以市场需求为导向,以质量效益为中心,以加快发展为重点,不断深化改革,结构和布局进一步优化,整体素质、运行质量和经济效益提高到了一个新水平。1998年,乡镇企业创造增加值2.22万亿元,比1997年增长17.3%;实现出口交货值6 854亿元,比1997年增长2.5%;利润总额达5 112亿元,比1996年增长5.1%。

不可替代的作用。乡镇企业经济总量的迅速增加,整体素质的不断提高,不仅在繁荣农村经济、增加农民收入、支持农业生产、转移富余劳动力、提高农民素质、加强精神文明建设等方面发挥了巨大作用,而且为我国经济发展、政治稳定和社会进步做出了重大贡献,已经成为中国农村经济的主体力量和国民经济的一大支柱。

是农村经济的骨干力量。乡镇企业的崛起,有效地改变了农村的产业结构和就业结构,为发展农村经济开辟了广阔的道路。20年来,我国农村逐步改变了以种植业为主的单一经营结构,形成了农工商综合经营的新格局。在农村社会增加值中,第一产业所占比重由70%下降到40%,二、三产业所占比重由30%上升到60%。随着产业结构的调整,大批劳动力从土地上转移出来,全国从事乡镇企业的劳动力占农村劳动力总数的30%左右,占富余劳动力的50%。大批农村劳动力务工经商,形成一支有较高素质的二、三产业大军,不断开辟新的生产领域,这是具有历史意义的进步。有的地方一、二、三产业融为一体,实现了区域化布局、专业化生产、产业化经营,既保证了粮、棉等主要农产品持续稳定增长,又实现了多次增值增利,大幅度提高了投入产出率和农业的比较效益,增强了农业自我积累、自我发展能力,促进了农村经济的全面发展。

是农村奔小康的重要途径。乡镇企业不但是农民增收的重要来源,而且成为增加集体积累、兴办公益事业的坚强支柱。1998年,农民人均纯收入的1/3来自乡镇企业,乡镇企业积累的集体资产占整个农村集体的近80%。集体经济实力的壮大,有力地促进了农村文化教育、医疗卫生等公共福利事业和水利、交通、通讯等基础设施的发展。在乡镇企业发达的地方,农民不仅物质生活富足,居住条件改善,而且精神生活日益丰富,呈现欣欣向荣、健康向上的社会主义新农村的可喜景象,农民长期以来梦寐以求的小康生活,正在变成现实。

是实现农业现代化的必由之路。乡镇企业的发展,为农业生产积累了大量的资金。20年来,乡镇企业用于支农补农建农的资金已达到1 500亿元,显著改善了农业生产条件,增加了农业技术装备。有些地方以加工企业为龙头,带动了种养业的规模经营和集约经营,形成了种养加一体化、产供销一条龙,在种植、养殖、加工、储藏、运销等各个关节,采用国内外的现代设备和先进技术,生产效率和效益得到大幅度提高。

是城乡一体化的重要环节。乡镇企业的主体是工业,充分利用农村土地、劳动、农产品、林产品、矿产品等资源,发展加工业和商业、服务业,大批农民亦工亦农、亦农亦商,形成星罗棋布的工业小区和工商业聚集的小城镇。小城镇的建设,又促进了城乡之间生产要素的合理流动和优化组合,促进了二、三产业的进一步发展。全国有近1.8万多个小城镇,这些小城镇成为当地政治、经济、文化、科技、信息中心,对农村经济和社会发展起着辐射和带动作用,展示了农村工业化和城乡一体化的广阔前景。

是增加社会有效供给、增强综合国力的有生力量。乡镇企业的生产经营,涉及到国民经济的各个领域。从日用消费品生产到生产资料生产,几乎无所不有。许多产品在国内同行业中占相当大的比重,如原煤占40%,水泥占40%,食品饮料占43%,服装占80%。乡镇企业不仅为城乡市场提供了日益丰富的产品,而且增强了国家的综合实力。1998年,全国国内生产总值的近1/3,全国税收收入的1/5,全国出口交货值的1/3,都来自乡镇企业。这说明,乡镇企业已经成为整个国民经济中最富有活力的新的增长点。

丰富而宝贵的经验。20年来，乡镇企业不仅取得了举世瞩目的成就，而且在改革与发展的实践中，为我国经济发展和改革开放积累了许多宝贵的经验。

坚持改革创新，建立富有活力的经营机制。乡镇企业在改革中求发展，勇于实践，大胆试验，开拓创新，始终坚持以市场为导向组织生产经营活动，逐步形成了一套独具特色的灵活机制，即：自主快速的决策机制，能进能出的用人机制，能上能下的干部机制，奖罚分明的激励机制，自负盈亏的约束机制，酬效挂钩的分配机制，自我积累的发展机制，等等。企业不吃“大锅饭”，职工不捧“铁饭碗”，干部不坐“铁交椅”。这种机制，促使企业干部职工奋斗拼搏，艰苦创业。缺少资金自己筹，缺少设备自己置，缺少人才自己学，缺少技术自己钻研，想尽千方百计，历尽千辛万苦，以坚韧不拔的毅力和实事求是的科学态度，克服一个又一个困难，使企业不断发展壮大。

坚持依靠科学技术，尊重知识和人才。为了适应激烈的市场竞争，乡镇企业十分重视科技和人才，加强技术改造，提高管理水平。我国转让的技术专利，60%被乡镇企业购买使用。乡镇企业新增投入的近一半用于技术改造和新产品开发。许多乡镇企业不惜重金引进人才，培养人才，注重智力开发，采用先进技术，强化企业管理。乡镇企业技术进步对增加值的贡献率达到45%以上，优质产品稳定率保持在95%以上，涌现出一批高质量、高档次、高科技含量、高附加值的名牌产品。

坚持对外开放，努力拓宽生存和发展空间。乡镇企业的发展，逐步突破社区和地域界限，市场角逐从“三就地”起步，不断向外拓展，充分利用国内、国际两个市场，，沿海、沿江、沿边和内陆全方位开放，外资、外贸、外经一起上，在参与大范围、高层次的市场竞争中，茁壮成长，由小变大，由弱变强。1998年，全国有出口产品的企业达到12.3万个，有进出口经营权的乡镇企业达到1 600多个，到境外办企业的越来越多，引进了大量的资金、技术和先进管理经验，提高了企业自身素质和经营管理水平。

坚持联合与协作，发挥规模优势。近几年，乡镇企业通过自身资本积累、滚动发展或联合兼并，促进生产向优势企业、优势产品聚合，形成了一批规模较大的企业，其中销售收入超过5 000万元的上规模企业8 726多个，并且涌现出一批企业集团。这些较大企业和企业集团，实力强，效益好，发展后劲足，起到了良好的示范和带头作用。

20年曲折坎坷的历程，20年艰难跋涉的足迹，乡镇企业创造了辉煌的成就。人们逐渐认识到，国家需要乡镇企业，市场需要乡镇企业，农业需要乡镇企业，农民需要乡镇企业。回首过去，放眼未来，只要乡镇企业以市场需求为导向，以质量效益为中心，积极推进两个根本性转变，就一定会以崭新的姿态屹立在新的世纪！

伟大的创造　重大的战略

——关于发展乡镇企业与邓小平理论关系的认识

宗　锦　耀

有一个时期，有一些部门和个人认为乡镇企业过时了，乡镇企业历史使命完成了，发展乡镇企业是暂时的、过渡的，甚至主张改变“乡镇企业”这个名称，用“中小企业”和“民营企业”替代；主张乡镇企业“脱农”，与农业、农村、农民各奔前程。对这些模糊认识，有必要对发展乡镇企业的必然性、重要性和正确性从理论和实践的结合上加以澄清。

发展乡镇企业客观的必然性体现在“三个符合”：即符合社会主义初级阶段的基本国情，符合社会主义市场经济的客观规律，符合广大农民群众的根本利益。乡镇企业为什么能够在中国大地上蓬勃兴起，经久不衰，显示出顽强的生命力？最主要的就是“三个符合”。

符合社会主义初级阶段的基本国情。党的十一届三中全会以来，邓小平领导党正确地分析国情，作出我国还处于社会主义初级阶段的科学论断。这是最大的实际，基本的国情。江泽民在党的十五大报告中指出，面对改革攻坚和开创新局面的艰巨任务，我们解决种种矛盾，澄清种种疑虑，认识为什么必须是这样的路线和政策而不能实行别的路线和政策，关键在于对所处社会主义阶段的基本国情有统一认识和准确把握。初级阶段就是不发达的阶段。而不发达主要是农村不发达。这就决定了必须在社会主义条件下经历一个相当长的初级阶段，去实现工业化和经济的社会化、市场化、现代化。这是不可逾越的历史阶段。我国12亿多人口9亿人在农村，农业人口多，耕地少，依靠种地，农民难以致富，农村劳力就难以就业，农业投入就难以增加。因此，只有发展乡镇企业，才能解决我国农业、农村、农民问题，才能实现国家工业化、农村城镇化、农业现代化。正如中共中央[1997]8号文件指出的，发展乡镇企业是推进我国社会主义现代化建设和强国富民的重大战略抉择。乡镇企业的发展为在我们这样一个农民占绝大多数的农业大国解决好农业、农村、农民问题，促进经济体制改革、国民经济和社会发展，探索出了一条成功之路。

符合社会主义市场经济的客观规律。长期以来，我国实行高度集中的计划经济体制，并把计划经济、公有制、按劳分配作为社会主义的重要特征，并把计划与市场看作是“姓社”和“姓资”问题争论不休。1992年，邓小平视察南方谈话中指出：“计划多一点还是市场多一点，不是社会主义与资本主义的本质区别。计划经济不等于社会主义，资本主义也有计划；市场经济不等于资本主义，社会主义也有市场。计划和市场都是经济手段。”党的十四大提出，经济体制改革的目标是建立社会主义市场经济体制。乡镇企业自诞生之日起就实行市场经济，生产要素从市场中来，产品到市场中去。这就是邓小平所说的“社会主义也有市场”。乡镇企业改革为我国市场经济体制的建立提供了成功的实践，做出了历史性贡献。同时，乡镇企业始终坚持以市场为导向组织生产经营活动，逐步形成一套独具特色的灵活机制。为适应社会主义市场经济体制的企业经营机制进行了有益的探索，提供了宝贵的经验。可见，乡镇企业是社会主义市场经济的先导队伍，它的发展符合市场经济的客观规律。

符合广大农民群众的根本利益。邓小平理论最高宗旨的体现就是一切为了人民的利益。他在《建设有中国特色的社会主义》一文中指出：“从中国实际出发，我们首先解决农村问题。中国有百分之八十人口住在农村，中国稳定不稳定首先要看这百分之八十稳定不稳定。城市搞得再漂亮，没有农村这一稳定的基础是行不通的。所以，我们首先在农村实行搞活经济和开放政策，调动了全国百分之八十人口的积极性。”建国后的相当长时期内，我国走了一条“城市搞工业，农村搞农业”的发展路子，形成了城乡二元经济格局，导致城市相对发达，农村相对落后。党的十一届三中全会之后，农业实行联产承包经营责任制，给了农民自主、自由、实惠，同时也极大地调动了亿万农民兴办乡镇企业的积极性，从此乡镇企业迅猛发展，农村经济发生了革命性的变化。邓小平高度赞扬，乡镇企业异军突起，是农村改革预想不到的最大收获。乡镇企业的发展顺应了亿万农民群众的意愿，符合农民群众的根本利益，成为农村致富奔小康的必由之路。

发展乡镇企业地位的重要性体现在“三个有利于”：即有利于发展社会主义社会生产力，有利于增强社会主义国家的综合国力，有利于提高人民的生活水平。我国乡镇企业之所以重要，就是符合邓小平提出的“三个有利于”的判断标准。它的蓬勃发展，使我国农村经济和整个国民经济发生了翻天覆地的变化，取得了历史性的伟大进步。

有利于发展社会主义社会的生产力。邓小平理论揭示社会主义本质，是解放生产力，发展生产力，消灭剥削，消除两极分化，最终达到共同富裕。邓小平分析了我国社会主义的主要矛盾是落后的生产力与人民日益增长的物质和文化生活需要之间的矛盾。他强调社会主义的根本任务是发展生产力。贫穷不是社会主义。发展是硬道理。农村有很多优势，资源丰富，劳力很多，能人也很多，但长期以来没有得到很好的利用，只有发展市场经济，推进工业化、城镇化、市场化、国际化，才能从根本上解放和发展农村的生产力。发展乡镇企业的过程，实际上是把亿万农民的积极性、创造性和农村的各种潜在生产要素进行调动、挖掘、组织，进而形成更大优势的过程。乡镇企业在具体发展中，怎么样从各个层次、各个方面调动人们的积极性，解放和发展生产力呢，那就是实行“多轮驱动，多轨运行”的方针，以集体经济为主导，多种经济成分共同发展。这一格局已取得巨大成功。到1998年，乡镇企业增加值已分别占到国内生产总值和农村社会增加值的1/3和2/3。

有利于增强社会主义国家的综合国力。国与国之间的较量实际上是综合国力的较量，增强综合国力，光靠国有企业、城市企业是不行的。农民在农村发展二、三产业的过程，就是农民在农村实现工业化、城镇化和现代化的过程，符合世界经济和社会发展要由农业国向工业国、乡村社会向都市社会转变的一般规律。乡镇企业在发展过程中，发挥优势，瞄准市场，繁荣市场，从拾遗补缺开始，迅速拓宽产业领域。乡镇企业生产的电子占全国的17%，机械占26%，建筑占28%，水泥占40%以上，服装占80%以上，中小农具占90%以上，砖瓦占95%以上。市场份额的不断扩大，使乡镇企业取得较好的收益，增强了自身的实力。过去，国民经济结构偏重，造成轻工业产品在市场上的严重短缺，许多日用消费品需要凭票供应，排队购买。乡镇企业大量进入这些领域，一举扭转了长期短缺的局面。这样，在增强综合国力的过程中，就形成了城市工业和农村工业“两翼”的格局。邓小平指出，乡镇企业的发展使城乡之间，工农之间相互影响，相互促进，这是一个非常生动的过程。1998年，乡镇企业实现工业增加值占全国工业增加值“半壁江山”，出口交货值占全国出口交货值的近40%，上缴国家税金占全国税收的近27%。国民经济增长7.8%，近一半是乡镇企业发展的贡献。乡镇企业的发展，大大提高了我国经济综合实力。

有利于提高人民的生活水平。邓小平多次强调，发展社会主义就是为了人民能够富起来。发展乡镇企业，安排了1.2亿多个农村富余劳动力就业，这是一个了不起的贡献，让这么多人直接在农村有业就，有钱挣，富裕起来。稳定了农村社会，化解了家庭承包经营后“人往哪里去”的矛盾，也减缓了城市就业的压力。发展乡镇企业，为增加农民收入，实现农村小康提供了有力保证。1998年乡镇企业支付职工工资加上其他方面的收入，农民人均收入来自乡镇企业部分占1/3以上，近些年净增部分主要来自乡镇企业。在基层，凡是乡镇企业发展比较好的地方，农民收入就高，农民负担就轻。发展乡镇企业，支援了农业的投入和农村各项社会事业建设。20年来，乡镇企业直接在社区内部支付这方面的投入就达2 000多亿元，大大改善了农民的生活环境。很多乡镇企业发达的农村，正向城镇转化，有的比城市还漂亮。发展乡镇企业，还是扶贫开发的治本措施，它实际上是把传统的“输血式”扶贫方式变成“造血式”扶贫方式，很多贫困地区通过发展乡镇企业，尤其是发展农业产业化“龙头”乡镇企业，一举脱贫。农民收入增加后，生活水平和质量大大提高，生活方式逐步转变，多年来农民梦寐以求的生活正在逐步变成现实。

发展乡镇企业政策的正确性体现在“三个尊重”：即尊重农民群众的实践，尊重农民群众的创造，尊重农民群众的选择。发展乡镇企业是党中央、国务院根据我国国情作出的战略决策。党和国家制定了一系列促进、引导、保护和规范乡镇企业发展的方针政策和政策法规。党和国家发展乡镇企业的决策、方针、政策是完全正确的。之所以正确，主要就在于符合邓小平理论的精髓——实事求是，坚持走群众路线，主要体现了“三个尊重”。

尊重农民群众的实践。马克思主义认识论认为，一切正确的认识和理论来源于实践，只有人们的社会实践才是人们对外界认识的真理性标准。邓小平坚持马克思这一认识论，恢复了党解放思想、实事求是、在实践中检验和发展真理的思想路线，进而确立了党的“一个中心、两个基本点”的基本路线。乡镇企业的发展，是亿万农民在探索社会主义中的一个伟大实践。对于这一伟大实践，当时由于受“左”的思想的影响，很多人把乡镇企业当做资本主义“尾巴”来割，有的认为是“以小挤大”、“以落后挤先进”、“小鱼吃大鱼”，是“不正之风的风源”。严重影响了乡镇企业的发展。党的十一届三中全会以后，邓小平和党尊重农民群众的这一伟大实践，破除“左”的影响，排除种种干扰，高度肯定乡镇企业的发展，并坚持从群众中来，到群众中去的群众路线，制定了一系列鼓励和促进乡镇企业发展的方针政策、法律法规。如5个中央1号文件、中发[1984]4号文件、中发[1997]8号文件、《中华人民共和国乡镇企业法》等。邓小平指出，乡镇企业发展的功劳是农民的，如果说中央有功绩的话，就是制定了一个好的政策。

尊重农民群众的创造。乡镇企业是改革的产物，又是改革的推动力。我国广大农民是富有创造性的，他们从实际出发，积极探索，大胆实践，勇于创造，农业家庭承包经营、乡镇企业、基层民主制度等，都是农民的伟大创造。在发展乡镇企业过程中，又创造了股份合作制、农业产业化经营、建设小城镇等。坚持改革创新，建立富有活力的经营机制。在生产经营中，形成了自主快速的决策机制，能进能出的用人机制，能上能下的干部机制，奖罚分明的激励机制，自负盈亏的约束机制，酬效挂钩的分配机制，自我积累的发展机制，企业有生有死，优胜劣汰，企业不吃“大锅饭”，职工不捧“铁饭碗”，干部不坐“铁交椅”。对于这些农民群众的创造，党和国家在很多文件和会议上，都给予充分的肯定，并把这些创造和经验上升为理论和政策，用于指导全国的工作。

尊重农民群众的选择。生产力发展水平很低，又千差万别，所以在乡镇企业发展的过程中，也不能是一种选择。在所有制形式上，条件较好的地方基本是以乡村集体企业为主体，有的地方则以联户企业和个体私有企业为主要发展形式。这种以乡村集体企业为主导，多种经济成分并存和共同发展的格局，是改革开放以后广大农民在所有制即生产关系调整方面的一种尝试和创造，这是不同于以往小农经济的更高阶段的生产关系的排列组合。在分配方面，除了按劳分配，还有按资分配，按技术分配，按其他各种要素分配。在企业的组织形式上，有独资、有合伙、有公司制等。在改革形式上，也是多种多样，有股份制、股份合作制、承包经营、租赁经营、组建集团、兼并、出售、破产等。在产业上，农、工、商、建、运、服全面发展。所有这些，党都尊重农民的意愿和选择，注意分类指导，因地制宜，因企施策，讲求实效，不搞“一刀切”、“一个模式”，不搞强迫命令、形式主义。

发展乡镇企业是邓小平理论的重要组成部分和这

一理论的伟大实践。乡镇企业的发展是邓小平理论和党的路线、方针、政策指引的结果。乡镇企业在中国大地上产生、发展、壮大有其客观必然性。它符合“三个有利于”标准。它是邓小平和党尊重农民群众的实践、创造和选择而作出的重大战略抉择。江泽民 1998 年在考察江苏省乡镇企业时指出，乡镇企业是中国农民的一个伟大创造，是党领导改革开放所取得的一项巨大成就，是关系国民经济和社会发展全局的一项重大战略，是解决农业、农村、农民问题，实现农业小康，推进中国特色工业化、现代化的一条成功道路，是一个必须坚持的长期的根本方针。我们一定要高举邓小平理论的伟大旗帜，坚持党的基本理论和基本路线，站在全局的战略高度认识发展乡镇企业的重要意义，坚定不移地推进乡镇企业的改革与发展。

潮落声中看潮起

——全国贯彻落实江泽民考察乡镇企业重要讲话精神综述

陈剑光　潘利兵

“九五”以来，曾经有一段时间，乡镇企业出现发展速度持续回落，出口增长大幅度下降，亏损面不断扩大，吸纳农村富余劳动力速度有所减缓的现象。这种似乎要面临全面滑坡的迹象，不仅引起全社会的注目，而且引起了党和国家最高领导人的重视。1998 年 4 月 21 日，江泽民总书记专程到江苏省考察乡镇企业并发表重要讲话。此举在全国各地引起强烈反响，似号角响彻神州，如春风吹遍大地，各地迅速行动起来，积极贯彻落实江泽民总书记重要讲话精神，不断掀起一个又一个热潮，努力为乡镇企业创造良好的发展环境，使乡镇企业改革与发展步入一个新的春天。

领导力度普遍加大。江泽民总书记讲话后，全国绝大部分省、区、市以党委、政府名义召开规格高、规模大的乡镇企业工作会议，党政一把手出席会议并作重要讲话。江苏、安徽、河南、河北、宁波、黑龙江、福建、辽宁、广西等省、区、市党委、政府主要领导亲自带头开展调查研究，帮助解决乡镇企业的实际困难和问题。辽宁省委书记闻世震对乡镇企业建立发展基金、降低电价、扶持新产品开发政策等十几个问题作出重要指示。河南省“四大班子”领导，到全省 40 个县市现场解决问题。河北省委、省政府主要领导深入到全省 70 个县、100 多个企业，主持召开部分特色产业龙头企业现场会，协调解决乡镇企业发展中遇到的 20 多个重大问题。北京、河南、河北、陕西、湖北、厦门等省、市主要领导亲自发表电视讲话、署名文章，为乡镇企业鼓劲撑腰。安徽省委书记回良玉强调，抓不好乡镇企业，死路一条；抓不好乡镇企业的领导是不合格、不称职的领导。全国各地对乡镇企业领导工作基本形成“一把手亲自抓，分管领导具体抓，主管部门全力抓，有关部门配合抓”的局面。

政策扶持力度普遍加大。各地抓住机遇，积极协调解决乡镇企业有关政策法规的出台。四川、重庆、安徽、天津、福建、内蒙古、江苏、北京、云南、山东、甘肃、大连等 14 个省、区、市，以政府名义出台加快乡镇企业发展的政策性文件。重庆、山西、四川、新疆、宁夏、云南、贵州、长春等 8 个省、区、市出台《乡镇企业法实施办法》。湖北、江西、黑龙江等省结合灾后重建，出台一些政策对乡镇企业加以扶持，其中黑龙江省出台 50 多项政策。这些政策性文件和地方性法规的出台，解决了长期以来困扰乡镇企业发展的资金、税收、负担、人才、职称、机构、外向型经济、技改等一些“老大难”问题。安徽省委、省政府发出《关于加快乡镇企业发展若干问题的决定》，明确规定资金、税收、人才、考核奖励、加快发展第三产业、外向型经济、乡镇企业管理办公室建设、减轻负担等方面的扶持政策。四川省委、省政府发出文件，对加强领导、深化改革、调整结构、增加投入、加快技改、加强机构建设等重大问题作出决定。江苏省出台扶持大中型乡镇企业发展的政策，以及减轻乡镇企业负担的政策，为乡镇企业发展提供了强有力的政策扶持。

资金投入力度普遍加大。安徽省委、省政府文件规定，建立乡镇企业发展基金 1 亿元，财政周转金3 000万元，出口创汇专项贴息贷款5 000万元，省级教育经费 150 万元，奖励资金 180 万元。已对 20 个技改资金在2 000万元以上的重点企业和 100 个产品有市场、有效益的企业重点扶持，全年固定资产投资达 177 亿元，其中技改投资 80 亿元。北京市委、市政府决定建立乡镇企业发展基金3 000万元。云南省委、省政府决定在原来每年安排3 000万元乡镇企业贷款贴息的基础上，再增加1 000万元，每年还安排 200 万元用于发展乡镇

企业的奖金，200万元用于乡镇企业人才培训。全国已有15个省、区、市建立了乡镇企业发展基金。浙江省乡镇企业局和省人民银行联合举办全省乡镇企业重点项目银企洽谈会，达成贷款意向32个项目，金额9.71亿元，并在全省实施"双百工程"，即100个"小巨人"企业和100个"小而精、小而专、小而特"企业，给予重点扶持和培育。宁波市政府组织银行、企业对话，帮助解决乡镇企业资金困难问题，已达成意向贷款项目21个，意向贷款2.86亿元；新批技改项目2 057项，投资总额54亿元。福建省加大技改和投资力度，全省技改和新上项目7 500个，其中重点技改项目20个，总投资110多亿元。黑龙江省大庆市推出一批科技含量高的项目招商引资达100亿元。山东省技改项目中投资超过1 000万元和高新技术项目比上年增长10%以上。

*结构调整力度普遍加大。*山西省突出大中型、高科技、外向型、东西合作、贸工农、股份制等"六大类企业"的措施收到实效。江苏省坚持扶优扶强，以优势产业、骨干企业和名牌产品为"龙头"，以资产为纽带，以科技为依托，培育和组建一批有较强竞争能力的重点企业集团。甘肃省围绕农、牧、药业产业化经营，增育新的经济增长点，河西地区已形成20多万吨的玉米生产加工能力。河南、陕西省的东西合作和小区建设，北京市企业的资产重组也成为新的经济增长点。各地对个体私有企业的发展越来越重视，为其提供科技、信息、管理等方面的服务，进一步营造发展的良好环境。中西部地区一些省份抓住国家扩大内需，灾后重建，加大基础设施建设的契机，促进建筑建材、交通运输等产业的发展，主动调整产业和产品结构，适应市场新的需求。

*市场开拓力度普遍加大。*福建、浙江等省有计划地组织一些企业到外省市搞市场调查，扩大产品销售队伍，提高本省产品在国内市场的占有率，同时根据市场需要，开发适销对路产品。福建省还积极组建商会、行业协会、市场开发中心等市场开发组织，加大市场开拓力度。针对亚洲金融危机的负面影响，广东、天津、大连、山西、宁夏、辽宁、安徽、广西、浙江、福建、青岛等省、区、市积极开发新产品，注意调整引资的结构、技术层次和规模，扩大对欧洲、美洲、中东、非洲等地区的出口份额，取得一定成效。福建省泉州市、山东省青岛市创新市场拓展手段，积极鼓励企业加入国际互联网，通过网络与海外客商洽谈业务，开展贸易。浙江、江苏、山东、福建、广东等省乡镇企业利用东南亚设备便宜的时机，引进先进设备，收购境外企业，取得良好效果。

1998年，在党和国家一系列方针政策和江泽民总书记重要讲话精神指引下，全国乡镇企业努力克服亚洲金融危机、市场竞争加剧以及特大洪涝灾害带来的影响和困难，抓住机遇，发挥优势，开拓市场，调整结构，加强管理，得到健康发展。

各地概况

北京市
天津市
河北省
山西省
内蒙古自治区
辽宁省
吉林省
黑龙江省
江苏省
浙江省
安徽省
福建省
江西省
山东省
河南省
湖北省
湖南省
广东省
广西壮族自治区
海南省
重庆市
四川省
贵州省
云南省
西藏自治区
陕西省
甘肃省
宁夏回族自治区
新疆维吾尔自治区
大连市
宁波市
青岛市
长春市
济南市
郑州市
广州市
成都市
兰州市
银川市

北京市

【基本情况】 1998 年,北京市乡镇企业完成营业收入 692.61 亿元,比上年增长 16.53%。实现增加值 149.77 亿元,比上年增长 16.51%,其中工业增加值 84.98 亿元,比上年增长 10.12%。净利润 32.69 亿元,比上年增长 21.84%。实缴税金 18.74 亿元,比上年增长 13.30%。固定资产原值 298.91 亿元,比上年增长 15.33%。

1998 年,北京市乡镇企业坚持以市场为导向,大力推进产业结构、产品结构、技术结构和市场结构的全面调整,使经济运行质量有所提高。全市乡村集体企业营业收入利润率 4.69%,比上年提高 0.52 个百分点;产值销售率 92.91%,比上年提高 0.96 个百分点;资产负债率 61.20%,比上年降低 2.62 个百分点。乡村集体企业亏损面比上年降低 10.5 个百分点,亏损额下降 2.8 亿元。

【资金投入】 1998 年,北京市乡镇企业技术改造、技术引进以资产重组为契机,投资比重增大,工作质量和效益水平有显著提高,起到了调整结构,拉动经济增长的作用。1998 年,投资 100 万元以上的项目 264 个,完成投资 12.9 亿元;其中投资 500 万元以上的竣工项目共 79 个,完成投资 9.3 亿元,达产后能新增销售收入 31.6 亿元、利润 4.3 亿元、税金 2.1 亿元、创汇 773 万美元。

【出口创汇】 受东南亚金融危机的影响,1998 年北京市乡镇企业出口遇到了前所未有的困难。针对这一新情况,北京市对 14 个区县的近百家乡镇出口企业进行调查,总结推广了应对危机的有效措施,力保出口稳定增长。1998 年,全市乡镇企业有出口生产企业 583 个,比上年增加 33 个;从业人员 9.61 万人,基本与上年持平;实现出口产品交货 40.57 亿元,比上年增长 2.79%,其中自营出口 15.36 亿元,比上年增长 10.42%。

【宏观管理】 1998 年,北京市以重组转制作为乡镇企业改革与发展的突破口,把企业重组转制工作列为重中之重。首先是明确目标。针对全市乡镇企业近年来发展中暴露出的规模小、技术和产品落后、人才匮乏、体制不顺、机制不活、效益不好等问题,市委、市政府明确提出以重组转制为突破口,通过重组转制,发挥首都区位优势,引进增量,盘活存量,优化产业、产品结构,建立现代企业制度,塑造富有竞争力的市场主体。二是突出重点,及时指导。市里把指导乡镇企业重组转制作为一项重要工作,明确市委、市政府分管副书记、副市长亲自抓。各区县都成立了重组转制领导小组,区县委书记、区县长,主管副书记、副区县长每人联系一个重点乡镇,指导重组转制工作。市乡镇企业局对 45 个重点乡镇企业重组转制情况跟踪指导。从区县到乡镇,实行一把手负责制,层层指导定方案,加大了行政推动的力度。三是加强典型和政策引导。市乡镇企业局先后组织召开了四次重组转制经验交流会,就重点乡镇、村及企业的重组转制工作进行交流。市、各区县先后出台一系列重组转制政策措施,加快了乡镇企业重组转制的步伐。四是坚持因企制宜,实行一厂一策。在北京市乡镇企业重组转制过程中,坚持用总量增加、效益提高、素质提高、机制转换四条标准来衡量重组转制的实际效果。围绕这四条标准,坚持从企业的实际出发,重组形式不搞"一刀切",因企制宜,宜股则股,宜租则租,宜卖则卖,宜联则联,实行一厂一策,甚至一厂多策。

【企业重组转制工作】 1998 年,北京市乡镇企业完成重组转制的企业达5 388个,共引进增量资金 46.4 亿元,盘活存量资产 27.2 亿元;引进

北京飞达电子集团在沙河镇建的新生产基地

先进技术136项，引进名优产品119个，置换经营者814人。1998年重组转制企业共实现营业收入175.6亿元，利润总额9.12亿元，增加值27.05亿元。重组转制企业个数占全市乡镇企业个数不足15%，但其总收入、利润总额、增加值占全市乡镇企业的比重分别为27.7%、23.9%和20.9%。1998年实现资产重组的4 496个乡村集体企业的亏损面降至6.9%，低于全市乡村集体企业亏损面，比重组前降低了18.3个百分点。截至1998年底，全市乡村集体企业累计已完成重组转制的企业达9 558个，重组转制面达74.1%。

1998年，北京市乡镇企业重组转制带动了总量增加、效益提高、机制转换，重组转制企业成为主要经济增长点。主要成效表现在以下方面：

一是通过重组转制重点培养了一批规模大、起点高、产品新的企业。1998年，北京市乡镇企业坚持从资产重组入手，带动企业转制。重视吸引来自欧美发达国家及其跨国公司的投资，建立规模大、起点高的合资、合作企业。重视引进民间资本，对投资欲望较强的部分个体、私有企业，积极与其合作，共办企业。国内外名牌产品、知名企业家在北京市各区县已经或正在投资建设的企业有119个。这些企业引资力度大，总投资规模达63.7亿元，其中引进资金达53.8亿元；产品竞争力强，其生产的产品有35个是市场名牌产品；生产规模大，设计年实现营业收入137.9亿元、利润总额16.4亿元。以这些项目为载体，一大批优秀人才、先进技术和设备也随之涌入，为北京市乡镇企业的发展积聚了后劲。

二是规模大、困难大的骨干企业的重组转制取得新进展，重组转制向纵深发展。1998年，北京市乡镇企业坚持重组与扭亏相结合，重组一批，扭亏一批。通过资产重组，初步扭转了规模大、困难大的企业的亏损局面。对扭亏无望企业先关停、后重组转制。“掏瓤租壳”，将亏损较大企业的动产变卖、人员分流，腾出厂房招商引资。“保底分成”，把有亏损但残资还有较大利用价值的企业与盈利企业联营，互补互利，有效运营。开发房地产，用亏损企业场地开发房地产业，使土地升值，效益增加。密云云成激光唱盘有限公司、房山区新街村水泥一厂和二厂、顺义县赵全营淀粉厂、通州区梨园冷风机厂、延庆县康庄拉链厂等一批骨干企业找到了合作伙伴，从而改变了重组转制只在小企业进行的状况，推进了重组转制向纵深发展。

三是吸引多种投资主体参与乡镇企业重组，多元化投资主体日渐形成。1998年，北京市乡镇企业在重组转制中大力招商引资，努力实现由过去单一集体投资主体经营向多元化、股份制联合经营转变，以股份形式实现重组转制。通过重组转制，吸引了大批的外国企业、国有企业、民营企业和个人投资，风险共担，利益共享，促进了企业的发展。1998年进行重组的4 496个乡村集体企业中，市属、中央企业及港澳台企业参与重组的占7.7%；私人及私有企业参与重组的占58%；其他类型参与重组的占34.3%。同时，企业制度和经营方式创新的企业不断增加，1998年共新组建企业集团3个，股份制企业27个，有限责任公司269个，股份合作制企业593个。通过重组，乡镇企业资产结构开始改善，投资主体趋于多元化，在新增资本金中，社会法人、个人和外商资本金占新增部分已超过60%，成为增长的主要力量。

四是涌现出一批经济实力强、经济效益好的强乡、强村和企业。1998年，北京市乡镇企业以重组转制为契机，采取膨胀与引进并重的策略，大力发展规模经济，又涌现出一批经济实力强、经济效益好的乡镇、村和企业，成为全市乡镇企业改革和发展的排头兵。一些乡镇通过重组转制，不仅增强了自身的经济实力，而且为全市乡镇企业重组转制创造了经验。一些村依托乡镇企业重组转制，经济总量迅速扩张，成为富裕村。一批乡村集体企业在重组转制后登上了一个新台阶。通过重组转制，还引进了一批中外知名企业，充分显示了其对经济增长的拉动作用，成为区域经济发展的重要增长点。

（李新志）

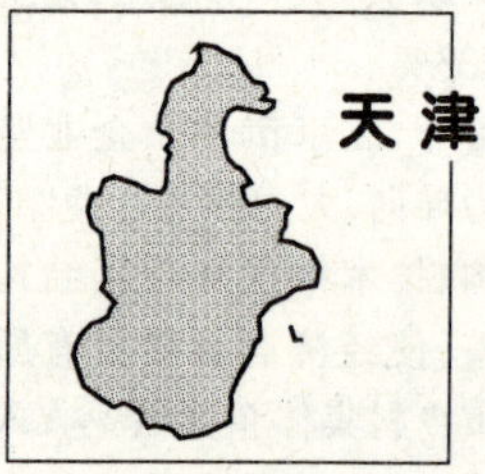

【基本情况】 1998年，天津市乡镇企业个数115 504个，比上年增加17 271个。职工115.36万人，比上年减少5.15万人。实现总产值1 336.64亿元，比上年增长13.58%。增加值280.3亿元，比上年增长18.66%。营业收入1 303.39亿元，比上年增长17.66%。利税总额145.02亿元，比上年增长18.08%。实缴各种税金20.24亿元，比上年增长12.96%。企业资产总额达到740亿元，比上年增长7.88%，其中固定资产原值356.93亿元，比上年增长12.64%。

按产业划分：第二产业有企业32 152个，比上年增加2 187个；职工87.75万人，比上年减少9.13万人；产值1 146.03亿元，比上年增长

10.54%;增加值206.44亿元,比上年增长11.35%,分别占全市乡镇企业总量的27.84%、76.07%、85.73%、73.05%。第三产业有企业83 352个,比上年增加15 084个;职工27.61万人,比上年增加3.98万人;产值190.62亿元,比上年增长36.15%;增加值73.86亿元,比上年增加45.82%,分别占全市乡镇企业总量的72.16%、23.93%、14.27%、26.95%。

按所有制划分:乡村集体企业有11 180个,比上年增加493个;职工72.03万人,比上年减少10.12万人;完成产值909.51亿元,比上年下降2.69%;实现增加值169.36亿元,比上年下降3.87%,分别占乡镇企业总量的9.68%、62.44%、68%、60.42%。个体私有企业有104 324个,比上年增加16 778个;职工43.33万人,比上年增加4.97万人;完成产值427.14亿元,比上年增长76.43%;实现增加值110.93亿元,比上年增长84.70%,分别占企业总量的90.32%、37.56%、32%、39.58%。

全市乡镇企业年营业收入超过100亿元的区县有7个,比上年减少1个。依次排列为,北辰区214.24亿元,西青区192.36亿元,宝坻县149亿元,静海县146.75亿元,宁河县128.52亿元,东丽区117.45亿元,武清县113.09亿元。在全市226个乡镇中,乡镇企业年营业收入超过10亿元的有27个,比上年减少15个。其中营业收入超过20亿元的乡镇有9个:静海县大邱庄镇73.17亿元;宁河县造甲乡46.52亿元,潘庄镇42.39亿元,大北乡30.64亿元,芦台镇27.06亿元;北辰区青光镇26.39亿元,双口镇24.4亿元,双街镇22.95亿元,北仓镇22.55亿元。在全市3 830个村街中,乡镇企业年营业收入超过2亿元的有79个。其中超过9亿元的村街有6个:静海县大邱庄镇尧舜街32.65亿元,津美街18.84亿元,津海街16.21亿元;北辰区宜兴埠镇科技街14.42亿元;东丽区大毕庄镇长青村9.44亿元;西青区杨柳青镇前桑园村9.11亿元。

【乡镇工业】 1998年,天津市乡镇工业企业有30 035个,比上年增加1 969个;职工81.21万人,比上年减少6.49万人;实现工业产值1 098.8亿元,比上年增长11.19%;实现增加值194.7亿元,比上年增加11.18%,分别占乡镇企业总量的26%、70.4%、82.2%、69.5%。

在乡镇工业中,乡村集体工业是主体。全市乡村集体工业企业有7 546个,职工60.83万人,实现产值824亿元,增加值141.9亿元,分别占乡镇工业企业总量的25%、74.9%、75%和72.9%。1998年乡村集体工业企业总产值、增加值、营业收入和利税总额分别比上年下降2.74%、5.37%、1.73%和2.93%,主要经济指标出现负增长,这是前所没有的。乡村工业企业两极分化状态明显,30%左右的企业在市场竞争中又有新的发展,30%左右的企业生产经营步履艰难,处于停产、半停产状态。企业个数、职工人数继续减少,分别比上年减少893个和9.42万人。减少的原因:一是有470多个集体企业停产、倒闭,涉及职工2.35万人。二是部分企业通过出售、拍卖,转为私有企业。

在乡村集体工业中,轻工业企业有3 695个,职工34.44万人,完成增加值73.55亿元,总产值435.29亿元,分别占乡村集体工业总量的49%、56.62%、51.83%和52.83%;重工业企业有3 851个,职工25.43万人,完成增加值68.34亿元,总产值388.68亿元,分别占乡村集体工业总量的51%、43.38%、48.17%和47.17%。

从行业上看,实现工业产值超10亿元以上的行业有21个,其中产值超过50亿元的行业有纺织、服装、化工、黑色金属、金属制品、交通运输设备制造、电器机械制造等7个行业,这7个行业共有企业3 584个,职工30.4万人,实现工业产值556.77亿元、增加值78.28亿元,分别占乡村工业企业总量的47.5%、50.77%、67.57%和55.17%。

在资金紧缺的情况下,乡村集体企业多方筹集资金,仍然保持一定的投入。1998年施工项目个数1 807个,其中当年新开工项目1 667个,全年固定资产投资总额34.74亿元,其中用于设备购置19.3亿元。

【建筑业】 1998年,天津市乡镇建筑业又有了一定发展,企业个数达到2 117个,比上年增加218个;职工总数6.5万人,比上年减少2.67万人;实现总产值47.23亿元,占乡镇企业总产值的3.53%;实现增加值11.72亿元,占全部增加值的4.18%。建筑企业进城施工职工人数2.83万人,进城施工总产值11.14亿元,进城施工房屋竣工面积120万平米。在建筑企业中,集体企业268个,职工人数4.08万人,完成产值19.28亿元;私有企业561个,职工人数1.67万人,完成产值14.45亿元;个体企业1 288个,职工0.79万人,完成产值13.5亿元。

【第三产业】 1998年,天津市乡镇企业第三产业发展较快,成为乡镇企业发展的重要增长点。第三产业共有企业8.34万个,比上年增加1.51万个;职工27.61万人,比上年增加3.98万人;完成产值190.62亿元,比上年增长36.15%;实现增加值73.86亿元,比上年增长45.28%;实现利税34.82亿元,比上年增长44.48%。在乡镇企业第三产业中,交通运输业有企业2.88万个,从业人员9.81万人,实现产值67.4亿元,增加值27亿元。商品流通企业3.83万个,从业人员11.82万人,实现产值63.7亿元,增加值28.75亿元。旅游饮食服务企业1.62万家,职工5.73万人,实现产值49.14亿元,增加值15.9亿元。房地产业有企业55个,从业人员2 397人,实现产值10.39亿元,实现增加值2.18亿元。

【个体私有企业】 1998年,天津市乡镇个体私有企业发展迅速,已经成为乡镇企业的主要经济增长点和重要组成部分。全市有10.43万个乡镇个体私有企业,从业人员43.33万人,年产值427.14亿元,在乡镇企业中已三分天下有其一。在个体私有企业中,私有企业有9 849个,从业人员17.06万人,年产值163.34亿元;个体企业有94 475个,从业人员26.27万人,年产值263.8亿元。在私有企业中已经涌现出一批有一定规模、较强竞争实力的私有企业集团和骨干企业。1998年全市评出的百强私有企业中,属于乡镇企业的有46个,其中东丽区富士达集团、北辰区德祥集团、津南区宝成集团、北辰区德力得集团、津南区玉祥成集团等在同行业已经成为龙头企业。

【外向型经济】 1998年,天津市乡镇企业外向型经济发展稳中有升。在乡镇工业中,生产出口产品的企业有1 334个,比上年减少64个。职工人数24.56万人,比上年减少1.12万人。完成出口产品交货值139.67亿元,其中直接出口交货值85.6亿元,间接出口交货值54.06亿元。在直接出口交货值中,交外贸部门40.89亿元,企业自营出口43.58亿元,工缴费收入1.13亿元。

按产品类别划分,乡镇企业出口产品交货值超过10亿元的有6个:服装32.25亿元,轻工21.77亿元,其他产品22.43亿元,工艺品15.17亿元,纺织品12.99亿元,机械产品11.44亿元,化工产品11.11亿元。在乡镇出口企业中,年出口产品交货值超过1 000万元的企业有353个,其中有15个企业超过亿元,有5个企业超过2亿元,出口交货值最高的天津乐金电子电器有限公司达16.3亿元。

1998年,天津市列入乡镇企业统计范围的外商投资企业484个,比上年增加137个;职工8.43万人,比上年增加2.6万人;实现营业收入140.32亿元,比上年增长51%,占乡镇企业总收入的10.76%。外商投资企业当年实际投资额3 245万美元,其中外商投资额2 384万美元;累计投资额7.22亿美元,其中外商投资4.47亿美元。在外商投资企业中,中外合资企业238个,中外合作企业有29个;与港澳台合资企业198个,与港澳台合作企业19个。

【宏观管理】 1998年,是天津市乡镇企业发展遇到困难最大的一年,也是各级党委、政府对乡镇企业发展最重视、领导力度最大的一年。市委书记张立昌多次过问乡镇企业的发展和改革情况,听取乡镇企业的工作汇报,并多次对乡镇企业工作作出重要指示,对乡镇企业的发展提出具体要求。市长李盛霖,副市长杨新成、孙海麟,市委秘书长王文华等先后到市乡镇企业局现场办公,听取乡镇企业的情况汇报,并分别作了重要指示。这样多的市委、市政府领导关注乡镇企业工作并到乡镇企业主管部门现场办公,在天津市还是第一次。

为了更好地推动乡镇企业的工作,1998年1月14日、3月16日、8月20日,先后以市政府名义召开了全市乡镇企业专业会议、乡镇企业生产形势分析会和市乡镇企业工作会议,副市长杨新成、孙海麟、朱连康分别在会上作了重要讲话。这几次会议,分析了形势,统一了思想,明确了目标,制定了措施,对全市乡镇企业工作起到重要的推动作用。为了帮助乡镇企业开拓市场,搞好营销工作,1998年9月22日,市农办、市商委、市经贸委、市建委和市乡镇企业局联合召开了天津市乡镇企业工商贸联手开拓市场工作会议,副市长夏宝龙、王述祖、孙海麟出席会议并分别讲话。会议对乡镇企业如何开拓市场,搞好营销工作提出具体要求。为了帮助乡镇企业协调资金,缓解部分企业资金紧缺的状况,市政府出面,把乡镇企业列入全市资金协调的总体盘子,通过协调各专业银行和有关金融部门,共为乡镇企业解决贷款10亿多元,使部分停产、半停产企业恢复了生产,对全市乡镇企业生产任务的完成起到了推动作用。

【科技进步】 1998年,天津市乡镇企业系统加大科技进步的力度,在技术改造、技术创新、产品开发、质量管理等方面有新的进展。全年乡镇集体企业共实施改建、扩建项目1 161个,占全部建设项目的64%;实际固定资产投资15.9亿元,占全部投资额的45.8%。有2个企业被评为市技术创新先进企业,2人被评为市级技术创新带头人;获得市级优秀新产品一等奖1项,二等奖1项。乡镇企业有6个产品列入国家级重点新产品试产计划,13个项目列入市技术创新计划。开发新产品76个,投入新产品开发的资金3 400万元。新产品中达到国际水平的有4个,填补国内空白的有22个,填补市内空白的有36个,专利产品7个。有7个项目列入国家级星火计划,13个项目列入市级星火计划。

继续抓好乡镇企业质量管理工作，先后举办两期质量工作培训班。对30个乡镇企业开展了ISO9000系列质量体系认证的培训工作，又有15个乡镇企业通过了认证，累计通过认证的企业已达到47个。有8个乡镇企业产品被评为市级名牌产品，使乡镇企业市级名牌产品累计达到30个。结合创名牌活动，在240个乡镇企业中开展了250多项质量攻关活动，为企业增加效益2 600万元。

【企业改革】 1998年是天津市乡镇企业改革工作的攻坚年。从市到区县都加强了对乡镇企业改革工作的领导。3月份，市政府组织市有关部门和各区县的主要领导赴江苏、浙江两省学习考察乡镇企业改革的经验和做法。在此基础上，4月份召开了全市乡镇企业改革动员大会，市政府领导作工作动员，明确了乡镇企业改革的任务、目标、方法和措施。这次大会还请江苏省乡镇企业局、江苏省宜兴市的领导作大会发言，介绍改革的经验和做法。上半年市政府先后批转了市农办、市乡镇企业局《关于进一步深化乡镇企业改革的意见》和市体改委、市乡镇企业局《天津市乡镇企业股份合作制暂行办法》，进一步明确了深化乡镇企业改革的指导思想、目标、原则和有关政策，并成立了市乡镇企业改革工作推动组。各区县也组成专门工作班子，制定改革工作实施方案和政策措施，使改革工作能够健康进行。到1998年底，全市乡村集体企业完成改制的企业5 460个，占应改制企业总数的70.2%。其中组建有限责任公司和股份有限公司的共有596个，占改制企业总数的10.9%；实行股份合作制的企业1 476个，占27%；拍卖、出售的企业665个，占12.2%；实行兼并的企业130个，占2.3%；破产企业20个，占0.4%；实行租赁经营和其他改制形式的企业2 583个，占全部改制企业的47.2%。乡镇企业改制后，企业活力明显增强，企业负债率有所下降；生产要素在流动中得到优化，部分停产企业改制后恢复了生产经营活动，使一些长期闲置的资产重新得到有效利用。通过改制，乡村集体经济组织具有了一定的经济调控能力，乡镇企业的经济运行质量也有明显提高。

【教育培训】 1998年，天津市在乡镇企业中继续开展"百万人才培训工程"。以各级乡镇企业行政主管部门为主，对乡镇企业厂长经理、专业技术人员、供销业务人员、企业班组长、技术工人、工管员、特殊工种工人七类22种岗位人员进行了系统的岗位培训，参加培训的职工共有3.4万人。还举办了各类短期实用技术培训班，培训乡镇企业各类管理和技术人员12.6万人。继续开展乡镇企业技师评聘的试点工作，评聘的范围包括车、钳、焊、电、缝纫、地毯、汽车维修、汽车驾驶等工种，共有178名乡镇企业技术工人申报了技师。继续开展了乡镇企业专业技术职称评聘工作，又有11人获得高级专业技术职称，326人获得中级专业技术职称。1998年全市乡镇集体企业中具有各类专业技术职称的技术人员已有43 745人，占乡镇集体企业职工总数的6.15%。其中具有中级专业技术职称的技术人员有13 798人，具有各类高级专业技术职称的专业技术人员已有3 886人。为了搞好乡镇企业人才交流和引进工作，建立了天津市乡镇企业人才交流服务中心，并与天津市北方人才市场建立了长期合作关系，形成了定期进入北方人才市场为乡镇企业招聘人才的工作制度。并建立了乡镇企业人才库，为乡镇企业推荐各类专业技术人才。

【骨干企业】 1998年，在天津市乡村集体工业企业中，年销售收入1 000万元以上的企业达1 314个，占乡村集体工业企业总数的17.14%；完成增加值97.59亿元，销售收入532.62亿元，出口交货值104.8亿元，分别占全市乡村集体工业企业的68.78%、75.19%和80.47%。

在骨干企业中，年营业收入在1亿元以上的企业90个，排在前10位的乡镇企业集团是：静海县大邱庄尧舜集团，有成员企业12个，职工5 996人，年营业收入32.66亿元，增加值4.24亿元，利税总额2.74亿元，固定资产10.7亿元。静海县大邱庄津美集团，有成员企业14个，职工5 211人，年营业收入19.84亿元，增加值3亿元，利税总额1.94亿元，固定资产7.8亿元。静海县大邱庄津海集团，有成员企业52个，职工2 601人，年营业收入16.21亿元，增加值2.84亿元，固定资产3.95亿元。西青区先达集团，有成员企业36个，年营业收入9.12亿元，增加值1.47亿元，利税总额9 758万元，固定资产2.66亿元。武清县富强集团，有成员企业5个，职工3 876人，年营业收入5.97亿元，增加值9 915万元，利税总额7 305万元，固定资产2.77亿元。西青区恒兴顺集团，成员企业8个，职工898人，年营业收入5.29亿元，增加值1.07亿元，利税总额7 112万元，固定资产1.75亿元。北辰区双街钢管集团，有成员企业11个，职工1 039人，年营业收入5.14亿元，增加值8 240万元，利税总额6 686万元，固定资产6 794万元。北辰区万达轮胎集团，有成员企业7个，职工207人，年营业收入4.93亿元，增加值8 542万元，利税总额5 793万元，固定资产1.27亿元。宁河县永兴企业集团，有成员企业 7 个，职工 1 502人，年营业收入 4.74 亿元，增加值5 074万元，利税总额1 638万元，固定资产 1.46 亿元。西青区高达集团，有成员企业 11 个，职工 1 604人，营业收入 4.7 亿元，增加值6 199万元，利税总额4 330万元，固定资产9 436万元。

（张晓建）

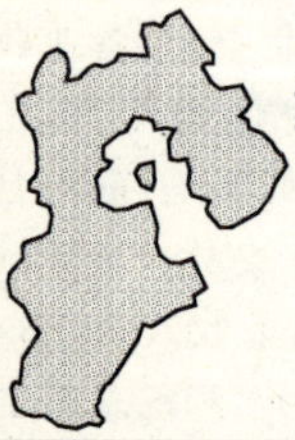

河北省

【基本情况】 1998 年，河北省乡镇企业实现营业收入5 699亿元，完成增加值1 496亿元，上缴税金 78 亿元，分别比上年增长 21%、21% 和 18%，增幅均高于全国平均水平。

主要有 1998 年，河北省乡镇企有业五个突出的支撑点和增长点：一是建材和建筑装饰行业适应国家基础设施建设投资的需要，产销两旺，在乡镇企业发展中起到了重要的支撑和拉动作用。二是随着农业产业化经营向深度和广度推进，各种所有制的龙头企业的发展壮大，有力地带动了乡镇企业农副产品加工、运销业的发展。乡镇建材行业和农副产品加工产业产值已占乡镇企业总产值的 40% 左右。三是第三产业的迅猛发展，为乡镇企业开辟了更加广阔的发展领域。一大批农村富裕劳动力转向第三产业，既促进了产业结构的调整，又为调整中的一些困难企业寻找到新的发展机遇。四是农村个体私有企业发展势头强劲，增加值增幅达到 22.1%，高出集体企业 3.3 个百分点，已成为乡镇企业最具活力的新增长点。五是一批大企业、大集团通过改制活力增强，发展势头良好，区域特色产业规模扩大，水平提高，对乡镇企业的持续稳定发展起到骨干带头作用。

乡镇企业在河北省经济和社会发展中的地位、作用日益突出，影响力与日俱增，已经成为活跃农村经济，加速农村工业化、城镇化和现代化，推动全省经济新高涨的一支重要力量。主要表现在七个方面：一是乡镇企业为全省国内生产总值的增长起到有力的支撑作用。1998 年全省乡镇企业实现增加值占全省国内生产总值的 35.3%，拉动全省国内生产总值增长 10.7 个百分点的近 6 个百分点。二是乡镇企业已成为全省财政收入的重要来源。乡镇企业上缴税金占全省的 23%，比上年增加 1 个百分点，有一半以上的县市占到 50% 以上。三是乡镇企业已成为增加农民收入的重要途径。1998 年全省农民人均纯收入来自乡镇企业的部分为1 178元，占农民人均纯收入的 49%。四是乡镇企业已成为增加农业投资的重要渠道，全省乡镇企业用于支农建农资金约 8 亿元，已成为农民对农业投入的重要组成部分。五是乡镇企业已成为转移农村富余劳动力的主要场所。乡镇企业职工已达 750 万人，占全省农业劳动力的 28%。六是乡镇企业成为促进小城镇建设的重要力量。已形成了近 100 个具有一定规模的各类工贸小区，吸引了 60 多万农民到小城镇务工经商，加快了农村工业化进程。七是乡镇企业的发展带动了农业产业化的发展。全省从事农副产品加工的企业已达到 2 万多个，其中有一定规模的龙头企业发展到 300 多个，为增加农民收入，加快农业产业化经营做出了贡献。乡镇企业经济运行的质量和效益，不仅影响农村经济发展，而且关系到全省经济发展全局。

【宏观管理】 河北省委、省政府高度重视乡镇企业，1998 年 1 月 19 日，省委、省政府印发了《关于进一步深化乡镇企业改革的意见》；2 月 24 日，省委、省政府发出《关于 1998 年农业和农村工作的意见》，要求"以'四创'为目标，不断提高乡镇企业和区域特色经济的发展水平"；"大力推进'三改'（改革、改制、改造）、'两开'（技术开发、产品开发）、'一加强'（加强企业管理），促其上规模、上档次、上质量、上效益，尽快形成有河北特色的产业格局"。河北省政府办公厅转发了省乡镇企业局、省科委《关于加快乡镇企业向科技型企业转化的意见》。4 月 6—7 日，省委书记程维高、省长叶连松召集部分特色产业龙头企业，现场办公，解决问题。6 月份，省政府召开了全省乡镇企业工作会议。10 月份，省委、省政府召开了全省乡镇工贸小区经验交流会。四季度，在全省开展了减轻乡镇企业负担大检查。这些会议、文件和工作对河北省乡镇企业发展起到了有力地的推动作用。在"讲政治、顾大局、保增长、做贡献"的活动中，各级党委、政府都把加快乡镇企业发展作为保增长的关键性措施，取得了明显成效。特别是河北省人大第九届第六次会议于 1998 年 12 月 26 日通过了《河北省实施〈中华人民共和国乡镇企业法〉办法》，标志着河北省对乡镇企业的管理走上了法制化的轨道，必将进一步促进乡镇企业的稳定健康发展。

江泽民视察江苏省乡镇企业并发表重要讲话之后，省委、省政府要求各级党委、政府领导把学习宣传江泽民讲话精神当作一项重要任务，以江泽民讲话精神统一干部和群众的思想，正确认识乡镇企业所面临的新形势，增强抓好乡镇企业的信心和决心，结合本地乡镇企业发展实际，认真研究谋划乡镇企业的改革与发展。省委书记程维高、省长叶连松亲自到保定市调查研究，并主持召开部分特色产业、龙头企业现场办公会，各有关市县的书记、市长(县长)、省直有关部门和15个龙头企业负责人参加，协调解决了涉及企业发展与提高急待解决的20多个重大问题。省委副书记赵金铎、副省长郭庚茂也分别到衡水、唐山、邢台、石家庄、沧州、廊坊等地进行乡镇企业专题调研。为了加大宣传力度，1998年4月28日，省委、省政府主持召开有省委办公厅、省委农工部、省政府办公厅、省政府研究室、省乡镇企业局等有关部门参加的学习江泽民讲话座谈会，研究学习宣传贯彻的措施。省乡镇企业局向各市县发出明传电报，部署学习宣传贯彻落实江泽民讲话，并组织力量分5个组深入到70个县、100多个企业，调查乡镇企业发展中呈现的新特点，遇到的新问题，研究对策。

【结构调整】 1998年，河北省乡镇企业把结构调整作为重中之重，把组建大企业集团、发展农业产业化龙头企业和争创名牌产品作为结构调整的突破口，加大工作力度。各市、县认真贯彻省委、省政府确定的“转机制、调结构、进市场、创新业”和“实现一个确保，突出三大重点，抓好两个基本，强化一个保障”的思路和举措，扎扎实实做好工作，对河北乡镇企业发展起到了有力的推动作用。邢台市实施了“五个一批”工程，即围绕特色产业和农业产业化建设一批工业小区，组建一批企业集团，发展一批规模企业，培育一批名牌产品。邯郸市实施了“一一五”工程，即重点建设10个农业产业化龙头企业，培育1个“农”字型拳头名牌产品，发展5个农业特色经济生产加工区。石家庄市实施了以调大、调高、调优为主要内容的“八个十”工程，即十大集团、十大名牌、十大高新技术企业、十大外向型企业、十大区域特色产业、十大工贸小区、十大产业化基地、十大重点项目。抓住国家加大基础设施投入的机遇，千方百计增加投入，加快重点项目建设。河北省乡镇企业通过大力实施“四改一提高”工程，在加大老企业技术改造的同时，又新建了一批规模大、科技含量高的新项目，总数达1.1万个，总投资完成400多亿元。全年新组建省级企业集团32个，其中2个进入省政府重点扶持的30个支柱型企业集团的行列，国家级和省级企业集团达到133个。改造和新建了500个农业产业化龙头企业，全年完成总投资90.2亿元。有7个产品被评为全省十大区域特色名牌，15个产品被评为河北省名牌产品，56个产品被评为系统名牌产品，在省工商局认定的68个1998年河北省著名商标中，乡镇企业占了25个。同时，还加大了布局结构调整力度，新建全国乡镇企业示范区3个，总数达到5个；新增省级示范小区15个，总数达到29个；新增年产值5亿元以上的乡镇企业工贸小区11个，总数达到78个。

【企业改革】 1998年初，河北省委、省政府就发出《关于进一步深化乡镇企业改革的意见》，提出全省乡镇企业改革要“以邓小平理论为指导，认真贯彻落实党的十五大精神，坚持‘三个有利于’标准，以调整完善所有制结构，加快建立适应社会主义市场经济体制和社会化大生产要求的充满生机和活力的新的经营机制为目标”，“重点是改革产权制度，创新经营机制，推动产业、产品优化升级，加快科技进步和加强企业管理，全面提高企业素质”。通过改革，使企业“建立一个好机制，开发一批好产品，建立一套好的管理制度，培养一个适应社会化大生产和市场经济发展的好领导班子，实现资产增值、企业增效、职工增收，为农村经济持续、快速发展再做新贡献”。全省乡镇企业按照这个文件精神，积极开展工作。在全省总结推广了石家庄市、廊坊市、春风集团、恒利集团、华美粮油公司等12个不同类型的典型经验，乡镇企业改革稳步向前推进，改制面已达到81%。各地在改制过程中，既大胆探索，又注意规范操作，做到既避免集体资产流失、银行债务悬空，又能通过改制使企业活力提高，对市场

河北辛集制革工业区

经济的适应能力增强。全省乡镇企业已有有限责任公司1 222个，股份有限公司337个，股份合作制企业18 855个。

【科技教育】 1998年，河北省乡镇企业突出抓了科技型企业转化、职称评定、新产品开发和新技术、新成果的推广应用。全年共转化科技型企业774个。评定高级职称111名，中级职称2 000名，初级职称4 000余名。获农业部科技进步奖3项，中国乡镇企业科技进步奖4项，省科技进步奖和企业技术进步奖30项。开发市级以上新产品1 600个，其中100个通过省级以上鉴定，有10%左右达到国内先进水平。有5个企业被农业部命名为“全国乡镇企业技术创新示范单位”。在冶金、建材、机械、轻工、食品等重点行业推广了86项先进适应技术，868个企业消化吸收先进技术和科技成果，全年增加经济效益4.7亿元。

教育培训工作以青工岗位培训、持证上岗培训和大专自考为重点，培训乡镇企业干部职工20万人次，使干部职工文化素质结构发生了明显变化，特别是经营管理者队伍素质明显提高。在1998年度评比中，有44人名被评为全国优秀厂长、经理，有200人被评为全省优秀厂长、经理，有268人继续保留了明星企业家和优秀企业家称号。

【外向型经济】 1998年，河北省乡镇企业对内对外开放工作以两个根本性转变为核心，以改革开放为动力，继续实施“两环开放带动战略”，进一步加大对内对外开放的工作力度，加快开放步伐，提高开放水平。对内开放方面，突出抓与北京、天津两市的经济技术合作和东西合作工作，全年引进省外资金达到48亿元，争取国家东西合作项目贷款1 600万元。在对外开放方面，全年实际投产“三资”企业209个，实际到位外资2.56亿美元，比上年增长10.8%。全年出口产品交货值达到185亿元，比上年增长14.4%。乡镇企业新增自营出口企业20个，累计达到85个。有29个企业被农业部和外经贸部评为“全国乡镇企业出口先进企业”，有2个县、镇被评为“全国乡镇企业出口先进单位”。有4个企业被批准为国家“贸工农”出口产品生产基地，获技改贷款1 080万元。

【法制建设】 1998年12月26日，河北省人大通过《河北省实施〈中华人民共和国乡镇企业法〉办法》。这部33条的地方性法规，历经省人大常委会三次审议得以通过。作为国家乡镇企业法的配套性法规，将为扶持和引导河北省乡镇企业持续健康发展，维护乡镇企业合法权益，规范乡镇企业行为提供重要的法律保障。按照河北省的立法计划，1997年初省乡镇企业局开始立法调研等准备工作，除在本省调研外，还赴外省市了解制定实施办法的经验，收集了全国十几个省、市、自治区发展乡镇企业的政策性文件和四川、长春、宁夏、贵州、山西等地出台的“实施办法”或条例。形成初稿后，先后两次征求全省乡镇企业系统的意见并多次进行修改，形成“实施办法”草案送审稿报省法制局。省法制局向省经贸委、财政厅、国税局、工商局等19个部门征求意见，尔后针对有关部门的意见，省乡镇企业局和法制局组成调研组，到秦皇岛、廊坊等市及部分县(市)进行调研，分别同乡镇企业以及市、县政府领导及有关部门负责人座谈，在协调省有关部门意见的基础上，进行了修改。最后，于1998年5月22日省政府第七次常务会议讨论通过，提交省人大常委会审议。在省人大三次审议的半年间，省人大常委会部分委员先后深入6市20多个县进行立法调研，直接听取基层干部群众意见。草案两次印发全省各县(市、区)征求基层意见。在第三次审议中，邀请20多名乡镇企业负责人和基层干部列席会议并发表意见，这些意见成为委员审议和修改法规的重要依据。

(高惠民)

山西省

【基本情况】 1998年，山西省乡镇企业完成增加值352亿元，比上年增长20.5%，占全省国内生产总值新增部分的45%。其中乡镇工业增加值完成273亿元，比上年增长18%。实现总产值1 430亿元，比上年增长24.6%。完成税金29.22亿元。乡镇企业为农民提供人均纯收入620元，比上年增长14.8%，占全省农民人均纯收入的33.3%。各项主要经济指标保持了平稳增长的态势。同时六项重点取得显著成效。自1997年提出“三大调整”、“六项重点”的工作方针以来，经过近两年来的实施，取得显著的成效。1998年，全省大中型乡镇企业新增60个，达到231个；省级乡镇企业集团新增20个，达到70个；科技型企业新增83个，达到233个；“三资”企业新增16个，达到162个；外向型企业新增36个，达到432个；东西合作企业新增38个，达到138个；农副产品加工企业新增59个，达到259个。骨干企业规模效益显著提高，1998年全省1 000余个销售收入

500万元以上的工业企业，完成增加值占到全省乡镇企业总量的20%。

【企业改革】 1998年，山西省乡镇企业改革和机制创新取得了突破性进展。全省3.6万个乡村集体企业中已改制的2.36万个，占乡村集体企业总数的65%，股本总额达到85亿元，盘活资产30亿元。其中股份制企业900个，股份合作制企业9 150个，兼并企业350个，租赁企业10 500个，拍卖企业2 700个。晋城市100个试点企业除个别企业外，都完成了改制任务，并能较规范地运行。全省乡镇企业的改革以明晰产权，实施产权制度改革为核心内容。改革的成果体现在改制企业向市场经济转轨，向现代企业制度转轨，向资本运营转轨。通过改革，乡村集体企业明确了产权关系，变"大家虚有"为"大家实有"，变"无限责任"为"有限责任"，变"一元投资主体"为"多元投资主体"，使集体资产实现了有效流转，改制企业充满了生机和活力，成为新的经济增长点。

【结构调整】 结构调整是1998年山西省乡镇企业的工作重点。全省乡镇企业以培育优势产业、骨干企业和拳头产品为着力点，加快结构调整的力度，取得了好的效果。共关闭"十五小"企业2.5万余个，其中土法炼磺炉2 700座，5 000吨以下造纸厂620个，小水泥厂100多个，8立方米以下小高炉1 566座，取缔土焦炉1.2万座。铸造加工有较大提高和发展，机焦产量所占比重提高了5个百分点。新建项目发生了明显变化。新上了一批规模大，科技含量高的项目。全省乡镇企业基建技改项目3 552个，投资在500万元以上的乡镇企业项目达325个；产品科技含量较高的项目1 730项，占项目总数的48.7%。农业产业化龙头企业增多。全省乡镇企业对农副产品加工项目的投入明显上升，投入量比上年上升23.6%，农副产品加工项目642个，占项目总数的18%。从资金投向来看，私有企业的投资占全部投资的份额迅速增加。在全部投资中集体企业与私有企业所占比例由上年的75:25变化为1998年的66:34。第二产业特别是工业投资所占比重下降，第一、三产业上升。第二产业中工业的投资绝对额较上年下降11.52%。其中煤、焦、铁等行业下降较多，煤炭投入降30.6%，焦炭下降21.3%，生铁下降5.6%。技改项目的投资比重明显上升，新建项目的投入比例下降，即新建与技改投入占全部投入的比重由上年的59:41变化为51:49。从全省各地来看，晋城市的生铁技术改造和精加工，晋中的焦化改造，阳泉的矿产品深加工，长治市的环能、环农加工，太原市的清洁能源建设，各地市的新产品开发、科技进步、全省乡镇企业农副产品加工的发展等，反映出全省乡镇企业结构调整的可喜变化。

【外向型经济】 1998年，山西省乡镇企业利用自己的机制优势，努力克服东南亚金融危机的影响，积极开拓国际市场，使全省乡镇企业外向型经济保持了平稳发展的势头。乡镇企业完成出口产品交货值45亿元，创历史最高水平。焦炭、生铁虽价格下跌，但企业强化管理，降低成本，提高质量，在效益不高的情况下，巩固市场，抢度难关。晋城市乡镇企业完成出口产品交货值1.7亿元，比上年增长78%。介休市的焦炭出口比上年有较大幅度增长。生铁的主要出口厂家安泰集团公司完成生铁出口9万吨，比上年增长260%。闻喜海鑫集团生铁出口比上年增长32%。其他如玻璃器皿、玛钢件、金属镁、活性炭、芦笋罐头的出口比上年都有一定幅度增长。

一些产品适销对路的出口企业增加和新的出口产品的开发，是出口创汇新的增长点。晋中地区乡镇企业新增14个出口玻璃器皿厂，并新增了碳素块、胶丸等出口产品，出口交货值新增近亿元。晋城市新增了离心铸管、滤料、贝氏体磨球等6个出口产品，出口交货额增加6 000万元。

到1998年，全省有16个乡镇企业拥有自营进出口权。这些企业获权后，充分利用直接与外商接触，信息反馈既快又准的优势，适时改变产品品种及调整生产计划，采取灵活的成交方式，不断增加出口的数量和提高创汇质量。介休市乡镇企业出口的200万吨焦炭中，拥有自营进出口权的6个企业自营出口就完成163.2万吨。高平市化工公司在获权自营后，1998年完成出口交货值7 000万元，比上年增长60.9%。平定冶金集团获权后，完成出口交货值1 200万元，创汇140万美元，比上年增长95.5%。自营进出口权的获得，极大地提高了乡镇企业出口创汇的积极性。

【东西合作】 在投入减少，企业资金严重短缺的情况下，山西省乡镇企业集中开展了东西合作。12月4—8日，全省乡镇企业组织150余人的代表团参加了在河南省驻马店市召开的"'98全国乡镇企业东西合作经贸洽谈会"。为大会提供项目86个，涉及到煤、焦、冶金、机电、化工、轻工、建材、农副产品加工等七大类20多个行业。共发放8万余份文字图片材料和千余册《山西乡镇企业投资指南》画册，共接待各方代表3 000人以上，共签订正式投资合同10份；项目总投资30 640万元，引进资金9 435万元，达成合作意向23个，总投资10.4亿元，引进资金2.1亿元。这是山西省乡镇企业规模最大、成效显著的一次东西合作活动。至1998年，全省乡镇企业东西合作企业已达138个，东西合作正向纵深推进。

【企业管理】 1998年是山西省乡镇企业实施企业上规模、产品上档次、管理上水平“三上”工程的第一年。全省乡镇企业开展了企业管理上水平活动，突出抓了质量管理、财务管理、劳动人事管理、安全生产和职业卫生管理。省委、省政府表彰了100个先进管理乡镇企业。在全省乡镇企业中，开展ISO9000体系标准的认证，创出了在国内市场中占有一定份额的名牌产品。全省乡镇企业的管理水平进一步提高。

【安全环保】 1998年，山西省乡镇企业进一步巩固安全生产成果，再创佳绩。通过检查、培训、验收、专项治理等几个重要环节，乡镇企业安全生产管理工作取得了显著成绩。全年共发生事故两起，死亡3人，直接经济损失9万元，千人死亡率为0.000 7，分别比上下降66.7%、80%、77.6%和80%，乡镇企业的伤亡事故得到了较好的控制。

乡镇企业环保工作再上新台阶。根据农业部和国家环保局的统一部署，顺利完成了全省乡镇企业污染源的调查，建立了污染调查档案。组织完成了山西省乡镇炼焦业可持续发展研究的课题，组织科研力量在改良炉型的研制、完善和污染治理方面做了大量的工作。重点推出了三种先进适用改良炉型并组织有关部门进行了验收，得到国家环保局、国家经贸委的认可，为全省探索出了一条在新形势下从改良焦炉到大中型机焦发展过渡的一种有效途径，使改良焦炉的生产技术水平大大提高，污染物排放不断减少，为全省环境污染治理做出了突出成绩。

【科技教育】 1998年，山西省乡镇企业依靠科技，新产品开发步伐加快，技术改造力度加大，成为培育乡镇企业新的增长点的重要途径。在农业部召开的全国乡镇企业科技进步工作会议上，山西建华化工厂、临猗卓里机械厂、介休二机实业有限公司被命名为全国乡镇企业技术创新示范单位。山西建华化工厂厂长王衡被五个部委聘为技术委员会理事。全省乡镇企业抓住有利时机，多渠道培养和引进各类人才，全省乡镇企业的人才素质得到进一步提高。

【政策法规】 1998年，山西省各级乡镇企业管理部门加大对乡镇企业的领导力度，各地市都出台了指导乡镇企业改革发展的一系列方针政策，形成了各具区域特色的发展思路。各地认真进行《中华人民共和国乡镇企业法》和《山西省乡镇企业条例》的宣传学习，增强了乡镇企业干部职工的法律意识。开展了乡镇企业行政执法培训，有近1 000人领取了乡镇企业执法证。制定出台了《乡镇企业行政执法办法实施细则》等一系列行政执法制度。阳泉、晋中等地依法查处了有关部门乱收费、乱罚款的一批案件，受到乡镇企业的好评。全省乡镇企业发展开始步入法制化轨道。

（常代友）

内蒙古自治区

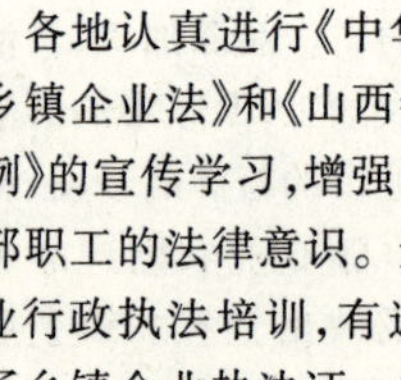

【基本情况】 1998年，内蒙古自治区乡镇企业84.1万个，比上年增长10.04%，其中乡村集体企业1.48万个，比上年减少15.4%。职工人数368万人，比上年增长16.5%，占农村牧区劳动力总数的45%，其中集体企业职工人数49.7万人，比上年增长3.3%；个体私有企业职工人数318.3万人，比上年增长18.9%。完成现价总产值2 385.14亿元，比上年增长24.5%，其中乡村集体企业总产值273.1亿元，比上年增长28.8%；工业总产值769.54亿元，比上年增长22.44%。乡镇企业增加值612亿元，比上年增长25.8%，其中工业增加值192.8亿元，比上年增长17.9%。营业收入2 371.7亿元，比上年增长24.02%。实现利润257.1亿元，比上年增长23.92%。国家税金82.5亿元，比上年增长25.2%，其中实际入库税金23.63亿元，比上年增长18.37%，占全区财政总收入的18%。完成出口产品交货值22.87亿元，比上年增长4.71%。固定资产原值383.84亿元，固定资产净值307.5亿元，分别比上年增长44.15%和32.23%。全员劳动生产率16 875元，比上年增长45.3%。乡镇集体企业上缴乡村利润3.48亿元，其中用于以工补农7 132万元，用于小城镇建设3 816万元，用于教育事业1 363万元，用于乡村集体福利事业7 325万元。全区乡镇企业用于支农建农资金达3.5亿元，是上年的4.8倍。乡镇企业为全区农牧民人均提供纯收入923元，比上年增加53元，占全区农牧民人均纯收入的46.6%。职工工资总额203.75亿元，比上年增长49.94%。乡镇企业增加值超50亿元的盟市由上年的4个增加到6个；实际入库税金超亿元的盟市由上年的8个增加到10个；增加值超10亿元的旗县区由上年的8个增加到17个；实际入库税金超5 000万元的旗县区由上年的9个增加到10个；实际入库税金超1 000万元的旗县由上年的65个增加到72个。营业收入10亿元以上的旗县市区72个,5亿元以上的乡镇苏木89个,1亿元以上的村嘎查201个,5 000万元以上的企业40个,1 000万元以上的企业381个。

【企业管理】 1998年,内蒙古自治区乡镇企业在加强企业管理工作的基础上,在全区范围内开展抓重点骨干企业的活动。对全区较大规模乡镇企业进行全面摸底调查的基础上,重点考察综合效益、企业规模等几个方面的因素,确定10个企业为自治区抓的重点骨干企业。各级乡镇企业主管部门克服各种困难,在市场经济的大潮中,积极转变职能,找准工作的着力点与切入点,在指导、管理、协调、监督、服务上狠下功夫。对所抓的重点骨干企业,在政策上倾斜、项目上优先、服务上加强、围绕深化改革、企业管理、资产评估、产业引导、科技信息、厂校挂钩、质量达标、体系认证等方面做了大量工作。这样上下结合,彼此衔接、联动实施、收到较好效果,使这些重点骨干企业经济效益有了较大提高,取得较好成绩。呼和浩特市华蒙金河有限责任公司,从董事长到普通员工层层签订目标责任状,形成一套有效的激励和约束机制,生产成本逐月下降、生产质量稳步提高。其产品牧星牌金霉素添加剂平均生产成本每吨降低1 155元,全年节约资金数百万元,尽管金霉素添加剂市场疲软,牧星牌金霉素添加剂依然凭借其明显的成本优势,实现了产销两旺。包头市恒通有限责任公司与国家特大型军工企业合作,联合开发五个系列防弹运钞车,不仅填补了自治区在该项目技术和产品上的空白,而且在国内也处于技术领先水平。赤峰市兴发集团是产业化龙头企业,该企业在继续从事肉鸡加工的同时,又向羊肉加工领域拓展,生产的涮羊肉片选料考究,加工精细,畅销大江南北。经过一年的工作,全区10个重点骨干企业都取得较大发展,这些企业产值均超6 800万元,利税均超540万元,成为全区乡镇企业战线的榜样。

在全区乡镇企业开展全面质量达标活动,验收100个全面质量管理达标企业。在自治区技术监督局的配合下,完成80个企业计量评价认可工作。

【企业改革】 1998年,内蒙古自治区乡镇企业改革工作,在原有的基础上加大工作力度,取得较好成效。以"三个有利于"为标准,从各地实际出发,因地制宜,一厂一策,以产权制度改革为重点,不搞单一模式,使全区乡镇企业改革扎扎实实地向前发展。自治区及时召开全区乡镇企业改革与发展工作会议,传达贯彻有关精神,推动了乡镇企业改革工作向纵深发展。有的盟市加强对改制企业的规范和完善,围绕建立科学、规范、合理的领导机制,组织机构和管理制度,在完善内部配套制度和运行机制上下功夫,取得较好成果。有的抓住集体资产的清产核资、资产评估等环节,保证改革的顺利进行。有些盟市乡镇企业转制率达到80%以上,全区已有9.1万个企业转制,其中股份合作制企业4.8万个。

【资金投入】 1998年,内蒙古自治区乡镇企业投入资金117.4亿元,比上年增长17.55%。其中国家扶持资金2亿元,自筹资金65亿元,银行贷款21亿元,引进资金28亿元。全区有3个旗县和1个开发区已建立乡镇企业发展基金,增大了对乡镇企业资金投入力度。

【科技教育】 1998年,内蒙古乡镇企业注重科技进步,努力提高乡镇企业科技水平。组织亿元企业与大专院校、科研院所挂钩,实施产学研工程。包头市恒通集团、绒王集团、呼和浩特市弛誉科工贸有限公司、集宁市皮业集团等13个企业与内蒙古农业大学等大专院校与科研单位建立长期合作关系,企业科技水平、管理水平、产品质量都有较大幅度的提高,并荣获自治区乡镇企业科技进步奖。华蒙金河集团和包头和发烯土有限责任公司被评为农业部科技先导企业。

在培训方面,举办盟市乡镇企业培训中心主任及部分教师培训班,与内蒙古工业大学联合举办盟市、旗县及部分乡镇企业、企业领导干部培训班。全区各种不同类型的学历教育有新进展,内蒙古乡镇企业分院完成600人招生任务,学院在校生已达1 000余人。全区乡镇企业系统培训各类人员60 000人次。

【东西合作】 1998年,内蒙古自治区把外引内联、东西合作作为乡镇企业求发展的重要内容,加强招商引资力度,将引进开发工作作为解决资金、技术、人才缺乏等矛盾的重要环节来抓。4月份,自治区组织部分地区乡镇企业主管部门领导及企业家参加国家在西安举行的"'98中国东西合作与经济贸易洽谈会"。8月份,由自治区牵头、乌兰察布盟承办,在集宁举办"八省市区乡镇企业名优产品展销会",达成168项合同、协议和意向书,意向引资7.8亿元,实现销售额8 000多万元。12月份,组织各盟市参加在河南省驻马店市召开的全国乡镇企业东西合作贸易洽谈会。1998年,全区乡镇企业共引进资金28亿元。

【表彰活动】 1998年,内蒙古自治区党委、政府在连续三年表彰的基础上,连续第四年拨出500万元专款,对在发展乡镇企业中做出突出贡献的盟市、旗县、企业、企业家及扶持乡镇企业有功的自治区有关厅局和工作卓有成效的自治区、盟市、旗县乡镇企业行政主管部门进行大张旗鼓地表彰奖励。呼和浩特市、赤峰市、包头市、伊克昭盟、兴安盟、巴彦淖尔盟等6个盟市获先进盟市奖。呼和浩特市郊区等20个旗县(市区)荣获先进旗县市区奖。荣获科技进步奖的企业13个。获名优产品奖的企业10个。获先进企业奖的20个。获引进资金奖的旗县10个。获支持乡镇企业发展先进单位奖的自治区直属厅局17个。获先进乡镇企业管理部门奖的自治区、盟市、旗县市区乡镇企业局26个。评选出内蒙古自治区乡镇企业功臣、优秀企业家、企业家100人。

(包力革)

【基本情况】 1998年,辽宁省乡镇企业89.7万个,比上年增加6.7万个,其中集体企业2.6万个,个体私有企业87.1万个。从业人员425.9万人,比上年减少6.7万人,其中集体企业129.4万人,个体私有企业296.5万人。实现总产值5 762亿元,比上年增长11.5%;实现工业总产值3 773亿元,比上年增长14.5%。实现增加值1 375亿元,比上年增长16.4%;实现工业增加值895亿元,比上年增长18.4%。实现营业收入5 237亿元,比上年增长12.7%。实现利润总额394.6亿元,比上年增长10.7%。实现实缴税金51.4亿元,比上年增长1.8%。实现出口产品交货值270亿元,比上年增长2.8%。资产总额达到1 478.7亿元,比上年增长5.3%。职工工资187.1亿元,比上年增长3.8%。固定资产投资101.5亿元,比上年增加6.2亿元。乡镇集体亏损企业1 559个,占集体企业的6%。

【宏观管理】 1998年初,辽宁省召开全省乡镇企业局长会议,确定了全省乡镇企业增加值增长目标,提出了以抓产权制度改革为核心的十项重点工作,并同各市签订了工作目标责任状。5月份,组织认真贯彻江泽民考察江苏省乡镇企业时的重要讲话,省委书记闻世震对此先后作了两次重要批示。6月份,省乡镇企业局、省委政研室、省体改委联合对全省乡镇企业改革与发展的情况、问题、对策进行了专题调研。7月下旬,省委、省政府召开了全省乡镇企业工作会议,会议以贯彻落实江泽民重要讲话精神为主要内容,总结了乡镇企业发展的经验,大力表彰树立典型,分析乡镇企业面临的形势与问题,提出了解决问题的对策措施。8、9月份,省乡镇企业局深入各市县和有关企业调研,加强同省经贸委等部门协调,对乡镇企业用电、电价等十几个问题进行了调研,形成了《关于酒类、饮品、食品进入辽宁市场加强管理的意见》、《关于省领导对乡镇企业用电及电价的指示贯彻落实意见的报告》、《关于解决镁砂生产及出口问题的意见》等,并报省政府。为学习外地先进经验,省乡镇企业局还组织各市乡镇企业局长到吉林省公主岭市学习开发开放、招商引资经验,对全省各地乡镇企业解放思想,加大改革开放和招商引资力度起到了推动作用。

【企业改革】 1998年,辽宁省乡镇企业继续深化产权制度改革,坚持以资产重组为突破口,以推行股份制和股份合作制为重点,以建立现代企业制度为方向,对改制企业进行全面规范。上半年发出《在部分改制后乡镇企业建立现代企业制度的通知》、《建立现代企业制度实施办法》,全年确定94个改制后的具有一定规模、经济效益较好的乡(镇)、村集体企业作为建立现代企业制度试点企业。在企业改制过程中,省乡镇企业局还注意加强对改制工作的指导,坚持六个原则,即发展生产力的原则,走群众路线的原则,多样化的原则,边发展边规范的原则,利益兼顾的原则,集体资产保值增值的原则。严格把住固定资产评估关、流动资产关、收益分配关,使全省乡镇企业产权制度改革工作有条不紊地进行。截至1998年底,全省乡村集体企业完成产权制度改革的达33 810个,改制面达88%。其中,拍卖企业8 691个,股份合作制企业2 813个,股份制企业564个,租赁企业12 829个,清理假集体企业2 393个,破产企业159个,其他形式改革的企业6 361个。通过改革,盘活存量资产100.7亿元,吸收社会资金30.9亿元,化解、转移债务58.6亿元。大连、鞍山、营口、辽阳等市工作抓得很紧,产权制度改革已基本结束。

【规模经济】 1998年,辽宁省乡镇企业把抓规模、上水平,大力培植骨干企业作为工作重点,在领导上、政策上、资金上等各方面扶持发展规模骨干企业。省乡镇企业局组织编制了乡镇企业"亮面工程"规划,决定到2002年,培育营业收入超亿元的企业200个,其中10亿元以上的20个,5亿~10亿元的30个,1亿~5亿元的150个;培育出口交货值超5 000万元的企业200个,其中超5亿元的10个,1亿~5亿元的50个,5 000万元至1亿元的140个。

通过实施“亮面工程”，使全省乡镇企业再上一个新水平。各地在发展规模企业上也做了大量工作。鞍山市提出了乡镇骨干企业建立现代企业制度的意见，制定了方案、措施与标准。营口市出台《关于对营口市65家骨干乡镇企业实行挂牌保护的规定》，市委副书记、市政府副市长亲自为盼盼集团等65个企业挂上了“乡镇企业合法权益重点保护单位”牌匾。1998年，全省乡镇企业拥有固定资产原值达到729亿元，比上年净增80亿元，每个企业平均占用固定资产达8.1万元。在企业规模扩大的同时，乡镇企业营业收入上规模的县(市、区)、乡(镇)、村数量也不断增加。1998年全省乡镇企业营业收入超100亿元的县(市、区)12个，比上年增加2个；超5亿元的乡(镇)259个，比上年增加160个；1 000万元以上的村4 582个，比上年增加2 781个。

【外向型经济】 1998年，辽宁省乡镇企业为了扭转外贸出口的不利局面，不断加大外向牵动力度，努力提高出口创汇能力，加强对调整出口战略的工作指导。省乡镇企业局积极争取“贸工农”专项资金贴息贷款，全年共落实国家“贸工农”贴息贷款1 000万元，省贴息贷款5 000万元。组织参加外经贸部、农业部“出口创汇管理先进单位和创汇先进企业”的评比活动，共被评出23个先进单位。为加强对外经济交往和联系，省乡镇企业局组织了4个团组，分赴德国、英国进行经贸洽谈和考察，还赴朝鲜进行镁砂生产合资合作洽谈，达成了合资合作意向。全年乡镇企业完成出口产品交货值270.4亿美元，比上年增长2.8%，其中直接出口209.3亿元，间接出口61.1亿元；出口企业达3 463个，比上年增长45.8%；从业人员30.3万人，比上年增长7.8%。新增自营进出口权企业24个，累计达到100个。出口交货值超亿元的企业达34个，比上年增加7个。实际利用外资2.5亿美元，与上年基本持平。新办“三资”企业400个，新增创汇500万美元以上产值的企业20个。

【教育培训】 1998年，辽宁省乡镇企业大力开展人才教育培训，各项工作取得可喜成绩。一是积极协调省人事厅等有关部门，共完成675人的高中级职称评审，1 743人的中初级职称资格考试，为1 137名大中专毕业生确定了初级专业技术职务。二是完成大中专学历教育5 257人，完成各类短期培训16.2万人次，建立了专业技术人员信息库。三是省乡镇企业局与中央党校联合，开展对企业家的教育培训，举办两期培训班，共培训80人。省乡镇企业局还同省教委、建委等部门就学历教育和专业技术人员继续教育等方面进行协调，出台有关政策。在开展教育培训工作中，鞍山、丹东、盘锦、抚顺等市工作积极主动，成绩突出，特别是盘锦市实现了零的突破，并全面完成了全年工作任务。

在全省乡镇集体企业中，大专以上学历人员占2.69%，高中、技校及中专文化程度人员占27.35%，初中及以下文化程度人员占69.96%。在集体企业8.74万工程技术人员中，高、中、初技术职称人员分别占11.16%、33.35%、55.49%。

【科技进步】 1998年，辽宁省乡镇企业把实施名牌战略，提高产品质量档次作为开拓并占领省内外、国内外市场的重要措施，大力推进科技进步。年初，省乡镇企业局提出乡镇企业技术进步思路，制定并组织实施了年度科技质量工作计划。为推进企业产品上档次、上水平，提高科技含量，省乡镇企业局加大对科技质量工作的指导与服务，全年共组织省级重大新产品鉴定会12次，组织阜新、丹东等7个市16个乡镇企业参加省政府举办的产学研项目洽谈会，与7个大专院校、科研单位签订了12个技术攻关合作合同。1998年，全省已有大连南海压力容器厂等29个乡镇企业获得ISO9000系列标准认证，累计达到59个。完成投资1 000万元以上技改项目95个，开发市级以上新产品1 684个，其中有辽阳忠旺集团开发的塑料异型材等38个产品达到国内先进水平。首批认定了营口瑞纳斯铝业工程有限公司开发生产的瑞纳斯牌铝合金平开窗等20个销售收入超亿元、利税超1 000万元或出口创汇500万美元以上的乡镇企业名牌产品。

【农业产业化】 1998年，辽宁省乡镇企业把农业产业化龙头企业建设作为调整产业结构的重要措施来抓，加大资金投入力度和政策扶持力度，使农业产业化龙头企业得到迅猛发展。全省以农产品为原料的企业营业收入比上年增长17.6%，高于全省乡镇企业2.6个百分点。省乡镇企业局组织建立了全省乡镇企业农业产业化龙头重点项目库。各市纷纷采取措施加快农业产业化建设。锦州市确定了以顺昌裘革有限公司为龙头，以小东种畜场为基地的裘革生产项目等8个龙头项目。鞍山市把建立贸工农一体化的外向型产业体系作为主攻方向，制定新政策，引导乡镇企业投资农业项目，大力发展一批支撑作用大，牵动能力强的农业产业化龙头企业。铁岭市全面实施龙头企业战略，通过政府行为推动区域经济上规模、上档次、上水平，形成市场、基地、农民紧密相联的农业产业化经营体系，以招商引资促进农业产业化发展，围绕八大产业开发，突出抓好肉鸡、肉牛、蔬菜、生猪、硅灰石、粮食加工等重点项目。

【安全环保】 1998 年初，省乡镇企业局与省劳动厅联合发出《辽宁省乡镇企业安全生产综合治理验收方案》，并对全省 12 个市进行检查验收。连续发出了第八次安全周、防洪、防火、劳动卫生及对“三小”矿山进行专项治理整顿等文件。通过会议强调、检查验收等各项措施，使乡镇企业安全生产取得良好效果。1998 年，全省乡镇企业发生事故 40 起，死亡 44 人，分别比上年下降 11%和 12%。沈阳、本溪、铁岭、阜新、盘锦等市实现事故死亡为零。省乡镇企业局还与省经贸委签发了《淘汰部分水泥生产线的通知》，有力地促进了乡镇企业发展和国家产业政策的落实，减少了小水泥对环境的污染。全年组织上报乡镇企业环保产业项目 8 个。

（辽宁省乡镇企业局）

吉林省

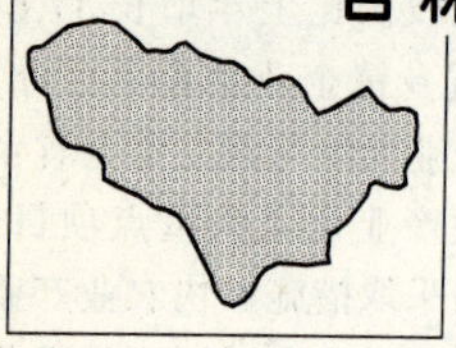

【基本情况】 1998 年，吉林省乡镇企业 69.71 万个，从业人员 239.91 万人。完成总产值1 391.5亿元，比上年增长 25.7%。完成增加值 378.2 亿元，比上年增长 24.7%。实缴税金 15.96 亿元，比上年增长 27.8%。完成出口产品交货值 16.2 亿元，比上年增长 13.1%。完成固定资产投资 82.8 亿元，其中引进国内外资金 59.9 亿元。乡镇企业中个体私有企业完成增加值 284.1 亿元，净增量占全省乡镇企业增加值净增量的 60.4%，为 24.7%的增长速度贡献 14.9 个百分点，这是前所未有的势头。

1998 年全省乡镇企业呈现出四种新的发展趋势：一是乡镇企业产权主体日趋多元化，集体经济由单一集体经营向多种有效实现形式转变，个体私有经济将成为乡镇企业快速发展的重要增长点。二是乡镇企业结构调整突出规模化，一些企业由小型微量向扩大规模转变，规模企业成为扩充总量、提高质量的主要支撑点。三是乡镇企业投资取向日趋市场化，投资来源由乡村自筹、银行信贷为主向市场配置生产要素转变，招商引资将成为扩大增量、优化存量的投资主渠道。四是乡镇企业发展布局走向区域化，整体布局由分散发展向集中连片转变，乡企小区和小城镇将成为乡镇企业发展的重要载体。

【企业改革】 1998 年，吉林省乡村集体企业实行不同形式改革的企业10 753个，占全省乡村集体企业总数的 86%。其中，实行股份制和股份合作制企业 871 个，股份有限公司 23 个，有限责任公司 192 个，组建企业集团 81 个，出售企业 1 503个，租赁企业5 503个，完善承包责任制企业1 657个，注销企业 1 329个，其他形式企业 452 个。从管理工作上，积极完善企业基础管理和专项管理外，着重抓企业管理体系的建立、制度建设和经营机制的转换。结合全省工业效益攻坚战和省经贸委的安排，开展压“三费”、降“三耗”、提“三率”活动，把具体指标落实到管理工作目标责任制，作为年度考核评比的重要内容，促进了企业基础管理、专项管理水平的提高。围绕“学抓练增”，开展了评先创优活动，评选出先进企业 7 个，五好企业 43 个，管理先进市局 4 个，管理先进县（市、区）局 18 个，优秀管理先进工作者 185 人，同时与省经贸委一起评选全省三好企业 6 个。

按照全省“二次发动，二年攻坚”的总体安排和工作思路，以及贯彻落实全省乡镇企业改革工作座谈会议精神，在全省上下开展了再发动和大调查。

围绕解决工作中倾向性问题攻难点，抓政策引导。省乡镇企业局与省体改委、省工商局共同制订了《关于进一步发展和规范乡镇企业股份合作制若干意见》，由省政府转发。同时，编印了有关法规下发各地。认真贯彻落实农业部《关于当前深化乡镇企业改革有关问题的通知》，针对乡村集体企业改革进程中存在的强制推动、“一刀切”和“刮风”现象，以及悬空逃废银行债务，造成集体资产流失，集体积累削弱等值得注意的倾向性问题，及时制定了《关于乡村集体企业改革有关问题意见的通知》，以省政府明传电报下发各市县政府。针对一些改制企业产权界定、股份划分、效益分配等难点问题和如何规范化操作等问题，分别召开不同规模的座谈会和现场会，研究解决的办法，提出意见和建议。通过政策的引导，为正确贯彻国家深化企业改革的方针政策，防止和纠正改革片面性、绝对化和简单化的倾向，促使各地依法改制，规范操作，较好地解决难点、难题，起到了积极的促进作用。

围绕全面起动“123 工程”，抓示范突破。按照改制一批、规范一批、完善一批的要求，注重改革和管理工作的重点突破和整体带动相结合，有所侧重地选择部分县、乡及企业作为工作重点，形成自上而下的改革管理示范区和示范点。确定了突出重点，抓好试点，分类指导，分层次推进，注重规范，注重实效的工作原则。在全省实施“123 工程”，即省乡镇企业局与各市州乡镇企业局共同抓每个地区1个县、2个乡镇、3个重点企业；市州以县为单位，每个县也抓2个乡镇和3个重点企业，全省共计重点抓9个县(市、区)、120个(乡镇)和180个重点企业。

【科技教育】 吉林省乡镇企业的科技教育工作是紧紧围绕“科教兴企”活动开展，坚持以企业为主体，以市场为导向，以效益为中心，以人才为根本，以主导产业和优势企业为重点，从试点起步，全面推进技术创新工作，把科技成果转让、工业化生产以及市场开拓作为一项系统工程，加速形成有利于自主创新的技术进步机制，加速建立健全适应现代市场竞争需要的企业和社会创新体制，促进产业结构高级化，推进新的农业科技革命，实现全省乡镇企业的快速健康发展。由于全系统广大科技教育工作者的共同努力和各有关部门的大力配合，科技教育工作取得较好成效。

开发市级以上新产品416个，共有25个新产品通过省级鉴定。开发新产品共投资12.78亿元，新增产值24.06亿元，新增利税3.66亿元，新产品产值率达8.2%。有7个产品列入省重点新产品试生产计划，4个产品获省优秀新产品奖。

推广转让新技术、新成果134项，实现效益11.7亿元。累计建立208个厂办科研所。有1项科技成果申报中国乡镇企业科技进步奖。有3项科技成果获得吉林省科技进步奖。在新技术推广中，从全省上报的新技术中经筛选，确定二氧化碳气肥发生器、高填充母料两项作为重点推广项目，其中二氧化碳气肥发生器在全省9个地区及辽宁、山东、黑龙江等地召开新技术推广会，还在集中使用地区召开专业推广会6次，已建24个办事处，共签订供货合同24万套，取得了较好的经济效益和社会效益。

1998年全省乡镇企业的产品质量在国家和省抽查中合格率为91%，比上年提高3.5个百分点。共创省系统名牌产品28个，省系统以上名牌产品累计达137个。农业部全面质量管理新验收达标企业98个。共建QC小组6 767个，这些小组共创效益2.4亿元。其中9个QC小组被评为省乡镇企业系统优秀QC小组，4个QC小组推荐为农业部优秀QC小组，5个QC小组推荐为省优秀QC小组。

1998年，全省乡镇企业共培训职工132 434人次，累计聘用各类人才26 380人，大专招生录取110人。1998年所录取学生考试分数高、综合素质好，总体质量为历史最好水平。吉林省乡镇企业培训中心1998年正式运营，为提高管理人员素质，举办两期东西合作“一长三师”培训，共有119人参加培训。

在前两年厂办科研的基础上，1998年继续抓产学研联合开发。吉林市在6月份召开的厂办科研现场会上，吉林盛大实业发展有限公司介绍了经验，红石染料厂、高大公司、塔山化工厂等交流了经验，其经验是认识高、方向对、投入大、效果好。并对今后如何办好厂办科研机构提出了要求：提高认识，加强领导，加大投入，招贤纳士，健全制度，进一步推进了厂办科研机构建设步伐。

为贯彻落实农业部质量工作会议精神，召开了有关部门参加的质量工作会议，贯彻质量振兴纲要。与省技术监督局一起审批了29个质量可信企业。还抓了产品质量检测机构建设，在原中小农具检测基础上，扩大农膜检测，并得到农业部的批准。

【项目开发】 1998年，吉林省乡镇企业共开发项目4 370个，其中新建项目3 548个，续建项目270个，技改项目510个，“三资”项目42个；完成固定资产投资82.4亿元，比上年增长15.4%。项目开发的特点：一是按照扩大总量、提高质量、加快发展的总体要求，以农业产业化经营项目为重点，全面组织项目开发工作。二是帮助企业解决农副土特产品精深加工难的问题。省乡镇企业局会同省科委、省食品局和省高校科研中心，先后3次有针对性地组织12个县区36个企业参加新产品、新技术项目发布会和新产品、新技术项目对接会，为企业推荐了一批高新技术重点项目和资源好、投入少、见效快、用量大、效益高的技术先进适用项目29个。三是主动与科研单位联系，帮助企业研制项目。帮助乾安、舒兰利用蘑菇资源，填加大豆蛋白粉等原料研制高蛋白、低脂肪蘑菇香肠、蘑菇粉等。该项目已研制成功，前期工作已基本结束，正处于筹备和衔接资金阶段。四是对重大项目达产达效调查、农业产业化龙头项目调查及农业产业化经营工作情况的调查。五是制定全省乡镇企业“九五”后三年项目规划，并向省计委、省经贸委推荐一批乡镇企业农产品加工和重点技改项目。六是制定省乡镇企业局重点帮扶10个大企业大项目方案。这10大项目启动后效果较好。七是抓重点项目和技改项目的开发。四平巴斯金士百啤酒有限公司扩建40万吨啤酒等5个项目被省计委列为1998年重点扶持项目，吉林省银瀑啤酒有限公司年产20万吨啤酒等6个项目被省经贸委列为重点技术改造项目。八是向有关部门推荐项目。在1998年推荐项目中，桦甸老金厂钢铁集团公司的还原铁生产线技术改造项目、通化方大药业股份有限公司克冲肾舒茶生产线二期改造项目等8个项目已被省经贸委列入重点向国家经贸委推荐项目。延边州合成利生态环境村工程、皓月肉牛屠宰加工等3个项目被列入吉林省跨世纪重大工程项目计划。

【小区建设】 1998年，吉林省乡镇企业小区建设坚持加快发展为主旋律，突出改善软硬环境、扩大招商引资、发展区域特色经济，全面推进小区开发建设，取得明显成效。一是发展速度较快，经济运行质量有所提高。1998年省级乡镇企业小区完成产值253.4亿元，实现营业收入229.3亿元，利润18亿元，税金9.7亿元，分别比上年增长28.6%、31.2%、20.1%和18.3%年。从业人员达到34.6万人，比上年增长8.6%。尤其是10个全国东西合作示范区的发展速度都在35%以上。小区内年产值500万元以上的工业企业产销率、利润率分别比上年提高1.6、1.2个百分点。二是合作领域扩大，项目开发保持较好势头。各小区建设既注重省内合作，又积极开展国际合作，使项目开发不断有新的进展。全年共开发建设项目744个，完成固定资产投入25亿元，比上年增长38.4%。在固定资产投入中，62%是引进的合作资金。三是骨干企业增多，第三产业发展迅速。小区内产值超1 000万元的企业达174个，比上年增长31.8%；第三产业营业收入达85.1亿元，比上年增长45.1%。小区的辐射、带动功能更加明显，有力地促进了小城镇的繁荣。四是基础设施投入增加，发展环境进一步改善。全年乡镇企业小区用于基础设施建设资金达到2.6亿元，比上年增长8.3%。投资300万元以上用于基础设施建设的小区有范家屯、合隆、岔路河等9个小区。舒兰市平安工贸小区投资330万元，实行小区集中供热。五是区域经济规模明显扩大，推进了小城镇建设。102个省级小区开发建设面积达到86.4平方千米，占规划开发面积的35%。年产值达亿元以上的小区32个，2亿元以上的45个，5亿元以上的10个，超过10亿元的3个。小区经济的发展，已成为小城镇崛起的强大动力，成为小城镇经济的重要支撑，充实和提高了小城镇的基本功能。

【外向型经济】 1998年，吉林省乡镇企业完成外贸出口交货值16.2亿元，比上年增长13.1%。新办"三资"企业39个，合同利用外资1.68亿美元，比上年增长26.3%；实际到位外资6 768.2万美元，比上年下降36.5%。边贸出口完成9 400万元。全省乡镇企业共派出国考察招商团组31个，接待国外团组32个，劳务输出7 100人。又有5个企业获自营进出口经营权。申报批准"贸工农"出口基地项目1个，获得国家贴息贷款500万元。实现东西合作项目761个，引进资金11.3亿元，占资金引进总额的21%。在"'98全国乡镇企业东西合作经贸洽谈会"上，全省乡镇企业有106人参会，共签订32个合作协议，引资13 350万元。

【表彰活动】 为巩固全省乡镇企业发展杯竞赛活动取得的成果，进一步调动各地发展乡镇企业的积极性和创造性，发挥先进带动作用，吉林省政府决定，对获得1998年度全省乡镇企业发展杯竞赛活动优胜单位的长春、吉林、四平等市政府给予通报表彰。并要求各地以优胜单位为榜样，不断加大组织领导力度，解放思想，真抓实干，把乡镇企业发展推向新阶段。

为进一步调动全省各级乡镇企业主管部门发展乡镇企业的积极性，充分发挥主管部门的职能作用，促进全省乡镇企业继续实现快速发展，省乡镇企业局决定，授予长春、吉林、四平等市乡镇企业局，长春市绿园区、朝阳区乡镇企业局，永吉、公主岭、东辽、集安、江源、大安、敦化、前郭等市、县乡镇企业局为1998年度工作先进单位。

（吉林省乡镇企业局）

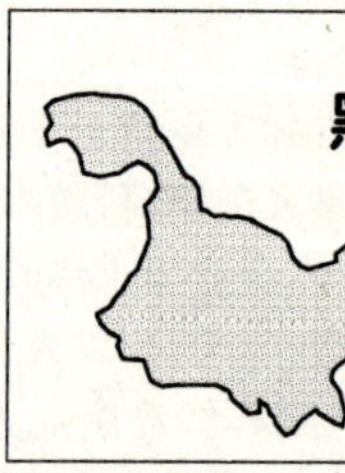

黑龙江省

【基本情况】 1998年，黑龙江有乡镇企业21.61万个，其中集体企业1.6万个，私有企业4.26万个，个体企业15.8万个。从业人员144.8万人，比上年增长34.3%。实现总产值906.8亿元，比上年增长18.2%。实现增加值219.6亿元，比上年增长18.1%。实现营业收入891.3亿元，比上年增长18.3%。实现净利润44.2亿元，比上年增长12%。实缴税金12.1亿元，比上年增长11.2%。乡镇企业总资产389.8亿元，比上年增长27.6%。固定资产原值236.2亿元，比上年增长50.2%。乡镇企业为国家和社会创造或支付的价值总额（包括工资、福利费、劳动保险、管理费、实缴税金、利息支出净额及支农建农资金等）为131.4亿元，比上年增长25.4%。

全省乡村工业企业完成产值687.2亿元，比上年增长20.6%；实现增加值158.2亿元，比上年增长21.6%。

1998年，全省有9个县（市、区）乡镇企业营业收入超30亿元，其中阿城市、肇东市、尚志市超50亿元。有28个乡镇营业收入超5亿元，其中6个超10亿元。有38个村营业收入超亿元。45个企业营业收入超5 000万元，其中20个企业营业收入超亿元。

【宏观管理】 1998年6月22日，黑龙江省政府常务会议专门听取了省乡镇企业局的工作汇报，肯定了省乡镇企业局提出的七条意见，决定建立全省乡镇企业发展基金。7月初，省委、省政府召开由各地市、县主要领导参加的全省乡镇企业工作会议，这次会议规格之高、规模之大，是黑龙江省乡镇企业发展历史上的第一次。这次会议在明确了乡镇企业发展思路、发展重点的同时，重点研究了在新形势下克服困难、加快发展的措施。

【农业产业化】 按照黑龙江省委关于把黑龙江由农业大省建设成农业强省的总体部署，全省乡镇企业把建设有牵动力的龙头企业作为重点，各市县都结合本地的资源和产业优势，以市场为导向，集中力量新建和改造了一批骨干龙头企业。在全省110个省级龙头企业中，乡镇企业有26个。而且还形成一大批不同层次、不同规模的龙头企业群体。五常市抓住水稻资源优势，集中力量发展两个绿色食品精洁米龙头企业，在7个乡镇企业建立了生产基地。讷河市抓住马铃薯资源优势，大上精深加工企业，开发马铃薯产品，带动了马铃薯基地的发展。

【科技进步】 黑龙江省乡镇企业把推进科技进步作为企业发展的根本动力来抓，加快科技开发和产品开发步伐，带动企业上水平。1998年，全省乡镇企业开发新产品330个，其中填补省内空白的295个，填补国内空白的35个，推广新技术90项，创办科技先导型企业45个。到1998年底，全省累计已有730个企业获得了农业部全面质量管理达标合格证书，并有10个企业获得ISO9000质量认证。

【工业小区建设】 1998年，黑龙江省乡镇企业按照产业结构合理，有一定基础设施配套和服务功能的要求，进一步完善乡镇工业小区的规划布局，加大了投入力度，使乡镇工业小区已成为全省乡镇企业发展的重要载体。全省106个乡镇工业小区中，进区企业达到3 191个，总投资额56.4亿元，年创营业收入73.4亿元，净利润5.1亿元，税金2.1亿元，在全省乡镇企业发展中占据越来越重要的位置。

【东西合作】 1998年，黑龙江省乡镇企业抓住全国东西合作的机遇，积极组织乡镇企业与省内国有企业、大专院校、科研院所、个体大户及乡镇企业之间开展内联，主动走出去，请进来，发挥资源优势，努力改革投资环境，使东西合作工作有了新的进展。全省乡镇企业组织340多个团组到南方发达省市开展招商活动，实现南联合作项目280个，引进人才2 000多人，引进资金22亿元。

【外向型经济】 1998年，黑龙江省乡镇企业外向型经济有较好的发展，出口创汇和利用外资能力增强。全省乡镇企业中出口创汇企业已有231个，完成出口产品交货额达16.6亿元。全省乡镇企业拥有“三资”企业198个，共引进外资20多亿元。

【企业改革】 1998年，黑龙江省政府发出了《关于乡镇企业实行股份合作制的推进意见》，促进和规范了全省乡镇企业的改革工作，为全省乡镇企业进行股份合作制改造提供了政策性依据。截至1998年底，全省已有6 000多个乡村集体企业进行了股份合作制和股份制改革，10 000多个企业实行了出售、拍卖、兼并、租赁、承包、破产等多种形式的改革，乡村集体企业改制面达84.8%。有300多个乡镇企业与国有企业联手发展，共盘活存量资产10亿元。通过改革，促进了全省乡镇企业骨干队伍建设。年营业收入1 000万元以上的乡镇企业有400个，全国性乡镇企业集团13个，省级乡镇企业集团35个。

【法制工作】 1998年，黑龙江省对乡镇企业系统经培训考试合格的500余名行政执法人员，统一颁发了农业部《中华人民共和国乡镇企业法执法证》。制定了《乡镇企业行政管理部门法制机构行政处罚监督职责》、《乡镇企业系统办理行政复议案件的规定》、《乡镇企业系统参加行政诉讼的规定》、《行政处罚情况统计制度》等四项工作制度，保证了乡镇企业法制工作的有序开展。

1998年，黑龙江省政府决定，省政府办公厅牵头，由省计委、省财政厅、省地税局、省工商局、省人民银行和省乡镇企业局组成七个联合检查组，对全省13个市地、27个县(市、区)、87个乡镇及部分企业落实中央和省有关乡镇企业政策情况进行了集中检查。通过这次检查，有力地推动了乡镇企业政策落实。省政府针对检查出的问题，印发了《关于进一步贯彻落实各项政策，加快乡镇企业发展步伐的通知》，对有关落实不好的政策，明确要求落实限期，保证了政策落实到位。

【抗洪抢险工作】 1998年，黑龙江省的嫩江、松花江等主要江河发生严重汛情，出现了百年不遇的洪涝灾害。这次洪涝灾害对乡镇企业刚刚形成的良好发展势头带来了严重冲击。在洪灾面前，全省乡镇企业广大干部职工积极行动起来，按照省委、省政府的部署，把抗洪抢险作为压倒一切的中心任务。对全省乡镇企业进行抗灾自救和恢复生产工作进行紧急动员和部署，帮助和组织受灾企业千方百计筹措资金，维修厂房，抢修设备，准备生产用原材料，使89%以上的受灾企业及时恢复了生产。同时，抓住灾后重建的机遇，加快建材、建筑业的发展，成为拉动乡镇企业增长的重要因素。

（王锡恒）

江苏省

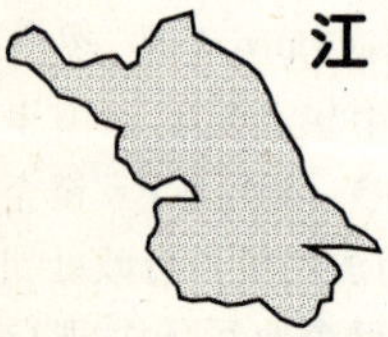

【基本情况】 1998年，江苏省乡镇企业共有89.21万个，从业人员837.40万人。在企业总数中，工业企业占48.59%，建筑施工企业占3.61%，交通运输企业占12.42%，商品流通企业占19.38%，旅游饮食服务企业占7.78%，其他企业占8.22%。在从业人员总数中，工业、建筑、施工、交通运输、商品流通、旅游饮食服务和其他企业的从业人员分别占75.69%、9.52%、2.87%、5.37%、2.77%和3.78%。全年完成总产值9 510.25亿元，比上年增长14.48%。完成增加值1 974.64亿元，比上年增长15.03%。实现营业收入7 478.24亿元，比上年增长9.56%。实现利税总额480.20亿元，比上年增长9.63%，其中利润总额226.57亿元，比上年增长9.5%。

全省乡镇集体企业7.76万个，比上年减少1.63万个。从业人员462.41万个，比上年减少65.82万人。完成总产值6 418.16亿元，比上年下降1.35%，占全省乡镇企业总产值的67.49%。完成增加值1 358.72亿元，比上年下降0.28%。实现营业收入5 240.72亿元，比上年下降3.31%。实现利税总额342.08亿元，比上年下降0.71%。在乡镇集体企业中，集体工业企业6.45万个，从业人员388.31万人；完成总产值5 905.48亿元，实现增加值1 237.63亿元，分别占全省乡镇企业相应总量的62.10%和62.68%。

全省个体私有企业共81.45万个，从业人员共374.99万人，分别比上年增加8.78万个和120.64万人。完成总产值3 092.09亿元，比上年增长71.70%，占全省乡镇企业总产值的32.51%。完成增加值615.92亿元，比上年增长73.96%，占全省乡镇企业增加值的31.19%。实现营业收入2 237.52亿元，比上年增长59.16%，占全省乡镇企业营业收入的29.92%。实现利税总额138.12亿元，比上年增长47.73%，占全省乡镇企业利税总额的28.76%。个体私有企业资产总额840.35亿元，比上年增长82.84%，占全省乡镇企业资产总额的比重由上年的8.41%上升到17.54%。

【经济结构】 1998年，江苏省乡镇集体轻工业完成总产值3 226.29亿元，重工业完成总产值2 679.20亿元，轻重工业总产值之比由上年的52.2:47.8变化为54.6:45.4。在轻工业中，以农产品为原料的工业产值1 507.93亿元，占乡镇集体工业总产值的比重由上年的25.03%上升到25.53%；以非农产品为原料的工业产值1 718.35亿元，所占比重由上年的27.18%上升到29.10%。在重工业中，采掘工业产值156.24亿元，所占比重由上年的2.96%下降到2.65%；原料工业的产值566.47亿元，所占比重由上年的8.67%上升到9.59%；加工工业的产值1 956.48亿元，所占比重由上年的36.16%下降到33.13%。乡镇集体工业支柱行业的产值：机械工业1 570.94亿元，纺织工业875.08亿元，化学工业792.83亿元，建筑材料工业461.13亿元，冶金工业373.57亿元，分别占全省乡镇集体工业总产值的26.60%、14.82%、13.43%、7.8%和6.33%。

【外向型经济】 1998年，江苏省乡镇企业出口生产企业共9 278个，从业人员128.01万人；实现出口产品交货值1 252.68亿元，比上年下降9.56%。在出口产品交货值中，直接出口900.06亿元，占出口总额的71.85%，比上年下降13.47%，其中自营出口382.32亿元，比上年增长19.1%。出口产品交货值超过100亿元的有5个行业：轻工244.5亿元，纺织238.43亿元，机械182.04亿元，服装168.97亿元，化工127.49亿元。1998年，全省乡镇企业拥有合资合作企业4 814个，其中合资企业4 384个，合作企业430个，当年新签合同3 913个，客商投资额6.12亿美元，实际客商投资额5.93亿美元。到1998年末，客商累计投资额91.87亿美元。合资合作企业实现增加值211.05亿元，营业收入878.79亿元，利润总额26.71亿元。

【规模经济】 1998年，江苏省乡镇企业营业收入10亿元以上的县达82个，比上年增加13个，营业收入总额7 139.75亿元，占全省乡镇企业营业收入总额的95.47%。营业收入5亿元以上的乡镇达356个，比上年增加22个。营业收入亿元以上的村有404个，比上年增加11个。营业收入1 000万元以上的企业7 055个，占全省乡镇企业总数的0.79%；实现营业收入3 210.49亿元，占全省乡镇企业营业收入总额的42.93%。其中营业收入亿元以上的企业557个，比上年增加4个；实现营业收入1 283.16亿元，占全省乡镇企业营业收入总额的17.16%。1998年，全省乡镇企业累计组建县以上企业集团公司1 262个，比上年增加8个,其中省级企业集团公司达662个,比上年增加64个。省政府确定并重点扶持的省级重点乡镇企业集团已达40个,比上年增加12个。全年完成营业收入415.02亿元,利税总额41.65亿元,分别比上年增长6.81%和6.31%,占全省乡镇企业相应总量的比重分别为5.55%和8.67%。

【固定资产投入】 1998年,江苏省乡镇集体企业固定资产在上年大幅度下降的基础上继续下降。全年完成固定资产投资352.19亿元,比上年下降2.82%。年内新增固定资产267.91亿元,占当年投资额的76.07%,比上年下降1.5%。按建设项目分,年内施工项目26 736个,比上年增加5 769个。当年新开工项目17 525个。年内投产项目17 797个,项目建成投产率为66.57%,比上年低20.71个百分点。按投入资金来源分,国家扶持资金和主管部门下拨资金共2.1亿元;金融部门贷款38.31亿元,占当年投资额的10.88%,比上年下降5.52个百分点,引进资金72.36亿元,占当年投资额的20.55%,所占比重较上年增加6.87个百分点;其他来源及自有资金与上年基本持平。按投资性质分,新建项目投资151.21亿元,改、扩建项目投资177.59亿元,其他项目投资23.39亿元。

【职工素质】 1998年,江苏省乡镇企业职工素质有所提高,结构进一步改善。乡镇集体企业中,具有高中以上文化程度的职工147.08万人,占职工总人数的比重由上年29.97%上升到31.81%,其中大专以上文化程度的职工9.05万人,所占比重由上年的1.47%上升到1.96%;小学及以下文化程度的职工68.04万人,占职工总数的14.7%,较上年下降1.24个百分点。具有初级以上技术职称的人员28.34万人,占职工总数的6.13%,较上年提高0.82个百分点;其中具有高级职称的人员15 792人,占职工总数的0.34%,较上年提高0.04个百分点。接受学历教育和培训的职工57.71万人,占职工总人数的12.48%,较上年上升0.54个百分点,其中学历教育11.52万人,培训46.19万人。

【企业改革】 1998年,江苏省乡村集体工业企业实收资本1 084亿元,与上年持平。其中乡镇集体资本金592.37亿元,比上年下降16.26%;法人资本金149.27亿元,比上年增长4.59%;个人资本金127.55亿元,比上年增长39.87%;外商资本金211.95亿元,比上年增长48.33%。法人资本金、个人资本金和外商资本金所占比重由上年的34.75%增加到45.09%。

截至1998年底,全省乡村工业企业实行不同形式改革的企业共84 931个,比上年净增加10 929个,约占1996年末全省乡村集体工业企业总数的90.2%。在改制企业中,实行产权结构改革的企业30 949个,占改制企业数的36.46%;股本金总额429.45亿元,占全省乡村工业企业实收资本金总额的39.62%。其中,股份有限公司78个,股本金总额36亿元;有限责任公司6 952个,股本金总额226亿元;股份合作制企业23 919个,股金总额167.39亿元。实行所有制改革的企业36 561个。其中,公转私有企业34 120个,兼并、转让、破产等企业共2 441个,其资产总额115.07亿元,占全省乡村工业企业总资产的3.14%。实行经营责任制改革的企业共17 421个,占改制企业数的20.52%,资产总额523.22亿元,占全省乡村工业企业总资产的14.29%。其中,租赁企业12 012个,总资产186.23亿元;风险抵押承包企业5 409个,总资产336.99亿元。

【宏观管理】 1998年4月8日,江苏省委召开常委会议,听取省乡镇企业局关于全省乡镇企业情况的汇报,专题研究乡镇企业工作。

1998年5月8—10日,江苏省委、省政府在江阴市召开全省乡镇企业工作会议。陈焕友、郑斯林等30多位省领导及省级机关主要负责人,各市、县(市、区)党委、政府主要负责人和乡镇企业局局长,省级重点乡镇企业集团的代表共600多人参加会议。会议传达学习了江泽民视察江苏省乡镇企业时的重要讲话,听取并讨论了陈焕友代表省委、省政府所作的报告。江阴市委、市政府等单位在会上作了大会经验交流发言。

1998年5月21日,江苏省委、省政府发出《关于加快乡镇企业改革和发展的意见》。"意见"共8条:要从全省国民经济和社会发展全局的高度,认识乡镇企业的重要地位和作用;正确认识乡镇企业面临的形势,增强搞好乡镇企业的信心;加快推进以产权制度改革为重点的各项改革,再创机制新优势;切实加大结构调整力度,提高乡镇企业的整体素质和竞争力;大力开拓国内外市场,积极发展外向型经济;努力提高企业管理水平,抓紧培养和建设一支高素质的经营管理队伍;进一步加大政策扶持力度,促进乡镇企业加快发展;切实加强和改善对乡镇企业的领导。

1998年6月9日,江苏省委、省政府发出《关于严格控制和切实减轻乡镇企业负担的意见》。"意见"共7条:全面清理涉及乡镇企业的各项收费;对乡镇企业承担的乡村社会负担实行总量控制;坚决刹住对乡镇企业的各种摊派和乱评比、乱拉赞助行为;规范涉及乡镇企业的收费和负担项目的审批与管理制度；提倡艰苦奋斗，勤俭节约，压缩各种非生产性开支；加强控制乡镇企业负担的检查和监督，加大执法力度；切实加强领导，建立和落实责任制。

1998 年 9 月 13 日至 15 日，江苏省委、省政府在宜兴市召开全省发展农村个体私有企业和控减乡镇企业负担工作会议。副省长姜永荣作大会工作报告，省委副书记许仲林作总结讲话。省级机关 20 多个部门的负责人、各市、县(市、区)分管领导和乡镇企业局局长参加了会议。宜兴市委、市政府等单位在会议上作了大会经验交流发言。

（陆元华）

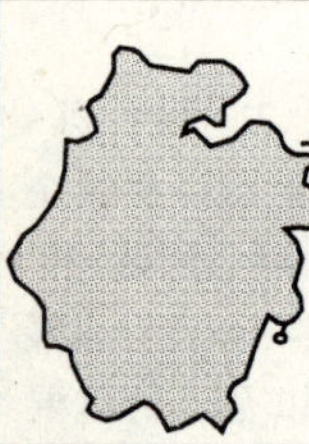

浙江省

【基本概况】 1998 年，浙江省乡镇企业完成总产值10 108.76亿元，其中工业总产值9 480.94亿元，分别比上年增长 12.45%和 13.97%。实现营业收入9 351.05亿元，比上年增长13.38%。出口产品交货值1 017.11亿元，比上年增长 10.91%。在东南亚金融危机、资金紧缺、市场开拓难等不利因素影响下，在经济总量稳步增长的同时，经济运行质量有所提高。1998 年，全省乡镇企业产销率为 96.11%，比上年提高 0.43 个百分点。乡镇企业总产值占全省工业总产值的 84%，比上年提高 4 个百分点。全员劳动生产率28 768元，比上年增加2 574元。乡镇企业实现利润总额 455.70 亿元，比上年增长 15.40%。实缴税金 242.51 亿元，比上年增长 9.97%，占全省财政总收入的 60.36%。资产负债率 55.68%，比上年下降 1.18 个百分点。年末银行贷款余额 853.03 亿元，比上年增长 13.21%。乡镇企业用于支农建农资金 25.37 亿元。乡镇企业总产值超 100 亿元的县(市、区)有 34 个，营业收入超亿元的企业有 430 个。全省乡镇企业实现增加值 2 118.72 亿元，比上年增长 14.65%；其中工业增加值 1 929.95 亿元，比上年增长 13.87%。乡镇企业为全省实现国民经济 10%的增长目标做出了重要贡献。

全省乡镇工业企业行业构成：纺织业占 15.69%，机电业占 24.77%，化学业占 11.11%，建材业占 4.63%，食品饮料业占 4.46%，缝纫业占 9.46%，其他业占 29.87%。

【行政执法】 1998 年，是《中华人民共和国乡镇企业法》实施两周年，浙江省各地结合学习江泽民关于发展乡镇企业重要讲话、党的十五届三中全会决定和浙江省委第十次党代会精神，把发展乡镇企业作为重要战略来抓。省委书记张德江、省长柴松岳等领导考察乡镇企业，并作了重要讲话，省政府出台《关于加快发展乡镇企业的通知》。为了充分发挥规划、协调、监督、服务的职能，全省各级乡镇企业管理部门开展了一系列依法保护乡镇企业合法权益的活动，主要有以下几个方面：一是建立和健全乡镇企业行政执法人员的队伍。按照农业部和浙江省政府关于行政执法有关规定的要求，组织行政执法人员参加以《中华人民共和国乡镇企业法》为主要内容的法律知识培训教育，从而提高了乡镇企业行政执法的水平。二是推行全省乡镇企业系统行政执法责任制实施工作。根据省政府有关精神，围绕《中华人民共和国乡镇企业法》和《中华人民共和国乡村集体所有制企业条例》及涉及乡镇企业有关法律、法规、政策，制订了浙江省乡镇企业系统行政执法责任制实施意见，并报省政府组织实施。台州、杭州、绍兴等市(地)也依法在当地实施乡镇企业系统行政执法责任制工作。三是积极开展实施《中华人民共和国乡镇企业法》办法调研工作。为了增强《中华人民共和国乡镇企业法》可操作性，浙江省实施《中华人民共和国乡镇企业法》的办法，已列入 1998—1999 年度浙江省人大立法调研计划，省乡镇企业局组织人员形成初稿并广泛征求法律专家、管理人员、企业经营者等的立法调研准备工作。另外，依法开展了乡镇企业登记备案、集体资产评估、建立乡镇企业发展基金等工作，切实保护乡镇企业合法权益，促进健康、稳定地发展。

【企业改革】 1998 年，浙江省乡镇企业改制规范化程度明显加快。到 1998 年底，全省61 264个乡(镇)、村办集体企业，实现各种形式改制的有56 363个，改制面达到 92%。从各市(地)改制面看，企业改制面 90%以上的有宁波、台州、嘉兴、金华、绍兴、湖州、温州、丽水、衢州等地市，比上年增加 5 个。余下的杭州、舟山两市改制面接近 90%。从各市(地)乡镇企业改制情况看，改制形式各有特色。温州、台州、湖州、宁波、绍兴、金华、舟山等市，实行股份制有限责任公司、股份合作制等形式改制的比重较高，都在 30%以上。宁波、金华、台州、杭州等市“摘帽”形式的改制比重在 20%以上。嘉兴、杭州等市以资产全额租赁、拍卖等为主要形式的约占总数的 40%，但比上年下降了 20 个百分点。

从全省已改制的乡镇集体企业看，明晰产权的改制形式：一是以规范化股份有限公司、有限责任公司、股份合作制企业等形式改制的企业总数达15 021个，占 26.65%。二是拍卖和转为个体私有企业总数达22 371个，占 39.69%。三是采用动产拍卖、不动产租赁和兼并形式的改制企业有9 727个，占 17.26%。而未涉及产权制度的改革形式：一是资产全额租赁的企业有5 765个，占10.23%。二是资产承包经营及其他形式有3 479个，占 6.17%。未涉及产权制度的改制企业所占比重比上年下降 14.8 个百分点。在全省乡镇企业中，动产拍卖、不动产租赁类和产权不明晰改制的有 20% 以上，特别是杭州、嘉兴等市乡(镇)、村集体企业发达地区为多，需进一步深化改革。

全省乡镇集体企业 8% 未改制的企业，大多是一些重点、难点企业，是乡镇企业深化改革的攻坚点，主要是大而好企业、大而亏或资不抵债企业、“小微亏”企业及校办企业、民政福利企业、公益性企业等。未改制原因是多方面的，主要为：乡(镇)村领导怕失权、失利，怕集体企业一旦改制后，集体财源受影响；企业经营者怕担经营风险，不敢投入大量资金或承担控股权的投资量；管理体制不顺，乡镇企业管理部门难以指导民政、福利、校办等公益企业改制工作等。另外，改制中“两证一变更”收费高、手续繁琐，也影响乡镇企业改制的进度。

【规模经济】 浙江省通过实施扶优扶强工程和培育重点企业，乡镇企业的组织结构开始得到优化，上规模、上水平的企业的支撑作用越来越明显。到 1998 年底，全省乡镇企业中已有省批以上企业集团 160 个，其中国家级企业集团 125 个；省级重点骨干乡镇企业1 041个，其中有 781 个进入了国家大中型企业行列。这些省批企业集团和省级重点骨干企业个数占乡镇企业总数不到0.1%，但产值、销售收入、出口产品交货值、利税分别占到全省乡镇企业总量的 20% 以上。全省有 30 个乡镇企业通过现代企业制度验收，290 个企业达到示范管理企业水平，另外有德力西、正泰、万向等 8 个企业达到省四星级企业管理水平。1998 年，省里重点抓列入省政府“九五”期间培育“五个一批”重点骨干企业，全省 315 个“五个一批”企业中乡镇企业占到 1/3 以上。各市县都分级确定抓一批重点乡镇企业的发展，推进当地经济发展。与此同时，各地狠抓特色经济发展与小城镇建设相结合，形成了一村一品、一乡(镇)一品的区域特色经济，并显示出活力。全省出现了平湖、奉化的服装出口基地，绍兴的轻纺产品生产基地，萧山、玉环、诸暨的汽车、摩托车配件生产基地，温岭、新昌的轴承配件生产基地，慈溪、余姚的塑料制品生产基地，乐清的低压电器生产基地等。这些基地的形成，出现了乐清的中国低压电器城、绍兴的柯桥中国轻纺城、永康的中国五金城、海宁的皮革城等一批新兴小城镇，带动了当地经济的发展和富裕了当地农民。

【外向型经济】 1998 年，面对东南亚金融危机的冲击，浙江省乡镇企业积极实施外向带动战略，努力开拓国际市场，大力调整出口产品结构和出口市场结构，提高出口质量档次，促进了乡镇企业外向型经济保持良好的发展势头。为了统一思想，树立信心，明确思路，省政府专题召开了全省乡镇企业外向型经济工作会议。全省各地通过抓“贸工农”出口基地、机电产品出口基地建设，促进乡镇企业出口创汇上规模、上水平。全省乡镇企业年出口产品交货值超 1 亿元的出口创汇大户达 200 多个，占全省出口交货值 20% 以上。获得农业部、外经贸部命名的全国出口创汇先进县 24 个，先进乡(镇)14 个，先进企业 171 个。同时，还积极鼓励乡镇企业申报自营进出口权，全年新批自营进出口权企业 250 个，累计达到 582 个。全年新办境外企业 29 个，累计总数达 154 个。1998 年，全省乡镇企业生产出口产品的企业 2.09 万个；出口产品交货值1 017.11亿元，比上年增长 10.91%。与外商及港澳台商新办合资、合作项目 515 个；协议利用外资 40 365 万美元，比上年增长 72.10%。其中平湖、鄞县等县市乡镇企业实际引进外资比上年增长 15%以上。同时，捕捞、建筑企业等开展对外经济技术交流，参与对外劳务输出承包工程等活动，也取得明显的效果。

【科技进步】 1998 年，浙江省乡镇企业科技进步工作，围绕着“科教兴省”，主要开展了以下几项工作：一是省乡镇企业局与省人民银行联合召开“银企洽谈会”，有 63 个乡镇企业和 12 个省级银行单位参加了洽谈会，当场有 32 个项目达成贷款意向 9.7 亿元，实际落实资金 7 亿元。杭州、宁波、潮州、衢州、温岭等市(地)县相继举办了“银企洽谈会”，较好地为乡镇企业解决了资金紧张的问题和联络了银企关系。二是大力推进乡镇企业技术改造。全省各地多方筹措资金，加大投入力度，全年乡镇企业技术改造投资 205 亿元。其中，温州市引导民间资金投入乡镇企业扩建和技改项目 172 个，总投资达 12.91 亿元。经省乡镇企业局审查转报的技术改造列入省政府重点项目 31 个，占全省的 1/3以上。全省乡镇企业有 83 个项目获得省财政贴息金额3 496万元，有 12 个乡(镇)通过了省级星火密集区验收。三是科技创新继续稳定发展。全省乡镇企业依靠新产品开拓市场，有1 000多个重点骨干企业建立了厂办科研所(组),4 000多个企业与大专院校、科研单位建立产学研协作关系。全年开发新产品5 000多个,其中列省级以上新产品130个,科技进步对经济增长的贡献率达到45%以上。四是开展创建科技管理示范企业和科技成果评定工作。全省乡镇企业有省级科学管理示范企业250多个,万向集团、万事利集团、飞跃集团等10个单位被农业部评为科技创新先进单位。获省部级科技成果达100项。

【环境保护】 1998年,浙江省乡镇企业加大环境保护整治力度。省乡镇企业局与省环保局联合举办乡镇企业环保员培训班,有140人取得合格证。同时,积极配合国家环太湖流域治理工作,全省乡镇企业关停并转有污染的企业1 000多个,有力地遏制了环境污染。

【质量管理】 1998年,浙江省乡镇企业开展以宣传、贯彻、实施ISO9000系列标准和创名牌产品为中心的质量振兴活动,企业质量意识、品牌意识明显提高。全省乡镇企业开发出名特优新产品2 800多个,其中有32个产品被评上省级名牌产品。1998年全省乡镇企业建立了质量监督和考核制度,并形成认证咨询网络,通过ISO9000质量认证企业50个,累计达250多个。同时,全省累计确认"采标"2 621项,获农业部全面质量管理达标证书1 837张。另外,抓了无标生产企业的治理,从208个乡(镇)无标治理验收情况看,标准覆盖率由50%提高到98%以上。有177个企业取得二级计量标准,还有60个产品实施国际质量标准。积极开展乡镇企业农业产业化进程,推广总结安吉、温岭等市发展乡镇企业农业产业化经验,促进农业产业化的提升。在全省首届名优新特产品评选中,加工企业获得27个金奖、37个银奖。

【教育培训】 浙江省已形成以省乡镇企业培训中心为龙头,各市地县培训基地为骨干,企业自行组织岗位培训为主体的纵横贯通、互相衔接的培训网络。1998年全省乡镇企业委托浙江大学、财政学院、电子工业学院等大学证书培训人员达656人。华夏乡镇企业学院招收了120人乡镇企业职工。省电大乡镇企业局分校1998年招收电大普通专科生200人,招收重点骨干企业厂长(经理)成人大专班100人。浙江乡镇工业学校招收中专生500人。横店集团创办的民办横店大学、吉利集团创办的浙江经济管理学院等开拓乡镇企业培养高级复合型人才。同时,全省乡镇企业系统开展了专业技术职能评定工作。1998年,全省乡村集体工业企业高中以上文化程度人数占职工总数26.7%,专业技术人员达到15%。通过对万向集团、万事利集团、横店集团等16个省批企业集团抽样调查,107位董事长、总经理(厂长)中大专以上文化程度的占55.24%;这些人员中有技术职称的占90%,其中有高级技术职称的占14.29%,有中级技术职称的占42.86%。全省省级重点骨干企业中层以上管理队伍中,大中专毕业生占70%左右。

(戴均玺)

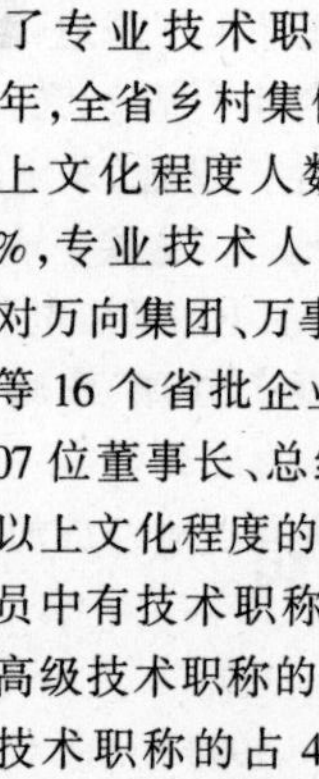

安徽省

【基本情况】 1998年,安徽省乡镇企业67.58万个,其中集体企业4.84万个。职工人数566.65万人,其中集体企业职工215.38万人。全年实现增加值783亿元,其中工业增加值468.62亿元。总产值3 018.21亿元,其中工业总产值1 879.48亿元。实现营业收入2 966.36亿元,其中集体企业营业收入1 235.38亿元。实现净利润207.43亿元,其中集体企业净利润72.69亿元。乡镇企业向当地税务部门实际缴纳税收46.38亿元,占全省财政收入17.78%。发放工资总额281.63亿元。农民人均收入来自乡镇企业的比重占30.22%。实现出口产品交货值91.07亿元。集体企业固定资产投资完成额108.25亿元,集体企业年末资产总额643.35亿元。

【宏观管理】 1998年,安徽省委、省政府和各级党委、政府及全省乡镇企业系统广大干部职工深入贯彻落实中发[1997]8号文件、江泽民考察江苏省乡镇企业的重要讲话和党的十五届三中全会精神,在宏观经济环境发生重大变化、市场竞争日趋激烈的形势下,努力推动乡镇企业改革、发展和提高。

在贯彻落实江泽民重要讲话精神中,把深化认识摆在首位,以江泽民强调的"要从国民经济和社会发展全局的高度来认识乡镇企业的重要地位和作用"这一指示来统一全省上下的思想。省委、省政府5月份召开省委、省政府联席会议,6月份召开了全省乡镇企业工作会议,集中学习了江泽民总讲话,突出解决思想认识问题、精神状态问题,在新形势下如何进一步解放思想、开阔思路、知难而进的问题,坚定了战胜困难的信心。

中发[1997]8号文件下发后,在广泛调查研究的基础上,省委、省政府7月份印发了《关于加快乡镇企业发展若干问题的决定》。明确规定了资金、税收、人才培养、考核奖励、加快发展第三产业和外向型经济、减轻乡镇企业负担等方面的扶持政策。省乡镇企业局将有关政策一项一项地分解到各个部门，一项一项地抓好协调落实。省委办公厅、省政府办公厅对各地贯彻落实江泽民讲话、全省乡镇企业工作会议和省委文件精神的情况进行两次督查，督促基层狠抓贯彻落实。全省绝大多数地市县都根据新的形势制定了新的政策措施。

【重点工程】 1998年，安徽省继续坚持抓重点工程的深入实施，努力推动乡镇企业质的提高。乡镇企业“1235”工程实施五年来，全面完成了省政府的目标任务，11月份在桐城市召开的现场办公会标志着新一轮重点发展规划的开始，由以量的扩张为主转入质的提高，充分发挥乡镇企业在技术进步、产品更新换代和开拓国内外市场等方面巨大潜力。

在遏制速度回落的工作中，省乡镇企业局也十分注重抓重点，带动面上的全面启动。1998年上半年，全省乡镇企业主要经济指标一度回落到“八五”以来的最低点。省乡镇企业局先后组织了六次全省范围内的调查研究，四次向省委、省政府专题汇报乡镇企业形势，对全省形势和重点地区、重点行业、重点企业全面进行了分析研究，提出了措施和建议，充分发挥主管部门职能作用，当好省委、省政府的参谋。在江泽民发表讲话的第二天，就提出了遏制速度回落的十条措施，及时召开了调度会，突出重点，强化调度，狠抓五大经济增长点的全面启动：一是重点骨干企业，二是建材和食品两大重点行业，三是第三产业和乡镇建筑业，四是个体私有经济，五是出口创汇企业。通过这五大经济增长点的启动，推动全省面上的发展。

在工作指导上，由行政推动为主转向产业指导和深入企业调查研究，帮助企业出主意、想办法。在协调服务上，由资金协调、项目服务为主转向资金、项目、技术、人才、信息等方面的综合服务。坚持扶优扶强，在乡镇企业发展基金、财政周转金、出口创汇贴息贷款、东西合作专项贷款等资金发放上重点支持规模骨干企业。全年先后两次通过招标形式发放财政周转金6000万元，解决了35个骨干企业和农业产业化龙头企业的流动资金。

【科技进步】 1998年，安徽省乡镇企业科技进步有以下特点：

是技术进步的步伐加快，科技对乡镇企业增长的贡献率有所提高。省乡镇企业局多次与省内外高等院校、科研院所成功地举办了科技项目发布会，引进新技术、新产品，加快乡镇企业科技进步步伐。开展厂长经理任职资格培训，组织100名企业家到中央党校培训，举办了企业急需的自营出口权等业务人才的培训班，提高企业经营者和管理者的素质。全省乡镇企业获自营进出口权企业84个。按照“巩固、提高”的要求，各地普遍加大了企业技术改造的力度，全省技改投入占总投入的20%左右，技术进步对全省乡镇企业经济增长的贡献率已达30%。安徽金光机械股份有限公司、黄山市汽车电器有限公司、安徽夭大企业集团等企业获“全国乡镇企业科技进步示范单位”称号。全省乡镇企业有21项成果获科技进步奖，156个企业被首批确认为“安徽省乡镇企业科技先导型企业”。

二是管理向规模化和科学化方向迈出了坚实的步伐。1998年，全省有102个企业领到了农业部颁发的“企业基础管理合格证”，累计达972个）；131个企业获得了省乡镇企业局颁发的“现场管理合格证”，累计达1027个。5个企业获“安徽省管理先进企业”称号，5个企业获“安徽省质量管理奖”。安徽夭大企业（集团）公司技术中心和宁国中鼎股份有限公司技术中心被确认为“省级企业技术中心”。企业内部审计体系正在形成，精神文明建设和企业文化发展迅速，全省有7个乡镇企业被农业部乡镇企业局命名为“全国文明乡镇企业”。

三是规模和品牌为中心的竞争优势逐步显露。1998年全省营业收入超500万元的乡镇企业有3020个，实现营业收入565.92亿元，占全省乡镇企业总量的近1/5，综合效益指标高出全省平均水平2.1个百分点。全省营业收入超1000万元企业有1379多个，其中超亿元企业59个。涌现出一批名优产品。1998年，全省乡镇企业有22个产品获省级名牌产品称号，累计达38个；获系统内名牌产品50个，累计达115个；获系统优质产品63个，累计达214个。

【农业产业化】 1998年，安徽省积极推进农业产业化发展，大力培植新的经济增长点。着眼于乡镇企业发展后劲，从全省乡镇企业发展的优势和农村生产力水平出发，大力实施农业产业化。围绕省政府实施的“8152”工程，抓好“50强龙头企业”中的乡镇企业“龙头”建设，同时，省乡镇企业局在系统内抓好100个龙头企业。乡镇企业在农业产业化中唱主角、挑大梁的格局已基本形成。

1998年，全省乡镇集体工业企业从事农副产品加工的企业1.17万个，占全省乡镇集体工业企业总数的36%，从业人员[illegible]万人，占全省乡镇集体工业企业从业人员的24.04%；乡镇集体工业企业农副产品加工销售收入 265.68 亿元，占全省乡镇集体工业企业营业收入的 31.04%。龙头企业的牵动力、辐射面和外向度正在增强，与农户的利益关系逐步规范合理，初步形成了利益共同体。

【个体私有经济】 从安徽省乡镇企业发展的优势和农村生产力水平出发，1998 年，全省积极推进农村个体私有经济发展，大力培植新的经济增长点。在发展农村个体私有经济上，以营造环境为重点，以强化服务为基础，依法保护和促进个体私有企业的发展。政策上做到“六个一视同仁”，即在安排乡镇企业发展基金上一视同仁；在申报企业自营出口权上一视同仁；在技术职称评定、审批项目上一视同仁；在产品创优、教育培训上一视同仁；在资金协调上一视同仁。同时制定和完善全省农村个体私有经济中长期发展规划，加强农业指导，依法规范个体私有企业行为，保证农村个体私有企业健康发展。

【工业小区建设】 1998 年，安徽省继续坚持发展工业小区，引导乡镇企业相对集中，连片发展，与小城镇建设相结合。近年来，省委、省政府十分注重农村小城镇建设，十分注重提高乡镇企业的聚集度，采取一系列的措施，取得了一定的成效。全省已有各类乡镇企业工业小区 480 个，全国乡镇企业示范区 2 个，全国乡镇企业东西合作示范区 15 个，新办企业基本上都集中在工业小区或小城镇，聚集效应逐渐显现，各地在工作中，注意搞好工业小区规划，把发展乡镇企业与小城镇建设相结合，做到开发一片、建成一片、投产一片、收益一片。同时，向基础设施进行投资倾斜，制定并落实赋予小区的优惠政策。

（时思玉）

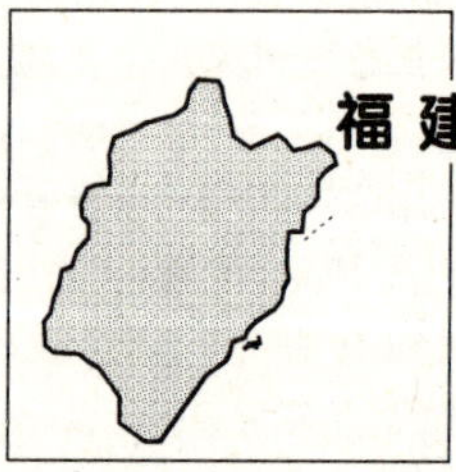

【基本情况】 1998 年，福建省乡镇企业发展到 77.6 万个，从业人员 510.4 万人，分别比上年增长 4.3% 和 0.1%。完成总产值4 658.15亿元，其中工业产值3 116.15亿元，分别比上年增长 19.4% 和 22%。完成增加值1 090.3亿元，出口产品交货值 724.5 亿元，分别比上年增长 15.3% 和 16.7%。实现营业收入4 275.37亿元，上缴税金 91.94 亿元，纯利润 185.77 亿元，职工工资 286.59 亿元，分别比上年增长 18.6%、8.6%、9% 和 5.3%。总产值增幅较大的地区，漳州市为 24%，福州市为 22.1%，厦门市为 20.9%，泉州市为 20.5%。在乡镇企业总产值中，工业产值占 66.9%，批发零售贸易业占 11.5%，建筑企业占 6.5%，交通运输业占 6.1%，旅游饮食服务业占 3.9%，农业企业占 3.4%，其他企业占 1.7%。

全省乡镇企业经济实力逐步增强，固定资产净值达 668.35 亿元，其中集体企业 342.09 亿元，私有企业 184.84 亿元，个体企业 141.43 亿元。营业收入超 10 亿元以上的县 69 个，超 5 亿元以上的乡（镇）224 个，超 1 亿元以上的村 587 个，分别比上年增加 19 个、100 个和 228 个。营业收入5 000万元至 1 亿元的企业 232 个，其中超 1 亿元以上企业 107 个，分别比上年增加 71 个和 20 个。

【宏观管理】 1998 年，福建省乡镇企业面临三大考验：亚洲金融危机影响、市场低迷和洪涝灾害，上半年乡镇企业总产值呈逐月下降趋势。这种情况引起省委、省政府高度重视，立即采取措施，开创乡镇企业发展新局面。首先，认真组织各级领导和乡镇企业干部职工学习宣传贯彻江泽民考察江苏省乡镇企业时的重要讲话精神，从国民经济全局出发提高对乡镇企业地位和作用的认识，从而增强发展乡镇企业的历史责任感。其次，于 7 月 13 日召开全省乡镇企业电视电话会议，省委副书记习近平作重要讲话，省、地、县、乡（镇）四级有6 000多人参加，这是改革开放以来福建省乡镇企业系统召开的最大规模的一次大会。当天下午，省委、省政府领导还和部分优秀乡镇企业家举行了座谈会，对发展乡镇企业进行全面的再动员、再部署。第三，各地根据实际情况，制定鼓励乡镇企业发展的优惠政策，优化乡镇企业发展环境。泉州市委、市政府制定了《关于大力推进乡镇企业改革、发展和提高的决定》。福州市出台了《关于加快县（市、区）经济发展的若干意见》。宁德地区出台了《关于推进乡镇企业新一轮创业的决定》。厦门市同安区、集美区，漳州市芗城区、诏安县等县、区也纷纷制定了加快乡镇企业发展的决定、规定等政策法规。

【企业改革】 1998 年，福建省乡镇企业加快了以产权制度为核心，以股份合作制为主要形式的各项改革。全省新组建乡镇企业集团 12 个，新设立股份公司 3 个，全省乡镇集体企业改制面达 70%。福州市出台了《关于福州市乡镇企业产权制度改革的意见》，实施乡（镇）村两级集体企业改制 81 个，组建股份有限公司 2 个，组建企业集团 4 个，兼并、租赁、出售、破产企业近1 100个。南平市推行以股份合作制为主的企业改革、改组达 897 个，兼并国有企业12个，吸收国有企业下岗职工3 645人。龙岩市617个乡村集体企业，已改制为股份合作制企业72个，组建有限责任公司11个，企业集团4个，租赁81个，承包408个，兼并2个，拍卖、破产各1个。宁德地区重点鼓励个体私有企业发展，全年个体私有企业产值增长31.8%，占全区乡镇企业总产值的77%，比上年提高5个百分点，成为最具活力的新经济增长点。

【资金投入】 1998年，福建省乡镇企业加大了投资力度。全年实施技改和新上项目7 500多个；新增投入180亿元，比上年增长12%。福州市新办乡镇企业1 250个，总投资40.2亿元，比上年增长26%；实施技改项目1 016项，总投资12.4亿元，比上年增长16%；其中投资1 000万元以上的企业有61个，投资200万元以上的技改项目有110个。漳州市全年投入8.5亿元，新办企业2 340个。厦门市实施技改项目40个，总投资3.28亿元；新办企业25个，总投资1.06亿元。莆田市新增投入100万元以上项目128个，总投资7.86亿元。三明市全年完成固定资产投资4.6亿元，宁德地区完成1.23亿元。

【农业产业化】 1998年，福建省乡镇企业大力培植农业企业和农副产品加工业中的龙头企业，形成以龙头企业为核心，上联商贸、下联基地，"贸工农"一体化发展的农业产业化模式。南平市重点抓30个龙头企业，突出抓"三板"、竹制品、笋制品、茶叶、矿产品、工艺品、特种水产养殖、建筑建材、轻纺、电子机械等十大主导产业，狠抓漆木碗、竹凉席、食品罐头、精制茶、石板材、浮选矿等30多种特色系列产品，促进企业上水平、上档次、上规模，全年30个龙头企业实现产值7.4亿元，占全市工业产值的7.5%。三明市投入资金3 078万元，扶持壮大39个农副产品深加工龙头企业，尤溪县管前罐头厂建成罐头、脱水、速冻、软包装4条加工生产线，年产量达到5 000吨，产值3 500万元。漳州市作为国家级外向型农业示范区，发挥本地丰富农产品优势，建成以市场牵龙头、龙头建基地、基地连农户的农业产业化新格局，拥有各类农副产品加工企业1 400余个，其中仅食品加工企业的产值就占全市乡镇企业产值的45%，并有18个产品获得"绿色食品"标志。福建省紫山企业集团、厦门如意食品有限公司、莆田(广东)温氏家禽有限公司等与农户形成了利益共享、风险共担的机制，有力地促进了当地农业增产、农民增收。南平市光泽鸡业有限公司引进国际先进的屠宰加工流水线，形成养殖、加工、销售一条龙，在邻近5个乡镇5个村带动农户600户，平均每户年均收入万元以上，实现产值1.6亿元，并成为肯德基国际公司中国西南区定点供货商厂家，也是南平市推动农业产业化的典型。

【市场开拓】 1998年，福建省乡镇企业面对国内外市场低迷状况，采取各种措施，加大拓展市场的力度。一是利用国际互联网开辟网上市场。泉州市有上千个企业申请加入因特网，开设网站，捕捉商机，开展贸易，成效明显。漳州市也有30个企业加入国际互联网，既节省了贸易成本，又拓宽了市场领域。二是有组织成规模地组织企业到大城市设经销点，变零星"游击战"为"阵地战"。三明市过去各家企业派供销人员在上海设点搞批发，市场难以打开。1998年三明市乡镇企业产品展销中心成立，不仅与三明市国际旅行社合作经营，将乡镇企业产品作为旅游商品向游客展销，而且组织全市20个农副产品加工企业与上海浦东恒大集团签订了承租20个店面的合同，首次有组织、成规模地进军上海市场，产生了轰动效应，产品销售业绩直线上升。三是通过办展销拓市场。1998年初，全省乡镇企业精品展销会在福州市开幕。9月又在泉州市举行了福建省乡镇企业山海协作、招商引资暨科技项目洽谈会。同时参加了农业部与河南省政府在驻马店市举办的东西合作经贸洽谈会。各地乡镇企业也纷纷到北京、上海、广州等大城市，以及哈尔滨、沈阳、武汉、九江、南昌等遭受洪灾的地区考察市场，举办展销订货会。福州市通过在昆明举办乡镇企业名、优、特、新产品专场推介会等一系列拓展市场活动，全年增加销售额近50亿元。厦门市全年来共举办6场展销会，除在省内举办外，还参加了上海交易会、香港第6届世界华人发明博览会等，取得良好成绩。

【科技进步】 1998年，福建省乡镇企业实施"科技兴企"战略。一是坚持以开发为先导。以福建省乡镇企业生产力促进中心为龙头，充分发挥各地科技服务机构作用，举办科技发布、科技成果推广、技术难题攻关、新技术引进、项目洽谈会等活动，推动乡镇企业与大专院校、科研院所合作，走产学研结合的路子。仅福建省乡镇企业生产力促进中心就在各地、县举办了12场科技成果发布暨技术项目洽谈会，推广科研成果300项，协助企业开发技术和新产品100项。二是大力推进乡镇企业标准化工作和建立健全质量管理体系。1998年，全省乡镇企业进行工业产品标准登记注册的有80项，占全省的32%，比上年提高了1.6个百分点。109个企业通过计量合格验收。同时积极宣传GB/T19000—ISO9000族标准，15个企业通过质量体系或产品质量认证，为

1997年的2.5倍。三是有计划地抓好20个技改项目示范点、30个山海协作项目示范点、20个技术成果转化示范点、12个电子应用项目示范点的建设。四是加强人才培训工作。全省多渠道多层次举办各种形式的质量、安全、科技进步、企业管理、会计、统计、继续教育等学历与非学历、在职与脱产相结合的培训班2 500多期共15万人次。三明市举办各类培训班635期，受训人员21 750人次。

（宋学铿）

江西省

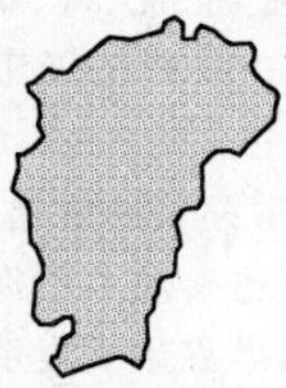

【基本情况】 1998年，江西省有乡镇企业70.13万个。从业人员303.21万人。完成总产值1 294.43亿元，比上年增长19.4%，其中工业总产值851.81亿元，比上年增长19.3%。实现增加值342.86亿元，比上年增长16.6%，其中工业增加值226.40亿元，比上年增长18.1%。实现营业收入1 171.51亿元，比上年增长18.1%。利润80.36亿元，比上年增长20.1%。实缴税金29.01亿元，比上年增长9.3%，占当年全省财政收入的20.9%。发放工资总额130.7亿元，比上年增长1.1%。农民人均纯收入来自乡镇企业部分为587元，占28.7%。

全省乡镇工业增加值率达26.6%，超出全省工业3个百分点。全员劳动生产率11 308元，比上年提高19.1%。资产负债率56.10%，比上年下降0.6百分点。流动资金周转4.46次，比上年提高0.4次。乡村集体工业轻重工业产值之比为60.3∶49.7，在轻工业中，以农副产品为原料的产值比重达52.7%。

1998年全省有7个地市569个乡镇的10.06万个乡镇企业遭受了特大洪涝灾害，直接损失29.1亿元，间接损失48.6亿元。

【宏观管理】 1998年，在宏观环境继续趋紧的情况下，江西省委、省政府发出《关于进一步加快乡镇企业改革与发展的通知》，为促进乡镇企业改革与发展创造了较好的政策环境。在全省大部分地区遭受严重洪涝灾害，财力十分紧张，各项经费大幅减少的情况下，仍给乡镇企业增发了1 000万元财政周转金，并拨出100万元专款用于支持乡镇企业科技进步。各有关方面和部门的发展合力进一步增强。省人大把《乡镇企业企业法实施细则》纳入了立法规划。省政协把乡镇企业工作纳入委员考察经济工作的内容，先后两次主持召开了部门协商会议，帮助研究解决实际困难和问题。省委政研室、省政府决策咨询委等部门派员参加有关乡镇企业课题的调研，并多次组织专家对乡镇企业发展中遇到的困难和问题进行会诊，提出一些很有价值的意见和建议。洪灾过后，各级领导对乡镇企业的关注程度进一步提高，把发展乡镇企业作为灾后生产自救最积极、最有效的措施，明确提出“农业损失工业补”要求，强化了指挥制度，积极为企业排忧解难，确保了全年目标任务的完成。

【企业改革】 1998年，江西省乡镇企业改革在规范提高的基础上，继续向纵深推进。截至1998年底，全省累计有3.9万个乡村集体企业进行了不同形式的改革，改制面达89%。其中涉及产权制度改革，如股份制、股份合作制、出售、兼并等形式占28.27%；涉及生产经营形式改变的，如承包、租赁等占59.63%。同时，各地对已改制企业普遍进行了一次“回头看”，对改革不到位企业进行了补课，改革使企业活力进一步增强。全省实行股份制、股份合作制的1.68万个企业，1998年实现增加值41.13亿元，占全省集体企业增加值的35.2%；实现利税16.77亿元，人均利税6 929元。

【科技进步】 1998年，江西省乡镇企业继续深入实施“科技兴企”战略，科技进步迈出了新步伐。全年各级培训机构共举办培训班620期，为乡镇企业培养经营管理和专业技术人员3.58万人次。同时有大批专业技术人才被引进到乡镇企业工作。截至1998底，仅萍乡市就引进530人，其中博士、硕士、学士学位的61人，有高级职称的15人，中级职称的459人。各地通过加强科企联姻、产学研结合，加快技术成果转化和新产品开发。萍乡市乡镇企业与全国100多所大专院校、科研院所建立了技术合作关系。新余市乡镇企业共购买引进专利100多项。全年各级共组织各类专家送科技下企业245次，3 034人次。科技进步使乡镇企业全年新增产值300亿元，并使产品科技含量进一步提高，产品结构进一步优化。

【市场开拓】 1998年，江西省乡镇企业紧紧抓住灾后重建和国家加大基础建设投入的机遇，积极组织适销对路产品的生产，同时利用各种手段和机会，努力开拓新的市场尤其是农村市场和外地市场。先后组织参加了第七届上海全国商品交易会和全省食品展销会。全省有41个企业参加了“上交会”，100多个产品参展，成交金额2 420万元。有11个企业参加了全省食品展销会，签订投资合同3 000万元。南昌县汇仁集团聘请近4 000名营销员,建立了覆盖全国医药市场的庞大营销网络,并斥巨资在中央电视台黄金时段播发营销广告,产品销路迅速打开,全年实现销售收入5亿元,比上年翻了一番。通过强化营销,全省乡村集体企业产销率达98.3%。

【安全环保】 1998年,江西省乡镇企业组织开展了以花炮行业为重点的安全大检查,参与了“赣江环保行”活动,完成了第二次全国乡镇工业污染源调查。全省乡镇企业认真落实国家整顿“十五小”工业企业精神和全省矿业秩序整顿、煤炭行业关井压产工作部署,全年压产240万吨,其中取缔非法矿井607个,压产179万吨。有164个乡镇小造纸、小煤窑企业关停。全年共发生伤亡事故94起,伤亡152人,除煤炭行业外,伤亡人数分别比上年下降26%和12%。

【规模经济】 1998年,江西省乡镇企业通过实施“1225”工程,即全省重点扶持10个乡镇企业年营业收入10亿元县(市、区),20个年营业收入超3亿元的乡,20个年营业收入超6 000万元的村,50个利税超100万元的企业,规模经济有新发展。全省年营业收入10亿元以上的县有36个,5亿元以上的乡有21个,1亿元以上的村有42个,分别比上年增加10个、4个和8个。产值500万元以上企业1 369个,合计产值193亿元,占全省乡镇企业总产值的15.0%;年产值超亿元企业14个;实缴税金100万元以上企业86个。全年新竣工年产值500万元项目184个。评出第三批共23个省乡镇企业名牌产品,使名牌产品总数达到75个。全省企业集团达214个。截至1998年底,全省共形成有规模的农业产业化龙头企业209个,以其为依托的基地1 231个,带动关联企业1 200个,辐射乡镇989个,全年实现销售收入229.71亿元,利税2.9亿元。

【个体私有企业】 1998年,江西省各地抓住国家鼓励扶持非公有制经济发展的机遇,把发展个体私有企业摆到突出的战略地位,出台了一系列政策措施,引导促进其加快发展。在政策措施的有力推动下,个体私有企业获得长足发展。全省个体私有企业实现总产值818.60亿元,总量首次超过集体企业,完成工业产值471.90亿元,分别比上年增长34.1%和42.0%,增幅分别高于集体企业33.8个和42.5个百分点。个体私有企业营业收入、净利润和实缴税金占全省乡镇企业的比重分别达到63.3%、69.4%和56.4%。从业人员达213.15万人,比上年增加1.9万人。

【外向型经济】 1998年,江西省乡镇企业与外商、港澳台商签订合资合作协议115个,合同引资1.41亿元美元,实际到位资金0.86亿美元。新办“三资”企业106个。全省乡镇企业共有出口创汇企业2 897个,自营进出口企业25个。全年完成出口产品交货值29.86亿元,比上年增长4.3%,占全省外贸出口总额的21.5%。

(曾　伟)

山东省

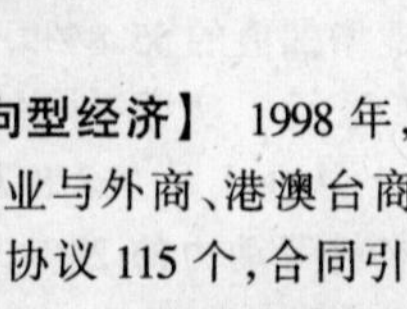

【基本情况】 1998年,山东省共有乡镇企业158.8万个。职工人数1 199万人。乡镇企业实现总产值9 549亿元,比上年增长18.5%,其中乡镇集体工业总产值4 578亿元,比上年增长2.76%。实现增加值2 049亿元,比上年增长20.04%。实现营业收入8 208亿元,比上年增长21.16%。完成出口产品交货值587亿元,比上年增长4.16%。实现利税总额657亿元,比上年增长13.29%。

【骨干企业】 1998年,山东省乡镇企业主导行业、骨干企业继续发挥支撑带动作用。1998年新组建省级乡镇企业集团44个,总数达到399个。营业收入过500万元的乡镇工业企业完成产值2 697亿元,比上年增长15.9%,高出集体工业企业产值增幅5.2个百分点;完成工业增加值658亿元,比上年增长20%,高出集体工业企业增加值增幅6.8个百分点;完成出口产品交货值390亿元,比上年增长14.5%,高出集体工业企业出口交货值增幅5.7个百分点。

【企业改革】 1998年,山东省乡镇企业产权制度改革取得新进展。在坚持多种形式推进的同时,改制形式开始向股份合作制、股份制、出售和租赁为主转变。持股方式由人人平均持股开始向股权适当集中,经营者(经营层)持大股、控股转变。改制操作程序日渐规范,改制质量明显提高,村办企业改革有了新突破。全省乡镇企业改制面已达67%,涉及资产已占资产总量的58%。多元化的产权结构和投资结构开始显现,企业发展的生机和活力进一步增强。

【企业管理】 1998年,山东省乡镇企业开展“管理效益年”活动,效果显著。企业内部管理明显加强,到1998年底,全省乡镇企业采标验收合格产品近600个，占全省的30%；通过ISO9000认证企业72个，累计达到138个；有14个产品被认定为山东省名牌。积极推进财务审计制度建设，全乡镇企业系统建立审计机构4 500多个，以各种形式培训审计人员10 000人次。乡镇企业十分重视环境保护工作，污染治理取得显著成绩。

【科技进步】 山东省乡镇企业科技推动作用进一步加强。1998年，投资过1 000万元的项目430个，高新技术项目达到460个，其中6个项目列入省高新技术产业化首批启动项目，有40个项目被列为省管项目，总投资达到12亿元。组织申报国家级星火计划12个，省级星火计划34个，省级科研攻关计划3个，省级火炬计划22个。组织申报国家级、农业部及部局级、省级科技进步奖82个。

【外经外贸】 1998年，由于受亚洲金融危机的影响，给山东省乡镇企业外经外贸工作造成很大困难。全年新批“三资”企业485个，合同利用外资6.45亿美元，实际利用外资4.27亿美元，分别比上年减少20.5%、6.6%、12%；出口产品交货值完成520亿元，比上年增长8.8%。

【个体私有企业】 1998年，山东省农村个体私有经济发展迅速。一批私有企业大户和以私有企业为主体的专业村、专业乡镇脱颖而出，成为全省乡镇企业发展的重要力量。年实现营业收入500万元以上的私有企业工业产值增长20.8%，高出集体工业企业产值增幅10个百分点；工业增加值增长21.5%，高出集体工业企业增加值增幅12.7个百分点。

（胡立新　魏　勇）

【基本概况】 1998年，河南省乡镇企业完成总产值5 112.8亿元，其中集体企业产值2 159.97亿元，私有企业产值1 692.85亿元；完成工业产值3 785.4亿元，其中集体企业工业产值1 757.05亿元，私有企业工业产值1 294.59亿元。实现增加值1 299.11亿元，比上年增长13.7%，分别占全省国内生产总值的30.2%和农村社会增加值的54.8%；其中工业增加值960.3亿元，比上年增长14.3%，占全省工业增加值的55.8%。上缴税金63.7亿元。实现利润总额449.3亿元。从业人员768.8万人，约占全省农村劳动力的20%，占农业富余劳动力的40%。

【宏观管理】 为加快乡镇企业的发展步伐，1998年河南省乡镇企业继续加大了提高认识、制订措施、出台文件的工作力度。一是为了加快乡镇企业改革与发展，出台了《关于加快乡镇企业改革与发展的若干政策规定》。该规定共八项50条，分别就全省乡镇企业的股份制和股份合作制的改组、新产品的开发和新技术的推广、财政贴息、吸引外资、东西合作、工业小区建设、减轻企业负担等方面，制定了一系列有突破性的政策规定。二是经省政府批准，省乡镇企业局会同省物价局、省纠风办制定了《关于清理乡镇企业税外收费工作的实施意见》，这是继上年省政府出台的《河南省乡镇企业负担监督管理办法》之后，又一个为制止对乡镇企业乱收费的实施意见。三是江泽民考察江苏省乡镇企业发表重要讲话后，省委办公厅、省政府办公厅及时发出通知，要求各级党委、政府和全省乡镇企业系统认真学习，深刻领会其精神，进一步增强发展乡镇企业的责任感和紧迫感。四是由省乡镇企业局发起，联合省委宣传部、省委政研室和河南日报社于1998年6月中旬组织召开了由部分市、县、乡领导，经济专家和乡镇企业家参加的座谈会，就如何深入学习江泽民重要讲话和推进乡镇企业二次创业进行了研讨。

【外经外贸】 1998年，由于亚洲金融危机的影响，河南省乡镇企业的出口创汇工作受到了严重冲击，是遇到压力最大的一年。为了适应市场变化，全省乡镇企业及时调整出口投向，在产品质量和降低成本上下功夫，仍然取得了好成绩。全年乡镇企业完成出口产品交货值75亿元，约占全省外贸交货值的1/3以上。其特点：一是创汇行业和群体初步形成。经过近几年的发展，全省乡镇企业的出口产品已向高、精、尖转变，初步形成了以磨料、机械制造、制革、肠衣、丝毯和发制品为主的出口创汇群体，1998年这些产品的出口交货值约占全省总量的40%左右，其中丝毯、肠衣、发制品的出口率达100%，产量占到全国的60%左右。二是出口自营权和引资工作取得新进展。解决出口自营权的问题，是近几年一直困扰全省乡镇企业的一个大问题。通过1998年的努力，全省又有24个乡镇企业获得出口自营权，累计达到71个，占全省获得进出口自营权企业总数的13%。在利用外资方面，新增“三资”企业23个，实际利用外资近8 000万美元。1998年新增境外公司和经销网点39个，在市场萎缩的情况下，为乡镇企业的发展赢得了生存的空间。三是出口商品生产基地建设和骨干企业有了新的发展。1998 年全省乡镇企业的骨干企业仍然担当起排头兵的重任，而这些骨干企业所生产的产品大部分是以出口为主导。1998 年，全省乡镇企业中，固定资产达 300 万元以上，出口交货值 500 万元以上的创汇企业 240 多个；固定资产 500 万元以上，交货值1 000万元以上的创汇企业 130 多个；固定资产1 000万元以上，出口交货值亿元以上的创汇企业达 9 个。同时还新增 100 个基地，限改企业 26 个，严格了基地标准，强化了基地的辐射、带动和示范作用。

【企业改革】 1998 年，河南省乡镇企业改革工作重点抓了两个方面，一是加强以产权制度为核心的企业改革，再创机制新优势。全年新改制的企业达23 578个，占集体企业总数的 39.4%，改制面比上年提高 17.6 个百分点。二是以产品结构的调整为突破口，积极培育支柱产业和名牌产品。1998 年，全省采取租赁、兼并、购买等多种形式实行低成本扩张，新建省级企业集团 50 个。在工贸小区、小城镇建设方面重点抓了一批营业收入超过 3 亿元、利税超过3 000万元的示范小区的建设，并总结其经验在全省推广。

【科技进步】 1998 年，河南省乡镇企业继续加大科技投入，注重教育培训，引导企业开展技术创新，努力实施名牌带动战略，给企业发展注入了新的内涵和活力。全年在抓好 20 万人次岗位技术培训的同时，重点推广了 200 项适用技术，抓好 100 个重点技改项目，组织 18 个专业的 2 000多名专家为企业提供诊断咨询服务。在全省骨干企业中继续推行 GB/T19000—ISO9000 质量管理标准。在年销售收入超过1 000万元的企业中，完善质量体系，使企业的标准计量覆盖率和产品抽检合格率分别比上年提高了 2 个和 5 个百分点。

【东西合作】 “’98 全国乡镇企业东西合作经贸洽谈会”在驻马店市举行，河南省乡镇企业充分利用主场优势，取得可喜效果。洽谈会期间，全省乡镇企业与外省、市、自治区正式签约的合同项目有 468 个，总投资 46.9 亿元，其中引进资金 26.15 亿元。会议期间，还同东部沿海发达省份缔结地(市)、县、乡三级合作对子 118 对，签订贸易合同 1 246个，贸易额达 19.1 亿元。同时还现场销售产品资金达1 334万元。签约项目之多，效果之明显，都是历年来所不多见的。

（张洪祥）

湖北省

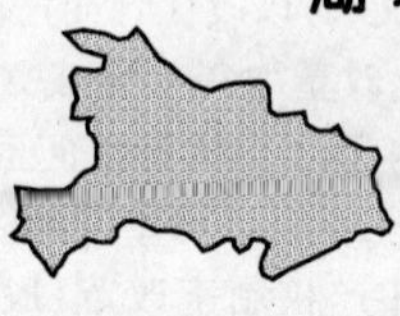

【基本情况】 1998 年，湖北省有乡镇企业 83.78 万个，比上年减少 1.28%，其中集体企业 11.12 万个，比上年减少 23.57%；个体私有企业 72.66 万个，比上年增长 3.33%。从业人员 629.81 万人，比上年减少 0.72%，其中安排城镇国有企业下岗职工再就业40 597人。实现增加值 1 287.3 亿元，比上年增长 14.85%，占全省国内生产总值的 34.75%，其中工业增加值 815.61 亿元，比上年增长 7.48%，占全省工业增加值的 46.53%。完成营业收入 5 266.44亿元，比上年增长 15.98%。完成现价总产值5 653.26亿元，比上年增长 18.01%，其中工业总产值 3 596.29亿元，比上年增长 8.48%。实现利税总额 442.41 亿元，比上年增长 15%，其中利润总额 287.07 亿元，比上年增长 14.62%。实缴税金 62.62 亿元，比上年增加 25.24%，占全省财政收入的 21.23%。资产总额1 514.18亿元，其中固定资产原值 894.27 亿元。职工工资总额 339.31 亿元，比上年增长 13%。乡镇企业用于支农建农资金达 19.01 亿元，比上年增长 25.31%。全省农民收入中有 500.96 亿元来自乡镇企业，人均1 193元，占农民人均纯收入的 54.91%。全省乡镇企业营业收入 10 亿元以上的县市达 71 个，比上年增加 12.70%；5 亿元以上的乡镇 279 个，比上年增加 32.23%；亿元村 373 个，比上年增加 34.17%；亿元企业 84 个，比上年增加 18.31%；其中 100 亿元以上的县市已有 17 个，10 亿元以上的乡镇 123 个。

【宏观管理】 1998 年，湖北省委、省政府以江泽民考察江苏省乡镇企业重要讲话为指针，高度重视乡镇企业改革与发展，不断加大领导力度。2 月 27 日，省委、省政府召开乡镇企业改革与发展现场办公会，明确提出乡镇企业要开展“二次创业”。省委书记贾志杰指出，乡镇企业事关湖北省大局，各级领导要高度重视，一抓到底。省委办公厅、省政府办公厅于 4 月 20 日印发现场办公会议纪要，要求各地、各有关部门大力支持乡镇企业开展第二次创业。在 4 月 29 日召开的全省乡镇企业工作会议上，贾志杰强调，“无论从当前和长远发展看，乡镇企业只能上不能下，只能进不能退，绝不能滑坡，绝不能出现闪失”。7 月 9 日，省委办公厅、省政府办公厅专门发出通知，要求各级领导一定要从国民经济和社会发展全局的高度来认识乡镇企业的重要地位和作用，进一步加强对乡镇企业的领导，把加快乡镇企业发展列入重要工作日程。8月22日省政府办公厅发出《关于切实减轻乡镇企业负担的通知》，11月20日省政府发出《关于推进乡镇企业改革与发展的通知》，为乡镇企业二次创业创造良好环境。省委、省人大、省政府领导先后六次带领省乡镇企业局负责人外出和下乡调查。年底，省乡镇企业局与省委政研室联手，省、地、县联动，开展对乡镇企业二次创业的调查研究，写出专题报告，为省委、省政府指导今后一个时期乡镇企业结构调整和体制创新提供了抉择依据。省委、省政府的高度重视，统一了全省上下对发展乡镇企业的认识，极大地推动了乡镇企业发展。

【抗洪救灾工作】 1998年，湖北省遭受历史上罕见的特大洪涝灾害，乡镇企业损失巨大，全省约有20%的企业受灾，直接经济损失37亿元，影响生产数百亿元。在特大洪涝灾害面前，全省乡镇企业出钱、出物、出力投入抗洪救灾，80多万名乡镇企业干部职工坚守抗洪第一线，为防汛抗洪的全面胜利做出了重要贡献。省乡镇企业局三次发出紧急通知，对防汛抗灾和生产自救进行紧急动员和全面部署，要求全省乡镇企业奋力实现"一抗三保"（抗灾促发展，保规划、保大局、保农民增收）。采取特殊措施，将全省划为六片，确定100个重点调度企业，实行省乡镇企业局领导分片联系、机关干部蹲点跑片的办法，派出12名干部驻厂，直接联系和督导10个企业，强化生产调度。各地市州和县(市)也相应确定重点调度企业，以点带面，千方百计保大局、保规划、保农民增加收入。宜昌市狠抓"433"工程，选定4个县市、30个乡镇、30家骨干企业为工作重点，分类指导，排忧解难，强化调度，带动了全市乡镇企业的发展。

【企业改革】 1998年，湖北省乡镇企业坚持积极稳妥地推进企业改革，以"三个有利于"为标准，以加快制度创新和增强活力为基本目的，因地制宜，因厂施策，克服一哄而起的形式主义和"以改代管"的简单化倾向，企业改革取得一定成效。全省已有7.4万个乡村集体企业进行了不同形式的改革，改革面为51%。其中产权制度改革(股份合作制、有限责任公司、股份有限公司)企业1.5万个，约占11%；所有制改革(出售、兼并、破产)企业0.5万个，约占4%；经营责任制度改革(承包、租赁)企业5.3万个，约占36%；组织形式改革(组建集团)企业439个，约占1%。一批企业规模不断扩大，全省营业收入500万元以上的企业达4 129个，比上年增加139个。在乡村集体企业的实收资本金中，法人资本金、个人资本金和外商资本金已占30%，乡村集体企业投资主体和产权主体多元化的结构正在形成。个体私有企业加快发展，总产值、营业收入、增加值均占到全省乡镇企业的40%以上，乡镇企业形成以公有制为主体、多种所有制经济共同发展的合理格局。

湖北省武穴市二里半集团生产车间

【科技教育】 1998年，湖北省乡镇企业认真贯彻"科教兴企"战略，大力推进科技进步。建立健全乡镇企业科技进步目标考核责任制，召开全省乡镇企业技术创新机构建设座谈会，狠抓乡镇企业技术创新工作。全省乡镇企业已建立技术开发机构326个，拥有专业技术开发人员4 890人，年筹集科研开发经费12 840万元，拥有技术及产品专利89项，获省、部级以上科技进步奖20多项。有13个企业被评为省级以上高新技术示范企业，其中湖北汉川钢丝绳股份有限公司、湖北玉阳实业(集团)股份有限公司、湖北二里半(集团)药业股份有限公司被农业部评为全国乡镇企业技术创新示范企业。编制了《1998年湖北省乡镇企业重点技术改造指导计划》，完成6 000多项技术改造项目，共投资40多亿元，其中133项被列入省级乡镇企业技改项目。组织47所大专院校为乡镇企业提供实用科技信息项目540多项。坚持把人才培训和开发作为科技进步的重中之重，与省人事厅联合评定乡镇企业高级专业职称人员361人，为3 700

名乡镇企业职工办理了“农转非”手续。发出《关于进一步加强全省乡镇企业职工教育培训工作的意见》,制订全省乡镇企业系统培训规划,全省共培训各类人才约50万人次。首次与武汉化工学院、中国地质大学联合招收委培本科生80名。全省乡村集体企业职工中,大专以上文化程度的4.24万人,中专的13.26万人,技校的15.42万人,高中的84.69万人,初中的150.70万人。初中以上文化程度的职工占88.03%,比上年提高1.02个百分点。

【企业管理】 1998年,湖北省乡镇企业以提高经济效益为中心,狠抓财务、资产、质量、安全等各项管理工作,促进企业管理上台阶。财务管理以制度建设为重点,巩固和扩大财会“四统一”和统计“两卡一账”制度。开展统计质量抽查,统计数据质量得到提高。积极抓好企业登记备案工作,已登记颁证企业3万多个。进一步加强企业资产评估和审计机构建设,批准成立55个乡镇企业资产评估和审计事务所,制定了《湖北省乡镇企业资产评估事务所工作规则》。全年共审计项目5 356个,审计金额达46亿元,挽回经济损失984万元;评估项目203个,评估总资产81亿元,增值率23.1%。印发了《湖北省乡镇企业质量振兴活动方案》(试行),推动质量管理工作深入开展。组织2 261名企业经营者和质量检测人员参加TQC和ISO9000系列标准基础知识考试并取得合格证。组织全省乡镇企业第六次QC小组活动评审,评出优秀小组31个,优秀小组成果11个,优秀个人24名,其中有4个小组被评为全省优秀QC小组。1998年又有5个企业通过ISO9000系列认证,全省已有11个。湖北汉川钢丝绳股份有限公司、湖北省八峰药化股份有限公司被授予首批“湖北省质量效益型先进企业”称号。开展第八次全国“安全生产周活动”,千人死亡率和千人重伤率均低于省政府下达的控制指标。截至1998年底,全省乡镇企业管理样板企业已达32个,一批优秀的乡镇企业经营管理者涌现出来,郭洪甫等41名厂长(经理)被农业部命名为“全国优秀乡镇企业厂长(经理)”,鲍德荣等100名厂长(经理)被省委、省政府授予湖北省优秀乡镇企业厂长(经理)称号。

【产品战略】 1998年,湖北省乡镇企业以争创精品名牌为重点,继续实施“名牌战略”。已有18个企业的产品被列入全省精品名牌三年滚动计划,占全省计划数的12%。天门市干驿木工机械有限公司生产的劲松牌木工带锯机、丹江口市合金厂生产的丹冶牌低碳硅、湖北省活塞环股份有限公司生产的海环牌EQ汽车活塞环、湖北省脱粒机械厂生产的佳能牌脱扬机、湖北省通城县砂布厂生产的犀利牌页状砂布和砂纸、湖北省嘉鱼县床具厂生产的联乐牌弹簧软床垫被省政府命名为第二批湖北精品名牌产品。实施全省乡镇企业百项重点新产品开发滚动计划,可形成产值34.63亿元,利税6.26亿元。组织企业积极申报国家和省攻关计划、星火计划、火炬计划、重大新产品开发计划等,分别有5个产品被列入国家级和省级新产品开发计划。全省乡镇企业获省以上名牌产品称号的有20多个,1998年开发新产品2 545个,比上年增加671个。名、优、新产品在乡镇企业增长中的份额占到15%以上,促进了产业、产品结构的调整和优化。

【东西合作】 1998年,湖北省乡镇企业积极开展东西合作。6月份,省乡镇企业局组织8个工业小区的12名负责人赴福建省开展东西合作考察洽谈,缔结3对友好合作乡镇,交流24个合作项目,并建立领导和企业家互访制度。12月上旬,组织120个企业的223名代表携带600多个项目,到河南省驻马店市参加“’98全国乡镇企业东西合作经贸洽谈会”,共签约协议合同28个,协议资金2.14亿元;其中签订正式合同6个,合同资金1.05亿元。1998年,全省东西合作和“贸工农”项目获得贷款3 800万元。兴山县水月诗镇通过东西合作,引进技术人才103人,资金过亿元,引进港澳台、沿海及省内外独资、合资、联营企业58个,合作企业成功率达90%以上,东西合作使全镇1.4万人摆脱了贫困,成为湖北省经济发展的明星乡镇。

【外向型经济】 1998年,由于东南亚金融危机,湖北省乡镇企业外向型经济受到一定影响。全年出口产品交货值83.52亿元,比上年下降6%。“三资”企业194个,比上年减少36个;客商实际投资额2 079万美元,累计投资额15 596万美元,分别比上年下降59.41%和1.62%。出口产品交货值100万元以上企业396个,比上年减少13个。境外办企业13个,比上年减少24个。在困难的情况下,一批有自营出口经营权的企业千方百计开拓国外市场,增加自营出口,全省乡镇企业自营出口比上年增长39.95%。在出口产品交货值中自营出口所占的比重达到29.89%,比上年提高9.81个百分点。湖北天宇集团公司增设香港、匈牙利两个涉外办事处,新开辟西班牙、奥地利、荷兰、南非市场,全年出口创汇2 237万美元,其中自营出口892万美元,分别比上年增长28.04%和36.34%,成为出口创汇大户。

【资金投入】 1998年，湖北省乡镇企业新增投入资金156.55亿元，其中吸纳股金17.97亿元，吸收风险抵押金10.34亿元，引进、自筹资金82亿元，银行贷款净增额24.45亿元，新增财政调度资金2.08亿元。全省乡镇企业银行贷款余额202.99亿元，其中集体企业161.04亿元，集体企业长期银行贷款84.04亿元。集体企业固定资产投资施工项目10 113个，其中新建4 432个，扩建2 926个，改建2 167个，其他588个。集体企业固定资产投资投产项目9 090个，其中新建3 968个，扩建2 607个，改建1 892个，其他623个。乡村集体企业新增固定资产68.94亿元，比上年下降16.2个百分点。

【主管部门自身建设】 1998年，湖北省各级乡镇企业主管部门坚持在抓好面上乡镇企业发展的同时，进一步抓好主管部门自身建设。省乡镇企业局以"两个争创"(即党组争创"五好班子"、局机关争创文明单位)为目标，以转变作风、改进工作、提高干部素质和办事效率为重点，开展了一系列活动。举办政治理论学习读书班，组织机关正处以上干部到汉川市进行现场学习研讨，提高机关干部政治和业务素质。大兴调查研究之风，共集中组织8次大型调研活动，为及时、准确把握乡镇企业发展中的主要矛盾和关键问题，为省委、省政府决策当好"参谋"起到了重要作用。组织开展"提合理化建设"活动，充分发挥机关干部职工的主人翁作用。以建章改制、减员增效为重点，加强局属企业单位的工作。经过努力，省乡镇企业局被农业部乡镇企业局评为"全国省市区先进乡镇企业局"，被武汉市武昌区授予"文明单位"称号。省乡镇企业局在强化自身建设的同时，要求各地乡镇企业主管部门高度重视机关建设，以"有为"争"有位"，更好地为乡镇企业发展服务。公安县乡镇企业局向社会作出服务承诺，增强工作透明度，自觉接受社会监督，引起较大反响。孝感市孝南区乡镇企业局通过抓直属企业改造，机关面貌焕然一新。

（刘卫军）

湖南省

【基本情况】 1998年，湖南省有乡镇企业214.9万个，比上年增加5.16%。职工877万人，比上年增长5.33%，约占全省农村劳动力总数的31.9%，占农村富余劳动力的50%左右。完成总产值6 056亿元，比上年增长18.86%；完成增加值1 456亿元，比上年增长12.2%，其中工业增加值703亿元，比上年增长18.8%，占全省工业增加值的63.06%。实现利润总额358亿元，比上年增长7.9%。上缴国家税金73.9亿元，比上年增长9.4%。在总产值中，集体企业完成1 598亿元，比上年增长25.04%；个体私有企业完成4 458亿元，比上年增长16.82%。总产值按行业分，农业企业174亿元，比上年增长37%；工业企业2 991亿元，比上年增长19.6%；建筑企业940亿元，比上年增长15.95%；交通运输企业588亿元，比上年增长8.56%；商品流通业840亿元，比上年增长20.67%；旅游饮食服务业348亿元，比上年增长25.34%；其他企业175亿元，比上年增长24.38%。全省乡镇企业完成营业收入5 734.8亿元。营业收入过50亿元以上的县(市、区)有42个，最高的长沙县195.13亿元；过10亿元以上的乡(镇)68个；过2亿元以上的村51个。

【企业改革】 1998年，湖南省各地市加大对乡镇企业产权制度改革工作的领导力度，成立了由地市领导挂帅的领导小组，出台了指导改革的政策性文件，形成了以抓产权制度改革为突破口、促进乡镇企业健康发展的氛围。全省93 837个乡村集体企业已进行各种形式的产权制度改革的67 563个，改制面达72%，比上年增加17个百分点。其中，实行股份合作的企业20 043个，占改制企业的29.67%；组建企业集团、成立有限责任公司3 745个，占改制企业的5.54%；兼并、破产企业1 222个，占改制企业的1.8%；租赁、承包企业40 048个，占改制企业的59.27%；出售资产企业2 505个，占改制企业的3.7%，出售资产收入约3亿元。通过推行各种形式的产权制度改革，全省乡镇企业出现三个明显的转变。一是理顺了乡村集体企业的产权关系，初步改变了乡村集体企业长期以来存在的产权模糊、政企难分的局面。二是搞活了企业的经营机制，乡镇企业干部职工的主人翁意识、市场观念、质量观念、经济效益观念明显增强，一批亏损企业实现了扭亏为盈。三是全省乡镇企业通过产权制度改革盘活存量资产200亿元，吸纳社会资金100亿元，较大地缓解了乡镇企业资金紧缺的矛盾。

【外向型经济】 面对亚洲金融危机的严重冲击，湖南省乡镇企业积极在开发新的出口产品、开拓新的出口市场、开展自营出口渠道上下功夫，取得明显成效。一是对外贸易不断扩大。1998年，全省乡镇企业共有外向型企业3 300个，从业人员20多万人；完成出口产品交货值

123.7亿元，比上年增长18.1%，约占全省外贸出口总值的1/3强。已获得自营出口权的乡镇企业达99个，占全省自营进出口生产企业总数的26%。全年实现出口创汇1.2亿美元(包括"三资"企业)，比上年增长21.8%。出口交货值过1 000万元和自营出口创汇过100万美元的乡镇企业分别达到160个和21个。湖南华联瓷业有限公司已成为全省最大、全国第二的炻瓷生产出口企业，产品有500多种，年生产能力3 500万件，1998年完成销售收入8 009万元，利税2 242万元，自营出口创汇957万美元，出口创汇列全省乡镇企业首位。全省乡镇企业的工艺、轻工、矿冶、化工、土畜等大宗商品的出口量在全省出口总量中占有较大的比重，特别是花炮、陶瓷、工业硅、钨、硫酸锰、立德粉、茶叶、竹制品等产品占有较大的优势。二是"三资"企业发展较快。1998年，全省乡镇"三资"企业发展到600多个，实到外资累计超过7亿美元，出口创汇达7 000多万美元。全省乡镇企业利用外资呈现出三大特点：其一，分布面广。除长沙等大中城市和经济相对发达地区外，许多欠发达地区、边远山区利用外资的来势也很好。永州市的观音滩镇和白水镇，近几年发展"三资"企业和"三来一补"企业20个，实际利用外资9 300万元。其二，加工贸易成为乡镇企业利用外资的一种新的增长方式。尤其是湘南三市利用沿海打工人员多的优势，引导"三来一补"企业内移，取得良好效果。其三，在引进外资的同时，引进先进设备、技术、人才和科学的管理，优化了乡镇企业内部结构，提高了整体素质。三是对外合作交流日益增强。一部分乡镇企业充分利用国际信息高速公路的优势，通过国际计算机互联网加强与外界的联系与交流，有的已在因特网上谈成业务。全省已有一批乡镇企业在欧洲、美国、俄罗斯、日本和东南亚等国家和地区开设了办事处或代表处，仅浏阳市乡镇企业驻俄罗斯和东欧国家的办事处和贸易窗口就有3个。

【骨干企业和工业小区建设】 1998年，湖南省乡镇企业实施了"十百千工程"，积极培植重点骨干企业，推进乡镇企业上规模、上水平、上档次。"十百千工程"即在全省范围内培育重点骨干企业，目标是培育10个年产值过10亿元、利税过亿元的企业或企业集团，100个年产值过亿元、利税过1 000万元的企业，1 000个年产值过1 000万元、利税过100万元的企业。1998年，省直接调度的21个重点骨干企业，完成工业总产值24.5亿元，比上年增长11.9%；上缴国家税9 726万元，比上年增长11.5%；实现利润1.09亿元，比上年增长19.3%。由于骨干企业示范作用明显，全省乡镇工业增加值的增幅高出全省乡镇企业增加值的增幅6.6个百分点。

1998年，湖南省乡镇工业小区建设有较大发展。23个省级工业小区完成乡镇企业总产值221亿元，比上年增长20.8%；完成乡镇工业总产值134.6亿元，比上年增长21.6%；上缴国家税金4.23亿元，比上年增长23.8%；完成利润总额12.4亿元，比上年增长11.3%。

【科技教育】 1998年，湖南省乡镇企业教育工作和科技进步工作均有新进展。一是教育工作有新突破。除省乡镇企业学校按计划继续招生外，省计委、省教育委首次从普通高校招生计划中拿出230个指标作为乡镇企业定向招生指标，省乡镇企业局先后与湘潭大学、湖南农业大学、株洲工学院、湖南商学院等10所普通高校签订了定向培养合同。二是职称评聘工作有新的起色。全省乡镇企业申请参加高级职称评审的专业人员达293人，通过评审的231人，均比上年增加了一倍。三是科技进步工作有发展。全省共评选出科技示范企业35个，其中受省委、省政府表彰的有10个。申报省部级科技进步奖34项，其中16项被评为省乡镇企业科技进步奖。收集整理各地市乡镇企业科技重点项目134项，申报"星火计划"项目和高新技术项目54项。

【全省乡镇企业工作会议】 1998年3月31日至4月1日，湖南省委、省政府在长沙市召开全省乡镇企业工作会议，省委、省人大、省政府、省政协、省军区领导出席了会议，省委书记、省人大主任王茂林，省长杨正午，省委副书记胡彪作了重要讲话。各地市州分管乡镇企业工作的地(市、州)委、政府领导，乡镇企业局局长，农业银行行长，被评为全省乡镇企业"十强县"、"十快县"的负责人，全省50家明星乡镇企业负责人及省直有关单位负责人和新闻单位共350人参加了会议。会议主要内容是：总结1997年全省乡镇企业工作，部署1998年工作；交流发展乡镇企业的经验；表彰优秀乡镇企业和省乡镇企业家；选举产生新一届省乡镇企业协会理事会及成立中国贸促会湖南省乡镇企业支会。

(孙学群)

广东省

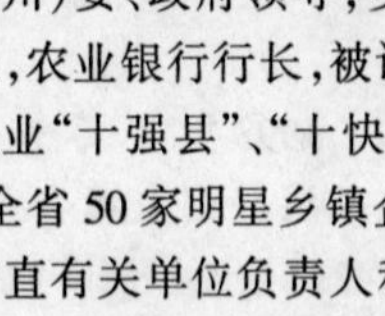

【基本情况】 1998年，广东省乡镇企业完成总产值(1990年不变价)

6 811.35亿元,比上年增长11.96%,其中工业总产值5 607.32亿元,比上年增长12.72%。实现增加值1 805.08亿元,比上年增长10.40%。实现营业收入6 597.15亿元,比上年增长10.33%。实缴税金122.44亿元,比上年增长4.71%。纯利润275.01亿元,比上年增长4.42%。出口总额1 651.12亿元,比上年增长15.14%。年末固定资产原值2 424.80亿元,比上年增长10.03%。

1998年,全省乡镇企业在深化改革中,一部分企业实行强强联合或强弱兼并,一部分企业实行关、停、并、转或减员增效,因而企业个数和职工人数有所减少,企业规模有所扩大,整体素质有所提高。全省有乡镇企业72.16万个(不含个体企业),比上减少15.35%。企业人数987.40万人,比上年减少1.84%。

【宏观管理】 1998年,广东省委书记李长春到基层考察乡镇企业,并先后对全省乡镇企业发展多次作出重要指示,指出:"要坚定不移地大力发展乡镇企业"、"乡镇企业要第二次创业"、"应深入研究一下乡镇企业问题"、"乡镇企业仍是我省最有活力的经济成分之一,要深化改革,提高水平,实现二次创业"。特别是江泽民考察江苏省乡镇企业发表重要讲话后,各地乡镇企业管部门闻风而动,积极贯彻落实。除了在本系统认真组织学习和宣传贯彻外,还主动向当地党政领导请示汇报,争取重视与支持。广州、深圳、韶关、梅州、肇庆、云浮、湛江等市的党政领导对此十分重视,作出具体部署,提出明确要求。各地以江泽民重要讲话和李长春的重要指示,作为指导乡镇企业改革与发展的行动指南,认真学习、深刻领会,狠抓落实。各地通过学习,统一了思想,明确了方向,树立了信心,出台有关政策,采取得力措施,坚定不移地发展乡镇企业。

【企业改革】 1998年,广东省乡镇企业通过以深化产权制度为重点的企业改革,所有制结构由以集体经济为主向产权主体多元化转变,呈现出多种所有制经济共同发展的新格局,形成了集体、个体、私有、股份、外资、混合等多种经济成分"百花盛开"的局面。佛山市进一步加大改革的力度,至1998年底,全市镇村两级已完成转制的集体企业9 204个,转制面达81.46%,其中实行股份制的企业13个,股份合作制企业3 010个,租赁企业1 493个,承包企业2 711个,拍卖企业302个,公转私有企业1 063个,组建企业集团12个,其他形式企业600个。

【规模经济】 在企业竞争日益成为综合实力竞争的新形势下,广东省各地乡镇企业在坚持"以市场需求为导向,大、中、小企业一齐上"的同时,注意把发展规模经济作为提高乡镇企业整体素质和竞争能力的着力点,积极扶持大中型骨干企业和企业集团的发展。珠江三角洲等地通过强强联合、强弱兼并等形式,加快了乡镇企业向集团化、规模化发展的步伐。如顺德市的广东科龙集团兼并"华宝",美的集团兼并"万家乐"属下的东莞制冷设备厂等。通过发展规模经济,一个以骨干企业为龙头、大中小并举的企业格局初步形成。全省乡镇企业拥有大中型骨干企业552个,省级以上企业集团350个,其中全国乡镇企业集团32个。乡镇企业规模经济的发展,有力地推动了农村经济的繁荣和小城镇建设。1998年,全省乡镇企业营业收入超5亿元的镇达414个,比上年增加98个;超亿元的村844个,比上年增加178个;超亿元的企业437个,比上年增加68个;出口产品交货值超100万元的企业12 156个,比上年增加2 410个。营业收入最高的县(市、区)是南海市553.34亿元,最高的镇是顺德市容奇镇86.14亿元,最高的村是中山市小榄镇永宁村10.89亿元,最高的企业是广东科龙(容声)集团有限公司65.88亿元。在1998年全省乡镇企业系统开展的"评先创优"活动中,全省共评出发展乡镇企业的"百强镇"、"百强村"和"百强企业"。这"三个百强",也是全省乡镇企业发展规模经济中的佼佼者。

【外向型经济】 由于受东南亚金融危机影响,1998年广东省乡镇企业外向型经济受到较大冲击,对东南亚、韩国、日本等地外贸出口明显减少。各地乡镇企业及时调整结构,扩大对外开放,积极开展招商引资活动,开拓欧美、中东、非洲、南美等国外市场。同时,加强东西交流与合作,全方位开拓国内国际两个市场,进一步拓展乡镇企业外向型经济。1998年,全省乡镇外向型企业发展到31 002个,从业人数达到356.49万人,拥有自营进出口权的乡镇企业165个。在全国乡镇企业出口创汇管理先进单位和先进企业评选活动中,广东省有24个单位被评为先进管理单位,154个乡镇企业被评为先进企业,其中,在全国出口创汇五强县(市)中广东省占1个,在五强镇(乡)中广东省占4个,在十强企业中广东省占1个。

【科技进步】 1998年,广东省乡镇企业坚持"科教兴企"的方针,千方百计加大科技投入,努力搞好技术改造,花大气力狠抓产品质量,大力发展高新技术产业,推动产业结构优化升级。同时,加强企业管理和人才培训,促使经济增长方式逐步由以数量的扩张为主向提高质量效益为主转变,企业整体素质不断提高，整体实力不断增强。全省乡镇企业有17项科技成果（新产品）通过省厅局级鉴定，25个科技新产品被评为“广东省优秀新产品”，30个产品在行评中名列前茅并被推荐申报1998年省优质产品奖，5个产品推荐申报1998年省名牌产品，110个乡镇企业被审定为“省质量信得过企业”，180个企业获得农业部“全面质量管理达标”证书。有51名企业家被农业部评为“全国优秀乡镇企业厂长（经理、董事长）”，360人被评为“广东省优秀乡镇企业家”。

【个体私有企业】 广东省乡镇企业贯彻落实党的十五大精神，坚持以“三个有利于”为标准，把发展个体私有企业作为新的经济增长点来抓，采取得力措施，鼓励和引导非公有制经济发展，努力探索公有制的多种有效实现形式，促使个体私有经济蓬勃发展。1998年，全省乡镇个体私有企业发展到60.69万个，从业人数384万人，总产值2 380.28亿元，增加值722.99亿元，营业收入2 459.56亿元，其增幅均高于乡（镇）村集体企业。

（林建荣　梁荣辉）

广西壮族自治区

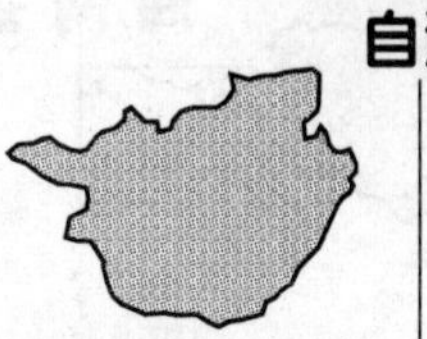

【基本情况】 1998年，广西壮族自治区共有乡镇企业81.5万个。从业人员379万人，占全区农村劳动力总数的17.86%。完成营业收入3 158亿元。实现增加值502亿元。完成利润总额138.48亿元。上缴税金46.7亿元，占全自治区地方财政收入的40.5%。乡镇企业职工工资总额162.4亿元。平均每个农民从乡镇企业得到的收入410元，占全区农民人均纯收入的20.8%。乡镇企业营业收入超50亿元的县（市）19个；超5亿元的乡镇145个；超1亿元的村272个；超1亿元的企业18个。

【企业改革】 1998年5月23—27日，全国乡镇企业改革与发展工作会议在广西召开，对广西乡镇企业改革与发展工作给予了极大的促进。广西乡镇企业深化改革整顿，加大经营机制创新步伐，资本结构及生产要素配置得到优化，管理工作进一步加强。一是抓重点，培植规模经济。全区着重抓重点县市、重点乡镇、重点村、重点企业及重点行业的发展。北海市重点培植40个骨干企业，每个乡镇选择2～3个规模较大、发展前景好的企业重点扶持。1998年，全自治区共有产值500万元以上的乡镇企业1 524个，其营业收入284.2亿元，占全部乡镇企业营业收入的9%。二是加快企业改制步伐。到1998年底，全区乡村集体企业已改制达21 473个，占集体企业总数的78.09%。其中，实行承包制的企业10 115个，租赁企业4 980个，股份制、股份合作制企业1 473个，出售企业1 410个，组建企业集团、股份公司、有限公司476个，破产企业708个，兼并企业171个，其他形式企业268个。柳州汽配总厂全面开展企业内部改革整顿，重点抓好质量关、管理关、领导关，不断挖掘企业内潜力，努力开发新产品，积极拓展市场销售，全年实现工业总产值2 500万元，销售收入2 300万元，利润45万元，有效地实现了扭亏增盈的目标。贵港市各级均成立了由主要领导挂帅的乡镇企业改革整顿（盘活存量）领导小组，确保盘活存量资产任务的完成。三是开展基础管理、生产现场管理达标活动，提高产品质量。全年共有126个企业通过“双基”管理达标验收，其中一级48个，二级54个，合格24个。广西乡镇企业全面质量管理部级达标企业46个。获全自治区乡镇企业系统优秀QC小组19个，先进QC小组31个；获自治区优秀QC小组5个，先进QC小组11个，获农业部评定的优秀QC小组4个。四是经营管理工作加强，涌现出一大批懂经营、善管理的经营管理人才。

【科技进步】 1998年，广西乡镇企业积极推进科技与经济结合，科技进步工作取得明显成效。一是加强新技术开发和推广应用，加快传统产业改造和现有产品升级换代，加速科技成果转化。自治区重点扶持的乡镇企业科技开发项目13个，有的已被列入国家星火计划。二是继续深入实施“十百千万”星火工程，引导企业产品结构逐步向高档次方向调整。共有57个企业列入1999年度科技型企业验收计划。三是注重抓好乡镇企业技术改造。全区乡镇企业共完成技改投资17.7亿元。玉林市纸袋厂引进90年代国际先进水平的彩印设备，组建了玉林正泰彩印包装公司，成为桂东南规模最大的书刊印刷厂家，1998年投入175万元引进清华大学紫光公司电分高端联网技术，被自治区新闻出版局列为全自治区5个重点扶持的书刊印刷骨干企业之一。玉林市乡镇企业全年共上高新科技项目117个，开发新产品25个，引进高级科技人才480多人，科技对乡镇企业贡献率达40%以上。四是加强科技培训和人才引进，建设高素质的科技队伍。全自治区乡村集体企业中，大专及以上文化程度的职工有9 630人，具有中专以上文化程度的职工19 978人，工程技术人员46 224人。广西源安堂制药厂制定优惠政策，吸引来自全国各地的各类科技人才200多人，从政治上关心、工作上支持、生活上照顾，给予丰厚的物质奖励，使科技人员安心为企业服务。

【外向型经济】 1998年，广西乡镇企业继续抓好招商引资和接受东部地区产业转移工作。一是实施“三引”即“引凤归巢”、“筑巢引凤”、“引凤筑巢”战略，通过各种方式吸引外地客商和本地外出务工经商者回来投资。二是开展招商引资活动。钦州市制定优惠政策，为招商引资提供优质高效服务，各县区专门成立招商引资局抓招商引资工作。三是大力发展出口创汇型企业。全自治区有5 197个乡镇企业生产出口商品，出口产品交货值79.29亿元。出口交货值超1 000万元的企业100个，其中超亿元6个。获得自营进出口权的企业达到30个，国家“贸工农”基地企业29个。浦北县创办了22个以烟花炮竹和工艺编织为主的出口企业，实现群体优势，全年出口交货值达4.5亿元。

【工业小区和小城镇建设】 广西各地把小城镇作为发展乡镇企业的重要基地，在小城镇建立工贸小区，引进先进技术和设备，严格入区项目的管理，优化投资软硬环境，引导乡镇企业相对集中连片发展，形成产业群体优势。兴业县石南镇充分利用作为全国小城镇建设示范镇、全国乡镇企业示范区的优势，建立了4个工贸小区，初步形成以建材、机械、食品、饲料工业为龙头、高新技术为主的工业体系。

【东西合作】 1998年，广西乡镇企业共有农业部批准的东西合作示范区13个，其中9个东西合作项目获得重点支持，扶持资金3 000万元。河池地区抓住广东省对口帮扶的机遇，合作举办企业。巴马赐福矿泉水厂与深圳市怡景食品饮料有限公司共同投资1亿元生产矿泉水。河池地区乡镇企业技术开发公司与广州市金不换木业有限公司合资620万元，兴建松木资源深加工项目。1998年，对全自治区乡镇企业东西合作示范区进行年检，对首批自治区级乡镇企业示范区进行现场评审，共有22个自治区级示范小区获得自治区政府的命名。12月，自治区乡镇企业局组织地市乡镇企业主管部门和企业参加在河南省驻马店市举办的“’98全国乡镇企业东西合作经贸洽谈会”，组成138人的代表团，带100个项目参加洽谈会，共签订合作合同41个，协议投资额10.1亿元，在全国各代表团中排第三位。

【安全环保】 1998年，广西加强对乡镇企业安全环保工作的领导。一是健全安全生产管理网络，各级成立安全生产委员会，落实分管领导和专职人员专抓。二是开展专项治理。针对采矿冶、烟花爆竹、建材建筑、化工等事故多发行业开展专项治理工作。三是加强教育培训和基础建设，提高职工安全意识。四是落实安全生产责任制，有计划开展安全生产检查，减少或杜绝故事隐患。五是抓环保节能和职业卫生工作，开展污染物排放调查和治理。1998年，全区乡镇企业共发生死亡事故10起，重伤事故8起，分别比上年下降45.45%和1.33%；死亡16人，重伤13人，分别比上年下降43.20%和54.7%。

【个体私有企业】 1998年，广西自治区党委、政府出台《关于贯彻落实党的十五大精神实现发展个体私营经济新突破的决定》，为广西个体私有企业发展提供了极好的机遇。1998年，广西农村个体私有企业增长较快，成为农村最具活力的经济增长点，是吸纳国有企业下岗职工和农村富余劳动力的重要渠道，是全区乡镇企业各个“轮子”中转得最快、比重最大的一个。大部分个体私有企业改变了过去“小打小闹”、“作坊式”的管理规模，出现四个特点：一是从业人员经营素质、管理水平不断提高。二是经营项目的科技含量增多。三是经营规模不断扩大，实力不断增强。四是在国民经济中所占的份额增大。1998年，全区乡镇企业中个体私有企业79.65万个，从业人员299.1万人；完成营业收入2 653.7亿元，实现总产值1 582.1亿元，增加值413.14亿元，分别占全自治区乡镇企业营业收入、总产值、增加值的84%、68.8%、82.3%。贵港市港北区把发展个体私有经济纳入党委、政府重要议事日程，层层建立目标管理责任制和奖惩制度，制定一系列扶持的政策措施，优化服务，创造良好的投资环境。1998年该区新增个体企业2 684个、私有企业70个，总投资达10 580万元。

（冯晓善）

海南省

【基本概况】 1998年，海南省乡镇企业共有33 628个，比上年增加21 350个。职工人数25.44万人，比上年增加7.23万人。实现增加值29.96亿元，比上年增长44%。现价总产值116.89亿元，比上年增长

39.2%，其中工业产值63.39亿元，比上年增长27.97%。营业总收入113.07亿元，比上年增长21%。实缴税金3.94亿元，比上年增长26.72%。实现净利润9.91亿元，比上年增长17.9%。职工工资总额11.80亿元，比上年增加5.29亿元。

全省乡镇企业产业构成为：第一产业，企业585个，职工人数22 880人，产值61 991万元，增加值13 128万元；第二产业，企业9 587个，职工人数112 158人，产值737 377万元，增加值175 747万元；第三产业，企业23 456个，职工人数119 402人，产值369 514万元，增加值110 769万元。按企业性质分类，集体企业1 286个，职工52 882人，产值264 066万元，增加值64 879万元；私有企业7 874个，职工101 171人，产值552 006万元，增加值124 013万元；个体企业24 468个，职工100 387人，产值352 810万元，增加值110 752万元。

【乡村集体企业】 1998年，海南省在清产核资中对不具备条件的乡村集体企业进行清理，把"三无"（无资金、无场地、无经营活动）企业、停破产企业、挂靠挂牌的集体企业，在统计范围中清除。因此，1998年全省乡村集体企业的个数、职工人数和各项经济指数均比上年明显减少。集体企业数比上年减少1 255个；职工比上年减少29 698人；固定资产原值23.34亿元，比上年减少4亿元；资本金14.85亿元，比上年减少3.7亿元；总产值比上年减少16.11亿元，仅占全省乡镇企业总产值的22.59%；增加值比上年减少3.94亿元；营业收入比上年减少33.95%；实缴税金比上年减少34.7%；实现净利润比上年减少48.2%。1998年，乡村集体企业利润中用于补助社会性支出830万元、提留公积金1 868万元、上缴支农建农资金1 370万元。在集体企业中盈利的企业1 203个，亏损的83个。在乡村集体企业总产值中，农业企业6.19亿元，工业企业14.94亿元，建筑企业1.84亿元，交通运输企业0.45亿元，商贸企业1.49亿元，旅游饮食服务业0.95亿元，其他企业0.53亿元。工业企业产值中，轻工业10.11亿元，重工业4.83亿元。

1998年，乡村集体企业施工项目232个，属新开工项目166个，已建成投产的项目168个（其中新建126个、扩建25个、改建9个、其他8个）。建成投产的项目中，农业企业95个，投资20 525万元；工业企业47个，投资13 538万元；建筑企业1个，投资200万元；交通运输企业1个，投资168万元；商贸企业4个，投资893万元；旅游饮食服务企业19个，投资5 025万元；其他企业1个，投资153万元。本年度完成投资总额4.05亿元，新增固定资产投资2.66亿元。资金来源：国家扶持163万元，主管部门下拨93万元，银行、信用社贷款3 854万元，引进资金20 624万元（其中引进外资7 015万元），自有资金12 987万元，群众集资1 077万元，其他资金1 704万元。

【股份制和股份合作制企业】 1998年，海南省乡镇企业有股份制和股份合作制止企业184个，比上年增加66个；从业人员5 009人，比上年增加2 661人；资本金18 164万元，其中国家资本金434万元，集体资本金4 332万元，法人资本金8 420万元，个人资本金4 675万元，外商资本金303万元；固定资产原值28 207万元，流动资金5 190万元；营业收入35 734万元，增加值9 371万元，上缴税金1 105万元，实现利润3 630万元；全员劳动生产率18 700元。股份制企业35个，职工903人，资本金3 258万元。股份合作制企业149个，职工4 106人，资本金14 906万元。在股份合作制企业中，集体企业改制13个，职工308个；个体私有企业改制66个，职工1 375个；新组建70个，职工2 423人。

【私有企业】 1998年，海南省乡镇私有企业有7 874个，从业人员101 171人，固定资产原值192 435万元，完成产值552 006万元，增加值124 013万元，营业收入500 723万元，上缴税金15 666万元，实现净利润45 611万元，工资总额43 744万元，上缴支农建农资金767万元。盈利企业7 751个，盈利率达98.4%。在私有企业中，工业企业3 233个，从业人员48 418人，产值362 202万元，增加值76 364万元；建筑企业504个，从业人员10 754人，产值56 908万元，增加值14 035万元；交通运输企业603个，从业人员5 410人，产值14 934万元，增加值3 686万元；商品流通企业1 738个，从业人员15 401人，产值36 356万元，增加值9 051万元；旅游饮食服务企业1 384个，从业人员15 880人，产值59 819万元，增加值15 538万元；其他企业412个，从业人员5 308人，产值21 787万元，增加值5 339万元。

【个体企业】 1998年，海南省乡镇个体企业24 468个，从业人员100 387人，固定资产原值183 712万元，产值352 810万元，增加值110 752万元，营业收入351 578万元，上缴税金12 785万元，实现净利润34 214万元，上缴支农建农资金396万元，工资总额50 440万元。盈利企业24 135个，盈利面98.6%。在个体企业中，工业企业4 862个，从业人员24 893人，产值122 291万元，增加值34 425万元；建筑企业501个，从业人员6 139人，产值28 177万元，增加值7 653万元；交通运输业企业4 738个，从业人员16 598人，产值40 783万元，增加值13 434万元；商品流通企业8 152个，从业人员27 200人，产值89 289万元，增加值29 635万元；旅游饮食服务企业4 987个，从业人员201 223人，产值58 845万元，增加值21 251万元；其他企业1 228个，从业人员5 434人，产值13 425万元，增加值4 354万元。

【规模经济】 1998年，海南省乡镇企业产值超亿元的市县有11个，比上年增加1个，其中超10亿元的有文昌、儋州、澄迈、万宁、琼海、琼山等6个。超亿元的乡镇25个，其中澄迈县永发镇超10亿元。超7 000万元的村3个。营业收入超10亿元的市县5个，超5亿元的乡镇3个，超亿元的村2个，超1 000万元的企业35个。海南椰风集团有限公司产值7.4亿元，营业收入7亿元。海南洋浦三鑫工贸有限公司产值1.48亿元，营业收入1.4亿元。

【外向型经济】 1998年，因受亚洲金融危机影响，海南省乡镇企业出口贸易发展有所减弱。出口企业14个，比上年减少2个；职工人数1 127人，比上年增加37人；出口产品生产总值13 654万元，比上年减少3.3%；出口产品交货值10 247万元，比上年减减少2.5%，其中直接出口6 173万元，间接出口4 074万元。在乡镇出口企业中，矿产企业2个，出口交货值966万元；食品企业4个，出口交货值2 046万元；纺织企业1个，出口交货值800万元；丝织企业1个，出口交货值3 100万元；服装企业1个，交货值2 000万元；工艺品企业3个，出口交货值1 140万元；其他企业2个，出口交货值195万元。出口产品主要有鱼苗、木器、课桌椅、羽绒服装、玻璃、鱿鱼、食品、鱼片、石英砂、麻布、剑麻缆绳、工艺品等。主要出口西欧、美国、日本、韩国、俄罗斯、东南亚等国家和地区。出口交货值超1 000万元的企业有文昌市会文华侨羽绒厂和海南华星羽绒制品厂。

虽然东南亚出现金融危机、投资市场发生严重萎缩，但海南省乡镇企业仍是把外引内联作为扩大企业发展的重要途径，努力寻求国内外合作伙伴。1998年，除省乡镇企业局于4月与中国东南亚商务委员会、海南省经济技术合作促进会联合举办"中国乡镇企业与东南亚经贸合作恳谈会"，于11月与农业部乡镇企业发展中心、海南省科学技术厅共同举办的"'98海南省乡镇企业名优新商品展览暨东西合作、招商引资经贸洽谈会"外，儋州、文昌、琼海、三亚、海口、澄迈等市县也都开展外引内联活动，吸引了大批国内外企业商家代表，泰国、菲律宾、越南等三国驻华商务参赞也前往参加经贸合作恳谈会。1998年，全省乡镇企业共新签合作协议合同81个，合同投资总额8亿多元。至1998年底，海南省乡镇企业与外商、港澳台商合资合作办的企业有15个，实现营业收入3 106万元，增加值878万元，利润额208万元；与省内外国营企业、城镇集体企业联营合办的企业有20个，固定资产原值5 949万元，实现营业收入2 811万元，增加值742万元，利润额241万元。

1998年，全省乡镇企业先后申报贷款项目28个，贷款总额近3亿元，已获准贷款项目8个，贷款额超过1亿元。此外还争取落实了少数民族地区专项贷款4个项目，贷款总额910万元，中央财政贴息金额41万元。

【企业管理】 1998年，海南省乡镇企业把建立健全管理基础工作当作各项管理工作的首要任务来抓，按照"先进、准确、齐全、配套"的原则进行分类指导。先在全省50个骨干企业中开展管理基础达标活动。经各市县乡镇企业管理部门密切配合，加强督促和组织抽查，层层抓落实，使全省50个骨干乡镇企业的基础管理工作达到部颁标准，顺利通过验收，提高了质量，增进了效益。同时，各市县也加强对其他企业的产品质量、安全、卫生、财务、营销等专项管理工作，增加监督密度，组织定期检查、现场讲评等。一批企业通过抓好管理，达到降耗、节能、增质、增效的目的。全省具备规模的乡镇工业企业已基本消灭无标生产的现象，海南椰风饮料厂、文昌大中漆厂等企业通过开展ISO9000贯标认证工作，取得成效。同时强化对乡镇企业产品的质量监督，省乡镇企业局与省技术监督局、市县乡镇企业局与市县技术监督局密切配合，坚持对乡镇企业产品进行定期或不定期的抽查，使企业领导和职工的质量意识逐渐加强，产品质量上档次。海南省技术监督局确认，1998年抽查的88个乡镇企业产品中，合格率达80.7%，比上年提高10个百分点。

【教育培训】 1998年，海南省乡镇党委、乡镇政府换届，一些市县乡镇企业管理部门的领导也更换。为跟上乡镇企业管理与发展的需要，省委组织部和省乡镇企业局联合对市乡镇企业局局长、乡镇党委书记、乡镇长和企业办主任，以及其他业务人员进行专项业务培训。先后举办2期乡镇党委书记、乡镇长赴深圳学习乡镇企业外引内联业务培训班，受训人员140人。举办1期安全生产管理培训班，受训人员30人。组织1期质量管理培训班，有46名乡镇企业家参加。举办2期乡镇企业执法队伍培训班，受训人员123人，培训后经审核合格领取了《执法证》，全省乡镇企业执法人员达309人。举办6期清产核资及财务统计管理培训班，参加人员有500多人次。

（刘滨寄）

重庆市

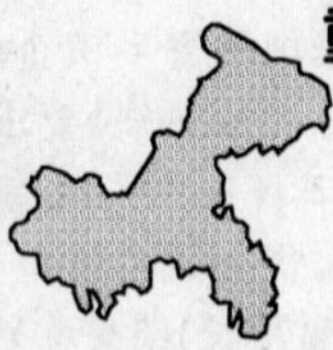

【基本情况】 1998年，重庆市乡镇企业有9.15万个，比上年增加2.06万个。从业人员135.6万人，比上年增加9.2万人，其中安置城镇非农居民就业9.6万人，下岗职工再就业9 547人。固定资产原值达到170.43亿元，年末资产总额达到331.73亿元，分别比上年增长20.5%和20.9%。完成总产值(现价)669.2亿元，比上年增长24.4%。实现增加值158.73亿元，比上年增长18.6%，其中工业增加值96.39亿元，比上年增长17.4%。营业收入629.68亿元，比上年增长25.8%。利税总额达到43.84亿元，比上年增长20%，其中实现净利润17.26亿元，比上年增长22.3%；实际入库税金17.85亿元，比上年增长18.6%。乡镇企业职工人均工资收入达到4 635元，是全市农民人均收入的2.69倍。当年乡镇企业支付职工工资、奖金福利费、股金分利等共计102.9亿元，相当于为全市农业人口人均提供420.82元，比上年增加38.7元，占当年全市农民人均纯收入的24.7%。乡镇企业支援农业生产、农田基本建设、改善农村基础设施等支农、建农资金达8 321万元。

农村个体私有企业发展迅猛，成为了乡镇企业新的增长点。1998年，重庆市乡镇企业中的个体私有企业达到76 594个，占乡镇企业总数的83.7%；完成产值284.41亿元，占乡镇企业总产值的42.5%，比上年提高8.2个百分点，当年乡镇企业总产值增量的70.3%来自于个体私有企业。

乡镇企业推动着区域经济的发展。1998年，全市有18个乡镇的乡镇企业营业收入超过5亿元。其中：九龙坡区的九龙镇26.5亿元，石桥镇22.9亿元；沙坪镇区的覃家岗镇19.5亿元；大渡口区的八桥镇16.3亿元；大足县的龙水镇12.9亿元；九龙坡区的华岩镇11亿元。

乡镇企业对重庆市经济发展做出了重要贡献。1998年，乡镇企业增加值占全市国内生产总值的11.07%，比上年增加1.9个百分点。乡镇工业产值406.49亿元，占全市工业总产值的31.5%；乡镇企业新增工业产值85.07亿元，占全市工业产值增量的60%以上。在全市农村经济总量462亿元中，乡镇企业在其中占34.2%。乡镇企业实际入库税金占全市预算内财政收入的20.8%，占区县财政收入的35.5%。

【企业改革】 1998年，重庆市人大在成立直辖市后重新修定颁布实施了《重庆市乡镇企业股份合作制条例》，推动了全市乡镇企业改革。全市有13 860个乡村集体企业实行股份合作制、股份制、兼并、联合、租赁、拍卖、转让等多种形式的产权制度改革，已占乡村集体企业总数的93%。其中：改为股份合作制、股份制的有6 320个，筹集股金47.16亿元。加上合资合作、组建企业集团和个体私有企业转为股份制或股份合作制等，全市乡镇企业推行各种形式改革的面，已占总量的82%。

【规模企业】 1998年，重庆市乡镇企业启动"四五工程"，即"九五"期间，在全市形成50个企业集团，50个营业收入上亿元的企业，建成50个乡镇企业示范区，50个具有地方特色的专业村镇。1998年，全市已组建35个乡镇企业集团；营业收入1 000万元以上的乡镇企业有506个，比上年增加145个，其中工业企业301个，建筑及其他企业145个。营业收入或现价产值超过亿元的乡镇企业有37个，其中营业收入超过亿元的乡镇企业有28个，比上年增加4个。经县以上部门批准的乡镇企业工业小区有82个，有2 105个厂商进入小区开发，其中有20个工业小区被重庆市政府命名为"重庆市乡镇企业示范园区"。具有特色的专业村镇有34个，涉及到棉纺、摩托车配件、五金、建材、食品、旅游、皮革等行业。其中南岸区涂山镇和璧山县璧城镇的皮鞋一条街和皮鞋城，九龙坡区蟠龙村、北碚区凤凰村的摩托车配件，大足县龙水镇的小五金刀具，垫江县沙坪镇的雨伞，潼南县小渡镇的手工丝棉，合川市太和镇的生丝加工和清平镇的玻璃生产，荣昌县盘龙镇的夏布制作等一村一品、一镇一品的专业化生产加工具有一定的规模和水平，产品辐射面广。

【新产品开发】 1998年，重庆市乡镇企业开发市局级以上新产品139个，比上年增加3个，有68个获奖状。其中：3个获农业部科技进步二、三等奖，58个获重庆市乡镇企业科技进步奖。新批新产品都有较高的科技水平和经济效益。重庆银丰源镁业有限公司采用独创的新工艺，在国内外首创高含量K、Na白云石生产出口创汇的金属镁，获农业部科技进步二等奖。沙坪镇区红旗缸头制造有限公司制造的"陶瓷型快速成型精铸模具"属国内首创，产品占重庆市125型摩托车汽缸头市场份额的40%。江北区重庆茂源实业公司开发的"生皮龙物用品"属国家级科技项目，在国内首创发泡工艺，产品技术属国内同类产品领先水平,产量和出口均为全国同行业之首,1998年实现营业收入4 500万元,利税180万元,创汇370万美元。1998年,重庆市乡镇企业开发的139个市局级以上新产品创产值11.7亿元,利税0.78亿元,分别比上年增长8%和17%。获市乡镇企业科技进步奖的58个项目产品,新创产值2.74亿元,利税0.36亿元。重庆红旗汽车零部件制造总厂、中美合资重庆隆鑫汽油机制造有限公司被农业部命名为"全国乡镇企业技术创新示范单位"。

【人才培训】 1998年,重庆市有10.76万从事乡镇企业的人员接受了大中专学历教育、领导干部任职资格岗位培训和全员培训。有2 950人获各类专业技术称号。其中:获高级专业技术称号的204人,中级技术称号的823人,初级称号的1 923人。累计全市乡镇企业已有6.1万人获得各类专业技术称号,占乡镇企业职工总数的5%。重庆市乡镇企业培训中心(干部学校)被农业部命名为"全国乡镇企业育才兴教示范单位"。

【企业管理】 1998年,重庆市乡镇企业进一步加强基础管理工作。年产值100万元以上的乡镇工业企业产品标准覆盖率达到91.6%,比上年提高3个百分点。计量达标企业达到66个,比上年新增26个。110个企业基础管理达标。70个重点企业按ISO9000系列标准建立和完善质量保证体系。在纳入重庆市乡镇企业局统计考核的140种重点产品中,质量稳定提高率达到92%,乡镇工业产品国家抽查合格率达到87%。乡镇建筑安装施工企业工程合格率达到100%,工程优良率达到43%,比上年提高5个百分点。在全市2 408个乡镇建筑安装施工企业中,一级企业9个,二级企业138个,三级企业508个。全市乡镇企业纳入市政府考核的职工死亡人数和重伤人数,比上年下降6.3个百分点。全市乡镇企业创安全标准化班组114个。84个企业尘毒治理合格,"三废"治理合格并通过验收的企业达到83个。

【外经外贸】 1998年,重庆市乡镇企业虽然受到东南亚金融危机的影响,出口产品交货值仍然完成11.19%亿元。各区县在这阶段积极鼓励乡镇企业朝外向型国际化方向发展,加强了自营进出口企业的培育发展工作。全年有18个乡镇企业获得自营进出口权。当年新批的自营进出口权企业数量,超过了历年的总和。到1998年底,全市已有24个乡镇企业获得自营进出口权。荣昌县盘龙镇乡镇企业办公室、重庆汇利达电子有限公司、合川皮毛制品厂、荣昌春光夏布公司被农业部、国家对外贸易部评为全国乡镇企业出口创汇管理先进单位和出口创汇先进企业。

【联合协作】 1998年,重庆市乡镇企业局进一步加强了横向经济联合协作的基础工作,建立和充实了乡镇企业招商引资项目库,储备的对外招商引资项目达200项,比上年增加一倍。各区县通过对外宣传和开展各种形式的招商引资活动,全市乡镇企业新签的东西合作、城乡联合的项目达到336个,总投资达22.6亿元。其中投资100万元以上的项目60个,总投资6.5亿元,已投资2亿元;协议引进资金4亿元,已引进1.6亿元。

【企业家队伍建设】 1998年,重庆市人事局、重庆市乡镇企业局联合开展重庆市首届乡镇企业优秀厂长(经理)评选活动。经各乡镇推荐,报经当地区县人事局和乡镇企业主管部门初审认可,全市共评选出200名重庆市首届乡镇企业优秀厂长(经理)。同时按农业部乡镇企业局《关于评选全国优秀乡镇企业厂长(经理、董事厂)的通知》要求,在全市开展了推荐评选工作,左宗申、涂建华等18人获全国乡镇企业优秀厂长(经理、董事长)荣誉称号,另有5人系全国乡镇企业家,经复查合格。重庆成为直辖市后,全市乡镇企业有223名厂长(经理、董事长)受到农业部和市的表彰。

【政策法规】 1998年,重庆市委、市人大、市政府先后制定出台了"两文、两法"。"两文"即《中共重庆市委、重庆市人民政府关于进一步加快乡镇企业发展的决定》、《中共重庆市委、重庆市人民政府关于进一步加快个体私营经济发展的决定》。"两法"即市人大颁布实施的《重庆市乡镇企业股份合作制条例》、《重庆市实施中华人民共和国乡镇企业法办法》,为全市乡镇企业的改革与发展注入了新的动力。

(何龙根)

四川省

【基本情况】 1998年,四川省乡镇企业121.18万个,职工571.06万人,分别比上年增长7.37%和2.68%;其中集体企业4.54万个,职工200.14万人,分别比上年减少35.06%和16.8%;个体私有企业116.64万个,职工370.92万人,分别比上年增长10.17%和17.53%。按行业分,工业企业31.71万个,职

工274.71万人，其中集体工业企业2.83万个，职工110.54万人，个体私有工业企业28.88万个，职工164.17万人。建筑业3万个，职工111.97万人；交通运输企业24.95万个，职工40.06万人；批发零售、贸易企业39.17万个，职工74.92万人；旅游饮食服务业17.78万个，职工48.98万人；农业企业0.93万个，职工8.22万人；其他企业3.63万个，职工12.20万人。乡镇企业进城办企业15 022个，增加值18.74亿元；在异地举办乡镇企业4 744个，增加值3.92亿元。乡镇企业吸收城镇下岗职工2.62万人。

全省乡镇企业总产值(1990年不变价)3 317.05亿元，比上年增长19.31%，其中集体企业956.55亿元，个体私有企业2 351.50亿元。在乡镇企业总产值中，工业1 759.06亿元，建筑业508.34亿元，交通运输业367.03亿元，批发零售、贸易业367.71亿元，旅游饮食服务业245.17亿元，农业20.20亿元，其他企业49.53亿元。

1998年四川省乡镇企业的发展呈现如下特点：一是发展速度和经济效益开年后一度出现下滑过猛的状况，省委、省政府及时采取了一系列有力措施，广大干部职工奋力拼搏，最终保持了乡镇企业发展速度和经济效益较稳定的增长势头。二是多种所有制并存的局面更加明显，集体经济在整个乡镇企业中所占份额进一步减少，个体和私有经济已成为乡镇企业的重要组成部分。三是深化改革，调整结构，坚定不移地推动乡村集体企业的产权制度改革，着力调整产业结构、产品结构、企业结构、所有制结构和资产结构，已建成或正在新建一批农业产业化的龙头企业和高新技术产业。四是加快改造，增强素质。淘汰过时落后的技术、工艺、设备和产品，研制和引进新设备、新技术、新工艺，大力开发新产品，提高企业的技术装备水平和产品的科技含量。同时通过举办大专证书班、岗位培训班，加强对乡镇企业职工的培训。首次在全省乡镇企业系统开展了职称评定工作和国家职业技能鉴定工作。五是拓宽思路，注重培育新的增长点，大力发展农业产业化的高新技术、信息产业、基础设施和小城镇建设、私有经济和混合经济。六是加强内引外联，抓好乡镇企业示范区建设，加快东西合作，把四川省的资源、市场、劳动力优势与东部地区的资金、技术、管理优势结合起来，实现生产要素的优化组合，为乡镇企业注入新的活力。

【规模经济】 1998年，四川省乡镇企业营业收入10亿元以上的县93个，收入合计2 306亿元；其中双流县完成营业收入90.80亿元，实现总产值111.30亿元，居第一位。营业收入5亿元以上的乡76个，收入合计641亿元；其中双流县东升镇营业收入53.17亿元，总产值54.46亿元，居第一位。营业收入1亿元以上的村108个，收入合计200亿元；其中新津县五津镇古家村营业收入3.94亿元，总产值4.81亿元，居第一位。营业收入1 000万—5 000万元的企业842个，收入合计213亿元；5 000万元至1亿元的企业143个，收入合计94亿元；营业收入1亿元以上的企业60个，收入合计199亿元。

累计组建县以上部门批准的企业集团156个，营业收入79.38亿元，其中省级以上批准的企业集团30个，营业收入20.13亿元。

【固定资产投资】 1998年，四川省乡村集体企业固定资产有一定幅度的萎缩。全省乡村集体企业施工项目7 723个，比上年减少2 944个；新开工项目6 504个，比上年减少2 150个；当年投产项目6 534个，比上年减少2 587个。全年完成固定资产投资66.30亿元，其中设备购置25.11亿元，新增固定资产投资53.16亿元，分别比上年减少10.41%、17.15%、12.94%。按建设性质分，新建33.68亿元，扩建15.52亿元，改建13.03亿元，其他4.07亿元。按行业分，农业9 120万元，工业50.60亿元，建筑业5.50亿元，交通运输业7 155万元，批发零售、贸易业2.69亿元，旅游饮食服务业3.77亿元，其他企业2.10亿元。按资金来源分，国家扶持资金8 209万元，主管部门下拨资金5 900万元，银行、信用社贷款12.81亿元，引进资金10.54亿元(其中引进外资3亿元)，自有资金32.67亿元，群众集资3亿元，其他资金5.87亿元。

【科技教育】 1998年，四川省乡镇企业荣获部省科技进步奖3项，国家和省优秀新产品奖14项，申报列入国家级重点新产品试产计划6项，省重点新产品试产计划、省重点新技术推广计划、产学研联合工程项目计划共77项。农业部命名四川新兴股份有限公司、成都海星实业总公司、成都通力集团、四川通信电缆厂、四川电缆实业有限公司等5个企业为全国乡镇企业技术创新示范单位。评选出第三届四川省科技明星企业18个，省乡镇科技先进企业65个，省乡镇企业企业科技管理先进单位31个，先进个人22个，省乡镇企业优秀科技工作者10人。全年新开发的新产品623个，现价总产值16.02亿元。

在全省乡村集体企业职工中，大专及以上文化程度人员4.42万人，中专8.12万人，技校11.27万人，高中40.89万人，初中100.74万人，小学及以下文化程度34.69万人。高级职称人员9 470人，中级职称人员4.83万人，初级职称人员

13.64万人。1998年在接受学历教育的7.16万职工中,大专及以上1.31万人,中专2.71万人,技校3.14万人。接受各类培训的职工21.69万人,其中培训一年及以上的3.12万人,3个月及以上的5.08万人,3个月以下的13.48万人。

【质量管理】 1998年,四川省乡镇企业质量管理工作围绕"以人为本"、夯实基础、改善和加强管理、促进乡镇企业形成"四个一批"等方面开展工作。一是培植和营造一批规模企业,发展规模经济。有90个企业经过企业划型或批准为全国乡镇企业集团。继省政府确定扶持30个重点乡镇企业后,省乡镇企业局又确认了全省100个重点乡镇企业,形成以大带小,以小促大,大中小结合的格局。二是狠抓企业基础管理,积极推行先进的管理方法,鼓励企业创新管理。1998年基础管理达标企业226个,质量管理达标企业158个,其中新达标企业79个,复查合格企业79个,累计质量管理达标企业1 975个,全面质量管理知识普教合格人员4 947人。取得ISO9000标准质量体系认证的企业18个,累计达60个。命名四川新兴集团公司等160个企业为省乡镇企业系统先进企业,四川绵竹龙蟒矿物质饲料集团有限公司和成都天鹅实业股份有限公司被省政府授予四川省优秀企业称号。有12个小组获农业部乡镇企业系统优秀小组称号,7个小组获省优秀质量管理小组奖和1个省优秀质量信得过班组,59个QC成果获省乡镇企业优秀成果奖。三是培植一批拳头产品,实施名牌战略。19个产品列入省"一、三、五"名牌发展战略工程规划,46个产品列入省第四届创名牌产品规划。塑编复膜彩条带、SC1010微丰横直拉杆、SC7080轿车摆臂、SC7080轿车横拉杆、金属复合板、饲料级磷酸盐、蠕动泵、洁尔阴洗液等产品产量跻身全国同行业第一位。四是培养一批懂经营、善管理、有眼光、有胆识、有社会责任感的企业家队伍。刘沧龙等48名厂长(经理、董事长)被农业部评为全国优秀乡镇企业厂长(经理、董事长),复评确认尹大荣等27名全国乡镇企业功勋及企业家,周继璁等3人被评为四川省优秀企业家,评选出第四届省乡镇企业家161名,复评确认了第三届省乡镇企业家140名。五是抓重点行业。引导乡镇建筑建材行业健康发展,全面开展烧结砖质量整顿工作。对造纸行业纸张质量进行考核,有22个品种(全省41个)被确认为轻工行业优秀产品。

【外经外贸】 1998年,四川省乡镇企业与外商、港澳台商合资合作企业116个,职工1.78万人。其中:中外合资企业56个,合作企业4个;与港澳台合资企业51个,合作企业5个。当年实际投资额1 038万美元,其中客商投资738万美元;累计投资额1.73亿美元,其中客商投资7 317万美元。实现增加值9.86亿元,营业收入36.62亿元,利润总额1.61亿元,应缴税金1.66亿元。境外办企业25个,累计投资额1.24亿元。1998年有7个企业获自营进出口权,成都市青羊区苏坡乡和7个企业被农业部、对外经济合作部授予全国出口创汇管理先进单位和出口创汇先进企业。出口交货值100万元以上的企业199个,交货值共18.18亿元。

【东西合作】 四川省乡镇企业有全国东西合作示范区19个,省级东西合作示范区42个。全国乡镇企业示范区4个,省级示范区63个。这128个示范区共有企业8.68万个,职工77.70万人。三年来,全省乡镇企业累计建成东西合作项目1 268个,引进资金38.58亿元,总投资56亿元。

【股份制与股份合作制企业】 至1998年末,四川省乡镇企业有股份制和股份合作制企业4 709个,职工29.77万人。其中股份制企业796个,职工10.76万人;股份合作制企业3 913个,职工19.01万人。集体企业改制2 417个,其中当年改制946个;私有企业改制1 095个,其中当年改制232个;新组建改制企业401个,其中当年新组建改制企业178个。资本金合计106.66亿元,其中国家资本3.03亿元,集体资本34.36亿元,法人资本26.99亿元,个人资本39.22亿元,外商资本3.06亿元。增加值36.88亿元,营业收入175.53亿元,利润总额4.21亿元,应交税金7.37亿元,固定资产原值106.71亿元,流动资产111.39亿元。

【安全环保】 1998年四川省乡镇企业安全工作,一是落实责任,实行安全目标管理。二是开展安全生产法律法规和安全生产基本知识教育。三是开展重点行业专项治理。四是组织安全大检查活动。1998年,全省乡镇企业共发生各类伤亡事故233件,死亡366人,重伤41人,造成直接经济损失717.4万元。全省乡镇企业共培训各类安全管理人员和特种作业人员21 045人,其中专职安全人员4 758人,兼职安全人员6 458人。对乡镇煤矿职工开展了重点培训,共举办1 757期培训班,培训职工59 365人,其中电工2 355人,瓦检员2 104人,放炮员3 018人。

环保方面,共关、停、取缔"十五小"乡镇企业757个,完成了乡镇工业污染源调查工作,积极开展老污染治理,严格控制新污染源。

(梁粤懿　刘秀珍)

贵州省

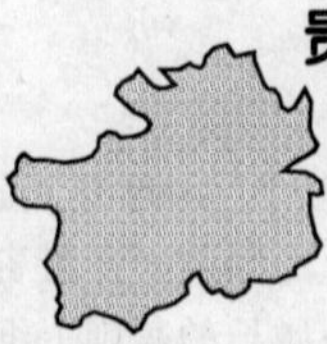

【基本概况】 1998年，贵州省乡镇企业达62.0万个，比上年增长12.1%。拥有企业职工218.9万人，比上年增长3.9%。完成乡镇企业总产值659亿元(1990不变价)，比上年增长22%，其中乡镇工业总产值350亿元，比上年增长25%。完成乡镇企业增加值194亿元，比上年增长21.2%，其中乡镇工业增加值104.9亿元，比上年增长21.7%。实现营业收入786亿元，比上年增长24.6%。

乡镇企业为全省国民经济和社会发展做出了重要贡献。突出表现在：一是已成为全省国民经济的重要组成部分和农村经济的主要支柱。1998年，乡镇企业增加值占全省国内生产总值的23.1%；乡镇工业总产值占全省工业总产值的44%；乡镇工业增加值占全省工业增加值的38%，近年来，全省工业增加值净增额的一半以上来自乡镇企业。二是乡镇企业改变了农村单一的经济结构，在工农之间、城乡之间、科技与经济之间架起了一座座桥梁，促进了农村由封闭向开放并逐步向商品经济转化。三是就地安置了大批农村劳动力和城市下岗职工，促进了城乡经济繁荣和社会稳定。四是为国家开辟了新的财源。1998年，全省乡镇企业实缴税金15.5亿元，约占全省财政收入的12.8%，乡镇企业发展快的地方，已占地方财政收入的一半左右。五是增加了农民收入，加快了农民脱贫致富的步伐。1998年，全省乡镇企业职工工资总额95.96亿元，仅此一项全省农业人口平均达316元。六是为巩固农村基层政权，促进农村两个文明建设做出了贡献。

【宏观管理】 为确保全省国民经济增长的目标，贵州省委、省政府高度重视乡镇企业发展，并采取了一系列重大举措。按照江泽民视察江苏省乡镇企业时的重要讲话、十五届三中全会和省委八届二次全会精神，坚持乡镇企业大发展、大提高方针不动摇，坚持把乡镇企业办成“一把手经济”不动摇。省政府于1998年4月召开了部分厂长(经理)座谈会；5月召开了加快乡镇企业发展座谈会；7月召开了全省乡镇企业电视电话会议；9月省委、省政府召开了规格高、规模大的全省乡镇企业工作会议，省委书记刘方仁、副省长王广宪、莫时仁分别在会上作重要讲话。各地(州、市)、县党委、政府认真贯彻省委、省政府的会议精神，一些地方领导带领有关部门深入基层现场办公，为企业解决实际困难。一些地、县领导亲自搞协调，跑项目，协调资金。一些地方党委、政府着力制订优惠政策，提供优质服务，营造优良的投资环境，引进省内外资金技术人才。通过全省上下的共同努力，真抓实干，使全省乡镇企业保持了较快的发展势头。

【企业改革】 一是贵州省各地针对乡镇企业机制弱化的状况，积极进行以产权制度为核心的改革，盘活了一些企业。仅1998年，全省乡村集体企业改制达150多个，新发展的企业绝大部分是股份合作制企业。到1998年底，全省乡镇企业各种形式的股份合作制企业已达4 500多个。二是乡镇企业与国有中小企业改革相结合，各地以兼并、联合、收购、租赁等多种形式“长入”国有经济，救活了一批停产多年的国有中小建材、医药等企业，出现了多种经济成分共生繁荣的好形势。三是大力发展非公有制经济。自1992年邓小平视察南方发表重要谈话以后，省委、省政府多次出台鼓励非公有制经济发展的政策措施，全省各地贯彻落实十五大精神和江泽民视察江苏省乡镇企业时的重要讲话，又把非公有制经济的发展作为乡镇企业最具活力的增长力量，鼓励发展。

【东西合作】 面对国家银根紧缩，乡镇企业资金紧缺的矛盾，贵州省各地积极转变观念，实施开放带动战略，制定优惠政策，提供优质服务，营造优良环境，广泛吸纳省内外资金技术人才。全省乡镇企业企业系统1998年积极开展不同形式的招商引资活动。全省组织了近100名乡镇企业厂长(经理)参加在河南省驻马店市举办的东西合作经贸洽谈会，交流了信息，引进了资金，成效显著。全省乡镇企业在贵州省“8.28”活动中，签约投资项目上100个，协议引进资金30多亿元。省政府组织的厦门、上海等投资贸易洽谈会和大连、海南等经济活动，为乡镇企业产品销售和引进资金、技术提供了交流的舞台。1998年全省乡镇企业完成固定资产投入38亿元，其中外引内联资金达27亿元。

【结构调整】 贵州省乡镇企业针对市场的变化，积极调整产业、产品结构。一是大力推进农业产业化进程。各地积极发展种植业、养殖业和农副产品加工业。涌现出一些贸工农一体化的具有一定规模的种植、养殖企业，一批科技含量较高、规模较大的制药企业正在崛起，一批农副产品加工企业不断壮大，为乡镇企业调整产业结构摸索了路子。二是抓住国家在贵州省兴建重点工程机遇，重点对一批小水泥厂、砖瓦厂进行了技术改造，使其达到国家规定的要求。三是按照国家规定，关闭了土法炼焦和土法炼锌企业，全省关闭土法炼锌厂4 100多个，关闭土法炼焦厂9 600多个。经过调查研究和专家论证，组织“机焦”和“改良焦”项目上马，运用“皮江法”炼粗锌的试验取得进展。

【科技教育】 贵州省乡镇企业积极转变观念，重视科技进步工程，努力开发新产品，积极对现有企业进行技术改造。贵州省率先在全国乡镇企业系统建立了“计算机管理项目库系统”，86个县和9个地、州、市建立了乡镇企业项目库，为新上项目科学化创造了条件。乡镇企业与科研单位、科技人员建立利益共同体的科研开发联合体开始形成。多渠道多形式培训人才，1998年全省共培训各类人才3.7万人次。在全省广泛开展乡镇企业职称评聘工作，推动了乡镇企业人才队伍的建设。同时，加强了企业制度建设、财务管理、质量管理和人本管理，积极开展节能降耗和扭亏解困工作，一批原不景气的企业通过加强管理，特别是一批制药企业通过技术改造，达到GMP标准。

【安全生产】 1998年，贵州省乡镇企业(除煤炭企业外)共发生事故20起，比上年上升42.85%；死亡24人，比上年下降27.2%；重伤4人，比上年下降3.3%；千人死亡率0.013%。在安全生产方面，主要做了以下工作：一是认真贯彻全省安全生产工作会议精神，将省政府年初制定的目标任务层层分解到基层，并制订了相应的检查、督察措施和考核办法。二是以全国开展第八次“安全周”活动为契机，围绕“落实责任，保障安全”这一主题，组织企业积极开展“安全周”活动。三是开展安全生产大检查，各地、县乡镇企业局定期开展安全生产大检查，省乡镇企业局组织了专门人员对部分县(市)进行抽查，对好的典型进行表彰，对工作不力的地方通报批评。通过以上工作，全省乡镇企业安全生产形势明显趋好。

（陈　良）

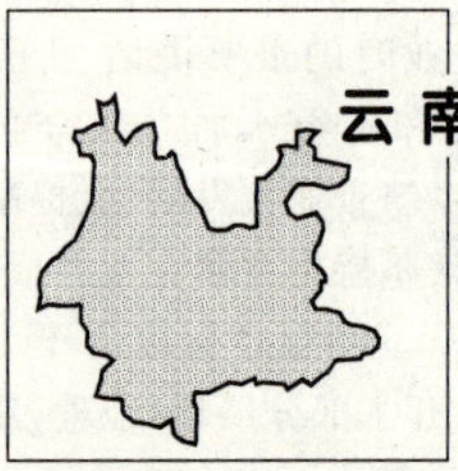

【基本情况】 1998年，云南省乡镇企业117.1万个，比上年增长7.7%。从业人员401万人，比上年增长7.8%。完成营业收入1 782.3亿元，比上年增长29.3%。完成总产值1 446.2亿元，比上年增长28.6%，其中工业总产值486.9亿元，比上年增长19%。实现增加值355.4亿元，比上年增长22.9%。实现利税总额158亿元，比上年增长19.4%。实现纯利润93.7亿元，比上年增长30.6%。实缴税金45.7亿元，比上年增长15.5%。年末固定资产原值523.5亿元，比上年增长23%。出口产品交货值8.4亿元，比上年增长9.6%。完成固定资产投资额28.9亿元，比上年下降20.5%。发放工资总额158.7亿元，比上年增长19.7%。

【规模经济】 1998年，云南省乡镇企业继续实施重点带动战略，加大骨干力量培植的力度。全省亿元乡镇达333个，比上年增加71个；亿元村196个，比上年增加51个；亿元企业和企业集团分别达到57个和63个，分别比上年减少9个和2个；全国大中型乡镇企业68个，与上年持平；营业收入或总产值超过5 000万元的企业达到120个，比上年增加28个。

【固定资产投资】 1998年，云南省乡镇集体企业的固定资产投资在上年首次出现负增长的基础上继续下降。累计完成投资额36.4亿元，比上年下降17.6%，其中当年完成投资额28.9亿元，比上年下降20.6%。在当年完成投资额中，群众集资和企业自有资金13.2亿元，引进资金1.9亿元(其中引进外资0.5亿元)，主管部门下拨资金1.2亿元，银行、信用社贷款9.2亿元，国家扶持资金0.6亿元，其他资金2.8亿元。全年施工项目1 258个，比上年减少582个；其中当年度新开工项目1 048个，当年投产项目1 009个，分别比上年减少321个和425个。在当年投产的项目中，农业企业85个，工业企业545个，施工企业51个，交通运输企业9个，商品流通企业168个，旅游饮食服务企业132个，其他企业19个。

【股份制及股份合作制企业】 1998年，云南省乡镇企业进一步加大推行股份制、股份合作制的力度。累计共有股份制、股份合作制企业663个，其中股份制174个，股份合作制489个。共有职工67 808个，其中股份制企业职工18 969人，股份合作制企业职工48 839人。共有资本金33.3亿元，其中股份制企业资本金6.2亿元，股份合作制企业资本金27亿元。在资本金中，有国家资本金1.5亿元，集体资本金12.8亿元，法人资本金8.9亿元，个人资本金9亿元，外商资本金1.1亿元。全年实现增加值9.4亿元，营业收入53.1亿元，利润总额1.9亿元，应缴税金2.4亿元。固定资产原值34.6亿元，流动资产18.6亿元。

【“三资”企业】 1998年，云南省乡镇企业有“三资”企业39个，比上年减少5个。其中中外合资企业14个，中外合作企业3个，与港澳台合资企业20个，与港澳台合作企业2个。当年新签协议30个，协议客商投资额212万美元，客商实际投资额183万美元；“三资”企业累计投资额9 352万美元，其中客商投资额5 021万美元。“三资”企业共有职工4 085人。“三资”企业的生产经营状况都比较正常，经济效益比较好。全年实现增加值1.8亿元，营业收入9.3亿元，利润总额1.1亿元，应缴税金0.4亿元。

【个体私有企业】 1998年，云南省进一步理顺和维护了乡镇企业主管部门对农村个体私有企业的管理体制，加强了对个体私有经济的指导、管理和服务，使个体私有企业出现了迅猛发展的势头，成为全省乡镇企业最富有活力的增长点。个体私有企业达到114.64万个，比上年增加8.87万个；从业人员290.38万人，比上年增加31.26万人；实缴税金25.4亿元，比上年增长22%。个体私有企业完成营业收入1 101亿元，比上年增长36.4%，占全省乡镇企业营业收入的61.9%。

【科技进步】 1998年，云南省乡镇企业加大了科技进步的力度。全年共承担科技产业项目15个，占省科委科技产业总项目数的42.86%。其中火炬计划项目3个，投资额7 300万元；星火计划项目12个，投资额2.1亿元。这些项目建成后，可新增产值7.26亿元，利税0.62亿元。已有6个企业获得外贸自营进出口权。全省出现了一批科技含量高、市场竞争力强、经济效益或具有地方特色的名特优新产品，有的被评为部级名牌产品，有的被评为省级名牌产品。

【人才培训】 1998年，云南省乡镇企业局举办了11期培训班，重点培训地、县级乡镇企业管理骨干，506个“扶贫攻坚乡”的企业管理干部和财务、安全环保人员。各地（州、市）、县、乡及企业也层层开展了多形式、多渠道的人才培训。全年受过各级长、短期培训的人员达14.9万人。在全省乡镇集体企业110.6万人职工，大专及其以上文化程度的人员1.49万人，中专2.93万人，技校3.23万人，高中16.69万人，初中55.72万人，小学及其以下30.54万人；高级技术职称人员3 521人，中级技术职称人员16 992人，初级技术职称人员50 377人。

【宏观管理】 1998年9月16—18日，云南省委、省政府召开高规格、大规模的全省乡镇企业工作会议，进一步贯彻党的十五大精神和江泽民考察江苏省乡镇企业的重要讲话，提高认识，统一思想，认清形势，增强信心，完善和明确全省乡镇企业跨世纪发展的思路、目标任务和对策措施，进一步促进乡镇企业的改革、发展和提高。会上，省委书记令狐安、省长李嘉廷、副省长黄炳生作重要报告。会议讨论修改了省委、省政府关于进一步促进乡镇企业改革、发展与提高的政策性文件，表彰了20个发展乡镇企业先进县（市区），命名了“100强乡镇、100强村、100强企业”。10月21日出台了《中共云南省委、云南省人民政府关于进一步促进乡镇企业改革、发展与提高的若干意见》，文件在明确全省乡镇企业的指导思想、发展路子、奋斗目标的同时，提出了深化改革、调整结构、科教兴企等方面的对策措施和加大投入、税收优惠、保证用地等方面的一系列扶持政策。

【企业改革】 1998年，云南省乡镇企业把深化企业改革列为全局工作的“重中之重”，在上年开展调研和全面部署的基础上，着重抓了三件事：一是培训骨干队伍。从2月15日到3月21日，省乡镇企业局对263名骨干进行了培训。二是开展改革的试点工作。3月，省乡镇企业局组织4个试点工作组，分别到弥勒、云县、红塔区、昆明市开展工作。乡镇企业改革单靠乡镇企业主管部门困难很大。4月份，江泽民考察江苏省乡镇企业发表重要讲话后，省政府决定组成由省乡镇企业局牵头，由省委农工部、省政府调研室、省体改委等10个部门参加的改革试点指导小组，负责红塔区、弥勒县的改革试点工作。经过精心组织实施，试点工作取得较好成效，摸索到了在不同类型的地区和企业开展改革的路子和方法。三是大力推动面上的改革。省、地、县、乡各级乡镇企业主管部门及时总结改革试点的经验，利用现场会、工作会等各种形式进行交流和推广，报纸、广播、电视等也大力宣传改革试点的经验，从而有力地推动了面上的改革。到1998年底，全省乡镇企业完成改革的企业达到3 032个，相当于年初确定目标的10倍，涉及资金35.4亿元，其中涉及固定资产25亿元。从改制的形式看，产权转让509个，股份合作制260个，租赁289个，有限责任公司148个，股份有限公司46个，组建企业集团71个，集体企业转为私有企业355个，其余为兼并、破产、风险抵押承包等。改制后的企业经济运行状况都比较正常，效益比较好。

【结构调整】 近年来，由于市场约束加剧，云南省乡镇企业布局小而散、产业雷同、产品粗放、科技含量低等结构性矛盾日益尖锐。各地对乡镇企业结构调整的紧迫性有了深切的感受，纷纷采取措施，加大调整的力度。一些地县组织力量开展了较深入的调研,并在此基础上提出了结构调整的思路、目标和措施,并积极组织实施。特别是在培植农业产业化的龙头企业,发挥云南省的独特资源优势,发展特色产业、特色产品等方面迈出了可喜的步伐。在优化企业布局方面,各地大力加强乡镇企业小区建设和小城镇建设,出现了一批具有一定规模的乡镇企业和以乡镇企业小区为依托的小集镇。

【安全生产】 1998年,云南省乡镇企业狠抓安全生产责任制的完善和落实,逐级签订、落实安全生产目标管理责任制,同时在50多个县建立了安全生产风险抵押金制度。加大了对安全生产的督促检查力度。全省在春节前后、5月、11月开展了三次安全生产大检查。通过检查共发现隐患1 846处,现场整改435处,限期整改1 411处,安全生产管理普遍得到了加强。全年发生工伤事故79次,比上年减少8次,其中重大事故5次,比上年增加2次;重伤11次,比上年减少6从;死亡104人,比上年增加2人;百万吨煤死亡人数为2.05人,比上年下降53.4%。事故多发行业为煤炭、冶金、建材、建筑等行业。机械、电力、化工、轻工等行业的安全生产比较好。

(和开道)

西藏自治区

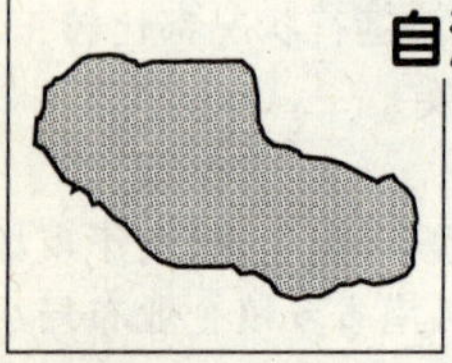

【基本情况】 1998年,西藏自治区有乡镇企业973个,其中乡村集体企业762个(股份合作制企业11个)。从业人员1.6万人。完成总产值5亿元,比上年增长25%,其中工业产值3亿元,比上年增长36.4%。完成增加值1.9亿元。乡村集体企业上缴税金1 441.4万元,实现税后利润8 303.4万元,支农建农资金1 355.2万元。乡镇企业固定资产总额达4.4亿元。产值超1 000万元的企业10个。新建和技改项目总投资达1.8亿元。

【宏观管理】 1998年,西藏各级党委、政府加大对乡镇企业工作领导的力度,制定政策,组织推动,为乡镇企业的发展创造了良好的外部环境。针对西藏乡镇企业尚处起步阶段的现实,自治区党委提出:要抓住机遇,因地制宜,重点突破,把乡镇企业尽快启动起来。要坚持"合理规划,正确引导,大力扶持,多轮驱动,加快发展"的方针,区内与区外结合,农村与城镇结合,发展与提高结合,抓有希望的增长点,扶植好苗子,充分调动干部群众和各类经济实体兴办乡镇企业的积极性,使乡镇企业在本世纪末有一个较好的启动,在下世纪初有一个较大的发展,成为农牧区经济的重要支柱。把发展乡镇企业同农牧区的城镇建设结合起来,以能源、交通条件较好的县城或乡镇为重点,对乡镇企业实行集中布局,增强聚集效应。有条件的地方,财政应对乡镇企业有一定的投入,按照要求设立乡镇企业发展基金。继续对乡镇企业实行轻税政策。要采取优惠措施,加大招商引资力度,吸引区内外工商企业或个人到西藏兴办乡镇企业。建立对口援助关系的县,要加强与援助方的结合,发展一批高起点、市场前景和效益好的乡镇企业。坚持扶优扶强的原则,对经济效益明显、发展前景较好的优势企业和年销售收入1 000万元以上的企业,要加大资金、技术、人才的扶持力度,促其上规模、上档次。建立发展乡镇企业的奖励制度,对启动和发展乡镇企业有突出贡献的人员给予奖励。鼓励乡镇企业参与边境贸易,赋予具备条件的乡镇企业边贸及进出口经营权。

不断加大乡镇企业投资力度,自治区财政进一步加大对乡镇资金支持,在每年100万元贷款贴息金的基础上,再增加400万元,使乡镇企业贷款贴息金额达到每年500万元。各地多渠道筹措资金,加大投入,全区共投入新建、技改项目资金1.8亿元。

为保证乡镇企业稳定、快速、健康发展,全区上下进一步改善和加强了乡镇企业经济运行的监测、分析、协调和服务工作。一是根据国民经济总体要求和乡镇企业2000年规划目标,按地、县、乡三级层层分解,建立目标责任制。二是抓大促小,对全区10个产值上1 000万元的骨干企业生产经营和资源配置,重点进行扶持与协调服务。同时对具有特色的产品、有发展前景的小企业进行指导和培育。三是抓新的经济增长点,各级乡镇企业主管部门因地制宜,指导企业技改和新建项目的选择,组织专家和有关部门进行前期论证,确保了项目的科学性和可行性。四是根据区域经济和市场经济要求,健全了统计、考核指标体系。五是抓好乡镇企业经济运行监测分析工作,将经济运行情况和存在的问题及时向政府和有关部门通报,并积极采取应对措施。

【企业管理】 1998年,为加强乡镇企业的经营管理,西藏各地对企业进行了整顿和调整,在经营管理上健全完善了经营承包责任制。部分重点和骨干企业,开展了以明晰产权为核心的企业改革和股份合作企业改制工作,全区已有11个股份合作制企业。在企业内部管理上,主要采取六项措施：一是在企业内部实行目标管理。将企业计划层层分解到车间、班组，使其肩上有担子、个个有目标。二是落实技术责任制。把技术人员的责任落实到岗位，包括生产、维修保养及各项生产技术指标的提供、企业技术及技术标准的确定，建立技术革新奖励基金。三是抓好质量关。制定严格的质量标准，配备质量检验员，从原料的进厂到产成品的出库，始终把质量放在首位，严把质量关。四是把好财务关。实行"限定幅度，分权审批"的管理办法，使资金更合理、更有效率。五是抓好成本控制。以市场售价为依据，倒推目标成本，给各个生产车间确定目标利润，再将各项指标层层分解，具体落实到原料购入、材料消耗、劳动工资、维修等各个环节，并确定相应的标准。六是抓好产品销售管理。产品销售实行定额承包制，以销售收入的一定比例作为销售人员的工资、奖金等，多销多得，少销少得。确定10个产值上1 000万元的企业比一般企业更加严格的内部管理，按月报送企业财务报表。各地(市)、县把企业内部管理的好坏，作为目标责任制考核的一项重要指标进行考核，并实行优奖劣罚。改制企业必须按公司法建立管理机制，规范运作。随着企业经营层次的提高，原有传统的、经验式的管理开始被科学管理所取代，管理意识不断增强，管理效益开始显现。堆龙德庆县东嘎水泥厂狠抓产品质量管理，树立以质量求生存、求发展的企业精神，各工序层层把关，改变过去因产品质量不稳定造成销路不好的状况，1998年获国家建筑材料工业局颁发的"全国工业产品生产许可证"，并被确定为第六届全国民族运动会西藏赛区标志产品。

【小区建设】 1998年，西藏各地从实际出发，积极改善投资环境，大胆实践，勇于探索，已建成白朗工贸小区、米林南伊工业小区、朗县商贸小区、拉萨曲水工业园等4个园区。白朗工贸小区内有各类生产经营项目20多个，实现工业产值300万元，接近全县乡镇工业总产值的1/3；完成利税40万元，超过全县乡镇工业利税总额的1/3。米林南伊工业小区完成工业产值1 000多万元。乡镇企业小区建设，对引导农牧民兴办乡镇企业、拓宽致富门路，产生了重要的辐射和带动作用。

【企业改革】 1998年，西藏乡镇企业改革工作，在原有基础上又有新的进展。面对日趋激烈的市场竞争，为提高效益，站稳脚根，各地采取了积极的改革措施。对小型、微利、亏损企业，根据情况分别采取承包、拍卖、联合、兼并等办法，盘活存量资产，提高资本使用效益，搞活乡村集体企业。一些地方积极开展了乡村集体企业清产核资工作，在主管部门的指导下，组建集团公司，实现优势互补，规模快速扩张，增强了整体实力和市场竞争能力。已有的11个股份合作制企业，经营状况良好。通过改革，调动了投资者、经营者、劳动者三方面的积极性，也为西藏乡镇企业的进一步发展进行了有益的探索。

【科技教育】 1998年，西藏乡镇企业把推进科技进步，开展教育培训，努力提高乡镇企业素质作为一项重要工作来抓，采取措施，加大投入，多渠道、多形式培养和引进人才。坚持以人为本，把人员培训与科技进步结合起来抓，采取以岗位代培为主，送出去培训为辅，为企业培养了各类急需人才。一是各地根据实际，不定期举办了厂长(经理)、财务统计等专业培训班。二是根据企业各岗位特点，请技术人员给在岗职工进行手把手培训。三是采取请进来送出去的办法，组织有关人员到其他省市培训。另外，充分发挥援藏干部的作用，援藏干部当"教员"，把先进的思想、成功的经验、先进的技术工艺，通过各种方式传授或移植到西藏乡镇企业。

拉萨市堆龙德庆县东嘎水泥厂原是一个生产能力仅1.8万吨，且工艺设备、质量检测不配套的小水泥厂，只能生产低标号水泥1.5万吨，且质量也不稳定。1998年，该厂多方筹集资金，进行技术改造把生产能力提高到6.5万吨，按规范要求完善工艺装备、质检设备和环保设施，已能生产达到部标的硅酸盐水泥。藏雅加碘速溶藏茶厂根据西藏缺碘情况，研制了加碘速溶藏茶。该产品的问世，将逐步改变西藏农牧民传统饮用砖茶的生活方式，有利于防治碘缺乏病的发生，并可节约大量燃料。

(西藏自治区乡镇企业局)

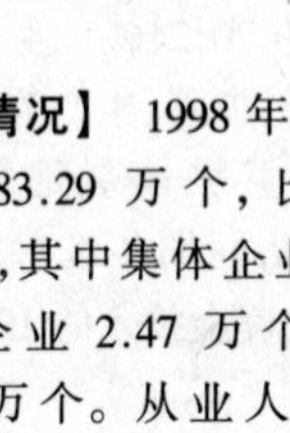

陕西省

【基本情况】 1998年，陕西省乡镇企业83.29万个，比上年增长0.84%，其中集体企业2.87万个，私有企业2.47万个，个体企业77.95万个。从业人数380.89万人，比上年增长2.33%，其中集体企业90.16万人，私有企业46.19万人，个体企业244.54万人。完成营业收入1 662.01亿元，比上年增长24.77%。完成总产值1 649.64亿元，比上年增长25.43%，其中工业总产值970.31亿元，比上年增长

21.63%。实现增加值402.91亿元,比上年增长20.77%,其中工业增加值238.9亿元,比上年增长21.64%。实现利润总额98.40亿元,比上年增长21.18%。应缴税金37.49亿元,比上年增长16.41%。工业经济效益综合指数达127.58,比上年提高12.94个百分点。全省乡镇集体工业企业全员劳动生产率14733元,比上年增长22.92%。

从省内地区看,关中地区乡镇企业完成总产值达1345.7亿元,占全省乡镇企业总产值81.57%,其中西安市完成总产值674.9亿元,占全省的40.90%。陕北地区完成总产值97.1亿元,占全省的5.89%。陕南地区完成总产值206.8亿元,占全省的12.53%。

1998年,全省乡镇企业总产值约占全省农村经济总量的77%。工业总产值占全省工业总产值的51%,全省工业净增部分的74%来自于乡镇企业。乡镇企业增加值占全省国内生产总值的28.57%。乡镇企业实缴税金占全省财政收入的14.05%。乡镇企业从业人员占全省农村劳动力的28%。乡镇企业职工工资总额118.43亿元,比上年增长9.87%。乡镇企业职工工资和其他收入为全省农民人均纯收入提供605元,占全省农民人均纯收入的43.15%,占全省农民人均纯收入净增加部分的70.24%。乡镇企业用于农村教育、福利、生产等各项事业发展的资金共2.14亿元,比上年增长4.54%,是同期各级财政扶持发展乡镇企业资金投入的10倍。

【个体私有企业】 1998年,陕西省乡镇个体私有企业完成总产值1183.2亿元,比上年增长34.41%。完成工业总产值609.7亿元,比上年增长33.78%。完成营业收入1185.15亿元,比上年增长32.08%。实现利润总额74.36亿元,比上年增长29.17%。应缴税金22.33亿元,比上年增长31.14%。个体私有企业的总产值、工业总产值、营业收入、利润总额、应缴税金的增长速度分别高于全省乡镇企业同类经济指标8.98、12.14、7.31、7.99和14.73个百分点,分别占全省乡镇企业总产值、营业收入、利润总额、应缴税金的71.72%、71.31%、75.57%和59.56%。

【规模经济】 1998年,陕西省乡镇企业拥有总资产510.02亿元,其中流动资产255.92亿元,固定资产原值310.59亿元,净值236.44亿元,其他资产17.66亿元。全省乡镇企业营业收入过100亿元的地(市)5个,县(区)2个。过50亿元的县(区)有8个,比上年增加2个。过10亿元的县(区)有43个,比上年增加6个。过20亿元的乡镇有3个,过10亿元的乡镇有24个,过亿元的乡镇有388个,其中过5亿元的乡镇有37个。过亿元的村104个,其中过3亿元的村11个,过5亿元的村5个。过1000万元的企业454个,其中过亿元的企业(集团)17个。全省乡镇企业实现利润总额过10亿元的县(区)27个,实现入库税金过1000万元的县有62个。

【"明星队"和小区建设】 1998年,陕西省列入省级乡镇企业"明星队"的126个企业,完成营业收入、总产值、工业总产值分别达到全省乡镇企业同类经济指标的65%左右,各项经济指标增长速度均高于全省和本地区乡镇企业平均增长水平。省级116个乡镇企业小区建设进度进一步加快,基础设施逐步完善,吸引了大批企业入区,初步形成了集中连片的发展格局。咸阳市三原县大程镇乡镇企业小区、泾阳县吉元乡镇企业小区等3个全国乡镇企业示范区,先后投资5000多万元,加强水、电、路、通讯等基础设施建设,固定资产均在2.5亿元以上,年产值均在5亿元以上。全省有85个乡镇企业小区总产值分别突破亿元。

【企业改革】 1998年,在陕西省乡村集体企业中,实行各种改制形式的企业有19242个,改制面约为55%。其中经过省政府和省体改委批准,建成和正在组建的股份有限公司14个,有限责任公司741个,股份合作制企业5570个。股份制和股份合作制企业的总股金达到59.1亿元,其中个人资本金和法人资本金分别占18%和25%,均高于全省乡村集体企业资本金结构的平均水平。

【科技进步】 1998年,陕西省省乡镇企业推广先进适用新技术133项,开发新产品250个,评定省乡镇企业科技进步奖11项,创建科技先导型企业45个,列入省级新产品开发计划6项,列入省重大技术创新项目1个。银桥企业集团、宝深建材机械制造公司被评为全国乡镇企业科技创新示范单位。全省乡镇企业参加各种业务培训和参加技校、中专、大专学历教育的职工有10万人,其中大专以上的1.4万人,中专的3万人。全年共评定各种乡镇企业科技人员任职资格3000名。乡镇集体企业职工中有高级技术职称的2618人,占2.9%;有中级技术职称的1.5万人,占1.7%;有初级技术职称的3.1万人,占3.4%;具有初级以上技术职称的人员占乡镇集体企业职工人数的5.4%;比上年提高0.8个百分点。全省乡镇企业重点行业的骨干企业依靠科技进步,积极采用新技术、新工艺、新设备对企业进行技术改造,努力提高企业的技术和装备水平,创造更大效益。

【企业管理】 1998年,陕西省乡镇企业基础管理合格级达标企业达800个，管理优秀级达标企业300个。同时，全省乡镇企业加快统计信息网络建设步伐，在全省10个地市建立了信息网点。1998年，有28个企业获得农业部推行全面质量管理达标证书，有100个产品获“质量信得过产品”称号，有6个企业的47个产品获陕西省乡镇企业名优产品称号。安全和污染治理工作得到进一步加强，全省乡镇企业安全事故比上年下降14%，有12个单位和9人被农业部、劳动部授予综合治理先进单位及先进工作者称号。同时，还在全省乡镇集体企业中初步开展清产核资工作，积极开展乡镇企业登记备案和《中华人民共和国乡镇企业法》执法证的颁发工作。

（于美娟）

甘肃省

【基本情况】 1998年，甘肃省乡镇企业20.14万个。从业人员143.15万人。实现营业收入458.52亿元。完成总产值507.17亿元，其中工业总产值221.18亿元。完成增加值112.77亿元，其中工业增加值48.45亿元。实现净利润30.678亿元。实缴税金9.93亿元。出口产品交货值3.45亿元。工资总额45.59亿元。固定资产134.38亿元。因统计口径的调整，与上年无可比性。

【宏观管理】 1998年，江泽民考察江苏省乡镇企业发表重要讲话以后，甘肃省通过“三会一文件”进行贯彻落实。5月18日召开电视电话会议，要求全省各级以江泽民重要讲话精神为动力，克服困难，坚定信心，加快发展。为了进一步统一思想，加强领导，7月下旬召开了由各地主要领导、分管领导参加的全省乡镇企业工作会。这是近年来规格较高、规模较大的一次会议，省委、省政府主要领导到会并讲话。为了分析全省乡镇企业面临的形势、困难和问题，进一步加快发展步伐，10月8日省委书记孙英主持召开了有26个省直部门主要领导参加的乡镇企业协调领导小组第二次会议，省四大班子的领导出席会议并作重要讲话。孙英强调指出，要把发展乡镇企业作为今后工作的第一要事来抓。为了加快全省乡镇企业的改革与发展，省委、省政府发出了《关于加快乡镇企业改革与发展的通知》，推动了全省乡镇企业的改革与发展。

同时，进行深入调查研究，采取有力措施，抓好落实，扼制全省乡镇企业增速下滑的势头。1998年8月23—24日，代省长宋照肃带领有关部门主要负责人到榆中县对乡镇企业的发展进行专题调研，并作重要讲话，以此推动全省乡镇企业的发展。为了狠抓落实，10月份省政府派出3个督查组，对全省乡镇企业进行督查，对有关难点问题督促有关部门尽快解决。省乡镇企业局先后三次分三片对全省乡镇企业发展中新的矛盾、新的困难进行调研。各地通过采取一些具体措施，扼制住了速度回落的势头。

【企业改革】 1998年，甘肃省乡镇企业积极稳妥地推进企业改革，为企业的发展注入了新的活力。省乡镇企业局出台了《甘肃省乡镇企业改革实施意见》，修订了《甘肃省乡镇企业股份合作制操作程序》、《组建省级企业集团的申报办法》等改革文件，积极开展乡镇企业清产核资工作。全年新组建省级乡镇企业集团10个，累计达21个。全省改制和组建股份制、股份合作制企业达2 427个。全省最大的两个乡镇企业黄河集团和荣华集团按现代企业制度进行了股份有限责任公司的改制，完成了股票上市的前期工作。

【招商引资工作】 为了拓宽乡镇企业融资渠道，为资本运营提供良好场所，在甘肃省委、省政府以及有关部门的支持下，成立了省城乡企业产权交易中心。经过认真准备，以

甘肃省乡镇企业工作会议在兰州市召开

省政府名义赴澳门进行招商引资，达成协议 14 个，协议资金 12.36 亿元。其中达成意向性协议 8 个，协议资金 10.96 亿元；签订正式合同 6 个，合同金额 1.4 亿元。另外，还签订了 0.61 亿美元的商贸合同。

抓住一年一度“兰交会”的有利时机，甘肃省组织乡镇企业进行产品展示和招商引资。首次在“兰交会”上设立乡镇企业展厅，组织 60 多个企业、9 大行业、130 多个品种参展，销售及订货 2.3 亿元，5 个产品获“兰交会”最受欢迎产品荣誉称号。向“兰交会”提供招商引资项目 57 个，达成合同、协议签约项目 17 个，共引进资金 3.9 亿元。其中正式合同项目 11 个，引进资金 2.4 亿元；签约协议项目 6 个，引进资金 1.5 亿元。

1998 年，甘肃省乡镇企业组织参加了在河南省驻马店市举办的全国东西合作经贸洽谈会，组成 84 人的代表团，向大会提交了 120 个项目，举办了新闻发布会。洽谈会期间共签订正式合同 1 个，协议 19 个，总投资 6.5 亿元，其中合同金额 2.3 亿元。

此外，省乡镇企业局与省科委、省经贸委、省国防工办等部门联合举办了“兰州高新技术项目、专利技术、名优产品展示展销会”，有 50 多个乡镇企业参加了交流洽谈。

（张富奎）

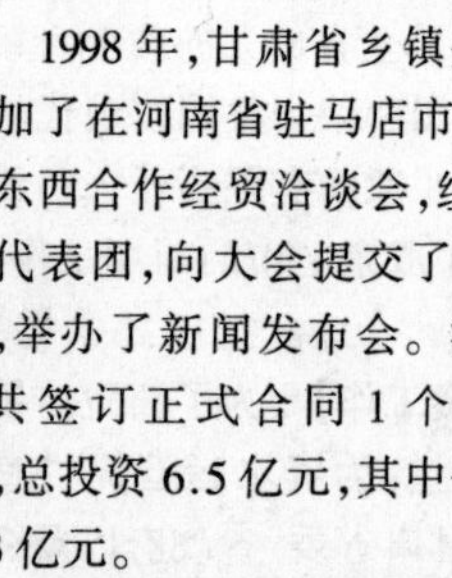

【基本情况】 1998 年，宁夏回族自治区有乡镇企业 12.2 万个。从业人员 47.7 万人。完成总产值 110.8 亿元，比上年增长 22.1%，占全区农村社会总产值的 70%，比上年提高 2 个百分点。完成增加值 28.5 亿元，比上年增长 16.9%。实现营业收入 110.7 亿元，比上年增长 21.3%。实现利润 8.2 亿元，比上年增长 19.5%。上缴税金 4.4 亿元，比上年增长 16.8%。全区有 8 个市、县（区）的乡镇企业产值过 8 亿元，其中吴忠市利通区、银川市郊区、永宁县超过 10 亿元。

【宏观管理】 1998 年，宁夏区党委、政府始终把发展乡镇企业作扩大内需、增加有效供给、缩小东西部差距的战略重点来抓，列入区党委、区政府的工作要点，并以新的增长点列入全区国民经济“九五”计划和 2010 年远景规划。区党委、政府、人大、政协领导对乡镇企业重视，同心协力，大力支持乡镇企业发展，全心全意为乡镇企业排忧解难，为乡镇企业发展创造宽松的环境。自治区领导多次深入基层调查研究，检查指导乡镇企业工作，解决实际问题，要求各地把发展乡镇企业当作重中之重来抓。同时，在 1998 年 3 月召开的全区乡镇企业工作会上，自治区领导要求各有关部门要从全局出发，把支持乡镇企业作为自己的重要职责，发挥自身优势，真心实意地为乡镇企业办实事、办好事。进一步制定和落实好扶持乡镇企业发展的政策措施，继续在资金、技术、人才等方面给予支持，创造有利于乡镇企业改革和发展的政策环境。

【企业改革】 1998 年，宁夏乡镇企业在抓好发展与提高的同时，加大了以产权制度改革为重点的各项改革。通过各种形式的改革，实现了产权重组，优化了资源配置，盘活了存量资产，使企业成为自主经营、自负盈亏、自我发展、自我完善、自我约束的市场竞争主体，企业焕发了勃勃生机，充满了活力。全区乡镇企业改制面已达 80% 以上。永宁造纸厂、吴忠市利通区第二清真乳品厂、宁夏味精厂等一批规模较大的企业，改制后企业焕发了新的生机和活力，企业规模扩大，发展速度加快，效益显著，市场竞争能力增强。泾源县威格钢厂、芦草佳金属镁厂、银川起重运输机械厂等一批企业，通过改制不但使企业起死回生，步入健康发展的轨道，而且收到了较好的经济效益和社会效益。

【“强乡富民”工程】 由宁夏自治区财政厅和乡镇企业局共同实施的“强乡富民”工程已收到显著效果，也是全区乡镇企业发展的典型经验。1998 年，该工程又结合扶贫工作延伸到宁南山区，并且在资金上也增加到 750 万元，进入“强乡富民”工程的乡镇也由过去的 7 个市、县（区）14 个乡镇扩大到 1998 年的 18 个市、县（区）45 个乡镇。“强乡富民”工程区内的乡镇企业平均发展速度高出全区平均水平 5 个百分点以上，乡镇企业缴纳税金及提供给农民的纯收入也比其他乡镇有较大幅度的提高。1998 年，“强乡富民”工程区内有 39 个乡镇的乡镇企业总产值超亿元，有 15 个乡镇的乡镇企业上缴税金超过 800 万元，有 22 个乡镇的乡镇企业提供给农民的人均纯收入超过 1 000 元。尤其是“强乡富民”工程的实施，带动了当地经济的发展，使一部分从事农副产品加工业的农民，既掌握技术，学到知识，又脱贫致富，主动加大了对农业的投入，促进了农业增产和农民增收。自治区重点扶贫对象固原县张易乡被列为“强乡富民”工程后，1998 年乡镇企业营业收入达到 816 万元，比上年增长 18.8%；乡镇企业从业人员达 1 521 人，其中安排贫困农民 500 多人。

【个体私有企业】 1998年，宁夏自治区各级党委、政府按照党的十五大精神，把发展农村个体私有经济作为本地区经济增长的突破口来抓，农村个体私有经济发展迅猛。1998年，全区乡镇个体私有企业发展到12万个，比上年增长5%；完成总产值81.7亿元，比上年增长38.6%，占乡镇企业总产值的74%；完成营业收入83.2亿元，比上年增长34.1%，占乡镇企业营业收入的75%；实现净利润7.1亿元，比上年增长26.8%，占乡镇企业净利润的86%；上缴税金3.3亿元，比上年增长29.7%，占乡镇企业税金的75%。个体私有经济发展较快的银川市郊区、永宁县、吴忠市利通区、中宁县、灵武市、青铜峡市、平罗县和惠农县，1998年财政收入的增长部分大都是来自个体私有企业。还涌现出一大批个体私有企业大户。

【工业小区与小城镇建设】 乡镇企业的发展，有力地促进了农村集镇和小康村的建设步伐。1998年，宁夏已建成11个自治区级乡镇工业小区。银川市郊区良田工业小区、永宁望远工业小区、利通区金积镇工业小区等一批配套齐全，设施完善的乡镇工业小区，极大地方便了农村的文化生活和物质生活。随着乡镇工业小区的建设与发展，促进了小城镇建设步伐，加快了农村城市化的进程。乡镇企业每年用于以工补农和农村社会公益事业的资金约1 500万元，大大改善了农村的落后面貌，有力地支援了农村各项事业的发展，丰富了广大农民的精神生活和物质生活，在农村精神文明和物质文明建设中发挥着无可替代的作用，成为实现农村现代化的生力军。

【科技进步】 宁夏乡镇企业对市场前景好的企业、项目和产品，实施科技增力措施，加大科技支持。组织人员到沿海、香港等发达地区寻求合作，引进技术、引进人才和大力培训本地科技人才，积极采用新技术，开发新产品，取得明显效果。1998年，全区乡镇企业科技进步对总产值的增长贡献率由1990年的22%上升到40%。在资金投入上，把增加科技投入放在第一位，实行投入政策，投入重点的倾斜，充分发挥资金的导向作用。在自治区财力相当紧张的情况下，对乡镇企业的科技投入逐年增加，1998年自治区财政厅为乡镇企业投入贴息金750万元，支持新产品开发项目，技、扩、改建项目200多个。

（袁正雄　王　聪　郭可峻）

新疆维吾尔自治区

【基本情况】 1998年，新疆维吾尔自治区乡镇企业26.90万个（不含新疆生产建设兵团，下同），比上年减少6.15%。从业人员71.25万人，比上年减少9.71%。完成营业收入245.56亿元，比上年增长6.09%。完成总产值245.74亿元，比上年增长3.43%，其中工业总产值111.21亿元，比上年下降0.24%。实现增加值60.33亿元，比上年增长7.04%，其中工业增加值25.96亿元，比上年下降3.75%。上缴税金8.24亿元，比上年下降2.12%。净利润15.66亿元，比上年增长1.90%。固定资产原值92.44亿元，比上年增长4.96%。

【行政执法】 1998年，新疆各级乡镇企业行政管理部门认真履行《中华人民共和国乡镇企业法》赋予的职责，不断加强行政执法队伍建设，提高了依法行政的水平。从7月份开始，领取乡镇企业行政执法证件人数累计达到530人，为推动乡镇企业沿着法制的轨道健康发展奠定了基础。

【结构调整】 1998年，新疆乡镇企业围绕自治区党委制定的以“一白一黑”为重点的优势资源转换战略和大农业发展战略，以多种形式积极参与土地综合开发，加强原料基地建设，一批农副产品加工、流通领域的龙头企业应运而生，市场竞争能力不断增强，推进了农业产业化进程。在这类企业中，营业收入过100万元的达228个，其中1 000万元以上的企业42个。新疆乡镇企业在参与石油相关产业开发建设上也迈出可喜步伐，投资近亿元的焉耆丝普纶有限公司丙纶细旦丝项目已于1998年破土动工。

【企业改革】 1998年，新疆乡镇企业以产权制度为核心的各项改革积极稳妥地向前推进。乡村两级集体企业实行各种形式改革的达到1 659个，其中股份有限公司及有限责任公司120个，股份合作制254个，租赁经营136个，承包经营509个，拍卖、出售169个，兼并119个（含兼并收购国有及城镇集体企业39个），安置下岗职工1 439人。组建了一批不同规模的企业集团。尉犁棉纺厂和库尔勒棉纺厂联合组建成新疆罗布淖尔纺织（集团）有限责任公司，标志着新疆乡镇企业与国有企业的“强强联合”进入了实际运作阶段。为推动改革向纵深发展，乡村两级集体企业的清产核资工作也在全区范围内抓紧进行。

【企业管理】 新疆乡镇企业把深化

改革和强化企业管理有机地结合在一起，坚持以财务管理为中心，将以资金、成本管理为重点的各项措施落实到生产经营的全过程，引导企业苦练内功，努力化解增本减利因素，提高经济运行的质量和效益。以召开 QC 成果发布会的形式，推动乡镇企业 QC 小组活动的开展，1998 年新增优秀 QC 小组 25 个，总数达到 474 个。认真开展全面质量管理工作，获农业部达标企业 93 个，自治区达标企业 56 个。

【工作会议】 1998 年年 8 月 5—7 日，新疆自治区政府在乌鲁木齐市召开乡镇企业工作会议，自治区主席阿不来提·阿不都热西提作了工作报告，自治区党政有关领导、农业部乡镇企业局局长姜永涛出席会议并作重要讲话。会议研究制定了全面贯彻江泽民考察江苏省乡镇企业的重要讲话精神，加快新疆乡镇企业发展的政策措施，表彰了发展乡镇企业十强县(市)和先进单位，对实现乡镇企业的跨世纪发展起到了重大推动作用。会后，自治区政府出台了《关于加快发展乡镇企业若干问题的意见》。

【规模经济】 1998 年，新疆乡镇企业营业收入 10 亿元以上的地州市达到 8 个，其中 20 亿元以上的 4 个，最高的昌吉回族自治州为 68.57 亿元；亿元以上的县(市)50 个，其中 5 亿元以上的 13 个，最高的乌鲁木齐县为 33.53 亿元；5 000万元以上的乡(镇)90 个，其中亿元以上的 32 个，最高的乌鲁木齐县二宫乡为 12.14 亿元；1 000万元以上的村 71 个，其中亿元以上的 9 个，最高的乌鲁木齐县二宫乡八家户村为 6.29 亿元；100 万元以上的企业1 053个，其中1 000万元以下的 107 个，最高的巴音郭楞蒙古自治州泰昌工业总公司为 3.16 亿元。

【个体私有企业】 1998 年，新疆乡镇个体私有企业营业收入达 168.13 亿元，占全区乡镇企业的 68.47%；总产值 164.44 亿元，占全区乡镇企业的 66.92%；上缴税金 5.16 亿元，占全区乡镇企业的 62.68%；净利润 14.10 亿元，占全区乡镇企业的 90.05%。个体私有企业呈现出经营规模迅速扩大，行业结构趋于优化，经济效益和社会效益显著，组织社会化程度和整体素质得到提高等许多新的特点，成为全区乡镇企业的重要组成部分和持续健康发展的推动力量。

【东西合作】 1998 年，新疆乡镇企业在已完成的 307 个东西合作基建项目中，固定资产投资 5.02 亿元，其中引进资金 1.61 亿元。山西、天津、江苏、宁波、青海、福建等省、市乡镇企业相继组团到新疆考察，洽谈合作事宜。1998 年 12 月，新疆乡镇企业派出由 208 人组成的洽谈团，赴河南市驻马店市参加全国乡镇企业东西合作经贸洽谈会，洽谈签约项目 45 个，总投资 4.11 亿元，其中引进资金 2.07 亿元。

（张建锁）

大连市

【基本情况】 1998 年，大连市有乡镇企业 14.39 万个，比上年增加 1.51万个，其中乡村集体企业(含合资合作企业，下同)5 928个，比上年减少1 335个；私有企业4 376个，比上年减少 163 个；个体企业 13.36 万个，比上年增加 1.67 万个。从业人员 100.97 万人，比上年减少 1.4 万人，其中乡村集体企业 45.36 万人，比上年减少 9.56 万人；私有企业 7.77 万人，比上年增加 3.07 万人；个体企业 44.7 万人，比上年增加 5.09 万人。乡村集体企业固定资产原值 159.39 亿元，净值 102.29 亿元，分别比上年下降 8.2% 和 11.7%。完成总产值2 036.4亿元，比上年增长 5.9%，增幅比上年回落 21.7 个百分点，其中乡村集体企业 705.28 亿元，比上年下降 9.7%；个体私有企业1 331.16亿元，比上年增长 16.6%。在总产值中，农业 96.36 亿元，比上年下降 0.7%；工业1 115.57亿元，比上年增长 5.6%；建筑业 273.83 亿元，比上年下降 1.7%；交通运输业 204.83 亿元，比上年增长 8.1%；商饮服务业 345.85 亿元，比上年增长 14.8%。实现营业收入1 863.96 亿元，比上年增长 15.2%，其中乡村集体企业实现营业收入 643.22 亿元，比上年下降 9.4%。实现利税 19.1 亿元，比上年下降 2.6%，其中乡村集体企业实现利税总额 58.03 亿元，比上年下降 13.6%。工资总额 53.34 亿元，比上年下降 12.5%。

全市乡镇工业完成总产值 970.5 亿元(1990 年不变价)，实现营业收入 949.28 亿元，实现利税 147.96 亿元，实现工业增加值 300.45 亿元，分别比上年增长 11.1%、13.4%、24.9% 和 10.1%。其中乡村集体工业企业完成总产值 436.88 亿元，实现营业收入 411.72 亿元，实现利税总额 40.5 亿元，实现工业增加值 111.43 亿元，分别比上年增长 9.2%、6.4%、13.1% 和 10.23%。在 6 项主要经济指标中，乡村工业产销率 96.1%，比上年提高 0.6 个百分点；工业增加值率 26.9%，比上年提高 1 个百分点；全部资产利税率 18.2%，比上年下降 3.3 个百分点；营业收入利润率

8%，与上年持平；全员劳动生产率5.1万元，比上年提高0.8万元；流动资金周转率6.19次，加快2.62次。年末亏损企业618个，比上年减少82个；亏损额2.9亿元，比上年下降21.7%。

1998年，全市乡镇企业有186人被评为第四届大连市明星乡镇企业家，其中30人为最佳明星企业家；80人被评为辽宁省优秀乡镇企业家，占全省优秀乡镇企业家的60%；27人被评为全国优秀乡镇厂长(经理)。大连亿达集团、大连金港集团被评为全国科技示范企业，大连华农企业集团被评为全国科教示范企业。

【宏观管理】 1998年，大连市政府和各级乡镇企业主管部门坚持以提高经济效益为中心，把实缴税金和实现利润作为主要考核指标。政府对企业实行考核实缴税金和实现利润；对村实行考核实缴税金和实际收入；对乡(镇、街道)实行考核实缴税金和乡镇企业在两级财政收入中的比重。1998年，全市乡镇企业实缴税金和实现利润增长幅度分别比产值增幅高8.2和7.9个百分点。其中大连经济技术开发区、金石滩国家旅游度假区、甘井子区、瓦房店市、普兰店市和庄河市实缴税金高于全市平均增幅，分别达到5 509万元、1 044万元、33 630万元、19 688万元、19 823万元和11 050万元，分别比上年增长26.9%、25.2%、16.4%和15.5%。全市乡镇企业涌现实缴税金大户20个，实现利润大户20个，其中甘井子区大连渤海企业集团实缴税金和实现利润分别达到0.8亿元和4.54亿元。

【企业改革】 1998年，大连市乡镇企业继续以产权制度改革为核心，以调整所有制结构为重点，抓好股份合作制等8种形式的改革，是产权制度改革不断向纵深发展的一年。全年共有1190个乡镇企业完成改制工作。至1998年末，全市乡镇企业累计完成改制企业6 654个，占应改制企业的93%，盘活存量资产53亿元，吸引增量资本12亿元，出售净资产10.58亿元，出售总额12.45亿元，增值率17.7%，乡村两级集体转移债务16.51亿元，实际收回资金6.64亿元。推行现代企业制度试点企业13个，集体资产经营管理试点企业20个，镇村(准)财政分成试点企业50个。瓦房店市大连龙泉股份有限公司在全国正式上市，上市公司累计2个。市乡镇企业局、审计局、财政局、统计局、外经贸委、国税局、地税局等部门组织各区市县对全市乡镇企业进行两清查(清查企业贷款、资产负债，清查乡村集体企业贷款、资产负债)和两调查(调查外向型经济，调查改革企业)，基本上摸清了全市乡镇企业贷款、资产负债情况和改革过程中存在的出售企业变更手续进度缓慢、出售企业资金回收不利、银行借款和集体、债务关系没有完成理清等问题，并采取一系列措施及时解决，使乡镇企业产权制改革保持良好发展势头。

【外向型经济】 在亚洲金融危机影响下，大连市政府及时制定和完善利用外资奖励政策，极大地调动了全市乡镇企业管理部门和企业招商引资的积极性。1998年，全市乡镇企业新批利用外资项目288个，比上年减少12个；合同利用外资7.1亿美元，实际利用外资2.67亿美元，分别比上年下降2.7%和12.3%。其特点：一是部分地区发展较快。甘井子区完成合同外资1.49亿美元，实际利用外资6 037万美元；金州区完成合同外资1.5亿美元，实际利用外资5 342万美元。是大项目成交好于往年。在新批项目中，合同外资额超过500万美元以上项目34个，合同外资4.27亿美元，分别占总数的12.1%和62.3%。三是欧美地区的项目增加。1998年累计新批欧美地区项目50个，合同外资1.4亿美元，分别占总数的17.8和20.4%。四是增资数额加大。有40多个已开发的利用外资项目增加投资，增资额达到8 721万美元。至1998年，全市乡镇企业中累计兴办利用外资项目2 184个，合同利用外资29.31亿美元，实际利用外资11.9亿美元。

大连市乡镇企业通过加快“贸工农”基地建设、培育出口创汇生产企业、加大对出口创汇企业扶持力度等有效措施，扩大出口产品生产，努力开拓国际市场，使乡镇企业出口创汇保持较好发展势头。1998年，完成出口产品交货值152.3亿元，比上年增长3.7%。全市乡镇企业中涌现出口创汇大户20个，其中甘井子区大连中集集装箱有限公司完成出口产品交货值5.73亿元，普兰店市中国大杨企业集团完成5.2亿元，甘井子区丰源制靴(大连)有限公司完成4.19亿元。

【市场开发】 1998年，大连市各级政府和乡镇企业主管部门通过组织企业参加各种展销会、展览会和经贸洽谈会等形式，抓市场开发、抓市场营销，把更多的产品推向市场，不断提高市场覆盖率。1998年10月，市乡镇企业局组织60多个乡镇企业生产的200多个产品，参加“’98大连市地工产品展销会”，成交额6 403万元。组织参加在河南省驻马店市举办的全国乡镇企业东西合作经贸洽谈会，签订成交合同18个，成交额达1.52亿元。普兰店市政府在当地组织乡镇企业产品促销会，销售额突破4 200万元。中国大杨企业集团、大连华丰木业有限公司、大连龙泉股份有限公司等企业在全国各大城市建立专卖店，其产品不仅在大连市场占有率有较大幅度提高，而且已经开始走向全国市场。全市乡镇企业营业收入实现率为 91.5%，乡镇工业产销率为 96.1%。

【结构调整】 1998 年，大连市乡镇企业把“大力发展第一产业，优化发展第二产业，突出发展第三产业”，加速产业、产品结构调整作为乡镇企业发展的重中之重。继续采取“四调”措施，提高项目规模和档次。“调大”，以优化产业结构为纽带，以产品为龙头，促进生产要素向骨干企业、优势产业聚合，引导企业向规模经营发展。“调优”，大力开发研制新产品，争创名牌产品和著名商标，以名牌产品和优势产品抢占国内外市场。“调外”，坚持以外向型经济为主攻方向，大力招商引资，加快发展外向型经济，不断提高乡镇企业外向度。“调高”，加大科技兴企业工作力度，大力发展高新技术产业项目，依靠科技振兴乡镇企业，不断提高乡镇企业科技含量。在调整中，全市乡镇企业规划建设了一批高新技术、第三产业和农业产业化项目。甘井子区亿达集团大连软件园、华南企业集团大连都市工业园、大连经济技术开发区金港集团大连精细化工园、庄河市大连大宇电子城等四大科技园区的开发建设，不仅证明了大连市乡镇企业有实力、有能力兴办高新技术产业项目，而且为高新技术产业化、规模化、园区化发展开辟了一条新路子。金州区大连陶瓷批发市场、北乐果菜批发市场等八大市场和甘井子区大连金海湾娱乐城等八大商饮服务项目的开发建设，对发展农村商贸业，搞活农村经济，增加农民收入，加快城乡一体化建设步伐，发挥了十分重要的作用。瓦房店市大成食品(大连)有限公司等 8 个农业产业化龙头企业的开发建设，推动了农业产业化进程。

以产品结构调整带动产业结构调整，是加快结构调整的突出特点。1998 年，大连乡镇企业开发、研制出 LPG 双燃料转换装置、直流配电柜、舰船高性能变压器、L119 新型灭火器、电子教学仪器、农药中间体、牛黄健身宝、沙棘系列饮料等科技含量较高的产品 122 个，创大连市名牌产品 40 个，评选著名商标 4 个，通过 ISO9000 国际质量体系认证企业 13 个。至 1998 年，全市乡镇企业累计创大连市名牌 145 个，著名商标 26 个，通过 ISO9000 国际质量体系认证企业 30 个。高新技术产业、高新技术产品、名优产品和大型专业化批发市场的开发建设，推动了高新技术产业、第三产业和农业产业化的发展。1998 年，全市乡镇企业第三产业完成增加值 127.5 亿元，占乡镇企业增加值的 24.3%。一、二、三产业比重为 3.6:66.2:30.2，第三产业比重比上年提高 4.4 个百分点。

【集中发展战略】 1998 年，大连市各级乡镇企业主管部门坚持贯彻市政府集中发展战略，引导企业采取集中发展与小城镇建设相结合，集中发展与加快各类小区建设相结合，集中发展与加快综合批发市场和商饮服项目相结合，集中发展与加快旅游景区建设相结合等措施，在集中抓好 16 个经济开发小区、12 个乡镇企业集中发展区建设的同时，引导企业向各类小区、小城镇和重点村集中，向沿海(黄海、渤海)、沿路(沈大高速公路，黄海大道)周边拓展。各级政府扭转了过去直接投资办企业的作法，在加强政策引导和服务的基础上，多方位筹措资金，加快基础设施建设，以良好的外部环境和周到的服务吸引外商、外地企业和个体私有企业到集中发展区投资办企业。旅顺经济开发区、甘井子营城子工业区、金州经济开发区、金州北乐经济开发区、普兰店经济开发区和杨树房经济开发区，普兰店市皮口镇、瓦房店市复州城镇、庄河市大郑镇等小区和重点镇都有较快发展。

【个体私有企业】 1998 年，大连市各级政府和主管部门认真贯彻市委、市政府召开的关于发展个体私有经济工作会议精神，放手、放开、放活发展个体私有经济。1998 年，全市乡镇个体私有企业发展到 13 万多个；完成增加值 338 亿元，比上年增长 32%，占乡镇企业增加值的 65.5%；实缴税金 6.89 亿元，比上年增长 56.2%，占乡镇企业实缴税金的 47.9%；实现利润总额 104.8 亿元，比上年增长 37.2%，占乡镇企业利润总额的 69.8%。乡镇个体私有企业不仅保持良好的发展态势，而且规模不断扩大，形成了普兰店市摩托车销售公司、甘井子区中国教学仪器设备有限公司等一批资产总额超1 000万元的个体私有企业大户，并开始向规模经营发展，产品科技含量也大幅度提高。

【资金投入】 1998 年，大连市各级政府和乡镇企业主管部门采取政府打基础，社会办企业的方法，由过去单纯依靠集体投资办企业向依靠外商、外地和民众投资办企业转变，工作力度大于往年，效果也好于往年，逐步形成了投资主体多元化的良好氛围。全市乡镇企业完成固定资产投资 37.8 亿元，其中外商投资 20.9 亿元，个体私有企业投资 10 亿元，外资和民资投入额占 80% 以上。引进外地资金发展乡镇企业是 1998 年的一个主要特点。金州区、甘井子区、庄河市、瓦房店市、普兰店市等区市分别组团到长春、哈尔滨、广州、温州、厦门等城市招商，在引进资金同时，引进设备、技术和人才，累计签订合同136个，引进资金13亿元。

【人才培训】 1998年，大连市各级乡镇企业主管部门把培养人才、引进人才、提高企业职工队伍的科技文化素质纳入重要日程，全市乡镇企业累计举办各类培训班800多期，培训各类人才85 636人次，培训面达到18.9%。先后引进外经、外贸、外语人才312人，其中硕士研究生26人。吸引一批大中专毕业生到乡镇企业工作，乡镇企业职工素质有一定程度的提高。大专以上文化程人员13 699人，占职工总数的2.5%，其中高级技术、管理人才1 082人。

（田德云）

宁波市

【基本情况】 1998年，宁波市乡镇企业完成工业总产值1 852.58亿元，比上年增长15.96%，其中乡村集体企业完成工业总产值842亿元，比上年增长5.7%；私有企业完成工业总产值1 010.6亿元，比上年增长26.97%。实现销售收入891亿元，比上年增长21.72%。实现利润总额62亿元，比上年增长21.57%。完成工业增加值211亿元，比上年增长15.3%。全市年销售收入500万元以上的乡镇企业完成总产值556亿元，销售收入524亿元。

【企业改革】 1998年，宁波市乡镇企业按照市委、市政府确定的改革发展的目标和任务，解放思想，实事求是，积极探索，抓重点、攻难点，扎扎实实深化企业改革，加强集体资产管理，为乡镇企业发展打下了扎实的体制基础。到1998年底，全市已有17 349个乡村集体企业进行了转制，转制率达95.9%，比上年增加3.2个百分点。这些转制企业中，改组为股份有限公司和有限责任公司的共669个，股份合作制企业1 573个，实行动产拍卖、不动产租赁的2 008个，拍卖、兼并的共3 285个，实行全租赁的2 215个，改组为中外合资形式的264个，转为个体私有的3 179个，采用歇业、暂挂、剥离、资产增值承包等其他各种转制形式的共4 213个。

宁波市乡镇企业的改革围绕机制创新，主要抓了三个环节：一是加大改制力度。对重点骨干企业，注重一步到位，有条件的企业改组成公司制，有的改组为股份合作制企业。对"大而亏"、"大而危"的企业，积极探索兼并、联合、转让及分解重组、破产等办法，鼓励引导优势企业对这些企业实行参股、控股、收购和兼并。二是加大完善提高的力度。各地针对部分企业改制后依然沿袭原有机制，企业在上规模、上档次方面缺乏足够的动力和活力的状况，积极鼓励引导改制企业完善法人治理结构和内部各项制度建设，促进企业逐步向现代企业制度迈进。三是加大镇(乡)集体资产经营管理体系的组建力度。全市乡镇企业改革工作会议召开以后，各县(市)、区都要求镇(乡)建立集体资产经营公司，并在构建组织、完善制度和考核管理体系等方面采取了一系列规范化措施。全市已有120个镇(乡)建立了集体资产经营公司。

【规模经济】 1998年，宁波市继续组织乡镇企业实施"三强三高创名牌"战略，推行规模实力工程，引导各地努力将区域的"块头"搞大，将行业的"龙头"搞强，将产品的"拳头"搞优，规模经济已经成为全市经济的重要支撑。一是区域块状经济发展迅速。各县(市)、区普遍采取加强集镇建设，改善服务质量，营造良好的经济发展软环境等措施，促进块状经济蓬勃发展。全市有一定规模的区域块状经济已达110余个。二是部分优势企业加速扩张。市和县(市)、区两级采取了鼓励优势企业实行跨所有制、跨部门、跨地区兼并、联合的政策，一批企业和行业迅速发展壮大，逐步形成了以雅戈尔集团公司为龙头的服装行业链，以海天公司为龙头的塑机制造行业链，以天安集团公司、华通集团公司为龙头的输变电行业链等龙型经济群体。

"三强"示范带动作用继续增强。强镇、强村、强企在区域经济中所占地位不断提高。1998年，全市乡镇企业产值超10亿元的镇(乡)由上年65个增加到72个；亿元以上的村由上年的114个增加到131个；超亿元的企业由上年的82个增加到108个。全市涌现出市级以上企业集团82个，其中23个属全国乡镇企业集团，还有47个企业被列为国家大中型企业。

【科技进步】 1998年，宁波市乡镇企业新批技改项目2 939个，总投资77.26亿元，实际完成财务投入65亿元，分别比上年增长3.5%、2.26%和8.3%。其中新批1 000万元以上技改项目108个，总投资20.33亿元，实际完成财务投入19.84亿元(含上年折转项目)，分别比上年增长4.9%、12.08%和10.2%。全市乡镇企业开发市级以上的新产品280个，新增产值26亿元。

宁波市乡镇企业注重技改创新。1998年上半年市乡镇企业局在宁海县城关镇召开专题现场会，积极引导重点乡镇和骨干企业采用新技术、新工艺、新设备，加快了现有企业的技术改造。1998年，全市乡镇企业技改工作除投资量增加外，主要呈现三个特点：一是规模大。技改平均单个项目规模从上年的252万元提高到265万元；1 000万元以上的项目135个，其平均规模为1 926万元。二是档次高。各地围绕新产品开发搞技改的占67.69%；以扩大生产能力和市场有效供给为目标的占52.31%；科技含量普遍提高，处于国内先进水平的占76.92%，其中达到国际水平的占21.54%。三是效益好。这些技改项目竣工后，可创利5.4亿元，创税2.6亿元，创汇3亿美元。

【市场开发】 1998年上半年，宁波市组织有关力量，对全市乡镇企业中的11个行业的主要产业的生产、销售情况进行调查分析，根据全市乡镇企业营销工作的新情况和新形势，提出了拓展市场的对策。乡镇企业在实践中走出了一条从市场中来、到市场中去的企业生存、发展之路。一是搞展销寻求市场。1998年全市不少乡镇企业积极参与市政府组织的多次外出展销和本市的展销活动，努力拓展市场空间。市乡镇企业局对组织团体性促销活动继续作了有益的尝试，取得很好的效果。特别是1998年下半年市乡镇企业局和有关单位一起承办了中国国际住宅产品博览会，共组织全市300多个乡镇企业、500多个住宅产品参加此次博览会，成交额6.9亿元，充分显示乡镇企业的发展实力和潜力。二是靠信息进入市场。全市100个重点骨干乡镇企业有一半左右上了因特网，大量收集国内外的市场动态，并针对市场需求开发产品。有的采用现代信息技术，实现对市场的快速反应。三是建网络拓展市场。许多骨干企业不失时机地建立起营销分公司、代理制、专卖店等现代营销网络。帅康集团已在全国大中城市设立82个销售分公司，同全国968家大型商场建立了特约经销业务。波导公司根据BP机销售特点，在全国建立了10个传呼台，成为公司独特的营销网络。四是创品牌取得市场。通过开发新品、争创名牌、开展ISO9000系列认证等途径，提高产品的质量，在更高层次上拓展市场。

【外向型经济】 1998年，宁波市乡镇企业实现外贸出口交货值259.36亿元，比上年增长11.9%，在全市外贸出口总额中比重提高到83%；其中自营出口7.69亿美元，比上年增长32.31%。新增进出口经营权企业83个，累计达148个。出口交货值超亿元企业29个，其出口交货值达44.48亿元。在利用外资形势趋紧的情况下，乡镇企业利用外资仍取得了一定成绩。全市乡镇企业兴办“三资”企业167个，总投资3.04亿美元，协议利用外资1.85亿美元，实际利用外资1.1亿美元，分别比上年增长13.6%、59.86%、21.8%和35.1%。乡镇企业境外新办企业12个，累计达81个。

【企业管理】 宁波市乡镇企业在抓紧产品开发、抢占市场同时，注重企业内部管理，着力提高产品质量，增强企业竞争能力。到1998年底，全市乡镇企业获省星级企业1个、市星级企业29个，省级管理示范企业29个、市级管理示范企业14个。有164个企业通过ISO9000系列质量体系认证。创市级名牌101个，省级名牌11个，全国和部级名牌7个，其中有18个名牌产品创产值68.1亿元，占全市乡镇企业总产值4%。

（董其岳）

青岛市

【基本情况】 1998年，青岛市乡镇企业10.5万个。从业人员达102.6万人。完成总产值817.9亿元，比上年增长29.2%。完成增加值219.5亿元，比上年增长27.6%。完成营业收入759亿元，比上年增长22.9%。完成出口产品交货值101.5亿元，比上年增长16.3%。实现利税总额59.9亿元，比上年增长20.7%。乡村集体工业产销率达到95%。

【宏观管理】 1998年，围绕学习贯彻江泽民在江苏省考察乡镇企业时发表的重要讲话和党的十五届三中全会精神，贯彻落实省委、省政府召开的全省乡镇企业工作会议部署，青岛市委、市政府组织召开了一系列工作会议。市委主要领导先后五次出席会议作重要指示，从全局和战略的高度，反复强调新形势下加快乡镇企业发展对全市经济发展的重大意义，并结合加快乡镇企业实施二次创业，进一步提出了清晰的工作思路和明确的目标任务。分管书记和市长也定期深入乡镇企业，广泛进行调查研究，指导具体工作开展。

各市（区）党委、政府的主要领导也比以往投入更多的精力研究解决乡镇企业发展中出现的问题，纷纷采取“一把手工程”，领导班子成员包重点乡镇、企业、项目等形式，切实加强领导，并分别制定了一些新的政策措施。

全市乡镇企业进一步统一和提高了思想认识，坚定了信心。在全市上下形成了切实增强工作紧迫感、加快乡镇企业发展的浓厚氛围，为全面实施乡镇企业二次创业创造了良好的外部环境。

【企业改革】 1998 年，青岛市乡镇企业改革继续坚持以产权制度改革为核心，以转换经营机制、增强发展活力为目标，不断向纵深发展。针对乡镇企业改制中存在的规范化程度不高等问题，各级重点抓了企业改制工作的规范化。在全市乡镇企业中广泛组织开展了“回头看”活动，重点围绕明晰产权关系，创新经营机制，建立科学、规范、合理的管理体制，完善配套制度，本着缺什么补什么的原则进行规范完善。通过认真总结改制成功企业的经验，分层召开经验推广会，组织力量深入基层具体帮助等措施，督促和指导企业严格按照改制规定程序进行操作，进一步完善企业资产界定标准，逐步建立健全“三会”制度，切实加强集体资产的管理和监督，使乡镇企业真正成为产权清晰、权责明确、政企分开、管理科学的经济主体。经过各级的共同努力，使乡镇企业改制规范化程度有了显著提高，多数改制企业能够依照现代企业制度的要求，健全企业内部各项管理制度，初步形成了相互制衡、高效运行的经营机制，显著地增强了企业内在发展活力。有 302 个股份合作制企业重新改制为股份有限公司或有限责任公司。部分大型骨干乡镇企业在规范改制的基础上，积极参与国有中小企业改制，其中有 9 个乡镇企业兼并、参股、收购了 15 个国有企业，安排下岗职工 4 000 多人，企业走上了多元化资本运营的道路。

【外向型经济】 1998 年，受东南亚金融危机的影响，青岛市乡镇企业外商投资势头大大减弱，各地利用外资竞争更加激烈。在利用外资困难较多的情况下，各级及时调整发展思路，转换工作着力点。一是积极组织实施“三个延伸”的发展新战略，在开放层次、招商领域、引资对象上适时进行调整。二是以搞好综合服务为重点，由依靠政策优势向突出工作优势转变，进一步改善投资环境，增强外商投资吸引力。三是立足现有“三资”企业，积极实施“以外引外”，推动现有“三资”企业向系列化、规模化发展。四是进一步加快沿“三线”乡镇工业园区建设步伐，增补和完善配套设施，突出整体优势，重点瞄准国外大公司、国际大财团，集中力量引进大项目，提高招商引资的规模和水平。在具体工作中，广泛组织基层和企业开展对外经贸活动，做好牵线搭桥和协调服务工作。1998 年，全市新批准的乡镇企业“三资”项目达 269 个，合同利用外资达 4.4 亿美元，实际利用外资达 2.27 亿美元，其中有 7 个项目合同外资超过 1 000 万美元。与此同时，各级继续坚持外经外贸并重，大力发展乡镇企业出口创汇，并把加快出口创汇骨干企业的发展作为重点。通过加强经营信息交流，实行专门生产调度等措施，促使这些企业加快向自营进出口转化，增强乡镇企业直接参与国际市场竞争的能力。1998 年又新批准乡镇自营进出口企业 4 个，使总数达到 37 个，当年完成自营进出口额 2.2 亿美元。

【结构调整】 1998 年，青岛市乡镇企业加快结构调整步伐，积极培植新的增长点。一是围绕推进农业产业化，把大力发展农副产品加工龙头企业作为突出重点。对市里确定的 20 个农副产品加工龙头企业，各级通过积极协调金融部门进行重点扶持，并联合开展“乡镇企业发展基金”的投放使用，有效地促进了这些龙头企业的生产发展和规模扩张。二是把扶持壮大重点骨干企业作为实施结构调整的重要措施，进一步发挥骨干企业和集团对全市乡镇企业发展的支撑作用。确定了 40 个骨干企业、20 个大型企业（集团）作为市里的扶持重点，积极主动地协调有关部门，切实加大扶持力度，实行政策倾斜，特别是在生产经营资金上予以优先保障，推动这些企业（集团）加快发展和提高。各市（区）也都将扶持骨干企业和企业集团发展作为突出重点，进一步加大了政策扶持的力度。1998 年，全市金融系统向重点企业新增贷款达 7.6 亿元，比上年翻了一番。有 8 个企业实行了银企合作，有 4 个企业进入全市工业企业同期实现利润、增加值和出口交货值前 10 强，其中万德集团、飞龙集团分别居全市工业出口交货第一、第二位。全市乡镇大中型企业已发展到 191 个，已累计组建市级以上企业集团 64 个，已有 53 个企业（集团）分别进入全国最大经营规模、最高利税、最大出口创汇1 000家乡镇企业行列，有 3 个企业进入全国乡镇企业行业规模前 10 名。三是加快发展个体私有经济，积极培育新的经济增长点。各级通过总结推广典型，实施分类指导，督促检查有关优惠政策的落实，对私有企业大户进行重点帮扶等措施，促进乡镇个体私有经济上规模、上水平、上档次，推动其进一步加快发展步伐。

1998 年，全市乡镇个体私有企业完成总产值 406.7 亿元，完成增加值 107.6 亿元，分别比上年增长 38.4%和 34.7%。一批私有企业大户脱颖而出。个体私有经济已经成为推动全市乡镇企业快速发展的重要增长点。

（李开信）

【基本情况】 1998年,长春市乡镇企业155 911个。从业人员692 522人。完成总产值560.4亿元,比上年增长31.2%;其中工业产值270.6亿元。比上年增长27.2%;乡村集体工业产值15.1亿元,比上年增长28.2%。实现营业收入500亿元,比上年增长43.2%。实缴税金4.2亿元,比上年净增5 000万元。乡镇企业资产总计98.2亿元。固定资产原值58.1亿元。

【宏观管理】 1998年6月,长春市委、市政府召开全市乡镇企业工作会议,提出"必须充分发挥乡镇企业在全市经济增长中的重要牵动作用",通过加快发展乡镇企业,从根本上解决长春市经济总量不足、增加财政收入、加快农民致富、解决城市下岗职工和农村富余劳动力充分就业等一系列重点难点问题,进而实现农村工业化和城市化。从四个环节上加大发展乡镇企业力度。一是继续实施"一把手"工程。县、乡、村三级书记必须亲自抓乡镇企业,解决发展中的重点、难点问题。在县(市)区党委、政府中,配备分管乡镇企业的副职,保证发展乡镇企业组织领导到位。二是继续加大政策扶持力度。深入贯彻落实市委、市政府《关于进一步加快乡镇企业发展若干政策的规定》。1998年,市财政列支300万元,为骨干乡镇企业贴息。三是健全激励约束机制。1998年,市委、市政府继续在县(市)区、乡(镇)、村和企业之间开展乡镇企业"发展杯"竞赛和"351"竞赛,并由市财政列支60万元,用于奖励发展乡镇企业有功人员。四是充分发挥各级乡镇企业主管部门的职能作用。首先是加强机构建设。选派政治素质强、具有开拓创新能力的人员任乡镇企业领导职务,各级乡镇企业主管部门的编制、人员、管理等问题基本理顺。其次是压担子。市委、市政府要求,市乡镇企业局的任务不仅是把发展搞上去,而且要着眼全市大局。特别是在企业布局、财政增收、吸纳就业、调整结构乃至提高整个城市承载能力和综合实力上,多进行换位思考。

【企业改革】 1998年,长春市乡镇企业全面推进了以产权制度为核心的各项制度改革。长春市委、市政府专门印发了《关于进一步深化乡镇企业产权制度改革的若干意见》,政府工作报告明确提出年内完成全市乡村两级集体企业产权制度改革的任务。改革的主要对象是乡村集体独资企业。改革的重点是集体产权制度。改革的目标是基本实现产权人格化、多元化。改革的基本模式是"先卖后股",即将集体资产的产权(清产核资、资产评估后,债权债务相抵的净资产)全部卖给企业,原则上集体不再控股。乡镇政府和村委会对卖给企业的产权变现逐年收回。资产总量小的,回收期可以短些;资产总量大的,回收期可以长些,最长不得超过10年。企业买得资产后,内部再搞股份制或股份合作制,提倡企业法人代表买大股,可达到总股本的51%以上。乡办企业的产权,一般应全部卖掉,乡一级政府原则上不再投资竞争领办企业,经济来源主要靠收税。村办企业可实行"租壳卖瓤",即把厂房和土地留下出租给企业。村级经济逐步走上物业经营,经济来源以收租为主。通过改革,使企业的经营权真正交还给企业,企业经营的收益和风险由企业的经营者、股东获取和承担,乡镇政府和村委会不再负有连带责任,也不再直接从企业经营中获取收益。乡镇企业改革的具体模式选择,要从实际出发,尊重群众意愿,因地制宜,因厂制宜,一厂一策,不搞一刀切。为推动改革顺利进行,市委、市政府专门召开全市大会进行总体部署,市乡镇企业局及有关部门制定了相关的配套性具体实施办法:《乡镇企业改制中的资产评估管理办法》、《企业内部股权量化办法》、《股份合作制企业章程》、《企业内部股权量化办法》、《股份合作制企业章程》范本、《股份合作制企业登记注册及备案办法》等,使改革有规可循。各级党委、政府及村级组织,都把企业改革作为全年乡镇企业工作的重中之重来抓,县、乡两级都成立了由党政主要负责人为主任、副主任的乡镇企业改革指导委员会,吸收有关部门的主要负责人为成员,负责对乡镇企业改革的指导。同时,各县(市)区实行以点代训,即抽调工作队试点,代替骨干培训,然后在面上铺开,使企业改革得以顺利进行。到1998年底,全市乡村集体独资企业完成改制1 832个,其中实行股份有限公司1个;有限责任公司41个;股份合作制122个,股本金达7亿元;出售企业326个,回收价款2.8亿元;租赁企业1 192个,年收租金4.28亿元;兼并5个;承包112户;组建企业集团20个;其他改制形式13个。全部改制企业盘活资金8亿元,新增资本金3.26亿元。

【项目开发】 1998年,长春市乡镇企业加大招商引资力度,新办企业组织形式日趋多样化。国有资本、境外资本、个体私有资本与乡村集体资本融合的新企业大幅度增加。

这种多元组合的混合型经济，对乡村来说，回报率比自己独资办企业还高，市场风险小；以自己有限的货币资本和不能增值的非货币资本，支配大于自己几倍、十几倍甚至几十倍的外来资本办成大企业，这是农民创造的资本运营的成功模式。对于合作方来说，如果没有乡村的资本与之合作，其货币资本和智能资本，就不能很快地转化成可以带来利润的生产资本，至少企业规模办不这么大。对于地方政府来说，各种生产要素能在本地聚合起来，形成新的生产力，还能扩大就业，增加税源，是一举多得的事。在多元组合的方向上，市委、市政府立足调整优化结构，依据长春市的资源优势、区位优势和科技优势，引导各种生产要素向农副产品加工业、机械加工业融汇，努力构筑自己的主导产业，初步实现了两个突破：一是与发展农业产业化相结合，在龙头企业的建设上实现突破。长春市是一个农业大市，农业产业化的发展大有可为。各县(市)区从实际出发，在建设玉米、水稻、大豆、生猪、肉牛、肉鹅、肉鸡、梅花鹿等深加工的龙型经济上，都把乡镇企业作为龙头，发挥其在农业产业化中的主力军作用。二是与汽车零配件国产化相结合，在骨干企业的发展上实现突破。1998年，全市为“一汽”配套的国家大中型乡镇企业已达到22个。一些骨干企业已逐步向小型巨人发展。通过放手发展多元组合的混合型经济，全年乡镇企业招商引资活动取得显著效果。全年共开发项目949个，其中新上投资1 000万元以上项目114个，竣工投产项目48个，投资5 000万元以上项目22个。全年完成固定资产投资40.2亿元，占全省乡镇企业投资总额的一半。全部投资中，银行贷款0.25亿元，自筹资金4.56亿元；引进内资31.7亿元，引进外资3.69亿元；合计引进资金35.39亿元，占投资总额的88%。

【小区建设】 1998年，长春市共有省、市级乡镇企业小区125个，全市乡镇企业经济总量的1/3、固定资产投资的近1/2都集中在这些小区。为进一步推动小区建设，加快农村工业化、城市化进程，11月份，市政府召开全市乡镇企业小区建设现场会，命名绿园区西新乡双丰小区为“全市乡镇企业小区建设标兵”，在全市推广绿园区、西新乡、双丰村这一区、一乡、一村小区建设经验。这次会议，突出强调科学规划、合理设置、加快建设乡镇企业小区，对全市乡镇企业乃至全市经济和社会发展的重要意义。会议确定：高起点、高标准、科学规划乡镇企业小区，必须遵循四条基本原则：一是可持续发展的原则。小区规划要着眼长远，至少也要管15～20年。在土地开发利用上，要留出农田或菜田，保护良好的生态环境；尽量利用废弃地、不可复垦的土地和居民集中居住后空出的宅基地。小区建设要坚持经济效益、社会效益和生态效益相统一，实现可持续发展。二是协调发展的原则。小区规划要综合考虑整个幅员结构的合理布局，综合协调一、二、三产业的平衡发展，进行功能分区，合理布局生产力。三是突出特色的原则。乡镇企业小区一定要搞出特色，突出产业关联度，注重企业的技术水平和市场前景，以利于专业化、系列化发展。四是与全市总体规划相衔接的原则。乡镇企业小区规划是全市总体规划的一个有机组成部分，既要符合城市外延的需要，又要和小城镇建设有机结合起来。市、区、乡、村这四个层次的规划要具有统一性，不能只顾经济效益，不顾社会效益和环境效益。会议还确定，在长春市城区的三环路与四环路之间，规划设立50个乡镇企业小区，培植环城经济隆起带；有4个县(市)设立80个左右乡镇企业小区，培植县(市)经济增长带。全年小区基础设施建设投资累计完成12亿元，修水泥路、柏油路总长66千米，有40个小区实现“五通一平”。小区实现乡镇企业产值合计168亿元，占全市乡镇企业总产值的30%。

【科技进步】 1998年，长春市乡镇企业“五个一工程”继续深入推进。全市乡镇企业坚持以市场为导向，以提高企业素质和产品质量为核心，多方筹集资金，加大科技投入，加快产品更新换代步伐。对全市百强乡镇企业和42个各类企业集团，加大技术改造力度，协调各级金融部门和科技主管部门实行重点扶持。同时，通过大力推行“产学研”联合，进一步加快了企业科研站(所)的建设和普及，提高了企业自主开发能力。全市已有74个乡镇企业自办或联办了科研开发机构，并取得了一批科研成果，在生产经营中发挥了显著作用。全市乡镇企业科技示范小区达到25个，高新技术企业13个，拥有各级各类名牌产品111个，转化新技术成果58项，开发新产品128个，获计量认证企业130个，获质量认证企业140个，有676人相继晋升中高级职称。

(孙玉志)

济南市

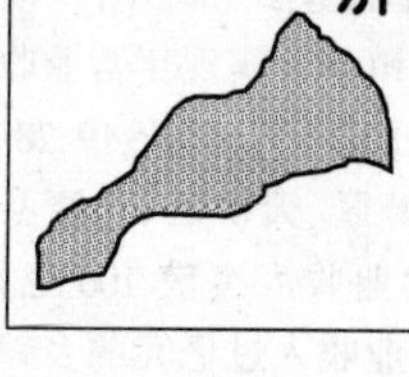

【基本情况】 1998年，济南市乡镇企业完成总产值788.35亿元，与上

年比增长 18.67%，其中工业总产值 555.53 亿元，比上年增长 21.90%。实现增加值 194.42 亿元，比上年增长 17.56%，其中工业增加值 164.1 亿元，比上年增长 20.1%。实现利税总额 80.22 亿元，比上年增长 19.42%。完成出口交货值 44.58 亿元，比上年增长 16.1%。全市乡镇集体工业企业固定资产达 109.45 亿元。

1998 年，济南市乡镇企业机电、建材、化工和农副产品加工等四大主导产业都有不同程度的增长。其中建材行业已走出多年在低谷徘徊的困境，全年完成工业产值 128.37 亿元，比上年增长 23.2%。机电、农副产品加工、化工行业也分别比上年增长 16.05%、14.78%、18.55%。

1998 年在全市 116 个乡镇（办事处）中实施“三个一”工程，使全市乡镇第三产业得到迅猛发展，企业数已达 63 345 个，从业人员 203 237 人，实现总产值 186.1 亿元，比上年增长 11.34%。形成了北园、段店、姚家等几个规模较大、知名度较高的商业中心和群体，特别是清河集团的五星级龙都国际大酒店的开业，为济南市增添了光彩。

【规模经济】 1998，济南市确定了 45 个重点乡镇、100 个重点村、10 个重点工业小区和 30 个重点企业（集团）作为重点扶持对象，通过召开规模膨胀现场会，开展银行与企业联手活动，大力推进企业改革改制等措施，推动了规模经济不断发展壮大。全市乡镇企业实现年营业收入 833.91 亿元，比上年增长 19.28%。章丘市、历城区、天桥区、长清县的乡镇企业营业收入突破 100 亿元。乡镇企业营业收入过亿元的乡镇达到 99 个，其中 20 亿元以上的 9 个，10 亿～20 亿元的 19 个，5 亿～10 亿元的 16 个。营业收入过 5 000 万元的村达 132 个，营业收入过亿元的企业达 39 个。全市拥有大中型乡镇企业 157 个，年营业收入 500 万元以上企业发展到 588 个，国家级企业集团 17 个，省级企业集团 22 个。有 15 个企业被市委授予“先进乡镇企业”称号；章丘市、长清县、市中区，历城洪家楼镇等 30 个乡镇被市政府授予“发展乡镇企业先进单位”称号；山东大正实业（集团）公司等 60 个乡镇企业被市政府授予“明星乡镇企业”称号；历城区王舍人村等 50 个村被市政府授予“明星村”称号。

【外向型经济】 1998 年，济南市乡镇企业共引进、引办项目 300 个，资金近 20 亿元。长清万德镇引进的新西兰独资企业铭锋纺织品有限公司，已投入 8 000 万美元，一期工程已竣工投产。全年新批乡镇“三资”企业 18 个，总投资 4 791 万美元，合同引用外资 2 819 万美元。全市乡镇企业已累计发展“三资”企业 399 个，总投资 54 712 万美元，合同利用外资 25 549 万美元。乡镇企业境外办公企业 8 个，出口企业 391 个，出口产品 290 多种。有 25 个企业获自营进出口权，自营出口 4 060 万美元。乡镇出口企业出口交货值过 1 000 万元的有 24 个，其中过亿元的 4 个。

【企业改革】 1998 年，济南市乡镇企业以明晰产权关系为突破口，以深化产权制度改革为重点，因地因企制宜，按照“引、联、配、送、扩、转、租、卖”的路子，使企业改革多形式推进。至 1998 年底，全市乡镇集体企业已有 4 434 个进行了不同形式的改制，比上年净增 898 个，改制面达到 68.74%。其中，股份制企业 114 个，涉及资产 18.92 亿元；股份合作制企业 354 个，涉及资产 8.11 亿元；出售企业 415 个，兼并企业 123 个，破产企业 98 个，承包经营企业 1 479 个；租赁企业 1 386 个，组建集团 134 个，托管企业 16 个；其他形式 318 个。

【企业管理】 1998 年，济南市乡镇企业继续深入开展有“管理效益年”活动，把加强管理与扩大销售、压缩库存和成本、回收货款等工作紧密结合起来，下大力抓企业管理工作。全年有 38 个企业的基础管理和现场管理工作达标。有 10 项现代化管理成果在省系统获奖，其中一等奖 2 名，二等奖 2 名。有 6 个企业获省乡镇企业系统管理示范企业称号。有 5 个企业达到了设备管理三级标准。有 3 个企业被省乡镇企业局和省环保局评为环保先进企业。

【结构调整】 1998 年，济南市乡镇企业发展重点突出，指标增长显著，已进入二次创业新阶段。其主要特点：一是所有制结构由以集体经济为主向产权主体多元化转变，呈现出多种所有制经济共同发展的新格局。二是组织结构由以中小企业为主向集团化、规模化发展，规模企业起到了重要的支撑作用。全市年营业收入 500 万元以上的乡镇集体工业企业已有 530 多个，这些企业拥有固定资产原值 428 459 万元，实现营业收入 1 589 875 万元，工业总产值 1 749 399 万元，增加值 582 134 万元，利税 188 898 万元，分别占全市乡镇集体工业总量的 50.26%、40.68%、43.69%、48.74% 和 40.06%。三是企业布局由分散向相对集中、连片发展转变，工业小区和小城镇日益成为乡镇企业发展的重要载体。全市乡镇工业小区已发展到 43 个，其中国家级 1 个，省级 3 个。有 19 个工业小区年产值过亿元。万德镇工业小区、刁镇工业小区、大正乡镇企业示范小区等走出了发展工业小区的新路子。刁镇工业小区私营区走“政府搭台，能人唱戏”的路子发展很快，小区占地3平方千米，进区企业达1 300多个，形成了家具、篷布、化工、眼镜、炒货、球铁六大行业，年实现税收600多万元。四是增长方式由以数量扩张为主向提高质量、科技含量、效益为主转变，不断发展高科技产业。乡镇高科技及其生产点企业已发展到21个，省级管理示范企业有12个，有8个企业通过ISO9000标准认证。引进开发了白细胞生长因子、聚四氢呋喃树脂等一批高科技产品。五是发展空间由国内市场为主向国内国外市场并举转变，外向型经济有了长足发展。

【个体私有企业】 1998年，济南市把个体私有企业作为发展乡镇企业的新的增长点予以重点培植。根据市政府关于鼓励个体私有企业发展的政策，市乡镇企业局选择了一批规模大、起点高、效益好的乡镇个体私有企业重点调度，使全市乡镇个体私有企业出现了强劲的发展势头。全市乡镇个体私有企业发展到88 283个，比上年增长11.25%；拥有职工405 553人，比上年增长5.95%；完成工业增加值44.1亿元，比上年增长24.9%；实现利税25.59亿元，比上年增长42.56%；上缴税金4.29亿元，比上年增长51.9%。乡镇个体私有企业在乡镇企业中的比重逐渐增大。1998年，全市乡镇个体私有企业完成总产值、营业收入、利税、增加值、上缴税金分别占全市乡镇企业总量的37.51%、38.65%、31.9%、26.87%、28.8%。年营业收入500万元以上的个体私有企业发展到近40个。

【科技教育】 1998年，济南市乡镇企业在各类洽谈会上发布技术需求项目15个，与各高校签订各种技术转让、合作协议意向95项，其中11项达成合作协议。这些项目全部达产后，新增产值10亿元。全市已有3 000多个乡镇企业与大专院校、科研单位建立了合作关系。全年乡镇企业共开发新产品304个，其中有24个列入省计划，有9个填补国内空白，14个达到国内先进水平。

乡镇企业用人方式由以培养为主向培养和引进相结合转变，人才越来越成为企业核心资本。全市乡镇企业共培训各类专业技术人员25万人次，获得大中专学历的有5 000多人。同时，培养初级以上各类专业技术人才19 735人，其中高级职称300多人，中级职称5 100多人。全市有265人被授予市以上优秀乡镇企业厂长、经理。在培养的同时，通过多渠道引进人才，尤其是引进高科技人才和高级管理人才，涌现出像济南金鲁生物工程有限公司聘用6个博士生和济南闻韶化工商厂聘请留学回国博士生担任厂办研究所所长的突出典型。

【宏观管理】 根据济南市政府县域经济要调度到乡镇的要求，市乡镇企业局按照1997年乡镇企业的营业收入情况，将全市116个乡镇(办事处)分为三类，5亿元以上的为一类乡镇，1亿~5亿元的为二类乡镇，1亿元以下的为三类乡镇。根据不同情况，进行分类指导调度。先后在槐荫区段店镇、长清县五峰山镇、平阴县安城乡召开一、二、三类乡镇工业现场调度会，在历下区姚家镇召开重点乡镇依靠科技进步培植地方财源现场会，分别推广了段店镇发展规模企业、五峰山镇发展私有企业、安城乡引进办项目企业和姚家镇市场高科技产业的经验，在全市树立了大力发展乡镇企业的样板乡镇。到1998年底，全市一类乡镇由36个增加到44个，二类乡镇由46个增加到55个，三类乡镇由34个减少到17个。

1998年5月，济南市政府发出《关于加快县乡企业发展实现二次创业的决定》，对深化乡镇企业改革，优化企业融资环境，推进科技进步，推进规模经济发展，实施可持续发展战略等方面的政策措施作出明确规定。按照《中华人民共和国乡镇企业法》规定，建立了市乡镇企业发展基金。从市财政管理资金中安排1 500万元的贷款贴息，作为市级乡镇企业发展基金。具体使用办法由市财政局和市乡镇企业局共同制定，由市乡镇企业局具体操作。从市科技“三项”费用资金中拿出500万~600万元，作为乡镇企业科技开发基金，专项用于企业的高新技术改造和产品开发。

(盛顺吉)

郑州市

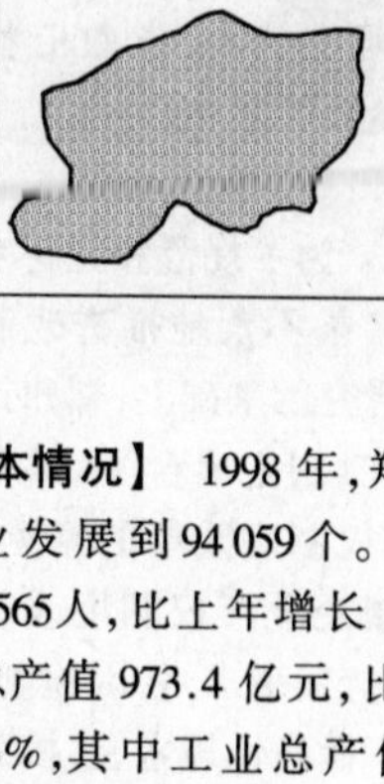

【基本情况】 1998年，郑州市乡镇企业发展到94 059个。从业人员954 565人，比上年增长12.7%。完成总产值973.4亿元，比上年增长22.6%，其中工业总产值748.3亿元，比上年增长19.9%。实现增加值275.3亿元，比上年增长22.4%，其中工业增加值212.5亿元，比上年增长19.3%。营业收入937.4亿元，比上年增长20.3%。利润总额81.9亿元，比上年增长16.2%。实缴税金12.1亿元，比上年增长18.5%。出口产品交货值9.6亿元，比上年增长22.3%。工资总额54亿元，比上年增长23.3%。年末固定资产原值271.1亿元，比上年增长 19.8%。

【宏观管理】 郑州市乡镇企业局于1998年初明确提出"弘扬郑州精神,确保全省第一"的工作口号,制定了1998年全市乡镇企业工作总的指导思想和发展思路,即以邓小平理论和党的基本路线为指导,认真贯彻落实十五大精神,以经济建设为中心,以改革为动力,以发展提高为主题,以"二次创业"为主旋律,以市场为导向,以效益为中心,以建立现代企业制度为方向以"三个有利于"为标准,坚持"两个文明"一齐抓,依靠科技,强化管理,优化结构,完善机制,积极培育新的经济增长点,促进全市乡镇企业持续、平稳、健康发展,确保经济总量和效益在全省处于领先水平。由于指导思想明确,发展思路清晰,各项工作都取得优异成绩,全面完成或超额完成了各项目标任务。使全市乡镇企业经济总量和效益继续保持全省第一,连年被河南省委、省政府授予"发展乡镇企业先进市"称号。

【企业改革】 为了规范和完善乡镇企业改制,有条不紊地推进改制工作,在调查研究的基础上,郑州市乡镇企业局及时制定出台了《郑州市乡镇企业产权制度改革的意见》和《郑州市乡镇企业产权制度改革实施方案》,坚持实事求是,因地制宜,一厂一策,不做硬性规定,不搞一刀切。1998年,全市乡镇企业改造成股份制或股份合作制的达1 767个,占总数的34.4%。其中股份制271个,股份合作制1 496个。在股份合作制企业中,乡村集体企业改制1 166个,私有企业改制222个,新组建108个。总股本36.9亿元,总产值129.9亿元,实现利润10亿元,实缴税金3.5亿元。新郑市乡村集体企业改制面达100%。中牟县以出售企业产权为突破口,使生产要素得到最佳组合。中原区的瑞达制药有限公司兼并国有企业郑州化学制药厂,使乡镇企业的机制优势和国有企业的人才、技术优势得到了互补。通过改制,进一步激发了企业活力,成为乡镇企业发展的一个新的增长点。新郑市改制到位的151个乡村集体企业经济运行良好,资产净值比改制前增加14 870元;企业资产负债由改制前的8 323万元下降到6 164万元,负债率下降26个百分点;新增固定资产投入达到5 011.5万元;实现营业收入、利润、税金分别比上年增长29.5%、20.3%和16%。

【结构调整】 按照抓大放小、扶优扶强的方针,郑州市在乡镇企业系统中继续实施"三五五"工程,即重点抓好"三个十":10个工业小区、10个工业大镇、10个企业集团;重点抓好营业收入超100亿元、利税超亿元的巩义、新密、荥阳、新郑和登封"五个市";突出抓好年营业收入在5 000万元以上的规模企业和利税300万元以上的"50个利税大户"。通过"三五五"工程的实施,全市乡镇企业规模经济发展迅速,总产值突破100亿元、实交税金亿元的县(市)区达4个,营业收入10亿元的乡镇达26个,实缴税金1 000万元以上的乡(镇)达28个,营业收入超亿元的企业35个,纳税总额300万元以上的企业28个,税收超1 000万元的企业5个。金星啤酒集团纳税高达7 491万元;鑫旺集团营业收入5.6亿元,纳税1 900万元。

通过抓大放小,促使结构调整步伐加快,新兴产业和行业不断拓宽。一是第三产业已形成规模,比重逐年上升,由原来的17%上升到24%。一批新兴市场迅速崛起,金水区陈砦蔬菜批发市场年上市量8.36亿千克,成交额9.46亿元,分别居全国第6位和第8位。管城区杨庄中博集团建成了全国最大的家电、家具批发市场近20万平方米。二是产业结构由传统的资源型向非资源型转化,行业结构向机电、医药、化工、新型建材、汽车改装等新兴行业发展,已形成五大产业、20多种行业所构成的门类齐全的综合经济体系。三是产品结构由"粗、大、笨"向"三高"(高新技术、高附加值、高效益)产品转化。东方耐火材料(集团)总公司研制的超低气孔黏土砖获省科技成果二等奖,郑州水刺无纺布有限公司引进德国先进设备生产的无纺布填补国内空白,一大批名优特新产品纷纷问世。四是企业组织结构由分散经营向集团化、区域化方向转变。全市乡镇企业组建集团近100个,工业小区发展到60多个。通过企业规模经营和小区建设,加快了农业工业化、城镇化进程,缩小了城乡差别,推动了区域经济的发展。五是农业资源优势得到进一步发挥,农业产业化步伐加快,初步形成了以农副产品加工为龙头,多业并举,互为交融,共同发展的产业化格局。荥阳、新密、登封和邙山,在发展适度规模的养猪、养鸡、养鱼等传统养殖业的同时,积极发展甲鱼、鸵鸟、鸽子等新兴行业。新郑、中牟积极发展花生、大蒜、大枣等农副产品的深加工,将产业优势转化为产品优势,取得显著成效。

【科技进步】 郑州市在乡镇企业中积极组织实施全面质量管理、七项基础管理、安全生产管理达标活动,推广ISO9000国际质量标准认证,多渠道增加科技投入,多形式培养和引进实用人才。1998年,全市共有15个乡镇企业通过了ISO9000国际质量标准认证,16个企业获农业部全面质量管理达标证书,30个企业通过省七项基础管理达标验收。由于乡镇企业科技观念不断增强,管理手段和水平不断提高,在国内国际形势变化的情况下,主动迎接挑战,一部分企业走出困境。登峰熔料公司聘请国家学部委员作技术顾问,生产的特种水泥用于西昌卫星发射中心,并出口美国。巩义豫中砂轮厂开发出填补国内空白的"幼牙砂轮",替代了进口产品,市场广阔,供不应求。荥阳的郑州蝶阀厂获得16项国家专利。巩义市的无敌牌水泥、荥阳的洞林水泥、新密的顺宝水泥以及新密东方集团、巩义耕生集团的耐火材料等,以其稳定的质量赢得了用户的信任,仓库无存货、且资金回收快。

为适应乡镇企业"二次创业"需要,提高经营管理者驾驶市场的能力,郑州市加大了对厂长(经理)教育培训的力度。4月下旬,在江苏省无锡市举办了一期文秘培训班。6月,在中央党校举办了第三期厂长(经理)培训班。各县(市)区乡镇企业主管部门利用各自优势和条件,分期分批对企业的厂长(经理)及管理人员进行业务培训,培训人员总计2.7万多人次。通过以上活动的开展,进一步更新了经营者的知识和观念,提高了乡镇企业管理人员的政治业务素质。为进一步规范、提高乡镇企业系统的财务、统计工作,贯彻落实省乡镇企业局关于加强乡镇企业基层组织建设和管理基础工作的精神,为各级党委和政府提供科学准确的决策依据,4月份,在邙山区召基层组织建设和管理基础工作开现场会,通过示范乡、示范村、示范企业典型引路,总结交流经验,为全市基层组织建设和管理基础工作通过省乡镇企业局的检查验收,起到了积极的推动作用。

【外向型经济】 针对市场的大气候和亚洲金融危机给出口企业带来的不利影响,郑州市乡镇企业积极采取多种形式,扩大招商引资范围,大力发展外向型经济,初步形成了外商直接投资、境外借款、招商引资、外经外贸一起上的格局。全市出口创汇乡镇企业已达156个,"三资"企业73个,获得自营进出口权企业21个,获国家和省贸工农技改基地企业10个,形成了63个出口企业集团和企业群众。同时,为了宣传郑州市的乡镇企业,扩大对外开放,积极组团参加了在河南省驻马店市举行的"'98全国乡镇企业东西合作经贸洽谈会",参会项目168个,已签项目3个,协议资金4 500万元,意向资金4 880万元,大会销售产品202万元,取得了较好的经济效益和社会效益。

【个体私有企业】 1998年,由于党的十五大把个体私有经济明确作为社会主义市场经济的重要组成部分予以肯定并鼓励发展,极大地鼓舞了郑州市各县(市)区大力发展个体私有企业的积极性,个体私有经济呈现良好的发展势头。一是更多的私有企业开始走向规模化发展道路,一批有胆识的个体私有企业家,抓住市场机遇,大胆投入。巩义市回郭镇的马廷义投资1 000多万元,引进先进设备建成铝板生产线,设计年产量5 000吨,年产值7 000多万元。二是不少个体私有企业已开始注意在产品上水平、上档次上狠下功夫,市场竞争能力进一步增强。1998年,全市共有个体私有企业35 059个,实现营业收入362亿元,企业增加值100.3亿元,实现利税36.6亿元,分别占全市乡镇企业总计的38.6%、36.4%和39%。

【宏观管理】 为及时准确了解乡镇企业发展新动态,真正为企业排忧解难,郑州市乡镇企业局要求领导干部全年下基层不少于3个月、中层干部不少于4个月,同时要认真搞好调查研究,为领导科学决策提供第一手材料,真正成为党委和政府的参谋和助手。1998年4—5月份,分四个调研小组赴12个县(市)区,对全市乡镇企业生产、经营情况及面临的困难作了全面调查。此次调研,为5月中旬市委、市政府在巩义市召开的郑州市乡镇企业工作会议提供了准确、详实的第一手资料。随着国家经济体制改革的深入,乡镇企业的面临着前所未有的机遇和挑战。为确保乡镇企业发展目标的实现,在6—7月抽调近20人,深入基层、深入实际,开展了为期一个月的百家企业调研活动,到100个企业进行广泛、细致的调研。坚持每季度召开一次乡镇企业经济运行分析会,专题向市委、市政府汇报工作,为领导科学决策提供了可靠的依据。

(王晓红)

广州市

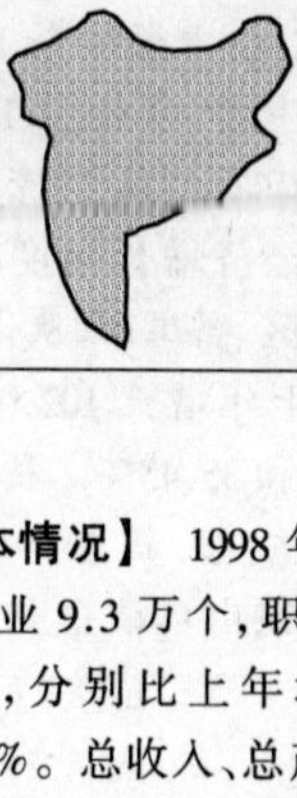

【基本情况】 1998年,广州市有乡镇企业9.3万个,职工人数110.21万人,分别比上年增长2.19%和3.75%。总收入、总产值、工业产值分别达到1 335.51亿元、1 256.59亿元、990.13亿元,分别比上年增长15.96%、13.3%和17.97%。完成增加值270.19亿元,比上年增长11.63%。人均创国内生产总值24 516元,比上年增长6.15%。

全市乡镇企业总收入超100亿元的区市从上年的4个增加到5个,分别是番禺市107.66亿元,白云区216.57亿元,花都市210.06亿元,增城市194.96亿元,从化市

106.12亿元。超10亿元乡镇42个，比上年增加8个，其中超50亿元乡镇5个，分别是番禺市市桥镇63.56亿元，花都市新华镇62.59亿元，番禺市大石镇61.88亿元，增城市新塘镇61.73亿元，海珠区新滘镇52.8亿元。超亿元村226个，比上年增加28个，其中番禺灵山镇九比村达到9.42亿元。超亿元企业90个，比上年增加15个，其中海珠区新珠江食品饮料集团公司达到9.7亿元。

乡村集体企业经济总量比重仍占主导地位。全市共有乡村集体企业8 698个，虽仅占乡镇企业总数的9.4%，但职工数占乡镇企业总人数的57.6%；总产值747.42亿元，占乡镇企业总产值的59.48%；年未固定资产达到304.69亿元，占全市乡镇企业固定资产的78.86%。

乡镇私有企业有84 204个，职工人数46.75万人，实现总产值509.17亿元，总收入566.48亿元，纯利润34.19亿元，上缴税金10.03亿元，分别比上年增长2.19%、23.46%、30.70%、14.77%和17.03%。私有经济增长幅度较高的天河区、海珠区、番禺市、从化市，总产值分别比上年增长102.92%、43.6%、42.26%和35.45%。私有经济较发达的增城市，其总产值达134.81亿元，占该市乡镇企业总产值的73.44%。

【外向型经济】 1998年，广州市乡镇企业外向型经济持续发展，占全市相应指标比重不断增加。共有出口企业1 197个，其中中外合资企业54个、中外合作企业53个，与港澳台合资企业243个，与港澳台合作企业847个。拥有职工26.48万人。当年共新签合作协议8 691个。完成出口产品交货值303.35亿元，比上年增长15.87%，占全市外贸出口的比重从上年的41.84%上升到45.58%。出口交货值100万元以上的企业达到1 160个，比上年增加134个。番禺市乡镇企业出口创汇有新的进展，出口产品交货值达到144.93亿元，占全市乡镇企业出口交货总值的47.8%，被农业部、外经贸部评为全国乡镇企业出口创汇五强县(市)。

【企业改革】 1998年，广州市乡镇企业改革转制步伐明显加快。全市乡村集体企业已全部完成清产核资、产权登记工作。在此基础上，有70%以上的乡(镇)办企业、90%以上的村办企业实现不同形式的重组转制。番禺市乡(镇)办企业转制力度明显加大，各乡(镇)均成立企业转制工作领导小组，由主要领导任组长，下设办公室负责指导协调企业的改革转制工作。该市有306个乡(镇)办企业重组转制，占应转制企业的75%。部分转制企业呈现新的生机活力。白云区萝岗制药厂转制为香雪制药股份公司后内部管理和新药开发有了新的飞跃，销售额和利润分别达到6 000万元和1 000万元，分别比上年增长15%和25%。

【产业结构】 在广州市乡镇企业中，第一产业比重小，1998年总产值只有83 036万元，仅占乡镇企业总产值的0.73%，发展的空间和潜力都很大，部分捷足先登投资农业的企业取得较好经济效益。其主要特点：一是企业规模普遍较小，从业人数也较少。第一产业的企业数只有343个，从业人员4 201人，仅占全市乡镇企业数、职工总人数的0.37%和0.38%。大部分企业年生产值都在500万元以下。二是以粮食生产、食油加工、水果、花卉和水产品生产以及家禽的饲养和加工为主。三是集体企业加大投资第一产业力度。1998年，全市乡镇企业集体企业投资第一产业的资金为7 211万元，比上年增长16.17倍。四是私有企业在农业产业化进程中发挥重要作用。从事第一产业生产经营的企业90%为私人所有。花都市嘉联花卉有限责任公司私人投资1.2亿元，建成占地40公顷的花卉生产基地，其产品销往国内20多个省市以港澳台地区，并取得良好的经济效益。

第二产业成为主体产业。1998年，广州市乡镇企业中的第二产业(乡镇工业和建筑施工业)是全市乡镇企业的主体产业。共有企业24 394个，从业人员815 706人，分别占全市乡镇企业相应指标的26.26%和74.01%。第二产业总产值951.68亿元，占乡镇企业总产值的83.34%，其中工业总产值990.13亿元，占全市工业总产值的39.28%，占乡镇企业总产值的比重由上年的75.22%上升到78.80%。其主要发展特点：一是轻、重工业并举，以轻工业发展为主。第二产业总产值中，轻工业占75.33%，重工业占24.67%。在国家划分的46个工业门类中，广州市乡镇企业经营的有38个。其中比重较大的六大行业分别是服装及其他纤维制品造业，皮革、毛皮、羽绒及其制品业，纺织业，金属制品业，非金属矿(主要是水泥、塑料)制造业以及电子及通信设备制造业，其产值分别占工业总产值的10.22%、9.83%、7.34%、7.05%、4.97%和4.09%。主要产品有服装、皮具、纺织品、机电产品、建材、化工产品、食品饮料等。二是建筑施工业略有增长。该行业有企业1 948个，职工人数60 709人；总产值66.50亿元，比上年增长4.1%。企业规模最大的番禺市大石建筑工程公司，年营业收入达到1.63亿元。三是规模企业所占比重大。全市乡镇企业90个超亿元企业中，第二产业占87个，其总收入达到

190.64 亿元，占乡镇企业总收入 14.28%。

第三产业发展势头良好。1998 年，广州市乡镇企业中的第三产业，包括交通运输业、商业、房地产业、旅游业和饮食业等，总收入达到 359.3 亿元，占乡镇企业总收入的 26.9%。其中交通运输业总收入 36.13 亿元，商业 188.36 亿元，旅游、饮食及其他业 134.87 亿元。第三产业较发达的天河区，其总收入达到 50.45 亿元，占乡镇企业总收入的 69.8%。

（林炳强）

成都市

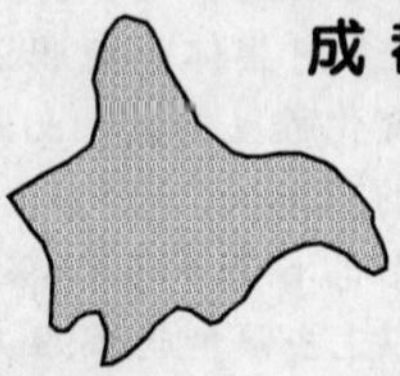

【基本情况】 1998 年，成都市乡镇企业共有 9.81 万个，其中乡村集体企业 6 607 个，私有企业 7 623 个，个体企业 8.39 万个。从业人员 94.28 万人，比上年增加 9.98 万人。完成总产值 850.47 亿元，比上年增长 22.2%，其中工业产值 598 亿元，比上年增长 23.6%。完成工业增加值 126 亿元，比上年增长 36.6%。实现营业收入 749 亿元，比上年增长 22.5%。实现利税总额 35 亿元，比上年增长 26.8%。完成出口产品交货额 13 亿元，比上年增长 15.6%。集体工业产品销售率达 95.7%。发放工资总额 369 354 万元。

乡镇企业的发展有力地推动全市经济的发展。在全市国内生产总值中，乡镇企业占 16.6%。在全市国内生产总值新增 93 亿元中，乡镇企业占 44%。在全市工业产值中，乡镇企业占 49%。在全市工业增加值中，乡镇企业占 30.2%。在全市新增工业增加值中，乡镇企业占 114%。乡镇企业在安置农村富余劳动力同时，吸纳安置城镇下岗职工 6 004 人，占全市安置下岗职工的 6.6%。乡镇企业的发展带动农民致富，全市农民人均纯收入 2 630 元中乡镇企业贡献额为 716 元，占农民纯收入 27.2%；在农民人均新增纯收入 203 元中，乡镇企业贡献额为 103 元，占农民新增收入的 51%。

【宏观管理】 为认真贯彻江泽民考察江苏省乡镇企业的重要讲话精神，成都市委、市政府从战略高度重视乡镇企业的发展，在全面系统总结全市乡镇企业 20 多年发展经验和基本完成资本原始积累现状的基础上，发出了《关于推动乡镇企业二次创业、加快发展的决定》。从社会经济全局的高度充分肯定了乡镇企业的地位和作用，明确指出乡镇企业实施第二次创业的重要性和必要性，对二次创业的内涵、思路、目标任务和工作重点等作了全面科学的规定。成为乡镇企业发展提高的纲领性文件。各区（市）县结合本地实际，明确发展方向，制定规划，落实措施，加强领导，认真组织实施。7 月全市召开重点乡镇企业工作会，遵照市委、市政府分类指导、突出重点、扶优扶强、全面推进的工作方针，从全市近 10 万个乡镇企业中严格筛选确定了双流高频集团公司等 38 个企业为乡镇企业二次创业的重点，采取建立领导联系制，年度考核制度，对重点企业实行动态管理。采取项目论证、申报、推荐和召开银企协调会等形式帮助和扶持重点企业，1998 年安排财政周转金 1 640 万元，银行一次性新增重点企业专项贷款 1.78 亿元，全市乡镇企业固定资产投入资金 26.5 亿元。增强了企业后劲，促进了企业上规模、上水平。1998 年 38 个重点企业完成工业产值 95.02 亿元，占全市乡镇企业产值 17.78%。完成工业增加值 20.68 亿元，占全市乡镇企业增加值 16.25%，实现利税总额 9.1 亿元，占全市乡镇企业利税总额 26.41%。形成乡镇企业集团 52 个，定为省扩张型企业 4 个，省重点乡镇企业 36 个，进入成都市工业五十强企业 10 个，重点企业同类产品销量在全国排第一位的有 5 种，排第二位的 1 种，排第 3 位的 4 种。重点企业规模效益日见明显，充分发挥了示范带动作用。

【企业改革】 1998 年，成都市乡镇企业继续深化企业改革，创新机制，在规范运作和突破难点上有新的进展。针对近年来乡镇企业改革中存在的模糊认识和运作问题，按照农业部有关文件精神，坚持以“三个有利于”为标准，市政府印发了《关于进一步深化乡镇企业改革的实施意见》。市乡镇企业局与市工商局联合发出《关于乡村集体企业改制进行工商登记有关问题的通知》，进一步深化对改革统一认识，规范改革的操作程序。举办了市县乡镇企业局领导干部，工作人员和厂长经理改革培训班，帮助基层理解改革政策规定，贯彻落实文件精神。各区（市）县认真规范操作，加强与工商部门配合，严把企业“改革立项关、资产评估关、产权界定关、改制审批关、工商换照关”。坚持以乡村集体企业的改革为重点，明晰企业产权，盘活存量资产，促进资产的流动和重组，加快企业结构调整，增强企业的生机与活力，确保集体资产的保值增值。1998 年，全市乡镇企业改制为股份有限公司 29 个，有限责任公司 450 个，股份合作制企业 998 个，私有企业 1 180 个，实行租赁、拍卖、承包经营 2 190 个。全市乡村集体企业改制面达 63.9%，市县重点企业改制面达 66.8%。

【科技教育】 1998年，成都市乡镇企业实施科教兴企战略，积极开展新产品开发和科技成果转化，采取有力措施强化企业科技进步机制，促进企业提高科技含量，取得明显成效。1998年乡镇企业列入国家、省、市级重点新产品项目共计106个，其中国家级4个、省级45个、市级57个，开发新产品222个，投产193个，新增产值15.83亿元，创利税2.58亿元。获部、省、市科技成果奖项目92个，其中国内领先的15项，省内领先的26项，填补国内空白1项，专利12项，创产值9374亿元，利润9 223万元，税金5 446万元，节(创)汇5 565万美元。成都市新津新筑路桥机械有限责任公司和伸缩缝专用型钢及浅埋伸缩缝装置获1998年农业部科技进步一等奖，海星公司、新兴集团、通力集团被农业部命名为全国乡镇企业技术创新示范单位。

1998年，成都市乡镇企业举办各类培训班2315期，培训人员19.28万人次，培养大专以上人才1 400人，乡村企业职工培训面达20.63%。全市乡镇企业各类技术人员已达7.5万人，占乡村企业职工人数的8.9%。

（姜路辉）

兰州市

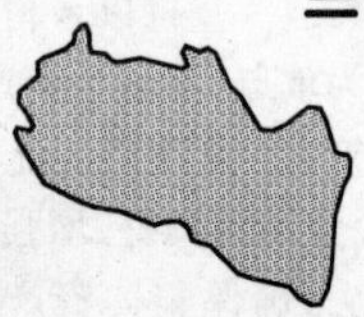

【基本情况】 1998年，兰州市有乡镇企业12 546个，其中乡村集体企业1 249个，私有企业937个，个体企业10 360个。固定资产原值39.44亿元。从业人员22.96万人。完成总产值154.46亿元。实现增加值25.95亿元。实现利税16.93亿元。实缴税金2.99亿元。

兰州市乡镇企业行业门类比较齐全，形成了建材、冶炼、机械、造纸、纺织、食品、饮料、塑编、石油化工等主导行业，产品种类达700多种，其中年产水泥85.5万吨，啤酒9.94万吨，机制纸及纸板3.65万吨，硅铁1.98万吨，形成了一定规模。

兰州市乡镇企业在甘肃省乡镇企业和全市国民经济中占有重要地位。1998年，全市乡镇企业总产值和工业产值分别占全省乡镇企业总产值和工业产值的30.59%和36.4%。七里河、西固、城关、榆中4个县(区)，崔家崖、拱星墩、西固、陈坪等4个乡，五里铺、光辉、滩尖子、段家滩、西固、四委青、崔家崖等7个村，兰州黄河企业集团公司、甘草水泥企业集团公司、甘肃东部企业集团公司、兰州柳化企业集团公司等4个企业进入全省发展乡镇企业“10强县、10强乡、10强村、10强企业”行列。西固区乡镇企业完成总产值35.21亿元，位居全省县区之首。全市乡镇企业实现增加值占全市国内生产总值的10%。实缴税金占全市财政收入的11.7%。从业人员占全市农村总劳力的35.6%。农民人均纯收入中来自乡镇企业的部分达638元，占总比重的36.7%。乡镇企业上缴乡村利润中直接用于支农建农和农村各项公益事业的资金达898万元。累计安置城镇下岗职工2 893人。

【企业改革】 兰州市乡镇企业改革不断深化，形成了以产权制度改革为核心，多形式推进的格局。1998年，全市共有股份制和股份合作制企业991个，股本总额11.06亿元；实施兼并的企业21个，出售转让39个，租赁56个，风险抵押承包57个，累计盘活存量资产3.64亿元。近年来，私有经济发展势头较好。1998年，全市乡镇个体私有企业实现产值87.81亿元，占乡镇企业总产值的56.8%。多形式的改革促进了乡镇企业资产的合理流动和有效配置，优化了企业组织结构，推进了企业机制创新，盘活了部分国有资产和乡镇企业资产。

【科技进步】 1998年，兰州市乡镇企业有省局级以上名牌产品20个，其中省级以上名牌产品5个。整体素质在发展中不断提高，完成技术改造项目80多个，开发新产品60多个。产学研结合更加紧密，科技进步对乡镇企业发展的贡献率达到26.7%。在乡村集体企业职工中，中专以上文化程度的有7 130人，有技术职称的3 595人，分别占集体企业职工总数的6.79%和3.4%。全市有市级以上乡镇企业家99人，其中省级乡镇企业家45人，全国乡镇企业家9人。

【规模经济】 兰州市乡镇企业发展规模不断扩大。有年产值过1 000万元的企业121个，其中2个企业产值过亿元。有全国乡镇企业集团2个，省级企业集团6个。兰州黄河企业集团被审定为全国大型一档企业，甘草水泥企业集团公司、兰州桃海集团被审定为全国中型一档企业。东部批发市场、光辉布料批发市场、雁滩家具市场已成为辐射全国的大型批发市场。全市乡镇企业有省一级企业3个，省二级企业16个，省级先进企业119个。有省局级质量效益A级企业41个，B级企业82个。

【小区开发】 1998年，兰州市乡镇企业小区建设健康发展，有10个市列重点乡镇企业企业小区，入区企业累计达615个，实现总产值25.59

亿元，利税 2.26 亿元，分别占全市乡镇企业总产值和利税总额的 16.6%和 13.3%。其中，雁滩工业城、和平开发区先后被命名为全国乡镇企业东西合作示范区，安宁小区被命名为省级乡镇企业工业示范区，树屏开发区被命名为市级乡镇企业工业示范区。同时，在部分村镇和交通沿线形成了 20 多个乡镇企业密集区。1998 年，48 个总产值过亿元的乡(镇)实现产值占全市乡镇企业总产值的 77.2%，其中崔家崖、拱星墩、雁滩等 3 个乡产值过 8 亿元。全市有 50 个村乡镇企业产值过5 000万元，其中 19 个村产值过亿元。

【外向型经济】 兰州市乡镇企业先后建成"三资"企业 83 个，累计引进外资 4.01 亿元，产品出口美国、日本等 10 个国家和地区，1998 年出口产品交货值达 1.01 亿元。主要出口产品有硅铁、碳化硅、地毯、百合、矿产品、工艺品等。

（兰州市乡镇企业局）

银川市

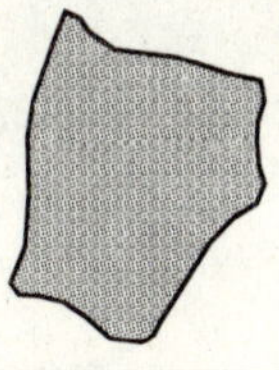

【基本情况】 1998 年，银川市有乡镇企业 2.78 万个。职工总数 11.18 万人。完成总产值 31.48 亿元，比上年增长 22.7%。实现营业收入 30.62 亿元，比上年增长 23%。创利润 2.61 亿元，比上年增长 21%。上缴税金 1.74 亿元，比上年增长 31%。实现乡镇企业增加值 9.3 亿元，比上年增长 28.6%。在全市农村社会总产值新增部分中，80%来自乡镇企业。全市农民人均纯收入中，有 24%来自乡镇企业。全市农村劳动力中，有 22%从事乡镇企业工作。乡村集体企业上缴乡村集体的利润达 300 万元，建农和补农资金达 600 万元，乡镇企业用在社会福利事业的资金达 200 万元。

【宏观管理】 1998 年，银川市乡镇企业认真宣传贯彻党的十五届三中全会精神，认真学习贯彻落实江泽民考察江苏省乡镇企业的重要讲话，制订了《银川市乡镇企业贯彻十五届三中全会精神实施意见》。调整了全市乡镇企业领导小组成员，加强了领导小组力量，领导小组对全市乡镇企业工作进行了检查和考核。3 月份，市委、市政府召开了全市乡镇企业工作会议，对全市乡镇企业工作进行总结和布置，表彰奖励了先进集体和个人，兑现了目标责任书资金和"三强"工程资金。7 月，市委、市政府召开了全市乡镇企业改制工作现场会，市长郝林海针对全市乡镇企业改制工作中出现的问题，作了重要指示，要求积极稳妥地推进以产权制度为核心的各种改革，以探索集体所有制实现形式为重点，着眼于整体上提高乡镇企业素质，盘活集体资产，实现集体资产的保值增值。10 月份，市委、市政府召开了全市乡镇企业经济形势通报会，市委副书记郭用华指出：乡镇企业的经济增长速度对全市经济发展至关重要，要确保全市经济增长目标，潜力在乡镇企业，希望也在乡镇企业。市委、市政府要求乡镇企业自我加压、负重奋进，勇挑重担，全力冲刺，为确保全市经济增长目标做出更大贡献。

【企业改革】 1998 年 7 月，银川市委、市政府召开全市乡镇企业改制工作会议，大力推行以股份制和股份合作制为重点，产权转让、租赁、拍卖、兼并、承包等多种形式并举的产权制度改革，取得了显著的成效。在全市 738 个乡村集体企业中，股份制及股份合作制改革 12 个，拍卖 30 个，租赁 80 个，脱钩 76 个，其他形成 8 个，共完成 206 个，改制面达到 28%。宁夏味精厂、永宁造纸厂、银川起重运输机械厂、贺兰丰登铁合金厂等一批改制企业，呈现出旺盛的生机和活力，当年取得了良好的经济效益。

【结构调整】 银川市乡镇企业结构性矛盾是制约全市乡镇企业第二次创业中最突出、最根本的问题。1998 年，市政府拿出 140 万元财政贴息金支持乡镇企业结构调整，结构调整的重点放在第三产业、农副产品加工企业和规模企业上，坚持扶优扶强。全年实施新、扩、技改项目 24 个，完成资金投入 1.6 亿元，为全市乡镇企业新增产值 0.7 亿元，新增利润 700 万元。

在结构调整中，以推进农业产业化为动力，促进乡镇企业稳定快速发展。制订全市乡镇企业实施农业产业化的五年规划意见，对全市乡镇企业实施农业产业化工作从基本思路、发展目标、具体措施等方面作了全面布置和安排。确定了永宁味精厂、郊区滨河实业公司、贺兰京星玉米淀粉厂等 10 个企业作为实施农业产业化的龙头企业。

通过企业组织结构的调整，全市乡镇企业产值上 100 万元的企业达 104 个，产值上1 000万元的企业达 19 个，产值上亿元的企业 1 个，这些上规模的企业产值占全市乡镇企业产值的 24%。

【"三强"工程】 "三强"工程(强乡、强村、强企业工程)是宁夏自治区强乡富民工程的重要组成部分。银川市财政局和各县(区)财政局及乡镇企业局签订"三强工程"目标责任书。对重点乡镇、村、企业进行资金扶持和政策倾斜，1998年，银川市有5个乡镇、13个村、14个企业经全面考核进入“三强”行列。“三强”工程的实施取得了显著成效。

【个体私有经济】 1998年，银川市委、市政府以“三个有利于”为标准，认真贯彻落实十五大精神，大力推动银川市个体私有经济的发展。银川市乡镇企业局组织有关部门人员到自治区内的银南、银北8个市县进行考察学习，组织干部赴山东省潍坊、诸城，浙江省温州等地考察学习个体私有经济发展经验。市乡镇企业局对全市乡镇个体私有经济发展现状、存在的主要问题作了专门调研，提出了进一步发展的思路和建议。组织召开了个体私有经济规划工作会议，制定了个体私有经济发展规划。1998年，全市乡镇个体私有企业2.8万个，完成产值22.5亿元，占全市乡镇企业总产值的70.7%，比上年增长37.6%。

【科技教育】 1998年，银川市乡镇企业在推动科技进步、提高整体素质上取得显著成效。全市乡村集体企业职工中，大专以上文化程度的有217人，占总数的1%；中专文化程度的443人，占总数的2%；技工程度的1 147人，占总数的5%；高中文化程度的5 850人，占总数的26%；初中文化程度的11 451人，占总数的51%。举办管理、财会、统计培训班各1期，培训人员94人。配合技术监督局开展“科技振兴活动”，对重点产品的质量标准进行了监督检查。开展安全生产活动周，对煤矿、建材企业安全生产进行重点抽查。对6个企业进行了全面质量管理达标，对10个企业进行了基础管理追标。评审经济、财会、工程三大系列职称，全市乡镇企业中拥有高级技术职称75人，中级技术职称292人，初级技术职称630人，聘用技术人员105人。

（银川市乡镇企业局）

文献法规

乡镇企业档案管理办法

乡镇企业档案文件材料归档范围

乡(镇)村集体企业清产核资办法

关于加强乡镇企业专业技术人员继续教育工作的意见

注册乡镇企业资产评估师执业资格制度暂行规定

注册乡镇企业资产评估师执业资格考试实施办法

农业部关于当前深化乡镇企业改革有关问题的通知

农业部关于切实加强乡镇企业统计工作的通知

中共中央关于农业和农村工作若干重大问题的决定(摘录)

乡镇企业档案管理办法

国家档案局　农业部

1998年1月13日

第一章　总　　则

第一条　为加强乡镇企业档案的科学管理，有效地保护和开发利用，更好地为乡镇企业服务，根据《中华人民共和国档案法》、《中华人民共和国乡镇企业法》，结合乡镇企业实际情况，制定本办法。

第二条　本办法主要适用于农村集体经济组织或者农民投资为主，在乡镇(包括所辖村)举办的承担支援农业义务的中小型企业。大型乡镇企业，参照《国营企业档案管理暂行规定》执行。

第三条　乡镇企业档案是乡镇企业在生产、经营、科研、基本建设以及各项管理等活动中形成的，对企业具有查考保存价值的各种文字、图表、声像等不同形式的历史记录；是维护乡镇企业历史真实面貌、合法权益的历史凭证，是提高产品质量、增长经济效益的重要条件。

第四条　乡镇企业档案属企业所有，由企业管理。企业安全保管条件暂不具备、档案安全无保障的，可由乡镇档案部门或县、市档案馆代管。

第五条　乡镇企业档案工作是乡镇企业档案工作管理和档案管理的总称，是乡镇企业管理基础工作的组成部分。乡镇企业应当加强对档案工作的领导，将其列入企业工作计划和发展规划，切实解决档案库房、设备等实际问题，保障档案工作与企业各项工作同步发展，更好地为企业服务。

第六条　乡镇企业档案工作在企业内实行统一管理，维护档案的完整、准确、系统和安全，便于企业各方面利用的原则。

第七条　档案工作所需经费纳入企业财务预算和计划，并予以保障。

第二章　档案机构与人员

第八条　根据企业规模和需要，建立档案机构，配备档案人员。档案工作由一名企业负责人分工领导。具备条件的企业应建立企业档案馆。

企业档案机构主管全企业的档案工作，对企业内各部门的档案工作进行监督和指导；统一管理本企业的档案及有关图书、资料和信息，形成企业档案信息中心。

企业各部门应开展档案工作，配备档案人员，形成企业档案工作管理网络。

第九条　档案管理人员应具有高中以上文化程度，政治素质好，并经过档案管理专业培训，熟悉企业职能任务。乡镇企业档案管理人员参照国家有关规定评定专业技术职务，享受和其他专业技术人员同等待遇；保持相对稳定。

第十条　企业对管理、保护和开发利用档案工作做出突出贡献的人员，应给予表扬和奖励；对危害档案安全的行为应按《中华人民共和国档案法》有关规定给予处理。

第三章　文件材料的形成与归档

第十一条　乡镇企业文件材料的归档范围，主要有以下几方面：

1. 党、群工作文件材料。
2. 行政管理文件材料。
3. 企业产权文件材料。
4. 劳动人事文件材料。
5. 经营管理文件材料。
6. 生产技术管理文件材料。
7. 产品文件材料。
8. 科学技术研究文件材料。
9. 基本建设工程文件材料。
10. 设备仪器文件材料。
11. 会计核算文件材料。

(详见附件)

第十二条　凡归档的文件材料，必须字迹工整、图像清晰、签字等手续完备，便于长期保存。

第十三条　归档时间：

1. 各项管理方面的文件材料，在形成的次年六月底前组成保管单位，由产生文件的职能部门负责人审定签字后归档。

2. 产品、设备、基建、科研等方面的文件材料，在任务完成后或告一段落时组成保管单位，由项目负责人审定签字后归档。

3. 产权方面的文件材料，在工作进行完毕或文件正式生效后归档。

4. 会计核算方面的文件材料，由财会部门整理立卷，保管一年后向档案部门移交。如有特殊情况，也可以分阶段归档。

第十四条　建立文件材料的形成、积累、整理和归档制度，并列入管理工作程序，列入企业有关部门的职责范围和有关人员的岗位责任制。

第十五条　档案人员应参加产品试制定型、创优、科研成果鉴定或评审、基建工程竣工验收，以及引进技术资料验收、设备开箱验收等活动，报导、监督文件材料归档工作。

第十六条　企业工作人员，因公外出参观学习、考察和参加会议获得的文件材料，按照归档范围的规定，及时向档案部门归档。

第四章　档案的管理与利用

第十七条　建立健全各类档案的登记、交接、保管、统计、保密、利用、鉴定、销毁及图纸更改补充等管理制度。

第十八条　编制档案及其有关图书、资料、信息等总目录、分类目录和底图目录等检索工具，完善信息查询体系。

第十九条　乡镇企业档案分类，依据文件材料形成情况，参照国档发(1991)20号《工业企业档案分类试行规则》进行。档案形成数量少的，可将有关类目适当合并；归档的案卷质量要符合国家标准。

第二十条　进行档案收集、管理、利用、鉴定、销毁等情况的统计。

第二十一条　根据国家及中央有关部门的规定，编制档案保管期限表。档案保管期限分永久、长期、短期三种。确定保管期限的基本原则是：对企业有长远利用价值的档案应永久保存；对企业在一定时期内有利用价值的档案分别为长期或短期保存；凡是介于两种保管期限之间的档案其保管期限一律从长。

档案鉴定工作，由企业领导、专业人员和档案人员组成的鉴定小组负责进行，逐卷、逐件鉴定档案的价值，并形成鉴定报告。该销毁的档案，编造销毁清册，提出销毁报告，经企业领导审核批准后销毁，并由档案鉴定小组人员监销。

第二十二条　逐步改善档案保管条件，档案库房有防火、防盗、防光、防尘、防有害生物、防潮、防高温等安全设施，并定期检查档案的保管状况，对破损或褪变的档案进行修复，确保档案的完整与安全。

第二十三条　开发档案信息资源，实行档案、有关图书资料和信息一体利用，为改善企业经营管理、提高产品质量、降低物质消耗、提高经济效益等各项活动提供档案信息服务；积极配合技术部门参与信息市场和技术市场交流；保护知识产权；严格执行国家和本企业的保密制度。

第二十四条　档案管理现代化应纳入企业现代化管理的统筹规划中，逐步采用先进技术和现代化管理方法管理档案。

第二十五条　企业实行兼并、破产、产权拍卖和实行承包、租赁、股份制改造以及与外商合资合作经营等资产产权变动时，档案的处置参照《国有企业资产产权变动档案处置暂行办法》执行。其党群工作、行政管理、生产技术管理、经营管理类档案应按产权关系，决定是否向乡镇档案管理机构移交或寄存。

第五章　附　则

第二十六条　会计档案管理按照财政部和国家档案局制发的《会计档案管理办法》执行。

第二十七条　各省、自治区、直辖市档案行政管理部门、乡镇企业行政管理部门可根据本办法，结合本地区实际情况，制定实施细则。

第二十八条　本办法由国家档案局和农业部负责解释。

第二十九条　本办法自发布之日起执行，《乡镇企业档案管理暂行规定》同时废止。

附　件

乡镇企业档案文件材料归档范围

一、党、群工作文件材料

1. 党务。指党的组织、宣传、纪检等方面的文件。

2. 群众团体。指工会、共青团、妇联、职代会、科协、企协、学会等群众团体在工作中形成的各种文件。

二、行政管理文件材料

指企业行政事务、人事管理、职工教育、培训、劳保福利、安全保卫、法律事务、医疗卫生、计划生育、后勤、审计、处理纠纷、信访、外事活动等方面的文件。

三、企业产权文件材料

1. 有关部门或单位关于企业的建立和产权界定的批准文件。

2. 股权证明和清产核资工作中形成的各种文件材料。

3. 企业资产产权变动中形成的各种文件材料。

四、经营管理文件材料

1. 经营决策、计划工作、财务管理、产品销售、物资管理、经济责任制、考核、奖惩文件，市场信息和预测，广告、商标及用户反映等文件。

2. 各种合同、协议文件。

3. 生产供应、经营销售、成本、企业改造等方面的统计报表及用户台账等。

五、生产技术管理文件材料

1. 生产管理。生产计划及其实施记录、安全操作规程、事故报告及改进意见，劳动工资等。

2. 质量管理。质检报告、质量事故分析、获奖证书等。

3. 标准管理、计量管理、能源管理等方面形成的文件。

4. 工业卫生和环境保护方面形成的文件。

六、产品文件材料

1. 产品设计。产品设计协议书、任务书、设计方案、实验数据、产品鉴定书、产品照片、说明书和底图、蓝图等。

2. 产品制造工艺。各种配方、技术诀窍、工艺流程、工装、操作规程、工时和材料定额等。

3. 产品检测和管理过程中形成的文件，名、优、特产品及获奖产品的有关文件。

七、科学技术研究文件材料

1. 新开发项目的建议书、计划任务书、可行性研究方案、试验记录、成果申报、总结、鉴定、推广应用、奖励证明、专利、技术转让等文件。

2. 技术改造和革新文件、图纸。

3. 中断和取得负结果项目的各种有参考价值的科研总结报告。

4. 经审定发表的学术论文或著作。

八、基本建设工程文件材料

1. 工程项目的可行性研究、计划任务书、审批、勘测设计、施工、竣工验收、工程管理以及维修、改建、扩建等方面的文件和图纸。

2. 有关房地产文件。

九、设备仪器文件材料

1. 购进设备仪器的全套随机文件及开箱记录、安装调试、检查维修记录以及改装、报废的文件。

2. 自制设备仪器的设计图纸、计算书、测定数据、性能鉴定材料，工艺工装图纸、使用说明书及检查维修记录等。

3. 设备台账。

十、会计核算文件材料

1. 会计凭证。原始凭证、记账凭证、汇总凭证、银行存款、余额调节表等。

2. 会计账簿。日记账、明细账、总账、固定财产卡片、辅助账簿、移交清单、保管清册、销毁清册、涉外账簿等。

3. 会计报表。财务指标快报，月、季度会计报表，年度会计报表(决算)等。

十一、职工档案文件材料

干部、职工、离退休职工、死亡职工的个人材料。

乡(镇)村集体企业清产核资办法

农业部　财政部

1998 年 1 月 19 日

第一章　总　　则

第一条　为有计划、有步骤地组织完成全国范围内乡镇企业的清产核资任务，根据农业部、财政部下发的“关于开展农村集体资产核资工作的通知”(农经发[1997]4 号)文件精神，特制定本办法。

第二条　乡镇企业清产核资是指在全国范围内对乡(镇)、村集体企业(以下简称企业)进行清查资产和清理债权债务，重估资产价值，界定产权，核实资金，登记产权，建章建制的工作。

第三条　清产核资的目的：摸清家底，理顺产权关系，加强乡镇企业集体资产管理，增强企业发展后劲，提高集体资产运营效益，推进企业产权制度改革，促进企业建立与社会主义市场经济体制相适应的现代企业制度。

第四条　清产核资的范围：乡(镇)集体经济组织举办的企业；村(村民小组)集体经济组织举办的企业；乡(镇)、村(村民小组)集体经济组织或乡村集体企业出资举办起控股和实际支配作用的股份合作制企业、股份制企业、联营企业、中外合资合作企业；各类工业区、经济开发区中属于乡(镇)、村集体经济组织举办的各类企业；乡(镇)、村集体经济组织投资举办的资产经营公司和财务公司以及其他企业。

第二章　资产、负债清查

第五条　资产、负债清查是指对企业的各类资产、负债进行全面清理、登记、核对和查实。

第六条　流动资产清查，包括现金、各种存款、短期投资、应收及预付款项和存货等。

(一)现金清查：企业现金账面余额与库存现金是否相符。

(二)各种存款清查:企业在开户银行及其他金融机构各种存款账面余额与银行及其他金融机构中该企业的账面余额是否相符。

(三)应收及预付款项:包括企业的应收票据、应收账款、其他应收款、预付款和待摊费用,其中:

1. 清查应收票据时,要按其种类逐笔与购货单位或银行核对查实。

2. 清查应收账款、其他应收款和预付货款时,要逐一与对方单位核对,以双方记账金额一致为准。

对有争议的债权要认真清理、查证、核实,明确债权关系;对长期拖欠,要查明原因,积极催收;对经确认无法收回的款项,要明确责任,依照国家有关规定进行申报处理。

3. 个人借款要认真清理并限期收回。

(四)存货清查:包括原材料、辅助材料、燃料、修理用备件、包装物、低值易耗品、在产品、半成品、产成品、外购商品、协作件以及代保管、在途、外存、外借、委托加工的物资(商品)等,其中:

1. 要认真组织清仓查库,对所有存货清查盘点。

对清查出的积压、已毁损或需报废的存货,要查明原因,组织相应的技术鉴定,提出处理意见,并按有关规定积极处理。

2. 对长期借出未收回的存货,要查明原因,积极收回,或按规定价出售。

3. 清查代保管物资由代保管单位负责,并将清查结果报托管单位进行核对后列入托管单位资产总值中。

第七条 固定资产清查,包括房屋及建筑物、机器设备、运输设备和工具器具等。

(一)对固定资产要清查其管理现状,包括查清固定资产原值、净值、已提折旧额、清理出已提足折旧的固定资产、待报废和提前报废固定资产的数额及固定资产损失、待核销数额等。

(二)清查出租的固定资产由租出方负责,对没有登记入账的要将清查结果与租入方进行核对后,登记入账。

(三)对借出和未办理规定手续转让出去的资产,要认真清理收回或补办手续。

(四)对清查出的各项盘盈、盘亏固定资产,要认真查明原因,分清责任,提出处理意见,并按规定程序申报。

(五)经过清查后的各项固定资产,要按国家统一制定的《固定资产分类与代码》,并区别固定资产的用途(指生产性和非生产性)和使用情况(指在用、未使用或不需用等)进行重新登记,建立健全实物账卡。

(六)对清查出的各项未使用、不需用的固定资产,要查明购建日期、使用时间、技术状况和主要参数等,按转生产用、出售、待报废等提出处理意见。

第八条 长期投资清查,包括企业以流动资产、固定资产、无形资产等各类资产向其他企业的各种形式投资。

在清查对外长期投资时,凡按股份或资本份额拥有实际控股权的,一般应采用权益法进行清查;没有实际控股权的,按企业目前对外投资的核算方式进行清查。

第九条 在建工程清查,主要核对在建或停缓建的基本建设、技术改造项目,包括完工未交付使用(含试车)、交付使用未验收入账等工程项目。

在建工程要查清项目、投资总额和管理状况。

第十条 无形资产清查,包括各项专利权、商标权、特许权、版权、商誉、土地使用权及房屋使用权等。

第十一条 递延资产及其他资产清查,包括开办费、租入固定资产改良支出及特种储备物资等。对递延资产等清查时要逐一清理,认真核查摊销余额。

第十二条 对土地清查登记,凡已领取土地证的,按土地证上的数量上报;没有领取土地证的可向当地土地管理部门申报,办理领取土地证的手续;来不及办理手续的,可先自行对土地面积丈量上报,以后再申报办理,领取土地证的手续;对土地归属关系不清或有争议的列为"待界定资产"。

第十三条 负债清理范围,包括各项流动负债和长期负债。

(一)流动负债要清查各种短期借款、应付及预收款项、预提费用及应付福利费等。

(二)长期负债要清查各种长期借款、应付债券、长期应付款等。

(三)对负债清查时,企业要与债权单位逐一核对账目,达到双方账面余额一致。

第十四条 清查资产工作的基本要求:

(一)清查工作要依靠和发动群众,对全部资产,包括账内外、库内外、地上地下、车间内外、三(公司、店)区内外、本埠和外埠都进行彻底的清查,做到见物就点,是账就清。

(二)在清查中要把实物盘点同核查账务结合起来,把清查资产同核实负债结合起来,即全面清点品种、规程、型号、数量,以物对账,以账查物,查清资产来源、去向和管理情况,对账物不清的资产要进行追忆、查找,做到不留死角,不打埋伏,不重不漏。

(三)清查工作在自查的基础上,由同级清产核资机构组织抽查,抽查面不得低于20%。

第三章　资产价值重估

第十五条　资产价值重估是指对企业中账面价值与实际价值背离较大的主要固定资产进行重新估价。

第十六条　企业固定资产重估依据国家统一规定的《城镇集体企业清产核资固定资产重估统一标准目录》进行。

第十七条　在重估资产价值工作中，要本着实事求是的精神，严格执行有关政策规定和技术标准，不得随意多估和少估。

第四章　产权界定

第十八条　产权界定是指对企业的财产依法确认其所有权归属的法律行为。

第十九条　企业的产权界定要有利于促进企业改革与发展，任何单位和部门必须严格执行国家政策规定，不得借机收权和随意改变企业的隶属关系。

第二十条　企业产权界定工作依据《中华人民共和国乡镇企业法》及国家有关规定进行。

产权界定中一时难以确认产权归属的资产，可由企业向上级清产核资机构提请仲裁，也可直接向司法机构提出诉讼。对各方仍有异议的，作为“待界定资产”在依法明确产权归属前，任何单位和个人不得擅自处置。

第二十一条　企业产权界定结果，由企业提出产权界定报告，经清产核资机构审核并按统一制定的清产核资报表格式汇总后，报上级清产核资机构批准。

第五章　资金核实

第二十二条　资金核实是指对企业在清查资产、重估资产评价、界定产权后的企业资产实际占用量(各项资本金)进行重新核实。

第二十三条　企业清产核资中资金核实工作由清产核资机构组织实施。

第二十四条　资金核实结果应予以公布，由企业法定代表人签字，经清产核资机构审核后，报上级清产核资机构确认。

第六章　产权登记

第二十五条　产权登记是指对企业占有资产的产权依法登记的法律行为。

第二十六条　企业在完成资金核实后，在规定时间内依法办理产权登记手续。

第二十七条　产权登记，依照国家有关规定办理。企业提出书面报告，并如实填报《乡镇企业集体资产产权登记表》。经清产核资机构审核后，报上级清产核资机构确认，颁发《乡镇企业集体资产产权登记证》。《乡镇企业集体资产产权登记表》和《乡镇企业集体资产产权登记证》由农业部统一制发。

第七章　检查、总结及建章建制

第二十八条　企业在进行清产核资工作中，要针对发现的问题，建立、健全规章制度。在清产核资工作基本结束后，对企业清产核资工作要按统一要求进行全面总结，并将总结报告在规定时间内报送上一级清产核资机构。

第二十九条　各级清产核资机构要对企业的清产核资各项工作进行严格全面检查。企业的清产核资工作经检查通过后，由县级清产核资机构办理审批手续。对检查不合格的企业要责令限期纠正。检查的内容是：

(一)已在规定期限内认真完成清产核资的各项工作内容，各项工作符合国家统一规定的方法、政策和要求，各项审批手续齐备。

(二)针对清产核资中暴露出来的问题，认真进行了建章建制工作，并按有关财务规定进行了处理。

(三)对各种闲置资产和积压物资进行登记填卡并采取了处理措施。

(四)对资产盘盈、资产损失和资金挂账等，按国家有关规定进行了相应处理或制定了处理方案。

(五)按照国家统一制定的企业清产核资报表格式填制各类报表，数据准确，内容完整，报送及时。

(六)对清产核资数据资料进行了全面认真的分析，提出了改进经营管理和调整结构的具体措施及建议，建立健全了相应的财产管理责任制。

第三十条　各级清产核资机构，在清产核资工作结束后，要对本地区工作进行认真总结，写出书面总结报告，并将总结报告在规定时间报上一级清产核资机构。

第八章　组织领导与工作法律责任

第三十一条　各级要高度重视乡镇企业清产核资工作，切实加强领导，严格执行国家有关清产核资工作的各项规定。

第三十二条　企业对清产核资后形成的各项数据，要与乡镇企业财务决算、统计年报相衔接。按照国家统一的报表格式，如实填报真实情况，如实反映存在问题，并按规定时间上报，不得虚报、瞒报、迟报或拒报。

第三十三条　对于在清产核资工作中积极努力，

成绩显著，为维护集体财产做出突出贡献的企业、单位和个人要予以表彰。对企业、单位未按照规定进行清产核资或走过场的，以及不如实填报报表、虚报或隐瞒真实情况的，依据国家有关规定，由当地人民政府责令改正；造成严重后果的，对厂长(经理)和直接责任人员依法追究责任。

对在清产核资工作中，违犯工作纪律的单位和个人，根据具体情节，由同级人民政府或有关部门按规定依法进行处理。

第三十四条　对清产核资工作中发现的由于失职、渎职造成企业管理混乱，“家底”不清，财产物资丢失、损失、浪费严重的，要查明原因，根据情节轻重，追究有关领导和当事者的行政责任。对在清产核资中发现化公为私，或低价变卖、转换集体财产，以及贪污盗窃等问题，同级清产核资机构要会同有关部门，依据有关规定组织查处。触犯法律的要依法惩处。

第三十五条　在清产核资工作中，各类企业要认真搜集有关的原始资料，并对在清产核资中形成的资料分类整理，形成档案，按国家有关规定进行管理。统一纳入中国乡镇企业信息网和信息库。

第九章　附　则

第三十六条　清产核资工作中涉及有关政策，统一按照国家制定的清产核资政策执行。对清产核资过程中出现的其他有关问题、另行制定。

第三十七条　各地区依据本办法，制定实施细则，并报农业部农村集体资产管理办公室备案。

第三十八条　乡镇企业清产核资的工作经费，按财政体制由中央和地方分别负担。企业的清产核资费用在管理费用中列支。

第三十九条　本办法由农业部农村集体资产办公室负责解释。

第四十条　本办法自发布之日起执行。

关于加强乡镇企业专业技术人员继续教育工作的意见

农业部　人事部

1998年1月23日

为了认真贯彻党的十五大提出的“把加速科技进步放在经济社会发展的关键地位，使经济建设真正转到依靠科技进步和提高劳动者素质的轨道上来”的精神，全面落实中共中央、国务院转发的农业部《关于我国乡镇企业情况和今后改革与发展意见的报告》、《中华人民共和国乡镇企业法》和国家有关继续教育政策的要求，现就进一步加强乡镇企业专业技术人员继续教育工作，提出以下意见。

一、充分认识继续教育工作的重要意义

党的十一届三中全会以来，乡镇企业迅猛发展，已经成为我国农村经济的主体力量和国民经济的一大支柱。乡镇企业所取得的辉煌成就与多年来大力培养、开发和引进人才密切相关，经过努力，现全国乡镇企业中已拥有几百万在岗技术人员和管理人员，这些人才在乡镇企业发展中起到了至关重要的作用。

当前和未来21世纪，乡镇企业面临着国内外科技经济更加严峻的挑战。目前，乡镇企业的人才总量、层次和结构，还远不能适应其持续快速健康发展的需要。因此，大力加强乡镇企业整体性人才资源开发，建设一支高素质的专业技术人员队伍是当前乡镇企业发展中的一项十分重要和紧迫的任务。继续教育是投资少、见效快、效益高的人才培养途径。广大乡镇企业必须充分认识继续教育的重要作用，增强紧迫感，争取主动，统筹规划，把专业技术人员队伍建设作为一项刻不容缓的大事来抓，加大人才资源开发力度。要进一步加强继续教育工作，努力建设一支跨世纪的高素质专业技术人员队伍，为乡镇企业持续快速健康发展提供可靠的人才保障。

二、进一步明确继续教育工作的目标和任务

按照人事部《全国专业技术人员继续教育“九五”规划纲要》和农业部《全国乡镇企业系统教育培训“九五”规划》的要求，乡镇企业继续教育的目标是，尽快建立乡镇企业继续教育制度，形成以市场为导向，政府指导、社会参与、企业自主、个人自觉的运行机制，努力建立起一支与跨世纪发展相适应的高素质人才队伍。继续教育的对象是，在企业各层次技术和管理岗位上的人员以及后备人员。继续教育的主要任务是，根据不同类型专业技术人员的特点，结合不同岗位业务的需要，按照初、中、高三个层次，以分别达到更高一级专业技术水平为目标，开展相应的培训。特别要加强对企业的管理骨干和技术带头人以及后备力量的培养。对40岁以下，已取得专业技术职称并承担相应职务，但还不具备规定学历的上述人员，要进行相应的理论强化教育，使其达到规定学历。力争到“九五”末，乡村企业厂长(经理)及各类专业技术和经营管理人员均要达到中专或中专以上学历，大中型乡镇企业配齐“一长三总师”[即达到大专或大专以上学历的厂长(经理)、总工程师、总经济师、总会计师]。

三、紧密联系经济发展实际进行继续教育

乡镇企业继续教育要从实际出发，采取区别情况、分类指导的方针。要面向21世纪，站在科技和知识的制高点上，针对制约经济发展特别是企业发展的关键问题，根据不同地区、不同发展阶段、不同行业、不同业务的要求，进行适应性、超前性和补缺性的培训，做到学以致用。要坚持马列主义、毛泽东思想和邓小平理论的教育，加强思想政治修养和行为道德规范教育，补充必要的社会主义市场经济、社会科学、自然科学等方面的新理论、新技术、新方法以及信息、计算机应用、外语等方面内容的教育。在继续教育过程中，要注重开发人才的创造思维和创造力，开发专业技能，不断完善知识结构，提高专业技术水平，激发专业技术人员勇于探索创新的积极性和主动性，进一步增强乡镇企业市场竞争能力。

四、积极采取多形式和多渠道开展继续教育

乡镇企业专业技术人员是企业的骨干，工作任务繁重，开展继续教育必须解决好其工学矛盾问题。根据实际情况，可以采取脱产或分段脱产、半脱产、业余学习、离岗不离厂和走出去、请进来等多种方式。认真落实《全国乡镇企业东西合作工程》培训规划，发挥东部发达地区经济、文化、人才以及区域继续教育的资源优势，以继续教育为桥梁和纽带，为中西部地区乡镇企业培养人才，推动中西部地区乡镇企业整体素质的提高。

五、高度重视社会化开放式乡镇企业教育培训服务体系的建设

各级乡镇企业行政管理部门要充分利用现有的系统教育资源和社会教育资源，加强指导、协调和管理，创造条件，使其切实担负起综合性补新、补缺及经常性知识更新、新技术应用和推广等任务。要把现有的各级乡镇企业培训机构、院校作为实施乡镇企业继续教育的重要基地。同时，要调动、发挥各类高等院校、科研院所、大中型企业和社会团体等社会力量的作用，通过产学研等多种形式，为乡镇企业继续教育服务。

六、不断完善用人育人一体化的机制

乡镇企业继续教育要与对专业技术人员的考核使用相结合，记录专业技术人员接受继续教育的情况，在专业性强的岗位实行资格上岗制度，逐步建立健全继续教育工作的检查、考核和统计制度。为了确保继续教育任务的完成，各地要把继续教育情况纳入各级乡镇企业行政管理部门和企业工作目标责任制，作为对各级领导与厂长(经理)业绩的重要考核评价内容。各级乡镇企业行政管理部门要与人事部门加强联系，密切配合，共同对乡镇企业继续教育工作定期进行检查和评估，对在继续教育工作中做出显著成绩的单位和个人给予表彰和奖励。

七、注重发挥乡镇企业和专业技术人员在继续教育中的主体作用

乡镇企业要把人才作为事业发展的最重要的资源。要根据国家有关政策法规，把继续教育摆上重要工作日程，纳入企业发展规划，作为企业经济活动的重要内容，结合企业发展目标和工作需要，以及不同层次专业技术人员素质提高的要求，制定继续教育工作计划和具体管理办法，并提供必要的条件保障。经企业批准参加人员的继续教育费用，可在企业教育基金中列支。专业技术人员要履行自己的权利和义务，积极参加企业安排的继续教育活动，保证每年参加继续教育时间在72学时以上。

八、切实加强对继续教育工作的领导

各级人事部门和乡镇企业行政管理部门要密切协作，采取有效措施，全面落实中央提出的“要十分重视人才培养和引进，造就一支宏大的乡镇企业人才队伍”和“努力创造一个有利于人才成长、吸引人才、使用人才、保护人才的环境和机制”的精神，积极引导、鼓励和督促乡镇企业认真落实有关继续教育的政策法规。各级人事部门要拓宽继续教育领域和对象，把乡镇企业继续教育作为为经济建设服务的重要内容，加强宏观指导与协调。各级乡镇企业行政管理部门都要把继续教育列为乡镇企业教育培训工作的重要内容，做好继续教育规划和具体计划。要在人事部门的指导下，加强调查研究，结合各地实际情况和乡镇企业特点，制定切实可行的实施办法，认真组织实施并做好服务工作。

注册乡镇企业资产评估师执业资格制度暂行规定

农业部乡镇企业资产评估管理工作领导小组
中国乡镇企业协会资产评估专业委员会
1998年6月18日

第一章　总　　则

第一条　为了加强对乡镇企业资产评估人员的执业准入控制，加强和规范乡镇企业资产评估行业人员

管理，提高乡镇企业资产评估人员素质和执业水平，更好地发挥评估在资产流动与重组中的中介服务作用，制定本规定。

第二条 中国乡镇企业协会资产评估专业委员会对资产评估人员实行注册登记管理制度。凡按本规定通过考试，取得注册乡镇企业资产评估师《执业资格证书》，并经注册登记的人员，方可从事乡镇企业资产评估业务。

第三条 注册乡镇企业资产评估师执业资格制度属于职业资格证书制度，由中国乡镇企业协会资产评估专业委员会批准。

第四条 中国乡镇企业协会资产评估专业委员会负责全国注册乡镇企业资产评估师执业资格制度的政策制定、组织协调、资格考试、注册登记和监督管理工作。

第五条 获得注册乡镇企业资产评估师执业资格证书的人员，表明已具备执业的能力和水平，该证书作为依法申请执业的依据。

第二章 考 试

第六条 注册乡镇企业资产评估师执业资格实行全国统一大纲、统一命题、统一组织的考试制度。

第七条 凡中华人民共和国公民，遵纪守法并具备下列条件之一者，可申请参加注册乡镇企业资产评估师执业资格考试：

1. 取得资产评估相关专业（经济管理、财务会计、工程技术，下同）中专学历，具有8年以上相关专业工作经历，其中从事资产评估工作满5年。

2. 取得资产评估相关专业大专学历，具有6年以上相关专业工作经历，其中从事资产评估工作满4年。

3. 取得资产评估相关专业本科学历，具有4年以上相关专业工作经历，其中从事资产评估工作满3年。

4. 取得资产评估相关专业硕士学位或第二学士学位，研究生班毕业，从事资产评估工作满2年。

5. 取得资产评估相关专业博士学位。

6. 不具备上述规定学历，但通过国家统一组织的经济专业初级资格或会计、审计、统计专业助理级资格考试并取得相应资格，具有10年以上相关专业工作经历，其中从事资产评估工作满6年，成绩特别突出的。

第八条 注册乡镇企业资产评估师执业资格考试合格者，委托各省（自治区、直辖市、计划单列市）乡镇企业局颁发由中国乡镇企业协会资产评估专业委员会统一印制的《执业资格证书》，经注册后全国乡镇企业范围有效。

第三章 注 册

第九条 注册乡镇企业资产评估师执业资格实行注册登记制度。委托省（自治区、直辖市、计划单列市）乡镇企业局为注册乡镇企业资产评估师执业资格的注册管理机构。

第十条 考试合格者取得资格证书后，须在3个月内到当地省级乡镇企业局申请注册。

第十一条 申请注册的资产评估人员，必须同时具备下列条件：

1. 遵纪守法，遵守注册资产评估师执业道德。

2. 注册乡镇企业资产评估师执业资格考试合格。

3. 经单位考核同意。

经再次注册者，应经单位考核合格并有知识更新、参加业务培训的证明。

第十二条 注册乡镇企业资产评估师有下列情形之一者，不予注册：

1. 完全丧失民事行为能力的。

2. 因在资产评估等业务工作中犯有严重错误，受行政处罚的。

3. 受刑事处罚的。

第十三条 经省（自治区、直辖市、计划单列市）乡镇企业局组织对申请注册的考试合格者进行评定考核认定后，报中国乡镇企业协会资产评估专业委员会备案。

第十四条 准予注册的申请人，由中国乡镇企业协会资产评估专业委员会或其授权的部门核发统一印制的《注册乡镇企业资产评估师注册证》。

第十五条 中国乡镇企业协会资产评估专业委员会发现注册不符合规定的，将通知省（自治区、直辖市、计划单列市）乡镇企业局撤销其注册。

第十六条 注册乡镇企业资产评估师有效期为2年，有效期满前3个月，持证者要按规定主动到乡镇企业注册管理机构重新办理注册登记。

第十七条 凡脱离注册乡镇企业资产评估师工作岗位连续2年以上者（含2年），注册管理机构将取消其注册。

第十八条 注册乡镇企业资产评估师执业资格注册登记内容变更，须在变更后30日内向原注册管理机构办理注册登记。

第四章 职 权

第十九条 乡镇企业资产评估机构是经农业部乡

镇企业资产评估管理工作领导小组批准的正式(临时)资产评估资格的机构。

注册乡镇企业资产评估师岗位设置和职责规范由中国乡镇企业协会资产评估专业委员会统一制定。

第二十条　注册乡镇企业资产评估师应遵守国家法律、法规和资产评估行业的执业守则,具有良好的职业道德和业务素质,恪守客观、实事求是的原则,对所出具的资产评估结果报告的真实性和合法性负责,并承担相应的法律责任。

第二十一条　注册乡镇企业资产评估师有权依法申请开办乡镇企业资产评估机构,注册乡镇企业资产评估师执业资格证书是申请开办乡镇企业资产评估机构的必备文件。

第二十二条　在经农业部乡镇企业资产评估管理工作领导小组批准的乡镇企业资产评估机构中,注册乡镇企业资产评估师有下列业务的签字权:

1. 乡镇企业资产评估业务。

2. 乡镇企业评估咨询和其他评估服务业务。

第二十三条　资产评估机构接受委托承接的评估项目,其项目负责人由注册乡镇企业资产评估师担任,评估报告至少由二位注册乡镇企业资产评估师签署方为有效。

第二十四条　注册乡镇企业资产评估师应不断更新知识,按规定参加法定的执业培训。

第二十五条　注册乡镇企业资产评估师只能在一个评估机构专职,只能在该机构有签字权。

第二十六条　注册乡镇企业资产评估师签字制度从1999年6月1日起开始实施。

第五章　罚　　则

第二十七条　注册乡镇企业资产评估师有下列情形之一者,由注册管理机构视其情节轻重,给予警告、暂停执业直至吊销执业资格的处分。

1. 在执业期间,违反法律、法规规定买卖委托方的股票或债券。

2. 利用执行业务之便,索取、收受委托方不正当的酬金或其他财物,或者谋取其他不正当的利益。

3. 允许他人以本人名义执行业务。

4. 同时在2个或者2个以上的资产评估机构执行业务。

5. 违反法律、法规的其他行为。

第二十八条　对涂改、伪造或以虚假和不正当手段获取注册乡镇企业资产评估师《执业资格证书》和《注册乡镇企业资产评估师注册证》的人员,发证机关应当收回其《执业资格证书》,取消其注册。给予必要的处分。

第二十九条　各省(自治区、直辖市、计划单列市)注册管理机构对注册资产评估师所受处分,应及时记录在资格证书的惩罚登记栏内。凡注销注册,应由发证机构收回注册乡镇企业资产评估师《执业资格证书》和《注册乡镇企业资产评估师注册证》。并报中国乡镇企业协会资产评估专业委员会备案。

第六章　附　　则

第三十条　本规定由中国乡镇企业协会资产评估专业委员会负责解释。

第三十一条　本规定自发布之日起执行。

注册乡镇企业资产评估师执业资格考试实施办法

农业部乡镇企业资产评估管理工作领导小组
中国乡镇企业协会资产评估专业委员会
1998年6月18日

1. 资格考试从1998年开始实施。

2. 考试科目为:资产评估学、财务会计学、工程技术基础、经济法。考试分为四个半天进行,每个科目考试时间为两个半小时。

3. 参加考试须由本人提出申请,所在单位考核推荐,持报名登记表,到当地考试管理机构报名。考试管理机构按规定程序和报名条件审查合格后,发给准考证,考生凭准考证在指定的时间、地点参加考试。

4. 参加1998—1999年组织的注册乡镇企业资产评估师执业资格考试中,凡符合《注册乡镇企业资产评估师执业资格制度暂行规定》(以下简称《暂行规定》)第七条规定的学历和经历要求,其从事资产评估业务满2年者,均可报名。

5. 自2000年起,申请参加注册乡镇企业资产评估师执业资格考试的人员,必须符合《暂行规定》第七条的报名条件。

6. 考场设在省辖市以上的中心城市。

7. 做好考前培训工作,坚持考培分开,参与培训工作的人员,不得参加所有考试工作。考生参加培训坚持自愿原则。

8. 严格执行考务的有关规章制度,做好试卷印刷、发送和保管过程中的保密工作,严格考场纪律,严禁弄虚作假,对违反规章制度者,应按规定进行严肃处理。

农业部关于当前深化乡镇企业改革有关问题的通知

1998 年 7 月 10 日

党的十五大以来，各地加快了乡镇企业改革步伐。总体上看，改革是健康的，效果是好的，对于明晰产权关系，优化生产要素配置，完善经营机制，调动经营者和职工的积极性，增强企业的生机与活力，都起到了积极的促进作用。

与此同时，一些地方在乡村集体企业改革过程中，也暴露出一些值得注意的问题：有的用行政手段限定改革时间，强制推行一种模式，出现“刮风”和“一刀切”的现象；有的在改革中忽视对债权债务的管理，悬空和逃废银行债务；有的对集体资产管理不够规范和严格，导致集体资产流失；也有的欠税漏税，或削弱补农建农功能。这些做法不符合党和国家的有关政策，损害了国家、集体和农民的利益，一定程度上影响了乡镇企业的改革与发展。对此，国务院领导要求认真研究解决，国务院 1998 年 6 月 5 日下发了《关于在国有中小企业和集体企业改制过程中加强金融债权管理的通知》。为了认真贯彻落实国务院领导的指示和有关文件的精神，积极稳妥地推进改革，现就乡镇企业改革的有关问题通知如下：

一、进一步明确乡镇企业改革目的和任务

乡镇企业的改革与发展是一项长期的重大战略任务。改革要以建立富有活力的企业经营机制为方向，能够充分调动投资者、经营者、管理者和劳动者的积极性；要以“三个有利于”为标准，认真探索集体所有制多种实现形式，从整体上搞活集体资产；要从实际出发，尊重农民的实践、创造与选择，实行民主决策，切忌行政命令；乡村集体企业的改革，要与企业内部人事、劳动、分配制度改革配套进行，要把企业改革与加强管理、技术改造、调整结构、加强领导班子建设相结合，引导企业向“好机制、好班子、好管理、好产品”的目标迈进，大力提高企业的整体素质，实现集体资产的保值增值；要积极引导个体私有企业在自愿互利基础上，采用股份合作制、股份制等形式实行联合与合作，鼓励发展新型集体经济。

二、不断完善乡村集体企业改革的多种形式

乡村集体企业改革要因地制宜，因企施策，讲究实效。可以实行股份制、股份合作制或组建企业集团、出售、联合、兼并、承包、租赁、破产等多种形式，也可以几种形式配合使用，切不可强制推行单一形式的改革。

实行出售的，一般应是微利、亏损企业。要实行公开、公平、公正的原则，民主决策，竞价出售。出售也应采取多种形式，可以是部分资产出售或全部资产出售；可以出售给职工集体、企业法人或私人。要鼓励采取先售后股，发展新型集体经济。对购买者要进行业务能力、组织能力、资金承受能力的资格审查，严格按规定及时、足额交纳购买资金，严禁“一卖了之”的简单化做法。禁止和纠正由少数人内定，搞定向转让或私下交易，使集体利益受到损失的，应令其退赔。私人购买企业或买股，必须用自有资金，不能挪用或借用集体资金，不能以未来收益抵偿或拖欠，否则收回企业或股份。已经挪用集体资金购买企业或买股，搞私人经营的，依法追究责任；已经借用集体资金购买企业或买股，搞私人经营的，应令其归还。

实行股份有限公司和有限责任公司的，要依法完善各项规章制度。企业产权结构，要根据企业实际，按有利于企业发展的原则确定。对经营状况、市场前景和效益较好的骨干企业，原则上乡村集体应当控股或参股。

实行企业集团的，要以骨干企业或主导产品为龙头，以资产为纽带，通过控股或参股等途径进行资产重组，实现生产要素跨地区、跨行业、跨所有制合理流动和优化组合。

实行股份合作制的，提倡采取增量扩股或现金购股的做法，不得把集体资产平调为乡镇政府所有，不得将企业存量资产所有权无偿量化给个人。存量资产实行分红权量化并以现金配股的做法，应允许继续探索，但经营者和职工的差距不宜过大。职工和农民用现金购股，要坚持自愿，决不能强迫入股。经营者和管理人员可以用现金多入股，但不得强迫入大股。任何人不得以权谋股。

实行租赁和承包经营的，要择优选择经营者，实行竞价租赁、承包，合理确定租赁金和承包费。经营者应按规定交纳风险抵押金，并承担集体资产保值增值责任。乡镇企业行政管理部门要加强对租赁、承包企业的审计监管工作。对于一些企业采取不动产租赁、动产拍卖的方法，应当鼓励和推广。

实行联合或兼并的，要本着自愿互利原则，尊重企业和群众的选择，不得强制，不搞行政“捏合”。

乡镇企业的改革无论采取何种所有制形式和企业组织形式，都要严格按照中发[1997]8 号文件和《乡镇企业法》的规定，属于乡镇企业范围的，由乡镇企业行政管理部门负责规划、指导、管理、监督、协调和服务。要坚决禁止和纠正将各种形式的企业登记为个体工

商户。

三、认真抓好乡镇企业集体资产管理的关键环节

要让企业职工和农民参加企业改革的全过程，涉及到欠税和银行债权的，必须有税务部门和银行参加。要严格把握以下关键环节：

清产核资。对企业的全部资产，包括流动资产、长期投资、固定资产、无形资产、递延资产和其他资产，进行全面的清查、登记、核实，做到账账相符，账实相符，账物相符。

资产评估。包括有形资产和无形资产两大类。资产评估报告书，经资产所有者和主要债权人认可后，企业才能按评估的资产价值量进行账务调整。评估结果要向企业职工和社区农民群众张榜公布。要防止集体资产的低评、漏评。规模较大、资产较多的企业，应由有资质的中介机构评估；一般企业由乡镇政府认可的评估机构或组织进行评估。乡镇企业行政管理部门要加强对评估人员和评估机构的资格审查和管理。

明晰产权。产权界定要坚持“谁投资，谁所有，谁受益”的原则，明确其财产归属。按照国家法律、法规和有关政策规定享受的优惠，包括以税还贷、税前还贷和各种减免税金所形成的所有者权益，归乡村集体经济组织所有；对于乡村集体经济组织没有或很少投入资本金，靠贷款发展起来的企业，其所有者权益归乡村集体经济组织和企业职工集体所有；对于完全由个人出资，只向乡村集体交纳管理费，但使用集体土地、挂集体企业牌子的，原则上将各种提留、税收减免所形成的资产，界定为乡村集体经济组织所有。

股权设置。一般可设乡村集体股、职工个人股、社会法人股、外资股及社会个人股。无论何种股权，均不得退股。

收益分配。股份制和股份合作制企业在收益分配上，必须兼顾国家、集体、企业、职工、股东五者利益关系，依法纳税，按规定提取各种规费和基金，实行按劳分配和按股分红相结合，做到各种股权同股同利，利益共享，风险共担。企业分红率应低于企业资产利润率。

四、依法落实乡镇企业的欠税和金融债务

各级乡镇企业行政管理部门要高度重视乡镇企业在改革中欠税处理和金融债权保全工作，积极配合和支持税务部门和金融机构的税收征管和债权管理工作，严禁包庇和纵容企业各种逃废国家税收、金融债务的行为，依法落实欠税和金融债权。在本通知下达之前已经发生逃废欠税和金融债务的企业，必须立即纠止并重新确立债权债务关系。要协助有关部门防止一些企业利用“多头开户”逃废欠税和金融债务。企业要根据自身的负债和经营的实际情况，在有利于依法纳税和银行贷款回收和安全的原则下，与税务部门、贷款银行充分协商，探索欠税和金融债权债务处理的办法。企业经营形成的呆账、坏账，要查明原因，分清责任，认真处理。

五、尽快健全乡镇企业集体资产的管理和监督机制

乡村集体经济组织代表全社区农民行使集体资产的所有权，并经营管理集体资产。乡镇、村应逐步建立健全集体资产管理机构，完善对各类集体资产的清查、评估、登记、建档制度，定期向社区农民报告集体资产经营及财务情况，接受他们的监督。

各级乡镇企业行政管理部门要依法对乡镇企业集体资产管理进行指导和监督。对乡镇企业现有集体资产进行全面的清产核资和产权登记。要制定集体资产管理办法，建立健全乡镇企业集体资产的审计监督制度。企业内部要健全会计、审计制度，严格按照有关制度操作。要建立健全股东大会、董事会和监事会制度，积极探索各类企业中加强党组织建设的经验。

对乡村集体股本金及所得红利、出售集体企业收回的资金、集体企业的承包金、租赁金等集体资产，应纳入集体的资本账户，严格管理和监督，只能用于企业的再投入，或通过控股、参股的形式投入经济效益较好的企业，偿还欠税、银行和其他债权人的债务，补农建农和农村公益事业建设，不得用于非生产性开支、奢侈性开支和弥补乡镇财政收入。

六、切实加强对乡镇企业改革工作的领导

乡镇企业的改革，涉及到方方面面的利益，是一项政策性很强的工作。各级乡镇企业行政管理部门要高度重视，切实加强对改革的具体指导，要把防止悬空、逃废欠税和贷款以及集体资产流失，作为企业改革中的重要环节来抓，制定和采取切实可行的措施，及时研究解决工作中出现的问题。要会同有关部门对乡镇企业集体资产进行全面的清产核资和产权登记，依法对乡镇企业集体资产管理进行指导和监督。要加强法律意识和法制观念的培训、教育和法制宣传，为乡镇企业改革工作营造良好的法治环境。

省级乡镇企业行政管理部门在接到本通知后，要及时转发至县级乡镇企业行政管理部门，并以县级乡镇企业行政管理部门为单位，依照本《通知》，在党委政府的领导下，对本县（区、市）乡镇企业改革工作进行一次认真的检查，及时纠正不符合党中央、国务院有关改

革政策精神和本《通知》要求的做法。在此基础上，要将有关检查和处理情况逐级上报，由省级乡镇企业行政管理部门汇总整理，形成书面材料报我部。我部将于适当时候进行抽查，并将有关情况上报国务院。

农业部关于切实加强乡镇企业统计工作的通知

1998 年 7 月 17 日

乡镇企业是我国国民经济的一大支柱和农村经济的主体力量。乡镇企业统计信息是反映乡镇企业生产经营活动状况和经济运行走势的基础性资料，是党中央、国务院及各级党委、政府制定宏观决策的重要依据。乡镇企业的统计工作，是乡镇企业行政管理部门的一项重要职能，事关全局，责任重大。90 年代以来，农业部按照新国民经济核算体系要求，不断修改、补充和完善乡镇企业统计制度，逐步形成了适应社会主义市场经济体制和乡镇企业改革与发展需要的统计体系。但是目前的乡镇企业统计工作仍不能完全适应新形势要求，主要表现在：一些地方和个人对统计工作的重要性认识不够，存在着弄虚作假、虚报浮夸及迟报、拒报现象；统计工作跟不上乡镇企业产权制度改革的步伐；统计数据质量不高，统计信息、咨询、监督在一些方面还不能很好满足党政领导宏观决策需要等等。为进一步做好乡镇企业统计工作，提高乡镇企业统计数据质量，现将有关问题通知如下：

一、进一步明确乡镇企业统计范围

按照《中华人民共和国乡镇企业法》和中发[1997]8 号文件的规定，1997 年我部对乡镇企业统计制度进行了改革，方向是正确的。但由于地区间乡镇企业发展不平衡，经济结构差异较大，加上集体企业改制和工商部门将一些个体私有企业混同于个体工商户等原因，目前一些地方执行新的乡镇企业统计制度有困难，出现对部分个体私有企业漏统现象。因此，今后乡镇企业统计范围仍按原口径执行。

乡镇企业包括乡(镇)办企业、村(村民小组)办企业、联户(股份合作)办企业、户(个体、私营)办企业，以及这些企业之间或这些企业与国有企业、城市集体企业、私营企业以及外资等多种经济成分联合投资建立的企业。列入乡镇企业统计范围的企业必须同时具备四个条件即：①有固定的生产经营组织、场所、设备和生产经营人员。②常年从事生产经营活动，或从事季节性生产经营活动，但全年开工时间在 3 个月以上。③具备独立核算条件，能够独立计算收入、支出、盈亏情况。④除农业企业外应持有工商行政管理部门颁发的《企业法人营业执照》或《营业执照)。根据新形势的客观需要，乡镇企业统计制度分为集体经济和私有经济两大类。集体经济包括乡(镇)村集体经济组织投资兴办的独资企业；集体经济控股或起实际支配作用的股份制企业、联营企业；各种类型的股份合作制企业以及上述集体企业与外商及港澳台商合资合作企业。私有经济包括私营企业和个体企业。私营企业包括私营独资企业、私营合伙企业、私营有限责任公司、私有经济控股或起实际支配作用的股份制企业、联营企业以及上述私营企业与外商及港澳台商合资合作企业。个体企业指国家有关法律、法规和政策中规定的农民个人兴办的企业，包括农民个人投资兴办的个体工商户。另外，国家法律、法规和政策规定的其他属于乡镇企业统计范围的企业也应当依法统计，不得遗漏。经国家统计局批准的乡镇企业统计制度和统计调查方案具有国家法规效力，必须认真执行。

二、认真做好乡镇企业定期统计报表工作

乡镇企业定期报表主要是指《乡镇工业企业生产销售月报》和《乡镇集体工业企业主要财务指标月报》。为了提高乡镇企业定期报表数据质量，必须坚持三项原则和三项制度。三项原则是：①及时性原则。严格按规定时间上报各类定期报表，有特殊原因不能按时上报的要事先说明原因。②准确性原则。定期报表中的各项生产指标必须从企业原始记录、统计台账取得，财务指标从企业会计报表取得。如按规定时间上报确有困难的，可依据上期报表科学测算，逐月核实。③完整性原则。定期报表内容必须齐全完整，不能漏项或缺报，相关指标数据要符合企业生产经营内在的逻辑关系。

三项制度是：①及时反馈制度。各级报表汇总单位应及时将汇总情况及经济运行分析材料向上报单位反馈。②报表考核制度。汇总单位应将定期报表制度执行情况列入年度报表评比考核范围，作为评选先进集体和优秀个人的必要条件。③定期通报制度。汇总单位应定期通报报表上报单位执行定期报表制度情况，包括报表质量、上报时间、上报方式、运行分析材料质量等。乡镇企业的财务人员和统计人员要互相支持，通力合作，排除干扰，确保乡镇企业定期报表高质量完成。

三、重视搞好乡镇企业的统计分析

统计分析是统计工作的有机组成部分，是统计工

作的重要成果，是正确判断经济形势，及时反映经济运行中出现的新情况、新问题，进行决策的基础性资料。从事乡镇企业统计工作的同志要善于发现、分析、总结规律性、趋势性和方向性的问题，并结合乡镇企业改革和发展中的热点、难点，加强调查研究，掌握新鲜材料，做好统计分析，向党政领导和有关部门提供有分量的咨询意见。统计分析应有情况、有分析、有建议，避免数字文字化、内容简单化、分析表面化现象。

四、努力提高乡镇企业统计数据的质量

统计数据质量是统计工作的生命，各级乡镇企业行政管理部门和统计人员，必须高度重视统计数据质量。一是必须实事求是，认真贯彻《中共中央办公厅、国务院办公厅关于坚决反对和制止在统计上弄虚作假的通知》精神，扎实工作，如实统计、整理、上报统计资料；遵守职业道德，绝不编造虚假数据；坚持原则，敢于抵制和大胆揭发在统计上弄虚作假行为。二是必须依法办统计、依法治统计、依法兴统计。绝不允许任何部门、单位和个人在统计上弄虚作假，否则要坚决依法严肃查处。三是必须加强统计基础工作。要督促、帮助乡镇企业加强统计基础工作，建立健全原始记录、统计台账及各项统计管理制度，促进统计工作规范化，确保原始数据的准确可靠。要把统计工作与企业登记备案、产权登记等基础性工作结合起来。四是必须建立统计数据领导负责制。对于乡镇企业宏观经济数据，特别是对构成社会热点的重要数据主要领导要亲自把关，实行责任制，一级抓一级，层层负责。五是必须加强统计制度建设。进一步完善统计指标体系、统计制度，改变单一的统计调查模式，推行抽样调查、重点调查等统计调查方法。对乡镇企业改革和发展过程中出现的新情况、新问题，应适时根据各级政府和领导的需要，实施重点调查或典型调查。六是必须建立健全数据质量控制和评估体系。统计人员要真正负起责任，加强表与表之间审核、重要数据的逻辑区间审核、动态对比审核以及表内相关指标的逻辑审核，从技术上把住数据质量关，最大限度地减少统计误差。

五、切实加强对乡镇企业统计工作的领导

各级乡镇企业行政管理部门要对统计工作高度重视，切实加强领导。主要领导要亲自抓，分管领导要具体抓，摆上重要的工作议事日程。

在机构改革中，各级乡镇企业行政管理部门对统计工作要充实力量，稳定队伍，只能加强，不能削弱，建立起团结、高效、精干的统计班子。县级以上行政管理部门要配备2人以上专职统计人员，乡镇一级管理部门、村、大中型企业要配备1人以上专职统计人员，乡镇企业均要有专人负责统计工作。要加强统计队伍建设，注重业务培训，培养和造就一支政治强、业务精、作风硬、结构合理的统计队伍，为乡镇企业统计事业发展提供强有力的人才保障。乡镇企业行政管理部门的领导要对统计人员在政治上关心、工作上支持、生活上照顾，为其创造良好的工作环境。

各级乡镇企业行政管理部门要十分重视统计手段现代化建设，农业部和各省市区要加大投资力度，进一步完善计算机联网软硬件配置。有条件的县市要加快信息网络建设，逐步实现计算机汇总报表和省域联网。国家财政部从1998年1月1日起在政府预算收支科目的一般预算支出科目乡镇企业事业费中新增列乡镇企业统计调查费，各省要加大协调力度，积极争取当地政府支持，向同级地方政府争取乡镇企业统计事业费和专项调查经费，为顺利开展乡镇企业统计工作提供资金保证。

党中央、国务院对乡镇企业统计工作十分重视，各有关部门和社会各界对乡镇企业统计数据也非常关注。各级乡镇企业行政管理部门要下大气力，排除困难，不断提高乡镇企业统计数据质量，拓宽服务领域，努力开创乡镇企业统计工作新局面。

中共中央关于农业和农村工作若干重大问题的决定

（1998年10月14日中国共产党第十五届中央委员会第三次全体会议通过）

（摘　录）

必须充分尊重农民的首创精神，依靠群众推进改革的伟大事业。包产到户和乡镇企业，都是党领导下我国农民的伟大创造。坚持从群众中来、到群众中去的根本工作路线，以“三个有利于”为标准，鼓励试、允许看、不争论，及时总结经验，加强指导，对的就坚持，不对的就改正，把农村改革不断引向深入。

……

大力发展乡镇企业，多渠道转移农业富余劳动力。立足农村，向生产的深度和广度进军，发展二、三产业，建设小城镇，开拓农村广阔的就业门路，同时适应城镇和发达地区的客观需要，引导农村劳动力合理有序流动。

……

乡镇企业是推动国民经济新高涨的一支重要力量，在技术进步、产品更新换代和开拓国内外市场等方

面蕴藏着巨大的潜力。当前乡镇企业正处于结构调整和体制创新的重要时期,各级党委和政府要站在全局和战略的高度,对乡镇企业积极扶持,合理规划,分类指导,依法管理。乡镇企业要适应农业产业化经营的需要,着重发展农副产品加工业和储藏、保鲜、运销业。要结合整个工业结构调整,加强技术改造和企业管理,提高产品质量,增强竞争能力。东部地区的乡镇企业要注重提高科技含量,发展高附加值产品和外向型经济。中西部地区重点发展劳动密集型和资源加工型产业,也要尽量应用新技术,提高质量和效益。积极推进乡镇企业改革,放手让群众从实际出发,探索和选择企业的经营方式和组织形式,增强企业活力,调动投资者、经营者和劳动者的积极性,确保集体资产保值增值。严禁逃废对金融机构的债务。

发展小城镇,是带动农村经济和社会发展的一个大战略,有利于乡镇企业相对集中,更大规模地转移农业富余劳动力,避免向大中城市盲目流动,有利于提高农民素质,改善生活质量,也有利于扩大内需,推动国民经济更快增长。要制定和完善促进小城镇健康发展的政策措施,进一步改革小城镇户籍管理制度。小城镇要合理布局,科学规划,重视基础设施建设,注意节约用地和保护环境。

统计资料

1998年全国乡镇企业主要经济指标
1998年各地乡镇企业主要经济指标
1998年各地乡镇企业基本情况
按行业分
按经济类型分
1998年各地乡镇集体工业情况
总计
轻工业
重工业
按工业行业分
1998年各地乡镇企业主要产品产量
1998年各地乡镇企业出口情况
基本情况
按产品类别分出口交货值
1998年各地乡镇企业职工素质情况
1998年各地乡镇集体企业固定资产投资
基本情况
按建设性质分
按国民经济行业分
1998年各地乡镇股份制及股份合作制企业情况
基本情况
企业单位数
职工人数
资本金
增加值
营业收入
利润总额
应缴税金
固定资产原值
1998年各地乡镇企业与外商、港澳台商合资合作情况
基本情况
企业单位数
职工人数
本年实际投资额中客商投资
累计投资额中客商投资
增加值
利润总额
营业收入
应缴税金
1998年各地乡镇联营企业情况
基本情况
与国有企业联营
企业单位数
职工人数
增加值
营业收入
利润总额
固定资产原值
应缴税金
1998年东、中、西部地区乡镇集体企业主要经济指标比较
1998年乡镇企业主要经济指标排序
1998年乡镇集体企业财务评价指标排序
1998年各地乡镇集体企业资产负债情况
1998年各地乡镇集体企业资产损益情况
1998年各地乡镇集体企业利润分配情况
1998年各地乡镇集体工业企业资产负债情况
1998年各地乡镇集体工业企业资产损益情况
1998年各地乡镇集体工业企业利润分配情况
1998年各地个体私有企业主要财务指标

1998年全国乡镇企业主要经济指标

指标名称	单位	合计 数值	合计 比上年增长（%）	集体企业	私有企业	个体企业
企业个数	个	20 039 353	-4.55	1 065 825	2 222 037	16 751 491
从业人员	人	125 365 458	-4.00	48 286 279	26 204 029	50 875 150
现价总产值	万元	966 936 561	17.40	432 977 337	212 986 099	320 973 125
现价工业产值	万元	691 275 319	16.80	355 669 495	160 617 854	174 987 970
增加值	万元	221 864 561	17.30	99 713 144	48 429 979	73 721 438
工业增加值	万元	155 302 725	16.90	81 044 641	36 151 809	38 106 275
营业收入	万元	893 510 140	17.80	382 840 712	188 702 646	321 966 782
所得税	万元	4 770 579	10.30	2 715 328	850 216	1 205 035
净利润	万元	46 353 052	9.60	16 977 813	10 336 171	19 039 068
实缴税金总额	万元	15 829 793	7.30	8 661 865	2 973 932	4 193 996
工资总额	万元	62 518 622	9.20	24 829 981	12 939 212	24 749 429
固定资产原值	万元	215 664 812	13.00	134 430 798	35 422 561	45 811 453
出口产品交货值	万元	68 536 453	2.50			

注：部分省份1997年的数字有调整，各相关指标的增长速度是在部分省份调整的基础上计算的

1998年各地乡镇企业主要经济指标

指标名称 / 地区	企业数(个)				从业人数(人)			
	合计	集体企业	私有企业	个体企业	合计	集体企业	私有企业	个体企业
全国总计	**20 039 353**	**1 065 825**	**2 222 037**	**16 751 491**	**125 365 458**	**48 286 279**	**26 204 029**	**50 875 150**
北京	78 686	15 711	2 855	60 120	923 758	736 799	36 435	150 524
天津	115 504	11 180	9 849	94 475	1 153 614	720 314	170 633	262 667
河北	854 341	41 525	86 894	725 922	7 505 661	2 137 296	1 365 860	4 002 505
山西	323 404	26 989	65 401	231 014	3 182 328	1 295 358	1 183 999	702 971
内蒙古	841 262	14 808	37 547	788 907	3 680 081	497 426	582 032	2 600 623
辽宁	897 361	26 023	27 206	844 132	4 259 097	1 294 406	564 543	2 400 148
吉林	697 119	14 014	8 750	674 355	2 399 164	474 574	121 498	1 803 092
黑龙江	216 114	15 977	42 599	157 538	1 448 059	512 373	375 571	560 115
上海	29 214	14 262	14 952		1 451 493	1 240 211	211 282	
江苏	892 062	77 561	81 288	733 213	8 373 970	4 624 088	1 422 225	2 327 657
浙江	1 026 180	64 711	119 488	841 981	7 880 803	3 354 296	1 948 280	2 578 227
安徽	675 776	48 361	136 834	490 581	5 666 473	2 153 819	1 991 686	1 520 968
福建	775 971	51 528	75 891	648 552	5 103 705	1 750 475	1 272 132	2 081 098
江西	701 252	35 827	46 400	619 025	3 032 070	900 595	463 358	1 668 117
山东	1 588 377	78 942	210 458	1 298 977	11 985 252	5 212 174	2 228 439	4 544 639
河南	868 793	47 101	110 135	711 557	7 687 697	2 760 244	2 322 086	2 605 367
湖北	837 874	111 175	100 659	626 040	6 298 094	3 047 768	1 073 450	2 176 876
湖南	2 149 358	93 591	498 719	1 557 048	8 772 188	2 586 927	2 605 738	3 579 523
广东	1 403 050	114 655	356 146	932 249	11 727 301	6 034 038	3 071 762	2 621 501
广西	805 633	18 840	38 239	748 554	3 694 152	812 080	601 379	2 280 693
海南	33 628	1 286	7 874	24 468	254 440	52 882	101 171	100 387
重庆	91 499	14 905	13 595	62 999	1 356 317	860 654	269 628	226 035
四川	1 211 826	45 387	49 599	1 116 840	5 710 551	2 001 408	898 533	2 810 610
贵州	300 557	10 756	16 072	273 729	1 219 761	358 209	206 114	655 438
云南	1 146 630	24 065	9 848	1 112 717	3 952 692	1 106 007	224 733	2 621 952
西藏								
陕西	832 864	28 684	24 675	779 505	3 808 932	901 588	461 922	2 445 422
甘肃	201 398	8 918	8 184	184 296	1 431 529	519 691	234 023	677 815
青海	52 402	1 736	1 861	48 805	216 680	61 742	29 173	125 765
宁夏	122 170	2 264	8 745	111 161	477 106	87 689	103 055	286 362
新疆	269 048	5 043	11 274	252 731	712 490	191 148	63 289	458 053

1998 年各地乡镇企业主要经济指标(续)

地区＼指标名称	工资总额(万元)				固定资产原值(万元)			
	合计	集体企业	私有企业	个体企业	合计	集体企业	私有企业	个体企业
全国总计	**62 518 622**	**24 829 981**	**12 939 212**	**24 749 429**	**215 664 812**	**134 430 798**	**35 422 561**	**45 811 453**
北　京	565 666	465 942	17 767	81 957	2 989 128	2 723 133	89 183	176 812
天　津	919 385	449 698	177 415	292 272	3 569 265	2 685 588	395 472	488 205
河　北	3 305 719	968 641	684 017	1 653 061	14 396 682	6 352 768	3 155 435	4 888 479
山　西	1 664 524	717 989	616 051	330 484	4 613 305	2 558 996	1 308 304	746 005
内蒙古	1 841 501	247 568	306 262	1 287 671	3 838 374	855 332	847 541	2 135 501
辽　宁	1 870 996	616 378	261 168	993 450	7 289 888	3 714 862	1 343 317	2 231 709
吉　林	2 418 587	173 247	60 809	2 184 531	2 617 020	1 238 892	252 621	1 125 507
黑龙江	604 343	232 756	184 011	187 576	2 361 980	1 341 767	559 518	460 695
上　海	1 096 875	960 630	136 245		7 209 594	6 501 346	708 248	
江　苏	4 154 095	2 772 187	660 868	721 040	21 710 944	17 944 736	2 360 736	1 405 472
浙　江	5 871 199	2 473 684	1 498 969	1 898 546	22 677 343	15 520 681	3 536 282	3 620 380
安　徽	2 816 335	1 039 053	1 057 495	719 787	7 118 443	3 902 765	1 910 905	1 304 773
福　建	2 865 895	1 002 927	735 470	1 127 498	8 598 185	4 427 445	2 347 793	1 822 947
江　西	1 307 064	381 128	210 424	715 512	2 828 475	1 509 260	394 899	924 316
山　东	4 383 721	2 188 953	797 387	1 397 381	20 944 174	14 616 933	2 804 653	3 522 588
河　南	3 201 936	1 259 286	1 044 615	898 035	12 434 592	6 788 627	3 254 286	2 391 679
湖　北	3 393 103	1 639 403	577 160	1 176 540	8 942 716	5 536 878	1 249 873	2 155 965
湖　南	4 440 103	1 166 717	1 465 388	1 807 998	7 874 518	3 188 354	2 089 571	2 596 593
广　东	6 955 531	3 494 217	1 029 655	2 431 659	27 138 165	20 015 775	2 698 613	4 423 777
广　西	1 624 058	355 037	283 426	985 595	4 965 535	1 685 540	686 676	2 593 319
海　南	117 968	23 784	43 744	50 440	608 546	233 399	192 435	182 712
重　庆	602 139	382 351	133 212	86 576	1 704 252	1 214 627	344 846	144 779
四　川	2 037 247	709 714	342 969	984 564	6 615 182	3 822 812	1 088 445	1 703 925
贵　州	869 922	96 160	229 029	544 733	1 687 509	556 643	364 472	766 394
云　南	1 478 842	383 304	99 702	995 836	4 764 264	2 361 667	446 813	1 955 784
西　藏								
陕　西	1 184 260	313 114	149 610	721 536	3 105 857	1 509 343	464 104	1 132 410
甘　肃	455 910	170 837	73 797	211 276	1 343 758	769 475	223 012	351 271
青　海	58 634	23 000	6 997	28 637	283 788	147 883	56 356	79 549
宁　夏	123 043	28 797	29 179	65 067	508 981	190 887	151 348	166 746
新　疆	290 021	93 479	26 371	170 171	924 349	514 384	96 804	313 161

1998年各地乡镇企业主要经济指标(续)

地区＼指标名称	出口交货值(万元)	净利润(万元)				实缴税金总额(万元)			
		合计	集体企业	私有企业	个体企业	合计	集体企业	私有企业	个体企业
全国总计	**68 536 453**	**46 353 052**	**16 977 813**	**10 336 171**	**19 039 068**	**15 829 793**	**8 661 865**	**2 973 932**	**4 193 996**
北京	405 727	326 853	238 328	18 508	70 017	187 350	166 591	5 890	14 869
天津	1 396 685	999 486	594 652	130 051	274 783	202 421	143 496	24 524	34 401
河北	1 852 434	4 033 799	1 204 799	1 156 010	1 672 990	777 498	278 918	163 004	335 576
山西	508 811	836 402	318 731	331 974	185 697	344 918	204 213	88 449	52 256
内蒙古	228 742	2 511 970	214 713	375 164	1 922 093	235 778	89 207	26 853	119 718
辽宁	2 704 124	3 556 606	802 207	488 467	2 265 932	513 751	224 272	94 806	194 673
吉林	162 396	1 008 078	182 845	75 403	749 830	181 941	67 502	15 445	98 994
黑龙江	154 057	441 560	212 598	159 813	69 149	121 285	68 478	32 292	20 515
上海	3 229 647	665 211	606 893	58 318		442 374	364 783	77 591	
江苏	12 526 780	1 902 783	1 247 286	320 913	334 584	1 778 428	1 321 793	260 292	196 343
浙江	10 171 147	3 887 123	1 244 451	1 211 109	1 431 563	2 387 697	1 353 690	506 601	527 406
安徽	910 652	2 074 255	726 879	865 953	481 423	517 669	262 053	160 023	95 593
福建	7 244 987	1 857 697	656 093	535 654	665 950	754 222	340 673	200 217	213 332
江西	298 632	803 640	246 258	126 426	430 956	290 113	122 770	41 524	125 819
山东	5 865 739	3 769 308	2 511 826	526 666	730 816	1 396 851	941 035	227 439	228 377
河南	851 301	3 116 618	1 548 846	898 505	669 267	636 869	324 952	199 940	111 977
湖北	835 215	2 547 238	1 252 203	493 439	801 596	626 252	350 802	103 758	171 692
湖南	1 236 810	3 377 461	687 016	1 193 135	1 497 310	739 607	295 449	215 304	228 854
广东	16 512 208	3 555 778	1 618 999	502 582	1 434 197	1 538 849	912 163	205 989	420 697
广西	740 667	1 269 243	191 509	164 781	912 953	447 247	120 580	54 585	272 082
海南	10 247	99 113	19 288	45 611	34 214	39 353	10 902	15 666	12 785
重庆	119 489	172 583	62 847	60 951	48 785	162 367	101 963	36 743	23 661
四川	216 497	676 526	121 115	143 601	411 810	477 367	220 333	80 209	176 825
贵州	72 773	477 426	26 159	160 374	290 893	151 521	28 598	32 376	90 547
云南	84 294	894 761	103 536	50 413	740 812	415 758	164 548	29 572	221 638
西藏									
陕西	97 849	922 952	215 396	135 189	572 367	218 500	88 225	32 767	97 508
甘肃	34 475	306 753	89 306	55 874	161 573	99 285	44 825	14 960	39 500
青海	25 136	22 763	5 979	4 845	11 939	17 892	6 631	3 340	7 921
宁夏	34 629	82 488	11 468	25 921	45 099	44 265	11 678	13 806	18 781
新疆	4 303	156 578	15 587	20 521	120 470	82 365	30 742	9 967	41 656

1998年各地乡镇企业主要经济指标(续)

指标名称 / 地区	营业收入(万元)				所得税(万元)			
	合计	集体企业	私有企业	个体企业	合计	集体企业	私有企业	个体企业
全国总计	**893 510 140**	**382 840 712**	**188 702 646**	**321 966 782**	**4 770 579**	**2 715 328**	**850 216**	**1 205 035**
北京	6 926 122	5 717 506	222 416	986 200	49 825	45 131	1 451	3 243
天津	13 033 877	8 639 145	1 640 241	2 754 491	122 579	102 345	7 861	12 373
河北	56 998 806	16 035 798	12 250 412	28 712 596	233 902	81 790	37 374	114 738
山西	14 924 168	6 684 109	5 287 961	2 952 098	118 430	47 855	44 270	26 305
内蒙古	23 716 956	2 627 543	3 618 283	17 471 130	74 526	11 825	14 978	47 723
辽宁	52 372 193	14 181 195	7 476 987	30 714 011	392 185	152 734	53 236	186 215
吉林	12 882 675	2 926 188	925 047	9 031 440	92 677	30 329	10 674	51 674
黑龙江	8 913 452	4 305 221	3 228 974	1 379 257	31 650	16 897	10 263	4 490
上海	16 600 657	14 625 024	1 975 633		83 099	72 080	11 019	
江苏	74 782 446	52 407 244	12 666 035	9 709 167	362 921	265 451	49 983	47 487
浙江	92 854 239	38 612 870	23 344 082	30 897 287	639 666	352 207	128 941	158 518
安徽	29 663 564	12 353 756	11 744 471	5 565 337	323 315	136 966	132 667	53 682
福建	42 753 693	15 208 070	12 302 640	15 242 983	110 110	53 546	30 394	26 170
江西	11 715 135	4 303 873	1 746 099	5 665 163	37 661	17 770	5 384	14 507
山东	82 077 070	46 251 219	15 412 079	20 413 772	686 926	646 817	18 523	21 586
河南	48 652 216	20 321 888	15 841 136	12 489 192	276 307	116 337	88 738	71 292
湖北	52 664 506	29 662 699	9 175 343	13 826 464	323 554	196 244	46 473	80 837
湖南	57 347 643	14 375 798	20 111 989	22 859 856	203 763	71 076	63 739	68 948
广东	78 289 272	42 323 584	11 718 167	24 247 521	247 534	140 830	32 485	74 219
广西	31 575 553	5 190 039	3 791 250	22 594 264	38 544	11 071	4 701	22 772
海南	1 130 683	278 382	500 723	351 578	3 468	1 743	901	824
重庆	6 296 780	3 326 722	1 796 922	1 173 136	34 510	18 676	11 216	4 618
四川	28 269 864	8 305 083	5 522 508	14 442 273	73 590	36 897	11 302	25 391
贵州	7 012 980	866 447	1 686 461	4 460 072	33 154	4 373	10 196	18 585
云南	16 748 507	5 727 185	1 109 157	9 912 165	60 716	35 315	3 329	22 072
西藏								
陕西	16 620 103	4 768 606	2 130 827	9 720 670	61 002	24 950	10 980	25 072
甘肃	4 585 240	1 579 501	775 131	2 230 608	31 830	15 357	5 340	11 133
青海	538 240	185 860	83 019	269 361	1 466	624	523	319
宁夏	1 107 871	275 791	341 418	490 662	4 391	1 400	1 285	1 706
新疆	2 455 629	774 366	277 235	1 404 028	17 198	6 672	1 990	8 536

1998 年各地乡镇企业主要经济指标(续)

指标名称 / 地区	现价总产值(万元)				现价工业总产值(万元)			
	合　计	集体企业	私有企业	个体企业	合　计	集体企业	私有企业	个体企业
全国总计	966 936 561	432 977 337	212 986 099	320 973 125	691 275 319	355 669 495	160 617 854	174 987 970
北　京	6 900 792	5 625 407	255 605	1 019 780	3 943 877	3 533 450	163 411	247 016
天　津	13 366 448	9 095 084	1 633 379	2 637 985	10 987 951	8 239 640	1 340 451	1 407 860
河　北	59 131 345	17 057 788	11 930 007	30 143 550	42 940 761	14 371 347	10 065 253	18 504 161
山　西	17 143 543	7 695 433	6 754 725	2 693 385	11 795 025	6 318 706	4 614 199	862 120
内蒙古	23 851 408	2 730 645	3 875 731	17 245 032	7 695 399	1 451 529	1 688 223	4 555 647
辽　宁	57 619 605	15 774 130	8 067 256	33 778 219	37 728 602	11 807 659	6 387 990	19 532 953
吉　林	13 915 245	3 341 032	803 724	9 770 489	6 425 982	2 457 776	530 740	3 437 466
黑龙江	9 073 501	4 479 701	3 114 746	1 479 054	6 842 231	3 605 255	1 918 757	1 318 219
上　海	22 686 154	19 324 408	3 361 746		22 686 154	19 324 408	3 361 746	
江　苏	95 102 477	64 181 555	15 648 825	15 272 097	84 494 797	59 054 836	14 621 357	10 818 604
浙　江	101 087 603	42 395 067	26 297 034	32 395 502	94 809 447	39 177 130	25 860 513	29 771 804
安　徽	30 182 063	12 903 108	11 787 972	5 490 983	18 794 773	8 878 662	7 542 010	2 374 101
福　建	46 581 481	17 110 450	13 059 461	16 411 570	31 161 460	13 063 376	10 355 636	7 742 448
江　西	12 924 297	4 738 269	1 930 730	6 255 298	8 518 073	3 799 119	1 534 979	3 183 975
山　东	95 494 738	54 412 235	16 479 840	24 602 663	73 792 255	45 783 815	12 078 153	15 930 287
河　南	51 146 656	21 604 736	16 941 843	12 600 077	37 853 639	17 570 549	12 945 932	7 337 158
湖　北	56 532 603	32 417 434	9 660 596	14 454 573	35 962 926	22 687 198	5 638 000	7 637 728
湖　南	60 561 330	15 983 018	21 468 123	23 110 189	29 912 260	10 003 422	10 261 567	9 647 271
广　东	84 078 150	47 866 922	22 759 005	13 452 223	67 841 796	42 866 507	17 882 451	7 092 838
广　西	22 990 798	4 740 486	3 527 893	14 722 419	11 411 524	2 744 111	2 258 028	6 409 385
海　南	1 168 882	264 066	552 006	352 810	633 917	149 424	362 202	122 291
重　庆	6 692 233	3 848 363	1 586 540	1 257 330	4 064 877	2 284 088	1 160 693	620 096
四　川	34 354 524	10 101 602	6 072 316	18 180 606	18 483 151	6 626 146	4 609 269	7 247 736
贵　州	4 664 435	1 967 797	595 366	2 101 272	2 640 420	1 425 018	419 077	796 325
云　南	13 776 226	5 414 346	952 200	7 409 680	5 743 255	2 761 279	582 044	2 399 932
西　藏								
陕　西	16 710 308	4 764 173	2 255 307	9 690 828	9 914 384	3 703 527	1 548 576	4 662 281
甘　肃	5 071 716	1 827 134	928 313	2 316 269	2 211 842	1 099 052	449 388	663 402
青　海	562 025	208 364	84 056	269 605	328 763	164 792	60 795	103 176
宁　夏	1 108 565	291 551	352 768	464 246	543 687	196 033	195 238	152 416
新　疆	2 457 410	813 033	248 986	1 395 391	1 112 091	521 641	181 176	409 274

1998年各地乡镇企业主要经济指标(续)

指标名称 / 地区	增加值(万元)				工业增加值(万元)			
	合计	集体企业	私有企业	个体企业	合计	集体企业	私有企业	个体企业
全国总计	**221 864 561**	**99 713 144**	**48 429 979**	**73 721 438**	**155 302 725**	**81 044 641**	**36 151 809**	**38 106 275**
北京	1 497 734	1 245 343	59 559	192 832	849 796	775 254	36 725	37 817
天津	2 802 980	1 693 648	406 452	702 880	1 947 133	1 418 854	289 865	238 414
河北	15 008 774	4 316 231	3 274 531	7 418 012	10 850 521	3 625 729	2 778 547	4 446 245
山西	4 337 663	1 946 408	1 715 816	675 439	3 043 283	1 609 465	1 209 438	224 380
内蒙古	6 119 550	748 634	1 009 440	4 361 476	1 928 313	408 582	467 568	1 052 163
辽宁	13 749 930	3 774 417	1 922 576	8 052 937	8 951 816	2 830 212	1 481 557	4 640 047
吉林	3 782 056	940 944	216 448	2 624 664	1 674 334	682 125	138 711	853 498
黑龙江	2 198 349	1 044 476	744 517	409 356	1 572 320	817 974	442 617	311 729
上海	4 826 772	4 251 369	575 403		4 826 772	4 251 369	575 403	
江苏	19 746 410	13 587 248	3 139 600	3 019 562	17 033 521	12 376 273	2 892 690	1 764 558
浙江	21 187 177	9 267 263	5 274 203	6 645 711	19 299 495	8 482 391	5 187 437	5 629 667
安徽	7 829 974	3 283 359	3 088 326	1 458 289	4 686 211	2 221 304	1 898 909	565 998
福建	10 903 228	4 254 523	2 962 845	3 685 860	7 290 749	3 276 567	2 345 078	1 669 104
江西	3 428 633	1 253 165	527 774	1 647 694	2 264 037	1 001 062	414 571	848 404
山东	20 490 441	13 097 378	3 131 826	4 261 237	17 355 548	11 009 068	2 833 998	3 512 482
河南	13 723 743	5 501 176	4 679 953	3 542 614	9 986 739	4 528 508	3 436 857	2 021 374
湖北	12 873 002	7 221 332	2 153 557	3 497 893	8 156 137	5 155 625	1 281 883	1 718 629
湖南	14 561 483	4 084 649	4 929 325	5 547 509	7 030 745	2 468 727	2 265 983	2 296 035
广东	19 160 137	10 820 978	5 027 737	3 311 422	14 750 290	9 434 167	3 754 012	1 562 111
广西	4 352 697	897 581	664 358	2 790 758	1 904 523	537 869	389 102	977 552
海南	299 644	64 879	124 013	110 752	146 888	36 099	76 364	34 425
重庆	1 587 308	909 777	360 915	316 616	963 875	539 106	266 562	158 207
四川	6 541 394	2 038 308	1 196 401	3 306 685	3 549 726	1 362 437	904 776	1 282 513
贵州	1 167 383	469 047	150 165	548 171	690 901	360 648	110 338	219 915
云南	3 523 099	1 145 482	211 403	2 166 214	1 219 971	501 506	122 534	595 931
西藏								
陕西	4 029 126	1 148 737	522 598	2 357 791	2 390 760	892 506	357 857	1 140 397
甘肃	1 127 747	397 417	205 444	524 886	484 523	235 980	99 005	149 538
青海	126 177	44 583	18 511	63 083	70 911	33 911	13 251	23 749
宁夏	278 678	68 958	79 497	130 223	123 304	44 867	39 700	38 737
新疆	603 272	195 614	56 786	350 872	259 583	126 456	40 471	92 656

1998 年各地乡镇企业基本情况

(一) 按行业分

1. 企业单位数

单位:个

行业 地区	行业合计	农业企业	工业企业	建筑业企业	交通运输企业	批发零售贸易企业	旅游饮食服务企业	其他企业
全国总计	**20 039 353**	**189 197**	**6 619 625**	**821 344**	**4 148 150**	**5 454 690**	**2 210 846**	**595 501**
北京	78 686	933	16 800	2 556	27 681	19 070	9 605	2 041
天津	115 504		30 035	2 117	28 756	38 336	16 205	55
河北	854 341	5 434	354 074	33 317	156 474	198 959	78 399	27 684
山西	323 404	3 746	82 083	14 848	123 330	64 670	30 506	4 221
内蒙古	841 262	6 312	159 686	34 699	269 278	245 367	102 301	23 619
辽宁	897 361	6 457	261 704	21 225	217 541	277 429	91 638	21 367
吉林	697 119	4 654	162 563	43 631	183 980	224 324	75 059	2 908
黑龙江	216 114	1 861	87 747	8 534	45 541	42 767	28 416	1 248
上海	29 214		29 214					
江苏	892 062	1 365	433 473	32 157	110 761	172 933	69 391	71 982
浙江	1 026 180	404	629 119	4 900	128 221	197 809	58 754	6 973
安徽	675 776	7 895	233 744	45 687	124 951	176 767	73 380	13 352
福建	775 971	11 379	237 855	37 477	145 438	234 567	84 119	25 136
江西	701 252	5 631	255 661	47 764	120 723	188 804	62 003	20 666
山东	1 588 377	12 679	545 466	56 152	300 233	434 159	187 572	52 116
河南	868 793	5 578	363 544	36 842	160 917	198 493	94 443	8 976
湖北	837 874	28 773	295 043	51 382	128 094	206 209	102 603	25 770
湖南	2 149 358	33 744	726 836	127 628	417 155	581 731	176 632	85 632
广东	1 403 050	14 982	428 135	69 678	240 988	444 469	152 715	52 083
广西	805 633	5 600	186 669	23 377	104 503	343 507	125 921	16 056
海南	33 628	585	8 526	1 061	5 360	9 960	6 451	1 685
重庆	91 499	1 869	42 087	2 408	12 076	21 338	10 905	816
四川	1 211 826	9 332	317 107	30 025	249 532	391 732	177 776	36 322
贵州	300 557	3 215	100 769	4 784	56 371	90 059	37 167	8 192
云南	1 146 630	7 899	268 084	19 980	381 752	288 927	135 860	44 128
西藏								
陕西	832 864	5 528	214 533	43 545	230 027	184 697	125 735	28 799
甘肃	201 398	1 307	55 115	7 379	47 771	62 476	25 190	2 160
青海	52 402	446	15 108	1 051	16 543	12 460	5 756	1 038
宁夏	122 170	536	28 673	11 781	42 223	24 612	13 448	897
新疆	269 048	1 053	50 172	5 359	71 930	78 059	52 896	9 579
计划单列市	**394 469**	**5 547**	**158 265**	**9 278**	**65 415**	**106 952**	**40 742**	**8 270**
大连	143 986	4 620	36 582	4 787	34 474	42 212	18 815	2 496
青岛	104 850	770	37 777	3 229	13 224	35 392	10 636	3 822
宁波	89 894		78 650	473	3 211	6 075	1 445	40
厦门	22 769	150	3 519	737	5 034	10 419	2 666	244
新疆兵团	32 970	7	1 737	52	9 472	12 854	7 180	1 668
东部地区	**7 660 746**	**53 633**	**2 965 875**	**259 579**	**1 356 093**	**2 017 731**	**748 398**	**259 437**
中部地区	**8 605 879**	**108 611**	**2 780 948**	**452 294**	**1 796 326**	**2 281 532**	**957 458**	**228 710**
西部地区	**3 772 728**	**26 953**	**872 802**	**109 471**	**995 731**	**1 155 427**	**504 990**	**107 354**

2. 从业人员

单位：人

地区 \ 行业	行业合计	农业企业	工业企业	建筑业企业	交通运输企业	批发零售贸易企业	旅游饮食服务企业	其他企业
全国总计	**125 365 458**	**2 739 147**	**73 342 330**	**16 337 455**	**8 863 356**	**14 188 978**	**7 676 286**	**2 217 906**
北京	923 758	13 171	541 016	164 223	57 036	73 819	64 625	9 868
天津	1 153 614		812 107	65 395	98 147	118 243	57 325	2 397
河北	7 505 661	115 981	4 600 874	963 232	514 615	845 640	364 290	101 029
山西	3 182 328	55 357	2 033 727	304 988	372 687	255 339	139 695	20 535
内蒙古	3 680 081	136 360	1 102 440	586 375	604 037	775 503	384 046	91 320
辽宁	4 259 097	116 218	2 365 693	413 428	408 779	619 629	277 840	57 510
吉林	2 399 164	70 571	938 814	307 853	342 881	509 264	218 166	11 615
黑龙江	1 448 059	22 711	863 076	139 134	129 903	166 096	121 250	5 889
上海	1 451 493		1 451 493					
江苏	8 373 970	29 662	6 337 878	797 579	240 183	449 686	232 325	286 657
浙江	7 880 803	7 325	6 774 618	332 200	202 169	398 861	152 970	12 660
安徽	5 666 473	136 683	3 127 074	987 468	411 484	606 533	330 435	66 796
福建	5 103 705	195 672	2 995 320	505 575	344 807	640 645	291 213	130 473
江西	3 032 070	52 797	1 717 053	379 430	219 787	419 977	178 764	64 262
山东	11 985 252	184 292	7 123 713	1 840 066	732 691	1 196 848	706 809	200 833
河南	7 687 697	120 336	4 845 075	1 089 687	464 117	677 900	454 533	36 049
湖北	6 298 094	389 799	3 361 383	905 751	363 430	737 586	424 423	115 722
湖南	8 772 188	412 717	4 151 350	1 614 481	698 000	1 201 066	466 952	227 622
广东	11 727 301	115 969	8 249 588	884 357	456 712	1 158 592	684 104	177 979
广西	3 694 152	167 960	1 516 141	368 365	299 100	853 233	415 363	73 990
海南	254 440	22 880	87 166	24 992	22 906	46 192	38 499	11 803
重庆	1 356 317	19 061	755 470	417 107	47 959	65 776	45 949	4 992
四川	5 710 551	82 159	2 747 056	1 119 748	400 579	749 211	489 819	121 979
贵州	1 219 761	37 044	707 358	109 088	89 480	162 546	96 500	17 745
云南	3 952 692	132 924	1 388 984	691 072	470 400	618 798	405 171	245 343
西藏								
陕西	3 808 932	48 533	1 674 815	703 660	478 049	438 237	372 925	92 713
甘肃	1 431 529	24 207	555 755	393 353	173 270	185 901	91 997	7 046
青海	216 680	2 826	96 201	38 962	36 762	24 415	15 750	1 764
宁夏	477 106	5 802	168 453	110 183	88 594	63 519	38 484	2 071
新疆	712 490	20 127	252 639	79 703	94 792	129 923	116 064	19 242
计划单列市	**3 451 542**	**114 013**	**2 364 678**	**380 196**	**140 897**	**272 631**	**138 602**	**40 525**
大连	1 009 765	96 440	471 292	179 851	72 875	112 006	68 160	9 141
青岛	1 026 109	13 566	639 967	162 333	35 637	103 565	43 571	27 470
宁波	1 179 490		1 130 225	23 905	6 409	13 885	4 618	448
厦门	165 904	3 571	99 495	13 642	13 437	25 095	9 553	1 111
新疆兵团	70 274	436	23 699	465	12 539	18 080	12 700	2 355
东部地区	**60 364 654**	**778 290**	**41 252 300**	**5 966 055**	**3 055 139**	**5 501 963**	**2 831 501**	**979 406**
中部地区	**49 361 873**	**1 410 727**	**26 214 893**	**7 969 307**	**3 928 876**	**5 826 985**	**3 242 911**	**768 174**
西部地区	**15 638 931**	**550 130**	**5 875 137**	**2 402 093**	**1 879 341**	**2 860 030**	**1 601 874**	**470 326**

3. 增加值

单位:万元

行业 地区	行业合计	农业企业	工业企业	建筑业企业	交通运输企业	批发零售贸易企业	旅游饮食服务企业	其他企业
全国总计	**221 864 561**	**3 461 566**	**155 302 725**	**17 810 242**	**13 614 101**	**19 698 262**	**9 158 925**	**2 818 740**
北京	1 497 734	18 534	849 796	239 496	93 126	137 419	119 964	39 399
天津	2 802 980		1 947 133	117 248	270 362	287 533	158 914	21 790
河北	15 008 774	90 847	10 850 521	934 505	961 368	1 482 985	479 098	209 450
山西	4 337 663	33 015	3 043 283	289 673	484 057	339 421	132 610	15 604
内蒙古	6 119 550	193 409	1 928 313	919 052	1 076 324	1 322 092	581 541	98 819
辽宁	13 749 930	276 237	8 951 816	880 831	1 121 183	1 597 493	737 129	185 241
吉林	3 782 056	80 580	1 674 334	436 289	620 485	641 900	309 310	19 158
黑龙江	2 198 349	52 751	1 572 320	248 539	96 651	127 924	93 208	6 956
上海	4 826 772		4 826 772					
江苏	19 746 410	59 555	17 033 521	863 672	324 188	780 752	368 854	315 868
浙江	21 187 177	20 798	19 299 495	477 864	295 606	878 831	198 683	15 900
安徽	7 829 974	210 805	4 686 211	1 083 601	607 749	785 335	376 813	79 460
福建	10 903 228	354 172	7 290 749	713 717	692 323	1 225 729	435 620	190 918
江西	3 428 633	30 669	2 264 037	276 063	289 131	375 297	147 622	45 814
山东	20 490 441	287 619	17 355 548	1 340 014	402 808	733 724	275 310	95 418
河南	13 723 743	196 189	9 986 739	1 206 533	639 543	960 366	515 673	218 700
湖北	12 873 002	554 885	8 156 137	1 341 051	716 671	1 227 670	684 095	192 493
湖南	14 561 483	489 751	7 030 745	2 222 316	1 458 562	2 015 372	898 297	446 440
广东	19 160 137	158 466	14 750 290	994 124	706 472	1 435 331	858 165	257 289
广西	4 352 697	144 667	1 904 523	400 146	472 072	1 001 922	381 358	48 009
海南	299 644	13 128	146 888	28 859	18 355	42 047	39 107	11 260
重庆	1 587 308	9 411	963 875	374 712	72 282	89 032	67 415	10 581
四川	6 541 394	42 188	3 549 726	931 790	714 387	732 938	470 617	99 748
贵州	1 167 383	41 245	690 901	85 735	118 462	150 730	70 006	10 304
云南	3 523 099	49 421	1 219 971	552 107	570 342	672 316	345 128	113 814
西藏								
陕西	4 029 126	24 075	2 390 760	490 982	469 018	348 848	252 448	52 995
甘肃	1 127 747	15 873	484 523	226 311	167 392	162 700	67 472	3 476
青海	126 177	1 844	70 911	13 199	14 506	13 517	9 201	2 999
宁夏	278 678	3 644	123 304	54 577	46 253	31 553	18 447	900
新疆	603 272	7 788	259 583	67 236	94 423	97 485	66 820	9 937
计划单列市	**11 960 165**	**278 223**	**9 070 274**	**871 116**	**565 393**	**750 020**	**341 644**	**83 495**
大连	5 159 321	237 255	3 004 593	606 218	468 648	536 051	257 024	49 532
青岛	2 194 579	36 895	1 711 159	194 647	51 190	119 677	51 180	29 831
宁波	4 199 524		4 091 716	47 122	11 717	38 394	10 457	118
厦门	336 593	3 178	232 151	22 570	20 642	41 477	14 357	2 218
新疆兵团	70 148	895	30 655	559	13 196	14 421	8 626	1 796
东部地区	**129 373 583**	**1 266 228**	**103 155 641**	**6 561 471**	**4 867 436**	**8 559 797**	**3 631 737**	**1 331 273**
中部地区	**74 892 731**	**1 724 319**	**45 318 167**	**8 901 549**	**6 168 536**	**7 644 103**	**3 948 108**	**1 187 949**
西部地区	**17 598 247**	**471 019**	**6 828 917**	**2 347 222**	**2 578 129**	**3 494 362**	**1 579 080**	**299 518**

4. 现价总产值

单位:万元

地区 \ 行业	行业合计	农业企业	工业企业	建筑业企业	交通运输企业	批发零售贸易企业	旅游饮食服务企业	其他企业
全国总计	**966 936 561**	**14 514 779**	**691 275 319**	**80 401 067**	**56 241 820**	**79 622 498**	**35 930 091**	**8 950 987**
北京	6 900 792	112 561	3 943 877	1 117 766	474 551	647 272	432 753	172 012
天津	13 366 448		10 987 951	472 309	674 055	636 798	491 387	103 948
河北	59 131 345	328 522	42 940 761	3 633 395	3 794 823	5 645 544	1 934 263	854 037
山西	17 143 543	129 903	11 795 025	1 209 381	1 925 296	1 503 477	505 804	74 657
内蒙古	23 851 408	699 959	7 695 399	3 906 683	4 478 329	4 590 231	2 117 080	363 727
辽宁	57 619 605	1 145 154	37 728 602	3 967 211	4 608 913	6 727 984	2 875 710	566 031
吉林	13 915 245	321 283	6 425 982	1 589 069	2 199 610	2 256 564	1 122 737	
黑龙江	9 073 501	213 247	6 842 231	899 913	350 072	426 748	314 848	26 442
上海	22 686 154		22 686 154					
江苏	95 102 477	142 747	84 494 797	4 102 042	1 023 279	3 270 970	1 080 061	988 581
浙江	101 087 603	125 849	94 809 447	2 366 341	925 509	2 423 438	437 019	
安徽	30 182 063	767 945	18 794 773	4 146 992	2 094 604	2 841 568	1 258 708	277 473
福建	46 581 481	1 597 600	31 161 460	3 018 487	2 856 127	5 341 340	1 818 935	787 532
江西	12 924 297	117 723	8 518 073	1 041 459	1 072 663	1 474 080	533 194	167 105
山东	95 494 738	1 169 359	73 792 255	7 596 495	3 795 042	5 848 001	2 463 848	829 738
河南	51 146 656	727 396	37 853 639	5 296 784	2 259 811	3 527 166	1 463 445	18 415
湖北	56 532 603	2 524 861	35 962 926	6 380 981	2 854 466	5 219 851	2 683 127	906 391
湖南	60 561 330	1 740 798	29 912 260	9 396 750	5 888 743	8 404 915	3 476 014	1 741 850
广东	84 078 150	720 914	67 841 796	4 477 236	2 667 274	5 444 257	2 926 673	
广西	22 990 798	963 191	11 411 524	2 300 281	2 350 962	4 197 788	1 767 052	
海南	1 168 882	61 991	633 917	103 460	60 222	140 580	128 175	40 537
重庆	6 692 233	39 211	4 064 877	1 632 305	285 817	303 806	252 109	52 108
四川	34 354 524	209 927	18 483 151	5 116 159	3 702 610	3 830 975	2 505 633	506 069
贵州	4 664 435	231 414	2 640 420	382 318	475 471	608 637	286 627	39 548
云南	13 776 226	207 245	5 743 255	2 422 633	2 275 312	1 695 580	1 297 781	134 420
西藏								
陕西	16 710 308	97 138	9 914 384	2 279 518	1 810 710	1 270 202	1 107 832	230 524
甘肃	5 071 716	67 828	2 211 842	989 574	752 323	733 357	303 426	13 366
青海	562 025	7 457	328 763	56 090	55 333	65 421	34 035	14 926
宁夏	1 108 565	13 495	543 687	212 157	148 174	120 700	69 293	1 059
新疆	2 457 410	30 061	1 112 091	287 278	381 719	363 248	242 522	40 491
计划单列市	**50 393 040**	**1 133 624**	**38 238 091**	**3 851 132**	**2 433 320**	**3 035 580**	**1 438 580**	**262 713**
大连	20 364 547	963 631	11 155 724	2 738 312	2 048 317	2 199 362	1 108 445	150 756
青岛	9 154 101	149 894	7 255 454	802 310	201 094	435 795	215 803	93 751
宁波	18 993 197		18 525 833	201 825	52 760	180 913	31 866	
厦门	1 625 156	17 216	1 166 170	107 161	84 974	177 730	58 630	13 275
新疆兵团	256 039	2 883	134 910	1 524	46 175	41 780	23 836	4 931
东部地区	**582 048 793**	**5 342 706**	**470 387 100**	**30 751 282**	**20 819 573**	**35 985 604**	**14 460 649**	**4 301 879**
中部地区	**309 236 303**	**6 889 432**	**188 567 321**	**38 989 311**	**24 444 402**	**31 121 352**	**15 223 451**	**4 001 034**
西部地区	**75 651 465**	**2 282 641**	**32 320 898**	**10 660 474**	**10 977 845**	**12 515 542**	**6 245 991**	**648 074**

(二) 按经济类型分

1. 企业单位数和从业人员

项目/地区	企业单位数(个)				从业人员(人)			
	合计	集体企业	私有企业	个体企业	合计	集体企业	私有企业	个体企业
全国总计	**20 039 353**	**1 065 825**	**2 222 037**	**16 751 491**	**125 365 458**	**48 286 279**	**26 204 029**	**50 875 150**
北京	78 686	15 711	2 855	60 120	923 758	736 799	36 435	150 524
天津	115 504	11 180	9 849	94 475	1 153 614	720 314	170 633	262 667
河北	854 341	41 525	86 894	725 922	7 505 661	2 137 296	1 365 860	4 002 505
山西	323 404	26 989	65 401	231 014	3 182 328	1 295 358	1 183 999	702 971
内蒙古	841 262	14 808	37 547	788 907	3 680 081	497 426	582 032	2 600 623
辽宁	897 361	26 023	27 206	844 132	4 259 097	1 294 406	564 543	2 400 148
吉林	697 119	14 014	8 750	674 355	2 399 164	474 574	121 498	1 803 092
黑龙江	216 114	15 977	42 599	157 538	1 448 059	512 373	375 571	560 115
上海	29 214	14 262	14 952		1 451 493	1 240 211	211 282	
江苏	892 062	77 561	81 288	733 213	8 373 970	4 624 088	1 422 225	2 327 657
浙江	1 026 180	64 711	119 488	841 981	7 880 803	3 354 296	1 948 280	2 578 227
安徽	675 776	48 361	136 834	490 581	5 666 473	2 153 819	1 991 686	1 520 968
福建	775 971	51 528	75 891	648 552	5 103 705	1 750 475	1 272 132	2 081 098
江西	701 252	35 827	46 400	619 025	3 032 070	900 595	463 358	1 668 117
山东	1 588 377	78 942	210 458	1 298 977	11 985 252	5 212 174	2 228 439	4 544 639
河南	868 793	47 101	110 135	711 557	7 687 697	2 760 244	2 322 086	2 605 367
湖北	837 874	111 175	100 659	626 040	6 298 094	3 047 768	1 073 450	2 176 876
湖南	2 149 358	93 591	498 719	1 557 048	8 772 188	2 586 927	2 605 738	3 579 523
广东	1 403 050	114 655	356 146	932 249	11 727 301	6 034 038	3 071 762	2 621 501
广西	805 633	18 840	38 239	748 554	3 694 152	812 080	601 379	2 280 693
海南	33 628	1 286	7 874	24 468	254 440	52 882	101 171	100 387
重庆	91 499	14 905	13 595	62 999	1 356 317	860 654	269 628	226 035
四川	1 211 826	45 387	49 599	1 116 840	5 710 551	2 001 408	898 533	2 810 610
贵州	300 557	10 756	16 072	273 729	1 219 761	358 209	206 114	655 438
云南	1 146 630	24 065	9 848	1 112 717	3 952 692	1 106 007	224 733	2 621 952
西藏								
陕西	832 864	28 684	24 675	779 505	3 808 932	901 588	461 922	2 445 422
甘肃	201 398	8 918	8 184	184 296	1 431 529	519 691	234 023	677 815
青海	52 402	1 736	1 861	48 805	216 680	61 742	29 173	125 765
宁夏	122 170	2 264	8 745	111 161	477 106	87 689	103 055	286 362
新疆	269 048	5 043	11 274	252 731	712 490	191 148	63 289	458 053
计划单列市	**394 469**	**26 953**	**34 544**	**332 972**	**3 451 542**	**1 596 044**	**680 875**	**1 174 623**
大连	143 986	5 928	4 376	133 682	1 009 765	453 686	108 420	447 659
青岛	104 850	6 931	10 836	87 083	1 026 109	483 957	206 356	335 796
宁波	89 894	12 739	17 715	59 440	1 179 490	599 687	292 024	287 779
厦门	22 769	1 077	1 465	20 227	165 904	36 993	71 963	56 948
新疆兵团	32 970	278	152	32 540	70 274	21 721	2 112	46 441
东部地区	**7 660 746**	**496 098**	**985 027**	**6 179 621**	**60 364 654**	**27 104 097**	**12 291 591**	**20 968 966**
中部地区	**8 605 879**	**482 011**	**1 097 366**	**7 026 502**	**49 361 873**	**17 495 308**	**11 767 469**	**20 099 096**
西部地区	**3 772 728**	**87 716**	**139 644**	**3 545 368**	**15 638 931**	**3 686 874**	**2 144 969**	**9 807 088**

2．现价总产值和增加值

单位：万元

地区＼项目	增加值				总产值			
	合计	集体企业	私有企业	个体企业	合计	集体企业	私有企业	个体企业
全国总计	**221 864 561**	**99 713 144**	**48 429 979**	**73 721 438**	**966 936 561**	**432 977 337**	**212 986 099**	**320 973 125**
北京	1 497 734	1 245 343	59 559	192 832	6 900 792	5 625 407	255 605	1 019 780
天津	2 802 980	1 693 648	406 452	702 880	13 366 448	9 095 084	1 633 379	2 637 985
河北	15 008 774	4 316 231	3 274 531	7 418 012	59 131 345	17 057 788	11 930 007	30 143 550
山西	4 337 663	1 946 408	1 715 816	675 439	17 143 543	7 695 433	6 754 725	2 693 385
内蒙古	6 119 550	748 634	1 009 440	4 361 476	23 851 408	2 730 645	3 875 731	17 245 032
辽宁	13 749 930	3 774 417	1 922 576	8 052 937	57 619 605	15 774 130	8 067 256	33 778 219
吉林	3 782 056	940 944	216 448	2 624 664	13 915 245	3 341 032	803 724	9 770 489
黑龙江	2 198 349	1 044 476	744 517	409 356	9 073 501	4 479 701	3 114 746	1 479 054
上海	4 826 772	4 251 369	575 403		22 686 154	19 324 408	3 361 746	
江苏	19 746 410	13 587 248	3 139 600	3 019 562	95 102 477	64 181 555	15 648 825	15 272 097
浙江	21 187 177	9 267 263	5 274 203	6 645 711	101 087 603	42 395 067	26 297 034	32 395 502
安徽	7 829 974	3 283 359	3 088 326	1 458 289	30 182 063	12 903 108	11 787 972	5 490 983
福建	10 903 228	4 254 523	2 962 845	3 685 860	46 581 481	17 110 450	13 059 461	16 411 570
江西	3 428 633	1 253 165	527 774	1 647 694	12 924 297	4 738 269	1 930 730	6 255 298
山东	20 490 441	13 097 378	3 131 826	4 261 237	95 494 738	54 412 235	16 479 840	24 602 663
河南	13 723 743	5 501 176	4 679 953	3 542 614	51 146 656	21 604 736	16 941 843	12 600 077
湖北	12 873 002	7 221 552	2 153 557	3 497 893	56 532 603	32 417 434	9 660 596	14 454 573
湖南	14 561 483	4 084 649	4 929 325	5 547 509	60 561 330	15 983 018	21 468 123	23 110 189
广东	19 160 137	10 820 978	5 027 737	3 311 422	84 078 150	47 866 922	22 759 005	13 452 223
广西	4 352 697	897 581	664 358	2 790 758	22 990 798	4 740 486	3 527 893	14 722 419
海南	299 644	64 879	124 013	110 752	1 168 882	264 066	552 006	352 810
重庆	1 587 308	909 777	360 915	316 616	6 692 233	3 848 363	1 586 540	1 257 330
四川	6 541 394	2 038 308	1 196 401	3 306 685	34 354 524	10 101 602	6 072 316	18 180 606
贵州	1 167 383	469 047	150 165	548 171	4 664 435	1 967 797	595 366	2 101 272
云南	3 523 099	1 145 482	211 403	2 166 214	13 776 226	5 414 346	952 200	7 409 680
西藏								
陕西	4 029 126	1 148 737	522 598	2 357 791	16 710 308	4 764 173	2 255 307	9 690 828
甘肃	1 127 747	397 417	205 444	524 886	5 071 716	1 827 134	928 313	2 316 269
青海	126 177	44 583	18 511	63 083	562 025	208 364	84 056	269 605
宁夏	278 678	68 958	79 497	130 223	1 108 565	291 551	352 768	464 246
新疆	603 272	195 614	56 786	350 872	2 457 410	813 033	248 986	1 395 391
计划单列市	**11 960 165**	**4 980 660**	**2 199 911**	**4 779 594**	**50 393 040**	**20 941 404**	**9 908 204**	**19 543 432**
大连	5 159 321	1 756 484	663 025	2 739 812	20 364 547	7 052 880	2 470 447	10 841 220
青岛	2 194 579	1 122 718	475 710	596 151	9 154 101	4 585 574	1 990 797	2 577 730
宁波	4 199 524	1 988 112	886 351	1 325 061	18 993 197	8 721 956	4 605 340	5 665 901
厦门	336 593	83 483	172 031	81 079	1 625 156	449 883	834 766	340 507
新疆兵团	70 148	29 863	2 794	37 491	256 039	131 111	6 854	118 074
东部地区	**129 373 583**	**66 308 398**	**25 774 732**	**37 290 453**	**582 048 793**	**292 843 046**	**119 492 158**	**169 713 589**
中部地区	**74 892 731**	**29 372 551**	**20 135 630**	**25 384 550**	**309 236 303**	**121 876 869**	**82 376 622**	**104 982 812**
西部地区	**17 598 247**	**4 032 195**	**2 519 617**	**11 046 435**	**75 651 465**	**18 257 422**	**11 117 319**	**46 276 724**

1998年各地乡镇集体工业情况

(一) 总　计

项目 地区	企业单位数（个）	平均职工数（人）	增加值（现价，万元）	总产值（现价，万元）	销售产值（现价，万元）
全国总计	**704 622**	**35 345 110**	**81 044 641**	**355 669 495**	**336 381 588**
北　京	9 916	495 228	775 254	3 533 450	3 282 810
天　津	7 546	598 756	1 418 854	8 239 640	7 793 465
河　北	29 488	1 647 233	3 625 729	14 371 347	13 656 685
山　西	19 263	1 068 134	1 609 465	6 318 706	5 869 027
内蒙古	5 909	270 566	408 582	1 451 529	1 342 975
辽　宁	18 671	965 817	2 830 212	11 807 659	11 080 097
吉　林	7 494	340 731	682 125	2 457 776	2 223 331
黑龙江	11 412	413 367	817 974	3 605 255	3 421 664
上　海	14 262	1 240 122	4 251 369	19 324 408	18 579 286
江　苏	64 468	3 873 656	12 376 273	59 054 836	55 775 055
浙　江	60 499	2 954 991	8 482 391	39 177 130	37 202 604
安　徽	32 094	1 397 401	2 221 304	8 878 662	8 558 781
福　建	31 762	1 247 967	3 276 567	13 063 376	12 185 014
江　西	24 381	644 995	1 001 062	3 799 119	3 657 922
山　东	51 708	3 704 655	11 009 068	45 783 815	43 750 513
河　南	35 466	2 047 675	4 528 508	17 570 549	16 742 738
湖　北	58 686	1 898 202	5 155 625	22 687 198	21 650 709
湖　南	46 689	1 450 317	2 468 727	10 003 422	9 474 951
广　东	80 058	5 318 417	9 434 167	42 866 507	40 178 099
广　西	9 330	433 159	537 869	2 744 111	2 649 128
海　南	431	13 855	36 099	149 424	146 182
重　庆	10 569	438 584	539 106	2 284 088	2 100 536
四　川	28 290	1 087 872	1 362 437	6 626 146	6 157 907
贵　州	6 722	266 755	360 648	1 425 018	1 278 503
云　南	10 994	453 516	501 506	2 761 279	2 515 645
西　藏					
陕　西	17 919	605 768	892 506	3 703 527	3 394 269
甘　肃	5 515	265 982	235 980	1 099 052	938 468
青　海	1 036	41 429	33 911	164 792	145 769
宁　夏	1 143	47 612	44 867	196 033	173 613
新　疆	2 901	112 348	126 456	521 641	455 842
计划单列市	**20 746**	**1 177 805**	**3 980 388**	**16 842 959**	**16 016 815**
大　连	3 320	242 741	1 114 399	4 368 887	4 199 234
青　岛	4 422	333 196	886 167	3 667 067	3 501 036
宁　波	12 217	562 510	1 906 025	8 417 670	7 947 889
厦　门	544	19 554	47 423	267 048	255 260
新疆兵团	243	19 804	26 374	122 287	113 396
东部地区	**368 378**	**22 046 842**	**57 479 884**	**257 222 168**	**243 483 628**
中部地区	**292 263**	**11 393 046**	**21 278 839**	**87 934 448**	**83 251 835**
西部地区	**43 981**	**1 905 222**	**2 285 918**	**10 512 879**	**9 646 125**

(二) 轻工业

1. 合 计

项目 地区	企业单位数 (个)	平均职工数 (人)	增加值 (现价,万元)	总产值 (现价,万元)	销售产值 (现价,万元)
全国总计	**366 055**	**17 860 520**	**43 534 261**	**194 696 993**	**184 352 571**
北京	5 337	278 116	446 505	2 108 205	1 970 986
天津	3 695	344 445	735 450	4 352 856	4 099 460
河北	13 825	702 497	1 658 874	6 393 116	6 033 635
山西	3 294	116 321	201 000	825 386	717 443
内蒙古	2 288	73 517	125 610	527 141	489 554
辽宁	6 425	331 990	1 097 982	4 565 818	4 330 232
吉林	3 237	114 426	295 372	1 071 785	977 937
黑龙江	5 893	154 056	362 474	1 612 455	1 526 856
上海	7 698	757 892	2 309 782	10 499 011	10 088 467
江苏	33 331	2 044 834	6 761 780	32 262 886	30 761 797
浙江	35 645	1 832 817	5 225 699	25 271 974	24 038 362
安徽	16 677	575 974	1 120 961	4 544 016	4 383 177
福建	19 525	832 908	2 211 549	8 793 960	8 200 764
江西	12 739	273 834	511 261	1 909 116	1 839 190
山东	24 172	1 681 067	5 324 653	22 719 434	21 712 414
河南	15 671	783 338	2 211 308	8 785 085	8 413 923
湖北	34 018	924 368	2 743 212	12 095 436	11 558 092
湖南	21 303	497 185	974 389	3 993 723	3 771 336
广东	61 255	4 347 543	7 443 724	33 700 446	31 518 621
广西	4 193	167 639	199 581	1 063 044	1 003 433
海南	171	6 067	24 148	101 109	99 961
重庆	4 536	141 900	208 161	972 828	879 349
四川	14 097	350 977	549 273	2 699 426	2 525 192
贵州	1 908	50 700	102 197	421 505	370 130
云南	4 307	114 324	158 413	1 044 359	928 219
西藏					
陕西	6 718	201 841	352 737	1 481 384	1 368 442
甘肃	2 222	92 508	101 989	502 801	418 875
青海	341	10 877	9 942	53 871	46 517
宁夏	472	15 151	14 202	80 677	69 025
新疆	1 062	41 408	52 033	244 140	211 182
计划单列市	**10 603**	**653 448**	**2 208 753**	**9 457 389**	**8 973 179**
大连	1 346	113 910	566 605	2 185 249	2 082 039
青岛	2 387	186 089	487 324	1 970 026	1 895 669
宁波	6 360	326 869	1 101 021	4 993 109	4 703 676
厦门	370	12 105	34 204	206 190	196 252
新疆兵团	140	14 475	19 599	102 815	95 543
东部地区	**210 908**	**13 154 109**	**33 215 998**	**150 667 706**	**142 754 738**
中部地区	**138 183**	**4 134 220**	**9 530 148**	**39 990 640**	**37 960 937**
西部地区	**16 964**	**572 191**	**788 115**	**4 038 647**	**3 636 896**

2. 以农产品为原料

项目 地区	企业单位数 (个)	平均职工数 (人)	增加值 (现价,万元)	总产值 (现价,万元)	销售产值 (现价,万元)
全国总计	**206 044**	**8 755 603**	**22 107 926**	**99 451 206**	**94 390 044**
北京	1 213	86 945	140 619	744 863	701 213
天津	2 091	219 805	416 639	2 464 779	2 334 226
河北	5 397	245 511	620 257	2 428 067	2 312 100
山西	2 295	57 955	96 310	404 517	368 062
内蒙古	1 836	59 084	105 982	452 379	422 969
辽宁	3 734	191 761	701 623	2 879 082	2 734 061
吉林	2 265	75 468	190 887	680 063	625 632
黑龙江	3 686	87 543	228 826	1 034 108	982 779
上海	3 700	433 736	1 196 691	5 439 499	5 199 032
江苏	14 782	1 008 254	3 084 507	15 079 343	14 339 605
浙江	16 944	925 287	2 580 786	12 328 589	11 748 549
安徽	11 722	335 976	667 096	2 758 946	2 656 809
福建	13 168	583 740	1 580 125	6 340 294	5 945 051
江西	8 743	133 174	268 583	1 005 461	971 802
山东	14 364	989 911	3 180 577	13 589 558	12 980 494
河南	7 566	355 278	1 259 844	5 105 717	4 898 979
湖北	23 899	561 803	1 715 616	7 558 919	7 247 469
湖南	14 645	217 725	538 837	2 181 325	2 078 193
广东	24 703	1 412 709	2 361 666	11 206 860	10 542 398
广西	2 399	87 088	110 435	631 813	608 293
海南	73	3 109	21 334	89 946	89 668
重庆	3 100	74 269	97 943	438 265	406 506
四川	11 111	237 073	388 769	1 921 293	1 799 226
贵州	1 326	35 831	59 779	259 791	225 422
云南	3 637	90 177	110 484	739 844	660 303
西藏					
陕西	4 970	136 773	251 143	1 033 307	952 910
甘肃	1 434	63 126	73 739	361 684	303 529
青海	194	5 406	5 914	32 579	26 773
宁夏	292	9 571	10 118	58 264	50 558
新疆	755	31 515	42 797	202 051	177 433
计划单列市	**4 746**	**349 295**	**1 181 976**	**5 116 154**	**4 884 369**
大连	875	83 521	422 821	1 619 675	1 553 523
青岛	1 208	107 757	266 945	1 083 574	1 049 615
宁波	2 419	139 071	452 004	2 170 516	2 052 905
厦门	159	6 961	23 927	152 845	144 593
新疆兵团	85	11 985	16 279	89 544	83 733
东部地区	**100 096**	**6 097 659**	**15 863 490**	**72 500 934**	**68 836 729**
中部地区	**94 002**	**2 273 037**	**5 703 854**	**24 121 921**	**22 988 367**
西部地区	**11 946**	**384 907**	**540 582**	**2 828 351**	**2 564 948**

3. 以非农产品为原料

项目 地区	企业单位数 (个)	平均职工数 (人)	增加值 (现价,万元)	总产值 (现价,万元)	销售产值 (现价,万元)
全国总计	**160 011**	**9 104 917**	**21 426 335**	**95 245 787**	**89 962 527**
北京	4 124	191 171	305 886	1 363 342	1 269 773
天津	1 604	124 640	318 811	1 888 077	1 765 234
河北	8 428	456 986	1 038 617	3 965 049	3 721 535
山西	999	58 366	104 690	420 869	349 381
内蒙古	452	14 433	19 628	74 762	66 585
辽宁	2 691	140 229	396 359	1 686 736	1 596 171
吉林	972	38 958	104 485	391 722	352 305
黑龙江	2 207	66 513	133 648	578 347	544 077
上海	3 998	324 156	1 113 091	5 059 512	4 889 435
江苏	18 549	1 036 580	3 677 273	17 183 543	16 422 192
浙江	18 701	907 530	2 644 913	12 943 385	12 289 813
安徽	4 955	239 998	453 865	1 785 070	1 726 368
福建	6 357	249 168	631 424	2 453 666	2 255 713
江西	3 996	140 660	242 678	903 655	867 388
山东	9 808	691 156	2 144 076	9 129 876	8 731 920
河南	8 105	428 060	951 464	3 679 368	3 514 944
湖北	10 119	362 565	1 027 596	4 536 517	4 310 623
湖南	6 658	279 460	435 552	1 812 398	1 693 143
广东	36 552	2 934 834	5 082 058	22 493 586	20 976 223
广西	1 794	80 551	89 146	431 231	395 140
海南	98	2 958	2 814	11 163	10 293
重庆	1 436	67 631	110 218	534 563	472 843
四川	2 986	113 904	160 504	778 133	725 966
贵州	582	14 869	42 418	161 714	144 708
云南	670	24 147	47 929	304 515	267 916
西藏					
陕西	1 748	65 068	101 594	448 077	415 532
甘肃	788	29 382	28 250	141 117	115 346
青海	147	5 471	4 028	21 292	19 744
宁夏	180	5 580	4 084	22 413	18 467
新疆	307	9 893	9 236	42 089	33 749
计划单列市	**5 857**	**304 153**	**1 026 777**	**4 341 235**	**4 088 810**
大连	471	30 389	143 784	565 574	528 516
青岛	1 179	78 332	220 379	886 452	846 054
宁波	3 941	187 798	649 017	2 822 593	2 650 771
厦门	211	5 144	10 277	53 345	51 659
新疆兵团	55	2 490	3 320	13 271	11 810
东部地区	**110 812**	**7 056 450**	**17 352 508**	**78 166 772**	**73 918 009**
中部地区	**44 181**	**1 861 183**	**3 826 294**	**15 868 719**	**14 972 570**
西部地区	**5 018**	**187 284**	**247 533**	**1 210 296**	**1 071 948**

(三) 重工业

1. 合　计

项目 地区	企业单位数 (个)	平均职工数 (人)	增加值 (现价,万元)	总产值 (现价,万元)	销售产值 (现价,万元)
全国总计	**338 567**	**17 484 590**	**37 510 380**	**160 972 502**	**152 029 017**
北　京	4 579	217 112	328 749	1 425 245	1 311 824
天　津	3 851	254 311	683 404	3 886 784	3 694 005
河　北	15 663	944 736	1 966 855	7 978 231	7 623 050
山　西	15 969	951 813	1 408 465	5 493 320	5 151 584
内蒙古	3 621	197 049	282 972	924 388	853 421
辽　宁	12 246	633 827	1 732 230	7 241 841	6 749 865
吉　林	4 257	226 305	386 753	1 385 991	1 245 394
黑龙江	5 519	259 311	455 500	1 992 800	1 894 808
上　海	6 564	482 230	1 941 587	8 825 397	8 490 819
江　苏	31 137	1 828 822	5 614 493	26 791 950	25 013 258
浙　江	24 854	1 122 174	3 256 692	13 905 156	13 164 242
安　徽	15 417	821 427	1 100 343	4 334 646	4 175 604
福　建	12 237	415 059	1 065 018	4 269 416	3 984 250
江　西	11 642	371 161	489 801	1 890 003	1 818 732
山　东	27 536	2 023 588	5 684 415	23 064 381	22 038 099
河　南	19 795	1 264 337	2 317 200	8 785 464	8 328 815
湖　北	24 668	973 834	2 412 413	10 591 762	10 092 617
湖　南	25 386	953 132	1 494 338	6 009 699	5 703 615
广　东	18 803	970 874	1 990 443	9 166 061	8 659 478
广　西	5 137	265 520	338 288	1 681 067	1 645 695
海　南	260	7 788	11 951	48 315	46 221
重　庆	6 033	296 684	330 945	1 311 260	1 221 187
四　川	14 193	736 895	813 164	3 926 720	3 632 715
贵　州	4 814	216 055	258 451	1 003 513	908 373
云　南	6 687	339 192	343 093	1 716 920	1 587 426
西　藏					
陕　西	11 201	403 927	539 769	2 222 143	2 025 827
甘　肃	3 293	173 474	133 991	596 251	519 593
青　海	695	30 552	23 969	110 921	99 252
宁　夏	671	32 461	30 665	115 356	104 588
新　疆	1 839	70 940	74 423	277 501	244 660
计划单列市	**10 143**	**524 357**	**1 771 635**	**7 385 570**	**7 043 636**
大　连	1 974	128 831	547 794	2 183 638	2 117 195
青　岛	2 035	147 107	398 843	1 697 041	1 605 367
宁　波	5 857	235 641	805 004	3 424 561	3 244 213
厦　门	174	7 449	13 219	60 858	59 008
新疆兵团	103	5 329	6 775	19 472	17 853
东部地区	**157 470**	**8 892 733**	**24 263 886**	**106 554 462**	**100 728 890**
中部地区	**154 080**	**7 258 826**	**11 748 691**	**47 943 808**	**45 290 898**
西部地区	**27 017**	**1 333 031**	**1 497 803**	**6 474 232**	**6 009 229**

2. 采掘工业

地区＼项目	企业单位数（个）	平均职工数（人）	增加值（现价，万元）	总产值（现价，万元）	销售产值（现价，万元）
全国总计	**78 217**	**3 965 530**	**5 765 222**	**22 604 331**	**21 325 416**
北京	562	29 317	39 908	126 979	120 944
天津	76	2 753	5 074	22 154	21 962
河北	3 696	205 020	358 478	1 300 673	1 234 726
山西	6 826	454 961	496 349	1 746 247	1 638 716
内蒙古	1 448	82 743	120 022	364 817	335 808
辽宁	2 795	129 412	203 400	859 820	803 094
吉林	1 362	62 230	67 270	236 471	218 461
黑龙江	1 510	60 916	109 001	429 705	401 796
上海	12	1 361	6 938	31 534	29 581
江苏	2 078	169 187	311 468	1 562 442	1 476 272
浙江	2 101	75 545	136 892	504 222	476 397
安徽	2 920	172 634	210 839	823 039	785 964
福建	2 632	110 991	177 141	678 770	638 204
江西	3 367	118 061	115 517	445 219	426 438
山东	5 064	369 228	911 409	3 585 444	3 395 970
河南	3 206	300 079	515 498	1 885 883	1 825 109
湖北	7 367	251 638	544 015	2 271 296	2 131 199
湖南	9 398	389 483	485 047	1 900 562	1 807 705
广东	5 216	135 850	232 980	1 048 658	974 312
广西	1 379	86 581	110 167	579 457	577 399
海南	23	627	797	3 706	3 664
重庆	1 965	102 650	86 354	262 005	245 857
四川	4 119	231 325	164 572	634 177	577 945
贵州	2 131	85 768	68 057	245 077	227 623
云南	2 244	141 235	114 557	399 763	369 623
西藏					
陕西	2 554	86 630	88 639	352 157	314 649
甘肃	1 041	60 827	41 986	157 369	134 905
青海	241	8 663	4 958	22 186	19 956
宁夏	131	6 314	4 298	12 805	11 974
新疆	753	33 501	33 591	111 694	99 163
计划单列市	**812**	**34 404**	**101 693**	**408 847**	**393 706**
大连	219	10 667	43 318	161 194	156 858
青岛	303	14 692	39 740	167 756	162 483
宁波	254	6 356	15 969	65 747	61 165
厦门	26	2 105	2 141	12 738	12 049
新疆兵团	10	584	525	1 412	1 151
东部地区	**24 232**	**1 228 664**	**2 383 688**	**9 720 696**	**9 171 462**
中部地区	**44 594**	**2 230 607**	**2 883 101**	**10 986 761**	**10 373 839**
西部地区	**9 391**	**506 259**	**498 433**	**1 896 874**	**1 780 115**

3. 原料工业

项目 地区	企业单位数 (个)	平均职工数 (人)	增加值 (现价,万元)	总产值 (现价,万元)	销售产值 (现价,万元)
全国总计	**54 029**	**2 896 774**	**7 487 351**	**33 232 267**	**31 334 957**
北京	657	32 722	45 066	222 373	205 955
天津	805	57 870	244 717	1 663 909	1 607 317
河北	2 650	185 435	512 276	2 055 809	1 983 331
山西	2 853	205 840	437 352	1 763 214	1 653 911
内蒙古	408	25 166	60 478	198 845	189 087
辽宁	2 375	141 387	475 649	2 015 903	1 897 492
吉林	818	39 562	70 093	217 996	180 589
黑龙江	1 184	52 599	80 480	388 644	362 686
上海	1 023	72 853	433 004	1 968 202	1 892 045
江苏	4 355	289 429	1 201 957	5 664 749	5 262 266
浙江	2 856	160 156	516 357	2 490 310	2 367 659
安徽	1 710	89 511	128 722	536 364	514 591
福建	2 331	42 508	115 240	447 331	407 881
江西	2 200	62 371	83 915	331 527	320 108
山东	2 959	284 851	933 058	3 902 069	3 723 548
河南	2 585	152 596	269 575	1 047 389	980 702
湖北	3 287	142 917	383 847	1 611 457	1 549 744
湖南	4 629	175 261	305 129	1 216 376	1 163 784
广东	4 510	218 354	505 962	2 195 791	1 994 822
广西	1 101	43 366	56 807	296 574	278 239
海南	126	3 373	7 701	30 741	29 866
重庆	849	46 095	56 552	204 652	195 135
四川	2 958	137 571	220 286	1 109 375	1 051 048
贵州	1 219	62 171	100 056	400 301	361 391
云南	1 255	76 458	111 517	686 293	649 205
西藏					
陕西	1 263	41 101	68 610	272 669	250 462
甘肃	496	30 245	27 768	144 294	127 857
青海	116	6 742	9 056	44 457	40 034
宁夏	140	7 839	9 861	45 730	40 495
新疆	311	10 425	16 260	58 923	53 707
计划单列市	**920**	**53 826**	**249 858**	**1 098 477**	**1 051 452**
大连	343	24 161	135 429	520 148	500 885
青岛	157	13 226	48 964	204 022	195 704
宁波	388	15 164	63 776	369 695	350 261
厦门	9	94	192	1 075	1 063
新疆兵团	23	1 181	1 497	3 537	3 539
东部地区	**24 521**	**1 485 565**	**4 983 286**	**22 626 446**	**21 342 316**
中部地区	**24 336**	**1 145 424**	**2 104 561**	**8 699 663**	**8 222 760**
西部地区	**5 172**	**265 785**	**399 504**	**1 906 158**	**1 769 881**

4. 加工工业

项目 地区	企业单位数 (个)	平均职工数 (人)	增加值 (现价,万元)	总产值 (现价,万元)	销售产值 (现价,万元)
全国总计	**206 321**	**10 622 286**	**24 257 807**	**105 135 904**	**99 368 644**
北京	3 360	155 073	243 775	1 075 893	984 925
天津	2 970	193 688	433 613	2 200 721	2 064 726
河北	9 317	554 281	1 096 101	4 621 749	4 404 993
山西	6 290	291 012	474 764	1 983 859	1 858 957
内蒙古	1 765	89 140	102 472	360 726	328 526
辽宁	7 076	363 028	1 053 181	4 366 118	4 049 279
吉林	2 077	124 513	249 390	931 524	846 344
黑龙江	2 825	145 796	266 019	1 174 451	1 130 326
上海	5 529	408 016	1 501 645	6 825 661	6 569 193
江苏	24 704	1 370 206	4 101 068	19 564 759	18 274 720
浙江	19 897	886 473	2 603 443	10 910 624	10 320 186
安徽	10 787	559 282	760 782	2 975 243	2 875 049
福建	7 274	261 560	772 637	3 143 315	2 938 165
江西	6 075	190 729	290 369	1 113 257	1 072 186
山东	19 513	1 369 509	3 839 948	15 576 868	14 918 581
河南	14 004	811 662	1 532 127	5 852 192	5 523 004
湖北	14 014	579 279	1 484 551	6 709 009	6 411 674
湖南	11 359	388 388	704 162	2 892 761	2 732 126
广东	9 077	616 670	1 251 501	5 921 612	5 690 344
广西	2 657	135 573	171 314	805 036	790 057
海南	111	3 788	3 453	13 868	12 691
重庆	3 219	147 939	188 039	844 603	780 195
四川	7 116	367 999	428 306	2 183 168	2 003 722
贵州	1 464	68 116	90 338	358 135	319 359
云南	3 188	121 499	117 019	630 864	568 598
西藏					
陕西	7 384	276 196	382 520	1 597 317	1 460 716
甘肃	1 756	82 402	64 237	294 588	256 831
青海	338	15 147	9 955	44 278	39 262
宁夏	400	18 308	16 506	56 821	52 119
新疆	775	27 014	24 572	106 884	91 790
计划单列市	**8 411**	**436 127**	**1 420 084**	**5 878 246**	**5 598 478**
大连	1 412	94 003	369 047	1 502 296	1 459 452
青岛	1 575	119 189	310 139	1 325 263	1 247 180
宁波	5 215	214 121	725 259	2 989 119	2 832 787
厦门	139	5 250	10 886	47 045	45 896
新疆兵团	70	3 564	4 753	14 523	13 163
东部地区	**108 717**	**6 178 504**	**16 896 912**	**74 207 320**	**70 215 112**
中部地区	**85 150**	**3 882 795**	**6 761 029**	**28 257 384**	**26 694 299**
西部地区	**12 454**	**560 987**	**599 866**	**2 671 200**	**2 459 233**

(四)按工业行业分

1. 煤炭采选业

项目 / 地区	企业单位数(个)	平均职工数(人)	增加值(现价,万元)	总产值(现价,万元)	销售产值(现价,万元)
全国总计	**23 826**	**1 766 704**	**1 896 842**	**6 660 451**	**6 327 877**
北京	258	15 607	22 640	46 076	43 830
天津	2	130	118	1 307	1 307
河北	943	75 809	85 725	309 891	301 712
山西	4 966	403 395	432 340	1 498 780	1 415 003
内蒙古	775	55 078	77 586	219 376	200 133
辽宁	382	28 329	28 997	122 202	111 831
吉林	319	20 721	24 026	76 489	71 476
黑龙江	590	30 920	54 593	204 308	189 455
上海					
江苏	80	22 865	21 647	93 560	89 812
浙江	99	2 055	4 184	14 657	14 530
安徽	368	41 776	50 348	155 351	148 129
福建	212	16 702	28 062	89 127	87 941
江西	816	53 719	43 385	166 261	160 260
山东	612	131 098	200 073	742 093	703 205
河南	1 419	192 268	268 065	1 017 610	984 235
湖北	1 497	57 990	68 551	265 732	254 339
湖南	3 274	190 249	188 238	680 241	651 651
广东	425	14 494	12 078	35 755	34 723
广西	162	13 319	13 475	63 599	68 814
海南					
重庆	1 116	59 160	41 847	109 081	100 623
四川	2 002	133 603	72 070	243 570	223 397
贵州	1 173	47 301	41 584	138 752	132 371
云南	647	60 596	43 751	116 721	112 535
西藏					
陕西	611	32 939	25 581	94 845	87 155
甘肃	432	30 661	16 633	57 119	50 900
青海	73	3 960	1 911	6 428	6 095
宁夏	72	4 677	3 716	10 679	10 110
新疆	501	27 283	25 618	80 841	72 305
计划单列市	**1**	**102**	**91**	**366**	**366**
大连					
青岛					
宁波					
厦门					
新疆兵团	1	102	91	366	366
东部地区	**3 013**	**307 089**	**403 524**	**1 454 668**	**1 388 891**
中部地区	**16 978**	**1 216 740**	**1 269 044**	**4 512 268**	**4 285 723**
西部地区	**3 835**	**242 875**	**224 274**	**693 515**	**653 263**

2. 黑色金属矿采选业

项目 地区	企业单位数 (个)	平均职工数 (人)	增加值 (现价,万元)	总产值 (现价,万元)	销售产值 (现价,万元)
全国总计	4 310	260 313	489 507	1 854 946	1 746 673
北京	14	1 672	2 546	9 184	8 625
天津	1	46	84	386	322
河北	959	61 988	181 653	643 404	612 595
山西	541	26 511	29 751	111 617	106 282
内蒙古	51	3 316	6 678	23 699	21 951
辽宁	297	25 152	38 680	155 705	142 980
吉林	47	2 887	4 898	20 656	19 670
黑龙江	5	95	274	900	869
上海					
江苏	46	3 787	9 611	51 670	48 390
浙江	1	21	21	227	205
安徽	177	11 306	12 704	46 271	44 079
福建	89	4 785	10 832	44 224	41 269
江西	81	3 733	4 177	14 989	14 617
山东	184	12 678	23 734	103 567	97 875
河南	158	9 359	11 366	44 705	41 918
湖北	442	19 511	60 291	239 881	227 497
湖南	311	23 465	30 060	121 371	112 192
广东	170	4 914	10 172	41 342	41 048
广西	135	10 081	16 606	57 157	55 315
海南					
重庆	57	2 700	2 691	10 690	9 595
四川	133	7 937	8 046	27 649	20 308
贵州	99	7 787	4 609	18 774	17 126
云南	152	11 259	13 258	42 982	39 358
西藏					
陕西	99	3 629	4 964	17 212	16 643
甘肃	32	834	826	3 055	2 694
青海	4	290	126	306	306
宁夏	2	25	179	741	741
新疆	23	545	670	2 582	2 203
计划单列市	18	655	1 437	6 895	6 748
大连					
青岛	18	655	1 437	6 895	6 748
宁波					
厦门					
新疆兵团					
东部地区	1 761	115 043	277 333	1 049 709	993 309
中部地区	2 051	111 133	169 222	655 941	613 670
西部地区	498	34 137	42 952	149 296	139 694

3. 有色金属矿采选业

项目 地区	企业单位数（个）	平均职工数（人）	增加值（现价，万元）	总产值（现价，万元）	销售产值（现价，万元）
全国总计	**4 982**	**313 653**	**745 652**	**3 017 918**	**2 832 579**
北　京	16	978	1 321	8 462	7 371
天　津					
河　北	290	13 389	22 341	87 478	78 977
山　西	85	3 571	6 015	19 759	16 300
内蒙古	111	9 723	13 753	50 058	46 357
辽　宁	318	20 332	31 495	159 952	146 090
吉　林	61	2 977	3 794	13 389	12 821
黑龙江	47	2 371	2 567	8 853	8 518
上　海					
江　苏	5	649	663	2 840	2 735
浙　江	41	1 465	6 205	29 061	26 453
安　徽	183	9 239	15 114	58 283	56 273
福　建	46	5 329	8 971	37 685	36 631
江　西	298	10 978	18 359	74 561	71 191
山　东	420	37 759	225 766	872 438	829 909
河　南	316	33 015	140 434	457 236	450 090
湖　北	352	16 129	28 982	146 177	116 972
湖　南	750	38 237	80 963	358 431	342 739
广　东	163	6 613	12 646	50 315	44 533
广　西	211	18 876	30 031	184 723	182 793
海　南	1	4	1	3	2
重　庆	20	2 064	2 237	7 835	6 499
四　川	292	21 306	25 608	110 037	100 718
贵　州	138	8 642	7 521	33 060	27 206
云　南	275	24 112	20 569	80 884	74 874
西　藏					
陕　西	299	13 917	25 466	107 319	96 003
甘　肃	196	10 107	12 253	48 314	40 269
青　海	23	650	672	3 814	3 465
宁　夏					
新　疆	25	1 221	1 905	6 951	6 790
计划单列市	**9**	**2 157**	**4 298**	**12 671**	**12 107**
大　连	4	178	153	621	581
青　岛	4	1 961	4 140	12 034	11 510
宁　波					
厦　门					
新疆兵团	1	18	5	16	16
东部地区	**1 299**	**86 514**	**309 408**	**1 248 231**	**1 172 699**
中部地区	**2 703**	**153 804**	**349 539**	**1 361 880**	**1 278 124**
西部地区	**980**	**73 335**	**86 705**	**407 807**	**381 756**

4. 非金属矿采选业

地区 \ 项目	企业单位数（个）	平均职工数（人）	增加值（现价，万元）	总产值（现价，万元）	销售产值（现价，万元）
全国总计	**42 632**	**1 566 308**	**2 531 652**	**10 698 758**	**10 084 795**
北京	316	9 791	13 259	57 327	53 108
天津	76	2 612	4 949	20 583	20 376
河北	1 720	61 676	97 904	392 329	372 227
山西	1 511	43 564	72 526	290 931	233 266
内蒙古	494	13 814	21 350	70 345	66 162
辽宁	1 738	56 281	111 670	465 608	430 809
吉林	811	30 457	33 400	120 335	109 265
黑龙江	813	25 282	47 703	200 812	188 582
上海	8	1 025	2 551	11 596	10 321
江苏	1 698	117 503	175 675	898 300	849 061
浙江	1 857	69 383	118 313	406 114	389 741
安徽	2 158	112 484	141 629	558 849	525 087
福建	1 528	62 614	103 727	404 511	378 152
江西	1 751	44 826	50 161	201 986	195 911
山东	3 962	193 216	455 883	1 911 726	1 826 134
河南	1 449	75 495	125 899	493 783	478 225
湖北	5 350	148 023	324 372	1 448 167	1 393 716
湖南	4 181	125 400	183 463	715 983	681 173
广东	4 361	108 498	198 636	943 835	879 188
广西	826	43 471	51 370	276 375	271 852
海南	27	867	885	4 185	4 090
重庆	782	38 093	39 394	141 263	135 366
四川	1 455	60 280	55 647	243 836	222 515
贵州	582	19 020	14 422	59 749	54 429
云南	1 051	39 809	33 683	149 568	133 655
西藏					
陕西	1 295	32 392	30 363	122 054	105 188
甘肃	376	18 766	12 410	47 801	41 766
青海	138	3 831	2 372	12 917	11 225
宁夏	83	2 695	2 007	5 225	4 999
新疆	235	5 140	6 029	22 665	19 206
计划单列市	**796**	**32 356**	**101 355**	**402 946**	**387 653**
大连	206	9 156	43 463	158 023	153 723
青岛	294	13 310	38 108	164 348	159 130
宁波	265	7 641	17 647	68 227	63 172
厦门	24	2 070	1 989	11 983	11 337
新疆兵团	7	179	148	365	291
东部地区	**17 264**	**682 599**	**1 282 567**	**5 511 929**	**5 209 117**
中部地区	**21 556**	**736 296**	**1 104 557**	**4 537 999**	**4 268 294**
西部地区	**3 812**	**147 413**	**144 528**	**648 830**	**607 384**

5. 其他矿采选业

项目 地区	企业单位数（个）	平均职工数（人）	增加值（现价，万元）	总产值（现价，万元）	销售产值（现价，万元）
全国总计	**2 079**	**72 221**	**140 953**	**592 535**	**545 763**
北京	2	65	22	127	108
天津					
河北	102	4 023	6 058	23 267	21 921
山西	206	5 680	23 262	94 827	87 622
内蒙古	16	803	633	1 264	1 140
辽宁	64	2 755	7 659	31 144	28 098
吉林	18	1 869	431	2 177	2 000
黑龙江	8	292	1 396	4 722	4 282
上海					
江苏	41	1 524	2 805	21 478	17 770
浙江	58	1 770	2 784	12 541	11 235
安徽	77	2 979	4 385	16 845	16 004
福建	64	2 765	3 503	13 890	13 213
江西	197	4 342	4 885	17 536	17 041
山东	107	5 599	11 226	52 643	46 779
河南	129	5 580	11 766	45 192	43 744
湖北	333	9 082	24 904	96 380	93 004
湖南	258	6 188	10 391	45 775	43 184
广东	113	4 542	16 395	61 062	56 620
广西	67	4 050	3 038	27 617	21 081
海南					
重庆	16	660	317	867	769
四川	58	2 112	804	4 963	3 375
贵州	55	1 915	1 449	6 033	5 699
云南	12	1 206	347	1 378	1 276
西藏					
陕西	43	1 015	856	4 729	4 186
甘肃	17	785	1 205	3 647	3 371
青海	12	390	330	1 649	1 529
宁夏	5	190	46	480	480
新疆	1	40	56	302	232
计划单列市	**2**	**35**	**152**	**755**	**712**
大连					
青岛					
宁波					
厦门	2	35	152	755	712
新疆兵团					
东部地区	**551**	**23 043**	**50 452**	**216 152**	**195 744**
中部地区	**1 343**	**39 799**	**83 397**	**334 013**	**315 211**
西部地区	**185**	**9 379**	**7 104**	**42 370**	**34 808**

6. 木材及竹材采选业

项目 地区	企业单位数（个）	平均职工数（人）	增加值（现价，万元）	总产值（现价，万元）	销售产值（现价，万元）
全国总计	**4 042**	**85 631**	**110 393**	**450 439**	**420 219**
北京	1	7	5	25	25
天津					
河北	36	787	832	3 999	3 832
山西	4	57	36	137	125
内蒙古	1	9	22	75	65
辽宁	155	3 649	5 939	23 900	23 012
吉林	91	1 371	1 331	5 582	5 271
黑龙江	14	243	341	1 077	998
上海					
江苏	12	695	4 324	21 259	20 339
浙江	89	762	595	3 022	2 803
安徽	62	1 689	3 209	13 701	13 279
福建	693	18 796	22 046	89 333	80 998
江西	434	5 985	7 265	31 312	29 248
山东	7	111	204	884	853
河南	24	550	1 144	4 970	4 768
湖北	223	3 675	9 888	36 930	36 113
湖南	1 265	22 332	31 557	127 322	118 891
广东	249	4 289	8 725	37 658	34 866
广西	33	1 135	1 244	5 866	5 562
海南					
重庆	12	59	109	763	582
四川	216	9 398	4 001	16 249	14 094
贵州	66	1 562	1 076	4 923	4 571
云南	114	4 670	3 669	10 688	10 329
西藏					
陕西	234	3 572	2 707	10 361	9 190
甘肃	2	69	13	40	36
青海	1	7		32	28
宁夏					
新疆	4	152	111	331	341
计划单列市	**2**	**93**	**54**	**218**	**218**
大连	2	93	54	218	218
青岛					
宁波					
厦门					
新疆兵团					
东部地区	**1 242**	**29 096**	**42 670**	**180 080**	**166 728**
中部地区	**2 579**	**48 931**	**61 588**	**248 404**	**232 559**
西部地区	**221**	**7 604**	**6 135**	**21 955**	**20 932**

7. 食品加工业

项目 地区	企业单位数 (个)	平均职工数 (人)	增加值 (现价,万元)	总产值 (现价,万元)	销售产值 (现价,万元)
全国总计	**92 766**	**1 637 836**	**5 577 395**	**25 698 501**	**24 606 973**
北京	292	8 207	23 215	173 810	162 899
天津	294	16 625	46 673	311 474	294 284
河北	2 485	62 098	236 167	1 208 414	1 175 710
山西	1 518	15 975	34 446	149 027	138 204
内蒙古	1 006	19 848	54 311	256 755	243 358
辽宁	1 515	58 216	249 558	1 053 883	1 010 298
吉林	747	23 338	69 283	235 209	206 355
黑龙江	2 309	41 486	146 162	644 384	611 101
上海	145	17 842	78 285	355 840	344 885
江苏	3 531	85 397	354 865	1 966 453	1 873 732
浙江	3 768	41 146	145 337	813 989	772 328
安徽	7 798	138 993	367 560	1 530 865	1 482 040
福建	2 133	39 798	165 002	872 616	828 096
江西	6 069	43 870	113 599	442 153	429 872
山东	6 717	287 268	1 306 571	5 688 398	5 465 870
河南	4 423	140 812	441 700	1 828 904	1 750 281
湖北	15 328	243 691	914 390	3 994 607	3 849 516
湖南	10 092	84 048	263 085	1 067 527	1 009 049
广东	8 513	95 747	224 810	1 334 753	1 267 683
广西	759	21 955	44 039	251 147	250 201
海南	32	552	851	3 928	3 896
重庆	1 136	12 190	21 484	114 964	111 457
四川	6 726	68 527	141 575	739 067	715 705
贵州	500	7 574	19 772	81 743	77 730
云南	1 661	13 493	10 703	108 954	101 871
西藏					
陕西	1 882	28 056	65 670	300 188	282 670
甘肃	598	9 975	21 473	91 893	78 736
青海	109	1 828	2 749	15 258	12 631
宁夏	162	3 643	2 738	15 964	15 433
新疆	518	5 638	11 322	46 334	41 082
计划单列市	**897**	**68 145**	**286 295**	**1 250 440**	**1 199 245**
大连	308	28 422	141 224	560 077	536 046
青岛	382	30 181	107 241	452 499	441 172
宁波	119	4 924	22 749	122 867	114 035
厦门	49	2 447	11 760	95 554	92 754
新疆兵团	39	2 171	3 321	19 443	15 238
东部地区	**29 393**	**712 344**	**2 830 483**	**13 779 630**	**13 195 785**
中部地区	**58 028**	**840 986**	**2 578 954**	**11 046 895**	**10 586 250**
西部地区	**5 345**	**84 506**	**167 958**	**871 976**	**824 938**

8. 食品制造业

项目 地区	企业单位数（个）	平均职工数（人）	增加值（现价,万元）	总产值（现价,万元）	销售产值（现价,万元）
全国总计	**11 688**	**530 179**	**1 291 010**	**5 791 201**	**5 489 873**
北京	206	8 568	13 331	60 098	57 628
天津	159	11 052	26 922	143 963	135 579
河北	461	20 339	46 344	179 761	171 553
山西	203	16 930	22 715	89 943	83 846
内蒙古	112	3 593	7 178	29 120	26 391
辽宁	280	11 550	46 090	170 037	162 068
吉林	88	4 019	11 300	38 568	36 094
黑龙江	241	7 326	27 870	110 964	101 325
上海	217	22 106	96 068	436 671	419 743
江苏	812	43 425	135 674	713 926	676 526
浙江	724	24 039	55 059	294 121	268 125
安徽	606	26 318	45 214	176 212	168 264
福建	730	34 206	96 132	406 225	385 636
江西	385	9 165	16 255	60 502	58 623
山东	1 048	89 154	246 536	1 081 978	1 046 346
河南	604	33 971	63 095	260 719	250 464
湖北	1 183	30 007	83 856	352 224	338 032
湖南	529	12 327	33 225	130 559	123 303
广东	1 475	59 649	125 575	598 621	569 590
广西	159	11 262	10 542	62 187	61 013
海南	14	586	515	1 953	1 802
重庆	137	4 053	6 307	23 585	20 762
四川	404	12 116	21 094	100 025	89 821
贵州	82	2 325	2 638	11 036	9 905
云南	258	8 563	11 019	77 360	64 347
西藏					
陕西	287	9 740	23 149	97 656	92 135
甘肃	157	7 343	8 590	42 766	36 464
青海	19	251	134	617	569
宁夏	60	3 742	3 608	24 920	20 271
新疆	48	2 454	4 975	14 884	13 648
计划单列市	**292**	**17 546**	**56 201**	**237 300**	**224 441**
大连	89	5 996	25 510	95 131	92 787
青岛	50	3 053	8 074	30 418	28 898
宁波	128	6 803	15 986	84 013	77 903
厦门	8	836	3 316	15 057	12 061
新疆兵团	17	858	3 315	12 681	12 792
东部地区	**6 112**	**324 088**	**887 731**	**4 085 401**	**3 892 794**
中部地区	**4 667**	**165 972**	**354 080**	**1 440 957**	**1 362 669**
西部地区	**909**	**40 119**	**49 199**	**264 843**	**234 410**

9. 饮料制造业

项目 地区	企业单位数 （个）	平均职工数 （人）	增加值 （现价，万元）	总产值 （现价，万元）	销售产值 （现价，万元）
全国总计	**20 364**	**533 175**	**1 354 381**	**5 795 613**	**5 419 171**
北京	97	4 651	16 827	81 218	76 292
天津	66	5 594	18 161	103 190	99 792
河北	351	20 301	56 860	224 574	212 047
山西	97	5 310	12 063	51 339	46 768
内蒙古	249	6 541	10 870	34 374	32 814
辽宁	521	17 805	53 156	218 536	204 479
吉林	513	17 884	46 943	175 386	155 993
黑龙江	751	17 008	30 827	133 805	127 590
上海	70	7 604	45 217	205 534	178 021
江苏	735	29 541	81 323	413 359	378 890
浙江	1 407	29 188	75 251	331 761	310 831
安徽	1 227	28 395	44 043	186 172	178 506
福建	1 157	27 419	62 799	261 774	245 232
江西	569	12 027	20 902	77 433	75 234
山东	719	39 055	124 996	525 426	496 528
河南	579	28 938	83 087	311 964	301 194
湖北	4 488	81 488	212 785	894 791	863 884
湖南	1 065	18 769	41 030	167 926	158 476
广东	853	37 124	146 094	546 310	512 551
广西	397	6 475	9 097	48 919	45 343
海南	7	1 005	18 410	78 154	78 107
重庆	860	9 979	15 447	57 128	50 751
四川	2 202	38 293	73 357	368 233	337 154
贵州	402	11 385	12 782	43 694	37 527
云南	514	13 854	11 850	89 774	78 763
西藏					
陕西	335	7 412	11 113	57 164	47 893
甘肃	83	8 132	16 315	91 311	77 213
青海	8	186	447	2 702	2 495
宁夏	9	575	810	2 927	2 385
新疆	33	1 237	1 519	10 735	6 418
计划单列市	**212**	**11 726**	**46 879**	**170 711**	**167 895**
大连	54	3 677	18 050	64 884	62 307
青岛	77	4 045	11 743	48 618	46 380
宁波	53	2 315	12 380	40 855	37 693
厦门	17	340	816	3 667	3 706
新疆兵团	11	1 349	3 890	12 687	17 809
东部地区	**5 976**	**218 282**	**680 684**	**2 911 682**	**2 714 663**
中部地区	**12 686**	**265 503**	**591 597**	**2 481 341**	**2 343 443**
西部地区	**1 702**	**49 390**	**82 100**	**402 590**	**361 065**

10. 烟草加工业

项目 地区	企业单位数（个）	平均职工数（人）	增加值（现价,万元）	总产值（现价,万元）	销售产值（现价,万元）
全国总计	105	5 244	21 639	79 872	77 215
北京					
天津					
河北					
山西					
内蒙古					
辽宁	3	212	122	605	530
吉林	3	1 045	1 011	3 779	3 382
黑龙江	1	150	40	120	90
上海	1	379	1 825	8 296	8 147
江苏	2	177	2 329	7 261	6 969
浙江					
安徽	1	83	131	477	460
福建	2	151	1 556	6 180	5 572
江西	3	78	911	3 862	3 812
山东					
河南	7	242	2 745	8 447	8 514
湖北	21	119	188	575	587
湖南	1	141	163	707	707
广东	27	1 184	2 973	12 340	11 663
广西	1	5	2		
海南	1	5	7	13	13
重庆					
四川	3	275	2 670	4 768	4 776
贵州	1	180	737	7 209	7 209
云南	4	137	2 355	9 190	9 097
西藏					
陕西	5	77	1 372	4 668	4 573
甘肃	15	582	487	1 356	1 096
青海					
宁夏					
新疆	3	22	15	19	18
计划单列市					
大连					
青岛					
宁波					
厦门					
新疆兵团					
东部地区	35	2 103	8 805	34 682	32 881
中部地区	45	2 210	9 231	27 403	26 901
西部地区	25	931	3 603	17 787	17 433

11. 纺织业

项目 / 地区	企业单位数（个）	平均职工数（人）	增加值（现价,万元）	总产值（现价,万元）	销售产值（现价,万元）
全国总计	**21 226**	**2 306 817**	**5 687 363**	**26 398 796**	**25 055 257**
北京	249	27 235	31 655	150 039	138 162
天津	374	42 437	81 453	551 492	521 150
河北	797	61 609	134 073	587 026	562 532
山西	67	5 689	6 635	25 334	23 569
内蒙古	67	4 959	9 346	35 001	28 680
辽宁	363	32 371	83 854	351 228	334 736
吉林	52	2 564	3 936	14 994	13 657
黑龙江	129	8 251	12 596	65 468	62 687
上海	930	132 987	311 013	1 413 696	1 346 945
江苏	4 362	543 519	1 600 429	7 811 782	7 437 242
浙江	4 298	469 710	1 290 160	6 327 323	6 044 482
安徽	512	58 566	67 436	295 363	280 952
福建	853	56 689	169 923	608 588	560 136
江西	282	19 287	43 450	158 931	151 148
山东	1 470	226 350	644 507	2 732 211	2 614 994
河南	668	54 984	90 447	388 474	364 467
湖北	879	115 678	272 996	1 148 541	1 075 883
湖南	238	18 742	38 878	149 757	148 504
广东	3 338	285 699	687 676	3 029 017	2 844 744
广西	69	4 428	2 946	13 857	12 857
海南	2	219	345	1 176	1 276
重庆	226	23 055	19 505	90 100	80 827
四川	349	55 627	30 663	188 221	173 457
贵州	12	696	494	2 123	1 960
云南	58	7 383	4 752	20 701	18 814
西藏					
陕西	290	12 638	14 025	62 260	57 796
甘肃	165	12 434	11 734	55 555	45 027
青海	27	1 269	1 550	6 316	5 492
宁夏	11	1 073	347	1 633	1 111
新疆	89	20 669	20 539	112 589	101 970
计划单列市	**833**	**82 826**	**224 490**	**1 027 133**	**976 616**
大连	58	5 274	36 396	138 056	133 940
青岛	117	20 544	44 989	184 397	177 447
宁波	626	49 054	137 109	658 575	627 359
厦门	10	182	225	945	866
新疆兵团	22	7 772	5 771	45 160	37 004
东部地区	**17 034**	**1 878 606**	**5 034 743**	**23 562 402**	**22 405 123**
中部地区	**3 692**	**375 081**	**600 567**	**2 587 443**	**2 432 947**
西部地区	**500**	**53 130**	**52 053**	**248 951**	**217 187**

12. 服装及其他纤维制品制造业

地区＼项目	企业单位数（个）	平均职工数（人）	增加值（现价，万元）	总产值（现价，万元）	销售产值（现价，万元）
全国总计	**22 971**	**2 136 762**	**4 198 678**	**18 740 561**	**17 760 385**
北京	422	60 066	69 073	325 346	305 492
天津	341	68 686	95 325	514 307	484 205
河北	668	64 802	119 858	515 083	487 038
山西	55	1 488	2 566	9 711	9 222
内蒙古	66	2 117	4 070	14 672	13 823
辽宁	347	51 478	179 600	689 376	655 597
吉林	48	3 733	5 940	21 287	19 755
黑龙江	77	3 267	9 982	46 246	45 000
上海	889	141 291	339 875	1 544 887	1 476 670
江苏	2 099	205 812	578 380	2 731 428	2 594 042
浙江	3 031	244 111	610 279	2 940 640	2 789 321
安徽	277	20 613	31 513	136 296	129 682
福建	4 194	247 844	615 725	2 358 443	2 223 346
江西	188	7 493	18 138	66 392	63 545
山东	832	84 973	203 238	847 777	813 079
河南	341	24 316	41 837	160 166	152 682
湖北	1 216	79 411	233 122	998 408	963 043
湖南	330	15 863	30 261	115 673	108 810
广东	6 745	771 884	965 148	4 503 270	4 243 232
广西	94	4 414	7 777	30 783	29 267
海南	4	169	118	425	416
重庆	76	3 187	3 568	14 627	12 988
四川	170	6 044	7 450	37 898	34 325
贵州	34	1 305	877	3 784	3 326
云南	74	3 305	1 584	12 669	11 364
西藏					
陕西	259	11 867	17 705	68 985	64 494
甘肃	64	6 481	5 232	30 313	25 135
青海	4	73	35	178	167
宁夏	3	43	18	86	75
新疆	23	596	384	1 405	1 244
计划单列市	**1 003**	**105 938**	**370 962**	**1 571 248**	**1 478 124**
大连	181	29 130	148 065	543 555	519 100
青岛	170	19 552	29 291	115 454	110 557
宁波	630	56 074	192 129	906 203	843 320
厦门	21	1 170	1 476	6 029	5 140
新疆兵团	1	12	1	7	7
东部地区	**19 568**	**1 940 947**	**3 776 501**	**16 970 557**	**16 072 022**
中部地区	**3 037**	**177 312**	**402 082**	**1 675 689**	**1 603 546**
西部地区	**366**	**18 503**	**20 095**	**94 315**	**84 817**

13. 皮革、毛皮、羽绒及其制品业

项目 地区	企业单位数 （个）	平均职工数 （人）	增加值 （现价，万元）	总产值 （现价，万元）	销售产值 （现价，万元）
全国总计	**9 604**	**896 886**	**1 916 056**	**8 786 993**	**8 327 945**
北京	51	4 090	8 096	42 697	39 169
天津	105	12 671	21 092	163 806	154 720
河北	477	26 838	84 606	342 377	332 757
山西	45	1 484	3 086	11 720	10 593
内蒙古	35	2 133	2 002	7 938	7 443
辽宁	145	12 741	38 962	187 671	170 980
吉林	19	978	1 819	6 869	6 353
黑龙江	33	912	1 947	8 801	8 391
上海	243	33 267	81 736	371 526	361 279
江苏	897	73 322	225 622	1 051 982	988 807
浙江	1 817	119 706	363 106	1 757 995	1 681 395
安徽	221	12 404	43 082	156 025	151 872
福建	863	72 413	203 135	779 068	722 131
江西	90	3 591	7 210	27 482	26 532
山东	374	42 858	130 317	546 215	512 672
河南	431	34 997	123 937	547 400	523 700
湖北	336	19 377	56 047	264 211	250 298
湖南	269	12 946	38 644	173 528	167 763
广东	2 550	381 402	432 193	2 106 741	1 998 304
广西	46	2 158	2 097	19 826	19 765
海南					
重庆	82	4 642	9 651	40 137	37 700
四川	148	7 917	17 910	89 599	80 690
贵州	30	716	415	1 991	1 692
云南	45	3 424	2 618	13 286	15 863
西藏					
陕西	88	4 493	10 753	39 318	35 323
甘肃	105	3 273	3 343	14 407	11 118
青海	13	905	615	4 983	3 036
宁夏	17	661	1 229	6 385	5 027
新疆	29	567	786	3 009	2 572
计划单列市	**151**	**17 872**	**43 635**	**195 927**	**179 119**
大连	22	5 541	19 667	101 412	92 829
青岛	64	9 042	16 239	61 218	56 457
宁波	54	2 695	7 090	29 989	27 052
厦门	8	424	537	2 741	2 433
新疆兵团	3	170	102	567	348
东部地区	**7 522**	**779 308**	**1 588 865**	**7 350 078**	**6 962 214**
中部地区	**1 762**	**103 741**	**314 086**	**1 365 090**	**1 299 215**
西部地区	**320**	**13 837**	**13 105**	**71 825**	**66 516**

14. 木材加工及竹、藤、棕、草制品业

项目 地区	企业单位数(个)	平均职工数(人)	增加值(现价,万元)	总产值(现价,万元)	销售产值(现价,万元)
全国总计	**23 568**	**743 782**	**1 498 093**	**6 703 188**	**6 332 025**
北京	104	3 125	5 167	29 945	28 037
天津	97	4 742	15 072	73 296	69 216
河北	507	22 223	39 251	148 696	138 985
山西	91	2 096	2 766	10 029	9 076
内蒙古	171	12 380	10 774	29 901	28 763
辽宁	925	31 534	108 028	456 183	429 214
吉林	915	19 287	47 526	170 615	156 773
黑龙江	1 464	49 862	86 221	375 430	362 494
上海	244	16 701	92 073	418 514	398 921
江苏	1 136	67 751	150 985	787 441	741 405
浙江	1 476	46 388	117 710	570 401	546 206
安徽	1 510	47 072	74 080	294 248	287 755
福建	1 905	60 115	100 730	422 058	394 324
江西	1 868	43 617	65 722	255 137	244 863
山东	872	40 291	105 268	434 933	415 168
河南	745	30 800	54 289	214 027	204 982
湖北	1 712	33 611	77 908	350 840	333 742
湖南	2 331	47 583	89 693	370 825	350 951
广东	2 264	78 216	146 586	742 215	688 844
广西	999	34 503	37 791	179 945	173 134
海南	26	1 141	3 564	13 975	13 809
重庆	158	4 269	6 737	28 009	26 122
四川	594	14 708	23 456	121 565	112 936
贵州	219	5 334	5 771	23 795	21 615
云南	383	11 130	14 548	106 773	88 719
西藏					
陕西	613	10 828	13 722	58 471	52 280
甘肃	134	2 695	1 787	8 552	7 092
青海	19	265	107	1 131	1 100
宁夏	16	458	123	2 228	1 764
新疆	70	1 057	638	4 010	3 735
计划单列市	**490**	**20 957**	**98 861**	**393 646**	**371 779**
大连	99	5 328	47 322	187 075	178 021
青岛	84	4 450	13 982	52 628	50 190
宁波	297	10 677	36 070	144 484	134 130
厦门	10	502	1 487	9 459	9 438
新疆兵团					
东部地区	**9 530**	**371 086**	**880 870**	**4 083 682**	**3 850 320**
中部地区	**12 001**	**303 733**	**542 120**	**2 249 196**	**2 141 974**
西部地区	**2 037**	**68 963**	**75 103**	**370 310**	**339 731**

15. 家具制造业

项目 地区	企业单位数（个）	平均职工数（人）	增加值（现价，万元）	总产值（现价，万元）	销售产值（现价，万元）
全国总计	**13 389**	**471 747**	**1 032 792**	**4 518 659**	**4 283 785**
北京	362	17 430	33 102	132 713	120 266
天津	77	8 066	28 660	126 961	122 069
河北	402	17 215	36 283	140 059	130 864
山西	104	2 638	4 058	17 953	16 693
内蒙古	72	1 350	1 909	7 184	6 673
辽宁	147	5 839	22 974	100 978	94 764
吉林	128	3 296	7 263	28 126	26 605
黑龙江	149	3 479	7 726	36 156	34 067
上海	215	14 440	49 485	224 933	214 787
江苏	726	27 529	88 083	430 042	407 476
浙江	427	17 553	48 011	267 498	257 161
安徽	406	12 590	26 284	97 520	93 841
福建	464	13 154	48 898	165 622	149 102
江西	461	10 141	15 097	57 305	54 712
山东	1 307	56 787	142 725	581 702	564 577
河南	675	17 755	39 578	161 304	154 408
湖北	2 054	45 820	129 135	535 288	514 002
湖南	650	13 126	30 257	122 411	116 375
广东	2 897	135 327	191 536	869 774	839 915
广西	215	6 054	7 828	34 659	31 489
海南	14	321	317	1 359	1 315
重庆	164	4 358	10 005	45 201	42 407
四川	385	11 084	22 749	124 674	116 684
贵州	42	1 004	1 340	5 912	5 478
云南	191	7 143	10 329	86 550	61 635
西藏					
陕西	504	11 967	24 175	93 737	86 250
甘肃	104	5 066	3 588	16 275	14 404
青海	8	162	198	851	812
宁夏	14	565	578	3 226	2 961
新疆	25	488	621	2 686	1 993
计划单列市	**239**	**9 437**	**28 736**	**130 107**	**123 085**
大连	18	1 263	7 768	35 476	32 720
青岛	139	5 510	10 723	46 721	44 801
宁波	73	2 441	7 759	39 409	37 918
厦门	7	204	2 470	8 423	7 568
新疆兵团	2	19	16	78	78
东部地区	**7 024**	**313 340**	**689 757**	**3 040 282**	**2 900 981**
中部地区	**5 680**	**136 254**	**316 327**	**1 319 675**	**1 256 044**
西部地区	**685**	**22 153**	**26 708**	**158 702**	**126 760**

16. 造纸及纸制品业

项目 地区	企业单位数 （个）	平均职工数 （人）	增加值 （现价，万元）	总产值 （现价，万元）	销售产值 （现价，万元）
全国总计	**15 716**	**964 144**	**2 199 867**	**9 135 176**	**8 670 074**
北京	296	12 999	18 492	84 855	78 914
天津	282	19 036	36 002	214 724	204 637
河北	1 067	73 057	146 071	562 812	528 165
山西	328	16 575	25 039	106 722	93 605
内蒙古	68	4 862	7 861	35 445	32 299
辽宁	360	19 038	47 782	188 910	179 333
吉林	103	5 404	10 802	36 571	32 720
黑龙江	152	6 946	14 643	60 723	56 598
上海	383	29 296	91 707	416 849	405 453
江苏	1 014	64 856	192 887	828 324	784 370
浙江	1 267	66 593	213 640	896 108	862 403
安徽	540	33 705	67 361	257 229	251 955
福建	867	31 951	116 225	459 720	431 476
江西	345	13 035	22 439	83 133	79 358
山东	1 262	126 153	352 376	1 394 001	1 320 141
河南	1 246	103 308	225 848	817 251	786 266
湖北	835	41 770	96 380	436 516	417 715
湖南	956	39 499	77 339	318 019	297 269
广东	1 995	127 113	258 247	1 107 444	1 049 901
广西	330	12 873	13 273	83 141	78 678
海南	9	343	508	1 976	1 882
重庆	160	9 161	10 938	49 627	48 000
四川	455	32 899	43 192	207 889	192 075
贵州	116	5 479	8 482	31 536	28 683
云南	199	12 728	22 542	124 123	128 110
西藏					
陕西	891	43 641	69 622	282 392	258 594
甘肃	117	7 029	5 361	27 120	23 119
青海	10	278	222	1 111	1 011
宁夏	30	2 806	2 401	11 750	9 333
新疆	33	1 711	2 185	9 155	8 011
计划单列市	**455**	**24 995**	**79 273**	**338 503**	**325 887**
大连	104	5 819	21 383	76 771	74 328
青岛	107	9 425	25 693	108 837	104 244
宁波	209	8 328	29 880	140 842	135 645
厦门	18	650	1 527	9 594	9 343
新疆兵团	17	773	790	2 459	2 327
东部地区	**8 793**	**570 092**	**1 473 429**	**6 153 747**	**5 844 793**
中部地区	**6 011**	**345 943**	**663 603**	**2 656 072**	**2 514 155**
西部地区	**912**	**48 109**	**62 835**	**325 357**	**311 126**

17. 印刷及记录媒介复制业

项目 地区	企业单位数 (个)	平均职工数 (人)	增加值 (现价,万元)	总产值 (现价,万元)	销售产值 (现价,万元)
全国总计	**9 445**	**339 902**	**762 412**	**3 286 818**	**3 126 338**
北京	404	20 807	25 463	112 850	105 628
天津	133	5 950	9 863	58 317	55 674
河北	395	14 680	25 747	103 763	101 079
山西	96	2 672	4 045	16 770	15 954
内蒙古	61	853	1 553	5 876	5 533
辽宁	169	4 805	23 659	89 439	86 028
吉林	57	1 456	4 630	17 907	13 286
黑龙江	60	1 183	1 760	7 773	7 364
上海	354	19 980	55 098	250 446	240 537
江苏	1 074	38 184	117 579	502 967	484 288
浙江	1 254	29 848	81 173	387 487	370 869
安徽	269	8 003	16 724	66 071	64 174
福建	325	7 865	24 674	92 221	82 673
江西	215	5 436	15 652	56 437	54 618
山东	800	37 963	87 045	365 328	348 213
河南	411	15 014	31 665	141 183	134 020
湖北	518	15 368	41 488	180 979	173 610
湖南	405	10 197	18 551	76 410	71 644
广东	1 401	69 657	121 358	527 905	498 477
广西	101	1 808	1 667	8 900	8 107
海南	3	54	113	449	448
重庆	174	4 305	5 556	23 142	21 897
四川	222	6 286	8 345	39 601	36 805
贵州	58	3 202	11 750	47 826	44 837
云南	133	3 968	10 388	40 905	38 684
西藏					
陕西	281	8 883	15 649	60 301	56 817
甘肃	44	706	708	3 532	3 129
青海	6	208	105	416	377
宁夏	8	139	106	435	426
新疆	14	422	298	1 182	1 142
计划单列市	**330**	**14 356**	**28 419**	**111 538**	**106 660**
大连	32	1 243	8 533	29 054	28 468
青岛	119	8 397	10 528	42 106	40 385
宁波	166	4 493	9 031	38 973	36 496
厦门	11	206	313	1 376	1 284
新疆兵团	2	17	14	29	27
东部地区	**6 309**	**249 739**	**571 659**	**2 490 723**	**2 373 466**
中部地区	**2 708**	**78 803**	**164 065**	**686 574**	**650 189**
西部地区	**428**	**11 360**	**26 688**	**109 521**	**102 683**

18. 文教体育用品制造业

项目 地区	企业单位数 (个)	平均职工数 (人)	增 加 值 (现价,万元)	总 产 值 (现价,万元)	销售产值 (现价,万元)
全国总计	**5 174**	**567 448**	**907 164**	**3 923 393**	**3 735 739**
北　京	76	5 411	8 944	36 210	32 632
天　津	104	8 599	16 142	84 251	78 377
河　北	74	3 859	6 872	22 227	26 048
山　西	8	297	143	821	686
内蒙古	2	46	34	110	110
辽　宁	46	2 164	6 751	29 506	27 873
吉　林	10	281	1 042	3 614	3 309
黑龙江	10	407	455	2 041	1 760
上　海	381	39 904	110 342	501 554	491 756
江　苏	725	73 251	165 516	772 160	729 751
浙　江	723	46 280	139 373	663 549	627 479
安　徽	153	15 776	20 471	80 350	78 621
福　建	244	17 999	47 415	183 813	172 750
江　西	81	2 820	9 217	29 680	27 411
山　东	142	15 573	31 498	156 147	150 919
河　南	48	2 204	3 577	13 854	13 500
湖　北	68	3 001	6 514	28 300	27 618
湖　南	49	1 792	1 946	8 111	7 691
广　东	2 108	324 402	326 901	1 288 763	1 220 096
广　西	31	560	311	1 489	985
海　南					
重　庆	11	303	201	909	841
四　川	22	1 127	1 079	6 309	6 260
贵　州	8	285	752	4 255	3 970
云　南	8	322	527	881	954
西　藏					
陕　西	19	464	672	2 515	2 416
甘　肃	20	289	457	1 907	1 869
青　海	1	7	4	20	20
宁　夏	2	25	8	47	37
新　疆					
计划单列市	**223**	**21 301**	**77 635**	**381 123**	**362 822**
大　连	6	801	1 016	5 731	5 178
青　岛	17	1 209	2 837	11 146	10 407
宁　波	192	18 917	73 384	360 334	343 540
厦　门	7	358	383	3 884	3 669
新疆兵团	1	16	15	28	28
东部地区	**4 623**	**537 442**	**859 754**	**3 738 180**	**3 557 681**
中部地区	**479**	**28 472**	**45 317**	**176 504**	**170 113**
西部地区	**72**	**1 534**	**2 093**	**8 709**	**7 945**

19. 石油加工及炼焦业

地区 \ 项目	企业单位数（个）	平均职工数（人）	增加值（现价，万元）	总产值（现价，万元）	销售产值（现价，万元）
全国总计	**2 682**	**158 006**	**516 601**	**2 375 371**	**2 250 770**
北京	50	1 492	2 485	21 327	19 827
天津	28	1 868	13 834	96 758	96 174
河北	133	6 880	29 407	118 310	111 428
山西	907	75 660	189 127	808 737	759 403
内蒙古	28	2 491	5 415	16 072	14 999
辽宁	232	10 174	43 849	198 375	186 810
吉林	16	400	1 123	4 880	4 542
黑龙江	66	5 930	26 740	130 416	130 273
上海	66	2 717	18 440	83 817	81 483
江苏	168	6 763	34 259	189 137	181 459
浙江	78	2 192	11 500	83 370	79 634
安徽	27	583	2 142	8 174	7 881
福建	37	658	4 117	14 173	13 110
江西	21	243	2 652	9 699	9 665
山东	115	7 646	53 776	239 135	229 363
河南	147	9 224	17 675	75 188	70 602
湖北	70	2 652	11 251	51 681	50 131
湖南	51	1 552	2 932	13 043	11 880
广东	40	1 978	14 274	67 320	65 217
广西	3	33	50	428	360
海南					
重庆	10	242	521	2 259	2 230
四川	180	8 841	13 106	74 043	63 126
贵州	74	3 113	3 946	13 814	9 452
云南	15	330	801	2 519	2 691
西藏					
陕西	52	2 259	9 718	33 679	31 739
甘肃	25	857	1 670	10 245	9 657
青海	17	370	287	2 068	1 836
宁夏	7	346	473	2 306	2 088
新疆	19	512	1 031	4 398	3 710
计划单列市	**80**	**3 209**	**21 360**	**97 524**	**94 703**
大连	16	598	2 982	12 401	11 992
青岛	6	1 036	12 970	58 340	57 824
宁波	55	1 389	5 089	26 048	24 354
厦门					
新疆兵团	3	186	319	735	533
东部地区	**947**	**42 368**	**225 941**	**1 111 722**	**1 064 505**
中部地区	**1 547**	**107 586**	**276 987**	**1 211 799**	**1 141 472**
西部地区	**188**	**8 052**	**13 673**	**51 850**	**44 793**

20. 化学原料及化学制品制造业

项目 地区	企业单位数 (个)	平均职工数 (人)	增加值 (现价,万元)	总产值 (现价,万元)	销售产值 (现价,万元)
全国总计	**23 193**	**1 187 737**	**4 191 162**	**18 803 221**	**17 717 105**
北京	543	15 825	27 189	158 675	149 022
天津	710	41 871	128 804	749 396	694 188
河北	1 436	69 659	238 306	883 881	834 287
山西	602	29 446	63 021	269 794	247 452
内蒙古	70	5 087	9 115	31 920	30 478
辽宁	905	37 929	126 328	539 187	505 068
吉林	233	9 714	26 097	89 412	77 872
黑龙江	227	7 512	22 338	101 083	93 534
上海	885	57 323	281 437	1 279 258	1 229 446
江苏	4 197	206 773	1 008 977	4 749 249	4 493 389
浙江	1 628	83 882	367 259	1 743 187	1 646 817
安徽	807	42 122	114 601	446 344	430 724
福建	448	14 266	40 303	158 736	149 489
江西	474	17 066	40 678	151 434	145 946
山东	2 114	154 551	626 894	2 528 077	2 413 167
河南	1 352	62 195	169 909	669 500	632 923
湖北	1 019	54 653	219 041	930 277	895 704
湖南	1 120	44 244	113 148	475 032	440 524
广东	1 369	83 340	295 528	1 524 210	1 415 219
广西	317	13 619	35 399	165 857	144 158
海南	50	1 270	2 643	10 117	9 520
重庆	298	13 943	25 051	112 091	100 638
四川	743	44 225	71 484	370 574	344 142
贵州	364	21 854	46 174	187 918	164 186
云南	419	20 798	26 911	193 167	172 386
西藏					
陕西	476	16 390	36 052	148 853	137 965
甘肃	258	11 042	17 329	87 872	77 316
青海	25	946	1 590	7 375	6 800
宁夏	45	2 346	3 054	12 921	12 312
新疆	59	3 846	6 502	27 824	22 433
计划单列市	**546**	**27 828**	**109 707**	**440 817**	**415 741**
大连	147	7 801	40 849	149 414	142 256
青岛	131	11 043	28 071	118 059	111 724
宁波	254	8 426	39 791	170 053	158 648
厦门	8	164	199	1 014	1 007
新疆兵团	6	394	797	2 277	2 106
东部地区	**14 235**	**765 419**	**3 141 025**	**14 313 856**	**13 530 092**
中部地区	**7 351**	**341 510**	**901 420**	**3 764 394**	**3 547 424**
西部地区	**1 607**	**80 808**	**148 717**	**724 971**	**639 589**

21. 医药制造业

项目 地区	企业单位数 (个)	平均职工数 (人)	增加值 (现价,万元)	总产值 (现价,万元)	销售产值 (现价,万元)
全国总计	**1 893**	**188 200**	**689 215**	**2 904 709**	**2 721 848**
北京	52	4 746	9 625	40 435	37 483
天津	58	8 329	25 934	119 276	109 195
河北	90	8 239	35 268	147 428	141 876
山西	29	3 391	5 603	21 375	21 334
内蒙古	17	1 325	1 973	8 758	8 265
辽宁	98	4 804	12 353	53 556	50 021
吉林	66	3 941	16 725	74 241	69 557
黑龙江	27	2 035	4 536	15 080	14 204
上海	136	13 417	44 780	203 546	188 730
江苏	198	23 046	88 225	403 655	395 828
浙江	162	14 164	64 568	318 596	300 939
安徽	114	7 249	24 184	90 586	88 040
福建	30	1 902	4 828	20 012	16 892
江西	43	11 204	45 263	152 934	147 656
山东	90	11 755	53 535	217 521	208 049
河南	106	12 827	34 057	156 255	148 418
湖北	93	12 029	54 694	225 525	215 411
湖南	56	3 839	12 682	50 612	47 243
广东	112	12 673	52 293	198 546	181 100
广西	39	2 002	6 689	28 341	26 965
海南	1	825	700	2 800	2 660
重庆	21	1 464	2 486	9 709	8 686
四川	73	9 524	46 697	161 662	138 327
贵州	44	3 815	25 369	105 704	85 861
云南	41	2 050	5 191	29 130	27 216
西藏					
陕西	54	5 989	9 074	39 175	34 813
甘肃	26	882	921	4 234	3 577
青海					
宁夏	6	219	70	479	257
新疆	11	515	892	5 538	3 245
计划单列市	**32**	**2 028**	**10 329**	**37 759**	**37 037**
大连	9	707	3 334	12 818	12 354
青岛	7	426	1 697	9 685	9 434
宁波	14	788	5 153	14 670	14 150
厦门	1	20	10	32	71
新疆兵团	1	87	135	554	1 028
东部地区	**1 026**	**103 075**	**391 409**	**1 722 571**	**1 630 113**
中部地区	**682**	**73 492**	**256 001**	**997 154**	**933 689**
西部地区	**185**	**11 633**	**41 805**	**184 984**	**158 046**

22. 化学纤维制造业

项目 地区	企业单位数 (个)	平均职工数 (人)	增加值 (现价,万元)	总产值 (现价,万元)	销售产值 (现价,万元)
全国总计	**1 375**	**134 102**	**570 330**	**2 722 766**	**2 583 280**
北京	20	1 029	1 218	6 747	6 220
天津	29	4 140	8 068	45 264	42 749
河北	94	7 271	19 036	81 536	76 221
山西	7	608	884	3 269	2 905
内蒙古	4	647	257	879	745
辽宁	38	1 917	8 355	33 036	31 591
吉林	7	275	412	1 500	986
黑龙江	3	62	37	129	115
上海	68	6 698	26 883	122 197	114 976
江苏	269	39 897	191 758	938 928	895 750
浙江	135	26 032	150 357	828 563	796 263
安徽	77	3 769	8 519	33 552	32 470
福建	19	535	1 371	5 397	4 587
江西	38	1 387	2 582	9 797	9 511
山东	69	7 578	74 790	282 639	269 527
河南	63	5 305	18 729	52 854	49 578
湖北	52	4 512	25 360	121 152	117 621
湖南	118	3 503	8 463	31 987	26 350
广东	166	13 620	14 108	78 804	67 456
广西	13	625	460	4 602	3 148
海南	1	35	168	581	576
重庆	6	180	194	1 121	996
四川	27	1 829	4 692	20 269	17 542
贵州	10	498	360	1 504	1 443
云南					
西藏					
陕西	23	727	1 147	4 213	4 022
甘肃	10	564	819	4 894	4 159
青海	5	27	13	344	313
宁夏					
新疆	4	832	1 290	7 008	5 460
计划单列市	70	4 872	21 222	91 186	86 840
大连	14	653	6 306	23 832	22 798
青岛	3	159	369	1 674	1 615
宁波	52	3 992	14 440	65 147	61 971
厦门	1	68	107	533	456
新疆兵团					
东部地区	**907**	**108 717**	**495 944**	**2 423 111**	**2 305 340**
中部地区	**421**	**22 157**	**71 019**	**279 843**	**262 096**
西部地区	**47**	**3 228**	**3 367**	**19 812**	**15 844**

23. 橡胶制品业

项目 地区	企业单位数 （个）	平均职工数 （人）	增加值 （现价，万元）	总产值 （现价，万元）	销售产值 （现价，万元）
全国总计	**4 636**	**333 110**	**876 741**	**3 783 722**	**3 529 366**
北京	55	2 383	2 999	16 470	14 478
天津	179	26 454	53 464	273 571	258 783
河北	495	20 876	55 078	205 379	197 670
山西	45	1 943	3 109	12 312	11 133
内蒙古	8	248	735	3 800	3 615
辽宁	189	8 273	27 960	117 549	112 765
吉林	30	1 022	1 827	7 019	5 447
黑龙江	47	1 427	2 169	9 066	8 616
上海	234	30 467	76 318	346 902	331 733
江苏	533	37 542	116 196	533 990	507 935
浙江	752	48 076	109 902	479 961	435 913
安徽	97	7 758	38 362	116 445	110 731
福建	183	4 456	19 835	53 829	48 311
江西	78	2 983	7 867	28 996	27 759
山东	519	58 695	220 385	941 554	885 884
河南	174	10 178	31 830	124 511	118 141
湖北	123	8 369	23 487	91 015	88 604
湖南	93	5 276	9 047	35 225	32 983
广东	437	39 954	51 248	277 771	231 053
广西	23	895	818	4 544	4 363
海南	6	199	540	2 551	2 527
重庆	86	5 425	6 802	27 858	25 322
四川	74	2 976	2 999	13 117	12 372
贵州	24	1 733	5 672	21 024	18 745
云南	49	2 000	2 097	16 090	13 445
西藏					
陕西	83	2 901	5 401	19 719	17 739
甘肃	6	236	214	1 291	1 136
青海	1	10	5	26	26
宁夏	6	141	175	818	1 085
新疆	7	214	200	1 319	1 052
计划单列市	**230**	**26 060**	**67 633**	**277 301**	**265 223**
大连	19	1 037	7 654	28 394	27 373
青岛	117	17 323	38 855	170 584	163 495
宁波	92	7 520	20 738	77 036	73 068
厦门	2	180	386	1 287	1 287
新疆兵团					
东部地区	**3 576**	**277 176**	**733 385**	**3 246 976**	**3 024 525**
中部地区	**930**	**50 258**	**132 900**	**485 283**	**458 847**
西部地区	**130**	**5 676**	**10 456**	**51 463**	**45 994**

24. 塑料制品业

项目 地区	企业单位数 (个)	平均职工数 (人)	增加值 (现价,万元)	总产值 (现价,万元)	销售产值 (现价,万元)
全国总计	22 836	1 223 159	2 945 886	13 121 238	12 305 294
北京	305	11 057	23 715	110 521	106 889
天津	324	17 257	34 709	201 951	186 935
河北	867	36 592	107 819	421 657	402 357
山西	143	6 362	10 682	47 879	44 926
内蒙古	73	2 453	9 209	21 934	19 878
辽宁	417	19 159	66 761	268 848	258 110
吉林	129	5 576	13 437	58 692	43 272
黑龙江	184	5 682	14 864	64 682	61 464
上海	787	52 469	201 827	917 395	890 268
江苏	2 444	119 907	460 663	2 241 446	2 087 557
浙江	4 255	164 475	508 809	2 199 501	2 084 637
安徽	675	33 842	74 337	302 217	290 651
福建	905	30 773	99 631	344 301	300 749
江西	294	7 039	14 504	53 334	50 968
山东	1 675	95 578	342 089	1 463 300	1 389 221
河南	757	31 166	77 369	303 956	284 782
湖北	888	47 539	144 436	602 489	572 797
湖南	402	12 413	28 268	108 230	102 645
广东	5 715	459 026	615 995	2 908 479	2 698 527
广西	192	7 601	8 373	46 499	43 377
海南	6	218	161	551	327
重庆	221	8 287	13 230	57 689	49 735
四川	371	20 031	35 181	178 278	161 545
贵州	78	2 904	5 267	19 938	15 004
云南	217	7 248	10 125	67 703	60 961
西藏					
陕西	268	8 767	14 392	62 422	56 985
甘肃	178	7 724	7 271	33 619	28 748
青海	7	212	229	1 015	982
宁夏	21	615	670	2 670	2 089
新疆	38	1 187	1 863	10 042	8 708
计划单列市	2 116	79 924	299 427	1 152 133	1 086 907
大连	122	8 580	42 089	159 389	155 219
青岛	192	11 222	28 131	119 376	112 456
宁波	1 765	58 904	226 533	859 367	805 914
厦门	21	549	801	4 339	4 132
新疆兵团	16	669	1 873	9 662	9 186
东部地区	17 694	1 006 293	2 462 018	11 077 399	10 405 250
中部地区	4 332	186 704	440 700	1 839 868	1 719 770
西部地区	810	30 162	43 168	203 971	180 274

25. 非金属矿物制造业

项目 地区	企业单位数 (个)	平均职工数 (人)	增加值 (现价,万元)	总产值 (现价,万元)	销售产值 (现价,万元)
全国总计	**116 292**	**6 363 905**	**8 875 708**	**36 317 994**	**34 462 522**
北京	1 003	63 769	82 293	330 473	302 917
天津	597	43 606	63 048	279 139	259 267
河北	6 004	390 182	421 245	1 661 262	1 569 725
山西	4 683	194 473	228 898	872 202	815 889
内蒙古	1 310	75 400	64 698	228 878	209 453
辽宁	2 369	172 784	284 126	1 177 357	1 084 291
吉林	1 260	100 940	80 604	296 715	277 120
黑龙江	2 059	120 520	110 995	492 050	467 741
上海	749	55 879	146 541	666 095	640 369
江苏	7 562	489 326	814 359	3 691 449	3 511 005
浙江	5 005	303 900	491 581	1 980 669	1 890 083
安徽	8 495	475 497	384 353	1 507 655	1 458 524
福建	4 241	158 838	373 705	1 567 224	1 487 867
江西	4 728	161 489	141 744	543 902	521 500
山东	10 976	792 498	1 536 246	6 045 299	5 790 383
河南	10 818	625 781	889 151	3 233 808	3 067 410
湖北	10 268	428 299	847 827	3 554 747	3 405 292
湖南	8 624	327 957	435 663	1 738 448	1 658 358
广东	6 524	373 948	689 452	3 121 027	2 948 832
广西	1 900	119 050	96 705	495 157	487 118
海南	77	3 275	2 527	11 372	10 199
重庆	1 825	103 793	101 402	351 523	334 618
四川	4 805	280 290	207 896	974 698	899 677
贵州	875	48 915	43 274	162 832	150 046
云南	1 986	107 606	100 423	380 217	356 881
西藏					
陕西	5 094	218 786	169 901	681 403	621 952
甘肃	1 198	73 231	34 505	143 789	121 147
青海	221	13 727	7 135	31 675	28 664
宁夏	337	14 061	7 661	28 328	25 532
新疆	699	26 085	17 750	68 601	60 662
计划单列市	**1 300**	**75 012**	**134 109**	**557 028**	**530 471**
大连	229	18 818	41 829	162 181	155 186
青岛	419	27 699	46 026	197 602	191 186
宁波	512	22 142	38 898	166 189	153 545
厦门	98	3 424	4 674	25 151	24 773
新疆兵团	42	2 929	2 682	5 905	5 781
东部地区	**45 030**	**2 844 730**	**4 902 596**	**20 519 994**	**19 484 739**
中部地区	**62 659**	**3 037 825**	**3 598 434**	**14 247 151**	**13 528 081**
西部地区	**8 603**	**481 350**	**374 678**	**1 550 849**	**1 449 702**

26. 黑色金属冶炼及压延加工业

项目 地区	企业单位数 (个)	平均职工数 (人)	增加值 (现价,万元)	总产值 (现价,万元)	销售产值 (现价,万元)
全国总计	12 493	790 998	2 721 205	12 822 082	12 162 793
北京	217	8 330	13 260	70 668	65 321
天津	195	20 122	126 156	934 497	919 816
河北	1 580	113 079	434 604	1 816 802	1 763 096
山西	902	91 200	187 305	768 845	732 728
内蒙古	199	7 723	30 090	106 357	100 444
辽宁	965	51 414	268 424	1 082 973	982 355
吉林	176	8 967	41 702	151 815	120 026
黑龙江	153	8 498	22 687	94 570	90 882
上海	183	17 359	121 354	551 608	529 341
江苏	1 190	81 575	385 231	2 097 036	1 981 188
浙江	490	24 573	84 736	476 625	440 856
安徽	506	27 162	91 645	366 759	334 883
福建	352	10 519	50 261	196 949	164 718
江西	230	6 655	17 150	69 679	67 515
山东	825	62 506	252 240	1 060 443	1 067 394
河南	787	53 243	130 066	549 102	484 211
湖北	324	25 146	83 499	431 168	413 256
湖南	603	23 917	70 692	282 724	271 655
广东	729	31 679	78 618	441 583	415 277
广西	210	9 391	19 234	112 804	105 025
海南	1	93	232	774	715
重庆	222	10 512	18 889	76 943	69 308
四川	401	30 347	87 399	473 498	465 127
贵州	200	20 489	33 186	141 118	124 973
云南	245	18 238	21 110	208 362	199 519
西藏					
陕西	346	11 818	23 498	112 537	104 283
甘肃	133	7 405	7 939	45 511	41 083
青海	63	4 361	6 120	34 705	30 480
宁夏	38	2 649	6 756	29 952	26 261
新疆	28	2 028	7 122	35 675	31 057
计划单列市	325	20 691	97 711	392 769	381 179
大连	169	13 018	74 503	291 122	285 807
青岛	38	1 863	3 885	18 324	17 173
宁波	111	5 667	18 870	81 397	76 351
厦门	5	53	181	951	939
新疆兵团	2	90	272	975	909
东部地区	6 726	421 156	1 814 884	8 729 184	8 329 362
中部地区	4 650	297 465	774 532	3 377 640	3 173 874
西部地区	1 117	72 377	131 789	715 258	659 557

27. 有色金属冶炼及压延加工业

项目 地区	企业单位数 （个）	平均职工数 （人）	增加值 （现价，万元）	总产值 （现价，万元）	销售产值 （现价，万元）
全国总计	**6 155**	**363 343**	**1 387 229**	**7 150 222**	**6 776 440**
北京	130	5 213	9 139	52 868	46 524
天津	136	11 088	40 781	260 255	248 133
河北	371	18 867	71 396	264 877	245 529
山西	150	13 298	33 279	174 089	156 374
内蒙古	53	2 720	9 581	31 223	29 866
辽宁	309	14 047	69 949	299 154	283 527
吉林	37	1 276	5 957	22 961	17 214
黑龙江	75	1 704	6 249	26 519	25 062
上海	206	15 550	108 033	491 057	477 819
江苏	919	58 215	291 876	1 584 233	1 500 221
浙江	463	25 626	132 254	905 495	883 693
安徽	207	9 637	28 354	129 313	124 964
福建	103	3 034	6 015	30 331	27 681
江西	124	5 581	27 118	113 336	109 890
山东	216	15 117	74 425	321 992	292 653
河南	429	31 767	114 231	466 202	442 320
湖北	226	11 394	36 380	198 526	176 564
湖南	490	19 504	54 075	249 017	232 516
广东	583	41 806	125 192	736 979	724 401
广西	117	10 009	30 764	129 402	132 460
海南	1	76	52	210	210
重庆	91	3 658	6 762	39 850	35 757
四川	178	10 420	30 279	188 535	176 307
贵州	173	11 181	25 978	115 995	105 260
云南	125	11 576	20 422	187 622	173 907
西藏					
陕西	144	5 780	15 860	73 302	62 338
甘肃	59	2 690	5 594	32 787	23 255
青海	17	884	1 226	5 546	5 180
宁夏	15	959	1 921	8 553	8 005
新疆	8	666	4 087	9 993	8 810
计划单列市	**229**	**13 137**	**77 490**	**479 880**	**464 627**
大连	21	1 198	16 447	58 996	56 916
青岛	18	1 092	7 879	30 622	29 336
宁波	187	10 786	53 012	389 650	377 936
厦门	1	25		45	45
新疆兵团	2	36	152	567	394
东部地区	**3 436**	**208 563**	**929 060**	**4 947 241**	**4 730 181**
中部地区	**2 151**	**114 019**	**358 544**	**1 681 650**	**1 559 306**
西部地区	**568**	**40 761**	**99 625**	**521 331**	**486 953**

28. 金属制品业

项目 地区	企业单位数 (个)	平均职工数 (人)	增加值 (现价,万元)	总产值 (现价,万元)	销售产值 (现价,万元)
全国总计	**37 636**	**1 913 929**	**5 013 145**	**22 770 617**	**21 617 876**
北京	1 364	52 912	85 328	394 467	356 603
天津	1 103	65 318	139 121	767 423	728 533
河北	1 770	107 076	257 067	897 851	839 598
山西	824	51 554	105 522	423 383	396 793
内蒙古	330	8 380	18 062	71 064	66 511
辽宁	1 495	74 477	260 437	1 190 473	1 120 543
吉林	331	10 270	33 710	122 324	111 271
黑龙江	503	12 492	40 958	188 358	180 278
上海	2 064	128 225	412 838	1 876 538	1 812 639
江苏	5 265	255 089	771 104	3 628 845	3 435 529
浙江	4 037	169 946	439 207	2 049 390	1 944 826
安徽	849	36 696	93 649	402 967	390 620
福建	797	24 930	83 658	347 477	316 671
江西	696	16 792	42 681	155 721	148 300
山东	3 886	285 311	976 531	4 132 755	3 978 362
河南	965	42 195	106 637	445 373	423 772
湖北	1 750	92 329	302 655	1 410 075	1 342 814
湖南	789	29 092	76 936	316 556	303 625
广东	5 153	331 094	576 609	2 943 972	2 776 156
广西	291	10 322	16 303	79 386	78 020
海南	3	123	51	201	188
重庆	434	14 878	20 012	95 918	84 601
四川	883	36 114	59 392	324 164	308 343
贵州	124	5 299	6 549	26 562	22 694
云南	754	22 297	31 872	217 613	205 271
西藏					
陕西	659	16 581	34 435	150 733	145 480
甘肃	373	9 997	16 941	90 496	81 964
青海	42	1 116	1 091	6 041	5 424
宁夏	51	1 487	1 921	6 436	5 957
新疆	51	1 537	1 868	8 055	6 490
计划单列市	**2 276**	**102 500**	**317 686**	**1 438 700**	**1 377 008**
大连	236	11 601	60 038	310 646	297 937
青岛	570	36 813	96 604	417 194	404 771
宁波	1 439	53 187	159 703	703 754	667 720
厦门	23	659	1 303	6 396	5 949
新疆兵团	8	240	38	710	631
东部地区	**26 934**	**1 494 378**	**4 001 900**	**18 229 191**	**17 309 460**
中部地区	**8 683**	**358 993**	**916 587**	**4 035 572**	**3 835 897**
西部地区	**2 019**	**60 558**	**94 658**	**505 854**	**472 519**

29. 普通机械制造业

项目 地区	企业单位数 (个)	平均职工数 (人)	增加值 (现价,万元)	总产值 (现价,万元)	销售产值 (现价,万元)
全国总计	**31 127**	**1 598 207**	**4 531 877**	**19 769 763**	**18 612 241**
北京	262	13 011	18 970	76 010	71 579
天津	641	38 444	83 787	398 386	374 740
河北	876	45 135	121 439	479 573	452 015
山西	369	17 035	38 037	153 353	143 780
内蒙古	141	5 520	15 546	58 641	50 913
辽宁	2 193	101 176	331 070	1 362 277	1 286 413
吉林	287	11 278	48 953	166 046	156 120
黑龙江	781	27 715	55 783	269 151	254 393
上海	1 440	98 700	292 461	1 329 368	1 263 858
江苏	5 802	329 508	964 339	4 607 592	4 315 881
浙江	6 471	250 314	724 772	3 140 108	2 951 120
安徽	522	26 164	60 569	259 339	251 942
福建	890	27 125	100 100	367 148	350 666
江西	328	11 479	27 987	103 453	98 968
山东	2 968	242 098	836 156	3 535 148	3 367 278
河南	1 619	96 639	220 709	868 617	804 451
湖北	766	47 387	141 497	611 159	585 046
湖南	972	42 638	92 674	387 005	363 678
广东	1 042	58 407	141 050	624 784	607 434
广西	185	4 980	4 768	24 936	22 618
海南	3	12	3	14	14
重庆	549	23 312	33 557	162 201	146 894
四川	775	38 774	56 231	293 660	253 448
贵州	49	1 622	1 578	6 821	6 783
云南	83	3 171	6 755	48 052	38 510
西藏					
陕西	958	32 716	108 265	416 957	376 517
甘肃	99	2 588	2 417	12 127	10 400
青海	30	716	1 224	3 318	2 974
宁夏	14	247	483	2 262	1 878
新疆	12	296	697	2 257	1 930
计划单列市	**3 220**	**154 895**	**485 728**	**1 980 710**	**1 871 454**
大连	745	43 058	182 397	706 272	676 936
青岛	438	32 210	84 828	340 817	312 222
宁波	2 018	78 504	215 908	925 436	874 532
厦门	12	769	2 155	6 770	6 490
新疆兵团	7	354	440	1 415	1 274
东部地区	**22 585**	**1 203 918**	**3 614 144**	**15 920 394**	**15 040 984**
中部地区	**7 926**	**375 137**	**884 262**	**3 690 941**	**3 435 237**
西部地区	**616**	**19 152**	**33 471**	**158 428**	**136 020**

30．专用机械设备制造业

项目 地区	企业单位数 （个）	平均职工数 （人）	增加值 （现价，万元）	总产值 （现价，万元）	销售产值 （现价，万元）
全国总计	**6 790**	**401 191**	**1 215 040**	**5 187 604**	**4 895 309**
北京	193	8 218	14 184	68 113	63 257
天津	166	10 139	25 648	127 703	119 991
河北	275	16 232	33 595	133 539	129 302
山西	37	2 440	6 104	24 846	22 608
内蒙古	23	777	943	5 364	5 148
辽宁	238	10 600	35 263	135 007	126 404
吉林	72	3 066	6 336	25 790	23 768
黑龙江	107	4 390	7 582	37 721	36 606
上海	642	43 057	119 914	545 064	525 833
江苏	1 196	79 232	299 204	1 290 771	1 197 771
浙江	1 136	51 780	167 471	738 652	687 344
安徽	226	10 454	20 456	87 075	83 163
福建	208	5 544	15 913	63 944	56 381
江西	71	3 459	6 459	23 662	23 109
山东	668	69 812	257 743	1 077 700	1 032 680
河南	485	34 424	94 416	337 219	322 745
湖北	110	8 393	24 058	110 272	105 880
湖南	107	5 016	10 888	39 778	38 301
广东	285	11 685	35 312	168 319	158 278
广西	100	5 676	6 347	35 146	33 142
海南	15	286	276	1 238	1 212
重庆	38	1 076	1 855	7 937	7 594
四川	207	9 758	14 749	62 199	58 081
贵州	9	349	550	2 067	1 731
云南	7	539	506	3 265	3 126
西藏					
陕西	142	4 193	8 424	31 847	28 835
甘肃	13	343	367	1 415	1 256
青海	2	100	91	446	421
宁夏					
新疆	12	153	386	1 485	1 342
计划单列市	**455**	**27 020**	**113 208**	**443 336**	**413 239**
大连	41	2 953	15 440	57 590	55 020
青岛	104	7 526	27 403	100 420	95 182
宁波	307	16 472	70 248	285 101	262 812
厦门	1	6	4	18	18
新疆兵团	2	63	113	207	207
东部地区	**5 007**	**306 299**	**1 004 247**	**4 348 812**	**4 097 241**
中部地区	**1 602**	**86 669**	**201 327**	**788 366**	**750 690**
西部地区	**181**	**8 223**	**9 466**	**50 426**	**47 378**

31．交通运输设备制造业

项目 地区	企业单位数 （个）	平均职工数 （人）	增加值 （现价，万元）	总产值 （现价，万元）	销售产值 （现价，万元）
全国总计	8 772	528 298	1 752 518	8 048 037	7 589 400
北京	305	14 257	23 110	106 548	103 946
天津	529	41 708	123 873	697 444	660 926
河北	289	12 563	45 359	174 269	170 425
山西	70	2 124	4 331	15 898	15 690
内蒙古	9	127	100	230	207
辽宁	206	7 549	26 320	104 708	100 925
吉林	95	3 430	29 050	103 040	83 502
黑龙江	29	1 010	4 015	22 274	21 335
上海	682	60 451	228 872	1 040 329	1 007 404
江苏	964	65 126	316 192	1 546 771	1 441 274
浙江	1 878	98 464	318 942	1 322 977	1 261 299
安徽	271	13 316	33 636	134 865	128 142
福建	220	7 906	40 116	173 557	158 897
江西	108	3 326	8 554	31 319	30 049
山东	600	42 129	158 308	656 118	631 674
河南	206	10 502	33 059	120 015	113 321
湖北	205	14 707	59 479	279 395	264 096
湖南	266	12 033	32 598	138 760	132 393
广东	334	37 938	107 835	529 024	492 205
广西	88	5 019	13 531	45 238	44 865
海南	3	115	166	825	823
重庆	606	41 475	80 391	448 244	403 952
四川	276	17 670	38 831	206 440	196 829
贵州	85	2 981	5 208	19 297	17 967
云南	295	7 594	10 865	85 494	68 870
西藏					
陕西	92	3 258	7 451	33 783	30 783
甘肃	24	612	1 251	6 978	3 750
青海	15	588	784	2 825	2 518
宁夏	11	125	190	1 046	1 020
新疆	11	195	101	326	313
计划单列市	682	28 539	83 774	329 830	309 090
大连	45	1 890	5 613	24 714	23 411
青岛	85	5 431	11 013	47 732	43 557
宁波	546	20 807	64 377	248 588	233 370
厦门	5	392	2 750	8 710	8 666
新疆兵团	1	19	21	86	86
东部地区	6 007	388 091	1 388 927	6 351 745	6 028 975
中部地区	2 224	122 851	331 395	1 534 033	1 420 092
西部地区	541	17 356	32 196	162 259	140 333

32. 电气机械及器材制造业

项目 地区	企业单位数 (个)	平均职工数 (人)	增加值 (现价,万元)	总产值 (现价,万元)	销售产值 (现价,万元)
全国总计	**10 094**	**766 569**	**3 105 297**	**13 710 604**	**12 889 119**
北京	195	12 328	26 676	124 516	113 357
天津	332	23 853	87 988	570 591	518 035
河北	294	21 217	86 364	284 493	268 102
山西	26	1 170	3 777	12 104	10 209
内蒙古	14	584	885	3 528	2 890
辽宁	174	16 127	45 316	177 738	170 731
吉林	44	1 615	6 838	24 501	22 001
黑龙江	49	3 659	5 066	23 114	21 923
上海	1 094	105 325	458 065	2 082 115	2 012 467
江苏	2 128	144 714	529 350	2 522 912	2 348 845
浙江	2 798	145 732	590 553	2 567 345	2 435 398
安徽	167	9 325	26 306	105 891	102 359
福建	66	5 211	16 304	67 579	64 607
江西	68	2 525	8 220	29 623	28 636
山东	608	54 833	299 989	1 234 510	1 176 165
河南	115	13 915	57 793	200 448	195 736
湖北	105	6 166	33 358	149 278	135 599
湖南	179	8 913	15 098	69 930	65 764
广东	1 150	164 655	757 763	3 190 552	2 945 263
广西	41	2 382	2 476	20 461	18 749
海南	1	50	30	99	90
重庆	61	2 634	4 914	20 524	19 129
四川	158	10 101	16 835	90 814	87 530
贵州	19	1 092	1 200	4 249	3 691
云南	28	1 070	1 513	9 535	8 482
西藏					
陕西	149	6 194	20 481	115 883	105 582
甘肃	24	792	1 368	5 531	4 961
青海					
宁夏	3	82	49	187	150
新疆	4	305	642	2 553	2 668
计划单列市	**870**	**62 023**	**259 893**	**1 108 686**	**1 047 283**
大连	57	9 421	23 214	86 344	82 685
青岛	91	12 800	59 765	267 259	251 757
宁波	719	39 742	176 856	754 870	712 637
厦门	1	25	43	142	142
新疆兵团	2	35	15	71	62
东部地区	**8 839**	**693 995**	**2 898 448**	**12 822 351**	**12 052 970**
中部地区	**1 121**	**66 217**	**198 686**	**842 110**	**794 468**
西部地区	**134**	**6 357**	**8 163**	**46 143**	**41 681**

33. 电子及通信设备制造业

项目 地区	企业单位数 （个）	平均职工数 （人）	增加值 （现价，万元）	总产值 （现价，万元）	销售产值 （现价，万元）
全国总计	**6 179**	**628 376**	**1 800 637**	**8 176 319**	**7 845 496**
北京	107	7 040	18 579	72 013	64 854
天津	41	3 018	11 560	45 482	42 162
河北	212	11 960	51 599	171 746	155 482
山西	14	1 144	4 870	26 023	25 634
内蒙古	6	131	367	1 290	1 159
辽宁	69	3 558	15 568	62 844	59 506
吉林	9	277	1 962	7 309	6 247
黑龙江	6	316	820	4 483	4 365
上海	243	32 367	206 048	936 583	913 088
江苏	1 282	92 458	397 729	1 787 213	1 784 695
浙江	1 371	85 819	320 989	1 451 942	1 363 359
安徽	72	5 340	15 690	64 831	57 775
福建	221	13 284	82 623	343 821	305 276
江西	44	2 115	3 372	12 981	12 636
山东	234	23 223	120 566	491 792	470 005
河南	64	4 453	12 258	51 440	49 184
湖北	47	2 129	10 020	63 662	60 533
湖南	42	1 804	4 878	20 037	18 650
广东	1 904	320 177	479 378	2 355 471	2 264 805
广西	20	1 087	1 245	10 123	7 808
海南					
重庆	16	793	1 018	3 388	2 913
四川	84	6 722	21 401	106 837	97 195
贵州	3	79	5	41	42
云南					
西藏					
陕西	54	2 940	14 253	60 113	56 086
甘肃	12	6 097	3 804	24 706	21 914
青海					
宁夏					
新疆	2	45	35	148	123
计划单列市	**335**	**24 804**	**115 203**	**476 747**	**455 000**
大连	20	1 371	6 354	23 105	21 738
青岛	15	2 613	5 604	23 449	20 343
宁波	299	20 810	103 231	430 113	412 855
厦门	1	10	14	80	64
新疆兵团					
东部地区	**5 684**	**592 904**	**1 704 639**	**7 718 907**	**7 423 232**
中部地区	**452**	**28 033**	**90 542**	**421 104**	**391 218**
西部地区	**43**	**7 439**	**5 456**	**36 308**	**31 046**

34. 仪器仪表及文化办公用品机械制造业

项目 地区	企业单位数 (个)	平均职工数 (人)	增加值 (现价,万元)	总产值 (现价,万元)	销售产值 (现价,万元)
全国总计	**2 243**	**141 654**	**358 744**	**1 642 338**	**1 492 023**
北京	68	2 235	3 169	14 897	15 192
天津	46	2 378	5 494	24 427	25 637
河北	51	1 817	3 445	17 057	15 593
山西	6	192	369	1 125	1 104
内蒙古			225		
辽宁	54	3 329	12 912	48 890	47 022
吉林	14	319	1 212	42 791	3 831
黑龙江	6	3 085	24 443	106 937	102 361
上海	193	10 917	43 419	197 361	191 064
江苏	338	19 532	61 637	325 345	273 053
浙江	550	29 418	82 986	373 199	357 753
安徽	125	5 859	10 166	40 937	38 975
福建	12	1 911	5 033	19 852	19 097
江西	31	676	1 831	6 306	5 960
山东	73	7 021	14 006	57 241	52 974
河南	89	4 387	7 720	38 069	36 926
湖北	16	970	2 077	9 524	8 592
湖南	34	2 316	4 071	14 811	14 075
广东	350	37 958	62 410	246 942	230 847
广西	15	757	520	2 760	2 712
海南					
重庆	45	2 025	3 022	11 119	9 955
四川	31	1 463	3 314	13 691	13 295
贵州	4	140	189	753	654
云南	22	1 416	2 731	19 520	17 366
西藏					
陕西	26	1 191	1 582	5 935	5 616
甘肃	10	241	140	605	488
青海	1	41	89	298	
宁夏	1	5	12	50	49
新疆	2	55	520	1 896	1 832
计划单列市	**276**	**16 149**	**64 990**	**253 452**	**244 096**
大连	11	1 216	8 711	30 505	29 415
青岛	15	1 185	2 321	11 022	10 617
宁波	250	13 748	53 958	211 925	204 064
厦门					
新疆兵团					
东部地区	**1 765**	**116 516**	**294 511**	**1 325 211**	**1 228 232**
中部地区	**423**	**22 483**	**59 807**	**291 245**	**240 690**
西部地区	**55**	**2 655**	**4 426**	**25 882**	**23 101**

35．其他制造业

地区＼项目	企业单位数（个）	平均职工数（人）	增加值（现价，万元）	总产值（现价，万元）	销售产值（现价，万元）
全国总计	**64 053**	**3 147 199**	**7 477 045**	**31 836 054**	**29 778 755**
北京	1 856	70 189	119 230	513 176	482 781
天津	321	32 917	46 069	280 020	266 493
河北	2 831	151 904	279 759	1 084 887	994 812
山西	453	20 255	40 818	169 872	146 273
内蒙古	249	14 853	9 575	35 209	31 747
辽宁	880	43 290	108 373	452 859	427 826
吉林	594	33 461	83 298	258 424	297 384
黑龙江	210	7 163	18 518	91 882	83 118
上海	425	29 572	96 428	438 309	415 723
江苏	10 214	408 459	1 690 288	7 624 564	7 115 896
浙江	5 828	202 564	568 635	2 518 122	2 393 036
安徽	1 710	94 056	149 487	608 687	590 042
福建	4 496	185 535	443 047	1 769 102	1 640 490
江西	1 663	80 741	105 307	405 173	391 177
山东	5 206	340 020	801 988	3 388 936	3 174 026
河南	3 447	191 038	742 511	2 919 520	2 811 054
湖北	4 352	146 286	447 967	2 249 372	2 110 511
湖南	4 432	209 749	280 291	1 179 047	1 105 798
广东	10 734	724 764	1 224 718	4 830 964	4 358 610
广西	555	35 290	30 453	138 241	131 599
海南	15	588	586	2 588	2 221
重庆	347	13 430	13 195	68 386	62 637
四川	1 236	44 560	68 176	312 863	297 231
贵州	289	6 835	11 156	39 599	36 836
云南	339	13 118	31 282	177 781	156 886
西藏					
陕西	850	24 739	50 059	210 761	197 141
甘肃	328	14 551	10 110	44 475	37 020
青海	98	3 584	2 114	9 462	8 898
宁夏	14	1 452	2 107	7 652	6 954
新疆	81	2 236	1 500	6 121	4 535
计划单列市	**1 592**	**74 960**	**240 836**	**1 013 428**	**974 312**
大连	233	16 732	57 924	234 680	231 557
青岛	528	30 897	104 075	391 127	373 627
宁波	653	23 062	69 982	343 940	326 778
厦门	164	3 665	8 006	41 047	39 844
新疆兵团	14	604	849	2 634	2 506
东部地区	**42 791**	**2 189 214**	**5 378 535**	**22 900 939**	**21 269 693**
中部地区	**19 294**	**865 478**	**1 999 627**	**8 473 987**	**8 092 366**
西部地区	**1 968**	**92 507**	**98 883**	**461 128**	**416 696**

36. 电力、蒸汽、热水生产和供应业

项目 地区	企业单位数 (个)	平均职工数 (人)	增加值 (现价,万元)	总产值 (现价,万元)	销售产值 (现价,万元)
全国总计	**12 764**	**210 346**	**481 800**	**1 731 371**	**1 672 178**
北京	25	485	927	4 544	4 374
天津					
河北	52	2 084	6 509	24 762	24 545
山西	59	1 785	2 066	7 386	7 208
内蒙古	11	620	1 779	4 742	4 552
辽宁	33	502	1 065	4 556	4 191
吉林	41	699	3 010	7 015	6 714
黑龙江	27	687	3 071	15 157	14 223
上海	4	307	7 451	33 869	33 492
江苏	34	4 383	23 635	82 047	79 377
浙江	741	13 317	62 696	221 341	213 655
安徽	327	3 519	7 665	23 924	23 395
福建	1 835	28 248	54 581	204 657	201 214
江西	1 099	14 997	18 808	66 683	64 884
山东	30	7 392	17 429	72 165	68 426
河南	119	3 786	7 639	32 820	31 669
湖北	679	12 482	22 266	75 493	73 816
湖南	1 119	13 520	23 605	84 385	80 331
广东	2 646	45 317	153 884	549 656	532 110
广西	306	5 194	8 130	39 424	36 172
海南	63	917	1 346	1 671	1 668
重庆	430	8 253	8 606	24 868	24 197
四川	1 555	22 351	21 506	76 755	72 916
贵州	415	6 851	7 255	25 129	23 649
云南	590	7 363	10 410	21 822	19 880
西藏					
陕西	276	1 989	3 224	11 374	10 816
甘肃	62	776	647	2 592	2 346
青海	17	187	336	919	895
宁夏	1	6	4	15	16
新疆	168	2 329	2 250	8 600	8 447
计划单列市	**84**	**2 183**	**5 983**	**24 173**	**23 670**
大连	1	44	47	157	157
青岛	3	524	1 646	6 462	6 391
宁波	64	957	3 090	14 872	14 681
厦门	3	16	11	79	79
新疆兵团	13	642	1 189	2 603	2 362
东部地区	**5 400**	**102 035**	**328 177**	**1 197 597**	**1 161 384**
中部地区	**5 731**	**84 068**	**121 466**	**425 860**	**410 169**
西部地区	**1 633**	**24 243**	**32 157**	**107 914**	**100 625**

37. 煤气生产和供应业

项目 地区	企业单位数 (个)	平均职工数 (人)	增加值 (现价,万元)	总产值 (现价,万元)	销售产值 (现价,万元)
全国总计	**363**	**5 838**	**38 462**	**136 235**	**131 455**
北京					
天津					
河北	19	511	1 005	3 770	3 688
山西	6	80	101	443	419
内蒙古	1	25	13	159	146
辽宁	3	22	225	939	902
吉林	3	126	37	147	139
黑龙江					
上海	4	98	806	3 662	3 541
江苏	22	504	2 384	13 841	13 505
浙江	19	571	4 050	35 423	34 607
安徽	29	368	1 330	5 038	4 947
福建	4	50	266	1 221	1 158
江西	18	151	341	1 620	1 564
山东	1	6	9	23	20
河南	13	310	1 373	4 947	4 751
湖北	58	1 162	2 918	12 480	11 049
湖南	31	308	520	1 836	1 783
广东	28	562	21 304	42 281	41 303
广西	16	130	113	1 566	1 544
海南	2	33	154	559	559
重庆	9	88	195	820	818
四川	19	89	126	817	789
贵州	27	230	142	665	549
云南					
西藏					
陕西	27	366	984	3 734	3 460
甘肃	2	14	40	180	156
青海					
宁夏	2	34	26	64	58
新疆					
计划单列市	**4**	**113**	**1 487**	**7 014**	**6 708**
大连					
青岛					
宁波	4	113	1 487	7 014	6 708
厦门					
新疆兵团					
东部地区	**100**	**2 324**	**30 049**	**101 160**	**98 724**
中部地区	**213**	**3 048**	**7 925**	**31 882**	**29 719**
西部地区	**50**	**466**	**488**	**3 193**	**3 012**

38. 自来水生产和供应业

地区＼项目	企业单位数（个）	平均职工数（人）	增加值（现价，万元）	总产值（现价，万元）	销售产值（现价，万元）
全国总计	**5 159**	**62 191**	**134 150**	**525 410**	**505 632**
北京					
天津					
河北	15	396	784	3 108	2 892
山西	6	42	70	351	351
内蒙古	6	30	84	288	264
辽宁	29	435	582	2 470	2 376
吉林	20	512	460	1 601	1 533
黑龙江					
上海	77	2 402	4 179	18 993	18 547
江苏	748	11 820	20 470	89 580	83 292
浙江	365	4 128	9 923	26 170	25 805
安徽	216	2 661	4 565	17 935	17 580
福建	296	2 647	5 425	18 968	18 475
江西	92	944	1 120	4 375	4 233
山东					
河南	38	732	897	3 516	3 286
湖北	700	7 847	21 558	91 361	87 822
湖南	207	1 819	4 454	16 383	16 027
广东	1 110	17 082	49 447	192 703	188 028
广西	264	1 670	2 357	9 006	8 669
海南	43	474	830	2 677	2 417
重庆	67	878	1 010	3 692	3 370
四川	378	2 248	2 427	9 079	8 990
贵州	239	1 063	1 119	3 793	3 603
云南					
西藏					
陕西	111	654	741	2 929	2 511
甘肃	14	113	218	742	697
青海					
宁夏	77	1 521	1 381	5 568	4 749
新疆	11	70	49	122	115
计划单列市	**71**	**1 361**	**3 839**	**8 959**	**8 750**
大连	2	124	64	243	231
青岛					
宁波	64	1 132	3 447	7 729	7 532
厦门	5	105	328	987	987
新疆兵团					
东部地区	**2 640**	**38 910**	**90 810**	**351 992**	**339 415**
中部地区	**1 865**	**18 340**	**37 302**	**151 222**	**145 703**
西部地区	**654**	**4 941**	**6 038**	**22 196**	**20 514**

1998 年各地乡镇企业主要产品产量

产品 地区	原煤 （万吨）	食用植物油 （万吨）	饮料酒 （万吨）	白酒 （万吨）	啤酒 （万吨）	布 （万米）	服装 （万件）	布鞋 （万双）
全国总计	**64 218**	**1 552**	**759**	**402**	**286**	**1 861 500**	**1 238 937**	**115 320**
北京	529		1			7 829	7 051	298
天津		2	1	1		15 555	18 613	3 547
河北	2 813	47	37	10	20	36 708	32 326	9 451
山西	16 039	8	11	7	4	1 488	1 160	475
内蒙古	3 086	71	13	6	7	299	1 952	233
辽宁	1 559	46	42	15	27	11 699	29 711	712
吉林	1 038	4	30	4	24	132	522	15
黑龙江	2 930	30	40	24	16		4 985	
上海		3	9	1	7	31 035	27 976	1 778
江苏	453	31	42	27	15	313 146	59 020	7 523
浙江	121	5	39	4	29	760 468	444 082	1 028
安徽	645	54	15	8	2	18 368	12 557	1 260
福建	715	235	26	19	7	43 287	54 676	16 849
江西	1 990	14	7	4	1	6 366	5 214	235
山东	921	178	47	28	12	279 531	50 252	7 114
河南	4 602	14	41	5	18	5 917	13 273	44 218
湖北	1 945	514	36	30	6	88 789	16 525	7 171
湖南	4 962	91	31	25	6	8 489	7 556	710
广东	571	21	23	11	8	176 900	384 828	10 582
广西	1 055	27	18	18		2 214	42 215	42
海南							867	
重庆	1 467	1	16	9	6	25 043	891	188
四川	3 981	20	121	73	35	15 475	7 847	453
贵州	5 334	9	45	44		89	5 920	463
云南	2 206	2	22	19	2		779	88
西藏								
陕西	2 669	11	4	2		9 374	6 831	697
甘肃	1 020	95	35	1	34	390	902	166
青海	101	3					17	1
宁夏	224	1					34	19
新疆	1 242	15	7	7		2 909	355	4
计划单列市	4	25	40	9	11	101 347	103 628	11 979
大连		7	24	4	2	290	3 357	54
青岛		15	5	3	1	14 408	5 600	1 111
宁波	1		10	1	8	85 162	94 266	10 699
厦门		1				594	405	115
新疆兵团	3	2	1	1		893		
东部地区	7 682	568	267	116	125	1 676 158	1 108 535	58 882
中部地区	42 268	761	352	191	118	179 441	77 361	55 422
西部地区	14 268	223	140	95	43	5 901	53 041	1 016

1997 年各地乡镇企业主要产品产量(续)

产品 地区	皮鞋 (万双)	纸及纸板 (万吨)	化学肥料 (万吨)	水泥 (万吨)	砖 (亿块)	中小农具 (万件)	农用运输车 (辆)
全国总计	162 546	1 232	877	23 025	24 333	68 864	480 150
北　京	470	13	15	229	54		
天　津	1 029	23	2	65	49	422	
河　北	691	80	34	2 497	849	3 222	3 519
山　西	70	45	15	545	293	278	25 557
内蒙古	210	11	1	191	117	322	18 360
辽　宁	5 726	57	8	488	240	949	680
吉　林	28	12	5	57	103	657	4 622
黑龙江		15		38	138	2 923	
上　海	1 612	27	1	21	258	2	
江　苏	7 476	124	138	2 038	555	921	59 514
浙　江	49 044	206	15	2 097	271	112	22 489
安　徽	1 928	51	91	1 545	529	2 794	67 302
福　建	20 114	77	6	1 324	15 550	5 063	2 943
江　西	689	11	24	296	229	2 489	19 004
山　东	3 192	121	52	1 375	373	8 344	95 318
河　南	4 057	21	38	1 988	689	8 192	63 794
湖　北	760	36	137	1 194	1 007	2 605	6 889
湖　南	2 509	32	36	1 227	1 059	4 045	14 596
广　东	52 602	73	12	1 854	450	4 234	6 357
广　西	171	63		509	289	2	20 709
海　南	8			10	22	93	544
重　庆	5 156	12	7	602	101	608	2 330
四　川	3 254	61	45	1 032	340	7 331	27 033
贵　州	831	11	36	325	84	9 036	5 477
云　南	438	16		666	114	2 132	
西　藏							
陕　西	391	20	67	565	412	1 744	6 706
甘　肃	49	8	86	184	65	264	4 907
青　海	1		1	13	8	2	
宁　夏	5	3		18	23	32	
新　疆	35	3	5	32	62	46	1 500
计划单列市	3 449	42	2	305	101	853	3 230
大　连	911	7		183	22	64	237
青　岛	926	14		67	37	336	2 950
宁　波	765	17	1		19	453	
厦　门	847	3		47	20		
新疆兵团		1	1	8	3		43
东部地区	141 956	801	283	11 988	18 649	23 269	190 820
中部地区	18 842	316	465	9 009	4 900	33 666	237 833
西部地区	1 748	115	129	1 948	784	11 929	51 497

1998年各地乡镇企业出口情况

(一) 基本情况

项目 地区	企业单位数(个)	职工人数(人)	出口产品生产总值(现价,万元)	出口产品交货值(万元)	
				合计	直接出口
全国总计	**123 663**	**9 535 418**	**77 362 653**	**68 536 453**	**53 004 201**
北京	583	96 063	451 690	405 727	284 529
天津	1 334	242 568	1 415 614	1 396 685	856 048
河北	11 088	377 054	2 419 413	1 852 434	878 005
山西	387	84 747	543 476	508 811	332 921
内蒙古	658	47 798	355 144	228 742	101 709
辽宁	3 463	303 456	3 150 737	2 704 124	2 093 296
吉林	861	35 122	170 812	162 396	73 846
黑龙江	173	20 078	219 494	154 057	121 061
上海	2 443	505 731	3 415 577	3 229 647	2 793 313
江苏	9 278	1 280 119	13 790 306	12 526 780	9 000 565
浙江	20 290	1 259 824	11 184 007	10 171 147	8 306 747
安徽	3 086	213 503	1 027 391	910 652	342 971
福建	10 625	800 829	7 952 524	7 244 987	7 244 987
江西	2 897	77 070	343 206	298 632	125 752
山东	12 219	828 842	7 409 056	5 865 739	3 861 245
河南	6 615	235 902	1 380 599	851 301	398 418
湖北	628	112 121	991 351	835 215	540 872
湖南	5 441	246 278	1 519 092	1 236 810	542 633
广东	24 190	2 417 364	17 834 835	16 512 208	14 339 201
广西	5 044	169 353	864 673	740 667	349 302
海南	14	1 127	13 654	10 247	6 173
重庆	312	39 934	151 376	119 489	59 255
四川	1 203	61 531	277 309	216 497	137 273
贵州	69	9 679	81 105	72 773	42 855
云南	101	15 443	141 271	84 294	43 268
西藏					
陕西	240	23 155	141 608	97 849	66 365
甘肃	288	14 326	40 396	34 475	21 693
青海	35	7 160	30 870	25 136	4 092
宁夏	93	6 358	42 224	34 629	31 627
新疆	5	2 883	3 843	4 303	4 179
计划单列市	**5 274**	**557 241**	**6 216 300**	**5 656 206**	**5 014 220**
大连	1 016	125 975	1 719 968	1 523 533	1 305 477
青岛	916	113 925	1 141 142	1 018 008	823 188
宁波	3 005	265 491	2 790 376	2 589 914	2 362 934
厦门	332	51 341	554 407	514 989	514 989
新疆兵团	5	509	10 407	9 762	7 632
东部地区	**95 513**	**8 111 850**	**69 023 759**	**61 909 478**	**49 657 936**
中部地区	**21 843**	**1 149 441**	**6 765 714**	**5 391 709**	**2 741 367**
西部地区	**6 307**	**274 127**	**1 573 180**	**1 235 266**	**604 898**

基本情况(续)

项目 地区	出口产品交货值(万元)			
	直接出口			间接出口
	交外贸部门	自营出口	工缴费收入	
全国总计	**28 145 862**	**19 423 286**	**5 435 053**	**15 532 252**
北京	128 939	153 555	2 035	121 198
天津	408 874	435 826	11 348	540 637
河北	577 955	296 323	3 727	974 429
山西	173 545	157 076	2 300	175 890
内蒙古	36 030	65 679		127 033
辽宁	1 103 093	990 099	104	610 828
吉林	38 958	34 864	24	88 550
黑龙江	104 443	15 894	724	32 996
上海	2 755 081	38 232		436 334
江苏	5 165 828	3 823 178	11 559	3 526 215
浙江	6 184 684	2 104 448	17 615	1 864 400
安徽	214 162	127 461	1 348	567 681
福建	3 582 102	3 587 642	75 243	
江西	64 983	57 607	3 162	172 880
山东	1 838 045	1 990 867	32 333	2 004 494
河南	164 487	233 140	791	452 883
湖北	288 645	249 649	2 578	294 343
湖南	416 160	122 536	3 937	694 177
广东	4 501 075	4 575 638	5 262 488	2 173 007
广西	152 730	196 355	217	391 365
海南	4 061	2 112		4 074
重庆	14 576	44 679		60 234
四川	89 725	47 548		79 224
贵州	18 144	24 711		29 918
云南	29 442	13 826		41 026
西藏				
陕西	40 369	25 986	10	31 484
甘肃	14 478	3 705	3 510	12 782
青海	3 497	595		21 044
宁夏	31 627			3 002
新疆	124	4 055		124
计划单列市	**2 873 407**	**2 136 934**	**3 879**	**641 986**
大连	638 031	667 342	104	218 056
青岛	394 548	425 662	2 978	194 820
宁波	1 729 448	633 421	65	226 980
厦门	107 599	407 390		
新疆兵团	3 781	3 119	732	2 130
东部地区	**26 245 676**	**17 995 808**	**5 416 452**	**12 251 542**
中部地区	**1 610 053**	**1 110 440**	**14 874**	**2 650 312**
西部地区	**290 133**	**311 038**	**3 727**	**630 368**

（二）按产品类别分出口交货值

单位：万元

地区＼类别	合计	化工类	机械类	矿产类	轻工类	食品类
全国总计	**68 536 453**	**3 462 627**	**5 180 802**	**2 861 237**	**14 766 744**	**4 253 176**
北京	405 727	5 620	13 945	5 574	60 262	8 362
天津	1 396 685	111 123	114 366	45 178	217 732	41 159
河北	1 852 434	204 039	99 517	42 259	207 641	173 695
山西	508 811	40 567	39 386	335 755	18 892	18 198
内蒙古	228 742	8 481	11 005	25 128	7 681	40 378
辽宁	2 704 124	50 483	241 350	404 718	405 549	435 442
吉林	162 396	14 560	4 741	15 518	23 741	25 538
黑龙江	154 057	775	1 650	8 264	29 440	9 708
上海	3 229 647	104 911	244 407	250 710	795 886	56 016
江苏	12 526 780	1 274 909	1 820 426	211 051	2 444 999	328 407
浙江	10 171 147	460 219	1 268 807	452 243	1 089 585	192 386
安徽	910 652	35 346	42 886	5 791	126 972	144 404
福建	7 244 987	62 901	92 219	135 080	1 583 367	904 790
江西	298 632	9 680	1 723	35 092	37 027	14 383
山东	5 865 739	377 649	482 994	270 663	644 414	1 239 712
河南	851 301	43 489	44 496	83 505	91 147	59 299
湖北	835 215	63 658	25 055	12 578	108 273	45 612
湖南	1 236 810	139 663	59 275	190 984	192 927	93 931
广东	16 512 208	259 899	506 496	96 927	6 554 858	322 277
广西	740 667	47 408	15 908	112 949	55 481	42 851
海南	10 247			966		2 046
重庆	119 489	16 034	26 101	832	17 746	6 906
四川	216 497	34 851	7 795	12 008	31 708	17 935
贵州	72 773	38 601	2 685	24 861	2 121	33
云南	84 294	33 502	1 556	30 226	4 680	3 152
西藏						
陕西	97 849	13 212	12 013	13 392	9 789	14 505
甘肃	34 475	8 125		4 204	3 739	9 444
青海	25 136	1 839		14 317		
宁夏	34 629	1 083		19 744		2 571
新疆	4 303			720	1 087	36
计划单列市	**5 656 206**	**104 654**	**880 380**	**251 639**	**785 229**	**735 968**
大连	1 523 533	19 379	192 220	38 132	268 671	306 901
青岛	1 018 008	49 368	102 577	80 535	81 926	215 357
宁波	2 589 914	26 857	574 744	107 144	270 828	134 254
厦门	514 989	9 050	10 839	25 828	163 353	70 145
新疆兵团	9 762				451	9 311
东部地区	**61 909 478**	**2 911 753**	**4 884 527**	**1 914 403**	**14 004 293**	**3 702 246**
中部地区	**5 391 709**	**411 835**	**265 121**	**713 719**	**687 662**	**450 419**
西部地区	**1 235 266**	**139 039**	**31 154**	**233 115**	**74 789**	**100 511**

按产品类别分出口交货值(续)

单位:万元

类别 地区	土产类	畜产类	纺织品类	丝织品类	服装类	工艺品类	其他类
全国总计	**1 128 743**	**1 620 147**	**6 576 174**	**1 134 438**	**11 197 011**	**6 685 494**	**9 669 860**
北京	1 213	3 751	52 026	67	162 969	45 692	46 246
天津	16 108	16 327	129 881	6 390	322 456	151 669	224 296
河北	44 443	183 002	230 065	14 047	228 800	176 616	248 310
山西	424	700	1 307	1 160	8 555	478	43 389
内蒙古	9 570	18 778	35 884		22 442	14 460	34 935
辽宁	45 194	62 486	60 330	31 760	403 591	84 538	478 683
吉林	13 477	1 432	2 142		7 055	6 889	47 303
黑龙江	10	158	6 351	396		3 346	93 959
上海	7 973	4 343	411 864	53 179	1 076 770	186 353	37 235
江苏	50 573	111 037	2 384 289	429 167	1 689 680	631 946	1 150 296
浙江	269 500	332 654	1 150 822	454 379	2 138 936	852 771	1 508 845
安徽	29 238	121 008	35 122	15 996	105 004	173 299	75 586
福建	133 041	44 855	302 948	16 040	1 264 447	1 100 955	1 604 344
江西	10 097	4 220	61 183	4 192	22 482	59 505	39 048
山东	131 905	106 101	499 041	27 062	549 578	839 427	697 193
河南	11 995	159 926	38 603	19 764	26 472	152 939	119 666
湖北	5 131	13 743	120 703	7 769	320 554	42 580	69 559
湖南	38 466	100 371	49 826	2 317	59 256	215 487	94 307
广东	247 488	214 311	972 171	22 383	2 760 853	1 674 809	2 879 736
广西	45 668	38 433	2 291	1 812	12 368	245 367	120 131
海南			800	3 100	2 000	1 140	195
重庆	4 906	22 173	9 851	7 388	259	1 245	6 048
四川	1 610	48 370	12 609	16 061	9 352	531	23 667
贵州		1 300				170	3 002
云南	5 267	970	35			1 607	3 299
西藏							
陕西	872	614	3 547	9	3 132	17 861	8 903
甘肃	3 334	3 684	8			1 571	366
青海						2 172	6 808
宁夏	1 240	5 400	15			71	4 505
新疆			2 460				
计划单列市	**52 671**	**29 276**	**312 493**	**22 701**	**1 159 878**	**417 042**	**904 275**
大连	24 115	5 515	28 458	6 153	293 376	20 510	320 103
青岛	19 426	20 526	76 409	294	163 803	144 120	63 667
宁波	2 542	3 235	190 784	16 254	678 983	174 927	409 362
厦门	6 588		16 842		23 716	77 485	111 143
新疆兵团							
东部地区	**947 438**	**1 078 867**	**6 193 437**	**1 054 474**	**10 598 080**	**5 744 776**	**8 875 184**
中部地区	**116 226**	**472 715**	**341 244**	**75 052**	**562 121**	**674 160**	**621 435**
西部地区	**65 079**	**68 565**	**41 493**	**4 912**	**36 810**	**266 558**	**173 241**

1998 年各地乡镇集体企业职工素质情况

单位：人

项目 / 地区	职工人数		按职工文化程度分				
	合　计	女职工	大专及以上	中　专	技　校	高　中	初　中
全国总计	**48 286 279**	**16 985 249**	**948 228**	**1 895 503**	**2 386 868**	**11 930 631**	**24 409 926**
北　京	736 799	285 058	23 462	44 631	46 571	165 778	398 236
天　津	720 314	302 401	12 038	35 182	21 883	165 959	396 371
河　北	2 137 296	609 060	36 234	61 145	94 061	581 991	1 150 372
山　西	1 295 358	185 036	10 054	29 684	60 420	291 216	723 549
内蒙古	497 426	115 972	6 288	12 674	18 240	140 937	245 304
辽　宁	1 294 406	385 315	34 812	55 892	60 582	237 523	765 560
吉　林	474 574	124 441	8 009	18 177	19 526	117 719	254 679
黑龙江	512 373	146 468	14 626	28 460	39 543	120 799	253 884
上　海	1 240 211	607 497	37 404	50 380	42 528	164 761	752 058
江　苏	4 624 088	2 026 859	90 513	140 566	146 792	1 092 941	2 472 925
浙　江	3 354 296	1 608 160	66 282	96 573	114 319	700 918	1 725 648
安　徽	2 153 819	543 090	25 553	66 693	72 420	423 245	1 233 850
福　建	1 750 475	749 793	32 445	63 704	76 000	437 489	859 957
江　西	900 595	256 538	9 209	23 521	46 647	216 523	462 090
山　东	5 212 174	1 663 784	138 215	344 520	428 683	1 285 842	2 544 550
河　南	2 760 244	720 170	49 461	85 801	122 610	849 458	1 346 609
湖　北	3 047 768	923 688	42 350	132 617	154 205	846 915	1 506 987
湖　南	2 586 927	511 801	31 051	92 967	132 767	694 355	1 165 514
广　东	6 034 038	3 665 893	151 600	278 877	371 715	1 764 928	2 776 011
广　西	812 080	217 763	9 695	20 159	29 961	188 023	405 396
海　南	52 882	17 289	1 122	1 796	1 768	18 425	21 891
重　庆	860 654	191 035	20 669	32 966	32 934	225 970	427 670
四　川	2 001 408	427 345	44 177	81 247	112 727	408 935	1 007 374
贵　州	358 209	65 484	9 040	13 658	12 791	70 062	173 401
云　南	1 106 007	230 747	14 952	29 255	32 266	166 885	557 201
西　藏							
陕　西	901 588	237 844	14 498	30 107	40 510	311 125	398 705
甘　肃	519 691	97 077	7 447	12 632	38 638	155 131	220 890
青　海	61 742	11 229	464	1 025	3 228	15 176	26 231
宁　夏	87 689	15 527	989	1 543	3 699	20 560	45 387
新　疆	191 148	42 885	5 569	9 051	8 834	51 042	91 626
计划单列市	**1 596 044**	**722 986**	**41 028**	**75 537**	**77 040**	**355 046**	**835 646**
大　连	453 686	150 597	14 881	21 196	23 070	86 754	251 101
青　岛	483 957	224 416	11 980	34 859	31 585	126 517	243 903
宁　波	599 687	324 800	12 089	16 177	19 271	124 217	317 038
厦　门	36 993	13 614	1 068	2 082	1 573	9 868	14 516
新疆兵团	21 721	9 559	1 010	1 223	1 541	7 690	9 088
东部地区	**27 104 097**	**11 903 820**	**623 005**	**1 171 470**	**1 403 134**	**6 598 130**	**13 841 688**
中部地区	**17 495 308**	**4 267 456**	**269 657**	**622 240**	**834 309**	**4 506 260**	**8 780 911**
西部地区	**3 686 874**	**813 973**	**55 566**	**101 793**	**149 425**	**826 241**	**1 787 327**

1998 年各地乡镇集体企业职工素质情况(续)

单位:人

地区 \ 项目	专业技术人员			学历教育			
	高级职称	中级职称	初级职称	合计	大专及以上	中专	技校
全国总计	**208 878**	**885 403**	**2 079 484**	**1 730 050**	**300 444**	**658 349**	**771 257**
北京	6 155	24 543	41 086	37 369	7 412	15 987	13 970
天津	3 886	13 798	26 065	21 771	3 011	11 178	7 582
河北	13 232	39 451	94 709	93 864	13 113	30 111	50 640
山西	4 786	19 445	46 355	47 756	5 223	14 842	27 691
内蒙古	1 944	10 011	16 838	12 767	2 279	4 059	6 429
辽宁	9 759	29 154	48 514	30 634	7 185	11 202	12 247
吉林	2 083	4 699	13 175	11 805	2 261	4 907	4 637
黑龙江	3 578	11 805	26 357	28 027	5 472	10 638	11 917
上海	6 691	24 333	48 871	29 681	7 824	12 166	9 691
江苏	15 792	73 938	193 679	115 221	27 202	42 443	45 576
浙江	12 247	43 989	125 149	80 978	18 056	28 915	34 007
安徽	9 080	39 926	87 470	62 931	9 692	24 853	28 386
福建	4 422	20 089	48 535	83 648	10 935	31 657	41 056
江西	2 162	13 858	36 465	9 318	1 377	3 100	4 841
山东	22 401	121 380	285 287	402 782	70 245	168 434	164 103
河南	22 922	85 846	169 711	135 213	22 522	43 742	68 949
湖北	9 792	65 705	148 329	124 743	16 432	49 066	59 245
湖南	8 297	48 992	102 075	76 813	9 401	29 771	37 641
广东	24 439	71 471	171 421	135 648	24 144	48 966	62 538
广西	2 219	10 179	26 274	14 915	3 186	4 917	6 812
海南	496	437	974	288	62	114	112
重庆	3 459	18 763	55 791	19 697	5 269	8 070	6 358
四川	9 470	48 289	136 383	71 628	13 113	27 076	31 439
贵州	1 308	4 144	13 437	11 121	2 000	4 249	4 872
云南	3 521	16 992	50 377	25 202	4 792	10 238	10 172
西藏							
陕西	2 618	15 078	30 559	27 459	4 535	11 177	11 747
甘肃	971	4 644	22 726	10 221	1 827	3 188	5 206
青海	354	749	2 011	475	144	168	163
宁夏	215	1 087	2 188	1 175	268	427	480
新疆	579	2 608	8 673	6 900	1 462	2 688	2 750
计划单列市	**7 818**	**30 883**	**69 493**	**54 772**	**10 465**	**21 552**	**22 755**
大连	3 648	12 030	18 915	9 904	2 544	3 417	3 943
青岛	1 496	9 951	24 462	30 864	4 455	13 492	12 917
宁波	2 265	8 044	23 467	12 406	2 971	3 977	5 458
厦门	380	603	1 367	811	166	327	318
新疆兵团	29	255	1 282	787	329	339	119
东部地区	**119 024**	**462 146**	**1 083 316**	**1 031 596**	**189 127**	**401 059**	**441 410**
中部地区	**78 247**	**372 406**	**852 670**	**615 390**	**95 297**	**227 242**	**292 851**
西部地区	**11 607**	**50 851**	**143 498**	**83 064**	**16 020**	**30 048**	**36 996**

1998年各地乡镇集体

(一) 基本

项目 地区	本年施工项目数(个)	本年新开工项目数(个)	本年投产项目数(个)	本年完成投资(万元)		本年	
				合计	设备购置	国家扶持资金	主管部门下拨资金
全国总计	**189 075**	**148 389**	**160 890**	**25 713 131**	**11 372 299**	**236 551**	**311 694**
北京	1 049	573	820	212 123	67 524	2 398	27 528
天津	1 807	1 667	1 619	347 465	192 989		307
河北	16 099	12 792	15 509	1 895 334	879 679	5 068	17 023
山西	2 124	1 595	1 638	314 310	129 938	6 485	8 475
内蒙古	1 883	1 684	1 679	146 765	57 195	2 891	2 099
辽宁	5 180	4 472	4 641	1 015 216	396 351	1 636	7 427
吉林	3 850	3 134	3 043	715 568	193 409	74 289	2 000
黑龙江	2 617	2 302	2 250	362 499	156 787	1 859	3 328
上海	1 812	1 207	1 804	825 355	429 991	11 071	40 508
江苏	26 736	17 525	17 797	3 521 919	1 756 794	7 249	13 810
浙江	11 038	8 643	9 824	2 733 455	1 533 821	5 275	12 320
安徽	13 984	11 447	12 078	1 082 457	461 452	12 296	13 565
福建	2 988	2 391	2 339	542 588	219 870	1 939	8 568
江西	7 349	5 936	6 795	631 186	254 082	6 317	11 206
山东	19 838	16 582	17 286	3 422 888	1 489 832	3 531	30 536
河南	13 474	12 152	12 269	1 788 198	855 898	21 164	39 153
湖北	10 113	8 341	9 090	998 386	410 086	7 728	8 831
湖南	16 294	11 695	14 613	891 162	330 360	13 007	14 250
广东	6 201	4 949	5 250	1 859 351	670 540	7 052	13 848
广西	3 112	2 362	2 734	264 356	112 654	7 817	3 554
海南	232	166	168	40 502	9 325	163	93
重庆	6 591	4 869	5 636	451 492	164 463	2 312	1 543
四川	7 723	6 504	6 534	662 963	251 097	8 209	5 900
贵州	1 715	1 307	1 225	221 689	75 327	10 949	6 403
云南	1 258	1 048	1 009	289 461	91 455	6 188	11 633
西藏							
陕西	2 174	1 572	1 703	275 073	106 694	3 892	1 838
甘肃	1 084	886	887	109 581	45 377	1 485	996
青海	226	165	205	30 086	7 783	1 309	380
宁夏	164	125	151	26 749	8 616	828	1 014
新疆	360	298	294	34 954	12 910	2 144	3 558
计划单列市	**5 535**	**4 924**	**5 223**	**1 371 791**	**636 147**	**2 996**	**6 647**
大连	1 313	1 181	1 217	378 068	114 791	630	3 176
青岛	1 851	1 822	1 811	397 771	153 301		2 175
宁波	2 322	1 892	2 157	584 184	363 581	2 126	930
厦门	16	10	14	5 081	1 795		
新疆兵团	33	19	24	6 687	2 679	240	366
东部地区	**92 748**	**70 801**	**76 889**	**16 375 694**	**7 637 391**	**45 219**	**171 875**
中部地区	**86 293**	**69 547**	**75 649**	**8 173 294**	**3 314 266**	**157 558**	**110 089**
西部地区	**10 034**	**8 041**	**8 352**	**1 164 143**	**420 642**	**33 774**	**29 730**

企业固定资产投资情况

固定资产投资资金来源（万元）						本年新增固定资产（万元）
银行、信用社贷款	引进资金		自有资金	群众集资	其他资金	
	小计	引进外资				
4 718 222	5 789 035	2 658 411	11 375 309	1 262 747	2 019 573	19 872 612
44 865	34 248	22 601	81 203	4 207	17 674	156 642
69 330	38 664	9 993	222 133	5 256	11 775	291 162
425 315	343 443	99 837	881 387	132 953	90 145	1 563 341
71 359	69 173	13 188	114 965	19 641	24 212	235 722
17 900	70 460	11 850	47 179	4 133	2 103	132 121
107 130	353 385	133 739	444 902	25 224	75 512	735 617
33 881	418 730	60 376	132 861	10 143	43 664	423 082
49 974	159 454	12 907	115 669	9 380	22 835	278 734
114 640	318 003	297 797	290 956	3 261	46 916	705 009
383 145	723 616	542 234	1 915 251	93 251	385 597	2 679 063
781 035	157 798	90 914	1 481 183	62 936	232 908	2 101 364
203 604	231 600	50 603	418 594	121 131	81 667	918 095
89 015	168 673	125 596	207 230	40 717	26 446	381 158
67 996	286 561	125 487	170 779	50 635	37 692	473 595
772 509	304 013	145 636	1 866 416	152 036	293 847	2 488 835
433 777	446 062	81 722	578 205	138 581	131 256	1 574 283
140 335	295 187	78 566	349 412	76 244	120 649	689 388
140 691	238 948	107 411	284 733	122 488	77 045	643 905
213 998	718 751	568 171	727 710	77 687	100 305	1 463 595
69 413	55 623	6 408	94 242	12 121	21 586	249 590
3 854	20 624	7 015	12 987	1 077	1 704	26 625
102 874	67 564	6 914	205 342	23 565	48 292	361 610
128 062	105 410	29 976	326 744	29 965	58 673	531 618
23 501	84 278	8 461	84 760	6 289	5 509	161 037
91 628	19 297	3 378	124 789	7 186	28 740	230 367
81 519	43 940	13 908	106 716	17 066	20 102	237 071
26 033	10 680	1 535	52 463	9 769	8 155	71 814
11 783	2 458	1 772	10 780	2 326	1 050	22 074
8 645	435	70	10 608	3 007	2 212	20 234
10 411	1 957	346	15 110	472	1 302	25 861
243 287	186 070	120 069	799 080	26 007	107 704	1 043 251
45 949	89 184	52 417	177 008	13 095	49 026	271 055
51 883	44 210	26 231	274 990	5 785	18 728	317 834
142 915	51 356	41 121	341 599	7 082	38 176	444 471
862	300	300	3 879		40	5 059
1 678	1 020		1 604	45	1 734	4 832
3 000 982	3 160 594	2 036 518	8 118 371	597 528	1 281 125	12 565 786
1 454 072	2 362 629	581 058	2 804 020	618 839	666 087	6 367 103
263 168	265 812	40 835	452 918	46 380	72 361	939 723

（二）按建设性质分

单位：万元

项目 地区	合计	新建	扩建	改建	其他
全国总计	**25 713 131**	**12 423 368**	**7 524 769**	**4 194 635**	**1 570 359**
北京	212 123	96 624	61 111	27 704	26 684
天津	347 465	148 166	77 063	82 069	40 167
河北	1 895 334	948 068	653 472	112 780	181 014
山西	314 310	152 194	112 752	41 696	7 668
内蒙古	146 765	110 752	24 168	7 441	4 404
辽宁	1 015 216	618 184	185 379	119 540	92 113
吉林	715 568	508 397	106 601	61 321	39 249
黑龙江	362 499	214 749	79 101	59 028	9 621
上海	825 355	375 951	258 318	80 595	110 491
江苏	3 521 919	1 512 143	1 304 910	470 998	233 868
浙江	2 733 455	533 155	734 308	1 355 020	110 972
安徽	1 082 457	484 958	320 880	232 856	43 763
福建	542 588	335 366	146 319	47 629	13 274
江西	631 186	352 864	162 029	93 159	23 134
山东	3 422 888	1 435 809	1 199 041	577 896	210 142
河南	1 788 198	1 003 697	552 673	168 020	63 808
湖北	998 386	578 411	243 821	133 831	42 323
湖南	891 162	421 776	311 470	135 741	22 175
广东	1 859 351	1 250 654	401 742	75 144	131 811
广西	264 356	121 283	73 425	38 977	30 671
海南	40 502	29 102	9 448	964	988
重庆	451 492	241 966	124 483	58 295	26 748
四川	662 963	336 770	155 180	130 301	40 712
贵州	221 689	142 380	30 749	10 215	38 345
云南	289 461	205 046	54 709	24 039	5 667
西藏					
陕西	275 073	158 716	77 375	31 784	7 198
甘肃	109 581	66 952	25 503	6 620	10 506
青海	30 086	14 350	9 819	4 341	1 576
宁夏	26 749	11 283	12 811	2 023	632
新疆	34 954	13 602	16 109	4 608	635
计划单列市	**1 371 791**	**488 954**	**284 367**	**494 875**	**103 595**
大连	378 068	218 310	74 845	21 178	63 735
青岛	397 771	169 302	117 804	78 872	31 793
宁波	584 184	94 179	89 927	392 292	7 786
厦门	5 081	3 784	730	542	25
新疆兵团	6 687	3 379	1 061	1 991	256
东部地区	**16 375 694**	**7 254 120**	**5 021 663**	**2 949 375**	**1 150 536**
中部地区	**8 173 294**	**4 454 498**	**2 246 365**	**1 146 032**	**326 399**
西部地区	**1 164 143**	**714 750**	**256 741**	**99 228**	**93 424**

(三)按国民经济行业分

单位:万元

地区 \ 行业	行业合计	农业企业	工业企业	建筑业企业	交通运输企业	批发零售贸易企业	旅游饮食服务企业	其他企业
全国总计	**25 713 131**	**1 015 627**	**20 434 946**	**856 253**	**265 616**	**1 335 375**	**902 783**	**902 531**
北京	212 123	5 869	126 484	25 231	3 812	14 026	34 944	1 757
天津	347 465		291 822	1 778	1 683	29 965	12 888	9 329
河北	1 895 334	95 608	1 424 066	53 098	33 690	149 685	76 771	62 416
山西	314 310	7 603	238 314	5 932	4 151	26 562	21 858	9 890
内蒙古	146 765	29 451	93 608	1 434	2 336	6 191	3 351	10 394
辽宁	1 015 216	47 624	701 593	66 591	15 932	68 376	50 562	64 538
吉林	715 568	99 920	422 994	49 508	12 625	37 102	70 762	22 657
黑龙江	362 499	9 919	326 571	5 207	482	11 666	7 804	850
上海	825 355		825 355					
江苏	3 521 919	18 713	3 132 448	63 106	12 879	60 503	35 978	198 292
浙江	2 733 455	19 249	2 584 989	20 716	7 904	53 500	26 924	20 173
安徽	1 082 457	88 823	724 567	82 785	40 209	75 449	53 221	17 403
福建	542 588	32 467	150 512	14 033	2 850	12 219	17 438	13 069
江西	631 186	46 016	485 756	13 595	8 251	27 153	27 525	22 890
山东	3 422 888	101 742	2 682 329	142 103	28 778	217 390	100 755	149 791
河南	1 788 198	105 148	1 405 942	34 048	13 561	103 743	69 131	56 625
湖北	998 386	79 722	685 477	48 393	16 696	105 519	35 910	26 669
湖南	891 162	69 351	595 414	65 310	17 134	64 113	43 749	36 091
广东	1 859 351	32 813	1 605 132	25 695	4 945	52 254	49 236	89 276
广西	264 356	31 507	171 569	14 580	4 968	20 029	10 110	11 593
海南	40 502	20 525	13 538	200	168	893	5 025	153
重庆	451 492	13 908	286 365	44 768	13 728	36 316	32 359	24 048
四川	662 963	9 120	506 030	54 986	7 155	26 906	37 747	21 019
贵州	221 689	18 312	171 280	3 350	4 593	11 611	8 601	3 942
云南	289 461	7 834	159 279	7 330	2 528	75 945	34 298	2 247
西藏								
陕西	275 073	7 175	186 492	7 419	1 908	24 476	23 173	24 430
甘肃	109 581	8 678	74 455	3 554	694	13 559	6 858	1 783
青海	30 086	288	20 861	129	1 804	2 571	3 327	1 106
宁夏	26 749	397	17 760	277	69	7 088	1 125	33
新疆	34 954	7 845	23 944	1 097	83	565	1 353	67
计划单列市	**1 371 791**	**41 476**	**1 087 282**	**69 546**	**13 488**	**42 848**	**35 640**	**81 511**
大连	378 068	26 433	168 048	57 573	12 249	30 033	29 756	53 976
青岛	397 771	14 776	334 102	10 910	664	5 675	5 571	26 073
宁波	584 184	206	574 090	1 038	575	7 102	313	860
厦门	5 081		4 436	25		18		602
新疆兵团	6 687	61	6 606			20		
东部地区	**16 375 694**	**354 085**	**13 824 730**	**412 351**	**112 473**	**657 918**	**405 496**	**608 641**
中部地区	**8 173 294**	**536 705**	**5 863 922**	**411 951**	**135 900**	**539 005**	**423 239**	**262 572**
西部地区	**1 164 143**	**124 837**	**746 294**	**31 951**	**17 243**	**138 452**	**74 048**	**31 318**

1998 年各地乡镇股份制及股份合作制企业情况
（一）基本情况

地区＼项目	企业单位数（个）	职工人数（人）	资本金（万元）					
			合计	国家资本金	集体资本金	法人资本金	个人资本金	外商资本金
全国总计	**189 831**	**9 036 095**	**21 302 609**	**480 219**	**7 185 676**	**4 884 576**	**7 527 787**	**1 224 351**
北京	912	49 277	176 291	12 883	81 866	41 144	32 759	7 639
天津	843	71 030	188 226	1 852	145 887	13 156	27 331	
河北	14 449	723 051	1 419 522	58 428	544 633	333 316	401 168	81 977
山西	6 365	315 585	632 044	25 729	291 383	138 355	165 762	10 815
内蒙古	1 510	67 774	139 254	18 834	32 168	39 693	47 899	660
辽宁	1 839	127 027	437 027	3 405	213 213	83 966	106 266	30 177
吉林	688	37 878	141 013	2 331	56 304	24 365	16 671	41 342
黑龙江	4 754	126 411	289 493	33 311	122 718	60 376	61 222	11 866
上海	1 806	130 252	414 969	18 740	146 740	82 457	147 958	19 074
江苏	25 120	1 341 066	2 999 797	4 599	1 210 321	574 286	1 086 186	124 405
浙江	28 022	1 232 497	4 377 070	30 682	566 015	1 176 912	2 389 317	214 144
安徽	12 762	659 182	894 792	19 170	306 584	209 660	312 947	46 431
福建	4 459	169 208	519 366	10 937	101 546	180 912	182 169	43 802
江西	15 774	266 265	445 941	15 287	147 883	85 313	156 889	40 569
山东	16 356	1 085 321	2 188 858	40 634	1 075 228	349 756	588 944	134 296
河南	11 862	553 581	1 065 208	41 076	449 982	271 629	278 601	23 920
湖北	11 729	415 502	747 694	17 696	368 758	172 353	173 999	14 888
湖南	11 132	433 275	445 137	15 221	133 452	104 032	177 517	14 915
广东	2 590	270 800	1 372 670	15 815	438 320	303 379	320 120	295 036
广西	1 439	48 120	103 797	8 043	26 332	36 301	29 907	3 214
海南	184	5 009	18 164	434	4 332	8 420	4 675	303
重庆	3 168	239 300	339 566	3 807	89 075	77 693	157 944	11 047
四川	4 709	297 731	1 066 556	30 295	343 595	269 912	392 190	30 564
贵州	1 531	33 289	85 312	6 485	30 163	22 362	23 503	2 799
云南	663	67 808	332 739	14 773	128 122	89 080	90 237	10 527
西藏								
陕西	1 951	85 603	192 591	4 077	49 944	62 550	70 417	5 603
甘肃	2 841	155 686	204 023	16 908	65 870	51 320	67 853	2 072
青海	110	5 391	21 707	1 807	7 551	9 062	3 247	40
宁夏	139	10 397	14 452	1 298	3 013	3 002	7 089	50
新疆	124	12 779	29 330	5 662	4 678	9 814	7 000	2 176
计划单列市	**4 978**	**341 684**	**926 201**	**12 913**	**213 142**	**242 211**	**380 228**	**76 211**
大连	478	38 314	226 214	268	97 209	46 743	59 468	22 526
青岛	1 921	151 970	196 533	212	40 877	46 942	99 913	7 093
宁波	2 481	146 907	468 604	9 134	72 190	129 145	212 507	45 628
厦门	62	2 109	19 181	152	1 874	15 748	1 136	271
新疆兵团	36	2 384	15 669	3 147	992	3 633	7 204	693
东部地区	**96 396**	**5 199 529**	**14 093 796**	**197 975**	**4 523 769**	**3 139 284**	**5 282 218**	**950 550**
中部地区	**84 894**	**3 430 313**	**6 260 035**	**208 000**	**2 359 678**	**1 476 238**	**1 964 159**	**251 960**
西部地区	**8 541**	**406 253**	**948 778**	**74 244**	**302 229**	**269 054**	**281 410**	**21 841**

基本情况(续)

项目/地区	增加值(万元)	营业收入(万元)	利润总额(万元)	应缴税金(万元)	固定资产原值(万元)	流动资产(万元)
全国总计	**20 633 959**	**79 596 472**	**4 643 430**	**2 976 806**	**30 141 759**	**31 866 463**
北京	82 459	333 516	24 141	12 027	220 006	239 018
天津	181 438	1 032 770	77 525	44 489	330 563	488 524
河北	1 413 723	5 226 614	471 962	107 577	1 668 408	1 476 607
山西	531 206	1 770 218	109 895	71 012	943 722	674 754
内蒙古	100 043	410 649	33 450	14 609	171 462	155 825
辽宁	373 289	1 237 272	86 663	35 723	554 544	771 697
吉林	60 354	220 305	15 093	16 443	162 238	104 760
黑龙江	245 424	1 049 571	58 870	34 287	352 992	346 176
上海	406 902	1 557 272	105 663	70 188	574 257	989 165
江苏	3 694 155	15 157 151	431 608	600 611	5 183 523	7 201 262
浙江	3 704 252	14 576 100	741 602	688 466	5 796 971	6 918 800
安徽	1 239 428	4 532 508	359 434	165 134	1 386 732	944 788
福建	318 224	2 191 627	70 820	36 384	440 900	402 791
江西	411 296	1 479 835	102 915	54 798	468 823	356 361
山东	2 927 083	10 197 533	778 697	393 512	3 876 035	3 803 377
河南	1 096 260	3 877 210	328 255	80 904	1 522 563	1 084 980
湖北	1 074 589	4 159 235	215 015	147 622	1 102 178	902 312
湖南	607 594	2 079 833	119 536	75 501	612 189	512 949
广东	1 021 656	3 460 221	337 986	125 307	2 058 391	2 035 520
广西	77 016	434 938	21 153	12 331	187 741	135 182
海南	9 371	35 734	3 630	1 105	28 207	5 190
重庆	259 450	1 049 336	21 789	38 743	404 434	468 052
四川	368 842	1 755 326	42 109	73 718	1 067 082	1 113 902
贵州	55 831	192 920	8 377	5 645	119 023	83 389
云南	94 401	531 139	18 520	24 467	345 998	185 658
西藏						
陕西	125 303	468 840	19 971	16 143	198 106	161 441
甘肃	130 019	458 419	38 830	23 581	251 405	221 932
青海	3 927	21 207	760	1 308	24 905	14 321
宁夏	10 043	46 560	1 443	2 136	37 579	26 466
新疆	10 381	52 613	− 2 282	3 035	50 782	41 264
计划单列市	**1 099 965**	**3 900 410**	**242 738**	**185 634**	**1 507 349**	**2 459 245**
大连	119 932	357 645	35 868	12 310	205 901	437 585
青岛	355 024	1 289 381	55 506	51 607	528 457	721 165
宁波	610 898	2 180 041	149 682	119 877	736 127	1 263 044
厦门	8 682	52 392	706	1 007	13 478	20 043
新疆兵团	5 429	20 951	976	833	23 386	17 408
东部地区	**14 123 181**	**54 970 076**	**3 126 667**	**2 114 284**	**20 703 598**	**24 326 761**
中部地区	**6 019 746**	**22 442 217**	**1 392 882**	**774 305**	**8 221 059**	**6 670 475**
西部地区	**491 032**	**2 184 179**	**123 881**	**88 217**	**1 217 102**	**869 227**

（二）企业单位数

单位:个

项目 地区	合　计	股份制	股份合作制						
			合　计	集体企业改制		个体私有企业改制		新组建企业	
				小　计	本年改制	小　计	本年改制	小　计	本年组建
全国总计	**189 831**	**23 301**	**166 530**	**97 973**	**25 567**	**40 919**	**10 136**	**27 638**	**6 986**
北　京	912	103	809	722	270	6	4	81	47
天　津	843	119	724	648	202			76	
河　北	14 449	1 807	12 642	7 837	2 645	3 976	744	829	239
山　西	6 365	253	6 112	3 123	1 100	1 960	542	1 029	352
内蒙古	1 510	510	1 000	513	164	219	167	268	176
辽　宁	1 839	372	1 467	1 220	248	158	22	89	26
吉　林	688	180	508	447	97	21	2	40	10
黑龙江	4 754	498	4 256	2 288	592	1 340	949	628	55
上　海	1 806	53	1 753	1 695	373	23	4	35	18
江　苏	25 120	1 967	23 153	20 764	6 730	1 740	646	649	309
浙　江	28 022	3 600	24 422	9 122	758	2 431	89	12 869	457
安　徽	12 762	1 870	10 892	6 922	1 109	3 020	1 173	950	436
福　建	4 459	337	4 122	1 467	215	1 384	220	1 271	237
江　西	15 774	1 533	14 241	5 995	1 090	7 228	1 447	1 018	571
山　东	16 356	2 666	13 690	7 289	2 430	5 497	1 045	904	595
河　南	11 862	2 082	9 780	6 380	2 019	2 205	918	1 195	677
湖　北	11 729	1 667	10 062	6 230	1 021	3 236	677	596	343
湖　南	11 132	851	10 281	5 931	2 266	2 688	666	1 662	573
广　东	2 590	464	2 126	914	64	832	229	380	41
广　西	1 439	393	1 046	622	41	353	4	71	24
海　南	184	35	149	13		66	8	70	66
重　庆	3 168	562	2 606	1 992	404	283	74	331	130
四　川	4 709	796	3 913	2 417	946	1 095	232	401	178
贵　州	1 531	65	1 466	241	111	105	14	1 120	1 078
云　南	663	174	489	363	87	36	11	90	30
西　藏									
陕　西	1 951	160	1 791	1 398	181	174	37	219	76
甘　肃	2 841	124	2 717	1 184	337	791	187	742	221
青　海	110	21	89	73	21	11	4	5	5
宁　夏	139	17	122	93	10	14	12	15	11
新　疆	124	22	102	70	36	27	9	5	5
计划单列市	**4 978**	**1 432**	**3 546**	**2 999**	**360**	**445**	**25**	**102**	**71**
大　连	478	39	439	351	23	79	8	9	4
青　岛	1 921	640	1 281	949	224	310	17	22	55
宁　波	2 481	744	1 737	1 622	99	54		61	9
厦　门	62		62	51	1	2		9	3
新疆兵团	36	9	27	26	13			1	
东部地区	**96 396**	**11 488**	**84 908**	**51 678**	**13 935**	**16 047**	**3 003**	**17 183**	**1 969**
中部地区	**84 894**	**10 452**	**74 442**	**43 123**	**10 825**	**23 250**	**6 717**	**8 069**	**3 401**
西部地区	**8 541**	**1 361**	**7 180**	**3 172**	**807**	**1 622**	**416**	**2 386**	**1 616**

（三）职工人数

单位：人

项目 / 地区	合　计	股份制	股份合作制						
			合　计	集体企业改制		个体私有企业改制		新组建企业	
				小　计	本年改制	小　计	本年改制	小　计	本年组建
全国总计	**9 036 095**	**1 941 859**	**7 094 236**	**5 476 502**	**1 497 502**	**761 541**	**169 763**	**856 193**	**179 328**
北　京	49 277	11 107	38 170	35 159	11 890	167	77	2 844	1 629
天　津	71 030	7 827	63 203	57 136	21 449			6 067	
河　北	723 051	122 820	600 231	455 611	150 995	108 113	21 142	36 507	7 808
山　西	315 585	35 831	279 754	188 220	53 565	56 439	13 367	35 095	12 429
内蒙古	67 774	31 998	35 776	26 425	5 116	3 057	1 823	6 294	3 840
辽　宁	127 027	40 103	86 924	72 827	15 569	10 514	1 023	3 583	1 556
吉　林	37 878	18 333	19 545	17 295	4 580	535	54	1 715	386
黑龙江	126 411	30 541	95 870	72 851	15 946	12 068	4 559	10 951	1 897
上　海	130 252	10 641	119 611	114 608	22 534	1 840	264	3 163	1 362
江　苏	1 341 066	211 470	1 129 596	1 068 440	364 585	29 864	7 680	31 292	10 647
浙　江	1 232 497	263 589	968 908	514 847	52 792	56 907	2 229	397 154	13 599
安　徽	659 182	157 106	502 076	406 925	59 572	58 721	15 333	36 430	16 554
福　建	169 208	19 556	149 652	59 051	7 901	29 595	2 547	61 006	10 000
江　西	266 265	46 285	219 980	160 228	32 527	42 224	8 884	17 528	9 648
山　东	1 085 321	267 648	817 673	696 477	241 559	94 460	25 596	26 736	13 568
河　南	553 581	138 700	414 881	306 157	132 551	64 794	20 156	43 930	25 646
湖　北	415 502	118 337	297 165	236 535	35 565	47 057	8 883	13 573	6 637
湖　南	433 275	71 175	362 100	285 398	93 745	44 671	11 455	32 031	9 465
广　东	270 800	93 258	177 542	136 050	7 058	25 141	4 118	16 351	2 750
广　西	48 120	19 067	29 053	18 660	1 817	4 793	1 146	5 600	1 885
海　南	5 009	903	4 106	308		1 375	151	2 423	2 274
重　庆	239 300	47 129	192 171	162 837	51 896	13 275	4 102	16 059	5 145
四　川	297 731	107 630	190 101	163 030	53 935	21 000	6 344	6 071	5 299
贵　州	33 289	6 052	27 237	19 264	10 410	3 932	710	4 041	1 287
云　南	67 808	18 969	48 839	41 944	10 230	2 827	328	4 068	1 326
西　藏									
陕　西	85 603	17 688	67 915	55 665	9 971	5 685	2 283	6 565	2 119
甘　肃	155 686	24 318	131 368	87 161	24 158	19 331	3 578	24 876	6 510
青　海	5 391	1 124	4 267	3 729	765	463	106	75	75
宁　夏	10 397	1 230	9 167	6 903	1 370	1 788	1 677	476	298
新　疆	12 779	1 424	11 355	6 761	3 451	905	148	3 689	3 689
计划单列市	**341 684**	**122 278**	**219 406**	**199 210**	**34 486**	**15 013**	**975**	**5 183**	**1 651**
大　连	38 314	7 452	30 862	22 821	1 927	7 624	642	417	269
青　岛	151 970	52 595	99 375	93 062	27 055	5 443	333	870	630
宁　波	146 907	61 576	85 331	80 312	4 930	1 899		3 120	735
厦　门	2 109		2 109	1 334	43	47		728	17
新疆兵团	2 384	655	1 729	1 681	531			48	
东部地区	**5 199 529**	**1 048 019**	**4 151 510**	**3 210 206**	**896 332**	**356 601**	**64 676**	**584 703**	**62 919**
中部地区	**3 430 313**	**788 755**	**2 641 558**	**2 055 141**	**543 853**	**366 469**	**95 420**	**219 948**	**95 225**
西部地区	**408 253**	**105 085**	**301 168**	**211 155**	**57 317**	**38 471**	**9 667**	**51 542**	**21 184**

(四) 资本金

单位:万元

项目 / 地区	合计	股份制	股份合作制						
			合计	集体企业改制		个体私有企业改制		新组建企业	
				小计	本年改制	小计	本年改制	小计	本年组建
全国总计	**21 302 609**	**6 197 590**	**15 105 019**	**11 297 638**	**2 501 695**	**1 334 019**	**242 717**	**2 473 362**	**443 452**
北京	176 291	64 690	111 601	106 211	30 732	188	114	5 202	3 413
天津	188 226	14 136	174 090	156 713	20 299			17 377	
河北	1 419 522	394 421	1 025 101	780 594	191 030	172 336	27 028	72 171	17 483
山西	632 044	122 339	509 705	339 512	100 078	100 048	22 751	70 145	31 761
内蒙古	139 254	69 096	70 158	38 730	8 350	3 858	1 591	27 570	14 130
辽宁	437 027	174 166	262 861	206 526	28 536	45 031	3 385	11 304	4 275
吉林	141 013	94 351	46 662	41 916	6 258	1 585	159	3 161	813
黑龙江	289 493	116 129	173 364	127 097	23 373	18 152	5 278	28 115	3 322
上海	414 969	114 339	300 630	272 569	63 123	11 899	1 863	16 162	2 287
江苏	2 999 797	709 560	2 290 237	2 183 904	715 984	41 460	9 050	64 873	33 300
浙江	4 377 070	964 331	3 412 739	1 893 412	109 838	197 137	4 913	1 322 190	41 563
安徽	894 792	276 426	618 366	501 517	68 351	63 887	13 645	52 962	20 767
福建	519 366	69 980	449 386	158 007	21 251	83 071	5 394	208 308	28 249
江西	445 941	70 702	375 239	264 500	50 705	70 853	12 838	39 886	26 441
山东	2 188 858	738 312	1 450 546	1 275 311	403 120	127 317	37 342	47 918	33 010
河南	1 065 208	286 490	778 718	595 957	267 357	96 066	26 106	86 695	46 175
湖北	747 694	342 956	404 738	317 793	45 318	62 610	11 044	24 335	9 885
湖南	445 137	96 576	348 561	264 929	96 079	44 056	13 617	39 576	12 649
广东	1 372 670	785 918	586 752	385 614	25 074	78 247	13 496	122 891	52 508
广西	103 797	40 704	63 093	45 710	2 503	9 334	1 486	8 049	4 773
海南	18 164	3 258	14 906	2 910		7 580	360	4 416	2 816
重庆	339 566	88 533	251 033	188 517	46 760	12 726	5 838	49 790	11 274
四川	1 066 556	336 971	729 585	649 400	68 223	25 261	14 163	54 924	12 317
贵州	85 312	32 331	52 981	31 012	17 837	9 196	2 194	12 773	4 734
云南	332 739	62 260	270 479	241 320	28 546	9 595	1 165	19 564	3 032
西藏									
陕西	192 591	73 279	119 312	78 987	23 730	18 112	1 752	22 213	8 306
甘肃	204 023	36 987	167 036	113 247	26 514	16 148	3 402	37 641	11 662
青海	21 707	5 676	16 031	9 561	2 456	4 886	361	1 584	1 584
宁夏	14 452	3 581	10 871	7 911	2 161	2 034	2 012	926	282
新疆	29 330	9 092	20 238	18 251	8 109	1 346	370	641	641
计划单列市	**926 201**	**378 219**	**547 982**	**484 095**	**41 765**	**50 055**	**2 326**	**13 832**	**4 695**
大连	226 214	59 478	166 736	123 110	4 990	41 717	2 020	1 909	1 071
青岛	196 533	75 690	120 843	115 837	21 870	3 399	306	1 607	963
宁波	468 604	235 442	233 162	221 087	10 347	4 809		7 266	2 236
厦门	19 181		19 181	16 828	3 002	130		2 223	425
新疆兵团	15 669	7 609	8 060	7 233	1 556			827	
东部地区	**14 093 796**	**4 029 853**	**10 063 943**	**7 418 861**	**1 608 987**	**756 686**	**102 585**	**1 888 396**	**216 088**
中部地区	**6 260 035**	**1 904 752**	**4 355 283**	**3 370 125**	**796 232**	**513 356**	**127 191**	**471 802**	**183 710**
西部地区	**948 778**	**262 985**	**685 793**	**508 652**	**96 476**	**63 977**	**12 941**	**113 164**	**43 654**

（五）增加值

单位：万元

项目 地区	合计	股份制	股份合作制						
			合计	集体企业改制		个体私有企业改制		新组建企业	
				小计	本年改制	小计	本年改制	小计	本年组建
全国总计	**20 633 959**	**5 518 585**	**15 115 374**	**12 036 276**	**3 088 977**	**1 290 865**	**277 758**	**1 788 233**	**263 920**
北京	82 459	23 844	58 615	55 157	20 878	95	42	3 363	1 602
天津	181 438	17 311	164 127	152 124	31 873			12 003	
河北	1 413 723	371 396	1 042 327	779 591	198 000	184 426	35 623	78 310	6 878
山西	531 206	93 925	437 281	309 969	81 273	86 722	13 797	40 590	13 325
内蒙古	100 043	53 102	46 941	32 179	4 529	4 715	1 841	10 047	6 126
辽宁	373 289	158 183	215 106	189 393	23 429	16 349	1 497	9 364	3 007
吉林	60 354	26 452	33 902	31 351	9 273	1 080	108	1 471	621
黑龙江	245 424	85 112	160 312	125 228	28 021	22 374	5 842	12 710	1 362
上海	406 902	57 364	349 538	331 892	59 310	9 862	2 232	7 784	2 063
江苏	3 694 155	690 260	3 003 895	2 851 680	1 004 670	79 822	18 991	72 393	25 471
浙江	3 704 252	926 338	2 777 914	1 595 294	103 865	146 411	7 405	1 036 209	30 380
安徽	1 239 428	323 188	916 240	735 190	111 042	98 890	19 088	82 160	18 595
福建	318 224	64 628	253 596	106 110	11 041	58 248	5 260	89 238	15 738
江西	411 296	68 081	343 215	271 533	81 705	46 464	11 138	25 218	15 048
山东	2 927 083	849 911	2 077 172	1 911 975	612 484	134 059	40 699	31 138	16 527
河南	1 096 260	246 732	849 528	647 771	297 783	116 725	48 485	85 032	46 615
湖北	1 074 589	407 666	666 923	555 311	87 708	86 705	15 964	24 907	13 223
湖南	607 594	109 324	498 270	379 565	136 310	65 830	20 023	52 875	13 857
广东	1 021 656	599 291	422 365	336 726	18 224	46 998	6 591	38 641	9 307
广西	77 016	29 636	47 380	30 175	2 236	11 368	1 675	5 837	1 610
海南	9 371	1 212	8 159	711		3 400	267	4 040	3 865
重庆	259 430	48 297	211 153	176 031	49 081	15 843	4 706	19 279	4 708
四川	368 842	164 503	204 339	180 752	49 759	17 157	9 281	6 430	5 261
贵州	55 831	18 302	37 529	30 197	24 720	3 406	888	3 926	660
云南	94 401	22 369	72 032	60 790	10 363	2 555	263	8 687	933
西藏									
陕西	125 303	41 593	83 710	61 229	10 783	13 930	1 249	8 551	3 509
甘肃	130 019	16 340	113 679	81 763	16 156	14 486	3 506	17 430	3 698
青海	3 927	901	3 026	1 758	226	1 191	132	77	77
宁夏	10 043	1 884	8 159	6 490	888	988	945	681	12
新疆	10 381	1 440	8 941	8 341	3 347	758	220	－158	－158
计划单列市	**1 099 965**	**446 392**	**653 573**	**615 440**	**88 855**	**22 818**	**1 204**	**15 315**	**5 101**
大连	119 932	17 084	102 848	89 283	7 665	11 807	722	1 758	1 563
青岛	355 024	144 838	210 186	203 348	61 996	5 720	482	1 118	591
宁波	610 898	283 195	327 703	313 359	18 138	5 236		9 108	2 913
厦门	8 682		8 682	5 598	101	55		3 029	34
新疆兵团	5 429	1 275	4 154	3 852	955			302	
东部地区	**14 123 181**	**3 758 526**	**10 364 655**	**8 309 942**	**2 083 774**	**676 270**	**118 340**	**1 378 443**	**110 973**
中部地区	**6 019 746**	**1 614 873**	**4 404 873**	**3 473 930**	**942 738**	**571 720**	**149 681**	**359 223**	**136 124**
西部地区	**491 032**	**145 186**	**345 846**	**252 404**	**62 465**	**42 875**	**9 737**	**50 567**	**16 823**

（六）营业收入

单位：万元

项目 地区	合　计	股份制	股份合作制						
			合　计	集体企业改制		个体私有企业改制		新组建企业	
				小　计	本年改制	小　计	本年改制	小　计	本年组建
全国总计	**79 596 472**	**22 512 431**	**57 084 041**	**44 897 046**	**10 977 894**	**5 003 902**	**1 041 200**	**7 183 093**	**1 100 627**
北　京	333 516	88 118	245 398	229 462	83 394	545	224	15 391	6 507
天　津	1 032 770	91 514	941 256	871 062	128 723			70 194	
河　北	5 226 614	1 358 819	3 867 795	2 888 498	729 485	680 130	119 060	299 167	31 199
山　西	1 770 218	345 432	1 424 786	1 012 775	261 937	260 312	54 221	151 699	49 872
内蒙古	410 649	235 422	175 227	123 267	15 170	15 144	5 698	36 816	20 144
辽　宁	1 237 272	474 448	762 824	625 321	94 697	88 485	5 820	49 018	12 030
吉　林	220 305	104 506	115 799	105 330	25 394	4 275	428	6 194	2 093
黑龙江	1 049 571	384 117	665 454	518 620	125 883	84 380	26 166	62 454	7 489
上　海	1 557 272	284 351	1 272 921	1 188 249	230 096	32 259	7 529	52 413	8 586
江　苏	15 157 151	3 162 228	11 994 923	11 326 872	3 511 953	356 843	84 510	311 208	92 214
浙　江	14 576 100	3 667 085	10 909 015	6 213 467	467 476	571 580	13 274	4 123 968	116 872
安　徽	4 532 508	1 144 886	3 387 622	2 746 186	382 167	367 302	68 267	274 134	70 428
福　建	2 191 627	1 182 128	1 009 499	455 671	57 854	237 959	23 236	315 869	72 773
江　西	1 479 835	286 312	1 193 523	936 054	238 997	168 619	38 295	88 850	50 800
山　东	10 197 533	3 096 128	7 101 405	6 391 211	2 065 143	560 639	172 649	149 555	74 674
河　南	3 877 210	890 344	2 986 866	2 304 761	1 007 320	406 433	168 370	275 672	144 463
湖　北	4 159 235	1 662 027	2 497 208	2 098 436	317 410	303 622	55 570	95 150	48 881
湖　南	2 079 833	372 480	1 707 353	1 260 921	427 695	234 486	70 312	211 946	60 963
广　东	3 460 221	2 005 562	1 454 659	1 001 839	128 195	218 246	26 915	234 574	111 303
广　西	434 938	195 583	239 355	137 251	8 780	79 738	5 596	22 366	6 588
海　南	35 734	3 922	31 812	2 752		13 410	960	15 650	14 884
重　庆	1 049 336	222 129	827 207	621 105	151 598	82 461	26 811	123 641	18 799
四　川	1 755 326	782 726	972 600	831 709	239 679	85 736	37 617	55 155	41 627
贵　州	192 920	43 967	148 953	124 192	97 826	12 109	3 104	12 652	2 827
云　南	531 139	186 407	344 732	263 140	53 427	41 473	3 036	40 119	4 667
西　藏									
陕　西	468 840	145 822	323 018	256 755	42 596	36 763	5 237	29 500	14 184
甘　肃	458 419	71 416	387 003	282 981	58 980	49 899	13 405	54 123	13 419
青　海	21 207	5 165	16 042	10 480	2 500	5 219	785	343	343
宁　夏	46 560	12 705	33 855	26 683	3 651	3 428	3 334	3 744	470
新　疆	52 613	6 682	45 931	41 996	19 868	2 407	771	1 528	1 528
计划单列市	**3 900 410**	**1 622 274**	**2 278 136**	**2 109 402**	**319 373**	**115 197**	**5 920**	**53 537**	**17 521**
大　连	357 645	52 895	304 750	229 572	26 334	68 518	2 654	6 660	5 931
青　岛	1 289 381	517 696	771 685	740 465	226 504	26 327	3 266	4 893	2 733
宁　波	2 180 041	1 046 671	1 133 370	1 083 195	48 499	20 057		30 118	8 665
厦　门	52 392		52 392	41 210	13 567	295		10 887	192
新疆兵团	20 951	5 012	15 939	14 960	4 469			979	
东部地区	**54 970 076**	**15 410 381**	**39 559 695**	**31 191 652**	**7 497 016**	**2 746 686**	**453 217**	**5 621 357**	**526 158**
中部地区	**22 442 217**	**6 340 781**	**16 101 436**	**12 692 652**	**3 220 676**	**2 034 389**	**551 294**	**1 374 395**	**509 599**
西部地区	**2 184 179**	**761 269**	**1 422 910**	**1 012 742**	**260 202**	**222 827**	**36 689**	**187 341**	**64 870**

(七)利润总额

单位:万元

地区\项目	合计	股份制	股份合作制						
			合计	集体企业改制		个体私有企业改制		新组建企业	
				小计	本年改制	小计	本年改制	小计	本年组建
全国总计	**4 643 430**	**1 427 401**	**3 216 029**	**2 454 197**	**655 607**	**340 220**	**85 541**	**421 612**	**96 878**
北京	24 141	7 053	17 088	16 413	4 867	35	27	640	308
天津	77 525	7 499	70 026	65 901	10 644			4 125	
河北	471 962	128 533	343 429	248 296	70 770	66 648	12 201	28 485	2 928
山西	109 895	19 119	90 776	56 541	20 430	20 032	5 240	14 203	4 928
内蒙古	33 450	20 096	13 354	8 529	821	1 408	603	3 417	2 186
辽宁	86 663	29 806	56 857	49 400	5 050	4 254	312	3 203	759
吉林	15 093	5 989	9 104	8 409	1 969	183	18	512	200
黑龙江	58 870	14 504	44 366	33 532	6 854	5 838	1 479	4 996	580
上海	105 663	29 072	76 591	73 874	18 152	1 508	300	1 209	94
江苏	431 608	97 096	334 512	313 303	153 618	9 771	3 315	11 438	3 982
浙江	741 602	231 318	510 284	266 852	8 525	25 885	861	217 547	34 582
安徽	359 434	93 602	265 832	210 003	34 267	31 071	5 362	24 758	5 412
福建	70 820	21 497	49 323	18 823	1 589	8 965	1 485	21 535	3 591
江西	102 915	18 637	84 278	63 470	18 079	13 472	3 270	7 336	4 438
山东	778 697	253 090	525 607	479 504	159 061	36 340	13 605	9 763	6 030
河南	328 255	71 444	256 811	194 179	83 692	40 830	20 311	21 802	13 182
湖北	215 015	90 457	124 558	98 457	15 140	19 534	3 615	6 567	3 212
湖南	119 536	17 194	102 342	70 728	23 608	15 209	4 579	16 405	4 041
广东	337 986	219 838	118 148	93 958	5 615	15 705	1 906	8 485	1 077
广西	21 153	8 522	12 631	6 790	554	5 041	807	800	131
海南	3 630	411	3 219	234		1 369	76	1 616	1 549
重庆	21 789	3 249	18 540	12 612	2 416	3 349	1 202	2 579	531
四川	42 109	19 404	22 705	16 090	2 943	4 997	3 124	1 618	593
贵州	8 377	605	7 772	5 133	3 752	1 151	236	1 488	762
云南	18 520	8 207	10 313	8 109	-804	1 435	84	769	86
西藏									
陕西	19 971	5 485	14 486	11 176	1 927	2 091	301	1 219	642
甘肃	38 830	6 077	32 753	24 262	4 249	3 382	910	5 109	1 319
青海	760	150	610	220	35	340	59	50	50
宁夏	1 443	-178	1 621	1 101	-67	231	221	289	36
新疆	-2 282	-375	-1 907	-1 702	-2 149	146	32	-351	-351
计划单列市	**242 738**	**106 566**	**136 172**	**128 077**	**12 839**	**4 789**	**201**	**3 306**	**1 283**
大连	35 868	7 116	28 752	25 011	1 300	3 277	142	464	439
青岛	55 506	21 919	33 587	32 218	9 489	1 193	59	176	57
宁波	149 682	77 416	72 266	69 776	1 783	304		2 186	785
厦门	706		706	317	47	15		374	2
新疆兵团	976	115	861	755	220			106	
东部地区	**3 126 667**	**1 024 802**	**2 101 865**	**1 626 324**	**437 891**	**169 111**	**34 012**	**306 430**	**53 351**
中部地区	**1 392 882**	**359 084**	**1 033 798**	**775 197**	**211 325**	**156 606**	**48 501**	**101 995**	**37 759**
西部地区	**123 081**	**43 515**	**80 366**	**52 676**	**6 391**	**14 503**	**3 028**	**13 187**	**5 768**

（八）应缴税金

单位：万元

地区 \ 项目	合计	股份制	股份合作制							
			合计	集体企业改制		个体私有企业改制		新组建企业		
				小计	本年改制	小计	本年改制	小计	本年组建
全国总计	**2 976 806**	**814 199**	**2 162 607**	**1 723 931**	**441 627**	**136 526**	**26 808**	**302 150**	**33 456**
北　　京	12 027	2 824	9 203	8 664	2 699	14	10	525	261
天　　津	44 489	2 977	41 512	39 325	6 961			2 187	
河　　北	107 577	30 620	76 957	61 481	17 520	10 396	2 566	5 080	535
山　　西	71 012	12 964	58 048	43 808	13 993	8 751	1 547	5 489	1 499
内 蒙 古	14 609	7 494	7 115	5 000	559	687	209	1 428	747
辽　　宁	35 723	10 820	24 903	20 611	3 624	2 434	361	1 858	327
吉　　林	16 443	8 234	8 209	7 884	362	96	10	229	54
黑 龙 江	34 287	11 912	22 375	18 355	3 676	1 954	429	2 066	270
上　　海	70 188	11 122	59 066	57 695	13 398	681	109	690	207
江　　苏	600 611	124 535	476 076	454 246	180 940	11 318	2 402	10 512	3 683
浙　　江	688 466	158 792	529 674	294 970	19 413	20 519	492	214 185	5 744
安　　徽	165 134	45 364	119 770	100 120	13 571	10 998	2 357	8 652	3 154
福　　建	36 384	8 210	28 174	11 732	1 986	5 870	455	10 572	1 800
江　　西	54 798	9 114	45 684	36 214	8 287	5 984	1 417	3 486	1 699
山　　东	393 512	123 117	270 395	249 665	74 619	16 031	3 913	4 699	2 754
河　　南	80 904	25 259	55 645	42 489	21 197	7 670	3 116	5 486	3 657
湖　　北	147 622	62 640	84 982	72 752	11 335	8 789	1 667	3 441	1 704
湖　　南	75 501	13 775	61 726	51 529	15 618	5 530	1 522	4 667	1 094
广　　东	125 307	80 756	44 551	33 508	4 380	6 929	606	4 114	867
广　　西	12 331	5 609	6 722	4 759	323	1 473	181	490	142
海　　南	1 105	170	935	109		454	48	372	348
重　　庆	38 743	9 723	29 020	22 540	6 248	1 948	793	4 532	720
四　　川	73 718	31 517	42 201	37 158	10 490	2 296	1 120	2 747	1 009
贵　　州	5 645	1 392	4 253	3 065	1 623	641	261	547	34
云　　南	24 467	6 939	17 528	15 887	2 568	818	127	823	170
西　　藏									
陕　　西	16 143	4 618	11 525	9 010	2 267	1 535	158	980	417
甘　　肃	23 581	2 515	21 066	16 797	2 569	2 154	641	2 115	521
青　　海	1 308	452	856	612	93	228	40	16	16
宁　　夏	2 136	471	1 665	1 291	223	216	212	158	19
新　　疆	3 035	264	2 771	2 655	1 085	112	39	4	4
计划单列市	**185 634**	**71 165**	**114 469**	**107 882**	**12 421**	**4 311**	**135**	**2 276**	**696**
大　　连	12 310	2 288	10 022	8 201	777	1 735	93	86	69
青　　岛	51 607	22 102	29 505	27 687	8 685	1 711	42	107	25
宁　　波	119 877	46 442	73 435	70 839	2 908	826		1 770	590
厦　　门	1 007		1 007	710	33	39		258	12
新疆兵团	833	333	500	445	18			55	
东部地区	**2 114 284**	**553 773**	**1 560 511**	**1 231 897**	**325 540**	**74 192**	**10 914**	**254 422**	**16 178**
中部地区	**774 305**	**235 120**	**539 185**	**441 859**	**107 044**	**55 551**	**14 136**	**41 775**	**15 277**
西部地区	**88 217**	**25 306**	**62 911**	**50 175**	**9 043**	**6 783**	**1 758**	**5 953**	**2 001**

（九）固定资产原值

单位：万元

项目 地区	合计	股份制	股份合作制						
			合计	集体企业改制		个体私有企业改制		新组建企业	
				小计	本年改制	小计	本年改制	小计	本年组建
全国总计	**30 141 759**	**8 629 592**	**21 512 167**	**17 501 814**	**4 388 095**	**1 462 141**	**279 042**	**2 548 212**	**442 309**
北京	220 006	60 150	159 856	151 052	45 809	87	57	8 717	5 792
天津	330 563	19 301	311 262	281 932	53 381			29 330	
河北	1 668 408	467 206	1 201 202	925 999	259 162	175 580	33 169	99 623	14 811
山西	943 722	187 865	755 857	497 815	120 298	131 773	19 136	126 269	31 811
内蒙古	171 462	94 348	77 114	54 404	9 283	4 535	1 155	18 175	10 728
辽宁	554 544	229 819	324 725	289 911	34 691	25 153	2 460	9 661	3 907
吉林	162 238	95 952	66 286	62 134	8 793	1 068	107	3 084	858
黑龙江	352 992	170 219	182 773	147 278	26 807	15 844	2 750	19 651	2 862
上海	574 257	112 119	462 138	429 020	96 777	18 653	2 051	14 465	2 350
江苏	5 183 523	1 009 642	4 173 881	4 004 634	1 295 882	66 935	13 325	102 312	48 294
浙江	5 796 971	1 401 177	4 395 794	2 884 792	234 626	205 657	9 724	1 305 345	37 017
安徽	1 386 732	416 336	970 396	832 699	97 714	65 941	14 957	71 756	19 260
福建	440 900	74 769	366 131	139 926	21 055	74 454	4 283	151 751	24 300
江西	468 823	85 600	383 223	300 756	76 666	46 856	8 907	35 611	22 798
山东	3 876 035	1 200 148	2 675 887	2 452 312	848 150	168 905	51 071	54 670	36 842
河南	1 522 563	368 502	1 154 061	909 376	472 428	134 647	44 536	110 038	60 167
湖北	1 102 178	472 384	629 794	526 645	105 368	70 245	16 674	32 904	15 548
湖南	612 189	137 874	474 315	374 276	138 742	44 390	13 475	55 649	12 185
广东	2 058 391	1 080 094	978 297	767 287	34 200	70 687	7 563	140 323	38 302
广西	187 741	86 720	101 021	68 620	7 247	17 064	3 085	15 337	12 334
海南	28 207	8 949	19 258	2 732		13 357	375	3 169	2 774
重庆	404 434	95 072	309 362	247 312	67 946	18 617	5 052	43 433	11 768
四川	1 067 082	503 157	563 925	533 995	165 416	27 439	15 002	2 491	1 491
贵州	119 023	38 678	80 345	61 633	45 965	6 791	1 360	11 921	2 070
云南	345 998	88 755	257 243	222 904	34 815	13 355	1 365	20 984	4 498
西藏									
陕西	198 106	71 178	126 928	93 141	24 097	15 652	2 106	18 135	5 520
甘肃	251 405	32 682	218 723	159 668	30 966	21 677	3 478	37 378	9 237
青海	24 905	5 712	19 193	13 113	2 219	3 854	325	2 226	2 226
宁夏	37 579	6 391	31 188	28 421	16 263	1 229	1 205	1 538	293
新疆	50 782	8 793	41 989	38 027	13 329	1 696	289	2 266	2 266
计划单列市	**1 507 349**	**615 699**	**891 650**	**839 109**	**108 893**	**33 220**	**1 727**	**19 321**	**5 871**
大连	205 901	46 178	159 723	136 258	9 338	21 352	1 214	2 113	1 359
青岛	528 457	197 674	330 783	322 445	80 344	5 891	513	2 447	1 428
宁波	736 127	359 847	376 280	360 386	17 782	5 850		10 044	2 863
厦门	13 478		13 478	9 273	133	127		4 078	221
新疆兵团	23 386	12 000	11 386	10 747	1 296			639	
东部地区	**20 703 598**	**5 654 425**	**15 049 173**	**12 326 865**	**2 923 733**	**806 111**	**123 703**	**1 916 197**	**211 615**
中部地区	**8 221 059**	**2 604 139**	**5 616 920**	**4 525 427**	**1 304 275**	**572 472**	**142 702**	**519 021**	**184 268**
西部地区	**1 217 102**	**371 028**	**846 074**	**649 522**	**160 087**	**83 558**	**12 637**	**112 994**	**46 426**

1998年各地乡镇企业与外商、港澳台商合资合作情况

(一) 基本情况

项目 地区	企业单位数 (个)	职工人数 (人)	增加值 (万元)	营业收入 (万元)	利润总额 (万元)	应缴税金 (万元)
全国总计	**27 658**	**3 643 089**	**11 005 440**	**46 717 875**	**2 281 507**	**1 329 495**
北京	500	61 350	119 907	492 913	14 741	17 339
天津	484	84 295	277 789	1 403 181	107 687	59 486
河北	860	109 263	372 211	1 315 094	104 604	36 306
山西	77	24 626	59 367	255 219	10 227	11 082
内蒙古	29	6 809	18 808	81 933	6 703	3 296
辽宁	1 516	127 163	317 057	1 266 061	245 602	37 871
吉林	77	7 434	21 089	88 412	2 502	4 073
黑龙江	70	9 200	36 156	155 701	5 693	3 264
上海	2 551	299 840	1 314 151	5 918 204	227 474	167 182
江苏	4 814	557 038	2 110 515	8 787 922	267 090	294 838
浙江	2 989	367 801	1 279 985	5 504 695	268 433	206 205
安徽	203	37 363	83 986	283 889	28 906	10 858
福建	2 532	268 440	733 973	3 098 722	133 991	62 730
江西	179	17 013	52 050	154 334	14 640	3 922
山东	2 943	361 004	1 303 791	4 721 350	367 444	165 865
河南	224	35 892	151 619	624 663	33 889	12 597
湖北	194	41 067	176 606	648 665	30 653	22 491
湖南	278	29 002	93 120	346 890	25 289	12 887
广东	6 812	1 147 558	2 289 576	10 761 225	340 836	157 873
广西	62	12 760	18 398	133 171	4 724	4 475
海南	15	814	878	3 106	208	73
重庆	31	6 228	25 050	119 625	4 171	6 161
四川	116	17 787	98 645	366 230	16 120	16 615
贵州	21	2 341	3 264	13 200	239	563
云南	39	4 085	18 334	92 766	10 771	4 454
西藏						
陕西	13	1 400	3 140	17 155	78	178
甘肃	18	4 037	23 696	52 089	8 553	6 477
青海	2	406	464	2 653	–16	99
宁夏	7	812	1 228	5 915	230	193
新疆	2	261	587	2 892	25	42
计划单列市	**2 707**	**229 956**	**690 842**	**2 875 638**	**349 077**	**98 855**
大连	1 083	68 482	187 069	798 943	224 289	18 260
青岛	688	60 250	142 572	547 593	30 997	22 974
宁波	922	99 094	349 055	1 379 907	93 256	56 433
厦门	14	2 130	12 146	149 195	535	1 188
新疆兵团						
东部地区	**26 001**	**3 383 752**	**10 118 955**	**43 269 367**	**2 077 902**	**1 205 695**
中部地区	**1 462**	**227 012**	**800 828**	**3 060 783**	**172 168**	**104 128**
西部地区	**195**	**32 325**	**85 657**	**387 725**	**31 437**	**19 672**

基本情况(续)

项目 / 地区	本年新签协议		本年实际投资额(万美元)		累计投资额(万美元)	
	合同数(个)	客商投资(万美元)	合计	客商投资	合计	客商投资
全国总计	20 937	456 134	487 528	354 885	4 535 116	2 897 527
北京	199	3 483	5 667	4 505	60 585	34 715
天津	44	1 650	3 245	2 384	72 179	44 656
河北	444	33 526	36 468	17 961	130 603	50 790
山西	57	3	274	121	14 774	5 402
内蒙古	7	324	533	472	2 976	2 307
辽宁	1 052	41 697	32 299	18 996	226 380	130 950
吉林	23	1 790	5 274	2 731	9 451	6 498
黑龙江	17	1 018	964	535	13 174	8 961
上海	186	27 643	45 605	38 044	582 196	391 524
江苏	3 913	61 222	81 754	59 306	918 704	524 115
浙江	610	40 365	37 286	18 609	397 909	163 186
安徽	95	7 257	7 028	5 203	20 410	11 791
福建	608	24 687	26 701	19 740	294 733	203 839
江西	185	7 003	5 768	4 880	19 204	14 954
山东	1 083	43 156	39 513	27 616	344 004	188 648
河南	424	7 388	10 422	5 698	38 768	24 309
湖北	245	7 556	2 737	2 079	27 077	15 596
湖南	180	27 113	16 028	13 885	33 438	25 685
广东	11 408	113 923	125 163	109 472	1 267 392	1 024 251
广西	6	1 362	1 044	401	7 616	2 926
海南	81	91	187	161	1 073	780
重庆	2	973	1 056	608	18 320	6 195
四川	31	765	1 038	738	17 338	7 317
贵州	3	1 693	396	323	1 717	869
云南	30	212	316	183	9 352	5 021
西藏						
陕西	1	6	38	6	2 878	1 208
甘肃	3	228	524	228	2 297	626
青海					173	108
宁夏			200		330	300
新疆					65	
计划单列市	398	60 891	35 272	25 157	338 774	191 304
大连	194	33 134	15 752	10 720	162 645	94 320
青岛	93	17 456	10 965	9 089	70 086	45 594
宁波	110	10 101	7 986	5 196	100 370	49 620
厦门	1	200	569	152	5 673	1 770
新疆兵团						
东部地区	19 547	391 352	433 701	316 633	4 294 685	2 756 674
中部地区	1 260	60 872	50 627	36 484	214 832	127 916
西部地区	130	3 910	3 200	1 768	25 599	12 937

（二）企业单位数

单位：个

项目 地区	合　计	中外合资企业	中外合作企业	与港澳台合资企业	与港澳台合作企业
全国总计	**27 658**	**9 372**	**1 703**	**11 879**	**4 704**
北　京	500	257	12	215	16
天　津	484	238	29	198	19
河　北	860	411	33	361	55
山　西	77	36		37	4
内蒙古	29	11	5	12	1
辽　宁	1 516	914	157	358	87
吉　林	77	44	9	18	6
黑龙江	70	40	8	15	7
上　海	2 551	754	418	736	643
江　苏	4 814	1 907	213	2 477	217
浙　江	2 989	1 571	108	1 230	80
安　徽	203	67	11	106	19
福　建	2 532	586	103	1 595	248
江　西	179	79	9	64	27
山　东	2 943	1 443	92	1 237	171
河　南	224	70	14	117	23
湖　北	194	45	8	121	20
湖　南	278	60	35	120	63
广　东	6 812	694	422	2 724	2 972
广　西	62	27	3	26	6
海　南	15	4	3	3	5
重　庆	31	15		16	
四　川	116	56	4	51	5
贵　州	21	11	2	6	2
云　南	39	14	3	20	2
西　藏					
陕　西	13	3		7	3
甘　肃	18	7		9	2
青　海	2		2		
宁　夏	7	6			
新　疆	2	2			
计划单列市	**2 707**	**1 344**	**239**	**910**	**214**
大　连	1 083	598	141	263	81
青　岛	688	286	40	263	99
宁　波	922	456	58	376	32
厦　门	14	4		8	2
新疆兵团					
东部地区	**26 001**	**8 775**	**1 587**	**11 131**	**4 508**
中部地区	**1 462**	**515**	**98**	**672**	**177**
西部地区	**195**	**82**	**18**	**76**	**19**

（三）职工人数

单位：人

项目 / 地区	合计	中外合资企业	中外合作企业	与港澳台合资企业	与港澳台合作企业
全国总计	3 643 089	1 213 197	224 572	1 501 626	703 694
北京	61 350	31 413	1 015	27 338	1 584
天津	84 295	40 189	6 595	33 995	3 516
河北	109 263	55 033	2 761	44 787	6 682
山西	24 626	16 851		7 525	250
内蒙古	6 809	2 236	1 622	2 891	60
辽宁	127 163	79 697	11 349	29 520	6 597
吉林	7 434	5 617	669	881	267
黑龙江	9 200	6 693	330	1 572	605
上海	299 840	97 314	48 093	94 217	60 216
江苏	557 038	249 094	28 220	264 045	15 679
浙江	367 801	188 307	13 009	158 016	8 469
安徽	37 363	22 702	641	12 459	1 561
福建	268 440	69 211	10 720	155 221	33 288
江西	17 013	7 494	1 655	4 447	3 417
山东	361 004	195 314	13 903	130 554	21 233
河南	35 892	11 391	1 491	18 261	4 749
湖北	41 067	7 005	4 313	27 964	1 785
湖南	29 002	10 178	1 985	9 488	7 351
广东	1 147 558	92 698	72 095	459 519	523 246
广西	12 760	6 200	2 364	3 174	1 022
海南	814	206	298	81	229
重庆	6 228	3 081		3 144	
四川	17 787	10 382	554	5 885	966
贵州	2 341	1 483	192	379	287
云南	4 085	1 305	292	2 452	36
西藏					
陕西	1 400	446		752	202
甘肃	4 037	627		3 059	351
青海	406		406		
宁夏	812	766			46
新疆	261	261			
计划单列市	229 956	115 055	22 162	73 028	19 711
大连	68 482	37 657	9 344	15 280	6 201
青岛	60 250	25 284	6 732	17 931	10 303
宁波	99 094	50 860	6 086	39 196	2 952
厦门	2 130	1 254		621	255
新疆兵团					
东部地区	3 383 752	1 098 270	207 760	1 397 212	680 510
中部地区	227 012	101 843	11 638	02 078	21 153
西部地区	32 325	13 084	5 174	12 036	2 031

（四）本年实际投资额中客商投资

单位：万美元

项目 地区	合计	中外 合资企业	中外 合作企业	与港澳台 合资企业	与港澳台 合作企业
全国总计	**354 885**	**118 458**	**33 585**	**134 908**	**67 934**
北京	4 505	2 566	14	1 654	271
天津	2 384	1 015	16	1 343	10
河北	17 961	7 022	554	8 741	1 644
山西	121	43		46	32
内蒙古	472	134	120	200	18
辽宁	18 996	12 283	1 504	4 515	694
吉林	2 731	1 317	138	1 095	181
黑龙江	535	317	3	155	60
上海	38 044	10 442	8 049	4 598	14 955
江苏	59 306	27 090	4 801	25 080	2 335
浙江	18 609	10 229	1 036	7 162	182
安徽	5 203	2 341	657	1 764	441
福建	19 740	7 426	1 121	8 473	2 720
江西	4 880	1 384	258	2 305	933
山东	27 616	15 304	1 067	10 399	846
河南	5 698	1 008	366	3 019	1 305
湖北	2 079	185	37	1 253	604
湖南	13 885	3 608	1 175	6 404	2 698
广东	109 472	13 434	12 652	46 114	37 272
广西	401	58		88	255
海南	161		14	98	49
重庆	608	373		235	
四川	738	336		17	385
贵州	323	323			
云南	183		3	150	30
西藏					
陕西	6	6			
甘肃	228	214			14
青海					
宁夏					
新疆					
计划单列市	**25 157**	**12 946**	**2 552**	**8 358**	**1 301**
大连	10 720	5 957	1 210	3 033	520
青岛	9 089	4 203	919	3 280	687
宁波	5 196	2 670	423	2 009	94
厦门	152	116		36	
新疆兵团					
东部地区	**316 633**	**106 811**	**30 814**	**118 079**	**60 929**
中部地区	**36 484**	**10 918**	**2 634**	**16 293**	**6 639**
西部地区	**1 768**	**729**	**137**	**536**	**366**

（五）累计投资额中客商投资

单位：万美元

项目 地区	合计	中外合资企业	中外合作企业	与港澳台合资企业	与港澳台合作企业
全国总计	2 897 527	911 847	255 515	1 133 942	596 223
北京	34 715	15 489	460	13 762	5 004
天津	44 656	28 271	2 429	13 308	648
河北	50 790	23 273	2 182	23 074	2 261
山西	5 402	1 743		3 553	106
内蒙古	2 307	558	182	1 509	58
辽宁	130 950	80 709	12 819	27 727	9 695
吉林	6 498	4 398	466	1 416	218
黑龙江	8 961	7 436	182	583	760
上海	391 524	135 585	71 800	91 464	92 675
江苏	524 115	226 988	32 744	246 965	17 418
浙江	163 186	82 876	11 868	65 746	2 696
安徽	11 791	4 938	910	5 366	577
福建	203 839	49 729	11 855	121 979	20 276
江西	14 954	7 968	444	5 185	1 357
山东	188 648	101 404	5 360	63 309	18 575
河南	24 309	7 323	958	14 087	1 941
湖北	15 596	5 342	984	8 080	1 190
湖南	25 685	6 677	2 162	12 587	4 259
广东	1 024 251	107 087	96 498	406 056	414 610
广西	2 926	899	100	1 143	784
海南	780	127	449	113	91
重庆	6 195	4 819		1 376	
四川	7 317	3 614	307	2 806	590
贵州	869	451	156	57	205
云南	5 021	3 064	92	1 829	36
西藏					
陕西	1 208	353		738	117
甘肃	626	456		124	46
青海	108		108		
宁夏	300	270			30
新疆					
计划单列市	191 304	88 515	18 186	58 110	26 493
大连	94 320	50 588	11 342	23 464	8 926
青岛	45 594	14 269	2 040	12 711	16 574
宁波	49 620	23 026	4 804	20 811	979
厦门	1 770	632		1 124	14
新疆兵团					
东部地区	2 756 674	851 411	248 015	1 073 390	583 858
中部地区	127 916	54 611	6 413	55 777	11 115
西部地区	12 937	5 825	1 087	4 775	1 250

(六) 增加值

单位：万元

项目 / 地区	合计	中外合资企业	中外合作企业	与港澳台合资企业	与港澳台合作企业
全国总计	**11 005 440**	**4 210 310**	**757 772**	**4 433 159**	**1 604 199**
北京	119 907	63 390	2 693	51 015	2 809
天津	277 789	133 884	18 936	113 924	11 045
河北	372 211	163 550	8 301	181 999	18 361
山西	59 367	40 795		18 296	276
内蒙古	18 808	8 859	1 392	8 557	
辽宁	317 057	214 356	20 422	71 614	10 665
吉林	21 089	18 402	643	1 873	171
黑龙江	36 156	30 349	1 588	2 752	1 467
上海	1 314 151	466 539	223 772	366 772	257 068
江苏	2 110 515	980 454	97 433	945 849	86 779
浙江	1 279 985	647 611	60 539	550 343	21 492
安徽	83 986	48 308	1 565	30 147	3 966
福建	733 973	209 213	24 992	410 964	88 804
江西	52 050	32 863	2 849	12 452	3 886
山东	1 303 791	745 688	28 131	464 966	65 006
河南	151 619	37 062	5 137	90 781	18 639
湖北	176 606	21 915	18 818	123 934	11 939
湖南	93 120	34 825	5 635	32 052	20 608
广东	2 289 576	222 473	214 007	880 206	972 890
广西	18 398	3 625	7 894	1 845	5 034
海南	878	276	256	187	159
重庆	25 050	12 424		12 626	
四川	98 645	58 500	10 071	28 372	1 702
贵州	3 264	1 651	639	16	958
云南	18 334	8 786	1 595	7 943	10
西藏					
陕西	3 140	1 409		2 086	－355
甘肃	23 696	1 333		21 588	775
青海	464		464		
宁夏	1 228	1 183			45
新疆	587	587			
计划单列市	**690 842**	**396 354**	**34 178**	**223 193**	**37 117**
大连	187 069	125 350	18 129	36 176	7 414
青岛	142 572	61 324	7 805	53 475	19 968
宁波	349 055	202 329	8 244	129 138	9 344
厦门	12 146	7 351		4 404	391
新疆兵团					
东部地区	**10 118 955**	**3 847 158**	**699 226**	**4 037 652**	**1 534 919**
中部地区	**800 828**	**336 852**	**46 306**	**355 371**	**62 299**
西部地区	**85 657**	**26 300**	**12 240**	**40 136**	**6 981**

（七）利润总额

单位：万元

项目 地区	合　计	中　外 合资企业	中　外 合作企业	与港澳台 合资企业	与港澳台 合作企业
全国总计	**2 281 507**	**1 056 983**	**96 985**	**841 987**	**285 552**
北　京	14 741	7 097	531	6 866	247
天　津	107 687	36 180	8 505	57 674	5 328
河　北	104 604	43 724	2 094	52 903	5 883
山　西	10 227	5 665		4 489	73
内 蒙 古	6 703	1 937	552	4 214	
辽　宁	245 602	223 070	4 249	15 969	2 314
吉　林	2 502	1 469	321	630	82
黑 龙 江	5 693	3 738	588	1 123	244
上　海	227 474	84 552	23 477	73 439	46 006
江　苏	267 090	136 542	284	110 882	19 382
浙　江	268 433	137 450	12 457	114 785	3 741
安　徽	28 906	20 034	274	7 575	1 023
福　建	133 991	44 178	4 486	73 369	11 958
江　西	14 640	7 954	1 387	4 053	1 246
山　东	367 444	222 198	6 206	125 262	13 778
河　南	33 889	10 866	1 964	15 464	5 595
湖　北	30 653	4 636	4 563	20 190	1 264
湖　南	25 289	12 206	1 137	7 551	4 395
广　东	340 836	28 497	24 207	128 142	159 990
广　西	4 724	－338	4 477	－3 030	3 615
海　南	208	90	48	53	17
重　庆	4 171	2 789		1 382	
四　川	16 120	15 504	－5 896	6 828	－316
贵　州	239	255		48	－64
云　南	10 771	6 098	1 090	3 594	－11
西　藏					
陕　西	78	310		261	－493
甘　肃	8 553	35		8 271	247
青　海	－16		－16		
宁　夏	230	222			8
新　疆	25	25			
计划单列市	**349 077**	**268 846**	**6 084**	**68 189**	**5 958**
大　连	224 289	208 609	3 374	10 981	1 325
青　岛	30 997	13 555	556	14 812	2 074
宁　波	93 256	46 546	2 154	42 067	2 489
厦　门	535	136		329	70
新疆兵团					
东部地区	**2 077 902**	**963 488**	**86 496**	**759 291**	**268 627**
中部地区	**172 168**	**85 171**	**4 338**	**09 546**	**13 113**
西部地区	**31 437**	**8 324**	**6 151**	**13 150**	**3 812**

（八）营业收入

单位：万元

项目 地区	合　计	中　外 合资企业	中　外 合作企业	与港澳台 合资企业	与港澳台 合作企业
全国总计	**46 717 875**	**17 400 608**	**3 357 622**	**18 407 511**	**7 552 134**
北　京	492 913	253 570	16 799	203 511	19 033
天　津	1 403 181	689 425	85 157	566 475	62 124
河　北	1 315 094	591 270	30 174	589 143	104 507
山　西	255 219	185 942		68 127	1 150
内蒙古	81 933	32 588	10 142	39 203	
辽　宁	1 266 061	911 725	83 502	235 708	35 126
吉　林	88 412	74 314	3 127	10 399	572
黑龙江	155 701	127 842	8 047	13 852	5 960
上　海	5 918 204	2 025 057	1 157 205	1 631 501	1 104 441
江　苏	8 787 922	3 929 218	383 527	4 023 105	452 072
浙　江	5 504 695	2 733 409	187 025	2 500 247	84 014
安　徽	283 889	142 554	5 196	121 587	14 552
福　建	3 098 722	895 345	88 182	1 761 115	354 080
江　西	154 334	92 962	7 789	39 861	13 722
山　东	4 721 350	2 715 569	107 681	1 665 505	232 595
河　南	624 663	164 550	18 357	376 266	65 490
湖　北	648 665	115 276	81 446	408 335	43 608
湖　南	346 890	128 510	20 399	120 294	77 687
广　东	10 761 225	1 228 638	920 988	3 751 832	4 859 767
广　西	133 171	33 644	69 424	23 346	6 757
海　南	3 106	1 030	852	471	753
重　庆	119 625	66 615		53 010	
四　川	366 230	186 438	62 089	112 881	4 822
贵　州	13 200	8 855	824	113	3 408
云　南	92 766	41 766	7 037	43 939	24
西　藏					
陕　西	17 155	5 892		7 781	3 482
甘　肃	52 089	9 962		39 904	2 223
青　海	2 653		2 653		
宁　夏	5 915	5 750			165
新　疆	2 892	2 892			
计划单列市	**2 875 638**	**1 617 754**	**128 292**	**1 007 547**	**122 045**
大　连	798 943	573 805	69 621	129 732	25 785
青　岛	547 593	257 507	23 077	197 757	69 252
宁　波	1 379 907	751 786	35 594	567 358	25 169
厦　门	149 195	34 656		112 700	1 839
新疆兵团					
东部地区	**43 269 367**	**15 973 226**	**3 060 240**	**16 928 142**	**7 307 759**
中部地区	**3 060 783**	**1 290 895**	**206 450**	**1 332 393**	**231 045**
西部地区	**387 725**	**136 487**	**90 932**	**146 976**	**13 330**

（九）应缴税金

单位：万元

项目 / 地区	合计	中外合资企业	中外合作企业	与港澳台合资企业	与港澳台合作企业
全国总计	1 329 495	579 969	72 686	551 853	124 987
北京	17 339	8 450	568	8 067	254
天津	59 486	34 354	1 457	22 189	1 486
河北	36 306	14 774	554	18 196	2 782
山西	11 082	8 135		2 920	27
内蒙古	3 296	449	174	2 673	
辽宁	37 871	27 040	2 411	7 539	881
吉林	4 073	3 694	80	242	57
黑龙江	3 264	2 757	101	352	54
上海	167 182	76 210	20 821	46 353	23 798
江苏	294 838	126 989	15 401	134 005	18 443
浙江	206 205	109 452	6 541	87 120	3 092
安徽	10 858	5 337	239	4 921	361
福建	62 730	17 187	1 433	39 100	5 010
江西	3 922	1 993	366	802	761
山东	165 865	89 483	2 922	66 160	7 300
河南	12 597	2 957	166	7 427	2 047
湖北	22 491	1 731	5 707	13 588	1 465
湖南	12 887	5 217	705	4 268	2 697
广东	157 873	28 533	11 105	65 189	53 046
广西	4 475	737	2 259	594	885
海南	73	29	23	12	9
重庆	6 161	1 355		4 806	
四川	16 615	10 678	－908	6 680	165
贵州	563	232	73	53	205
云南	4 454	1 324	389	2 740	1
西藏					
陕西	178	42		128	8
甘肃	6 477	604		5 729	144
青海	99		99		
宁夏	193	184			9
新疆	42	42			
计划单列市	98 855	53 656	4 216	35 273	5 710
大连	18 260	11 560	1 606	4 441	653
青岛	22 974	8 981	937	9 707	3 349
宁波	56 433	32 753	1 673	20 426	1 581
厦门	1 188	362		699	127
新疆兵团					
东部地区	1 205 695	532 472	63 213	493 918	116 092
中部地区	104 128	43 896	6 456	40 134	7 642
西部地区	19 672	3 601	3 017	11 801	1 253

1998年各地乡镇联营企业情况

(一) 基本情况

项目 / 地区	企业数 (个)	职工人数 (人)	增加值 (万元)	营业收入 (万元)	利润总额 (万元)	应缴税金 (万元)	固定资产原值 (万元)
全国总计	**7 692**	**709 048**	**2 019 014**	**8 350 765**	**424 886**	**324 062**	**3 787 190**
北京	194	21 280	44 613	272 586	12 439	7 617	139 336
天津	166	25 020	44 751	225 332	10 813	9 706	121 623
河北	786	55 718	168 715	656 594	47 318	14 606	245 702
山西	162	16 253	37 942	133 733	11 229	7 472	80 571
内蒙古	275	20 753	33 312	135 334	11 183	5 175	57 488
辽宁	165	12 449	40 523	178 279	8 534	5 655	50 674
吉林	45	2 643	11 237	34 411	2 830	960	11 632
黑龙江	234	8 151	21 329	88 868	6 853	2 691	41 171
上海	1 458	183 814	510 802	2 079 385	106 063	82 880	1 043 946
江苏	783	104 753	444 857	1 859 882	70 537	82 120	581 877
浙江	280	37 251	120 754	505 907	22 261	24 118	234 579
安徽	227	15 731	33 386	137 482	10 349	4 533	72 829
福建	144	6 740	18 025	63 472	3 082	2 017	62 749
江西	718	16 873	37 310	127 565	10 827	2 816	33 805
山东	184	22 849	100 349	310 256	20 097	13 780	132 985
河南	549	44 622	89 833	327 366	26 188	9 230	156 901
湖北	299	22 614	64 259	291 436	12 305	11 112	100 534
湖南	52	4 131	6 704	24 945	-625	1 108	16 755
广东	189	19 383	49 698	261 755	5 105	8 463	248 918
广西	30	3 294	12 438	35 703	4 946	2 736	14 124
海南	20	621	742	2 811	241	78	5 949
重庆	67	4 923	9 580	31 165	1 378	2 750	23 245
四川	227	29 189	55 737	269 120	8 229	10 874	178 931
贵州	141	7 512	21 500	63 835	2 590	2 205	23 039
云南	153	10 396	17 851	137 836	3 771	5 156	50 407
西藏							
陕西	35	3 162	9 226	38 396	3 427	2 067	16 686
甘肃	35	3 205	6 840	34 706	2 070	917	15 108
青海	18	2 534	1 453	8 298	-266	250	5 145
宁夏	34	1 810	1 089	3 599	152	316	13 672
新疆	22	1 374	4 159	10 708	960	654	6 809
计划单列市	**205**	**19 317**	**49 269**	**212 954**	**11 852**	**8 265**	**75 813**
大连	47	4 119	16 344	79 660	3 103	1 599	18 410
青岛	56	5 280	7 235	26 362	2 020	1 485	16 072
宁波	81	9 308	23 735	91 877	6 452	4 892	35 047
厦门	14	494	1 560	13 668	258	234	5 367
新疆兵团	7	116	395	1 387	19	55	917
东部地区	**4 349**	**489 257**	**1 543 087**	**6 413 448**	**306 249**	**250 962**	**2 862 389**
中部地区	**2 615**	**168 292**	**376 543**	**1 504 487**	**92 990**	**55 613**	**733 060**
西部地区	**728**	**51 499**	**99 384**	**432 830**	**25 647**	**17 487**	**191 741**

（二）与国有企业联营

项目 地区	企业数 （个）	职工人数 （人）	增加值 （万元）	营业收入 （万元）	利润总额 （万元）	应缴税金 （万元）	固定资产原值 （万元）
全国总计	**3 925**	**467 108**	**1 376 192**	**5 660 110**	**285 896**	**231 549**	**2 720 255**
北京	125	16 441	27 159	204 278	4 803	5 950	96 357
天津	107	18 463	34 122	159 640	7 771	7 352	92 561
河北	361	35 856	131 725	516 176	37 167	11 992	188 571
山西	61	10 530	29 702	101 226	8 135	5 296	57 841
内蒙古	86	8 220	17 545	80 404	5 643	3 278	34 181
辽宁	97	7 200	24 359	108 444	5 160	3 280	32 359
吉林	13	836	3 341	7 659	1 018	478	2 984
黑龙江	111	3 897	12 711	53 011	2 841	1 235	26 440
上海	1 191	156 214	442 484	1 760 410	95 456	72 018	899 181
江苏	358	56 907	223 771	932 493	39 018	45 392	334 334
浙江	203	26 423	84 779	363 904	11 447	18 107	168 857
安徽	108	7 501	15 297	60 656	4 038	2 306	31 982
福建	59	3 375	10 462	40 256	2 096	1 189	41 867
江西	116	7 124	17 513	57 590	3 605	1 353	18 655
山东	112	17 453	86 173	260 261	16 298	11 836	98 686
河南	167	23 300	52 139	186 903	12 928	7 075	107 478
湖北	93	11 867	37 839	174 294	6 683	7 048	66 464
湖南	34	3 027	5 253	18 533	－766	906	9 651
广东	84	8 562	26 525	152 436	3 892	5 341	137 814
广西	17	1 989	8 260	23 077	4 837	2 212	9 574
海南	5	237	306	1 528	117	30	2 310
重庆	44	3 191	6 956	21 367	1 032	2 417	20 059
四川	166	24 431	48 394	228 846	7 015	9 771	162 513
贵州	28	2 704	9 056	25 946	812	1 519	12 044
云南	101	3 492	5 560	51 775	1 354	1 624	23 486
西藏							
陕西	27	2 219	5 449	21 852	1 583	1 114	9 265
甘肃	22	2 423	5 803	30 541	1 719	729	13 107
青海	12	1 849	1 451	7 975	－241	227	4 662
宁夏	5	563	792	2 410	34	269	13 063
新疆	12	814	1 266	6 219	401	205	3 909
计划单列市	**130**	**12 911**	**37 563**	**163 557**	**9 415**	**6 410**	**52 226**
大连	36	3 037	13 844	69 046	2 835	1 382	14 967
青岛	31	3 767	4 741	18 559	1 527	1 117	11 288
宁波	52	5 787	17 903	64 292	4 819	3 778	21 715
厦门	8	259	989	11 155	210	133	3 663
新疆兵团	3	61	86	505	24		593
东部地区	**2 697**	**346 894**	**1 091 559**	**4 498 298**	**223 108**	**182 457**	**2 090 587**
中部地区	**940**	**97 923**	**234 594**	**931 937**	**48 112**	**38 999**	**513 332**
西部地区	**288**	**22 291**	**50 039**	**229 875**	**14 676**	**10 093**	**116 336**

（三）企业单位数

单位:个

项目 地区	总计	与国有企业联营		与城镇集体企业联营	
		合计	跨省市联营	合计	跨省市联营
全国总计	**7 692**	**3 925**	**682**	**3 767**	**678**
北京	194	125	12	69	2
天津	166	107	3	59	1
河北	786	361	147	425	126
山西	162	61	12	101	14
内蒙古	275	86	16	189	40
辽宁	165	97	19	68	8
吉林	45	13	6	32	5
黑龙江	234	111	45	123	40
上海	1 458	1 191	20	267	1
江苏	783	358	104	425	52
浙江	280	203	80	77	21
安徽	227	108	22	119	29
福建	144	59	23	85	15
江西	718	116	28	602	19
山东	184	112	31	72	33
河南	549	167	45	382	141
湖北	299	93	17	206	46
湖南	52	34	4	18	11
广东	189	84	13	105	20
广西	30	17	1	13	
海南	20	5	4	15	3
重庆	67	44		23	3
四川	227	166	8	61	2
贵州	141	28	4	113	24
云南	153	101	1	52	10
西藏					
陕西	35	27	9	8	5
甘肃	35	22		13	5
青海	18	12	2	6	
宁夏	34	5	1	29	
新疆	22	12	5	10	2
计划单列市	**205**	**130**	**58**	**75**	**24**
大连	47	36	9	11	1
青岛	56	31	18	25	8
宁波	81	52	24	29	10
厦门	14	8	4	6	1
新疆兵团	7	3	3	4	4
东部地区	**4 349**	**2 697**	**452**	**1 652**	**279**
中部地区	**2 615**	**940**	**196**	**1 675**	**315**
西部地区	**728**	**288**	**34**	**440**	**84**

（四）职工人数

单位：人

项目 地区	总计	与国有企业联营		与城镇集体企业联营	
		合计	跨省市联营	合计	跨省市联营
全国总计	**709 048**	**467 108**	**71 594**	**241 940**	**42 948**
北京	21 280	16 441	1 289	4 839	280
天津	25 020	18 463	279	6 557	20
河北	55 718	35 856	9 305	19 862	5 071
山西	16 253	10 530	2 231	5 723	1 307
内蒙古	20 753	8 220	776	12 533	2 667
辽宁	12 449	7 200	919	5 249	916
吉林	2 643	836	340	1 807	450
黑龙江	8 151	3 897	1 199	4 254	1 544
上海	183 814	156 214	1 168	27 600	80
江苏	104 753	56 907	16 856	47 846	5 107
浙江	37 251	26 423	12 319	10 828	2 314
安徽	15 731	7 501	2 143	8 230	1 861
福建	6 740	3 375	1 072	3 365	724
江西	16 873	7 124	2 824	9 749	802
山东	22 849	17 453	5 579	5 396	984
河南	44 622	23 300	5 781	21 322	10 427
湖北	22 614	11 867	2 437	10 747	1 754
湖南	4 131	3 027	576	1 104	861
广东	19 383	8 562	854	10 821	2 501
广西	3 294	1 989	16	1 305	
海南	621	237	117	384	96
重庆	4 923	3 191		1 732	224
四川	29 189	24 431	1 384	4 758	171
贵州	7 512	2 704	258	4 808	1 134
云南	10 396	3 492	28	6 904	619
西藏					
陕西	3 162	2 219	1 013	943	670
甘肃	3 205	2 423		782	221
青海	2 534	1 849	310	685	
宁夏	1 810	563	281	1 247	
新疆	1 374	814	240	560	143
计划单列市	**19 317**	**12 911**	**4 633**	**6 406**	**2 104**
大连	4 119	3 037	394	1 082	116
青岛	5 280	3 767	1 660	1 513	670
宁波	9 308	5 787	2 367	3 521	1 227
厦门	494	259	151	235	36
新疆兵团	116	61	61	55	55
东部地区	**489 257**	**346 894**	**49 640**	**142 363**	**17 997**
中部地区	**168 292**	**97 923**	**19 928**	**70 369**	**20 071**
西部地区	**51 499**	**22 291**	**2 026**	**29 208**	**4 880**

（五）增加值

单位：万元

项目 地区	总计	与国有企业联营		与城镇集体企业联营	
		合计	跨省市联营	合计	跨省市联营
全国总计	**2 019 014**	**1 376 192**	**282 120**	**642 822**	**97 197**
北京	44 613	27 159	1 401	17 454	6 343
天津	44 751	34 122	－30	10 629	95
河北	168 715	131 725	35 140	36 990	8 544
山西	37 942	29 702	10 393	8 240	2 042
内蒙古	33 312	17 545	1 292	15 767	3 733
辽宁	40 523	24 359	5 698	16 164	4 598
吉林	11 237	3 341	493	7 896	205
黑龙江	21 329	12 711	6 561	8 618	4 080
上海	510 802	442 484	4 562	68 318	1 612
江苏	444 857	223 771	87 555	221 086	14 912
浙江	120 754	84 779	41 938	35 975	4 863
安徽	33 386	15 297	3 425	18 089	5 920
福建	18 025	10 462	2 486	7 563	1 160
江西	37 310	17 513	7 105	19 797	2 311
山东	100 349	86 173	35 420	14 176	1 134
河南	89 833	52 139	21 636	37 694	17 975
湖北	64 259	37 839	7 060	26 420	2 729
湖南	6 704	5 253	1 198	1 451	1 273
广东	49 698	26 525	2 430	23 173	4 699
广西	12 438	8 260	575	4 178	
海南	742	306	273	436	181
重庆	9 580	6 956		2 624	151
四川	55 737	48 394	1 061	7 343	208
贵州	21 500	9 056	45	12 444	4 027
云南	17 851	5 560	74	12 291	350
西藏					
陕西	9 226	5 449	3 174	3 777	3 580
甘肃	6 840	5 803		1 037	411
青海	1 453	1 451	17	2	
宁夏	1 089	792	448	297	
新疆	4 159	1 266	690	2 893	61
计划单列市	**49 269**	**37 563**	**15 992**	**11 166**	**3 302**
大连	16 344	13 844	4 888	2 500	219
青岛	7 235	4 741	2 052	1 954	605
宁波	23 735	17 903	8 788	5 832	2 044
厦门	1 560	989	178	571	125
新疆兵团	395	86	86	309	309
东部地区	**1 543 087**	**1 091 559**	**216 600**	**451 528**	**47 960**
中部地区	**376 543**	**234 594**	**62 106**	**141 949**	**40 474**
西部地区	**99 384**	**50 039**	**3 414**	**49 345**	**8 763**

（六）营业收入

单位：万元

项目 / 地区	总计	与国有企业联营		与城镇集体企业联营	
		合计	跨省市联营	合计	跨省市联营
全国总计	**8 350 765**	**5 660 110**	**1 045 265**	**2 690 655**	**390 289**
北京	272 586	204 278	54 981	68 308	27 295
天津	225 332	159 640	2 272	65 692	330
河北	656 594	516 176	146 858	140 418	32 384
山西	133 733	101 226	31 470	32 507	7 140
内蒙古	135 334	80 404	6 059	54 930	14 778
辽宁	178 279	108 444	7 674	69 835	18 030
吉林	34 411	7 659	1 460	26 752	961
黑龙江	88 868	53 011	25 423	35 857	15 716
上海	2 079 385	1 760 410	27 684	318 975	1 653
江苏	1 859 882	932 493	245 905	927 389	60 002
浙江	505 907	363 904	173 342	142 003	21 375
安徽	137 482	60 656	14 165	76 826	26 398
福建	63 472	40 256	4 385	23 216	4 766
江西	127 565	57 590	22 380	69 975	7 424
山东	310 256	260 261	114 658	49 995	5 618
河南	327 366	186 903	70 211	140 463	73 797
湖北	291 436	174 294	35 281	117 142	12 136
湖南	24 945	18 533	3 719	6 412	5 426
广东	261 755	152 436	27 705	109 319	22 868
广西	35 703	23 077	2 500	12 626	
海南	2 811	1 528	1 388	1 283	833
重庆	31 165	21 367		9 798	821
四川	269 120	228 846	7 387	40 274	1 215
贵州	63 835	25 946	327	37 889	11 807
云南	137 836	51 775	232	86 061	1 876
西藏					
陕西	38 396	21 852	12 658	16 544	13 995
甘肃	34 706	30 541		4 165	1 328
青海	8 298	7 975	3	323	
宁夏	3 599	2 410	1 455	1 189	
新疆	10 708	6 219	3 683	4 489	315
计划单列市	**212 954**	**163 557**	**46 834**	**49 397**	**15 434**
大连	79 660	69 046	4 744	10 614	665
青岛	26 362	18 559	7 289	7 803	2 215
宁波	91 877	64 292	33 593	27 585	10 922
厦门	13 668	11 155	703	2 513	750
新疆兵团	1 387	505	505	882	882
东部地区	**6 413 448**	**4 498 298**	**805 464**	**1 915 150**	**194 321**
中部地区	**1 504 487**	**931 937**	**224 154**	**572 550**	**165 029**
西部地区	**432 830**	**229 875**	**15 647**	**202 955**	**30 939**

（七）利润总额

单位：万元

项目 / 地区	总计	与国有企业联营		与城镇集体企业联营	
		合计	跨省市联营	合计	跨省市联营
全国总计	**424 886**	**285 896**	**52 960**	**138 990**	**26 729**
北京	12 439	4 803	－253	7 636	3 401
天津	10 813	7 771	－581	3 042	37
河北	47 318	37 167	10 141	10 151	2 889
山西	11 229	8 135	3 862	3 094	860
内蒙古	11 183	5 643	501	5 540	1 336
辽宁	8 534	5 160	1 022	3 374	551
吉林	2 830	1 018	99	1 812	12
黑龙江	6 853	2 841	1 265	4 012	2 404
上海	106 063	95 456	－147	10 607	－35
江苏	70 537	39 018	16 833	31 519	3 962
浙江	22 261	11 447	3 082	10 814	1 312
安徽	10 349	4 038	924	6 311	2 039
福建	3 082	2 096	389	986	173
江西	10 827	3 605	1 319	7 222	511
山东	20 097	16 298	6 978	3 799	439
河南	26 188	12 928	6 546	13 260	7 376
湖北	12 305	6 683	312	5 622	739
湖南	－625	－766	257	141	80
广东	5 105	3 892	121	1 213	－3 405
广西	4 946	4 837	120	109	
海南	241	117	111	124	85
重庆	1 378	1 032		346	－8
四川	8 229	7 015	－582	1 214	15
贵州	2 590	812	－59	1 778	538
云南	3 771	1 354	－237	2 417	－422
西藏					
陕西	3 427	1 583	862	1 844	1 795
甘肃	2 070	1 719		351	118
青海	－266	－241	－184	－25	
宁夏	152	34	21	118	
新疆	960	401	238	559	－73
计划单列市	**11 852**	**9 415**	**4 049**	**2 437**	**1 188**
大连	3 103	2 835	373	268	83
青岛	2 020	1 527	812	493	128
宁波	6 452	4 819	2 858	1 633	962
厦门	258	210	－18	48	20
新疆兵团	19	24	24	－5	－5
东部地区	**306 249**	**223 108**	**37 585**	**83 141**	**9 324**
中部地区	**92 990**	**48 112**	**14 864**	**44 878**	**15 823**
西部地区	**25 647**	**14 676**	**511**	**10 971**	**1 582**

(八)固定资产原值

单位:万元

项目 / 地区	总计	与国有企业联营 合计	与国有企业联营 跨省市联营	与城镇集体企业联营 合计	与城镇集体企业联营 跨省市联营
全国总计	**3 787 190**	**2 720 255**	**499 856**	**1 066 935**	**190 138**
北京	139 336	96 357	11 605	42 979	6 032
天津	121 623	92 561	7 681	29 062	110
河北	245 702	188 571	49 308	57 131	19 443
山西	80 571	57 841	16 184	22 730	3 816
内蒙古	57 488	34 181	2 362	23 307	7 332
辽宁	50 674	32 359	3 339	18 315	5 697
吉林	11 632	2 984	973	8 648	1 719
黑龙江	41 171	26 440	16 158	14 731	7 887
上海	1 043 946	899 181	20 933	144 765	1 832
江苏	581 877	334 334	137 196	247 543	26 189
浙江	234 579	168 857	80 891	65 722	11 260
安徽	72 829	31 982	10 563	40 847	6 037
福建	62 749	41 867	5 350	20 882	2 632
江西	33 805	18 655	5 967	15 150	1 442
山东	132 985	98 686	43 218	34 299	4 811
河南	156 901	107 478	22 105	49 423	26 037
湖北	100 534	66 464	9 396	34 070	7 866
湖南	16 755	9 651	1 563	7 104	6 210
广东	248 918	137 814	18 989	111 104	29 542
广西	14 124	9 574	500	4 550	
海南	5 949	2 310	2 109	3 639	615
重庆	23 245	20 059		3 186	459
四川	178 931	162 513	7 783	16 418	1 197
贵州	23 039	12 044	1 274	10 995	4 250
云南	50 407	23 486	193	26 921	205
西藏					
陕西	16 686	9 265	6 199	7 421	6 497
甘肃	15 108	13 107		2 001	274
青海	5 145	4 662	2 647	483	
宁夏	13 672	13 063	12 010	609	
新疆	6 809	3 909	3 360	2 900	747
计划单列市	**75 813**	**52 226**	**18 805**	**23 587**	**9 886**
大连	18 410	14 967	2 040	3 443	1 208
青岛	16 072	11 288	5 087	4 784	1 516
宁波	35 047	21 715	10 089	13 332	6 531
厦门	5 367	3 663	996	1 704	307
新疆兵团	917	593	593	324	324
东部地区	**2 862 389**	**2 090 587**	**378 510**	**771 802**	**107 548**
中部地区	**733 060**	**513 332**	**96 891**	**219 728**	**69 167**
西部地区	**191 741**	**116 336**	**24 455**	**75 405**	**13 423**

（九）应缴税金

单位：万元

地区	总计	与国有企业联营 合计	与国有企业联营 跨省市联营	与城镇集体企业联营 合计	与城镇集体企业联营 跨省市联营
全国总计	**324 062**	**231 549**	**45 832**	**92 513**	**13 407**
北京	7 617	5 950	425	1 667	1 667
天津	9 706	7 352	166	2 354	21
河北	14 606	11 992	2 420	2 614	495
山西	7 472	5 296	1 542	2 176	357
内蒙古	5 175	3 278	213	1 897	647
辽宁	5 655	3 280	694	2 375	211
吉林	960	478	88	482	56
黑龙江	2 691	1 235	614	1 456	786
上海	82 880	72 018	992	10 862	
江苏	82 120	45 392	18 557	36 728	2 561
浙江	24 118	18 107	9 252	6 011	881
安徽	4 533	2 306	698	2 227	764
福建	2 017	1 189	579	828	128
江西	2 816	1 353	461	1 463	167
山东	13 780	11 836	4 421	1 944	136
河南	9 230	7 075	1 633	2 155	1 196
湖北	11 112	7 048	1 036	4 064	558
湖南	1 108	906	263	202	181
广东	8 463	5 341	917	3 122	1 341
广西	2 736	2 212	10	524	
海南	78	30	26	48	38
重庆	2 750	2 417		333	38
四川	10 874	9 771	－75	1 103	26
贵州	2 205	1 519	19	686	139
云南	5 156	1 624	7	3 532	48
西藏					
陕西	2 067	1 114	659	953	863
甘肃	917	729		188	61
青海	250	227	15	23	
宁夏	316	269	134	47	
新疆	654	205	66	449	41
计划单列市	**8 265**	**6 410**	**2 987**	**1 855**	**650**
大连	1 599	1 382	231	217	27
青岛	1 485	1 117	494	368	76
宁波	4 892	3 778	2 222	1 114	471
厦门	234	133	40	101	21
新疆兵团	55			55	55
东部地区	**250 962**	**182 457**	**38 423**	**68 505**	**7 441**
中部地区	**55 613**	**38 999**	**6 919**	**16 614**	**4 992**
西部地区	**17 487**	**10 093**	**490**	**7 394**	**974**

1998年东、中、西部地区乡镇集体企业主要经济指标比较

指标名称	单位	总计	东部地区		中部地区		西部地区	
			合计	比重(%)	合计	比重(%)	合计	比重(%)
企业单位数	个	1 065 825	496 098	46.55	482 011	45.22	87 716	8.23
其中:亏损企业个数	个	71 907	38 150	53.06	25 450	35.39	8 307	11.55
全部职工人数	万人	4 829	2 710	56.13	1 750	36.23	369	7.64
平均职工人数	万人	4 629	2 577	55.68	1 730	37.37	322	6.95
工资总额	亿元	2 482	1 539	62.01	801	32.27	142	5.72
增加值	亿元	9 971	6 631	66.50	2 937	29.46	403	4.04
工业增加值	亿元	8 105	5 748	70.92	2 128	26.26	229	2.83
营业收入	亿元	38 284	25 400	66.35	11 133	29.08	1 751	4.57
其中:工业企业营业收入	亿元	30 536	21 729	71.16	7 916	25.92	891	2.92
主营业务收入	亿元	38 042	25 199	66.24	11 100	29.18	1 743	4.58
其中:工业企业主营业务收入	亿元	30 319	21 545	71.06	7 889	26.02	885	2.92
成本费用总额	亿元	35 924	23 937	66.63	10 343	28.79	1 644	4.58
其中:工业企业成本费用总额	亿元	28 764	20 542	71.42	7 377	25.65	845	2.94
主营业务成本	亿元	32 124	21 433	66.72	9 242	28.77	1 449	4.51
其中:工业企业主营业务成本	亿元	25 689	18 382	71.56	6 568	25.57	739	2.88
利息支出	亿元	549	380	69.22	146	26.59	23	4.19
利润总额	亿元	1 970	1 264	64.16	629	31.93	77	3.91
其中:工业企业利润总额	亿元	1 524	1 048	68.77	442	29.00	34	2.23
应缴税金总额	亿元	1 500	1 009	67.27	418	27.87	73	4.87
其中:应缴增值税	亿元	764	553	72.38	181	23.69	30	3.93
营业税金及附加	亿元	415	234	56.39	150	36.14	31	7.47
所得税	亿元	271	191	70.48	71	26.20	9	3.32
在费用支出中列支的税金	亿元	50	31	62.00	16	32.00	3	6.00
实缴税金总额	亿元	867	605	69.78	211	24.34	51	5.88
净利润	亿元	1 698	1 073	63.19	557	32.80	68	4.00
利税总额	亿元	3 148	2 051	65.15	959	30.46	138	4.38
其中:工业企业利税总额	亿元	2 516	1 750	69.55	694	27.58	72	2.86
归还借款的利润	亿元	141	66	46.81	66	46.81	9	6.38
单项留用的利润	亿元	45	24	53.33	19	42.22	2	4.44
弥补亏损的利润	亿元	14	10	71.43	4	28.57		

（续）

指标名称	单位	总计	东部地区		中部地区		西部地区	
			合计	比重(%)	合计	比重(%)	合计	比重(%)
补助社会性支出的利润	亿元	63	34	53.97	27	42.86	2	3.17
提取盈余公积	亿元	376	251	66.76	110	29.26	15	3.99
应付利润	亿元	771	502	65.11	230	29.83	39	5.06
其中:上缴利润	亿元	400	264	66.00	119	29.75	17	4.25
职工股金分红	亿元	46	25	54.35	19	41.30	2	4.35
未分配利润	亿元	－203	－120	59.11	－56	27.59	－27	13.30
亏损企业亏损额	亿元	182	126	69.23	37	20.33	19	10.44
资产总额	亿元	26 316	19 407	73.75	5 589	21.24	1 320	5.02
流动资产合计	亿元	13 859	10 546	76.09	2 704	19.51	609	4.39
其中:应收账款	亿元	3 856	2 918	75.67	773	20.05	165	4.28
存货	亿元	5 283	4 014	75.98	1 045	19.78	224	4.24
固定资产原值	亿元	13 443	9 450	70.30	3 261	24.26	732	5.45
固定资产投资额	亿元	2 571	1 638	63.71	817	31.78	116	4.51
负债总额	亿元	15 860	11 709	73.83	3 338	21.05	813	5.13
其中:银行借款	亿元	4 568	3 334	72.99	991	21.69	243	5.32
所有者权益合计	亿元	10 456	7 698	73.62	2 251	21.53	507	4.85
其中:实收资本	亿元	8 259	5 967	72.25	1 855	22.46	437	5.29
固定资产原值平均余额	亿元	12 503	8 939	71.49	2 901	23.20	663	5.30
固定资产净值平均余额	亿元	9 516	6 757	71.01	2 222	23.35	537	5.64
本期固定资产折旧额	亿元	928	663	71.44	220	23.71	45	4.85
流动资产平均余额	亿元	12 958	9 952	76.80	2 462	19.00	544	4.20
营业收入利润率	%	5.08	4.84		5.75		4.34	
成本费用利润率	%	5.51	5.32		6.10		4.68	
资金利润率	%	8.76	7.56		13.43		7.08	
流动资产周转率	次	2.95	2.55		4.52		3.22	
资本收益率	%	20.56	17.97		30.05		15.52	
总资产报酬率	%	10.32	9.03		15.48		8.42	
在企业人员中:								
大专以上学历人数	人	948 228	623 005	65.70	269 657	28.44	55 566	5.86
中专学历人数	人	1 895 503	1 171 470	61.80	622 240	32.83	101 793	5.37
高中学历人数	人	11 930 631	6 598 130	55.30	4 506 260	37.77	826 241	6.93
初级专业职称人数	人	2 079 484	1 083 316	52.10	852 670	41.00	143 498	6.90
中级专业职称人数	人	885 403	462 146	52.20	372 406	42.06	50 851	5.74
高级专业职称人数	人	208 878	119 024	56.98	78 247	37.46	11 607	5.56

1998年乡镇企业主要经济指标排序

地区 \ 指标名称	增加值		工业增加值		增加值率		全员劳动生产率	
	指标(万元)	排序	指标(万元)	排序	指标(%)	排序	指标(万元/人)	排序
全国总计	**221 864 561**		**155 302 725**		**22.95**		**17 697**	
北京	1 497 734	24	849 796	24	21.70	23	16 213	14
天津	2 802 980	21	1 947 133	17	20.97	26	24 297	4
河北	15 008 774	5	10 850 521	5	25.38	8	19 997	8
山西	4 337 663	16	3 043 283	14	25.30	9	13 630	18
内蒙古	6 119 550	13	1 928 313	18	25.66	5	16 629	11
辽宁	13 749 930	7	8 951 816	7	23.86	16	32 284	2
吉林	3 782 056	18	1 674 334	20	27.18	1	15 764	15
黑龙江	2 198 349	22	1 572 320	21	24.23	13	15 181	16
上海	4 826 772	14	4 826 772	11	21.28	25	33 254	1
江苏	19 746 410	3	17 033 521	3	20.76	28	23 581	5
浙江	21 187 177	1	19 299 495	1	20.96	27	26 885	3
安徽	7 829 974	11	4 686 211	12	25.94	4	13 818	17
福建	10 903 228	10	7 290 749	9	23.41	18	21 363	6
江西	3 428 633	20	2 264 037	16	26.53	3	11 308	23
山东	20 490 441	2	17 355 548	2	21.46	24	17 096	10
河南	13 723 743	8	9 986 739	6	26.83	2	17 852	9
湖北	12 873 002	9	8 156 137	8	22.77	20	20 440	7
湖南	14 561 483	6	7 030 745	10	24.04	15	16 600	12
广东	19 160 137	4	14 750 290	4	22.79	19	16 338	13
广西	4 352 697	15	1 904 523	19	18.93	30	11 783	19
海南	299 644	28	146 888	28	25.64	6	11 777	20
重庆	1 587 308	23	963 875	23	23.72	17	11 703	21
四川	6 541 394	12	3 549 726	13	19.04	29	11 455	22
贵州	1 167 383	25	690 901	25	25.03	11	9 571	25
云南	3 523 099	19	1 219 971	22	25.57	7	8 913	26
西藏		31		31		31		31
陕西	4 029 126	17	2 390 760	15	24.11	14	10 578	24
甘肃	1 127 747	26	484 523	26	22.24	22	7 878	28
青海	126 177	30	70 911	30	22.45	21	5 823	30
宁夏	278 678	29	123 304	29	25.14	10	5 841	29
新疆	603 272	27	259 583	27	24.55	12	8 467	27
计划单列市	**11 960 165**		**9 070 274**		**23.73**		**34 652**	
大连	5 159 321		3 004 593		25.33		51 094	
青岛	2 194 579		1 711 159		23.97		21 387	
宁波	4 199 524		4 091 716		22.11		35 605	
厦门	336 593		232 151		20.71		20 288	
新疆兵团	70 148		30 655		27.40		9 982	
东部地区	**129 373 583**		**103 155 641**		**22.23**		**21 432**	
中部地区	**74 892 731**		**45 318 167**		**24.22**		**15 172**	
西部地区	**17 598 247**		**6 828 917**		**23.26**		**11 253**	

1998 年乡镇企业主要经济指标排序（续）

指标名称 / 地区	企业个数		盈利企业数		盈利企业净利润总额		期末职工人数		平均职工人数	
	指标（个）	排序	指标（个）	排序	指标（万元）	排序	指标（人）	排序	指标（人）	排序
全国总计	**20 039 353**		**18 758 254**		**50 594 718**		**125 365 458**		**119 480 511**	
北　京	78 686	27	75 107	27	421 384	24	923 758	26	930 225	26
天　津	115 504	25	114 877	25	1 030 037	15	1 153 614	24	1 144 004	24
河　北	854 341	10	704 485	14	4 856 169	1	7 505 661	7	6 813 401	7
山　西	323 404	19	289 476	19	923 056	18	3 182 328	17	3 178 104	17
内蒙古	841 262	11	833 576	8	2 551 208	9	3 680 081	16	3 412 072	16
辽　宁	897 361	7	882 226	7	3 666 996	6	4 259 097	12	4 281 624	12
吉　林	697 119	17	692 753	15	1 055 665	14	2 399 164	19	2 285 829	19
黑龙江	216 114	22	215 882	22	446 368	23	1 448 059	21	1 417 723	21
上　海	29 214	30	23 069	30	800 297	20	1 451 493	20	1 448 111	20
江　苏	892 062	8	656 558	18	2 199 473	10	8 373 970	4	7 340 999	6
浙　江	1 026 180	6	965 720	6	4 188 792	2	7 880 803	5	7 593 424	5
安　徽	675 776	18	664 002	17	2 170 358	11	5 666 473	10	5 603 633	9
福　建	775 971	15	719 483	13	1 988 867	12	5 103 705	11	4 855 596	11
江　西	701 252	16	683 395	16	829 633	19	3 032 070	18	2 982 358	18
山　东	1 588 377	2	1 405 018	2	3 848 011	4	11 985 252	1	11 410 312	1
河　南	868 793	9	808 934	11	3 257 710	7	7 687 697	6	7 628 660	4
湖　北	837 874	12	812 661	10	2 733 920	8	6 298 094	8	6 216 150	8
湖　南	2 149 358	1	2 079 807	1	3 819 046	5	8 772 450	3	8 506 454	3
广　东	1 336 613	3	1 263 959	3	4 155 483	3	10 865 552	2	10 493 922	2
广　西	805 633	14	788 592	12	1 328 603	13	3 694 152	15	3 662 503	15
海　南	33 628	29	33 089	29	100 869	28	254 440	29	248 534	29
重　庆	91 499	26	89 554	26	205 400	26	1 356 317	23	1 343 872	23
四　川	1 211 826	4	1 172 614	4	797 265	21	5 710 551	9	5 558 702	10
贵　州	294 896	20	261 991	21	601 622	22	1 114 666	25	1 012 851	25
云　南	1 150 194	5	1 067 952	5	1 021 853	16	3 858 597	13	3 691 222	13
西　藏		31		31		31		31		31
陕　西	832 864	13	814 573	9	973 211	17	3 808 932	14	3 663 333	14
甘　肃	201 398	23	199 957	23	318 120	25	1 431 529	22	1 399 451	22
青　海	52 402	28	50 465	28	29 758	30	216 680	30	216 175	30
宁　夏	122 170	24	120 774	24	93 140	29	477 106	28	447 809	28
新　疆	269 048	21	267 705	20	182 404	27	712 490	27	693 458	27
计划单列市	**255 294**		**235 867**		**1 746 209**		**2 891 248**		**2 785 656**	
大　连	5 928		5 310		413 147		454 634		454 700	
青　岛	103 733		96 893		330 249		1 020 946		975 391	
宁　波	89 894		86 180		900 106		1 179 490		1 152 994	
厦　门	22 769		17 699		75 327		165 904		141 558	
新疆兵团	32 970		29 785		27 380		70 274		61 013	
东部地区	**7 594 309**		**6 810 502**		**27 155 509**		**59 502 905**		**56 311 618**	
中部地区	**8 605 879**		**8 323 651**		**17 211 632**		**49 362 135**		**48 384 818**	
西部地区	**3 770 631**		**3 624 101**		**6 227 577**		**15 439 741**		**14 784 075**	

1998年乡镇企业主要经济指标排序(续)

指标名称 地区	工资总额		流动资产年末余额		固定资产原值		累计折旧		本年固定资产折旧额	
	指标(万元)	排序	指标(万元)	排序	指标(万元)	排序	指标(万元)	排序	指标(万元)	排序
全国总计	**62 518 622**		**207 058 905**		**215 664 812**		**52 295 241**		**14 055 045**	
北　京	565 666	25	3 620 120	16	2 989 128	20	786 969	18	166 910	20
天　津	919 385	21	4 405 940	14	3 569 265	18	1 038 652	16	267 048	17
河　北	3 305 719	7	12 732 582	5	14 396 682	5	3 294 110	5	908 908	5
山　西	1 664 524	15	3 440 701	17	4 613 305	16	1 144 703	15	352 663	14
内蒙古	1 841 501	14	2 679 397	19	3 838 374	17	738 639	20	235 171	18
辽　宁	1 870 996	13	7 867 295	9	7 289 888	10	1 614 391	13	375 862	13
吉　林	2 418 587	11	1 922 441	22	2 617 020	22	463 439	22	129 377	22
黑龙江	604 343	23	1 784 070	24	2 361 980	23	410 136	24	120 299	23
上　海	1 096 875	20	9 637 832	6	7 209 594	11	1 759 972	10	427 633	11
江　苏	4 154 095	5	27 676 100	1	21 710 944	3	5 517 448	3	1 278 270	4
浙　江	5 871 199	2	26 406 685	2	22 677 343	2	5 734 043	2	1 407 344	2
安　徽	2 816 335	10	5 296 845	13	7 118 443	12	1 742 667	11	529 682	8
福　建	2 865 895	9	7 930 493	8	8 598 185	8	1 914 639	9	496 961	10
江　西	1 307 064	18	1 990 145	21	2 828 475	21	616 827	21	156 937	21
山　东	4 383 721	4	21 395 639	4	20 944 174	4	5 349 598	4	1 342 663	3
河　南	3 201 936	8	9 393 846	7	12 434 592	6	2 794 144	6	787 502	6
湖　北	3 393 103	6	7 851 992	10	8 942 716	7	2 319 570	7	689 292	7
湖　南	4 440 103	3	6 420 012	11	7 874 518	9	2 026 670	8	513 407	9
广　东	6 955 531	1	23 469 358	3	27 138 165	1	6 874 859	1	2 275 188	1
广　西	1 624 058	16	3 695 387	15	4 965 535	14	1 178 935	14	324 574	15
海　南	117 968	29	176 337	29	608 546	28	110 480	28	38 970	28
重　庆	602 139	24	1 835 012	23	1 704 252	24	445 133	23	102 807	25
四　川	2 037 247	12	5 952 598	12	6 615 182	13	1 737 915	12	391 991	12
贵　州	869 922	22	1 422 584	25	1 687 509	25	329 121	25	107 408	24
云　南	1 478 842	17	3 321 704	18	4 764 264	15	985 258	17	294 014	16
西　藏		31		31		31		31		31
陕　西	1 184 260	19	2 559 202	20	3 105 857	19	741 400	19	177 144	19
甘　肃	455 910	26	1 025 314	26	1 343 758	26	272 878	26	65 993	26
青　海	58 634	30	155 794	30	283 788	30	42 161	30	9 918	30
宁　夏	123 043	28	307 799	28	508 981	29	90 788	29	24 144	29
新　疆	290 021	27	685 681	27	924 349	27	219 696	27	56 965	27
计划单列市	**1 837 741**		**11 276 634**		**7 971 971**		**2 060 748**		**477 356**	
大　连	251 054		2 207 524		1 593 926		473 223		87 001	
青　岛	444 669		2 563 000		1 923 450		468 528		111 423	
宁　波	997 281		5 783 166		3 829 138		969 768		239 673	
厦　门	109 496		562 633		437 808		105 017		25 258	
新疆兵团	35 241		160 311		187 649		44 212		14 001	
东部地区	**31 989 082**		**145 142 044**		**136 523 368**		**33 884 681**		**8 946 787**	
中部地区	**23 669 641**		**48 446 864**		**60 216 340**		**14 442 604**		**3 951 101**	
西部地区	**6 859 899**		**13 469 997**		**18 925 104**		**3 967 956**		**1 157 157**	

1998年乡镇企业主要经济指标排序(续)

地区 \ 指标名称	银行借款 指标(万元)	银行借款 排序	资本金 指标(万元)	资本金 排序	营业收入 指标(万元)	营业收入 排序	营业成本 指标(万元)	营业成本 排序	营业税金及附加 指标(万元)	营业税金及附加 排序
全国总计	**59 760 754**		**145 025 168**		**893 510 140**		**815 731 820**		**10 549 744**	
北京	867 161	18	2 067 873	19	6 926 122	24	6 340 865	23	77 556	25
天津	1 198 527	14	2 053 483	20	13 033 877	19	11 689 803	19	96 063	24
河北	3 758 281	5	9 370 067	5	56 998 806	6	52 527 034	5	507 744	8
山西	806 088	19	2 285 801	18	14 924 168	18	13 401 490	18	329 025	13
内蒙古	451 730	24	2 864 738	16	23 716 956	14	20 686 931	14	407 710	12
辽宁	1 940 458	10	5 294 959	11	52 372 193	8	47 515 824	8	602 650	7
吉林	465 938	23	1 878 596	22	12 882 675	20	11 546 339	20	254 415	17
黑龙江	534 649	22	1 625 910	23	8 913 452	22	8 267 525	22	73 921	26
上海	2 562 000	7	5 707 453	9	16 600 657	17	15 713 990	15	100 547	23
江苏	8 169 892	1	14 225 056	3	74 782 446	4	70 630 843	3	643 160	6
浙江	8 054 664	2	15 611 875	2	92 854 239	1	85 978 683	1	1 047 505	1
安徽	1 584 996	12	4 829 188	12	29 663 564	12	26 758 944	13	467 052	10
福建	1 392 697	13	8 491 777	6	42 753 693	10	40 262 802	10	485 615	9
江西	752 755	20	1 987 769	21	11 715 135	21	10 665 366	21	192 314	18
山东	5 917 496	4	11 590 666	4	82 077 070	2	74 869 806	2	717 235	5
河南	3 057 262	6	8 275 475	7	48 652 216	9	41 327 533	9	428 480	11
湖北	2 029 832	9	5 672 605	10	52 664 506	7	48 896 218	7	813 409	3
湖南	1 749 846	11	5 989 260	8	57 347 643	5	52 263 762	6	805 110	4
广东	7 310 115	3	17 761 030	1	78 289 272	3	70 559 745	4	919 114	2
广西	924 284	17	3 218 718	14	31 575 553	11	27 552 807	11	289 610	15
海南	110 514	30	367 339	28	1 130 683	28	988 709	29	43 350	28
重庆	583 846	21	1 106 702	24	6 296 780	25	5 890 246	25	112 013	22
四川	2 095 154	8	4 253 730	13	28 269 864	13	26 821 321	12	299 738	14
贵州	350 314	26	1 002 064	25	7 012 980	23	5 983 814	24	156 333	20
云南	1 138 208	15	3 104 959	15	16 748 507	15	15 338 429	17	284 070	16
西藏		31		31		31		31		31
陕西	989 030	16	2 457 985	17	16 620 103	16	15 435 502	16	179 863	19
甘肃	403 237	25	900 934	26	4 585 240	26	4 105 906	26	116 152	21
青海	112 059	29	177 066	30	538 240	30	494 761	30	13 632	30
宁夏	174 648	28	295 530	29	1 107 871	29	1 000 870	28	28 100	29
新疆	275 073	27	556 560	27	2 455 629	27	2 215 952	27	58 258	27
计划单列市	**2 743 444**		**5 242 596**		**32 144 212**		**29 459 327**		**357 949**	
大连	651 725		1 109 266		6 432 272		5 922 520		54 817	
青岛	550 763		1 096 757		7 590 604		7 134 599		76 832	
宁波	1 445 613		2 433 794		16 331 269		14 735 101		199 647	
厦门	68 454		485 333		1 535 903		1 442 752		17 097	
新疆兵团	26 889		117 446		254 164		224 355		9 556	
东部地区	**41 171 291**		**92 174 239**		**516 688 375**		**476 089 395**		**5 197 189**	
中部地区	**14 649 396**		**40 363 021**		**287 950 106**		**261 274 246**		**3 955 340**	
西部地区	**3 940 067**		**12 487 908**		**88 871 659**		**78 368 179**		**1 397 215**	

1998 年乡镇企业主要经济指标排序(续)

指标名称 地区	所得税		净利润		增值税应纳税额		实缴税金总额		上缴支农建农资金总额	
	指标(万元)	排序	指标(万元)	排序	指标(万元)	排序	指标(万元)	排序	指标(万元)	排序
全国总计	**4 770 579**		**46 353 052**		**12 843 830**		**15 829 793**		**1 859 228**	
北　京	49 825	20	326 853	24	100 898	24	187 350	21	9 806	21
天　津	122 579	11	999 486	15	220 608	16	202 421	20	26 128	15
河　北	233 902	9	4 033 799	1	484 232	9	777 498	5	206 399	4
山　西	118 430	12	836 402	18	331 759	13	344 918	16	99 296	7
内蒙古	74 526	16	2 511 970	9	340 814	12	235 778	18	35 032	12
辽　宁	392 185	3	3 556 606	4	678 534	6	513 751	11	18 545	19
吉　林	92 677	14	1 008 078	14	194 844	18	181 941	22	7 107	23
黑龙江	31 650	26	441 560	23	105 426	23	121 285	25	5 036	26
上　海	83 099	15	665 211	21	441 223	10	442 374	14	46 249	11
江　苏	362 921	4	1 902 783	11	1 835 887	2	1 778 428	2	60 069	10
浙　江	639 666	2	3 887 123	2	2 132 835	1	2 387 697	1	229 044	2
安　徽	323 315	6	2 074 255	10	573 187	7	517 669	10	83 376	9
福　建	110 110	13	1 857 697	12	311 173	14	754 222	6	19 555	18
江　西	37 661	22	803 640	19	161 240	20	290 113	17	19 981	17
山　东	686 926	1	3 769 308	3	1 315 203	3	1 396 851	4	206 895	3
河　南	276 387	7	3 116 618	7	399 536	11	636 869	8	117 548	6
湖　北	323 554	5	2 547 238	8	739 898	5	626 252	9	190 121	5
湖　南	203 763	10	3 377 461	6	516 288	8	739 607	7	261 789	1
广　东	247 534	8	3 555 778	5	824 048	4	1 538 849	3	95 307	8
广　西	38 544	21	1 269 243	13	198 581	17	447 247	13	26 695	13
海　南	3 468	29	99 113	28	1 245	30	39 353	29	4 830	27
重　庆	34 510	23	172 583	26	116 648	22	162 367	23	5 514	25
四　川	73 590	17	676 526	20	310 125	15	477 367	12	26 547	14
贵　州	33 154	24	477 426	22	81 014	25	151 521	24	6 277	24
云　南	60 716	19	894 761	17	181 485	19	415 758	15	16 740	20
西　藏		31		31		31		31		31
陕　西	61 002	18	922 952	16	129 499	21	218 500	19	22 939	16
甘　肃	31 830	25	306 753	25	54 954	26	99 285	26	7 383	22
青　海	1 466	30	22 763	30	10 819	29	17 892	30	1 147	30
宁　夏	4 391	28	82 488	29	16 019	28	44 265	28	1 484	29
新　疆	17 198	27	156 578	27	32 808	27	82 365	27	2 389	28
计划单列市	**340 538**		**1 612 032**		**741 430**		**923 350**		**110 481**	
大　连	66 001		385 358		74 090		74 890		7 728	
青　岛	64 788		303 600		150 447		175 151		2 144	
宁　波	201 604		840 499		485 729		617 186		99 974	
厦　门	7 528		68 581		25 343		42 226		441	
新疆兵团	617		13 994		5 821		13 897		194	
东部地区	**2 928 747**		**24 554 644**		**8 347 641**		**9 979 441**		**917 997**	
中部地区	**1 576 539**		**15 977 313**		**3 578 450**		**4 316 888**		**839 254**	
西部地区	**265 293**		**5 821 095**		**917 739**		**1 533 464**		**101 977**	

1998年乡镇集体企业财务评价指标排序

指标名称 / 地区	增加值		增加值率		工业增加值		工业增加值率		全员劳动生产率	
	指标(万元)	排序	指标(%)	排序	指标(万元)	排序	指标(%)	排序	指标(万元/人)	排序
全国总计	**99 713 144**		**23.03**		**81 044 641**		**22.79**		**21 542**	
北京	1 245 343	17	22.14	21	775 254	19	21.94	22	16 700	15
天津	1 693 648	15	18.62	30	1 418 854	14	17.22	30	23 829	8
河北	4 316 231	7	25.30	7	3 625 729	8	25.23	7	20 409	12
山西	1 946 408	14	25.29	8	1 609 465	13	25.47	5	14 182	19
内蒙古	748 634	24	27.42	2	408 582	24	28.15	1	15 514	17
辽宁	3 774 417	11	23.93	14	2 830 212	10	23.97	15	27 440	4
吉林	940 944	21	28.16	1	682 125	20	27.75	2	20 134	14
黑龙江	1 044 476	20	23.32	18	817 974	18	22.69	19	20 500	11
上海	4 251 369	9	22.00	22	4 251 369	7	22.00	21	34 282	1
江苏	13 587 248	1	21.17	26	12 376 273	1	20.96	25	31 034	2
浙江	9 267 263	4	21.86	23	8 482 391	4	21.65	23	28 371	3
安徽	3 283 359	12	25.45	6	2 221 304	12	25.02	9	15 367	18
福建	4 254 523	8	24.87	9	3 276 567	9	25.08	8	25 413	5
江西	1 253 165	16	26.45	3	1 001 062	16	26.35	3	13 933	21
山东	13 097 378	2	24.07	12	11 009 068	2	24.05	14	25 152	6
河南	5 501 176	6	25.46	5	4 528 508	6	25.77	4	20 258	13
湖北	7 221 552	5	22.28	20	5 155 625	5	22.72	18	23 981	7
湖南	4 084 649	10	25.56	4	2 468 727	11	24.68	10	16 212	16
广东	10 820 978	3	22.61	19	9 434 167	3	22.01	20	21 388	9
广西	897 581	23	18.93	29	537 869	22	19.60	28	11 197	24
海南	64 879	29	24.57	10	36 099	29	24.16	12	12 291	23
重庆	909 777	22	23.64	17	539 106	21	23.60	16	10 582	26
四川	2 038 308	13	20.18	28	1 362 437	15	20.56	27	10 664	25
贵州	469 047	25	23.84	15	360 648	25	25.31	6	21 299	10
云南	1 145 482	19	21.16	27	501 506	23	18.16	29	13 994	20
西藏		31		31		31		31		31
陕西	1 148 737	18	24.11	11	892 506	17	24.10	13	12 818	22
甘肃	397 417	26	21.75	24	235 980	26	21.47	24	7 787	29
青海	44 583	30	21.40	25	33 911	30	20.58	26	7 228	30
宁夏	68 958	28	23.65	16	44 867	28	22.89	17	8 419	28
新疆	195 614	27	24.06	13	126 456	27	24.24	11	10 514	27
计划单列市	**4 980 660**		**23.78**		**3 980 388**		**23.63**		**31 773**	
大连	1 756 484		24.90		1 114 399		25.51		38 630	
青岛	1 122 718		24.48		886 167		24.17		23 976	
宁波	1 988 112		22.79		1 906 025		22.64		33 820	
厦门	83 483		18.56		47 423		17.76		23 925	
新疆兵团	29 863		22.78		26 374		21.57		13 649	
东部地区	**66 308 398**		**22.64**		**57 479 884**		**22.35**		**25 728**	
中部地区	**29 372 551**		**24.10**		**21 278 839**		**24.20**		**16 979**	
西部地区	**4 032 195**		**22.09**		**2 285 918**		**21.74**		**12 539**	

1998年乡镇集体企业财务评价指标排序(续)

指标名称 / 地区	期末固定资产原值		营业收入增长率		营业收入		净利润增长率		净利润额	
	指标(万元)	排序	指标(%)	排序	指标(万元)	排序	指标(%)	排序	指标(万元)	排序
全国总计	**134 430 798**		**0.87**		**382 840 712**		**-2.12**		**16 977 813**	
北 京	2 723 133	14	5.82	14	5 717 506	17	19.11	8	238 328	16
天 津	2 685 588	15	-2.07	22	8 639 145	13	-9.13	26	594 652	13
河 北	6 352 768	7	7.98	12	16 035 798	7	-8.07	25	1 204 799	7
山 西	2 558 996	16	24.06	5	6 684 109	15	16.68	10	318 731	14
内 蒙 古	855 332	24	25.26	4	2 627 543	24	45.39	5	214 713	18
辽 宁	3 714 862	12	-4.19	25	14 181 195	11	-5.68	24	802 207	8
吉 林	1 238 892	22	36.92	1	2 926 188	23	48.99	4	182 845	21
黑 龙 江	1 341 767	21	-25.37	28	4 305 221	20	-28.54	28	212 598	19
上 海	6 501 346	6	1.00	19	14 625 024	9	-5.50	23	606 893	12
江 苏	17 944 736	2	-3.31	24	52 407 244	1	-0.75	21	1 247 286	5
浙 江	15 520 681	3	2.76	18	38 612 870	4	3.25	16	1 244 451	6
安 徽	3 902 765	10	-42.40	31	12 353 756	12	-50.60	31	726 879	9
福 建	4 427 445	9	7.34	13	13 208 070	8	4.90	15	656 093	11
江 西	1 509 260	20	4.11	17	4 303 873	21	5.22	14	246 258	15
山 东	14 616 933	4	5.28	15	46 251 219	2	2.03	18	2 511 826	1
河 南	6 788 627	5	10.00	8	20 321 888	6	10.00	12	1 548 846	3
湖 北	5 536 878	8	5.07	16	29 662 699	5	-2.57	22	1 252 203	4
湖 南	3 188 354	13	30.02	2	14 375 798	10	23.76	7	687 016	10
广 东	20 015 775	1	12.62	7	42 323 584	3	18.78	9	1 618 999	2
广 西	1 685 540	18	-27.97	29	5 190 039	18	-29.34	29	191 509	20
海 南	233 399	28	-34.31	30	278 382	28	-43.21	30	19 288	27
重 庆	1 214 627	23	13.47	6	3 326 722	22	54.28	2	62 847	25
四 川	3 822 812	11	-9.97	27	8 305 083	14	51.49	3	121 115	22
贵 州	556 643	26	-0.74	21	866 447	26	14.22	11	26 159	26
云 南	2 361 667	17	9.41	9	5 727 185	16	2.50	17	103 536	23
西 藏		31		20		31		20		31
陕 西	1 509 343	19	9.31	10	4 768 606	19	6.29	13	215 396	17
甘 肃	769 475	25	26.41	3	1 579 501	25	27.96	6	89 306	24
青 海	147 883	30	8.26	11	185 860	30	73.40	1	5 979	30
宁 夏	190 887	29	-5.44	26	275 791	29	-11.93	27	11 468	29
新 疆	514 384	27	-2.32	23	774 366	27	0.55	19	15 587	28
计划单列市	**5 588 672**		**-4.66**		**18 254 233**		**-7.12**		**865 111**	
大 连	1 593 926		-9.32		6 432 272		-11.23		385 358	
青 岛	1 234 943		-1.39		3 765 651		-4.14		144 880	
宁 波	2 514 974		-2.01		7 497 087		-1.94		327 944	
厦 门	112 497		-3.20		432 180		-23.88		14 321	
新疆兵团	132 332		-6.70		127 043		4.63		-7 392	
东部地区	**94 503 267**		**2.43**		**254 001 655**		**0.25**		**10 725 534**	
中部地区	**32 612 321**		**-1.63**		**111 333 943**		**-6.74**		**5 574 734**	
西部地区	**7 315 210**		**-4.78**		**17 505 114**		**1.27**		**677 545**	

1998年乡镇集体企业财务评价指标排序(续)

指标名称 / 地区	资产负债率		负债总额		资产总额		流动比率		速动比率	
	指标(%)	排序	指标(万元)	排序	指标(万元)	排序	指标(%)	排序	指标(%)	排序
全国总计	**60.27**		**158 603 966**		**263 168 320**		**103.22**		**63.87**	
北京	61.21	13	3 793 421	11	6 197 045	13	102.99	16	59.73	21
天津	60.70	14	3 736 129	12	6 155 545	14	108.81	8	67.22	10
河北	57.84	23	6 354 872	6	10 987 098	6	106.02	11	64.68	15
山西	63.58	8	2 763 722	17	4 347 185	17	95.19	26	59.19	24
内蒙古	50.52	28	742 807	26	1 470 320	24	115.36	5	70.35	5
辽宁	62.69	9	5 013 125	9	7 997 200	10	104.77	13	67.30	9
吉林	58.23	20	1 264 309	23	2 171 094	23	97.75	23	58.00	27
黑龙江	53.71	27	1 288 222	22	2 398 520	21	110.42	7	69.40	7
上海	58.23	20	8 966 954	5	15 399 270	5	111.01	6	75.78	3
江苏	66.08	7	26 102 894	1	39 499 687	1	97.79	22	57.11	28
浙江	60.29	15	20 272 743	3	33 626 111	3	101.98	19	62.81	17
安徽	56.20	24	3 615 143	14	6 433 459	12	103.70	15	65.20	14
福建	43.06	29	3 641 720	13	8 457 356	9	142.26	2	79.45	2
江西	56.18	25	1 319 329	21	2 348 515	22	107.23	9	67.32	8
山东	59.64	17	16 761 581	4	28 106 598	4	104.75	14	62.46	20
河南	56.00	26	5 995 533	7	10 647 954	7	107.00	10	67.00	11
湖北	58.23	20	5 703 512	8	9 795 130	8	123.09	3	72.40	4
湖南	62.02	11	3 307 547	15	5 333 264	15	105.69	12	66.93	12
广东	59.62	18	22 447 291	2	37 647 653	2	97.98	21	65.96	13
广西	61.31	12	1 672 840	19	2 728 391	18	102.75	17	62.47	19
海南	42.36	30	143 180	30	338 003	28	196.93	1	148.16	1
重庆	68.68	3	1 731 173	18	2 520 671	20	94.67	27	58.79	26
四川	66.50	6	4 869 793	10	7 323 241	11	87.56	29	52.18	29
贵州	67.60	4	770 252	25	1 139 344	26	98.81	20	62.52	18
云南	62.46	10	2 868 864	16	4 593 038	16	90.50	28	59.57	23
西藏		31		31		31		31		31
陕西	59.29	19	1 526 147	20	2 574 189	19	115.48	4	69.45	6
甘肃	59.83	16	815 829	24	1 363 485	25	102.38	18	64.17	16
青海	66.78	5	143 968	29	215 595	30	95.73	24	59.60	22
宁夏	72.58	1	230 144	28	317 086	29	95.73	24	59.05	25
新疆	71.50	2	740 922	27	1 036 273	27	87.29	30	51.61	30
计划单列市	**61.21**		**8 559 275**		**13 983 784**		**110.34**		**69.47**	
大连	61.63		2 250 162		3 650 842		106.93		70.52	
青岛	64.88		1 936 195		2 984 421		105.48		63.49	
宁波	59.04		3 980 859		6 742 704		115.42		73.58	
厦门	54.17		188 168		347 378		127.43		68.74	
新疆兵团	78.89		203 891		258 439		75.93		31.70	
东部地区	**60.33**		**117 090 730**		**194 073 563**		**103.24**		**63.94**	
中部地区	**59.73**		**33 384 430**		**55 893 222**		**104.42**		**64.07**	
西部地区	**61.57**		**8 128 806**		**13 201 535**		**98.05**		**61.91**	

1998年乡镇集体企业财务评价指标排序(续)

指标名称 地区	税金增长率		税金总额		资本金增长率		期末资本金总额		营业收入利润率	
	指标(%)	排序	指标(万元)	排序	指标(%)	排序	指标(万元)	排序	指标(%)	排序
全国总计	**-3.99**		**15 000 809**		**6.51**		**82 593 055**		**5.08**	
北京	4.61	16	214 553	17	13.56	10	1 841 870	13	4.69	18
天津	17.22	6	339 221	14	-4.26	26	1 624 391	15	8.36	2
河北	-4.86	23	398 371	13	14.86	8	3 582 965	8	8.21	3
山西	28.73	2	416 884	11	30.77	2	1 281 740	17	5.69	12
内蒙古	16.99	7	108 853	24	2.55	21	594 844	24	8.71	1
辽宁	-14.84	27	528 246	8	-5.80	27	2 478 872	10	6.64	9
吉林	24.84	3	141 896	22	24.36	4	861 546	21	7.25	5
黑龙江	-29.06	29	114 892	23	-0.28	24	824 651	22	5.46	13
上海	5.41	15	531 262	7	8.52	13	5 087 559	5	3.56	24
江苏	-5.45	24	2 173 537	1	3.05	20	11 430 059	2	2.70	27
浙江	18.05	5	2 146 429	3	5.97	16	9 644 504	3	3.97	21
安徽	-43.70	31	589 562	6	-15.60	30	2 292 036	11	7.10	6
福建	-0.25	21	413 341	12	5.31	17	4 319 723	6	4.74	17
江西	1.70	17	169 247	18	1.59	22	935 366	19	6.14	10
山东	1.04	18	2 151 701	2	-0.47	25	7 345 901	4	6.82	7
河南	32.00	1	480 244	10	9.00	11	3 839 339	7	8.00	4
湖北	0.34	19	1 148 053	5	17.20	7	2 997 639	9	5.03	16
湖南	14.44	9	510 682	9	8.97	12	1 788 347	14	5.31	14
广东	13.88	10	1 193 573	4	17.40	6	12 318 285	1	4.01	20
广西	-18.29	28	146 973	21	-12.78	29	941 622	18	3.91	22
海南	-31.58	30	14 007	28	-20.02	31	148 451	28	5.72	11
重庆	12.80	11	155 133	19	20.87	5	722 835	23	2.39	28
四川	-6.85	25	310 697	15	7.13	15	2 099 985	12	1.88	30
贵州	-9.53	26	46 053	26	3.25	19	330 008	26	3.30	25
云南	7.69	13	247 306	16	91.02	1	1 484 883	16	2.36	29
西藏		20		31		23		31		31
陕西	6.82	14	151 623	20	3.67	18	910 030	20	5.08	15
甘肃	22.84	4	92 055	25	28.87	3	426 586	25	6.76	8
青海	15.34	8	9 465	30	8.06	14	68 129	30	3.57	23
宁夏	9.44	12	13 976	29	-7.93	28	88 964	29	4.67	19
新疆	-1.70	22	42 974	27	13.87	9	281 925	27	2.86	26
计划单列市	**-1.39**		**833 644**		**-3.87**		**3 626 567**		**5.63**	
大连	-34.29		198 637		-9.69		1 109 266		6.87	
青岛	-1.57		172 589		-10.12		671 088		4.62	
宁波	6.89		438 742		3.97		1 641 594		5.37	
厦门	24.93		14 666		-14.89		131 199		3.66	
新疆兵团	-1.67		9 010		13.46		73 420		-5.34	
东部地区	**0.84**		**10 090 234**		**6.71**		**59 674 129**		**4.84**	
中部地区	**-14.01**		**4 188 913**		**7.29**		**18 553 514**		**5.75**	
西部地区	**-3.29**		**721 662**		**0.89**		**4 365 412**		**4.34**	

1998年乡镇集体企业财务评价指标排序(续)

指标名称 地区	营业利润		总资产报酬率		资本收益率		净利润		资本保值增值率	
	指标(万元)	排序	指标(%)	排序	指标(%)	排序	指标(万元)	排序	指标(%)	排序
全国总计	**19 457 998**		**10.32**		**20.56**		**16 977 813**		**106.33**	
北京	267 917	15	6.35	23	12.94	20	238 328	16	114.29	7
天津	722 510	11	13.87	10	36.61	4	594 652	13	93.39	26
河北	1 316 551	7	16.02	6	33.63	7	1 204 799	7	113.18	8
山西	380 648	14	13.35	12	24.87	12	318 731	14	129.49	1
内蒙古	228 766	19	17.62	4	36.10	5	214 713	18	108.45	13
辽宁	941 598	8	15.37	8	32.36	8	802 207	8	91.11	27
吉林	212 274	20	12.58	13	21.22	14	182 845	21	122.69	4
黑龙江	235 232	18	11.79	14	25.78	11	212 598	19	97.61	24
上海	521 014	13	5.62	27	11.93	23	606 893	12	108.53	11
江苏	1 413 731	6	6.29	24	10.91	24	1 247 286	5	101.07	21
浙江	1 532 573	4	7.84	19	12.90	21	1 244 451	6	108.47	12
安徽	870 793	9	16.70	5	31.70	9	726 879	9	82.40	30
福建	721 430	12	10.49	15	15.19	17	656 093	11	102.44	20
江西	264 449	16	15.38	7	26.33	10	246 258	15	101.00	22
山东	3 155 560	1	14.27	9	34.19	6	2 511 826	1	100.01	23
河南	1 710 037	2	20.00	2	40.00	2	1 548 846	3	108.00	15
湖北	1 493 109	5	20.70	1	41.77	1	1 252 203	4	116.23	6
湖南	763 252	10	19.61	3	38.42	3	687 016	10	110.28	9
广东	1 698 029	3	6.85	21	13.14	18	1 618 999	2	119.01	5
广西	203 074	21	9.88	17	20.34	16	191 509	20	88.56	28
海南	15 912	28	7.86	18	12.99	19	19 288	27	93.74	25
重庆	79 439	25	6.56	22	8.69	26	62 847	25	125.13	2
四川	155 757	22	5.24	28	5.77	29	121 115	22	108.13	14
贵州	28 583	26	4.45	30	7.93	27	26 159	26	107.39	17
云南	135 169	23	5.87	26	6.97	28	103 536	23	109.63	10
西藏		31		31		31		31		31
陕西	242 130	17	13.47	11	23.67	13	215 396	17	103.81	19
甘肃	106 794	24	10.32	16	20.94	15	89 306	24	125.00	3
青海	6 629	30	6.05	25	8.78	25	5 979	30	106.16	18
宁夏	12 874	29	7.11	20	12.89	22	11 468	29	88.01	29
新疆	22 164	27	4.66	29	5.53	30	15 587	28	107.55	16
计划单列市	**1 028 015**		**9.89**		**23.85**		**865 111**		**109.49**	
大连	442 028		14.78		34.74		385 358		131.24	
青岛	174 009		7.68		21.59		144 880		91.16	
宁波	402 960		8.74		19.98		327 944		110.57	
厦门	15 806		7.08		10.92		14 321		84.06	
新疆兵团	-6 788		-0.36		-10.07		-7 392		108.76	
东部地区	**12 290 913**		**9.03**		**17.97**		**10 725 534**		**106.48**	
中部地区	**6 407 120**		**15.48**		**30.05**		**5 574 734**		**106.57**	
西部地区	**759 965**		**8.42**		**15.52**		**677 545**		**103.14**	

1998年乡镇集体企业财务评价指标排序(续)

指标名称 地区	应收账款周转率		存货周转率		社会贡献率		企业社会贡献总额		社会积累率	
	指标(%)	排序	指标(%)	排序	指标(%)	排序	指标(万元)	排序	指标(%)	排序
全国总计	**10.44**		**6.01**		**26.45**		**64 553 740**		**23.24**	
北京	10.78	18	2.76	29	18.67	29	1 018 952	16	21.06	19
天津	9.60	20	4.72	22	26.27	18	1 496 357	14	22.67	13
河北	12.39	12	6.56	14	29.81	11	2 842 314	7	14.02	29
山西	11.84	13	7.44	10	50.81	3	1 677 728	13	24.85	8
内蒙古	11.34	15	6.02	17	43.02	5	596 059	23	18.26	27
辽宁	11.42	14	7.65	8	29.75	13	2 067 467	12	25.55	6
吉林	11.13	17	6.06	16	27.01	17	537 180	24	26.41	5
黑龙江	12.95	9	8.18	6	27.38	16	607 240	22	18.92	25
上海	5.22	30	4.26	26	15.67	30	2 413 135	10	22.02	15
江苏	8.14	23	4.63	23	19.46	26	7 416 710	2	29.31	2
浙江	7.97	25	4.82	20	22.41	19	7 107 803	4	30.20	1
安徽	12.50	11	9.30	5	43.50	4	2 649 915	9	22.30	14
福建	12.93	10	7.20	11	28.10	15	2 250 207	11	18.37	26
江西	13.87	6	10.65	4	42.32	6	869 445	18	19.47	21
山东	13.13	7	6.68	13	28.83	14	7 498 149	1	28.70	3
河南	15.00	4	8.00	7	38.00	7	3 602 044	6	13.00	30
湖北	25.76	1	12.08	3	53.91	2	4 618 891	5	24.86	7
湖南	17.44	2	12.26	2	55.83	1	2 658 990	8	19.21	24
广东	8.50	21	6.51	15	20.34	24	7 155 831	3	16.68	28
广西	17.40	3	7.47	9	29.80	12	757 852	20	19.39	22
海南	12.96	8	17.23	1	19.44	27	61 132	29	22.91	12
重庆	8.11	24	4.91	18	30.96	10	706 188	21	21.97	17
四川	9.78	19	4.73	21	21.02	23	1 410 962	15	22.02	15
贵州	5.66	29	3.41	28	18.82	28	191 416	26	24.06	10
云南	11.19	16	4.55	24	22.02	20	881 729	17	28.05	4
西藏		31		31		31		31		31
陕西	14.52	5	7.01	12	31.56	9	787 902	19	19.24	23
甘肃	8.45	22	4.13	27	31.77	8	381 036	25	24.16	9
青海	7.44	26	4.91	18	21.86	21	45 704	30	20.71	20
宁夏	6.42	27	4.40	25	21.57	22	64 639	28	21.62	18
新疆	5.95	28	2.31	30	20.20	25	180 763	27	23.77	11
计划单列市	**8.47**		**4.98**		**23.24**		**3 038 727**		**27.43**	
大连	12.45		7.69		26.00		881 309		22.54	
青岛	9.04		5.01		21.33		590 446		29.23	
宁波	6.53		4.19		23.33		1 481 647		29.61	
厦门	8.66		5.20		18.35		64 098		22.88	
新疆兵团	5.28		1.69		9.70		21 227		42.45	
东部地区	**9.16**		**5.44**		**22.66**		**41 266 925**		**24.45**	
中部地区	**15.25**		**8.62**		**40.19**		**20 126 485**		**20.81**	
西部地区	**10.93**		**4.95**		**26.63**		**3 160 330**		**22.84**	

1998年乡镇集体企业财务评价指标排序(续)

指标名称 地区	上缴国家财政总额		产值销售率		工业销售值		工业总产值(现价)		固定资产折旧率	
	指标(万元)	排序	指标(%)	排序	指标(万元)	排序	指标(万元)	排序	指标(%)	排序
全国总计	**15 000 809**		**93.41**		**336 381 588**		**360 102 834**		**7.43**	
北京	214 553	17	92.91	18	3 282 810	19	3 533 450	19	6.05	27
天津	339 221	14	94.58	12	7 793 465	13	8 239 640	13	7.69	7
河北	398 371	13	95.03	8	13 656 685	8	14 371 347	8	8.80	4
山西	416 884	11	92.88	19	5 869 027	15	6 318 706	15	8.81	3
内蒙古	108 853	24	92.52	20	1 342 975	24	1 451 529	25	6.51	19
辽宁	528 246	8	93.84	14	11 080 097	10	11 807 659	10	5.86	28
吉林	141 896	22	90.46	24	2 223 331	22	2 457 776	23	6.96	14
黑龙江	114 892	23	94.91	10	3 421 664	17	3 605 255	18	6.71	17
上海	531 262	7	96.14	5	18 579 286	6	19 324 408	6	6.15	25
江苏	2 173 537	1	94.45	13	55 775 055	1	59 054 836	1	6.39	20
浙江	2 146 429	3	87.75	27	37 202 604	4	42 395 067	4	6.11	26
安徽	589 562	6	96.40	3	8 558 781	12	8 878 662	12	7.60	8
福建	413 341	12	93.28	16	12 185 014	9	13 063 376	9	6.79	16
江西	169 247	18	96.28	4	3 657 922	16	3 799 119	16	7.32	9
山东	2 151 701	2	95.56	6	43 750 513	2	45 783 815	2	7.25	10
河南	480 244	10	95.00	9	16 742 738	7	17 570 549	7	9.00	2
湖北	1 148 053	5	95.43	7	21 650 709	5	22 687 198	5	8.13	5
湖南	510 682	9	94.72	11	9 474 951	11	10 003 422	11	7.06	13
广东	1 193 573	4	93.73	15	40 178 099	3	42 866 507	3	10.11	1
广西	146 973	21	96.54	2	2 649 128	20	2 744 111	21	7.10	11
海南	14 007	28	97.83	1	146 182	29	149 424	30	5.82	29
重庆	155 133	19	91.96	21	2 100 536	23	2 284 088	24	6.39	20
四川	310 697	15	92.93	17	6 157 907	14	6 626 146	14	6.21	24
贵州	46 053	26	48.42	30	1 278 503	25	2 640 420	22	7.87	6
云南	247 306	16	91.10	23	2 515 645	21	2 761 279	20	7.07	12
西藏		31		31		31		31		31
陕西	151 623	20	91.65	22	3 394 269	18	3 703 527	17	6.37	22
甘肃	92 055	25	85.39	29	938 468	26	1 099 052	26	5.72	30
青海	9 465	30	88.46	26	145 769	30	164 792	29	6.59	18
宁夏	13 976	29	88.56	25	173 613	28	196 033	28	6.25	23
新疆	42 974	27	87.39	28	455 842	27	521 641	27	6.92	15
计划单列市	**833 644**		**95.09**		**16 016 815**		**16 842 959**		**6.30**	
大连	198 637		96.12		4 199 234		4 368 887		5.86	
青岛	172 589		95.47		3 501 036		3 667 067		6.51	
宁波	438 742		94.42		7 947 889		8 417 670		6.44	
厦门	14 666		95.59		255 260		267 048		5.32	
新疆兵团	9 010		92.73		113 396		122 287		7.92	
东部地区	**10 090 234**		**93.49**		**243 483 628**		**260 440 105**		**7.42**	
中部地区	**4 188 913**		**94.67**		**83 251 835**		**87 934 448**		**7.59**	
西部地区	**721 662**		**82.25**		**9 646 125**		**11 728 281**		**6.85**	

1998年乡镇集体企业财务评价指标排序(续)

指标名称 地区	人均利税率		利税总额		亏损企业占汇总企业数比例	
	指标(%)	排序	指标(万元)	排序	指标(%)	排序
全国总计	**6 844.00**		**31 508 531**		**6.70**	
北京	5 995.00	16	441 503	15	9.05	9
天津	12 979.00	1	922 478	13	5.60	20
河北	7 493.00	8	1 584 713	7	7.17	13
山西	5 216.00	18	715 949	14	10.87	5
内蒙古	6 650.00	11	320 894	23	2.65	29
辽宁	9 606.00	4	1 321 327	8	5.99	19
吉林	6 879.00	10	321 509	22	3.42	25
黑龙江	6 402.00	12	326 167	21	1.28	30
上海	11 435.00	2	1 130 105	11	19.45	2
江苏	7 568.00	7	3 318 836	3	10.95	4
浙江	10 214.00	3	3 336 402	2	9.52	8
安徽	6 161.00	14	1 316 441	9	5.42	21
福建	6 331.00	13	1 059 958	12	7.44	12
江西	4 540.00	20	408 332	17	3.97	23
山东	8 889.00	5	4 628 869	1	3.29	26
河南	7 472.00	9	2 029 090	6	6.00	18
湖北	7 793.00	6	2 346 877	5	3.20	28
湖南	4 641.00	19	1 169 228	10	3.94	24
广东	5 455.00	17	2 759 623	4	6.65	15
广西	4 165.00	21	333 865	20	7.10	14
海南	6 067.00	15	32 024	28	6.45	16
重庆	2 535.00	28	217 980	24	9.75	7
四川	2 205.00	30	421 514	16	10.87	5
贵州	3 179.00	25	70 020	26	20.14	1
云南	4 124.00	22	337 568	19	19.26	3
西藏		31		31		31
陕西	4 044.00	23	362 468	18	5.12	22
甘肃	3 493.00	24	178 749	25	3.24	27
青海	2 441.00	29	15 059	30	8.81	11
宁夏	2 999.00	27	24 561	29	6.23	17
新疆	3 033.00	26	56 422	27	8.94	10
计划单列市	**10 673.00**		**1 673 082**		**8.39**	
大连	12 762.00		580 266		10.43	
青岛	6 718.00		314 583		5.08	
宁波	12 729.00		748 284		8.01	
厦门	8 174.00		28 521		16.25	
新疆兵团	653.00		1 428		34.89	
东部地区	**8 035.00**		**20 503 814**		**7.69**	
中部地区	**5 570.00**		**9 635 555**		**5.28**	
西部地区	**4 256.00**		**1 369 162**		**9.47**	

1998年各地乡镇集体企业资产负债情况

单位：万元

项目 \ 地区	流动资产						
	货币资金	短期投资	应收票据	应收账款	减：坏账准备	应收账款净额	预付账款
全国总计	**14 545 822**	**1 266 142**	**1 041 965**	**38 564 639**	**376 053**	**38 188 586**	**5 369 024**
北京	491 969	23 696	9 425	633 468	1 075	632 393	101 754
天津	338 069	19 096	36 921	971 979	3 011	968 968	138 090
河北	748 443	96 257	93 102	1 463 031	24 247	1 438 784	150 808
山西	208 495	17 588	18 968	677 105	13 026	664 079	56 295
内蒙古	106 807	10 260	5 495	183 721	4 297	179 424	17 086
辽宁	370 151	12 410	10 966	1 384 845	12 070	1 372 775	108 850
吉林	91 932	5 606	6 677	295 332	1 733	293 599	20 336
黑龙江	106 220	13 907	4 926	334 683	5 928	328 755	21 069
上海	1 085 344	56 391	69 279	2 804 495	20 081	2 784 414	273 902
江苏	1 790 646	192 432	190 671	6 457 657	83 528	6 374 129	745 079
浙江	1 698 278	163 650	94 963	5 352 000	28 207	5 323 793	838 921
安徽	454 075	29 202	18 476	911 948	9 389	902 559	152 171
福建	539 157	37 552	16 745	1 256 066	12 967	1 243 099	189 879
江西	139 090	13 200	5 597	332 698	7 535	325 163	43 861
山东	1 164 302	103 765	114 211	3 686 838	19 172	3 667 666	584 698
河南	826 641	86 421	49 423	1 370 105	19 642	1 350 463	163 212
湖北	681 733	74 358	32 055	1 298 785	16 586	1 282 199	138 920
湖南	301 586	23 124	10 414	871 627	12 313	859 314	117 782
广东	2 014 622	180 323	174 512	5 170 894	55 872	5 115 022	920 220
广西	189 867	16 453	15 368	300 665	2 331	298 334	44 773
海南	30 061	828	1 014	20 902	182	20 720	13 023
重庆	171 860	11 822	17 289	370 276	1 001	369 275	47 548
四川	327 795	19 158	18 181	890 568	6 148	884 420	181 812
贵州	62 484	10 269	2 118	152 782	2 380	150 402	28 148
云南	287 481	19 394	5 923	576 628	3 003	573 625	148 508
西藏							
陕西	170 395	16 689	12 131	376 540	4 973	371 567	53 835
甘肃	79 896	7 799	3 447	214 920	2 554	212 366	27 795
青海	10 106	579	412	27 409	992	26 417	3 830
宁夏	18 414	826	426	44 193	296	43 897	5 137
新疆	39 903	3 087	2 830	132 479	1 514	130 965	31 682
计划单列市	**727 909**	**42 101**	**33 399**	**2 368 570**	**7 397**	**2 361 173**	**332 915**
大连	173 127	4 752	1 099	560 587	755	559 832	66 785
青岛	149 431	13 626	9 013	457 251	875	456 376	58 202
宁波	376 689	22 382	22 733	1 276 718	5 392	1 271 326	184 877
厦门	21 164	1 240	425	42 105	227	41 878	19 613
新疆兵团	7 498	101	129	31 909	148	31 761	3 438
东部地区	**10 240 981**	**885 572**	**810 795**	**29 181 273**	**260 230**	**28 921 043**	**4 052 201**
中部地区	**3 479 822**	**311 075**	**194 137**	**7 729 667**	**98 274**	**7 631 393**	**996 841**
西部地区	**825 019**	**69 495**	**37 033**	**1 653 699**	**17 549**	**1 636 150**	**319 982**

1998 年各地乡镇集体企业资产负债情况(续)

单位:万元

项目 地区	流动资产 应收补贴款	其他应收款	存货	其中:原材料	库存成品及商品	待摊费用	待处理流动资产净损失
全国总计	**238 017**	**19 919 069**	**52 828 868**	**18 388 674**	**23 009 978**	**2 430 812**	**917 042**
北京	2 292	639 086	1 454 970	385 229	652 395	68 240	17 464
天津	15 456	681 340	1 428 655	479 809	632 802	60 663	14 768
河北	54 664	433 906	2 095 390	727 044	965 421	111 682	21 024
山西	3 389	207 986	785 609	261 565	359 138	59 009	20 146
内蒙古	342	73 240	264 389	67 593	100 186	9 465	3 099
辽宁	18 354	932 121	1 663 814	505 922	796 009	79 240	46 611
吉林	830	130 674	404 038	140 443	195 839	15 619	10 197
黑龙江	341	183 136	423 083	181 736	206 331	17 413	11 992
上海	9 127	1 699 146	2 889 729	1 172 195	935 453	87 126	48 460
江苏	7 053	3 174 980	9 469 350	3 239 460	3 568 321	319 026	255 671
浙江	6 319	2 615 822	7 001 977	2 282 710	3 028 660	286 143	89 895
安徽	1 615	233 986	1 113 845	423 141	518 183	45 878	17 541
福建	4 899	356 690	2 003 080	733 342	1 079 602	66 070	12 191
江西	579	78 557	386 125	140 982	180 824	20 337	8 479
山东	11 618	2 533 282	6 044 713	2 122 217	2 677 774	316 332	81 372
河南	6 309	394 890	1 816 376	732 180	862 235	104 109	16 168
湖北	7 330	405 753	2 073 970	723 365	908 536	137 120	65 877
湖南	2 894	228 373	963 162	301 605	483 044	49 802	26 124
广东	71 773	3 461 950	6 086 534	2 237 016	2 712 317	333 317	77 095
广西	2 067	120 199	486 058	179 273	253 204	31 279	10 819
海南	894	3 459	25 445	3 945	7 479	1 002	1 504
重庆	252	206 945	531 997	165 859	218 265	27 183	9 442
四川	2 334	530 554	1 433 227	475 326	670 795	77 907	25 702
贵州	1 853	75 723	205 843	61 274	105 681	13 332	4 431
云南	3 828	275 979	720 013	243 708	369 205	39 091	7 639
西藏							
陕西	619	98 283	516 015	222 176	241 345	29 688	7 188
甘肃	267	60 263	251 830	94 319	124 965	13 878	1 400
青海	142	5 718	30 604	10 535	15 678	1 534	414
宁夏	215	13 800	55 111	22 726	29 638	2 521	1 281
新疆	362	63 228	203 916	51 979	110 653	6 806	3 048
计划单列市	**7 421**	**1 625 906**	**3 194 435**	**851 522**	**1 337 689**	**173 325**	**51 505**
大连	2 829	566 095	751 683	197 883	311 263	37 034	25 170
青岛	1 920	312 540	730 472	158 019	268 303	73 048	8 210
宁波	1 715	703 696	1 530 617	448 394	682 850	60 362	17 501
厦门	740	33 057	103 096	29 728	46 910	2 214	229
新疆兵团	217	10 518	78 567	17 498	28 363	667	395
东部地区	**201 555**	**16 528 323**	**40 138 212**	**13 884 944**	**17 048 754**	**1 727 839**	**664 551**
中部地区	**26 492**	**2 699 137**	**10 447 447**	**3 768 378**	**4 844 535**	**584 065**	**218 856**
西部地区	**9 970**	**691 609**	**2 243 209**	**735 352**	**1 116 689**	**118 908**	**33 635**

1998年各地乡镇集体企业资产负债情况(续)

单位:万元

项目 / 地区	流动资产			长期投资	固定资产		
	一年内到期的长期债券投资	其他流动资产	流动资产合计		固定资产原值	累计折旧	固定资产净值
全国总计	**50 861**	**1 783 094**	**138 579 302**	**6 861 475**	**134 430 798**	**33 338 543**	**101 092 255**
北　京	202	22 187	3 463 678	259 357	2 723 133	739 023	1 984 110
天　津	2 308	33 232	3 737 566	152 890	2 685 588	727 653	1 957 935
河　北	5 459	124 640	5 374 159	138 545	6 352 768	1 457 869	4 894 899
山　西	2 844	32 871	2 077 279	65 361	2 558 996	605 837	1 953 159
内蒙古	98	7 858	677 563	7 251	855 332	151 793	703 539
辽　宁	1 102	36 039	4 652 433	198 343	3 714 862	898 105	2 816 757
吉　林	965	13 167	993 640	20 137	1 238 892	232 218	1 006 674
黑龙江	100	27 849	1 138 791	69 354	1 341 767	244 012	1 097 755
上　海	787	101 354	9 105 059	609 361	6 501 346	1 676 186	4 825 160
江　苏	3 312	241 363	22 763 712	1 195 589	17 944 736	4 764 957	13 179 779
浙　江	4 010	104 080	18 227 851	1 370 608	15 520 681	3 569 496	11 951 185
安　徽	1 033	27 462	2 997 843	76 479	3 902 765	925 185	2 977 580
福　建	822	66 397	4 536 581	91 184	4 427 445	1 006 535	3 420 910
江　西	310	16 003	1 037 301	18 822	1 509 260	332 700	1 176 560
山　东	6 127	343 208	14 971 294	493 457	14 616 933	3 806 958	10 809 975
河　南	3 645	67 636	4 885 293	82 361	6 788 627	1 567 769	5 220 858
湖　北	3 420	133 381	5 036 116	98 567	5 536 878	1 444 536	4 092 342
湖　南	4 854	38 854	2 626 283	68 990	3 188 354	843 111	2 345 243
广　东	4 914	183 105	18 623 387	1 245 429	20 015 775	5 201 357	14 814 418
广　西	787	23 669	1 239 673	44 199	1 685 540	422 450	1 263 090
海　南	74	4 727	102 751	4 965	233 399	35 337	198 062
重　庆	73	10 121	1 403 807	47 153	1 214 627	320 933	893 694
四　川	311	45 151	3 546 552	225 220	3 822 812	996 119	2 826 693
贵　州	242	5 600	560 445	20 447	556 643	108 811	447 832
云　南	1 186	24 419	2 107 086	174 516	2 361 667	500 209	1 861 458
西　藏							
陕　西	1 465	16 719	1 294 594	33 397	1 509 343	406 330	1 103 013
甘　肃	194	15 659	674 794	22 379	769 475	163 457	606 018
青　海	102	1 226	81 084	3 013	147 883	27 210	120 673
宁　夏		2 178	143 806	3 508	190 887	38 203	152 684
新　疆	115	12 939	498 881	20 593	514 384	124 184	390 200
计划单列市	**982**	**72 582**	**8 623 653**	**454 031**	**5 588 672**	**1 429 472**	**4 159 200**
大　连	14	19 104	2 207 524	153 342	1 593 926	473 223	1 120 703
青　岛	1	22 118	1 834 957	78 325	1 234 943	325 033	909 910
宁　波	594	29 951	4 222 443	209 808	2 514 974	584 161	1 930 813
厦　门	12	188	223 856	12 430	112 497	21 309	91 188
新疆兵团	361	1 221	134 873	126	132 332	25 746	106 586
东部地区	**29 043**	**1 255 605**	**105 455 720**	**5 754 763**	**94 503 267**	**23 848 139**	**70 655 128**
中部地区	**19 020**	**429 214**	**27 037 499**	**805 841**	**32 612 321**	**7 918 750**	**24 693 571**
西部地区	**2 798**	**98 275**	**6 086 083**	**300 871**	**7 315 210**	**1 571 654**	**5 743 556**

1998年各地乡镇集体企业资产负债情况(续)

单位:万元

项目 地区	固定资产				无形及递延资产		
	固定资产清理	在建工程	待处理固定资产净损失	固定资产合计	无形资产	递延资产	无形及递延资产合计
全国总计	**190 380**	**9 486 388**	**224 564**	**110 993 587**	**3 831 541**	**2 022 323**	**5 853 864**
北京	3 224	323 194	4 494	2 315 022	69 677	80 963	150 640
天津	1 277	167 319	1 111	2 127 642	75 810	48 544	124 354
河北	12 265	323 554	10 477	5 241 195	144 273	68 930	213 203
山西	10 989	173 846	12 485	2 150 479	18 053	24 852	42 905
内蒙古	1 011	42 239	2 287	749 076	9 236	11 546	20 782
辽宁	7 370	183 959	5 012	3 013 098	67 759	58 308	126 067
吉林	131	80 509	2 474	1 089 788	31 068	26 945	58 013
黑龙江	781	51 348	1 200	1 151 084	24 714	11 690	36 404
上海	10 983	444 403	4 785	5 285 331	237 618	118 555	356 173
江苏	17 503	1 338 143	51 954	14 587 379	549 583	266 987	816 570
浙江	9 848	1 338 470	13 807	13 313 310	416 922	242 287	659 209
安徽	2 395	182 030	4 089	3 166 094	137 208	46 351	183 559
福建	3 105	260 349	2 684	3 687 048	80 698	31 716	112 414
江西	2 726	61 455	5 107	1 245 848	24 491	15 292	39 783
山东	22 216	1 050 946	20 154	11 903 291	354 033	166 656	520 689
河南	11 651	309 287	9 266	5 551 062	66 213	43 837	110 050
湖北	19 216	254 783	12 264	4 378 605	168 641	80 793	249 434
湖南	3 752	167 764	5 573	2 522 332	52 112	39 822	91 934
广东	23 197	1 668 321	19 521	16 525 457	691 147	398 248	1 089 395
广西	2 200	96 041	1 190	1 362 521	41 913	33 049	74 962
海南	833	7 906	4 783	211 584	16 486	1 098	17 584
重庆	1 150	102 301	3 672	1 000 817	41 007	25 295	66 302
四川	10 270	286 626	10 467	3 134 056	319 846	73 986	393 832
贵州	891	70 739	1 883	521 345	20 137	15 103	35 240
云南	4 815	254 396	2 668	2 123 337	126 326	53 430	179 756
西藏							
陕西	4 386	88 120	8 568	1 204 087	23 357	14 938	38 295
甘肃	1 241	38 842	677	646 778	10 221	7 321	17 542
青海	73	6 890	173	127 809	874	2 688	3 562
宁夏	219	10 445	286	163 634	1 788	2 719	4 507
新疆	662	102 163	1 453	494 478	10 330	10 374	20 704
计划单列市	**9 662**	**443 237**	**4 935**	**4 617 034**	**157 308**	**114 900**	**272 208**
大连	6 598	100 552	1 648	1 229 501	20 808	36 545	57 353
青岛	989	107 934	1 327	1 020 160	25 050	21 029	46 079
宁波	976	214 404	1 905	2 148 098	103 063	50 661	153 724
厦门	12	10 447	55	101 702	8 166	1 114	9 280
新疆兵团	1 087	9 900		117 573	221	5 551	5 772
东部地区	**110 988**	**7 098 658**	**133 999**	**77 998 773**	**2 687 520**	**1 481 194**	**4 168 714**
中部地区	**67 447**	**1 758 069**	**75 165**	**26 594 252**	**906 710**	**403 801**	**1 310 511**
西部地区	**11 945**	**629 661**	**15 400**	**6 400 562**	**237 311**	**137 328**	**374 639**

1998 年各地乡镇集体企业资产负债情况(续)

单位:万元

地区 \ 项目	其他长期资产	递延税款借项	资产总计	流动负债			
				短期借款	其中:银行存款	应付票据	应付账款
全国总计	**840 688**	**39 404**	**263 168 320**	**52 380 533**	**33 606 689**	**2 057 727**	**31 286 282**
北　京	8 092	256	6 197 045	1 063 473	645 569	15 959	690 770
天　津	11 662	1 431	6 155 545	1 465 424	846 411	96 691	737 095
河　北	19 146	850	10 987 098	2 322 813	1 338 803	110 483	1 178 598
山　西	10 935	226	4 347 185	791 606	407 207	19 611	666 428
内蒙古	12 291	3 357	1 470 320	202 240	122 750	12 271	143 760
辽　宁	6 926	333	7 997 200	1 587 852	1 074 487	68 109	1 010 551
吉　林	9 219	297	2 171 094	412 632	230 459	15 976	231 356
黑龙江	2 747	140	2 398 520	410 755	296 155	8 457	259 348
上　海	41 957	1 389	15 399 270	2 655 915	2 030 100	86 925	2 548 277
江　苏	132 517	3 920	39 499 687	8 299 680	5 882 824	521 828	5 438 613
浙　江	53 067	2 066	33 626 111	8 345 848	5 800 241	291 971	3 804 402
安　徽	8 723	761	6 433 459	1 209 885	677 462	64 632	570 310
福　建	28 194	1 935	8 457 356	1 123 592	698 689	47 027	873 803
江　西	5 553	1 208	2 348 515	414 880	301 711	7 156	227 433
山　东	216 279	1 588	28 106 598	5 634 187	3 403 963	241 987	2 971 307
河　南	15 800	3 388	10 647 954	2 069 089	1 048 387	93 640	1 031 984
湖　北	31 376	1 032	9 795 130	1 473 337	769 971	61 940	968 861
湖　南	15 942	7 783	5 333 264	964 152	606 795	18 305	526 471
广　东	160 606	3 379	37 647 653	6 607 408	4 397 190	114 207	5 058 125
广　西	6 812	224	2 728 391	538 305	258 258	12 251	204 033
海　南	1 078	41	338 003	12 854	8 826	367	5 217
重　庆	2 399	193	2 520 671	630 100	354 423	38 231	279 308
四　川	23 134	447	7 323 241	1 874 721	1 051 580	54 572	670 542
贵　州	1 272	595	1 139 344	202 753	91 746	5 760	142 475
云　南	6 402	1 941	4 593 038	964 517	516 524	15 695	463 261
西　藏							
陕　西	3 598	218	2 574 189	513 376	332 819	23 956	224 408
甘　肃	1 923	69	1 363 485	276 621	196 311	5 225	165 884
青　海	71	56	215 595	35 788	29 060	256	20 264
宁　夏	1 605	26	317 086	68 870	49 157	567	34 433
新　疆	1 362	255	1 036 273	207 860	138 811	3 672	138 965
计划单列市	**16 127**	**731**	**13 983 784**	**2 923 446**	**2 059 931**	**115 601**	**1 674 649**
大　连	3 010	112	3 650 842	683 970	530 577	25 079	376 876
青　岛	4 831	69	2 984 421	614 644	360 088	34 395	374 088
宁　波	8 107	524	6 742 704	1 521 693	1 115 787	52 731	872 342
厦　门	99	11	347 378	46 448	37 248	42	27 476
新疆兵团	80	15	258 439	56 691	16 231	3 354	23 867
东部地区	**678 446**	**17 147**	**194 073 563**	**39 106 192**	**26 118 277**	**1 595 187**	**24 311 541**
中部地区	**129 426**	**15 693**	**55 893 222**	**10 764 533**	**6 076 969**	**406 476**	**5 656 449**
西部地区	**32 816**	**6 564**	**13 201 535**	**2 509 808**	**1 411 443**	**56 064**	**1 318 292**

1998年各地乡镇集体企业资产负债情况(续)

单位:万元

项目 / 地区	流动负债						
	预收款项	其他应付款	应付工资	应付福利费	未缴税金	未付利润	其他未缴款
全国总计	**8 356 857**	**20 594 470**	**4 434 904**	**2 509 811**	**3 074 453**	**1 204 966**	**1 927 068**
北京	341 828	880 829	82 901	81 777	34 790	26 425	44 671
天津	114 066	601 317	121 172	50 144	27 604	45 302	80 179
河北	195 533	458 626	199 379	76 525	93 004	49 970	47 968
山西	64 578	252 382	94 130	33 280	38 287	8 213	42 854
内蒙古	32 620	66 081	35 308	11 464	13 285	31 000	7 369
辽宁	129 761	1 085 804	130 878	112 566	89 035	33 018	58 739
吉林	23 511	174 518	29 800	27 016	25 639	10 743	15 581
黑龙江	35 592	188 307	32 421	15 663	16 910	12 869	8 465
上海	442 104	1 603 666	285 782	131 171	54 613	135 817	99 192
江苏	1 528 607	3 397 305	1 093 787	472 276	743 614	147 823	526 432
浙江	998 337	2 121 221	526 582	387 377	510 464	141 065	208 726
安徽	183 611	262 250	122 748	65 202	150 164	41 947	45 255
福建	390 459	369 234	61 881	49 664	25 331	41 295	39 320
江西	82 663	86 494	39 803	16 943	8 610	6 240	13 672
山东	963 163	2 561 970	455 972	268 936	334 920	112 578	142 609
河南	217 517	436 881	210 187	67 243	56 089	35 919	47 031
湖北	161 591	454 100	174 566	89 550	201 768	45 790	70 330
湖南	186 417	290 277	141 234	84 183	57 600	12 262	29 517
广东	1 301 316	3 597 133	285 332	187 860	315 665	202 709	244 626
广西	86 063	185 638	34 329	24 278	13 519	11 350	19 556
海南	10 967	7 314	3 112	367	45	－112	129
重庆	102 402	208 293	34 164	55 901	42 313	3 655	18 836
四川	346 911	561 743	67 369	101 778	85 573	24 648	42 342
贵州	48 634	78 965	16 004	9 264	15 141	－2 647	8 005
云南	207 768	396 884	53 861	46 864	33 483	7 718	31 854
西藏							
陕西	66 523	88 607	46 687	16 436	55 100	9 875	15 691
甘肃	34 317	74 425	32 046	11 547	11 615	4 501	8 788
青海	6 123	9 315	3 717	2 502	1 251	468	940
宁夏	6 716	13 652	4 059	1 807	2 930	－133	1 690
新疆	47 159	81 239	15 693	10 227	16 091	4 658	6 701
计划单列市	**421 683**	**1 636 706**	**207 287**	**196 057**	**246 889**	**63 624**	**88 154**
大连	65 619	642 394	60 350	66 103	44 334	15 801	22 310
青岛	126 554	405 077	44 183	46 446	21 085	8 990	13 145
宁波	159 127	523 499	98 416	80 149	177 848	36 895	45 086
厦门	64 880	26 521	1 050	2 441	387	1 230	419
新疆兵团	5 503	39 215	3 288	918	3 235	708	7 194
东部地区	**6 405 174**	**16 677 105**	**3 243 666**	**1 818 296**	**2 229 040**	**936 002**	**1 492 462**
中部地区	**1 471 316**	**3 003 852**	**993 109**	**573 195**	**738 053**	**212 161**	**349 574**
西部地区	**480 367**	**913 513**	**198 129**	**118 320**	**107 360**	**56 803**	**85 032**

1998年各地乡镇集体企业资产负债情况(续)

单位:万元

项目/地区	流动负债					长期负债	
	其中:未缴乡镇企业管理费	预提费用	一年内到期的长期负债	其他流动负债	流动负债合计	长期借款	其中:银行借款
全国总计	**251 615**	**4 555 024**	**388 906**	**1 478 725**	**134 249 726**	**20 735 956**	**12 074 924**
北京	1 369	97 345	1 461	813	3 363 042	392 263	196 995
天津	809	56 274	4 146	35 648	3 435 062	265 876	165 404
河北	2 301	184 409	40 773	111 154	5 069 235	1 030 718	623 026
山西	2 561	46 688	19 609	104 550	2 182 216	445 923	55 330
内蒙古	576	14 593	2 043	15 302	587 336	123 540	53 090
辽宁	2 217	108 379	5 719	20 195	4 440 606	515 455	318 230
吉林	573	37 906	3 054	8 767	1 016 499	213 448	156 293
黑龙江	397	21 725	1 392	19 429	1 031 333	226 663	150 418
上海	36 118	113 118	8 039	37 354	8 201 973	640 831	507 525
江苏	104 570	959 897	22 795	124 849	23 277 506	2 402 454	1 335 635
浙江	23 373	478 562	16 366	42 757	17 873 678	1 989 947	913 691
安徽	7 465	133 820	7 218	33 640	2 890 682	661 330	422 016
福建	1 689	53 962	8 929	104 475	3 188 972	361 207	170 908
江西	1 703	39 982	4 567	18 891	967 334	316 594	259 487
山东	8 151	316 664	20 357	267 688	14 292 338	2 041 924	1 135 014
河南	2 344	168 816	41 730	98 791	4 574 917	1 207 835	653 817
湖北	4 882	279 002	18 284	92 160	4 091 279	1 408 092	840 397
湖南	3 718	133 796	11 761	28 950	2 484 925	724 653	510 032
广东	23 880	821 079	82 011	189 418	19 006 889	2 827 192	1 857 770
广西	2 013	46 313	7 631	23 170	1 206 436	423 458	258 582
海南	-20	7 342	202	4 372	52 176	86 912	72 155
重庆	1 885	49 443	3 303	16 933	1 482 882	227 794	111 100
四川	5 071	181 546	12 825	25 720	4 050 290	719 328	411 598
贵州	987	26 244	13 769	2 815	567 182	187 571	128 132
云南	7 324	75 138	7 591	23 731	2 328 365	496 409	232 095
西藏							
陕西	3 606	37 567	8 257	14 592	1 121 075	370 770	259 843
甘肃	1 056	22 927	2 906	8 279	659 081	142 117	101 347
青海	149	2 138	1 047	895	84 704	52 030	35 361
宁夏	81	13 388	1 188	1 047	150 214	75 528	53 209
新疆	767	26 961	9 933	2 340	571 499	158 094	86 424
计划单列市	**8 629**	**172 188**	**3 634**	**65 766**	**7 815 684**	**634 309**	**321 719**
大连	801	51 306	636	9 611	2 064 389	171 858	121 148
青岛	2 514	42 636	340	7 972	1 739 555	164 619	71 357
宁波	5 226	70 602	1 224	18 833	3 658 445	266 974	117 753
厦门	32	3 705	60	1 016	175 675	10 631	2 552
新疆兵团	56	3 939	1 374	28 334	177 620	20 227	8 909
东部地区	**204 477**	**3 189 689**	**210 596**	**934 351**	**102 149 301**	**12 467 867**	**7 224 198**
中部地区	**34 205**	**1 130 291**	**132 000**	**462 423**	**25 893 432**	**6 522 430**	**3 830 331**
西部地区	**12 933**	**235 044**	**46 310**	**81 951**	**6 206 993**	**1 745 659**	**1 020 395**

1998年各地乡镇集体企业资产负债情况(续)

单位:万元

项目 地区	长期负债					递延税款贷项
	应付债券	长期应付款	其他长期负债	其中:住房周转金	长期负债合计	
全国总计	**202 883**	**2 438 649**	**930 663**	**23 013**	**24 308 151**	**46 089**
北京	635	27 446	9 513	122	429 857	522
天津	1 279	20 798	7 601	4	295 554	5 513
河北	8 041	168 248	75 231	907	1 282 238	3 399
山西	10 354	73 332	49 315	180	578 924	2 582
内蒙古	9 893	12 642	8 542	970	154 617	854
辽宁	5 628	35 192	14 797	498	571 072	1 447
吉林	350	21 168	12 685	3	247 651	159
黑龙江	88	21 406	6 694		254 851	2 038
上海	2 684	94 914	24 274	79	762 703	2 278
江苏	31 850	267 373	120 138	1 158	2 821 815	3 573
浙江	12 905	325 762	69 318	5 825	2 397 932	1 133
安徽	3 670	10 392	18 794	473	724 186	275
福建	2 918	54 241	33 593	19	451 959	789
江西	1 860	22 966	10 090	263	351 510	485
山东	34 003	300 634	85 133	1 082	2 461 694	7 549
河南	16 928	143 958	50 503	420	1 419 224	1 392
湖北	9 993	125 868	66 982	1 853	1 610 935	1 298
湖南	7 546	63 357	26 739	283	822 295	327
广东	22 652	420 939	164 027	4 895	3 434 810	5 592
广西	1 643	27 577	13 601	400	466 279	125
海南	76	1 968	2 036		90 992	12
重庆	241	16 420	2 987	383	247 442	849
四川	12 434	67 233	19 449	1 505	818 444	1 059
贵州	367	10 605	4 511	117	203 054	16
云南	3 237	30 183	9 709	1 197	539 538	961
西藏						
陕西	244	21 789	10 454	7	403 257	1 815
甘肃	505	7 014	7 096	95	156 732	16
青海	104	3 586	3 559		59 279	－15
宁夏	320	3 808	258		79 914	16
新疆	435	7 830	3 034	275	169 393	30
计划单列市	**11 629**	**78 299**	**18 109**	**3 830**	**742 346**	**1 245**
大连	557	8 502	3 837	279	184 754	1 019
青岛	5 504	24 174	2 199	16	196 496	144
宁波	5 568	40 246	9 546	3 694	322 334	80
厦门		1 813	42		12 486	7
新疆兵团		3 564	2 485	－159	26 276	－5
东部地区	**122 595**	**1 715 547**	**603 625**	**14 589**	**14 909 634**	**31 795**
中部地区	**63 708**	**617 889**	**274 692**	**5 370**	**7 478 719**	**12 279**
西部地区	**16 580**	**105 213**	**52 346**	**3 054**	**1 919 798**	**2 015**

1998 年各地乡镇集体企业资产负债情况(续)

单位:万元

项目 地区	负债合计	所有者权益					
		实收资本	1. 国家资本金	2. 乡集体资本金	3. 村集体资本金	4. 法人资本金	5. 个人资本金
全国总计	**158 603 966**	**82 593 055**	**1 697 167**	**20 587 661**	**21 603 099**	**14 664 779**	**12 711 896**
北京	3 793 421	1 841 870	79 919	544 572	611 475	335 528	103 024
天津	3 736 129	1 624 391	25 752	329 679	785 827	109 317	87 905
河北	6 354 872	3 582 965	117 137	983 680	1 395 827	489 471	458 754
山西	2 763 722	1 281 740	42 659	276 808	518 077	249 301	169 812
内蒙古	742 807	594 844	29 223	148 999	132 672	161 193	109 712
辽宁	5 013 125	2 478 872	69 531	763 200	804 831	460 031	220 226
吉林	1 264 309	861 546	64 648	202 541	241 397	227 218	59 434
黑龙江	1 288 222	824 651	32 146	216 305	198 814	205 483	113 839
上海	8 966 954	5 087 559	123 635	828 130	1 242 194	1 002 013	345 053
江苏	26 102 894	11 430 059		3 844 622	2 455 906	1 573 077	1 372 403
浙江	20 272 743	9 644 504	96 530	1 933 178	1 128 915	2 262 064	3 484 535
安徽	3 615 143	2 292 036	48 905	684 179	530 056	397 361	558 365
福建	3 641 720	4 319 723	66 959	667 663	698 712	988 456	754 650
江西	1 319 329	935 366	28 053	287 156	237 892	147 975	185 222
山东	16 761 581	7 345 901	43 126	1 630 450	3 670 922	832 376	789 263
河南	5 995 533	3 839 339	128 420	991 313	1 480 377	643 111	542 131
湖北	5 703 512	2 997 639	39 931	794 646	1 265 961	457 143	392 292
湖南	3 307 547	1 788 347	54 679	570 541	486 981	313 968	320 801
广东	22 447 291	12 318 285	102 902	3 103 151	2 469 651	1 574 914	1 078 377
广西	1 672 840	941 622	41 672	287 211	121 470	252 985	216 833
海南	143 180	148 451	45 975	48 645	22 095	25 797	5 112
重庆	1 731 173	722 835	12 307	186 989	74 994	163 995	271 648
四川	4 869 793	2 099 985	125 417	489 393	230 488	754 799	448 749
贵州	770 252	330 008	55 540	47 042	22 952	143 236	56 352
云南	2 868 864	1 484 883	98 483	261 127	300 015	498 980	289 512
西藏							
陕西	1 526 147	910 030	25 682	216 851	321 247	174 850	143 170
甘肃	815 829	426 586	61 313	92 790	81 205	108 998	77 446
青海	143 968	68 129	4 663	13 633	19 932	18 520	9 345
宁夏	230 144	88 964	3 580	31 628	16 875	22 254	13 162
新疆	740 922	281 925	28 380	111 539	35 339	70 365	34 769
计划单列市	**8 559 275**	**3 626 567**	**94 702**	**801 204**	**958 570**	**812 229**	**607 788**
大连	2 250 162	1 109 266	31 286	346 735	437 575	153 684	70 955
青岛	1 936 195	671 088	4 372	94 413	308 014	116 906	85 893
宁波	3 980 859	1 641 594	20 986	307 120	182 137	482 696	435 770
厦门	188 168	131 199	10 617	33 669	30 782	34 068	13 395
新疆兵团	203 891	73 420	27 441	19 267	62	24 875	1 775
东部地区	**117 090 730**	**59 674 129**	**725 491**	**14 628 325**	**15 264 260**	**9 627 247**	**8 694 190**
中部地区	**33 384 430**	**18 553 514**	**602 847**	**4 916 722**	**5 586 284**	**3 735 204**	**3 205 463**
西部地区	**8 128 806**	**4 365 412**	**368 829**	**1 042 614**	**752 555**	**1 302 328**	**812 243**

1998 年各地乡镇集体企业资产负债情况(续)

单位:万元

项目 / 地区	所有者权益						负债及所有者权益总计
	6. 外商资本金	资本公积	盈余公积	其中:公益金	未分配利润	所有者权益合计	
全国总计	**11 328 453**	**12 086 484**	**11 915 351**	**429 963**	**－2 030 536**	**104 564 354**	**263 168 320**
北　京	167 352	264 508	377 884	2 770	－80 638	2 403 624	6 197 045
天　津	285 911	150 683	660 056	3 881	－15 714	2 419 416	6 155 545
河　北	138 096	425 605	484 671	19 594	138 985	4 632 226	10 987 098
山　西	25 083	150 355	167 967	9 391	－16 599	1 583 463	4 347 185
内蒙古	13 045	42 250	81 399	3 204	9 020	727 513	1 470 320
辽　宁	161 053	274 316	353 835	8 685	－122 948	2 984 075	7 997 200
吉　林	66 308	60 861	62 786	2 481	－78 408	906 785	2 171 094
黑龙江	58 064	150 127	118 402	4 414	17 118	1 110 298	2 398 520
上　海	1 546 534	664 077	536 602	50 000	144 078	6 432 316	15 399 270
江　苏	2 184 051	1 248 288	1 635 960	19 721	－917 514	13 396 793	39 499 687
浙　江	739 282	2 153 408	1 378 016	77 063	177 440	13 353 368	33 626 111
安　徽	73 170	219 329	271 564	13 097	35 387	2 818 316	6 433 459
福　建	1 143 283	170 787	220 390	2 468	104 736	4 815 636	8 457 356
江　西	49 068	64 729	55 496	5 382	－26 405	1 029 186	2 348 515
山　东	379 764	1 549 283	2 077 814	44 027	372 019	11 345 017	28 106 598
河　南	53 987	344 160	406 844	13 236	62 078	4 652 421	10 647 954
湖　北	47 666	457 687	574 771	16 983	61 521	4 091 618	9 795 130
湖　南	41 377	200 100	176 672	4 997	－139 402	2 025 717	5 333 264
广　东	3 989 290	2 403 878	1 473 873	97 342	－995 674	15 200 362	37 647 653
广　西	21 451	96 163	98 458	7 530	－80 692	1 055 551	2 728 391
海　南	827	31 583	10 144	160	4 645	194 823	338 003
重　庆	12 902	90 812	75 533	1 918	－99 682	789 498	2 520 671
四　川	51 139	442 301	280 661	4 132	－369 499	2 453 448	7 323 241
贵　州	4 886	33 274	34 003	1 424	－28 193	369 092	1 139 344
云　南	36 766	220 982	134 808	3 114	－116 499	1 724 174	4 593 038
西　藏							
陕　西	28 230	70 213	76 317	7 771	－8 518	1 048 042	2 574 189
甘　肃	4 834	62 345	60 138	3 628	－1 413	547 656	1 363 485
青　海	2 036	4 373	3 243	228	－4 118	71 627	215 595
宁　夏	1 465	6 472	4 742	137	－13 236	86 942	317 086
新　疆	1 533	33 535	22 302	1 185	－42 411	295 351	1 036 273
计划单列市	**352 074**	**784 956**	**863 981**	**44 288**	**149 005**	**5 424 509**	**13 983 784**
大　连	69 031	106 366	226 643	6 742	－41 595	1 400 680	3 650 842
青　岛	61 490	133 505	212 097	1 342	31 536	1 048 226	2 984 421
宁　波	212 885	538 796	418 989	37 173	162 466	2 761 845	6 742 704
厦　门	8 668	5 299	5 986	20	16 726	159 210	347 378
新疆兵团		990	266	－989	－20 128	54 548	258 439
东部地区	**10 734 616**	**9 304 833**	**9 199 101**	**325 551**	**－1 195 230**	**76 982 833**	**194 073 563**
中部地区	**506 994**	**2 250 674**	**2 267 013**	**83 802**	**－562 409**	**22 508 792**	**55 893 222**
西部地区	**86 843**	**530 977**	**449 237**	**20 610**	**－272 897**	**5 072 729**	**13 201 535**

1998年各地乡镇集体企业资产负债情况(续)

单位:万元

地区 \ 项目	本期固定资产折旧额	平均应收账款余额	平均存货	流动资产平均余额	固定资产原值平均余额	固定资产净值平均余额	平均资产总额
全国总计	**9 284 943**	**36 662 504**	**51 101 137**	**129 585 851**	**125 030 870**	**95 156 916**	**244 019 359**
北　京	154 083	530 148	1 307 433	3 131 981	2 544 988	1 755 736	5 456 683
天　津	188 949	899 606	1 353 725	3 466 571	2 457 969	1 828 960	5 696 474
河　北	478 214	1 294 746	1 861 701	4 955 641	5 435 850	4 355 181	9 533 698
山　西	182 843	564 535	614 343	1 615 291	2 075 626	1 443 388	3 301 860
内蒙古	49 517	231 784	240 873	589 498	760 652	628 245	1 385 551
辽　宁	193 270	1 241 783	1 520 073	4 165 341	3 296 076	2 486 777	6 948 963
吉　林	77 201	262 841	350 116	861 848	1 108 490	900 067	1 988 523
黑龙江	76 111	332 334	384 782	1 015 883	1 134 348	960 503	2 217 509
上　海	399 849	2 800 000	2 880 000	9 100 000	6 500 000	4 820 000	15 399 000
江　苏	1 071 763	6 436 867	10 031 028	21 749 393	16 784 739	13 820 295	38 119 827
浙　江	957 422	4 845 720	6 717 111	17 358 129	15 667 775	11 337 898	31 717 465
安　徽	274 033	991 431	1 098 797	2 811 307	3 610 136	2 840 937	6 092 317
福　建	289 103	1 175 761	1 853 764	4 311 845	4 254 677	3 314 841	8 008 507
江　西	95 835	310 350	363 643	964 463	1 309 326	1 132 588	2 054 656
山　东	978 120	3 522 543	5 733 921	13 777 579	13 489 459	10 119 923	26 008 840
河　南	497 804	1 350 840	1 959 738	4 633 788	5 708 919	4 451 558	9 604 480
湖　北	405 362	1 151 429	1 863 225	4 567 296	4 986 094	3 750 822	8 567 468
湖　南	206 974	824 483	881 914	2 437 736	2 932 348	2 229 613	4 763 004
广　东	1 917 569	4 976 824	5 884 682	17 507 200	18 958 087	13 730 985	35 183 536
广　西	106 934	298 295	441 239	1 129 685	1 506 182	1 185 593	2 543 109
海　南	13 535	21 478	26 880	101 447	232 627	220 551	314 498
重　庆	73 964	371 054	512 537	1 219 048	1 156 624	850 508	2 281 136
四　川	218 385	849 556	1 334 214	3 254 823	3 515 326	2 571 080	6 712 225
贵　州	40 154	152 993	196 976	518 257	510 460	428 470	1 017 134
云　南	154 403	511 720	686 423	1 833 442	2 185 478	1 749 777	4 003 324
西　藏							
陕　西	94 011	328 501	509 816	1 238 697	1 475 681	1 085 284	2 496 784
甘　肃	38 576	186 883	220 811	587 309	674 534	532 025	1 199 249
青　海	6 168	24 996	28 966	76 480	93 546	118 828	209 091
宁　夏	11 224	42 959	46 397	132 927	179 524	145 733	299 668
新　疆	33 567	130 044	196 009	472 946	485 329	360 750	894 780
计划单列市	**327 242**	**2 155 589**	**3 065 562**	**7 975 179**	**5 194 622**	**3 891 415**	**13 076 676**
大　连	87 001	516 630	729 632	2 056 386	1 483 481	1 022 913	3 389 520
青　岛	72 994	416 595	673 504	1 666 241	1 121 000	856 679	2 767 669
宁　波	152 616	1 148 420	1 492 894	3 921 955	2 369 742	1 836 079	6 351 438
厦　门	5 781	49 888	107 417	222 914	108 663	90 699	349 233
新疆兵团	8 850	24 056	62 115	107 683	111 736	85 045	218 816
东部地区	**6 628 342**	**27 723 998**	**39 143 438**	**99 523 680**	**89 389 620**	**67 570 596**	**182 072 993**
中部地区	**2 202 523**	**7 337 354**	**9 873 125**	**24 620 180**	**29 012 918**	**22 216 348**	**50 079 962**
西部地区	**454 078**	**1 601 152**	**2 084 574**	**5 441 991**	**6 628 332**	**5 369 972**	**11 866 404**

1998年各地乡镇集体企业资产损益情况

项目 / 地区	主营业务收入（万元）	减：主营业务成本（万元）	营业费用（万元）	营业税金及附加（万元）	主营业务利润（万元）	加：其他业务收入（万元）	减：其他业务支出（万元）
全国总计	**380 413 313**	**321 246 805**	**14 230 816**	**4 142 958**	**40 792 734**	**2 427 399**	**2 076 592**
北京	5 632 261	4 638 737	275 136	63 619	654 769	85 245	58 727
天津	8 613 557	7 069 148	381 907	53 691	1 108 811	25 588	23 463
河北	15 978 600	12 976 044	818 228	138 237	2 046 091	57 198	62 521
山西	6 631 424	5 091 024	637 565	168 354	734 481	52 685	35 371
内蒙古	2 618 983	2 082 617	156 281	44 001	336 084	8 560	10 871
辽宁	14 129 794	12 172 737	329 544	131 052	1 496 461	51 401	51 365
吉林	2 910 769	2 426 309	95 260	47 806	341 394	15 419	11 148
黑龙江	4 302 809	3 705 230	129 172	35 648	432 759	2 412	35 837
上海	14 422 168	12 271 125	387 127	47 588	1 716 328	202 856	133 339
江苏	51 547 144	44 931 032	1 478 616	396 518	4 740 978	860 100	755 936
浙江	38 289 589	32 839 992	1 021 143	425 703	4 002 751	323 281	263 887
安徽	12 314 539	10 158 480	488 581	166 888	1 500 590	39 217	38 269
福建	15 179 094	13 042 087	656 571	181 956	1 298 480	28 976	24 976
江西	4 289 599	3 540 113	251 766	66 371	431 349	14 274	12 458
山东	46 113 671	38 935 728	1 121 675	446 258	5 610 010	137 548	118 320
河南	20 281 895	16 757 784	774 755	156 423	2 592 933	39 993	62 554
湖北	29 603 248	24 696 353	1 209 080	411 604	3 286 211	59 451	53 452
湖南	14 352 796	12 115 080	631 288	225 466	1 380 962	23 002	21 881
广东	42 082 896	35 458 217	1 930 084	453 905	4 240 690	240 688	168 861
广西	5 174 622	4 440 928	264 879	63 394	405 421	15 417	14 799
海南	277 278	226 606	12 851	10 562	27 259	1 104	1 054
重庆	3 311 649	2 873 749	79 924	62 239	295 737	15 073	11 443
四川	8 241 733	7 084 271	341 738	111 027	704 697	63 350	58 095
贵州	853 311	688 754	56 902	17 144	90 511	13 136	8 523
云南	5 695 110	4 790 619	322 986	101 053	480 452	32 075	24 960
西藏							
陕西	4 758 478	3 972 887	222 750	46 640	516 201	10 128	7 302
甘肃	1 577 524	1 249 023	101 288	44 615	182 598	1 977	2 686
青海	185 642	151 726	8 690	3 512	21 714	218	162
宁夏	274 902	227 674	11 868	4 808	30 552	889	587
新疆	768 228	632 731	33 161	16 876	85 460	6 138	3 745
计划单列市	**18 112 188**	**15 445 516**	**457 015**	**187 023**	**2 022 634**	**142 045**	**118 119**
大连	6 415 900	5 558 059	123 479	54 817	679 545	16 372	12 907
青岛	3 749 551	3 225 365	77 814	41 448	404 924	16 100	10 932
宁波	7 389 720	6 199 379	220 668	82 708	886 965	107 367	93 508
厦门	431 185	352 784	29 880	4 460	44 061	995	76
新疆兵团	125 832	109 929	5 174	3 590	7 139	1 211	696
东部地区	**251 988 774**	**214 334 847**	**8 400 031**	**2 338 527**	**26 915 369**	**2 012 881**	**1 661 395**
中部地区	**110 998 939**	**92 421 280**	**4 861 879**	**1 498 466**	**12 217 314**	**335 004**	**347 810**
西部地区	**17 425 600**	**14 490 678**	**968 906**	**305 965**	**1 660 051**	**79 514**	**67 387**

1998年各地乡镇集体企业资产损益情况(续)

地区 \ 项目	管理费用(万元)	其中:应缴乡镇企业管理费(万元)	财务费用(万元)	营业利润(万元)	加:投资收益(万元)	补贴收入(万元)	营业外收入(万元)
全国总计	**14 568 785**	**409 197**	**7 116 758**	**19 457 998**	**267 754**	**286 295**	**710 045**
北京	325 628	4 039	87 742	267 917	5 200	2 889	21 691
天津	245 341	23 725	143 085	722 510	2 264	3 315	14 517
河北	381 089	3 503	343 128	1 316 551	2 883	2 707	22 708
山西	244 433	5 696	126 714	380 648	15 809	526	16 137
内蒙古	75 478	506	29 529	228 766	1 008	526	2 417
辽宁	368 567	4 133	186 332	941 598	9 213	4 946	14 002
吉林	90 261	1 715	43 130	212 274	1 116	935	3 940
黑龙江	106 118	2 343	57 984	235 232	373	593	3 611
上海	1 013 996	28 298	250 835	521 014	52 043	98 491	42 941
江苏	2 473 005	83 797	958 406	1 413 731	25 209	79 659	140 551
浙江	1 563 016	47 050	966 556	1 532 573	34 370	26 105	80 533
安徽	431 149	17 767	199 596	870 793	3 048	3 262	17 822
福建	426 003	5 957	155 047	721 430	2 035	2 291	14 340
江西	103 903	6 135	64 813	264 449	925	291	6 454
山东	1 650 018	15 999	823 660	3 155 560	13 549	20 331	64 476
河南	506 423	6 597	353 912	1 710 037	7 336	3 415	21 370
湖北	1 276 601	19 205	522 500	1 493 109	2 967	2 939	39 428
湖南	400 659	20 556	218 172	763 252	1 567	2 297	15 427
广东	1 735 551	70 131	878 937	1 698 029	72 774	17 473	118 715
广西	120 595	2 855	82 370	203 074	1 723	383	6 250
海南	8 605	42	2 792	15 912	3 562	176	501
重庆	141 703	4 160	78 225	79 439	310	1 657	4 870
四川	322 525	11 688	231 670	155 757	2 924	4 771	15 164
贵州	40 133	1 142	26 408	28 583	1 041	993	4 960
云南	236 988	12 103	115 410	135 169	2 641	4 199	9 017
西藏							
陕西	181 300	6 688	95 597	242 130	391	140	2 816
甘肃	45 317	1 497	29 778	106 794	446	54	2 027
青海	8 339	216	6 802	6 629	82	187	467
宁夏	7 817	247	10 163	12 874	217	18	1 308
新疆	38 224	1 407	27 465	22 164	728	726	1 585
计划单列市	**705 772**	**14 861**	**312 773**	**1 028 015**	**12 755**	**6 220**	**41 419**
大连	167 973	1 285	73 009	442 028	6 098	2 360	7 693
青岛	176 246	733	59 837	174 009	2 541	1 386	9 527
宁波	335 264	12 709	162 600	402 960	3 680	2 136	23 054
厦门	18 379	80	10 795	15 806	367		358
新疆兵团	7 910	54	6 532	－6 788	69	338	787
东部地区	**10 182 214**	**286 632**	**4 793 728**	**12 290 913**	**219 540**	**258 207**	**534 474**
中部地区	**3 805 075**	**102 550**	**1 992 313**	**6 407 120**	**36 766**	**20 826**	**147 039**
西部地区	**581 496**	**20 015**	**330 717**	**759 965**	**11 448**	**7 262**	**28 532**

1998年各地乡镇集体企业资产损益情况(续)

项目 地区	减:营业外支出(万元)	加:以前年度损益调整(万元)	利润总额(万元)	减:所得税(万元)	净利润(万元)	期末全部职工人数(人)	本期平均职工人数(人)
全国总计	**1 026 243**	**-2 708**	**19 693 141**	**2 715 328**	**16 977 813**	**47 139 935**	**46 287 518**
北京	13 875	-363	283 459	45 131	238 328	736 799	745 704
天津	44 420	-1 189	696 997	102 345	594 652	720 314	710 748
河北	57 605	-655	1 286 589	81 790	1 204 799	2 137 296	2 114 886
山西	48 144	1 610	366 586	47 855	318 731	1 295 358	1 372 479
内蒙古	6 336	157	226 538	11 825	214 713	497 426	482 554
辽宁	15 923	1 105	954 941	152 734	802 207	1 294 406	1 375 505
吉林	4 615	-476	213 174	30 329	182 845	474 574	467 348
黑龙江	10 049	-265	229 495	16 897	212 598	512 373	509 501
上海	36 897	1 381	678 973	72 080	606 893	1 240 211	1 240 122
江苏	155 698	9 285	1 512 737	265 451	1 247 286	4 624 088	4 378 203
浙江	79 243	2 320	1 596 658	352 207	1 244 451	3 354 296	3 266 475
安徽	26 593	-4 487	863 845	136 966	726 879	2 153 819	2 136 669
福建	32 542	2 085	709 639	53 546	656 093	1 750 475	1 674 180
江西	8 065	-26	264 028	17 770	246 258	900 595	899 435
山东	94 972	-301	3 158 643	646 817	2 511 826	5 212 174	5 207 237
河南	77 992	1 037	1 665 203	116 357	1 548 846	2 760 244	2 715 514
湖北	88 064	-1 932	1 448 447	196 244	1 252 203	3 047 768	3 011 417
湖南	20 891	-3 560	758 092	71 076	687 016	2 586 927	2 519 569
广东	138 367	-8 795	1 759 829	140 830	1 618 999	5 227 706	5 059 336
广西	8 135	-715	202 580	11 071	191 509	812 080	801 636
海南	956	1 836	21 031	1 743	19 288	52 882	52 787
重庆	5 534	781	81 523	18 676	62 847	860 654	859 744
四川	19 785	-819	158 012	36 897	121 115	2 001 408	1 911 471
贵州	4 263	-782	30 532	4 373	26 159	253 114	220 225
云南	12 167	-8	138 851	35 315	103 536	871 090	818 544
西藏							
陕西	5 887	756	240 346	24 950	215 396	901 588	896 216
甘肃	4 030	-628	104 663	15 357	89 306	519 691	510 373
青海	766	4	6 603	624	5 979	61 742	61 683
宁夏	1 537	-12	12 868	1 400	11 468	87 689	81 907
新疆	2 892	-52	22 259	6 672	15 587	191 148	186 050
计划单列市	**32 974**	**808**	**1 056 243**	**191 132**	**865 111**	**1 596 992**	**1 567 596**
大连	7 505	685	451 359	66 001	385 358	454 634	454 700
青岛	5 556	113	182 020	37 140	144 880	483 957	468 263
宁波	18 562	844	414 112	86 168	327 944	599 687	587 859
厦门	623	29	15 937	1 616	14 321	36 993	34 894
新疆兵团	728	-863	-7 185	207	-7 392	21 721	21 880
东部地区	**669 542**	**4 873**	**12 638 465**	**1 912 931**	**10 725 534**	**26 297 765**	**25 772 396**
中部地区	**315 619**	**-7 381**	**6 288 751**	**714 017**	**5 574 734**	**17 495 308**	**17 299 363**
西部地区	**41 082**	**-200**	**765 925**	**88 380**	**677 545**	**3 346 862**	**3 215 759**

1998年各地乡镇集体企业资产损益情况(续)

地区 \ 项目	本期工资总额(万元)	本期计提福利费总额(万元)	期末实汇企业个数(个)	期末盈利企业个数(个)	期末盈利企业净利润总额(万元)	期末亏损企业个数(个)	期末亏损企业亏损总额(万元)
全国总计	**24 829 981**	**2 173 564**	**1 043 089**	**973 183**	**18 799 683**	**69 906**	**1 821 870**
北京	465 942	47 407	15 711	14 289	279 476	1 422	41 148
天津	449 698	63 273	11 180	10 554	625 151	626	30 499
河北	968 641	72 928	41 525	38 547	1 252 845	2 978	48 046
山西	717 989	61 697	26 989	24 056	353 360	2 933	34 629
内蒙古	247 568	12 620	14 808	14 416	221 633	392	6 920
辽宁	616 378	68 874	26 023	24 464	862 725	1 559	60 518
吉林	173 247	11 341	14 014	13 535	195 204	479	12 359
黑龙江	232 756	17 194	15 977	15 772	216 770	205	4 172
上海	960 630	89 829	14 262	11 518	729 612	2 744	122 719
江苏	2 772 187	308 298	77 561	69 068	1 498 185	8 493	250 899
浙江	2 473 684	259 620	64 711	58 549	1 392 852	6 162	148 401
安徽	1 039 053	90 779	48 361	45 738	762 059	2 623	35 180
福建	1 002 927	55 881	51 528	47 693	710 405	3 835	54 312
江西	381 128	27 612	35 827	34 405	256 617	1 422	10 359
山东	2 188 953	248 483	78 942	76 347	2 562 064	2 595	50 238
河南	1 259 286	86 316	47 101	44 412	1 607 715	2 689	58 869
湖北	1 639 403	178 193	111 175	107 622	1 282 726	3 553	30 523
湖南	1 166 717	103 294	93 591	89 902	736 308	3 689	49 292
广东	3 494 217	158 305	105 107	98 121	2 076 948	6 986	457 949
广西	355 037	22 537	18 840	17 503	226 888	1 337	35 379
海南	23 784	777	1 286	1 203	20 012	83	724
重庆	382 351	37 380	14 905	13 452	85 004	1 453	22 157
四川	709 714	64 902	45 387	40 452	211 254	4 935	90 139
贵州	96 160	7 554	5 095	4 069	46 282	1 026	20 123
云南	383 304	32 843	16 538	13 353	191 226	3 185	87 690
西藏							
陕西	313 114	23 466	28 684	27 216	237 666	1 468	22 270
甘肃	170 837	10 410	8 918	8 629	95 006	289	5 700
青海	23 000	827	1 736	1 583	8 630	153	2 651
宁夏	28 797	2 253	2 264	2 123	16 742	141	5 274
新疆	93 479	8 671	5 043	4 592	38 318	451	22 731
计划单列市	**984 544**	**110 544**	**26 953**	**24 691**	**929 886**	**2 262**	**64 775**
大连	251 054	29 482	5 928	5 310	413 147	618	27 789
青岛	226 760	24 834	6 931	6 579	151 754	352	6 874
宁波	471 000	53 293	12 739	11 719	344 581	1 020	16 637
厦门	24 598	1 802	1 077	902	15 756	175	1 435
新疆兵团	11 132	1 133	278	181	4 648	97	12 040
东部地区	**15 393 257**	**1 372 898**	**486 550**	**449 150**	**11 990 263**	**37 400**	**1 264 729**
中部地区	**8 014 758**	**702 174**	**482 011**	**456 562**	**5 944 683**	**25 449**	**369 949**
西部地区	**1 421 966**	**98 492**	**74 528**	**67 471**	**864 737**	**7 057**	**187 192**

1998年各地乡镇集体企业资产损益情况(续)

项目 地区	应缴 增值税 (万元)	在费用支出中 列支的税金 (万元)	实缴 税金总额 (万元)	管理费中列支的 劳动待业保险费 (万元)	支农建农 支出 (万元)	利息支出 净额 (万元)
全国总计	**7 635 615**	**506 908**	**8 661 865**	**285 377**	**645 306**	**5 498 377**
北京	94 425	11 378	166 591	2 733	7 252	63 076
天津	171 790	11 395	143 496	6 906	7 180	92 982
河北	159 887	18 457	278 918	3 474	25 877	240 875
山西	181 009	19 666	204 213	83 210	14 422	74 233
内蒙古	50 355	2 672	89 207	584	8 534	17 605
辽宁	235 334	9 126	224 272	2 608	4 654	113 449
吉林	60 529	3 232	67 502	190	1 128	36 975
黑龙江	61 024	1 323	68 478	1 065	2 628	32 008
上海	403 544	8 050	364 783	2 160	22 888	185 860
江苏	1 409 581	101 987	1 321 793	43 514	22 583	883 311
浙江	1 314 041	54 478	1 353 690	22 185	117 608	888 985
安徽	265 975	19 733	262 053	6 222	25 154	154 499
福建	168 363	9 476	340 673	1 659	6 864	130 307
江西	77 933	7 173	122 770	1 293	5 978	51 947
山东	1 023 968	34 658	941 035	23 387	73 326	553 173
河南	192 985	14 479	324 952	6 125	38 898	253 009
湖北	486 826	53 379	350 802	37 964	86 443	325 164
湖南	185 670	28 470	295 449	5 355	76 162	175 935
广东	545 889	52 949	912 163	19 234	59 480	651 112
广西	67 891	4 617	120 580	2 507	5 029	48 777
海南	431	1 271	10 902	307	927	3 700
重庆	71 613	2 605	101 963	1 248	2 009	68 147
四川	152 475	10 298	220 333	3 724	10 819	193 585
贵州	22 344	2 192	28 598	461	520	14 734
云南	97 664	13 274	164 548	5 278	9 542	95 967
西藏						
陕西	75 482	4 551	88 225	815	5 206	95 941
甘肃	29 471	2 612	44 825	267	1 930	19 072
青海	4 944	385	6 631	68	694	6 057
宁夏	6 885	883	11 678	80	527	8 441
新疆	17 287	2 139	30 742	754	1 044	19 451
计划单列市	**429 816**	**25 673**	**506 833**	**10 454**	**61 668**	**236 640**
大连	74 090	3 729	74 890	1 354	2 237	49 565
青岛	91 115	2 886	105 091	2 147	783	30 662
宁波	251 464	18 402	308 336	6 123	58 466	141 225
厦门	8 124	466	11 304	71	49	8 786
新疆兵团	5 023	190	7 212	759	133	6 402
东部地区	**5 526 822**	**311 954**	**6 047 414**	**127 860**	**347 712**	**3 803 130**
中部地区	**1 811 521**	**164 909**	**2 106 740**	**147 211**	**268 847**	**1 461 443**
西部地区	**297 272**	**30 045**	**507 711**	**10 306**	**28 747**	**233 804**

1998 年各地乡镇集体企业利润分配情况

单位:万元

项目 地区	净利润	应缴 扶助基金	年初未 分配利润	归还借款 的利润	单项留用 的利润	补助社会性 支出的利润	减免所得 税的利润
全国总计	**16 977 813**	**194 185**	**－3 254 650**	**1 415 673**	**463 366**	**635 110**	**218 419**
北京	238 328	436	－114 437	4 137	2 799	2 044	1 725
天津	594 652	2 198	－78 772	22 485	11 991	11 771	6 094
河北	1 204 799	24 050	46 522	151 120	48 180	38 516	9 646
山西	318 731	4 566	－33 305	49 375	10 196	18 977	2 689
内蒙古	214 713	772	6 574	12 768	6 842	1 513	1 735
辽宁	802 207	10 745	－95 983	56 578	30 384	31 396	10 837
吉林	182 845	2 322	－109 782	9 450	2 140	8 015	2 431
黑龙江	212 598	3 163	4 546	23 805	5 368	5 736	1 500
上海	606 893	2 836	21 030	5 261	11 074	10 310	22 790
江苏	1 247 286	8 937	－953 482	54 552	18 858	36 293	11 035
浙江	1 244 451	4 140	－144 894	22 540	18 789	30 808	21 612
安徽	726 879	12 595	－29 161	75 408	16 981	38 113	3 156
福建	656 093	1 841	－28 401	15 146	7 219	7 837	3 376
江西	246 258	2 398	－28 106	24 524	8 223	8 575	1 338
山东	2 511 826	31 290	133 679	193 438	48 630	133 805	50 265
河南	1 548 846	29 636	－159 058	212 083	57 430	59 853	20 357
湖北	1 252 203	20 592	－29 435	147 795	52 129	83 285	22 516
湖南	687 016	9 193	－138 624	70 347	29 524	32 329	5 269
广东	1 618 999	9 925	－880 990	134 902	46 952	41 308	8 407
广西	191 509		－63 733	34 729	8 065	5 296	1 175
海南	19 288	51	1 614	1 861	586	830	74
重庆	62 847	732	－92 924	6 628	688	2 807	1 119
四川	121 115	6 267	－330 783	27 555	3 824	6 986	4 206
贵州	26 159	250	－19 309	7 914	1 139	1 116	487
云南	103 536	1 247	－94 452	16 652	2 338	5 159	1 519
西藏							
陕西	215 396	842	－8 999	17 461	7 730	8 927	1 976
甘肃	89 306	1 442	772	10 303	3 993	2 695	314
青海	5 979		－3 006	837	392	146	22
宁夏	11 468	21	－7 720	3 855	459	163	5
新疆	15 587	1 698	－24 031	2 164	443	501	744
计划单列市	**865 111**	**6 039**	**61 234**	**36 418**	**15 877**	**25 069**	**23 236**
大连	385 358	3 760	－12 566	26 174	8 406	15 080	6 776
青岛	144 880	828	9 358	5 418	3 929	4 576	5 724
宁波	327 944	1 355	67 866	4 754	3 511	5 369	10 675
厦门	14 321		7 881	72	7	44	26
新疆兵团	－7 392	96	－11 305		24		35
东部地区	**10 725 534**	**96 398**	**－2 095 728**	**660 159**	**244 876**	**344 088**	**145 787**
中部地区	**5 574 734**	**92 306**	**－955 631**	**664 431**	**194 233**	**273 603**	**66 557**
西部地区	**677 545**	**5 481**	**－203 291**	**91 083**	**24 257**	**17 419**	**6 075**

1998年各地乡镇集体企业利润分配情况(续)

单位:万元

地区 \ 项目	可供分配的利润	盈余公积补亏	提取盈余公积	应付利润	上缴利润	分出联营企业利润	分配股利
全国总计	**10 796 410**	**373 917**	**3 754 374**	**7 712 906**	**4 006 415**	**1 185 140**	**2 521 351**
北京	112 750	10 846	89 894	88 920	69 772	8 345	10 803
天津	461 341	10 416	189 920	201 726	154 416	17 979	29 331
河北	979 809	15 832	215 534	514 720	249 451	95 202	170 067
山西	199 623	39 541	61 299	124 000	66 582	16 311	41 107
内蒙古	197 657	930	28 633	138 494	77 403	29 737	31 354
辽宁	566 284	6 832	228 490	383 685	262 322	54 168	67 195
吉林	48 705	9 234	29 489	92 237	53 739	26 082	12 416
黑龙江	177 572	643	42 041	110 812	57 697	20 774	32 341
上海	575 652	5 519	152 526	260 893	139 372	56 283	65 238
江苏	164 129	77 100	337 779	694 611	338 963	169 683	185 965
浙江	1 001 668	32 236	316 736	430 655	122 002	28 188	280 465
安徽	551 465	10 178	119 406	322 427	152 163	23 812	146 452
福建	592 273	5 978	80 801	386 804	154 613	41 009	191 182
江西	173 094	2 033	31 424	145 651	76 312	20 867	48 472
山东	2 188 077	17 669	548 088	980 157	666 161	122 725	191 271
河南	1 010 429	9 756	250 340	593 512	304 812	85 775	202 925
湖北	896 451	9 760	327 756	394 898	225 720	44 277	124 901
湖南	401 730	12 951	126 128	307 675	139 797	63 905	103 973
广东	496 515	61 982	346 781	1 079 899	483 224	171 722	424 953
广西	78 511	2 985	32 572	108 191	33 055	27 487	47 649
海南	17 500	137	1 868	8 054	5 395	1 019	1 610
重庆	－42 051	3 900	18 746	34 632	13 268	5 196	16 168
四川	－258 506	20 378	53 928	58 898	28 998	10 109	19 791
贵州	－4 056	524	6 672	16 177	4 941	1 471	9 765
云南	－17 831	2 010	33 975	55 502	20 712	25 827	8 963
西藏							
陕西	169 461	2 561	35 219	117 669	72 128	10 131	35 410
甘肃	71 331	794	35 581	32 249	13 757	4 191	14 301
青海	1 576	226	2 151	3 095	801	908	1 386
宁夏	－755	73	2 292	9 112	5 449	1 060	2 603
新疆	－13 994	893	8 305	17 551	13 390	867	3 294
计划单列市	**819 706**	**5 973**	**277 450**	**311 174**	**186 460**	**27 482**	**97 232**
大连	312 596	2 570	145 015	168 968	130 312	14 366	24 290
青岛	133 763	1 413	42 664	47 384	15 727	5 503	26 154
宁波	370 146	898	87 766	89 426	36 238	6 977	46 211
厦门	22 053	4	1 802	3 254	2 618	397	239
新疆兵团	－18 852	1 088	203	2 142	1 565	239	338
东部地区	**7 138 498**	**244 410**	**2 506 549**	**5 022 070**	**2 640 296**	**765 304**	**1 616 470**
中部地区	**3 327 973**	**120 935**	**1 095 776**	**2 302 411**	**1 191 216**	**327 239**	**783 956**
西部地区	**329 939**	**8 572**	**152 049**	**388 425**	**174 903**	**92 597**	**120 925**

1998年各地乡镇集体企业利润分配情况(续)

单位:万元

项目 地区	职工股金 分　　红	转作奖金 的利润	上缴支农 建农资金	未分配 利　　润	弥补亏损 的利润	企业扩大 再生产资金	支农建农 资　　金
全国总计	**458 082**	**1 327 964**	**405 619**	**-2 030 536**	**140 916**	**479 209**	**169 743**
北　京	1 620	24 378	1 042	-80 638	2 882	10 717	1 352
天　津	9 191	81 280	14 545	-15 714	1 813	3 269	1 749
河　北	29 490	76 154	50 248	138 985	7 737	45 454	29 545
山　西	14 948	15 134	55 330	-16 599	2 767	25 283	11 088
内蒙古	5 721	14 924	7 516	9 020	324	6 536	1 620
辽　宁	9 388	73 082	10 807	-122 948	1 593		
吉　林	1 284	12 157	2 464	-78 408	1 577	126	241
黑龙江	4 064	8 244		17 118	566	2 927	1 932
上　海	9 858	14 685	8 989	144 078	14 678	111 497	13 900
江　苏	59 749	117 803	8 550	-917 514	19 110	32 258	10 861
浙　江	45 833	92 209	16 864	177 440	17 475	28 888	30 237
安　徽	36 376	61 280	23 143	35 387	7 776	22 807	10 309
福　建	17 995	22 822	3 088	104 736	3 707	5 126	2 495
江　西	15 402	20 153	4 304	-26 405	327	11 914	1 773
山　东	43 727	268 699	36 783	372 019	13 283	90 114	26 245
河　南	40 192	77 277	36 978	62 078	4 966	19 706	8 592
湖　北	35 419	67 737	54 299	61 521	7 739		
湖　南	23 687	86 727	33 553	-139 402	4 859		
广　东	24 689	109 220	18 271	-995 674	16 985	39 018	7 559
广　西	4 495	17 372	4 053	-80 692	849	5 519	1 425
海　南	122	1 700	1 370	4 645	49	797	1 370
重　庆	4 497	7 087	1 066	-99 682	1 792	2 789	1 000
四　川	3 132	15 282	3 263	-369 499	1 572	3 231	2 827
贵　州	2 057	1 367	445	-28 193	162	491	22
云　南	1 200	8 150	3 051	-116 499	2 863	263	191
西　藏							
陕　西	11 305	24 347	3 305	-8 518	3 045	6 704	2 366
甘　肃	2 081	4 338	1 370	-1 413	148	3 263	893
青　海	137	602	72	-4 118		109	37
宁　夏	161	1 150		-13 236	32	403	114
新　疆	262	2 604	850	-42 411	240		
计划单列市	**10 207**	**78 739**	**9 311**	**149 005**	**3 728**	**10 924**	**9 321**
大　连	2 526	37 663	5 115	-41 595	256	682	376
青　岛	2 266	12 942	650	31 536	1 650		
宁　波	5 220	27 855	3 531	162 466	1 504	10 031	8 538
厦　门		275		16 726		211	392
新疆兵团	195	4	15	-20 128	318		15
东部地区	**251 540**	**880 332**	**169 187**	**-1 195 230**	**99 263**	**366 341**	**123 943**
中部地区	**190 306**	**395 425**	**217 705**	**-562 409**	**36 986**	**95 487**	**40 128**
西部地区	**16 236**	**52 207**	**18 727**	**-272 897**	**4 667**	**17 381**	**5 672**

1998年各地乡镇集体工业企业资产负债情况

单位:万元

项目 / 地区	流动资产 货币资金	短期投资	应收票据	应收账款	减:坏账准备	应收账款净额	预付账款
全国总计	**11 257 025**	**907 541**	**932 962**	**31 906 799**	**315 070**	**31 591 729**	**3 521 613**
北　京	243 676	8 493	4 648	384 306	641	383 665	50 122
天　津	269 425	16 766	32 411	876 373	2 909	873 464	85 026
河　北	613 970	73 535	86 039	1 188 151	21 890	1 166 261	107 758
山　西	165 632	13 896	17 211	561 380	11 659	549 721	44 119
内蒙古	58 586	4 522	3 953	115 407	3 322	112 085	11 509
辽　宁	248 494	7 368	9 211	1 032 041	4 186	1 027 855	66 040
吉　林	71 814	4 779	5 280	242 165	1 514	240 651	17 181
黑龙江	83 993	12 761	4 141	276 811	5 564	271 247	17 712
上　海	1 085 344	56 391	69 279	2 804 495	20 081	2 784 414	273 902
江　苏	1 661 327	181 438	186 850	5 942 475	74 967	5 867 508	583 882
浙　江	1 488 877	115 735	91 514	4 949 109	26 751	4 922 358	624 947
安　徽	308 949	15 974	14 631	677 363	7 371	669 992	65 691
福　建	412 420	21 561	12 731	1 008 309	11 445	996 864	96 177
江　西	97 953	8 252	4 120	235 209	6 564	228 645	19 248
山　东	866 842	86 917	97 714	2 678 531	13 188	2 665 343	340 805
河　南	653 815	63 901	42 836	1 146 781	16 313	1 130 468	122 346
湖　北	439 067	46 115	23 569	936 332	11 973	924 359	95 989
湖　南	184 790	11 737	8 317	539 689	7 607	532 082	39 444
广　东	1 440 173	99 861	157 254	4 164 988	48 926	4 116 062	546 226
广　西	112 643	8 759	13 203	188 758	1 363	187 395	29 580
海　南	20 738	405	230	12 536	115	12 421	337
重　庆	99 611	3 456	14 922	255 212	723	254 489	19 319
四　川	226 667	12 414	13 271	658 793	3 990	654 803	82 209
贵　州	50 930	8 709	1 539	133 462	2 233	131 229	21 318
云　南	135 576	6 324	2 520	325 508	1 833	323 675	77 281
西　藏							
陕　西	117 042	10 473	10 661	293 849	3 923	289 926	38 389
甘　肃	53 983	4 741	2 286	140 191	1 743	138 448	20 425
青　海	6 590	440	169	19 144	846	18 298	3 028
宁　夏	13 059	524	402	29 894	212	29 682	3 535
新　疆	25 039	1 294	2 050	89 537	1 218	88 319	18 068
计划单列市	**574 203**	**32 739**	**31 110**	**1 939 890**	**7 011**	**1 932 879**	**219 173**
大　连	84 944	1 063	850	311 447	555	310 892	31 004
青　岛	114 103	8 989	7 235	335 687	723	334 964	36 615
宁　波	356 162	21 453	22 710	1 241 520	5 367	1 236 153	143 320
厦　门	11 894	1 133	196	21 920	220	21 700	4 858
新疆兵团	7 100	101	119	29 316	146	29 170	3 376
东部地区	**8 330 548**	**668 065**	**747 651**	**25 028 778**	**224 984**	**24 803 794**	**2 774 885**
中部地区	**2 449 333**	**203 758**	**158 959**	**5 823 584**	**77 201**	**5 746 383**	**561 647**
西部地区	**477 144**	**35 718**	**26 352**	**1 054 437**	**12 885**	**1 041 552**	**185 081**

1998 年各地乡镇集体工业企业资产负债情况(续)

单位:万元

项目 地区	流动资产						
	应收补贴款	其他应收款	存货	其中:原材料	库存成品及商品	待摊费用	待处理流动资产净损失
全国总计	**200 494**	**15 754 667**	**44 086 135**	**16 107 833**	**19 598 311**	**2 036 700**	**827 878**
北京	1 786	288 349	1 058 231	296 431	509 139	45 304	15 694
天津	15 421	619 562	1 279 644	453 234	590 287	54 762	13 557
河北	53 412	338 687	1 852 050	660 033	867 413	95 354	19 037
山西	3 173	180 952	702 828	233 807	315 710	53 040	15 159
内蒙古	338	47 292	181 197	57 677	80 748	6 870	2 508
辽宁	8 769	587 680	1 310 145	432 814	672 837	54 776	30 260
吉林	620	113 169	345 939	124 625	161 863	11 596	9 920
黑龙江	321	156 554	384 584	171 657	181 177	15 848	11 655
上海	9 127	1 699 146	2 889 729	1 172 195	935 453	87 126	48 460
江苏	6 418	2 835 318	8 520 360	3 045 628	3 375 630	293 378	249 098
浙江	4 727	2 261 855	6 278 851	2 134 810	2 808 278	260 019	83 253
安徽	1 257	178 512	834 362	332 133	383 464	36 887	15 911
福建	3 064	233 077	1 440 489	600 790	728 320	52 577	10 442
江西	483	55 201	281 416	108 916	136 837	16 363	7 699
山东	9 206	1 986 370	4 921 622	1 797 591	2 268 898	263 894	73 355
河南	5 511	343 396	1 512 982	597 972	723 484	91 340	14 766
湖北	5 948	295 873	1 528 975	567 748	656 776	104 328	56 763
湖南	1 859	139 116	685 257	220 947	347 826	35 514	22 668
广东	62 942	2 412 031	4 797 396	1 947 022	2 156 667	268 010	62 865
广西	1 433	79 661	340 670	122 089	201 303	24 331	9 623
海南	29	249	8 821	1 023	5 903	921	1 096
重庆	199	109 030	346 701	121 062	172 367	20 704	8 701
四川	1 484	369 516	1 075 497	362 962	548 501	64 971	22 977
贵州	970	68 152	175 178	49 057	93 479	12 250	4 295
云南	1 177	171 867	473 421	160 343	248 844	22 998	6 595
西藏							
陕西	223	77 485	408 057	185 741	187 891	25 731	5 971
甘肃	167	44 913	208 919	79 324	108 956	9 485	1 248
青海	65	4 456	25 098	8 524	13 636	764	359
宁夏	215	11 120	41 088	16 986	22 830	2 225	1 198
新疆	150	46 078	176 628	44 692	93 794	5 334	2 745
计划单列市	**4 494**	**1 163 865**	**2 610 026**	**762 079**	**1 167 916**	**135 519**	**36 158**
大连	1 015	271 962	486 656	143 518	232 040	17 374	11 061
青岛	1 920	230 739	578 443	137 943	241 722	64 326	7 143
宁波	1 164	643 790	1 429 409	443 444	655 284	52 463	17 426
厦门	201	7 656	38 961	19 801	11 691	742	180
新疆兵团	194	9 718	76 557	17 373	27 179	614	348
东部地区	**174 872**	**13 262 075**	**34 348 517**	**12 540 548**	**14 912 922**	**1 475 200**	**606 021**
中部地区	**21 078**	**2 018 804**	**8 106 598**	**3 027 570**	**3 815 896**	**476 322**	**192 190**
西部地区	**4 544**	**473 788**	**1 631 020**	**539 715**	**869 493**	**85 178**	**29 667**

1998 年各地乡镇集体工业企业资产负债情况(续)

单位:万元

项目 地区	流动资产 一年内到期的长期债券投资	流动资产 其他流动资产	流动资产 流动资产合计	长期投资	固定资产 固定资产原值	固定资产 累计折旧	固定资产 固定资产净值
全国总计	43 612	1 389 572	112 549 928	5 156 445	114 750 556	28 820 987	85 929 569
北京	192	10 560	2 110 720	80 199	1 727 590	483 368	1 244 222
天津	2 276	28 633	3 290 947	139 274	2 313 625	635 092	1 678 533
河北	5 378	106 770	4 518 251	119 541	5 465 581	1 282 931	4 182 650
山西	2 705	27 536	1 775 972	50 240	2 213 100	522 796	1 690 304
内蒙古	84	5 293	434 237	4 206	601 800	109 554	492 246
辽宁	1 072	24 270	3 375 940	93 081	2 889 024	692 988	2 196 036
吉林	702	9 653	831 304	19 011	1 070 007	206 686	863 321
黑龙江	100	24 245	983 161	62 100	1 156 228	212 446	943 782
上海	787	101 354	9 105 059	609 361	6 501 346	1 676 186	4 825 160
江苏	3 224	219 567	20 608 368	1 149 561	17 158 794	4 570 722	12 588 072
浙江	3 594	85 729	16 221 459	1 096 366	14 547 450	3 363 214	11 184 236
安徽	983	18 333	2 161 482	63 554	2 932 786	684 135	2 248 651
福建	504	49 791	3 329 697	51 617	3 529 790	828 183	2 701 607
江西	264	11 265	730 909	14 562	1 242 640	276 640	966 000
山东	5 424	265 718	11 583 210	362 241	12 001 325	3 171 179	8 830 146
河南	2 658	56 934	4 040 953	67 980	5 773 786	1 331 456	4 442 330
湖北	2 346	92 837	3 616 169	74 788	4 153 961	1 106 473	3 047 488
湖南	4 314	23 853	1 688 951	28 763	2 315 435	630 722	1 684 713
广东	4 049	129 141	14 096 010	642 154	17 344 325	4 592 541	12 751 784
广西	546	14 638	822 482	32 742	1 255 258	314 333	940 925
海南	67	2 698	48 012	1 033	143 328	23 319	120 009
重庆	70	3 104	880 306	26 748	907 289	243 039	664 250
四川	241	29 676	2 553 726	159 726	3 103 869	816 806	2 287 063
贵州	199	5 080	479 849	16 936	500 109	99 581	400 528
云南	160	9 104	1 230 698	123 018	1 502 167	345 006	1 157 161
西藏							
陕西	1 369	11 952	997 279	27 174	1 173 960	328 361	845 599
甘肃	131	9 937	494 683	19 654	570 298	122 492	447 806
青海	86	943	60 296	2 513	117 068	20 553	96 515
宁夏		756	103 804	2 255	150 575	31 477	119 098
新疆	87	10 202	375 994	16 047	388 042	98 708	289 334
计划单列市	629	50 442	6 791 237	294 626	4 634 056	1 182 262	3 451 794
大连	13	10 488	1 227 322	51 027	978 409	305 870	672 539
青岛		12 964	1 397 441	55 427	1 013 377	268 566	744 811
宁波	243	25 785	3 950 078	182 546	2 451 850	570 349	1 881 501
厦门	12	171	87 704	5 536	69 824	13 532	56 292
新疆兵团	361	1 034	128 692	90	120 596	23 945	96 651
东部地区	26 500	1 021 533	88 239 661	4 343 395	83 478 850	21 296 404	62 182 446
中部地区	15 752	309 388	20 260 212	594 646	26 043 061	6 359 560	19 683 501
西部地区	1 360	58 651	4 050 055	218 404	5 228 645	1 165 023	4 063 622

1998 年各地乡镇集体工业企业资产负债情况(续)

单位:万元

地区 \ 项目	固定资产				无形及递延资产		
	固定资产清理	在建工程	待处理固定资产净损失	固定资产合计	无形资产	递延资产	无形及递延资产合计
全国总计	**153 413**	**7 531 833**	**188 654**	**93 803 469**	**3 361 076**	**1 689 267**	**5 050 343**
北京	1 762	122 959	2 578	1 371 521	51 939	48 093	100 032
天津	1 132	144 653	1 052	1 825 370	73 659	35 119	108 778
河北	10 537	272 438	9 600	4 475 225	136 808	62 387	199 195
山西	9 879	148 486	10 025	1 858 694	17 637	22 497	40 134
内蒙古	424	37 443	1 338	531 451	7 754	10 054	17 808
辽宁	1 662	127 767	4 363	2 329 828	53 717	38 387	92 104
吉林	117	72 523	2 333	938 294	29 736	22 513	52 249
黑龙江	345	43 834	1 170	989 131	23 898	11 147	35 045
上海	10 983	444 403	4 785	5 285 331	237 618	118 555	356 173
江苏	16 671	1 283 607	51 309	13 939 659	529 814	256 361	786 175
浙江	9 460	1 173 208	13 067	12 379 971	393 691	215 651	609 342
安徽	1 672	140 716	3 174	2 394 213	114 683	39 900	154 583
福建	1 334	207 642	1 985	2 912 568	66 093	23 721	89 814
江西	2 099	47 794	4 674	1 020 567	22 292	12 181	34 473
山东	18 449	852 217	16 949	9 717 761	314 170	132 790	446 960
河南	7 745	237 107	7 467	4 694 649	61 241	37 944	99 185
湖北	16 446	187 844	9 376	3 261 154	133 170	64 816	197 986
湖南	2 762	84 024	4 127	1 775 626	35 621	27 092	62 713
广东	16 832	1 115 211	15 982	13 899 809	553 358	328 750	882 108
广西	2 178	81 641	631	1 025 375	36 796	26 173	62 969
海南	391	1 461	223	122 084	11 884	620	12 504
重庆	787	80 021	2 975	748 033	25 660	18 501	44 161
四川	9 309	230 640	9 040	2 536 052	274 734	61 918	336 652
贵州	753	48 988	1 712	451 981	19 577	14 559	34 136
云南	4 426	135 311	875	1 297 773	99 023	30 852	129 875
西藏							
陕西	3 672	76 859	6 058	932 188	20 304	11 158	31 462
甘肃	851	28 076	382	477 115	9 469	5 514	14 983
青海	58	4 700	114	101 387	625	2 426	3 051
宁夏	220	8 110	201	127 629	1 659	1 848	3 507
新疆	457	92 150	1 089	383 030	4 446	7 740	12 186
计划单列市	**3 502**	**362 089**	**3 684**	**3 821 069**	**142 476**	**86 893**	**229 369**
大连	904	53 733	1 012	728 188	16 110	19 416	35 526
青岛	633	86 817	1 031	833 292	21 414	17 392	38 806
宁波	878	206 127	1 598	2 090 104	101 196	45 069	146 265
厦门		6 495	43	62 830	3 535	737	4 272
新疆兵团	1 087	8 917		106 655	221	4 279	4 500
东部地区	**88 822**	**5 744 105**	**121 670**	**68 137 043**	**2 410 867**	**1 259 814**	**3 670 681**
中部地区	**54 833**	**1 349 848**	**60 419**	**21 148 601**	**758 976**	**329 667**	**1 088 643**
西部地区	**9 758**	**437 880**	**6 565**	**4 517 825**	**191 233**	**99 786**	**291 019**

1998年各地乡镇集体工业企业资产负债情况(续)

单位:万元

地区	其他长期资产	递延税款借项	资产总计	流动负债			
				短期借款	其中:银行存款	应付票据	应付账款
全国总计	**629 443**	**30 478**	**217 220 106**	**45 404 476**	**29 666 532**	**1 874 272**	**26 589 917**
北京	3 739	232	3 666 443	754 591	490 470	10 431	442 673
天津	11 400	1 429	5 377 198	1 340 868	811 470	93 065	648 652
河北	13 783	2 664	9 328 659	2 001 867	1 191 112	100 297	993 429
山西	10 246	222	3 735 508	702 658	355 121	16 689	558 986
内蒙古	11 514	3 021	1 002 237	154 295	98 023	10 485	94 242
辽宁	4 873	306	5 896 132	1 312 128	890 653	63 590	788 038
吉林	8 999	32	1 849 889	375 300	209 111	15 530	189 690
黑龙江	2 179	139	2 071 755	371 072	270 385	7 341	225 076
上海	41 957	1 389	15 399 270	2 655 915	2 030 100	86 925	2 548 277
江苏	119 212	3 890	36 606 865	7 895 918	5 635 745	512 722	5 125 807
浙江	47 231	1 153	30 355 522	7 729 222	5 365 605	263 391	3 573 808
安徽	6 122	702	4 780 656	998 589	562 736	55 489	423 476
福建	20 148	1 768	6 405 612	886 858	571 506	37 816	707 606
江西	5 031	207	1 805 749	347 717	255 582	6 125	164 240
山东	169 894	1 244	22 281 310	4 776 551	2 969 524	223 835	2 217 569
河南	11 367	3 174	8 917 308	1 788 136	905 372	85 099	875 783
湖北	19 566	962	7 170 625	1 151 984	625 114	49 054	690 521
湖南	7 040	2 850	3 565 943	727 529	463 960	16 014	379 044
广东	85 587	2 785	29 608 453	5 157 215	3 497 107	95 445	4 170 161
广西	3 133	192	1 946 893	416 446	216 241	9 237	154 868
海南	340		183 973	6 988	5 554	247	2 763
重庆	1 510	178	1 700 936	464 183	268 714	33 300	217 772
四川	13 968	400	5 600 524	1 596 228	897 986	39 359	534 335
贵州	821	589	984 312	189 964	85 271	5 191	131 566
云南	3 958	332	2 785 654	665 788	351 990	9 539	293 314
西藏							
陕西	3 063	217	1 991 383	444 445	293 321	22 474	172 839
甘肃	1 189	64	1 007 688	228 689	163 617	3 170	117 899
青海	71	56	167 374	30 906	25 343	243	14 964
宁夏	616	26	237 837	53 622	39 740	364	24 950
新疆	886	255	788 398	178 804	120 059	1 805	107 569
计划单列市	**13 060**	**494**	**11 149 855**	**2 521 487**	**1 768 204**	**112 673**	**1 369 026**
大连	1 037	85	2 043 185	478 245	378 146	24 994	219 407
青岛	3 782	60	2 328 808	530 813	317 153	31 953	279 205
宁波	8 129	334	6 377 456	1 428 692	1 035 749	52 330	834 034
厦门	32		160 374	27 566	21 375	42	13 403
新疆兵团	80	15	240 032	56 171	15 781	3 354	22 977
东部地区	**517 824**	**16 860**	**164 925 464**	**34 511 133**	**23 453 292**	**1 487 517**	**21 216 020**
中部地区	**89 091**	**9 083**	**43 190 276**	**8 967 841**	**5 107 402**	**346 474**	**4 431 762**
西部地区	**22 528**	**4 535**	**9 104 366**	**1 925 502**	**1 105 838**	**40 281**	**942 135**

1998年各地乡镇集体工业企业资产负债情况(续)

单位:万元

项目 地区	流动负债						
	预收款项	其他应付款	应付工资	应付福利费	未缴税金	未付利润	其他未缴款
全国总计	**4 068 881**	**16 191 005**	**3 735 555**	**2 042 093**	**2 717 994**	**976 811**	**1 644 731**
北京	131 252	412 493	63 074	56 813	22 691	15 441	30 397
天津	71 861	495 278	96 407	46 264	26 405	39 855	77 889
河北	137 083	354 116	166 069	63 224	84 952	40 507	41 212
山西	42 205	213 659	82 312	26 855	34 229	6 721	37 813
内蒙古	9 730	48 930	24 067	7 490	10 237	17 280	4 743
辽宁	75 264	684 139	94 520	73 477	61 017	25 286	44 293
吉林	13 446	148 746	24 888	24 284	23 433	8 767	11 498
黑龙江	28 642	156 740	24 776	13 259	15 062	12 449	7 261
上海	442 104	1 603 666	285 782	131 171	54 613	135 817	99 192
江苏	808 589	3 093 066	1 011 503	411 610	715 994	142 973	498 831
浙江	468 969	1 802 782	494 575	360 690	468 370	129 591	191 472
安徽	55 531	194 756	89 747	49 031	124 835	26 456	34 430
福建	94 666	260 538	45 020	40 245	23 435	31 203	27 718
江西	18 447	61 176	29 528	12 790	7 517	4 644	10 013
山东	358 646	2 005 865	353 950	190 029	290 307	88 717	116 386
河南	146 359	361 701	175 081	57 565	49 870	29 904	39 420
湖北	71 224	326 100	121 630	67 063	165 775	31 056	49 552
湖南	49 624	184 822	97 586	57 603	45 698	5 128	19 467
广东	689 538	2 563 576	246 995	156 266	269 568	137 835	189 783
广西	34 462	150 892	21 785	18 812	9 357	6 836	13 797
海南	453	632	890	137	52	49	53
重庆	16 732	132 595	23 957	36 286	34 744	2 245	14 542
四川	121 229	397 243	51 634	73 130	74 152	22 735	34 086
贵州	27 612	70 906	12 772	7 948	13 912	−3 032	6 163
云南	73 197	254 839	30 821	29 559	25 542	3 934	19 980
西藏							
陕西	32 689	71 793	33 991	12 269	40 908	7 468	12 303
甘肃	15 017	59 831	16 739	7 681	8 194	3 511	5 568
青海	2 583	7 673	2 410	1 843	1 006	422	700
宁夏	3 290	9 848	2 673	1 208	2 327	−429	1 038
新疆	28 437	62 604	10 373	7 491	13 792	3 442	5 131
计划单列市	**194 897**	**1 138 246**	**166 072**	**146 310**	**204 993**	**54 211**	**74 277**
大连	32 993	297 394	33 303	33 681	20 411	9 864	12 193
青岛	45 334	305 275	33 603	32 188	17 607	6 876	11 012
宁波	103 542	486 319	95 641	77 798	163 248	36 118	43 627
厦门	7 596	11 151	651	1 737	514	694	260
新疆兵团	5 432	38 107	2 874	906	3 213	659	7 185
东部地区	**3 277 972**	**13 275 519**	**2 857 895**	**1 529 789**	**2 017 352**	**787 225**	**1 317 173**
中部地区	**596 128**	**2 249 331**	**755 130**	**430 135**	**616 223**	**157 573**	**270 385**
西部地区	**194 781**	**666 155**	**122 530**	**82 169**	**84 419**	**32 013**	**57 173**

1998年各地乡镇集体工业企业资产负债情况(续)

单位:万元

项目 地区	流动负债					长期负债	
	其中:未缴乡镇企业管理费	预提费用	一年内到期的长期负债	其他流动负债	流动负债合计	长期借款	其中:银行借款
全国总计	**225 324**	**3 768 891**	**320 196**	**1 181 103**	**110 515 925**	**18 240 319**	**10 739 361**
北京	1 187	67 912	1 378	5 687	2 014 833	265 625	151 650
天津	950	51 469	4 077	33 928	3 026 018	241 282	161 067
河北	1 976	166 385	38 169	98 304	4 285 614	917 729	564 190
山西	2 345	41 944	17 198	88 006	1 869 275	396 138	44 921
内蒙古	501	11 302	1 502	12 535	406 838	103 042	43 907
辽宁	1 980	82 356	4 138	16 868	3 325 114	427 691	267 773
吉林	530	34 966	2 871	7 477	880 896	185 420	138 512
黑龙江	337	12 381	1 167	17 594	892 820	211 363	143 015
上海	36 118	113 118	8 039	37 354	8 201 973	640 831	507 525
江苏	100 241	861 074	22 205	98 508	21 198 800	2 356 266	1 320 167
浙江	21 506	404 091	9 447	36 734	15 933 142	1 866 132	845 355
安徽	5 225	115 020	5 621	74 779	2 197 760	572 618	366 786
福建	1 241	41 151	6 104	83 385	2 285 745	277 118	131 447
江西	1 142	32 121	3 698	11 995	710 011	273 223	225 223
山东	7 175	254 526	16 863	224 721	11 117 965	1 782 207	1 023 466
河南	1 786	150 921	36 195	86 941	3 882 975	1 079 811	573 599
湖北	3 458	222 758	12 520	63 746	3 022 983	1 150 920	709 396
湖南	2 308	89 617	7 676	16 951	1 696 759	556 365	377 136
广东	19 499	596 505	65 026	140 004	14 477 917	2 473 718	1 649 529
广西	1 314	41 390	6 214	12 139	896 235	349 774	215 336
海南	−8	207	16	1 486	13 973	70 005	60 372
重庆	1 464	41 151	2 347	11 315	1 031 169	181 647	95 470
四川	4 071	164 377	10 963	19 816	3 139 287	642 131	371 288
贵州	803	25 101	10 733	2 049	500 885	159 088	103 590
云南	4 035	59 263	5 523	8 495	1 479 794	382 965	183 210
西藏							
陕西	2 916	32 561	6 926	11 970	902 636	301 532	222 373
甘肃	556	16 986	2 325	5 774	491 384	122 524	90 054
青海	97	1 623	881	613	65 867	47 497	32 220
宁夏	54	12 672	904	406	112 873	66 677	47 126
新疆	517	23 943	9 470	1 523	454 384	138 980	73 658
计划单列市	**8 205**	**118 437**	**2 997**	**59 939**	**6 163 565**	**541 064**	**271 812**
大连	641	30 970	554	7 457	1 201 466	106 474	80 825
青岛	2 391	26 405	340	6 003	1 326 614	147 615	66 425
宁波	5 110	56 473	877	18 376	3 397 075	265 081	117 035
厦门	15	1 404		905	65 923	8 886	1 410
新疆兵团	48	3 185	1 226	27 198	172 487	13 008	6 117
东部地区	**191 873**	**2 638 587**	**175 446**	**775 493**	**85 867 121**	**11 248 599**	**6 622 169**
中部地区	**25 582**	**937 817**	**107 182**	**360 590**	**20 226 571**	**5 551 168**	**3 267 719**
西部地区	**7 869**	**192 487**	**37 568**	**45 020**	**4 422 233**	**1 440 552**	**849 473**

1998年各地乡镇集体工业企业资产负债情况(续)

单位:万元

项目 地区	长期负债					递延税款贷项
	应付债券	长期应付款	其他长期负债	其中:住房周转金	长期负债合计	
全国总计	**187 893**	**2 027 406**	**771 183**	**18 752**	**21 226 801**	**37 862**
北京	625	17 559	7 603	77	291 412	472
天津	1 059	18 192	6 869	4	267 402	76
河北	7 575	154 552	70 803	790	1 150 659	3 088
山西	8 089	62 935	44 483	180	511 645	2 465
内蒙古	9 715	8 954	6 694	968	128 405	849
辽宁	4 798	28 689	12 473	450	473 651	1 442
吉林	318	17 197	11 796	3	214 731	159
黑龙江	88	19 528	5 964		236 943	1 775
上海	2 684	94 914	24 274	79	762 703	2 278
江苏	30 337	254 855	116 009	1 137	2 757 467	3 573
浙江	12 678	310 372	60 748	5 813	2 249 930	1 001
安徽	3 530	33 255	15 527	397	624 930	186
福建	2 476	40 510	29 801	19	349 905	651
江西	1 128	18 618	7 985	157	300 954	481
山东	32 635	233 551	60 911	432	2 109 304	7 069
河南	16 004	128 185	43 818	415	1 267 818	1 302
湖北	8 785	96 796	47 482	699	1 303 983	990
湖南	6 763	42 793	19 001	130	624 922	212
广东	21 485	295 266	125 846	3 653	2 916 315	5 429
广西	1 597	20 303	8 912	305	380 586	89
海南	63	875	164		71 107	6
重庆	188	14 568	2 328	234	198 731	794
四川	11 755	52 530	14 361	1 293	720 777	1 026
贵州	274	8 955	3 851	91	172 168	17
云南	1 923	20 677	6 224	1 054	411 789	663
西藏						
陕西	213	14 277	7 704	7	323 726	1 767
甘肃	298	5 521	4 196	95	132 539	4
青海	70	3 212	3 354		54 133	-15
宁夏	320	3 285	132		70 414	16
新疆	420	6 482	1 870	270	147 752	-3
计划单列市	**11 454**	**67 274**	**15 844**	**3 798**	**635 636**	**1 235**
大连	382	5 472	2 576	263	114 904	1 019
青岛	5 504	18 760	1 773	5	173 652	134
宁波	5 568	37 891	9 239	3 689	317 779	80
厦门		1 587	37		10 510	7
新疆兵团		3 564	2 219	-159	18 791	-5
东部地区	**116 352**	**1 448 460**	**515 337**	**12 454**	**13 328 748**	**25 079**
中部地区	**56 861**	**500 682**	**220 449**	**3 515**	**6 329 160**	**11 157**
西部地区	**14 680**	**78 264**	**35 397**	**2 783**	**1 568 893**	**1 626**

1998年各地乡镇集体工业企业资产负债情况(续)

单位:万元

项目 地区	负债合计	所有者权益 实收资本	1.国家资本金	2.乡集体资本金	3.村集体资本金	4.法人资本金	5.个人资本金
全国总计	**131 780 588**	**68 099 687**	**1 414 371**	**16 673 937**	**16 832 618**	**12 169 940**	**10 035 082**
北京	2 306 717	1 122 191	49 005	294 834	340 623	220 437	60 969
天津	3 293 496	1 378 470	25 061	270 242	663 943	79 999	57 160
河北	5 439 361	3 035 162	104 952	842 140	1 171 840	404 640	376 014
山西	2 383 385	1 106 147	39 747	244 586	439 234	232 636	125 216
内蒙古	536 092	377 056	20 244	101 692	76 381	123 510	42 844
辽宁	3 800 207	1 792 375	53 851	529 994	557 710	335 716	161 171
吉林	1 095 786	734 927	59 192	163 504	196 654	200 967	48 730
黑龙江	1 131 538	692 990	29 654	177 679	157 338	178 105	92 386
上海	8 966 954	5 087 559	123 635	828 130	1 242 194	1 002 013	345 053
江苏	23 959 840	10 839 505		3 577 362	2 374 450	1 492 676	1 275 532
浙江	18 184 073	8 669 469	73 649	1 675 326	931 099	2 009 223	3 247 577
安徽	2 822 876	1 587 908	37 552	471 517	364 540	299 763	350 130
福建	2 636 301	3 389 796	52 096	474 991	481 787	800 468	485 030
江西	1 011 446	730 074	21 512	220 022	191 540	114 962	137 981
山东	13 234 338	5 758 785	39 489	1 367 548	2 759 536	715 839	514 478
河南	5 152 095	3 086 360	118 051	808 046	1 177 161	521 919	413 989
湖北	4 327 956	2 101 775	20 877	597 391	847 393	327 417	264 410
湖南	2 321 893	1 173 661	43 096	362 914	302 542	213 458	214 379
广东	17 399 661	10 464 347	76 824	2 500 805	1 784 220	1 359 577	902 440
广西	1 276 910	616 172	34 082	188 015	57 720	194 737	124 583
海南	85 086	75 679	39 249	18 660	4 514	10 391	2 129
重庆	1 230 694	441 059	10 933	105 907	53 158	116 969	141 220
四川	3 861 090	1 510 097	111 869	330 100	156 966	566 583	293 597
贵州	673 070	280 691	49 411	38 363	17 954	121 767	49 607
云南	1 892 246	801 409	76 058	153 364	163 611	250 583	124 334
西藏							
陕西	1 228 129	658 801	22 579	164 065	226 218	124 633	98 034
甘肃	623 927	292 385	52 435	66 076	48 782	72 542	47 736
青海	119 985	46 298	3 696	9 724	11 607	12 295	6 940
宁夏	183 303	60 473	3 140	19 940	9 217	17 363	9 720
新疆	602 133	188 066	22 432	71 000	22 656	48 752	21 693
计划单列市	**6 800 436**	**2 819 770**	**76 019**	**583 411**	**630 782**	**662 336**	**529 560**
大连	1 317 389	597 977	20 653	185 938	225 589	64 277	39 536
青岛	1 500 400	520 681	4 332	80 288	220 060	97 060	60 142
宁波	3 714 934	1 568 079	20 678	282 770	168 234	462 483	423 220
厦门	76 440	66 942	3 113	18 550	16 837	17 122	5 135
新疆兵团	191 273	66 091	27 243	15 865	62	21 394	1 527
东部地区	**99 220 948**	**51 537 659**	**598 562**	**12 361 372**	**12 307 402**	**8 420 588**	**7 425 424**
中部地区	**26 566 888**	**13 823 799**	**515 062**	**3 645 731**	**4 112 744**	**2 897 412**	**2 180 072**
西部地区	**5 992 752**	**2 738 229**	**300 747**	**666 834**	**412 472**	**851 940**	**429 586**

1998年各地乡镇集体工业企业资产负债情况(续)

单位:万元

项目 / 地区	所有者权益						负债及所有者权益总计
	6.外商资本金	资本公积	盈余公积	其中:公益金	未分配利润	所有者权益合计	
全国总计	**10 973 739**	**10 056 794**	**9 686 300**	**343 594**	**-2 403 263**	**85 439 518**	**217 220 106**
北京	156 323	177 582	174 232	2 975	-114 279	1 359 726	3 666 443
天津	282 065	131 366	605 804	2 163	-31 938	2 083 702	5 377 198
河北	135 576	331 724	415 210	17 764	107 202	3 889 298	9 328 659
山西	24 728	130 466	141 685	8 378	-26 175	1 352 123	3 735 508
内蒙古	12 385	29 215	61 515	1 894	-1 641	466 145	1 002 237
辽宁	153 933	203 523	212 860	2 801	-112 833	2 095 925	5 896 132
吉林	65 880	54 234	50 737	2 084	-85 795	754 103	1 849 889
黑龙江	57 828	136 849	98 159	4 197	12 219	940 217	2 071 755
上海	1 546 534	664 077	536 602	50 000	144 078	6 432 316	15 399 270
江苏	2 119 485	1 196 859	1 554 829	18 250	-944 168	12 647 025	36 606 865
浙江	732 595	2 032 662	1 293 273	75 724	176 045	12 171 449	30 355 522
安徽	64 406	178 108	199 424	9 821	-7 660	1 957 780	4 780 656
福建	1 095 424	118 861	179 875	1 064	80 779	3 769 311	6 405 612
江西	44 057	52 635	40 730	3 002	-29 136	794 303	1 805 749
山东	361 895	1 291 154	1 698 588	36 071	298 445	9 046 972	22 281 310
河南	47 194	301 911	348 788	10 452	28 154	3 765 213	8 917 308
湖北	44 287	327 779	406 266	11 316	6 849	2 842 669	7 170 625
湖南	37 272	113 972	103 908	1 217	-147 491	1 244 050	3 565 943
广东	3 840 481	1 703 451	1 010 966	65 389	-969 972	12 208 792	29 608 453
广西	17 035	80 013	64 655	4 150	-90 857	669 983	1 946 893
海南	706	18 859	1 695	78	2 654	98 887	183 973
重庆	12 872	68 744	53 772	1 175	-93 333	470 242	1 700 936
四川	50 982	373 319	214 715	2 197	-358 697	1 739 434	5 600 524
贵州	3 589	30 334	28 349	1 185	-28 132	311 242	984 312
云南	33 459	165 523	63 710	479	-137 234	893 408	2 785 654
西藏							
陕西	23 272	57 836	59 159	5 755	-12 542	763 254	1 991 383
甘肃	4 814	50 189	45 548	2 884	-4 361	383 761	1 007 688
青海	2 036	2 866	1 959	88	-3 734	47 389	167 374
宁夏	1 093	4 876	2 802	106	-13 617	54 534	237 837
新疆	1 533	27 807	16 485	935	-46 093	186 265	788 398
计划单列市	**337 662**	**703 094**	**676 503**	**38 411**	**150 052**	**4 349 419**	**11 149 855**
大连	61 984	56 199	104 388	1 463	-32 768	725 796	2 043 185
青岛	58 799	114 014	168 492	965	25 221	828 408	2 328 808
宁波	210 694	529 065	399 255	36 965	166 123	2 662 522	6 377 456
厦门	6 185	2 854	4 206	9	9 932	83 934	160 374
新疆兵团		962	162	-991	-18 456	48 759	240 032
东部地区	**10 424 311**	**7 851 259**	**7 682 239**	**272 201**	**-1 366 641**	**65 704 516**	**164 925 464**
中部地区	**472 778**	**1 795 853**	**1 717 343**	**59 594**	**-713 607**	**16 623 388**	**43 190 276**
西部地区	**76 650**	**409 682**	**286 718**	**11 799**	**-323 015**	**3 111 614**	**9 104 366**

1998 年各地乡镇集体工业企业资产负债情况(续)

单位:万元

地区 \ 项目	本期固定资产折旧额	平均应收账款余额	平均存款	流动资产平均余额	固定资产原值平均余额	固定资产净值平均余额	平均资产总额
全国总计	7 915 340	30 462 778	43 026 646	105 933 314	106 836 207	79 960 035	201 860 296
北京	94 158	332 572	940 273	1 928 888	1 566 622	1 138 674	3 231 209
天津	158 565	824 313	1 251 391	3 157 384	2 174 254	1 610 665	5 132 897
河北	409 631	1 065 611	1 644 880	4 239 713	4 657 430	3 752 410	8 161 460
山西	162 263	453 315	533 958	1 350 964	1 781 237	1 180 645	2 823 611
内蒙古	33 797	169 192	167 563	364 230	546 933	451 473	970 663
辽宁	151 685	933 667	1 192 074	3 027 603	2 572 163	1 944 861	5 098 012
吉林	69 940	219 132	298 444	722 673	949 059	768 231	1 709 764
黑龙江	62 551	279 044	348 316	871 040	973 440	821 004	1 928 399
上海	399 849	2 800 000	2 880 000	9 100 000	6 500 000	4 820 000	15 399 000
江苏	1 021 586	6 002 862	9 090 055	19 743 504	16 038 298	12 220 294	35 398 845
浙江	907 858	4 446 487	5 996 202	15 431 623	14 746 893	10 593 875	28 573 752
安徽	199 803	773 605	819 542	2 032 952	2 702 769	2 136 066	4 528 662
福建	232 151	933 706	1 374 742	3 180 122	3 395 384	2 636 395	6 084 969
江西	80 421	218 424	263 131	669 322	1 054 599	923 900	1 559 225
山东	801 731	2 554 296	4 712 710	10 706 935	11 126 499	8 307 777	20 730 496
河南	417 152	1 137 209	1 677 664	3 867 211	4 745 156	3 688 445	8 111 036
湖北	306 862	830 318	1 394 984	3 308 939	3 759 373	2 806 614	6 229 048
湖南	147 234	511 720	610 825	1 604 899	2 122 948	1 600 957	3 174 279
广东	1 664 151	3 964 021	4 731 004	13 209 461	16 356 638	11 667 704	27 072 278
广西	77 528	182 390	308 624	756 087	1 140 520	892 440	1 827 066
海南	10 952	10 920	8 133	40 788	123 929	115 657	150 422
重庆	55 165	250 251	354 388	795 896	847 749	620 949	1 557 677
四川	175 680	636 210	1 007 853	2 363 930	2 876 173	2 084 056	5 139 917
贵州	36 373	133 623	170 385	441 051	461 005	386 019	891 814
云南	102 585	294 503	427 133	1 100 625	1 361 463	1 057 032	2 463 311
西藏							
陕西	70 710	245 088	413 111	960 146	1 165 701	844 913	1 944 513
甘肃	26 170	126 466	181 534	435 284	507 195	394 988	901 938
青海	4 390	17 682	23 669	57 735	64 105	95 635	162 459
宁夏	9 120	28 867	33 950	95 364	141 332	114 652	225 596
新疆	25 279	87 284	170 108	368 945	375 340	283 704	677 978
计划单列市	273 254	1 737 469	2 484 702	6 261 630	4 309 646	3 234 251	10 424 315
大连	55 127	284 555	468 669	1 143 440	924 519	617 000	1 920 908
青岛	57 236	299 129	520 752	1 252 946	905 597	696 224	2 139 739
宁波	149 517	1 112 010	1 392 183	3 670 937	2 309 559	1 788 972	5 998 181
厦门	3 492	20 279	42 286	91 680	69 476	56 967	163 674
新疆兵团	7 882	21 496	60 812	102 627	100 495	75 088	201 813
东部地区	5 841 365	23 857 535	33 813 331	83 725 233	79 134 181	58 692 655	154 882 918
中部地区	1 747 781	5 554 316	7 722 216	18 547 972	22 978 204	17 475 780	38 706 131
西部地区	326 194	1 050 927	1 491 099	3 660 109	4 723 822	3 791 600	8 271 247

1998 年各地乡镇集体工业企业资产损益情况

项目 地区	主营业务收入（万元）	减：主营业务成本（万元）	营业费用（万元）	营业税金及附加（万元）	主营业务利润（万元）	加：其他业务收入（万元）	减：其他业务支出（万元）
全国总计	**303 184 475**	**256 890 100**	**10 739 371**	**2 693 242**	**32 861 762**	**2 171 997**	**1 882 464**
北京	3 103 136	2 596 307	107 156	19 687	379 986	42 335	31 426
天津	7 060 432	5 909 386	171 989	33 331	945 726	23 306	17 061
河北	13 259 399	10 797 315	653 418	106 014	1 702 652	52 066	56 184
山西	5 185 284	3 974 543	514 309	121 789	574 643	44 347	27 017
内蒙古	1 271 022	1 009 195	67 751	16 107	177 969	7 355	7 628
辽宁	10 553 539	9 116 965	253 061	75 227	1 108 286	47 349	47 718
吉林	2 166 485	1 809 134	70 448	36 135	250 768	14 848	10 759
黑龙江	3 331 411	2 848 781	98 668	24 646	359 316	2 337	35 484
上海	14 422 168	12 271 125	387 127	47 588	1 716 328	202 856	133 339
江苏	48 270 171	42 073 532	1 384 019	327 293	4 485 327	839 731	742 289
浙江	33 861 573	28 898 066	884 793	345 464	3 733 250	314 483	259 397
安徽	8 326 773	6 894 143	323 471	81 855	1 027 304	32 283	29 856
福建	11 535 350	9 901 923	502 137	116 449	1 014 841	19 867	18 767
江西	3 385 533	2 802 979	198 435	45 249	338 870	10 484	9 412
山东	37 240 614	31 479 241	902 067	286 360	4 572 946	111 942	98 034
河南	16 406 483	13 609 819	597 944	105 223	2 093 497	32 783	51 985
湖北	20 203 340	16 854 511	817 721	234 351	2 296 757	43 871	35 325
湖南	8 860 242	7 490 175	402 559	117 011	850 497	14 803	15 612
广东	36 140 779	30 777 475	1 602 463	335 132	3 425 709	189 333	149 321
广西	2 706 515	2 306 820	137 522	29 558	232 615	11 165	10 907
海南	169 083	140 126	6 386	6 690	15 881	597	384
重庆	2 019 844	1 739 877	51 498	25 966	202 503	9 962	7 511
四川	5 578 434	4 763 827	235 643	53 987	524 977	54 918	50 891
贵州	711 419	580 520	44 295	13 156	73 448	9 991	6 589
云南	2 264 658	1 941 971	90 261	27 486	204 940	24 534	19 120
西藏							
陕西	3 422 667	2 895 158	151 497	23 216	352 796	7 977	6 068
甘肃	933 457	749 052	47 287	25 371	111 747	1 345	1 336
青海	142 861	116 311	7 016	2 155	17 379	179	139
宁夏	178 670	149 293	7 872	2 159	19 346	832	482
新疆	473 133	392 530	20 558	8 587	51 458	4 118	2 423
计划单列市	**14 474 173**	**12 367 040**	**367 018**	**119 469**	**1 620 646**	**133 501**	**113 766**
大连	4 112 136	3 604 155	76 549	18 402	413 030	13 105	10 752
青岛	3 012 083	2 611 507	59 321	21 179	320 076	12 197	8 869
宁波	6 969 763	5 828 646	212 663	75 296	853 158	106 567	93 383
厦门	262 985	219 935	13 756	1 266	28 028	575	72
新疆兵团	117 206	102 797	4 729	3 326	6 354	1 057	690
东部地区	**215 447 161**	**183 821 335**	**6 848 230**	**1 692 545**	**23 085 051**	**1 843 268**	**1 553 536**
中部地区	**78 886 496**	**65 682 947**	**3 462 193**	**869 428**	**8 871 928**	**268 613**	**279 920**
西部地区	**8 850 818**	**7 385 818**	**428 948**	**131 269**	**904 783**	**60 116**	**49 008**

1998年各地乡镇集体工业企业资产损益情况(续)

项目 地区	管理费用(万元)	其中:应缴乡镇企业管理费(万元)	财务费用(万元)	营业利润(万元)	加:投资收益(万元)	补贴收入(万元)	营业外收入(万元)
全国总计	**11 986 847**	**340 232**	**6 145 470**	**15 018 978**	**185 799**	**280 236**	**596 226**
北京	196 019	2 515	67 104	127 772	1 929	2 381	12 235
天津	211 900	17 785	130 393	609 678	2 211	3 191	13 728
河北	318 486	2 938	304 748	1 075 300	2 398	2 168	19 259
山西	190 012	3 949	109 570	292 391	4 950	380	12 277
内蒙古	42 552	346	22 170	112 974	994	505	1 918
辽宁	275 691	3 507	154 376	677 850	1 071	4 763	11 065
吉林	74 070	1 401	37 607	143 180	802	928	2 970
黑龙江	83 436	1 893	51 947	190 786	365	546	3 146
上海	1 013 996	28 298	250 835	521 014	52 043	98 491	42 941
江苏	2 325 367	79 385	925 707	1 331 695	23 725	79 547	134 307
浙江	1 421 972	43 257	918 706	1 447 658	22 430	25 675	72 382
安徽	303 912	12 808	161 879	563 910	3 440	3 116	14 758
福建	334 418	4 333	121 932	559 591	1 617	2 221	11 856
江西	81 023	4 888	53 977	204 942	645	248	4 581
山东	1 322 218	13 224	684 931	2 579 705	11 837	19 905	53 833
河南	413 131	5 222	311 153	1 350 011	6 543	2 739	17 376
湖北	896 977	13 514	391 668	1 016 658	1 978	2 054	26 950
湖南	264 582	14 790	157 618	427 488	940	1 959	9 911
广东	1 474 961	58 409	741 156	1 249 604	35 130	17 064	95 200
广西	74 641	1 695	56 463	101 769	1 466	377	3 395
海南	5 978	33	2 252	7 864	3 206	131	244
重庆	94 979	2 969	61 020	48 955	200	1 600	3 423
四川	237 329	8 896	195 011	96 664	1 934	4 481	12 093
贵州	34 084	840	23 575	19 191	350	845	3 939
云南	124 742	6 231	78 410	7 202	1 973	3 863	6 017
西藏							
陕西	104 725	4 882	73 991	175 989	334	128	2 166
甘肃	27 508	945	21 139	63 109	362	52	1 507
青海	6 880	160	6 034	4 505	3	155	362
宁夏	4 997	160	8 112	6 587	195	18	1 100
新疆	26 261	959	21 986	4 906	728	705	1 287
计划单列市	**577 804**	**14 262**	**270 907**	**791 670**	**4 954**	**5 905**	**34 970**
大连	99 966	1 029	50 389	265 028	149	2 241	5 103
青岛	139 225	553	50 202	133 977	2 039	1 250	7 817
宁波	320 089	12 564	156 742	389 511	2 454	2 076	21 082
厦门	11 439	63	7 292	9 800	243		235
新疆兵团	7 085	53	6 282	－6 646	69	338	733
东部地区	**8 895 028**	**253 651**	**4 299 888**	**10 179 867**	**154 391**	**255 406**	**466 806**
中部地区	**2 744 176**	**75 212**	**1 605 441**	**4 511 004**	**22 131**	**18 179**	**109 651**
西部地区	**347 643**	**11 369**	**240 141**	**328 107**	**9 277**	**6 651**	**19 769**

1998年各地乡镇集体工业企业资产损益情况(续)

项目 地区	减:营业外支出(万元)	加:以前年度损益调整(万元)	利润总额(万元)	减:所得税(万元)	净利润(万元)	期末全部职工人数(人)	本期平均职工人数(人)
全国总计	**841 270**	**-396**	**15 239 573**	**2 221 238**	**13 018 335**	**34 349 225**	**33 998 595**
北京	8 022	-224	136 071	26 354	109 717	488 337	495 228
天津	29 888	-1 197	597 723	94 739	502 984	608 322	598 756
河北	45 972	-640	1 052 513	66 615	985 898	1 650 002	1 647 233
山西	31 751	1 580	279 827	37 313	242 514	1 068 016	1 106 809
内蒙古	4 430	190	112 151	8 148	104 003	272 372	270 566
辽宁	11 265	711	684 195	116 186	568 009	941 904	965 817
吉林	2 420	-484	144 976	24 563	120 413	341 499	340 731
黑龙江	9 393	-212	185 238	13 844	171 394	413 367	412 361
上海	36 897	1 381	678 973	72 080	606 893	1 240 211	1 240 122
江苏	148 170	9 384	1 430 488	253 334	1 177 154	3 883 134	3 873 656
浙江	74 219	2 697	1 496 623	329 587	1 167 036	2 991 173	2 922 323
安徽	21 137	-2 852	561 265	91 506	469 759	1 404 059	1 397 401
福建	25 659	2 096	551 722	41 819	509 903	1 250 266	1 204 667
江西	6 033	-49	204 334	13 912	190 422	645 317	644 995
山东	83 715	-216	2 581 349	532 170	2 049 179	3 720 540	3 713 249
河南	62 805	-388	1 313 476	94 851	1 218 625	2 060 523	2 047 675
湖北	64 054	-1 329	982 257	141 897	840 360	1 904 915	1 898 202
湖南	13 815	-3 401	423 082	44 358	378 724	1 452 536	1 414 300
广东	117 432	-6 291	1 273 275	117 186	1 156 089	4 329 597	4 199 896
广西	4 510	-674	101 823	6 778	95 045	434 055	433 159
海南	394	4	11 055	1 109	9 946	13 855	13 850
重庆	3 077	453	51 554	12 004	39 550	439 174	438 584
四川	14 653	-476	100 043	27 704	72 339	1 105 400	1 087 872
贵州	3 582	-733	20 010	3 860	16 150	202 386	176 906
云南	6 985	341	12 411	16 006	-3 595	402 102	386 015
西藏							
陕西	4 933	658	174 342	17 248	157 094	618 806	605 768
甘肃	2 279	-534	62 217	10 715	51 502	267 124	265 982
青海	597	4	4 432	450	3 982	41 429	41 429
宁夏	1 095	-12	6 793	1 017	5 776	47 612	45 105
新疆	2 088	-183	5 355	3 885	1 470	111 192	109 938
计划单列市	**27 848**	**371**	**810 022**	**159 654**	**650 368**	**1 187 190**	**1 173 303**
大连	4 268	235	268 488	44 441	224 047	237 966	240 382
青岛	4 794	345	140 634	30 191	110 443	337 889	331 409
宁波	17 705	543	397 961	83 785	314 176	572 711	562 510
厦门	363	49	9 964	1 037	8 927	19 343	19 198
新疆兵团	718	-801	-7 025	200	-7 225	19 281	19 804
东部地区	**581 239**	**7 701**	**10 482 932**	**1 650 070**	**8 832 862**	**21 103 486**	**20 860 947**
中部地区	**234 071**	**-6 500**	**4 420 394**	**519 200**	**3 901 194**	**11 453 612**	**11 394 698**
西部地区	**25 960**	**-1 597**	**336 247**	**51 968**	**284 279**	**1 792 127**	**1 742 950**

1998年各地乡镇集体工业企业资产损益情况(续)

项目 地区	本期工资总额(万元)	本期计提福利费总额(万元)	期末实汇企业个数(个)	期末盈利企业个数(个)	期末盈利企业净利润总额(万元)	期末亏损企业个数(个)	期末亏损企业亏损总额(万元)
全国总计	**18 799 064**	**1 711 580**	**691 467**	**636 165**	**14 657 877**	**55 302**	**1 639 542**
北京	288 218	33 040	9 916	8 956	141 075	960	31 358
天津	368 417	56 356	7 546	7 002	530 301	544	27 317
河北	762 882	58 755	29 488	27 240	1 030 334	2 248	44 436
山西	603 918	51 774	19 263	16 869	274 155	2 394	31 641
内蒙古	136 764	6 944	5 909	5 671	109 505	238	5 502
辽宁	416 090	48 622	18 671	17 420	615 613	1 251	47 604
吉林	134 476	9 689	7 494	7 104	131 909	390	11 496
黑龙江	186 526	14 785	11 412	11 221	175 515	191	4 121
上海	960 630	89 829	14 262	11 518	729 612	2 744	122 719
江苏	2 406 933	276 979	64 468	56 474	1 416 732	7 994	239 578
浙江	2 166 196	239 906	60 499	54 782	1 303 158	5 717	136 122
安徽	668 237	59 725	32 094	30 183	501 932	1 911	32 173
福建	761 532	47 009	31 762	28 889	556 201	2 873	46 298
江西	279 676	20 769	24 381	23 345	199 712	1 036	9 290
山东	1 563 635	184 447	51 708	49 869	2 090 689	1 839	41 510
河南	966 473	69 196	35 466	33 204	1 269 718	2 262	51 093
湖北	1 053 998	117 761	58 686	56 330	866 135	2 356	25 775
湖南	697 744	63 895	46 918	44 266	424 250	2 652	45 526
广东	2 920 896	126 785	72 253	67 002	1 557 269	5 251	401 180
广西	194 672	13 537	9 330	8 325	127 672	1 005	32 627
海南	10 000	249	431	394	10 273	37	327
重庆	197 291	22 435	10 569	9 390	59 096	1 179	19 546
四川	409 040	43 537	28 290	25 038	155 768	3 252	83 429
贵州	75 741	5 797	3 686	2 902	35 706	784	19 556
云南	170 282	18 560	8 451	6 151	71 772	2 300	75 367
西藏							
陕西	214 568	17 023	17 919	16 731	177 493	1 188	20 399
甘肃	95 088	6 313	5 515	5 368	56 761	147	5 259
青海	16 656	569	1 036	910	6 401	126	2 419
宁夏	16 557	1 487	1 143	1 059	10 638	84	4 862
新疆	55 928	5 807	2 901	2 552	22 482	349	21 012
计划单列市	**768 485**	**90 205**	**20 746**	**19 011**	**699 406**	**1 735**	**49 038**
大连	131 194	17 296	3 320	2 944	239 932	376	15 885
青岛	160 985	18 121	4 422	4 197	115 010	225	4 567
宁波	454 473	52 510	12 217	11 261	330 168	956	15 992
厦门	12 107	1 185	544	449	9 752	95	825
新疆兵团	9 726	1 093	243	160	4 544	83	11 769
东部地区	**12 615 429**	**1 161 728**	**360 573**	**329 152**	**9 970 984**	**31 421**	**1 138 122**
中部地区	**5 411 947**	**490 589**	**292 492**	**273 681**	**4 235 683**	**18 811**	**334 489**
西部地区	**771 688**	**59 263**	**38 402**	**33 332**	**451 210**	**5 070**	**166 931**

1997年各地乡镇集体工业企业资产损益情况(续)

项目 地区	应缴增值税(万元)	在费用支出中列支的税金(万元)	实缴税金总额(万元)	管理费中列支的劳动待业保险费(万元)	支农建农支出(万元)	利息支出净额(万元)
全国总计	**7 224 608**	**379 219**	**7 208 927**	**230 379**	**514 501**	**4 812 876**
北京	83 252	5 195	105 888	1 425	3 284	48 794
天津	161 728	6 955	119 773	6 039	6 323	90 077
河北	145 341	15 102	234 147	2 769	22 525	219 579
山西	160 251	15 944	168 378	64 984	11 203	65 669
内蒙古	41 728	1 829	55 974	504	6 071	13 679
辽宁	213 199	6 274	169 801	1 805	2 540	95 415
吉林	53 338	2 796	56 863	168	872	33 760
黑龙江	54 626	1 051	56 930	891	1 812	29 234
上海	403 544	8 050	364 783	2 160	22 888	185 860
江苏	1 389 507	88 072	1 252 488	40 246	21 391	854 636
浙江	1 296 290	49 487	1 265 878	21 402	114 397	845 327
安徽	245 136	12 342	191 430	4 032	17 208	126 234
福建	157 746	5 951	263 031	886	5 336	103 960
江西	73 373	5 241	98 869	971	4 461	44 735
山东	962 372	24 442	789 407	20 403	54 345	463 658
河南	185 228	11 841	256 080	4 749	32 490	223 960
湖北	429 523	31 669	243 653	26 750	64 928	254 795
湖南	173 827	15 214	196 807	3 686	46 673	133 180
广东	510 282	44 814	758 823	16 813	51 012	522 846
广西	61 673	3 042	80 916	2 196	2 910	37 241
海南	178	662	7 553	137	748	3 214
重庆	67 949	1 730	67 620	1 026	1 238	52 982
四川	143 131	7 403	165 866	3 052	8 536	164 900
贵州	21 240	1 792	24 955	367	478	13 355
云南	70 398	5 539	84 069	1 609	4 465	66 457
西藏						
陕西	66 088	3 291	64 258	532	3 815	74 301
甘肃	26 063	1 509	30 678	106	1 115	15 054
青海	4 764	192	5 076	68	393	5 423
宁夏	6 346	548	8 183	73	326	6 972
新疆	16 487	1 242	20 750	530	718	17 579
计划单列市	**414 383**	**21 749**	**441 982**	**9 259**	**58 544**	**208 964**
大连	65 083	1 793	43 232	760	274	35 891
青岛	87 445	1 574	85 092	1 781	423	26 047
宁波	250 001	17 975	299 804	6 072	57 780	135 334
厦门	6 894	273	6 890	32	24	5 991
新疆兵团	4 960	134	6 964	614	43	5 701
东部地区	**5 323 261**	**254 342**	**5 324 019**	**113 948**	**304 041**	**3 430 152**
中部地区	**1 652 470**	**108 522**	**1 566 754**	**110 841**	**193 236**	**1 203 750**
西部地区	**248 877**	**16 355**	**318 154**	**5 590**	**17 224**	**178 974**

1998年各地乡镇集体工业企业利润分配情况

单位：万元

地区＼项目	净利润	应缴扶助基金	年初未分配利润	归还借款的利润	单项留用的利润	补助社会性支出的利润	减免所得税的利润
全国总计	**13 018 335**	**150 808**	**－3 245 703**	**1 092 166**	**354 096**	**498 056**	**188 557**
北京	109 717	313	－119 889	3 085	2 144	1 565	647
天津	502 984	1 657	－76 719	18 455	9 489	10 748	5 910
河北	985 898	19 259	34 262	133 958	38 969	30 666	8 917
山西	242 514	3 831	－31 205	39 743	8 233	15 038	2 153
内蒙古	104 003	417	－98	9 566	2 645	1 113	1 184
辽宁	568 009	8 363	－99 805	43 374	19 906	23 337	9 421
吉林	120 413	1 643	－108 492	4 973	1 364	5 884	1 557
黑龙江	171 394	2 673	3 391	20 775	4 372	4 795	1 456
上海	606 893	2 836	21 030	5 261	11 074	10 310	22 790
江苏	1 177 154	8 190	－970 991	53 769	17 533	34 028	10 872
浙江	1 167 036	3 855	－120 855	20 631	15 800	29 151	21 028
安徽	469 759	9 050	－42 306	50 627	11 562	27 428	2 377
福建	509 903	1 279	－29 741	10 601	5 496	6 465	3 306
江西	190 422	1 902	－29 015	19 289	6 585	7 006	1 154
山东	2 049 179	26 426	96 487	149 147	41 454	107 387	43 088
河南	1 218 625	24 964	－106 752	176 982	46 763	50 790	18 515
湖北	840 360	13 069	－54 415	99 635	35 841	52 785	13 844
湖南	378 724	5 468	－138 214	40 138	15 996	19 564	3 358
广东	1 156 089	5 962	－840 288	110 901	39 449	37 288	7 644
广西	95 045		－73 861	19 841	5 013	2 496	405
海南	9 946	11	486	1 371	366	549	45
重庆	39 550	475	－81 796	4 693	437	1 831	973
四川	72 339	5 379	－316 734	20 139	3 018	4 764	3 778
贵州	16 150	211	－18 886	5 211	927	768	452
云南	－3 595	528	－88 298	5 635	897	3 452	1 393
西藏							
陕西	157 094	607	－12 656	12 712	5 521	6 553	1 532
甘肃	51 502	968	－540	5 915	2 415	1 752	204
青海	3 982		－2 348	630	235	131	
宁夏	5 776	17	－7 822	3 422	447	114	4
新疆	1 470	1 455	－26 633	1 687	145	298	550
计划单列市	**650 368**	**4 865**	**50 396**	**22 980**	**11 921**	**18 112**	**20 967**
大连	224 047	2 758	－20 552	15 432	5 814	9 441	5 559
青岛	110 443	662	5 200	2 990	2 882	3 443	4 796
宁波	314 176	1 349	71 239	4 486	3 194	5 228	10 577
厦门	8 927		4 209	72	7		
新疆兵团	－7 225	96	－9 700		24		35
东部地区	**8 832 862**	**78 140**	**－2 106 509**	**549 182**	**201 314**	**290 945**	**133 623**
中部地区	**3 901 194**	**69 061**	**－921 194**	**489 706**	**139 692**	**196 438**	**50 697**
西部地区	**284 279**	**3 607**	**－218 000**	**53 278**	**13 090**	**10 673**	**4 237**

1998年各地乡镇集体工业企业利润分配情况(续)

单位:万元

项目 地区	可供分配的利润	盈余公积补亏	提取盈余公积	应付利润	上缴利润	分出联营企业利润
全国总计	**7 488 949**	**308 556**	**2 969 252**	**5 927 582**	**2 985 207**	**947 317**
北京	-17 926	8 522	41 150	52 902	40 855	6 244
天津	380 006	9 275	164 005	176 575	136 890	13 938
河北	788 391	14 626	179 801	418 649	196 386	81 456
山西	142 311	33 514	47 783	98 355	50 908	13 851
内蒙古	88 980	807	14 936	66 049	36 078	16 122
辽宁	363 803	6 660	157 517	267 926	180 018	45 832
吉林	-3 500	8 941	20 349	63 194	34 281	19 640
黑龙江	140 714	553	33 649	88 220	43 473	17 628
上海	575 652	5 519	152 526	260 893	139 372	56 283
江苏	81 771	70 867	324 980	652 783	312 057	160 894
浙江	955 716	18 450	295 496	402 914	107 652	26 388
安徽	326 409	8 713	78 634	210 435	98 917	12 313
福建	453 015	5 492	64 909	294 683	116 874	32 864
江西	125 471	1 258	24 363	111 843	60 395	14 744
山东	1 778 164	13 040	443 865	801 957	541 550	98 185
河南	793 859	6 134	214 224	466 934	241 817	65 384
湖北	570 771	7 375	222 849	265 933	152 006	30 708
湖南	155 986	9 601	72 740	175 141	75 143	39 862
广东	114 557	50 706	273 422	763 749	282 527	147 487
广西	-6 571	2 366	14 933	60 165	16 809	17 656
海南	8 090	89	840	3 273	2 136	523
重庆	-53 655	3 348	12 502	25 264	9 921	3 235
四川	-281 473	17 219	40 797	42 360	21 652	7 564
贵州	-10 305	430	4 177	12 660	4 171	1 088
云南	-103 798	1 463	10 563	19 062	9 862	5 150
西藏						
陕西	117 513	2 228	26 389	88 369	53 033	6 997
甘肃	39 708	737	24 611	17 497	7 824	2 919
青海	638	106	1 428	2 657	667	825
宁夏	-6 050	63	1 243	5 758	3 008	929
新疆	-29 298	454	4 571	11 382	8 925	608
计划单列市	**621 919**	**5 291**	**204 445**	**210 745**	**115 257**	**23 905**
大连	164 491	2 696	89 178	87 773	66 901	12 363
青岛	100 870	927	31 284	35 936	12 509	4 192
宁波	360 581	795	82 498	83 239	32 974	6 822
厦门	13 057		1 302	1 749	1 326	289
新疆兵团	-17 080	873	183	2 048	1 547	239
东部地区	**5 473 149**	**203 157**	**2 097 671**	**4 093 031**	**2 054 181**	**669 571**
中部地区	**2 034 406**	**98 884**	**794 279**	**1 636 048**	**841 546**	**231 926**
西部地区	**-18 606**	**6 515**	**77 302**	**198 503**	**89 480**	**45 820**

1998年各地乡镇集体工业企业利润分配情况(续)

单位:万元

项目 地区	分配股利	职工股金分红	转作奖金的利润	上缴支农建农资金	未分配利润	弥补亏损的利润
全国总计	**1 995 058**	**355 503**	**1 004 740**	**299 194**	**−2 403 263**	**123 883**
北京	5 803	939	10 093	730	−114 279	1 462
天津	25 747	8 475	67 097	13 542	−31 938	1 762
河北	140 807	22 866	61 908	35 457	107 202	7 521
山西	33 596	12 582	10 941	44 921	−26 175	2 083
内蒙古	13 849	2 125	6 178	4 265	−1 641	268
辽宁	42 076	6 473	51 370	6 483	−112 833	1 280
吉林	9 273	977	5 772	1 921	−85 795	1 522
黑龙江	27 119	3 328	7 179		12 219	526
上海	65 238	9 858	14 685	8 989	144 078	14 678
江苏	179 832	56 026	111 198	7 845	−944 168	17 692
浙江	268 874	44 519	83 956	15 755	176 045	16 407
安徽	99 205	24 170	39 322	14 391	−7 660	7 087
福建	144 945	12 418	13 566	2 570	80 779	3 343
江西	36 704	12 280	16 475	3 184	−29 136	285
山东	162 222	35 320	218 763	28 174	298 445	11 648
河南	159 733	33 285	61 591	29 090	28 154	3 928
湖北	83 219	22 914	45 459	37 056	6 849	6 076
湖南	60 136	12 535	47 010	18 187	−147 491	2 523
广东	333 735	13 429	82 836	15 228	−969 972	15 563
广西	25 700	2 036	9 631	1 923	−90 857	221
海南	614	30	633	779	2 654	
重庆	12 108	3 631	4 568	692	−93 333	1 579
四川	13 144	1 988	8 751	2 535	−358 697	741
贵州	7 401	1 720	1 015	405	−28 132	163
云南	4 050	557	3 328	1 946	−137 234	2 403
西藏						
陕西	28 339	9 752	15 456	2 069	−12 542	2 741
甘肃	6 754	937	1 944	754	−4 361	133
青海	1 165	60	371	22	−3 734	
宁夏	1 821	120	629		−13 617	22
新疆	1 849	153	1 015	281	−46 093	226
计划单列市	**71 583**	**8 214**	**56 214**	**5 754**	**150 052**	**3 230**
大连	8 509	1 215	21 301	1 703	−32 768	233
青岛	19 235	1 709	8 832	524	25 221	1 449
宁波	43 443	5 135	26 004	3 512	166 123	1 360
厦门	134		74		9 932	
新疆兵团	262	155	3	15	−18 456	188
东部地区	**1 369 279**	**210 323**	**717 472**	**134 773**	**−1 366 641**	**91 356**
中部地区	**562 576**	**137 442**	**262 524**	**154 046**	**−713 607**	**29 091**
西部地区	**63 203**	**7 738**	**24 744**	**10 375**	**−323 015**	**3 436**

1998年各地个体私有企业主要财务指标

地区＼指标名称	企业个数（个）	盈利企业数（个）	盈利企业净利润总额（万元）	期末职工人数（人）	平均职工人数（人）	工资总额（万元）	流动资产年末余额（万元）
全国总计	**18 927 730**	**17 785 071**	**31 795 035**	**77 164 846**	**73 192 993**	**37 688 641**	**68 479 603**
北　京	62 975	60 818	141 908	186 959	184 521	99 724	156 442
天　津	104 324	104 323	404 886	433 300	433 256	469 687	668 374
河　北	812 816	665 938	3 603 324	5 368 365	4 698 515	2 337 078	7 358 423
山　西	296 415	265 420	569 696	1 886 970	1 805 625	946 535	1 363 422
内蒙古	826 454	819 160	2 329 575	3 182 655	2 929 518	1 593 933	2 001 834
辽　宁	871 338	857 762	2 804 271	2 964 691	2 906 119	1 254 618	3 214 862
吉　林	683 105	679 218	860 461	1 924 590	1 818 481	2 245 340	928 801
黑龙江	200 137	200 110	229 598	935 686	908 222	371 587	645 279
上　海	14 952	11 551	70 685	211 282	207 989	136 245	532 773
江　苏	814 501	587 490	701 288	3 749 882	2 962 796	1 381 908	4 912 388
浙　江	961 469	907 171	2 795 940	4 526 507	4 326 949	3 397 515	8 178 834
安　徽	627 415	618 264	1 408 299	3 512 654	3 466 964	1 777 282	2 299 002
福　建	724 443	671 790	1 278 462	3 353 230	3 181 416	1 862 968	3 393 912
江　西	665 425	648 990	573 016	2 131 475	2 082 923	925 936	952 844
山　东	1 509 435	1 328 671	1 285 947	6 773 078	6 203 075	2 194 768	6 424 345
河　南	821 692	764 522	1 649 995	4 927 453	4 913 146	1 942 650	4 508 553
湖　北	726 699	705 039	1 451 194	3 250 326	3 204 733	1 753 700	2 815 876
湖　南	2 055 767	1 989 905	3 082 738	6 185 523	5 986 885	3 273 386	3 793 729
广　东	1 231 506	1 165 838	2 078 535	5 637 846	5 434 586	3 461 314	4 845 971
广　西	786 793	771 089	1 101 715	2 882 072	2 860 867	1 269 021	2 455 714
海　南	32 342	31 886	80 857	201 558	195 747	94 184	73 586
重　庆	76 594	76 102	120 396	495 663	484 128	219 788	431 205
四　川	1 166 439	1 132 162	586 011	3 709 143	3 647 231	1 327 533	2 406 046
贵　州	289 801	257 922	555 340	861 552	792 626	773 762	862 139
云　南	1 133 656	1 054 599	830 627	2 987 507	2 872 678	1 095 538	1 214 618
西　藏							
陕　西	804 180	787 357	735 545	2 907 344	2 767 117	871 146	1 264 608
甘　肃	192 480	191 328	223 114	911 838	889 078	285 073	350 520
青　海	50 666	48 882	21 128	154 938	154 492	35 634	74 710
宁　夏	119 906	118 651	76 398	389 417	365 902	94 246	163 993
新　疆	264 005	263 113	144 086	521 342	507 408	196 542	186 800
计划单列市	**228 341**	**211 176**	**816 323**	**1 294 256**	**1 218 060**	**853 197**	**2 652 981**
大　连							
青　岛	96 802	90 314	178 495	536 989	507 128	217 909	728 043
宁　波	77 155	74 461	555 525	579 803	565 135	526 281	1 560 723
厦　门	21 692	16 797	59 571	128 911	106 664	84 898	338 777
新疆兵团	32 692	29 604	22 732	48 553	39 133	24 109	25 438
东部地区	**7 107 759**	**6 361 352**	**15 165 246**	**33 205 140**	**30 539 222**	**16 595 825**	**39 686 324**
中部地区	**8 123 868**	**7 867 089**	**11 266 949**	**31 866 827**	**31 085 455**	**15 654 883**	**21 409 365**
西部地区	**3 696 103**	**3 556 630**	**5 362 840**	**12 092 879**	**11 568 316**	**5 437 933**	**7 383 914**

1998年各地个体私有企业主要财务指标(续)

指标名称 地区	固定资产原值(万元)	累计折旧(万元)	本年固定资产折旧额(万元)	银行借款(万元)	资本金(万元)	营业收入(万元)	营业成本费用(万元)
全国总计	**81 234 014**	**18 956 698**	**4 770 102**	**14 079 141**	**62 432 113**	**510 669 428**	**458 568 656**
北京	265 995	47 946	12 827	24 597	226 003	1 208 616	1 013 622
天津	883 677	310 999	78 099	186 712	429 092	4 394 732	3 850 322
河北	8 043 914	1 836 241	430 694	1 796 452	5 787 102	40 963 008	38 008 545
山西	2 054 309	538 866	169 820	343 551	1 004 061	8 240 059	7 301 754
内蒙古	2 983 042	586 846	185 654	275 890	2 269 894	21 089 413	18 343 026
辽宁	3 575 026	716 286	182 592	547 741	2 816 087	38 190 998	34 458 644
吉林	1 378 128	231 221	52 176	79 186	1 017 050	9 956 487	8 891 379
黑龙江	1 020 213	166 124	44 188	88 076	801 259	4 608 231	4 269 021
上海	708 248	83 786	27 784	24 375	619 894	1 975 633	1 790 907
江苏	3 766 208	752 491	206 507	951 433	2 794 997	22 375 202	20 789 784
浙江	7 156 662	2 164 547	449 922	1 340 732	5 967 371	54 241 369	49 587 976
安徽	3 215 678	817 482	255 649	485 318	2 537 152	17 309 808	15 481 138
福建	4 170 740	908 104	207 858	523 100	4 172 054	27 545 623	25 983 094
江西	1 319 215	284 127	61 102	191 557	1 052 403	7 411 262	6 704 771
山东	6 327 241	1 542 640	364 543	1 378 519	4 244 765	35 825 851	32 338 725
河南	5 645 965	1 226 375	289 698	1 355 058	4 436 136	28 330 328	22 934 659
湖北	3 405 838	875 034	283 930	419 464	2 674 966	23 001 807	21 191 684
湖南	4 686 164	1 183 559	306 433	633 019	4 200 913	42 971 845	38 898 563
广东	7 122 390	1 673 502	357 619	1 055 155	5 442 745	35 965 688	30 556 956
广西	3 279 995	756 485	217 640	407 444	2 277 096	26 385 514	22 644 035
海南	375 147	75 143	25 435	29 533	210 888	852 301	737 855
重庆	489 625	124 200	28 843	118 323	383 867	2 970 058	2 716 645
四川	2 792 370	741 796	173 606	631 976	2 153 745	19 964 781	18 841 117
贵州	1 130 866	220 310	67 254	130 436	672 056	6 146 533	5 171 617
云南	2 402 597	485 049	139 611	389 589	1 620 076	11 021 322	9 872 426
西藏							
陕西	1 596 514	335 070	83 133	396 368	1 547 955	11 851 497	10 962 968
甘肃	574 283	109 421	27 417	105 579	474 348	3 005 739	2 680 500
青海	135 905	14 951	3 750	47 638	108 937	352 380	319 204
宁夏	318 094	52 585	12 920	72 282	206 566	832 080	743 348
新疆	409 965	95 512	23 398	49 838	274 635	1 681 263	1 484 371
计划单列市	**2 383 299**	**631 276**	**150 114**	**361 794**	**1 616 029**	**13 889 979**	**12 538 251**
大连							
青岛	688 507	143 495	38 429	119 318	425 669	3 824 953	3 595 337
宁波	1 314 164	385 607	87 057	212 073	792 200	8 834 182	7 817 190
厦门	325 311	83 708	19 477	28 654	354 134	1 103 723	1 030 914
新疆兵团	55 317	18 466	5 151	1 749	44 026	127 121	94 810
东部地区	**42 020 101**	**10 036 542**	**2 318 445**	**7 828 816**	**32 500 110**	**262 686 720**	**238 378 575**
中部地区	**27 604 019**	**6 523 854**	**1 748 578**	**4 742 096**	**21 809 507**	**176 616 163**	**158 193 699**
西部地区	**11 609 894**	**2 396 302**	**703 079**	**1 508 229**	**8 122 496**	**71 366 545**	**61 996 382**

1998 年各地个体私有企业主要财务指标(续)

指标名称 / 地区	营业税金及附加(万元)	所得税(万元)	净利润(万元)	增值税应纳税额(万元)	实缴税金总额(万元)	上缴支农建农资金总额(万元)
全国总计	**6 406 786**	**2 055 251**	**29 375 239**	**5 208 215**	**7 167 928**	**638 560**
北京	13 937	4 694	88 525	6 473	20 759	160
天津	42 372	20 234	404 834	48 818	58 925	2 654
河北	369 507	152 112	2 829 000	324 345	498 580	100 729
山西	160 671	70 575	517 671	150 750	140 705	18 456
内蒙古	363 709	62 701	2 297 257	290 459	146 571	17 362
辽宁	471 598	239 451	2 754 399	443 200	289 479	3 084
吉林	206 609	62 348	825 233	134 315	114 439	3 274
黑龙江	38 273	14 753	228 962	44 402	52 807	476
上海	52 959	11 019	58 318	37 679	77 591	472
江苏	246 642	97 470	655 497	426 306	456 635	18 075
浙江	621 802	287 459	2 642 672	818 794	1 034 007	64 335
安徽	300 164	186 349	1 347 376	307 212	255 616	24 770
福建	303 659	56 564	1 201 604	145 810	413 549	7 108
江西	125 943	19 891	557 382	83 307	167 343	7 926
山东	270 977	40 109	1 257 482	291 235	455 816	70 541
河南	272 057	160 030	1 567 772	206 551	311 917	33 080
湖北	401 805	127 310	1 295 035	253 072	275 450	49 379
湖南	579 644	132 687	2 690 445	330 618	444 158	152 074
广东	465 209	106 704	1 936 779	278 159	626 686	9 997
广西	226 216	27 473	1 077 734	130 690	326 667	16 188
海南	32 788	1 725	79 825	814	28 451	1 163
重庆	49 774	15 834	109 736	45 035	60 404	1 439
四川	188 711	36 693	555 411	157 650	257 034	9 638
贵州	139 189	28 781	451 267	58 670	122 923	5 290
云南	183 017	25 401	791 225	83 821	251 210	3 956
西藏						
陕西	133 223	36 052	707 556	54 017	130 275	12 062
甘肃	71 537	16 473	217 447	25 483	54 460	3 190
青海	10 120	842	16 784	5 875	11 261	344
宁夏	23 292	2 991	71 020	9 134	32 587	843
新疆	41 382	10 526	140 991	15 521	51 623	495
计划单列市	**170 926**	**149 406**	**746 921**	**311 614**	**416 517**	**30 181**
大连						
青岛	35 384	27 648	158 720	59 332	70 060	711
宁波	116 939	115 436	512 555	234 265	308 850	29 439
厦门	12 637	5 912	54 260	17 219	30 922	
新疆兵团	5 966	410	21 386	798	6 685	31
东部地区	**2 858 662**	**1 015 816**	**13 829 110**	**2 820 819**	**3 932 027**	**277 155**
中部地区	**2 456 874**	**862 522**	**10 402 579**	**1 766 929**	**2 210 148**	**312 574**
西部地区	**1 091 250**	**176 913**	**5 143 550**	**620 467**	**1 025 753**	**48 831**

经营管理

◀企业管理▶

【乡镇企业管理工作概况】 1998年，我国乡镇企业在加快改革与发展中，不断强化企业管理，管理工作取得较大成绩。一是管理意识有所增强。随着市场竞争的加剧和压力的加大，各级乡镇企业行政管理部门和广大乡镇企业干部职工对企业管理工作的认识不断提高，基本树立了“管理出效益，管理是科学，管理也是生产力”的观念，抓企业管理工作逐步成为自觉行动。二是管理环境有较大改善。国家和地方制定的一批适应乡镇企业发展需要的法规和政策，促进了乡镇企业管理的科学化、规范化、法制化。三是管理队伍素质不断提高。1998年，全国乡镇集体企业拥有各类经营管理人员406.6万人，占乡镇集体企业职工总数的8.42%，其中大专及以上人员占1.9%。一批有理想、懂经营、善管理和勇于开拓、自强不息、乐于奉献的乡镇企业家脱颖而出。经农业部命名的全国乡镇企业功勋10名，全国优秀乡镇企业家86名，全国乡镇企业家632名，全国优秀乡镇企业厂长（经理、董事长）1 107名。四是企业管理水平有较大提高。全国80%左右的乡镇集体企业完成了七项基础管理和五项专业管理建设。现场管理有较大改善，形成比较完善的管理制度。一批重点骨干企业积极推行现代化管理，近千家企业通过ISO9000体系认证。1998年，全国乡镇企业销售收入超过5 000万元的上规模企业共有8 726个；其中超过1亿元的达3 209个，比上年增加202个。全国累计组建各类乡镇企业集团6 956个，比上年增加549个，经农业部确认的全国乡镇企业集团达1 039个。五是企业效益有所提高。1998年，全国乡镇企业劳动生产率17 698元（按增加值计算），比上年增长11.4%；人均创利税4 960元，比上年增长26.4%。全国乡镇集体企业实现营业收入3 8284亿元、净利润1 698亿元，分别比上年增长0.9%和3.92%。资产负债率为60.27%，比上年下降0.91个百分点。

乡镇企业管理工作中也存在一些不容忽视的问题，突出表现在：一是一些企业质量意识不强，产品质量不高。1998年，乡镇企业产品国家监督抽查合格率为71%，比全国平均水平低6.2个百分点。少数企业无标生产，一些涉及人们生命财产安全和身体健康的产品质量事故时有发生。二是一些企业劳动人事管理不完善，劳动生产率较低。1998年乡镇企业劳动生产率为17 698元，其中乡镇工业企业劳动生产率为23 037元，离全国先进水平有不小差距。三是一些企业财务管理混乱，资金周转不快，经济效益不高。1998年，乡镇集体企业应收账款率为10.44次，比上年减少0.52次；营业收入利润率为5.1%，比上年下降0.4个百分点；总资产报酬率为10.32%，比上年下降1.33个百分点；资本收益率为20.56%，比上年下降1.81个百分点。四是一些企业物资消耗、能源消耗高，“三废”排放多，环保意识淡薄。乡镇工业企业中有17%的企业存在污染问题，乡镇工业企业废水排放量占全国的21%，工业废气（二氧化硫、烟尘、粉尘）排放量占全国的23%～67%，工业废物排放量占全国的89%。乡镇企业点多面广，布局分散，污染治理水平较低，造成了严重危害。

（胡永万）

【企业管理工作新特点】 在乡镇企业发达地区，无论是改革还是企业管理，都走在全国的前列。江苏、山东、广东等省的广大乡镇企业坚持改革与管理两手抓。小企业在注重现场管理的基础上，加强企业基础管理工作达标。大中型企业在夯实基础管理的基础上，大力推进管理的科学化和现代化。不少企业按照市场经济要求积极推行管理创新，创造和积累了别具特色的管理经验，走出一条乡镇企业管理的新路子。

实施多品牌战略。实施名牌战略已成为广大乡镇企业的共识，实施多品牌战略在国际上已有不少成功的范例，但在国内则是新生事物。多品牌战略具有较大的抗风险能力，实施多品牌战略，是企业迈向国际化、现代化、高层次发展的需要。科龙集团是我国首家实施多品牌战略的家电企业，在科龙集团由弱到强的发展历程中，逐步形成了“容声”、“科龙”、“三洋科龙”、“华宝”四大品牌：一个是“容声”，一个是“科龙”，再加上一个合资项目而产生了“三洋科龙”，后与华宝联合接收了“华宝”的品牌。这四个品牌都是企业赖以生产的重要无形资产，且在社会上有很高的知名度，有特殊的竞争优势，可提升企业的核心竞争力。江苏森达集团采取合理的产品定位，实施多品牌战略，较好地适应了市场需求。把中国驰名商标“森达”定位于精品及高、中档产品；新开发的“好人缘”定位于低档、工薪消费中，1998年上半年，“好人缘”试投放市场21万双，销售一空。实施多品牌战略是在企业发展的市场规律中自然形成的。

创新内部管理体制。科学的内部管理体制和组织结构，是企业适应市场要求，加快发展的根本保证。广东美的集团是我国乡镇企业第一家股票上市企业，坚持“集权有道，分权有序，授权有章，用权有度”的原则，建立了一个责权利统一的、集权和分权相结合的企业内部管理体制。在组织结构上集团实行事业部制，按产品设空调、风扇、电饭煲、小家电、微电机和电子六个事业部,事业部是独立法人。集团对事业部内部机构设置、基层干部的考核任免权、劳动用工权、分配权、供销权下放。同时强化预算管理、审计监督、监察、考核、服务五个环节,实行"管住目标、管住资金、管住投资、管住发展战略、管住政策、管住事业部正副总经理和财务负责人"的六管住政策,为美的集团的发展打下了扎实基础。江苏克胜集团构架"哑铃型"管理体制。"活两头,抓中间",一头活经营,拓展市场生命线;一头活开发,培植发展动力源;中间抓现场,练好管理基本功。江苏江阴市龙山人造革总厂是一个拥有1.2亿元资产的集团型企业,在组织体制上采取"扁平化"结构,总厂厂部包括厂长、文书在内只有5人。

加强成本管理。"邯钢"经验在乡镇企业中不仅扎下了根,而且结出了果,起到了很好的示范作用。江苏红豆集团针对近年来服装市场价格下降的实际情况,制定和实行了"倒逼成本"管理法,在市场调研的基础上确定服装市场可接受的价格作为出厂价,并区分不同品种确定销售利润率,再倒算出原料成本和生产管理成本,使企业在严峻的市场形势下仍获得了优厚的回报。1998年红豆集团实现销售收入17.1亿元,利税1.67亿元,分别比1995年增长238.76%和259%。江苏克胜集团1998年采用倒计成本的办法,变物量运行为货币运行,变事后整体成本核算为事前细化核算,变整体目标控制为环节程序控制,极大地调动了全体员工的积极性和创造性,全年累计消化减利因素200多万元。

搞好营销管理。企业营销不仅是销售、推销,而且是企业重要的管理过程,组织和指导企业如何满足以顾客为中心的各种需要,从而实现企业预期的利润和目标。搞好营销管理已成为企业在市场竞争中立于不败之地的重要手段。森达集团是一个连续多年在全国同行业中市场占有率最高的企业,一直把市场营销作为首要工作来抓,重点实施市场"细分"策略,建立健全市场网络,拓展市场空间,1997年市场占有率达31.9%。森达集团在全国31个省、直辖市、自治区设立38个分公司和160个地市以上办事处,通过区域划细划小,合理定位,实施"一区一策",产品合理分流,大大提高了产品覆盖面和市场渗透力。江苏远东集团在营销管理上实行营销责任制。公司与销售人员签订承包合同,把住两条,一是销售人员要对自己经营过程全部负责,亏本要用自己的工资、奖金和股份进行抵押,还需有人担保;二是只准销售本企业的产品,销售款不允许拖欠。出现问题,由有关部门追究经济、法律责任。这样保证了资金回笼,企业利益不受损害,1998年远东集团销售6.7亿元,98%的货款到账。

强化人本管理。企业人才管理就是竞争社会人才资源,开发企业人才资源潜力,提高企业经济效益和社会效益,包括人才的选聘管理、运用管理、培训与开发等。江苏双良集团依靠人才振兴企业的做法,得到了江泽民总书记的充分肯定,他们在吸收、凝聚人才方面采取了四项措施:一是失败不责难,成功给重奖。二是科研经费不受限制,且优先于生产资金。三是建立项目招标竞争机制。四是开发的新产品投放市场,科研开发人员可依据销售收入提取一定比例的奖金。森达集团把人才当作创名牌的真正英雄。1994年用年薪300万元聘请台湾著名女鞋设计师到企业工作,在森达集团工作的外籍专家达52人。除调动原有人员的积极性、创造性外,还从政府机关、企事业单位、外省市引进了大量人才,给予他们合适的岗位、相应的权力,让他们放手工作。合理的人才配置,形成了人才互补效益,发挥了人才整体作用。

突出质量管理。质量是企业的生命,加强质量管理已成为企业的自觉行动。一批规模企业对ISO9000系列认证非常积极。江苏江海电容器集团严格按照ISO9000系列标准,建立了包括市场调研、产品开发、原材料进厂、生产加工、产品检验等20多个环节的全面质量管理体系,从而有效地提高了质量管理水平,提高了企业的声誉。部分企业管理已瞄准实施国际标准。广东科龙集团1985年推行全面质量管理,成为国内首家通过国际MRP11A级企业,1994年通过ISO9001质量体系认证,1997年获国际环保体系认证中心的ISO14001认证证书。江苏双良集团1997年通过美国ASME质量检测系列认证,1998年通过中国方园ISO9001认证和德国TUVISO9001认证,有力地提高了产品质量,促进了企业稳定发展,1998年完成销售收入10.65亿元,利税2.48亿元。

管理电脑化。实现计算机管理企业是企业推行现代化管理的一个重要标志,是企业提高市场竞争力的重要手段。江苏三房巷集团确立"家大业大管理更要科学"的观念,从1989年就开始对企业的财务、仓库、工资结算、人事、档案实行计算机管理,较好地提高了办事效率和经济效益,1998年完成销售收入13.08亿元,实现利税1.02亿元。广东南海南光树脂制品有限公司是一家全部实行计算机网络管理的化工企业,从原料进厂、投料、加工、入库、出库、销售合同签字等环节全部用电脑操作和管理。同时总经理办公室还设有电视监控室,能查到任何时间原料情况、产品库存情况、销售情况、资金情况、还没有签的合同等。总经理在外地出差通过随身带的笔记本电脑就可以管理企

业。电脑化管理的好处,一是消除文山会海,实行无纸化操作,没有常规会,有特殊情况临时召集,提高工作效率。二是中层管理人员扁平化,包括3位总经理在内只有12人,占职工总人数的10%。三是做到办事公开、公正,一切管理都在电脑上进行,需要了解和监督的人都可以看到,有效地保证了工作的制度化,避免了工作的随意性。

管理社会化。通常企业不是小而全,就是大而全,不利于专业化生产。广东南海南光树脂有限公司则另辟蹊径,把传统管理推向社会。这是一家年销售收入3.5亿元的生产鞋用黏胶的化工企业,人数只有120人。开始他们按传统管理方法管理企业,尝尽了苦头。后来下决心把企业的部分传统管理推向社会,把内部管理变成对外结算,企业重点放在科研开发上,尝到了甜头。如门卫承包给保安公司,进出货承包给运输公司,销售承包给代理商,医疗进行保险等。实行这种管理,不仅节省了经费,而且职工满意,保证了企业集中精力抓发展。

重视企业文化。形成独特的企业文化是精神文明建设的组成部分,也是规范职工行为,激励职工士气的有效做法。科龙、美的、远东、三毛等集团多年坚持编印自己的厂报,向职工和有关部门宣传企业的治厂方略、发展前景、奋斗目标、新人新事等,教育职工以一流的精神状态、一流的产品质量、一流的销售服务、诚恳诚实、诚心诚意取信于客户,取信于市场。三毛集团的《三毛之歌》唱出了"不断否定自己,永远追求卓越,迈开青春的步伐,乘风破浪奔向灿烂明天"的响亮口号,企业发展日新月异。该集团创办10年,成绩卓越,1998年完成销售收入10.12亿元,利税1.31亿元,分别比上年增长180.67%和102.79%。

创新管理方法。江苏森达集团积极运用先进的管理方法进行企业管理,并形成了自己的一套管理经验和方法。一是实施"动态管理"。在集团内部开展劳动竞赛,每年评选劳动模范,开展"学劳模、找差距、见行动"等活动,奖罚分明,强化了管理,促进了工作。森达集团的干部能上能下,工资分配拉开档次,同工不同酬。这样使人、财、物的管理都化在"动态"之中,调动了员工的积极性。二是实施"危机管理"。森达集团居安思危,在集团中树立危机意识:要求员工恪尽职守,勤奋工作,珍惜岗位;防止"自己打倒自己",采取各种预防措施;"视今天为落后",不断进取。江苏克胜集团在激励手段上力求多样化。如让普通员工担任"模拟厂长",让他们当家作主;让60%的厂长挂职市场,让中层干部轮流上市场,去感受竞争,从而进行"压力传递";实行晨会制度,在晨会上推出"管理快餐"(讲座);设立合理化建议箱,让员工出点子,较好地调动了员工的积极性。

(刘同占　胡永万　赵长军)

【主管部门加强企业管理有新招】 江苏、山东和广东三省的乡镇企业改革取得阶段性成果,全方位进入新的发展阶段。不管是在改制时期,还是改制以后,始终没有放松企业管理工作。这些地方的乡镇企业行政管理部门积极转变职能,改进工作方法,在实际工作中注意防止和克服"重改轻管"、"以改代管"或"以包代管"的错误倾向,做到改革与管理两手抓,加强指导和服务,有效地推动了乡镇企业管理工作健康发展。

积极推进企业管理创新。不断创新是企业管理工作长盛不衰的关键。随着企业改制工作的进一步深入,如何指导企业加强管理,是乡镇企业主管部门面临的新问题。各级乡镇企业行政管理部门及时改变思想,积极探索"依法管理、加强指导、开展咨询、评价认证"的企业管理新思路,引导企业从"经验管理、传统管理、家长式管理"向"制度化管理、科学化管理、现代化管理"转变;从"作坊式、工厂式、粗放式"管理中走出来,向"企业化、公司化、集约化"管理转变;从"一声喊到底"的管理方法中走出来,向实行决策层、管理层、实施层和操作层的"分层、分级、分权"管理转变,探索"集团化、大公司、小实体、多法人"的事业部制管理模式。江苏省盐城市乡镇企业局按照改革与管理同步推进、配套联动的思路,试行财务决算制度,重点推行目标成本管理、全面质量管理、营销管理、资产经营管理、企业形象管理和微机管理,开展创建综合管理示范企业活动。近年在全市总结推广了华星现场管理、森达零缺陷管理、磊达定额管理、克胜"双选"营销管理、伯乐达人本管理、中兴微机管理等一批管理创新典型。江苏省南通市乡镇企业局按照现代企业制度的要求,全面正确地把握企业管理的内涵。他们认为,企业管理不仅是指通常所说的基础性管理,即对产供销、人财物的管理,同时包括"制度性管理",如改制后企业的内部治理结构、激励机制,约束机制等。他们对企业的财务会计管理、成本管理、质量管理、安全管理、教育管理、信息管理、生产管理、营销管理、组织行为管理、群体行为管理、决策行为管理等,都提出了明确要求。

开展企业管理认证工作。江苏省乡镇企业局根据宏观发展环境和企业体制的重大变化,积极改进和加强企业管理,对不同规模企业的管理实行分类指导。从1997年开始,在大中型乡镇企业中开展综合管理认证,在小企业中开展管理基础工作认证。综合管理认证采取评分考核、认证评价、统一规划、分期落实的办法；管理基础工作认证采取打分考核、评价认证的办法，具体由市、县、乡三级主管部门组织实施。全省有340个大中型企业被确定为综合管理合格企业，66个企业被确定为综合管理示范企业。管理认证工作深受企业欢迎，加快了乡镇企业实施两个根本性转变，引导企业向规模化、集约化和国际化方向发展，促进了企业管理水平的提高。南通市规定：乡镇企业的管理基础工作认证以企业自身为主负责实施，乡（镇）企业管理站组织考评，县乡镇企业局抽查合格后，由市乡镇企业局核准发证。大中型乡镇企业的综合管理认证，由乡（镇）企业管理站和企业相结合组织实施，县乡镇企业局考评，省、市乡镇企业局两级共同组织抽查，市乡镇企业局把关后，上报省乡镇企业局核准发证。该市通过两年努力，所有大中型乡镇企业全部通过综合管理认证，营业收入500万元以上的集体企业管理基础工作认证基本结束。

积极推行管理现代化。各地把应用现代化管理方法作为促进乡镇企业管理创新和管理进步的重要措施。山东省乡镇企业局通过召开乡镇企业管理现代化优秀成果评审会的方法，鼓励企业积极采用现代化管理方法，实现管理进步。山东省乡镇企业有25个成果获农业部管理现代化成果奖，27个成果被评为省级优秀管理现代化成果，364个成果被评为全省乡镇企业优秀现代化管理成果。江苏省乡镇企业局对全省1997年度发布的管理成果进行评审，共评出一等奖46个、二等奖71个，极大地调动了企业推行现代化管理的积极性。江苏盐城市乡镇企业局制定了《盐城市乡镇企业管理成果评审细则》，“九五”以来每年组织一次全市乡镇企业管理成果发布会，累计发布各类现代化管理成果579个，其中获部、省级管理成果奖87个，其中江苏森达集团零缺陷管理获1998年全国现代化管理成果奖，华兴集团“3351”（三基、三定、五控制、十规范）现场管理成果获1995全国十佳管理成就奖。通过开展这些活动，促进了企业家从创业型向经营决策管理型转变，把长期的实际工作经验上升到理论，逐步形成具有自己特色的经营理念、管理模式和企业文化。

强化企业管理基础工作。标准、计量、定额、信息工作，规章制度、班组建设、基础教育等管理工作和现场管理、设备管理等工作是企业管理的基础性工作，需常抓不懈，认真抓好。山东省乡镇企业局近几年来，针对乡镇企业管理基础工作薄弱、整体素质低的实际，狠抓企业专项管理工作，促进企业“上管理、上档次、上水平”。一是认真宣传贯彻农业部《乡镇企业管理基础工作办法》，促使企业管理基础工作达标，进一步夯实企业管理基础，全省共有2 760个企业基础管理合格。二是抓好企业现场管理工作，全省有2 334个企业现场管理合格。三是开展设备管理升级达标活动，加强企业设备管理工作，提高企业设备的完好率和利用率，充分发挥现有设备的生产潜力，全省共有446个企业设备管理工作达标。江苏省盐城市乡镇企业局在全市乡镇企业系统，总结推广江苏华星集团“3351”现场管理经验，引导企业“外抓市场、内抓现场”，有12个企业被市政府命名为“中看、中意、中听”的现场管理排头兵企业。江苏省宜兴市抓住实施乡镇企业管理基础工作认证的契机，从实际出发，加强对企业管理基础工作的指导。对管理基础较好的企业，引导其向科学管理看齐，进一步提高管理水平；对管理不善的企业，主要通过管理诊断、人员培训、指导示范等方法，健全管理制度。同时把先进企业富有成效的管理经验进行总结、提炼，加以推广，大力表彰先进，发挥典型导向作用。

推进企业管理制度化。各地先后制定了一批行之有效的企业管理办法，促进了企业管理的制度化、规范化和科学化。江苏省乡镇企业局制定了《江苏省大中型乡镇企业综合管理认证细则》、《江苏省乡镇企业管理基础工作认证细则》等。山东省乡镇企业局制定了《山东省乡村工业企业现场管理规范》等。南通市乡镇企业局制定了《南通市乡镇企业股份合作制管理办法》、《工业加强三计工作的意见》等。盐城市乡镇企业局制定了《关于完善乡镇企业集团运行的意见》、《乡镇企业集体资产十项经营管理制度》等。无锡市乡镇企业局1996年制定了《无锡市乡镇企业财务管理和会计核算规范化考核标准》，由各市（县）、区按此标准验收财务合格企业。宜兴市通过创建合格财务活动，两年来已有3 807个企业财务创建合格，占企业总数的84%，推动了乡镇企业财务管理的规范化，财务机构得到增强，财会人员素质得到提高，企业领导对加强财务管理重要性的认识得到提高，促进了企业基础管理的改善与提高。

突出抓好典型引路。江苏省乡镇企业局在乡镇企业系统组织开展“学邯钢、学春兰、学小天鹅”活动，围绕提高产品质量、节能降耗、降低成本、控制两项资金等重点，切实加强各项专业管理。狠抓“三计”不放，健全财务、会计和统计制度，加强成本核算和资金管理，规范会计、统计和审计工作。在全省乡镇企业管理部门范围内开展第二次省优秀企业管理工作者的评选表彰工作，激励了为乡镇企业工作兢兢业业奉献的积极性。山东省乡镇企业局在开展远学“邯钢”，近学“海尔”的同时，强化调研工作，及时总结适合乡镇企业特点的“基础值管理法”、“倒逼成本法”等管理经验，在全系统推广，收到了良好效果。还组织实施“管理示范工程”，在全系统开展创建管理示范企业活动，共有182个企业被确定为省级管理示范企业。这些活动的开展，有力地推动了全省乡镇企业管理上水平、上档次。无锡市乡镇企业局善于发现典型，培育典型，总结和推广典型经验，发挥示范作用，指导企业强化管理。1997年总结了全市30多份典型材料编印《再创辉煌》，在面上推广，受到基层好评。1998年，他们深入基层调查研究，组织30多篇调查报告，分期在《无锡乡镇企业》上刊发，发到各乡镇和重点企业。南通市乡镇企业局近两年结合管理工作实际，先后树了“十面红旗企业管理站”、20个先进企业管理站、30名企业管理优秀企业管理站站长和40名优秀企业管理积极分子，以市政府名义命名表彰100个明星企业和100名乡镇企业家，有效地推动了面上的管理工作。

加强企业家队伍建设。乡镇企业实现第二次创业，加快乡镇企业发展和提高，关键在于培养和造就一支相当数量和较高素质的乡镇企业家队伍，因而各地都非常重视乡镇企业家队伍建设。江苏省政府规定每两年表彰一次省级明星乡镇企业、省级乡镇企业家。1998年江苏省乡镇企业局在全省乡镇企业系统开展了表彰活动，授予130个企业和134名厂长（经理）为省明星企业和省乡镇企业家称号。并与省委宣传部联合组织召开“学习朱相桂同志先进事迹座谈会”，利用各种宣传媒体，向社会各界宣传，让人们了解乡镇企业、乡镇企业家。还在省委党校举办第六届明星企业厂长、省乡镇企业家培训班，提高企业家素质。盐城市乡镇企业局与市委组织部、宣传部联合制定了《盐城市“九五”期间加强乡镇企业家队伍建设规划》，全市共有国家、省级和市级乡镇企业家75名，有237人经过市委党校培训后取得《市级乡镇企业家任职资格证书》。建湖县规定凡获得各级批准的乡镇企业家或明星企业的厂长，给予转干、转户口等政治、经济上的优厚待遇；对有突出贡献的厂长（经理），委以重任，予以重奖；将年富力强、专业技术突出、有创新精神的人才，有目的地放在领导岗位上锻炼，作为后备企业家队伍培养。

搞好主管部门自身建设。江苏省乡镇企业局十分重视乡镇企业系统自身建设，充分发挥职能作用，特别是乡级管理机构的建设，较好地解决了编制和经费问题。无锡市乡镇企业局及时推广宜兴市开展创建合格企业管理站活动的经验，有效地促进了基层管理部门的建设，使规划、指导、监督、协调和服务的综合管理职能不断发挥，保证了企业管理工作不断迈上新台阶。各地乡镇企业主管部门在市场经济条件下如何指导企业管理进行了有益的探索。盐城市乡镇企业局的做法：一是转变思想观念，正确认识和处理好改革和发展之间的辩证关系，把虚事抓实。二是转变工作思路，正确认识和处理好政府部门指导企业管理与企业加强管理之间的辩证关系，把方向抓准。三是转变工作重点，正确认识和处理好基础管理与管理创新的辩证关系，把新事抓成。四是转变工作作风，正确认识和处理好面上导向与真抓实干的关系，把工作抓透。南通市乡镇企业局坚持管理工作的主体地位不动摇，工作形式多样化，工作深度循序渐进，不断创新。

（刘同占　胡永万　赵长军）

【加强乡镇企业管理的政策措施】 1998年，国家和地方对乡镇企业管理工作都非常重视，采取一系列的方针和政策措施，强化企业管理，为促进乡镇企业改革与发展起到重要作用。1998年4月，江泽民总书记在视察江苏乡镇企业时指出，乡镇企业“要强化企业管理，有一套科学化、制度化、规范化的东西，向管理要效益”；“要搞好企业领导班子建设，注意培养一大批吃过苦，在一线经受考验，又懂市场经济的企业管理人才”。1998年10月14日，《中共中央关于农业和农村工作若干重大问题的决定》指出：乡镇企业“结合整个工业结构调整，加强技术改造和企业管理，提高产品质量，增强竞争能力”。

1998年5月，农业部在广西南宁市召开的全国乡镇企业改革与发展工作会议，提出乡镇企业持续快速健康发展的对策和措施，特别强调要苦练内功抓管理。关键是领导班子建设和各类专门人才队伍的建设。要制定一批加强企业管理的规章，指导企业建立健全先进、合理、科学、配套的基础管理工作体系，推行计算机信息网络等现代化管理方法和手段。加强对改革后企业的科学管理。在调查研究的基础上，提出改革后企业加强管理的意见，并在几个单项改革形式的规定中体现。加强安全卫生、环保节能等管理工作。继续开展安全综合治理活动，与五部委联合进行“三合一”企业监察、治理。推荐一批优秀的示范企业和经营者，进行宣传和推广。切实加强乡镇企业的质量管理，开展质量振兴活动，进行计量保证确认，贯彻标准生产，提高质量水平，争创名牌产品。加强负担管理，与四部委联合下发《乡镇企业负担监督管理办法》。

1998年6月，农业部部长陈耀邦在全国农业厅局长会议上要求乡镇企业着重加强企业管理，要根据市场经济规律的要求，重点抓好成本、质量、营销等管理工作，促进现代化管理，减低生产成本，提高经济效益。对乡镇企业的税外收费进行全面清理，坚决纠正乱收费、乱摊派、乱罚款，切实减轻企业负担。

1998年9月，《农业部关于扎实工作，确保实现乡镇企业全年发展目标的通知》指出:"进一步强化乡镇企业技术进步和科学管理。要把技术进步和科学管理作为提高企业经济运行质量、实现有效增长的重要措施抓紧抓好。要引导企业苦练内功,强化企业管理意识,提高管理水平,向管理要质量、要效益、要发展,在降本、节支、扭亏、减耗等增效方式上下功夫,重点抓好质量、财务、营销管理工作,全面提高经济效益,增强市场竞争能力"。

(胡永万)

【乡镇企业档案管理】 随着我国经济体制改革的不断深入和乡镇企业的快速发展,乡镇企业档案工作发生了很大变化。根据党中央、国务院关于农业和乡镇企业工作的政策规定,在过去《乡镇企业档案管理暂行规定》的基础上,结合新的情况,农业部和国家档案局在1998年1月联合制定了《乡镇企业档案管理办法》。乡镇企业档案是乡镇企业在生产、经营、科研、基本建设以及各项管理等活动中形成的,对企业具有考查保存价值的各种文字、图表、声像等不同形式的历史记录,是维护乡镇企业历史真实面貌、合法权益的历史凭证,是提高产品质量、增长经济效益的重要条件,也是乡镇企业管理基础工作的组成部分。新制定的《乡镇企业档案管理办法》主要适用于农村集体经济组织或者农民投资为主,在乡镇(包括所辖村)举办的承担支农义务的中小型企业。大型乡镇企业参照《国营企业档案管理暂行规定》执行。

(胡永万)

【乡镇企业内部审计工作】 1998年,全国乡镇企业系统在内部审计方面重点加强了以下工作:一是加强乡镇企业内部审计的法规建设。认真贯彻《中华人民共和国审计法》、《中华人民共和国乡镇企业法》、《审计法实施条例》、《审计署关于内部审计工作的规定》。农业部乡镇企业局负责全国乡镇企业内部审计工作,组织修改了《乡镇企业系统内部审计工作规定》。安徽省乡镇企业局与审计厅联合制定了《安徽省乡镇企业内部审计工作暂行规定》。陕西省乡镇企业局印发了《关于进一步加强我省乡镇企业系统内部审计工作的意见》。二是切实加强乡镇企业内部审计工作。乡镇企业内部审计是乡镇企业系统内部管理工作的一项重要内容,是国家审计工作体系的组成部分。加强企业内部审计,有利于强化企业内部管理,维护财经秩序,促进党风廉政建设,提高经济效益,促进乡镇企业健康发展。河北省乡镇企业局和市、县乡镇企业行政管理部门把审计工作纳入重要议事日程,定期研究,并建立了比较完善的服务体系。省乡镇企业局与省审计厅共同筹建了冀祥联合审计师事务所,各市、县多数都组建了相应机构。至1998年底,河北省乡镇企业系统共有审计机构1 896个,持证人员4 118人。全年完成审计项目17 832个,审计总金额111亿元,其中审计机关委托项目319个,资产负债审计4 832个,经济效益审计5 837个,财物收支审计5 230个,承包离任审计1 254个,其他审计360个;完成社会审计和资产评估项目1 626个,审计和评估总金额38亿元。重庆市乡镇企业局在1998年初设立审计处,并对市和区(县)乡镇企业投资公司(基金会)实施"内控制度"的专项审计。三是加强对重点企业和项目的审计。河北省乡镇企业系统1998年对省级骨干乡镇企业进行审计,共查出违纪违规金额1 468万元,纠正金额1 123万元;查出损失浪费金额5 908万元,促进增收节支23 638万元;提出审计建议6 939条,被采纳的建议5 602条。重庆市15个区(县)乡镇企业资产评估事务所,1998年审计项目122个,审计总资产8.9亿元,查出违纪违规金额2 656万元,查出损失浪费274万元,分别进行了纠正和处理,促进增收节支642万元。为企业改革与发展提供了有效的指导和服务。

(胡永万)

◁企业管理典型经验▷

【让管理成为效益的源泉】 广东格兰仕企业(集团)公司于1993年才开始正式投产微波炉,当年生产只有1万台。但在最近的四五年间,格兰仕公司以200%的速度增长,从中国最大做到全球最大,其成功的关键就是结合本企业实际情况,制定行之有效的各项经营管理措施及方案,让管理成为企业效益的源泉。

格兰仕公司围绕企业自身因素首创了一系列的具行业领先水平和超前意识的管理模式,这一系列的成功运行为格兰仕集团大力度开拓市场打下了良好的根基。

形象营销管理模式。企业形象就是企业人格力量,"努力,让顾客感动"就是"格兰仕"的人格。为此,格兰仕公司在这方面下苦功加强教育和管理,使各项工作做到不但让人满意,而且让人感动。

文化营销管理模式。格兰仕公司通过大规模的知识普及、消费引导去培育市场,挖掘市场潜力,从而最大地开发市场空间,且延伸企业的品牌内涵,以满足企业发展增长需求。格兰仕公司在全国几百家报纸媒体开辟《微波炉知识窗》,从微波炉的原理、性能、使用、维修、保养等全方位进行知识普及;在全国几百家电视媒体播放《格兰仕微波炉美食菜谱》等。

“五定五包”成本管理模式。这一管理模式的大力推进,使得格兰仕公司每年的生产成本降低幅度达到20%。1997年4月,格兰仕公司在内部大力开展“五定五包”增产节约运动,强调有效管理、高效管理,对生产工人定产、定质、定耗、定安全生产和劳动纪律、定零件加工单价;对管理人员包产、包质、包安全及设备保养、包物耗、包费用。这“五定五包”使得管理系统中的每一个工人和管理人员都要用指标去指导工作,用指标去约束自己、要求自己,使得每一个生产工人、每一个管理人员、每一管理部门之间形成一种竞争机制,从而真正达到管理工作的有效性、高效性,最终使产品生产成本大大降低。这一成本管理模式的显著效果,为1997年10月格兰仕公司成功实施“40%大幅度降价策略”奠定了坚实有力的基础,并为企业创造了良好的经济效益。

(胡洪昌)

【合法、合算、合理“三合”控制法创造最佳效益】 大连华农集团有限责任公司是集大豆科研、加工,汽车运输、修配,仓储,贸易,计算机软件开发,建筑工程施工于一体的企业。华农公司依据市场发展规律,把现代企业管理的基本原理与企业实际相结合,探索、归纳、总结了合法、核(合)算、合理的“三合”控制法。

“三合”控制法,合法是前提,核(合)算是基础,合理是要求、是条件。

在合法方面,华农公司坚决做到“四不”:违法的项目不上,违法的经营活动不干,违法的钱不赚,违法的事情不办。在企业内外经营管理过程中,每做一件事,都要健全相应的法律手续,这是华农公司有效控制自我的一个重要方面。

在核(合)算方面,华农公司成功的核算方法是“阶段成本核算法”。核算的基点是先掌握一个段的企业内外信息,包括外部市场行情、内部各项消耗费用和产品得率等,在供、产、销三大环节中的每一个小环节进行分阶段的成本模拟测算,从层层模拟测算到汇总模拟测算全过程的监控,最终得出理想的利润。

核(合)算控制法是华农公司创效的源泉。随着市场竞争的激烈和企业规模的扩大,华农公司不断更新核算的控制手段和方法,建立了计算机监控系统,将企业供、产、储、运、销等几大环节的管理程序全部用计算机管理。

在合理方面,又可以分作三个角度。一是对企业发展战略的合理控制。华农公司的发展战略是:以大豆加工为主业,外辅汽车运输、修配,仓储、贸易等的“同心多元化”经营战略。发展是企业永恒的主题。10年来,华农公司无时无刻不在发展,但无论怎样发展,都没有离开这一战略指导。华农公司能时刻控制自身发展的节奏,本着“稳步发展、稳健经营”的原则,力求建一个,稳一个,成熟一个。二是对外经营交往的合理控制。在对外经营交往过程中,华农公司奉行与有共识者共事,与有肝胆者为友,体现诚实守信、广交朋友、共同致富,并能适当控制自己的欲望与客户共担风险。三是对企业内部管理的合理控制。华农公司根据利益驱动原理,搞股份合作制改造,体现了“人在、心在,资产必须在企业”的逻辑关系,员工与企业成为利益共体、感情共同体、事业共同体。华农公司还对企业的宏观管理搞“立体结构分工”,即决策层出思路、管理层出方案、实施层出办法、执行层出成果,指导大家各司其职、各负其责。华农公司更重视企业文化建设。当职工的物质需要满足以后,想办法从精神上增强广大职工的凝聚力和向心力。

(李广富)

【推行现代质量管理】 江苏双良集团公司由最初不足1万元资产起步,经过16年的奋斗,已拥有资产15亿元。在全国中央空调制冷行业中,双良集团以生产规模大、产品质量好、品种齐全和技术先进而享有较高声誉。这与双良集团多年推行现代质量管理分不开。

在质量管理上,双良集团的方针是:一要符合企业的实际情况,二要博采众长。不管是国内的,国外的,好的东西都吸收过来,融会贯通,形成双良集团自己的质量管理模式。在质量管理体制建设上,首先从组织结构上加强分量,设有质检和品保的二重部制,加强检测、监督的力度。其次在质量控制方式上,以ISO9001认证为中心,将质量管理贯穿于设计、开发、制造、安装、服务的全过程,并在制造中引入先进的DFM按需生产流程,把现场管理结合进去。在质量管理人员配置上,选配一批既有理论又有实际经验的工程师担任,生产员工则通过培训,确保合格上岗。

双良集团还注重接轨国际,建立现代质量管理体系。为了生产国际一流的中央空调产品,双良集团在90年代初就瞄准国际先进标准,构筑企业质量管理体系。双良集团在全面质量管理的基础上,用8个月的时间,对照ISO9001质量体系的各项要求,全面审查企业产品质量的现状和存在的差距,按照体系的程序,一项一项进行整改。

企业的质量管理体系需要不断完善,不断嫁接、吸收、充实。实施ISO9001质量体系认证和DFM生产流程后,双良集团又借鉴日本的“5S”管理经验,即通过整理、整顿、清扫、清洁、素养五个环节进一步优化质量管理。

高质量的产品,一方面要靠管理提供保证,另一方面要靠技术创新来支撑。十多年来,双良集团把质量管理与技术创新有机地结合起来,通过技术创新来促进质量管理,提高产品的档次和产品的技术含量,推动产品升级换代。

质量管理体系是一个复杂的系统工程,必须有坚实的物质基础作保障,不仅要有一流的硬件,而且要有一流的软件。为了更新工艺,改善装备,近几年双良集团投资3.5亿元,从国外引进具90年代先进水平的高度自动化设备,武装生产车间,提高制造质量。

(缪双大)

【强化营销管理加快企业发展】 浙江正泰集团公司在改革开放大潮的推动下,不断完善机制,强化管理,使企业成为跨行业、跨地区、跨所有制、跨国的全国大型现代企业集团。

好的机制是企业活力的源泉,好的管理是企业发展壮大的保证。管理不好,改革就会前功尽弃。而适应市场经济的营销管理之道是企业管理的关键。

*产销结合,专业经营,优化配置,良性循环。*正泰集团从前店后厂开始,由供销员一人一品到外地推销,或公司自行派人外出推销,逐步和外地销售店户建立协作关系,然后由点到面,从单店联营到多店联营,并从国内到国外,逐渐发展了500多家销售公司、经销点、代售店,形成了国内外纵横交错的销售网络。

*以点带面,构建大网络,扶优促强,滚动式开发。*在设点布网上,正泰集团实施“重点突破、周边延伸、滚动开发,全国拓展,统一政策,整体推进”的营销战略。1994年开始设点布网时,在市场考察和资信调查的基础上,对郑州、济南、青岛、北京、大连、哈尔滨等城市,首先设立授权代理销售公司。各销售公司一改过去小打小闹、单品种、货不齐、采购不方便的缺陷,加上原有的销售渠道,得以较快地发展了业务,积累了资金,增强了实力。不但使正泰集团扩大了市场占有量,也使代理的销售公司从中得到好处。

到1998年底,正泰集团产品的市场覆盖铺向了全国200多个大中城市,在全国形成以省城和重要工业城为中心,以地市级城市为重点,以县市级城市为辐射点的三个层级的营销网络。这为正泰集团的持续发展,奠定了扎实的基础。

*坚持利益同享、风险共担的原则,保证企业持续性发展。*在利益同享方面,首先,正泰集团实行资金扶持。各销售公司、经销点在要求加盟代理时,经过资信调查,具有一定担保前提基础下,集团公司投入一部分垫底资金,扶持各地代理商,使各地代理公司迅速得到正常运转,使产品不断投入市场。其次,制订优惠政策,保证经销商的利益。随着经销网络的扩大、销售额的增加,集团公司按销售公司、经销点的省、地、县级别,新建时一次性购货额以及付款及时性等,实行“级差”优惠率。同时,对各地经销商实行“扶、帮、促”政策,扶持重点购货额较大的经销商。

在风险共担方面,正泰集团要求各经销商组建具有独立销售法人的公司,实现工商登记法人化,资产明晰化,并辅以经销担保制。在产品买卖关系上实行买断经营。在应收账款上产生的辅以利息调节,化解经营上的三角债务,保证企业的持续性发展。

(南存辉)

专 文

1998年全国乡镇集体企业财务决算综合分析

农业部乡镇企业局

1998年,全国乡镇集体企业在东南亚金融危机负面影响不断扩大和我国部分地区发生严重洪涝灾害情况下,迎难而上,为全国国民经济增长做出了突出贡献。

财务决算情况分析

企业个数有所减少,规模企业不断增多。1998年,全国乡镇集体企业106.5万个,比上年减少22万个。从分行业看,主要是工业企业减少较多,共减少13.9万个。企业个数减少的主要原因:一是一些严重污染环境的如小造纸、小冶金、小水泥、小煤窑、小化工等企业被迫关闭,特别是中西部地区如四川、山西、内蒙古、广西、贵州等省、区,企业个数下降十分明显。二是一些管理落后、设备陈旧、市场竞争力不强、能源消耗大的企业被迫关停。三是部分“小、微、亏”企业或被兼并,或被转制、拍卖、租赁,或组建成企业集团。随着集体企业的发展,上规模的县、乡、村明显增多,特别是规模企业增加较多。1998年,营业收入5 000万元到1亿元的乡镇集体企业有5 517个,比上年增加196个;营业收入超过1亿元的企业有3 209个,比上年增加202个。这些上规模企业已成为各地方经济发展的支柱企业,其中有不少是集约化、产业化、贸工农、科工贸一体化的龙头骨干企业,成为县域经济的主体和地方财政收入的主要来源。这些规模企业的增加和健康发展，为集体企业加快两个转变的步伐，探索集约化经营，实现规模效益做了有益的尝试。

*就业人数减少，职工收入明显增加。*1998 年，全国乡镇集体企业共安置就业职工4 829万人，比上年减少 498 万人。职工人数减少主要原因是由企业个数减少所引起的。

1998 年，乡镇集体企业支付职工工资总额达2 483亿元，比上年减少 1.8%。职工人均工资5 142亿元，比上年增长 8.3%。

*经济总量平稳增长，工业基础地位突出。*1998 年，全国乡镇集体企业累计实现营业收入38 284亿元，比上年增长 0.9%，呈现出平稳发展的态势。

1998 年乡镇集体企业营业收入的净增量主要是靠集体工业拉动的，尽管工业企业营业收入所占比重比上年略有下降，但集体工业仍是乡村企业的主导行业，在集体企业中占有较大的份额。1998 年，乡镇集体工业企业个数占集体企业总数的比重只为 66.11%，但其实现的营业收入比重却占 79.76%，净利润比重占 76.68%，税金总额比重占 83.26%，工业基础地位仍然比较稳固和突出。这与近几年全国各地调整发展战略，加快结构调整，突出抓集体工业这一支柱产业，集中培植重点骨干集体工业企业和加快工业小(园)区的建设密不可分。

*盈利水平有所回升，社会贡献稳步增加。*1998 年，乡镇集体企业实现净利润1 698亿元，比上年增长 3.92%。净利润额实现较多的分别是山东、广东、河南三省，实现净利润额分别为 251 亿元、162 亿元和 155 亿元，三省合计占全国总额的 33.45%。

乡镇集体企业在创造大量利润的同时，通过各种渠道积极支持农业生产和农村各项福利公益事业的建设。1998 年，全国乡镇集体企业用于支农建农支出总额达 65 亿元，比上年减少 22 亿元。另外，1998 年当年集体企业按所得税提取的补助社会性支出达 64 亿元。可供分配利润中上缴乡村政府的利润 401 亿元。这充分说明乡镇集体企业的发展为繁荣和振兴农村经济，富裕广大农民起着越来越重要的作用。乡镇集体企业也为国家创造和积累了大量的财富。1998 年，全国乡镇集体企业为国家和社会创造或支付的价值总额(包括社会贡献总额，包括工资、福利费、利息、各种税金、净利润、管理费以及支农建农支出等)达6 455亿元。

资产增长较快，资产结构有所改善。

*投资增长加快，投资中自有资金比重增大，企业积累增长较快。*1998 年，乡镇集体企业 5 万元及 5 万元以上项目的投资累计2 517.3亿元。其中银行借款 471.8 亿元，比上年减少 25.16%，占投资总量的份额由上年的 21.36% 下降至 18.35%。自有资金达 1137.5 亿元，自有资金和其他渠道所投入资金占投资总量的比重达 81.65%，成为企业投资的主渠道。由于自有资金投资份额的变化，乡镇集体企业所有者权益发生了显著变化，企业自我积累、自我发展意识增强，资本公积和盈余公积呈现出良好的增长态势，分别比上年增长 11.39% 和 13.37%，达到1 209亿元和1 192亿元。

实收资本快速增长，资本结构发生明显变化，国家资本、乡村集体资本所占份额减少，个人资本、外商资本和法人资本比重上升。

1998 年，乡镇集体企业实收资本8 259.31亿元，比上年增长 6.51%。其中国家及乡村集体资本4 388.79亿元，比上年减少 1.96%；法人资本1 466.48亿元，比上年增长 11.78%；个人资本1 271.19亿元，比上年增长 22.28%；外商资本1 132.85亿元，比上年增长 22.28%。

*资产总量增长较快，资产结构矛盾突出。*1998 年，乡镇集体企业资产增长迅速，企业生产能力增强，生产规模扩大。乡镇集体企业 5 万元及以上项目投资2 571.3亿元中，固定资产投资达1 987.3亿元，占投资总量的 77.29%，导致固定资产原值增长 16.26%，达到13 443亿元。固定资产投资中，设备投资1 137.2亿元，占固定资产投资总量的 57.22%。这为乡镇集体企业上规模、上水平、上效益提供了较充分的设备能力。

另一方面，流动资产的增长却相对缓慢。1998 年，乡镇集体企业流动资产13 858亿元，比上年增长 6.02%，造成应与生产能力相匹配的流动资产不足，流动资金周转率由上年 2.81 次降至 2.76 次。同时，在流动资金中，应收账款增长过快，增幅 10.94%，达到3 856.5亿元，占流动资金的 27.83%。应收账款周转率下降，由上年 10.96 次降至 9.98 次。存货比上年增长 7%，达到5 282.9亿元，比流动资产增长高 0.88 个百分点。流动资产增幅缓慢，不能与生产能力的增长相适应，加之其中占总量 65.68% 的存货和应收账款增长过快，二者比上年增长 725.92 亿元，占流动资产增加总量的 90.90%，致使企业能用于生产周转的资金更少。

在资产中，无形资产增长迅速，达到 383.2 亿元，比上年增长 24.91%，是资产要素中增长最快的一项资产，意味着乡镇集体企业在引进技术、专利和知识产权方面取得较好的进展。

*负债低速增长，即期还债压力增加。*1998 年，乡镇集体企业负债增长幅度低于资产的增长，也低于企业自有资产的增长，仅比上年增长 2.32%，达到15 860.4亿元，资产负债率从上年的 61.18% 下降至 60.27%。从其构成看，企业长期负债仅比上年增长 0.42%，为

2 430.8亿元。流动负债增长2.76%，达到13 425亿元，占负债总额的84.64%，比上年增加0.37个百分点。

在流动负债中，应付款项6 229.5亿元，比上年增长5.82%，远远高于负债和流动负债的增长幅度，占流动负债的46.40%，比上年增加1.34个百分点。企业流动资金普遍紧张，应付款项即期偿还压力增大。

收入略有增长，利税微幅下降。1998年，乡镇集体企业实现营业收入38 284亿元，净利润1 698亿元，税金1 500亿元。人均工资、人均利税、工业全员劳动生产率分别比上年增长12.33%、10.98%和20.16%，达到5 394元、6 947元和22 924元。

主营业务收入增长明显。在乡镇集体企业营业收入中，主营业务收入38 041亿元，占收入的99.37%，比上年增长0.94%，占收入比重上升0.07个百分点，主营业务收入增长增加净利润157 242万元。

管理费用和财务费用下降。通过深化产权制度改革，乡镇集体企业的管理费用得到有效控制，百元收入含管理费用由上年3.88%降至3.83%，增加了净利润79 400万元。由于国家银行三次降息，资本成本由上年14.18%下降至12.04%，下调15.21%，从而减少财务费用774 885万元。营业收入中财务费用含量从上年2.09%降至1.87%，使利润增加949 825万元。

流转税和所得税赋下降。1998年，乡镇集体企业营业税金及附加由上年419亿元降至414亿元，所得税由上年299.58亿元降至271.53亿元。百元收入含两税由上年1.91降至1.80元，增加利润396 210万元。

股份制和股份合作制企业经济效益比较突出。1998年，企业相互投资参股较上年增长11.78%，投资收益达26.78亿元，比上年增加53 431万元，补贴收入比上年增加31 112万元，以前年度损益调整少调减968万元，几个方面增加利润371 806万元。

乡镇集体企业发展显露出的问题

亏损比率和亏损总额居高不下。随着市场的变化，一部分管理不善，产品档次低、质量差、竞争力不强的乡镇集体企业在激烈的市场竞争中败下阵来。1998年，在全国106.6万个乡镇集体企业中，亏损企业有7万个，亏损面为6.7%，与上年基本持平。虽然亏损总额为182亿元，比上年减少33亿元，但这些亏损企业户均亏损26.01万元，比上年户均亏损增长6.5%。这说明1998年亏损企业的亏损程度加重。

资产(本)收益能力不高，偿债能力有所下降。虽然1998年乡镇集体企业盈利水平上升，负债有所下降，但企业资产和资本收益能力呈下降趋势。反映企业百元平均资产获得利润(含利息支出)情况的总资产报酬率为10.32%，比上年下降1.33个百分点。反映企业运用投资者投入资本获得收益情况的资本收益率为20.56%，比上年下降1.81个百分点。可以看出，企业运用资产和资本获得收益能力有所减弱。在企业资产和资本增加的前提下，企业关键还是要千方百计扩大销售，争取实现更多的利润，来拉动报酬率和收益率上升，稳定和增强投资者、经营者的信心，创造出较佳的投资环境进一步吸引国内外投资者向企业注入更多的资金。

1998年，乡镇集体企业资产负债率的下降，并没有提高企业偿债能力。相反，由于企业流动资产和速动资产的上升幅度低于企业流动负债2.76%的增幅，使反映企业偿债能力的两项指标，即流动比率和速动比率与一般情况下正常的偿债能力标准差距较大。流动比率由上年的103.27%降至103.22%，速动比率由上年的62.89%升到63.87%。

资金运行效果不佳，资本保值增值能力减弱。资金运行质量的好坏，直接影响企业的正常运转和经济效益的提高。因此，保持资金的良性循环是企业获取收益的重要手段。但1998年乡镇集体企业资金运行情况却不佳，主要表现在应收账款周转率和存货周转率有所下降，周转速度减慢。企业应收账款率为10.44次，比上年减少0.52次，表明企业收取的欠债能力减弱，回收速度放慢，占压资金相对增加，加剧了企业资金紧张的局面。从集体工业存货(包括原材料、产成品、在产品等材料、物资库存储备)周转情况看，存货周转率为6.01次，比上年减少0.05次，说明企业在存货管理上存在问题。到1998年末，乡镇集体企业所有者权益总额已达10 456亿元，比期初所有者权益总额净增622亿元。期末所有者权益占企业总资产的份额已由上年的42.71%上升到42.85%。虽然份额上升，但从资本保值增值(反映投资者投入企业的资本完整性和保全性)情况看却呈下滑趋势。年末企业资本保值增值率由上年的113.33%降至106.33%，说明企业资本增值速度减缓。

资金供需矛盾加深，企业发展受到制约。资金短缺一直是困扰乡镇集体企业发展难点问题之一，虽然企业和各级乡镇企业行政主管部门为此做了许多努力，每年都能筹集一定生产经营资金，但仍有较大缺口，企业资金短缺的状况没有得到根本的改观，造成一些在建项目停工、竣工项目不能及时投产，给企业发展带来不利影响。企业缺少流动资金配套，有的企业即使有生产能力，产品销路好、有市场，但苦于流动资金短缺，无法购入更多的原材料投入生产，特别是一些季节性流动资金需求量较大的企业，这方面的问题尤为突出。1998年，乡镇集体企业净增加的资产1 380亿元中,用于增加固定资产的有897亿元,占净增资产比重为65%,用于流动资产的728亿元。净增的流动资产剔除其中存货和应收账款沉淀部分348亿元,实际上,能用于经常性周转的流动资金只有380亿元,占净增资产27.54%。可以看出,固定资产和流动资产增加比例不合理。

对策与措施

努力提高投资效益。乡镇集体企业要围绕产业调整和优化,通过产业政策,把资金投向投资少、见效快,填补国内、省内空白的项目和经济、社会效益好的项目上,这类项目也容易吸纳各方面的投入资金。也要围绕优势产品,高附加值、高科技含量产品投资。突出发展市场销路好、产品质量高、科技含量多、竞争能力强的产品,以获得更大的投资收益。要把资金投向立足于当地资源,并能深加工、精加工和出口创汇的产品项目上,也要把资金投向有利于充分就业的劳动密集型的项目上。要营造良好的投资环境,吸引外商投资,把外商资金投向有利于结构调整和促进产品调整升级的项目。通过上述确定的投资方向,提高投资效益。

向管理要效益。乡镇集体企业在加强企业管理方面要以成本管理和营销管理为重点,同时抓好质量、财务、集体资产和企业负担各方面的管理工作。把加强企业成本管理作为核心来抓。建立健全和完善制度,严格控制成本费用上升,努力降低物料消耗,提高经济效益。以强化销售、提高产销率为目标,切实提高企业营销管理水平。从完善销售手段和销售政策入手,制定销售激励机制。在财务管理方面,努力提高资金的运行质量和使用效益。

抓好亏损企业的扭亏增盈工作。各级乡镇企业行政主管部门要重视亏损企业的扭亏增盈工作。要针对亏损企业不同的情况,研究制定扭亏措施和办法。对因管理不善,损失浪费金额巨大,引起亏损且扭亏有望的企业,应从改进和强化管理入手,建立健全物料购、存、用等各项制度及成本、费用管理制度,堵塞管理上的漏洞,减少不必要的损耗,争取扭亏。对由于产品档次低、质量差、市场竞争力不强,产品积压严重而引起亏损的企业要搞好市场调研,开发适销产品,对老产品要做好提质工作,通过开发新产品提高优质品率来重新赢得市场,提高占有率和覆盖率,争取扭亏。对受市场变化严重制约、扭亏无望的小企业,应采取关停并转、租赁、拍卖等形式进行改革消化。

提高资金的使用效果。针对乡镇集体企业“两项”资金占用严重的问题,要强化销售,清理库存,对一些严重滞销不适产品要削价处理,对适销产品要进一步拓宽销售渠道,扩大销售。通过强化销售手段,减少压库产品,盘活流动资产存量。在加强销售的同时,应注意货款的回收,尽可能地避免由于货款占压资金过多形成的呆账。

严格控制成本费用上升。受市场变化和宏观调控的影响,乡镇集体企业经济效益并不理想,不少地方出现连年下滑的势头。造成企业效益偏低的主要原因除市场制约,管理不善,产品质量不高等原因外,企业成本费用上升是一个重要的因素。因此,加强管理,严格控制企业成本费用的上升,是企业提高经济运行质量和效益的一个关键所在。企业在抓好营销、资金运行、产品质量的同时,也要对成本费用采取有效措施加以控制,尽量使成本费用的上涨幅度控制在最低。制定较为严密的成本费用核算和传递手续,堵塞漏洞,提高经济运行的质量和效益,为实现经济增长方式的转变奠定基础。

◀负担监督管理▶

【乡镇企业负担基本情况】 乡镇企业的社会负担过重,已成为影响乡镇企业发展的一个突出问题。各地普遍反映,向乡镇企业乱收费、乱罚款、乱集资、乱摊派的现象仍然十分严重,屡禁不止,使企业无所适从,不堪忍受。乡镇企业不合理负担约占企业利润的20%左右。一些地方把减下来的农民负担转嫁到乡镇企业头上。河北、河南、黑龙江、辽宁、吉林、内蒙古、湖北、浙江、山东、宁夏、青海、海南、云南、宁波、深圳等15个省、区、市,乡镇企业各种摊派、集资、收费、罚款等收费项目达180多种,涉及60多个部门和单位。这些收费项目中,乡镇企业基本能够承受的合理负担占44.64%,不合理负担占46.43%,还有不少是隐性负担。

造成乡镇企业不合理负担过重的原因是多方面的,主要有:一是各级机构尤其是县、乡两级机构严重超编、超员,行政经费缺口较大,不得不向乡镇企业摊派。二是一些职能部门把乡镇企业当成“唐僧肉”,打着为企业服务的招牌,强拿卡要。三是一些国家已明令禁止的收费项目有些地方仍在收取。四是县、乡政府及行业主管部门以各种名义,向企业收费。五是多头收费、重复收费现象比较严重。六是收费标准不一,随意性大。七是社会赞助名目繁多,有的要钱,有的要物。八是乡镇政府与企业产权不清、责任不明、政企不分。九是各级乡镇企业行政管理部门缺乏对乡镇企业负担的监督管理手段及制约、调控能力。

(胡永万)

【开展乡镇企业减负工作的法律法规依据】 近年来，乡镇企业负担过重问题，已经引起党中央、国务院的高度重视，先后制定了有关乡镇企业减负的法律、法规和政策，对指导乡镇企业减负工作起到了重要作用。

《中华人民共和国乡镇企业法》规定："国家保护乡镇企业的合法权益；乡镇企业的合法财产不受侵犯。任何组织或个人不得违反法律、行政法规，非法占有或者无偿使用乡镇企业的财产"；"除法律、法规另有规定外，任何机关组织或者个人不得以任何方式向乡镇企业收取费用，进行摊派"；"乡镇企业有权向审计、监察、财政、物价和乡镇企业行政管理部门控告、检举向企业非法收费、摊派或者罚款的单位和个人。有关部门和上级机关应当责令责任人停止其行为，并限期归还有关财物。对直接责任人员，有关部门可以根据情节轻重，给予相应的处罚。"

《中共中央、国务院关于切实做好减轻农民负担工作的决定》指出："减轻乡镇企业的负担。加重乡镇企业负担，也就是加重农民的负担。要严格执行《中华人民共和国乡镇企业法》的有关规定，坚决制止各种加重乡镇企业负担的行为。任何单位和部门不得向乡镇企业乱收费、乱集资、乱罚款和摊派，不得以任何形式和名义拉赞助、搞评比，增加企业负担。乡、村干部不得在乡村集体企业乱开支。乡镇企业行政主管部门要会同有关部门对乡镇企业负担进行清理，并制定监督管理的具体办法"。

《中共中央、国务院关于批转农业部<关于我国乡镇企业情况和今后改革与发展意见的报告>的通知》指出："要切实减轻乡镇企业负担，保护乡镇企业的合法权益"；"要依法保护乡镇企业的合法权益，坚决制止各种加重乡镇企业负担的行为"；"对乡镇企业的负担情况要进行调查清理，确定合理项目，逐步实现总量控制、限项、限额。乡镇企业管理部门要会同纪检、监察、计划、财政、物价等有关部门制定监督管理的具体办法。对有令不行、有禁不止的，要严肃查处。"

《中共中央、国务院关于治理向企业乱收费乱罚款和各种摊派等问题的决定》指出："清理向乡镇企业的乱收费、乱集资、乱罚款和各种摊派，按照《中共中央、国务院关于切实做好减轻农民负担工作的决定》的有关规定执行"。乡镇企业负担沉重问题，也引起了江泽民总书记的关注。1998 年 4 月，江泽民总书记在考察江苏乡镇企业时指出："要切实减轻乡镇企业的负担，严格清理税外收费，坚决制止乱摊派、乱集资、乱罚款。乡镇企业要承担农村社会事业开支，承担支农任务，负担已经很重了，不能方方面面都向乡镇企业伸手。"

（胡永万）

【乡镇企业减负工作情况】 近年来，农业部十分重视乡镇企业减负工作，重点抓了三方面：一是深入进行调查研究，起草国家有关乡镇企业减负的法律、法规和政策。二是认真贯彻《中华人民共和国乡镇企业法》和中共中央、国务院文件精神，切实抓好落实。1997 年 5 月，由农业部牵头与监察部、国家计委、财政部联合发出《关于检查清理向乡镇企业收取费用的通知》。之后进行认真汇总和研究，并于 1998 年起草了《关于切实加强乡镇企业承担费用监督管理的通知》。三是总结推广乡镇企业减负工作经验，指导全国乡镇企业减负工作。

河南、江苏、辽宁、天津、吉林、四川、陕西等省、市结合本地实际，采取有效措施，积极开展乡镇企业减负工作，取得较好效果。江苏、四川等省成立由分管副省长为组长、有关部门负责人参加的减轻乡镇企业负担监督管理领导小组。河南省政府 1997 年出台了《减轻乡镇企业负担规定》。江苏省委、省政府 1998 年 6 月发出了《关于严格控制和切实减轻乡镇企业负担的意见》，提出全面清理涉及乡镇企业的各种收费；对乡镇企业承担的乡村负担实行总量控制；坚决刹住对乡镇企业的各种摊派、乱评比、乱拉赞助；规范涉及乡镇企业的收费和负担项目的审批与管理制度；提倡艰苦奋斗，勤俭节约，压缩各种非生产性开支；加强控制乡镇企业负担的检查和监督，加大执法力度；切实加强领导，建立和落实责任制等七条措施。并于 1998 年 9 月江苏省政府专门召开全省控减乡镇企业负担工作会议，部署落实。辽宁省政府办公厅 1997 年发出了《关于清理对乡镇企业税外收费的通知》。吉林省乡镇企业局和吉林省监察厅 1998 年 7 月发出了《关于进一步做好减轻乡镇企业负担工作的通知》。1997 年天津市政府办公厅转发市计委等十一个部门《关于促进天津市乡镇企业第二次创业若干问题意见的通知》中规定："确定乡镇企业应负担的合理收费项目和收费标准，每年将收费目录报市政府批准，并责成有关部门监督执行，逐步实现限项、限额、控制总量，把不合理的负担真正减下来。"

（胡永万）

◀安全卫生管理▶

【安全生产】 切实加强乡镇企业安全工作，为乡镇企业的发展、提高起到了重要的保障作用。近年来，随着经济的发展，各级乡镇企业行政主管部门，为加强乡镇企业的安全管理做了大量卓有成效的工作。一支被企业职工称为安全工作“保护神”的安全管理队伍已形成网络。从部到省、市、区、县，乡镇企业行政主管部门设立了专业的安全机构或专职安全管理干部。在全国的生产安全管理队伍中，只有乡镇企业的安全管理队伍深入到乡镇一级机构。广大乡镇企业安全管理人员，以安全生产为己任，勤于学习，努力工作，克服重重困难，常年深入到生产第一线，为乡镇企业安全工作起到了重要的指导、监督、保证作用。

企业的安全基础管理工作进一步强化。各地建立了安全目标管理、安全生产责任制等一系列可操作的安全管理制度，并逐步得到规范。一些事故多发行业如煤炭、烟花爆竹行业的安全消防工作取得很大成效。特别是通过由农业部和劳动部共同组织的连续三年的全国乡镇企业安全生产综合治理活动，使全国乡镇企业安全事故多发的形势得到遏制，取得了比开展这项活动前在伤亡事故起数、死亡人数、重伤人数、千人死亡率分别下降16%、31%、34%和54%的显著成绩，为乡镇企业提供了无形的经济效益。

乡镇企业的安全法规建设进一步完善，并不断在企业的经济建设中发挥作用。实践证明，乡镇企业安全工作只要各级领导重视，有严格而科学的规章制度，法制观念深入到广大干部职工思想中，就能够减少重大或特大事故的发生。政府部门认真地、坚持不懈地抓好安全工作，有着十分重要的意义。

1998年国家机关机构改革，国务院批准的农业部职能，乡镇企业安全工作由各级人民政府管理，农业部乡镇企业局不再承担全国乡镇企业的安全生产管理工作，但乡镇企业安全工作依然是政府部门的重要职能。

（付金凯）

【“三合一”厂房火灾隐患专项治理】 1997年11月，公安部、劳动部、农业部、国家工商行政管理局、全国总工会联合发出《关于开展“三合一”厂房专项治理工作的通知》，对“三合一”厂房（集车间、仓库、宿舍为一体）火灾隐患进行专项治理。自此，在全国范围内开展起声势浩大的预防火灾，对“三合一”厂房进行专项治理的活动。

近几年，在外商投资企业、乡镇企业、城镇个体私有企业中，集车间、仓库、宿舍为一体的厂房连续发生群死群伤的重大恶性火灾事故。这些火灾事故，都与“三合一”厂房有直接的关系。“三合一”厂房火灾隐患，已经严重威胁到职工的生命安全并严重制约了经济的发展，到了非治理不可的地步。

1998年5月14—26日，五部、局、会组成联合检查组，对浙江、广东、福建三省12市41个企业（单位）的“三合一”厂房火险隐患治理情况和员工居住场所，进行了检查，听取了三省各级政府部门汇报15次。通过检查可以看出，各级政府和管理部门对“三合一”厂房火灾隐患的治理整顿是十分重视的，省政府领导亲自抓，有专门的组织机构，组织严密，工作扎实。各级政府部门都有主要领导直接参与治理工作，对问题严重，且整改力度不大的单位，都采取了严厉的处罚措施，做到一抓到底，抓出成效。逐级落实了消防安全责任制，一级抓一级，层层落实，不留死角。有关部门也做到了密切配合、执法坚决、齐抓共管，部门的配合，有力地促进了工作的开展，因而取得了显著的成效。通过这次专项治理，宣传了消防知识，增强了员工的自我保护意识，取得了良好的社会效果。在整顿中，浙江省组织各类检查组811个，检查“三合一”厂房和场所19 739个，发现火灾隐患41 838条，整改33 578条，责令限期整改8 523个，停业整改1 096个，查封取缔163个。广东省因为前几年发生多起“三合一”火灾事故，在综合治理前，就已经检查了40万个企业，搬迁员工30万人，拆除违章建筑258 215平方米。综合治理开始后，再次掀起治理高潮，组织检查1 672次，查出“三合一”厂房6 618家，已整改4 974个，搬迁员工54 873人，停业企业473个。深圳市在整顿中，检查企业7 850个，贸易市场、小商品市场213个，发现“三合一”厂房288家，清理搬迁3 036人，拆除违章建筑53 960平方米，安装室内外消防栓13 000个，新配各种消防器材113 806个。福建省检查出“三合一”厂房9 085个，停业整改1 023个，查封436个，限期整改6 109个，搬迁员工11万人。这次五部、局、会联合开展的对“三合一”厂房火灾隐患的综合治理十分必要，也非常及时，是一项重要的举措，取得了极其显著的效果。

但个别地区、个别部门和企业经营者仍然对“三合一”厂房火灾隐患的认识不足，持侥幸心理和观望、应付态度，认为治理会影响经济发展。很多乡镇企业厂房不符合安全规范，车间、仓库和宿舍连成一片；企业的设备老化，电气线路乱拉，乱接，且有裸露，十分危险；消防设施严重不足，一些乡镇企业没有消防水源；企业效益差、负担过重，没有资金投入消防设施改造；员工素质低，缺乏消防安全常识和自我保护意识，员工的安全培训亟待加强。乡镇企业消防安全工作任重道远。

（付金凯）

【职业卫生】 近年来，乡镇企业职业卫生工作得到重视和加强。根据乡镇企业的发展需要，农业部除自行制定和颁布了《乡镇企业安全生产和工业卫生管理规定》外，还联合卫生部、劳动部制定了旨在于改善乡镇企业职工劳动卫生状况的管理规定，使乡镇企业职业卫生规章制度不断完善，增强了各级领导和广大乡镇企业职工的职业卫生意识。在实际工作中，坚持以防为主，防治结合，大力推广治理技术，积极有效地治理尘毒危害。根据国家产业政策和职业卫生要求，坚决关停了一些工艺落后、尘毒危害严重、治理无望的企业。走出了"管理、防治、调整"相结合的路子。1998 年 2 月，农业部乡镇企业局与卫生部卫生监督司联合召开的全国乡镇企业职业卫生会议，把乡镇企业职业卫生管理工作提高到一个新的高度。

（付金凯）

【全国乡镇企业职业卫生会议】 卫生部卫生监督司、农业部乡镇企业局 1998 年 2 月 27—28 日，在广西北海市联合召开全国乡镇企业职业卫生会议。这次会议主要总结近几年来，两个部门共同努力、团结协作，在乡镇企业职业卫生方面做出的努力和取得的成绩；交流乡镇企业职业卫生工作经验；讨论进一步加强乡镇企业职业卫生工作的意见。卫生部副部长殷大奎、农业部乡镇企业局局长姜永涛分别在会上作了题为《积极总结推广经验，作好乡镇企业职业卫生工作》、《总结经验，开拓进取，把乡镇企业职业卫生工作提高到新水平》的讲话。各省、自治区、直辖市、计划单列市及新疆生产建设兵团卫生厅（局）、乡镇企业局、劳动卫生与职业病防治机构的代表参加了会议。

与会代表一致认识到，乡镇企业职业卫生的现状不容乐观。由于一些企业投资规模小，资金短缺，建厂初期因陋就简，土法上马，企业经营者和生产者对粉尘、毒物、噪声等有害因素可能对人体产生的危害知之甚少，给职业危害因素的入侵造成了可乘之机。乡镇企业职业危害的发病数在产业系统的排位已经由 1991 年的第七位上升到第三位，乡镇企业的职业危害情况较为严峻。

会议总结造成乡镇企业职业危害的主要原因有以下几方面：

缺乏对职业危害的认识。一些地方政府或乡镇企业的领导没有摆正发展经济与保护职工健康的关系，没有充分认识到职业病所能产生的严重后果。只看到发展工业生产带来的经济利益，却忽视了生产性有害因素对人体健康造成的危害。由于多数职业病的发病是一个缓慢的过程，不像工伤事故那么明显，因此不易引起人们的重视。有些人甚至认为发展经济过程中，出现职业病是不可避免的，因而从根本上忽视劳动卫生工作和职业病的防治，不能正确处理发展生产与保护劳动力之间的关系。

管理人员和从业人员素质较低。一些企业管理者对企业管理粗放，短期行为严重，片面追求利润，不重视企业的劳动卫生工作，不关心职工的健康。很多从事有毒有害作业的工人，缺乏基本的卫生知识，即使企业提供的个人防护用品（如防尘口罩、防噪声耳塞等），也不愿意使用。企业经营者和工人中的"法盲"、"科盲"，对国家的有关法律法规一无所知，企业主没有职业卫生防护的投入，工人没有自我保护的意识和能力，没有卫生防护要求。

职业卫生法规不健全、法制观念淡薄。国家对于劳动卫生职业病防治的法规不健全，一些管理人员甚至地方政府部门法制观念淡薄，也给一些无视职工安全的境外商人和企业经营者钻法律空子创造了条件。他们将国外一些有职业危害的工业生产转移到中国境内，也有一些发达地区将淘汰的没有配套防护设备的工业转移到落后地区，国内或落后地区的地方政府部门，为了发展经济，不仅忽视或不过问职业卫生问题，甚至以发展经济为由，对不符合职业卫生规定的企业，进行"地方保护"。这样，既危害了工人健康，也影响了地方经济的发展。

缺乏治理职业危害的适宜技术。由于乡镇企业规模偏小，工业门类繁多，职业危害又较严重，因此，治理难度较大。过去，国家将劳动卫生的工作重点放在大中型国有企业，而对乡镇企业职业危害的研究和投入严重滞后。国家对乡镇企业在职业危害方面投入很少及对中小型工业企业职业危害治理缺乏有效技术措施，也是造成乡镇企业职业危害难以控制的原因。会议认为，几年来，卫生部门和乡镇企业行政管理部门，克服重重困难，结合乡镇企业的实际情况，积极开展乡镇企业职业卫生工作，取得了很大成绩，也摸索了一些经验。正在逐步建立和推广职业卫生服务、管理和监督体系；推广简易、适用、有效的防治技术；加强专业技术队伍的培训；对职工和企业管理者逐步进行职业卫生教育。

会议指出，乡镇企业职业卫生工作不仅要引起卫生部门和乡镇企业行政主管部门的重视，还要引起各级政府和社会各阶层人士的高度重视。乡镇企业职业卫生工作正处在起步阶段，是一项利国利民的事业，随着经济的发展和社会文明程度的提高，这项工作不仅越来越重要，而且任务十分艰巨。必须切实得到加强，只有提高各级领导对职业卫生工作重要性的认识，强化政府行为，加强部门合作，才能推动乡镇企业职业卫生工作健康发展。

（付金凯）

质量标准

全面质量管理达标活动
名牌战略的实施
优秀 QC 小组成果评选
1998 年乡镇企业系统优秀 *QC* 小组名单
贯彻 GB/T19000—ISO9000 族标准及认证工作
乡镇企业产品质量监督检测系统
提高烧结砖质量工作全面展开
全国乡镇企业质量工作会议
乡镇企业质量振兴活动

【全面质量管理达标活动】 在全国乡镇企业中推行全面质量管理，促进了乡镇企业产品质量和质量管理水平的提高，强化了乡镇企业质量保证体系。为促进全面质量管理在乡镇企业中的深入推行和有效实施，自1991年以来，开展了全国质量管理达标活动。按照农业部乡镇企业局的要求，各地乡镇企业行政主管部门积极组织乡镇企业开展全面质量管理达标活动。根据《乡镇工业企业全面质量管理达标暂行办法》及《关于在乡镇企业中开展全面质量管理达标的通知》的要求，经各省(市、区)乡镇企业局审查，并经农业部乡镇企业局确认，自1991年到1998年共有18 926个乡镇工业企业取得由农业部颁发的全面质量管理达标证书。通过在乡镇企业中开展全面质量管理达标活动，促进了企业管理水平和产品质量的稳步提高，为提高国内外市场竞争能力，为乡镇企业的持续稳定健康发展打下了坚实的基础。

(王秀忠)

【名牌战略的实施】 实施名牌战略、创造名牌产品，已成为关系企业发展、民族振兴的大问题。进入90年代以后，乡镇企业加快了实施名牌战略的步伐，并取得较好成效。农业部向社会推荐了216个中国乡镇企业名牌产品。还有一大批乡镇企业产品被各省(市、区)确认为名牌产品。涌现出一批国家级、世界级的名牌产品，像雅戈尔、科龙、森达、红豆、椰风、万向、美的、格兰仕等，家喻户晓，驰名中外。1998年，在我国经受严峻的亚洲金融危机影响，经受严重自然灾害和受买方市场影响、市场拉动力不足的情况下，乡镇企业出口交货值和增加值仍比上年有较大增长，这与名牌战略的实施，与名牌产品的带动作用是分不开的。

在创名牌产品过程中，各级乡镇企业行政管理部门注重统筹规划，加强协调，积极引导企业实施名牌战略。同时积极向社会推荐名牌产品，帮助乡镇企业创立名牌产品。江苏省乡镇企业局与省技术监督局共同向消费者推出乡镇企业名牌产品，到1998年底，共推出乡镇企业名牌产品400多个，并评选出20个省级名牌产品。天津市各区县都制定了“九五”名牌产品发展规划，对列入规划的重点企业和产品加大培育力度。为加快创名牌工作的步伐，甘肃省制定了《甘肃省乡镇企业1998—2000年实施名牌战略工作规划》。由于各级乡镇企业行政管理部门积极引导乡镇企业积极实施名牌战略，促进了乡镇企业争创名牌产品的工作。

企业是实施名牌战略、创名牌的主体。1998年，乡镇企业在实施名牌战略、创名牌方面做了以下工作。

*增强名牌意识，提高企业创名牌产品的自觉性。*许多乡镇企业认识到没有正确的名牌意识，如对日趋激烈的市场竞争认识不足，缺乏以质量求生存的危机感，就不可能创出名牌产品。厦门市乡镇企业不断强化质量意识，提高产品质量，依靠科技创名牌。厦门市文艺工艺公司的无光裂釉瓷继获摩洛哥第三届世界发明与革新展奥斯卡大奖和发明金奖之后，又获匈牙利国际发明博览会奥林匹克银奖及第26届日内瓦国际发明展银奖。

*不断开发新产品，实施名牌产品的升级换代。*名牌产品不是一成不变的，要保持名牌产品的竞争力，就必须把握市场变化规律，加快新产品开发的步伐，实现名牌产品的升级换代，用高质量的名牌产品开拓并占领市场，在市场竞争中创出名牌产品。1997—1998年，大连市乡镇企业开发新产品283个，争创大连市乡镇企业名牌产品105个，创大连市著名商标263个。

*不断推进科技进步，提高名牌产品的科技含量。*许多乡镇企业把高科技策略作为实施名牌战略的基础，坚持科学技术是第一生产力的观点，坚持高产出要有高科技投入的方针，以技术进步为基础，不断增加产品的技术投入和科技含量，走出一条以高科技投入为基础的名牌发展途径。江苏阳光集团是我国最大的精毛纺织企业，规模排名世界第三。为了用世界上最细的羊毛生产出最细的毛纱，阳光集团从法国、德国等8个国家引进国际先进水平的设备，江泽民总书记在1998年4月20日对阳光集团进行考察时对此予以充分肯定。红豆集团以科技进步为依托，加速企业生产手段现代化进程，先后从德国、意大利、日本等国家引进大量具有国际先进水平的生产设备，提高了产品的科技含量。“格兰仕”微波灶在国内市场占有率已达70%的情况下，又开发具有世界领先水平的“多系统遥感全数字化集成微波灶”，并进军欧美市场，受到这些国家消费者的高度评价。

*健全质量保证体系，夯实名牌产品的基础。*名牌产品与一般产品的区别关键在于质量。要保证名牌产品的高质量，就必须健全企业的质量保证体系。为此，一大批乡镇企业在抓好标准化、计量管理的基础上，深入推行全面质量管理，积极贯彻ISO9000族标准，并推行质量保证体系认证，为名牌产品的生产奠定了坚实的基础。到1998年底，全国有一半以上的乡镇工业企业推行了全面质量管理，有1.8万个企业获得了农业部颁发的全面质量管理达标证书。这为乡镇企业创名牌奠定了坚实的基础。

*实行生产要素重组，迅速扩大名牌产品的规模。*黑龙江省牡丹江市积极支持乡镇企业向名牌产品的企业、集团集中，一些企业也抓住机遇实行低成本扩张。

牡丹江市富邦木业集团公司,经过三年的发展,到1998年已成为拥有100多个配套企业、资产1 420万元、年销售收入1.2亿元的省级企业集团,进入全国最大出口创汇1 000家乡镇企业行列。广东格兰仕集团积极实施名牌战略,注重发挥名牌效应,1998年的产量为450万台,市场占有率为70%。通过实施名牌战略,乡镇企业的规模迅速扩大。

(王秀忠)

【优秀QC小组成果评选】 为鼓励各地更加积极开展群众性质量管理小组活动,1998年继续开展乡镇企业系统优秀QC成果评选活动。根据《关于评选农业部乡镇企业系统优秀质量管理小组的通知》精神,各省(市、区)乡镇企业行政管理部门对QC小组进行认真筛选,推荐上报到农业部的乡镇企业成果为160项。农业部乡镇企业局组织有关专家对各地上报的QC小组成果进行评选,吉林省粤海银瀑有限公司的发酵工段QC小组等26个小组获一等奖,长春市双益热煅模具厂技术攻关QC小组等43个小组获二等奖,长春市朝阳区东进锻造厂摩托车压力机QC小组等21个小组获三等奖。经农业部乡镇企业局推荐,经中国质量协会等有关单位评选,江苏银宝集团有限公司化纤纺织厂QC小组、广东省科龙电器股份有限公司塑胶厂技术"挑战者"QC小组、广西玉林市荣琨水泥厂工艺QC小组和福建龙岩紫金水泥(集团)公司红坊水泥厂提高生产料滴定QC小组获国家级QC小组称号。QC小组的评选活动,提高职工参与群众性质量管理的积极性,促进了群众性质量管理的开展。

(王秀忠)

1998年乡镇企业系统优秀QC小组名单

国家级优秀QC小组

福建龙岩紫金水泥(集团)有限公司 红坊水泥厂提高生产料滴定QC小组
广东省科龙电器股份有限公司 塑胶厂技术"挑战者"QC小组
江苏银宝集团有限公司 化纤纺织厂QC小组
广西玉林市荣琨水泥厂 工艺QC小组

一等奖

吉林省粤海银瀑有限公司 发酵工段QC小组
江苏省南通市闸东纱厂 创名牌QC小组
浙江华强墙地砖有限公司 飞跃小组
江西东方制药厂 粉针车间QC小组
新建县差速器厂 攻关QC小组
肥城市陶瓷厂 科研所QC小组
山东鲁新毛纺织股份有限公司 染整车间QC小组
松滋工艺陶瓷厂 制泥劈绞设备研制QC小组
湖南省浏阳市有机化工总厂 质量攻关小组
广东今日集团有限公司 S线质控QC小组
广东美的空调事业部柜机制造厂 生产物料计划QC小组
广西陆川机电制造总厂 铸造分厂QC小组
广西黑五类食品集团公司 出口车间包装工段QC小组
玉林市电机厂 电机车间QC小组
四川新兴集团公司 新力电子有限公司QC小组
珙县凤凰水泥厂 质量攻关型QC小组
宜宾岷江机械制造有限公司 技术攻关QC小组
忠县卫星水泥厂 厂部QC小组
忠县花桥砂砖厂 全质办QC小组
重庆金象起重设备厂 技术质量管理科QC小组
玉溪市溶剂厂 厂部QC小组
宁波兴业集团公司 带材卷坯质量攻关QC小组
浙江象山二建集团有限公司 同济大学商学院QC小组
新疆石河子白杨酒厂 攻关QC小组
新疆奎屯罐头食品厂 质检科QC小组
大连旅顺冶金起重机器厂 技术攻关QC小组

二等奖

长春市双益热锻模具厂 技术攻关QC小组
徐州市苏山帘布厂 成品QC小组
浙江新昌制线厂 棉纺车间QC小组
绍兴天然印花有限公司 质量攻关QC小组
龙岩紫金水泥(集团)有限公司 技术开发部QC小组
江西洪城制药厂 104车间提炼QC小组
山东鸿达建工集团公司 高频焊管厂QC小组
山东东岳化工有限公司 转炉抗腐QC小组
山东金光玻璃钢集团公司 解决形塔漏水问题QC小组
山东推土机总厂 汶上河分厂QC小组
宜昌黄花水泥厂 化验室QC小组
湖北三峡稻花香酒厂 技术攻关QC小组
玉林市电线厂 束丝QC小组
广西源安堂制药厂 肤阴洁车间QC小组
梁山县第二水泥厂 技术科攻关QC小组

自贡市天元包装厂　　技改 QC 小组
达县宣达矿贸有限公司　　宣达公司 QC 小组
达川地区第二建筑工程公司　　QC 活动管理小组
四川三台县复合肥厂　　磷肥车间 QC 小组
四川什邡云西化工总厂　　技改 QC 小组
攀枝花市花易县莲花水泥厂　　厂部 QC 小组
重庆市北碚橡胶厂　　综合降耗 QC 小组
江津市德感建安公司　　工程公司 QC 小组
合川市川陵机械厂　　技质 QC 小组
重庆东方塑料制品厂　　技术科 QC 小组
重庆市雄峰化工厂　　攻关型 QC 小组
重庆市涪陵酒店水泥二厂　　生技科 QC 小组
重庆市鹿角印刷厂　　安全防火 QC 小组
重庆红旗汽车零部件制造厂钢圈分厂　　三结合 QC 小组
重庆市红旗钢板弹簧厂　　技质 QC 小组
宜良县蓬莱水泥厂　　机立窑 QC 小组
陆良县马街丝绸厂　　生技 QC 小组
大理市上和水泥厂　　设备攻关 QC 小组
兰州市贡马水泥有限责任公司　　化验室 QC 小组
青海东钢工业集团有限公司　　空股车间 35 窗制作 QC 小组
大连市金州区金兴焊接材料厂　　焊丝抗锈 QC 小组
大连大杨企业集团大通有限公司　　技术攻关 QC 小组
宁波华丰建设集团有限公司　　王乐宾小组
宁波方太厨具有限公司　　第一 QC 小组
宁波三星集团公司　　全员化管理 QC 小组
农七师一二八团综合加工厂　　管办 QC 小组
兵团农三师永达水泥厂　　粉磨车间 QC 小组
农十师一八七团煤矿　　安技办 QC 小组

三等奖

长春市朝阳区东进锻造厂　　摩托车压力机 QC 小组
中国一汽集团公司车身附属一分厂　　塑料件喷涂工序 QC 小组
绍兴县安城丝织厂　　质技 QC 小组
连江旭隆食品有限公司　　包卷车间第八组
山东星王集团有限公司　　星王集团 QC 小组
淄博捷达建筑陶瓷有限公司　　外墙砖车间 QC 小组
肥城市星光化工厂　　攻关 QC 小组
山东汶上中密度板厂　　中密度车间 QC 小组
四川宏达化工股份有限公司　　电解锌厂 QC 小组
宁南县联办丝厂　　厂部 QC 小组
成都长城床垫厂　　回火工序设备改造 QC 小组
重庆市美鱼铝业有限公司　　熔炼 QC 小组
忠县官坝丝绸厂　　厂部 QC 小组
库尔勒市第一水泥厂　　烧成车间 QC 小组
库尔勒市第一水泥厂　　环保 QC 小组
新疆昌吉市造纸厂　　技术科 QC 小组
新疆昌吉市造纸厂　　制浆车间 QC 小组
阿勒泰哈纳斯酒业集团　　酿酒四班 QC 小组
新疆米泉市线路器材厂　　加工车间砂轮班 QC 小组
巴州泰昌工业总公司　　纺专 QC 攻关小组
巴州泰昌工业总公司　　并粗车间 QC 小组

【贯彻 GB/T19000—ISO9000 族标准及认证工作】

ISO9000 族标准是企业建立健全质量体系的规范性文件，既为企业开展质量体系认证提供技术依据，又有利于提高企业的质量管理水平和产品质量，提高企业参与市场竞争的能力，使我国的质量管理工作与国际惯例接轨。1998 年，各级乡镇企业行政管理部门积极引导，乡镇企业认真推行 ISO9000 族标准的贯标认证工作，乡镇企业的贯标认证取得较好成效。

组织发动，提出要求。1998 年 4 月农业部乡镇企业局在重庆市召开的全国乡镇企业质量工作会议上，把贯彻 GB/T19000—ISO9000 质量管理和质量保证国家系列标准既作为质量振兴活动的重要内容，也作为质量工作的一项重要任务，要求各级乡镇企业行政管理部门和企业予以高度重视。天津市要求年销售收入 1 000万元以上的企业，都要开展贯标认证，建立文件化的质量体系，并能做到有效运行，对生产出口产品、机电、汽车配件、水泥及其制品、电缆、橡胶等制品的企业要创造条件，开展质量认证，并争取获得认证证书。江苏省明确提出要求，全省的规模骨干企业和重点出口生产企业，在近几年内基本完成质量认证工作，省、市两级乡镇企业管理部门大都建立专门从事这项工作的机构。

加强培训，建立队伍。天津市先后举办三期 ISO9000 族标准培训班和四期内审员培训班，共有 160 人获得国家认证机构颁发的质量体系内审员证书。1996 年至 1998 年，河南省举办 ISO9000 族标准培训班 60 期，3 000多个企业的质量管理人员参加培训；组织 5 期质量保证体系内审员培训班。广西组织有关人员参加质量保证体系内审员培训班，在重点行业和大中型企业中开展贯标工作。由于各级乡镇企业行政管理部门重视培训工作，乡镇企业的质量保证体系咨询认证人员队伍得到逐步扩大。

加强服务，推进贯标。1998 年全国乡镇企业质量工作会议后，各级乡镇企业行政管理部门对乡镇企业的贯标认证工作进行具体的指导,推动了乡镇企业的贯标认证。天津市积极协调认证机构和咨询部门为乡镇企业开展优质的咨询认证服务。河南省对贯标认证企业实行全过程服务,加快了企业贯标认证的进程。到1998年底,河南省有240个乡镇企业推行ISO9000族标准,其中40多个企业通过体系认证。到1998年底,全国乡镇企业贯彻ISO9000族标准的企业已超过6 000多个,通过质量保证体系认证的企业超过1 000个。

乡镇企业的贯标认证虽然取得较好的成效,但与乡镇企业进一步开拓国际市场的要求不相适应,在一些地方也还存在一些问题。要搞好贯标认证工作,各级乡镇企业行政管理部门及乡镇企业要进一步提高认识;要通过各种渠道,加大对贯标认证作用的宣传;继续抓好审核员队伍建设;加强指导工作,加强对已获认证证书企业的管理,提高乡镇企业的质量管理水平,完善质量保证体系。

(王秀忠)

【乡镇企业产品质量监督检测系统】 乡镇企业点多面广,行业众多,品种繁杂,这既成为乡镇企业的特点,也成为质量管理和监督的难点。为搞好乡镇企业的质量管理和监督工作,从1987年开始,农业部陆续投资,在乡镇企业的重点行业、质量问题较多的行业建设一批产品检测站,对加强乡镇企业产品质量监督检测,提高乡镇企业产品质量起到很大的推动作用。到1998年底,农业部乡镇企业局共投资2 500多万元建设各类乡镇企业系统检测站73个,其中5个检测站通过部级验收,30个检测站经过计量认证并经农业部乡镇企业局验收合格;还有一批检测站纳入国家或地方的监督抽查网络,承担国家、地方技术监督部门的检测任务。从行业来看,建材行业所建站最多,体系也最完善。到1998年底,农业部乡镇企业局分别与山东、浙江、湖南等省(市、区)共同投资建立18个乡镇建材产品质量监督检测站,再加上地方单独投资建设的乡镇建材产品质量检测站,构成了乡镇企业建材产品质量监督检测体系。食品饮料行业有检测站11个,机电冶金行业有检测站8个,花炮行业有检测站6个。

乡镇企业系统产品质量检测机构的建立,为促进产品质量的提高,提高企业的竞争能力做出了贡献。吉林省中小农具检测站几年来多次承担国家技术监督局下达的对全国中小农具产品质量进行监督抽查任务。福建省乡镇橡塑产品质量监督检测站多次完成地方技术监督局部署的产品质量监督抽查和企业的日常监督检测工作。山东省乡镇建材产品质量监督检测站承担农业部乡镇企业局组织的第一、第二次全国乡镇水泥行业物理、化学分析大对比的制样和检测工作。全国乡镇企业水泥质量检测中心承担了第三次乡镇水泥品质指标检测大对比的制样和检测工作。

监督检测体系的完善,保持了建材产品处于受控状态,为进一步提高乡镇建材产品质量打下了坚实的基础。通过质检站的对建材产品标准进行宣贯、检测方法的验证对比、产品质量的监督检验等工作,建材产品国家监督抽查合格率由80年代初的50%左右提高到1998年的80%以上。福建省在乡镇建材产品相对集中的地区建立8个省乡镇企业产品质量监督检验所联办站,这些检验站承担省、市部分抽检任务和本地乡镇建材产品的代检、监督检验任务,对提高当地乡镇建材产品质量发挥了很好的作用。福建省在建材产品的多次监督抽查中,乡镇建材产品的合格率均在90%以上。

经过十多年的建设,乡镇企业在质量检测体系方面虽然已初见成,但是检测体系还很不完善,还存在不可忽视的问题。这些问题主要有:一是有的检测机构检测设备及化验仪器较为陈旧,影响监督检验工作的开展。如天津市武清县的新型建材近年来发展迅速,加强对新型建材质量的监督检测已成为当务之急。但天津市乡镇企业建材产品质量监督检测站因无资金添置新型建材监督检测的仪器设备,致使这项工作无法开展。山西省技术监督局授权山西省乡镇企业建材产品质量监督站的检测范围是水泥及其制品、砖、瓦、灰、砂、石、石膏及其制品,因受检测仪器设备不足的制约,能检测的主要是水泥,量大面广而又亟需开展质量监督检验的砖、瓦等却不能开展。二是有的检测站领导班子开拓能力不强,人员素质较低。三是有的检测站的业务不足,缺乏自我发展能力。

要搞好乡镇企业质量监督检测机构建设,还需要下大气力,并采取有效措施。一是资金应相对集中使用。投资相对集中,有利于乡镇企业质量检测站上规模、上档次、上水平,以增强其发展能力。二是从现有检测机构中选择一批有发展前途的加以重点培育,以提高其检测能力和水平,增强其竞争能力。三是新建检测站,在立项前,应作详细的评估论证,以保证检测站建成后,既能有效地对乡镇企业的产品质量进行监督检查,又具有较强的发展能力。四是优化检测站的组织结构。对一个地区(如一个省、市)建立若干检测站,应采用一定的方式,优化组织结构。如采用中心下面辖检测站或检测室的方式,共用的检测设备不重复购置,这样有利于节能投资,在同等投资的情况下,可以建成水平更高的检测站。五是加强管理。加强检测站建设过程的管理，以节省建设资金，防止建设资金流失。加强对已建成检测机构的管理，以使其对乡镇企业的产品质量实行有效监督检验，促进乡镇企业整体质量水平的提高。

（王秀忠）

【提高烧结砖质量工作全面展开】 自1995年以来，为提高普通烧结砖质量，农业部、国家建材局、国家技术监督局和建设部开展了提高烧结砖质量试点工作。总的来看，三年的全国提高烧砖质量试点工作取得初步成效，积累了一定经验，并基本达到预期目的。但各地的试点工作进展不平衡，主要因素是试点工作力度不够。试点文件规定企业自愿参加，对企业缺乏约束，加上试点工作的效益不能立即体现出来，造成企业积极性不高。

为贯彻《质量振兴纲要》，进一步提高烧结砖产品质量，保证工程质量和人身安全，农业部、国家建材局、国家技术监督局和建设部联合颁发《烧结砖质量整顿工作方案》的通知，决定自1998年起，用三年的时间对全部烧结砖企业进行整顿。为加大组织领导力度，两部两局联合成立全国烧结砖质量整顿领导小组及办公室，并要求各地成立烧结砖质量整顿领导小组及相应办事机构。通知要求各砖瓦企业要建立健全检验室，完善产品质量检测手段；严格执行各项质量管理制度；出厂产品分等分级，并附有产品质量合格证书。要求各地在对本地区烧结砖企业基本情况进行调查摸底的基础上，制定工作计划，做好宣传发动工作，并针对企业的实际情况，实行分类指导。

通知还规定：在整顿期间各地对验收合格的企业，积极向建筑施工单位推荐；各地建筑部门应使用经审核验收合格企业的产品。在整顿完成以后，生产企业在销售产品时，必须出示《验收合格证书》，同时向用户提供产品出厂合格证；对未验收合格企业的烧结砖不得在城镇建筑工程上使用。各级技术监督部门负责在生产和流通领域对普通烧砖产品质量监督检查，各级建设工程质量监督部门负责对烧结砖在建筑工程上使用的监督工作。对受监工程使用无验收合格证书和出厂合格证的，有权禁止使用；对已在工程使用的，对该工程质量不予验收，并对有关单位和人员进行处罚。

（王秀忠）

【全国乡镇企业质量工作会议】 1998年4月9—12日，农业部乡镇企业局在重庆市召开全国乡镇企业质量工作会议。农业部乡镇企业局局长姜永涛出席会议，并作题为《突出重点，注重实效，把乡镇企业质量振兴活动推向深入》的报告。会议总结1997年全国乡镇企业质量振兴活动开展情况，全面分析乡镇企业质量工作面临的新形势，进一步加深认识质量振兴活动的重要意义，研究部署1998年乡镇企业质量振兴活动。

会议认为，大部分省（市、区）乡镇企业行政管理部门加强组织领导，制定活动方案；突出重点，分类指导；实施名牌战略，争创名牌产品；推行科学管理方法，提高质量管理水平；健全质量监督体系，强化质量监督工作，在推行质量振兴活动方面积极主动，行动快，动手早，各地乡镇企业质量振兴活动进展顺利，取得初步成效。会议指出，在质量振兴活动方面也还存在一些问题：有少数省（市、区）乡镇企业局对开展这项活动认识不到位，缺少紧迫感；一些地方乡镇企业行政管理部门的质量管理机构不健全，管理力量较薄弱；一些企业对开展质量管理基础工作缺乏应有的积极性。全国乡镇企业质量振兴活动从总体上看，也是刚刚启动，要实现预定的目标，还需要做大量艰苦细致的工作。

会议认为，质量问题既关系到国家和企业的长远利益，也关系到人民群众的切身利益。既是经济发展中的战略问题，也是建立市场经济体制过程中必须要解决好的关键性问题。因此，开展质量振兴活动，具有十分重大的战略意义。开展质量振兴活动，提高质量整体水平是发展生产力水平的需要，是适应市场需求、启动消费的需要，是适应国际市场竞争的需要，也关系到乡镇企业发展的全局。开展质量振兴活动，提高乡镇企业质量整体水平不仅是个经济问题，也是一个政治问题。因此，必须充分认识开展乡镇企业质量振兴活动的重要意义，增强开展质量振兴活动的紧迫感，进一步提高自觉性和主动性，把质量振兴活动推向深入。

会议提出，1998年各地要按照所制定的方案，全面启动乡镇企业质量振兴活动，但同时又要突出重点。通过1998年的质量振兴活动，进一步提高质量意识；加强质量管理机构，健全质量管理网络；强化质量管理基础工作；加大推行科学管理方法的力度；强化产品质量的监督机制，切实提高乡镇企业总体质量水平。

会议提出，为保证上述工作任务的完成，把1998年乡镇企业质量振兴活动推向深入，各地要进一步加大领导力度，并采取切实有效的措施。一要提高认识，加强领导。二要层层落实，把活动的立足点放到企业上。三是加大技术改造投入力度。四是加强与有关部门的合作。五要加强监督检查。

农业部乡镇企业局副局长刘同占作总结讲话，就贯彻会议精神，切实搞好乡镇企业质量振兴活动提出要求。

（王秀忠）

【乡镇企业质量振兴活动】 为贯彻国家《质量振兴纲要》及《中华人民共和国质量法》，全面推进乡镇企业的质量工作，农业部决定自1997年起在全国乡镇企业中开展质量振兴活动。为搞好这项活动，1998年农业部乡镇企业局在重庆市召开的全国乡镇企业质量工作会议上，对质量振兴活动作出了安排，提出1998年质量振兴活动的工作重点：一是抓好培训，提高厂长（经理）的质量意识。二是下硬功夫，抓好基础管理工作。突出抓好标准化和计量工作。三是注重实效，推行科学质量管理方法。进一步全面推行质量管理。继续引导企业搞好ISO9000族标准的贯标认证。四是提高产品档次，实施名牌战略。五是加强质量监督体系建设，搞好质量监督工作。各级乡镇企业行政管理部门要与技术监督部门密切配合，搞好质量监督抽查工作。1998年，各地在上述方面取得了较好的成效，推动了质量振兴活动的深入开展，进一步提高了乡镇企业的产品质量和质量管理水平。

加强质量法规学习和宣传。山东、广西等省（区、市）组织企业参加质量法规培训和质量宣传月活动，增强了企业的质量意识和运用法律武器维护企业合法权益的意识，进一步规范了企业的经营行为。天津市乡镇企业局对年销售收入1 000万元以上的1 000多个企业的厂长（经理）分期分批培训；区县乡镇企业经委对年销售收入500～1 000万元企业的厂长（经理）进行了培训，到1998年底，培训面已达80%；企业对职工的质量培训面全市达到50%以上。

狠抓基础管理工作，为提高质量整体水平奠定基础。河南省在年销售收入100万元以上乡镇企业中推行全面质量管理，对小型企业通过加强标准、计量管理等工作，提高企业的质量基础管理工作。1996—1998年，共帮助企业查找标准870项，制订标准1 200多项；与省技术监督局联合颁发了《河南省乡镇企业计量工作管理办法》和在企业中开展计量工作的实施意见。在郑州市开展企业计量定级、标准化考核工作，并在总结经验的基础上在全省推广。到1998年底，共有1 400个乡镇企业通过了计量确认。湖北省通过狠抓标准化工作，到1998年底，全省乡镇工业产品标准覆盖率达到90%。甘肃省为在全省乡镇工业企业中实现消灭无标生产，在年销售收入100百万元以上的乡镇工业企业中开展产品标准登记工作。企业质量基础管理工作的加强，对提高产品质量起到了很大的推动作用。

推行科学管理方法，提高质量管理水平。全面质量管理是提高乡镇企业质量管理水平的重要举措。为在乡镇企业中有效推行全面质量管理，各地把开展全面质量管理达标工作紧紧抓住不放。有的省编写了适合本地的达标办法，如甘肃省编写了《乡镇企业全面质量管理达标工作指南》。1998年全国又有2 170个乡镇企业获得农业部全面质量管理达标证书。在加强全面质量管理的同时，各地还认真宣传贯彻ISO9000族标准，进一步完善质量保证体系。引导企业积极开展ISO9000族标准贯标认证工作，既是乡镇企业提高质量管理水平的重要途径，也是乡镇企业走向国际市场的通行证。各地在宣传贯彻ISO9000族标准的同时，大力组织重点企业派员参加质量体系内审员、外审员培训班，为质量体系认证创造了条件。到1998年底，全国乡镇企业中共有6 000多个企业推行ISO9000族标准，1 000多个企业通过质量保证体系认证。

实施名牌战略，争创名牌产品。各地把实施名牌战略摆到质量振兴活动的突出位置来抓。江苏省乡镇乡镇企业局与省技术监督局共同向消费者推出乡镇企业名牌产品。湖北省积极组织实施"精品名牌"战略，开展争优质、创名牌、出精品的活动，组织召开名优新产品新闻发布会和参加全国、全省的产品博览会，到1998年底，全省乡镇企业有名牌产品13个，国家、部省级优质产品595个，获各类金银奖120个。通过实施名牌战略，乡镇企业树立了良好的形象，进一步拓宽了市场，提高了产品知名度和市场占有率。

加强对重点行业、重点产品的质量监督，强化质量监督手段。湖北省乡镇企业主要产品质量监督检查合格率一直高于全国和全省的平均水平。山东省注重加强日常监督管理工作，1995—1998年乡镇企业的监督抽查合格率多次超过全省平均水平，产品质量稳步提高。天津市乡镇企业局为加强市场产品质量的监督抽查，会同市技术监督局，确定了800多个重点乡镇企业作为市级监督抽查的重点，定期开展监督检验。对监督抽查不合格的企业均由两局共同举办不合格厂长（经理）培训班，帮助企业查找原因，制定整改措施。

（王秀忠）

深化改革

20年乡镇企业改革历程

乡镇企业改革概况

乡镇企业改革经验

乡镇企业改革主要成效

乡镇企业改革中存在的困难和问题

深化乡镇企业改革的对策

◀改革专题调查▶

河北省乡镇企业改革情况

黑龙江省乡镇企业改革情况

江苏省乡镇企业改革情况

浙江省乡镇企业改革情况

安徽省乡镇企业改革情况

四川省乡镇企业改革情况

【20年乡镇企业改革历程】 乡镇企业的发展过程也是不断深化改革的过程。乡村集体企业最初是依靠乡村行政组织的权威，调动农村的各种资源而创建的。企业在参与市场竞争的过程中，市场竞争的压力不断地向企业内部传导，要求产权清晰和资本社会化。产权制度改革就是不可避免的了。20年乡镇企业的改革历程可分为三个阶段：

自发孕育形成阶段（1982—1987年）。80年代初，乡镇企业实行"五定一奖"（五定指定人员、定产值、定资金、定利润、定报酬，一奖指配套的奖赔办法）的承包经营责任制。1984年又创造出"一包三改"（即承包经营责任制、干部聘用制、工人合同制和工资浮动制）的经验。之后，实行"生产要素承包，资产滚动增值"的责任制，开始向产权领域延伸。同时，各地也出现"以资带劳"或"以劳带资"的股份合作制雏形。

选点试验示范引导阶段（1987—1991年）。为了推进、引导和规范乡镇企业改革，1987年中央决定建立农村改革试验区，其中股份合作制是主要内容之一。在总结各地改革经验和做法的基础上，农业部于1990年发布《农民股份合作制企业暂行规定》，并附有《农民股份合作制企业示范章程》。

发展深化阶段（1992年以后）。以1992年邓小平视察南方发表重要讲话和党的十四大为标志，乡镇企业改革向纵深推进，股份合作制、股份制、兼并、出售、破产、组建企业集团、完善承包、租赁等各种改革形式，在各地被大量采用。通过改革，乡村集体企业的主权主体越来越多元化，个体、私有企业也在分散中联合起来，乡镇企业的制度得到创新。

（农业部乡镇企业局）

【乡镇企业改革概况】 1998年乡镇企业改革、改组、改制的速度大大加快，政企大量"脱钩"，改革积极稳妥推进，效果明显。

1998年，全国实行改革（包括产权制度改革和经营方式的改革，如承包租赁等）的乡村集体企业约占80%左右，其中实行产权制度改革的52万个，占乡村集体企业总数的33.5%。在选择改革形式上，大型企业基本上选择股份制，中小型企业选择股份合作制，大量的"小型、微利、亏损"企业选择出售等。在进行产权制度改革33.5%的乡村集体企业中，出售占4.07%，兼并占0.89%，破产占0.22%，企业集团占0.39%，股份合作制占21.23%，有限责任公司占1.56%，股份有限公司占0.53%，其他改革形式占4.66%。乡村集体企业改制和个体私有企业联合组建的股份制和股份合作制企业共18.9万个，其中股份制企业2.3万个，股份合作制企业16.7万个。股份合作制中集体企业改制的有9.8万个，个体私有企业联合组成的4.1万个，新组建的2.8万个。

到1998年底，18.9万个股份制和股份合作制企业，共拥有资本金2 130亿元，其中国家资本金占2.2%，集体资本金占33.8%，法人资本金占22.9%，个人资本金占35.4%，外商资本占5.7%。个人资本金增长最快，占比重最大。股份制和股份合作制企业资产6 201亿元，同比增长23%，其中固定资产3 014亿元，增长42.2%。由原集体企业改制成股份制和股份合作制企业的企业资产3 557亿元。企业产权结构趋向多元化、合理化，新的企业制度保障了投资者、经营者和劳动者的利益。

改革将企业的经营权、人事权、投资权、收益分配权、资产处置权和盈亏责任都还给了企业，使企业真正成为市场经济的主体。许多经营者和职工通过投股，与企业形成利益共同体，责任心和积极性大大增强，企业管理和生产经营状况明显改善。1998年，股份制和股份合作制企业的增加值增幅达到12.4%，比全国乡村集体企业平均增速高3.6个百分点；营业收入利润率达5.8%，比全国乡镇企业平均水平高0.6个百分点；营业收入增加值率达25.9%，比全国平均高0.7个百分点；全员劳动生产率达到22 835元，比全国平均水平高5 138元；人均创利税8 433元，比全国平均水平高2 488元。

（农业部乡镇企业局）

【乡镇企业改革经验】 从总体上看，1998年乡镇企业改革的形势好，进展快，成效大，取得了宝贵的经验。

领导高度重视，改革稳步推进。对乡镇企业改革工作，中央提出"积极支持，正确引导，总结经验，逐步规范"的方针。按照这个指导方针，各级党委、政府高度重视，确实做到扭住不放，长抓不懈。一些省、市、自治区成立了由主要领导挂帅的乡镇企业改革领导小组，一些主要领导亲自对乡镇企业改革进行调研，加强领导和具体工作指导，有力地促进了乡镇企业改革的稳步发展。首先，改革的阶段向纵深推进。东部发达地区普遍进入抓改革规范和完善的阶段，广大中西部地区的改革也全面推开。总体来说，全国乡镇企业改革都进入全面推行抓规范阶段。其次，改革的内容不断深化。80年代，乡镇企业最先借鉴农业家庭联产承包责任制的经验，积极推行和完善承包责任制。90年代初，乡镇企业改革以推行股份合作制为重点，开始触动产权制度。1992年以后，特别是1998年江泽民总书记发表重要讲话以后，乡镇企业改革迈向新的阶段，产权制度改革成为主要内容，各种改革形式不断涌现，公有制实现形式不断创新，改革处于攻坚阶段。第三，改制面越来越大。到1998年底，全国乡镇企业的改制面达到50%，乡村集体企业的改制面达到80%。改革已成为促进乡镇企业持续快速健康发展的一个重要动力。

坚持因地制宜，形式多种多样。有一段时间，由于思想认识方面的原因，一些地方曾经在乡镇企业改革中搞"一刀切"，出现过很强的"一卖了之"、"刮风"等现象。这个问题在中央和各级党委、政府高度重视和正确引导下，已基本得到扭转和纠正。各地在指导乡镇企业改革时，能坚持从实际出发，因地制宜，因企施策，多形式并举。通过多种形式的改革，使企业焕发了新的生机和活力。

加强政策指导，规范化操作。改革初期，一些地方采取先改革、后规范的方法，一些政策不配套，一些重大问题没有作出明确规定，具体操作存在很大随意性，致使集体资产大量流失，甚至有少数人钻改革的空子，损公肥私，一夜之间暴富，群众意见很大。近年来，各地按照中央的方针政策，在试点、典型示范、总结经验的基础上，结合本地实际，都相应制定出了一系列指导乡镇企业改革的政策性文件，对改革的目标要求、指导思想、形式步骤、基本原则、政策措施等方面，提出了较为明确、具体的指导性意见。安徽、江苏、浙江、河北等省，近几年来对乡镇企业改革问题，省委、省政府都先后印发三四个政策性文件，这就有力地规范了改革。各地对乡镇企业改革都明确要求"边改革边规范、改革与规范并重"，具体操作要按照政策和制度规定，抓住关键环节，努力做到规范和完善。福建省在具体操作中注重抓好"四个环节"，即资产评估环节、产权界定环节、资产重组环节和产权转让环节。辽宁省注重把好"三关"，即把好固定资产评估关、流动资产关、收益分配关。很多地方严格把握资产评估关、产权界定关、股权设置关、债务处理关及产权转让关等。浙江、山东、广东、江苏、辽宁等省提出对改革进行"回头看"，对过去一些改革不规范的地方及时加以完善。通过制定政策，加强政策指导，规范操作，有效地防止和纠正了改革中集体资产流失、银行债务逃废、支农功能削弱等错误做法。

注重配套改革，着力发展提高。大部分改制企业，往往是在企业产权制度改革后，内部有一系列配套改革与之相适应，如企业内部机构设置、干部制度、用工制度、分配制度、岗位责任制、考核制度以及财务、成本、质量等各项管理制度等，都作了相应的调整和完善。个别地方还积极探索产权流转的配套改革。从全国看，只注重改革，而忽视其他的情况，也大有改观。许多地方在改革中注重把产权制度改革与企业经营方式的改革紧密结合起来，将企业改革与产品开发、市场开拓、技术进步、结构调整和加强管理有机地结合起来，特别强调改革不能替代管理，改革不等于管理。这样，通过产权制度改革理顺了关系，推动了其他工作的开展，通过技术改造、技术创新和加强企业管理，又巩固了改革的成果，多个因素共同作用，极大地促进了企业的发展提高。

（农业部乡镇企业局）

【乡镇企业改革主要成效】 乡镇企业通过改革，明晰了企业产权，促进了政企分开，调整优化了结构，促进了企业整体素质的提高。

增强了企业生机和活力，提高了经济效益。从整体情况看，改制企业的经营状况明显好于未改制企业，改得早的企业好于改得晚的企业。江苏省90%多的乡村集体企业实行改制后，营业收入增长幅度高于产值增长幅度，利税增长幅度超过营业收入增长幅度，比改制前经济效益明显提高。北京市已改制乡镇企业4 496个，改制前有1 134个亏损，亏损面为25.2%，而改制后已有821个实现扭亏为盈，亏损面已经降到6%。湖北省乡镇企业通过改制，1998年全省乡村集体企业平均固定资产比上年增长40%，营业收入5 000万元至1亿元的企业比上年增加1/3。湖南省桃江县灰山港镇8个镇办企业，改革前6个亏损，亏损金额400多万元，1997年通过产权制度改革，实现了家家有盈利。

明晰了企业产权，促进了政企分开。乡村集体企业由于长期以来产权不明确，名曰全乡、全村人民所有，实际人人不问，主人翁意识淡薄，政企不分，企业严重缺乏自主权。推行承包经营责任制后，企业自主权问题虽有一定改善，但由于产权这一核心问题未解决，因此未能从根本上解决问题。通过产权制度改革，明晰了产权，政企职责分开，政府由原来对企业直接管理向间接管理转变，由微观管理向宏观管理转变，为企业提供服务，企业领导班子由过去的上级任命改为职工民主选举，企业正常的生产经营活动不再受政府的直接干预，企业真正成为自主经营、自负盈亏、自我发展、自我约束的法人实体和市场竞争主体，这样，既有利于把企业真正推向市场，又有利于政府把该管理的事管好。

强化了投入机制，有利于聚集资金。从1994年以来，黑龙江省乡镇企业通过实行股份合作制直接融资、出售企业回收资金和租赁、兼并盘活资金就约占整个投入的30%左右，从根本上改变了依靠银行贷款发展企业的局面，扩大了企业资本比重，提高了企业资本扩张能力，初步形成了产权主体多元化的格局。湖南省乡镇企业通过产权制度改革，每年吸纳的资金达100亿元，90%的改革企业都不同程度地增加了投入，更新了设备，进行了技术改造，产品的数量和质量明显提高，减少了投资的盲目性，投资的成功率和回报率均好于未改制企业。湖北省1998年乡镇企业新增投入157亿元，其中80%靠自筹解决。北京市1998年改制企业引进资金总额46.4亿元，比上年增长87.9%。

职工的主人翁地位确立，企业经营者的责任心加强。改制前，由于产权不明晰，体制不顺，职工的主人翁地位是空的，很多职工存在着雇佣劳动的观念，只关心自己的工资收入，不大关心企业的前途命运。改制后，企业产权清晰，经营机制发生了根本变化，每个职工既是工人又是股东，既享受按劳分配又享受按资分红，职工找到了与企业心连心的结合点，主人翁意识增强，劳动积极性得到充分调动。职工对企业的每一笔投资，每一项开支，甚至对企业的一砖一瓦、一草一木都极为关切，对企业决策经营班子工作的好坏乃至一举一动都十分关注，成了企业真正的"当家人"。企业经营者由过去的"两眼向上"变为现在的"两眼向下"，由"向少数人负责"变为"向多数人负责"。企业的负责人都感到自己的担子重了，压力大了，约束强了，退路没有了，只有和企业、职工绑在一块儿，才有企业的活路，也才有自己的出路。因此，改制企业普遍出现了"经营者尽心，管理者专心，生产者关心"的局面。

盘活了不良资产，调整优化了结构。改制使过去不少关停企业、闲置的厂房和设备等重新得到启动和加以利用，使分散的资金和人才等生产要素重新得以优化配置，特别是实行股份制和股份合作制改造的企业广开融资渠道，吸纳企业和社会闲散资金，用以扩大企业规模，增强发展后劲，缓解了资金紧张的困难。近两年，通过出售、兼并等多种形式的改革，辽宁省乡镇企业盘活存量资产100.7亿元，吸收社会资金30.9亿元，化解、转移债务58.6亿元。湖南省乡镇企业盘活乡、村集体企业的存量资产达400亿元，共启动关停企业7 400多个。浙江省绍兴市乡镇企业盘活资产29亿元。1998年，北京市乡镇企业通过改制共盘活存量资产21.79亿元，比上年增长86.2%。黑龙江省乡村集体企业盘活存量资产10亿多元，仅尚志市就启动了关停企业23个，盘活资产存量8 000多万元。黑龙江省向阳实业集团，从1993年起，已租赁兼并20多个国有、城镇集体和乡镇企业，不仅使这些濒临倒闭的企业起死回生，并且使企业自身实现了迅速扩张，企业资产、营业收入、利税均增长10倍以上。

带动了人才引进、管理、技改、市场开拓、产品开发等，促进了企业整体素质的提高。改制使企业主动适应市场的意识明显增强，使企业有了强化管理、技术创新、开拓市场的内在动力，不再是"你要我这样做"，而是"我要这样做"，由此产生质的变化。北京市1998年通过改制调整置换了814名不能适应市场经济的乡镇企业经营者，引进了各类专业技术人才和管理人才1 512人，其中高级职称247人，中初级职称1 265人，研究生学历31人，大专以上学历984人，使乡镇企业人员素质得到明显改善，同时引进先进技术136项，引进购进先进设备500多台套，提高了全市乡镇企业的技术装备水平，提高了企业产品档次，增强了企业可持续发展的后劲。湖南省改革后的乡镇企业普遍加强了管理，突出表现在精简了人员、完善和严格了规章制度、实行了严格的经济责任制。醴陵市橡胶一厂产权制度改革后，强化了内部管理，企业的销售人员由四大股东推荐、承保，并与企业签订合同，交纳抵押金，产品销售实行现款现货制度，货款不能及时回笼，造成烂账的损失部分，由供销人员和承保的股东负责赔偿。该厂1997年货款回笼率97%，1998年达到98.5%，困扰企业的应收款问题得到了根治。

（农业部乡镇企业局）

【乡镇企业改革中存在的困难和问题】 1998年，乡镇企业改革进展较快，取得了较大的成效，同时也存在许多困难和问题。

认识上模糊，行为上简单化。一些地方号召学习"三城经验"，认为"三城经验"最根本的就是"县域经济民营化"，所以主张对乡村集体企业进行私有化改造，搞"一步转私"，有的干脆提出以卖为主，不卖不行。中西部地区一些财政比较穷的乡镇，乡镇领导急于变现资金，用于发工资、补窟窿，所以也主张卖，卖得越快越好。极少数地方对乡镇企业改革采取简单化、齐步走、不负责的办法，限定时间，集中人力，规定任务，倒计时强行推行一种搞法。也有的地方畏难情绪严重，怕麻烦，求安逸，怕承担改革风险，有些乡村领导和企业干部怕失去既得利益和特权，回避矛盾，消极拖延，致使这些地方改革滞后，进展缓慢，导致企业缺乏活力，经营者缺少动力，劳动者没有向心力。有的不从企业实际出发，缺乏长远考虑，热衷于"跟风"，使企业处在无休止的振荡中，干部职工丧失信心，逆反心理强烈。

"大而盈、大而亏"的乡村集体企业改制落后。全国20%没有改制的乡村集体企业基本上是"大而盈、大而亏"的企业。"大而盈"的企业，大都觉得企业形势尚可，有利润，能维持下去，乡、村领导担心改革后失权、失利、失控，企业效益不如现在，对改革缺乏主动性、紧迫感。与此相反，“大而亏”的企业，不是不想改，而是很难改。“大而亏”企业负债大都在几千万元甚至上亿元。这样的亏损企业一旦改革就要涉及到大量银行债务，企业想甩开债务包袱，轻装上阵，银行部门认为企业改革，主要是想逃废债务，所以企业和银行双方往往对一些改革措施持不同意见。另外，拍卖又买不起，股份合作也无人参与，改制缺乏有效的办法，难以进行。

*企业改制成本高。*很多乡镇企业在开办之初，其使用的土地大都由乡村划拨或者租用。随着新的《土地法》的实施和土地管理的加强，有关部门要求改制企业变过去的划拨、租用为征用，但土地转让价格按现行市场价计算，企业根本无法承受。企业改革过程中要涉及到资产评估、产权及土地使用权转让、工商登记、税务和银行办证、法院诉讼等方面，办手续繁杂，时间很长，收费多达十几种，收费标准很高，企业改制成本大大增加，企业难以承受。另外，国家对国有企业特别是大中型国有企业改革，给予了许多优惠政策，包括挂账停息、股票上市、增加贷款、债改股、税前还贷或弥补亏损等政策，乡镇企业都难以享受得到，增加了改革的难度。

*集体资产流失。*主要是改制中资产评估不规范，有的少评、漏评、低估，有的由乡镇政府和企业自行评估作价，随意性大，有的集体资产出售、转让时缺少公开性，造成了集体资产流失。变现的集体资产管理混乱，有的是乡镇财政所管，有的是经管站管，有的是国有资产管理部门管，有的是乡企办管。有的乡镇随意改变集体资金的性质和使用方向，以现金形式回收的资产，用于发工资，胡支乱花。虽然一些地方建立了乡镇企业集体资产管理委员会和集体资产经营公司，但是如何监管并指导该类集体资产管理委员会和集体资产经营公司，以及该类集体资产管理委员会和集体资产经营公司如何进行规范运作，仍然缺乏法律和政策依据。

*配套改革跟不上。*有些企业改制后没有及时建立规范的法人治理结构，股东会、董事会、监督会形同虚设，由个别人说了算，“穿新鞋走老路”。有的地方以改代管，放松对企业管理，会计、审计工作不规范，质量、环保、安全管理跟不上等问题。全国在建立产权流转机制方面相对比较滞后，企业兼并、收购、租赁、出售时所涉及的产权变更，以及股权证托管、职工个人股权的转让，或者是出自企业的自发行为，或者是实行政府包办行为，很不规范，既不利于公开、公平、公正，也不利于推动乡镇企业更好地实行资产重组和战略性结构调整。

*一些部门为追求部门利益阻碍乡镇企业的改革。*有些地方工商部门故意把改制后的企业登记成个体工商户，然后收取管理费。湖南省湘潭市五一电线厂原来是一个村办企业，企业固定资产有1 200万元多，一年产值达4 000多万元，职工有300多人，这样规模的一个企业通过出售改制后，工商部门把它登记成个体工商户，并收取个体工商户管理费。某些地方的工商部门甚至对股份制、股份合作制企业，除了集体股、外资股不收管理费外，其他股金都要收取管理费，对此企业意见很大。

*个别企业在改革中不重视债权债务处理问题。*个别企业在改革中不吸收贷款银行参加，有少数企业逃废银行贷款，引起银行部门反映很强烈。

*股权结构不合理。*对净资产较大的乡村集体企业，实行股份制、股份合作制改制后，有的没有给企业职工量化配股，经营者和职工又拿不出那么多钱来购股，因此乡村集体股仍占绝对控股地位，这样改制后的企业，基本上改与不改一个样。相反，一部分股份合作制企业股权分散，基本上是企业职工人人平均持股，控股层缺位，形成了新的大锅饭。

*一部分企业改革没有涉及到产权。*没有涉及到产权的改革形式主要是租赁和单纯资产承包制，这两部分企业，企业的财产风险责任最终还是由乡村集体承担无限责任。同时，租赁经营者和承包经营者虽然为了自身的的利益强化企业管理，生产经营状况有所好转，但是强化了短期行为，不愿增加投入、不重视技改的问题普遍存在，不利于企业的长远发展。

【深化乡镇企业改革的对策】 进一步深化乡镇企业改革，要从切实解决改革中存在的困难和问题着手，正确引导，促进乡镇企业改革健康发展。

*积极引导乡镇企业正确改革。*要以完善和创新体制和机制为方向，以“三个有利于”为标准，按照“积极支持，正确引导，总结经验，逐步规范”的总要求，进一步解放思想，大胆实践，积极探索集体所有制经济的多种实现形式和个体私有制经济的联合与合作形式，引导乡镇企业建立现代企业制度。在改革中，要始终坚持尊重农民的实践、创造与选择。坚持改革的形式因地因企制宜，多种多样。坚持企业改革与改组、改造、加强管理、加快结构调整、加强领导班子建设相结合。坚持产权制度改革与企业内部制度改革相配套。坚持从整体上搞活集体资产，实现集体资产的保值增值。

*努力降低改革成本。*要历史地对待老乡镇集体企业土地使用权转让问题。建议原则实行按当时划拨或

租用的价格计算，并将这部分价款作为当地政府的股份，以增强企业发展生机。各职能部门应增强服务意识，切实转变工作职能，简化手续，合理收费，依法行政。社会中介部门要降低收费标准，提供优质服务，让企业“改得起”。

以“大而盈”和“大而亏”企业为重点，大力推进大中型乡镇企业的产权制度改革。对“大而盈”企业，要以建立现代企业制度为目标，以调整优化产权结构和建立健全法人治理结构为重点实行规范的公司制改造，逐步建立现代企业制度。对“大而亏”企业，要以搞活有效资产和稳妥处理债权债务为重点，采取分块搞活、吸收法人参股、兼并联合、资产转让、外资嫁接、债权转股权等多种办法进行改制，国家要允许“大而亏”乡镇企业改制享受国有大中型企业的一些优惠政策。

对已改制企业做好“回头看、抓完善”工作。主要是实行股份制和股份合作制的企业，要建立股东(代表)大会、董事会、监事会，完善法人治理结构，健全规章制度，明确各自的职责，真正做到互相制衡、互相促进、有效运转。积极引导改制企业调整优化股权结构，提高股份的人格化程度。通过现金购股、量化配股、分配转股、技术折股、债权债务作股、论功奖股等办法，努力提高个人股在总股本中的比重、提高经营层在个人股本金中的比重，使个人利益与企业利益更趋紧密。充分调动所有者、经营者和劳动者的积极性。

不断完善改革的多种形式。产权制度改革要从实际出发，形式多样。切忌搞强迫命令，搞一个模式，搞“一刀切”。要对各种改革形式不断地丰富、发展和完善。实行股份有限公司和有限责任公司的，要依法完善各项规章制度。企业产权结构，要根据企业实际，按有利于企业发展的原则确定。对经营状况、市场前景和效益较好的骨干企业，应保留乡村集体的股份。实行企业集团的，要以骨干企业或主导产品为龙头，以资产为纽带，通过控股或参股等途径进行资产重组，实现生产要素跨地区、跨行业、跨所有制合理流动和优化组合。实行股份合作制的，是否设置集体股，要视企业情况而定。对于职工和农民用现金购股，经营者和管理人员用现金多入股的应当提倡。对将企业存量资产的一部分按照一定标准量化给职工作为分红依据并按一定比例进行现金配股的，应当允许探索。经营者或经营层与职工之间量化股的比例应通过充分的民主协商来确定。实行出售的，要实行公开、公平、公正的原则，竞价出售，不能由少数人内定，搞定向转让或私下交易。实行租赁和承包经营的，要择优选择经营者，合理确定租赁金和承包费。经营者应按规定交纳风险抵押金，并承担集体资产保值增值责任。对于一些企业采取不动产租赁、动产拍卖的方法，应当鼓励和推广。实行联合或兼并的，要本着自愿互利原则，尊重企业和群众的选择，不搞行政“捏合”或强迫命令。

认真抓好关键环节。要让企业职工和农民参加企业改革的全过程，涉及到银行债权的，要吸收银行参加。严格把握以下环节：一是清产核资。对企业的全部资产，进行全面的清查、登记、核实，做到账账相符，账实相符，账物相符。二是资产评估。要防止资产的低评、漏评。应由有资质的中介机构评估或由乡镇政府认可的评估机构或组织进行评估。三是明晰产权。产权界定要坚持“谁投资，谁所有，谁创造，谁所有”的原则，尊重历史，平等协商，明确其财产归属。四是股权设置。一般可设乡村集体股、职工个人股、社会法人股、外资股及社会个人股。无论何种股权，均不得退股。五是收益分配。股份制和股份合作制企业在收益分配上，必须兼顾国家、集体、企业、职工、股东五者利益关系，依法纳税，按规定提取各种规费和基金，实行按劳分配和按股分红相结合，做到各种股权同股同利，利益共享，风险共担。企业分红率应低于企业资产利润率。

正确处理乡镇企业产权制度改革中的债权债务。一般应贯彻资产的承受者即是企业债务承担者的原则，原企业的所有债务要由改革后的新企业承担。根据企业负债和经营的实际情况，企业、乡村集体经济组织和贷款银行要充分协商，探索债权债务处理的办法。企业生产经营形成的呆账、坏账，要查明原因，分清责任，认真处理。

健全乡镇企业集体资产的管理和监督机制。乡村集体经济组织代表全社区农民行使集体资产的所有权，并经营管理集体资产。乡镇、村应逐步建立健全集体资产管理机构，完善对各类集体资产的清查、评估、登记、建档制度，定期向社区农民报告集体资产经营及财务情况，接受他们的监督。有关部门要依法对乡镇企业集体资产管理进行指导和监督。建立健全乡镇企业集体资产的审计监督制度。企业内部要健全会计、审计制度，严格按照有关制度操作。对于乡村集体股及所得红利，出售企业收回的资金，承包费和租赁金等集体资产，要加强管理和监督，只能用于企业的再投入或通过控股、参股的形式投入经济效益较好的企业、偿还银行和其他债权人的债务、补农建农和农村公益事业建设。

切实加强对乡镇企业产权制度改革的领导。乡镇企业产权制度改革涉及到方方面面的利益，是一项政策性很强的工作。各级党政领导和主管部门要加大领导力度，把改革作为推动乡镇企业发展的重大举措来抓,研究典型,总结经验,提出思路,把握方向。各有关部门要密切配合,大力支持,制定切实可行的政策和措施,共同促进乡镇企业产权制度改革健康发展。要积极创造良好的舆论氛围,多宣传鼓励,少指手画脚,为乡镇企业改革创造一个宽松的环境。

(农业部乡镇企业局)

◀改革专题调查▶

【河北省乡镇企业改革情况】 河北省乡镇企业改革在全国进行得比较早,随着农村联产承包制的推行,特别是"八五"期间以来,河北省委、省政府十分重视乡镇企业改革。1991 年 11 月,省政府发布《河北省农民股份合作企业试行方法》;1993 年 6 月,省委、省政府在河间市召开乡镇企业股份制经验交流会议;1994 年,省委、省政府发出《关于大力发展农村股份合作制的通知》;1995 年 11 月 15 日,省八届人大常委会通过《河北省乡村股份合作制企业条例(试行)》;1997 年 12 月 18 日,省委、省政府在石家庄市召开全省乡镇企业改革工作会议;1998 年,省委、省政府发出《关于进一步深化乡镇企业改革的意见》。这些会议的召开和文件的出台都为全省乡镇企业改革朝着规范化、多样化、科学化方向发展起到积极的推动作用。在省委、省政府的领导下,经过各级党委、政府各有关部门及乡镇企业主管部门的大力推动,全省乡镇企业产权制度改革取得较显著成绩。到 1998 年底,全省乡镇企业中,已有 35 个企业进行现代企业制度试点,共组建省级企业集团 133 个,有 66 个企业被农业部审定为全国乡镇企业集团。全省乡村集体企业中有36 358个企业进行改制,占全省乡村集体企业总数的 80.99%。其中有限责任公司1 222个,股份有限公司 337 个;股份合作制企业18 855个;实行拍卖、租赁、兼并、转让等改制形式的企业共15 944个。通过增股、扩股、转股等形式,全省乡镇企业共吸纳资金 266 亿元。以股份制、股份合作制为主体的多种形式的产权制度改革,为全省乡镇企业注入了新的活力。

基本做法是:

*把调查研究、摸清底数作为产权制度改革的基础性工作来抓,掌握改制主动权。*为进一步推进全省乡镇企业产权制度改革,河北省乡镇企业局从 1996 年 7 月下旬开始,用一个多月的时间,组织全省各市对乡镇企业产权制度改革的情况进行一次专题调查,在全面摸清全省综合情况的同时,重点对唐山、秦皇岛两市的 4 个县、12 个企业进行调查。通过调查研究,摸清了底数,发现一批典型,找出了认识不到位、规范化程度低、模式单一、集体资产流失等问题。在此基础上,成立全省乡镇企业改革领导小组,明确主管部门和分管干部,并提出深化乡镇企业产权制度改革的措施和工作方案。为下一步工作打下了基础。

*理清工作思路,突出工作重点,保证产权制度改革的方向。*针对乡镇企业改制工作中存在的问题,河北省制定了以推行股份制、股份合作制为重点,多种形式并存,因地制宜,因势利导,积极稳妥地向前推进的指导思想和"三个有利于"、"四个为主"的原则。即:改制工作要有利于企业发展,有利于集体资产增值,有利于生产要素的有效聚集;对规模大、效益好的企业以推行现代企业制度、组建企业集团为主,对中型企业以改造发展股份制、股份合作制为主,对小、微、亏企业以拍卖、租赁、兼并、转让等改制形式为主。

*抓典型,树样板,积极引导。*为加快产权制度改革步伐,深入探讨乡镇企业产权制度改革的新途径,根据各地涌现出的各种类型的改制典型,河北省总结了石家庄市、沧州市、霸州市和大型企业组建集团的典型,中型企业改建股份制和改造成股份合作制典型,小型企业实行先售后股、租赁、产权转让以及完善经营承包制搞活企业内部经营机制的各类典型 24 个。召开全省乡镇企业产权制度改革经验交流会议和全省乡镇企业改革工作会议,总结交流经验,找出存在的问题,明确指导思想,提出工作任务。

*着力解决好重点难点问题。*为进一步加大乡镇企业产权制度改革工作力度,河北省在解决重点和难点问题上,着重抓处理好"三个关系"、解决好"四个问题"。处理好"三个关系",一是处理好改制与发展的关系。在改制工作中要十分重视集体经济的发展和壮大问题。同时,集体企业在改制过程中,也要注意企业的扩股和对其他形式企业的参股、控股问题,通过办混合型企业来发展壮大集体经济。二是正确处理发展股份制、股份合作制与其他改制形式的关系。在改制工作中要充分发动群众,尊重群众的首创精神,适合哪种形式就推行哪种形式,不搞强迫命令,不搞一刀切或单一模式。三是搞好部门协调。乡镇企业产权制度改革涉及面广,涉及多种所有制关系,是一个复杂的系统工程,单靠主管部门很难完成。各级乡镇企业主管部门要在各级党委、政府的统一领导下与各级体改部门密切配合,对上当好参谋,对下搞好服务,对同级搞好协调。"四个问题",一是资产评估问题。首先,要切实加强对这项工作的领导,各级乡镇企业主管部门要有专人负责,使这项工作制度化、规范化。其次,要加强乡镇企业资产评估人员的培训。第三,要尽快建立健全

乡镇企业资产评估管理机构。省乡镇企业局已建立审计师事务所，各市也都建立了分支机构——资产评估部，具体负责乡镇企业资产评估工作。在抓好有形资产评的同时，要重视对无形资产的评估。对专利权、商标权、非专利技术、品牌、土地使用权、销售渠道、企业信誉等无形资产要区别不同情况，实事求是地予以评估。二是股权设置问题。根据企业情况，股权量化多少由企业所有者和职工共同商定。要坚持集体资产不受损失。三是乡村集体资产管理问题。乡村集体经济组织要建立健全资产管理机构，负责集体资产的管理和监督。乡村企业的集体资产属乡村集体所有，不得改变所有制性质，不准平调、分掉，更不得化为私有。规范产权转让回收金的收缴办法。乡镇企业产权转让回收金统一由资产管理机构负责收缴，专户储存，专项管理。确保转让回收金的合理使用。回收金必须用于发展生产，主要用于创办新企业和改制企业的流动资金和重点项目，实行有偿使用，按规定办理资金使用手续。四是利益分配问题。要坚持效益决定分配原则、先交后留再分配原则、先按劳分配后股份分红原则、同股同利原则。处理好乡村行政组织与企业的关系、企业与职工的关系、企业与股东的关系、消费与积累的关系。

河北省乡镇企业改革中也存在一些新的困难和问题，主要表现在：一是规范性差。有些改制企业改制后，没能按照公司法要求进行操作或按照股份合作制要求运作，牌子换了，企业的运行机制没有变，没有严格按照新机制管理企业。二是乡镇企业改革已进入攻坚阶段，一些改制任务难度比较大的地方和企业，不敢迎难而上，去解决改制中出现的新情况、新问题，而是采取拖延办法。三是有些改制企业在资产评估中，由于把关不严或忽视对无形资产的评估中，造成集体资产流失。四是有些企业借改革之机，悬空和逃废金融债务。五是有些企业由原来的集体企业改为股份制、股份合作制后，不再承担原来的支农、补农任务。

（河北省乡镇企业局）

【黑龙江省乡镇企业改革情况】 近几年来，黑龙江省乡镇企业积极推进多种形式的改革，取得一定成效。特别是党的十五大以后，乡镇企业改革的步伐明显加快，以股份合作制为代表的多种形式的产权制度改革，为乡镇企业发展注入了新的活力。随着改革的深化，一是打破了单一投资主体的格局，拓宽了投资渠道。1994年以来，乡镇企业通过实行股份合作制直接融资、出售企业回收资金和租赁兼并盘活资金就占整个投入的30%左右，从根本上改变了依靠银行贷款的局面，扩大了企业资本比重，提高了企业资本扩张能力，初步形成了产权主体多元化的格局。二是促进了生产要素的流动与优化配置，加快了结构调整的步伐。全省乡村集体企业实行出售的3 000多个，已有300个乡镇企业与国有企业嫁接改造、联手发展，盘活存量资产10亿多元。黑龙江省向阳实业集团从1993年起，已租赁、兼并20多个国有、城镇集体和乡镇企业，不仅使这些濒临倒闭的企业起死回生，并且使企业自身实现迅速扩张，企业资产、营业收入、利税均增长10倍以上。三是促进了乡镇企业机制转换，救活了一批乡镇企业。尚志市通过推进多种形式的产权制度改革，启动关停企业23个，盘活资产存量8 000多万元。大庆市天时家具有限公司，其前身是大庆雅美家具厂，成立于1989年，是全市最大的家具企业，投产后由于机制落后，一直亏损。1997年初，企业进行产权制度改革，改造成职工全员持股的股份合作制企业，当年实现收入653万元，比上年增长73.7%，使企业重新焕发出生机和活力。

工作特点。黑龙江省在推进乡镇企业改革方面，主要有以下工作特点。

积极争取领导重视，实行政策引导。由于乡镇企业改革涉及到方方面面的利益调整及企业的长远发展，因此，黑龙江省一直坚持“以改革为总动力”。先后制定了一系列鼓励和引导乡镇企业改革的政策和措施。1992年，省委、省政府组织省直8个单位到省外调查研究后，省政府发出《关于大力发展农民股份合作制企业的通知》。1993年，省委、省政府专门召开发展股份合作制座谈会，听取逐个地市汇报，并交流一批典型经验，对进一步推进乡镇企业改革作重要部署。1994年，省政府办公厅发出《黑龙江省组建和发展乡镇企业集团的试行办法》。十五大之后，省政府发出《关于扶持乡镇企业进一步发展与提高的若干政策的通知》的“五十条”政策中，明确要求乡镇企业加快改革步伐，并对乡镇企业实行股份合作制、组建和发展企业集团、租赁兼并国有企业制定了相应政策。1998年3月12日，省政府办公厅转发省乡镇企业局《关于乡镇企业实行股份合作制的推进意见》，要求各地在产权制度改革中解放思想，大胆突破。各地市按照省委、省政府的要求，结合本地实际积极组织实施。

大胆实践，精心组织，全面推进产权制度改革。面对国有企业通过资金重组和资本运营进一步搞活的新形势，乡村集体企业产权不清、政企不分、活力不足、机制弱化等诸多深层次矛盾越来越明显地暴露出来，多数乡村集体企业缺乏独立的法人主体意识和市场主体意识，经营者和职工对企业的责任感、事业心不够强，存量资产存在相当程度的损耗，增量投入也存在一定的盲目性。面对这些新的问题与挑战，黑龙江省提出要推进乡镇企业的发展和提高，必须把产权制度改革提到首要日程上来。根据这一精神，各地积极组织，制定可操作性强的改革方案，集中领导、集中人员、集中时间，抓好这项工作。在组织运作上，主要抓五个环节的工作：一是搞宣传发动，增强乡镇企业产权制度改革的紧迫感。解决干部职工存在的模糊认识，为顺利搞好改制做好思想准备。二是大胆探索，从实际出发，制定改革方案。三是搞培训，学习有关政策法规和工作步骤，学习改革中涌现出的先进典型。四是搞协调服务。对乡村集体企业改制中发现的问题，积极与有关方面协调解决。五是及时总结经验，推广好典型、好做法，及时进行改制后的检查总结，使改革工作不走过场。

*因企制宜，实行多种形式的产权制度改革。*按照党的十五大精神，黑龙江省乡镇企业改革以积极支持、正确引导、总结经验、逐步规范为总的方针，坚持因企制宜、形式多样、注重实效、依法动作的原则，尊重农民的创造和选择，只要所有者、经营者、职工三方满意，不受条条框框约束，不在企业性质和具体形式上争论，什么形式、什么办法都可以尝试。全省乡镇企业改革以股份合作制、租赁、拍卖等为主要形式，各地及企业在剥离经营卸掉包袱、银行回收产权反租经营等方面也都进行大胆尝试。尚志市有10个企业产权被银行收回，其中7个反租给乡镇企业。海伦市1个关停企业实行银行贷款转为股权的试验，银行又注入新的贷款，使企业重新启动。到1998年末，全省已有6 000多个乡村集体企业进行股份合作制和股份制改革，有2个股份制企业的股票已经上市，1万多个乡村集体企业实行出售、拍卖、租赁、承包、破产等多种形式的改革，乡村集体企业改制面达到84.8%。

*改革措施。*黑龙江省乡镇企业深化改革的对策主要有以下方面。

*把股份合作制作为乡镇企业改革的主推模式。*黑龙江省主要在四个难点问题上进行突破：一是在留不留、留多少集体股的问题上，从有利于调动经营者和职工积极性出发，提倡少留或不留集体股。对集体资产过大的企业，提倡经营者和职工分期购买集体资产。二是在持股结构上，提倡股权相对集中，鼓励经营者、经营班子和优秀员工控股或持大股。三是在实行股份合作制的形式上，鼓励先售后股、先租后股或租、售、股结合。四是对亏损企业或债务较多的企业，提倡分块、分步骤进行改制。集贤县同意村7户农民在同行业其他企业不景气的情况下，按照股份合作制的企业组织形式，集资210万元兴办起年处理能力达1.2万吨的浸油厂，不仅吸纳劳动力50余人，还带动几十辆机动车搞运输，年创产值2 000多万元，充分显示出股份合作制企业的生机和活力。

*把组建乡镇企业集团作为乡镇企业发展规模经济，实现资本运营的重点。*各地根据自身实际情况，有的以产业化为纽带，组建以骨干企业为龙头，贸工农一体化，产加销一条龙的企业集团为主。有的以名优产品为核心，组建以具有竞争优势的企业集团为主。有的以加强资产管理和经营为目的，组建社区型的资本经营（控股）型集团为主。把构筑以母子公司体制为重点的现代企业制度作为企业集团规范运作为重点，通过租赁、兼并、增资、合资、交叉投资、股票、债券等多种形式，尽快增强集团实力。大庆市为抓好集团的改革和规范工作，制定出《关于组建和发展完善企业集团工作的意见》，对企业集团标准、申报程序等都明确规定。对核心层企业净资产在1 000万元以上的集团，向股份有限公司规范发展，尽快建立现代企业制度。对净资产在500万～1 000万元的，壮大其核心层，发展其紧密层。对净资产在500万元以下的，重点进行整改。大庆联谊石化企业集团于1997年进行公司改造，成为大庆市第一家上市公司，一次性发行股票5 000万股，企业资产增加到18.5亿元。1998年该集团又与三环公司合并，实现强强联合，使集团总资产达到33.5亿元。

*把多种形式的改革作为搞活乡镇企业资产存量的重点。*在改制过程中，因企制宜，推行多种形式的改革，不搞一刀切，进行分类指导。主要有以下几种形式：一是对大型骨干企业，特别是净资产在1 000万元以上的，以有限责任公司和股份有限公司为主要形式，实行规范的改革。二是对资债相当，扭亏有望的企业，可以零价出售给经营者或企业职工，实行股份合作制或私有经营。大庆市杜蒙自治县胡吉吐莫镇二砖厂，总资产141万元，其中银行贷款106万元，外欠煤款35万元，企业资债相当。实行零价出售后，个人注入资金启动生产，改革当年就实现收入160万元，利税18万元，企业呈良好发展势头。三是对净资产少、保本、微利或微亏的企业，可评估后一次性卖给经营者或全体职工，实行私营或股份合作制经营，也可以实行兼并、破产等改革。大庆市实行的“股、售、兼、破”的改革形式，海林市实行的出售、股份合作制等改革形式，效果都比较好。四是积极与国有企业等社会法人实行嫁接改造，联手发展。齐齐哈尔市的向阳集团，租赁、兼并20多个国有企业、城镇集体企业和乡镇企业，不仅使自身取得可观的经济效益和社会效益，在全省也产生较大的影响。

注意防止集体资产流失,积极稳妥地推进乡镇企业产权制度改革。主要抓好清产核资、资产评估、产权界定、产权变更、验收认定五个环节。大庆市为解决企业改革中出现的资产评估、产权界定难的问题,积极组织具有一定水平、素质较高的人员参加农业部组织的资产评估培训学习,并成立黑龙江省第一家乡镇企业资产评估中心,解决了乡镇企业在进行产权制度改革中资产评估"一口价"的现象,保证了乡镇企业集体资产不流失。

完善配套改革是巩固产权制度改革成果的保证。产权制度改革是建立现代企业制度的第一步,要巩固好改革成果,配套改革一定要跟上。只有加快配套制度改革的步伐,建立能进能出的用工制度、能上能下的用人制度、能高能低的分配制度以及企业内部各项管理制度和医疗、养老保险等社会保障制度,才能使企业按照现代企业制度的要求轻装上阵。大庆市让胡路区线路金具厂,于 1998 年 3 月完成产权制度改革,改造成全员持股的股份合作制企业。之后,进一步加大改革力度,深化企业内部三项制度改革,完善经营机制,建立起"定岗定薪、三包一保"的工资分配制度,建立"能者上、庸者下"的劳动、人事竞争机制,使职工出勤率由以前的 90% 提高到 100%,企业的精神面貌发生了深刻的变化,经济效益也有明显改观。

(黑龙江省乡镇企业局)

【江苏省乡镇企业改革情况】 近几年来,特别是党的十五大以来,江苏省乡镇企业改革取得了明显成效,发展格局也发生了重大变化。1998 年,在江泽民总书记视察江苏省乡镇企业并发表重要讲话的鼓舞下,全省乡镇企业的改革和发展又取得新的进展。

改革基本情况。1998 年 5 月江苏省委、省政府在江阴市召开了改革会议,全省乡村工业企业经过 1998 年的改革攻坚,取得可喜的成绩,主要特点是改制面提高,呈现"两增一减"的局面,即:产权结构改革企业明显增加,所有制结构改革企业大幅增加,实行经营责任制改革的企业不断减少。截至 1998 年底,全省乡村工业企业中实行各种不同形式的改革企业共有84 931个,比上年净增10 929个,约占 1996 年末全省原乡村集体工业企业的 90.2%,比上年提高 11.2 个百分点。其中涉及到产权制度改革和所有制变更的企业约占原乡村工业企业数的 71.8%,比上年提高近 20 个百分点;占改制企业总数的 79.5%,比上年增加 13 个百分点。

改革企业情况。江苏省乡镇企业改革主要有产权结构改革、所有制改革、经营责任制度改革三种形式。

第一,产权结构改革的企业。江苏省乡村工业企业中实行产权结构改革的企业(股份有限公司、有限责任公司、股份合作制企业)合计30 949个,比上年净增3 865个,占全省乡村工业企业数 32.9%,比上年提高 4.2 个百分点,占改制企业数的 36.44%。股本金总额 429.45 亿元,占全省乡村工业企业实收资本金总额 39.62%。

公司制企业数(股份有限公司、有限责任公司)7 030个,比上年净增 406 个,占全省乡村工业企业数的 7.5%,占改制企业数的 8.28%。公司制企业股本金总额 262 亿元,占全省乡村工业企业实收资本的 24.17%。其中股份有限公司 78 个,比上年净增 23 个,股本金总额 36 亿元。有限责任公司6 952个,比上年净增 383 个,股本金总额 226 亿元。

股份合作制企业数23 919个,比上年净增3 459个,占全省乡村工业企业数的 25.4%,比上年提高 3.7 个百分点,占改制企业数的 28.16%。股金总额 167.39 亿元,占全省实收资本的 15.44%。

第二,所有制改革的企业。江苏省乡村工业企业实行所有制改革的企业(公转私营、兼并、破产)合计36 561个,比上年净增15 986个,占全省乡村工业企业数的 38.82%,比上年提高 17 个百分点,占改制企业总数的 43%,比上年提高 15 个百分点。其中公转私有企业34 120个,比上年净增19 970个,占全省乡村工业企业的 36.2%,比上年提高 21 个百分点,占全部改制企业的 40.17%,比上年提高 21 个百分点。兼并、转让、破产等企业共2 441个,其资产总额 115.07 亿元,占全省乡村工业企业总资产的 3.14%。

第三,经营责任制度改革的企业。江苏省乡村工业企业中实行经营责任制改革的企业(租赁企业、风险抵押承包企业)合计17 421个。由于这类企业的改革没有涉及产权结构的变更,因而实行这类改革的企业总数比上年减少7 687个,占全省乡村工业企业数的 18.5%,比上年下降 7.4 个百分点,占改制企业数的 20.5%,比上年下降 13.4 个百分点。资产总额 523.22 亿元,占全省乡村工业企业总资产的 14.29%。平均每个企业的资产为 300.3 万元,说明这部分未实行产权制度改革的企业资产规模还比较大,其中一部分属于"大而盈"和"大而亏"的两大企业,因而实行产权制度改革的难度相应也比较大一些。

租赁企业数12 012个,比上年减少2 344个,占全省乡村工业企业数的 12.75%,比上年下降 1.8 个百分点,占改制企业数的 14.14%,比上年下降 5 个百分点。租赁企业总资产 186.23 亿元,占全省乡村工业企业总资产的 5.09%。租赁企业平均资产 154 万元,平均年租金 14.2 万元,本期实收租金 10.33 亿元。

风险抵押承包企业数5 409个，比上年减少5 343个，占全省乡村工业企业数的5.74%，比上年下降近5个百分点，占改制企业数的6.36%，比上年下降8个百分点。风险抵押承包企业总资产336.99亿元，占全省乡村工业企业总资产的9.21%，抵押金4.19亿元。

资本结构调整状况。1998年，江苏省乡镇集体工业企业资产总额3 661亿元，比上年减少110亿元。乡镇集体工业企业实收资本1 084亿元，与上年持平。其中乡镇集体资本金592.37亿元，比上年下降16.26%，占实收资本的54.65%，比上年减少10.6个百分点。但其所占比重仍然处在乡村工业企业实收资本的首位。法人资本金149.27亿元，比上年增长4.59%，占实收资本的13.77%，比上年增加0.61个百分点。个人资本金127.55亿元，比上年增长39.87%，占实收资本金的11.77%，比上年增加3.36个百分点。外商资本金211.95亿元，比上年增长48.33%，占实收资本的19.55%，比上年增加6.37个百分点。非集体资本金，即法人资本金、个人资本金和外商资本金三者合计为488.77亿元，占乡村工业企业实收资本金的45.09%，比上年增加10.39个百分点。由此可见，全省乡村集体工业企业中投资主体多元化的格局更趋明显，不仅从总体上调整了产权结构，使之适应市场经济的需要，而且也为逐步建立现代企业制度奠定了初步基础。

企业改革主要成效。

以产权制度为重点的改革稳步推进，乡村集体企业基本完成了投资主体和产权结构的多元化改造。过去，江苏省乡村企业的投资和产权结构比较单一，基本上是集体独资企业。经过近几年的改革和调整，全省乡镇集体企业的产权结构发生了很大变化，企业投资主体多元化和人格化程度逐步提高，1998年则更为明显。三分之一以上的企业实行了股份制、股份合作制或中外合资合作，全省乡村企业实收资本总额中的非集体资本已占45%，在乡村企业主要经济指标中混合经济所占比重已接近50%，产权多元的混合经济企业保持快速发展势头，成为近年来乡村企业稳步发展的决定因素。

农村个体私有企业发展步伐加快，乡镇企业的所有制结构逐步改善。前几年，江苏省农村个体私有企业发展较慢，到“八五”末在乡镇企业经济总量中还只占10%左右。近两年通过采取“双管齐下”的改革措施，加快发展农村个体私有企业。一方面，加快“小微亏”乡村企业改革步伐。另一方面，鼓励农民自发兴办企业，有效地加快了农村个体私有企业的发展步伐。1998年，全省农村个体私有企业实现营业收入2 115亿元，比上年增长46.37%；利税总额126.6亿元，比上年增长39.93%，在全省乡镇企业经济总量中的比重提高到26%以上，比上年增加5个百分点，成为加快发展乡镇企业的一个重要的新增长点。

乡镇企业发展格局在两个根本性转变中发生深刻变化。1998年，江苏省乡镇企业不仅扭转了1994年以来增长速度持续下滑的趋势，而且经济效益明显提高。经过近几年的产权制度改革和所有制结构调整，全省乡镇企业在实现两个根本性转变中，增长格局发生了质的变化。混合经济企业和农村个体私有企业增长势头强劲，与集体独资企业已基本形成三足鼎立之势，成为1998年止跌回升的决定性因素。1998年全省混合经济企业增加值为629.07亿元，比上年增长26.47%，占乡镇企业增加值总额的31.85%；个体私有企业增加值为615.91亿元，比上年增长66%，占增加值总额的31.19%。

*存在的主要问题。*一是大中型乡镇企业的产权制度改革相对滞后，对持续快速发展产生了明显的制约影响。过去一直是大中型乡镇企业好于面上企业，1998年的发展则出现了大中型乡镇企业下滑趋势。二是相当一部分改制企业(包括农村个体私有企业)机制转换还没有到位，存在法人治理结构不健全、统计会计审计工作不规范、质量环保安全管理跟不上等问题。

（江苏省乡镇企业局）

【浙江省乡镇企业改革情况】 1998年，浙江省61 264个乡(镇)、村集体企业，实现各种形式改制的56 363个，改制面达92%。在已改制企业中，采取改制形式有：以规范化股份有限公司、有限责任公司、股份合作制等形式改制的企业，总数达15 021个，占26.65%；拍卖和转为个体私有企业，总数达22 371个，占39.69%；动产拍卖、不动产租赁和兼并形式的改制有9 727个，占17.26%；资产金额租赁的企业有5 765个，占10.23%；资产承包经营及其他形式有3 479个，占6.17%。

通过改制，激活全省乡镇企业经营机制，明晰了产权，盘活了资产存量。绍兴市乡镇企业改制后盘活资产29亿元，调动了企业经营者的积极性。最明显的是企业的技术改造投入加大，绍兴市改制后从1994年至1998年，每年技改投放在50亿元以上。全省乡镇企业投入也加快，1998年固定资产投入达440.79亿元，比上年增长43.56%，其中技改投入204.57亿元，比上年增长51.14%。

浙江省乡镇企业改革中存在的突出问题仍然是机制问题。一是全省乡镇企业尚有8%的“大而盈”、“大而亏”企业没有改制，其中资产在1 000万元以上的集体企业未改制有500个左右，资产在1亿元以上未改制有的40多个。作为当地政府对这两类企业不是不想改，而是很难改。特别是“大而亏”企业，负债大都在几千万元甚至上亿元。桐乡市18个销售收入上亿元企业中，有6个企业资不抵债。二是已改制企业不完善、不规范的问题相当突出。全省乡镇企业已改制企业中未明晰产权的占20%以上。金华市乡镇企业改制面已达93%，真正明晰产权的不到75%。有的股东会、董事会、监督会形同虚设，由个别人说了算。股权得不到流转，企业职工和股东有担忧，认为入股等于无期存款，一旦企业效益不好，不仅无利可图，而且连老本都得赔进。三是集体资产管理机制不健全。乡镇企业集体资产管理中，存在严重的政企不分、财资不分的问题，党政领导兼任乡镇村集体资产经营公司负责人、乡镇随意平调或使用集体资产的现象非常普遍。慈溪市20个乡镇集体资产经营公司，有5个能正常运作，其余15个都无法保证集体资产增值。

（浙江省乡镇企业局政策法规处）

【安徽省乡镇企业改革情况】 从1987年开始，安徽省以股份合作制为主要形式的乡镇企业产权制度改革首先在阜阳地区进行试点，并逐步在全省范围推广实行。尤其是1997年，为加快建立社会主义市场经济体系，全省乡镇企业改革进入攻坚阶段。省委、省政府相继召开全省经济体制改革会议、全省乡镇企业改革工作电视电话会议和全省专员、市长会议，对全省乡镇企业进一步深化改革进行全面动员、全面部署，省政府出台了《关于进一步深化乡镇企业产权制度改革的通知》等一系列改革文件。在全省上下全力推动下，乡镇企业产权制度改革出现实质性重大突破。到1998年底，全省实行各种形式产权制度改革的乡镇企业2.9万个，其中股份制和股份合作制11 097个，占改制企业40.1%，募集股金24.5亿元；拍卖企业4 790个，拍卖资金8.7亿元；兼并、破产企业893个，破产总金额6.5亿元；租赁承包企业8 810个，租赁费和风险抵押金7.9亿元。总的看，安徽省乡镇企业产权制度改革形势良好，成效较大。

企业领导班子由过去的任命制转为选举制和聘任制，切实增强了管理者的责任感、压力感和危机感。在改革中，安徽省有40%的企业实行股份制和股份合作制，并按照《中华人民共和国公司法》要求，建立规范化的法人治理结构，企业领导班子由过去的上级任命改为职工民主选举，由股东按一股一票原则选出董事会和监事会成员，然后由董事会成员选举出董事长，监事会成员选举出监事会主席或召集人，经理层人员由董事会聘任。企业改制后，增强了企业负责人的事业心和责任感，由过去的“两眼向上”变为现在的“两眼向下”，由“向少数人负责”变为“向多数人负责”。几乎所有企业的负责人都感到自己的担子重了，压力大了，约束强了，退路没有了，只有和企业、职工绑在一块儿干，才有企业的活路，也才有自己的出路。

职工由过去的单一劳动者变为既是劳动者又是资产拥有者，大大增强了主人翁意识和对企业的关切度。股份制和股份合作制实现了劳动和资本的有机结合，极大地调动了职工的积极性。改制前，由于体制不顺，职工的主人翁地位是空的，很多职工存在着雇佣劳动的观念，只关心自己的工资收入，不太关心企业的前途命运。改制后，职工既是工人又是股东，既享受按劳分配又享受按资分红，因此，也就自觉不自觉地把自己的前途命运与企业的前途命运紧紧地连在一起。对企业的每一笔投资，每一项开支，甚至对企业的一砖一瓦、一草一木都极为关切，对企业决策经营班子工作的好坏乃至一举一动都十分关注，成了企业真正的“当家人”。

企业由过去被动的不完全的市场主体变为真正符合“四自”要求的独立的市场主体，在强化管理、技术创新、开拓市场等方面有了内在的动力。在市场经济条件下，企业所面临的环境发生了根本性变化，已由过去的卖方市场转变为买方市场，适者才能生存，强者才能发展。从而使改制企业主动适应市场的意识明显增强，使企业有了强化管理、技术创新、开拓市场的内在冲动，不再是“你要我这样做”，而是“我要这样做”，由此产生质的变化。

政府管理企业的方式由过去直接的、微观的管理转向间接的、宏观的管理，使政企分开落到实处。由于明晰了产权关系，企业各项自主权得到落实，企业正常的生产经营活动不再受政府的直接干预，企业真正成为自主经营、自负盈亏、自我发展、自我约束的法人实体和市场竞争主体。另一方面，政府开始自觉转换职能，由直接管理向间接管理转变，由微观管理向宏观管理转变。这样，既有利于把企业真正推向市场，又有利于政府把该管理的事管好。

社会对企业另眼相看，企业外部环境趋于好转。过去，企业是集体的，社会方方面面都想啃一口企业这块肥肉。因此，对企业吃、拿、卡、要，乱摊派、乱收费、乱罚款，企业不堪重负。改制后，职工出资持股，产权关系明晰了，企业独立法人地位确定了，只要合法经营，按章纳税，政府各部门及社会各方面就无权也没有理由向企业伸手要这要那，企业也可以理直气壮地拒绝不合理的社会负担，而企业负责人由于内在约束机制的增强也不敢再拿企业的资财送人情，这在客观上堵塞了企业的漏洞，降低了企业成本，拆除了腐败现象滋生蔓延的温床。

（安徽省乡镇企业局）

【四川省乡镇企业改革情况】 至1998年，四川省已进行改革的乡村集体企业36 875个，占全省乡村集体企业的81.2%。在已进行改革企业中，实行股份制的1 515个，其中成立股份有限公司158个，有限责任公司1 357个；实行股份合作制的7 641个；租赁企业10 085个；兼企业并1 276个；出售企业5 661个；破产企业722个；建立企业集团147个；其他形式的企业9 828个。通过改革，有效地盘活了企业存量资产，优化了产权结构，增强了企业活力，有效地提高了企业经济效益。

促进政企职责分开，使企业真正成为市场竞争的主体。多年来，乡镇企业的主体——乡村企业，由于长期以来产权不明确，名曰全乡（村）人人有份，实际人人不问，主人翁意识淡薄，政企不分，企业严重缺乏自主权。全面推行承包经营责任制后，企业自主权问题虽有一定改善，但由于产权这一核心问题未解决，因此还是不能从根本上解决问题。通过改革，产权明晰，实现政企职责分开，从根本上使企业建立起新的运行机制，真正获得经营自主权，成为独立核算、自负盈亏的经济主体，有利企业发展。

搞活了企业，使长期停产的企业重现生机。改革企业由原来单一投资主体改变为多层次、多元化，既为企业开拓了可靠的融资渠道，为企业发展上档次、上规模、上水平注入了新的生机和活力，又使职工找到了与企业心连心的结合点，主人翁意识增强，劳动积极性得到充分发挥。资中县乡镇企业从1992年以来，有30多个乡镇普遍在企业中推行股份制和股份合作制，推行面达到86%，参股人数5万多人，资本金总额达9 612万元。成都第二纺织厂仁寿分厂于1997年5月依法破产，被成都霜洋实业公司购买并更名为成都霜洋实业公司仁寿纺织厂后，迅速投入资金1,200多万元，维修厂房、设备、购买原料，使停产半年之后的企业很快恢复了生产。停产两年之久的仁寿佳泉酒厂拍卖后，在短短两个月就恢复生产，并生产出了优质产品。

企业管理加强，效益得到提高。成都霜洋实业公司仁寿纺织厂改革后，在规模没有缩减，产品质量大提高的前提下，企业职工由1 198人减少到650人，管理人员由45人减少到3人，仅减员这一项就比改革前节约工资支出250万元。威远县乳白玻璃厂改革后，企业采取各种合法手段收款，仅几个月时间就收回呆滞账款60万元，使呆账变成了活钱。兴文县对全县257个乡村集体企业实行多种形式改革后，由于全面加强了管理，1998年出现了全县乡镇企业无一亏损的局面。

通过资产重组，实施企业低成本扩张。四川宏达化工股份有限公司抓住改革带来的机遇，采用资产重组方式，实施低成本扩张战略，仅1998年就兼并、收购了7个不同所有制企业，使原来一个乡磷肥厂，变成了以化工、矿山开采、房地产、第三产业为主，拥有9亿多元总资产、32个直属分支机构的大型企业。1998年公司利税大幅度上升，被四川省政府授予特等奖。

加快了企业"关、停、并、转"步伐，企业组织形式发生重大变化。个体、私营经济已成为全省乡镇企业和非公有制经济的主体。通过改革，使一部分原挂靠乡村集体企业的个体、私有企业摘掉了"红帽子"，恢复其本来面目。同时，使一些乡村集体企业通过破产、出售、兼并等方式，在确保集体资产保值增值的前提下，变集体企业为个体、私有企业。一方面使一些难于生存的企业有了生机，另一方面，集体经济在整个乡镇企业中所占份额逐年降低，而个体、私营经济则快速提高，并成为全省乡镇企业和非公有制经济的主体。1998年，在全省乡镇企业总产值中，集体企业只占29.1%，而个体、私有企业则占70.9%。

（四川省乡镇企业局）

科技教育

◀科技进步▶

【25 项乡镇企业科技成果获农业部科技进步奖】 在农业部颁发的 1998 年度科学技术进步奖中，全国乡镇企业系统总共有 25 项科技成果获得农业部科技进步奖，其中一等奖 1 项，二等奖 7 项，三等奖 17 项。农业部对获奖成果的主要完成单位和主要完成人分别给予了奖励。

(李景涛)

1998 年农业部科技进步奖（乡镇企业部分）名单

项目名称	完成单位	主要完成人
一等奖（1 项）		
伸缩缝专用型钢及浅埋伸缩装置的研制	成都新津新筑路桥机械有限公司	黄志明　赵衡平　暴　刚　王长海　夏玉龙　冯百义　胡壁华　伍廷贵　査建伟　陈玉华　余　勋　练绍良
二等奖（7 项）		
DUM110（DXT05）微机控制多能源无人值守通信电源系统研制	北京市达葳电信新技术有限公司	王　聪　吴冠贤　徐　刚　牟从斌　刘忠堂　陈梦清　徐名世　张素兵　程卫军
PBT 光纤松套管专用料的研制	河北省春风实业集团科兴光缆材料厂	李长银　崔　彤　张成旺　李　松　郭宝华
CA 粒子增塑剂开发	云南省玉溪市溶剂厂	高发荣　陈艳琼　詹桂琼　陈绍明　张本聪　詹永平　蒋兴建　陈树芬　夏昌元　杜云忠　伍家明　赖正波　李玉仙　张开学　赖庆林
复合高分子实心板材的研制	广州蒙特利实业有限公司	龚学锋
“肤阴洁”的研制	广西源安堂制药厂	莫兆钦　陈运育
高 K、Na 含量的白云石冶炼金属镁的研制	重庆银丰源镁业有限公司	陈　华　杜杨林　裴　军　彭振隆　何贤臣
高炉长寿风口的研制	烟台鲁宝有色合金厂	王凤德　刘洪模　张海林　史戈宁　刘忠焱　刘洪志　李延文
三等奖（17 项）		
PHXF600＊800 偏心回转细碎型粉碎机的研制	河北省迁西县洒河桥镇铁矿机械厂	张会友　张玉华　曹向华　马建良　齐亚华　王连树　赵振波
镍基渗层管热网加热器	济南市压力容器厂	孙云凤　楚延平　王元昌　鞠成杰　房世顺　杜轶鲲
2B-8 型淮丰谷物播种机的研制	安徽省蚌埠市淮丰农机修造厂	吴德华　吴群华　吴为华　杨国会　吴若峰
PWD 系列卫星地面接收天线	江苏省徐州彭亮电子有限公司	马文明　李国雄　李素丽　张修宪
GD 玻封气体放电管的研制	江苏省金坛市晨辉电子有限公司	李敖庚　任荣法　丁志英　李东兵
银杏叶提取物（银杏叶干浸膏）	江苏省邳州市富伟生化制品有限公司	张慎华　王共香　庄雨玲　刘建业　于　超　王　恒　王淑萍　冯玉华
涂覆式阻燃密目立网的研制	江苏省江都市第一绳网厂　化工部北京化工研究院	周治帮　骆嘉瑛　郭世华　杨恒荣　张师军　吉冬明　周美华　蔡　涛
CL1746 高速聚氨酯漆包线漆	江苏省常州连环集团常州市智通树脂厂	刘文钦　汪　萍　薛荣兴　黄志刚
熟料造纸工业废水治理的 WHG 技术	河南省大禹环保有限责任公司　河南省华勇纸业有限公司	张转洲　薛　红　张姊昆　党春兰　辛小南　刘遂安　孙留富　李　勇　王运峰　张喜全　董兴才　丁三友　张转县　任爱卿　吴永亮

（续）

项目名称	完成单位	主要完成人
QF-111耐高温高强度铸造用酚醛树脂的研制	济南市潜力化工实业总公司	江洵来　观成军　观成民　李维臻　姚维勇　崔　涛　崔延宝
酚脲烷冷芯盒树脂的研制	济南圣泉集团股份有限公司	唐一林　唐路林　沈烈彬　王广顺　李长春　李培强　褚兴红　唐　慧　赵新华　崔振昌
新型芳烃抽提溶剂——四乙二醇醚的研制	山东省微山县化工厂	李昭晋　李　勇　许化宏　李正锁　肖卫东　王永明　张德贵　刘令富　杨新玲　周　敬　张高志　刘　浩　曹　健　叶中全　林树君
新药“铝镁司片”的研究	重庆必扬药业有限公司	李亚琼　熊明刚　吕念海　徐传福　陈会才　龚筱华　任家君
餐饮容器纸板的研制	河北省唐山市新元造纸厂	常景春　韩建国　穆彩凤　张秀海　梁景贵　常久福　刘艾东　孙启军
高平滑彩印纸的研制	山东省金山口造纸厂	程传良　孙兆勤　郝俊鹏　陈广敏　刘　华　冯艾民　张学亮
DQ47H-16P-DN50钢板锻制金属密封球阀的研制及DQ347F-16P-DN250、DQ947F-16P-DN300不锈钢板锻制新型球阀的研制	重庆白市驿锻制阀门研究所	张　轩　刘正模　隆庆德　钱仕章　黄　海
圆柱齿轮减速器(ZBJ19004-88)	江苏省减速机厂	任汉友　洪生业　蔡海进　李　鸿　孙长法　潘洋宇　潘　云　于向前　邱　鉴　高　晖　王舟一　刘继馥　周　军　朱延波　朱洪宝

【1998年中国乡镇企业科技奖】 经过中国乡镇企业科技奖评审委员会评审，1998年共有81项科技成果获中国乡镇企业科技奖，其中一等奖7项，二等奖20项，三等奖54项。

根据《中国乡镇企业科技奖管理办法》的规定，获中国乡镇企业科技奖的成果由农业部乡镇企业局统一颁发奖状、奖牌和证书，奖金由地方或企业负责解决。奖金额为：一等奖2万元，二等奖1.5万元，三等奖1万元。奖金由企业解决的可进入生产成本和费用。奖金的80%发给成果的完成人，包括长期从事研制工作但未列入主要完成人的人员。

（农业部乡镇企业局）

1998年中国乡镇企业科技奖名单

项目名称	主要完成单位	主要完成人
一等奖(7项)		
DUM110(DXT05)微机控制多能源无人值守通信电源系统研制	北京市达葳电信新技术有限公司	王　聪　吴冠贤　徐　刚　牟从斌　刘忠堂　陈梦清　徐名世　张素兵　程卫军
高炉长寿风口的研制	烟台鲁宝有色合金厂	王凤德　刘洪模　张海林　史戈宁　刘忠焱　刘洪志　李延文
伸缩缝专用型钢及浅埋伸缩装置的研制	成都新津新筑路桥机械有限公司	黄志明　赵衡平　暴　刚　王长海　夏玉龙　冯百义　胡壁华　伍廷贵　查建伟　陈玉华　余　勋　练绍良
Post script汉字字型库的开发研制	常州市华文印刷新技术有限公司	黄克俭　蓝效农　谢培元
高K、Na含量的白云石冶炼金属镁的研制	重庆银丰源镁业有限公司	陈　华　杜杨林　裴　军　彭振隆　何贤臣

（续）

项 目 名 称	主要完成单位	主 要 完 成 人
CA粒子增塑剂开发	云南省玉溪市溶剂厂	高发荣 陈艳琼 詹桂琼 陈绍明 张本聪 詹永平 蒋兴建 陈树芬 夏昌元 杜云忠 伍家明 赖正波 李玉仙 张开学 赖庆林
复合高分子实心板材的研制	广州蒙特利实业有限公司	龚学锋
二等奖(20项)		
ZLT方型金属体组合式冷却塔的研制	溧阳市全球冷却塔空调有限公司	杨海水 汤秀兰 李火木 陈汉平 芮双华 汤世和
PJGG型纯水机的研制	江苏鹏鹞环保集团有限公司	王洪春 张国平 郭建中 唐 文 王泽君 谈国峰 蒋伟敏 许 均
H1976(3150)不锈钢真空压轧辊的研制	常州亨得利造纸机械有限公司 轻工总会杭州机械设计研究所	张建兴 郑宏富 陈坤林 姚云成 李品辉 周 邦 张 敏 王 澍
GK1型工业锅炉用电控装置的研制	日照市电器开关厂	林相墩 孙元进 林维好 林维臣 郭长山
五十铃NKR55100P汽车消声器总成研制	重庆汽车消声器厂	陶斯其 胡益光 李义元 张 进 吴小亭 谢定美 刘海泉 刘永强 刘支荣
镍基渗层管热网加热器	济南市压力容器厂	孙云凤 楚延平 王元昌 鞠成杰 房世顺 杜轶鲲
HBT60型液压混凝土泵的研制	山东方圆集团公司	吴常伟 张文奎 杨友龙 杨学云 赵书梓
交联型半导电内外屏蔽料的研制	常州市东旭特种电缆料厂	潘建文 邓汉清 黄志强 赵泉生 伍 军 杨志明
低压羰基化合成苯乙酸方法的研制	泰兴市精细化学实验工厂	许余德 吴卫东 芦根林 殷爱民 吴惠民 张淑清
银杏叶提取物(银杏叶干浸膏)的研制	邳州市富伟生化制品有限公司	张慎华 王共香 庄雨玲 刘建业 于 超 王 恒 王淑萍 冯玉华
涂覆式阻燃密目立网的研制	江都市第一绳网厂 化工部北京化工研究院	周治帮 骆嘉瑛 郭世华 杨恒荣 张师军 吉冬明 周美华 蔡 涛
PTC自控温电缆抽油杆的研制	河北阜城县阜正石油热采设备厂	范振明 宋广营 王桂香 潘玉兰 刘树林 范振水 常福恒 蒋俊清 潘学军
“肤阴洁”的研制	广西源安堂制药厂	莫兆钦 陈运育
稻麦除草专用肥的研制	江苏里下河地区农科所 江苏里下河地区农科所复合肥厂	田长松 张家宏 朱巧珍 赵登科 申义珍
新药“铝镁司片”的研究	重庆必扬药业有限公司	李亚琼 熊明刚 吕念海 徐传福 陈会才 龚筱华 任家君
CL1746高速聚氨酯漆包线漆	江苏省常州连环集团常州市智通树脂厂	刘文钦 汪 萍 薛荣兴 黄志刚
增深剂DW-301的研制	烟台市燕福实业公司化工三厂	杜建民 刘允江 王 平
QF-111耐高温高强度铸造用酚醛树脂的研制	济南市潜力化工实业总公司	江洵来 观成军 观成民 李维臻 姚维勇 崔 涛 崔延宝
酚脲烷冷芯盒树脂的研制	济南圣泉集团股份有限公司	唐一林 唐路林 沈烈彬 王广顺 李长春 李培强 褚兴红 唐 慧 赵新华
新型芳烃抽提溶剂——四乙二醇醚的研制	山东省微山县化工厂	李昭晋 李 勇 许化宏 李正锁 肖卫东 王永明 张德贵 刘令富 杨新玲

（续）

项 目 名 称	主要完成单位	主 要 完 成 人
三等奖(54项)		
MXXB-II高效木工除尘系统研制	天津环保产业集团除尘设备公司	李德兴 张凤阁 程玉春 王兰柱 孟祥俊 刘洪芳 王虹杰
CBA1型中部轴向补偿密封齿轮泵的研制	上海液压泵厂武进分厂	蒋八斤 程树元 巢爱贞 薛泸芳
MM弹夹式可转位密齿面铣刀的研制	武进市西夏墅工具研究所	戚元平 谢国兴 孔永方 蒋仁华
3WBM双缸隔膜泵手动喷雾器的研制	武进市江南植保器械厂 中国农业机械化科学研究院耕作种植机械研究所 江苏理工大学	杨八康 杨岳平
高效节能内螺纹铜管的研制	常州市长江铜加工厂	耿昌明 羊林章 王云富 耿小忠 张建伟 缪长荣
XQZZ型智能自检恒压消防给水设备研制	哈尔滨市红发节能设备制造厂	李先万 刘洪志 张 健 励幼芳 李 里
FXM251PW玻璃直线斜边机研制	中山市富山玻璃机械有限公司	李礼开 吴玉和
FSL连杆式拉丝机的研制	唐山市路南区吉祥路轻工机械厂	吕增友 李春艳 肖玉红 赵玉彬 李振国 王跃玲 周文茹
三相树脂绝缘干式电力变压器研制	中山市和泰机电厂	何见光 朱俊龙 何泽坚
SL-2464型多功能集团电话系统的研制	中山市生力电子厂 中山市环宇通讯器材有限公司	缪锦坤 陈重义 苏章钰 梁活辉 叶文瀚 何勇光 卓上信
镀锡铜包钢线的研制	江苏南通华雄电子材料有限公司	蔡祖民 庄瑞舫 张维凡 张启运 王立军 吴 岳 尹鹤权
稀土铝绞线及钢芯稀土铝绞线的研制	安徽华能电缆厂	王孔汉 付曜华 浦奇志 万有梅 王永梅 王善虎
触片无磨损变压器分接开关的开发与应用	武汉特种变压器开关厂	刘 刚 秦时军 张福友 罗富忠 秦 伟 林荣寿 杨代胜
水泥立窑压力风机循环风风量调节装置的研制	河北省滦南县第二水泥厂	杜铁钢 陈文水 张树堂 张利民 刘文革 靳宝东 张志辉
节能型不锈钢螺旋桨的研制	广东省湛江华坤实业公司 华南理工大学交通学院	余伯承 余 灵 李干络 冯自浓 李阳轩 李浩雅 陈上庆
激光割缝滤砂管及工艺研究	山东滨州华英集团有限责任公司	张福岭 石在忠 韩保华 周春伟 孙红卫 张 军
多功能包装机的研制	山东章丘市炊具机械总厂	冯国烈 焦念磊 刘新华 张胜利 高 新
PWD系列卫星地面接收天线	江苏省徐州彭亮电子有限公司	马文明 李国雄 李素丽 张修宪
GD玻封气体放电管的研制	江苏省金坛市晨辉电子有限公司	李敖庚 任荣法 丁志英 李东兵
YGPFD空心抽油杆交流电油井加热专用电缆的研制	济南华联电缆厂	罗 琪 吴亚东 沈 岳 张元生 陈 序 王克文 潘景瑚
电动潜油泵引接电缆的研制	山东万达集团股份有限公司	巴洪斌 周国民 尚吉永 尚兴军 巴文广 顾力果 张洪旺

（续）

项目名称	主要完成单位	主要完成人
电度表遥测遥控系统的研制与开发	山东云龙机电工业集团公司	姬传玺　齐保良　梁鸿钧　狄振强　杨月玲　陶　军　杨延华
常压立式火管全自动燃油热水锅炉	天津市东方暖通设备制造公司	姜建军　马万全　于树琪　刘俊成　刘佩春
SJD40 型集装箱吊具的研制	上海港机厂常州起重机分厂　上海港口机械制造厂　交通部水运科学研究所	严绍新　徐　强　缪雪元　贾　忠　路彬汉　王永祥　王卫平
R175、S195 型柴油机齿轮的研制	安徽省全椒圣炬齿轮有限公司	胡大全　林以照　孙具付　陈永龙　陈　友　王　荣　李龙仓
自行车焊接用特利 V 气的研制	天津市华北气体公司	刘凤翔　石宝友　王文彪　王文连　顾建春
蚜虱净原药、10%可湿粉、5%乳油的研制	江苏建湖农药二厂	吴重言　张宝银　孙　芹　任四方　郭凤支
66%乙氧基喹啉粉剂的研制	江苏中丹化工集团公司	高勇才　丁龙军　杨怀玉　毛永生　樊福平　董泽军　常　青
SC-2 室外钢结构膨胀防火涂料的研制	江苏兰陵化工集团公司	陈春源　高新田　吴伟峰　陆国泉　汤建东　马　金　丁剑武
新产品 PBTCA 阻垢缓蚀剂的研制	南京化工学院武进市水质稳定剂厂　武进市东方化工研究所	杨乃飞　任定国　陈建元　孙　伟　常春华
复合高分子材料装饰板的研制	江苏石油化工学院　武进市华欣复合装饰材料厂	陶国良　史建刚　金腊生　高志刚
钻井液用高效降失水剂 JS-1 的研制与应用	河南省濮阳市市区诚信化工厂	张兰英　许苏林　郭明贤　张献丰　李景顺　明柱平　王善举
UPVC 给排水管材的开发	潮阳市三凌塑料管材公司	吴锡炎　于元江　吴锡宏　杜春福　马兴森
12%高渗氰戊乳油的研制	山东省栖霞市化工厂	史桂开　周鲁闽　刘聪欣　孙兆芹
固色剂 DA-1 的研制	烟台市燕福实业公司化工三厂	杜建民　郭兆旭　杜成华　王京庆　赵宛云
夹心层发泡硬聚氯乙烯管材的研制	重庆山花塑料厂	舒志刚　杨宗奇　杨宗毅　童　健　杨　槐
CL1748 醇溶自黏性漆包线漆	常州连环集团常州市智通树脂厂	刘文钦　汪　萍　衡永林　陈　华
五十铃 N 系列汽车油封的研制	广东普宁市京汕密封件厂	刘东来　邓志文　王建伦　张　芬　黄文雄　何细邦　陈昌泉
年产 3 000 吨复分解法硫酸钾工业化生产开发	合肥飞建化工有限责任公司　安徽省化工研究院	凌德和　孙国珍　任昌义　凌晓琴　毛广春　丁爱芬　刘　憨
“3 美靓颜”珍珠口含片的研制	重庆 3 美保健品有限公司	李亚琼　熊明刚　唐建新　徐传福
乡美牌纯正花生油的研制	广州市粮食科学研究所　海南省临高县宝源食品加工总厂	邱奕洲　蒋尚文　符学坚
牛、马奶饮料系列产品开发	内蒙古锡林浩特市马奶饮料厂	颌国君　李维江　王淑珍　白振英　杨勇宏　李瑞君　梁　德　张志荣
免疫乳及乳制品的研究与开发	内蒙古农牧学院食品工程系　内蒙古圣蓝乳业有限责任公司	张和平　薛岚桥　郭　军　孙天松　王和平　韩兰先　罗占宽

（续）

项　目　名　称	主要完成单位	主　要　完　成　人
螺旋藻系列产品开发	广东梅雁企业集团股份有限公司	李江平　江　梅　李忠平　张依健　张秀姗
亨邦牌高档淋漆地板的开发	黑龙江省穆棱富邦木业有限公司	黄印和　杨作君　吕宏伟　邓启勇
仿不锈铝合金建筑型材研制	广东省潮阳市金属型材厂	郑汉武　黄学群　张成福　周若瑾　伍德玉　刘武雄
煤矸石沸腾炉发电炉渣研究与应用	山东省新泰市汶河发电厂	刘福东　孙建中　牛宝杰　王成伟
圣泉牌 ZX 型第四代自动清洗家用净水器的研制	重庆亚太环保工程技术设计研究所	刘亨益　张纲明　黄清友　江礼华
民航标志双色餐具的研制	汕头航空工艺厂	卓木海　卓少春　杨宜昌　陈大楚　姚川荣　谢建伟　王德魁
高平滑彩印纸的研制	山东省金山口造纸厂	程传良　孙兆勤　郝俊鹏　陈广敏　刘　华　冯艾民　张学亮
DQ47H-16P-DN50 钢板锻制金属密封球阀的研制及 DQ347F-16P-DN250、DQ947F-16P-DN300 不锈钢板锻制新型球阀的研制	重庆白市驿锻制阀门研究所	张　轩　刘正模　隆庆德　钱仕章　黄　海
反压铸造铝合金大偏距载重汽车车轮	南海中南铝合金轮毂有限公司	潘增源　杜士良　范文豪　严结均　吴祖宴
工程机械锌铝合金轴套的研制	淄博裕鑫合金材料有限公司	王立生　杜兆明　王军才
棠溪宝刀及其工艺技术研究	河南省西平县棠溪宝剑厂	高庆民　王付文　李学礼　武建林　徐秋生　白永红　王春丽

【全国乡镇企业科技进步工作会议在杭州召开】 1998年11月18—20日，全国乡镇企业科技进步工作会议在杭州市召开。农业部部长陈耀邦出席会议并作题为《大力推进乡镇企业科技进步，努力提高产品市场竞争能力》的讲话。农业部乡镇企业局局长姜永涛作题为《开拓创新，真抓实干，大力推动乡镇企业科技进步》的总结报告。各省、自治区、直辖市和计划单列市乡镇企业局局长或主管副局长参加会议。农业部科技司司长马世青、发展计划司巡视员徐殿试和教育部有关司局代表应邀到会。参加会议的还有来自地市县乡镇企业和科技进步示范单位的特邀代表，以及新华社、人民日报社、经济日报社、农民日报社、中国乡镇企业报社、科技日报社等新闻单位记者，共计120多人。会上，农业部命名了105个全国乡镇企业技术创新示范单位和育才兴教示范单位。有14个典型单位代表在大会上交流经验。会议期间，还组织考察杭州市的万向集团、东冠集团、万事利集团、西子电梯集团等乡镇企业。

与会代表对这次会议反响很好，概括起来有四点：一是时机好。当前乡镇企业正处于结构调整和体制创新的重要时期，面临新形势、新机遇、新挑战，农业部率先召开全国乡镇企业科技进步工作会议，是深入学习江泽民总书记几次重要讲话和积极贯彻落实党的十五届三中全会精神的实际行动，抓到了关键。通过这次会议，明确提出了乡镇企业的出路在于科技进步。

二是内容好。这次会议是进入20世纪90年代以来第一次专门研究乡镇企业科技进步问题的工作会议，既有重大的现实意义，又有深远的历史意义。会议通过总结改革开放20年来乡镇企业科技进步的成就和经验，分析乡镇企业科技进步面临的新形势和新问题，部署今后一个时期乡镇企业科技进步工作的目标任务和政策措施。

三是形式好。大家对领导讲话进行了热烈的讨论，统一了思想，提高了认识。会议还交流了情况，学到了经验，启发了思路。通过实地参观考察企业，拓宽了视野，看到了差距，学到了真经。并且通过命名一批科技进步示范单位，树立了典型，坚定了信心，激励了干劲。

四是地点好。会址选在浙江省杭州市，由于浙江省乡镇企业技术进步比较快，工作搞得比较好，大家在学习交流和实地参观考察的过程中，学到了不少东西，收到了实效。

（农业部乡镇企业局）

【农业部命名全国乡镇企业科技进步示范单位】 1998年11月9日，农业部发出《关于命名全国乡镇企业科技进步示范单位的通知》，命名北京市星光影视设备集团公司等94个单位为全国乡镇企业技术创新示范单位，北京市乡镇企业培训中心等11个单位为全国乡镇企业育才兴教示范单位。通知同时要求各示范单位要进一步深入贯彻十五大科技兴国的战略思想，继续发扬成绩，再接再厉，为大力推进全国乡镇企业技术进步做出新贡献。各地乡镇企业行政管理部门和广大乡镇企业要认真学习示范单位的先进经验和做法，不断提高乡镇企业的科技水平，努力开创我国乡镇企业科技进步工作新局面。

（农业部乡镇企业局）

全国乡镇企业技术创新示范单位

北京市

北京市星光影视设备集团公司
北京市北方开关厂
北京市达葳电信新技术有限公司

天津市

天津有容通讯线缆有限公司
天津市丽华色材总厂

河北省

冀州市春风实业集团公司
秦皇岛市昌黎县铁合金厂
唐山联强冶金轧辊有限公司
河北任远集团
河北绿风集团有限公司

山西省

山西建华化工厂
山西介休二机实业股份有限公司
山西卓里集团有限公司

内蒙古自治区

华蒙金河有限公司
包头市和发稀土有限公司

辽宁省

辽宁省海城中兴集团公司
辽宁省丹东市油泵厂

吉林省

吉林省粤海银瀑啤酒有限公司
四平红嘴达美包装公司

黑龙江省

黑龙江省先锋亚麻集团有限责任公司
黑龙江穆棱富邦木业有限公司

江苏省

江苏兰陵化工(集团)公司
江苏兴达钢帘线股份有限公司
江苏双良集团公司
江苏中海集团股份有限公司
江苏海狮机械集团公司
南京金陵教具集团有限公司
江苏康博集团公司

浙江省

万向集团公司
横店集团公司
升华集团公司
飞跃缝纫机集团公司
浙江上风实业股份有限公司
万事利集团公司

安徽省

安徽金光机械股份有限公司
黄山市汽车电器有限公司
安徽天大企业(集团)公司

福建省

福建省洪山企业集团
泉州正大集团有限公司
晋江富帮皮塑有限公司
长乐闽威电路板有限公司

江西省

江西汇仁集团有限公司
江西省进贤县李渡出口花炮厂
江西萍乡市化工填料集团公司

山东省

山东只楚集团有限公司
万杰集团公司
山东泸河集团总公司
万达集团股份有限公司
山东冠洲集团总公司

河南省

河南黄河实业集团公司
河南金星啤酒集团有限公司
新乡市太行振动机械总公司
驻马店市玻璃厂
河南省耕生实业集团有限公司

湖北省

湖北省汉川钢丝绳股份有限公司
武穴市二里半企业(集团)总公司
湖北玉阳实业(集团)股份有限公司

湖南省

湖南宏生堂制药有限公司
湖南省平江电器厂

广东省

广东科龙电器股份有限公司
广东中山市盛兴幕墙有限公司
广东潮阳市三凌塑料管材公司
广东湛江华正生物装备集团公司
广东美的集团

广西壮族自治区

广西黑五类食品集团公司
广西桂花水暖器材股份有限公司

海南省

海南椰风集团有限公司

重庆市

重庆红旗汽车零部件制造总厂
中美合资重庆隆鑫汽油机制造有限公司

四川省

四川新兴股份有限公司
成都海星实业总公司
成都通力集团股份有限公司
四川通信电缆厂
四川电缆实业有限公司

贵州省

贵阳白云钎具厂
贵州省贵遵水泥厂

云南省

云南永胜映华植物化工(集团)有限公司
云南高仓实业集团有限公司

陕西省

陕西宝深建材机械(集团)有限公司
西安银桥企业集团

甘肃省

兰州黄河企业集团公司
兰州雁滩工业城实业总公司

宁夏回族自治区

宁夏味精厂

青海省

青海东钢工业集团有限公司

新疆维吾尔自治区

新疆库尔勒市第一水泥厂

大连市

大连亿达集团有限公司
大连金港集团公司

青岛市

青岛汉缆集团有限公司
青岛青义锅炉有限公司

宁波市

宁波耐吉集团有限公司
浙江舜宇(集团)股份有限公司

厦门市

厦门同贸食品罐头有限公司

深圳市

深圳市火王燃器具公司

新疆生产建设兵团

新疆芳草湖双降解薄膜厂

全国乡镇企业育才兴教示范单位

北京市乡镇企业培训中心
天津市乡镇企业培训中心
辽宁省乡镇企业教育中心
全国乡镇企业家培训中心(无锡)
浙江省乡镇企业科技教育培训中心
安徽阜阳市乡镇企业中专学校
山东省泰山乡镇企业职工大学
湖南省乡镇企业学校
重庆市乡镇企业培训中心
全国乡镇企业西安培训中心
大连华农集团有限责任公司

专　文

开拓创新　真抓实干
大力推动乡镇企业科技进步

姜　永　涛

我国改革开放的20年是乡镇企业快速发展的20年。这期间,乡镇企业科技进步发挥了重要的作用,乡镇企业发展的历史一定程度上就是科技进步的历史。20年来,乡镇企业科技进步的进程大致经历了三个阶段:

第一阶段是80年代前中期,即借脑生财的起步阶段。通过借用城市的人才,主要依靠老技术工人,加上星期天工程师,乡镇企业逐渐发展起来。这时期,尽管乡镇企业科技进步步子不大,主要是简单模仿和加工,技术也只是在相互之间传递,但为乡镇企业的科技进步奠定了一定的基础,乡镇企业从此在市场上站稳了脚跟,对发展也增强了信心。

第二阶段是80年代后期至90年代初期,即引进技术和设备阶段。由于消费结构的升级,越来越多的乡镇企业意识到只有先进技术设备才能生产出高质量、高档次的产品,才能增强市场竞争能力。此后从沿海地区向内地推进,形成了一个引进热潮,科技进步步伐明显加快。同时很多乡镇企业注重引才育人,引进了大批科技人员,把提高职工素质和扩大人才规模作为企业生存发展的根本,使科技进步落到了实处。这一阶段,乡镇企业整体素质显著提高,发展跃上了一个新台阶。

第三阶段是1992年邓小平视察南方重要讲话和党的十四大以后,即开始进入技术开发和创新阶段。由于乡镇企业的资金、经验和实力已经积累到一定的程度,很多乡镇企业通过与科研院所、大专院校联合或自己组建,共建设了5万多个厂办科研所。大批乡镇企业开始从引进技术向自己开发技术转变,实施科教兴企战略,积极转变增长方式,成为国民经济最具活力的一个增长点。

肯定成绩,坚定推动乡镇企业科技进步的信心。20年来,全国乡镇企业认真贯彻落实党和国家关于科技进步的一系列方针政策,大力推进科技进步,取得显著成绩。主要表现在:

技术创新能力大大增强。技术创新的带头人从过去的乡土能人,发展到现在的集技术、经济、管理知识于一身的复合型人才,涌现出一批科技经营型乡镇企业家。技术开发从主要依靠外界力量,逐步向自主开发、联合开发转变。以科技为先导,实行技工贸一体化经营的技术创新企业数不胜数,许多企业组建了技术研究与发展机构,或有了稳定的技术依托力量,极大地增强了乡镇企业对国内外新技术、新工艺、新产品的吸收和消化能力。在乡镇企业部级科技进步奖和中国乡镇企业科技奖中,85%以上的获奖人员是乡镇企业职工,其中90%的第一完成人是乡镇企业自己培养的技术创新带头人。技术改造的步伐也在加快,很多技术装备是瞄准国际国内先进水平的。一些地方乡镇企业投入中达到三个70%,即技改投入占总投入的比重、技改投入中设备更新改造投入比重和添置设备中先进设备的投入比重均达到70%以上。很多地方固定资产投资中技改投资的份额已占到50%以上。

科技进步保障体系日趋完善。在法律、法规和政策保证上,党和国家制定、实施了乡镇企业法、科技进步法、科技成果转化法等。农业部和有关部门也制定或联合制定了《关于加快乡镇企业科技进步的意见》、《乡镇企业科技进步实施大纲》、《关于在乡镇企业进一步开展专业技术职务评聘工作的通知》、《乡镇企业职工教育规定》等十几个政策规章。在组织和队伍建设上,各级都加强了对科教工作的领导,已形成一支专门从事科技、教育、职称等行政管理的干部队伍。在服务体系上,科技、信息、质量中心(站)、公司等机构已经形成网络,发挥重要的作用。乡镇企业系统、国家与地方普通高等教育系统、社会力量兴办的三个层次的乡镇企业各层次、各类人才培训基地,部、省、地(市)、县、乡(镇)、村和延伸到企业的6万多个培训基地已经联网成片,并建立了具有区域培训优势的长江三角洲和环渤海地区培训链,形成了一支近20万人的乡镇企业教育培训管理人员队伍。

科教与经济结合的机制逐步形成。乡镇企业实施科教兴企,在科技、教育和经济中间架起了一座座桥梁,一定程度上促进了我国科教体制的改革。大批科研单位、科技人员把乡镇企业当做自己的联合伙伴,共同进行技术的研制开发。一批骨干乡镇企业或高薪聘请人才、重金购买技术,或直接把技术当作股份,或自主与联合建立技术开发机构,紧跟技术潮流和国内外市场变化。在教育培训上,普遍实行“请进来,走出去”的办学方法,有的大学办到了企业,有的企业办学办到了大学。科教与经济在乡镇企业中结合,焕发出无穷无尽的力量。

乡镇企业科技进步取得的巨大成绩,对增强企业整体素质,提高市场竞争能力,推动乡镇企业持续快速健康发展,产生了重要效果。一是推进了乡镇企业结构的优化升级。通过科技进步,乡镇企业开始在产业上升级,在产品上创新,在规模上扩大。一大批高新技术产业、上规模企业、外向型企业、名特优新产品不断涌现。乡镇工业中电子计算机、光纤电缆、生化医药、新型材料等产业开始后来居上。一大批上规模、上档次的大中型乡镇企业脱颖而出。二是增强了乡镇企业的整体素质。绝大多数骨干乡镇企业都进行了技术引进、技术改造和技术创新,技术水平达到了80年代或90年代的国内先进水平甚至是国际先进水平。三是推动了乡镇企业产品质量的稳步提高。通过“质量振兴活动”,广大乡镇企业以科技促质量,以质量求生存的意识日益强烈。进入90年代以来,乡镇企业实施名牌带动战略成效显著,涌现出一批知名品牌,像科龙、森达、红豆、格兰仕、乐百氏、雅戈尔、创世、得利斯、万向、椰风、万事利、恒利、安尔乐等,享誉中外。四是提高了乡镇企业的经济效益。越来越多的乡镇企业开始向科技要效益,向管理要效益,向结构要效益,向质量要效益,向规模要效益,一些地方开始从速度效益型向科技效益型、质量效益型转变。

总结经验,坚持乡镇企业科技进步的正确方向。乡镇企业科技进步的发展,积累了丰富而宝贵的经验,可概括为“六个坚持,六个注重”。

坚持市场取向,注重技术创新。市场机制是乡镇企业大力推进科技进步的直接动力。竞争的压力和追求利润的动力,迫使乡镇企业在把握好市场需求的基础上推进科技进步。总体上看,全国乡镇企业的技术创新活跃程度较高。“八五”以来,乡镇企业中开展技术创新活动的企业占70%以上;平均每家企业的产品和工艺创新数为6项,创新的主要目标是开拓新市场。广东科龙集团将企业研究与发展的前沿推到了世界家电技术最先进的日本。江苏森达集团皮鞋的设计机构建在世界制鞋技术中心意大利。江苏双良集团、浙江万向集团均创立了国内领先水平的国家级技术中心。江苏武进市乡镇企业与科研单位共建科研联合体60多个,企业自主独立创建的科研开发机构有236个。这些机构已成为企业技术创新的“主攻手”,提高了企业对科技成果的消化吸收和二次开发能力,技术进步在企业增长中的贡献份额达到70%左右。

坚持以人为本,注重育人引才。多年来,在人才培养上,乡镇企业做到需要什么样的人才,就培养什么样的人才;需要什么样的办学形式,就采取什么样的形式办学。在人才选拔上,坚持实事求是,注重绩效,根据乡镇企业专业技术人才的特点,正确处理能力与学历的关系。在人才使用上,坚持评训结合,用育一体,通过对乡镇企业专业技术人才水平、业绩的评价和考核,建立起人才的激励约束机制,激发了职工学习知识和钻研技术的热情。在人才管理上,坚持落实政策,兑现待遇,从而稳定和吸引了一大批科技和管理人才,为乡镇企业的发展提供了可靠的人才保证。在用人观念上,从“借脑生财”转变到“健脑发达”,广大职工也由被动受训转变为主动钻研。从而使一大批“永久牌”的人才和科技经营型企业家脱颖而出。河北平乡塑料厂厂长徐同考,成为享有国务院特殊津贴的专家;江苏江南轻工机械厂厂长王元良拥有10多项专利,被誉为“乡村爱迪生”;山西建华化工厂厂长王衡,被五个部委聘为技术委员会理事。广东中山小榄镇工业总公司拥有大专以上学历的技术人员1 198人,其中高、中级职称的220人。山东只楚集团拿出1 000万元建起高标准的人才楼,引聘各种高级人才300名,其中不少人还当上了中层以上的领导。江苏沿山集团与北京科技大学联合兴办了沿山分校,就地培养大学生。安徽阜阳地区的全国乡镇企业家张贺林,投资近亿元创办乡镇企业中专学校,江泽民总书记称赞他这种“艰苦奋斗、先富帮后富、投资办教育”的精神为“中国的脊梁”。

坚持利益驱动,注重典型示范。十几年来,乡镇科技进步的激励约束机制的逐步建立和完善,对推动乡镇企业科技进步起到了重要作用。从1987年农业部设立对乡镇企业科技成果奖励以来,一些地方也相应建立起了对乡镇企业科技成果的奖励制度。1993年,农业部建立乡镇企业成人教育奖励制度,当年共评出50个全国乡镇企业系统成人教育先进集体,100名先进工作者。1995年末,开展了“八五”期间乡镇企业科技进步表彰活动,农业部对500个科技进步先进单位和1 000名科技进步先进工作者进行表彰。“八五”以来，黑龙江、吉林、河北、山西、江苏、广西、湖南、湖北、陕西、重庆、甘肃、宁波、成都等省、市开展了创办科技型企业、高新技术企业活动和科技振兴工程，涌现出一大批科技型乡镇企业。四川等省建立了乡镇企业科技进步奖励基金，有力地推动了面上的工作。

坚持技术改造，注重成果转化。许多乡镇企业在技术改造中，面向市场，坚持高起点、高技术、高效益的原则，引进、消化、吸收国内外的先进适用技术、设备和工艺，并善于将现有科技成果转化成生产力，已应用的中国专利有60%为乡镇企业所购买。江苏、浙江、山东、河北、辽宁、大连等省、市技改工作的力度很大。山东省1993年明确提出"多技改，少新建"、"先技改，后新建"的指导思想，要求全省乡镇骨干企业用3～5年的时间，通过技术改造提高一个技术档次，将乡镇企业技术改造纳入全省的大盘子，部分项目列入全省"九五"及2010年技改规划，并由省财政每年拿出4 000万元用于支持乡镇企业技术改造。一些企业也自觉搞技改、抓转化。山东威海木机集团生产的木工刨床，山东连杆集团生产的柴油机、汽车连杆，产销量均占到全国同行业的1/3以上，各项经济指标居同行业首位。辽宁省及大连市以引导乡镇企业利用高新技术改造现有企业，造规模企业、造区域形象企业作为科技工作的重点，大连市仅1995—1997年三年里技术改造投资超1 000万元的项目有48项。河北唐山市组织推广先进的适用技术，对300家水泥厂进行改造，使生产能力普遍提高一倍。河南黄河集团坚持"引进技术入门，自主开发为本"，14年来，每年都开发出具有国内先进水平的创新成果，已发展为世界领先的超硬材料基地。江西绿色工业公司从茶叶中提取生物活性物质，研制出具有国际先进水平的茶色素胶囊，一举占领了市场。

坚持因地制宜，注重分类指导。推进科技进步，要从实际出发，因地制宜，因企施策，是乡镇企业从正反两个方面获得的基本经验。在区域上，发达地区企业上规模，技术上水平，产品上档次，在提高中发展。中等发达地区是发展与提高并重，在发展中提高，在提高中发展。欠发达地区主要从治穷入手，选择适用技术，改造传统工艺，开发本地优势资源。在产业上，既注重资金、技术、知识密集型产业，也重视劳动密集型产业、传统产业、资源加工型产业，并引进先进适用的技术进行改造。在企业规模上，对于大中型乡镇企业，要求其看准了的，就要加大投入，加快提升技术设备水平，加快向国内、国外先进水平看齐。对于中小型乡镇企业，则鼓励其引进自己能够吸收的关键、适用技术和技术诀窍，争取小而专，小而精，小而特，成为"小巨人"。江苏双良集团采取"关键技术引进国际先进的，一般技术引进国内先进的"策略，"立志与世界同类产品争高低"的气概，为全国乡镇企业争了光。山东淄博引进先进的陶瓷生产线，但在一些生产环节上还充分利用劳动力，成本也降了下来。河北省围绕重点行业、特色产业推进科技进步，使机械、化工、建材、冶金等重点行业和羊绒、暖气片、电缆等特色产业的优势更加明显。

坚持政策扶持，注重科技投入。在政策上，如技术改造的鼓励措施，新技术和新产品开发费用据实列支，新产品的减免税金，引进国外先进技术的关税减免，鼓励人才向乡镇企业流动等，从中央到地方都有明确的规定。1996年农业部与人事部联合就乡镇企业职称工作下发文件，是一个规范乡镇企业职称工作的重要政策性文件，为乡镇企业人才评价和管理创造了良好的环境和政策条件。辽宁、天津、重庆、湖南、陕西、云南、河北、福建、安徽、大连、江苏等省、市，积极采取措施，结合本地实际，制定了相应的管理办法或实施细则，有力地推动了乡镇企业职称工作的开展。在投入上，各地从自筹、贷款、争取财政、引进外资等各方面加大投入，很多企业新增投入中的50%能够用于科技投入。在工作措施上，各地提出了一些科技、人才、教育战略性工程。

要善于总结乡镇企业科技进步的新鲜经验，不断加以推广，坚持乡镇企业科技进步的正确方向。

明确目标，采取推动乡镇企业科技进步的有效措施。为了充分挖掘乡镇企业在技术进步方面的巨大潜力，大力实施科教兴企和可持续发展战略，切实转变经济增长方式，进一步优化结构，合理布局，增强素质，提高经济运行质量和效益，乡镇企业科技进步要形成以高新技术为先导、先进适用技术为主体、一般实用技术和传统技术并存的多层次技术体系；实现产业、产品结构和企业组织结构的优化和升级；促进经济效益、社会效益、生态效益的显著提高；造就一支数量宏大、质量较高、结构合理的人才队伍。要实现这些目标，必须坚持以改革为动力，以质量效益为中心，以市场为导向，以发展提高为主题，一切从实际出发，引导乡镇企业加强技术引进，技术改造，技术开发，建立技术创新机制。抓好人才培养，引进智力，扩大人才规模，调整人才结构，提高职工素质。建立健全科技进步管理和服务体系，营造适应市场经济体制的基础、条件和环境。

加强宏观指导，落实有关政策。继续认真落实党的十五大和十五届三中全会精神，积极争取国家宏观经济部门和地方各级有关部门的指导和支持，集中力量落实信贷、财税、出口、技改等方面的政策，为大力推进乡镇企业科技进步和乡镇企业持续快速健康发展，创造良好的外部环境。要积极与有关部门协调，制定、出台促进乡镇企业科技进步工作的政策和措施。

建立技术创新机制，引导企业成为技术开发的主体。要引导企业以市场为导向，大力开展技术创新活动，瞄准国内外先进水平，积极开发、引进先进技术和设备，坚持开发、引进并重，软件、硬件并举，加速消化吸收与创新，提高企业自主创新的能力和水平，使企业真正成为技术创新与开发的主体。鼓励和支持有条件的乡镇企业，特别是大中型企业创办科研开发机构，推进科技成果转化，不断提高消化吸收和二次创新的能力，实现科研生产一体化。同时积极促进乡镇企业与高等院校、科研院所的联合与协作，走产学研联合的路子。积极引导开发适销对路、高效节能、技术含量高、附加价值大的新产品，通过产品创新带动技术、工艺、结构、组织的创新，创出自身的特色，创出自己的品牌，创出自己的知识产权。

推进科学管理，增强企业整体素质。管理与科技是企业素质提高的“两个轮子”。要紧紧围绕市场，强化以质量为中心的生产管理，以资本为中心的财务管理，以市场为中心的营销管理，以人为中心的人本管理，以发挥职工积极性、兼顾各方利益为目标的民主管理，以营造安全、整洁、文明的工作环境为标尺的现场管理等，同时要加强内部审计监督，建立健全各项规章制度，并严格执行。

加大技术改造力度，调整优化产业产品结构。技术改造是科技进步工作的一项重要内容，要坚持以提高产品质量和经济效益为中心，促进与企业改革、改组和加强管理、与吸引外资和发展外向型经济、与小城镇建设集中连片开发、与技术开发和成果转化结合，抓好大中型乡镇企业、高新技术企业、农业产业化“龙头”企业、贸工农出口基地企业和“小巨人”企业等重点，实现企业组织结构、产业结构、产品结构的调整。要引导乡镇企业加大技术改造投入，逐步提高技术改造投入占固定资产投入的比重。要加快外向型乡镇企业的技术改造，借“外力”实现技术发展的跨越，拉动乡镇企业技术结构的升级。要大中小并举，既要抓好一批在行业或地区处于领先地位的、规模大的企业技术改造，建造一批有市场、有效益、质量好，在市场竞争中能抗风浪的“航空母舰”；又要抓好那些量大面广的、规模较小的企业技术改造，营造一批有市场、有效益、规模适中、技术精湛、专业性强、产品有特色的“小巨人”企业。

抓好人才资源开发，调动科技人员的积极性。继续发挥乡镇企业“能人唱戏”的市场机制，形成创新人才的生成机制。把教育培训作为提高人才整体素质的重要途径，把专业技术人才的开发利用放在人才资源开发的首要位置，把职称评定和职业技能鉴定工作作为推动乡镇企业人才资源开发的重要手段。要加快人才培养，把培养和造就跨世纪的高素质、多层次适用人才，提高职工文化、技术素质作为战略性任务。要充分利用现有的各种教育资源，积极挖掘社会潜力，开展对乡镇企业各层次人员的学历教育、继续教育及技术和业务培训。发挥企业在职工教育和培训中的重要作用，从乡镇企业的实际出发，坚持多形式、多渠道、多类型培养乡镇企业用得上、留得住的人才。加强对企业管理者的培训，进行市场经济知识、现代企业管理知识的培训，增强企业管理者的知识密集度和新颖度，建设一支高素质企业管理者队伍。要引才育人并重，鼓励企业采取有效措施吸纳各类人才，创造一个有利于人才成长、人才引进、人才使用和人才保护的环境和机制。认真贯彻执行国家有关规定，在乡镇企业中开展技术职称评定和职工职业技能鉴定工作。解决好育人、引人、用人、留人等相关问题，发挥科技人员的聪明才智，充分调动他们的积极性和创造性。

增加科技进步投入，提高投资效益和效率。加大对乡镇企业科技进步投入的宏观引导力度，乡镇企业投入要向科技进步倾斜，要把科技进步投入作为生产投入的主要内容，逐步提高技术创新、研究与发展投入比重。积极争取各级税收、财政上对科技进步先导型企业、技术创新示范企业，以及乡镇企业自主开发机构和联合开发机构研制的新产品、新技术的优惠政策支持。要协调有关部门，积极疏通渠道，推动银行与企业建立互惠互利合作关系，尽快建立乡镇企业风险投资担保机制，在投入项目的选择上要科学、可行，投资效益、经济效益、社会效益并重。在资金来源上，要多形式、多层次、多渠道筹措资金，走投入多元化、社会化的路子，以缓解科技进步投入资金不足的矛盾。

扩大对外开放，引进先进技术和智力。乡镇企业要加快与国际经济和技术的接轨，大力发展外向型经济，积极引进当代国际上先进技术，特别要注重引进国内没有的高新技术项目，包括引进成套先进技术设备及软件等，既引进技术又引进智力，注重消化、吸收和提高。要通过兴办合资合作企业和“三来一补”企业，不断提高乡镇企业的技术装备水平和科学管理水平。

重视科技信息和咨询服务，完善科技进步服务体系。加强对乡镇企业人才资源开发、科技信息利用的指导和服务，动员社会力量发展与完善各级各类社会化的生产力要素市场，建立健全服务于乡镇企业的科技信息、技术评价、人才交流和教育培训网络，及时为乡镇企业提供准确的技术、人才和市场方面的信息和服务。健全乡镇企业教育培训服务体系，不断完善功能，提高服务质量和档次，为乡镇企业教育培训打下坚实的基础。鼓励在乡镇企业行业发展水平较高、规模比较集中的地区，逐步建立为乡镇企业服务的科技成果孵化和扩散示范基地以及企业或跨企业的技术研究与开发机构。

发挥行政管理部门的功能，提高对科技教育工作的领导水平。各级乡镇企业行政管理部门要把乡镇企业科技教育工作摆上重要的议事日程，健全工作机构，充实力量，强化职能，加强管理，用好用足国家的各项科技教育方面的政策和措施。行政管理部门的工作人员要加强学习，提高素质，增长才干，提高为乡镇企业服务的本领，提高对乡镇企业科技教育工作的领导水平。

◁典型介绍▷

【广东省】 近几年来，广东省乡镇企业在科技进步方面，主要做了以下几方面工作。

抓认识，进一步确立"科技兴企"的战略思想。几年来，广东省乡镇企业通过各种形式，大力宣传"科学技术是第一生产力"的思想，宣传"科技兴企"的重要意义。各级管理部门和越来越多的企业逐步认识到：企业间综合实力的竞争，实质是科技和人才的竞争，科技进步已成为推动企业发展的决定因素。乡镇企业要在激烈的竞争中立于不败之地、健康稳步发展，就必须牢固树立"科技兴企"的战略思想，把科技进步摆在首位。基于这种认识，各级管理部门在指导乡镇企业发展的过程中，都比较注重抓科技进步工作，注意发挥科技进步对乡镇企业发展的推动作用。

认真贯彻落实《"九五"乡镇企业科技进步纲要》，促进企业成为科技开发的主体。"九五"以来，广东省乡镇企业认真贯彻落实农业部等五部委《关于加快乡镇企业科技进步的意见》和《"九五"乡镇企业科技进步纲要》，结合本省实际情况，在不断深化企业改革中，组织实施"科教兴企"战略，引导乡镇企业注重依靠科技进步，促进产业结构调整和产品结构升级换代，推动经济增长方式的根本性转变。

全省的大型乡镇企业和企业集团有不少设立了科技开发机构，其中广东美的集团股份有限公司等4个企业的科技开发机构被省科委、经委、计委等单位联合认定为"省级工程技术研究开发中心"。广东科龙电器股份有限公司以抢占世界技术制高点为目标，投资11亿日元，在号称世界家电王国的日本设立自己的科研开发机构——日本科龙株式会社。乡镇企业科技进步工作得到了政府有关部门的重视和积极支持，仅1997年在全省乡镇企业科技进步开发项目中，就有1个产品列入"国家级重点新产品试产计划"、28个产品列入"省级重点新产品试产计划"、3项新技术列入"广东省重点技术开发项目计划"。随着科技进步工作的不断推进和企业科技开发体系的建立，有力地促进了全省乡镇企业产品结构的升级换代，每年都开发出一批适销对路、拥有自主知识产权的新产品投入市场。科龙电器股份有限公司先后开发了热转印、两面开门、电脑模糊控制等高新技术，并成功应用于冰箱新产品的设计生产，使该集团的容声冰箱一直紧跟国际潮流，产销量连续六年居国内首位。广东爱多电器有限公司在国内首家开发出VCD等新产品，成为国内数字视盘机行业的龙头企业。爱多公司还成功开发出具有国内先进水平的无绳电话机、高保真音箱、杜比功放等产品。

加大乡镇企业技术改造力度，提高产品的技术含量和质量水平。广东省乡镇企业从"八五"期间就重点加大技术改造的力度，五年共投入340亿元，重点对6735个项目进行技术改造。1997年在资金紧缺的情况下，仍千方百计筹集资金，投入9.5亿元改造了572个项目。通过技术改造，调整了产业和产品结构，提高了产品的技术含量和质量档次，创出了一批名优产品。乡镇企业的容声冰箱、科龙空调、美的空调、格兰仕微波炉、爱多VCD、固力门锁、康宝消毒碗柜、华帝燃气具等一大批产品，大部分在技术质量上达到国际90年代水平。自1996年恢复产品创优活动以来，全省乡镇企业共有26个产品被评为省优质产品，16个产品被评为省名牌产品。

建立科技进步激励机制，开展科技进步评奖活动。为充分肯定科技进步所取得的成果，表彰相关有功人员，广东省乡镇企业局根据国家、农业部及省的有关规定，于1990年制定并实施了《广东省乡镇企业科技进步奖评审奖励暂行办法》。至1998年，共评出广东省乡镇企业科技进步奖306项。在此基础上，筛选出优秀的项目，积极向上推荐，参与更高一级的科技成果奖评选。1990年以来，全省乡镇企业共有52项成果获"广东省科技进步奖"，371个产品获"广东省优秀新产品奖"，42项成果获"中国乡镇企业科技奖"，4项成果获"农业部科技进步奖"，1项成果获国家科技进步二等奖。对于这些科技奖项，各级乡镇企业主管部门和企业均对获奖项目和获奖人员进行表彰和奖励。良好的激励机制，有力地促进了乡镇企业科技进步工作。

积极培养和引进科技人才，不断壮大科技队伍。广东省乡镇企业通过送出去、请进来的方式，自己培养了一批科技人才；采取多渠道、多形式招揽了一批科技人才；采取优惠待遇留住了一批科技人才，使全省乡镇企业的科技队伍不断壮大。至1997年底,全省乡镇企业职工队伍中具有中专学历的有24万人,大专学历及以上的有13.6万人,其中具有初级技术职称的16.3万人、中级职称的6.7万人、高级职称的有2.3万人。

推行科学管理方法,夯实科技进步基础。广东省乡镇企业在抓科技进步工作过程中,也注意抓好基础工作。积极组织企业开展全面质量管理,推行GB/T19000—ISO9000族标准等现代科学管理技术,建立和完善质量保证体系。全省已有5万个企业推行全面质量管理,其中有近2 000个企业取得农业部颁发的达标证书。有一大批大、中型企业正在实施GB/T19000—ISO9000族标准,其中已有近100个企业取得质量体系认证证书。现代科学管理技术的应用,质量保证体系的不断完善,为全省乡镇企业的科技进步打下了坚实的基础,创造了有利条件。

(广东省乡镇企业局)

【山东省】 山东省乡镇企业始终把推进技术进步摆在重要位置,通过加大科技投入、发展高新技术、完善技术进步机制、提高产品质量等方面的工作,使乡镇企业技术进步迈上一个新的台阶。

乡镇企业技术进步特点。一是技术改造步伐明显加快。进入"九五"以来,技改投资比重稳步增长,累计达到418亿元,占固定资产投资总额的比重上升到50%以上。技改投资结构日趋合理,企业成为名符其实的投资主体。在国家信贷资金紧张的形势下,企业采取多种形式,多方筹资,形成了以企业自筹为主,社会募集、职工入股、合资合作和金融信贷相结合的技改投资模式,企业资产优化重组步入健康发展的轨道。二是高新技术产业化雏形初步形成。全省已初步形成涉及生物医药技术、新材料、光机电一体和新能源四大领域、八大高新技术的产业雏形。三是技术进步机制初步建立。全省乡镇企业转变思想观念,着力从人才的教育和培养到技术创新和企业科研,从技术的实际应用到科研成果的转化,来实现企业的技术进步和经济质量的提高及经济增长方式的转变。全省共培训、引进各类人才350万人。有760多个新产品列入国家星火计划,336个列入火炬计划,省以上科技攻关项目达399个。全省1 700多个大中型乡镇企业中,已有近1 000个以不同方式拥有了为企业服务的科研机构,其中20%的科研机构具备较强的科研开发能力。耶莉娅集团、山东信义集团、九羊集团、水龙王集团等被山东省政府批准为省级技术中心。全省乡镇企业科技贡献率已达到40%。四是产品质量有较大提高。在狠抓技术改造工作的同时,把提高产品质量和企业质量管理水平放在突出位置来抓。注重企业质量意识的提高,强化"质量第一"的观念。广泛开展全面质量管理活动,进一步完善质量管理基础工作,努力提高企业质量管理水平。加快与国际惯例接轨步伐,重点开展ISO9000标准的宣贯工作,已有66个企业取得认证证书。发掘和培植名牌产品,实施名牌带动战略,提高市场竞争能力。形成一批如菱花味精、得利斯火腿、耶莉娅西服等名牌企业和名牌产品。加强产品的日常监督管理,乡镇企业在省监督抽查中,合格率已连续多年超过全省平均水平。

技术进步工作措施。山东省乡镇企业技术进步工作总的思路是:以国家产业政策为指导,以山东省经济发展"九五"计划为依据,以转变经济增长方式、提高企业经济效益为目的,以市场为导向,充分发挥科学技术在乡镇企业发展中的先导和推动作用,突出高新技术、规模经济和名牌战略,通过技术改造,普遍提高骨干企业和主导产业的技术装备水平和产品档次,培植一批产品技术含量高、经济效益好、市场竞争力强的大型企业集团,不断提高乡镇企业的科技水平。一是多方筹集资金,加大科技投入。坚持以高新技术为先导,以技术改造为手段,采取多种形式,加大科技投入力度。在积极争取信贷资金支持的同时,通过产权制度改革吸纳资金,通过扩大对外开放引进资金,通过横向联合借取资金,通过资产重组盘活资金,通过压缩非生产性消费节约资金,以及采取其他手段扩大有效投入。二是突出重点,加强管理。在巩固已有290个高新技术企业和233个高新技术生长点的基础上,重点支持47个高新技术项目,把技术改造的重点放在支持产业和扶优扶强上来。对全省420多个省级企业集团实行定期调度、跟踪服务,及时掌握企业发展中出现的新情况、新问题,并通过加强与金融部门的合作,实行银企联合,帮助企业解决急需的生产及技改资金。同时,围绕机电、化工、建材、纺织服装、食品等支柱产业,选择重点技改项目,实施重点倾斜,"九五"以来,先后对36个省重点项目投资10.5亿元用于企业技术改造。三是引进外资,"嫁接、改造"。"九五"以来,出口企业的技术改造步伐明显加快,在东南亚金融危机、亚洲市场持续减弱的形势下,全省乡镇企业积极开展对外经济合作,引进、消化、吸收国外先进技术,进一步调整出口产品结构,开拓潜在市场,技术改造的有效投入依然稳步增长。全省乡镇企业高新技术产品、深加工产品创汇率达到40%以上。四是注重人才培养,提高整体素质。近年来,许多企业进一步完善用人机制,培养和引进一批急需的科技和管理人才,初步建立起一个吸引人才、使用人才、有利于人才成长的环境和机制,先后引进和培养各类技术、管理人才350万人，工程技术人员在企业中所占比重达到3.4%。

（山东省乡镇企业局）

【河北省】 河北省乡镇企业通过研究制定有关政策，加大科技投入，建立和完善科技进步机制，全方位、多渠道培养和引进技术人才，有力地促进了乡镇企业的科技进步。全省乡镇企业科技进步贡献率达到42%，厂办技术开发机构普及面达25%，新产品产值占总产值的比重达到26.6%。在科技进步力量的推动下，全省乡镇企业经济总量也跨上新台阶。

强化科技首位意识，实现思想观念的真正转变。河北省乡镇企业科技进步工作采取领导抓、抓领导的工作思路，使各级干部的科技意识不断增强，科技工作在全局工作中的位置更加突出。特别是近几年来，在乡镇企业处于结构调整和机制创新的关键时期，更加重视科技工作的先导力量，在谋划乡镇企业发展规划和措施上，实施科技领先战略，在指导思想上实现了由注重外延扩张向注重内涵提高转变。乡镇企业投入更多地投向老企业的技术改造，即使新上项目科技含量也普遍提高，低水平的重复建设现象得到有效控制，科技工作的地位和作用更加突出。

加大政策扶持力度，促进企业科技进步。河北省委、省政府针对乡镇企业规模小、装备落后、技术创新能力弱的问题，从研究制定激励政策入手，促进乡镇企业的科技进步。省委、省政府先后发出《关于进一步加快乡镇企业发展的意见》、《关于开发、支援乡镇企业人才的通知》等文件，制定一系列操作性很强的激励政策。比如，在人才培养、引进方面规定："乡村集体企业厂长(经理)被授予地市以上优秀厂长(经理)的，可以被录用为国家干部"；"对乡镇企业的能工巧匠、农民技术员、"土专家"、有经验的管理人员等各类人才，可以参加专业技术职务任职资格评审"。在新产品开发方面规定："乡镇企业新产品开发计划，新产品返还税政策，新技术、新产品评优等，与国有企业同等对待"。在财政、税收方面规定："乡镇企业生产国家级、省部级新产品可享受先征后返25%增值税政策；对新办从事咨询业、信息业、技术服务业的企业，两年内免征所得税；乡镇企业进行技术转让以及技术咨询过程中发生的所得，年净收入在30万元以下的暂免征所得税"。省乡镇企业局还主动与税务、科委、金融等部门进行协调，及时解决政策落实中存在的问题，使政策发挥应有的作用。

加强科技队伍建设，改善职工队伍结构。几年来，河北省始终把培养、引进乡镇企业技术和管理人才作为科技进步工作的重要内容，不断加大工作力度，促进乡镇企业职工队伍结构的改善。一是抓现有人员培训。在培训方式上，根据教学条件和培训内容，采取灵活多样的培训方法，充分利用省、市、县三级乡镇企业培训中心和职教中心现有教学条件，重点培养骨干企业的经营管理人员和技术骨干。近几年来，全省累计投入2亿多元，建设了一批综合性、多功能的职教中心、职工中专，已累计培训各类乡镇企业实用性人才40万人次。近三年来，共培训青工50万人次。二是抓人才引进。全省各级政府都制定了吸引各类人才到乡镇企业工作的优惠政策，并建立了一批人才中介机构，为乡镇企业吸引人才提供服务。特别是1998年，紧紧抓住国家机构改革和国有企业改革的机遇，按照企业的需求计划，引进和招纳了一批管理人才和各类专业技术人才，为乡镇企业发展充实了技术力量。三是抓职称评定工作。研究制定了《河北省乡镇企业职称评定暂行办法》，明确了乡镇企业职称评定范围、对象和评审条件、推荐程序、评审组织等有关规定。

围绕重点产业、骨干企业抓技改，培育竞争优势。为了培植具有河北地方优势的乡镇企业支柱性产业，省政府明确提出优先发展冶金、建材、化工、医药、食品加工、电线电缆六大行业，采取倾斜政策，加快这些行业的技改步伐。唐山市近两年针对本地建材、冶金两大主导产业，在全市300个水泥生产企业大力推广"两磨一窑"技术，使企业生产能力普遍提高了一倍。为了培育行业的领头羊，"九五"以来，省政府在乡镇企业优势行业中选出1 000个规模大、效益好、有发展潜力的骨干企业，作为技术改造的重点，实施了千家骨干企业"四改一提高工程"。省政府为此专门下发促进工程实施的有关文件和政策，在技改、新产品开发等方面加大资金、人才、服务方面的扶持力度，并参照国内外同行业先进技术水平，制定技改规划，大规模地推进新一轮技术改造和技术升级。

抓科技型企业转化，促整体水平提高。为全面提高乡镇企业的科技水平，河北省委、省政府组织实施"乡镇企业科技型企业转化工程"。在转化工作的具体指导上，主要做了三项工作：一是按照省委、省政府提出的"九五"期间转化3 000个科技型企业的目标要求，规划了分年度实施计划，层层分解落实到各市、县，实行目标责任管理。二是不断总结经验，及时提出对策和建议。1998年9月在总结以往科技型企业转化工作的基础上，省政府办公厅印发了《关于进一步促进乡镇企业向科技型企业转化的意见》，在税收、信贷、人才等方面规定了科技型企业应享受的优惠政策，进一步调动了乡镇企业向科技型企业转化的积极性。三是搞好认定工作。省和各市都成立了以乡乡镇企业局为主，科委等部门参加的科技型企业认定小组，成熟一个认定一个。已认定科技型企业2 402个。这些企业在新产品开发、技术创新、科学管理等方面都有了质的飞跃，为提高全省乡镇企业科技水平起到示范带动作用。

切实加强对科技工作的指导。从省到市、县，各级乡镇企业行政管理部门都建立了乡镇企业科技工作领导小组，由主要领导任组长，吸收各部门领导为成员，定期研究解决科技工作中存在的问题。每年都召开一次全省乡镇企业科技工作会议，研究部署乡镇企业科技进步工作。还经常总结乡镇企业科技进步工作先进典型，在全省推广。为了加强对乡镇企业科技工作的指导，省乡镇企业局还创办了《乡镇企业科技》月刊，面向省内外发行。

（河北省乡镇企业局）

【山西省】 科技进步工作对山西省乡镇企业的发展起到了重要的推动作用。阳泉、太原、晋中、晋城、运城等地市乡镇企业的科技进步贡献率已达到30%以上。乡镇企业在应用新技术、采用新工艺、推广新成果、开发新产品及实施星火计划、建立高新技术密集区等方面都迈出较大的步伐，取得可喜的成绩。

各级领导高度重视。在激烈的市场竞争中，山西省乡镇企业发展方式已由过去依靠资源开发逐步向依靠科技进步转变。各级管理部门和企业不断提高对科技技术在现代市场经济中重要性的认识，把依靠科学技术作为乡镇企业上规模、上档次、上水平的重要途径。涌现出一大批科技先进集体和先进个人。山阴古城乳品企业集团公司等12个单位被农业部评选为全国乡镇企业科技先进集体，忻州如山铸造公司经理张如山等24人被农业部评选为全国乡镇企业科技先进工作者。万荣建华化工厂王衡等3人被山西省政府评选为山西省科技功勋。

科技投入支撑技术改造力度加大。全省乡镇企业用于科技进步的投入逐步增加。按照国务院《关于加快发展中西部地区乡镇企业的决定》，全省乡镇企业从销售收入中提取1%的新产品开发金，累计达到23.36亿元。

新产品开发步伐加快。山西省乡镇企业依托资源，依靠科技，不断开发新产品，提高技术含量，提高加工深度，提高附加值。共开发新产品1 000个，其中填补国内、省内空白的有87个。山西建华化工厂研制开发的“BR型系列增强防水”和“地下水工程水害防治技术”填补了国内空白，成功地解决了我国大型工程地下水渗漏的防治问题，走出了一条研究开发与生产经营一体化路子，取得了良好的社会效益和经济效益。

星火项目初见成效。星火计划的重点是发展农村区域支柱产业和小城镇建设相结合的星火技术密集区建设，以及充分发挥全省能源、重化工基地的优势，有效地将科技成果嫁接到乡镇企业。阳泉市以乡镇企业为主被国家科委命名为全国首家市级星火技术密集区，平定县被命名为全国星火计划示范县，阳泉郊区荫营镇被命名为全国星火计划耐火材料示范区。星火计划已成为依靠科技进步、振兴农村经济的一面旗帜，在引导全省乡镇企业生产上规模、技术上水平、产品上效益等方面起到典型示范作用。

管理体制逐步规范。各级乡镇企业行政管理部门都设置专门负责科技进步工作的机构，配备人员，把科技工作层层列入责任制。部分有条件的企业与大专院校、科研单位、国有大中型企业或联合、或委托、或聘用其科技人员成立自己的科技开发实体，为全省乡镇企业逐步建立起适应市场经济体制的科技进步机制进行了有效的探索。已有一大批科技创新企业，如山西建华化工厂、山西临猗卓里机械厂、山西介休二机实业股份有限公司、山西厦普赛尔股份有限公司等已开始建立健全自己的科技开发机构，企业开发新产品、采用新工艺、应用新技术、使用新材料的机制已开始形成。

企业素质明显提高。山西省乡镇企业坚持“高级人才靠引进，中级人才靠培养，初级人才靠培训”的方针，大力培养和吸引人才，为乡镇企业整体素质的提高注入了新的活力。特别是一大批勇于进取、奋力开拓、锐意创新的乡镇企业家成为全省乡镇企业科技进步的排头兵，在跟踪主导产业、优势产品、技术进步前沿上发挥了带头示范作用。

（山西省乡镇企业局）

【新疆维吾尔自治区】 新疆乡镇企业坚持经济建设必须依靠科学技术，科学技术必须面向经济建设，全区乡镇企业科技进步工作取得显著成绩。

领导重视，将乡镇企业科技进步工作列入重要议事日程。区乡镇企业局至少半年召开一次会议，专题研究科教振兴乡镇企业工作；每两个月召开一次会议，研究乡镇企业科技进步工作。1997年事业单位机构改革时，又新增设了新疆乡镇企业科技服务站，为乡镇企业提供科技成果推广、咨询、信息及中介服务。

采取有效措施，全面推动乡镇企业科技进步。为了从人才、智力、技术、资金等方面支持乡镇企业，新疆乡镇企业局制定了《自治区乡镇企业教育培训“九五”规划》，同时联合自治区教委、科委、经贸委、计委等共同印发了《自治区乡镇企业“九五”科技进步规划纲要》，对乡镇企业的科技进步和教育培训工作，从指导思想、方针、原则、基本任务和总体目标及采取的主要措施等几个方面做了具体要求，指导全区乡镇企业的科技进步和教育培训工作。

为了进一步调动乡镇企业专业技术人员的积极性、主动性和创造性，增强企业对科技工作的高度重视，树立科技意识，开展了乡镇企业的科技进步表彰和奖励工作。认真组织乡镇企业申报科技奖工作，有5个项目获中国乡镇企业科技奖。

为了及时给全区乡镇企业提供市场、政策、技术和人才信息，编印了《人才、科技、经济、信息指南》。《新疆乡镇企业》杂志开辟“信息窗”栏，为乡镇企业提供各方面的科技信息。

为了加强新疆乡镇企业与东中部发达地区乡镇企业、科研单位、大专院校、国有大中型企业与其他企业间的经济技术合作，加大了招商引资和横向经济技术联合工作的力度，制定了《新疆乡镇企业东西合作示范区建设意见》，多次组织企业参加“星火博览会”、“边贸洽谈会”，举办“人才交流大会”，为企业牵线搭桥，提供信息。利用地缘、资源优势引进更多的国内外资金、技术、设备、人才和管理经验。已建成全国乡镇企业东西合作示范区8个，自治区乡镇企业东西合作示范区3个。90%以上的企业与科研院所、大专院校建立了长期的协作关系，聘请专家、教授为技术顾问，为企业解决技术难题。通过引进技术、引进人才，90%以上的企业建立了科技开发机构，全面推动了企业的科技进步。各地乡镇企业把引进人才和培养人才列入重要议事日程，重视引进人才，加强人才培养工作的力度。

狠抓企业技术改造、新产品开发和新技术推广，科技进步工作取得明显成效。为进一步推动乡镇企业科技进步，促进企业上规模，产品上档次，新疆各级乡镇企业科技管理部门，经常积极主动与各级科委、经贸委、计委、财政等有关单位协调工作，组织申报各项科技项目，狠抓企业技术改造、新产品开发和新技术推广，为企业引进技改资金，负责组织检查和实施科技项目，加快新技术推广和新产品开发步伐。区乡镇企业局重点抓好规模在400万元以上的骨干企业，各地州乡镇企业局负责抓好规模在400万元以下企业的技术改造和设备更新项目的组织立项和论证。全区乡镇企业技术改造项目总投资累计2.2亿元。自治区有关部门特别是财政部门在经费相当困难的情况下，每年给乡镇企业一定额度的贴息，对乡镇企业科技项目进行扶持。

新疆乡镇企业申请安排科技项目以市场需求为依据，紧紧围绕自治区党委、政府提出的大农业发展战略，针对乡镇企业特点，立足当地资源优势，以推进农业产业化进程为重点，共引进推广了杏熏硫技术、杏系列产品开发、西红花系列产品开发、洗毛闭路循环系统新技术、人工种植麻黄草技术等206个科技项目。在乌鲁木齐市组织实施的“九五”科技兴新项目——木质防火门生产线，成为新疆首家经国家灭火系统和耐火物件质量监督检验中心检测合格产品，填补了新疆的空白。呼图壁县天山棉纺织厂引进意大利和瑞士先进的轻钢联棉纺设备，在自治区尚属首家。和田地区乡镇企业研制成功的西红花康复口服液，填补了国家药物界的一项空白，获美国洛杉矶国际植物药物技术两项金杯奖。

（新疆乡镇企业局）

【内蒙古自治区】 进入90年代以来，内蒙古乡镇企业在实施科教兴区战略，推进科技进步方面已取得一定成绩，突出表现在四个方面：一是一批产品质量高，知名度大，有一定规模的骨干龙头企业，已经尝到科技进步的甜头，建立了企业的创新机制，推进科技进步的势头好，成效大。这些企业依托区内外大专院校、科研院所，开展全方位的技术合作和技术创新，不断开发新产品，引进新技术，同时采取优惠办法吸纳各种业务管理和技术人才为企业服务。已经股票上市的赤峰市兴发集团，几年来以肉鸡饲养为龙头，开发了肉鸡、猪、速冻水饺、出口酱芽、涮羊肉等五大类上100个品种，肉鸡分割产品在日本市场上受到青睐。这个企业由1988年起步时的几万元发展到几亿元的规模，就是因为它从诞生之日起，就吸收能人智士并委以重任，同时与自治区农牧学院食品工程系建立了长期委托培训协议，主动投资为毕业生提供教学实习，从事企业管理和第一线的技术人员大都是专业人才，保证了企业的管理和技术工作落实到位。呼和浩特市金河集团发展成为国内最大的饲料添加剂企业，产品打入美国市场，一靠引进先进而成熟的技术，二靠招聘一批高级管理和技术人才。全区乡镇企业近三年来开发新产品近1万个，其中采用专利技术达1 000项，招聘和引进人才达3 000余人，科技进步在企业发展中的贡献率日益提高，一批科技含量较高的企业贡献率达到50%左右。二是在全区范围内开展乡镇企业名牌产品创建活动。近三年，全区乡镇企业已获得农业部名牌产品称号的有5个，获得自治区名牌产品的有17个，创名牌产品的意识不断增强。三是通过开展东西合作工程，引进发达省份的资金、项目和人才已呈良好态势。仅1997年就引进北京、山东等省、市的资金达12.4亿元，已建成投产项目624个，可创产值50亿元，实现利税12亿元。这为内蒙古乡镇企业的发展增添了后劲,同时也为乡镇企业推进科技进步开辟了新的途径。四是乡镇企业教育培训工作从无到有,从小到大,已经初步形成网络和体系,走出一条具有自身特色的人才培训路子。在依靠自己建立培训基地开展短期培训的同时,放眼全社会,借助区内外大专院校的教学设备、师资和专业转制的契机,开展委托培训,已取得可喜成果。1997年全区乡镇企业共培训6万人次,其中以区乡镇企业局与农牧学院联办的乡镇企业分院为主的各种学历教育达7 000多人,,成为乡镇企业人才培养的重要基地。

(内蒙古乡镇企业局)

【宁波市】 宁波市乡镇企业认真贯彻市委、市政府提出的"两改三上一提高"和"三强三高创名牌"的发展战略,积极依靠科技进步,不断提高劳动者素质,促进乡镇企业经济总量和质量的提高。

科技进步贡献率明显提高。宁波市乡镇企业科技进步贡献率已提高到53%以上,科技进步贡献已大大超过资金和劳动力增长贡献的比重。

技术改造步伐明显加快。近几年来,宁波市乡镇企业依托高科技,加大技改力度,引进国内外先进技术准备和工艺,极大地提高了产品的市场竞争能力。1998年,技术改造难度加大,但各地乡镇企业千方百计采取措施,克服困难,按照"突出重点、提高起点、市场导向、效益优先"的总体要求,全年完成技改财务投入70亿元,1 000万元以上项目突破100项,总投资17亿元。技术进步使全市乡镇企业的强镇、强村、强厂和高技术含量、高附加值、高效益的骨干项目不断涌现,为形成优势行业,优势企业,优势产品打下了扎实的基础。

新产品开发明显增加。全市乡镇企业积极与大专院校、科研单位、大企业挂钩协作,建立和健全企业技术中心或厂办研究所,企业技术创新能力不断提高。仅1997年,全市乡镇企业开发市级以上新产品380多个,投产286个,新增产值25亿元,利税2.1亿元。已初步形成电力输变电设备、现代通信广播设备及元器件、机电一体化、精细化工、新材料、汽车摩托车零部件及总成国产化、智能化仪器仪表等八大新兴产业领域。同时积极引导乡镇企业开展产品创名牌活动,出台了《1997—2000年全市乡镇企业产品质量振兴方案》,已创市级以上名牌产品84个,通过ISO9000系列认证的企业98个,这些企业的产品市场占有率和竞争能力越来越大。

专业技术、管理人才明显增多。全市乡镇企业通过多层次、多渠道、全方位的培才引才活动,共引进各类专业技术、管理人才12 000人,其中高级专业技术、管理人才4 300人,使全市乡镇企业各类技术、管理人才达3.2万多人。高中以上文化程度的人员占职工总数的20.5%。

(宁波市乡镇企业局)

【山西建华化工厂】 山西建华化工厂创建于1983年,是从事地下工程水害治理,防治水害新产品研制并生产的科技型乡镇企业。年产值2 000余万元,年创利税360余万元。有职工116人,中级职称人员12人,高级职称人员2人,初级职称人员13人。

建华化工厂自创建以来,坚持走研究开发与生产经营相结合的科技之路,经历三个发展阶段(即研制新产品,自成系列;研究新工艺,创新立法;探索理论,独创学派),已登上我国地下工程水害防治领域的大舞台,产品已占领了国内市场并打入国际市场。

建华化工厂研制的"BR型增强防水剂"获国家级科技成果,国家级重点新产品,能源部科技进步三等奖,已研制出11个型号的系列产品。首创系列防治水害新工艺,1997年经山西省科委鉴定达到国际先进水平。厂内编撰的《BR型增强防水剂施工工法》,1998年经山西省建委评审,以国家二级工法颁布,已申报国家一级工法。

实践中,建华化工厂不仅研制新产品,研究新工艺,在学术研究中,发表了独特理论。厂长王衡撰写出《论地下工程水害原因剖析》、《论地下工程水害防治技术》、《泥质角砾岩建设矿井水害治理》等论文,自创学派,首次揭开了危害城市地下工程水害的原因,论文发表后引起中外专家极大关注。仅一年多时间,即有7个全国性技术委员会和14个省的专业学会邀请讲学。在21场学术专业报告中,有3 000余名中外专家、学者参加,并给予高度评价:有很高的学术价值,实用性和可操作性强。厂长王衡担任国家五部委技术委员会常务理事和理事等职,并受邀担任了国家六个部委施工规范编撰工作。《论地下工程水害防治技术》论文被评为山西省优秀论文一等奖。

建华化工厂在市场经济竞争中,坚持以科技兴企为宗旨,不断探索,不断创新,实践中总结出科技工作的指导方针:一线搞调研,立项方向明,攻关时间短,成果有市场,推广普及快,创造效益高。企业管理方面,引入优胜劣汰的竞争机制,健全规章制度,提高全员爱厂敬业的自觉性,确保全厂各项指标的顺利实现。自力更生,艰苦奋斗,以企业自身积累求发展,形成良性循环。

厂长王衡在创业和科研道路上,始终受到党和各级政府的关怀，曾当选为全国劳动模范、全国优秀科技工作者，荣获全国"五一"劳动奖章。山西省委、省政府授予王衡优秀企业家、科技功臣、优秀专家称号，并获得国际发明勋章。

（山西建华化工厂）

◀教育培训▶

【乡镇企业领导干部岗位任职资格培训教学单位确定】 1998年2月26日和6月15日，农业部乡镇企业局分两批审定公布了乡镇企业领导干部岗位任职资格培训教学单位，共54个。这是根据农业部《关于开展乡镇企业领导干部岗位任职资格培训的通知》的精神，由有关省、区、市乡镇企业局按照乡镇企业领导干部岗位任职资格培训教学单位的申报、备案要求，审查上报申报材料和参加师资培训的情况，经农业部乡镇企业局审核确定的，并对这些单位颁发了《农业部乡镇企业领导干部岗位培训基地》标志牌。

（农业部乡镇企业局）

乡镇企业领导干部岗位任职资格培训教学单位

第一批（38个）

河北省乡镇企业培训中心
全国乡镇企业北戴河培训中心
内蒙古工业大学国际商学院
吉林工学院
吉林工业大学
吉林省乡镇企业培训中心
长春市乡镇企业人才培训中心
辽源市乡镇企业局人才培训中心
四平市乡镇企业干部学校
东北农业大学乡镇企业学院
全国乡镇企业家培训中心
南京市乡镇企业干部培训中心
浙江省乡镇企业科技教育培训中心
浙江农业大学华夏乡镇企业学院
合肥工业大学
安徽大学
安徽财贸学院
安徽经济管理干部学院
福建省乡镇企业干部学校
山东省乡镇企业培训中心
泰山乡镇企业职工大学
湖北省乡镇企业培训中心
广西自治区乡镇企业培训中心
海南省乡镇企业培训中心
四川省乡镇企业培训中心
甘肃省乡镇企业劳动人事服务中心
甘肃省乡镇企业科技信息人才中心
甘肃省乡镇企业学校
甘肃省兰州市乡镇企业培训中心
青海省乡镇企业成人中等专业学校
青海省乡镇企业技术培训中心
宁夏自治区乡镇企业培训中心
新疆自治区乡镇企业培训中心
伊犁州哈语乡镇企业培训中心
新疆自治区昌吉州乡镇企业培训中心
南疆喀什乡镇企业培训中心
重庆市乡镇企业干部学校
大连市乡镇企业培训中心

第二批（16个）

北京市乡镇企业培训中心（暨农业部乡镇企业发展中心联合办学单位）
天津市乡镇企业培训中心
天津市东丽区培训中心
沈阳乡镇企业学院
上海市乡镇企业培训中心
浙江乡镇工业学校
江西省乡镇企业培训中心
河南省乡镇企业成人中等专业学校
河南许昌技术经济学校
广东省乡镇企业干部培训中心
广东省韶关市乡镇企业培训中心
云南省乡镇企业培训学校
陕西省乡镇企业职工培训学校
青岛市乡镇企业培训中心
宁波市乡镇企业成人中等专业学校
农业部乡镇企业管理干部学院新疆生产建设兵团分院

【乡镇企业领导干部岗位任职资格培训第二期师资培训班在津举办】 1998年4月11—15日，乡镇企业领导干部岗位任职资格培训第二期师资培训班在天津市举办。这是农业部决定在"九五"期间开展乡镇企业领导干部岗位任职资格培训的一部分。这次师资培训班由农业部乡镇企业局主办，天津市乡镇企业局和全国乡镇企业培训中心承办。有9个省、市、区100余人参加了培训。在培训期间,聘请国内专家、教授和乡镇企业领导先后主讲了《乡镇企业改革与发展》、《企业教育培训趋势》、《资本运营与建立现代企业制度》、《技术创新与乡镇企业发展》、《高新技术发展与信息社会》、《管理思想与管理道德》等专题讲座。学习了有关文件。研讨了包括四门主干课程的《农业部乡镇企业领导干部岗位任职资格培训教学大纲》。参观考察了天津市静海县大邱庄镇的乡镇企业和天津市西青区李七庄乡的宁家房子村。

(农业部乡镇企业局)

【甘肃省乡镇企业领导干部岗位任职资格培训】 甘肃省根据《全国乡镇企业系统教训培训"九五"规划》的要求,针对全省乡镇企业劳动者素质整体较低和人才匮乏,特别是高素质的管理和技术人才不足是影响和制约乡镇企业发展与提高的主要因素等状况,紧紧围绕建设一支政治素质高、开拓精神强、懂经营、善管理、乐于奉献的经营管理者队伍这一目标,开展全省乡镇企业领导干部岗位任职资格培训工作,并取得较好的成效。首批完成了乡村部分骨干企业的厂级领导干部及其后备人员 870 人的培训。通过有组织、有计划的培训,初步形成全方位、多渠道、分类别、多层次的新格局,为全省乡镇企业的系统教育培训打下了基础。

制定培训规划,明确培训目标。1998 年初,甘肃省印发了《1998—2005 年甘肃省乡镇企业系统教育培训规划》和《关于开展甘肃省乡镇企业领导干部岗位任职资格培训的通知》以及具体"实施意见"。明确提出,通过培训,使乡镇企业的经营管理者能够基本掌握市场经济的基本理论,掌握国内外的先进管理经验和技术,熟悉本行业国内外发展现状及趋势,具备任职所必需的思想道德修养、业务素质和工商管理等专业知识及能力,增强其驾驭企业参与市场竞争的能力,适应新世纪发展需要。

根据实施意见,省乡镇企业局每年在下达各地工作任务时,对各地的教育培训工作都进行专门的安排部署,做到有计划、有安排、有布置、有检查,使全省各地、县乡镇企业主管部门的领导对培训工作的目标任务认识明确,保障教育培训工作的顺利开展。

加强培训管理及网络建设。甘肃省乡镇企业局专门成立领导干部岗位任职资格培训领导小组,下设办公室,具体负责教育培训的规划、指导、管理、协调、监督和服务工作。地(州、市)设培训、辅导基地,经办招生、组织、培训、辅导、考试考核工作。并充分发挥现有培训中心(学校)的优势,通过横向联合,协作支援,利用大专院校、科研单位、大中型厂矿企业等社会力量为乡镇企业服务。县(市、区)、乡镇或大型企业集团设辅导站(点),负责学员的具体组织工作。

以县(市、区)、乡(镇)为重点的四级教育培训辅导网络,大量工作在基层,省、地在做好监督、指导、管理的同时,积极向下做好服务工作。各教学单位选配一批水平较高的教师担任教学工作,并加强师资自身的培训。同时从社会上聘请一批专家、学者和有实践经验的人员作为兼职教师。对选聘的师资从文化程度、职称、业务专长、教学效果等方面进行考核,建档建册。还经常不定期地抽查各培训辅导站(点)的工作。

注重有针对性培训,学以致用。甘肃省在开展培训工作中,从内容的制定上紧扣企业发展中急需解决的疑难问题,注重将培训与实际工作相结合。兰州市乡镇企业局为配合企业改制、产权制度改革,通过组织企业领导干部对清产核资,产权界定,资产评估,股份合作制、股份制改造与股票发行上市,资本运营中的兼并、收购、托管、分拆与资产重组等这些新知识的学习掌握,使受训人员很快步人实践,产生较好的培训效果。兰州黄河企业集团公司结合《乡镇企业股份制改革与股票发行上市》这门课,进一步规范了本企业的股份制改造,为企业股票上市的前期工作打下了良好的基础。兰州市桃海集团公司结合《乡镇资产评估》这门课,就本企业改制中遇到的集体资产原始股如何界定的难题,开展了专题讨论,并配合审计事务所,顺利地解决了这一问题,为乡镇企业集体资产原始股界定提供了一个成功的范例。

(甘肃省乡镇企业局)

【《中国乡镇企业教育管理》出版发行】 由农业部乡镇企业局主编的我国首次论述乡镇企业教育的专著《中国乡镇企业教育管理》,由中国农业出版社 1998 年出版发行。

该书揭示并概括了创造奇迹的中国乡镇企业是如何在人力资源开发、人员素质提高方面采取措施促进乡镇企业持续、快速、健康发展的。突出了乡镇企业教育培训与一般情况下终身教育、基础教育、职业教育等传统教育的差别,它教育的对象主要是农民,探索的是一条将昔日文化素质极低的农民迅速培养成为产业工人及各类实用、适用人才的有效途径。在基本没有国家投入的情况下,这种教育起到了扫盲、增加专业知识、提高个人素养、激发人的创造力等多重作用,其战略意义不可估量,对提高农民素质乃至全民族的素质具有深远的影响。

该书共分四章十三节,着重就乡镇企业教育培训生产、发展的市场条件,乡镇企业对人才的需求背景,开展教育培训的基本规律、思路、做法等方面进行了总结和提炼。第一章着重论述乡镇企业教育的产生与发展、特点和目的。第二章重点阐述乡镇企业教育的宏观管理。主要包括乡镇企业教育的管理体制、发展战略和政策、目标管理。第三章主要讲乡镇企业教育管理实务。主要包括乡镇企业教育的任务、计划制定与实施、管理人员队伍建设、投资与效益。第四章侧重总结和提炼乡镇企业教育培训服务体系的建设、管理和发展。

这本书是乡镇企业教育培训管理人员岗位培训指定教材,并可以作为从事乡镇企业教育培训工作人员的实务工具书。同时,由于这是我国首次出版专门阐述乡镇企业教育的论著,亦可以作为从事终身教育、职业教育、企业教育等各类教育研究、管理和教学人员的参考书。

此书的出版,是探索在中国这种经济不够发达、教育比较落后的国家,开展针对农民以及乡镇企业和中小企业职工的教育培训,在农村整体人才资源开发方面先行了一步。在我国社会主义市场经济已经建立并逐步完善的过程中,本书对探索市场经济条件下,在实现国家现代化和农村工业化过程中,如何开展企业特别是乡镇企业和中小企业的教育培训,如何为企业培养各类适用人才具有较强的借鉴和启示作用。

(周宏大)

【中国乡镇企业协会科教委员会第一届理事会第二次会议在韶关召开】 1998 年 12 月 16—18 日,中国乡镇企业协会科教委员会第一届理事会第二次会议在广东省韶关市召开。参加会议的有来自 36 个省、直辖市、自治区、计划单列市的科教委员会理事等 100 多人。

会上,农业部乡镇企业局局长姜永涛作题为《大力实施科教兴企战略,携手共创乡镇企业新的辉煌》的讲话。中国乡镇企业协会科教委员会副会长兼秘书长顾大智作题为《开拓进取,求真务实,为推动乡镇企业科技进步服务》的讲话。会议期间,有 14 名代表在大会上发言,交流了协会工作思路,乡镇企业办学路子,科研、教育培训、人力资源开发等方面的工作经验和打算。专门制订了与西藏乡镇企业牵手活动一些意向性合作项目和方案。考察了韶关市部分乡镇企业。

会议期间,听取并通过了科教委员会财务监理关于财务情况审查的报告;听取了秘书处关于新增、调整理事的情况介绍,通过了新增、调整理事的名单;取销 5 个从未参加过科教委员会活动、未交会费的理事单位代表的理事资格。新增选 3 位副会长。

(周宏大)

专　文

提高乡镇企业职工素质的出路与措施

张　毅

乡镇企业职工是一个大的社会群体,而且都是成年劳动力,要提高他们的素质,是一个很大的社会工程。对他们的提高,绝不是拿文凭的应试教育,而是根据实际需要,提高操作技能和管理水平的素质教育。

乡镇企业职工素质,包括文化知识、科学技术能力、生产经验、实际操作水平和企业管理开拓能力。这种文化科技管理知识,是建筑在前人认识、劳动和经验的基础上,随着科技发展,认识的深化,经验的丰富,人们的知识也不断地老化。因此,人的素质也需要不断地更新,不断用新的知识武装,而这种知识更新是没有止境的,乡镇企业职工素质的提高也是没有止境的。

对乡镇企业来说,就是对农民在产业更换,对新的就业职工职业培训和乡镇企业的老职工素质提高与更新,使他们成为合格的新型工人。他们的出路,在于培训,基于这种认识,提出如下措施。

第一,在农村尽快普及中学教育,提高整个一代后备农民的文化水平。在初、高中课程中,增加农村工业、农村商业、农村服务业的基本知识内容。

第二,在农村根据当地经济特点和需要,大力举办高中等职业学校,吸收没有考上高中和大学的初中和高中毕业生,使他们有一技之长,通过学习和考验,拿到职业上岗合作证书。

第三,乡镇企业所招收的新工人,在上岗前,必须进行岗前培训,向他们讲解怎样当一名合作的工人,工厂的规章制度,机器的性能,产品的质量要求,机器如何操作,发生故障如何排除等。培训后进行考试,合格者发给正式职工证,上岗工作;不合格者继续培训。坚持杜绝不培训就上岗的不负责任的做法。

第四,对在岗人员组织全体职工进行技能培训,通过培训,使职工明道理,会操作。对学习成绩好的,经考试合格,发给职业培训证书,留岗继续工作。不合格者,下岗继续学习,第二次考验还不合格者,解除聘用合同自谋职业。此种培训,应每年一次,使知识和技能不断更新和提高。形式可多种多样,可采取半脱产的业校形式、函授班形式、业余讲课形式等。讲课也可集中连续讲,也可按单元分阶段讲。

第五,为鼓励职工钻研技术,提高技能,每年在职工中进行一次技术评级活动,根据职工技术知识、操作水平、故障排除、工作业绩民主进行评定,然后由技术评定委员会进行审定,和基本工资挂起钩来。

第六,对那些具有初中或高中文化程度的在岗职工,生产上是技术骨干,肯学肯钻,想干一番事业,有培养前途的人,根据企业需要,在履行一定手续的前提下,由企业送中专、大专、大学代培,完成学业,回企业另行分配工作,培养自己的高中级技术和管理人员。

第七,掺沙子,广揽高级人才,或与国有企业、外国企业合资联营,借助他们高水平的技术和高水平的管理,提高乡镇企业职工的技术水平,提高管理人员的现代化管理水平,扩大供销人员的信息渠道和经营水平。

第八,对企业董事长和经理,由县乡镇企业局每年进行一次培训,专门务虚,请一些政府部门领导、专家学者、模范人物,讲政策,讲法规,讲形势,讲如何与农民意识和农民思想决裂,讲如何当好21世纪企业家,当一个跟上时代的现代企业家。并组织他们到国内外参观、学习、取经,扩大交往,扩大视野,开阔眼界。

第九,对企业董事长和经理,不定期地举办一些研讨班,根据企业家和经理在工作中遇到的实际问题,围绕一两个问题,有准备地围绕中心发言,展开讨论,求得认识统一,避免不应有的失误,不犯或少犯这样或那样的错误,或在经济上受这样或那样的损失。

第十,对需要提拔担当经理职务的人员,仿照国家对干部提拔前先培训,后提拔;仿照日本中小企业对准备让当经理的人,先在中小企业大学继承人班学习,毕业后再决定能否继承接班的做法,由县乡镇企业局进行培训,使他们懂得怎样当好经理。

◁乡镇企业院校选介▷

【陕西工业专修学院】 陕西工业专修学院是陕西省乡镇企业局主办、按社会力量办学形式管理的一所综合性全日制高等学院。学院实行院务委员会领导下的院长负责制,陕西省原副省长王双锡担任院长,下设办公室、教务处、学生处、总务处等机构。

学院按照党的教育方针、以市场为导向,以培养外向型、实用型、复合型人才为目标。学院设有中专、大专、本科、全日制和函授多种教学形式,同时设有大专预科班。为重视学生技能,各专业增设办公自动化和小汽车驾驶、摄影等课目。

学院承担农业部验印的大专委培生,入学由学院自己组织考试。入学后学完规定的课程,经考试成绩合格者,颁发大专毕业证书,可入陕西省、地人才交流中心人才库,按有关规定办理录用国家干部手续。

学院设置有农业部乡镇企业局委培全日制大专班、函授班招生专业,高等教育学历文凭考试试点大专班(全日制)招生专业,大专预科班、高等教育自学考试本科班招生专业和中专部招生专业。

学院由资历较深、组织能力较强的专家负责教学管理工作。具有一批责任心强、教学经验丰富的讲师、教授任教。形成了一支比较稳定的高水平的教师队伍,从而确保教学质量。建立了一套比较科学的教学管理制度,并给教师提供良好的教学环境,使教师充分施展才华。毕业生就业安置实行自主择业和学校安置相结合的双向选择原则。

(陕西工业专修学院)

【浙江省乡镇企业科技教育培训中心】 浙江省乡镇企业科技教育培训中心创建于1987年。中心建筑面积7 000平方米,6 600平方米的新教学大楼正在筹建中。有在职正式教职员工31人,外聘教师96人,同时可进行学历教育和短期培训。十年来,中心坚持加强教育服务、严格教学管理的办学指导思想,走自己的办学路子,创自己的办学特色,以追求灵活的办学机制,保证优良的教育服务为宗旨。培养了大批乡镇企业实用型人才,为浙江省的经济发展做出了较大的贡献。

十年来,共组织各类培训班500多期,培训各类专业人才30 000余人。与此同时,中心非常注重对外交流与合作。为了保证优良的教育服务,不但聘请省内高校有丰富教学经验的老师授课,还聘请外国专家、学者授课。同时与全国20多个省、市、区乡镇企业培训中心(学校)进行广泛的业务交流与合作。几年来,共接待全国各地乡镇企业系统的培训学员5 000余人。1992年被农业部评为全国乡镇企业教育先进单位。

(浙江省乡镇企业科技教育培训中心)

【青海省乡镇企业成人中等专业学校】 1997年,在广泛了解,认真调研的基础上,利用青海省交通职工中专学校的有利条件,经青海省教委和劳动人事厅批准,正式成立"青海省乡镇企业成人中等专业学校"和"青海省乡镇企业技工学校",这标志着青海省乡镇企业有了自己的学历教育基地。学校成立以来,共招收7个专业班,600余名学员,学历教育向正规化方向迈进。

近几年,学校在强化内部管理上狠下功夫。领导班子逐步得到加强,分工明确,责任到人,一个具有开拓进取,勇于创新,严于管理,乐于奉献,团结拼搏的领导核心正在形成。同时,建立健全各项规章制度,保证了各项工作任务的顺利完成。

(青海省乡镇企业成人中等专业学校)

东西合作

【乡镇企业东西合作示范工程建设】 自1995年国务院批准转发农业部提出的《乡镇企业东西合作示范工程方案》以来，全国乡镇企业东西合作取得了巨大成绩。到1998年底，中、西部地区共签订东西合作项目4万多个，引进资金520亿元，总投资967亿元，通过东西合作转移农村剩余劳动力280万人。农业部和中国农业银行确定的东西合作示范项目达300多个，总投资21亿元，实现产值223亿元，创利税53亿元。全国乡镇企业东西合作示范区达到215个，吸纳农村剩余劳动力120多万人，实现营业收入1 320亿元，实现利税155亿元。东西合作示范区的发展速度高出中、西部地区乡镇企业平均增长速度13个百分点。县级以上乡镇企业工业小区达到3 900个，占全国乡镇企业工业小区的63%。乡镇企业东西合作示范区基础设施建设投入30亿元，初步形成了科技成果推广、技术培训、东西合作信息网络体系，培训、培养各类人才14万多人，吸纳200多项省部级以上的科技成果。

通过四年来的东西合作，中、西部地区的资源、劳动力优势得到较为充分的利用，东部地区劳动密集型、资源加工型产业开始进行有序的战略性转移，为东部地区产品、产业结构调整，发展技术密集型、资金密集型和外向型企业创造了有利条件。中、西部地区干部群众思想观念和劳动者素质得到较大提高，树立了"互利、互惠、协作、发展"的观念。中、西部地区广大乡镇企业借鉴东部地区先进的生产管理方法，提高了整体素质和市场竞争力。东西合作使中、西部地区一批乡镇企业得到相对集中和连片发展，发展壮大了乡镇企业小区，促进了小城镇建设，推动了农村文教卫生事业以及金融、商业、饮食服务业等三产业的发展。

实践证明，实施东西合作示范工程，对于加快中、西部地区经济发展，繁荣少数民族地区经济，缩小东、西部地区差距，促进经济合理布局，巩固和发展团结稳定的大局，实现我国国民经济和社会发展目标等方面，都发挥了重要作用。

全国乡镇企业东西合作势头强劲，效果显著，已经成为中、西部地区经济发展的突破口和全国乡镇企业新的增长点。但东西合作也存在着一些不足，影响或制约了东西合作示范工程顺利健康进行。一是中、西部地区的企业在经营管理、发展后劲、企业规模、对外开放程度等方面，与东部地区有明显差距。二是中、西部地区信贷、税收等相关政策落实难度大，而且越是贫困地区，落实的难度就越大。三是一些地区对东西合作的重要意义认识不够，没有把东西合作摆上重要议事日程，工作力度明显不够。四是中、西部一些地区在项目引进上，急于求成，不经科学论证，盲目上马，致使项目质量不高，造成资源浪费。针对上述问题，在东西合作工程实施过程中要注重做好以下几项工作：第一，为实施东西合作示范工程创造更加宽松的环境。主要包括建立健全领导机构和工作机制，各级党委和政府要把东西合作列入重要的议事日程，加大扶持力度，落实有关政策。第二，拓展融资渠道，加大资金筹措力度。第三，搞好引进项目的评估论证，保证引进的项目既有良好的经济效益，又有巨大的社会效益和生态效益。第四，加大智力和科技的引进力度，重视引进新技术、新工艺、新产品、新设备，并把智力和人才的引进和培养摆到突出位置。第五，进一步发挥东部地区在东西合作中的积极作用。使东部地区主管部门和企业家充分认识到东西合作的重要意义，进一步增强东西合作的自觉性和主动性，为实施东西合作示范工程作出更大贡献。

（刘建水）

【全国乡镇企业东西合作经贸洽谈会】 为进一步推动乡镇企业东西合作，促进全国乡镇企业持续、快速、健康发展，1998年12月4—8日，农业部、河南省人民政府在河南省驻马店市联合召开"'98全国乡镇企业东西合作经贸洽谈会"。全国34个省、市、区及新疆生产建设兵团乡镇企业局组团参会。其组成人员有乡镇企业、全国乡镇企业示范区、东西合作示范区、大专院校、科研单位、国有企业、"三资"企业、港澳台企业、个体私有企业以及地方政府的领导、有关部门负责人。全国政协副主席陈俊生出席大会开幕式并致词，农业部副部长刘成果、河南省代省长李克强在大会开幕式上讲话。河南省委书记马忠臣、农业部乡镇企业局长姜永涛、中国农业银行信贷部总经理林娇绒等也出席大会开幕式。姜永涛作了总结讲话。

这次洽谈会的宗旨是优势互补、互惠互利、真诚合作、共同发展。主要内容是项目洽谈、技术转让、资金引进、信息交流、产权交易，同时也有人才引进、部分产品展示展销。大会共设项目洽谈室130个，产品销售摊位178个，信息发布厅5个，项目签约厅24个。大会期间，各代表团举办信息发布会34场，发布信息3 388条。各代表团提交的项目1.2万多个，签约项目1 752个，总投资额150亿元，其中合同项目513个，合同金额63.3亿元。参加销售的产品金额26亿元，签订的产品购销合同金额19.7亿元，现金销售1 484.6万元，100多个县、乡、村、工业小区结成了友好合作对子。3万多人次参加了项目洽谈活动，30多万人次参与了产品销售活动。

此次洽谈会规模之大，参加单位范围之广，合作形式之多样,成效之显著,影响之深远,在乡镇企业发展史上是空前的。

此次洽谈会以经贸洽谈为主要形式,又采用了有利于经贸洽谈的其他形式,具有较大的开放性和实用性。有的是以省、自治区、直辖市、计划单列市、新疆生产建设兵团乡镇企业局为单位组团,有的是以地(市)、县(市)乡镇企业局为单位组团,有的是以企业集团为单位组团,有的是以科研单位和大专院校为单位组团,有的是企业自己单独参会。

与会代表一致认为,此次洽谈会领导得力、组织严密、服务周到、成效显著。河南省、农业部的领导对这次会议给予了充分的重视和关心。河南省政府多次专门召开会议进行研究,把具体工作和责任落实到省委宣传部、乡镇企业局、公安、交通、铁路、民航、财政、农业银行等10多个部门。各部门精心组织,相互配合,相互支持,采取了许多有力措施,做好各种服务工作,保证了洽谈会的顺利进行。

会议期间,各省、市、自治区代表团都先后召开了项目信息发布会,举行项目签约仪式,宣传本地投资环境,充分展现自身优势,真诚合作,同时也利用这次机会广交朋友,建立友谊,为以后的进一步合作打基础。

此次洽谈会,各代表团组织得力,严守纪律,克服困难,配合工作,以良好的风貌,一流的工作,展示了乡镇企业干部职工的良好素质,为大会树立了较好的形象,使大会取得了圆满成功。

这次会议也存在一些问题。一是少数地方领导重视不够,摆不上议事日程,对东西合作意义认识不深,宣传发动、组织领导、项目准备等工作抓得不实不细,组团和洽谈效果不够理想。二是项目准备缺乏深度,材料准备不够充分。有的只有项目名称,没有投资、市场前景等方面的分析,影响了合作的效果。三是从参加洽谈的企业、人数、项目等方面看,东中西部地区还不够协调。

(刘建水)

专　文

1998年东中西部地区乡镇企业发展对比分析

农业部乡镇企业局

区域经济发展不平衡,是我国经济发展中的一个突出矛盾。缩小东部地区与中西部地区乡镇企业发展差距,促进区域经济共同发展,是我国经济发展的重大战略,也是经济结构调整的一项重要内容。

东中西部地区乡镇企业发展情况。 1998年,东部地区乡镇企业逐渐走出发展低谷,中西部地区乡镇企业则从高位增长,步入低速运行,呈现出东部地区乡镇企业在调整中快速发展,中西部地区乡镇企业在低速发展中步入调整的新特点。

增加值。1998年,全国乡镇企业完成增加值22 186亿元,比上年增长17.30%。其中,东部地区12 937亿元,比上年增长23.91%;中部地区7 489亿元,比上年增长9.99%;西部地区1 760亿元,比上年增长5.75%。东部地区增加值增幅比中部地区高13.92个百分点,比西部地区高18.16个百分点。在全国乡镇企业增加值的增长中,东部地区贡献13个百分点,中部地区贡献3.6个百分点,西部地区贡献0.7个百分点。

营业收入。1998年,全国乡镇企业实现营业收入89 351亿元,比上年增长17.80%。其中,东部地区51 669亿元,比上年增长23.18%;中部地区28 795亿元,比上年增长8.51%;西部地区8 887亿元,比上年增长20.61%。东部地区营业收入增幅比中部地区高14.67个百分点,比西部地区高2.57个百分点。在全国乡镇企业营业收入的增长中,东部地区贡献12.8个百分点,中部地区贡献3个百分点,西部地区贡献2个百分点。

净利润。1998年,全国乡镇企业实现净利润4 635亿元,比上年增长9.60%。其中,东部地区2 455亿元,比上年增长12.61%;中部地区1 598亿元,比上年增长5.17%;西部地区582亿元,比上年增长9.92%。东部地区净利润增幅比中部地区高7.44个百分点,比西部高地区2.69个百分点。在全国乡镇企业净利润的增长中,东部地区贡献6.5个百分点,中部地区贡献1.8个百分点,西部地区贡献1.3个百分点。

实缴税金。1998年,全国乡镇企业实缴税金1 583亿元,比上年增长7.30%。其中,东部地区998亿元,比上年增长11.77%;中部地区432亿元,比上年增长0.08%;西部地区153亿元,比上年增长1.52%。东部地区实缴税金增幅比中部地区高11.69个百分点,比西部地区高10.25个百分点。在全国乡镇企业实缴税金的增长中,东部地区贡献份额超过7个百分点。也就是说,全国乡镇企业上缴国家税金当年净增的部分基本上是靠东部地区贡献的。

出口产品交货值。1998年,全国乡镇企业完成出口产品交货值6 854亿元,比上年增长2.50%。其中,东部地区6 191亿元,比上年增长3.49%;中部地区539亿元,比上年增长-4.84%;西部地区124亿元,比上年增长－10.17%。东部地区出口产品交货值增幅比中部高8.33个百分点，比西部地区高13.66个百分点。东部地区出口的增长，不仅弥补了中、西部地区出口下降的缺口，而且拉动全国乡镇企业出口增长2.5个百分点。

综上分析，东部地区乡镇企业的快速发展，不仅拉动了全国乡镇企业较快增长，而且进一步扩大了与中西部地区的差距，各项主要经济指标在全国乡镇企业中的比重明显上升。东、中、西部地区乡镇企业增加值比重由1997年的55.2∶36.0∶8.8变为1998年的58.3∶33.7∶8.0；营业收入比重由1997年的55.3∶35.0∶9.7变为1998年的57.8∶32.2∶10.0；净利润比重由1997年的51.6∶35.9∶12.5变为1998年的53.0∶34.4∶12.6；实缴税金比重由1997年的60.5∶29.2∶10.3变为1998年的63.0∶27.3∶9.7；出口产品交货值比重由1997年的89.0∶9.0∶2.0变为1998年的90.0∶8.0∶2.0。

东中西部地区乡镇企业发展主要影响因素分析。1998年，东部地区乡镇企业发展快于中西部地区的因素很多，究其深层次的因素，主要有以下方面。

东部地区乡镇企业改革快于中西部地区。1998年是全国乡镇企业尤其是东部地区乡镇企业改革力度较大，并取得显著成效的一年。一是东部地区股份制企业增多。截至1998年底，东部地区有股份制（含股份合作制，下同）企业96 396个，比上年增加4 699个，占全国该类企业的51%；中部地区有股份制企业84 894个，比上年减少7 834个，占全国该类企业的44%；西部地区有股份制企业8 541个，比上年减少634个，占全国该类企业的5%。东部地区股份制企业数量明显多于中西部地区。二是东部地区投资主体趋向多元。1998年，东部地区乡镇集体企业实收资本比上年增长6.7%，其中非集体资本增长20%，非集体资本所占比重亦由上年的43%上升到49%，上升的幅度超过中西部地区3个百分点。三是东部地区个体私有企业发展迅速。到1998年底，东部地区农村个体私有企业已达717万个，比上年增长6.5%。而中西部地区却出现下降趋势，中部地区下降11%，西部地区下降0.3%。东部地区个体私有企业1998年完成增加值6 306亿元，占东部地区乡镇企业增加值的近一半，成为拉动东部地区乡镇企业经济发展的重要力量。

1998年东部地区乡镇企业无论是股份制企业数量上，还是资本优化程度上，或是个体私有企业发展速度上，都明显超过中西部地区。因此，可以认为东部地区乡镇企业快速发展的直接动力是改革较为深入。

东部地区投入大于中西部地区。首先，从乡镇企业固定资产投入总量上看，1998年东部地区为1 638亿元，中部地区为817亿元，西部为地区116亿元。东部地区是中部地区投入的2倍多，是西部地区投入的14倍。其次，从投入增幅上看，1998年东部地区投入比上年下降12%，中部地区下降12.34%，西部地区下降25%。中西部地区投入下降的幅度明显大于东部地区。第三，从投入资金来源上看，虽然1998年国家三次降低银行利率，但是乡镇企业投入中的信贷资金不增反降。在上述投入总额中，东部地区银行贷款资金下降25%，中部地区下降23%，西部地区下降36%。西部地区的下降幅度比东部地区高11个百分点，比中部地区高13个百分点。第四，从配套流动资金上看，1998年末东部地区固定资金与流动资金之比为1∶1.12，而中西部地区仅为1∶0.83。一般来说，企业正常固定资金与流动资金之比为1∶2。中西部地区乡镇企业连1∶1的低标准也没有达到。由此可见，中西部地区乡镇企业发展存在由于流动资金不足造成企业资源浪费、开工不足问题。

事实表明，乡镇企业发展初期，主要是靠高投入维持高速度。因此，中西部地区乡镇企业投入下降势必导致发展速度回落。

东部地区产业结构优于中西部地区。东部地区乡镇企业经过20年的发展，尤其是近几年的调整，行业结构渐趋优化，由过去以劳动密集型的纺织、建材行业为主转向以科技含量较高的机电行业为主，而中西部地区则仍以建材行业为主。1998年，在东部地区乡镇企业经济总量中，机电行业占26%，居各行业之首。在中部地区乡镇企业经济总量中，建材行业占22%，机电行业仅占13%。在西部地区乡镇企业经济总量，建材行业占23%，机电行业仅占8%。

1998年，虽然国家为扩大国内需求，采取了加大基础设施投资等一系列措施，但由于中西部地区建材行业结构调整缓慢，产品跟不上市场的变化，因此对中西部地区经济的促进作用不大。相反，国家为保护环境、资源采取的一系列措施，却使中西部地区乡镇企业受到重创。1998年，中部地区建材工业增加值比上年下降10%，西部地区下降13%。中西部地区乡镇企业支柱行业大幅下降，势必影响中西部地区乡镇企业整体经济的发展。

东部地区技术实力强于中西部地区。截至1998年底，东部地区乡镇集体企业平均固定资产占用量为142.5万元，中部地区为51.2万元，西部地区为65.22万元，东部地区比中部地区高91.3万元，比西部地区高77.28万元。东部地区人均拥有固定资产为2.76万元，中部地区为1.43万元，西部地区为1.78万元，东部地区比中部地区高1.33万元，比西部地区高0.98万元。企业平均固定资产占用量和人均拥有固定资产量的悬殊状况，说明东部地区乡镇企业固定资产的生产效率和生产质量明显高于中西部地区，技术装备相对先进，在市场竞争中更具优势。

另外，东部地区乡镇企业在人才、专利等无形资产方面也好于中西部地区。截至1998年底，东部地区乡镇集体企业大专以上文化程度的职工有62万人，中部地区有27万人，西部地区有6万人，东部地区比中部地区多35万人，比西部地区多56万人。东部地区乡镇集体企业拥有无形资产总值达269亿元，占全国的70%；中部地区为91亿元，占全国的23%；西部地区为23亿元，占全国的7%。

东部地区技术、人才的优势，不仅为东部地区乡镇企业今后的发展奠定了坚实的基础，而且也是地区差距继续扩大的内在关键性因素之一。

对策措施。根据上述分析可以看，东部地区与中西部地区乡镇企业不仅存在量的差距，还存在质的差距。区域共同发展，任重道远。

加大中西部地区乡镇企业改革力度。要从整体上推进乡镇企业尤其是中西部地区集体企业产权制度改革，激发企业的内在活力，大力发展农村个体私有经济，从根本上解决企业的机制问题。在改革方式上，要坚持因企制宜，采取多种形式。在改革目标上，最终要以建立与市场经济相适应的现代企业制度。

加快中西部地区乡镇企业结构调整步伐。加大投入力度，要保证国家扶持中西部地区乡镇企业发展的专项贷款落实到位，适当安排部分财政资金，推动中西部地区乡镇企业加快技术改革步伐，加速产品更新换代，提高产品竞争力。同时，要着力培植高新技术产业，再造新的经济增长点。

继续推进东西合作工程。采取优惠政策，拓宽合作领域，鼓励东部地区乡镇企业生产要素向中西部地区流动。东部地区要逐步把劳动密集型、资源开发型产业向中西部地区转移，利用资金、技术、人才等优势，帮助中西部地区加快发展乡镇企业。

加速人才培养。中西部地区要坚持资金投入与智力投入相结合，积极开展多种形式的技术培训和岗位培训，提高乡镇企业职工整体素质，从根本上改变中西部地区经济发展落后的薄弱环节。

◀典型介绍▶

【辽宁省乡镇企业东西合作情况】 从1994年以来，辽宁省乡镇企业加大了东西合作工作力度，取得较好的成果。全省乡镇企业系统共组织考察团组56个，人员278人，分赴青海、宁夏、内蒙古、贵州等10多个省、自治区进行实地考察，并且接待西部地区乡镇企业考察团组82个。共签订合作协议123个，达成合资、合作项目56个，协议金额6.5亿元。这些项目实施后，可新增产值6.8亿元，利税1.9亿元。先后为西部地区培养各种管理人员及专业技术人员129人，组织劳务输出1 280人。

提高认识，加强领导。从1993年实施乡镇企业东西合作示范工程以来，辽宁省把实施乡镇企业东西合作工程工作放到重要议事日程上，多次召开会议、发出文件、制定有关政策，要求把加快中西部地区乡镇企业的发展作为重要工作抓紧抓好。通过学习有关文件精神，各地充分认识到了实施乡镇企业东西合作示范工程的重要意义。在此基础上，省乡镇企业局组成由局长亲自负责，主管局长主抓，主管处室负责日常性工作的东西合作工作组织形式。转发了国务院、农业部有关乡镇企业东西合作的文件。与此同时，制定了工作办法，进行具体部署。各地市结合本地实际，建立了工作机构，指定专人负责。

发挥各自优势，搞好东西合作。辽宁省在乡镇企业东西合作工作中，注意发挥各自优势，共同协作，取长补短。一方面，扩大辽宁省乡镇企业产品的市场覆盖面。海城市牌楼镁砂矿同内蒙古自治区乌海市海南焦化厂达成联建电熔镁厂协议，生产优质耐火材料，供应包头钢铁公司和凌源钢铁公司。另一方面，建立稳固的原材料供应基地。营口青花镁矿1995年同宁夏石山井煤矿达成扩建煤矿的补偿贸易协议，双方投资扩大白煤生产能力，一方解决了企业短缺的原材料，另一方解决了扩大生产资金的不足。在1998年全国乡镇企业东西合作经贸洽谈会上，锦州华顺企业集团同内蒙古自治区乡镇企业达成皮革原料建设基地协议，总投资额达2.4亿元。

在抓好东西合作同时，积极加强省内区域合作。一是充分利用沿海开放城市的优势，帮助中西部地区乡镇企业做好招商引资工作。几年来，辽宁省通过邀请中西部地区乡镇企业参加在大连市举办出口商品交易会、国际服装博览会等时机，帮助中西部地区乡镇企业广泛同国内、国际客商接触，扩大对外宣传工作，开拓市场。二是在做好省区间东西合作工作的同时，组织经济较发达的沈阳、大连、鞍山等市乡镇企业对口支援经济欠发达的铁岭、朝阳、阜新等市发展乡镇企业，取得较好的效果。沈阳、大连、鞍山等市乡镇企业先后为铁岭、朝阳、阜新等市发展乡镇企业提供项目50个，提供信息数百条，培养管理人员数百人次。

发挥优势，进一步推动乡镇企业东西合作进程。辽宁省地处沿海，与中西部地区相比，乡镇企业的发展在许多方面已具有一定的优势。辽宁省乡镇企业应充分发挥已有的优势，在东西合作工作中取得更好的成效。

发挥主导行业和产品的优势，整体推进东西合作工程。辽宁省乡镇企业机电工业、建材工业、冶金工业、农副产品加工业等传统主导行业，正在向外向型、高技术含量方向发展，这为与中西部地区合作提供了机遇。一方面，这些行业基本上属于资源型和劳动密集型行业，多为初级产品，工艺比较成熟，在技术管理等方面较适宜中西部地区生产力发展水平，易于扩散。另一方面，可以充分利用当地丰富的农业资源开辟新的市场。可从已建立东西合作项目库中，筛选出一批符合双方合作条件，既有资源又有市场，投入少产出多、短平快的劳动密集型项目向中西部地区扩散，推进东西合作工程全面展开。

调动骨干企业积极性，走横向联合、共同开发的路子。辽宁省大多数企业集团和骨干企业是机电、化工、建材等行业和产品的排头兵，具有相当的竞争能力和发展前景。充分发挥、调动他们的优势和积极性，与中西部地区乡镇企业结成对口帮扶单位，把骨干企业群体的规模、技术、信息、资金、产品等优势与中西部地区乡镇企业的资源、市场、劳动力等优势有机地结合起来，共同发展。

充分发挥技术、管理、人才等方面的优势，积极进入经济建设的主战场。当前制约中西部地区乡镇企业发展除资金短缺、产品无市场等因素外，管理水平低、技术落后、人才匮乏也是其中的重要原因。因此，辽宁省乡镇企业在与中西部地区经济合作中，除了要帮助解决资金、上项目、找市场外，应把提高管理水平、引进技术和培养人才的合作当作一件主要工作抓。

首先，加强人才的培养。一是通过省际间组织部门安排，从中西部地区各级乡镇企业主管部门及企业选派一批高、中级管理人员到辽宁省挂职锻炼，为当地培养管理人员。同时，从辽宁省各级乡镇企业管理部门及企业中选派一批政治素质好、业务能力能、管理水平高的干部到中西部地区乡镇企业主管部门及企业任职，帮助工作。二是从中西部地区乡镇企业中选择一批年轻的技术及管理等专业人员，到辽宁省经济、技术基础较好的地区乡镇企业中任职实践，提高管理水平。三是以劳动合作的方式，定向从中西部地区招收职工，进行专业技术上岗培训，使之成为中西部地区未来发展乡镇企业的骨干力量。四是制定优惠政策，鼓励各类专业技术人才、管理人才及经济能人到中西部地区创办各类服务实体和生产经营企业，帮助发展乡镇企业。

其次，在技术合作方面，积极鼓励辽宁省乡镇企业通过建设原材料基地、实施合作项目的方式，有重点的进行技术扩散。对合作基础好、条件优越的中西部地区，可以加强技术推广方面的合作，帮助上高新技术项目。

第三，帮助中西部地区乡镇企业加强管理。在向中西部地区扩散产品及技术的同时，积极推广辽宁省乡镇企业较为成功的管理办法和经验，强化管理意识，提高管理水平，向管理要效益，要速度。

第四，发挥辽宁省沿海开放窗口的优势，为中西部地区搭桥铺路，帮助中西部地区乡镇企业借船出海。辽宁省地处沿海开放地区，毗邻日本、韩国，改革开放以来，已形成了一个较为宽松的发展环境。中西部地区乡镇企业可以通过在辽宁省沿海开放区建立办事处、设立窗口等方式，建立经济贸易据点，扩大与海内外客商建立渠道，收集信息，招商引资。

第五，要充分利用东西部地区经济上的互补和互换性，根据国家制定的东西合作章程，辽宁省乡镇出口创汇企业可以联营的方式，与中西部地区乡镇企业联手，进行进出口贸易，带动中西部地区乡镇企业向外向型经济发展。在条件成熟之际，建立跨省际、贸工农为一体化的大型出口创汇企业集团，把中西部地区的资源优势转化为商品优势，增加出口创汇。

（辽宁省乡镇企业局）

【黑龙江省乡镇企业东西合作情况】 自1995年以来，黑龙江省乡镇企业东西合作取得了较快发展。几年来，新结了一大批合作对子，实现了一大批合作项目，引进了一大批合作资金，为全省乡镇企业的快速发展注入了新的活力。

东西合作情况。通过开展东西合作，1995—1998年四年间，黑龙江省乡镇企业共实现有一定规模的东西合作项目2 000多个，引进资金近30亿元。在东西合作项目中，有17个项目被农业部、中国农业银行批准为东西合作示范项目，累计获国家贴息贷款9 830万元，得贴息98.6万元。这些项目主要分布在哈尔滨(2个)、齐齐哈尔(3个)、牡丹江(2个)、绥化(2个)、黑河(1个)、鸡西(1个)等市。东西合作示范项目建设运作情况良好，在推动和引导全省乡镇企业进一步发展东西合作方面发挥出示范带动作用。

在开展乡镇企业东西合作过程中，黑龙江省实施了大引“三名”(名人、名企、名牌)战略，先后成功地引进了华西村、万向集团、希望集团、维维集团等，建立了一大批友好县市和乡镇。

通过开展东西合作，加快了示范区的建设步伐。自实施《乡镇企业东西合作示范工程》以来，黑龙江省在100多个省级工业小区中，经过择优申报，已有11个乡镇企业工业小区被农业部命名为全国乡镇企业东西合作示范区。主要分布在：哈尔滨（4个）、齐齐哈尔（1个）、牡丹江（2个）、佳木斯（2个）、绥化（1个）、大庆（1个）等市。几年来，各地普遍加强了示范区的基础设施建设，把大力开展东西合作作为促进示范区发展的重中之重。示范区的发展明显加快，企业规模不断扩大，经济效益显著提高，综合实力进一步加强。截至1998年末，11个示范区内企业已达1 360多个，从业人员38 000多人，实现营业收入41.1亿元，实现工业增加值5.8亿元，利税4.1亿元。共有东西合作项目88个，创造营业收入11.5亿元，占示范区营业收入的28%；创造利税总额1.16亿元，占示范区利税总额的26%；转移劳动力4 300多人。乡镇企业东西合作示范区已成为发展乡镇企业的重要基地。

东西合作成效。几年来的东西合作，为黑龙江省乡镇企业快速发展起到了积极推动作用。

有效地增加了全省乡镇企业经济总量，加快了发展步伐。在开展东西合作初期的1995年，黑龙江省乡镇企业共实现合作项目668个，占全年新上工业项目的16.3%；引进省外资金7.5亿元，占全年新上工业项目固定资产投入的27%；合作项目新增产值38.3亿元，新增利税12.9亿元，分别占全年工业增加值和利税总额的27.8%和23.8%。截至1998年底，双城市乡镇企业实现各类合作项目900多个，创产值23.5亿元，利税1.4亿元，分别占全市乡镇企业的78.2%、71.5%和73.7%。

促进了产业结构的优化调整，改善了经济增长方式和质量，加速了农业产业化进程。几年来，黑龙江省乡镇企业以优化产业结构、产品结构为目标，以发展加工业为重点，引联了一批技术起点较高、科技含量较大、附加值较高的合作项目。东华集团与山东荣成国泰汽车贸易有限公司合作，共同投资3亿元开发越野吉普车，设备已基本安装完毕，年产量可达1 000辆，产值2.3亿元，利税2 000多万元。金锣集团投入1亿多元组建大庆分厂，已形成年屠宰生猪200万头的生产能力，年可实现产值10亿元，利税3 000万元，可转化粮食10亿千克。东西合作项目较好地促进了全省乡镇企业产业结构、产品结构和技术结构的优化，改善了经济增长方式和增长质量。

再造了一批规模企业，壮大了骨干企业队伍，提高了科技含量。在1995年实现的合作项目中，产值在500万元以上的项目共计196个，其中产值超1 000万元的72个，超5 000万元的17个。嫩江县与河南银光塑料制品有限公司合作组建银光塑料制品嫩江公司，总投资2 000万元，生产可降解银光地膜，该产品采用集光氧降解和生物降解技术于一体的最新技术，可自行化解消失，属国内首创，产品市场前景广阔，年产值可达4 000万元，利税1 000万元。双城镇引进汽车燃烧器项目，该产品是国家专利产品，可节油25%，1998年获美国“爱迪生发明中心”金奖，项目总投资1 100万元，年可创产值5 000万元，利税600万元。这些项目的建成，壮大了乡镇企业的骨干队伍，提高了企业的科技含量。

与发达地区建立了广泛的伙伴关系，扩大了企业发展领域和空间。黑龙江省乡镇企业在开展东西合作工作中，既坚持抓项目、抓技术、抓资金，又注重建立和开辟长期友好合作的渠道。每年都有几百个团组南下考察洽谈，出访人员达二三千人。各地市与全国250多个发达市、县、乡镇和企业建立了长期合作的友好关系。东西合作示范工程的组织实施，扩大了全省乡镇企业发展的领域和空间。肇东市几年来先后引进北京中化双糠集团、四川希望集团、新都王牌饲料集团、山西太原醋厂、江苏华西集团等8个产值超1 000万元的项目，共引进资金3.5亿元，新增生产能力15亿元，占整个乡镇企业年度增加值的60%。

拓宽了排忧解难的门路，促进了资源优势向经济优势的转换。“八五”期间，黑龙江省乡镇企业依靠南联、东西合作，实现合作项目1 070个，引进省外资金19.8亿元，占“八五”期间固定资产投资的24.8%。五年中，共引进各类专业技术人员和管理人员1万多人。大庆市肇源县的古龙小米，因营养成分丰富，在省内外享有盛誉，由于受资金限制，始终没有形成规模。1998年，通过招商引资，由吉泰集团投资1.2亿元共同开发古龙贡米项目。这个项目的开发，不但解决了资源优势转化为经济优势的问题，还牵动草粉、菌肥、制酒、包装等相关产业的开发，使肇源县11个乡镇、96个村、1.8万基地农户受益。

东西合作经验。1995年，乡镇企业东西合作示范工程实施后，黑龙江省主要领导就明确提出：“南联”（东西合作）是个大动作，是要长期坚持的经济发展方针。为进一步加大东西合作的实施力度，总结经验，明确任务，推动全省乡镇企业东西合作再上新台阶，1995年省政府专门召开“全省乡镇企业南联（东西合作）经验交流会”，总结全省乡镇企业东西合作的工作，推广了佳木斯、鸡西、齐齐哈尔等市的经验。有的市县领导深有体会地说：“发展乡企路千条，惟有‘联’（东西合作）是捷径”；“一联解五愁”，即资金、项目、人才、技术、市场。佳木斯市桦南镇抓住东西合作的机遇，放开视野，拓宽渠道，在外引外联上下功夫、做文章，使不景气的镇村企业"柳暗花明"，工业小区初具规模，乡村企业产值、收入成番论倍增长。究其原因，最根本的一条就是："开渠渡船靠引联"。在"南联"、东西合作工作中，桦南镇的具体做法主要是靠资源吸引、靠政策效应、靠亲情疏通、靠务实推进、靠领导带动。

近两年来，大庆市乡镇企业"南联"、东西合作、招商引资开展得红红火火，取得可喜成绩。其主要经验：一是党委、政府高度重视。市委、市政府、县(区)委、县(区)政府都把"南联"、东西合作作为"一把手工程"，纳入整个经济工作的重要日程，切实强化组织领导，选调精兵强将，实行目标管理。二是建立有效的推进机制，广泛发动群众，多形式、多渠道、全方位地开展"南联"、东西合作。三是营造有利于开展"南联"、东西合作的环境，坚持不建企业建环境、不管企业管服务的原则，明确提出"投资者是上帝，引资者是功臣，损害投资者利益的是罪人"的口号，加强了基础设施建设，狠抓了提高服务质量和水平的工作，努力为外来投资者提供优质的服务。四是制定配套的优惠政策和奖励办法。提出"外地已有的优惠政策大胆引用，外地没有的优惠政策大胆尝试，没有明确说法的全部放开"，本着让投资合作者满意、对引资者重奖的原则，出台了一系列优惠政策。这两年，大庆市乡镇企业东西合作年年迈大步，年年上台阶，走出了一条通过联合与合作发展乡镇企业的成功之路，取得较大成效。1998年，大庆市乡镇企业实现有一定规模的"南联"、东西合作项目102个，引进资金4.56亿元。

黑龙江省在开展乡镇企业东西合作工作中，不仅形成了"领导挂帅出征，政府架桥铺路，企业结伴唱戏"的推进模式，而且各地还出现了"政府年年搭台，企业常年唱戏"的发展趋势。实践证明，哪个地方的乡镇企业东西合作搞得好，哪个地方的乡镇企业发展得就快，就有活力。可总结为：领导高度重视、组织得力是做好东西合作工作的关键；落实责任、健全推进机制是做好东西合作工作的重要保证；提供优质服务、创造良好环境是做好东西合作工作的重要条件；采取多渠道、多层次、全方位推进措施是搞好东西合作工作的有效途径。

（黑龙江省乡镇企业局）

【安徽省乡镇企业东西合作情况】 全国乡镇企业东西合作示范工程提出不久，这项工作就受到安徽省委、省政府的高度重视。当时的省长回良玉和副省长王昭耀对此都提出明确的要求：各地要大力推进东西合作，扩大对外开放，要抓住这一机遇，利用安徽省区位居中、承东接西的地理优势和开展东西合作的契机，实施"东联西进"战略，引进来、打出去发展乡镇企业；省直部门要通力协作，各地、市、县政府主要领导要亲自抓，乡镇企业主管部门精心组织，把东西合作推向一个新阶段。在省政府领导的直接关心和推动下，成立了"安徽省乡镇企业东西合作领导小组"，由副省长王昭耀任领导小组组长，省计委、体改委、科委、财政厅、工商局、地税局、土地局、农行、乡镇企业局等10个单位为领导小组成员单位。

几年来，在省委、省政府的领导下，安徽省乡镇企业东西合作工作在组织发动、制定规划、培训人才、项目审核、示范区建设等方面都有很大的进展，省直有关部门在贷款管理、财政贴息、税收政策、科技成果推广等方面通力协作，对工程的实施给予大力支持。各级党委、政府加强对这次工作的具体组织指导，积极主动，东西合作基础工作扎实有序，取得很大的进展和成效，积累了一定的经验。

实施东西合作，加快了乡镇企业的发展。1991年的水灾，使安徽省全省上下对乡镇企业的作用有了切身的体会。从这时起，省委、省政府紧紧抓住乡镇企业这条主线不放，利用方方面面支持的有利时机，制定优惠政策，加大投入力度，扩大招商引资范围，与国内外建立了广泛密切的合作关系，使安徽省乡镇企业在"八五"期间有了很大的发展。1998年，乡镇企业东西合作项目新增产值和利税分别占全省乡镇工业增加值和利税的16%和19%。

在发展中，不少地方都积累了较为成功的经验。安徽省周边县市如宁国、天长、亳州等三市分别与浙江、江苏、河南三省接壤，他们充分利用其地理区位的有利条件，加强与相邻地区的合作，使当地乡镇企业出现超常规、跳跃式的发展，涌现出一批颇具实力的企业群体。宁国市的中鼎集团，通过与沿海地区不断的合作开发，企业规模逐步壮大，成为全省乡镇企业的出口大户，并且走上了国际合作的道路。宁国华贝集团一开始与江苏、浙江两省合作开发生产皮装，通过几年的发展，"华贝"品牌已成为我国真皮皮装十大名牌之一，其后又整体收购了中型国有企业合肥皮革总厂。天长市的天大集团，生产技术和设备均来自江苏省常州市的塑编机厂，通过合作，天大集团不但掌握了技术，而且研制、改进了设备，成立了自己的塑编机厂，天大集团的塑编机设备反被江苏省引进，其产品产量、质量和技术装备，在国内同行业处于领先水平。亳州市充分发挥独特的酒、烟、药、桐优势，利用大市场、大流通，抓好工业小区建设和产品深加工，实现了大进大出，从而成为全国乡镇企业东西合作示范区。宁国、天长、亳州三市乡镇企业发展的整体水平在全省名列前茅。

全国乡镇企业示范区、全国乡镇企业东西合作示范区的建设，有力地带动了乡镇企业工业小区的发展，对推动安徽省乡镇企业东西合作和集中连片发展起到积极的示范作用。安徽省在已建乡镇企业小区的基础上，向农业部择优推荐并获批准了2个全国乡镇企业示范区，15个全国乡镇企业东西合作示范区。这些示范区基础设施较为完善，有完整的小区建设规划，投资环境较好，当地政府为促进示范区的发展，都制定了相关的扶持政策。郎溪县为扶持梅渚示范区的发展，以县政府的名义制定11条了优惠政策。潜山县彭岭示范区在抓优惠政策落实的同时，还积极抓好示范区基础设施的建设与提高，为落后山区集中连片发展乡镇企业提供了成功的经验。其他示范区所在的当地政府，也都根据自身实际，制定了具体的优惠政策。在示范区的带动下，很多地方都把建设乡镇企业小区作为工作重点来抓。合肥市郊区在这方面走在全省前列，他们以瑶海、花冲和金华3个示范区为榜样，加快工业小区建设步伐，掀起了一轮赶超热潮，已经建成的20多个工贸小区成为合肥市郊区乡镇企业上台阶的有力支柱，有不少工业小区的规模和发展水平甚至超过了全国乡镇企业东西合作示范区，成为全省乡镇企业集中连片发展和小区建设的典范。铜陵县西湖示范区经过几年建设，已成为当地经济发展新的增长点，被升格为县级工业开发区。全省已拥有各类乡镇企业小区480个。

东西合作示范项目投入力度大，建设顺利。自1995年以来，安徽省乡镇企业局与省农业银行、省财政厅等部门共同确定国家级东西合作示范项目21个，获国家农业银行总行专项贷款1.67亿元，占中西部地区东西合作专项贷款总额的10%。由于各级农业银行、财政及有关部门把支持乡镇企业东西合作上升到缩小与发达地区经济发展差距的高度来认识，他们把支持乡镇企业东西合作作为促进乡镇企业调整产业结构和区域布局，提高企业效益的战略措施。在实施过程中，加强了项目的前期调查、项目论证和资金的及时投放，使得示范项目的建设进展明显加快，保证了乡镇企业东西合作贷款的质量。

东西合作经贸活动的开展，提高了乡镇企业的外向度，对开阔视野、转变观念、加快开放、招商引资都起到明显的促进作用。安徽省乡镇企业积极响应省委、省政府提出的“开发皖江、呼应浦东、强化自身、迎接辐射”和“东联西进”的号召，四年来，与东部地区共签订合作意向书5 000多项，协议引资15亿多元。按照东西合作工作计划，安徽省乡镇企业每年都要组织赴东西部地区开展经贸洽谈活动。1996年，省乡镇企业局组织东西合作示范区到浙江省进行经贸交流，有11个项目达成合作意向。1997年，又组织乡镇企业参加在西安市举办的“’97东西合作与投资贸易洽谈会”，通过产品展示和对口洽谈，共签订贸易合同金额3 159万元。安徽省乡镇企业生产的农用运输车、煤气仪表和轻工产品颇受欢迎，大大提高了安徽省乡镇企业产品在西北地区市场的知名度。1998年，全省乡镇企业组团参加在河南省驻马店市召开的全国乡镇企业东西合作经贸洽谈会，共签订合作项目39个，协议金额2.73亿元，签订产品购销合同1 848.3万元，不少地、市还与外省市建立了合作对子。

东西合作促进了乡镇企业产业结构的调整和优化。安徽省乡镇企业经过一个时期的发展，已有一定的规模和基础，但存在的突出问题是结构层次、科技含量、资源利用率、投入产出还比较低，发展不平衡。为了改变这种现状，各地注意以市场为导向，充分发挥资源、劳力优势，通过联合开发、技术引进等形式，重点发展提高机械、电子、化工以及农副产品深加工的水平。1998年，全省乡镇企业通过东西合作进行技改投入的比重已占全省乡镇企业技改投入的55%以上。地处皖西北的亳州市多年来一直把东西合作当作“重头戏”来抓，利用当地丰富的资源优势，建立大市场，促进大流通，搞好深加工，许多产业已由初加工、粗加工发展到精加工和最终产品的生产，中药材由种植发展到直接生产保健饮片和制剂，桐木加工业由生产简单拼板发展到生产桐木工艺品，有效地推动了全市乡镇企业的发展。

东西合作的开展，使传统观念逐步得到转变，加快了资源的合理开发和利用。安徽省是一个资源大省，现已发现各类矿产100多种，已探明储量的有60多种，特别是煤、铁、铜、石灰石等矿产资源在全国名列前茅，农副产品资源、旅游资源也都十分丰富。但与东部地区相比，安徽省又是一个经济弱省，要实现由资源大省向经济强省的转变，就必须加快资源的开发利用，使资源优势尽快地转变为产业优势和经济优势。不少地方认真开展解放思想的大讨论，摒弃“肥水不流外人田”的偏见，敢于拿出自己最有开发价值的资源与东部地区合作，采取“低门槛”的政策，以资源求资金、求技术、求市场、求发展，在煤炭、冶金、化工、建材、食品、旅游等方面与东部地区开展了多层次、多形式的经济技术合作。巢湖、铜陵、滁州、安庆等沿江地区引进江苏、浙江、上海等省、市的资金联办了一批水泥厂。金寨、明光、巢湖、嘉山等地引进上海市资金建立了蚕桑、丝绸、家禽、蔬菜、水产基地。安徽省西部大别山区的霍山县，依据当地丰富的高品位河铁沙资源，通过优惠政策吸引了浙江省横店集团与其合作，该集团第一次承包一家乡镇企业磁性材料厂。一年后，横店集团就收到明显的效益，其后又独资在霍山办起第二个磁性材料厂；又和当地供电等部门合资兴办第三个磁性材料厂。横店集团总共投资5 030万元，上了15条生产线，已拥有固定资产4 500万元，其产品不但畅销国内，还远销20多个国家和地区。

（安徽省乡镇企业局）

【河南省乡镇企业东西合作情况】 1995年以来，河南省坚持把实施乡镇企业东西合作示范工程作为推动全省乡镇企业发展的重大战略举措，采取有效措施，强力实施，取得了良好的经济效益和社会效益，已成为全省乡镇企业发展新的重要增长点。到1998年底，全省乡镇企业累计引进资金79.1亿元，人才25 923人，技术8 262项，设备27 641台（套）。建成合作企业4 636个，年新增营业收入305亿元，利税34.1亿元。

搞好宣传动员，实行目标管理。河南省委、省政府对开展东西合作进行反复宣传动员，明确提出实施东西合作对于促进乡镇企业发展，对于推动企业结构调整与升级、科技进步与创新、管理水平与竞争能力的提高，有着十分重要的作用，是一次难得的发展机遇，必须作为一项重大战略措施抓紧抓好。各地采用多种形式，组织开展"五讲清五明白"教育：讲清东西合作的涵义，明白开展东西合作的意义、原则、任务和方法；讲清省情、县情，明白加快乡镇企业发展的重要出路在于借力发展，是加快欠发达地区乡镇企业乃至国民经济发展的捷径和现实选择；讲清开展合作的客观必然性，明白东西合作适合中国国情，顺应经济发展要求，符合市场经济发展规律；讲清合作机遇，明白东西合作可以拓宽新的发展和生存空间；讲清竞争和危机，明白全国可供合作的资金、技术、人才、设备、市场是有限的，谁动手早谁获益多，增强合作的紧迫感和自觉性。1995年，省政府办公厅及时批转了省乡镇企业局《关于乡镇企业东西合作示范工程方案的实施意见》，明确规定开展合作的原则和形式，提出六项目标任务，确定七条政策措施；建立了由省直有关单位和金融部门领导参加的东西合作联席办公会议制度，为东西合作的健康发展提供了组织保证。从1996年开始，各级政府对东西合作实行目标管理，纳入政府的年度岗位目标责任制之中，形成了狠抓东西合作的氛围。

抓好试点示范，发挥典型效应。河南省委、省政府于1995年重点抓西平县和永城市的试点，1996年狠抓驻马店地区示范区的试点，取得经验后及时在全省进行推广。省、市（地）有计划地抓东西合作示范小区的建设，省先后命名68个营业收入3亿元以上、利税3 000万元以上的东西合作示范区，最大的示范区营业收入达21.9亿元，利税2.9亿元。省乡镇企业局会同省农业银行、财政厅每年扶持一批重点示范项目，给予专项贷款和财政贴息。4年间共扶持示范项目47个，落实专项贷款3.1亿元，财政贴息402万元，有11个示范企业销售收入超亿元，最大的河南鞋城皮革集团公司1998年营业收入达11亿元，纳税2 800万元，出口创汇1 984万美元。

广泛开展培训，提高合作本领。1996年以来，河南省各级乡镇企业行政管理部门每年都举办各种形式的培训班。省乡镇企业局重点组织培训各市（地）乡镇企业局和重点县乡镇企业局分管东西合作的领导，以及示范区和重点示范企业的负责人。市（地）、县重点组织培训乡（镇）领导和企业经理。近4年间，全省各级共举办东西合作培训班2 366期，受训的各级各类人员达86 613人次。通过培训，增长了知识，开阔了思路，丰富了经验，树立了信心，减少了开展合作的盲目性，增强了合作的针对性、科学性和有效性，提高了合作成功率。

采取多种形式，拓宽合作（招商）渠道。一是结对合作。省、市（地）、县、乡政府分别与经济较发达省份的同级政府建立友好关系，结成合作对子，本着优势互补的原则，开展经济技术合作。河南省先后与江苏、山东、浙江、辽宁、黑龙江、天津等省、市结成友好合作对子，缔结市（地）、县、乡（镇）级友好合作对子共467对。二是挂职招商。选派干部到友好县、乡挂职锻炼，借机结交朋友，扎根招商。全省累计有2 612人到外省挂职锻炼，引进了一大批项目和资金。三是"搭台"招商。采取由政府组织"搭台"、企业参与"唱戏"的方法，举办经贸洽谈会、项目洽谈会、合作恳谈会等，为各类企事业单位提供面对面交流信息、洽谈项目、转让技术、开展合作的机会和场所。1998年12月，由省政府与农业部在驻马店市举办的"'98全国乡镇企业东西合作经贸洽谈会"上，全省共签订合同项目468个，总投资46.9亿元，引进资金26.15亿元；签订合作协议647份，结识了一大批新朋友，获得了大量的合作信息。各地还采取交友招商、以情招商、以商招商、务工招商、建市引商等合作（招商）形式，也取得良好效果。

按照经济规律，开展项目合作。一是根据市场需要，在高科技项目上开展合作。周口硕飞化工总厂与化工部沈阳化工研究所合作，引进并开发出医药中间体香豆素，出口美国，供不应求。二是兴办劳动密集型企业。平舆县万家乡从浙江省引进的电子彩灯项目，带动千家万户搞组装，人均年收入4 500元左右，使1 000多户农民脱贫。三是利用劳务人员回归搞合作。西华县农民高广德四兄弟，利用在福建省打工学到的制鞋技术，回乡办起高士达鞋业有限公司，并与晋江威士登鞋业有限公司合作生产出口旅游鞋，畅销东欧市场。四是利用资源优势拉动合作。上蔡县健美胶鞋厂利用低价劳力、电力、原料等资源优势，把浙江省一家赔钱的胶鞋厂搬到上蔡。有职工3 500人，每年仅工资一项就比在浙江省节省 700 万元，获取了理想的经济效益。五是借沿海调整经济结构搞合作。葛天集团获悉福州市耐火材料厂搬迁的信息，即与该厂开展合作。用较少的投资搬回了一座煤气发生站，既满足了本企业产品的烧制工艺要求，保证了质量，又节省了能源，减少了污染，提高了效益。

优化合作环境，提供优质服务。河南省各级政府在积极改善道路、场地、水电、通信等基础设施，为外来投资者兴办企业提供必备的基本条件外，把工作的重点放在优化软环境上。一抓政策。在认真落实国家政策的同时，省、市(地)、县结合当地实际情况和东西合作工作的需要，分别制订了以让利、减负、投资、封闭管理、重点保护、简化办事程序、提高办事效率为主要内容的优惠政策。省农业银行每年安排6 000万元东西合作专项贷款，省、市(地)给予财政贴息。二抓减负。省政府发布了《河南省乡镇企业负担监督管理办法》，明确要求“十二个不准”。平舆、虞城等县，采取休克—整顿—理顺—规范的办法治理“三乱”。灵宝、新郑等市对合作企业实行封闭式管理，挂牌保护，由纪检、监察部门派驻负担监督员，对工商、税务、公安、电力等部门实行政务公开，定期组织企业代表评议职能部门。三抓服务。对合作项目普遍采取职能部门联合办公，实行一站式审批、一条龙服务。省农业银行近 4 年间，在落实 3.1 亿元的示范项目贷款外，还贷款 4.2 亿元支持 60 个东西合作重点项目的建设。省科委明确要求“星火计划”、“火炬计划”项目以及科技成果推广项目，优先在东西合作项目中安排。省财政厅对“工程”项目库建设和人员培训等每年安排一定数额的专项经费，对重点示范项目贷款的贴息给予积极支持，仅1996、1997 年度就安排贴息资金 402 万元。

（河南省乡镇企业局）

【四川省乡镇企业东西合作情况】 自 1995 年实施乡镇企业东西合作工程以来，四川省各级政府和部门高度重视，省政府转发了《关于加快发展我省乡镇企业东西合作报告的通知》。省委、省政府领导多次带队到江苏、山东、浙江等省考察，寻求合作。1997 年，省政府发出《关于加快大轻工发展的通知》，把东西合作作为发展“大轻工”的一项重要措施来抓，制订了税收等方面的优惠政策。省政府还将东西合作“大轻工”项目纳入目标管理，分解下达。1998 年又发出《关于外省来川投资嫁接办大轻工工业企业实行“三分”政策的通知》，进一步明确按投资比例进行“分总产值、分利润、分税”的优惠政策。各市、县也制订一系列的优惠政策吸引外来投资。全省上下形成了共识，把实施东西合作工程作为促进当地经济发展的一项重要措施，营造了良好投资环境。

至 1998 年底，四川省已建立国家级东西合作示范区 18 个，省级示范区 43 个。示范区分布全省 20 个地、市、州，占地面积达2 000多平方千米。示范区内有乡镇企业34 448个，企业职工人数597 936人，实现营业收入 415.7 亿元，实现工业增加值 59.9 亿元，上缴税金 18.64 亿元，实现基础设施投入 16.59 亿元。示范区基本上都是当地发展较好的区域，不仅政策优惠，而且基础设施较为完善。成都市龙泉驿区同安镇示范区，面积 1.8 平方千米，基础设施建设仅镇政府就投入6 000多万元。温江卫星城示范区 1998 年基础设施投入 800 万元。示范区由于条件好，政策优惠，招商力度大，引进合作项目较多，已形成一定规模。

截至 1998 年底，四川省乡镇企业共签订东西合作项目1 268个，协议引进资金 38.58 亿元，协议总投资 56 亿元。1998 年，全省乡镇企业东西合作项目实现产值 608.16 亿元，占全省乡镇企业产值的 5.5%；创利税 23.25 亿元，占全省乡镇企业利税总额的 17.5%。1998 年，全省共有 14 个项目被列为全国乡镇企业东西合作示范项目，申请农业银行贷款 1.45 亿元。其中成都海星公司、绵阳三力股份有限公司、射洪变性淀粉厂等 12 个合作项目得到中央财政给予的专项贴息 246 万元。广安大昌木业有限公司同深圳华之屋有限公司合作的优质拼木地板生产线等 5 个项目被列为省委、省政府发展“大轻工”东西合作重点项目。这些合作项目的成功建设，对全省乡镇企业东西合作起到了重要的示范和推动作用。

（四川省乡镇企业局）

【云南省乡镇企业东西合作情况】 自 1995 年实施《乡镇企业东西合作示范工程》以来，云南省乡镇企业与东部地区的合作从点到面，从资金、技术等单项合作到多方面合作，在合作内容、合作形式、合作层次上有良好起步，初步打开了局面，东西合作开始成为全省乡镇企业发展的一个新启动点。

基本情况。云南省乡镇企业开展东西合作，主要做了以下几方面的工作。

以与东部地区合作为重点，广泛开展国内经济技术联合。云南省乡镇企业本着优势互补、互惠互利、真诚合作、共同发展的原则，以股份制、股份合作、联营联办、技术合作、技术转让、引进人才、补偿贸易、设备补偿等合作形式，到1998年底，共与东部沿海地区及中原、西南地区的十几个省、市、自治区达成合作协议项目近300个，其中组织实施200多个。产业涉及采矿、冶金、化工、轻工、建材、机电、食品、医药、旅游等多种行业。引进东部地区资金12.57亿元，占全省乡镇企业4年总投入的8.6%。引进先进适用技术200多项，引进技术、管理人才1 000多人。

结合乡镇企业小区建设，兴办东西合作示范区。在云南省乡镇企业发展中，在二、三产业比较集中和交通要地形成了一批集中连片、群体发展的乡镇企业小区，其中与东部地区合作项目较多的小区有十几个。其中砚山县江那镇东西合作示范区、牟定县散花经济技术园区等7个乡镇企业小区被农业部命名为东西合作示范区。

多渠道考察学习，多层次建立关系。云南省乡镇企业以政府组织、各级主管部门组织等形式，组织乡镇企业厂长、经理、管理技术人员到东部地区考察、培训，结识合作伙伴，建立合作关系。省乡镇企业局先后与上海市、山东省签约，结成对口合作关系。省乡镇企业协会、培训学校等单位多次成批安排乡镇企业出省学习培训，在资金、技术、人才、培训、贸易、信息等方面广泛接触、洽谈。思茅、红河、文山等地州的所属县和乡镇企业主管部门与东部地区建立了相应的对口协作关系。

制定优惠政策，创造宽松环境。云南省政府、地州市和部分县区政府制定了一系列招商引资、横向联合的政策，主要是：到云南省联合办企业或独立经营的，享受中西部地区免征固定资产投资方向调节税政策；享受云南省乡镇企业定期减免所得税政策；使用农村土地可用长期有偿转让使用权办法，农村集体可以土地使用权入股联营；在项目审批立项、环境评价、工商登记、用工就业等方面给予优质服务与便利条件；实行“你发财，我发展”，向合作方让利，使对方有利可图。昆明市及各县市政府都制定了对外地开放的优惠政策，从财政、银行安排配套建设资金，东西合作示范区都制定了整套优惠政策，引进了一批东西合作项目。

加强省内联合，内地边疆共同发展。滇中地区乡镇企业起步早，发展快，有一定实力与基础。近几年，滇中地区乡镇企业一方面根据发展自己的需要，在市场、原料、生产上向边疆拓展。一方面根据中央、省委对扶贫工作要求，支持民族贫困边疆地区发展。因此以结合作对子形式，联营开发资源；或以到边疆地区建设原料基地的方式，创办采矿、选矿、冶炼、建材、农产品加工、木材深加工等方面的使用项目，取得了很好的效果。

主要做法。云南省乡镇企业在与东部地区开展东西合作中，有不少行之有效的新鲜做法，探索了一些可贵经验。

实行优势互补，开发本地资源。云南省有丰富的中药材资源，昆明龙津药业公司1998年与上海东富龙科技有限公司实行股份合作，由对方提供技术、设备，开发了脑心血管病特效药品——注射用降纤酶和灯盏花素冻干粉针剂及高效浓缩型转移因子、胸脉肽等，项目总投资2 262万元，设计年生产能力灯盏花素冻干粉针剂980万只，降纤酶20万只，项目达产后可实现年产值5 640万元，利税2 010万元，填补了云南省这类药品的空白。金江魔芋是昭通地区特有的经济作物，为了开发这一资源，进行深加工，昭通地区乡镇企业与上海康龙植物精粉厂、昆明龙效贸易有限公司、上海市青浦县粮食贸易公司申练公司合作建成年产5 000吨魔芋产品系列，品种有26个。墨江县以丰富的天然橡胶和棕为原料，与广东省湛江市云通商品贸易总公司股份经营，共同投资620万元，组建云南墨江天然纤维制品有限公司，建成年产棕胶纤维汽车坐垫800吨的生产线。昆明市官渡区大桥镇滇新锰铁厂利用滇西、缅甸的锰矿资源，与江西新余钢铁厂联营，利用对方的冶炼技术，建成100立方米冶炼炉，生产铁合金，年产值超亿元。

联合经营，扩大生产能力。石林县滇中水泥厂与江苏盖特集团合作，对方出资2 000万元，加上该厂自有资金，使水泥生产能力从10万吨增加到30万吨。曲靖市麒麟区越州镇政府与山东省企业合作，投资1 500万元，建成曲靖市创苑锌业公司，加工精锌，年产值达4 000万元。中甸县哥扎乡红山铜矿多年来规模很小，成本高，效益差，开发能力低，企业与深圳市沙河贸易公司合资，实行股份制，双方各投资50%，使日采选生产能力达到2 500吨。

引进外地技术，开发新产品。玉溪市高仓集团与中国轻工总会上海香料研究所开展技术合作，建成年生产400吨蒎烯合成香叶醇、芳樟醇生产线；又与上海华东理工大学合作，引进丙二醇生产技术，形成年产600吨生产能力。安宁市县街乡与山东胶州市耐火材料厂实行技术联营，建成年产1 600吨炼钢用连铸铝炭质耐火材料生产线，产品在就近的钢铁企业销售。石屏县磷酸盐厂与北京科联农机研究所联合，总投资

2 044万元，企业出资75%，合作方以资金与技术投入，建成年产4 000吨黄磷、3 000吨工业磷酸、3万吨过磷酸钙、1万吨硅钙生产线。保山地区乡镇企业引进外地技术，对现有企业进行技术改造。施甸县水泥厂引进辽宁、江苏等省技术，使水泥年产量从4万吨增加到6万吨。龙陵县与保山市的工业硅厂引进福建省技术，改进冶炼工艺，使每吨硅的成本下降1 000元。施甸县卫生纸厂引进河北省技术，攻克了脱墨难关。腾冲县氯酸钾厂引进外地技术人才，对低品位氧化锌实行酸淬取，再进行电解，收到较好效果。

开展技术合作，进行技术改造。通海县金属印铁制品包装厂在原初级加工设备基础上，投资1 660万元，从上海青浦华新五金机械设备厂引进一条生产流水线，提高了生产的自动化程度，由上海方负责生产技术，使产品质量达标，成品合格率达100%。耿马县勐永糖厂与上海市企业合作，利用对方技术，开发废糖液，建成酵母片生产线。

利用区位条件，开展区域合作。文山州利用毗邻广东、广西的条件，近几年与两省、区达成东西合作项目46个，引进资金22 240万元，建成了文山县水泥厂、砚山县水泥厂、麻栗坡县白玉公司、西畴县马街铜钨采选厂、瑞发日化厂、广南县红砖厂、富宁县归朝木薯淀粉加工厂、辰龙矿业公司等一批联营项目。在开展区域合作上，文山州探索了八条路子：一是政府搭台，企业唱戏。二是利用"昆交会"和文山州民族节等开展经贸活动。三是乡镇企业主管部门帮助企业跑市场，跑资金。四是亲友牵线，企业联姻。五是利用资源、劳力等优势，引资开发。六是到外地设立窗口，调查信息，全州已在全国大中城市设立十几个窗口。七是政府及有关部门组织企业到东部地区开展招商活动。八是上挂下联，挂靠科研单位、大专院校，引进先进技术和科研成果。

引进合作伙伴，建设东西合作示范区。砚山县江那镇东西合作示范区积极与东部地区开展经济技术合作，两年来建立东西合作企业11个，引进技术6项，引进资金3 000万元，新吸纳农村劳动力1 500人。牟定县在发展乡镇企业中，积极谋求与外地合作，引进资金和技术合作项目15个，中纤板、葛根粉、精细化工、速冷库项目都是与东部地区合作的项目，形成了牟定散花经济技术园区，已被农业部批准为东西合作示范区。

独立投资，开发资源。西双版纳是举世闻名的热带雨林景区，浙江省湖州市金州集团瞄准这块土地，在景洪市有偿转让林地1 666.67公顷，使用期70年，投资6 000万元，新建集旅游、度假、餐饮、文化为一体的森林公园。石林是著名风景区，有交通、区域优势，福建省私有企业看准这块地方，投资520万元，建成一条陶瓷生产线，年产瓷砖72万平方米。楚雄市山区盛产竹子，广东客商利用这个条件，先后投资2 232万元，兴办进兴工贸总公司，建成年产一次性竹筷120万套卫生竹筷的生产线，年产值达960万元，带动了山区农民栽竹1 333.33公顷，增加了收入。

建立产销渠道，开拓产品市场。富宁县金泰得制药公司在上海市经协办帮助下，与中国医药总公司达成协议，由该公司为经销总代理，将产品"三七"总甙销往上海，并与中国药物研究所签订技术协议，联合研制"三七"单体皂甙。

*存在的问题。*从总体情况看，云南省乡镇企业东西合作工作力度不大，开展面小，合作方式单一，合作渠道不多。其原因：一是云南省寻求合作的外部条件较差，交通、基础设施条件不足。二是乡镇企业基础差，无论新建、扩建、技改项目，都提不出具有较强吸引力的合作项目，项目的基础工作与前期准备也不够。三是洽谈的合作项目落实不够，停留在协议或合同上，也造成负面影响。四是一些地方党政领导与乡镇企业主管部门思想解放与工作程度不够，在项目准备、组织协调、各项工作落实上适应不了合作方的要求。

（云南省乡镇企业局）

【甘肃省乡镇企业东西合作情况】 至1998年，甘肃省已有部、省、地、县级乡镇企业示范区和乡镇企业东西合作示范区96个，其中全国乡镇企业示范区2个，全国乡镇企业东西合作示范区14个（含全国乡镇企业示范区），省级乡镇企业示范区7个，地（市）级乡镇企业示范区59个，县（市）区级乡镇企业示范区（乡镇企业密集区）16个。21个部省级示范区，总人口43.4万人，规划总面积816.5平方千米，基础设施累计投入10.9亿元，其中1998年新增投入1.45亿元；累计已上项目4 359个，总投资37.9亿元，其中1998年新上项目242个，新投入4.6亿元。1998年，完成总产值80亿元，其中工业产值46亿元，分别占全省乡镇企业总产值和工业产值的15.8%和20.8%；完成增加值19亿元，其中工业增加值12亿元，分别占全省乡镇企业增加值和工业增加值的16.9%和24.8%；完成利税总额7.2亿元，占全省乡镇企业利税总额的13.8%。

1998年，全省已建成投产和在建的东西合作项目累计达到115个，投资累计72 444万元。经农业部和中国农业银行批准的项目累计达18个，总投资45 383万元。1998年新上东西合作项目26个，总投资4 538万元，其中引进资金1 770万元，东西合作专项资金500万元，自筹资金2 268万元。

*加强领导，加快示范区建设。*甘肃省乡镇企业东西合作和示范区建设，一开始就得到甘肃省委、省政府的高度重视。从1994年以来，每年都召开专题会议，总结经验，研究对策。从土地、工商、税收、“农转非”指标、示范区总体规划、基础设施建设等方面予以积极的指导和协调。一是从1998年开始，甘肃省每年对部省级示范区进行量化测评，纳入目标管理，对各项计划指标达标，管理、效益及示范区作用明显的示范区进行表彰，1998年有5个部省级示范区受到表彰奖励。二是根据有关文件精神和甘肃省乡镇企业的实际，甘肃省制定了《甘肃省乡镇企业示范区申报及管理办法(试行)》。还在借鉴外省示范区优惠政策的基础上，结合甘肃省实际，出台扶持乡镇企业示范区发展、完善、提高的具体政策措施。三是加大了示范区建设与小城镇建设相结合的力度。对现有21个部省级示范区的规划，按照小城镇建设的要求进行补充完善，已有8个示范区作为小城镇综合改革试点。对全省已有的75个地、县审批的乡镇企业示范区(乡镇企业密集区)也按照小城镇建设规划的总体要求，分期、分批地进行完善、提高。在基础较好、布局合理、各项指标达到或接近当年部省级示范区平均水平的示范区中，筛选9个作为省级乡镇企业示范区。对交通便利，水、电、通信等基本要素具备的地域和“空白区”引导、规划建设乡镇企业密集区。

拓宽东西合作渠道，加大工作力度。

积极组织和参加省内外、国内外招商、洽谈会议，招商引资力度不断加大。1998年，甘肃省组织参加大的招商引资、商贸洽谈、考察学习有四次。一是以省政府的名义，由副省长带队组团赴澳门进行招商引资，共达成协议14个，协议资金12.36亿元。其中，达成意向协议8个，协议资金10.96亿元；签订正式合同6个，合同金额1.4亿元。二是抓住一年一度“兰交会”的有利时机，组织乡镇企业进行产品展示和招商引资。首次在“兰交会”上设立了乡镇企业展厅，组织九大行业60多个企业130个品种参展。向“兰交会”提交招商引资项目57个，达成合同、协议签约项目17个，引进资金3.9亿元，其中正式合同项目11个，引进资金2.4亿元。三是积极组织参加在河南省驻马店市举办的全国东西合作经贸洽谈会。向大会提交120个项目，并举办了新闻发布会。洽谈会期间共签订正式合同1个，协议项目19个，总投资6.5亿元，其中合同金额2.3亿元，缔结友好单位7个。四是与省政府侨办联合组团到东南沿海及香港特区考察学习、经贸洽谈。介绍招商引资项目26个，签订意向协议7个。

东西合作项目不断拓宽延伸。一是充分利用国家对东西合作项目的优惠政策，利用招商引资、商贸洽谈和到东南沿海考察学习的机会进行宣传，介绍项目。二是利用已缔结的友好合作城市、友好合作单位，广交朋友，喜结对子。有12个部省级示范区和7个单位与北京、天津、上海、山东、山西、陕西、福建等10个省、市，在技术、资金、人才及培训等方面进行了广泛的交流和合作。三是在多选项目、选好项目的基础上，对已签订的协议项目和正式项目，狠抓落实，提高成功率。四是积极探索“产学研”相结合的路子。组织企业与大专院校、科研单位以技术转让、技术入股、产销合作、技术合作、技术咨询、资金合作等形式，“产学研”联合，共同发展。1998年，兰州市乡镇企业共签约产学研合作项目47个，已建成投产33个，新增产值3.04亿元，利税4 565万元。

*存在的问题。*甘肃省乡镇企业东西合作存在的主要问题：一是示范区基础设施、重点项目建设比较薄弱，名牌、品牌产品少，市场占有率低。二是东西合作力度还不够。虽然曾多次组织招商引资、商贸洽谈、考察学习，但由于所处的地理位置和区域环境的限制，以及有关政策的限制，使甘肃省的资源优势不能尽快转化为经济优势，影响了合作方投资的决心和信心，意向性合作项目多，真正落实的项目少。三是资金投入仍然不足。有相当一部分合作示范项目和示范区重点项目，因当地银行没有资金而得不到评估、上报。即使列为东西合作工程的示范项目，也因为资金不能落实，影响了项目的实施。1998年，全省乡镇企业落实到位资金仅占固定资产投资总需求的40%左右，极大地影响全省乡镇企业的发展。

（甘肃省乡镇企业局）

【新疆乡镇企业东西合作情况】 新疆乡镇企业东西合作已进入健康、有序的发展阶段，取得了显著的经济效益和社会效益。全区乡镇企业与20多个省、市、自治区开展了广泛的经济合作交流活动，约有60个市县与区外市县结为友好合作对子，招商引资效果显著。

*改进一批资金、技术、设备和人才，加大了对东西合作扶持力度。*从1994年至1998年，新疆乡镇企业东西合作共引进资金11.98亿元，大部分是以固定资产形式注入的。在“’98全国乡镇企业东西合作经贸洽谈会”上，全区乡镇企业签订合作项目45个，项目总投资4.11亿元，协议引进资金2.07亿元。国家实行棉纺业“东锭西移”，新疆乡镇企业分别从海南、山东等省引进一批较先进的棉纺设备。在开展东西合作中，各地注重引进技术和管理人才。乌鲁木齐大湾焊管厂的主要技术人员和技术工人均从辽宁省葫芦岛市引进的。

米泉西农动物兽药厂从西北农业大学引进博士、硕士、学士学位的高中级技术人员 17 人。

由于引进了资金、技术和项目,也使金融部门和财政部门加大了对乡镇企业东西合作项目的支持。各金融部门对东西合作项目贷款累计达18 569万元,各级财政给予财政扶持金2 160万元,其中银行贴息 87 万元,有偿使用2 073万元。

*建成一批有规模、技术含量高、经济效益好的东西合作项目。*全区乡镇企业共有合作企业 141 个,其中区内合作企业 54 个,跨省区合作企业 87 个,东西合作企业 58 个。有些企业规模大、效益好。米泉市希望有限责任公司是四川新希望集团与米泉市联合投资2 000万元兴建的一个分厂,年产饲料 10 万吨,1997 年 9 月投产,1998 年实际生产饲料 3 万吨,实现产值4 300万元。库尔勒市大华实业公司是江苏省徐州市维维豆奶集团与库尔勒市联营兴建的,总投资2 396万元,年产豆奶3 000吨,1997 年 6 月投产,1998 年共生产豆奶2 800吨,实现营业收入3 816万元,利润 613.5 万元,上缴税金 406 万元。

*建设了一批乡镇企业示范工业小区。*全区共建成部级乡镇企业东西合作示范区 8 个,省级示范区 2 个。1998 年,示范区实现营业收入 33.22 亿元,占全区乡镇企业营业收入的 13.53%;实现增加值63 061万元,占全区乡镇企业的 10.04%;上缴税金12 018万元,占全区乡镇企业的 14.5%。

*推动了乡镇企业的发展,安置了一批农村剩余劳动力。*新疆乡镇企业东西合作项目实现增加值30 176万元,占全区乡镇企业增加值的 5.0%;上缴税金5 023万元,占全区乡镇企业的 6.1%。乡镇企业东西合作示范区共安置职工34 158人。

*促进了乡镇企业结构的优化。*通过东西合作,东部地区的一些劳动密集型和农副产品资源加工型企业开始向西部转移,有利于发挥新疆的资源和劳动力优势。乌鲁木齐市东山区京成棉纺厂是北京市长城公司与东山区联合投资8 000万元兴建的一家"东锭西移"东西合作企业,生产规模 3 万锭,设备均由长城公司转移过来,于 1997 年底投产,安置下岗职工、城镇待业青年 700 多人,共生产棉纱 786 吨,完成产值约1 200万元。

*加快了思想观念转变。*乡镇企业东西合作,有力地促进了新疆各级领导和乡镇企业干部职工思想观念的转变,东部地区现代化管理、市场营销等先进的经营机制也逐渐被全区乡镇企业所接受和利用。

*投资环境明显改善。*在东西合作中,各地制定了较优惠的招商引资政策,简化项目审批程序,增强服务意识,投资环境有明显改善,特别是加强了基础设施建设。截至 1998 年底,全区 8 个部级乡镇企业东西合作示范区,共投入 4 亿元用于水、电、路、通信、排污治污等基础设施工程建设。米泉市古牧地镇全国乡镇企业东西合作示范小区,狠抓基础设施建设,共投入9 800万元,用于水、电、路、通信等设施建设,极大地改善了当地投资环境,招商引资成绩显著,4 年来共引进上规模合作项目 13 个,引进资金 1.26 亿元,项目总投资1.61 亿元,1998 年合作项目实现营业收入8 410万元,新增利税1 520万元。

（新疆乡镇企业局）

【湖南省祁阳县黎家坪乡镇工业小区建设情况】 黎家坪乡镇工业小区位于永州市的北大门,于 1993 年底创建。跨黎家坪、浯溪两个镇辖 31 个行政村,沿 322 国道两侧展开,长 15 千米,面积 30 平方千米。1995 年成为全国乡镇企业东西合作示范区、全国乡镇企业示范区和湖南省星火技术密集区。

小区建设情况。五年来,小区在各级政府和有关部门的重视和支持下,艰苦创业,奋力拼搏,走出了一条"相对集中,连片开发,规模发展"的新路子,为区域经济的发展做出了贡献。

经济指标稳定增长。1998 年小区内乡镇企业完成总产值 12 亿元,比上年增长 18.3%,为建区前的 10 倍,占全县乡镇企业总产值的 17.9%。其中乡镇工业总产值 6 亿元,比上年增长 21.1%,为建区前的 8.5 倍,占全县乡镇工业总产值的 20%。上缴税金 0.5 亿元,比上年增长 0.9%,为建区前的 3.8 倍,占全县乡镇企业实缴税金的 32.05%。完成增加值 3 亿元,其中乡镇工业增加值 1.51 亿元。其他各项经济指标也有一定幅度的增长。

基础设施配套齐全。小区采取群众筹、向外引、银行贷、财政挤、部门凑等办法,5 年来共筹措资金 5.6 亿元。新建日产 10 万吨自来水厂 2 座。区内程控电话装机达 1.5 万门。改造大小街道 19 条,硬化道路 35 千米。贯通小区 60 米宽的主干线黎阳大道、黎家坪过境大道全部硬化通车。改建的祁阳火车客站和年吞吐能力为 150 万吨的货场扩建工程,已竣工投入运行。1 个商业城、2 个批发市场、3 个停车场、4 个农贸市场已全面投入使用,建筑总面积达 10 多万平方米。文化、教育、体育、娱乐、旅游等配套设施日臻完善,为客商投资提供了较好的基础设施条件。

东西合作进展加快。五年来,小区共洽谈意向性项目 42 个。其中技术合作项目 11 个,资金合作项目 21 个,人才合作项目 10 个,意向合作资金19 860万元。

签订正式合作协议的26个。已投产项目22个，总投资6 160万元，其中对方合作资金3 160万元。

示范带动成效显著。一是促进了祁阳全县乡镇企业工业群体的形成，涌现出白水、观音滩两个市级工业小区和大村甸、文明铺等10个各具特色的县级工业小区。二是促进了全县乡镇企业的大发展。1998年祁阳县乡镇企业总产值比上年增长24%，乡镇工业总产值比上年增长27%。三是促进了财政收入上台阶。全县工业小区上缴税金占全县财政收入的46.12%。四是促进了农村剩余劳力大转移和国有企业下岗职工的再就业，工业小区共吸纳农村富余劳动力44 900人，安置城市下岗职工再就业人员5 420人。五是促进了农民致富奔小康。由于工业小区一、二、三产业的协调发展，为农民增收开辟了一条新途径，农民收入有了很大提高。工业小区内农民人均纯收入比全县农民人均收入高出480元。

主要工作措施。

优化政策环境，增强吸纳功能。自小区创建以来，市、县两级先后为小区颁发了五个文件，共制定了98条优惠政策。1996年6月，永州市委、市政府发文，决定在小区内辟出7.5平方千米分别建立黎家坪工业新村和浯溪工业新村，给予17条特优惠政策，实行"封闭式"管理，开放式运行。随即祁阳县委、县政府制定了26条实施细则。1997年8月，县委、县政府又出台文件，进一步完善"封闭式管理办法"，规定对新村内1996年1月1日以后投产的老企业实行"定费"三年，1997年1月1日以后正式投产的新企业实行"无费"三年，即免缴一切行政事业费。近三年来，市、县两级共为区内企业减、免、返各种税费2 140多万元。1998年，尽管亚洲金融风暴给我国乡镇企业带来了诸多困难，但由于致力于软环境的改善，小区的吸纳能力仍不断增强，全年新上骨干项目26个，其中东西合作项目7个。

狠抓招商引资，突出合作项目。小区抓住国家推行东西合作和外商投资内移的机遇，实施外向带动战略。充分利用各种关系，寻求合作伙伴，从沿海经济发达地区、大专院校、科研单位和大中型企业引进人才、技术、项目和资金，加快了小区的发展。在五年时间里，祁阳县委、县政府为小区共开展了9次组团招商活动，小区和工业新村先后14次组队外出考察招商。日本、加拿大、美国等8个国家和地区，广东、广西、天津、上海等10个省、市、区的客商先后80余次到小区考察，洽谈投资。共洽谈项目114个，其中东西合作项目42个，"三资"企业项目23个，内资企业49个。引进新设备144台(件)，技术人员834人，其中高级职称人员17人。引进境外资金2.1亿元，其中外资15 700万元。

依靠科技进步，提高企业档次。几年来，小区利用是全省八个"星火技术密集区"之一的优势，围绕水泥、冶炼、机电、轻化、食品加工等五大支柱产业，不断加大科技开发力度，使高科技含量、高附加值、高市场占有率、高效益的"四高"产品呈现出良好的发展势头，大大提高了企业的科技水平和发展能力。区内共开发出系列产品74个，其中列入国家和省"星火计划"项目22个，荣获国家专利产品26个，16个产品分别获得国家、省级新产品金奖和优质产品奖。小区的科技贡献率已由建区前的32.4%提高到65.8%，新产品、新技术产值率由建区前的4.8%提高到32.5%。一是突出高科技含量抓项目。把开发"四高"产品作为科技兴区的重点，取得可喜成绩。中外合资企业祁阳县恒发制衣有限公司生产的黑白套裙系列产品，有3个产品在1997年大连国际服装节上荣获金奖。祁阳县氟化盐厂从化工部引进的新技术，生产人造砂状冰晶石，先后获得全国"双新"博览会金奖、国际新技术新产品博览会金奖。二是突出大规模抓扩建。五年来，区内共扩展项目29个，其中新增产值、利税翻番的有25个。经过小区统一规划，祁山水泥厂通过三次扩建，生产能力由原来的4.4万吨扩大到23.2万吨，产值、利税均增加5倍以上，其产品在全省乡镇企业水泥行业中率先获得ISO9002质量体系认证，被评为湖南省名牌产品。区内工业企业年产值上亿元的有3个，5 000万元以上的有7个，1 000万元以上的有11个。三是突出新技术、新设备抓改造。为使改造企业产生高效益，小区按照"节能降耗，低成本扩张"原则审批立项。几年来，改造项目18个，100%的达到了增产、增值、增效益的要求。四是突出效益抓投入。为促进企业上规模、上档次、上水平，小区对企业的投入逐步做到由"照顾型"向效益型转变，由生存型向科技型转变，由低档次向高档次转变。财政和银行对小区企业的投资总额累计为25 300万元，新增产值15.6亿元，新增利税2.3亿元。

深化企业改革，转换经营机制。小区以职工增收、企业增效、国家增税为目标，从实际出发，因企制宜，对一些政企不分、管理不严、后劲不足、效益滑坡的企业，大刀阔斧进行改革，收到显著成效。通过企业改革，转换经营机制，充分调动了经营者、生产者的积极性，盘活、重组和优化配置了各种生产要素，增添了企业的生机和活力。

切实加强领导，强化优质服务。小区是永州市的"经济特区"，经市、县两级批准，小区机构由原来临时性的领导小组组建为常设管理委员会。同时，小区内设立两个工业新村管理委员会，为小区快速发展提供了组织保证。

为强化服务功能，增加小区的吸引力和凝聚力，祁阳县委、县政府建立了小区联合办公制度。审批企业项目实行"一个窗口对外、一站式审批、一条龙服务"。由小区管委会牵头，每月10日、25日两天组织计委、规划等18个有关部门的专职领导和专办人员，到小区联合办公，县委书记或县长亲自参加联合办公，解决重大问题，大大提高了办事效率。

（黎家坪乡镇工业小区管理委员会）

专题文章

乡镇企业:扶持、改革、调整的思考
论三元经济背景下产业空间结构的系统转变
乡镇企业发展之路的思考
乡镇企业结构调整的探讨
论乡镇企业与小城镇互动发展
乡镇企业可持续发展经济的技术选择
乡镇企业投资需求不足的原因及对策
“雅戈尔”文化探析
让企业文化参与市场竞争

乡镇企业：扶持、改革、调整的思考

杨　继　瑞

伴随我国经济的运行由卖方逐步滑入买方市场，一度盎然生机的乡镇企业的生存空间发生了重大变化。要使乡镇企业适应变化了的市场环境，在新一轮的经济发展阶段中再创新高，必须对其大力扶持，并进一步对其深化改革和进行战略性调整。

加大扶持力度。对乡镇企业来说，完全把搞活的希望寄托在改制上是不行的，不少乡镇企业势单力薄，对其不能只改不扶。在目前的市场环境与经济运行状态下，政府要为乡镇企业创造一个适宜的成长环境，要建立为它们服务的体系，比如帮助它们开拓融资渠道、信息渠道，为它们提供培训、咨询服务，为它们提供技术与开拓市场的有利“平台”等。这样，才有助于乡镇企业更好地发展，以摆脱其发展中的困境。

毋庸讳言，大型企业在技术、产品创新和上缴利税方面具有优势。但是，为数众多的包括乡镇企业在内的中小企业在吸纳劳动者就业方面可以做出很重要的贡献。95%以上的乡镇企业职工是在中小型企业就业的。不仅如此，乡镇企业还是推动我国经济发展的重要力量。乡镇企业的特点是量多面广，投入少、发展易，经营方式灵活，这是国有大企业无法替代的。回顾改革开放20年，我国经济的持续快速增长，相当程度上是得益于乡镇企业的发展。我国经济增长速度有所回落，也与占中小企业80%以上的乡镇企业增速下降不无关系。所以，大力扶持乡镇企业发展，对于扩大内需和实现经济有效增长目标，都具有十分重要的意义。更加值得注意的是，我国就业压力很难迅速缓解，每年有不少于800万人的城镇新增劳动力需要安排，大量农村剩余劳动力需要转移，一些国有企业职工要下岗分流，这些人往哪里去？主要是靠包括乡镇企业在内的中小企业来吸纳。同时，在亚洲金融危机不断蔓延和世界经济恶化的形势下，我国要长期保持国民经济的稳定增长，也需要更充分地发挥包括乡镇企业在内的中小企业的作用。这样来看，扶持乡镇企业就不是权宜之计，而是事关经济全局和长远发展的战略性举措。

现在的问题在于，本来就势单力薄的乡镇企业，眼下又碰到了市场的约束增强、产品销售不畅、竞争日趋激烈等新的矛盾，生产经营困难普遍有所加重。而一些地方和部门忽视乡镇企业的倾向，也对乡镇企业的生存发展造成影响。如有些地方对乡镇企业的发展热情减退甚至漠不关心，仍按传统观念将企业分成三六九等，乡镇企业通常被列入另册。有的则把对包括乡镇企业在内的小型企业“放小”政策异化为“放弃”政策，乃至于对乡镇企业“一卖了之”。还有一些金融机构对不同规模、不同所有制的企业实行不同的贷款条件，乡镇企业通常受到严格限制，不少乡镇企业尤其是个体私有企业甚至没有贷款资格。诸多影响和制约，使乡镇企业近年来出现增速放慢、亏损扩大和吸纳就业能力减弱的趋势。

诚然，乡镇企业面临的问题，有些是能够通过自身的努力加以解决的。然而，一些乡镇企业自身无法解决的问题，则需要各级政府和社会各方面给予帮助，对其大力扶持。这种扶持不仅是我国进一步发展乡镇企业的现实需要，而且也是国际通行的做法。像类似乡镇企业这样的中小企业在世界各国的经济发展中都起着不可替代的作用。即使在美国、日本、德国等大企业集团左右经济的国家，中小企业的数量也普遍占全部企业的99%以上，其就业人数要占60%～80%。由于中小企业规模小、实力弱、资信差，所以常常在竞争中处于劣势，并普遍存在融资困难。针对这种情况，发达国家和一些发展中国家不仅对中小企业提供法律保障，而且还在金融、税收、政府采购、外贸出口、教育培训等方面实行扶持政策。如日本、英国、加拿大等国家除了由政府部门出面为中小企业贷款提供担保外，还成立了专门机构为中小企业发放低息的优惠贷款。法国政府规定，凡是到欠发达地区创办的中小企业，一般可减免80%的税额。在美国，为保障和创造中小企业参与公平竞争的机会，不仅制定有《中小企业法》、《中小企业投资法修正案》、《反托拉斯法》等几十种法律，而且还规定政府采购额的20%一定要给中小企业。发达国家和一些发展中国家在扶持中小企业上的这些做法，很值得参考与借鉴。

近几年来，我国在搞活企业和培育市场主体战略举措中实施了“抓大放小”的方针。“放小”是要放活，放活还需要注意“扶小”。只有把“放小”和“扶小”有机结合起来，才能为作为中小企业为主的乡镇企业的稳健发展全面创造良好的运作环境。

从政策上扶持。乡镇企业融资渠道不通畅是反应最强烈的问题。各商业银行先后成立了包括对乡镇企业服务在内的中小企业信贷部，这是一个良好的开端。应在这个基础上，进一步研究如何改进与完善信贷管理，灵活运用各种金融工具，提高金融服务的质量与水平。进一步研究通过组建贷款担保机构、设立专项发展基金和担保基金，扶持乡镇企业。在财政方面，不仅要保留落实已有对乡镇企业的各项税收优惠政策，还应考虑设立创办乡镇企业的创业基金、贷款风险准备金和托管基金，尤其是对纳入农业产业化经营体系的乡镇企业还应给予适当的税收优惠。此外，还要下决心取消各种不合理的收费，切实减轻乡镇企业负担。

从组织上扶持。世界上许多国家都设有专门针对中小企业的管理部门，负责制定实施扶持政策和提供各种服务。如美国在商贸部设立了中小企业管理局，日本在通产省专设中小企业厅，英国在贸工部也设有中小企业管理机构。我国从国家到地方政府都有乡镇企业的管理部门与机构。各地区和各部门要从实际出发，尽快加强和改进对乡镇企业的管理。同时要明确，这种“管”不是让政府去具体经营管理乡镇企业，更不是去“卡”乡镇企业、“吃”乡镇企业，而是要突出对它的服务、突出对它的扶持，为乡镇企业发展创造更为有利的环境。要通过加强规划和引导，促进乡镇企业加快技术进步与结构调整，向“小而专、小而精、小而优、小而特”方向发展，在市场经济中确立其比较优势。

从社会服务上扶持。乡镇企业难以通过自营供销的方式与大市场对接，管理能力、技术能力和创新能力相对较弱。对此，应大力培训和发展社会中介组织，加快建设中小企业社会化服务体系，为乡镇企业提供产前、产中、产后服务。近些年，不少发达的市场经济国家通过建立工业园区等形式，为中小企业提供基础设施、共用技术设施和集中服务，形成中小企业“规模化”经营模式，并取得了明显效果。如日本许多地区逐步将中小企业适当集中在一个地方，实行“团地化”，以有效地利用教育培训、销售、运输、订货、仓储等设施，从而达到提高效率、节约投资的资源有效配置的目的。意大利的100多个“专业化产业区”容纳了36万多个中小企业，并形成一区一业的发展模式。美国设有近1 000个由退休人员组成的小企业发展服务中心，通过自愿的和合同的方式，向小企业提供从创业准备、可行性计划、公司设立，到行政管理、商业理财等全套服务。这些做法都值得我国在扶持乡镇企业时参考与借鉴。

深化改革与战略调整。在扩大内需促进经济有效增长，抵御国际金融危机与经济波动的新形势下，乡镇企业应再显身手，为国民经济的稳健运行做出新贡献。“打铁还须本身硬”。为此，乡镇企业必须通过深化配套改革与战略调整来苦练内功，再显盎然生机。

以产权制度创新推动乡镇企业二次创业。在新的形势下，要继续以产权制度创新为重点，规范操作，循序渐进，推动乡镇企业各项改革的深化。对部分大中型乡镇企业，要以构建现代企业制度为目标，以股份有限公司和有限责任公司为主要形式，实行规范化的公司制改造。对面广量大的中小型乡镇企业，其产权制度的创新要因地制宜，多种形式推进。乡镇企业产权制度的创新，特别是股份制和股份合作制改造，既要解放思想，大胆探索，又要正确引导，精心组织，不能急于求成，不能搞行政命令和“一刀切”，更不能“刮风”。

对个别乡镇企业而言，“卖”也不排除是其产权制度创新的一种方式，但这绝不是其惟一的方式。像扒堆卖萝卜似地成百上千在抛卖乡镇企业，厂长没心思干了，职工心散了，好的乡镇企业也会垮掉。这种做法实际上是把乡镇企业产权制度创新这个复杂问题简单化了，到头来相当数量的乡镇企业也不一定能卖出去。乡镇企业里还有那么多职工，不计后果地“卖”乡镇企业会极大地伤害职工对乡镇企业的感情，容易造成乡镇企业存量资产的流失。可行的方法是对要“卖”的乡镇企业进行合理的资产评估，妥善解决好职工的安置问题，再寻找国内外合适的收购者，逐个解决问题。有的乡镇企业片面认为“一股就灵”，在改制过程中强迫职工入股，不入股就下岗。要认识到，入股是一种投资行为，投资是有风险的，谁强迫入股，谁就应承担风险责任。其实，乡镇企业产权制度创新的形式是多种多样的：可以合伙、承包，可以改组、联合，还可以兼并、租赁，以及采取股份制或股份合作制等。需要强调指出的是，乡镇企业产权制度创新无论采取何种形式，都应贯彻一个原则：要根据每一个乡镇企业行业的特点、它的历史、职工的承受程度、在市场竞争中的地位，选择最适合它的财产组织形式，不要强求一律。在乡镇企业产权制度创新问题上，必须尊重企业的历史，必须尊重企业的现实，必须尊重资产运作的规律，必须尊重职工的意愿。

以产业结构的优化与升级推进乡镇企业上水平上台阶。我国买方市场的生成，主要原因是由低水平重复建设造成的结构性相对过剩，是企业行为滞后于市场变动的必然现象。因此，适应市场变化的新情况，实现主导产业的更新和产业结构的优化与升级，是乡镇企业摆脱市场饱和困境，实现持续、高速、健康发展的必由之路。所谓乡镇企业产业结构的优化与升级，一方面要以市场需求、资源优势、高新科技和产业政策为导向，不断调整和优化产业及产品结构，发展高科技含量的优势产业与产品。另一方面要以市场为切入点，选准自己的市场定位，争取尽可能大的市场发展空间。

一是乡镇企业产业结构的优化与升级必须以市场为导向，这是乡镇企业产业优化与升级的关键。我国买方市场背后隐含着严重的结构失衡问题，其主要是产品的供给结构与需求结构不相适应，结构性矛盾比较突出。一方面，大量的常规性产品积压，市场“价格战”此起彼伏。另一方面，大量潜在的新需求尚没有充分满足，具体和局部依然存在不少市场缺口。比如国内需要的机电产品仍要大量依赖进口，服务业特别是社区服务业的发展更为不足。这就意味着乡镇企业在主导和支柱产业的选择上，要研究如何更好地诱导需求，如何把潜在需求转化为现实需求，以使其产品的生产供给与市场需求真正契合。

二是乡镇企业产业结构优化与升级要与农业产业化紧密结合，这是乡镇企业产业优化与升级的基础。乡镇企业从一开始就与农业、农村和农民有着天然的不可分割的“血缘”、“地缘”、“人缘”、“市缘”关系。没有农业的发展和哺育，就没有乡镇企业；没有农村社区组织和广大农民的致富冲动，就没有乡镇企业的今天；离开了农业、农村和农民，乡镇企业就会成为无源之水、无本之本。同时，乡镇企业的崛起又反哺了农业，对支持农业发展、增加农民收入、吸纳农村富余劳动力、壮大农村集体经济和支持农村社会事业建设，都发挥了不可替代的重要作用。可以断言，发展乡镇企业，是解决我国农村、农业、农民问题的根本出路。实践证明，一个地方有了发达的乡镇企业，农村富余劳动力就有了去处，农业投入资金就有了来源，农民收入增长就有了保证，工业化的目标和共同富裕的目的才能逐步实现。正是有了乡镇企业，才从根本上改变了我国农村的单一农业经济模式，实现了工农业的协调发展；才打破了“城市办工业、农村搞农业”的二元结构，使城乡经济逐步融为一体；才有了中国特色的社会主义农村现代化建设的新格局、新动力与新进展。在乡镇企业产业结构优化与升级的过程中，仍然不能“脱农”。这是我国社会主义初级阶段这一最大的国情决定的。要加强农业的基础地位，实现高产、优质、高效农业，需要乡镇企业投入更多的资金，转移更多的剩余劳动力，需要乡镇企业继续反哺农业，支持农业的发展。乡镇企业支农、补农、建农资金如果完全由国家来投入，是很难办到的。乡镇企业支农、补农、建农实际上是“短经济流程”，也就是在社区内部，乡镇企业就直接支援农业和农村建设，这是国家想办而又办不了的事情，也是其他单位和组织替代不了的。过去，乡镇企业在这方面曾做出了重大的贡献，今后无论乡镇企业如何发展，乡镇企业支农、补农、建农的功能只能加强，不能削弱，这一点决不能动摇。另外，乡镇企业在新形势下要进一步发展，必须充分发挥自身优势，拓宽新的生存和发展空间，利用农副产品资源优势、农村劳动力优势，以及农村的广阔市场，才能不断发展和壮大自己。两者是优势互补、相互促进的。因此，乡镇企业在产业结构优化与升级过程中，应进一步明确支援农业建设的指导思想。要把增强农业发展后劲，推进农业现代化建设，作为乡镇企业以工支农、补农、建农的根本目标。应该看到，在农业比较效益和农民收益仍然比较低的情况下，乡镇企业仍然需要适当照顾农民的近期利益，调节和平衡收益关系，这也是必要的。但是，不能在初级的支农、补农、建农形式上停滞不前。随着乡镇企业向新的更高的阶段发展，其以工支农、补农、建农的形式也应当由低层次向高层次转化，即由以增加农民收入为主的“输血型”支农、补农、建农向以增强农业发展后劲的“造血型”支农、补农、建农转化，即充分发挥乡镇企业在农业产业化经营中的龙头带动作用。这样，既可以提高农业效益、增加农民收入，又可以促使很多乡镇企业与农业的一体化经营，从而在实现支农、补农、建农的同时，促使乡镇企业产业结构的优化与升级。农业产业化是指农业的生产经营向充分的集约化、规模化、市场化运作的过程。农业产业化的发展要靠“龙头”企业的带动，与农业有着血缘关系的乡镇企业搞以农副产品为原料的加工业，应当说有着得天独厚的优势，从而理应成为农业产业化经营的“龙头”。但是，现实情况却不尽如人意。我国乡镇企业基本属乡镇工业，与农业产业化割裂严重。农副产品加工价值比率(即农副产品深加工产品价值和农副产品价值之比)不到美国的10%，甚至低于印度、巴西等国。这也从另一个层面说明，乡镇企业在农业产业化中施展才华的潜力还很大。各地应充分利用资源优势，大力发展农副产品的加工、储藏、保鲜、运输、流通等，切实发挥乡镇企业的“龙头”作用，实行种养加与产供销条龙、贸工农一体化经营。

三是乡镇企业产业结构的优化与升级应把发展第三产业作为新生长点，这是消费需求变化和产业发展规律演进的要求。从总体上看，我国消费需求正处在由温饱型向小康型过渡的阶段，一些大中城市、发达地区以及一些高收入阶层已开始步入小康型需求结构。这种需求结构的变化反映在居民消费支出上表现为服务性支出有大幅度的迅速增长。如1997年我国城镇居民用于吃、穿、用方面的消费支出仅增长6%左右，而用于居住、交通、通讯、医疗保健、娱乐、教育、文化、服务等方面的消费支出却增长了20%~30%。由于从一定产业结构到一定的供给结构存在一定的时间差，所以产业结构更应超前升级为小康型产业结构。遵循产业发展规律，发达国家第三产业的产值都在60%左右，而我国不足30%，乡镇企业不到15%。这表明，我国第三产业发展严重滞后，同时也表明其发展潜力与后劲颇为乐观。因此，乡镇企业产业结构的优化与升级应该很好地把握这一契机，大力发展第三产业。

以城乡一体化及合理分工体系发挥乡镇企业的比

较优势。随着我国市场经济体制的建立,尤其是我国工业增长进入供过于求的市场约束阶段以后,城乡工业发挥各自的比较优势而得以协调发展,已成为中国工业化进程中的迫切需要。事实上,我国工业化的实现,不但要求城市工业化,而且也要求农村劳动力向工业和第三产业的逐步转移,其中也包括农业劳动力的就地转移。因此,就要求城乡工业在充分发挥各自比较优势的基础上,合理分工,协调发展。同时,协调城乡工业的发展需要解决城乡工业发展中各种矛盾,更为重要的是应建立城乡工业之间的有机联系,使城乡工业在全国工业化过程中实现一体化。另外,实现生产要素城乡一体化配置是发挥比较优势、提高国际竞争能力的需要。而对国际竞争和世界工业布局已经出现的全球一体化趋势,首先应该在国内实现全国城乡一体化的资源配置。具有一定规模和实力的城市企业与乡镇企业应率先实现城乡一体化生产与经营,以此来实现城乡之间经济技术上的分工协作和合理配置资源,从而提高产品在市场上的竞争能力,以最终促进全国资源整体配置效率的提高。所以,应该以城市龙头企业为中心,在城市周围建立与之分工协作的大量乡镇企业,塑造与市场经济相适应、与其企业的比较优势相一致的新型城乡分工协作体系。

一些城市尤其是大城市的纺织初步加工业和其他一些以农产品为原料的轻工业宜向城郊和农村转移。

将一些零部件工业和部分占地大、污染在农村易治理或在农村治理成本低的重化工业与工艺向城郊、农村转移。

抓紧对农村大量的小钢铁、小造纸、小化肥、小水泥进行整顿、改组、改造。

以市场需求为导向,以股份制为组织模式,以高科技为载体,组建城乡一体化的新型企业与企业集团,使城市企业与乡镇企业在利益实体上加盟和实现一体化。

必须指出的是,城市企业与乡镇企业之间的协调并不是孤立进行的,而是考虑到各自的基础、各自的优势所进行的全方位的优化与重组。要实现这一战略性的调整,建立城乡一体化的分工协作体系,在一定程度上依赖于政府职能的转变、实现政企分开,建立以提高竞争能力为核心、促进生产要素部门间与地区间自由流动的机制。以为塑造城乡一体化的资源配置格局提供机制条件。地方政府及其有关部门应率先和带头打破城乡、所有制和行业界限,实现城市企业与农村企业的联动,对国民经济的空间布局及其结构实行战略性调整。要将部分乡镇企业融入大工业发展体系中,着力提高其规模化和集约化经营水平,同时将乡镇企业的发展同农业产业化经营和"米袋子"、"菜篮子"工程结合起来,发挥农村资源优势,发展农产品加工、储藏、保鲜、运销业等。另外,要积极引导乡镇企业进入农村社会化服务领域,改变农村服务业发展滞后的状况,并与农村小城镇建设结合起来,以促进农村工业化与城市化协调演进。

以加强和改善宏观调控为乡镇企业再创辉煌导向。要加强和改善对乡镇企业的宏观调控和指导,变乡镇企业的部门管理为行业管理,变单一管理为综合管理,从强化内部管理、深化体制改革、优化政策导向等方面促进乡镇企业的稳健发展。

将乡镇企业纳入现有工商业管理体系,在制定产业政策、投资政策、信贷政策、金融政策等方面,与城市国有企业享受同等待遇,变作为"异军"的乡镇企业为"正规军"。

尽快成立统一管理城乡中小企业的管理机构,为加强和改善国家对乡镇企业的调控引导提供合适的组织资源。

将乡镇企业发展纳入国民经济和社会发展的总体规划及其行业规划中,加强对乡镇企业的规划指导和扶持,防止同构无序发展和同业过度竞争。

促进乡镇企业抓好内部管理和技术改造,努力提高企业整体素质。政府有关部门应指导乡镇企业以成本管理和营销管理为重点,同时搞好质量、财务、集体资产、企业负担等各方面的管理工作。要逐步把传统的经验管理、家族式管理与现代管理有机地结合起来,最大限度地向管理要效益。要将乡镇企业技术改造资金纳入投资和信贷计划,允许其按销售收入的一定比例提取科技开发基金。积极支持乡镇企业与大专院校、科研院所实现"产学研"相结合,建立新型的企业技术创新机制。

加强城乡金融体制改革,充分发挥金融对乡镇企业发展的推动作用。必须围绕以促进乡镇企业发展而进行的农村金融体制改革,规范农村合作金融机构,以更好地解决乡镇企业发展资金不足的矛盾。

改革农村分配流程,减轻乡镇企业负担,使其真正成为市场主体。要把补农、建农、支农的任务由乡镇企业直接负担转化为间接负担。乡镇企业主要通过在农业产业化中充当关键角色来支农、补农,建农。政府则通过乡镇企业的税收贡献来直接补农、建农、支农,从而逐步实现乡镇企业的正税除费,以保障乡镇企业的合法权益。

要创造良好的政策环境,遏制乡镇企业发展速度下滑的势头。在财政政策上,一是要取消层层压任务、压指标的税收征收方式,使政府税收增长与乡镇企业发展同步。二是对乡镇企业出口退税和各种免抵退税政策要尽快落实,以确保税负公平合理。三是加大财政对国家级乡镇企业东西合作示范工程项目的扶持力度,中央财政工程项目的贴息贷款额度要提高,少数民族地区企业的专项贴息贷款额度也要有较大幅度的增加。四是在金融政策上,要打破所有制界限,确保乡镇企业在银行信贷上与其他企业平等。同时,在取消信贷规模管理后,要采取措施保证中西部地区乡镇企业专项信贷资金的及时足额到位,并要力争每年都有所增加。另外,要适当增加乡镇企业上市指标,扩大乡镇企业直接融资源道,提高乡镇企业直接融资的能力。五是在外经贸政策上,要放宽对中西部地区乡镇企业自营进出口权的审批条件,加快对乡镇企业自营出口权的审批工作。同时,允许有自营进出口权的乡镇企业参与出口配额招标。最后,要认真落实国家"贸工农"专项技改资金,并用国家外贸发展基金扶持出口效益好的乡镇企业,从而使乡镇企业在出口增长拉动中再显身手。

论三元经济背景下产业空间结构的系统转变

方　军

*三元经济结构及其转化难题。*改革开放以后,中国进入了以乡镇企业迅速发展为特征的农村工业化阶段,农村工业利用自身资源特点,填补了原有工业化战略留下的产品市场空白,从而迅速成长起来,并在整个国民经济中占据着举足轻重的地位。乡镇企业的发展,改变了传统的二元经济结构,"农业部门—农村工业部门—城市产业部门"的三元结构逐步形成,走出了一条不同于其他发展中国家的结构转变道路。较之二元结构,三元结构的形成无疑是向现代经济更加接近了一步,但同时也应当承认,这种结构状况是一种以现存各种体制障碍为约束条件的现实选择,而非一种理想的结构模式。因而,推进三元结构的转化,是现代经济结构形成的必然要求。

在三元经济中存在着诸多现实问题,阻碍着经济结构合理化的进程。首先,由于城市化步伐滞后,产业结构与空间经济结构呈现较大偏差,农村工业难以同城市工业纳入同一体系,农村劳动力向城市的转移受到多方面的限制,由此产生农村工业与城市工业同构,第三产业发展不足等问题,影响国民经济结构向合理化方向转变。其次,由于农村工业的特殊属性,乡镇企业布局过于分散,不仅缺乏聚集规模经济,而且造成环境污染、资源浪费等外部不经济。在市场竞争日趋激烈的情况下,农村工业的原有优势已开始弱化,进一步发展遇到很大困难。第三,生产要素未能根据结构转变的需要,按照市场原则在城乡之间合理配置。一方面,城市外延型扩展的现象十分普遍,造成耕地大量减少,直接威胁农业的持续发展。另一方面,许多中小城市的聚集规模不足,难以通过极化作用带动农村地区的发展。

*产业—空间结构的不完全对应与城乡要素的非市场化配置。*从理论上讲,"农业—农村工业—城市产业"三元经济结构的生成和进一步演化,需要有相应结构的空间载体为依托。从我国农村经济结构转变的现实看,在乡镇企业快速发展的同时,农村小城镇的数量大幅度增长,同时也出现了一批具有一定产业基础的经济强镇,"农村—小城镇—城市"三元社区形态并存的格局也基本显露出来。然而,如果深入考察,就可发现:从整体上看,一方面,我国农村产业结构的转变与农村社区形态的分化呈现出较大程度的非对应性。另一方面,城乡之间要素流动存在很大局限性,制约着经济结构全面转变的进程。

*乡镇企业的社区属性,制约了生产要素的跨社区流动,造成农村工业布局分散的局面,小城镇作为农村工业空间载体的作用未能充分体现。*从现实情况看,大部分乡镇企业并非以小城镇为其发展的空间载体,而是呈现出高度分散化的布局特征。据有关调查估算,80年代末的乡镇企业中,只有约1%的企业分布在县城周围或县以上的城镇中,有12%的企业分布在乡(镇)政府的所在地,有7%的企业分布在行政村的所在地,而80%的企业是分布在自然村中的。这种局面至今没有明显改变。

乡镇企业的社区属性与在农村占主导地位的集体产权制度密切相关。由于制度变迁中的"路径依赖",改革开放初期的乡镇企业不可避免地采取了集体经营的形式,乡村集体对乡镇企业财产享有所有权。无论是乡镇还是行政村,都不愿放任自身的经济资源流到本社区以外。于是,一方面,乡村社区有着兴办企业的强烈冲动。另一方面,它又不能容忍农村工业要素跨社区的流动,由此形成了分散型农村工业化的局面。

乡镇企业的社区属性也有企业对社区依赖的原因,突出地表现在乡镇企业创办和发展过程中都离不开所在社区的支持和保护。在农村工业化起步和高速发展的时期,无论是在信贷、税收方面,还是在用地和资源开发方面,乡镇企业对所在社区都有很强的依赖。

在城乡隔离的双重工业体系下,城市工业和农村工业在两个相对封闭的系统内自我发展,造成了城乡

工业要素不完全流动的非市场化配置局面。在农村工业迅速成长的同时,城市工业部门正面临着市场化取向的改革任务。在近20年中,城市工业部门的主要精力集中在企业改革方面,而较少能够发挥其在吸纳农业剩余要素,以及向农村进行要素扩散和经济辐射方面的作用。农村工业未能与城市工业纳入统一的国家工业体系,而是采取相互隔离的系统内封闭运行方式,城乡工业之间缺乏合理分工和相互协作。双重工业化格局使城乡工业结构相似,造成工业资源的不合理配置,阻碍了城乡工业结构的合理化进程,也造成农村工业资本密集程度趋于提高,劳动力吸纳能力不断降低等问题。

城乡工业要素缺乏流动性,一方面使农村非农产业要素向城市转移十分困难,难以利用农村经济结构转变的契机增强中小城市的产业聚集程度。另一方面也限制了城市工业有重点地向农村扩散,无法通过城市工业要素的转移,在农村内部形成新的工业聚集区域。

*小城镇的作用仅仅限于农村社区,而非作为城市经济系统扩张的新生力量加以强调,由此造成城乡要素在城镇体系中的非层级化配置状况。*首先,小城镇经济聚集程度不足的现象较为普遍,许多小城镇仅是相对集中的居民点,而且缺乏应有产业内容,建制镇数量的增长并不能说明农村社区形态的分化已到了与农村工业化相适应的程度。根据国家体改委、国家统计局、建设部等11个部、委、局共同组织的全国小城镇抽样调查结果显示,随机抽取的1 035个建制镇平均镇区人口1.63万人,其中非农业人口只有1万人;有66%的非城关镇规模在1万人以下。据第一次全国农业普查结果,1996年末,全国16 124个农村镇(不包括城关镇)的镇区共有企业538 512个,平均每个镇区仅拥有企业33.4个;平均人口为4 520人,其中企业从业人员为1 246人。

其次,从整体上看,小城镇未能根据其空间地位和特征,与大、中、小城市形成分工合作的产业联系。就城镇体系的经济基础而言,不同规模等级的城市和城镇在地域产业分工中担负着各自的独特作用,并结成功能互补的区域产业体系。但是,由于没有跳出农村社区,大部分小城镇在产业选择方面具有较强的盲目性和局限性,表现出工业部门纷杂,专业性不强,产业特点和比较优势不突出等问题。

第三,小城镇社会管理体制的改革和创新不能满足城市化的需要。特别是在户籍制度方面,小城镇长期受"一刀切"的户籍管理办法约束,制度创新空间狭小,使那些已实现了产业转移的农村劳动力不能同时实现居住形式和社会身份的转变。乡村与小城镇之间存在大量"钟摆式"人口,由于制度限制不能获得在小城镇永久居住的权利。体制转换与结构转变的脱节,造成农村城镇化滞后于农村工业化的局面。

第四,小城镇建设缺乏统一规划,公共产品供给长期处于短缺状态。由于城镇建设涉及对外部不经济的控制和公共产品的提供问题,因而政府在小城镇建设中担负的特殊作用是无法替代的。而从现实情况看,由于缺乏长期规划和宏观指导,我国小城镇基本上处于数量型外延扩张的状况,盲目铺摊子,一哄而上的现象普遍存在。同时,一些具有发展潜力和区位条件的小城镇,由于基础设施建设投资不足,难以形成一定的聚集力和承载力,限制了这些小城镇向中小城市方向发展。

*三元结构转变的系统考察。*随着原有体制约束的弱化和市场机制作用领域的不断扩大,三元结构日益显露出进一步演变的趋势。特别是"农村工业—小城镇"作为在传统农村社区中萌发并成长起来的现代经济因素,将成为壮大国民经济中现代部门份额的主要力量。因此,三元异质经济向现代同质经济转变的客观趋势,要求改变目前主要局限于农村内部的农村工业化和城镇化发展策略,代之以着眼于宏观经济结构整体转变的城乡要素流动和资源配置方式。

*通过"农村工业化"向"城乡工业一体化"的转变,*提高国家工业化整体质量。农村工业仅仅依靠农村内部资源已不足以完成"二次创业"的任务,农村工业素质的提高既需要自我创新和完善,又需要通过外部力量对其进行引导和改造。因此,在三元结构进一步演化的背景下,农村工业部门将进入分化阶段,一部分已具有一定规模和实力的企业应率先跨越城乡界线,进入城乡工业一体化进程;另外大部分企业在产权改造和空间聚集的同时,将通过产业和产品的再选择,最终与城市工业纳入同一体系,并成为企业规模结构中占据基础层次的主体。城乡工业一体化并不意味着分散型传统农村工业的消亡,散落在农村社区的家庭工业将以农产品加工和传统手工业为主,但它们并不构成农村经济的产业主体。通过城乡工业的一体化,农村工业与城市工业的高度同构现象将得到改变,生产要素产业转移的合理化程度将进一步提高,有利于国民经济结构由传统向现代的转变。

*通过"农村城镇化"向"城镇要素配置层级化"的转变,*推动城市化取得实质性进展。小城镇是一个非常复杂的社区形态,它既包括作为县域经济、政治、文化中心的城关镇和非城关镇的建制镇,也包括乡政府所在地的非建制镇,以及作为农村商品流通场所的农村

集镇。小城镇结构功能的复杂性，决定了这种社区形态分化的可能性和必要性。城市化将进入以城关镇和部分具有一定经济实力和聚集规模的建制镇为主体的发展阶段，这些城镇与大、中、小城市一起纳入统一的规模层次体系，并按照各自的结构功能吸纳和配置资源，使城市化表现出"城镇要素配置层级化"特征。在这一阶段，一部分小城镇将作为城市体系中的新生成员快速发展，从而使城市化的基础层次得到健全。而众多的乡镇和村镇，则应继续保持其"乡土"特征，承担城乡经济联系的纽带作用，并且在用地规模等方面受到严格控制。

由农村系统"小循环"向城乡一体"大循环"的转变，并非是一种偏重城市、忽视农村的发展策略。恰恰相反，只有将农村工业化和城镇化放置于更大的系统之中，拓宽生产要素产业转移的空间范围，农村居民的生活质量和农村社区的发展水平才能大幅度提高。虽然实现城乡工业一体化后，农村工业不再直接承担"以工补农"的任务，但随着国家工业整体质量体系的提高和工业结构的进一步完善，政府转移支付的能力将由此得到加强，政府可以通过收入再分配的手段"反哺"农业，支持农业的发展。虽然一部分小城镇脱离了农村母体而进入城市系统，但这种分化促进了农村剩余劳动力就业身份和居住身份的全面转变，最终使大量农村居民能够直接享受到现代城市文明，同时也可以有效地改变农村生产力分散化布局的状况。

发展小城镇经济是产业空间结构转变的关键环节。聚集经济是小城镇的一个本质特征，不断增强小城镇的聚集程度是农村结构转变取得突破性进展的重要条件。将小城镇塑造成以非农产业为主的空间经济聚集体，关键在于培育"专业化生产＋专业市场"的产销一体化的商品基地。

专业化生产。农村工业化是小城镇发展的基础，因而农村社区形态的分化和经济空间结构的变化，依赖于农村工业部门的成长。小城镇是城市的初级形态，是一种"准城市"，在起步阶段不可能容纳较多的非农产业部门，构成结构丰满的产业群落。因此，只有将有限的资源集中配置到某个符合本地要素特点和有较大市场需求空间的工业部门，发挥特色产品生产的比较优势，小城镇的工业基础才能得以建立。随着资本的积累，工业资本将向特色产品的产前、产后序列延伸，新兴相关工业部门不断产生和发育，并通过经济聚集，带动第三产业发展，小城镇的产业结构体系将逐步趋向成熟。由此可见，生产的专业化是启动农村小城镇经济的一个重要突破口。

以小城镇为依托进行农村工业的专业化生产，首先表现为区际分工(水平分工)。不同的小城镇以及它所联系的农村社区具有不同的资源禀赋、农村工业传统和外部市场环境，在主导产品选择方面具有各自的比较优势，因而侧重发展某一工业行业，集中进行某一门类的工业产品生产，并逐步形成规模，是小城镇工业资本积累阶段较为现实的选择。其次，专业化生产还表现为同一产品不同工序上的分工(垂直分工)，这种分工形式适应农村劳动力资源丰富和农村工业化初期生产单位规模较小的特点，而且工艺的专业化也有利于生产效率的提高。

专业市场。专业市场对于小城镇经济发展具有独特功能。首先，专业市场对小城镇特色商品的价值实现具有重要作用。在一般情况下，从事特色产品专业化生产的小城镇，本地及周边地区对该类产品的需求相对有限，因而在一个较小区域内，"一镇一品"的专业化生产格局面临着结构性的供需矛盾，导致供过于求的情况出现。专业市场加强了专业化生产与外部市场的联系，拓展了特色商品的需求空间，有效地促进了产品供给与需求的衔接。其次，专业市场有利于生产要素的跨区域流动和小城镇聚集程度的提高。通过物流带动人流、资金流和信息流的形成，能够弥补小城镇自身资源单一和不足的缺陷。第三，通过流通领域专业市场的建设，带动小城镇第三产业的发展，有利于提高第三产业对农业剩余劳动力的吸纳能力，促进产业结构的高度化。

乡镇企业发展之路的思考

韦 桂 华

近年来，被称为"中国亿万农民伟大创造"和"中国经济发展秘密武器"的乡镇企业，遇到了前所未有的困难和挑战：生产经济困难，发展速度减缓，1997年，乡镇企业的发展速度已减至18%，不仅低于1993年的65.1%、"八五"期间的42%，也低于近20年来20%的平均增长速度。1998年，乡镇企业经济效益下降，资产负债率高，亏损面和亏损额增加，产品积压严重，部分乡镇企业陷入停产半停产困境，投资乏力，利用外资减少，发展后劲明显不足。

造成乡镇企业步履维艰的因素。造成乡镇企业发展困难的因素是多方面的，主要来自国家和乡镇企业自身以及市场经济发展规律。

"滞后效应"形成的整体反弹。有人认为，乡镇企业的困难是由于重复建设造成的。关于重复建设问题，不能一味地认为不好，只能说在一些行业，重复建设过度了,出现了过度竞争。但在一些没有过度重复建设的行业和地区,这些企业发展也很困难。那么原因是什么呢?

第一,发展战略“滞后”。改革开放20年,国家出台了一系列旨在扶持、保护国有经济发展的政策,而乡镇企业发展战略却始终处于摇摆不定的状态,时冷时热、时抓时放、时左时右,而在金融、法律、投资、外汇、税收、费用等方面也未能形成平稳、长远而富有创造性的管理机制,落后于形势的变化和乡镇企业的发展,更不用说超前引导、科学规范了,因而不得不说“乡镇企业的异军突起”是“完全没有预料到的”。一些地方政府视乡镇企业为自己的“自留地”、财政收入的“摇钱树”。农业部对全国15个省、市、自治区1998年乡镇企业负担调查,各种费用达180项,涉及到煤炭、土地、工商、物价、税务、劳动、电力、公安等60多个部门和单位,其中有46.4%属不合理负担。政府没有静下心来研究和解决乡镇企业发展过程中存在的深层次问题,却始终处于浮躁虚荣和急功近利的心态,不切实际地一会儿倡导“负债经营”、“多元投资”,一会儿“村村点火”、“船小好掉头”,一会儿“组建集团”、“般大经风浪”,一会儿“靓女先嫁”、“跨海办公司”,没有从本地实际优势出发,制定行之有效的长远发展战略,而是视战略为“时装”,时兴什么穿什么。企业经营者在政府和一些经济学家们的这些“舶来理论”和“土造经典”的反复灌输下,一不看世界,不知道外面的天空有多大,这“第一”、那“最大”。二不看自己,不清楚自己的能量有多大、本事有多高,不知道自己能做什么、不能做什么,能做多大、能走多远,错把激情当目标、热情当规划、口号当战略、失败当学费,“只摸石头不过河”。现在这块石头已经被推至斜坡上,不再是“摸石头过河”,而是“推石头上山”。“摸石头过河”,只要不骤降暴雨,再摸20年也不会死人。“推石头上山”,推上去是个天,推不上去就是“窟”,不仅砸死自己,还会伤及别人。

第二,企业经营者素质“滞后”。乡镇企业是在一片处女地上发展起来的,短缺状况下的市场到处都是空白点,只要产得出,就能销得掉,因此对经营者的素质要求并不高。20年来,乡镇企业以年均20%以上的发展速度向前推进,而经营者素质却没有能够得到有效的提高,年均提升幅度或许5%都不到,从而与高速发展的企业形成巨大的反差,难以在封闭市场转为开放市场、卖方市场转为买方市场、跨国公司大举入境、国有企业逐步搞活、“三资”企业和民营企业迅猛崛起、竞争对手林立的市场经济格局下,继续支撑乡镇企业的快速发展。更何况一些地区不重视后备人才的培养,企业经营者忌贤妒能,造成大批“精英”的埋没和流失,出现企业经营者的“断层”。

第三,品牌观念“滞后”。众多的乡镇企业盯住的是既得利益,满足于产品销出去、货款要回来,压根儿就没有考虑创什么牌子,相当部分的企业沦为一些名牌的打工者、加工厂、生产基地,奋斗了好多年却没有自己的品牌、没有独立的生存和发展的空间。

第四,结构调整“滞后”。乡镇企业是最早进入市场的,但沉湎于短期的“灵活性”,忽视了长远的“科学性”,产权不清、政企不分的现象比国有企业还严重。产品结构没有能够跟踪市场变化,产业和产品结构不合理,导致要么是过度竞争,要么是充满过多的投机行为。当然,在结构调整“滞后”上,还有着人才、资本、管理等的“滞后”。

“低成本扩张”所带来的巨大报复。众所周知,乡镇企业是靠低成本发展起来的。“天下没有免费的午餐”,低成本背后往往潜伏着高成本,发展到一定阶段,必然会进行报复,索回其成本,乡镇企业同样难以避免。

第一,人力资源的低成本。“国有国有,关门也有;乡办乡办,不办就散。”乡镇企业职工是廉价的劳动力,乡镇企业经营者也是廉价的经营者,经济收入低、劳保福利差、住房困难,医疗保险、养老保险等生活保障措施几乎没有,这些具体而实际的问题,在乡镇企业的发展中没有认真思考过,也很少有职工提出过,因为职工早已把自己与企业捆在一起了,企业就是他们的依靠,职工就是企业、企业就是职工。20年发展下来,这些问题越拖越重,集中到今天一揽子解决,需要付出巨大的财力、人力和精力,尤其是在企业本身发展十分困难的情况下。更重要的是,利益的再调整和错综复杂的各种问题的总暴露,往往会造成领导班子不团结、职工人心涣散、有形资产和无形资产流失等,而企业发展又必须要企业进行体制创新,所付出的代价自然也就十分昂贵。

第二,市场开拓的低成本。想当初,乡镇企业走上市场,凭的是“感情加土特产”。这种策略,在销售游击战时期,十分有效。但当“老虎”下山、“老板”上路、“老外”出击,进入销售正规战后,没有健全的销售网络、完善的售后服务和创新的营销手段,仍依赖“感情加土特产”就失灵了。再不进行有效补救,市场必然会丢失,生存空间也就日趋萎缩。

第三,技术开发的低成本。绝大部分乡镇企业生产技术是由退休职工带来的、从国有企业捡来的、从科研院所“借”来的,很少是自我开发和花钱买来的专利技术,形不成自己的技术开发队伍和技术创新能力,不了解或不掌握前沿技术信息。技术落后,设备简陋,生产的多是大路货、档次低、科技含量少、缺乏特色的产品，在市场上没有竞争力。

综上所述，各种“滞后”发展到一定程度，必然会出现整体反弹，以求改变这种“滞后”。而“低成本发展”只能在市场经济发育的初级阶段，当市场逐步成熟后，仍然一味地依靠“低成本”求发展，不花精力解决一些深层次的问题，就一定会得到相应的“报复”。

由于“滞后”和“低成本”是全国性的、普遍性的、大面积的，因此其“反弹”和“报复”也是全国性的、普遍性的和大面积的。了解了这一点，有助于提高四点认识：一是乡镇企业发展遇到困难，是普遍的，也是必然的，是正常的市场经济规律使然，应当抱着慎重和理智的心态去研究它、解决它。二是长期低成本发展，必然要在某个阶段付出高成本，迟付不如早付。尤其在建立现代企业制度初期付出，时间要短、阵痛要小。三是在未来竞争中，乡镇企业考虑的不应是大与小，而是强与弱，灵活与僵化，是“红一时”还是“红一世”的问题。四是乡镇企业必须要变成真正的企业，并能真正地走向市场。而做到这一点，不仅要加快体制创新，还得要加速社会保障体系和服务体系建设步伐。

发展之路的思考。乡镇企业的前景不是越来越灰暗，而是越来越光明。从我国农村发展历史看，乡镇企业发展的内在动力是农民对自身生活现状和生存环境的不满和对新生活的伟大憧憬，凭借的是自己的勤劳和智慧，它体现了农民群众的意志和利益。实践证明，以乡镇企业发展带动广大农民脱贫致富、实现农业现代化的道路走对了。实践还证明，创造无数辉煌的中国农民，还能够在这条路上走得更远，创造更大的辉煌。从世界经济发展之潮看，在经济发达的国家，也出现了一个类似的现象，一批经济规模不大、应变灵活的中小企业(无论是在乡村还是在城市)实际上已成为国民经济最重要的基础力量之一。现代经济发展大潮，不仅不会拒绝小企业，而且更加推崇小企业，美国、日本、欧盟无不如此。从乡镇企业发展机遇看，乡镇企业发展有着许多以前不曾有的有利条件和良好机遇，江泽民总书记第一次提出从“战略高度”认识乡镇企业的发展，十五届三中全会强调“加快乡镇企业结构调整和体制创新”，发展乡镇企业的思想环境和投资环境得到了空前改善，乡镇企业积累了一定的经验资本、经济资本、品牌资本。从农业产业化发展看，农业产业化发展空间巨大、前景十分广阔。全国从事农副产品加工的乡镇企业所创造的产值只占乡村集体企业的1/4，占农业总产值的20%，而发达国家农副产品增值部分往往都数倍于农业总产值。与农业有着血缘关系、联系紧密的乡镇企业，投身农业产业化占有天时、地利、人和之优势。所有这些表明，在中国这样一个农业大国，乡镇企业肩负着巨大的发展使命，也有着强大的发展后劲和旺盛的生命活力，在未来的竞争中也定能够为自己赢得更为广阔的生存和发展空间。

事实上，这么多年来，谁也没有为乡镇企业发展提供一套普遍适用的发展思路，有的只是乡镇企业自身观念的不断创新和实践的不断探索。因为处于第一线的人民群众，对乡镇企业如何发展，走向何处，最具发言权，在他们之间蕴藏着无限的智慧和创造力。“乡镇企业这杆旗，究竟还能扛多久?”中国农民最有发言权。“乡镇企业这杆旗，究竟能够举多高?”也是中国农民最有办法。

乡镇企业结构调整的探讨

刘史明

结构调整势在必行。随着市场经济体制的确立，国有企业改革的深化，机制灵活不再为乡镇企业所独有。国有企业将随着改革的深化和现代企业制度的建立，在原有装备、技术、管理优于乡镇企业的基础上，竞争力大大加强。“三资”企业、私有企业等其他经济成分以其机制更灵活、自主权更大的特点活跃于市场经济的舞台，表现出强大的生命力，对乡镇企业的发展带来又一挑战。因此，乡镇企业要在市场经济体制下稳步发展，在国民经济中保持应有的地位，一个重要的出路就是进行结构调整，增强竞争实力。

人类社会的知识经济时代正在来临，科学技术从来没有像今天这样，以人们难以想象的速度和力量，深刻地影响着经济和社会的发展，带来数字化、网络化、智能化、集成化的经济走向。在全球化浪潮中，资本、技术与人才快速流动，而且由于全世界产业的大调整，全球化的市场竞争加剧，竞争的范围空前扩大，竞争对手也在进一步增加，竞争的手段更趋多样。因此，惟有主动进行结构调整，实现结构转换和升级，乡镇企业才能生存、发展、壮大。

乡镇企业异军突起，取得了举世瞩目的成就。然而，进入90年代以来，乡镇企业在市场经济的轨道上可谓步履蹒跚，结构性矛盾表现突出：一是产品结构不合理，产品档次低，产业层次低。二是企业规模不够，布局分散，缺乏“龙头”企业和“拳头”产品。三是地区经济结构趋同，形不成经济特色，重复投入和盲目竞争，浪费现象严重等。

长期以来，乡镇企业发展是以浅层结构为主，粗放型经营。进入90年代，多种经济成分竞相发展，国际国内市场快速接轨，乡镇企业原有的市场优势受到冲击，面临的将是深层结构的变革。

结构调整目标取向。乡镇企业兴起和发展的时间不长，但发展过程表明其具有极强的生命力和可塑性。要做好乡镇企业结构调整，必须从实际出发，重视与明确结构调整的目标取向，并扎实地组织实施。其目标取向主要有：

调大企业规模，增强发展实力。乡镇企业小快灵，结构简单，管理成本低，转产容易，即“船小好调头”，这适应了初期发展的需要。但是，在激烈的市场竞争中，中小型企业无论是在资金、技术、人才实力，还是在新产品开发、营销渠道、抗市场风险能力等方面都大大弱于大中型企业。因此，必须组建“大船”，营造“航空母舰”出海，上规模、上批量、上档次，形成集团化经营，才能抗御市场竞争的风浪。实践证明，乡镇企业在规模结构调整中，要立足于“调大、调强、调优”的目标，通过改革、改造、改组等多种手段，积极发展集团经济和重点企业，用滚雪球的方式使“蛋糕”越做越大，提高规模扩张能力，增强发展质量和后劲。要把握机遇，树立大市场观念，跳出本地的小圈子，把企业放到大市场中去排队，确定它的位置和生存发展趋势。如果仍然是分散的小型化结构，低量的资本规模，自控能力必然差，是很难在市场经济中站稳脚跟的。

调优产业产品结构，提高经济效益。乡镇企业的低层结构发展，是以劳动密集型行业为重点，其产品大多是初级产品，科技含量高和附加值高的产品少、深加工产品少，不仅浪费资源，而且经济效益也低。按照国际国内两个市场的要求，根据国家产业政策导向和现有行业结构情况，乡镇企业产业结构调整应以建立面向新世纪的现代工业为目标。乡镇企业在调整产业结构方面，要选择具有激发性强，内聚力大，能形成一个核心的主导产业，并能产生一系列的“连锁效应”，带来群体效益。如：培育和发展高新技术产业和新兴产业，加快传统行业的技术改造等，注意在本地区确定发展重点，避免区域内结构趋同现象。其次，在产品结构方面，紧紧围绕市场，以适应需求、引导消费为目标，把产品“调新、调优、调齐”。调新即增加产品科技含量，调优即以质优价廉取胜，调齐即要形成多品种、多门类、系列化的产品格局，从而逐步从劳动密集型、资源密集型、粗加工、低附加值的产品向技术密集型、知识密集型、高附加值的产品转变。立足于优势产品、名牌产品、创汇产品，坚持高标准、高质量、高档次起步，切实搞好企业产品开发和升级换代。

调精组织结构，加强科学管理。从乡镇企业内部组织结构看，经营管理水平低，组织不严密，结构封闭，家长式管理严重，缺乏大批能充当“领头雁”的企业家队伍和能打硬仗的职工队伍。乡镇企业组织结构的低水平，直接导致其经济效益低下，制约着向高水平发展。随着社会主义市场经济的逐步完善，市场要素特征已向细分化、个性化发展，乡镇企业要充分利用已有的快速灵活机制，以敏捷的反应跟上市场的变化。要建立起真正的现代企业制度，即平等和效率相结合、内部化与社会化相结合，有完善的相互推动、制衡的机制。乡镇企业的组织结构，由封闭型转向开放型、网络型，边界相对模糊，可以以各种各样的协作和外包代替传统企业的诸多功能。外包的范围，已经由传统的生活服务、物业管理、部件制造、分销等扩展到研究与开发、信息技术管理等。如：有的企业用扁平网络组织来代替金字塔结构，用舰队结构取代大船模式来调精组织结构。这并未弱化管理，反而使组织结构精干，加强了科学管理。现代企业组织机构的内涵已不是专业化分工，而是在建立完整明确的任务和目标上的组合。乡镇企业要借鉴国内外一切先进的管理办法，并加以完善创新，逐步形成一套具有乡镇企业特色的科学管理制度。

调优投资结构，提高资金使用效率。从乡镇企业的投资结构看，“散、软、小、欠”的现象比较突出。主要问题是：乡镇企业市场吸引力弱，投资拉动小，投资主体分散，投资能力小，投资自由度大，资本集聚慢；政府支持力弱，投资转换难；投资管理乱，项目控制难；投资贡献率小，索报率高。乡镇企业的资金瓶颈严重制约了乡镇企业的发展。盘活资产存量，优化投资增量，提高资金使用效率，一要把握投资规模，加强项目可行性论证和投资效益评估，形成合理的投资积累率。二要加强投资方向引导，严格控制新开项目，首先保证必要的在建项目尽快投产，投资总量向高新技术项目、提高附加值的项目以及制约经济发展的基础设施或配套项目倾斜。三要提高现有企业技术改造投资比重，新增投资主要用于加快工艺装备更新、加强技术开发和盘活固定资产存量，减少厂房基建投资。四要切实保证重点项目建设投资，集中力量打歼灭战，缩短投入产出周期，提高资金使用效率。

调整企业布局，实现集约经营。乡镇企业一开始就是建立在血缘和地缘关系上的，“村村冒烟，家家点火”是80年代初期乡镇企业发展的写照。应该说，在乡镇企业的起步阶段，分散布局恰似星星之火很快燎原于东西南北，对国民经济起着拾遗补缺的积极作用。然而，在现今平等竞争的市场经济进程中，布局分散所造成的单个企业规模不经济以及宏观布局规模不经济的弊端日渐显露，弱化了城乡工业的联系，加大了企业的外部交易成本，降低了市场开拓能力。乡镇企业要想持续、高速发展，必须形成相对集中的地域条件优势，实施企业布点上的集约化经营，才能使资源在更大范围内优化配置，实现技术、管理、总体经济实力、综合竞争能力的升级。

结构调整途径选择。

加强东西合作。东中西部地区乡镇企业之间的合作，可以优势互补、互惠互利。东部地区乡镇企业基础较好，要发挥资金、人才、管理和区位优势，大力发展技术密集型、资金密集型、知识密集型产业和外向型经济，努力推动企业上规模、技术上水平、产品上档次，在进行自身结构转换和升级的过程中，逐步把一些劳动密集型、资源加工型产业向中西部地区转移。中西部地区要充分发挥自然资源和劳动力资源优势，大力发展资源加工型和劳动密集型产业，提高深加工、精加工水平，增加产品附加值。不排除个别有条件地区的梯度推移，加快结构转换和升级，共同走出一条以东带西，以西促东的发展道路。具体是加强东西合作项目建设，加快东西合作示范区发展。各级地方政府应相继出台一系列政策措施，并从人、财、物等方面给予倾斜。

进行产权规范。理顺企业产权关系，是激发乡镇企业活力，促进结构调整的有效途径。从总体上看，企业制度的改革要以建立现代企业制度为目标，按照产权清晰、责权分明、政企分开、管理科学的要求，重点解决产权主体虚置缺位、政企含混不分的问题。一要转轨改制。转轨就是真正把乡镇企业的发展从速度型、低效益的数量扩张转移到依靠科技进步，追求质量增长的轨道上来。改制就是对乡镇企业进行股份制、股份合作制改造，使企业成为真正的经济主体。二要重塑产权主体。包括乡镇企业主体代表的重新塑造、企业法人主体制度的重新塑造。三要保障产权主体利益。合理界定企业、政府、股东的产权边界及其利益格局，并通过章程、契约等形式具体化、制度化。四要革除旧的管理体制。做到部门还权于政府，政府放权于企业，企业以市场为导向来接受宏观调控。

推进技术创新。冲破结构桎梏，转变经济增长方式，关键在于推进技术创新。创新是知识经济的灵魂，是乡镇企业高起点、深层次发展的重要内容。一要全方位激发乡镇企业对科学技术的有效需求，大力培植乡镇企业吸纳科技的动力。这需要政府从宏观导向上实行利益驱动政策来加快高新技术向乡镇企业扩散，提高企业的技术密集程度。二要大力推进技术开发和产品开发。通过不断开发高、精、尖新产品，增加产品的技术含量和附加值，提高产品的先进性和适用性，通过多渠道、多形式的技术传输，广泛引进、消化、吸收新技术、新工艺、新产品，有重点地培养高新技术成长点。三要加强横向经济技术联合与协作。瞄准国内外高新技术、高档次产品、新兴产业，通过多渠道、全方位、高层次的横向经济技术联合与协作，组织联合攻关，实行科研—生产—市场一体化。

合理规划布局。对乡镇企业实行合理规划，集中布局，使乡镇企业不断由分散走向集中，形成高新产业城镇群落和区域网络化发展格局，这是乡镇企业结构调整的有效途径。一是以集镇为依托，吸引乡镇企业的聚集，通过集聚和扩散的不均衡发展，突破产业边界的束缚，建立起集镇中心圈、资源腹地圈、产品辐射圈等圈层梯度扩展网络。二是寻求新的发展空间，建立工业小区，变单个企业生产为综合生产，由“一家一户”的单干演变为以乡镇骨干企业为龙头，以支柱产业或主导产业为依托的全方位、大跨度、紧凑型经济联合发展的新格局。三是以政策为导向，对现有同类企业或雷同项目，通过合并、联合、兼并，不同企业依据产业连带原则，组建企业集团或股份有限公司，也是乡镇企业布局走向集中的基本途径。

全方位进入国际市场。进一步发挥乡镇企业劳动力价格相对低廉、劳动密集以及不同地区的区位优势，瞄准国际市场，引导不同层次、不同水平的乡镇企业共同参与市场，加入国际经济大循环，使乡镇企业结构调整逐步与国际市场接轨。提高乡镇企业出口产品质量档次，培植一批出口创汇“拳头”产品，扶持出口骨干企业向集团化、多元化和跨国经营方向发展，培养适应国际市场竞争的高层次人才队伍，开创外向型乡镇企业发展的新格局。

论乡镇企业与小城镇互动发展

李　逸　平

乡镇企业的发展带动了我国农村经济的全面发展，同时也为加快中国农村城市化进程做出了重大贡献。一方面，由于乡镇企业竞争力加强，效益上升，创造了大量就业机会，使相当一部分农村剩余劳动力实现了向非农产业的转移，从而推动了小城镇的迅速发展。另一方面，农村小城镇的建设又为乡镇企业的进一步发展提供了各种有利条件。因此，研究分析乡镇企业与小城镇发展的互动关系具有非常重要的现实意义。

乡镇企业促进了小城镇的形成和发展。乡镇企业有其诸多的社会、经济作用，而在中国的城市化过程中，尤其是对农村小城镇的形成和发展，乡镇企业所起的作用则更为突出。

*促进了农业人口向小城镇集聚。*小城镇建设的一个主要标志就是人口的集聚。许多乡镇企业是在原有小集镇或其附近投资兴办的，它们吸纳了相当一部分农村剩余劳动力，因而引起农村人口向小集镇的转移，使小集镇规模逐渐扩大，形成人口相对集中的小城镇。

*促进了农村市场的发展。*为了提高经济效益，追求利润最大化，乡镇企业必须开拓自己的产品在当地的市场以实现积累，扩大生产规模，并不断开拓新的更大的市场，与此同时带动了农业和一些相关产业的迅速发展。因此，乡镇企业推动了我国农村的农工商一体化经营方式的形成，促进了以小城镇为据点的农村各种专业市场和各类要素市场的形成和发展。

*促进了小城镇的基础设施建设。*聚集在小城镇的乡镇企业具有产品的多样性和生产工艺的特殊性。因此，乡镇企业对供电、供煤、供水以及交通、通信等方面的需求与日俱增。这样，对小城镇的基础设施建设起到了鞭策作用，促进其向更高的水平发展。

*促进了农村第三产业的发展。*第三产业的发展也是城市化水平提高的重要标志之一。由于乡镇企业数量增加，规模扩大，就业水平提高，小城镇规模也随之扩大，从而带动了商业、饮食业、娱乐业、信息业、文化教育等第三产业的迅速发展，使过去那种与城市完全不同的农村小集镇演变成为农村政治、经济、文化中心的质量型小城镇。

小城镇是乡镇企业发展的重要支持体系。

*为乡镇企业发展提供生产要素支持。*生产经营离不开生产要素，而小城镇恰恰满足了乡镇企业发展的需求，为其提供了必要的生产要素支持。首先，小城镇是农村人口的集聚点，拥有相当数量，“离土不离乡”的农村剩余劳动力，他们成为乡镇企业发展所需劳动力的主要来源。其次，向小城镇转移的农村人口大多持有一定数量的积累资金，这些资金在乡镇企业改革和扩大生产规模时，成为重要的资本来源。再次，小城镇地处农村，资源极其丰富，乡镇企业可以就地取材，生产适销对路的产品，既能节省资金，又可提高效率。总之，小城镇是乡镇企业生产要素的重要来源。

*为乡镇企业发展提供市场支持。*大多数乡镇企业的产品是面向农村消费者的，而小城镇通过专业市场的建立为乡镇企业产品在当地销售提供了可靠的支持。小城镇各专业市场的进一步规范和完善，不仅能促进农村经济的贸工农一体化，而且也为乡镇企业的充分竞争创造了公平环境。在农村市场竞争中发展起来的乡镇企业积累了丰富的经验，因而当它们进入大市场面对更激烈的竞争时就能得心应手，不断发展壮大。

*为乡镇企业发展提供服务性支持。*企业的发展离不开社会，乡镇企业的发展同样如此。小城镇基础设施和服务机构为乡镇企业提供着各种服务。如为建立各专业市场提供必要的空间场所，为市场公平竞争维持社会秩序，为企业提供各种信息咨询，通过组织培训提高乡镇企业就业人员的素质，通过改善环境吸引资本、技术、人才的流入，等等。可见，乡镇企业如果没有小城镇的服务性支持是无法生存并发展壮大的。

*正确引导乡镇企业与小城镇协调发展。*根据以上分析可以看到，乡镇企业与小城镇的发展是互动的，联系是有机的，所以，必须正确引导乡镇企业与小城镇协调发展。

在乡镇企业发展方面，一是要改变乡镇企业过于分散的布局结构，使之向小城镇集聚，开辟工业小区，以扩大小城镇规模，带动农村市场的发展。二是要转变增长方式，提高效益，以扩大自身规模，产品市场应该走“农村市场→城市市场→国际市场”之路，企业要向外向型发展。三是大力兴办生产具有资源优势特征和乡土特色产品的乡镇企业，进一步吸纳农村剩余劳动力，引导人口向小城镇的有序迁移。四是乡镇企业要进行更有效的专业化分工与协作，降低交易费用，并以此促进其他非农产业的发展，使小城镇朝着更全面的方向健康发展。

在小城镇建设方面，一是加强基础设施和公共设施建设，以满足乡镇企业在生产条件方面的需求。二是建立相应服务体系，为乡镇企业进入市场竞争提供方便。三是加强执法队伍建设，为乡镇企业正常生产经营保驾护航。四是创造一个更为优越的投资环境，吸引域外更多的资金输入，以发展乡镇企业，真正做到同步发展。

乡镇企业与小城镇共同发展应注意的问题。

*可持续发展问题。*乡镇企业的快速发展和农村城市化水平的迅速提高，为我国经济和社会的全面发展起到一定的积极作用，但随之而来的对环境的负面效应也将越来越大。对环境的污染和对资源的破坏性利用已成为农村经济发展的新难题。一方面，要严格限制兴办污染严重的乡镇企业以减少污染源，同时加强环境污染治理的设施建设以降低污染程度。另一方面，要加强对稀缺资源的科学管理，使有限的资源得到合理利用。只有在注重农村生态环境保护的前提下发展乡镇企业和小城镇，才能使农村经济真正走上可持续发展之路。

*宏观管理问题。*市场经济必须实行宏观调控，对

乡镇企业与小城镇的发展同样需要宏观管理。第一,要制定一系列政策,引导乡镇企业适度地向小城镇集聚,从而形成一定规模的乡镇工业小区。第二,给予一定的信贷、税收方面的优惠,刺激投资,调动乡镇企业的积极性。第三,改革土地征用管理制度,制订农业土地的非农产业利用规划,使土地资源得到合理开发和利用。第四,改革户籍管理制度,取消不利于乡镇企业与小城镇发展的人口迁移限制条件,鼓励农村人口向小城镇人口的转变,加快农村的城市化步伐。

科学规划问题。乡镇企业与小城镇共同发展必须做好科学规划。一是制定空间布局规划,使乡镇企业与小城镇成为区域经济空间规划的有机组成部分。二是做好产业结构规划,引导发展与区域经济产业结构调整相一致的乡镇企业。三是搞好行政功能规划,建设着眼于为乡镇企业发展提供优质服务的、功能齐全的现代化小城镇。四是制订协调发展计划,避免短期行为,注重长远利益,保证乡镇企业与小城镇同步协调发展。

乡镇企业可持续发展经济的技术选择

徐　丽　安

乡镇企业实现可持续发展经济技术选择的困扰。具有中国特色的乡镇企业,产生和发展于特殊的社会环境条件,从它诞生之日起,在发展乡镇企业的技术选择上就受到以下因素的影响。第一,国家工业化倾斜的运行政策,导致了工农业价值交换的流转关系的失衡,农业中的大部分剩余都被无偿地转移到国家工业化建设中去,从而使农村社队集体组织和农民很少有能用于发展乡镇企业的资金剩余。第二,长期城乡二元化分割的局面,一方面造成大量的农村劳动力剩余,另一方面使农村的文化、教育、医疗都大大落后于城市的发展,从而制约了农村人力素质的提高。第三,农村相对丰富的资源条件以及传统经济学理念上的自然资源和生态环境的无价,可以使发展乡镇企业以依靠对自然资源过度消耗和生态环境污染为代价,进行农村工业化原始资本积累成为可能。第四,乡镇企业的创办一般都由农村社队积累和农民的集资组建而成,没有享受国家的计划投资和生产任务的计划安排。因此,这种产权制度的性质,决定了乡镇企业从它创办之日起,就面对市场,成为商品生产的利益主体。

上述这些因素表明,乡镇企业发展的起始阶段,留给企业进行技术选择的空间是非常狭小的。在技术装备上,受制于资金的短缺,只能利用城市淘汰的落后设备,这些设备能耗高,工艺落后,原材料浪费大,生产能力低。在技术水平上,受制于劳动力素质低,只能采用简单、粗放、劳动强度大的生产技术。在产业选择上,乡镇企业作为商品生产的利益主体,服从于利润最大化原则。由于受自身条件的限制,企业往往易选择城市以及发达国家所不愿生产的环境污染严重、治理成本高的产业,以牺牲当地的自然资源和生态环境为代价换取利润的增长。正是这样一种技术选择的组合模式,形成了乡镇企业的发展在过去相当一段长的时期,始终沿循着“高消耗、低收益、高污染、低效益”的轨迹恶性循环。

冷静思考乡镇企业发展过程中所采用的技术选择的组合模式,不难发现,这种选择有其合乎逻辑的一面。因为任何一种生产的经济活动,在特定的社会环境条件下,企业技术选择必须受制于以下三个基本因素。一是技术选择所要求的投资额大小。技术越先进,投资额越大,资本就越不易筹集,从而企业从事生产活动的门槛就越难跨入。二是技术选择对人力素质的要求。技术水平越高,对劳动者的素质要求就越高。因此,对那些缺乏职业培训和具备相应生产技术的劳动者,就难以进入有相应技术水平要求的企业生产的劳动过程。三是技术选择服从于资源比较利益的原则。只能有利于稀缺资源节约的技术才是企业选用的技术。因此,当物质资源稀缺,劳动力资源充裕,而自然资源和生态环境相对无价时,受利益机制的驱动,保护生态环境,节约自然资源和劳动力资源的技术就难以被企业所选择。所以,产生于特殊社会经济环境条件下的乡镇企业所采用的技术组合是不得已而为之的理性选择。

诚然,乡镇企业发展过程中,尽管存在着诸多发展中的问题,但不可否认,乡镇企业的发展对增强我国的综合国力做出了巨大的贡献。但是,在看到乡镇企业取得长足发展的同时,还应清醒地认识到乡镇企业的发展状况与可持续发展经济的目标相距甚远。还有许多乡镇企业仍然继续运用着落后的技术装备,强化着自己对环境、资源的破坏能力和破坏实绩。现有乡镇企业发展的内外部条件,留给企业推进可持续发展经济的技术选择空间仍然还是十分狭小。

因此,在推进乡镇企业可持续发展经济过程中,在相当长的时期内,这种二难的矛盾将继续困扰着企业的技术选择。

实现乡镇企业可持续发展经济的技术选择。在推进乡镇企业可持续发展经济过程中,由于不同地区乡镇企业发展的背景各有差异,技术组合的模式会有所不同，但在实现乡镇企业可持续发展经济的技术选择上都会面临着一些共性问题，需要给以准确的把握。

转变观念，正确树立可持续发展经济的思想。地球上可供人类利用的资源是有限的，许多资源是不可再生的，而我国人均资源占有量又大大低于世界平均水平。如果继续实行高投入、高消耗的粗放型生产方式，乡镇企业的发展将受到资源的限制。况且，依靠以牺牲生态环境为代价来推进经济增长的生产方式，将把企业的发展推向绝路。因为环境容纳人类的污染是有限的，一旦达到环境污染的边界，从而也就构成了经济增长的极限。因此，推进乡镇企业的发展，要正确树立可持续发展经济的思想。在实现可持续发展经济的技术选择上，要坚持"三有利"的原则，要有利于企业的技术进步，有利企业职工素质的提高，有利于资源的高效、永续利用和环境的保护。

增强企业自我积累能力，拓展企业技术选择空间。具有中国特色的乡镇企业，由于其产生和发展的特殊性，从而决定了它负有为农业提供"以工补农"或"以工建农"的义务。但现在的问题是，在有些人的观念中，各种农村社会性支出，社会公益活动，支农补贴等都可以向乡镇企业索取，认为这是乡镇企业应尽的义务，也是发展乡镇企业的主要目的。乡镇企业的发展由于受自身主客观条件的限制，企业所创造的剩余本身就不多，如果谁都向企业索取，企业也就无力进行自我积累，企业的技术改造，落后设备的更新，职工素质的培养提高都将无法进行，乡镇企业的自我发展也就无从谈起，"高消耗、低收益、高污染、低效益"的恶性循环局面将无法改变。因此，要实现乡镇企业可持续发展经济，就必须转变以"以工补农"为由，过多向乡镇企业索取的错误观念，维护乡镇企业有相应合理比例的剩余留成的合法权益，从而增强乡镇企业自我积累的能力，使乡镇企业在实现可持续发展经济过程中有日益拓展的技术选择空间。

正确选择适用技术，促进乡镇企业的物质资本、人力资本、生态资本的协调发展。实现可持续发展经济的技术选择，其核心就是选择适用技术。选择适用技术，首先要正确树立生态资本的观念。要使人们认识到依靠资源过度消耗和环境污染为代价的经济增长，是当代人损害后代人的利益，是当代人靠挪用后代人的生态资本过活。因此，在考察企业经济活动的过程中，要把自然资源的消耗和生态环境的污染都列入投入产出的指标范畴进行分析和评价。其次，要制定相应的技术政策，对资源的利用和环境的保护都应制定技术的临界要求，并适当提高技术的进入壁垒，以推动乡镇企业提高技术水平。当然，在制定这些技术政策过程中，要兼顾乡镇企业发展的实际，不能操之过急，要采用逐步引导和过渡的方法。其三，通过制定相应合理的税收、自然资源和生态环境补偿收费的政策，促进企业选择有利于资源和环境保护的技术组合。

乡镇企业投资需求不足的原因及对策

曹　远　剑

乡镇企业投资需求不足的原因。乡镇企业出现的投资需求不足，既与整个宏观经济形势密切相关，又有其特殊的原因。

信贷紧缩，影响了乡镇企业的资金来源。长期以来，国有商业银行一直把支持国有企业发展作为中心任务，对于非国有经济包括乡镇企业另眼相看，近年来，对乡镇企业更是普通存在"慎贷"和"惜贷"心理。首先，国有银行的商业化改革，强化了银行的自我约束，削弱了地方政府对金融的行政干预，使金融部门盲目贷款、"奉命贷款"减少，对规模偏小、财务状况较困难的乡镇企业的贷款更是持谨慎态度。另一方面，银行准备金率过高，造成商业银行在中央银行大量存款，而不愿意开拓投资渠道。

投资效益下降，造成乡镇企业投资意愿不足。从近两年情况看，市场约束日益强化，而乡镇企业结构重复，机制弱化，负担加重，加上管理中存在的一些问题，导致乡镇企业投资效益下降，企业自我积累的能力削弱，一部分企业出现亏损甚至陷入困境，企业自我自主投资扩大再生产的能力不足。另一方面，由于投资风险增强，投资前景不明，对投资收益的预期下降，导致了乡镇企业主观上投资意愿不强，不愿、也不敢轻易铺摊子、上项目。在资金紧张和市场前景不明的情况下，一部分乡镇企业对技改投入更是出现了消极的情绪，认为"不改等死，改了找死"，技改投入的增幅急剧降。

产权市场发展滞后，直接投资渠道不畅。改革开放以来，我国金融资产规模急剧扩大，但由于体制因素，资本市场发育显得明显滞后。资本市场中的金融资产仅占金融资产总额的10%左右。可以说直接融资的渠道依然不畅。就面广量大的乡镇企业来讲，很难争取到股票市场上筹集资金。而农村区域产权市场发育滞后，在当地又很难筹集到资金，已经进行股份化或股份合作化改造的，资产也很难在市场上进行流转，使得股份制机制发生扭曲。这样就直接影响到乡镇企业的投资需求，特别是乡镇企业的更新改造、扩大再生产。

农民收入增长趋缓，制约了民间资本的发育。虽然经过了20年的改革开放，城乡差距有所缩小，但由于长期存在的政策性、体制性因素，城乡二元结构没有根本性的改变。这几年农民收入有所增长，但对其富裕程度不能估计过高。在全国城乡居民储蓄中，9亿农民才占40%的份额。就近两年人均收入情况来看，增长幅度也有所回落。在农民的消费支出中，绝大部分仍然是用于基本生活消费，特别是由于农村社会结构发生了变化，而相应的农村基本保障体系难以很快建立起来，农民用于医疗、养老、义务教育等非生产性开支大大增加。加上收入分布的不均衡，绝大部分农民虽然温饱问题得到了解决，但短期内还难以拿出大量的资金进行生产性投资。

同时由于机构膨胀，行政事业人员增加，特别是基础教育费用负担沉重，刚性支出有增无减，导致乡镇财政中资本性支出急剧下降，对乡镇企业投入已无能为力。

由于投资需求不足，大批乡镇企业濒临困境，不仅可能使结构调整成为一句空话，而且给农村经济和社会发展带来一系列的问题，使得农村隐性失业问题凸现出来，给社会稳定带来沉重压力。在经济状况偏冷的情况下，只有灵活调整宏观经济政策，立足于发挥农村市场的巨大潜力，努力扩大农村投资需求，以此为先导，带动消费需求的增长，以形成投资与消费、农村与城市的良性互动，才能使农村经济沿着持续快速发展轨道前进。

科学决策投资取向，扩大乡镇企业投资需求。扩大乡镇企业投资需求，关键在于解决好"投到哪里去"和"投多少"的问题，也就是投资取向和投资力度的问题，这就要求加强投资的科学决策。从总体上说，扩大乡镇企业投资需求，必须以市场为导向，有利于发挥乡镇企业的独特优势，优化宏观经济结构和提高投资效益。要努力改变乡镇企业以加工工业为主的状况，大力提高第二产业的层次和水平。同时，积极向第一、三产业拓展。

农村基础设施。应该看到，我国的基础设施如铁路、等级公路密度、人均用电量等与发达国家相比尚有很大差距。随着农民生活的改善和农村经济的发展，对基础设施的需求是巨大的。可以说，农村基础设施建设前景十分广阔。国家在基础设施建设方面将有上万亿的投入，其中主要部分位于广大农村，这无疑为乡镇企业提供一个难得的机遇。这方面乡镇企业具有机制灵活、劳动力价格便宜、成本较低的优势，但同时也存在资本不足、人才缺乏、装备落后的劣势。要在基础设施建设中占有更多的份额，就必须加大这方面的投入，努力提升自己的产品和工程质量。随着投融资体制的改革，乡镇企业不应满足于当好"施工队"，而且可以在当地的基础设施建设中介入项目开发。特别是在农田水利设施、农村生态环境建设方面，如中低产田改造、乡村道路建设、节水灌溉、丘陵地区开发等乡镇企业可以发挥独特的作用，通过产业化经营，为农村基础设施建设做出自己的贡献。

企业技术改造和高新技术产业。这是乡镇企业能否加快实现经济增长方式从粗放型向集约型转变，能否在新一轮竞争中赢得优势的关键所在。乡镇企业在过去创造了辉煌的业绩，但同时，其产业结构、专业化协作程度、技术装备水平、产品档次不高的问题也日益暴露出来。在乡镇企业经济总量中，高新技术产业比重低。过去，乡镇企业在投资方面存在着重铺新摊子、上新项目，轻技术更新改造的倾向，造成了大量的存量资产闲置，从宏观上讲也加重了投资负担。现在虽然是买方市场，但应该看到，我国是一个人口众多的发展中国家，主要产品的人均拥有量还很低。可以说市场需求是不均衡的、发展的、开放的，要在不断增长的市场中取得更大的份额，关键要看企业的竞争能力。这就要求乡镇企业牢牢把握市场脉搏，以市场为导向，加快企业的技术改造和创新，加快新兴产业的发展，不断适应需求、培育需求、创造需求，才能在激烈的市场竞争中立于不败之地。

农副产品加工和流通。对于有12亿人口的中国来讲，吃饭问题始终是一个大问题。经过长期的努力，我国粮食生产已基本能满足需要，部分农产品甚至出现了买方市场。但随着人民生活水平的提高，对农副产品在品种、档次上会不断提出新的要求。例如全世界人均奶占有量达102千克，而中国才6.6千克。可见，所谓的农产品买方市场仍是低水平的，推进农业产业化经营，发展农副产品的加工、流通业大有可为。在这方面乡镇企业具有独特的优势。要引导乡镇企业充分依靠本地农业资源和劳动力优势，以市场为导向，加大对农副产品加工和流通业的投入。积极扶持和培育贸工农一体化的龙头企业和农民经纪人，发展区域性的农副产品市场，通过对这一产业的延伸，获取农产品增值的利润。还要加快粮食购销体制的改革，解除制约农业产业化的制度瓶颈。

小城镇开发。我国的城市化率才29.9%，不仅远低于世界发达国家水平(72%)，而且未达到世界平均水平(40%)。小城镇是农村社区性的政治、经济、文化中心，是物资、资金、信息的汇集地。要加快农村劳动力向非农产业转移，缓解农村人口与土地的矛盾，提高农业劳动生产率；要改善乡镇企业的布局，提高乡镇企业的地域集中度;要变革农民的生活方式,刺激消费,活跃农村市场,都离不开农村的城市化,特别是小城镇的开发与建设。从现实看,工业化程度较高、经济实力较雄厚的地区,完全有条件进一步加快城镇化步伐。关键在于规划、资金、政策的配套。在服从小城镇总体规划和改革户籍制度的前提下,应该大力发展小城镇的房地产开发业特别是住宅业,让农村脱离土地生产的先富起来的工商业者在城镇安家落户。要采取灵活多样的机制,培育和扶持小城镇房地产开发业,引导乡镇企业和农民向这方面投资。只要政策得当,机制灵活,这方面是大有可为的。

拓宽融资渠道,推动乡镇企业进一步发展。扩大农村投资需求,还必须解决"钱从哪里来"的问题。单纯依靠财政和信贷投资的路子已经行不通了,而乡镇企业自有资金又比较紧张。在这方面,必须有新的思路。解决资金来源的出路在于投融资体制的改革。不仅要建立风险约束机制,而且要加快培育民间资本,努力形成投资主体多元化、社会化的格局。

加快资产重组,盘活乡镇企业资本存量。要解决增量不足的问题,充分利用现有的资源,加快存量重组,不失为一种选择。在乡镇企业改制中,对于集体资产变现和租赁所得,不能够用来弥补乡镇财政,更不能作为政府收入,用于公款消费,吃光用光。否则存量都保不住,谈何结构调整?除了解决职工社会保障问题外,应该仍然用于生产性投入。针对乡镇企业资产规模过于分散和所有者权益偏低的结构性缺陷,对于那些基础较好、有前途的龙头骨干企业,可以把变现所得用于增注企业资本金,改善资产结构,减轻债务负担,使企业轻装上阵;或者直接用于增加乡镇企业的技改投入,对传统产业进行改造,提高乡镇企业的竞争能力。

加快发展地方性商业银行,建立多层次功能完备的金融体系。中国人有着勤俭持家的传统,这几年储蓄率一直保持在40%以上,这是中国经济持续发展的强大动力。由于多种因素的制约,这种状况短期内不可能改变。一方面是大量的存款而找不到可靠的出路,给国有商业银行带来沉重压力。另一方面,大量的有希望的中小企业却拿不到贷款,特别是其中的非公有制企业更是缺乏资金融通渠道。1997年末全国金融机构贷款余额中,乡镇企业获得的贷款仅占6.7%。可以说,现有的以国有商业银行为主体的金融体系无法满足面广量大的中小企业的贷款需求。实际上,信贷风险与企业规模并无必然的联系,而乡镇企业往往更具备避风险的优势。这就要求加快金融体系建设,积极探索组建地方性政策性银行,大力发展农村信用合作组织和区域性商业银行,以满足面广量大的乡镇企业的贷款需求。

推进农村产权制度改革和资本市场建设,扩大民间直接融资。特别在经济发达地区,要通过乡镇企业产权制度改革,推动乡镇企业产权的多元化,大力发展农村个体私有经济和混合经济,扩大民间直接融资。在加强农村资本市场建设方面,一要扩大乡镇企业到股票市场上市,让优势企业迅速扩张,做大做强。二要加快建立和完善地区性的产权交易市场,在股市扩容面临压力的情况下,应允许和发展场外交易,让手中有余钱的农民能够成为乡镇企业的股东。三要大力发展乡镇企业的债券市场,允许有一定资信的乡镇企业向社会发行债券,募集资金。这样不仅有利于增加投资总量,而且分散了投资风险,从总体上保证了投资安全和提高了投资效率。

进一步加强外资工作,提高外资利用水平。这几年,全国乡镇企业引进外资的增长速度明显下降。要积极采取措施,引导外资投向基础设施建设和高新技术产业,引导外资参与乡镇企业的改组、改造。应该说,多数基础设施建设本身是有利可图的,且投资回报较稳定,应积极采取多种方式,争取外资的投入,以更快更好地拉动乡镇企业经济的增长。

建立专项基金,加大对乡镇企业的政策扶持。省市两级可从财政和预算外资金中切出一块,建立有一定规模的乡镇企业发展基金,并安排一定的乡镇企业技改贴息资金。县级可建立乡镇企业信贷担保基金,为乡镇企业的技术改造,为高科技民营企业的科技攻关、技术开发和产业化提供周转、贴息和担保。虽然不能解决全部问题,但能起到"补气养血"之效。中央和地方财政占GDP的比重都不高,不仅与发达国家,而且与新兴工业国家有较大差距。但如果把与预算内收入规模相当的预算外资金计算进去,实际上各级政府及有关部门手中的财政资金完全有能力集中力量办一点大事。要巩固和完善复式预算体制,加快推进地方机构改革,强化编制约束,保证资本性的财政支出随着国民收入和整个财政收入的增长而相应增长,防止经常性项目挪用、挤占资本性支出。

"雅戈尔"文化探析

于 澄 董其岳

"双赢"文化:品质与品牌同步,人才与事业共长,物质与精神齐飞。1997年"雅戈尔"品牌获中国驰名商标称号,这项殊荣是对雅戈尔集团公司多年来致力于构筑服装品质的最高褒奖。但雅戈尔集团也清醒地看到:在市场竞争中,永无疲软的市场,只有疲软的产品。没有任何一种技术能够保证企业长期处于优势地位,更没有任何一种产品保证企业有永久的优势,使一个企业持久繁荣,这使雅戈尔集团不停地寻求企业制度、组织、技术、产品、人才的创新,"双赢"文化传递的是"雅戈尔"文化的动态走势。

为了让品质与品牌同步,雅戈尔集团紧紧把握品质的四个内涵:一是艺术内涵。设计体现"以人为本",符合功能时尚并体现文化品味。二是技术内涵。促进劳动密集型企业向技术密集型转变,确保材料、配件性能及品质稳定,制作水平、保型能力达最佳状态。三是时效内涵。密切注视对服装潮流的号召力、流行的寿命、应季时的保证等。四是服务内涵。把服务视为产品的"第二次竞争",为消费者携带、馈赠、穿着、洗涤、保养等提供力所能及的种种便利服务。这四个内涵的品质保证最终依赖于人的品质,依赖于研究开发部门与生产部门、营销部门等其他部门成为一体化经营的实体,与企业整体战略相结合,共同决定企业的命运兴衰,各部门之间的团体协作精神,员工的团队精神得到整合与发扬。市场竞争和产品质量的提高,推动了生产工艺流程的不断优化,而生产工艺的优化,又对员工的整体素质提出新的更高的要求,促使员工在职业技能和职业理想、职业道德、职业纪律、职业责任方面逐步提升。如企业里的一部分机修工,过去各自为政,不思进取,在企业购进了大量世界一流的先进设备后,感到前所未有的压力,一旦机器出了故障,而他们束手无策,就会影响生产进度,这就促使他们相互学习切磋,赶超比学,钻研新技术,搞技术小革新,促成了人才与事业共长的局面。

名牌的一半是物质,一半是精神。名牌之所以成为名牌,很重要的就在于它具有丰厚的、独特的精神文化内涵。创名牌本身就体现着物质生产与精神文明的统一,它有力地推动着、带动着精神文明的发展。"雅戈尔"品牌在创立、培育和发展中,积淀了一笔宝贵的精神财富,它的精神支柱和精神动力对品牌的巩固和发展具有深远的影响。

"品质与品牌同步"、"人才与事业共长"、"物质与精神齐飞"的双赢局面,落脚点是"以人为本",什么是"以人为本"?至少有一点是肯定的:如果一个企业对于员工的全部激励就是物质的话,那么员工与企业投资购买的设备就几乎等同一致,"以人为本"就是自欺欺人。现代组织理论认为,一种有效的激励机制,应保证组织成员的收益与其对实现组织目标的贡献大致处于均衡状态。建立激励机制,就是在现实经济生活中,通过建立一套制度,创造一种氛围,使组织成员的收益与其对实现组织目标的贡献大致处于均衡状态。曾有很多企业以高薪数次聘请雅戈尔集团的几位营销副总经理,但很少有人为此动心,他们当中的大部分人从一个普普通通的农民几经磨砺成为一员骁将,在"雅戈尔"实现了人生的升值,这种归属感、自豪感、认同感并不是金钱可以买动和改变的。这也是雅戈尔集团多年来不遗余力地推行"双赢文化",通过事业目标激励、人格尊重、成就感满足、物质分配与集体主义精神有机结合的成果。企业文化的精髓是提高人的素质,重视人的社会价值,尊重人的独立人格,开发人的文化资源,调动人的积极性,从而促进生产力的发展。

培育企业精神,就是要在长期的经营实践中培育能集中表现本企业精神风貌,激励职工奋发向上,规范企业行业的群体意识,引导职工树立正确的价值观念、职业道德、敬业精神,这是企业文化建设的核心内容。

情商文化。从企业来说,参与市场竞争,离不开形象力、知名度和美誉度。一个形象力好的企业,才能内有凝聚力,外有吸引力和竞争力,才能促进物质文明和精神文明的协调发展。1997 年山东服装市场上流行着这样一句话:掀起"虎豹"风,吹起"海螺"号,扬起"富绅"派,奉献"雅戈尔"情。这个"情"字体现了顾客对雅戈尔集团情感服务的认同,是雅戈尔集团的经营特色,带有诚信谦和的民族风格与中国气派。营销的目的就是要使推销成为多余,西方营销有 6P 理论:产品、价格、地位、广告、权力、公共关系,但归纳起来是以"情"为基础,以"理"为方法。雅戈尔集团的营销理念"让消费者满意,使合作者发展",正蕴含了"雅戈尔"对消费者及合作者的一往情深。

对经销商:与商场共同改善销售阵地,营造良好的购物环境。支持配合商场的各种促销活动及商业文化活动。与商场共同挖掘潜力,改善经营服务,降低销售费用,提高赢利能力。与商场共同研究营销对策,加强售后服务,引导消费。与商场共同提高营销管理水平,向管理要效益。

对消费者:一是以情感人。"一针一线总关情"是"雅戈尔"人的基本作业精神。一些或胖或瘦、或高或矮的特殊体型消费者常为买不到合身衣服而苦恼。雅戈尔集团每年要多次推出"心系消费者服务周"和"情钟消费者"活动,专门从宁波市调集裁剪大师到各大中城市的专卖店、商场为特体消费者量体裁衣;企业负责人坐堂亲自接受消费者的提问,现场处理"雅戈尔"产品的质量问题;技术人员接受各类消费者有关衬衫、西服的制作、穿着、选购、洗涤等知识的咨询。二是以礼悦人。雅戈尔集团经常在各地报纸、电台、电视台推出大型礼遇消费者活动。配合政府部门、新闻单位开展各种社会公益活动，如举办"雅戈尔"杯十佳教师评选、十佳交警评选，奖励劳动模范和优秀退伍军人等，有效地扩大了知名度、美誉度，也切切实实表达了对先进人物的敬意。雅戈尔集团在销售中经常给消费者赠送一些有文化含义的礼品，营造服饰文化、塑造品牌形象。三是以质服人。雅戈尔集团曾推出衬衫"质量坦白书"、"西服质量坦白书"，近于苛刻的质检细则和诚心接受消费者挑剔检验的态度固然体现了名牌企业的自信，但更表现了企业对消费者的诚意，受到舆论界的广泛关注和消费者的普遍欢迎。诚信赚得字号久，谦和赢来顾客常。显而易见，企业把搞好服务提高到了更加突出的地位。到新的世纪，顾客至上、职工幸福、为社会服务这三种价值将成为企业经营的标志。当社会财富获得巨大的增长，人们生活水平不断提高，需求越来越多样化的情况下，社会不仅需要商品本身，同时还需要优质的服务，有时对服务的需求甚至超过对商品本身的需求。

情商文化是对中国传统文化中"仁学"、"和合"理论的拓深，暗合了五个特征：以义取利，以和为贵，仁者爱人，诚信相交，文明经商。传统文化与市场经济相嫁接、相结合的趋势，反映出企业文化的中国特色，市场经济需要优秀传统文化的延续，传统文化需要在市场经济中输入新的活力和张力。

"三合一"文化。"三合一"文化即是社会利益、企业利益、个人利益三结合的文化。

"装点人生，服务社会"是雅戈尔集团的企业理念。"装点人生"的涵义有两个层次：一是透过劳动和智慧，为社会大众获得美好人生增光添彩，好服装当然对人是一种"装点"。二是在这个过程中永不休止地吸纳新知，提高自我，实现升华，这也是一种"自我装点"。既装点别人，又装点了自我，既给别人装饰美，又使自己实现了升华。

创业18年来，雅戈尔集团在回报社会、关注社会公益事业方面做了许多实事。企业在总部宁波市所在地扩建社会医院、中学，修建了敬老院、幼儿园、希望小学、"雅戈尔小学"，架设了人行天桥，数年累计投资1 000多万元。1997年，宁波市遭受百年不遇强台风袭击，雅戈尔集团向市、县捐款150万元，为宁波市慈善总会捐款100万元，为下岗职工再就业工程捐助600万元，为抗洪救灾捐献1 000万元。近年来，公司积极安置下岗职工，为社会分忧。企业连续两年蝉联"宁波市精神文明创建活动标兵"，并被农业部命名为"全国文明乡镇企业"。雅戈尔集团回报桑梓的同时，也密切地关切着贫困地区的脱贫事业。几年来，先后投资近1 000万元在贵州、西藏、四川捐建了3座希望小学……

"服务社会"所包含的，不仅是为广大消费者提供所喜爱的高质量的产品和服务，不仅是为国家创造利润和就业机会，也不仅是建希望小学、福利院、提供赞助等社会公益事业，更包含着开掘潜在智慧。"创中国的世界名牌"体现了"雅戈尔"人的抱负和强大精神感召力。雅戈尔集团的企业理念带有鲜明的"三合一"特点，即体现了个人、企业、社会三者共同发展的统一，企业并非是单纯追求一个企业的利润，而是把"服务社会"放在企业理念的地位，还把提高人、升华人作为企业发展的价值追求，消费者也能感受到一种接受"雅戈尔"特点的温馨和情谊。实现了团体目标与个人目标的统一，管理与被管理的统一，物质和精神的统一。这是雅戈尔集团的基本信念和准则，是雅戈尔文化的核心和基石。

从"雅戈尔"文化来看，企业理念、企业价值观、企业精神是渗透企业行为各个方面的不可忽视的另一只"看不见的手"，未来的经济赛局，将在很大程度上取决于文化力的较量。

一个科学的理论，一个正确的路线，这是进行企业文化研究和建设的最根本的思想、政治、理论保证。要建设有中国特色的社会主义企业文化，首先要同建立现代企业制度有机结合起来，合则齐美，离则两伤。其次要把着眼点放在调动广大员工的积极性上，全面提高员工的整体素质。最后还要正视企业的社会属性，把企业的发展、命运同全社会的发展、大众的命运紧紧联系在一起，立足于社会，而又服务于社会。

让企业文化参与市场竞争

裘哲伟　董其岳

宁波方太厨具有限公司于1995年成立以来，领导层就高瞻远瞩，高度重视企业文化，适时开展企业文化建设，以理念塑造员工，靠员工生产精品，用精品打出名牌，拿名牌参与竞争，以经营业绩回报社会，走出一条经济与文化协调发展、互相促进，以文化参与市场竞争的企业发展新路子。使企业在短短的两年多时间里综合经济实力迅速提高。1998年销售收入达19 969.69万元，利润达2 266.07万元。先后荣获宁波市、浙江省名牌企业，"全国文明单位"等荣誉称号。

方太公司领导层深刻认识到：现代企业的竞争，不仅是资本的竞争、人才的竞争，更是文化的竞争。一个优秀的企业，不仅要为社会提供高品质的物质产品，而且要向社会展示自己崭新的精神风貌，形成自己独具特色的企业文化影响社会。方太公司董事长茅理翔说得好:我们不仅制造和销售产品,也在创造和推广文化,企业文化是公司的传家宝。基于此认识,方太公司把加强企业文化建设作为企业发展的一项跨世纪系统工程摆到重要位置,在观念创新、制度创新、形象创新三个方面进行了有益的探索。

靠教育引导,在观念上创新。"以人为本,以德为先",这是方太公司领导班子在经营决策上的共识。企业发展的关键是人才问题,是企业员工的整体素质问题。作为一个以服务于人类健康为己任的厨具生产企业,更应该拥有一支具有高度的社会责任感、使命感和强烈敬业精神的员工队伍。为此,方太公司狠抓教育引导工作,靠教育引导职工在观念上进行创新。

培育企业精神。1996年,方太公司在经过全面分析考察的基础上,在同行业中率先导入CI,并将CI导入贯穿企业经济建设和文化建设始终。经过反复酝酿、层层筛选,提出了"敬业、真诚、开拓、创新"作为企业精神。"敬业"是"方太"人的行业规范和价值准则。它使"方太"人对社会效忠,对国家效忠,对消费者效忠,"一切为了健康"成为每个员工崇高的职业道德。"真诚"是"方太"人待人的态度。它使"方太"人胸怀磊落,心底无私,朴素务实。"真诚做足100分"成为员工们做人的精神。"开拓"是"方太"人顽强拼搏、勇往直前,不怕苦、不怕困难的勇气。"创新"是方太公司成功的源泉,是企业的灵魂。它使"方太"人勇于探索、敢于突破,不断开发新产品、改造新工艺、开拓新市场,超越自我,不断向未知的领域进取。"八字"企业精神鼓舞着员工以饱满的工作热情、崭新的精神风貌努力工作,严守纪律、和睦相处、奋发进取。

以各种形式教育引导职工。方太公司在企业文化建设中以特定载体为依据,虚功实做,企业文化建设变成看得见、摸得着,无处不在 、无时不有,与员工息息相关的一种行为。

一是以活动为载体。在企业文化建设中,方太公司利用多种形式广泛发展有影响的主题活动,引导职工积极参与,在参与中受教育。每年的春节前夕,公司要在宁波市人民大会堂举行一次大型的"方太杯"文艺大奖赛。这是企业一年一度的盛会,也是每年规模最大、参加人数最多、节目质量最高的演出,整台晚会节目都是职工们自编自导自演,有歌舞、小品、相声、戏曲等节目。为了这场比赛,职工以车间为单位,从夏天就开始准备。由于比赛纳入奖金考核,促进了职工的凝聚力和竞争意识。公司还每月与社会各界有关部门联办开展各项公益活动,先后举办了"迎国庆税企文化联谊会"、"纪念长征60周年大型消夏晚会"、"庆回归文艺汇演"、"慈溪市方太杯戏曲大奖赛"等系列活动,参加群众数万人,既弘扬了革命传统,推动了城市社区文化建设,又使员工受到了爱国主义教育。

在企业内部,公司长年开展"争做英模"评选活动,对评出的先进工作者、销售状元,公司都给予重奖。对于管理、销售人员,自1996年元月份开始,把他们集中起来,或周末或春节,聘请有关专家、教授进行技术、企业管理、市场营销等方面的培训,帮助其提高素质。对于普通员工,除了坚持全员普及教育外,还经常组织外出参观学习,开阔视野,增强其奉献社会的意识。这些活动的开展,收到了较好的效果,员工的思想和行为受到潜移默化的影响,思想道德素质和技术文化素质迅速提高。

二是以环境为载体。环境对人的思想和行为影响巨大。在企业文化建设中,方太公司非常注重企业的环境建设,投资了几百万元对厂区进行高标准的绿化、硬化改造,厂区面貌焕然一新。还投资几十万元建成了绿化草坪,使公司厂区锦上添花。装修了单身职工宿舍楼,为职工创造了一个舒适的就餐、活动环境。投资建设了设施先进的立体仓库,实行电脑化管理。还投资建设了文体活动室、图书阅览室等。整洁美丽的工作生活环境,有效地激发了职工的工作热情,促进了企业生产的发展和经济效益的提高。

靠管理强化,在制度上创新。现代化管理是一个科学的系统工程,它包括信息、决策、规范和配套。在推进企业现代化管理过程中,方太公司除了通过导入CI,建立VI手册外,还先后编制了《质量手册》、《质量程序文件》。公司提出了"不断改进,力求完美"的质量方针,这是品质管理的最高准则,也是品质文化的灵魂。在这一思想的指导下,公司明确了追求质量零缺陷的目标。在"方太"人看来,能否实现产品零缺陷关系到公司的兴衰成败。这种视质量为生命的质量观深深地扎根于"方太"人的脑海中,无论是在艰苦的创业时期,还是在已经取得巨大成就的今天,一直以咬定青山不放松的拼搏精神,狠抓品质管理,走出了一条质量效益型的企业发展道路。

方太公司追求高品质,是以用户的利益为出发点,通过"用户反馈意见卡"、电话回访等多种形式,不断改进,不断超越自我,不断推出新产品。公司一直认为,质量不是检验出来的,而是生产出来的,产品品质归根到底取决了"人的质量"。因此,公司十分重视提高员工的"质量"。不仅通过加强培训来不断提高员工的知识水平、操作技能等"有形质量",还注重以多种方式提高员工的经验、责任感、进取心、团队意识、尊重用户等"无形质量"。在每天上班前的晨会上,员工在整齐的队伍中喊出“我们是方太人，请一切做到最好！”的口号，暗示每个人把当天的质量做到最好，从而在潜移默化中将一种具有“方太”特色的品质意识和工作态度渗透进员工心里。

方太公司对每一道工序进行严格的监督考核，不断地进行自我内审，不断地提升品质。1996年方太公司率先在同行业中通过了ISO9001国际质量体系认证，还制定了各项规章制度、管理规范通则60条等，详细规定了每个员工的道德规范、行为准则。使企业管理走上一个较高的层次。在制度执行上，坚持严肃认真、一丝不苟，决不徇私情。公司还专门配备了纪律检查员，每天巡回检查，违规者当场开出处罚单。并发放了“日清本”给有关部门，“晨会”已全面推广，“日清管理法”已在销售部、市场部、品质部生根发芽，发展势头良好。

靠形象塑造，在形象上创新。

塑造现代企业的领导者形象和员工形象。企业领导者的形象和人格力量，是企业文化建设的无形推动力量。企业形象的树立，关键是领导者的以身作则和无私奉献。在方太公司新产品方太智能型油烟机投放市场之初，总经理茅忠群大胆决策，科学规划，合理调度，终于使这一高科技含量的产品在投放市场当年即为社会所接受，为企业带来上千万的利润，创造了巨大的社会效益，为企业的腾飞奠定了坚实的基础。公司中层干部中有几名部长，为了企业的发展，为了使产品尽快打开市场，长年奔波在销售第一线，有时长达一个月不回家。在企业最困难的时候，他们总是冲在最前头。而在物质利益面前，他们又表现出高尚的无私奉献精神。

方太公司能长期坚持开展职工文化活动，和董事长茅理翔的多才多艺不无关系。早在80年代，他创作的歌曲《飞翔之歌》就在全省“企业之声”歌唱比赛中获银奖。对写作有着浓厚兴趣的他还出版了文学选集《飞翔岁月》及专著《飞翔的管理》。茅理翔事长还被北京师范大学聘为兼职教授。多次被邀为学生作专题报告。还应邀登上清华大学讲坛，受到清华管理学院学生的热烈欢迎，在社会各界引起轰动效应。企业领导的人格魅力像一块巨大的磁石把员工吸引在他们身边，增强了企业的向心力和凝聚力。生产部设备科员工战高温抢修设备、不顾生命危险的事迹传出后，广大员工受到极大的惊动和教育。企业干部职工的一言一行、一举一动构成了企业文化的基本内涵，形成了一股强大的精神合力，促进了企业生产经营的健康发展。

塑造良好的产品形象。在市场经济条件下，文化已渗透到经济生活的各个方面，现代商品的文化含量越来越高。方太公司在努力提高产品科技含量，严把质量关的同时，致力于提高产品的品牌效应，以质量创名牌，以名牌创效益，创出一条经济与文化互相促进、共同发展的新路子。“八五”期间，公司投资几千万元建成了国内一流的油烟机生产装配车间、厨具研究所、立体仓库，购置了国际先进水平的检测设备；全面推行了ISO9001质量体系，取得了产品打开国际市场的钥匙。使方太厨后油烟机在短短两年半时间内就打开了全国市场，部分出口东南亚国家和地区，并获得中国名牌称号，市场占有率名列同行业前茅。

在提高产品内在质量的同时，方太公司通过CI导入，在产品包装、设计等方面努力塑造产品的外在形象，并通过媒体、各种形式的公关活动宣传企业形象和产品形象，使两者有机结合。以良好的企业形象提升产品形象，以良好的产品形象支撑企业形象。这样，既树立了企业形象，扩大了企业知名度，又树立了产品形象，提高了产品附加值，使方太公司产品的市场占有率不断扩大，竞争力不断增强，经济效益连年提高。

总之，企业文化建设是一项复杂的系统工程，不可能一蹴而就。它既需要榜样的引导，更需要企业广大员工的努力和参与；既需要制度的约束，更需要精神的激励；既需要良好的社会大环境的支持，更需要发挥主观能动性，创造良好的企业内部环境。方太公司通过建设有特色的企业文化，把观念、制度、形象三者相结合，融企业于一身，促进了企业健康发展。

先进县市

河北省石家庄市郊区
辽宁省盖州市
吉林省公主岭市
江苏省高邮市
安徽省巢湖市
安徽省贵池市
贵州省仁怀市
贵州省金沙县
甘肃省兰州市城关区
宁波市鄞县

河北省石家庄市郊区

石家庄市郊区环绕石家庄市，西依太行山，北濒滹沱河，东南是辽阔的华北平原。面积187.2万平方千米。属暖温带半湿润季风气候。全区辖11个乡(镇)，80个行政村，28个居委会，人口25万人，其中农业人口19.5万人。

改革开放以来，石家庄市郊区充分发挥城郊优势，大力发展乡镇企业，使全区经济建设和社会发展取得令人瞩目的巨大变化。1990年在河北省率先跻身全国乡镇企业百强县(区)之列。1998年，全区社会总产值完成285亿元。其中乡镇企业完成总产值184.3亿元，营业收入177.8亿元，实现利润16.4亿元，出口产品交货额12.4亿元。乡镇企业已成为全区经济的重要支柱。

发展特点。1998年，石家庄市郊区乡镇企业发展具有如下特点：

固定资产投放稳步增长。1998年，全区乡镇企业固定资产投放完成15亿元，其中新上项目投入9亿元，技术改造投入6亿元。

产业结构趋于合理，城郊经济特点日益突出。随着城郊经济战略的不断实施，全区经济结构发生了显著变化，乡镇工业得到进一步发展和提高，第三产业蓬勃发展，形成了以二、三产业为主的乡镇企业生产、服务体系。乡镇工业仍居主导地位，初步形成了机械、电子、化工、纺织、印刷、服装、轻工、建筑、建材等行业，规模化工业区域经济日渐形成。1998年全区乡镇企业发展到7 794个。产值超亿元的企业87个，超5 000万元的企业16个。1998年第三产业完成产值55.8亿元，占总产值的36.4%，其增长速度比工业产值高3个百分点。在继续发展商业、饮食业、服务业、交通业等传统行业的同时，已开始向房地产、市场建设、金融、旅馆业等领域开拓。

外向型经济发展步伐加快。1998年，全区共兴办"三资"企业68个，合同利用外资3 999.18万美元。全区出口创汇企业增加到89个。

产品结构不断优化，产品档次有所提高。通过调整改造，全区乡镇企业名、优、特、新、高产品明显增多。其中特色产品39个，新产品17个，创出了电子方舱、超临界萃取、液晶等一批全国一流水平的高科技产品。

主要工作。1998年，石家庄市郊区在发展乡镇企业方面，主要抓了以下几项工作：

突出"关键点"，充分发挥规模经济对全区经济增长的带动作用。一是抓重点行业。继续巩固机械、医药、精细化工、轻工、电子等五大产业的支柱地位，确保五大支柱产业年产值达到全区乡镇企业工业总量的70%以上。二是抓重点企业。集中力量抓好华曙药厂、链轮厂、液晶厂等一批对实现全区经济增长目标至关重要的规模骨干企业，通过政策、资金、技术扶持，促其产值和利税较大幅度提高。全区65个年产值500万元以上工业企业增加值和利税增速分别达到14%和15%。三是抓重点产品。全力支持和发展链轮、土霉素碱、液晶、葡萄糖等十大名牌拳头产品，在市场允许的情况下，尽可能地扩大其生产规模，扩大市场占有率。

强化"支撑点"，切实加大项目对经济增长的拉动作用。一是对已经竣工的液晶二期、正光报警器、谈固汽车配件城二期、东兴搪瓷扩建等项目，加快投产步伐，尽快发挥效益。二是对宫家庄食用菌基地、肥肝鹅养殖基地、裕华公司铝塑管、方北装饰材料市场、怀特商贸中心等计划年内竣工投产的项目，倒排工期，实行目标责任制，确保了投产达效。三是对华曙3 000吨土霉素碱扩建、华营葡萄糖厂10万吨淀粉扩建、万荣玩具公司等对全区经济发展有重大影响的重点项目，努力创造条件，促其早竣工、早投产、早达产。四是积极谋划储备一批大项目，顺利完成了花木产业基地、全息防伪印章、巨大环保产业公司、石获北路拓宽等项目的前期准备工作。确保了全区固定资产投资完成15亿元。

狠抓"薄弱点"，努力向科学管理要市场、要质量、要效益。在外部发展环境不利的情况下，针对乡镇企业内部管理相对薄弱的状况，大力开展以降低成本，提高资金使用效益，提高经济效益为主要内容的"学邯钢、练内功、增效益"活动，眼睛向内，挖潜增效。一是以成本管理为核心，全面推行"模拟市场核算，模拟成本否决"的邯钢经验，以市场需求为导向，努力降低生产成本，增强企业和产品市场竞争力。二是以财务管理为中心，加速资金周转，减少资金占用，控制资金投向，提高资金的使用效率。三是以营销管理为重点，抓住产品销售旺季，开展大规模的促销活动。充分利用城乡双向优势，努力争取农村市场竞争的主动权。积极采用现代营销方式，减少流通环节，降低销售成本，提高了市场占有率。通过加大市场拉动力度，推动全区经济快速发展，全区乡镇企业的产销率达到97%。

培育"增长点"，确保全年经济步上新台阶。一是加快培育高新技术产业。重点做好液晶、10万吨液糖、生物农药、人造血浆等高科技项目的研究开发工作，促其尽快转化为现实生产力。二是立足区位优势，大力发展第三产业。突出抓好保龙仓超市、和平铝材建材大市场、桥西蔬菜批发市场等十大市场的配套完善和怀特大厦、金都大厦、桃园大酒店等十大商贸设施的建设工作。1998年全区第三产业增加值完成13.8亿元，占全区经济总量的37%。三是放手放胆发展非公有经济。借乡镇企业进行产权制度改革的机遇，鼓励集体资产从一些产业和行业中退出来，为发展非公有制经济提供了空间。鼓励有实力的个体私有企业参股、控股国有和集体企业，兼并、购买国有和集体“小微亏”企业，同时，在政策、资金、技术信息等方面给予一定的优惠，促其不断发展壮大。

（石家庄市郊区经济贸易局）

辽宁省盖州市

盖州市位于辽东半岛西北部，东与丹东市相邻，南与大连市接壤，北邻大石桥市，西濒辽东湾及营鲅鱼圈经济技术开发区，具有一市连三路和一市通三港的区位优势。全市36个乡镇（场），2个办事处，496个行政村，总人口90万人，总面积3 053平方千米，耕地4.6万公顷。1998年全市国民生产总值43.3亿元，比上年增长11.6%。

近年来，盖州市立足市情，明确发展思路，实施结构优化、外向牵动、科教兴市三大战略，大力发展乡镇企业，使乡镇企业保持了快速健康发展的好势头。

1998年，盖州市乡镇企业总数达到30 840个，从业人员134 568人。营业收入完成99亿元，比上年增长11.2%；外贸出口交货值完成6.6亿元，比上年增长9.3%；实现净利润4.1亿元，与上年持平；上缴税金1亿元，比上年增长4.7%。乡镇企业已成为盖州市财政收入的主要来源。

盖州市乡镇企业已形成多元化发展格局，到1998年已基本形成机械、化工、建材、纺织、服装、食品、采矿、农副产品加工八大支柱产业。建筑用铝材行业处于全国领先地位，产品畅销十几个省份。1998年，创省乡镇企业名牌产品2个，省新产品青龙杯奖3个。

1998年，全市有营业收入超1 000万元的企业30个，其中超5 000万元的企业2个，超1亿元的企业3个。企业集团达到4个。东林集团公司成为辽宁省铝材行业最大的生产厂家。鲁冰花集团公司生产的鲁冰花系列饮料畅销全国各地。

盖州市乡镇企业之所以能持续、快速、健康发展，主要经验有：

*理清思路是乡镇企业发展的前提。*1998年，盖州市委、市政府又重新完善和细化了“五三”经济发展思路，即：抓住三件大事（改革、发展、稳定），发挥三大优势（资源、区位、人才），实施三大战略（结构优化、外向牵动、科教兴市），建设三级财政（市、乡、村），实施三步目标（1998年起步、2000年起色、2002年明显变化）。从实践效果看，已取得明显成效。

*加强领导是实现乡镇企业发展的保证。*1996年以来，盖州市委、市政府两次调整乡镇党政领导班子，选拔了一批年富力强、有开拓精神的年青干部担任乡镇主要领导。同时，对乡镇领导班子建立了严格的目标责任制，对发展乡镇企业有突出贡献的乡镇班子进行重奖。调整充实了市乡镇企业局领导班子。在市财政困难的情况下，把乡镇企业系统管理干部纳入财政开支，解除了他们工作的后顾之忧。

*深化改革是乡镇企业发展的动力。*到1998年末，全市具备改制条件的697个企业已改制535个，占应改制企业的76.8%。企业改制后，明晰了产权关系，政府减少了干预，企业法人提高了生产经营积极性，使一批亏损停产企业恢复了生产，焕发了生机。个别企业呈现了超常发展态势。

*重点突破是发展乡镇企业的关键。*盖州市委、市政府重点突出了三抓：一抓项目工程。为了增强乡镇企业的发展后劲，1998年全市投资55 233万元，新上134项具有广阔市场前景和竞争力的新项目、新产品。二抓规模经营。为了促进优势企业上规模造大船，市委、市政府创造宽松的发展环境，扶持企业发展。东林集团创建5年，年年增加投入上项目。三抓经济小区建设。市委、市政府确定以高速公路沿线为重点，规划兴建了太阳升、红旗、芦屯、双台子、熊岳、仙人岛和北海7个经济技术开发区，制定优惠政策，大力招商引资，提供优质服务，小区建设已初具规模。

*发挥资源优势，实施产业化战略是乡镇企业发展的重要途径。*盖州市是全国著名的苹果、绒山羊、柞蚕产区，自然资源丰富。为了把资源优势变成经济效益优势，全市把发展农副产品加工业作为重点，实行区域化布局，专业化生产，以骨干企业为龙头，把农副产品的生产、加工、销售联为一体，形成产供销一条龙，贸工农一体化，使农业和乡镇企业互为依托，共同发展，形成乡镇企业的新优势。全市已形成以鲁冰花集团有限公司为龙头的果酒、果汁饮料企业，以暖泉绢纺厂为龙头的绢纺缫丝企业，以双辰莱旺尼肉制品有限公司为龙头的肉食品加工企业，以祥万毛制品有限公司为龙头的羊绒深加工企业，以卧龙泉金矿为龙头的矿产开采业，以欧亚花卉有限公司为龙头的花卉业，以东盛实业总公司为龙头的畜禽饲养加工业，以通达实业总公司为龙头的水产品、水果加工业等八大龙头企业。

（辽宁省盖州市乡镇企业局）

吉林省公主岭市

公主岭市幅员4 058平方千米，辖6个街道办事处，32个乡镇，413个行政村，总人口103万人。是国家首批确定的重点商品粮基地和玉米出口基地之一。是国家综合改革试点市和吉林省农村改革与发展试验区。近几年，公主岭市坚持开发开放、招商引资、营造环境，促进经济快速发展，取得明显成效。1998年，全市实现国内生产总值60.5亿元，工农业总产值92亿元，财政收入23 298万元，分别比上年增长29.7%、26%和13.8%。乡镇企业发展到49 802个，从业人员达14.8万人，分别比上年增长26.7%、24.4%；完成总产值84.8亿元，实现利税8.52亿元，其中缴纳税6 596万元，分别比上年增长35.3%、44.1%和17.8%。

解放思想，强化环境建设意识。1996年初，公主岭市面对的现实极为严峻：与国内先进市县比差距拉大，与省内兄弟市县比位次后移，与自己过去比经济滑坡。始终没有摆脱农业大市、工业小市、财政穷市的被动局面。公主岭市委、市政府认识到，迅速改变被动局面，在国家拨款不可能、银行贷款办不到、自己筹资无能力的情况下，加快发展县域经济的最大潜力在于乡镇企业，根本出路在于招商引资，关键环节在于营造环境。没有良好的发展环境，就难以招商引资，更谈不上加快发展经济。因此，营造出适于投资者安营扎寨的良好环境，对于加快发展县域经济和乡镇企业，具有极端重要性。要营造出良好的发展环境，必须强化环境建设意识，必须紧紧把握解放思想这一总开关。为此，在全市范围内组织开展了四次思想大解放。通过解放思想，使广大干部群众从较深层次认识到，营造环境加快发展的实质就是放宽政策；通过解放思想，使各级领导干部在开发开放、招商引资加快发展中，较好地破除了既得利益的政绩思想，克服了不思长远的短期行为，扭转了上指下派的不良作风，把求大同存小异、舍局部保全局、不索取只奉献变成了自觉行动。在全市很快形成这五个班子一台戏、一个精神统到底，全市上下一盘棋，齐心合力抓经济的可喜局面。对营造良好发展环境形成了一致共识，为扩大开放、招商引资、加快发展县域经济和乡镇企业奠定了思想基础。

抓住关键，提供“三个全国最优”。为真正营造出良好的发展环境，公主岭市响亮提出为投资者提供“三个全国最优”：

提供全国最优惠的政策。先后制定了11个方面的优惠政策。比如，在商贸开发区内购买住宅和商业用房免收契税。商业用房从购买之日起一年内免收各种费用。凡到商贸区投资搞房地产开发，按最低限缴纳土地出让金、电增容费、水增容费，其他费用免收。总的原则就是在保证国家利益不受损害的前提下，把政策放到全国最宽的程度，凡是能自己说了算的能直接减免的就直接减免，直接减免超过政策规定范围的，就采取财政退库的办法解决。使优惠政策发挥了较好的吸引效应。

提供全国最优良的环境。在建设硬环境上，实行政府投资、社会集资、群众带资、招商引资等多种形式加快城市建设。1992—1997年，全市城市建设全口径投资达13亿元，其中6.82亿元是靠招商引资解决的。1998年城建投资总额超过6亿元。仅开工建筑面积就超过100万平方米。已基本实现了主要街路绿岛化，街路两旁楼房化，居民巷道硬面化，基础设施配套化。几年来农村乡镇建设发展也很快。规模较大的范家屯两年来开发建筑面积18.85万平方米，仅1998年就超过10万平方米。为加强城市管理，严格制定并实施了《公主岭市城市管理暂行规定》、《卫生管理十不准》、《市民公约十要十不要》。专门成立了公用事业管理局、城市管理办公室、巡警大队，充实调整市城管监察大队，并将城市管理专项职能部门合属办公，有力地加强了城市环境监管。同时，还组织开展了几个专项治理战役，彻底清除了“三堆”、“三小”，大力整顿了集贸市场，严格规范了交通秩序，全面实行了“门前五包”。每逢春季都开展全民性绿化美化活动，新增绿地30多公顷。整个市区正朝着绿起来、美起来、亮起来和青松城、百花城、卫生城的现代化文明城市目标迈进。先后获得省级卫生城和全国市容整治优秀城市等光荣称号。在营造软环境上，坚持以铁的纪律加强党风廉政建设。以铁的手腕加强社会治安综合治理。一方面狠抓严打整治。努力建造最佳的社会秩序，创造最优的发展环境，全力保护投资者的合法权益，使社会治安形势日趋稳定。另一方面，狠抓安全文明小区建设。市区已创建出46个较高标准的安全文明小区。以铁的意志加强精神文明建设。近几年，以创建文明城市活动为主要载体，切实加强思想道德建设和民主法制建设，广泛深入开展群众性精神文明创建活动。同时，在电视和报纸上开辟了招商引资、严打整治、党风廉政建设等专题节目和专栏，坚持宣传典型，鞭挞后进，收到了良好效果。所有这些，都为投资者提供了较好的政治、治安和社会环境。

提供全国最优质的服务。全市各级干部坚持做到视投资者为上帝、视引荐者为功臣，机关干部甘当投资者公仆。在具体工作上，各服务部门普遍做到了主动服务、超前服务、跟踪服务、全程服务、免费服务。全市上下坚持把投资者高兴不高兴、满意不满意、答应不答应作为标准。特别是在办理审批手续中，实行“一条龙”服务和“一站式”办公，大大提高了办事效率和服务水平。

加强领导，保证措施落实到位。首先，认真制定并严格落实激励约束机制。使各级干部在其位、谋其政、司其职、负其责。做到人人身上有指标，个个肩头有压力。实行一级抓一级，一级对一级负责。做到跟踪考核，及时督查，一抓到底。其次，为使招商引资不断深入，环境营造防止反弹，先后制定了《党政机关必须服从服务于招商引资工作的若干规定》、《关于继续开发开放，大力招商引资，促进以商兴市的若干规定》、《关于加强小城镇建设管理的规定》等。组织 21 个职能部门向投资者作出“三优”承诺，让全社会公开监督。组织成立了域外投资企业家协会和商城经营者协会，作为监督党政机关服务优劣和行风测评的主体。结合机关作风纪律整顿，开展“三对照两结合一兑现”活动，根据存在问题，兑现承诺，进行整改。利用宣传工具广泛宣传，不断强化招商和服务意识。大张旗鼓地进行表彰奖励，兑现奖罚。

狠抓落实，两个文明建设见成效。公主岭市通过制定优惠的政策，营造优良的环境，提供优质的服务，使全市的发展环境不断优化，两个文明收到明显成效。一是优化了经济结构，扩大了经济总量。全市新转入二、三产业人员总数达 9.6 万人；有 13 万多农民常年或季节性经商做工，占农村劳动力总数的 70%。一、二、三产业增加值比重已由 1995 年的 63:18:19 调整到 49:23:28。招商引资2 000多个全开工项目都是乡镇企业新上项目。仅 5 个超 1 亿元的大项目全部建成投产后，就可年创产值 49.3 亿元，相当于 1996 年工业总产值的 1.6 倍。二是搞活壮大了一批现有企业。已救活和壮大企业 123 个，其中集体企业 64 个。三是带动和发展了相关产业。建筑企业发展到2 121，从业人员28 230人，分别比上年增长 2.1%、70.5%。全市建材生产经营业户达 524 个，比上年增长 25%。新增通往全国各地客运班线 123 条，已正常营运 77 条。个体私有运输业户达2 638个，比上年增长 15%。全市饮食服务业户达1 692个，比上年增长 112%；税收达 451 万元，比上年增长 17.14%。四是加快了个体私有经济迅猛发展。全市个体工商业户达 6.6 万个，比上年增长 25%。五是促进了再就业工程有效实施。安置下职工21 308人，占下岗职工总数的 89%。六是促进了精神文明建设。干部群众普遍转换了脑筋，转变了思维，适应了市场经济发展的需要。经商意识明显增强，经商素质提高。科技、教育、文化、卫生、体育等各项社会事业不断发展。两年来，引进内外资金6 000多万元，新建和扩建学校 13 所。还新建、改建了 3 所医院。

（吉林省公主岭市委、市政府）

江苏省高邮市

1998 年，高邮市乡镇企业进一步深化改革，坚持开发新产品，努力扩展国际、国内市场，加强企业内部管理，在国家宏观紧缩、国内市场疲软、东南亚金融危机波及等诸多不利因素下，仍然取得较好成绩。全市乡镇工业实现产值678 685.9万元，比上年增长 15.5%；营业收入558 325万元，比上年增长 12.6%；利润总额10 676万元，比上年增长 6.7%。

坚持技改，促产品结构不断调整。高邮市乡镇工业针对企业大宗产品多，高、精、尖产品少，劳动密集型产品多，技术密集型产品少，低效益、高耗能产品多，高效益、高附加值产品少等十分脆弱的产品结构现状，克服宏观经济环境长期偏紧、投资渠道不畅的困难，坚持投入，不断进行技术改造，实行不断调整，逐步优化。有关乡镇先后限产、停产、淘汰了黑色金属轧制、无氧铜材、塑料粒子等产品，陆续开发和新上了铝塑复合管、甲壳素系列、交联阻燃计算机电缆、半喂入稻麦两用收割机、Cbs 增白剂等项目和产品。1998 年，全市乡镇工业共有在建项目 256 个，其中投入在 500 万元以上项目 18 个；当年投入 3.1 亿元，比上年增长 14%。共开发新品 52 个，其中省级新品 8 个。

外贸生产难中有进。1998 年由于东南亚金融危机的波及，高邮市乡镇工业外贸生产碰到前所未有的困难，原材料价格波动，销售价格下降，东南亚市场疲软，扬州樱花鞋业公司、菱塘兔毛公司、江苏金飞达集团等外贸出口大户都受到不同程度的影响。但各乡镇外贸生产企业加快新品开发，拓宽出口渠道，调整经营战略，外贸出口额得到稳步提高。全市乡镇工业共实现外贸出口供货额94 444万元，比上年增长 14%，其中自营出口额1 898万美元，金飞达集团即达 870 万美元。

强化企业管理，提高企业综合素质。高邮市乡镇工业坚持从实际需要出发，从市场经济的要求出发，从企业发展的趋势出发，把企业的产品开发、生产制造、产品质量控制、设备管理、安全管理、现场管理、财务管理以及标准化、计量升级等作为切入点，逐渐使企业向现代企业管理制度迈进。1998 年，扬州市扬子电缆厂、扬州市红旗电缆厂、扬州市光明电缆厂、扬州市晨光电缆厂等 4 个企业通过了 ISO9000 标准认证。全市乡镇工业产品有标率达 98.2%。扬州市虹光着色剂厂的虹光牌丙纶着色母粒获得“江苏省乡镇企业名牌产品”

称号。

调整股权结构，巩固改制成果。1998年，高邮市乡镇工业的企业改革得到进一步的深入，主要是围绕实现资本经营的目的，使有限资本的配置更合理，使用更充分。针对前阶段大面积推行股份制和股份合作制实践中，人人持股，人人平分风险，经营骨干及法人代表的积极性调动不起来等问题，在把着眼点放在资本的筹集和扩张的同时，着力抓好“三个提高”，即提高职工个人股的比重，提高经营层持股比重，提高法人股的比重，鼓励经营骨干多持股、持大股，逐步形成经营层和法人代表控股的股权结构。通过股权流动，集体股、一般职工股向经营流动1 992万元，各企业共增资扩股5 157万元，其中经营层增股1 764万元。全市股份制和股份合作制企业总股本达33 176万元，其中集体股14 835万元，占总股本46%；经营层股9 226万元，一般职工股6 761万元，其他股2 354万元，合占总股本54%。

切实控减乡镇企业负担。从1998年下半年开始，根据省、市有关精神及统一部署，高邮市认真开展了控减乡镇企业负担工作。一是市和各乡镇分别成立控减乡镇企业负担领导小组。市控减乡镇企业负担领导小组由市长任组长，市委办公室、市政府办公室、财政局、审计局、监察局、物价局、乡镇企业局等部门主要负责人参加。各乡镇控减乡镇企业负担领导小组由乡(镇)长任组长，分管工业负责人及农经办、财政所、监察室、企管站等有关部门参加。二是宣传发动，统一思想。各部门、各乡镇认真学习有关精神，高度认识控减乡镇企业负担的重大意义，把控减乡镇企业负担工作与控减农民负担一样认识、一样对待、一样重视。三是清理各级、各条线的收费情况。物价局负责行政事业性和主要经营性收费项目及中介服务机构收费项目的清理。财政局负责各项基金、资金项目及罚款项目的清理。乡镇企业局负责乡镇企业付费情况的调查及各项集资、摊派和“三乱”行为的清理。监察局、审计局负责重点违章收费的查处。四是明确控减目标。高邮市委、市政府明确规定，凡中央和省已宣布取消的收费项目坚决不允许再收；已降低标准的收费项目坚决不再超标准收取；对各乡镇自定的收费项目重新进行审定；对已经达到或接近上年负担水平的乡镇企业，坚决不再增加负担；对已经超过上年负担水平的企业，督促有关部门尽可能退还，退还确有困难的，一定要在下年负担指标中坚决扣减下来。到1998年底，全市共取消上级规定的收费项目4个，取消本市收费项目3个，降低收费标准3个，乡镇自行出台的收费项目基本取消。

个体、私有工业发展迅猛。党的十五大给个体私有经济发展带来了优越的环境，高邮市委、市政府在组织一系列的学习考察活动和结合全市实际情况的基础上，提出了关于进一步深化企业改革和鼓励扶持个体私有经济发展的意见，出台了一系列优惠政策和扶持措施。到1998年底，全市个体、私有工业企业达3 534个，比上年增加857个，实现工业总产值19亿元，比上年增长近3倍。

(孙　平)

安徽省巢湖市

1998年，巢湖市乡镇企业对内加大工作力度，对外扩大开放程度，科学决策抓项目，广开渠道抓投入，苦练内功抓管理，突出重点抓大户，克服了国家信贷持续偏紧，市场较冷，内需拉动滞后等不利因素影响，依然保持持续、平稳、健康、有序的发展势头。

经济总量平稳增长，社会贡献逐渐加大。1998年，巢湖市乡镇企业实现营业收入53.2亿元，比上年增长23.34%。其中集体企业实现营业收入24.2亿元，占总量的45.38%。乡镇企业总产值57.52亿元，比上年增长16.37%；其中工业产值42.09亿元，增加值16.10亿元，分别比上年增长19.54%和18.56%。全市乡镇企业增加值占全市国内生产总值的28.96%。全市68个营业收入500万元以上的乡镇工业企业实现营业收入10.4亿元，占总量的19.20%。其中营业收入1 000万元以上的企业28个。金猴集团、富煌集团(核心企业)营业收入超5 000万元，亚南电缆厂达1亿元。全市乡镇企业实缴税金8 141万元，比上年增长10.43%。纳税超30万元以上的企业33个，其中50万元以上的21个。15个重点乡镇企业纳税1 068万元，占总量的13.3%。全年职工工资总5.04亿元，比上年增长57.85%。农民人均纯收入来自乡镇企业的比重为41.94%。

个体私有经济快速发展，所占比重迅速增大。巢湖市个体私有企业实现营业收入29.18亿元，占全市乡镇企业总量的54.62%，比上年增长70.33%，总量和增速明显好于集体企业，占有全市乡镇企业的半壁河山，成为乡镇企业的重要增长点。从规模上看，全市68个营业收入500万元以上的企业中，私有企业35个。1998年全市乡镇企业投入2.66亿元中，个体私有经济投入占总量的35%，显示出强劲的生命力和发展后劲。在1998年召开的巢湖地区个体私有经济大会上，全市有12个私有企业进入全区30强，11个个体工商户进入全区50强。

区域经济继续膨胀，规模效益明显增强。区域经济是巢湖市乡镇企业的一方特色。1998年，巢湖市继续注意抓区域经济的发展,进一步形成专业化、系列化区域市场,吸引各地客商。全国四大渔网基地之一的槐林渔网工业小区,产品品种由原先的以内河为主延伸至内河网、海洋网两大系列,产品远销到韩国、日本、独联体等国,年成交额达5亿多元,占国内市场的25%以上。巢湖市花炮之乡高林镇积极筹建花炮市场,走以市场带生产、以生产促市场之路。为提高小区产品换代,技术升级,高林镇高薪聘请50名技术人员从事产品的升级换代,并逐步形成区域化集中连片发展的气候。中旱锚链工业小区坚持走技术改造和产品更新发展之路,1998年多方融资1 000多万元,其中技改投入600万元,促使8个厂家进行了8项大的技改。新上的铸钢链条全省独此一家,产品利税率100%,FU板链项目上马后效益猛增,矿山用提升整机项目的上马,改变了工业小区内28个锚链企业生产的部分配件由外购外销转为自购自销的局面,使小区内整体效益提高。已形成船用、矿山、防滑、吊装、栏杆链条五大系列200多个品种,上千种规格,产品远销全国28个省、市、自治区及越南、缅甸等东南亚国家和地区。建材、食品加工、养殖小区也有新发展。

*"组团造舰"有新突破,抗风拒浪能力增高。*1998年,巢湖市乡镇企业"组团造舰"又有新突破。槐林镇相继组成地级蓄电池集团和省级金猴渔具集团。金猴集团本着优化生产力要素组合,提高渔网小区整体竞争力的原则,积极引导资本、技术、人才等生产要素向优势企业流动,着力培植规模企业,取得初步成效。该集团以锦纶丝厂为核心企业,附属企业5个,生产能力达1.2亿元。1998年渔网集团实现产值近8 000万元,占渔网小区总量的四分之一,比组团前增长近30个百分点。槐林镇在优化资源配置方面,引进竞争机制,采取竞标的办法,由村办企业大汪蓄电池厂兼并镇办企业巢湖市蓄电池厂,实现了企业的低成本扩张。中旱镇通过规范、引导、提高原则,组建了"锚链协会",规范了各企业之间无序竞争行为,极大地降低了内耗。水泥行业协会也组建完毕。通过"组团造舰",企业竞争力明显增强,抗拒风险能力大增。

*资金投入力度不减,存量资产起死回生。*1998年,尽管信贷资金依然偏紧,但由于巢湖市委、市政府的重视,金融部门的大力支持,全市各乡镇、办事处抓项目重投入,新上、技改项目319个,总投入2.66亿元。其中新上项目117个,投资额1.49亿元。在新上项目中投入100万元以上的项目40个,投资额9 997万元,可新增产值2.2亿元。技改项目202个,投资额为1.17亿元。在技改项目中投入50万元以上的项目有54个,投资额1.02亿元,可新增产值1.41亿元。市政府为解决水泥企业困难及时发放财政资金500万元,有效地支持了企业正常生产。本着盘活存量,以存量激增量的原则,巢湖市乡镇企业把盘活存量资产当作一项重要工作来抓,取得显著成效,全市乡镇企业盘活存量资产8 000多万元。环城乡对白水泥厂实行先破产后租赁的方式,盘活存量资产1 200多万元;巨嶂工业小区以原有的闲置厂房吸引3个私有企业进区办厂,盘活资产近400多万元;环城乡还将闲置厂房设备租给下岗职工经营,既缓解了自有资金不足,又确保了企业的发展。

*招商引资成效显著,资金矛盾有所缓和。*为缓解资金不足的矛盾,巢湖市乡镇企业进一步广开门路,八方引资。市天元防伪瓶盖厂以真空镀膜项目引进广东、河南两省资金120万元,减少了企业生产性投入,降低了产品成本。以资源优势吸引外资是巢湖市乡镇企业发展的一大特色。夏阁镇充分发挥资源优势,引进资金100万元扩建五顶山白云矿,达到变资源优势为产品和经济优势的目的。钓鱼乡发挥养蟹的规模优势,引进江苏省资金360万元,新办长江河蟹苗种培育场,可为2 100户蟹农提供养蟹系列化服务。半汤工业小区进一步优化环境,提高服务质量,共引进吹模厂、橡胶密封件厂等3个企业在小区落户,总投入近300多万元。1998年,全市乡镇企业引进市外资金5 000多万元,缓解了企业资金紧张的矛盾,为进一步发展打下了坚实的基础。

*加强领导,强化措施,营造企业发展氛围。*为了营造巢湖市乡镇企业发展氛围,让各地放开手脚搞发展,市六大班子负责人经常深入到乡镇企业搞调研,为企业的发展排忧解难。建立了市六大班子负责人联系乡镇企业制度,并相继开展四次以"解放思想,优化环境,促进发展"为专题的新一轮解放思想大讨论,从而促进了全市上下围绕经济建设这一中心,加快了发展经济的步伐。特别是1998年7月,巢湖市召开了自"八五"以来规模最大、规格最高的各乡镇、办事处党政一把手和市直单位负责人、市六大班子全体领导共500多人参加的乡镇企业工作会议。这次会议是乡镇企业攻坚的动员会。同时,市委、市政府先后出台《关于大力发展个体私营经济的决定》、《关于将富煌集团等10家企业法人代表上升为市委常委管理的决定》等文件,为企业的发展宽松了环境,坚定了乡镇企业系统内干部职工发展乡镇企业的信心和决心。

为了强化以增量求发展,凭实绩论英雄,客观衡量乡镇企业发展成果和干部政绩观念,巢湖市对乡镇企业的考核办法进行调整和完善,坚持以"五看"标准衡量乡镇企业发展水平。确定主帅抓主体,党政一把手是发展乡镇企业的第一责任人，实行“一票否决权”。对考评前三名的乡镇，市财政分别安排100万元、80万元和60万元的有偿扶持资金，支持乡镇企业发展。对连续两三年考评不合格的乡镇主要负责人、分管负责人就地免职。

强化职能服务意识，提高企业管理水平。巢湖市乡镇企业局转变工作作风，扎扎实实为企业服务，提高企业管理水平。围绕服从、服务于企业发展这一主题，积极开展四个方面的工作：一是抓职工培训，提高职工整体素质。为适应形势和改革的需要，先后举办了厂长经理、会统人员、营销等各类人员培训班，共培训10 186人次。通过企业职校开展岗位技能和应知应会教育，银屏水泥厂、龙王山水泥厂、驰野公司、黄麓铸管配件厂、东方化工建材公司通过省乡镇企业局职工教育达标验收。抓职工学历教育，一方面为企业培育人才，一方面提高企业在职职工的业务素质，全市乡镇企业新增学历教育人数298人。成立了初级职称评定领导组，在全市乡镇企业范围内开展经济、工程、会统等五个系列职称评定活动。二是抓好企业科技创先，积极帮助企业依靠科技进步推动企业发展。对全市30个重点乡镇企业开展科技创先活动，安徽富煌集团等4个企业被评为安徽省乡镇企业科技先导型企业。三是抓好企业内部管理工作。在企业内部开展向管理要效益活动，促进企业管理工作逐步走向规范化、制度化、科学化轨道。巢湖市三丰有限责任公司、雄业有限责任公司、银屏水泥厂、龙王山水泥厂等企业三项管理工作达标通过了省乡镇企业局验收。四是抓好企业财务管理。积极帮助企业建账立制，加强企业成本核算，规范企业财务管理行为。通过狠抓优质服务，帮助企业建章立制，提高了企业整体素质和管理水平，降低了成本，提高经济效益。

（安徽省巢湖市乡镇企业局）

安徽省贵池市

1998年，贵池市乡镇企业完成总产值222 152万元，比上年增长12.4%，其中工业总产值131 526万元，比上年增长12%。实现营业收入198 123万元，比上年增长13%。完成增加值62 307万元，比上年增长11.3%。固定资产原值72 042万元，比上年增长14.9%。乡镇企业在全市国民经济中的分量得到了进一步增加。1998年与1997年相比，乡镇企业增加值占全市国内生产总值的比重由22.9%上升到23.8%，乡镇企业工业增加值占全市工业增加值的比重由53.6%上升到55.2%。全市乡镇企业营业收入超亿元的乡镇7个，超5 000万元的乡镇14个；营业收入1 000万元以上的村64个。

乡镇企业的地位和作用进一步增大。1998年，贵池市乡镇企业实缴税金7 834万元，比上年增长8.1%，占全市财政收入48.9%。职工人均入库税金1 629元，比上年增加36元。全年累计发放职工工资总额24 140万元，比上年增加1 538万元。平均每个农民从乡镇企业得到的收入由上年498元增加到525元，全市农民人均纯收入来自乡镇企业的比重由上年23.2%上升到24.1%。全年吸纳农村剩余劳动力由上年45 491人增加到48 084人。吸纳城镇下岗职工102人。全市入库税金超1 000万元的乡镇1个；超500万元的乡镇4个，比上年增加1个。入库税金超100万元的村有3个，比上年增加1个。入库税金超300万元的企业有2个，比上年增加1个。全市乡镇企业用于以工补农、建农和农村各项事业建设资金202万元，比上年净增31万元。

整体素质稳步提高。1998年，贵池市乡镇企业累计实现利润总额17 909万元，比上年增长14.9%。营业收入利润率为9.0%，比上年高0.2个百分点。集体工业产品销售率为96.4%，比上年高0.7个百分点。乡镇工业增加值率为26.0%。全市乡村集体企业总资产达到66 202万元，比上年增长11.8%。

企业规模不断壮大。全市年营业收入1 000万元以上的企业7个，其营业收入占乡村集体企业营业收入的13.1%。省级农业产业化企业1个，省级企业集团3个，其中秋浦水泥集团公司为省“1235”工程的50强企业。桃坡快力水泥有限公司等5个企业为地级发展乡镇企业先进单位。桃坡快力水泥有限公司等12个企业为市级发展乡镇企业“廿强”企业。

全市乡镇企业ISO9000质量标准认证工作取得实质性突破。1998年，贵池市杨浦水泥有限公司经过近一年时间的努力，于10月份通过ISO9002质量体系认证，取得了由北京新世纪质量体系认证中心颁发的认证证书。

职工素质有了明显提高。1998年，全市培训乡镇企业职工5 430余人次，组织了300余名乡镇企业职工参加市级有关部门举办培训班，安排了50余名大中专毕业生到乡镇企业工作。全市乡村集体企业职工中，初中以上文化程度人员占到80%，专业技术人员占12.1%。在全市乡镇企业中，有省系统劳动模范2人，部级先进工作者1人，省系统先进个人7人，地级先进工作者18人。

全年乡镇企业共开发新产品22个，其中地级新产品8个。

结构调整步伐加快。多年来，贵池市乡镇企业坚持立足资源，发展主导产业，逐步形成了以建材业、采掘业、农副产品加工业为主的门类比较齐全的产业体系。1998年，建材业、采掘业、农副产品加工业增加值占全市乡镇工业的比重分别为25.6%、12.8%、34.0%。

贵池市坚持把乡镇企业发展与农业产业化结合起来，培植和壮大了农业产业化龙头企业，拓宽了乡镇企业发展空间。1998年，在财政部门支持下，涓桥镇建成约34公顷青虾养殖基地和10公顷大棚蔬菜的谷潭湖科技示范园，是财政部农业综合开发科技示范点。阮桥乡紧紧抓住国家农业综合开发二期工程在该乡实施的机遇，发展、壮大了电孵化厂、板鸭厂、羽绒厂等水禽产品深加工龙头企业，并按产业化要求，组建了阮桥乡畜禽开发总公司，基本构成了"龙头带基地、基地连农户"模式。

截至1998年底，全市共建成3个科技园，其中涓桥镇谷潭湖科技园为财政部示范点，梅村乡为省级高效与持续发展农业科技示范区。农副产品加工龙头企业有25个，其中贵池市茶叶精制厂为省级农业产业化龙头企业。与此同时，全市基本形成了八大区域特色产品，即涓桥青虾、高脊岭特种水产品、阮桥水禽、晏塘家禽、高坦梅村绿茶、牌楼红茶、梅街板栗、墩上蚕茧。农业产业化经营的发展，既提高了产品的商品率，增加了农民收入，又优化了乡镇企业结构。

贵池市乡镇企业坚持以资本运营为手段，实施低成本扩张，实现资产优化配置。1998年，全市乡镇企业以资本为纽带，盘活存量资产1 500余万元，组建集团公司2个，发展了一批跨所有制结构的新联合体。促进了乡镇企业资产结构优化，扩大了企业规模，增强了市场竞争力。

近几年，依托小区和小城镇发展乡镇企业已在贵池市形成共识。1998年，全市各地在进一步完善工业小区基础设施的同时，通过开展招商引资活动，引进嫁接了7个市外企业。各地结合集镇建设，兴办第三产业，聚集第三产业企业500余个。

个体私有经济发展迅猛。1998年，贵池市委、市政府出台了《关于进一步鼓励和支持个体私营经济发展的若干规定》，极大地激发了个体私有业主的积极性和创造性，加快了全市个体私有经济的快速发展。1998年，全市个体企业发展到14 303个，从业人员29 784人，分别比上年增长16%、20%；私有企业发展到100个，从业人员1 326人，分别比上年增长15%、16%。个体私有企业完成增加值39 441万元，比上年增长16.5%；完成营业收入127 689万元，比上年增长19.3%；完成工业产值77 672万元，比上年增长10.0%；完成利润总额13 542万元，比上年增长17.4%；上缴交税金2 981万元，占全市税收的18.6%。个体私有经济已成为全市乡镇企业和国民经济中的重要组成部分和新的经济增长点。与此同时，个体私有企业在安置吸纳社会富余人员和下岗职工、维护社会稳定等方面都发挥了积极有效的作用。

全力以赴抓好抗洪救灾、生产自救工作。1998年的水灾，造成贵池市乡镇企业154个乡村骨干企业停产，直接经济损失1.24亿元。灾情发生后，全市乡镇企业广大干部职工振奋精神，奋起抗洪抢险，涌现出许多抗洪救灾、奉献爱心的先进典型。在水灾发生后，市乡镇企业局一方面立即号召全系统广大职工振奋精神，不怕困难，顽强拼搏，夺取防汛抗洪胜利。另一方面响应市委、市政府号召，抽调人员到防汛抗洪前线，并挤出行政经费用于防汛抗灾工作。同时，在市、乡两级迅速成立了乡镇企业复产复业领导小组，积极开展抗灾自救和复产复业工作。1998年7月17日召开了全市乡镇企业生产自救、复产复业工作会议，进行了总部署，全面发动，坚持防汛抗洪与抗灾自救并举，防汛抗洪与经济工作并重。并千方百计争取到近1 000万元资金，缓解了企业灾后生产启动资金需求的压力。经过全市乡镇企业广大干部职工顽强拼搏，防汛抗洪和生产自救都取得较好成果。

为乡镇企业营造宽松的发展环境。1998年，贵池市各级党委、政府一把手继续坚持集中主要精力亲自抓乡镇企业，负总责，强化"一把手经济"意识，确保领导精力、时间、措施三到位。市委、市政府在重新调整完善市级领导分片联系乡镇、企业，市直单位包村的基础上，又实行市级领导负总责、部门主要负责人全力抓的分线作战制度，共组成四套工作班子，分别抓融资和在建工程建设、企业内部配套改革、企业集团组建、农业产业化。层层实行目标责任制，强化督查，从严考核，把工作实绩作为考核、任用各级领导干部尤其是主要领导干部的一项重要内容。全市形成了一级抓一级、一级支持一级，凝心聚力求发展的氛围。自8月份后，市政府坚持每月召开一次生产调度会，制订强有力措施，加强生产调度，抓好灾后复产和以工补农，全力扶持骨干企业开拓市场，满负荷运转，从而为大灾之年做到少损失作出了积极有效的努力。

贵池市通过制定扶持政策，营造乡镇企业良好的发展氛围。1998年进一步完善了《贵池市实施"三强"工程进一步加快乡镇企业发展的考核奖惩办法》，连续两年分别由市财政拿出62.8万元重奖进入"三强"的前10名乡镇、前10名村和前20名企业，奖金之高、获奖面之广均列全市各项奖励的榜首。并先后出台了

《关于进一步鼓励和支持个体私营经济发展的若干规定》、《关于在全市工业企业中开展扶优扶强工作的意见》等。此外，不少乡镇结合实际，也相应地制定了一些激励、扶持政策。全市上下形成了促进乡镇企业发展的强大合力。

转变观念，强化服务，提高效率。为了积极主动适应新形势的要求，自觉提高在市场经济条件下指导乡镇企业的理论水平和解决实际问题的能力，对上当好参谋和助手，积极与各部门协调，促成全社会关心和支持乡镇企业发展的大环境，1998 年，贵池市乡镇企业局先后组织四次全市性综合或专题调研活动，及时为市委、市政府提供了准确、可靠的决策依据。同时，为企业协调方方面面关系，营造良好的外围环境。其次，加强全市乡镇企业经济运行监测，强化调度。坚持会议与现场、全面与部分、乡镇与企业相结合，既起到交流经验，共同发展，又激励先进，鞭鞑后进，激发了各地发展的热情。通过真抓实干，改进工作作风。为加快桃坡快力水泥有限公司 10 万吨水泥工程建设，确保工程按照市委、市政府确定的工期竣工投产，市乡镇企业局市主要领导担任工程总指挥，坚持每周参加工程指挥部例会，制定工作计划和措施，从而确保了工程如期竣工投产。为解决贵池市茶叶精制厂红茶销路和资金问题，市乡镇企业局主要领导二上合肥、一去霍山、一下上海，多次与有关部门协调帮助企业寻找资金，开拓市场。为切实搞好 25 个重点骨干工业企业内部配套改革，市乡镇企业局实行全体职工联系企业制度，有效地推动了机关工作的开展。

（安徽省贵池市乡镇企业局）

贵州省仁怀市

仁怀市位于赤水河畔，距历史名城遵义市 110 千米。全市面积1 700平方千米，人口 54 万人。

改革开放以来，仁怀市乡镇企业取得了显著成绩。从 1978 年到 1998 年，乡镇企业总产值从 308 万元上升到 22 亿元；营业收入从 449 万元上升到 25.6 亿元；乡镇企业增加值每增加 5.6 个百分点，拉动国民经济增长 1 个百分点；全市国民生产总值 29% 来自于乡镇企业；农民人均收入的 39% 来自于乡镇企业；财政税收的 41% 来自于乡镇企业；吸纳农村劳动力就业由3 900人上升到76 000人；职工工资总额由 44 万元上升到32 000万元；企业职工文化技术水平普遍提高，有高、中、初级专业技术职称1 500多人，中专以上文化程度的职工5 000多人，初中以上文化程度职工15 000多人，高中以上文化程度的职工占职工总数的 20%。经过20 年的发展，全市农村经济结构和产品结构得到了改善，初步形成酒业、矿业、建材、养殖、农副产品加工、交通运输、旅游服务等支柱产业，企业规模扩大，产品档次逐步提高，15 个产品获省优、部优称号，并有白酒、白皮纸、桐油等产品进入国际市场，为国民经济增长、农民脱贫致富奔小康做出了贡献。

进一步提高认识，加强领导，坚定不移地把乡镇企业办成“一把手”经济。这些年来，仁怀市委、市政府面对乡镇企业发展相对滞后的状况，反复研究如何振兴全市经济，使广大农民脱贫致富的问题。经过反复探索，上下一致认为仁怀经济要振兴，必须确立发展乡镇企业的战略目标。目标一确定，市委、市政府始终抓住这一目标不放松。按照省委、省政府要求，切实加强领导，把发展乡镇企业作为“一把手经济”来抓。这些年来，市委、市政府每年都要召开全市乡镇企业工作会议。党政一把手经常听取乡镇企业工作汇报，研究乡镇企业发展问题。成立了乡镇企业领导小组，由市委、市政府的一把手任组长，各专业小组分别由市委、市政府的分管领导任组长。各乡镇也相应地成立领导机构，由党委书记任组长，分管乡镇长具体抓。市委、市政府领导和相关科局负责人挂帮乡镇企业，定期到企业调查研究，帮助企业跑资金、跑项目，联系招商引资，协调金融等部门扶持发展企业。为减轻乡镇企业负担，市纪委、监察局对乡镇企业实行挂牌保护，市人大到乡镇企业聘请联络员，监督党政机关和执法执纪部门干部吃、拿、卡、要的问题，使企业放心、放胆、放手发展。市政协、统战部充分发挥“人才库”优势，经常深入企业排忧解难。由于认识提高，领导力度加大，使把乡镇企业办成“一把手”经济的发展战略落到了实处，促进了乡镇企业的大发展、大提高。

深化企业改革，建立新的发展机制。针对乡镇企业机制弱化，竞争能力明显减弱的状况，仁怀市委、市政府下大决心深化改革，增强企业活力。在具体工作中，一是按照“积极支持，正确引导，总结经验，逐步规范”的原则，大力支持和鼓励不同形式的企业发展。二是转换企业经营机制，鼓励和支持非公有制企业收购、兼并、引资、嫁接国有企业和乡镇企业。三是引导企业向股份制企业发展，组建企业集团，发展规模经济。四是实行产权转移和产权拍卖，对小型微利亏损企业进行拍卖、联合、兼并、破产，重组生产要素，盘活企业资产。近几年来，全市重点抓了 95 个乡镇集体企业的产权制度改革，已有 52 个集体企业完成了改制工作。乡镇企业经过深化改革，企业活力明显增强，效益明显提高。

重视结构调整，重点发展具有仁怀特色的优势产业。随着我国市场由卖方市场变为买方市场，仁怀市乡镇企业结构单一的矛盾更加突出。针对这一问题，市委、市政府根据市情和市场情况进行反复研究，提出了发展重点。

巩固提高酒业。酿酒业是仁怀市的一个传统的支柱产业，在“茅台”的带领下，先后发展了一大批酿酒企业。要提高这些企业的产品质量，增强竞争能力，必须进行整顿巩固和提高。一是组建酒类集团，以大带小，以小促大，全市共组建乡镇企业酒类集团5个，资产总额达1.4亿元，松散型和紧密型相结合。二是拓展销售市场，巩固老市场，提高全市酒产品的市场占有率。酒类企业在全国40多个城市设立窗口和总经销，形成稳定的销售市场。三是创品牌，树名牌产品。在生产合格优质产品的前提下，在包装上创新，搞精致包装和特色包装，适应消费者的要求。四是加大对外合作力度。利用酒类企业闲置的资产、生产技术等与外地企业联合，共同发展酒业。全市有25个乡镇企业与外地企业进行产销联合，提供优质的酱香型、浓香型基酒。通过整顿，全市酒类企业竞争能力明显增强，1998年全市酒业共创产值2.5亿元，实现销售收入2.3亿元。

发展矿业经济。一是抓住金沙电厂建设机遇，发展煤炭企业。近几年来，全市共引资、自筹资金兴办年产1万~3万吨的煤矿60个，形成规模开采。二是积极准备开发硫铁矿资源，已完成详勘任务，拟建设年产20万吨的硫精矿洗选厂，新上一批硫精矿深度加工企业业，力争建成仁怀市新的支柱产业。

大力发展建材建筑业。一是对现有水泥厂进行技术改造，扩大生产规模。全市水泥生产规模总量由原来的6万吨增大为16万吨。二是对砂石厂进行整顿，联合开采，扩大产量，促进安全。三是积极引导，帮助建筑企业上等级、上资质，提高建筑材料水平。

大力发展绿色产业。乡镇企业发展与农业产业化相结合，重点发展种植业、养殖业和农副产品加工业，既使产品增值，又做到乡镇企业产品面向广阔的农村市场。

积极营造环境，引进资金、技术、人才。改革开放以来，仁怀市积极创造良好的投资环境，广泛招商引资，增强发展后劲。一是利用当地资源优势，制定符合实际的发展规划，指导乡镇企业健康发展。二是制定服务措施，及时帮助企业提供政策、技术、人才和市场信息，帮助企业解决实际困难。三是各有关部门结合实际，制定服务乡镇企业的承诺制度，乡镇企业有什么困难，有关部门就解决什么问题。通过以上工作，为全市乡镇企业的发展创造了良好的投资环境。1998年，仅在河南省驻马店市举办的全国乡镇企业东西合作经贸洽谈会上，通过举办和参加经贸活动，就引进项目18个，总投资9 100万元。全年共新上项目85个，总投资15 390万元，其中自筹资金6 535万元，引进到位资金8 895万元。在新上项目的同时，加强对现有企业的技术改造，提高产品质量，扩大生产规模，满足市场需求。全市共抓技改项目35个，总投资2 500万元，技改后新增产值5 000万元。

加强人才培训，提高乡镇企业整体素质。随着企业的不断发展，对企业管理者和生产者的素质要求越来越高。为此，仁怀市委、市政府把提高职工素质列入重要议事日程，采取了一系列措施。一是选派领导干部到发达的地区挂职学习。二是选派干部到大专院校参加各种培训。全市先后选派68名干部参加学习培训。三是业务部门抓技术培训。乡镇企业主管部门和有关部门根据企业情况，积极进行财务、统计、矿山开采、安全、产品质量等方面的各类培训班，近3年全市培训各类人才1万多人次。通过抓培训，提高了管理者和职工的整体素质，为乡镇企业的发展造就了一大批人才。

（陈　良）

贵州省金沙县

金沙县位于贵州省西北部，毕节地区东部，全县辖26个乡镇，总面积2 524平方千米，总人口54万人，境内地下地上资源丰富，为乡镇企业发展创造了良好的条件。

党的十一届三中全会以来，金沙县乡镇企业按照“发展才是硬道理”和“三个有利于”精神，从实际出发，正确认识县情，提出了“以市场为导向，以资源为依托，以工业小区为载体，以发展非国有经济为突破口，以经济效益为中心，实行领导推动、能人带动、科技驱动、政策启动，在因地制宜、注重实效的基础上，实行非均衡推进，全方位发展”的战略。通过全县上下的努力，乡镇企业得到了快速发展，已成为县域经济的重要组成部分。1998年，全县有乡镇企业13 987个，从业人员46 604人，完成总产值22.02亿元，实现营业收入21.66亿元，上缴国家税金2 183万元。全县出现了投资近1亿元的黄磷厂，1 000余万元的铁合金厂和水泥厂，引进资金兴建了金捷磷化工有限公司等40多个重点骨干企业。

提高思想认识，营造政策环境。金沙县委、县政府历来重视乡镇企业发展，把发展乡镇企业作为全县经济发展的主体。为了营造优越的政策环境，提高全县党政干部的思想认识，县委、政府先后出台《关于加快乡镇企业发展的决定》、《关于促进乡镇企业大发展大提高的若干规定》等一系列政策措施。1997年，县委、县政府又出台《发展非公有制经济若干优惠政策的决定》。对发展乡镇企业实行“三不限”、“四放开”、“五到位”。“三不限”即除国家法律规定的外，适合发展什么就发展什么，不受限制；只要产品销路好，质量优，具备治理环境污染的措施，项目规模大小不受限制；在保证效益的前提下，发展速度能多快就快，不受限制。“四放开”即登记办证条件放开，经营方式和范围放开，从业人员放开，生产经营地域放开。“五到位”即领导精力到位，任务目标到位，方法措施到位，规章制度到位，奖励、惩罚到位。同时在上缴国家税金上，对形成固定资产100万元以上的新办乡镇企业实行返税还本，激励和调动引资办企业的积极性。在思想认识上，把乡镇企业视为全县经济主体，是“领导经济”、“能人经济”，各乡镇党委、政府把乡镇企业列为经济工作的第一位来抓，书记、乡镇长为第一责任人，选派干部具体抓。通过一系列政策措施的落实，已形成促进乡镇企业大提高的良好氛围。

*狠抓发展规划，搞好基础设施建设。*1997年，金沙县委、县政府组织成立“金沙县乡镇企业规划领导小组”，以乡镇企业局为主，从有关部门抽出一批精业务、懂技术的人员参加，制定了《金沙县乡镇企业发展规划目标》，规划了城关等5个工业小区，配套出台了小区优惠政策。在小区建设中，通过加强组织领导，制定方法措施，搞好详细规划和协调服务，改善基础设施等工作，工业小区呈现出良好的发展态势。一大批敢开拓、善经营、懂业务、会管理的经济能人积极投身于乡镇企业主战场，办起了90多个骨干企业。

规划目标的实施，基础设施是关键。几年来，金沙县积极改善投资环境，积极搞好交通运输，抓电力、供水设施建设。市政建设迅速发展，完成穿城河道排污工程，新建了长安街、中华路、金沙宾馆、黄金酒店、金丰宾馆、安底温泉等新工程。服务设施得到进一步改善和加强。1998年完成了金沙县城总体规划，城市面积由原来的6平方千米扩大到14.5平方千米，县城市容市貌得到较大改观，为乡镇企业的招商引资创造了良好的条件。

*搞好招商引资，增强发展后劲。*金沙县具有着丰富的矿产资源和劳动力资源。探明且有一定储量的有煤、铁、硫、磷、硅、镁、钾等。但由于缺资金、缺技术、缺人才的“三缺”问题，长期困扰金沙县的经济建设和发展。针对这一问题，金沙县充分利用已有的优势，认真做好“引”字文章，始终把引进资金作为扩大开放、搞活经济、加快发展的重点来抓，提出了“以优惠的政策吸引人，以真诚的态度帮助人，以热情周到的服务感动人，以丰富的资源和良好的环境留住人”，注重硬件软件一起上，特别强调以软补硬，创造优越、宽松、良好的投资环境，大大增加了对外商的吸引力。几年间，金沙县共引进外资3亿多元，新建火电厂、大型煤矿、黄磷厂等100多个企业。其次，以发展股份企业为突破口，筹集县内外闲散资金，大力发展乡镇企业，一大批外来合资、社会集资、个人独资企业应运而生。此外，积极发展城乡融资企业，全县共建起了几十家基金互助组织，融资总额达5 000余万元，缓解了乡镇企业资金紧缺的矛盾。

*积极推进技术进步。*这些年来，金沙县乡镇企业十分重视科技进步工程。采取走出去、请进来的办法，主动与科研单位、大专院校建立固定的联系，做到了“三挂钩”，即与大专院校、科研单位挂钩，与国有大中型企业挂钩，与具体科研人员挂钩。采取多种方式培养、引进人才，促进全县乡镇企业的技术进步。近几年来，全县共引进管理和技术人才1 000多人，引进瓷砖、造纸、炼焦、炼硫等新工艺十几项。县委、县政府十分重视技术改造工作，先后组织力量对几十家企业进行了改造，大大增强了企业的科技含量，提高了产品的市场竞争能力。

*强化企业管理。*针对大部分乡镇企业管理薄弱的实际情况，金沙县委、县政府派专人帮助企业逐步建立健全企业管理规章制度，整理技术档案，并举办厂长（经理）培训班。在抓企业七项基础管理方面，重点抓好财务、产品质量、安全生产、销售等方面的管理工作，加强对产品质量的检测与监督。在矿产资源管理上，组织实施了“五统一”管理，既统一生产、统一安全、统一销售、统一价格、统一结算，采取定点开票、定点发运矿产品的“两定”办法，既加强了乡镇矿山的管理，又增加了财政收入。

（陈　良）

甘肃省兰州市城关区

多年来，兰州市城关区始终把发展乡镇企业作为振兴全区经济的突破口来抓，乡镇企业得到较快发展。1998年，全区乡镇企业发展到4 352个，从业人员32 353人，拥有固定资产12.06亿元；完成总产值35.36亿元，其中工业产值22.89亿元；完成增加值13亿元，其中工业增加值7.5亿元；完成营业收入40.26亿元，实现利税4.62亿元，市场商品成交额达125亿元。乡镇企业总产值占农村社会总产值的78.9%，乡村集体企业固定资产占农村集体资产的72.4%。职工工资总额达

13 523万元，职工平均工资达4 180元。全区农民人均纯收入达3 539元，其中81.7%来自乡镇企业。安置外地务工人员和城镇下岗待业人员4 832人。全区5个乡中，拱星墩乡、雁滩乡进入全省10强乡行列，五里铺等5个村进入全省10强村行列。城关区已连续三届进入全省发展乡镇企业"10强县(区)"行列。

领导重视，制订政策，为乡镇企业大发展创造良好的外部环境。多年来，城关区委、区政府始终把发展乡镇企业作为农村工作的首要任务来抓。先后为乡镇企业制订出台了《雁滩工业城发展的有关政策规定》、《乡镇企业上台阶的激励试行办法》、《关于加快全区经济发展的若干规定》、《关于加快私营经济的若干规定》及引进人才、引进资金等方面的一系列方针政策，并于1998年底决定每年从财政拨出50万元作为乡镇企业发展基金，拨付20万元建立乡镇企业项目库，每年拨2万元作为项目库运作费用。连续几年每年拿出二三十万元重奖发展乡镇企业中做出突出贡献的先进单位和个人。这些政策的出台，极大地促进了乡镇企业的发展。

实施重点突破、全面推进战略，取得明显成效。城关区在乡镇企业工作中始终坚持抓主抓重的方法，突出重点，推动全局。1993年初就推出旨在加快全区乡镇企业发展的"2112"工程，即用5年时间，有2个乡的产值过4亿元，1个乡的产值过2亿元，10个村的产值过5 000万元，20个企业的产值过1 000万元。该工程提前两年完成后，1996年又提出"215"发展规划，即到1998年，有2个乡的产值上10亿元，10个村的产值上亿元，50个企业产值达1 000万元。到1998年底，"215"发展规划的各项指标全面完成。这些工程和发展规划的实施，使重点乡、村、企业"肩上有担子，心中有目标"，既发展壮大了自己，又带动了别人，从而使全区乡镇企业短短几年中经济规模总量迅速扩大。

结合区情，充分发挥区域优势，坚持"贸工农"发展的路子。几年来，城关区乡镇企业坚持"贸工农"一体化发展的思路，充分发挥地理优势，围绕国家建设兰州商贸中心，大力发展第三产业。先后建起建材、家具、布料、粮油、旧货、机动车配件、日杂等20个大中型批发交易市场，东湖宾馆、大桥饭店、金辉饭店、五泉宾馆、东升饭店等13个服务企业。1998年第三产业完成总收入191 800万元，占全区乡镇企业总收入的47.64%，形成独具城区特色的乡镇企业发展模式。

抓住机遇，促进对外开放。城关区始终坚持对外开放，抓住一切有利于经济发展的机遇，全力招商引资，扩大联营。以一年一度的"兰交会"为契机，积极组织企业参加节会期间的各项经贸活动，参与商品展销，组织签约项目，取得可喜的成果。仅1998年"兰交会"，城关区乡镇企业就签订联营合作项目31个，项目总投资达12 536万元，引进资金9 362万元。区乡镇企业局以优异的组织工作多次被评为节会活动的先进单位。乡、村始终坚持抓项目不放松，把新上项目作为促进乡镇企业持续发展的重要环节来抓。1998年新上项目24个，项目总投资29 895万元，可增产值35 480万元，新增利税12 076万元。已建成投产18个项目，新增产值21 302万元。随着发展战略的调整，新上项目在质的方面也有了较大的突破，大樱桃、笔记本心电图仪、铅制散热器、皮革漆加剂、生物制品等项目，预示着乡镇企业发展逐步向高新科技、高附加值方面转变，迈向一个发展的新阶段。

联片开发，依靠规模经营促发展。在一片荒芜的盐碱地中建成的雁滩工业城是城关区乡镇企业建成的第一个工业小区。1995年被命名为"全国东西合作示范区"。截止1998年底，小区已引进企业82个，1998年完成产值5.3亿元。拱星墩范家湾工业城基础设施已初具规模，引进企业9个，1998年完成产值5 900万元，实现利税700万元。另外，雁滩私营工业园区、八里湾开发小区的建设也正在进行。工业小区建设代表了乡镇企业的发展方向，使全区乡镇企业向高层次、集约化方向迈进。

充分发挥行政主管部门职能作用，搞好协调服务。几年来，区乡镇企业发挥"规划、指导、监督、服务"的职能，长年奔波于基层，根据自己的业务范围，帮助企业抓管理、练内功，帮助企业完成标准化、计量、AB级企业验收、制(修)订标准、工业普查、行业管理达标、安全综合治理、环保治理、财务基础达标验收等大量管理工作。新建、改建股份合作制企业46个，组建省级企业集团1个。与此同时，加强各项法律法规的检查落实，每年多次组织安全生产大检查及对乡镇企业法、统计

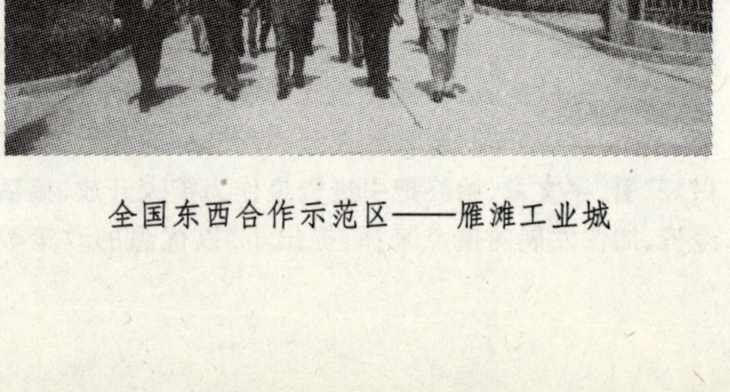

全国东西合作示范区——雁滩工业城

法、劳动法、会计法等法律法规贯彻情况进行检查，规范企业行为，促进了企业的正规化、法制化。

（张富奎）

宁波市鄞县

1998年，鄞县乡镇企业积极实施科技兴企战略，加强技术改造工作，坚持走科技进步的发展之路，不断增强竞争能力和发展后劲，使全县乡镇企业继续保持正常、快速、健康的发展态势。1998年，全县乡镇企业完成工业产值388.41亿元，比上年增长12.72%；销售收入378.86亿元，比上年增长13.37%；利润总额25.3亿元，比上年增长12.3%。乡镇企业工业增加值在国民经济中的比重达到68%。

不断增强科技进步意识，坚持把企业技术改造工作作为实施科技兴企战略的重要环节来抓。鄞县乡镇企业由小到大、由弱变强的历程，实际也是科技不断进步的历程。1998年，全县乡镇企业积极实施科技兴企战略，紧紧围绕抓技改、促发展、上台阶，扎扎实实做好企业技术改造工作，从而有力地促进了乡镇企业整体素质的提高。一是出台一系列激励和扶持企业技术改造的政策。包括：技改贴息激励政策，高新技术及新产品开发政策，鼓励企业采用设备租赁办法搞技改政策，重大技改项目优先审批，技改先进乡镇及先进企业给予表彰奖励等。1998年，还把技改贴息款由历年的400万元提高到800万元，技改贴息比例按技改实际财务完成数从往年的0.5%提高到0.8%～1.2%，以进一步加大对企业技改的扶持力度。二是建立技改考核体系，分层落实技改责任。县委、县政府明确要求技改工作由党政主要领导负总责，并把技改列入考核目标，每年进行考核。要求各乡镇一把手加强对技改工作的领导，对既定的技改项目分层次落实责任人员，落实时间进度，落实资金到位，切实抓好每一个项目的竣工和有效投产。在考核体系中，县委、县政府主要负责全县重点技改项目的竣工和投产，检查、督促重点项目的进展情况。乡镇党委成员负责500万元以上项目，工业办公室负责300万元以上项目。同时要求县委、县政府办公室跟踪督查，准确把握各乡镇技改进展情况，加强对技改工作的检查和督促力度。三是建立重点技改项目公布制度。根据技改项目的科技含量、发展前途及经营者素质，按乡镇推荐、主管部门审核，每年公布20个左右1 000万以上技改项目为重点技改项目。对这些重点技改项目，县委、县政府给予重点支持，并要求专业银行确保重点技改项目的资金落实和到位。1998年，全县共确定25个重点技改项目，总投资7.72亿元，实际完成财务数5.68亿元，当年竣工投产20项。

围绕提高与发展，坚持高标准、高起点加快技改步伐。鄞县乡镇企业总量不小，但在结构上仍处于轻纺、加工为主体的格局，产品不够丰富，配套能力较差，这已成为全县乡镇企业在新的创业时期的突出问题。因此，充分调动各方面积极性，坚持从高标准、高起点加快技改步伐，调整结构，提高发展水平是鄞县乡镇企业一项长期的任务。

纺织、服装、机械、电子是鄞县乡镇企业的支柱产业，这四个支柱产业约占全县乡镇企业工业总产值的65%，工业销售收入的60%。近年来，通过引进先进技术设备，加大技改力度，对这些主导产业进行扩大、调整、改造、提高，使传统支柱产业在激烈的市场竞争中继续保持快速增长的势头。1996—1998年，全县已累计投入这四个主导产业技改资金45多亿元。

随着技改总规模的逐年扩大，加之金融部门商业化进程加快，技改资金筹资困难始终制约着企业技改项目实施，为解决这个主要矛盾，鄞县着重抓了四方面：一是进一步完善"政府投入为导向、企业投入为主体、金融借贷为支撑、社会投资为补充"的多元化技改资金投入机制，全县已累计投入技改贴息资金2 000万元。二是主动协调，沟通关系，争取金融部门的支持，增加信贷额度。1998年全县技改资金筹集中，银行贷款3.5亿元，占技改资金来源的18%。1998年11月，针对中小企业资金普遍短缺问题，成立了全县中小企业贷款信用促进会，吸收会员企业46个，并为20多个中小企业的800多万元贷款提供担保。三是加强招商引资，利用外资进行嫁接改造。利用外资进行技术改造，不仅可以解决技改资金不足的矛盾，而且可以同步引进国外的先进技术、设备和经营管理方法，加快企业上规模、上水平的步伐。1998年，圣龙集团与美国伊顿公司合资的汽车配件生产线总投资达1.2亿元；福禄粉末涂料公司与美国福禄公司合资的涂料生产线，总投资达6 000万元。四是强化企业投入主体意识，引导企业处理好分配与投入的关系，利用积累资金加强技改投入。1998年，全县500万元以上技改项目中，私有企业技改项目共有45个，总投资7.5亿元，分别占全县乡镇企业技改总量的80%和82%，私有企业技改投入中自筹资金达到73%。

实施科技兴企战略，乡镇企业整体素质进一步提高。通过技术改造，鄞县乡镇企业规模不断壮大，实力明显增强，乡镇企业整体素质不断提高。一是涌现出一批规模型的实力工程企业及重点骨干企业。有3个企业进入国家大型企业行列，8个企业进入国家中型企业行列。雅戈尔集团、华茂集团跨入市属实力工程企业行列，其中雅戈尔集团还成为全县第一家上市的乡镇企业。在全县30个“朝阳”、“苗子”企业中乡镇企业占23个。1998年这23个企业共完成产值33.4亿元，销售收入31.5亿元，利润2.13亿元，成为全县工业经济发展的重要骨干支撑力量。二是涌现出一批名特优新产品。通过技改，全县乡镇企业产品质量和科技含量逐步提高，有省级名牌产品3个，市级名牌产品15个，1996—1998年累计开发市级新产品305个。全县乡镇企业拥有省部级以上名牌服装8个，“雅戈尔”被评为中国驰名商标，各类名牌服装年销售额在25亿元以上。三是提高了企业管理水平。全县乡镇企业被评为省级星级企业的有2个，市星级企业15个，有48个企业通过ISO9000质量体系认证，11个企业荣获农业部全面质量管理达标证书，雅戈尔集团、华茂集团、宁波永茂集团还被评为省级管理示范企业。实施科技兴企战略，加强企业技术改造，已给鄞县乡镇企业带来了勃勃生机。

（董其岳）

明星乡镇

北京市怀柔县汤河口镇
北京市顺义区马坡乡
河北省辛集市辛集镇
辽宁省海城市腾鳌镇
辽宁省榆树市五棵树镇
江苏省宜兴市范道镇
浙江省义乌市大陈镇
贵州省息烽县永靖镇
甘肃省华亭县东华镇
宁波市鄞县邱隘镇
宁波市慈溪市宗汉镇
宁波市宁海县城关镇
宁波市象山县丹城镇

北京市怀柔县汤河口镇

汤河口镇是怀柔县的一个山区乡镇。为了振兴经济、壮大实力，汤河口镇确定了“以资产重组为突破口，通过全方位、多渠道的引进，对现有生产要素重新优化配置，振兴汤河口企业”的工作思路。在“引进增量，盘活存量，增加总量”上大做文章，主动与知名企业、名牌产品、知名企业家“攀亲”。通过债务转移、资产重组、转换经营机制、培养转换经营者、开拓市场等多种方式，成功地实现了结构调整和量的膨胀。到1998年，基本形成了以4个超亿元企业为骨干，15个小企业为补充的发展框架。

*解放思想，狠抓发展，是乡镇企业摆脱困境的关键所在。*当乡镇企业在经历了一个高峰后陷入低谷，为了摆脱困境，应该积极探索有效的发展之路。1997年下半年，汤河口镇得知海口奥瑞金制罐公司有意跟随红牛饮料落户怀柔县的消息后，就下决心要把奥瑞金公司引进。镇党委决定把全镇厂房最规范、设备最完善、环境最优美的金恒实业公司新厂区拿出来与其合作。这一决定不但使奥瑞金公司很快与汤河口镇签订了协议，当年投资7 450万元，建成了年产出规模上亿元的北京奥瑞金新美制罐有限公司，而且使金恒实业公司摆脱了2 450万元的外债和每年300万元利息的沉重负担，补充了流动资金，很快发展成了一个充满生机和活力的亿元企业。正是由于汤河口镇当初肯把最好的厂区交给别人使用，才有了今天用一个长期“吃不饱”、高负债经营的企业，换来两个充满生机和活力的亿元企业的大好局面，可以说是一举两得。

*坚持走多元化投资之路，是加快乡镇企业发展的有效途径。*办企业就要有投入，有投入才能有效益。汤河口镇通过广泛吸纳社会各方面资金，形成了中外合资、联营、民营、私营、股份合作制等多种形式的企业共同发展的局面，拓宽了投融资渠道，实现了投资主体多元化，加快了经济发展步伐。1997—1998年两年间，汤河口镇就吸纳外商投资8 650万元，县外企业投资350万元，社会自然人投资900万元，占新增投入的73%。多元化投资不但实现了全镇资产总量和财政收入的双增长，也使企业资产负债率比1996年下降了23.8个百分点。

*坚持“高起点、大规模、高科技”的发展思路，是提高乡镇企业整体水平的重要手段。*为在激烈的市场竞争中站住脚，汤河口镇利用有限的发展空间，坚持高起点引进。先后使北京海润生物制品公司、天地信技术玻璃有限公司等4个亿元企业落户汤河口镇，全镇企业整体水平有了很大提高。全镇已拥有国际90年代最先进的制罐生产线、国内最先进的玻璃生产线以及代表高新技术的生物制品和知名度很高的名牌产品，这些都为强镇富民打下良好的基础。

*体制创新，是激活小企业治本之举。*汤河口镇小型企业较多，为调动企业经营者和广大职工的积极性，对效益比较好的北京银钮带塑料制品厂进行了股份合作制改造，吸收职工入股20万元。企业改制后，干部职工的积极性空前高涨，企业主动扩大规模，在雁栖工业开发区投资406万元建起了新厂。在该厂的带动下，京怀消防安装公司、焊接材料厂、今世缘酒厂等3个企业也纷纷转制。机制创新使小企业重焕发了活力。

*改善环境，强化服务，是乡镇企业发展的重要保障。*两年来，汤河口镇在镇财政相当紧张的情况下，依然拿出财政收入的15%作为企业扶持资金，用于企业的扩大规模和技术创新，一定程度上增强了对企业的吸引力。在项目引进时，始终坚持为企业提供立项、登记、审批、招工等一条龙服务，为企业节省了时间。几个大的合资联营项目基本实现了当年建设、当年投产。为解除引进企业经营者、技术人员的后顾之忧，妥善解决了其家属就业和子女入学、入托问题，使他们能够安下心来发展事业。

（汤河口镇政府）

北京市顺义区马坡乡

马坡乡位于顺义城区北部，有21个自然村，人口16 800人。近年来，马坡乡以“借助外力，壮大自己；改善环境，提高自己；狠抓三产，发展自己”的工作思路，发展第三产业，带动工业，巩固农业，建设有区域特色经济，全乡经济快速发展。

依托龙头企业和区位优势，加快发展第三产业。

*以高尔夫集团为龙头，加快发展旅游休闲娱乐业。*随着经济发展和社会进步，人们对旅游休闲娱乐的需求越来越大。马坡乡瞄准这个大市场，抓住各种有利时机，加快多种旅游设施的建设。除继续完善亚洲最大的高尔夫球场外，又相继开发了以下项目：1993年投资7 200万元建成具有国际标准的国内大型现代化赛马场；1996年投资7 000万元建成多功能乡村乐园；1997年建成投资1 200万元的北京最大的网球中心和投资1 500万元的碧波垂钓宫；1998年陆续投资1.4亿元，建成4个大型旅游文化娱乐中心。几年来，马坡乡旅游业规模开始显现并向多层次、主体化、系列化方向发展。

大力开发房地产业。在200公顷的别墅开发区内，8个房地产商相继投资8亿元，陆续建成2 200栋别墅。已有25个国家和地区的厂商及家属共600人落户入住。五星级的龙苑会馆、恒丰会馆已经建成，接待各种会议和大批国内外客人。

兴办居民住宅小区。1998年，马坡乡已竣工居民住宅3万平方米，首创集团、曙光电机厂等一批职工和当地一些居民纷纷前往定居。

发展旅游、娱乐等第三产业，投入较大，如果走过去发展的老路子，由集体贷款投入显然不行。在这个问题上，马坡乡大胆解放思想，提出“借助别人、发展自己”的战略。在具体发展途径上实行多路探索，狠抓“五个一批”：依靠龙头企业吸引一批，依靠外商独资开办一批，依靠国内大企业开办一批，鼓励民营、私有企业投资一批，村级企业以股份合作制、联营等形成兴建一批。

除房地产外，马坡乡投向第三产业的资金已达5亿多元，从第三产业中获得的营业税达443万元，占乡地方税收的三分之二以上。第三产业的优势开始显露，气候初步形成。外来人员已达4 500人，每年到马坡乡参观、旅游、开会的人员达数十万人次。

优化第二产业，促进区域经济协调发展。

大力招商引资。随着马坡乡第三产业的发展，招商引资进度加快。引进了韩国的庆东锅炉公司、ABC公司、美国的瑞阳公司、北京曙光电机厂等十几家规模大、水平高、产品市场前景好的企业，为全乡工业的发展增添了物质基础。全乡投资200万元以上的外来投资项目已达17个。

加快重组转制步伐。全乡54个乡村集体企业中48个已完成重组转制，重组转制面达90%。通过重组转制，盘活存量资产3 734.4万元，引进增量资金2.2亿元。

培育大企业。马坡乡的阿奇公司是一家高科技合资企业，主要产品数控电火花机床享誉国内外，1998年获纯利350万元。为了确保企业的投入和不断开发，马坡乡坚持几年不分红。1998年瑞士方又追加2 000多万元扩大生产规模，达产后可实现销售收入7 000万元，创利税1 000万元，成为全乡经济的重要增长点之一。

吸引城市大工业。马坡乡抓住城市工业向农村扩散和转移的有利时机，吸引城市工业到马坡乡投资办厂。将长期亏损濒临倒闭的冶炼厂、构件厂出让给航天部曙光电机厂，计划投资1.2亿元，开发高科技机电产品。同时，曙光厂由城里迁到马坡乡。曙光厂的到来，不仅仅是增加了一个企业，而是为马坡乡增加了一个小社会。

鼓励发展民营、私有企业。几年来，马坡乡民营、私有企业在投资规模上，不断取得新突破。投资500万元以上的企业已达13个，民间资本参与第二产业，为马坡乡的经济增添了活力。

经过两年的调整与发展，马坡乡第二产业呈现出前所未有的生机与活力。一是总量增加，效益提高。二是所有制结构趋于合理，投资主体实现多元化。三是生产要素优化配置。四是产品结构得到有效调整。五是行业特点初步形成。

（胡尚云）

河北省辛集市辛集镇

素有“直隶一集”之称的河北省辛集市辛集镇，位于石家庄市东60千米处，是辛集市委、市政府所在地，是全市政治、经济、文化及商贸活动中心。全镇辖36个行政村（街），总人口12万人，其中农业人口7万人，耕地4 700公顷，总面积88平方千米。

辛集镇是历史上有名的商贸古镇，自明代起就已成为我国北方最大的皮毛、皮革制品加工和销售集散中心。自党的十一届三中全会以后，改革开放的政策给辛集镇的经济发展插上了腾飞的翅膀。辛集镇党委、政府带领全镇人民，解放思想，抢抓机遇，把发展乡镇企业作为全镇经济的突破口，选准路子，发挥优势，制定优惠政策，优化投资环境，大力招商引资，广揽科技人才，使全镇乡镇企业形成高速、持续、健康发展的新格局。到1998年，全镇乡镇企业发展到4 934个，从业人员28 064人，实现营业收入424 558万元，完成利税28 936万元，上缴国家税金6 759万元，全镇农民人均纯收入4 159元。该镇自1996年至1998年连续三年荣获河北省和石家庄市“五十强乡镇”、石家庄市“乡镇之星”称号。

强化中心意识，形成发展乡镇企业合力。辛集镇党委、政府立足该镇地处市城中心、发展条件优越的实情，始终不渝地把发展乡镇企业作为建设经济强镇、实现小康镇的重中之重。镇党委、政府及经管委一班人把全力以赴抓经济，切实列入重要议事日程。实行一把手负总责，层层强化目标意识，实行任务到位，责任到人，建立和完善党委、政府领导班子成员及村街干部联村、联厂、联项、联效“四联”目标发展责任制，年终考核，奖罚兑现，上下同心，形成合力。近两年来，在市场严峻和资金紧缺的形势下，全镇乡镇企业发展势头强劲。1998年，全镇乡镇企业营业收入、利税分别比上年增长39.8%和45.2%。乡镇企业新增技改和固定资产投入2.3亿元。

抓大扶强，努力培植新的增长点。针对全镇一批骨干企业、利税大户实力雄厚、市场前景好的特点，加强引导，抓大扶强，实施"名企名牌"带动发展战略，在政策、资金、场地、水电供应等方面优惠、优先。扶持其上规模、上水平，向集团化经营和现代企业制度迈进。先后组建起西曼集团、正泰集团、東兰集团、东明集团、光华集团、踏月车桥集团等6个集团公司，组建有限责任公司50多个。镇村242个集体企业大力进行产权制度改革，采取股份合作制、租赁、兼并等多种经营形式，注入民营经济机制活力。全镇年产值超1 000万元的企业达65个，超亿元企业达6个。创出一批在全国有知名度的名牌产品，增加了科技含量，扩大了市场份额。西曼集团的西曼牌皮衣荣获"全国九八真皮衣王"称号。東兰集团、东明集团通过国家质量体系认证。有28个皮革企业配挂真皮标志，"彪鹿"皮装、"东明"绵羊革等5种产品获省以上名牌产品称号，短木纵接机获河北省科技进步奖。

优化结构，创造区域特色经济优势。辛集镇依托自身区域、环境优势，利用交通、商贸、信息等方面的有利条件，把发展特色产业、发展农业产业化、繁荣第三产业、优化结构作为转变增长方式的重要举措，创造区域特色经济优势。为引导皮革、机械、建材、化工、禽畜加工等支柱行业由分散向集中生产，由粗放经营向集约经营的转变，在市政府统一规划下，辛集镇先后建设了皮革城、辛集制革工业区、机械加工区、精细化工区、建材市场、河北"一集"、禽畜产品批发交易市场等7个乡镇企业工贸小区，优化了招商引资的发展环境，对皮革特色产业及支柱产业起到了重要拉动作用。尤其是通过乡镇企业工贸小区的纽带、辐射作用，加快了个体私营经济的发展。全镇个体私有企业达4 692个，从业人员21 593人，年产值382 508万元。皮革城累计投资

河北辛集皮革城

7.3亿元，成为全国最大的皮革交易中心，被农业部命名为"全国乡镇企业示范工业区"。辛集制革工业区累计投资2亿元，制革生产能力达到日产绵羊革3万张，并实行集中治理污染，1998年通过河北省环保局验收，达到国家规定排放标准，被列为河北省环保"样板工程"和"省级乡镇企业示范工业区"。制革工业区与皮革城珠联璧合，推动了辛集市皮革产业链的延伸和可持续发展战略的实施。

辛集镇围绕发展高效农业，加快城郊型农业产业化的经营体系建设，形成了市场—基地—龙头型企业—农户的农业产业化发展模式。1998年立项筹建的畜禽产品批发交易市场，被列为农业部"全国菜篮子工程"和河北省惟一定点批发市场。一期工程占地约7公顷，已投资2 000万元，市场高起点、高标准，成为集信息服务、禽畜产品批发、防疫、兽药、餐饮娱乐和商居两便的全方位、多功能的大型批发市场。此外，还加快了优质麦生产基地、优质果品生产基地、围城蔬菜基地、优质蛋鸡、生猪、奶牛、蓝狐、花卉等生产基地建设，扶持了220多个龙头企业和种养大户，使农业产业化经营质量和经济效益迅速提高。

1998年，辛集镇借助民间资金潜力，投资1 900万元，大力实施"围城沿路"三产拉动工程，围绕"皮革城"，沿铁路、公路和市区繁华路段，建起总面积3.4万平方米的商贸楼，拉动一批个体和私有企业，大力发展第三产业，安置了更多的劳动力就业。

（刘存良　王庆友）

辽宁省海城市腾鳌镇

腾鳌镇位于鞍山市西12千米，总面积72平方千米，总人口5.6万人，辖8个街道办事处、15个行政村。1992年6月20日经鞍山市委、市政府批准建立鞍山市腾鳌特区，1995年8月7日经辽宁省政府批准为省级经济开发区，是鞍山市对外开放的重要窗口。自1992年以来，腾鳌镇先后被辽宁省评为发展乡镇企业明星镇、综合实力10强镇、先进单位、先进集体、文明单位、小康示范镇。被国家评为首届中国乡镇最佳投资环境100强，中国乡镇之星；被命名为中国乡镇企业示范区、国家级星火技术密集区、创建全国文明村镇示范点。

1998年，腾鳌镇实现社会总产值88.1亿元，比上年增长16.2%；实现税收8 343万元，比上年增长11%；财政收入9 030万元，比上年增长9.8%；人均收入5 018元，比上年增长4.5%。全镇乡镇企业拥有7个工业小区，注册企业1 500多个，其中"三资"企业45个，固定资

产超 100 万元的企业 148 个，税收超 50 万元的企业 15 个。

深化改革，构建适应市场经济的新体制。 腾鳌镇坚持整体推进、重点突破、逐步深入、配套实施的方针，对所有镇集体企业进行产权转属。同时，在重点骨干企业以资本为纽带组建企业集团。组建起辽河饲料、百灵、泰隆、天雍、九建等 8 个企业集团，其中国家级和省级企业集团各 1 个，市级企业集团 3 个，县级企业集团 2 个。企业集团的组建，不仅吸纳了 50 多个中小企业与之共同发展，带动了相关的行业，而且企业以其自身的规模优势，增强了市场竞争力。辽河饲料集团在拥有 10 个直属厂和 82 个分厂的基础上，又吸纳印度尼西亚、俄罗斯的投资，形成饲料、编织袋、蛋白、食品系列化生产，成为全国三大饲料生产基地之一。八建、九建两个公司先后与水泥厂、轧钢厂、涂料厂、预制件厂等企业组合，形成更大的企业联合体，双双进入全国建筑行业最大规模 500 强行列。

调整产业结构，发展区域特色规模经济。 腾鳌镇通过企业“三改一加强”，上嫁接改造、盘活存量、关联度大的项目，上经济效益、社会效益、生态效益相统一的项目，使企业逐步走上了资金密集型和技术密集型的轨道，增强了经济发展的主导作用。全镇乡镇企业中培育了饲料、冶金、机加工、化工、电子、纺织染等 8 个主导产业，开发出辽河牌饲料、百灵牌珠架、微细铝粉等 10 大名优产品。企业固定资产近 30 亿元，其中有 13 个企业固定资产超过1 000万元。1998 年，全镇企业实现总产值 85.8 亿元，实现利税 7.27 亿元，有 7 个企业进入省工业企业销售收入百强行列，有 8 个企业进入省工业企业利税收入百强行列。企业逐步摆脱了“小而散、小而全”的旧模式，走上了集团化、规模化的轨道。

发展近效型农业，加快农业产业化步伐。 为使农业改变传统经营方式，向集约化、产业化方向迈进，腾鳌镇不断加大对农业的投入，积极推广科学种田，在建立龙头企业和农产品生产基地，发育各类专业市场的基础上，培植了四条农业产业链，即依托饲料集团的养加销产业链、依托食用菌的产加销产业链、依托芦荟的种加销产业链、依托蔬菜的产供销产业链。龙头带基地、基地连农户、农户进市场的产加销一条龙、贸工农一体化的农业产业链的拉紧与延长，实现了农村经济的加速发展。1998 年，全镇粮、豆产量实现28 800吨，农业总产值 2.33 亿元，畜牧饲养量达 253 万只（头），形成 16 个蔬菜小区，4 个畜牧小区，10 个专业村。

改进招商方式，扩大对外开放领域。 腾鳌镇针对自己是省级开发区的特点，始终把外向牵动作为龙头战略，用扩大对外开放拉动经济全面发展。在招商引资工作中，坚持“政府搭台、企业唱戏”的主旋律，通过实施“一把手工程”，采取企业招商、窗口招商、项目招商、借外招商等有效方式，实施“四个结合”，达到“四个一批”。即：埠外与国外相结合，新上一批大项目，其中超 500 万美元的大项目 3 项；开发与改造相结合，形成一批名优产品，仅申请专利项目就有 13 项；引进与打出相结合，生产出一批出口创汇产品，有微细铝粉、精密铸件、自行车珠架等 8 个品种；整体推进与重点突破相结合，建立一批科技人才队伍和管理人才队伍，有各类专业技术人员1 082名。全年共引进内外资项目 107 项，合同总金额达 5.9 亿元，其中引进外资项目 5 项，合同外资额完成2 857万美元，利用外资额完成1 022万美元，出口创汇额完成 110 万美元。特别是取得中英合资合作的成功，双方签订 3 个超 500 万美元的大项目，组建了辽河英鹏饲料、辽河爱民饲料、辽河普众食品 3 个有限公司。

加强设施建设，营造良好投资环境。 自腾鳌镇建立特区后，按照《鞍山市腾鳌特区总体规划》，坚持高起点、高标准、高速度的原则，进行城镇综合开发与建设，使基础设施、配套设施、服务设施齐头并进，不断改善，为“筑巢引凤”、招商引资创造了良好的投资硬环境。6 年中，全镇累计投资 13.53 亿元，共完成较大工程项目 56 项，首期开发面积达到 5.28 平方千米，城区实现了“六通一平”。同时，以抓精神文明建设就是抓经济建设的思维方式，着力开展创建全国文明村镇活动。在政府机关中开展“双五好”竞赛活动，推行文明用语、挂牌服务等措施。在国税、地税、工商、财政等职能部门推行公示制、承诺制。对企业办照实现工商注册联审制。在全镇各村（街）开展“十星级”文明户竞赛活动。这些做法营造了良好的投资环境。

（腾鳌镇政府）

辽宁省榆树市五棵树镇

五棵树镇幅员 127 平方千米，耕地面积8 669公顷，辖 9 个行政村、2 个街道办事处，总人口 5 万人，其中城镇人口 2.58 万人。1992 年 7 月，五棵树镇被长春市政府批准为全市第一个经济开发区，1993 年被批准为省级乡镇企业小区，1994 年 6 月被省政府定为综合改革 10 强镇，1995 年 6 月被国家体改委等 11 部委列为全国 50 个综合改革试点镇之一。几年来，五棵树镇以乡镇企业小区开发建设为重点，经过全镇上下的努力，全镇的经济和各项事业都得到长足的发展。1998 年，全镇工农业总产值达到 11.28 亿元，乡镇企业产值 6.8 亿元,多种经营和畜牧业总收入3.65亿元,农民人均收入4 053元,财政收入719万元,分别比1995年增长1.5倍、2倍、1.5倍、5.8倍和2.1倍。

五棵树镇在开发建设乡镇企业小区,带动全镇经济发展的实践中,主要有以下经验。

坚持解放思想。思想是行动的先导,思想解放的程度,决定着经济和事业发展的速度。在这方面,五棵树镇特别注意解决以下问题。

强化赶超意识,明确发展目标。刚成立乡镇企业小区时,如何加快开发建设,如何带动全镇经济发展,朝哪个方向发展,这是首先需要解决的问题。为了找到合适而又准确的答案,五棵树镇先后几次组织镇村干部到外地参观学习,不断解放思想和开阔视野。同时认真研究镇情,并对照外地经验找落后的差距,解决思想僵化、保守等问题。在此基础上,确定利用15年左右的时间,把五棵树镇建成以农副产品深加工为主的综合型工业化城镇的发展目标,并投资20万元搞全镇幅员面积航拍,聘请省内有关专家,参照国内外经验,设计了城镇发展规划、乡镇企业小区规划,从而为全镇经济和各项事业的发展设置了总的航标。

突出经济建设中心,理清发展思路。过去,五棵树镇在发展镇村经济上,没有一个较为明确的思路。成立乡镇企业小区之后,在充分调查研究,反复论证的基础上,初步确定了:以市场为导向,以资源为依托,以乡镇企业小区建设为载体,以农业增效、农民增收、财政实力增强为目标,实行集体经济、个体私营经济双轮驱动,粮食生产、乡镇企业、多种经营三业并举,招商引资、项目开发、市场培育、规模发展四管齐下,建成以粮食和农副产品深加工为主的综合型工业化城镇的工作思路。几年来,五棵树镇按照这个工作思路,不管遇到什么困难,也不管环境发生什么变化,都始终如一地坚持做到一幅蓝图绘到底。也正是因为这样,乡镇企业小区建设才取得了成效。

加快扩大开放,解决发展难点。开发建设小区,突出问题是资金严重不足,靠自身能力难以加快发展,现实选择就是扩大开放,招商引资。几年来,五棵树镇在招商引资方面,增强以开放促进开发、以开发促发展的意识,本着主动让利、互利互惠、真诚合作、共同发展的原则,动员一切力量,调动一切积极因素,采取有效手段,不断加大招商引资的工作力度。在借鉴外地经验的基础上,结合实际制定了28条招商引资优惠政策。通过各种合作方式和办法,开展招商引资工作。先后与加拿大国际农业总公司、黑贝种猪公司达成50万头生猪项目、40万吨饲料加工项目。1998年,同北京恭安锁业有限公司合作,引进资金800万元,兴办五棵树锁具厂。此外,还通过引进资金,先后实施了五棵树航运码头、五棵树旅游度假村等项目。1998年全镇共完成固定资产投资5 000万元,其中引进资金1 730万元。从1992年到1998年,五棵树镇累计开发项目81项,引进资金3.2亿元。

培育龙头企业。五棵树镇立足传统的酿酒、糟牛育肥和豆制品加工成规模又小有名气的优势,集中人力、物力和财力,侧重培育了三大龙头产业。一是以10个村办酒厂为核心,集138个个体私营酒厂为一体,年产3万吨白酒的榆树酿酒集团。二是以清真屠宰场和黄牛交易市场为核心,以全镇5 000多个养牛专业户为依托,年出栏6.5万头的肉牛有限公司。三是以豆制品厂为龙头,以全镇360个个体私营豆腐坊为联营的豆制品有限公司。这三大集团公司的成立,初步形成了具有地方特色的三大主导产业和经济发展框架。这三大主导产业,每年可加工转化粮食6.7万吨,产值达到3.83亿元,占全镇工农业总产值的34%;安排从业人员5 100人,占全镇劳动力总数的50%;可为全镇农民人均增收1 358元,占农民人均收入的30%以上。

五棵树镇通过创办龙头企业,一是形成和拉长了产业链条,避免了自发、分散、无序和盲目发展的状态,与农户形成了经济利益共同体。二是形成了乡镇企业的群体优势,使分散的企业和农户聚集到一起,形成一个紧密合作的有机整体。组建白酒集团后,新上了16条罐装线,改变了过去只卖散装白酒的现状,并已发展到三大系列、15个品牌。三是增强了产业间的关联度。白酒的生产既转化了粮食,解决了卖粮难的问题,又带动了养牛业的发展。养牛业的发展实现了粮食的二次增值,又反过来促进了酿酒业的发展。豆制品产业的发展壮大,又促进和带动了养猪业的大发展。组建这三大龙头产业,还形成了“粮食酿酒、酒糟喂牛、牛粪还田、粮食增产”的良性循环,收到了相互促进,相得益彰,共同发展的效果。

注重环境建设。几年来,五棵树镇按照《五棵树经济开发总体规划》,在小城镇建设上本着改造老区、开发建设新区的原则,狠抓硬环境的建设。筹措和引进资金2.8亿元,用于乡镇企业小区“五通一平”等的基础设施建设和镇区内的公共设施建设。先后拆迁近6万平方米的民房,拓宽了中心大街,修建13.8千米的街路和沿江公路,改造变电所,扩建轻工、建材、农贸、黄牛等专业市场,开通了程控电话及移动通讯和寻呼业务等。经过艰苦的努力,五棵树镇的环境发生了巨大的变化,为招商引资上项目、办企业,加快小城镇建设步伐,奠定了坚实的基础。

在狠抓硬环境建设的同时,五棵树镇还致力于经济发展的软环境建设。充分利用具有县级经济管理权的优惠政策，抓住试点镇的机遇，从加快小区建设出发，实行“划分税种、核定基数、超收留用、短收不补”的镇级财政管理体制，并设立了金库，实行财政、财务统管统支，强化了政府财政资金调度能力。对土地管理、户籍管理、工商管理、城建管理等方面进行改革。同时强化服务，提高办事效率。凡是到五棵树镇经商办企业的，都尽全力在征地、用电、招工、办执照等方面给予方便，帮助其协调解决遇到的困难和问题。

为促进经济发展，五棵树镇还建立了三个服务系统：一是企业项目服务系统。主要是为投资者在上项目、办企业的过程中提供全程服务。二是专业服务系统。主要是建立了养牛、酿酒、养猪等 5 个协会，通过信息、技术、管理等方面的研究和交流，达到优势互补、协调发展的目的。三是群众自我服务系统。主要是扶持建立民间中介组织，鼓励经纪人从事中介服务，逐步实现服务的社会化。

转变领导方式和工作职能。1997 年，五棵树镇党委、政府通过集中教育整顿，在不断提高对发展经济，尤其是发展乡镇企业的思想认识的基础上，从农业产业化发展的需求出发，调整了镇领导干部的分工。总的原则是集中精力，抓到实处。每个领导干在产业化、龙头项目、招商引资等方面都要有具体的工作任务。镇里创办的白酒、肉牛和豆制品三大产业集团公司，分别由 3 名镇领导牵头抓，并从镇直机关调配 6 名干部具体抓。白酒集团狠抓产品质量，实行品牌战略，产品很快就打开了东北地区市场，投产仅一年时间，就为地方财政增加税收 80 多万元。肉牛有限公司狠抓市场预测、品种改良、技术指导、疫病防治、屠宰加工、促销等方面的工作，基本实现了公司加农户、养加销一体化经营。1998 年全镇养牛户发展到5 000多户，年饲养肉牛 8.4 万头，出栏 6.2 万头。豆制品公司注重在产品的香、鲜、嫩、薄等方面做文章，在传统工艺的基础上，引进了加工、精包装、带有保鲜技术的自动生产线，1998 年底已正式投产运行。

（五棵树镇镇委、镇政府）

江苏省宜兴市范道镇

范道镇位于宜兴市西北部，距宜兴市中心 11 千米，紧靠 104 国道，宜金公路横贯其中。全镇总面积 36 平方千米，总人口 1.8 万人。境内地势平坦，物产丰富，风景秀丽，是典型的鱼米之乡。

党的十一届三中全会以来，范道镇紧紧抓住改革开放的机遇，真抓实干，全镇经济和各项社会事业得到蓬勃发展。1998 年，全镇社会总产值达 10.9 亿元，人均纯收入达4 500元，在宜兴市综合考核评比中名列第三位。先后获得江苏省科技、文化先进乡镇，宜兴市工业、农业和教育先进乡镇等荣誉称号。

范道镇有村镇企业 125 个，其中中外合资企业 5 个，出口创汇企业 5 个。已形成电线电缆、化工、纺织、服装、环保、电子、机械制造、建筑装潢、珍珠、特种水产等门类比较齐全的工业体系。产品销往全国各地，并出口日本、韩国、泰国、巴基斯坦等国家。1998 年，全镇工业总产值达 10.03 亿元，完成销售收入 9 亿元，应税销售 5.8 亿元，实现利润5 000万元。其中，新远东电缆有限公司、宜兴市第二纺织厂和宜兴市运通集团公司 3 个规模企业的产、销、利占全镇经济总量的 90%。近年来，范道镇私营经济异军突起。全镇有私有企业 90 个，其中有 12 个私有企业经济总量分别超过 500 万元，5 个企业超1 000万元。外向型经济发展步伐日趋加快，1998 年全镇累计完成外贸供货额8 484万元。

范道镇在工业生产突飞猛起的同时，农副业生产也得到蓬勃发展。近年来，全镇粮食播种面积一直保持在 867 公顷以上，粮食总产量连年突破 1 万吨。镇境内河塘星罗棋布，水域面积达1 363公顷，发展水产养殖业具有得天独厚的优势。全镇有精养鱼塘1 333公顷，其中一个镇鱼场就有 433 公顷。全镇年可提供各种淡水鱼、虾、蟹、甲鱼等水产品 5 万吨，水产养殖面积和产量均为无锡市之首。

近年来，随着经济实力的不断壮大，范道镇各项社会事业发展迅速，村镇面貌日新月异，投资环境日益改善。全镇先后投资1 000万元新建了变电所、程控电话局和自来水厂。0.5 平方千米的镇区街道整洁，工厂林立，商贸繁荣。新建成或改建的镇中小学、卫生院、文化活动中心等都具有较高的水准。范道镇已基本形成一个布局合理，设施完善，功能齐全，初具城市化格局的现代化农村新型小集镇。

（陆元华）

浙江省义乌市大陈镇

大陈镇总人口 1.1 万人，幅员 23.2 平方千米。改革开放以来，大陈镇人民敢为人先，抢抓机遇，奋力拼搏，创造出一个崭新的经济强镇。1998 年，全镇工业产值达 20.05 亿元，农业产值2 350万元，粮食产量3 750吨，上缴国家税收1 872万元，农民人均纯收入6 008元。外来打工人员达 2.5 万人。大陈镇先后被评为义乌市“综合改革试验区”；金华市“文明示范镇”；浙江省“小城镇综合改革试点镇”，“百强乡镇”，“绿色小城镇”；全国“乡镇企业示范区”，“小城镇建设试点镇”。1998 年 9 月被中国服装协会命名为“中国衬衫之乡”。

大陈镇人自强不息，敢于拼搏，艰苦创业，具有争创一流的精神。早在六七十年代，大陈镇就以精耕细作、科学种田，率先创造出粮食亩产跨“三纲”的奇迹，成为全国科学种田的典范，有 100 多名科学种田农技员赴湖南、江西、福建等省传授经验。70 年代末期，大陈镇人率先砸碎了“农民只能种田”的精神枷锁，走上了兴工强镇富民的道路。特别这批“农技员”以敏锐的视角，超人的胆识，开始走南穿北，捕捉经济信息，办起一家家缝麻袋、加工揩机布的小作坊。不久，又出现了一批职工自带缝纫机的家庭服装厂。后来，村看村、户看户，亲帮亲、邻带邻，办服装厂的热潮如火如荼，仅几年时间就办起 100 多家服装厂，为以后的发展夯实了基础。这是大陈镇抓住经济发展的第一次机遇。

1988 年，义乌市委、市政府因势利导，将大陈镇列为“综合改革试验区”，在管理体制、财政、金融等方面给予放权，并开发了工业小区，引进了 56 个企业，加速设备更新和技术改造，并进入工艺要求较高的男衬衫加工领域，使一批企业规模膨胀，质量提升。这是大陈镇经济发展的第二次机遇。

1992 年，邓小平南巡讲话精神进一步解放了大陈镇人的思想，转变了观念，放开了手脚。工业小区二期开发很快上马，240 多个企业进区安家落户，并基本完成了家用缝纫机—国产工业缝纫机—进口高速缝纫机的三次脱胎换骨的技术改造，涌现出一批日产衬衣 5 000～10 000件规模企业。同时，大陈镇的衬衫从占领西北市场起步，开始进军东北、华北、西南、中南等全国市场，并漂洋过海，走向国际市场。这是大陈镇经济发展的第三次机遇。

1996 年，大陈镇被确定为浙江省首批小城镇改革试点镇，有计划、有步骤地推进了十大方面的改革，给服装这个支柱行业锦上添花。以“再创业，再发展，再提高”为主题的二次创业为契机，在转变经济增长方式上下功夫，使服装大镇向服装强镇转变。继续实施工业小区开发建设，强化企业基础管理，实施质量立企、品牌战略，拓展国内、国外两个市场，组建浙江大陈服装集团，完善基础设施配套建设，优化投资环境，强化管理服务，使大陈镇的企业在做大做强，质优价低，市场拓展上开创了新局面。全镇有 400 多个服装企业，1 200多条衬衫生产流水线，日产衬衫达 40 万件，占领国内衬衫市场 7%的份额。其中，年生产能力超1 000万元的规模企业就有 60 个。产品质量和档次明显提高，一批企业的产品已进入金华市名牌、知名商标和浙江省著名商标行列。全镇年外贸出口交货值已超过 2 亿元。

大陈镇在积极培育服装(衬衫)这个主导产业的同时，努力带动农业的稳步发展，推进了小城镇建设和教育、文化、卫生、交通运输、饮食服务等各行各业互促共荣，协调发展，取得了物质文明和精神文明双丰收。

(戴均玺　金善富)

贵州省息烽县永靖镇

永靖镇地处息烽县城关，是息烽县政治、经济、文化交流中心。全镇总面积 155.96 平方千米，辖 24 个行政村、3 个居委会，有农业人口32 624人，劳动力10 705个。改革开放以来，永靖镇历届党委、政府把发展乡镇企业作为“一把手”经济的重中之重来抓，依托 210 国道、川黔铁路和贵遵高等级公路穿越全境的“交通”优势，积极创造条件发展乡镇企业，使全镇乡镇企业从无到有，逐步上规模、上档次、上水平，形成了各具特色的乡镇企业园区。乡镇企业经济支撑起了全镇经济的“半壁河山”。

理清思路，搞好规划。由于地处内陆省份，改革开放以前，永靖镇一直是一个典型的农业乡镇，财政收入全部依靠农业，农村经济处于较低的发展层次，“烤烟加油菜”作为传统创收产业，艰难地维系着区域经济的生存。

改革开放以来，永靖镇历届党委、政府认真分析镇情，理清了思路，借鉴经济发达地区发展经济的有益经验，找准了依托交通优势，发展“沿路”经济带的路子，在县委、政府和沿路带各村支持下，进行认真的分析、规划。首先利用原汽油机厂搬迁后留下的厂房、水电路设施，建立起以磷矿工业为主的硬寨工业区。其次，根据县委、政府的安排，从息烽集中营至息烽县城南的公路、铁路沿线建立起以医药工业和农副食品加工业为主的“贵阳国家高新技术产业开发区息烽医药工业园区”。第三，在 210 国道至息烽“玄天洞”沿路，建设以旅游、观光、休闲娱乐为一体的观光农业和生态农业。同时，依托县城四通八达的公路网，在通往开阳磷矿及邻县的公路两侧，发展采矿业和种养殖园，充分发挥沿路的优势，形成了独具特色的乡镇企业发展格局。

筑巢引凤，高唱“空城计”。永靖镇内原有“三线”建设创办的贵州汽油机厂、拖拉机电机厂等国有企业。改革开放以后，这些企业为谋求新的发展空间，纷纷搬迁到贵阳小河经济技术开发区，遗留下的40 128.69平方米厂房、22 561.37平方米生活区用房和129 037.56平方米空地，空置在大山沟里，不能发挥效益。永靖镇党委、政府经过再三权衡、分析，认为这是永靖镇筑巢引凤、利用闲置厂房搞好招商引资的一个有利条件，可以为投资者节约征地、新建厂房、新建办公和宿舍用房所需资金。1995年，镇政府主动出面与汽油机厂、拖电厂联系，经反复磋商，投资75万元，买下两厂迁址后闲置的厂房和生活区宿舍、办公用房，并与县邮电、供电、供水等部门联系，在这些部门的支持下，投资120万元，为两个闲置厂区安装了生活、生产用自来水，接通了程控电话，安装了闭路电视收视网，提供了电源保证。以此为招商引资的"资本"，抓住各种机遇，引导投资者前往投资。两个旧厂区先后引资创办了贵州天长磷化工有限责任公司、贵州黔桂磷化工有限公司、息烽西阳磷矿粉厂、贵州息烽成达磷矿粉厂、贵州金秋磷化工有限公司、息烽三星铁锅厂、息烽新兴养殖场、息烽意正养鸽场等8个乡镇企业，有力地促进了全镇乡镇企业的一次飞跃性发展。

让利于人，吸引投资者。要发展乡镇企业，仅仅依靠镇财政有限的财力，无疑是杯水车薪，仅着眼于调动全镇群众的积极性和财力也远远不够。为此，永靖镇党委、政府多次进行专题研讨，确立了让利于投资者、"你帮我发展，我帮你发财"的观念，并采取走出去、请进来的办法，向外地客商宣传自身的优势和优惠政策。同时，镇党委、政府重点着眼于搞好协调服务，为此，镇里成立了企业帮促领导小组，为企业代办县国土、供电、水利、环保等部门一切手续和解决企业在建设中遇到的有关问题，受到投资者好评。由于诚意让利于投资者，竭尽全力为投资者提供一切优惠的条件，为投资者排忧解难，外地投资者逐步看中了永靖镇这块发展事业的"宝地"，陆续引进了贵州汉方药业公司息烽药厂、贵州太和药厂、贵州寿仙药业公司、贵州富源磷业公司、贵州息烽腾飞养殖场、贵州息烽联宇绿色工程有限公司、贵州息烽腐植酸复合肥厂、贵州兰地实业公司、贵阳天龙魔芋食品总厂等9个大型企业到永靖镇投资建厂、办公司，投资总额达5 887万元，促成了永靖镇乡镇企业发展的第二次质的飞跃。

抓大放小，搞活镇属企业。改革开放初期，永靖镇利用自身财力，创办了永靖镇砖厂、阳朗水泥厂、老鸦河水泥厂等一批镇属企业。多年来，这些企业为镇财政增长和带动附近农民脱贫致富做出了较大的贡献。但随着改革开放的逐步深入，市场经济的快速发展，这些企业在技术、管理、设备、经营等方面均已逐步落后于时代，不适应市场经济发展的需要。为使这些企业"活"起来，镇党委、政府在大力支持这些企业进行设备更新和技术改造的同时，采取承包、租赁、股份合作等形式，大胆进行改革。1992年以来，镇党委、政府先后对一批企业实行体制改革，由集体承包改为集体风险抵押承包，转换了机制，盘活了企业。这些企业生产经营正常，产量提高，产品质量好，实现了扭亏为盈。

二十年改革开放，永靖镇乡镇企业从无到有，从小到大，从单一向多元，逐步步入较为繁荣的阶段，支撑起全镇国民生产总值和财政税收、农民致富的"半壁河山"。1998年，全镇乡镇企业实现总产值40 568万元，比上年增长25.2%；乡镇工业产值完成19 906万元，比上年增长25.92%；工业增加值完成4 900万元，比上年增长22.87%；乡镇企业营业收入45 555万元，比上年增长26.63%。乡镇企业实缴税金610万元，农民人均纯收入来自乡镇企业部分增长13.2%。

（陈　良）

甘肃省华亭县东华镇

东华镇地处华亭县城郊，位于陇东南部的浅山丘陵区，有人口2万人，总面积81.4平方千米。辖12个行政村，72个生产合作社，1个地级乡镇工业开发区，3个县级开发小区和1个镇级开发小区。境内商贸活跃，交通便捷，通讯发达，有省、地、县级单位105个，镇村企业60个，工商个体户2 163个，是全县政治、经济、文化最为发达的地区。

近年来，东华镇党委、政府坚持把大办乡镇企业作为振兴农村经济的战略重点，纳入全镇经济社会发展的总体规划，不断在认识上加深度，领导上加强度，工作上加力度，政策上加宽度。重点在资源开发上做文章，科技创新上求生存，规范经营上增效益，逐步走出了一条发挥优势，顺应市场，依托城镇，富裕农村的城郊型乡镇企业发展路子。形成了以小区开发为总揽，煤炭采掘为龙头，农副产品加工为主体，商饮服务为骨干，建筑、建材为补充的发展格局，使乡镇企业经济总量迅速增长，整体素质不断提高。1998年，全镇乡镇企业总产值达到5.81亿元，上缴税金1 458万元，实现利润4 724万元，乡镇企业总数达2 223个，从业人员12 000余人，财政收入达821万元，农民人均纯收入达2 053.28元。乡镇企业在全镇经济发展中发挥着"半壁河山"的作用。1994—1998年连续五年被评为地区"十强乡镇"，被省政府授予1998年度发展乡镇企业"十强乡镇"称号，有2人被省政府授予"第四届乡镇企业家"；东华、东峡、西关3个村和镇煤矿连续五年被评为地区"十强村"和"十强乡镇企业"；东华村1996年被省政府命名为发展乡镇企业"十强村"。

东华镇乡镇企业的发展，主要是以转变思想观念，深化企业改革，狠抓经营管理，抢抓发展机遇，促进了乡镇企业的超常规发展和全镇经济的腾飞。

挖潜改造,科技领先,在企业创新上上台阶。东华镇煤炭资源较为丰富,全镇有镇村煤矿4个,年产原煤35万吨,是全镇乡镇企业发展的"龙头"。为了有计划、有步骤、科学合理地开发利用煤炭资源,带动整个乡镇企业的持续发展,从1996年开始对镇煤矿和陇州沟煤矿进行21万吨改扩建,在资金十分困难的情况下,采取争取银行贷款、企业自筹等办法,使改扩建工程得以顺利进行,已完成计划的80%以上。三年来,两矿改扩建共投入资金1 200多万元,完成掘进任务6 300米,购置设备171台(件)。通过技术改造,大大增强了生产能力,提高了经济效益。与此同时,还积极引导农民利用当地的产业、资源和传统优势以及较先进的工艺流程,顺应市场,大力发展石料、砖瓦、建筑建材等开发型企业,新发展小型砖瓦厂5个,石料厂3个,其他企业9个,建筑工程队2个,解决剩余劳动力350人,创收260万元。

争取优势,因地制宜,在环城开发上创佳绩。东华镇1996年被确定为地级乡镇工业开发区之后,镇党委、政府把开发建设环城经济带作为加快经济发展步伐,实现富民强镇的重要举措来抓。按照"统一规划、分步实施,先发展、后完善"的原则,以城镇建设为依托,以基础设施建设为突破口,以项目建设为龙头,坚持内引和外联并重,发展与提高并举,新建与技改并行,集体与私营并建的发展思路,通过三年多的努力,已开拓建成8条产业街和4条商业路,形成了环城经济带雏形,使乡镇企业由过去分散布局向连片开发转变,提高了聚集效应。一是抓基础设施建设,着力改变面貌。投资1 532万元开拓"8街4路",同时达到"五通一平",完成绿化、美化等设施建设;投资1 475万元,沿街路修建上宅下店和前店后院式小康屋361个,共吸纳个体工商户305个,形成集娱乐、商贸、服务、加工等9大类40多个行业为一体的商业带,为客商创造了一个宽敞、优越、便利、整洁的经营环境。二是抓项目建设,着力增强企业后劲。投资4 785万元,新上各类项目38个,其中投资600万元以上的项目1个,100万元以上的项目12个,50万元以上的项目15个。已有5个项目完成了建设任务并投入营运,为全镇乡镇企业的发展增添了后劲,增强了实力。三是抓商贸流通,着力发展第三产业。随着环城经济带的开发建设,全镇已形成了加工、运输、商流服务等齐发展的多元化产业格局和系列配套的第三产业门类,全镇共计发展各类个体工商户2 163个,从业人员5 000余人。第三产业的不断壮大,进一步辐射带动了全镇乡镇企业的快速发展。

华亭县东华镇煤矿

扩大区域,多业并举,在产业开发上求实效。近年来,东华镇筹集资金重点扶持发展了东华、东峡等6个村的蔬菜基地建设,月元等3个村的畜牧专业村建设,王峡口村的草莓基地建设,形成了产业区域化、规模化、基地化发展格局。镇里拿出86万元,建立"产业开发基金",成立了产业开发、项目建设指挥部,专抓产业开发和项目建设。1997年3月从山东寿光引进冬韭新品种,建立种植基地,当年冬天冬韭如期上市,亩均收2 300元。1998年,又引进冬韭新的栽培技术——阳畦风障式种植。1997年从甘肃省农科院引进新品种脱毒草莓,进行集中栽植。全镇建成高效日光节能温室74个,蔬菜大棚141个,蔬菜基地总面积达到67公顷,实现收入138万元,成为农民致富的"绿色企业"。在大力发展蔬菜生产的同时,还紧紧围绕关山肉牛基地建设,加快畜牧业的发展。镇政府采取给予贷款贴息的办法,扶持4个村的10个社发展畜牧业,先后建成百口良猪场1个,养猪专业社4个,养牛专业村2个,贩运、屠宰专业村1个,养牛场2个,屠宰场2个,发展塑料大棚养猪大户96个,其他养畜大户412个,1998年全镇畜牧业总收入达到1 740万元。农业产业化的进一步发展和科学技术的推广应用,不仅实现了粮食增产、农民增收、财政增长的目标,而且为农副产品的保值增值,为乡镇企业的多业并举奠定了基础,进一步拉长了经济发展中工业、农业和乡镇企业互为促进、共同发展的产业链条。

(张富奎)

宁波市鄞县邱隘镇

邱隘镇围绕建设"现代化经济强镇、生活富镇、文化名镇、环境美镇"总体目标,积极推进社会主义新农村建设,迈入了"浙江省综合经济实力百强镇和宁波市综合经济实力百强镇"行列。1993年以来,邱隘镇开展了以明晰产权为核心的乡镇企业经营机制转换工作,至1998年全镇498个镇村集体企业已完成转制任务的占99%,企业发展已由原来主要依靠行政推动转到自我发展上来。同时,镇工业办公室作为一个职能部门,从切实转变管理职能着手,使由原来的领导企业职能转变为对乡镇企业的服务、引导、管理职能,促进了乡镇工业的持续、快速、健康发展。1998年,全镇实现工业总产值39.97亿元,工业利润2.48亿元,外贸出口总值6.76亿元,已形成以轻纺服装、机械电子、建筑材料为重点的骨干行业,科技实力型企业。

随着市场经济体制的确立,企业"自主经营,自负盈亏,自我发展,自我约束"的发展轨道显示出了强大的生机和活力,镇工业办公室集中精力,明确并强化自身的管理职责,进一步加强自身建设,更好地发挥了服务职能,为企业营造了一个良好的发展环境,从而为全镇工业经济发展提供强有力的保证。

*完善政策配套,发挥引导职能。*几年来,邱隘镇每年根据企业发展的实际情况,制订乡镇工业经济奖励政策。为充分发挥政策的调节功能,增强企业抓发展的积极性,对企业考核、奖励政策进行了调整完善。重点向三方面倾斜:一是增量上比快慢。企业有发展就有奖励,对销售、计税销售、利润、外贸出口增幅超过全镇平均增幅的加大奖励力度。二是引进上比多少。对引资、引才给予奖励,对外来企业在费金收取和落户上加大优惠力度。三是质量上比高低。对新产品开发、创名牌、ISO9000质量认证等方面给予奖励。

在制定奖励政策的同时,邱隘镇还积极做好政策引导文章,引导企业狠抓技改投入和新产品开发。一是引导企业抓投入。每年年底组织对企业技改意向进行调查摸底,并积极做好立项和土地、资金协调等工作。二是引导企业发展高科技、高附加值产品,设立技术开发机构。1998年以食品机械、降解母粒制品、PVC异型材等五大产品作为全镇重点发展的高新技术项目。同时扶持宁波东海机械厂和海太机械制造有限公司分别组建市级和县级工程技术开发中心。

*提高自身素质,搞好服务职能。*为了正确引导企业按照市场经济需求参与竞争和发展,邱隘镇致力于搞好协调和服务,为企业发展创造一个优良的软环境。一是按简便、高效的原则搞好人才引进和项目审批、申报等行政性服务,以及引进企业的后续跟踪服务。1997年宁波东海机械厂从四川引进一名享受国务院特殊津贴的高级工程师致力于开发糖果机,为了使其能全心投入于开发研究,邱隘镇通过各种努力,跑人事局、教委等有关部门,想方设法使工程师全家在邱隘镇安家落户。宁波东海机械厂也由于该工程师的加盟,呈现出欣欣向荣的发展趋势,研究出了软糖自动成型机,填补了国内空白。二是积极协调解决企业内部、企业之间、企业有关部门及其基层站所之间的问题和矛盾。三是经常组织有关部门分期分批对企业骨干进行财政、金融、税务、审计等培训,提高企业骨干的业务素质。四是及时给企业提供有关政策并对其进行解释,引导企业根据国家产业政策调整发展方向。

*营造优良环境,拓展招商引资。*邱隘镇作为国家级社会发展实验区,为了实现经济的快速持续发展,着力于加强基础设施建设,重视本地自然资源的保护、开发和环境保护工作,营造企业发展的良好环境。1998年,投资3 200万元建造了百丈东路邱隘延伸段,缩短了与市区的距离,为企业发展提供了便利。

镇里积极通过新闻发布、广告宣传、上因特网等形式宣传本地区优良的投资环境,因地制宜地搞好企业、项目和外引内联工作。在"招外"、"联外"工作中,重点抓好引资信息的跟踪落实,组织全镇出口企业厂长参加投资贸易洽谈会,落实邀请客商,推出有规模、有后劲的招商引进项目,搞嫁接或独资。全镇有"三资"企业33个,在德国收购境外公司1个,另有1个企业到俄罗斯办厂。

*加快人才引进,强化激励职能。*邱隘镇通过各种渠道每年为企业引进人才100多名,着力培养和造就一支高素质的企业经营者队伍,形成一个有利企业经营管理人才脱颖而出的培养机制,创造一个有利于企业家发展的良好环境,建立健全一个有利于企业家健康成长的管理约束机制。通过从社会舆论上对企业经营者、技术人员采取关心、尊重、保护、理解和支持的态度,广泛宣传优秀企业家、技术人员的业绩,从物质、精神和政治荣誉等多方面予以激励,鼓励和引导企业经营者根据客观形势的发展要求,迈大步、创大业。

*完善管理职能,实现集体资产增值保值。*为了加强对集体资产的管理,邱隘镇按照"管理一体化、经营多元化、监督民主化、责任明确化、运行规范化"的要求,完善镇村集体资产管理体制,在全镇范围内建立起一整套科学合理的组织体系、管理监督体系、运行机制和考核体系。按照以集体资产增值最大化为目标,对参股、租赁等企业依法行使出资者所有权,积极参与控股企业的重大决策,加强对集体资产的运行情况开展经常性审计工作。根据企业各种情况,及时地充分盘活集体存量资产,不断进行优化组合,对一些集体资产利用率低、产出率低的企业,采取资产收回、兼并、拍卖、重组等形式,积极开展资本经营,把握投向,科学决策,加强管理,降低集体资产的经营风险,把镇乡集体的经营性资产"管活、管好、管大"。

(董其岳)

宁波市慈溪市宗汉镇

1998年，宗汉镇不断加快技术改造步伐，加大技改投入力度，充分依靠科技进步，使全镇工业在效益水平、企业整体素质上又有新的提高。全镇完成工业总产值45亿元，销售收入39亿元，实现利润总额2.3亿元。

转思路、明方向，形成技术改造的新气象。1998年是宗汉镇工业经济发展极不平凡而又最具战略意义的一年。在东南亚金融危机负面影响持续加深，国内市场迟迟难以复苏，全镇工业经济开局不利，处于负增长的情况下，镇党委、政府通过深入调研，慎重思考，理清了工业发展的思路和重点。提出1998年是宗汉镇工业经济的调整年，并把技术改造作为经济结构调整工作的重中之重来抓。提出通过加大技改投入力度，加快技术改造步伐，力争改造一批传统支柱行业，提高其技术装备水平；培植一批新兴行业，优化工业经济行业结构；逐步发展一批高新技术产业，提升工业经济层次。通过努力，全镇的乡镇企业在发展处于最低谷，资金周转又处于最困难的情况下，技改势头却出现了历史上最好的局面。1998年，全镇实际完成技改财务投入2.5亿元，比上年增长14.7%。企业的技改工作出现四个新气象：一是做大。即以技术改造的大投入来扩大现有生产能力，进一步营造规模优势。1998年批准的7个技改项目中，超1 000万元的有4个，其中3个项目计划总投资均超亿元，这些项目可新形成年产值超10亿元的生产能力，进一步确保了宗汉镇在帘子布、铜加工等行业中的竞争规模优势。二是促深。即立足现有行业，着眼于大产业的思路，重点投向生产关联度大、辐射效应强的行业，在系列产品向纵深拓展上做文章。宁波兴业集团公司的电子专用铜带项目，是在原生产普通锡磷铜带的基础上，引进美国、意大利、日本等国家先进设备，生产填补国内空白的电子专用铜带。三是创新。即注重用新技术、新工艺来改造原有的旧设备、旧工艺，以提高生产效率及产品质量和档次。中国金轮集团从瑞士引进的纺牵一步法设备，对原有的纺丝、牵伸二道工艺设备进行全面改造以后，产品优等品率从25%提高到90%，工费成本节约40%以上。1998年全镇引进90年代国际先进设备近2亿元，占全镇固定资产总额15%左右，使全镇主要行业、支柱产品的关键设备达到或接近90年代中期国际水平。

重调控、优服务，营造技术改造的新氛围。在1998年技术改造工作中，宗汉镇党委、政府充分发挥自身的职能作用，着重做了以下方面的工作。

抓规划布局，完善技术改造的支撑体系。利用政府优势，完善工业小区的综合配套功能，为重要项目、重点工程顺利实施创造良好的硬环境。为解决金轮集团帘子布扩产后的用水需要，继续实施了六灶江和洋山路江二期、三期疏浚工程。对重点项目、重点工程用地，着眼长远，在土地利用总体规划上早做准备，留足预用地，保证了新投入开工项目发展的需要。

抓政策激励，营造技术改造的良好氛围。1998年，镇党委、政府根据企业发展现状和工业经济发展的需要，相继出台一系列激励政策和扶持措施。一是镇财政拔出50万元资金作为工业发展基金，主要用于高新技术项目和高新技术产品的开发和扶持。二是对新品开发和技术改造项目在投产以后，实施规费包干，对大的项目投产第一年给予规费减免等。三是开展评优争先活动。1998年专门设立了"科技杯"，按技改投入、新品开发、人才引进等方面对企业进行考核，并予以物质奖励。同时，评选出镇科技进步五佳示范企业，在年初的大会上给予通报表彰。

抓服务到位，落实技术改造的工作责任。为提高技改项目的成功率，确保技改项目早投入、早产出、早见效，明确了对重点项目挂钩联系的四项制度。一是班子成员联系重点项目制。12名镇党政班子成员与重点项目挂钩结对，协调项目实施过程中的有关具体问题。二是镇工业办公室人员项目联系责任制。对300万元以上技改项目确定工业办公室业务骨干为服务责任人，对重点项目进行跟踪服务，保证项目的进度和质量。三是重点项目前期工作委托制。对技改项目的立项、论证、审批等前期准备工作，委托镇工业办公室具体操作。四是政府人员下厂蹲点制。对1 000万元以上项目，如企业有要求，镇党委、政府指派有关人员进厂蹲点，协助做好工作。

抓项目储备，扩大技术改造资金和技术的来源渠道。建立了适应宗汉镇特点的项目库。1998年共推出了8个项目20余个产品同国内外进行信息交流，在资金、技术上寻求合作和帮助。同时做到两个结合：即面向国际市场同招商引资相结合，面向科研单位、大专院校同引进科研成果相结合，保证了项目推出与资金引进、项目引进与资金投入渠道的畅通，增加了技改项目实施的可行性。

（董其岳）

宁波市宁海县城关镇

近年来，城关镇工业经济持续快速健康发展，经济总量不断扩大，综合实力日益增强。1998年，全镇完成工业总产值50亿元，销售收入45.9亿元，利税5.3亿元，外贸出口交货值5.4亿元，一般财政收入在全国乡镇中排名第80位。

城关镇乡镇企业坚持以科技为着力点，大力实施科技进步战略，从而使产品结构不断完善，科技含量不断提高，走上良性循环的发展轨道。

强化政府调控职能，大力实施施科技进步战略。城关镇党委、政府始终把推进科技进步作为一项重要的使命来抓。对于企业的科研和技改，既积极引导，热情服务，又充分激发企业的自身活力，共同推进科技进步。几年来，在政府职能上关键做好两条，一抓政策调控，二抓全方位服务。

在政策调控上，镇里出台了一系列鼓励高新技术发展和科技人才引进的优惠政策。镇财政每年专门安排100万元资金作为对技改项目和高新技术引进的奖励。同时，在科技人才引进上制定政策，重点解决企业自身难以解决的困难，如配偶工作、子女上学、住房等一系列生活上的问题，使其有归属感，真正把根留住。这些政策的规定和实施，极大地提高了企业和科技人员对科研和技改的积极性。

在全方位服务上，重点抓好调查、论证、协调、跟踪服务四个环节。调查就是掌握企业技术开发和技术改造的动态，并选择大专院校和科研单位所研制的适应城关镇实际的科技成果，作为下阶段项目筛选和论证的基础。论证就是帮助企业完成可行性分析后，联系专家召开论证会，并组织市场调查分析测算，并安排专人负责帮助企业办理各项手续。协调就是针对企业科研、技改项目所需的资金、场地、人才等各方面的困难，由政府出面协助企业与银行、科委、大专院校和各有关部门联系。每年都要召开一次较大规模的协调会议。平时特事特办，只要企业有要求，政府都积极做好协调工作，确保企业的问题能及时得到解决。跟踪服务就是在科研和技改项目扶上马后，仍然安排专人予以联系，及时了解企业在项目进展中的困难和要求，主动帮助解决，使企业能尽快完成科技产品的转化过程。

培育技术创新体系，推进企业技术进步。

鼓励企业建立技术开发机构。鼓励并支持有条件的企业建立技术开发机构，逐步形成企业内部科研、开发、生产一体化的技术开发转化体系，增强企业自主技术创新的能力。全镇已有10个重点企业建立起技术开发机构，并在人员、仪器设备、开发资金等方面得到了落实。一休集团的设计开发中心，应用CAD技术搞服装设计，并建起了连接全国营销公司的计算机市场信息管理网络，为一休童装市场占有率高居全国第一打下了坚实的基础。

引导企业开展产学研协作。引导企业眼睛向外，进一步密切企业与大专院校、科研院所的协作联系，逐步形成以企业为主体、大专院校和科研院所为依托的技术创新体系，促进科技成果向现实生产力转化。已与浙江大学、浙江工业大学、航空航天部技术促进中心等单位建立起了长期稳定的协作关系，为企业的技术创新提供了保障。宁波志清阀门有限公司独辟蹊径，通过在北京城建学院等全国10余所城建学院设立"志清奖学金"的办法，积极开展与各大专院校的技术协作，有效地增强了企业技术创新能力，公司主导产品防泄漏球阀被国家科委、建设部等五个部委联合列为国家首批小康住宅推荐使用产品，在北京等城市的市场占有率高达80%。1998年开发的气液两用瓶阀荣获宁波市科技进步二等奖。

加强科技人才队伍建设。为了改变科技人才短缺、技术力量薄弱的局面，城关镇积极营造有利于企业培养人才、引进人才、使用人才的良好环境。一是引导企业制定内部激励机制，把科技人员的贡献与报酬挂钩起来，对有突出贡献的科技人员进行重奖，并制定优惠政策鼓励科技人员以技术入股参与分配，以此来调动和发挥科技人员的积极性和创造性。二是帮助企业培养和引进一批中青年技术开发带头人，壮大科技人才队伍，逐步完成技术人员的新老交替。同时选送科技人员到大专院校、科研院所进修和培训，不断充"电"，提高技术创新的能力和水平。三是建设一支高素质的职工队伍，通过自学考试、职工教育、岗位培训等各种方式加强对企业职工的教育，提高职工的技术水平，使之能适应高科技产业的生产需要。已有一大批具有中高级职称的外来科技人才投身到城关镇经济建设中，并形成了一支能适应高科技产业的职工队伍。

加大技改投入力度，调整优化产品结构。几年来，城关镇坚持以市场为导向，以产品为龙头，把企业技术创新和技术改造有机地结合起来，努力使产品提高档次，提高品牌，提高外向度，不断优化产品结构。

提高档次，实现产品的升级换代。引导企业以高科技为导向，以填补国内空白为目标，开发生产一批适销对路的高新产品，确立企业在下个世纪的竞争优势。宁波唐人锅业有限公司从1997年下半年开始，计划开发集压力锅和电饭锅优点于一体的产品。在开发过程中，该公司先后投入360万元开发资金，引进技术，组织技术人员攻关，镇政府也给予大力支持，帮助企业向航空航天部技术促进中心等科研机构借"外脑"，经过近一年时间的努力，终于研制成功多功能电气压力锅，产品拥有13项国家专利，被国内贸易部家电商品检测中心列为全国小家电类惟一的推荐产品，产品投放市场后，在上海、北京等地迅速打开了销路，市场潜力大。

提高品牌，加大名优产品的市场份额。从各方面引导企业充分发挥名优产品的品牌效应，开发相关产品，系列延伸，逐步形成名牌产品链，提高品牌的科技含量。一休集团1998年在四川省南充地区投资开发了一家校服分公司，通过现代化的生产方式搞中小学生校服的定点生产和销售，把一休品牌的高质量概念灌输其中，带动了一休童装在该地区的销售。其次，帮助企业聚集资金，实行名优产品的技改扩能，凭借规模效应，取得市场竞争的主动权。宁波淋浴器厂和宁波大拇指电器公司近年来分别投入640万元和820万元搞电热水器生产线扩建，将各自的年生产能力提高了2倍和2.5倍，产品市场占有率分别跃居全国第2、第3位。1998年，全镇名优产品实现技改扩能的有9个，占全镇技改项目的25.9%，完成投入6 400万元，占全镇投入数的34.9%。童装、液压搬运车、电热水器、长尾票夹等4个产品的市场占有率，均居全国同行首位。同时，通过技术改造还涌现出10余个在国际国内同行中有较高知名度和市场占有率的拳头优势产品。

提高外向度，优化出口商品结构。重点依靠科技进步抓了"三个一批"。一是扶持一批拳头产品，增强国际市场竞争力和创汇能力。如意股份有限公司近年来投入3 600万元搞技术改造，取得了质量和价格的竞争优势，手动液压搬运车远销世界65个国家和地区，国际市场占有率居世界第4位，1998年实现外贸出口交货值1亿元。二是培育一批优势出口产业。在有传统技术优势的机械五金、文化用品等行业上，加快技术改造，进一步加强技术优势，从而加强了优势产品的出口能力。1998年，机械五金行业出口值占全镇的36%，文化旅游用品行业出口值占全镇的27%。三是开发一批外贸新产品。万安集团公司和宁波工业泵厂以资产和技术为纽带，创办了宁波宝昌机械公司，利用双方较强的科研力量和生产水平，为美国通用电器公司生产电器配件。宁波华夏乳胶公司投资800万元实施年产1亿只出口医用乳胶手套生产项目，可新增出口值3 000万元。科技投入的增加，使城关镇外贸产品的科技含量不断提高，外贸出口保持持续快速的增长。

（董其岳）

宁波市象山县丹城镇

丹城镇的工业，是在不断地追求科技进步，加大技改、引进人才、开发新品的条件下快速发展的。近三年来，全镇共投入技改资金3.5亿元，其中75%的投向是引进先进技术、先进设备；开发新产品60多个，其中42个列入市级以上新产品计划，2个产品填补国内空白，2个产品为国家级新产品；3个产品成为市级名牌，1个产品成为省级名牌，2个企业通过ISO9000系列认证，22个企业已上因特网；引进人才250名，其中有高级职称的62人。这些科技工作成果的取得，为企业的生存和发展奠定了良好的基础。1998年，丹城镇实现工业产值39.21亿元，比上年增长26.6%，占全县25%左右；年销售收入500万元以上的18个企业实现产值7.7亿元，销售收入6.31亿元，利润6 898.33万元，分别比上年增长16.9%、18.91%和28.2%。开拓出了一条依靠科技进步壮大实力的强镇之路。

调研市场，找准定位，在引导上下功夫。为了深入市场，研究市场，找到市场的空白点，找准企业自身谋求发展的着力点，丹城镇首先引导企业研究市场的消费要求，根据自己的技术和生产能力，不断进行技术改造，生产出适应市场需求的产品，以赢取市场。象山砂轮厂前几年是以生产工业用砂轮为主，生产焊接衬垫为辅，近年来，随着国内生产的发展和工艺改进速度的加快，砂轮的市场需求急剧下降，而且自身由于设备老化，根本不能与一些同行企业竞争。对此，丹城镇引导企业把视线转移到原来的辅助产品——焊接衬垫上。通过对市场的调研，在该厂原来协作单位——江南造船厂的大力支持下，开发研制出造船行业专用的焊接衬垫产品，推向市场后收到了明显效果。1998年该厂年销售额突破1 000万元，并被评为县潜力型企业。其次是引导企业项目投向，对传统产业、支柱产业，以质量、品种、效益为方向，加大投入，提高档次。在大力发展优势行业的同时，加强下游产品、相关产品的开发，促进产业链的延伸，培育新兴产业群，所有项目适度控制土建规模，尽量使投入向合理化、技术型方向倾斜。宁波天安集团的自动化喷涂流水线、先进的激光切割机械等都达到了国际90年代中期水平。这些上水平、上档次技术改造项目的实施，提高了丹城镇工业经济的水平和能力，推进了工业经济结构的调整。

加强协调，全力出击，在服务上加力度。项目立项后，丹城镇就围绕项目全力出击，抓住机遇，切实为企业做好协调和服务工作。主要是要做好人、财、事三方面工作。首先是人，就是引进（开发）人才。在人才开发上，采用送出去、请进来和岗位培训三结合的办法。近年来，全镇陆续选送20多位优秀青年赴高校深造，在全国范围内招聘科技开发人才200多名，源源不断地给企业输送新鲜血液，增强活力。同时还不定期地邀请国内外专家、学者来到丹城镇集中授课，或到企业直接授课，使企业专业技术人员的知识不断更新。宁波天安集团还自办学校，培训各类人员，先后对与产品开发有关的技术员、工艺员、装配员、检验员进行了系统规格培训。1998 年,全镇受训人数达2 500多人次,企业中各类专业技术人员占全镇职工总数的 25%以上。从而基本满足了技术发展的要求,为技术改造和新产品开发提供了保障。其次是财,就是技改资金。通过外引内联,全方位、多渠道筹措技改资金。宁波天安集团通过与英国高诚公司合作,引进外资 480 万美元,进行输变电设备扩产项目技改。宁波宏利集团通过与北京针织品进出口公司合作,投资2 500万元扩产项目。适时推荐一批产品市场前景明朗、业绩突出、有重大技改项目的企业给银行,积极争取银行的支持。1998 年银行共为这批企业贷款1 000多万元,支持其技术改造。积极发挥镇集体资产经营公司的作用,多方融资,支持一批产品结构好、有广阔发展前景的新兴企业上规模、上水平。再次是事,就是尽量帮助企业做好在技改项目实施过程中的协调和服务工作。对企业上报的技改项目,经审查符合国家法规政策的情况下,在一天内批办完毕,真正做到想企业所想,急企业所急。对引进设备技改项目,及时上报县经委,并帮助办理审批手续。对符合条件的项目,积极推荐上报,争取列入国家专项和市重点技改项目。1998 年,宁波天安集团的“引进国外先进设备,生产非晶合金变压器技术改造项目”列入国家“高新技术产业化”专项。对重点技改项目,采用汇报、协调等办法,设法聘请县委书记、县长召集县经委、计委、财税、金融等部门进行现场办公,协调解决技改项目资金、城建、环保、供电、用地、担保等方面存在的问题。

紧抓进度,注重质量,在效益上求发展。一是紧抓项目进度。为抓好技改项目的进度,丹城镇确定了党政成员和工业办公室人员联系项目制度,建立了项目跟踪月报制度,及时协调部门、企业、施工单位之间的关系,督促企业专款专用。配备力量,适时进行技术攻关,力争使项目早日竣工、早日投产、早日发挥效益。二是严把技术改造(新产品开发)质量关。在项目论证中,要求企业邀请专家、学者召开项目论证会,对于市场发展前景有疑问的项目,在项目论证时就坚决予以取缔。同样,如果技改项目在施工质量或引进设备中存在问题,就协调有关部门进行返工或采取其他措施予以补救。前三年全镇实施的 62 项技改项目和开发的 60 多个新产品项目,截止 1998 年底全部竣工投入使用或批量生产。从 1995 年到 1998 年,全镇工业产值从 22.8 亿元上升到 39.21 亿元,外贸交货值从 4.58 亿元上升到 8.9 亿元,年销售收入 500 万元以上企业由 10 个增至 20 个,创利税由8 283万元上升到17 269万元。全镇工业经济既在量上有较明显的壮大,又在质上有了显著的提高,经济增长已逐步从速度粗放型向质量效益型方向转变。

(董其岳)

优秀企业

北京顺添玩具有限公司
北京东方福利化工厂
内蒙古草原兴发集团
大连金港集团公司
大连市金州区第一建筑工程公司
海城市桦子峪铝材厂
铁岭市华银肉禽公司
江苏金飞达集团公司
江苏新远东电缆有限公司
无锡百特皮件集团公司
江苏永钢集团
浙江灯塔集团公司
浙江近江集团公司
浙江浮山集团有限公司
万向集团公司
浙江永翔电缆集团有限公司
中国金轮集团公司
雅戈尔集团公司
宁波华茂(集团)股份有限公司
宁波三星集团股份有限公司
宁波中环集团有限公司
宁波方太厨具有限公司
宁波耐吉集团有限公司
宁波慈兴集团公司
宁波环驰集团公司
浙江舜宇集团股份有限公司
浙江帅康集团
浙江姚冶集团股份有限公司
宁波罗蒙集团股份有限公司
一休集团股份有限公司
宁波如意股份有限公司
宁波万安(集团)股份有限公司
宁波天安(集团)股份有限公司
龙元建设集团股份有限公司
海天机械有限公司
宁波东方(线缆)集团公司
海宁市天通电子有限公司
浙江金洲集团有限公司
浙江省湖州锐狮集团公司
浙江联丰集团公司
浙江三江集团公司
花园工贸集团有限公司
浙江腾达市政工程集团股份有限公司
合肥市常青企业集团公司
安徽冶山水泥股份有限公司
青岛星火纺机纺织集团股份有限公司
青岛振华集团公司
青岛亚东橡机集团公司
青岛黄海建材集团公司
青岛飞龙工艺品集团公司
青岛琴畅集团股份有限公司
青岛万福集团股份有限公司
青岛大山实业总公司
山东般阳集团公司
万杰集团公司
烟台企荣科辐电缆有限公司
山东邱家集团公司
山东三乐食品集团公司
山东工友集团股份有限公司
山东省泰安市金山口集团实业总公司
云南玉溪水松纸厂

北京顺添玩具有限公司

（见彩页第 1 页）

北京顺添玩具有限公司创建于 1990 年，是北京市顺义区顺义镇农工商联合总公司与香港先添集团公司合资兴办的企业。公司占地 2.7 公顷，建筑面积 3 万平方米，固定资产6 500万元，员工1 330人。主要生产布绒、长毛绒、塑胶、注塑玩具，产品 90%出口。

顺添公司 1990 年与北京工艺进出口公司合作生产出口产品，1991 年开始自行出口。1994 年按 ISO9000 系列标准生产，产品 95%以上达标。1996 年发展为集团公司，向多元化开拓，下属 5 个独立公司：顺添玩具有限公司、添翼塑胶玩具厂、顺颖进出口公司、顺恒塑料制品厂、顺添商贸公司。

添翼塑胶玩具厂是我国北方地区同行业中规模较大的企业，有职工 400 人，其中大专以上学历人员 3 人，高级职称人员 2 人，设计人员 5 人。有专用设备高频机 120 台，裁断机 1 台，切纸机 1 台，大贮气泵 2 台。几千个品种 70%出口美国、英国、南非、欧洲等 20 多个国家和地区，北京市场占有率达 60%。

顺添玩具公司主要生产长毛绒、布绒玩具，设计力量雄厚，年更新样品2 300套。有专业设备高速平缝机 600 台，充棉机 6 台，装眼机 14 台，检验仪 2 台。所有品种全部出口美国、英国、加拿大、南非、欧洲等 20 多个国家和地区。

顺颖进出口公司主要生产适应欧洲市场的长毛绒玩具。

顺恒塑料制品厂主要生产玩具、塑料用品等，产品主要在国内销售。

顺添商贸公司生产的长毛绒玩具主要在北京市场销售。

地　　址　北京市顺义区五里仓环岛
邮政编码　101300
总 经 理　苏信甫
电　　话　(010)89494271　89492426
传　　真　(010)89492426

北京东方福利化工厂

（见彩页第 2 页）

北京东方福利化工厂地处北京市通州区西集。工厂初创时为一家国有企业加工纸管。随后，工厂抓住国家大型项目东方化工厂建在通州的机遇，积极进行产品结构调整，从协作加工的外围入手，逐步向东方化工厂纵深渗透，从松散型的加工配套发展到紧密型的联合体。形成紧密型联合后，东方化工厂派出自己的技术人员，扎在福利化工厂研制精细化工产品。靠东方化工厂雄厚的技术实力，加上乡镇企业灵活的机制，福利化工厂生产出了国际市场不可或缺的精细化工产品——桂皮酸。桂皮酸是应用非常广泛的化工产品。民用、工业用都离不开它，犹如生活中的盐，虽用不多，但离开它不行。东方福利化工厂年产燕宗牌桂皮酸 400 吨，占世界总产量的 40%，具有左右国际市场的能力。

这些年来，东方福利化工厂生产的桂皮酸连年出口，在国际市场中牢牢地占据一块地盘，产品质量也得到德国、美国客商的首肯。企业效益随着生产的发展，不断提高。

东方福利化工厂在经营管理中，注重打好质量牌，认认真真地搞好企业的各项基础管理工作。企业已获得 ISO9000 国际质量认证，拥有自营进出口权。

工厂还一业为主，多种经营，生产各类优质纸管、胶带、丙烯酸树脂类等产品。

地　　址　北京市通州区西集
邮政编码　101106
厂　　长　宗士华
电　　话　(010)69576984

内蒙古草原兴发集团

（见彩页第 3 页）

内蒙古草原兴发集团是内蒙古自治区最大的农牧业产业化龙头企业，拥有总资产 10 亿元，员工5 000余人，下设 40 余个全资或控股子公司。1997 年 6 月，“内蒙兴发”4 000万 A 股股票在深圳证券交易所成功上市。

兴发集团创建于 1988 年，立足于当地优良的农牧业资源，从事肉羊、肉鸡等产业的开发，成功选择“公司 + 基地 + 农牧户”产业化发展模式，已在东乌珠穆沁等内蒙古名优肉羊主产区建成草原羔羊生产基地 8 个，年出栏优质肉羊达 100 余万只。已建成规模化养鸡小区 86 个，发展养鸡农户6 800户。

兴发集团在国际、国内市场建有销售网络，经过精深加工的“羔羊肉”、“冰鲜鸡”等特色食品，出口日本、德国、俄罗斯、韩国、中东等国家和地区。在北京、天津、大连等 10 个大中城市建有配货中心和3 000余家连锁专营店。

兴发集团实施科技兴企战略，拥有大中专毕业生800余人。建有食品开发、禽病防治、饲料营养3个研究所，由120余名硕士研究生、大中专毕业生组成的科研队伍，从事技术开发工作，为企业的快速发展提供了坚实的技术保证。

兴发集团以创始人张振武总裁倡导的“忠诚、敬业、协作、服务”的企业精神已被全体员工认同，建立起优秀的企业文化，推行了事业部制、全面质量管理、内部银行、目标成本等严格科学的内部管理。确定了低成本扩张发展，跨区域建立生产基地，在国内目标市场所在城市建设连锁店，到国际销售市场所在国家设立直销公司等战略。

大连金港集团公司

（见彩页第4页）

大连金港集团公司是1992年在原有乡、村集体企业基础上组建的，地处大连经济技术开发区。几年来，金港集团已发展成为以高新技术项目为先导，以化工、医药、机械加工、建材、建筑业、房地产业、市政、商贸、水产、航运等门类齐全、产品多样、优势互补的大型综合性社区型股份合作制企业，有员工5 600人。

近五年来，金港集团共创总产值375 258万元，实现利税63 520万元，其中纯利润56 292.5万元。公司注册资本由1993年的1.32亿元增加到1996年的3.39亿元，净资产从1993年的52 018万元增长到1997年的85 867万元。

金港集团始终重视发展外向型经济和引进高新技术项目，几年来共兴办7个合资企业，吸引外资额1.4亿元。先后与国内外科研院所建立了友好合作关系，共同开发18个高新技术项目。同时还积极培养和招聘具有中等以上学历的各类人才513人，其中具有中、高级职称的181人。

1996年，金港集团将所属企业生产的74种产品一次性在国家工商局、商标局全部进行商标注册，为创更多名牌产品打下了基础。

1993年金港集团实施社区型股份合作制以来，在精神文明与物质文明建设方面均取得了显著成效。1995年被评为全国首批乡镇企业集团，辽宁省百强乡镇企业，1997年被评为全国文明乡镇企业。

地　　址　辽宁省大连市开发区湾里152号
邮政编码　116620
董 事 长　孔兆恩
电　　话　(0411)7302016

大连市金州区第一建筑工程公司

（见彩页第5页）

大连市金州区第一建筑工程公司是工业与民用建筑施工一级企业，可承担各类型工业与民用建设项目的建筑施工，已通过ISO9002·94标准质量体系认证。公司有固定职工5 000余人，有高、中、初级工程技术与经济职称人员588人，企业资产3.6亿元，年施工能力200万平方米，企业总产值8亿元以上。

多年来，金州区第一建筑工程公司已完成数以千计的工业与民用以及高层共同建筑等工程项目的施工，并创建出若干项部优、省优和市优工程，荣获国家级“金屋奖”。被评为全国先进集体建筑企业，辽宁省综合经济实力评价“百强建筑企业”、最佳效益企业、省级文明单位、省级重合同、守信用单位，大连市“明星企业”、“AAA级信用企业”，并进入中国最大经营规模建筑业企业500家之列。

下属企业有：中外合资大连金太房地产开发有限公司、中外合资大连金和砼制品有限公司、中外合资大连金岛机械化施工有限公司、中外合资大连金鹏物业管理有限公司、中外合资大连弘景装饰工程有限公司、中外合作大连博爱大厦有限公司、大连金星房屋开发公司以及大连金水消防工程公司等，与核心企业形成开发经营、建筑施工、土石方施工、商品混凝土、装饰装修、消防工程及物业管理等一条龙建设服务体系，可实施现代化的大规模建筑施工。

地　　址　辽宁省大连市沙河口区黄河路582号
邮政编码　116021
总 经 理　范广臣
电　　话　(0411)4629209　4629197
传　　真　(0411)4629201

海城市桦子峪铝材厂

（见彩页第6页）

海城市桦子峪铝材厂位于辽东半岛腹地的海城市东南，是辽宁省铝合金型材主要专业生产厂家之一。工厂占地面积5万平方米，建筑面积2.5万平方米，拥有固定资产5 000万元，年产皇尊牌铝合金型材1万吨。产品有24个系列1 000多个品种。

桦子峪铝材厂引进90年代先进的技术、设备和管理模式，拥有专业技术人员120人。具有熔炼、铸造、模具设计、加工、铝材挤压、氧化着色等生产工艺流程，并配备了先进的产品质量检测设备。

桦子峪铝材厂采用国内外先进标准组织生产，产品质量和企业质量管理体系已经通过 ISO9002 标准审核，取得了辽宁省铝材行业产品质量和质量体系双重认证。生产的铝合金型材色泽高雅，具有耐水、耐晒、耐磨、耐腐蚀等特殊性能，深受用户欢迎，产品畅销全国。除生产各种定形产品外，还可根据用户要求设计加工各种铝合金型材和挤压用模具。

地　　址　辽宁省海城市八里镇桦子峪
邮政编码　114206
厂　　长　孙景良
电　　话　(0412)3248310　3248309
传　　真　(0412)3248300

铁岭市华银肉禽公司

（见彩页第 7 页）

铁岭市华银肉禽公司占地面积 3 万平方米，建筑面积5 700平方米，有职工 520 人，各类技术人员 14 人，其中高级职称 4 人。华银公司已经逐步完善了一条龙的企业模式，从雏鸡、饲料、肉鸡饲养，到仔鸡回收屠宰加工，整体形成了合理的布局。日宰鸡15 000只，年生产加工能力 450 万只鸡。配备有 800 吨冷藏库和 30 吨速冻库，年生产加工产品达9 000吨，其中出口4 000吨。公司能生产各种类型包装的产品 100 余种，其中包括肉鸡分割、切块、开片和各种鸡肉串类食品，年产值9 000万元以上。

华银公司还建有肉鸡熟食加工车间，年生产熟食制品达1 000吨。熟食车间为全封闭型，采用冷暖空调装置调节室温，车间内设有微生物化验室，红外线杀菌设备，配备有肉类滚揉机、真空包装机、金属探测仪、蒸煮柜，烧烤设备等，具有烧烤、蒸煮、滚揉、油炸等多种鸡肉熟食产品的加工能力。

几年来，华银公司以产品质量上乘而誉满国内外市场，产品已销往全国 14 个省、市、自治区，并外销到日本，西欧等地。被评为农业部全面质量管理达标单位，辽宁省市场优秀产品明星企业、生产质量信得过单位、重合同守信用先进单位、出口创汇先进企业等。

地　　址　辽宁省铁岭市城南开发区
邮政编码　112000
总 经 理　曹树田
电　　话　(0410)2652252
传　　真　(0410)2650140

江苏金飞达集团公司

（见彩页第 8 页）

江苏金飞达集团公司为国家中型企业、机电产品出口生产基地、乡镇企业出口创汇先进企业；江苏省明星企业、质量管理先进单位、科技进步先进企业；扬州市文明单位、五星级企业。

金飞达集团有员工1 300人，其中工程技术人员108人。企业占地面积66 600平方米，其中建筑面积45 050平方米，拥有固定资产6 032.63万元。

金飞达集团主要生产系列感应电机、串激电机、家用台钻、木工带锯、木工车床、砂轮机、、砂带机、切割机、割肉机、曲线锯、圆盘锯等台式电动工具，年生产、出口量 200 万台以上。企业产品总量、出口销量、自营出口、新品开发、企业规模、市场拥有等在全国同行业中名列前茅，产品出口五大洲 30 多个国家和地区，1998 年完成销售产值 2.4 亿元，外贸交货值 2.2 亿元，自营出口业务额1 015.84万美元。

金飞达集团始终坚持“质量第一、用户至上”的方针，产品全部采用国际先进标准生产，十大系列产品均已通过美国 UL、德国 GS、英国 BS、加拿大 CSA、欧共体 CE/EMC 及 ISO9002 等多项安全、质量认证，产品及企业知名度在国际市场上享有较高的声誉。公司董事长、总经理张庆奇，1996、1997 年度被评为江苏省优秀企业家，1997 年度荣获全国优秀乡镇企业厂长（经理、董事长）荣誉称号。

地　　址　江苏省高邮市卸甲镇东风街 156 号
邮政编码　225644
董 事 长　张庆奇
电　　话　(0514)4732030　4732906　4732124
传　　真　(0514)4732030　4732069
电子信箱　gy.jfd@public.yz.js.cn
　　　　　gy.fddj@public.yz.js.cn

江苏新远东电缆有限公司

（见彩页第 9 页）

江苏新远东电缆有限公司是在无锡远东（集团）公司基础上，由中国华能集团公司、无锡远东（集团）公司、中国电网建设有限公司、中国华电电站装备工程（集团）总公司、江苏省电力公司和宜兴市范道经济发展总公司共同投资组建的股份制企业，在全国各地设有 218 个全资子公司。公司占地 37.8 万平方米，总资产5.6亿元,员工2 000余人。

远东公司自1990年创建以来,产销、利税等主要指标均以较快速度增长,成为中国电线电缆行业中最具潜力的企业之一,属国家级企业集团和江苏省重点企业集团。先后被评为江苏省文明单位、江苏省明星企业、科技进步先进企业、重合同守信用企业、AAA特级信用企业。被国家外经贸部赋予进出口经营权。综合实力名列全国同行业前茅。

远东公司拥有国内外一流的生产设备和检测设备550余台套,其中有从芬兰、美国、德国、法国等引进的三层共挤中高压交联电缆生产线、高压局放测试等先进设备。已形成年生产电线电缆30万千米、产销10亿元的能力。主要生产裸电线、电气装备用电线电缆、电力电缆、控制电缆、通信电缆五大类150多个品种、15 000多个规格的产品。

远东公司分别在1997年8月和1998年2月通过了ISO9001质量体系认证和美国FMRC质量认可。是"江苏省名牌产品"和"中国名牌产品"。首都国际机场,浦东国际机场,中央电视台,上海市政府大楼,长江三峡、小浪底水利枢纽工程,二滩电站,秦山核电站,北京、南京、济南、哈尔滨、南宁、重庆、成都、广州、杭州、北戴河、徐州、青岛、无锡等城网改造工程,北京地铁及西客站等重大工程,均使用远东公司的产品。

地　　址　江苏省宜兴市范道镇远东路8号
邮政编码　214257
总　　裁　蒋锡培
电　　话　(0510)7243700
传　　真　(0510)7241200

无锡百特皮件集团公司

(见彩页第*64*页)

无锡百特皮件集团公司位于江苏省锡山市钱桥镇,是集科研、开发、生产、经营于一体的高档次多品种皮件系列产品生产的专业公司,具有自营进出口权和保税工厂,有职工1 500人,拥有资产5 000余万元。年生产皮票夹30万打、包袋5万打、皮腰带10万条。1997年实现销售2.4亿元,出口创汇逾1 360万美元,其中自营出口507万美元。

百特集团生产的百特牌皮件制品,集猪皮、牛皮、羊皮、仿皮四大类,计6 000多个不同规格和品种,其质地柔软、款式新颖、造型别致、色泽鲜艳、功能齐全、美观实用,是国内外市场的热销货,曾连续三次荣获国际博览会金奖及全国首届出口优秀产品金龙奖、江苏省名牌产品。产品远销美国、英国、法国、澳大利亚、意大利、日本、荷兰等30多个国家和地区。内销市场遍布全国。企业连续多年被评为"重合同、守信用"单位。

地　　址　江苏省锡山市钱桥镇
邮政编码　214151
法人代表　杨祥娣
电　　话　(0510)3201757
传　　真　(0510)3201740

江苏永钢集团

(见彩页第*10*页)

江苏永钢集团的前身是张家港市永联轧钢厂,创建于1984年8月。永钢集团是以冶金生产为龙头,集科工贸和投资开发于一体的国家级乡镇企业集团。有总资产85 868万元,员工2 300多人,占地面积40多万平方米,拥有四条国内先进的开坯、轧钢一火成材生产线,年生产能力140万吨,是华东地区最大的螺纹钢产销基地之一。1997年轧钢产量近90万吨,1998年超100万吨。集团的联峰牌钢材主要品种有热轧带肋钢筋、热轧圆钢等。产品以其优异的质量、良好的包装、100%的定尺交货和全方位优良服务,广受用户青睐,在市场享有盛誉,曾被用于上海苏州河污水处理工程、南浦大桥、浦东国际机场、延安东路等多条高架,浙江省展览中心,秦山核电工程,江阴长江大桥等。

永钢集团先后荣获国家技监局颁发的"完善计量检测体系合格证"、中国方圆标志认证会ISO9002国际质量保证体系认证和产品质量认证,江苏省重点乡企集团。联峰牌钢材被授予省免检产品、省名牌产品、中国保护消费者基金会"消费者信得过产品"、中国质量管理协会"全国用户满意产品"、冶金部冶金产品实物质量"金杯奖"等。

地　　址　江苏省张家港市永联镇
邮政编码　215628
董 事 长　吴栋材
电　　话　(0520)8620209　8620322
传　　真　(0520)8620049

浙江灯塔集团公司

(见彩页第*11*页)

浙江灯塔集团公司地处杭州市城郊结合部,成立于1995年,1997年升为国家级集团。灯塔集团自成立以来，首先狠抓企业内部管理，降低成本，提高产品质量与档次，抓好集团各企业的财务审计管理工作，制定消耗定额，实行分级核算，严格质量把关，提高产品档次，合理储备物资，控制资金占用，强化销售管理等。通过强化企业内部管理，使集团的管理适应了市场经济的要求。

灯塔集团的核心企业杭州灯塔防火材料总厂，主要生产实芯装饰型木质防火门，半玻、全玻木质防火门，钢质防火卷帘门，固定、平开式防火窗，透明防火复合玻璃，防火涂料等，拥有固定资产2 300万元，年产值8 000万元，是专业生产防火材料的省消防行业的重点骨干企业。该厂引进德国和意大利的热压真空贴面机、电脑锣花打孔加工机、直线封边机等国际先进木业加工成套设备，具有雄厚的技术力量及先进生产设备和检测设备，产品通过国家防火建筑材料质量监督检验测试中心，国家固定灭火系统和耐火构件质量监督检验测试中心检测。该厂还投资1 700万元，从德国引进一条生产木质防火门的生产线，同时引进了意大利的烘脱脂设备，使木质防火门的质量始终处于国内领先地位，产品供不应求。

灯塔集团为了进一步开发新产品，于1996年新上三聚氢胺板材项目，投资3 000多万元引进德国设备，生产的升佳牌地板在全国已有65个销售中心，年产值达8 000万元。

地　　址　浙江省杭州市东新路颜家村灯塔
邮政编码　310004
董 事 长　罗金弟
电　　话　(0571)5361656
传　　真　(0571)5364695

浙江近江集团公司

(见彩页第 *12* 页)

浙江近江集团公司成立于1994年12月，前身为杭州近江实业总公司。集团下属60多个工业企业(其中有2个合资企业，14个私营企业)，6个专业市场，2个涉外宾馆，2个养殖企业，是一家集科工贸、农工商为一体的综合性集团。1997年，集团全年收入7.4亿元，创税利1 928万元，拥有固定资产3亿元。

近年来，随着生产的发展，设备的更新改造，新工艺、新技术的推广和应用，近江集团的产品门类不断增加，一大批名特优产品在市场中久负盛名，有力地促进了集团的不断发展壮大。集团下属企业生产的产品有：以镜片原料、步进电机为主的高科技产品；以有机硅、染料、KCM耐磨涂料为主的化工产品；以洗衣粉、肥皂、牙膏为主的日化产品；以塑料包装、皮鞋、塑料瓶为主的塑胶皮革产品；以彩印晒图纸、纸箱、箱包为主的印刷包装产品；以不锈钢、铝型材、紧固件为主的工业金属产品；以装饰板、花岗岩、灯具为主的装饰产品；以服装、羽绒制品为主的服饰产品，以及经营运输、仓储、住宿、旅游、饮食为主的服务业，基本形成了门类比较齐全，布局比较合理的工业体系。其中染料、油漆、服装、羽绒制品、电子产品出口日本、韩国、俄罗斯、美国、德国、英国、加拿大等十几个国家。

近江集团利用地理优势，大力发展第三产业，先后建立了近江农副产品综合市场、华东家具市场、华东建材市场、近江土特产市场等专业市场。

地　　址　浙江省杭州市秋涛路475号
邮政编码　310016
电　　话　(0571)6064373
传　　真　(0571)6064373

浙江浮山集团有限公司

(见彩页第 *13* 页)

浙江浮山集团有限公司是以种植、养殖业为主体，加工销售相配套，贸、工、农一体化，生产、加工、销售一条龙的综合性农业龙头企业，是杭州市西湖区转塘镇的村办企业。集团公司有种植、养殖、食品加工、特种水产、饲料加工等下属企业20个，控股企业1个，合营企业1个。经过多年的发展，集团基本形成了科技、农工、商贸相结合的企业群体。公司所属各企业经营、生产用地15.67万平方米，建筑面积6.28万平方米，拥有总资产10 269万元，其中固定资产6 306万元。1997年向市场提供瘦肉型商品猪2.78万头，肉鸡36万只，禽蛋72万千克，中华鳖6.2万只，虾、蟹、鱼等鲜活水产品6.2万千克，西湖莼菜235吨，风味熟食品7.5万千克，速冻禽畜产品分割小包装2 625吨。全年完成总产值2.08亿元，实现利润523万元，上缴国家税收177万元，出口创汇220万元。

浮山集团依靠科技进步，大力调整了产业结构，并瞄准国际市场生产创汇产品。为配合畜禽饲养的快速发展，运用先进的科技手段合理处理畜禽粪便的出路，治理污源，变废为宝，产生了生态效益、能源效益，形成了自己的特色。公司发挥农副产品的基地作用，以龙头企业为纽带，以市场为导向，引导农户逐步倡办规模经营，实现农业产业化。

近年来，浮山集团先后被评为杭州市的文明单位，浙江省模范集体，浙江省先进农业龙头企业，被农业部授予“科学技术进步”一等奖，在1996年北京国际生态工程会议上获得“全球生态工程开发奖”等荣誉称号。

地　　址　浙江省杭州市西湖区转塘镇浮山村
邮政编码　310024
董 事 长　郑智纯
电　　话　(0571)7942349
传　　真　(0571)7942349

万向集团公司

（见彩页第14页）

万向集团公司是1990年组建的省级计划单列集团。1997年被国务院列入国家120个试点企业集团之一。集团拥有总资产42.8亿元，员工6 700多人，下属30多个全资及控股经济实体，形成了汽车零部件业、基础置地业、自然资源业、中介投资业等产业体系。汽车零部件业以生产各类汽车零部件及系统为主，主要产品有减震器系列、等速驱动轴系列、万向节十字轴总成系列、轴承系列、传动轴系列等。自然资源业主要从事鳗鱼、蛇等的培育、养殖、深加工以及生物工程、农业开发等。基础置地业以酒店、房地产不动产及旅游业等投资为主。中介投资业以提供集团及社会发展所需要的贸易、企划、营销、租赁、金融等为主。

万向集团曾荣获全国企业管理优秀单位——金马奖、中国百家知名企业、中国机械十大杰出企业、中国质量效益型先进企业等称号。集团董事局主席鲁冠球是国际知名的企业家，曾先后获得全国新闻人物、全国优秀企业家、中国乡镇企业功勋、国际优秀企业家等几十项全国及国际性荣誉，并当选为党的十三大、十四大代表，九届全国人大代表等。

地　　址　浙江省萧山市宁国镇
邮政编码　311215
董事局主席　鲁冠球
电　　话　(0571)2716888
传　　真　(0571)2716898

浙江永翔电缆集团有限公司

（见彩页第15页）

浙江永翔电缆集团有限公司前身为萧山市特种电缆电线厂，创建于1983年，是浙江省邮电管理局最早的定点生产通信电缆的专业企业。集团有员工868人，占地面积8万平方米，拥有总资产2.1亿元。集团下辖有杭州永丰通信电缆有限公司，广东潮州永翔邮电电缆厂，金属制品分公司，建筑、邮电安装工程公司以及永翔大酒店等全资、控股、参股企业29个，经营项目涉及制造、期货、服务、贸易、建筑等领域。

永翔集团坚持以科技强业、质量为本的信念，拥有一支具备深厚专业功底的高中级工程技术人员队伍，企业大中专毕业生占员工总数的29.6%。同时引进日本神户制钢所、美国DCM公司的先进生产和检测设备。企业基础管理工作完善，质量控制系统保障有力。产品严格按邮电部标准组织生产，主要产品全塑市话通信电缆率先获得邮电部进网许可证，畅销全国大部分省份。公司还开发出光缆产品，获得邮电部进网证书。

地　　址　浙江省萧山市临浦镇
邮政编码　311251
董 事 长　傅裕仁
电　　话　(0571)2473207
传　　真　(0571)2473186

中国金轮集团公司

（见彩页第16页）

中国金轮集团公司自1987年开发锦纶帘子布以来，经过多年的努力，已发展成为集工贸、金融、科教、信息、服务于一体，拥有紧密层成员企业30余个，1.38万名职工，30亿元总资产，占地千余亩的国家大型一档企业。公司生产的主要产品有锦纶浸胶帘子布、摩托车、发动机、铝型材、电子电器等。

1998年，金轮集团创产值近20亿元，创利税2亿元，出口创汇近2亿元。集团核心企业宁波锦纶股份有限公司的帘子布产量达6.5万吨，国内市场占有率达45%。产品在各种质量评比中多次获奖。集团连续六年雄居浙江省乡镇企业首位。曾被评为全国十大优秀企业，荣获全国企业界的最高荣誉奖——金马奖。公司董事长兼总裁陆汉振荣获全国农业劳动模范、全国十大杰出青年企业家、全国优秀乡镇企业家、香港“紫荆花杯”杰出企业家等荣誉称号。

地　　址　浙江省慈溪市金轮开发区
邮政编码　315301
法人代表　陆汉振
电　　话　(0574)3205611
传　　真　(0574)3205943

雅戈尔集团公司

（见彩页第 17 页）

雅戈尔集团公司崛起于东海之滨、三江之畔，是近年来中国服装行业的个中翘楚。公司主导产品为“雅戈尔衬衫”、“雅戈尔西服”。“雅戈尔衬衫”历年被国内贸易部评为最畅销国产商品“金桥奖”，并于 1994、1995 两年蝉联“中国名牌衬衫第一名”。雅戈尔集团 1996 年率先在国内推出的“全棉免熨衬衫”，荣获五部委联合颁发的衬衫行业“国家级新产品”奖，是中国衬衫行业第一家产品质量免检单位。1997 年“雅戈尔”品牌被国家工商局认定为“中国驰名商标”。公司被评为中国服装工业八强企业，中国服装工业利税超亿元三强企业，并被国家经济贸易委员会、国家统计局列入综合评价最优 500 家企业。

雅戈尔集团在“装点人生，服务社会”的企业理念引导下，培育“开拓与稳健并重，人才与事业共长”的企业文化，努力营造“中国的服装王国”，向“创世界名牌，建跨国集团”攀进。

地　　址　浙江省宁波市雅戈尔大道 1 号
邮政编码　315153
法人代表　李如成
电　　话　(0574)7425873
传　　真　(0574)7425390

宁波华茂(集团)股份有限公司

（见彩页第 18 页）

宁波华茂(集团)股份有限公司是中国教育器材生产与科研基地，浙江省教委重点骨干企业，宁波市实力工程企业，享有外贸自主经营出口权，是以生产“七色花”系列教学具和高科技电子产品为主的股份制企业。

华茂集团的核心层企业宁波文教科技器材厂经过近 20 年的艰苦创业，已形成教育器材、通讯、电光源、房地产、图书发行、国际贸易等多业并存，具有一定规模的科、工、贸、教一体化的企业集团。集团公司在美国建立了华源投资控股公司，作为国外的窗口。集团公司拥有国家级教育器材研究所，聘请了国内一流的教育器材专家 80 余人。1998 年，集团公司实现销售 15 亿元，利税 1.35 亿元。企业总资产 9 亿元，净资产 6 亿元，名列全国同行业前茅。荣获浙江省最大经营规模和最佳经济效益工业企业称号。集团公司历年被评为重合同、守信用企业和 AAA 级资信企业。集团公司董事长兼总裁徐万茂荣获全国优秀乡镇企业厂长(经理、董事长)称号。

华茂集团长期以来坚持全心全意为中国教育事业服务和“育人为本，支教为荣”的企业精神。尽力奉献教育，回报社会。在全国建立了各类华茂教育奖励基金，用于奖励优秀教师和学生。捐款建立了华茂希望小学和华茂中学。截至 1998 年底，集团公司捐款资助教育和社会的款项累计达6 500多万元。

地　　址　浙江省宁波市西门望春工业区
邮政编码　315175
法人代表　徐万茂
电　　话　(0574)8449510
传　　真　(0574)8440232

宁波三星集团股份有限公司

（见彩页第 19 页）

宁波三星集团股份有限公司是以先进技术和卓越管理为发展依托的新一代高科技企业。是我国较大的电能表生产企业和著名的空调器生产厂，系中国乡镇企业 500 强之一，并首批跨入国家级乡镇企业集团行列。

三星集团 1992 年以来，电表产销量年年突破 600 万台，连续六年全国销量名列前茅。1994 年，三星集团和美国 AUX 电器制造公司合作开发空调器的生产，短短两年时间，生产能力达到 50 万台，产品通过 ISO9002 国际认证，并被中国家电协会评为空调器生产 10 强企业。1995 年，三星集团引进国外设计思想研制 DD201、DD202 系列长寿命高精度电能表，使用寿命达到 30 年。1997 年 3 月，“三星”电表通过 ISO9001 质量体系认证，打破了电表行业 ISO9001 认证零的记录。三星集团已成为我国技术先进、设备齐全的电表生产基地和空调制造厂。

三星集团在高新技术和管理优化两大动力的不断驱动下，向集科、工、贸于一体，多元化经营的超大规模企业集团迈进。集团总资产已达 5 亿元，员工 2500 余人，其中专业技术人员 350 余人，规模不断扩大。“三星”电表荣获机械工业部和农业部名牌产品称号。

地　　址　浙江省宁波市
邮政编码　315166
法人代表　郑坚江
电　　话　(0574)8436338
传　　真　(0574)8436867

宁波中环集团有限公司

（见彩页第 20 页）

宁波中环集团有限公司是国家二级企业、国家安全级企业、国家二级计量单位、省和市级文明单位、省和市级信用 AAA 级企业、建设部中国城市车辆总公司成员厂。

中环集团于 1994 年转制为股份合作制企业。拥有经营性总资产 1.38 亿元，厂区面积 19.8 万平方米，建筑面积 10.8 万平方米，职工1 000余人，其中各类技术人员 128 人。

中环集团是集机、电、贸于一体的综合性企业，共有主要成员企业 12 个。其中，宁波第二车辆厂（上海客车厂宁波联营厂）主要产品为客车、小客车；宁波三环自动扶梯制造公司（宁波中环家私公司）主要产品为自动扶梯、汽车投币机、各类红木家具；中外合资宁波环球电机有限公司主要产品为角向磨光机、修枝剪、电刨、电动工具系列等。

中环集团 1998 年实现工业总产值 1.58 亿元，销售收入 1.52 亿元，创利税1 200万元，职工年平均收入超万元。

中环集团实行“一调”（调整产品结构）、“二开”（开发新产品、新项目）、“三引”（引进技术、人才、资金）、“四高”（高投入带来高产出、高科技带来高效益）的战略方针，坚持“质量第一”，以“树一流厂风、创一流产品、上一流管理、建一流企业”为企业目标，发扬“团结、务实、开拓、奋进”精神，努力提高经济效益和社会效益。

地　　址　浙江省宁波市五乡镇
邮政编码　315111
法人代表　钟阿咪
电　　话　(0574)8485035
传　　真　(0574)8485062

宁波方太厨具有限公司

（见彩页第 21 页）

宁波方太厨具有限公司创建于 1995 年 5 月，占地面积 4 万平方米。有员工 500 余人，各类专业技术人员 50 余人。公司发扬“敬业、真诚、开拓、创新”的精神和“令行禁止，雷厉风行”的作风，以雄厚的技术力量、一流的管理水平、可靠的产品质量、优良的售后服务，赢得了消费者广泛的赞誉和信赖。

1998 年，方太公司完成产值 2.38 亿元，销售收入 2 亿元，创利润2 266万元，上缴税金1 044万元。

方太公司自行设计、生产的深型吸油烟机获得中国国家级外观及实用新型等七项专利，被评为建设部小康住宅推荐产品、1997 年国内贸易部全国重点商场销售主导品牌。“方太”油烟机在短短的两年时间内，根据市场导向和消费者的反馈意见不断推出新产品，市场占有率跃居全国前列。

方太公司的发展业绩，得到了社会的高度评价，在吸油烟机“买方市场”中创造出自已不平常的“卖方市场”的喜人景象，被宁波市委领导称为“方太现象”。公司先后被评为宁波市科技进步先进企业、省优秀乡镇企业。

地　　址　浙江省慈溪市经济开发区海关路
邮政编码　315300
法人代表　茅理翔
电　　话　(0574)3010613
传　　真　(0574)3019502

宁波耐吉集团有限公司

（见彩页第 22 页）

宁波耐吉集团（前身系慈溪电器开关总厂）是原国家机械部、电力部和化工部石化总公司定点企业，主要研究、生产、销售输变电成套开关设备，是宁波市“高新技术”企业、“四星级”企业，浙江省“星火示范”企业、“管理示范”企业，全国乡镇“科技示范”企业，以及慈溪市首批树优扶强“实力工程”企业。

近年来，耐吉集团加大技改力度，引进美、德、日、意等国具有 90 年代先进水准的数控冲、剪弯钣设备，双重多功能折弯机，焊接机器人、立式加工中心、喷涂喷粉流水线等设备，使企业的劳动生产率和产品质量得到稳步提高。企业建立事业部制的组织体系，有效启动了国内外两个市场。集团总资产 1.53 亿元，其中固定资产5 471万元。有员工 324 人，工程技术人员 75 名，其中从事产品开发的占工程技术人员总数的 40%。1998 年实现工业总产值 2.03 亿元，销售收入 1.97 亿元，综合实力居全国同行业前列。企业主导产品呈现出“高级型、改进提高型、特色型”三大结构序列，一批具有“高水平、高水准、高水位”的行业优势产品脱颖而出，广泛应用于全国及部分国际市场，并承担了多项国家重点工程输变电设备配套任务。

地　　址　浙江省慈溪市庵东镇东工业区

邮政编码 315327
法人代表 陈志校
电　　话 (0574)3471701
传　　真 (0574)3472701

宁波慈兴集团公司

(见彩页第 23 页)

宁波慈兴集团公司是专业生产、销售微小型轴承的跨国企业。公司积极引进外资,坚持走外向型经济发展道路,扩大国际市场占有率。集团拥有 13 个成员企业,14 个联营企业和 3 个境外企业,是全国 500 强最大机械工业企业之一,是国务院机电办确定的机电产品出口基地。

1998 年,慈兴集团实现工业总产值 2.5 亿元,销售收入 1.6 亿元,其中自营出口创汇1 350万美元,利润1 100万元。公司充分利用名牌效应,发挥境外企业优势,产品远销美国、德国、意大利、英国、日本等 20 多个国家和地区,并享有良好的声誉。

慈兴集团拥有先进的全自动精密轴承磨床、真空热处理设备。质量检测、性能测试等仪器和检测手段达到国际先进水平。产品具有精度高、噪音低、密封性能好、寿命长等特点。产品质量接近国际 NSK、NMB 先进水平,广泛应用于空调、吸尘器电机及高档工业电机上。

慈兴集团实行"创名牌、树信誉、驰天下"的质量方针,全面实现"依靠科技进步,增强企业内涵,赶超世界名牌,组建跨国集团"的宏伟目标,为中国实现世界轴承质量强国做出更大的贡献。

地　　址 浙江省慈溪市南二环中路 619 号
邮政编码 315300
法人代表 胡先根
电　　话 (0574)3101037
传　　真 (0574)3100564

宁波环驰集团公司

(见彩页第 24 页)

宁波环驰集团公司是一家专业生产微、小、中型轴承的专业公司,是宁波市的重点骨干企业,系全国乡镇企业集团、国家中型企业。

环驰集团拥有总资产 2 亿多元,厂区占地面积近 20 公顷,建有 12 万多平方米的标准厂房。年创产值 3 亿元以上,产品销售收入 2 亿元左右,外贸收入达 1.5 亿元,其中自营出口超过1 000万美元。有职工2 400余人,其中具有初级职称以上的工程技术人员 110 余人。年生产轴承能力9 500万套以上。拥有先进的全自动轴承专用设备。生产装备精良,制造技术精湛,检测手段齐全,产品通过国家机械部商检局验收,取得出口许可证。经国家经贸部批准为自营出口企业,并被评为宁波市出口商品检验一等管理企业。1997 年通过 ISO9002 质量认证。"环驰"商标荣获宁波市名牌产品,又在奥地利、瑞士、德国、意大利、英国、法国等 9 个国家注册。

环驰集团注重质量,勇创名牌,"环驰"轴承不仅畅销国内,而且以高质量的产品占领国际市场,远销德国、美国、意大利、日本、巴西、法国等 20 多个国家和地区,还在境外设立了销售公司,建立了国际轴承质量服务联络网点。

地　　址 浙江省慈溪市横河镇工业区
邮政编码 315318
法人代表 胡成江
电　　话 (0574)3265088
传　　真 (0574)3267123

浙江舜宇集团股份有限公司

(见彩页第 25 页)

浙江舜宇集团股份有限公司崛起于舜水之滨。公司 1984 年创业至今,几多艰辛,几多求索,从一家只有 6 万元贷款,8 名职工的乡镇小厂,通过与浙江大学的科研合作以及自身的艰苦努力,一跃而成为在国内以至世界光学行业具有一定影响的集团公司。

舜宇集团核心企业有注册资本5 000万元,占地面积 10 万平方米,建筑面积 5 万多平方米,职工1 800人。主要生产经营光学镜头、显微镜、望远镜、测量仪器、照相机,兼营节能灯等。1995 年获自营进出口权,产品 95%以上销往日本、韩国、东南亚和欧美等国,与五大洲 40 多个国家和地区的众多客商建立了良好的贸易关系,并取得良好信誉。

1998 年,舜宇集团实现产值 3.01 亿元,利税4 335万元,出口创汇3 000万美元。企业连年被评为省、市级先进、文明单位,全国乡镇企业科技进步先进单位,全国机电产品出口基地和先进单位,获浙江省科技进步重大贡献奖。

舜宇集团以"共同创造"为企业理念,与合作伙伴共同创造"舜宇"坚实的基业;与社会各界共同创造"舜宇"发展的空间;与全体员工共同创造"舜宇"高品质的产品；与客户共同创造“舜宇”广阔的市场；与同业者共同创造繁荣。

地　　址　浙江省余姚市新建北路116～118号
邮政编码　315400
法人代表　王文鉴
电　　话　(0574)2632820
传　　真　(0574)2635657

浙江帅康集团

（见彩页第26页）

浙江帅康集团是一个全国乡镇企业集团，组建于1996年。集团以资产、技术、产品、管理为纽带，以浙江帅康集团有限公司为核心企业，从事电器、机电、电子、冶炼、塑料、贸易、包装、运输八大类行业，主要生产高档深型吸油烟机、全自动换气扇、高效暖风器、高档电热水器、电视机调谐器及家用电器配套产品。

帅康集团占地面积211 760平方米，建筑面积102 618平方米，总资产4.4亿元，所有者权益1.7亿元，拥有职工2 100人。

帅康集团拥有国际一流的生产设备和工艺，拥有高素质的管理人员，运用先进的科学管理，使产品质量在国内同行中始终保持领先地位。有吸油烟机、换气扇、暖风器、电热水器生产流水线8条，具有年产吸油烟机100万台，热水器120万台，换气扇、暖风器各50万台的生产能力。

帅康牌系列产品已获国家35项专利，高档深型吸油烟机被评为1997年浙江省名牌产品，荣获七部委联合颁发的1995年全国畅销国产商品金桥奖。1997年12月，高档深型吸油烟机还被5部委批准为“国家级重点新产品”。

帅康集团国内首创的深型吸油烟机，以其吸力大、不漏油、噪声小、易拆洗等四大优点，受到消费者青睐，畅销全国各。1996、1997、1998年帅康牌深型吸油烟机市场综合占有率、市场销量份额、市场覆盖面三项指标名列全国前茅。

1998年，帅康集团实现产值8.27亿元，销售收入6.68亿元，创利税1.16亿元。

地　　址　浙江省余姚市历山
邮政编码　315491
法人代表　邹国营
电　　话　(0574)2241695
传　　真　(0574)2241447

浙江姚冶集团股份有限公司

（见彩页第64页）

浙江姚冶集团股份有限公司系国家大型企业，是我国长江以南从事开发和综合利用有色金属再生资源的最大工业企业之一。集团下辖4个子公司、11个分公司和1个有色金属研究所。总占地面积10万平方米，拥有总资产3亿元，其中固定资产2亿元，已形成年产4万吨有色金属（轻金属）材料的生产能力，年回收利用废旧有色金属达2万吨。“八五”时期以来，公司呈现持续、快速、高效、健康发展的良好势头，成为“花园型”文明企业，被列为浙江省“五个一批”重点骨干企业，宁波市规模实力工程企业。

姚冶集团自1994年转制后，以建立现代企业制度为方向，突出“三个强化”，加快实现“两个根本性转变”的步伐：一是强调面向市场，强化营销管理。二是重视资本经营，强化资金管理。三是坚持以人为本，强化人本管理。随着两个文明建设不断取得新成果，企业曾先后获得“全国环境保护先进企业”、“全国文明乡镇企业”，浙江省“先进企业”、“文明单位”、“信用优等企业”、“重合同守信用先进企业”、“技术进步优秀企业”、“资源综合利用先进企业”、“企业文化艺术‘十佳’单位”，以及宁波市“文明标兵”、“首批科技企业”等荣誉称号。

地　　址　浙江省余姚市世南西路218号
邮政编码　315400
法人代表　诸建平
电　　话　(0574)2702861
传　　真　(0574)2707116

宁波罗蒙集团股份有限公司

（见彩页第27页）

宁波罗蒙集团股份有限公司是一个以生产罗蒙牌系列服装为龙头的跨行业大型经济实体，有员工3 000人，固定资产2亿元，从德国、意大利、日本等国引进的先进服装生产设备2 800余台。集团下辖宁波罗蒙制衣总公司等10个核心企业，其中2个为中日合资企业，在全国23个省市设有50多个罗蒙分公司，位居全国服装行业销售、利税“双百强”的前列。

罗蒙集团主要产品罗蒙牌西服，立足传统优势，并得到有几十年制衣经验的意大利、日本等国专家长年技术指导，“规格准确、造型优美、缝制精细、穿着舒适挺括且久不变型”，达到了传统工艺与国外先进技术的完美结合，终于以“质量分第一，总分第二”的佳绩，摘取了“首届中国十大名牌西服”的桂冠。罗蒙牌西服除国内销售外，还出口日本、美国、东南亚等几十个国家和地区。

地　　址　浙江省奉化市江宁路94号
邮政编码　315504
法人代表　盛军海
电　　话　(0574)8557666
传　　真　(0574)8557334

一休集团股份有限公司

(见彩页第 28 页)

一休集团股份有限公司是中国儿童服饰及儿童系列用品生产基地。1995 年被国务院经济研究发展中心评为“中国最大童装企业”，是国家大二型企业集团、全国服装企业十强之一、宁波市及宁海县实力工程企业，享有外贸自主经营出口权。

一休集团拥有健全庞大的国内营销网络体系，在全国各省、市、自治区均单独设立一休营销分公司，并在各大中城市、大中商场开设一休专卖店、一休店中店及一休配销中心，并与美国、澳大利亚、阿联酋、土耳其等十几个国家和地区的外商保持着良好的业务往来。已建成1 000多个销售网点，运用计算机网络进行科学规范的管理。优秀的网络、快捷的信息渠道，使“一休”儿童服饰市场占有率保持在 40%以上，排位全国童装十大主导品牌的首位，连续七年全国同行销量第一，成为浙江省最大经营规模和最佳经济效益工业企业之一。1998 年 10 月，公司引进1 000万美元外资，成立“宁波一休有限责任公司”中外合资企业。

为使管理工作日益科学化、现代化和规范化，一休集团于 1996 年底，在全国童装业、浙江省服装界首家通过 ISO9001 质量体系认证。严格的生产流程管理，高度负责的质量理念，使“一休”儿童服饰从 1992 年起连续四年蝉联全国最畅销国产商品“金桥奖”童装产品第一名，连续五年获国家专项抽查优等品称号，省、部名牌产品。

地　　址　浙江省宁海县人民路 137 号
邮政编码　315600
法人代表　陈华姣
电　　话　(0574)5582825
传　　真　(0574)5581014

宁波如意股份有限公司

(见彩页第 29 页)

宁波如意股份有限公司由西林机械有限公司、机械设备配件厂、吉珂风动工具有限公司等核心企业组成。是生产系列手动液压搬运车、系列拉紧器和风动砂轮机等机电产品的生产出口企业。公司坚持“以质量和效益求生存，以科技和管理求发展”的宗旨，依靠科技进步，积极开发新产品，自 1987 年开始，产品全额出口。企业已形成一定规模的西林牌搬运车、拉紧器、风动砂轮机等产品的生产出口体系。公司总经理储吉旺被评为全国 100 名优秀退伍军人企业家。

如意公司占地24 000平方米，生产厂房15 000平方米，拥有固定资产2 521.3万元，总资产达5 238.28万元，银行信用等级连年被评为“AAA”级。技术部门已全部实施 CAD 管理，采用计算机辅助设计，缩短了产品开发周期，提高了工作效率。企业已通过 ISO9000 国际标准的评审，获得 ISO9002 质量体系的认证。产品质量达到了国际同类产品先进水平。

地　　址　浙江省宁海县城关兴宁北路6号
邮政编码　315600
法人代表　储吉旺
电　　话　(0574)5580035
传　　真　(0574)5583733

宁波万安(集团)股份有限公司

(见彩页第 30 页)

宁波万安(集团)股份有限公司始建于 1958 年。在改革开放后，才获得长足发展。1982 年公司前身仍是个亏损企业，现任公司董事长兼总经理张勤昌 1983 年接任以来，带领全体员工坚持“高起点、严要求、追求卓越”的企业精神，通过强化质量与企业管理，狠抓技改和新产品开发，广拓内外销渠道等有效手段，使企业的产销利税指标及综合实力等连年显著增长。公司已拥有资产达亿元，年利税超千万元，位居全国同行前茅。

万安公司为国家二级企业，国家中型企业，省重点骨干企业，省文明单位，市、县明星企业，还获部质量管理奖及“八五”全国乡镇企业科技进步先进单位等殊荣。公司生产的万安牌系列阀门获国家银质奖章及宁波市首届十大名牌产品称号。

万安公司占地 4.2 万平方米，建筑面积 3 万平方米，有员工1 000人。具有年产系列液化气瓶阀500万只，调压器400万只，闸阀、球阀等其他铜阀门500万只，皂液瓶200万只，索具100万套等产品的能力。

万安公司通过狠抓质量和营销管理，推动外向型经济的发展，产品畅销国内，并远销欧洲、美洲、东南亚等20余个国家和地区，年外销额近500万美元，并取得ISO9001质量体系认证，美国UL和德国GS等安全认证。

地　　址　浙江省宁海县经济开发区外环路1号
邮政编码　315600
法人代表　张勤昌
电　　话　(0574)5583916
传　　真　(0574)5580407

宁波天安(集团)股份有限公司

(见彩页第31页)

宁波天安(集团)股份有限公司坐落于浙江象山港畔，是以始建于1969年10月的地方国营象山高压电器厂为基础，于1994年3月按现代企业制度要求改组而成的国家大型股份制集团企业。已成为国家级重点高新技术企业集团和浙江省重中之重企业及输变电行业龙头企业，是一家资产股份化、产品多样化、管理现代化，能够参与国际市场竞争的科技先导企业。

天安集团有员工1 000多人，工程技术人员270人，厂区占地16万平方米，总资产4.2亿元。集团成员中英合资的宁波天诚高压电器有限公司，系浙江省机电行业最大的合资企业之一。天安集团综合经济效益连续5年雄居同行业前列。

长期以来，天安集团按照“居安思危，搏击奋进”的企业精神和“一业为主，纵深发展”的战略方针，开拓进取，成绩显著。近年来，相继获得浙江省“五个一批”优秀重点骨干企业、技术进步优秀企业、专利百强企业、AAA级资信企业，宁波市最高级别的四星级企业等荣誉50多项。集团董事长蒋保民系全国机械系统劳动模范和优秀企业家；总经理蒋善定为浙江省优秀企业经营者、首届十大发明企业家、十佳青年企业家和有突出贡献科技人员。

地　　址　浙江省象山县天安路1118号
邮政编码　315709
法人代表　蒋保民
电　　话　(0574)5728118
传　　真　(0574)5700090

龙元建设集团股份有限公司

(见彩页第32页)

龙元建设集团股份有限公司(浙江象山二建集团股份有限公司)是一家按照现代企业制度组建，具有建筑、市政、装饰、地基及基础处理四个一级资质的大型建设集团。有职工1万多人，工程技术和经营管理人才1 000多人。集团实力雄厚，装备精良，能独立承担工业、民用、市政、交通、水利及大体量、高标准、精装饰等各类复杂的建筑施工任务。年施工能力超过20亿元，在浙江、上海乃至全国建筑界有较高的信誉。

龙元集团于80年代进沪施工，坚持“奉献、务实、诚信、奋进”的企业精神和“管理上一流、质量出精品、服务创信誉”的质量方针，发展迅猛。1995年至1998年完成施工总产值50多亿元，其中1997、1998年产值均达到14亿元左右，连续多年居浙江省同行业之冠。

龙元集团持有中国方圆标志认证委员会和TUV认证机构颁发的ISO9002认证证书，获得了对外经营权。1998年，集团购并了上海建设工程总承包有限公司，企业实力进一步加强。

龙元集团强化质量管理和安全管理，已创鲁班奖、全国优质样板工程、白玉兰金奖、白玉兰奖、钱江杯、浦江杯、上海市优质结构工程等优质工程70余项。创省市级文明工地、标化样板工地、标化工地、创安工地等80余项。连续四年荣获QC成果“国优”称号。连续13年荣获浙江省进沪施工企业先进单位称号。在上海市建委组织的进沪施工企业综合考评中，年年名列前茅。为宁波市明星企业、浙江省重点骨干企业、浙江省资信AAA级企业、上海市立功竞赛优秀公司、上海市优秀企业、全国全面质量管理优秀企业、全国质量管理优秀企业、全国用户满意服务企业、全国质量效益型先进企业、全国优秀建筑企业。

地　　址　上海市逸仙路348号
邮政编码　200434
法人代表　赖振元
电　　话　(021)65442225
传　　真　(021)65313716

海天机械有限公司

(见彩页第33页)

海天机械有限公司原名宁波海天塑料机械有限公司，系中外合资企业，为国家大型二档企业，中国塑料机械工业协会副理事长单位，中国轻工机械协会副理事长单位，浙江省文明工厂，技术进步优秀企业，宁波市明星企业。被联合国技术信息促进系统(TIPS)认定为中国优秀民营企业。1998年，总产销超4.2亿元，各项主要经济指标名列同行业前茅。公司拥有总资产5.5亿元，占地面积22万平方米，是中国最大的塑料机械生产基地之一。企业有职工700人，其中大中专毕业生150余人，已通过CE认证、ISO9001质量体系认证。

海天公司是一家专业生产注塑机的高新技术企业，海天牌注塑机以其优质、高效、节能、档次高、经济效益好而闻名于全国塑料机械行业。主要产品是锁模力58吨到2 500吨(注射量从50克到30 000克)的塑料注射成型机，年产量近2万吨，其产量和销售额已占中国同行业前列。拥有各类加工机床及全电脑控制加工中心200多台。产品遍及全国各地，并批量出口美国、欧洲、南美洲、中东、东南亚等30多个国家和地区，而且在美国、巴西、土耳其、印度尼西亚等国家和地区建立了海大分公司。

地　　址　浙江省宁波市北仑区江南出口加工贸易区
邮政编码　315821
法人代表　张静章
电　　话　(0574)6177363
传　　真　(0574)6221864

宁波东方(线缆)集团公司

(见彩页第34页)

宁波东方(线缆)集团公司于1993年12月成立，其前身北仑电线厂，创建于1984年。经过十几年的开拓努力，企业迅速崛起，系国家电线电缆行业重点骨干企业之一，省现场管理示范单位，其中通信电缆为省邮电管理局定点生产产品。

东方集团拥有先进的装备和功能齐全的测试中心，生产设备和测试仪器从法国、澳大利亚、美国、意大利等国引进，具有90年代国际先进水平。企业全新的光通信产品光缆、通信电缆、智能电缆等，以其完善的质量保证体系(以ISO9002标准为核心要求)，为客户提供优质的产品和一流的服务。

东方集团采用先进的运行机制和现代化的管理模式，充分发挥科技人才的潜能，从而保证了高新技术的不断开发和强劲的发展动力。企业拥有中国电工产品认证证书和邮电部进网批文，产品行销全国。并取得机电产品出口许可证和ISO9002认证证书，使东方明珠牌电线电缆享誉南美、欧洲、非洲和东南亚地区。

东方集团在不断探索和不懈追求中，缔造了自己的企业精神："求精创新，携手奋进"。

地　　址　浙江省宁波市小港
邮政编码　315801
法人代表　夏崇耀
电　　话　(0574)6156156
传　　真　(0574)6156159

海宁市天通电子有限公司

(见彩页第35页)

海宁市天通电子有限公司创建于1984年，1993年改组成为股份合作制企业，1997年规范成有限责任公司。

天通公司经过十几年的艰苦创业，已发展为国家中型一档企业。有职工760多人，工程技术人员78人，占地面积6.2万平方米，建筑面积3.5万平方米，总资产1.5亿元。拥有国内先进的自动化生产线15条，年生产能力8 000吨，产品总产量占全国总产量的20%，是中国最大的软磁铁氧体磁性材料生产企业之一，企业拥有自营进出口权，并在1997年通过ISO9002质保体系复查。

天通公司主要生产高档软磁铁氧体磁芯，形成了7大系列200多个品种。产品畅销于全国20多个省、市、自治区，并远销于欧洲、美国、日本、东南亚等国家和地区。1998年，天通牌软磁铁氧体磁芯被评为浙江省名牌产品。公司是全国科技先进企业，全国电子行业百强企业，省电子工业定点企业，省"五个一批"小型巨人企业，省电子工业明星企业，省最佳经济效益工业企业，省级文明单位和省十家质量效益型企业之一。

地　　址　浙江省海宁市郭店镇建设路11号
邮政编码　314412
董 事 长　潘广通
总 经 理　潘建清
电　　话　(0573)7231868　7231878　7688888
传　　真　(0573)7235168　7611101

浙江金洲集团有限公司

(见彩页第36页)

浙江金洲集团有限公司是一家制造各种防腐管道的专业集团公司，近年来又先后从事原油开采、西双版纳原始森林旅游开发、海南民办教育学园等资源型企业的开发经营。改革开放以来,金洲集团充分发扬"优质、高效、求实、创新"的企业精神,1982年从一家濒临倒闭的乡办小厂起步,以超常规、跳跃式的发展速度迅速壮大,1997年实现销售收入4.2亿元,利税3 226万元,成为湖州市"重中之重"企业、浙江省"五个一批"重点企业,并跨入"中国1 000家最大乡镇企业"、"中国100家最大金属制品企业"行列,1995年升为省批集团,1996年被农业部批准为全国乡镇企业集团,国家大型二档企业。

金洲集团坚持"一业为主"的经营方针。高质量,采用ISO9002国际标准规范生产;严管理,采用倒逼成本法核算控制成本;拓营销,以务实的营销手段扩大市场占有率,使主导产品热镀锌钢管形成75种规格的系列化生产,1997年完成产销10万吨,列居全国同行业前列。同时,公司投资6 000万元具有90年代国际先进水平的绿色管材——铝塑复合管项目和投资9000万元填补国内空白的新产品——大口径涂敷钢管项目正在建设中,不断向专业化、现代化和国际化的方向发展。

为拓展企业发展,金洲集团积极探索多元化的资本经营方式。在巩固已有项目的基础上,从经济效益和社会效益的双重角度进一步规划发展项目,引进先进的理念和方法投入管理。并扩展思路,走大联合、大协作的发展道路,多方位寻求合作,谋求更大的发展。

地　　址　浙江省湖州市二里桥路57号
邮政编码　313009
董 事 长　俞锦方
电　　话　(0572)2065988
传　　真　(0572)2066981

浙江省湖州锐狮集团公司

(见彩页第37页)

浙江省湖州锐狮集团公司创建于1988年,是国家链传动标准化技术委员成员单位,国家大型企业和浙江省重点骨干乡镇企业,链条产量、销售均属全国同行业前茅。拥有总资产2.3亿元,占地面积10.1万平方米,建筑面积4.2万平方米,有员工1 300多人,生产品种达160多个,年生产能力在1 000万米以上。产品行销国内30个省、市、自治区,同时远销欧美、东南亚等地区。

锐狮集团创办了机械制造专业全日制锐狮大专班,同时与吉林工业大学链传动研究所联合成立了"链条研究中心"。对产品的检测,不仅具备较先进的设备,而且具有雄厚的技术力量,从而保证了产品质量。1997年通过了ISO9002质量体系认证。锐狮牌链条先后被农业部和浙江省政府认定为名牌产品、浙江省著名商标,并列入国家技术监督局重点保护的国家名优产品"121"工程。1998年,锐狮牌汽车发动机用链与上海通用公司生产的别克轿车签订了国内长期独家配套意向书,成为美国通用公司的供应商。

地　　址　浙江省湖州市莫蓉乡阳道桥工业区
邮政编码　313012
董 事 长　徐虎耿
电　　话　(0572)3489057
传　　真　(0572)3489388

浙江联丰集团公司

(见彩页第38页)

浙江联丰集团公司是一家集科、工、贸于一体的国家级企业集团,创建于1975年,下辖12个经济实体,拥有员工1 600余人,总资产3.4亿元,企业所有者权益1.4亿元,1997年完成销售收入2.98亿元,实现利润3 630万元,完成税金总额4 109万元。公司为国家二级企业、国家大型工业企业、全国优秀乡镇企业、浙江省"五个一批"重点扶植企业和上虞市五星级企业。集团董事长兼总经理蒋梦兰是中国首届经营大师、全国优秀乡镇企业家和全国建材行业劳动模范。

联丰集团经过多年的探索和发展,选择并坚持抓住了具有发展前途的主导产业——工业制冷空调业,主要产品有联丰牌玻璃钢冷却塔、溴化锂制冷机、压力容器、风机盘管等,并形成专业化生产,质量、规模、效益处于全国同行业前列。同时还开发了钢筋混凝土冷却塔、溴化锂溶液、低压燃油锅炉等产品,实行制冷空调一条龙服务的经营格局。

联丰集团根据市场需求,依靠科技进步,不断提高科技含量,产品20多次获国家、部、省重大(优秀)科技成果奖,荣获国家质量最高奖——国优金质奖,为机械部首批替代进口可供出口产品、浙江省名牌产品。产品畅销全国各地,并远销东南亚20多个国家和地区,国内市场占有率达30%左右。

联丰集团在深化改革、转换机制的基础上,注重投入,狠抓生产经营的速度和规模,保持了强劲的发展势头。1990年至1997年共实施项目10个,总投资2亿元,产生了良好的经济效益,使企业1990年至1997年的工业总产值和实现利税,分别以年均58%和43%的速度增长，企业积累不断增加，为进一步发展奠定了较厚的经济基础。

地　　址　浙江省上虞市百官镇联丰路
邮政编码　312300
董 事 长　蒋梦兰
电　　话　(0575)2162301
传　　真　(0575)2162719

浙江三江集团公司

（见彩页第 39 页）

浙江三江集团公司创建于 1994 年，是全国首批乡镇企业集团之一，浙江省“八五”时期规模经济效益先进企业，1998 年“中国民族经济之花”企业。集团拥有以嵊州市钢铁厂、三江丝绸有限公司、三江出租汽车有限公司、剡城房地产开发公司等为主的 8 个全资企业，宏达制衣有限公司、宏泰针织制衣有限公司、中联服饰有限公司、嵊州电厂等 20 个控股参股企业。从 1994 年起，三江集团连续被评为浙江省 AAA 信誉企业。1997 年实现销售收入71 244万元，利税10 059万元，出口交货值15 356万元，行业经济效益位居全省前茅。

三江集团以市场为导向，科技进步为动力，优质产品为依托，已发展成为集一、二、三产业于一体，拥有自营进出口权的多产业、综合性企业集团。集团在上海、北京、深圳设立办事处，并在香港建立分公司。特种粉碎机、建材、服装、领带、灶具、电光源等四大类 30 多种三江牌产品已在国内外形成一定的知名度。服装、领带、绢丝针织、精制茶叶、特种粉碎机等产品远销英国、美国、日本、加拿大等国及西欧、拉美市场。

地　　址　浙江省嵊州市城关镇龙会二路 7 号
邮政编码　312400
总 经 理　吴肖根
电　　话　(0575)3033501
传　　真　(0575)3033501
网　　址　http://www.sanjing.com
电子信箱　zjsjigc@public.sxptt.zj.cn

花园工贸集团有限公司

（见彩页第 40 页）

花园工贸集团有限公司创建于 1981 年，是一家集医药化工、电子材料、纺织服装、磁性器材、火腿食品、彩印包装、建筑建材、净水设备于一体的国家级乡镇企业集团。有各类专业技术人员 400 余人，员工3 200人。拥有自营进出口权。下属有全资控股企业 18 个，其中中外合资企业 1 个，跨地区企业 3 个，境外企业 1 个。企业占地 13.2 万平方米，建筑面积 8.2 万平方米，在北京有占地面积 2.4 万平方米、建筑面积 1.28 万平方米的高科技工业园区，在杭州建有实业公司。集团拥有总资产 2.7 亿元，净资产 1.6 亿元，1998 年完成工业总产值 4.6 亿元，销售额 4.3 亿元，其中出口创汇 1 500 万美元，创利税3 522万元。

花园工贸集团有 22 个系列 166 种规格产品。其主要产品的年生产能力为：医药中间体维生素 D_3 10 吨；微氮集成电路单晶硅片 230 万片；PS 系列荧光增白剂 600 多吨；各式服装 500 万件；金华火腿王 24 万套；永磁铁氧体器材5 000吨；各式服装织物砂洗、水漂、石磨能力 100 万打。另外还有温热饮水机、净水器、粘鼠板等产品。与中国科学院感光化学研究所共同投资开发的维生素 D_3 项目，是国家“九五”期间应用和发展的重点项目之一，产品填补国内空白。花园火腿厂生产的“中华老汤牌火腿王”及小包装系列产品荣获首届国际爱因斯坦新发明、新技术博览会国际最高金奖，是“浙江省首选购物名牌”，1998 年荣获“浙江省优质农产品金奖”。花园服装厂生产的花园牌牛仔系列荣获中国新产品、新技术博览会金奖，远销美国、加拿大、日本等 10 多个国家。

地　　址　浙江省东阳市花园工业区
邮政编码　322121
总 经 理　邵庆祥
电　　话　(0579)6690696
传　　真　(0579)6691188

浙江腾达市政工程集团股份有限公司

（见彩页第 41 页）

浙江腾达市政工程集团股份有限公司是由黄岩市政工程公司于 1995 年改制组建的国家级企业集团。具有建设部颁发的市政工程建设施工企业一级资质，是农业部现代企业制度改革试点单位。

腾达集团以市政工程建设为主，包括道路、大型桥梁、高速公路、高架道路、顶管、大型排水泵站、污水处理厂、防洪墙驳岸等工程，还从事水库、房屋建筑、预制构件等，并已向房地产、宾馆、工贸、工程机械等领域拓展。集团有职工3 000余人，各类工程技术人员 500 多人，其中高、中级工程技术人员 130 余人。总资产 3.78 亿元，各种大型机械设备 700 多台。1997 年完成产值

6.03亿元，实现税利4 020万元。工程合格率达到100%，优良率达到65%以上。集团承建的上海东方路辟通工程、杭州复兴路改建工程，荣获上海市、浙江省市政工程金奖。

近几年来，腾达集团分别承担了上海南北高架、延安高架路东段、内环线、日晖港道路、黄浦江上游引水工程、浦东龙东路地铁车站等重点工程，并完成杭州庆春路改建工程、临浦大桥、钱江二桥、杭州中东河治理、104国道拓宽、宁波中华纸业污水处理厂等工程。

腾达集团被列入农业部全国"最大规模"、"最高税利"、"最佳经济效益"乡镇企业之列，被建设部授予"工程质量优秀企业"。连续6年被上海市建筑管理部门评定为进沪优胜施工企业。浙江省重点骨干企业。连续3年被台州市政府评为"台州市建筑龙头企业"。

地　　址　浙江省台州市路桥区路桥大道东1号
邮政编码　318050
董 事 长　叶洋友
电　　话　(0576)2443237
传　　真　(0576)2443236

合肥市常青企业集团公司

（见彩页第 *42*、*43* 页）

合肥市常青企业集团公司是合肥市常青镇最大的经济实体。公司拥有曙光商厦、青云楼、步瑞祺商厦、安徽建材城等8个大中型商场；望江宾馆、南苑饭店等8个高中档旅馆；常青纺织股份有限公司、飞天石化股份有限公司等一批上规模、上档次的工业企业；西城高科技公司、低温粘合剂厂等15个高科技企业；合肥大昌汽车公司、常福混凝土厂、茂林汽车公司等24个中外合资企业；老洪农科队等10个蔬菜副食品生产基地。集团公司下属纺织印染、房地产开发、石油化工、商业贸易、旅馆饮食、建筑安装、建材等11个行业共254个企业，固定资产原值达6.5亿元，职工达15 800人。1998年，公司实现营业收入22.07亿元，入库税金4 680万元。

安徽冶山水泥股份有限公司

（见彩页第 *44* 页）

安徽冶山水泥股份有限公司创立于1997年10月，其前身是巢湖冶山水泥厂和庐江县东顾山水泥厂，分别创建于1984年和1986年。

冶山水泥股份有限公司创立后，坚持以财务管理为中心，以成本管理为重点，以目标管理为关键，以人本管理为动力，深化改革，挖潜增效，在资金短缺、市场疲软的逆镜中顽强拼搏，创造了较好的经济效益和社会效益。1998年，公司拥有资产总额1.64亿元，共生产成品水泥49.13万吨，合成白灰2.24万吨，机电、电子产品80万件；销售水泥49.1万吨，合成白灰2.12万吨；实现营业收入14 008万元，居全省先进乡镇企业第13位；入库税金1 124万元，居全省乡镇企业纳税大户第5位；创利润226万元；社会综合效益1亿元。跻身于安徽省"1235"工程甲级队和文明单位(标兵)行列。

青岛星火纺机纺织集团股份有限公司

（见彩页第 *45* 页）

青岛星火纺机纺织集团股份有限公司是国家级星火产业集团，拥有青岛引春机械有限公司、青岛青天环境工程有限公司、青岛青山水处理剂有限公司、青岛大元钢箔有限公司、青岛大舜装饰材料有限公司、青岛百通铝塑管材有限公司、青岛元泉塑料制品有限公司、中德合资青岛FVU环境工程设备有限公司、青岛正元机械有限公司等中外合资、合作、独资企业及进出口公司、销售公司、建筑公司等经营性公司，是以生产纺织机械、环保机械、环保工程(治理工厂污水、生活污水、大气污染)、建筑材料为主的大型综合性企业集团，国家二级企业，中国500家最大机械工业企业之一。

星火集团有职工2 000人，拥有各种动力设备450余台套，其中CNC加工中心11台，固定资产2.9亿元。主要生产JW系列喷水织机、YC系列剑杆织机、JA系列喷气织机和二氧化氯消毒设备、气浮设备、集装箱式水处理设备等环保机械产品及各种水处理药剂，同时还生产装饰用板、铝塑复合管材等产品。产品销往全国各地及东南亚部分国家和地区。

地　　址　山东省胶南市王台镇
邮政编码　266425
董 事 长　崔兆启
电　　话　(0532)3131057
传　　真　(0532)3131059

青岛振华集团公司

（见彩页第 *46*、*47* 页）

青岛振华集团公司始建于1986年，前身系青岛振华橡胶厂，1998年9月实行股份制。集团拥有3个橡胶分厂、2个车辆分厂和1个建筑公司，占地面积10万平方米,建筑面积6万平方米,职工2 500人,总资产1.4亿元,净资产6 500万元。1997年通过ISO9002认证,1998年获得自营进出口权。被评为山东省乡镇企业500强,为山东省重合同守信用企业和青岛市著名商标重点保护单位。

近两年,振华集团坚持"热爱企业、忠于职守、务实创新、争创一流"的企业精神,发扬"艰苦奋斗、团结协作、从严从细、争分夺秒"的企业作风,以市场为导向,以效益为中心,以技改为动力,以人才为根本,抓管理夯实企业基础,求发展膨胀企业规模,经济增长方式发生了根本的转变,走出一条内涵与外延结合、滚动发展的新路子,连年稳步高速增长,取得突出的业绩。

振华集团生产的工矿车、摩托车、轻卡车、农用车内外轮胎和各种货仓车、服务车、平板车、工具车、手推车等产品畅销全国各地,远销南美洲、北美洲、欧洲、非洲、东南亚等国家和地区。1998年完成产值1.6亿元,销售收入1.38亿元,实现出口交货值6 300万元,自营出口612万美元,利税1 614万元,利润800万元。

地　　址　山东省胶南市隐珠
邮政编码　266431
董 事 长　赵天来
电　　话　(0532)3191888
传　　真　(0532)3191518

青岛亚东橡机集团公司

(见彩页第48、49页)

青岛亚东橡机集团公司是在青岛第三橡胶机械厂的基础上改制发展起来的,以生产橡胶机械的经济实体。是产品种类、生产规模、管理水平位居同行业前列的橡胶机械生产基地和出口基地。

亚东集团已形成6大系列、100多个品种规格的橡机产品系列,10多个产品填补山东省内空白,4个产品被评为国家级新产品,3个种产品被列入国家星火计划项目。主导产品平板硫化机产销量居全国同行业前列。企业连续10年被评为青岛市文明企业,是青岛市高新技术企业;两次荣获全国星火计划成果奖。产品多次荣获农业部、山东省优质产品称号,并被评为全国名牌产品。拥有自营进出口权。率先在同行业中通过ISO9002质量体系认证。

1987年,亚东集团引进德国、日本、美国等国的先进技术研制的微机控制平板硫化机、摩托车胎定型硫化机、吹塑薄膜机组等多项产品获得国家专利,填补了国内空白。1990年,企业在青岛地区成立第一家橡塑机械研究所,聘请20多位工程师,相继开发出切胶机、包布机、四联机组平板硫化机、开炼机、三角带硫化机等20多个新产品,获得过全国新技术、新产品博览会金奖。1995年,亚东集团与石家庄第一橡胶厂合作,研制开发出全自动双推出四联平板硫化机,采用国内最先进的可编程序控制器,实现了平板硫化机的微控自动化,填补了国内空白,为橡胶工业提供了高技术含量、高效低耗的换代产品。

1988年,亚东集团在青岛地区率先开创了橡机产品出口创汇的先河,产品出口到东南亚、中东、南美等国家和地区。1998年,集团完成销售收入6 000万元,保持了良好的发展势头。

地　　址　山东省胶南市薛家庄双胶路35号
邮政编码　266424
董 事 长　李廷玺
电　　话　(0532)3121117
传　　真　(0532)3121116

青岛黄海建材集团公司

(见彩页第50页)

青岛黄海建材集团公司的核心企业是青岛胶州水泥厂,始建于1978年。企业已拥有先进工艺水泥生产线四条,水泥年生产能力达到40万吨。有4个紧密层企业(分厂),形成一个以生产建筑材料为主的集团企业,1995年成立青岛黄海建材集团公司。公司占地面积25万平方米,拥有固定资产9 645万元,职工1 568人。主要产品有普通硅酸盐水泥、预应力水泥线杆、预应力空心屋面板、花岗岩大理石板、小型钢材产品,产品畅销国内外市场,经济效益连年递增,1998年完成工业总产值20 200万元。企业连续十年被评为胶州市十大纳税大户之一,被列为青岛市三十强经济实力企业之一,全国500家最大建材企业之一。

黄海集团的产品质量逐年升级,曾获部优质产品称号,获得国家产品质量认证,并连续多年被山东省技术监督局评为质量免检产品,被山东省消费者协会评为信得过产品,企业生产的胶州牌水泥被评为地区著名商标。公司董事长、总经理郭方华1993年被评为山东省农民企业家,1994年被评为全国乡镇企业家。

地　　址　山东省胶州市德州路17号
邮政编码　266300
董 事 长　郭方华
电　　话　(0532)2290772
传　　真　(0532)2290770

青岛飞龙工艺品集团公司

（见彩页第 51 页）

青岛飞龙工艺品集团公司创建于 1973 年，是国家大型一级企业。公司辖有 16 个企业，在青岛设有进出口公司，在美国设有国外贸易公司。产品主要有假发、球帽、家具、玩具、皮衣、合金锯片、纸箱及塑料制品等十几个系列 300 多个品种，出口亚洲、欧洲、美洲、澳洲的 30 多个国家和地区。公司生产的青健牌假发是国家出口免检产品，有曲曲发、男女装假发、发块、玩具发、公仔头五大系列 60 多个规格型号。生产的金乐牌球帽有运动帽、工艺帽、工作帽、旅游帽四大系列 100 多个品种和规格，是国家旅游局旅游帽定点生产产品。

多年来，飞龙集团逐步走出一条工贸结合，以经促贸，以贸引经，发展外向型经济的经营路子，企业由单一产品生产到多产品系列化经营，不断发展壮大。为创造更好的招商引资环境，先后投入2 000多万元，改善了交通、通讯、供电、生产等方面的设施，并成立专门机构，帮外商搞好协调服务。1993 年企业获得自营进出口权后，实现了由外贸交货到自营出口的转变。1994 年组建以飞龙公司为核心的飞龙集团，1997 年成立了飞龙发制品股份有限公司，1998 年成立飞龙进出口有限公司，走上国际化、集团化、实业化之路。企业因出口创汇成绩显著，被农业部、外经贸部授予“全国乡镇企业出口创汇先进企业”荣誉称号。

地　　址　山东省胶州市李哥庄镇
邮政编码　266316
董 事 长　张希春
电　　话　(0532)8280759
传　　真　(0532)8280065

青岛琴畅集团股份有限公司

（见彩页第 52 页）

青岛琴畅集团股份有限公司前身是莱西市水集镇修造厂，始建于 1966 年，1994 年实行股份制改革成立青岛琴畅制罐有限公司，1996 年兼并收购了莱西市发达机械集团公司及其下属的 2 个国有企业，组建成集团公司。1997、1998 年又分别整体收购莱西市棉织厂和原机械部青岛疗养院及青岛群峰公司的全部产权。集团拥有青岛琴畅制罐有限公司、青岛琴畅机械厂等 11 个紧密型企业，2 200余名职工。主要产品有液化石油气钢瓶和各种型号的铜材。

近几年，琴畅集团坚持改革和管理并举、活力与效益同增的工作思路，促进了企业的快速发展。总资产由改制前的1 094万元猛增到 3.3 亿元，净资产由改制前的 150 万元猛增到 1.88 亿元。1998 年实现工业总产值 2.5 亿元，销售收入 2.14 亿元，利税 903 万元，分别比改制之初的 1994 年增长 2.2 倍、2.8 倍和 4.9 倍。

琴畅集团不断培植新的经济增长点。确立了“立足主业，超越主业，走多元化经营”的发展思路，加速了产业、产品结构的调整步伐。先后建起美国黑提葡萄发展基地、高效农业发展基地、饮食服务、养殖等产业，其中美国黑提葡萄发展基地被农业部列为国家示范基地。琴畅集团被山东省授予乡镇示范管理企业，被青岛市、莱西市授予市级先进企业、科技先导型企业。集团总裁李祖修也先后被团中央、农业部、青岛市分别授予全国农村青年星火带头人、“八五”全国乡镇企业科技进步先进工作者、全国优秀厂长（经理）、青岛市专业技术优秀人才、青岛市优秀乡镇企业家等称号。

地　　址　山东省莱西市青岛路 29 号
邮政编码　266600
总　　裁　李祖修
电　　话　(0532)8483248
传　　真　(0532)8467800

青岛万福集团股份有限公司

（见彩页第 53 页）

青岛万福集团股份有限公司为山东省农业产业化龙头企业。公司拥有内、外资企业 16 个，职工4 600人，总占地面积 31.5 万平方米，资产总额 3.2 亿元，净资产 2.24 亿元。有万吨以上低温冷藏库和3 000吨恒温保鲜库，发展蔬菜基地近 267 公顷。

万福集团主要从事水产品、肉制品、蔬菜、水果、花生制品、调理食品六大类共 200 多个品种的加工出口及农副产品的种植和开发，良种猪的繁育饲养及有机肥料的研制生产等。其中蔬菜类有速冻、保鲜、盐渍、干燥四大类 160 余个品种，年加工出口 3.8 万余吨。

1998 年，万福集团实现产值 1.6 亿元，销售收入 2.17 亿元，创利税1 650万元，出口创汇2 500万美元。先后进入“中国行业最大规模乡镇企业 100 家”、“中国最大出口创汇乡镇企业1 000家”行列，被农业部、外经贸部评为“出口创汇乡镇企业先进企业”，荣获“省级农业产业化龙头企业”、“三资企业五百强”等称号。

万福集团立足优势，坚持一业为主、多种经营，积极实施“资本运营”战略，使企业发展成为跨山东、江苏两省四地市，融内外资于一身，集科、工、农、贸、牧为一体的国家"大一型"乡镇企业集团。先后成立京西、万福、华福、万协4个合资企业。跨地区改造兴建了山东菏泽、江苏赣榆、徐州工厂。兼并改制了花生制品公司、有机肥料公司。收购了市属肉联厂。为青岛市七大定点屠宰加工企业之一，年宰杀分割能力达72万头。中英合作成立了良种猪养殖公司，成为胶东地区最具有发展潜力的繁育基地。改建、组建了加工食品厂、汽车修理厂、建筑公司、贸易公司、运输公司等。

地　　址　山东省莱西市威海西路42号
邮政编码　266600
董 事 长　史福良
电　　话　(0532)8485888
传　　真　(0532)8486666
网　　址　http://www.wanfu.com
电子信箱　wanfu@public.qd.sd.cn

青岛大山实业总公司

（见彩页第54页）

青岛大山实业总公司坐落于青岛市市区主干道小白干路，有29个企业、2个市场。公司总经理孙华被授予青岛市优秀乡镇企业家称号。

大山实业总公司所属的青岛市花卉市场，是由青岛市政府批准，四方区政府等部门主办，大山实业总公司出资筹建的山东省大型室内花卉市场，市场一期工程占地面积1.2万平方米，建筑面积4300平方米。总公司所辖的大山建筑型材批发市场是青岛市惟一的大型建筑型材批发市场，占地面积4000平方米，建筑面积5800平方米，经营铝型材、塑钢异型材、卫生洁具、陶瓷、装饰材料等。

地　　址　山东省青岛市小白干路178号
邮政编码　266100
总 经 理　孙　华
电　　话　(0532)5624438
　　　　　(0532)5618979（花卉市场）
传　　真　(0532)5618976

山东般阳集团公司

（见彩页第55页）

山东般阳集团公司是中国乡镇企业团体会员单位，中国经营500强企业，全国乡镇企业集团，全国科普先进单位。集团拥有10个大中型企业，有职工2200人，年销售总收入3.6亿元，集体固定资产1.6亿元。

般阳集团坚持以经济建设为中心，坚持两个文明一齐抓，坚持全面发展，各项工作取得丰硕成果。集团逐步形成了以造纸包装业为主，集建筑安装装饰业、汽车配件机械制造业、食品饮料业、商业服务业五大支柱产业。进入全国1000家最大经营规模、最大利税乡镇企业行列。

般阳集团通过了ISO9002标准质量体系认证，提高了企业内部管理水平和产品质量，使板纸、纸箱、纸盒、矿泉水系列产品的生产和服务标准化。依靠科技发展名优产品，其中留仙湖牌B级牛皮箱纸板、淄龙牌汽车全车线、东北虎牌食品系列被评为省、市名优产品。昭阳洞牌矿泉水在中国农业博览会及中国出口商品展览会上获金奖。

地　　址　山东省淄博市淄川区吉祥路63号
邮政编码　255100
董 事 长　白富远
电　　话　(0533)5182830　5187670

万杰集团公司

（见彩页第56页）

万杰集团公司是以万杰集团公司为母公司组建的大型企业集团。有12个子公司，总资产42亿元。是一个以化纤、纺织、医疗、制药、保健产品、第三产业多业并举、综合发展的企业群体。

万杰集团子公司淄博万杰医院拥有世界上最先进的伽玛刀、X刀、光子刀、直线加速器、心脏激光治疗机等大型诊疗设备，6次填补国内空白，年治疗脑肿瘤、全身肿瘤、心脏病等患者5000多例，是世界上最大的立体放疗中心之一。子公司淄博万杰纤维有限公司拥有国际先进的长丝生产线23条，年产功能性长丝10万吨，年销售收入达25亿元，是国内最大的长丝生产基地之一。该公司还引进了2000台先进的喷水织机，已有400台投入生产，年产功能性布料5500万米，销售收入1.5亿元。子公司淄博万杰制药有限公司是国内首批通过国家GMP标准验收的前10个高科技制药企业之一，主要产品奥美拉唑胶囊年产量2000万粒，美沙芬、卡铂片2亿片，年销售收入达3亿元。淄博万杰保健品有限公司致力于开发新产品，已开发出中国健酒、万杰先力大蒜片等保健食品，产品进入市场后深受用户青睐，发展前景广阔，经济效益良好，成为集团又一新的经济增长点。

近年来，万杰集团依靠科技进步，注重调整产业产品结构，深化内部改革，建立和完善现代企业制度，促进了企业的全面发展。公司集团被农业部确认为全国首批特大型企业，被国务院列入全国120个试点企业集团。

地　　址　山东省淄博市博山区岜山
邮政编码　255213
总　　裁　孙启玉
电　　话　(0533)4650598

烟台企荣科辐电缆有限公司

（见彩页第57页）

烟台企荣科辐电缆有限公司始建于1984年，前身为烟台市电缆厂。1987年与中国科学院辐射技术公司联营，1989年与香港企荣贸易有限公司合资，成立了烟台企荣科辐电缆有限公司，是一个技、工、贸相结合的科研、生产、经营实体。公司有职工686人，其中工程技术人员120余人，固定资产净值8 600余万元。具有国际、国内先进水平的辐射交联、光纤光缆、化学交联生产线在内的200余台(套)生产设备。企业的检测中心于1991年被省技术监督局批准为烟台市电线电缆检测中心。年生产能力达3亿元。

公司能生产制造系列齐全的电力电缆、裸电线、电气装备用电线电缆、阻燃耐火电缆、辐射交联电缆、通讯电缆、光纤光缆，已销往全国24个省、市、自治区。辐射交联机场灯光电缆、阻燃电视机高压引线填补国内空白，被机电部列入替代进口产品。辐射交联潜油泵电缆打破国际传统产品结构，采用辐射交联新工艺，耐温等级达到120℃，属国内首创。公司1995年对光纤光缆生产线进行改造，引进具有国际先进水平的光纤光缆生产线后，能制造出多种型号规格、性能优良的光纤光缆，首批产品已用于烟台市有线电视网主干线工程。

公司主导产品化学交联电缆、全塑电力电缆、辐射交联机场照明电缆、电焊机电缆、光纤光缆获得采用国际标准证书，辐射交联系列电缆获得市、省、农业部名牌产品称号。

地　　址　山东省烟台市烟福路1号
邮政编码　264002
总 经 理　李维腾
电　　话　(0535)6530632
传　　真　(0535)6530632

山东邱家集团公司

（见彩页第58、59页）

山东邱家集团公司始建于改革开放初期。集团拥有职工3200多人，其中大中专毕业生620人。集团下辖水产养殖公司、冷冻食品公司、水产捕捞公司、海洋运输公司、工业公司、农业开发公司、销售公司等七大直属公司40多个企业，其中合资企业9个，总资产7亿多元。拥有各种捕捞运输船只60多条，浅海滩涂及深水养殖面积2 000公顷，现代化的冷冻食品加工企业7个。已形成产业结构多元化、经营规模集团化、经营领域跨国化的现代化大渔业生产格局。主要产品有鳕鱼片、菜卷、春卷、扇贝串等12大系列100多个品种的好当家牌冷冻食品，牙鲆鱼、鲍鱼、海参、杂色蛤等各种鲜活及冷冻水产品，纸箱、泡沫箱、自封袋、渔粉、铜版纸等工业产品。

邱家集团积极实施"科技兴企"战略，成立了一所成人中专学校，并通过外引内联，同国内外科研单位和大专院校建立了合作关系，并聘请专家进行技术指导。在企业内部管理上，已建立健全ISO9000管理体系，并全面实施电脑网络化管理，开通了国际互联网。

邱家集团坚持以发展集团化、跨国化、现代化大渔业为目标。科学调整产业和产品结构，全面拓宽生产经营领域，不断完善内部管理机制，使企业始终保持持续、稳步的发展态势。1998年，集团实现销售收入6.5亿元，纯利9 088万元，出口创汇3 000万美元。综合经济效益名列山东省同行业前茅。先后被授予"山东省水产工作先进单位"、"山东省农业产业化龙头企业"、"全国最佳经济效益企业"、"全国出口创汇先进单位"、"全国乡镇企业出口创汇十强企业"等荣誉称号。集团总经理唐传勤为全国优秀乡镇企业厂长(经理)、山东省外商投资协会理事、威海市劳动模范。

地　　址　山东省荣成市邱家镇沙咀子
邮政编码　264305
总 经 理　唐传勤
电　　话　(0631)7431103
传　　真　(0631)7431090

山东三乐食品集团公司

（见彩页第60页）

山东三乐食品集团公司前身是莱阳市冷藏厂，建于1993年，是由莱阳市冷藏厂为核心层，辖设5个企业组成的国家级企业集团。

三乐集团总占地面积 10.1 万平方米，建筑面积 3.1 万平方米，有职工1 100人，拥有固定资产8 500万元。有低温冷藏库3 200吨位，恒温保鲜库1 000吨位。先后上了杀鸡、速冻蔬菜、真空包装保鲜蔬菜、水产品等生产流水线。年加工能力 3 万吨。公司还建有年饲养 20 万只商品鸡场，年饲养4 000头良种猪养殖场，300 头良种牛繁育养殖场，27 公顷试验种植蔬菜基地。1994 年获得自营进出口权，形成了种植、养殖、加工、出口一条龙格局。

三乐集团在发展过程中，坚持“抓住机遇，深化改革，扩大开放，保持稳定，促进发展”的方针，依靠科技，广招人才，不断加大投入，推动企业快速发展，在市场激烈竞争中取得了新的优势，使企业规模和经济效益均呈跳跃式发展的态势。先后被评为莱阳市、烟台市“明星企业”，“省级重合同守信用企业”，“省级星火示范企业”，山东省农业银行“特级信用企业”，“山东省外商投资双优企业”，“省级龙头企业”，“全国外商投资双优企业”，“中国企业最佳形象 AAA 级”等。获得农业部“全面质量管理达标单位证书”。

地　　址　山东省莱阳市五龙南路东侧
邮政编码　265202
总 经 理　冯寿宝
电　　话　(0535)7318366　7318540
传　　真　(0535)7318566

山东工友集团股份有限公司

(见彩页第 *61* 页)

山东工友集团股份有限公司始建于 1958 年(原威海市通用机械总厂)，已发展成为以工友牌木工多用机床为龙头，集科、工、贸为一体的大型企业，全国木工多用机床生产基地。

工友集团有职工4 500人，工程技术员 240 人，固定资产 2 亿元，占地面积 120 万平方米，现代化厂房 30 万平方米。集团辖设 8 个工厂，3 个分公司：木工机械厂、冶炼厂、电视厂、铸造机械厂、水泵厂、汽车组装厂、精工机械厂、焊接设备厂以及辰成工友餐具有限公司(中韩合资)、房地产开发公司、机电物贸公司等。主要产品包括木工机械、电机、铸造机械、汽车、水泵、焊接设备、西餐具等七大系列近 300 种规格。

1998 年，工友集团被评为山东省重合同、守信用企业，山东省特级信用企业。工友牌木工多用机床 1990 年在全国同行业首届木工机床产品质量评比中荣获总分第一名，并获国优银质奖。1994 年被评为中国明星企业，工友牌木工机床产品被评为中国名牌产品。工友牌木工机床畅销全国 29 个省、市、自治区，有1 300多个销售网点，同时远销东南亚、非洲、美国等 30 多个国家和地区。

工友集团凭借自己精良的科研队伍，现代化的管理手段，先进的生产设备，雄厚的实力，寻求更大的发展，迈向国际市场。已新扩建标准厂房 10 幢，建筑面积 6 万平方米。已和韩国、新西兰、日本等合资建厂或联合开发。

地　　址　山东省威海市青岛南路江家寨
邮政编码　264206
董 事 长　董延伟
电　　话　(0631)5366166
传　　真　(0631)5366100
电子信箱　A3@wh-public.sb.cninfo.net

山东省泰安市金山口集团实业总公司

(见彩页第 *62* 页)

山东省泰安市金山口集团实业总公司是以金山口集团总公司为核心，以总公司控股的 15 个大、中型企业为紧密层，以 45 个中小型企业为松散层组建而成的。集团紧密层企业有职工15 000人，固定资产 6 亿元，其中合资企业 6 个，引进外资3 000万美元。衡器、不锈钢管、纺织品、针织品等产品出口 14 个国家和地区，年创外汇1 000万美元。

金山口集团是一个集科、工、贸为一体，以机械、电子、纺织、针织、造纸、锅炉、压力容器、潜水电机、钢管、带钢、建筑建材、包装印刷、电镀产品、消音器、高新技术产品碳纤维及制品、纤维素酶等多行业、多门类、多品种的大型企业集团。1994 年被评为山东省计划单列企业集团，1995 年被列为全国首批国家级乡镇企业集团。集团下属骨干企业全部通过 ISO9000 系列标准质量体系认证。

地　　址　山东省泰安市山口镇
邮政编码　271038
董 事 长　周振起
总 经 理　于德湘
电　　话　(0538)8611017
传　　真　(0538)8611869
网　　址　http://www.chinajsk.com
电子信箱　jsk@chinajsk.com

云南玉溪水松纸厂

(见彩页第 *63* 页)

云南玉溪水松纸厂建于 1989 年,有固定资产 1.2 亿元,职工 648 人。拥有德国、意大利等国凹版印刷、分切复卷、电子打孔等具有国际先进水平的水松纸生产线,年产能力12 000吨,是亚洲地区技术装备强、生产规模大、市场占有率高的卷烟用水松纸生产企业,1997 年实现营业收入 4.01 亿元,利税3 943万元,累计创汇 180 多万美元。

玉溪水松纸厂在新产品研制开发中,发挥高新技术优势,先后承担了两项国家级星火计划项目,一项国家级火炬计划项目和一项省级重大科技攻关计划项目,促进了三次重大技术改造的顺利进行,开发出六代新产品,取得七项填补国家空白的科技成果。产品质量处于国内领先水平,行销全国 16 个省、市、自治区 54 个卷烟厂和东南亚地区,占有全国水松纸产品市场的三分之一。

玉溪水松纸厂先后被授予"全国乡镇企业先进企业"、"中国明星企业"、"云南省文明单位"、"云南省科技先进企业"等荣誉。1997 年被云南省科委认定为"高新技术企业",被中国烟草物资公司认定为"卷烟配套材料生产基地定点企业"。1998 年被科技部认定为"火炬优秀企业"。企业生产的思源牌水松纸曾荣获"农业部名牌产品"、"云南省首批名牌产品"、"中华科技推荐产品"等荣誉,其中凹版印刷水松纸和电子打孔水松纸分别被国家经委和国家科委列为"国家级新产品"。

地　　址　云南省玉溪市红塔区大营街
邮政编码　653103
法人代表　何金星
电　　话　(0877)2771902　2771667
传　　真　(0877)2771528

企业家

【农业部评选全国优秀乡镇企业厂长(经理、董事长)】近年来,随着我国社会主义市场经济体制的不断完善,乡镇企业在改革开放中得到进一步的发展和提高,各地涌现出一大批市场竞争力强、经济效益好的企业,同时一批素质高、懂管理、善经营的新一代的企业经营管理者脱颖而出。为了促进乡镇企业持续快速健康发展,培养和造就一支优秀的、跨世纪的乡镇企业经营管理者队伍,农业部乡镇企业局于1998年年初发出《关于评选全国优秀乡镇企业厂长(经理、董事长)的通知》,各级乡镇企业行政管理部门根据通知要求,层层推荐,严格把关,共推荐出一千多名候选人。农业部经严格审定,命名北京一路发联合发展公司总经理程洪云等1 000人为全国优秀乡镇企业厂长(经理、董事长)。同时,各地根据通知要求,对第二届全国乡镇企业功勋、全国优秀乡镇企业家和全国乡镇企业家进行复查,农业部决定对浙江万向集团董事局主席鲁冠球等728人继续保留原有称号。

乡镇企业正处于结构调整和体制创新的重要时期,面临着新的挑战和机遇,农业部要求荣获"全国优秀乡镇企业厂长(经理、董事长)"称号的乡镇企业厂长(经理、董事长),谦虚谨慎,戒骄戒躁,再接再厉,不断提高自己的政治思想水平和管理能力,继续发扬锐意改革、开拓创新、艰苦创业、无私奉献的精神,促进企业向更高水平发展,为我国乡镇企业再创辉煌发挥模范带头作用。全国的乡镇企业厂长(经理、董事长)要以他们为榜样,进一步解放思想,更新观念,努力提高自身素质,求真务实,积极适应市场经济的要求,积极推进改革,大力调整结构,加强企业管理,推进技术进步,提高产品质量,提高经济效益,加快"两个转变"的实现,为全国乡镇企业的改革与发展和国民经济的腾飞做出新的更大的贡献。

(农业部乡镇企业局)

全国优秀乡镇企业厂长(经理、董事长)名单

北京市

程洪云　北京市一路发联合发展公司总经理
孟庆文　北京鹏程新型建筑材料公司总经理
王长江　北京龙祥制版集团总经理
张启明　北京真顺工贸集团董事长
王怀新　北京华东开关厂厂长
庞启幸　北京德厚化工集团总经理
张希增　北京三环开关厂厂长
郭同林　北京市建雄建筑集团董事长
赵柏田　北京市北方开关厂厂长
黄　礼　北京顺义前鲁养鸭场场长
丁耀轩　北京市绝热板厂厂长
石来福　北京市中裕达工贸集团总经理
田瑞财　北京市裕发房地产开发集团总经理
李　术　北京崇民防伪印刷集团总经理
任正宽　北京市创源煤炭集团董事长、总经理
邓秀泉　北京市瑞驰钻石厂厂长
李长海　北铃专用车有限公司总经理
丁宝和　北京绅士衬衫厂厂长
张秀全　北京顺兴葡萄酒有限公司总经理
甘连舫　北京星伟体育用品有限公司董事长、总经理
殷宝海　北京市通州宋庄铸造厂厂长
冯荣春　北京富新制冷设备有限公司总经理
侯景奇　北京九州揽月床具公司总经理
侯永生　北京博华通讯电缆有限公司董事长、总经理
邵根伙　北京科高大北农饲料有限责任公司总经理

天津市

冯学棣　天津市四羽毛集团公司总经理
张慧敏　天津有容通讯线缆有限公司总经理
李连志　天津市先达集团公司总经理
高桐胜　天津市高达集团有限公司董事长
郑子行　天津大桥集团有限公司董事长
郝祥宝　天津市六埠实业集团公司总经理
房贵英　天津市王顶堤股份有限公司总经理
马恩成　天津甘泉集团有限公司董事长
费德才　天津港鑫工业集团有限公司总经理
柴宝成　天津宝成集团有限公司总裁
耿玉顺　天津市万达轮胎集团有限公司董事长
王俊强　天津川野集团有限公司董事长
高学章　天津市中环电器厂厂长
李文达　天津市塘沽渤海建工集团有限公司董事长
国连强　天津通汇集团有限公司董事长
薛思明　天津天元集团有限公司董事长
段国元　蓟县自行车零件三厂厂长
林永利　天津东塔服装集团公司总经理
王　忠　天津振宇集团有限公司董事长
任福贵　天津大华科工贸鞋业股份有限公司董事长
闫树存　天津通达集团有限公司总经理
于海介　天津腾达集团有限公司董事长
张宗起　天津飞鹰集团公司董事长

苏文合　天津卷虹集团公司董事长
杨茂秀　天津金轮自行车集团有限公司董事长
李文明　天津天宇有色金属集团公司董事长
赵书忠　天津津美集团公司董事长
魏鸿禧　天津市宏洋集团有限公司董事长
孙凤梧　天津天马天实业集团有限公司董事长
张家诚　天津海青集团有限公司董事长
杨金宝　天津市宁河县磷肥厂厂长
运志国　天津同达集团有限公司总经理

河北省

杜　刚　石家庄链轮总厂厂长
何胜国　河北省高营企业集团公司总经理
韩平均　河北省晋州市阀门厂厂长
杜保敏　河北东成集团企业有限公司董事长
胡计辰　河北曲寨集团有限公司董事长
邵起华　秦皇岛市燕滨实业公司总经理
杨广俊　秦皇岛市海港区第三建筑工程公司董事长
王　发　承德信发服装经贸有限公司总经理
武广平　承德热河钢铁厂厂长
曹宝华　春风实业集团公司董事长
裴全根　河北兴达集团有限公司董事长
扈传雪　河北长胜集团有限公司董事长
扈传涛　河北征天集团有限公司董事长
李民波　河北省安平县礼花总厂厂长
王连云　河北宣化连云集团公司董事长
华生春　河北省万全农药厂厂长
王惠文　唐山惠达陶瓷(集团)股份有限公司董事长
齐李杰　唐山天申贸易企业(集团)公司董事长
武耀武　唐山市吉祥实业(集团)公司总裁
王士合　唐山唐铠舒润塑料有限公司董事长
段志禹　河北金马矿山机械集团公司董事长
刘巨山　河北丽华制帽集团有限公司董事长
王启发　河北启发纺织集团公司董事长
赵光学　河北大洋实业集团公司董事长
贾荣泉　河北省徐水县刘伶醉酒厂厂长
刘建设　河北久久集团有限公司总经理
康继芳　河北三力羊绒制品有限公司总经理
宋社平　河北奎山水泥集团有限公司董事长
范现国　河北华龙食品(集团)有限公司董事长
崔刘柱　河北金康实业集团有限公司总经理
高德谦　香河东华纸制品有限公司总经理
程化田　河北光明开发集团公司董事长
弥　瑞　河北东升工业集团公司总经理
刘发臣　任丘市第一电缆厂厂长
张树勋　沧州市民用机械总厂厂长
白志营　黄骅市海洋工业公司总经理
李中秋　河北中秋集团公司董事长
刘北方　河北省武安市元宝山工业集团公司董事长
靳士忠　河北苍龙集团有限公司董事长
张随山　河北滏荣企业集团董事长
李忠义　河北佳华油漆有限公司董事长
刘占波　河北省衡水市滏阳实业总公司董事长
王维才　青县淀粉工业总公司董事长
黎瑞祥　河北华瑞线缆集团有限公司总经理

山西省

宋海金　太原市晋汾企业集团总经理
安爱忠　太原市东城企业(集团)总公司总经理
张秀山　太原市天龙啤酒厂厂长
傅　英　山西大同秦嘉实业集团股份有限公司董事长
罗　成　大同市五爱经济总公司总经理
陈玉春　山西省大同永久集团公司总经理
李进章　阳泉盂县南娄集团董事长、总经理
赵正堂　平定县锁簧硫酸厂厂长
陈忠孝　山西省壶关县常平工业集团有限公司董事长
潘兰庭　山西长信钢铁有限公司董事长
霍松勤　长治市郊区霍家沟经济联合总公司总经理
刘二土　中国国际科学中心望川集团有限公司董事长
车继宏　泽州县晋宏企业集团董事长
田晚红　山西厦普赛尔集团有限公司董事长
苏茂元　朔州市平鲁区宏达集团公司董事长、总经理
李振富　山西省河曲县纸房沟晋富有限公司总经理
段继文　山西晋阳碳素股份有限公司董事长、总经理
周玉和　山西瑞玉德煤化有限公司董事长
郭　华　孝义市楼东工贸企业集团公司总经理
韩作强　山西省文水县东庄企业集团有限公司董事长
李清生　山西省洪洞县官庄企业总公司总经理
黄黑蛋　山西省洪洞县赵城焦化实业集团总经理
张连水　乡宁县煤焦实业公司总经理
秦建业　山西卓里集团董事长
郑忠民　山西忠民集团有限公司董事长、总经理
温海龙　山西省闻喜金龙企业集团有限公司董事长
左国平　大同左云上张家坟企业集团总公司总经理
王贵龙　太原市宇龙实业(集团)总公司总经理
王义堂　五台县东冶镇建筑安装总公司总经理
孙克俭　山西化工农药实验厂厂长
宁太奎　河津市太兴焦化有限公司总经理
闫富轩　晋城市昌宏有限责任公司董事长
原贵生　山西河津市禹门口实业总公司董事长、总经理

陈培贵　山西冶金轴承厂厂长
兰彦明　大同市商品住宅企业公司总经理
董贵银　山西省盂县清城工业(集团)有限公司董事长、总经理

内蒙古自治区

乔吾义　霍林河源源有限责任公司董事长、总经理
李元正　通辽市雪航啤酒厂厂长
王海亭　赤峰市乌丹建筑工程公司总经理
李秉和　内蒙古塞飞亚集团有限责任公司总经理
张振武　内蒙古兴发集团董事长
王福生　赤峰元宝山华星集团总经理
刘有才　呼和浩特市东瓦窑农牧工商联合公司总经理
张根柱　呼和浩特市西菜园企业集团总公司总经理
云三虎　呼和浩特哈勒布特商贸中心总经理
赵润狗　包头市和发稀土开发有限责任公司董事长
李　俊　内蒙古萨拉齐建筑工程股份有限公司董事长
苏社平　内蒙古京洋食品有限公司董事长
张加明　内蒙临河绒霸羊绒纺织(集团)有限公司董事长
赵永亮　内蒙古东达羊绒制品有限公司董事长
苏木雅　内蒙古乌拉特前旗呼和苏木农工商公司董事长
张玉玺　内蒙古康林集团公司董事长

辽宁省

魏保威　辽宁新宇集团有限公司董事长
周国志　葫芦岛铝业公司总经理
韩召善　辽宁盼盼集团有限公司董事长、总经理
周德才　营口东林(集团)公司董事长、总经理
王喜顺　锦州华顺企业(集团)公司董事长
刘忠田　辽宁忠旺集团董事长
王立成　营口市向阳化工总厂厂长
王德库　沈阳德氏企业集团有限公司董事长
闫连学　沈阳铝业工程有限公司董事长
高德忠　海城市峰驰耐火材料总公司总经理
王月祥　盘锦辽河啤酒有限公司总经理
丁　奇　台安华油化工厂厂长
丁凤祥　本溪电缆(集团)有限公司董事长
吴德贵　营口市辽南橡胶厂厂长
朗青山　鞍山青山橡胶产品集团公司董事长
陈金峰　锦州市金峰轮胎有限公司总经理
丛培清　丹东市四兴耐火材料集团公司总经理
杜业兴　沈阳前膜实业总公司总经理
苗殿鹏　鞍山腾鳌特区辽河饲料(集团)公司董事长、总经理
金洪岩　海城市石粉二厂厂长
陈广义　海城海沣集团有限公司董事长、总经理
戴喜东　海城三鱼泵业有限公司董事长、总经理
姜铁军　抚顺合乐集团有限公司董事长
梁忠孝　沈阳畜禽加工实业公司经理
才鸿均　沈阳辽沈铝业集团有限公司董事长
牟山歧　朝阳兴启化建企业集团董事长
王新智　沈阳靓马集团董事长
韩光泰　辽阳市金刚石制品厂厂长
翁柏文　新民市辽河搪瓷厂厂长
于盛千　沈缆东港市电磁线厂厂长
邢文志　开原市庆大肉禽有限公司总经理
张　成　丹东东北电力电缆厂厂长
高英顺　锦州搏浪石棉水泥制品有限公司董事长、总经理

吉林省

于立祥　长春市振北实业(集团)有限公司董事长
张国臣　德惠市松花江工业公司总经理
王恩学　吉林华泰实业集团公司总经理
陈金有　长春同心实业集团有限责任公司总经理
杨　军　长春东风集团有限责任公司董事长
孙　贵　长春新月实业(集团)有限公司董事长
吴志荣　吉林省长青集团公司总经理
崔　贵　长春市双丰实业集团有限责任公司董事长
张学文　吉林省粤海银瀑啤酒有限公司总经理
黄德新　长春市宏明机械厂厂长
王学军　长春市净月纸制品厂厂长
荆维山　长春港台合金钢铸造有限公司总经理
曲　江　吉林市春光牧工商实业有限公司董事长、总经理
陈守波　吉林市益民饲料有限责任公司董事长
高大权　吉林市高大权食品总厂总经理
卢宪发　四平红嘴达美包装公司总经理
闫国田　吉林省四平市石岭水泥厂总经理
孙洪彪　四平市铁东区化工厂厂长
贾成秀　东辽县安恕煤矿矿长
王利民　吉林津泉酒业集团总经理
孙玉玺　梅河口市啤酒厂厂长
朱步国　吉林临江镁业股份有限公司董事长
李春江　白城市乘风农工商公司经理
李玉宗　龙井市合成利企业公司总经理
范兆余　长春市响铃实业集团有限责任公司总经理
焦景龙　吉林永明餐具食品有限公司董事长
翟振江　长春市朝阳钢铁公司总经理

卢忠晔　通化市二道江建材实业公司总经理

黑龙江

鞠殿林　哈尔滨团结实业总公司总经理
李庆林　哈尔滨冰都集团股份有限公司董事长
宋殿权　哈尔滨光宇集团股份有限公司总经理
贾德君　黑龙江路神企业(集团)有限公司总裁
李海昌　哈尔滨市呼兰县永兴农工商公司经理
付华廷　黑龙江富华集团董事长
王振生　黑龙江生力企业集团董事长
杨作君　黑龙江穆棱富邦木业有限公司总经理
田庆平　黑龙江信大集团股份有限公司总经理
于福明　黑龙江华龙石材(集团)有限公司总经理
刘继德　黑龙江黑宝药业集团公司董事长
刘国恒　黑龙江省宁安市红城企业总公司总经理
许振中　黑龙江省傻邦集团公司董事长
郭双喜　佳木斯市双喜集团总公司董事长
孙志龙　黑龙江龙拱玉米淀粉糖有限公司董事长
孙力平　大庆市让胡路区经济开发小区新技术总公司总经理
何德禄　大庆石油化工配件总厂厂长
邢殿君　哈尔滨胜利工贸集团公司董事长
梁万君　大庆市让胡路区富强企业集团总经理
宋玉忠　黑龙江省扶贫福利化工厂厂长
赵绍廷　黑龙江宏昌集团股份有限公司董事长、总经理
张忠良　肇东市东安化工总厂厂长
董俊波　肇东市宋站镇服装鞋帽厂厂长
张洪生　黑龙江省铁西企业集团总经理
朱忠植　黑龙江省兴农煤炭开发集团总经理
解植坤　黑龙江中植企业集团总裁
崔景成　庆安县庆沈联合建材厂厂长
杨瑞卿　鸡东县祥瑞工业总公司总经理
王新文　黑龙江省宏伟集团有限公司董事长

上海市

郑大膺　上海市松江电子仪器厂厂长
陈仕强　上海会波实业总公司总经理
褚威荣　上海威荣电器(集团)有限公司总经理
龚承昌　上海华星牙膏厂厂长
胡剑平　上海银利木业总公司总经理
康祖建　上海曹安路市场总经理
王连福　上海朝阳锅炉厂厂长
黄新观　上海四通电力设备有限公司董事长、总经理
赵锦荣　上海老港申菱电子电缆有限公司总经理
陶木官　上海新闵(集团)有限公司总裁
尹文明　上海三明食品公司总经理
朱银芳　上海华联电器集团董事长、总经理
沈跃平　上海精成电器成套厂厂长
郭载庸　上海新亚药业金山有限公司总经理
王秋华　上海市金山县枫围无纺布厂厂长
张雪和　上海嘉宝实业(集团)股份有限公司光明灯分公司总经理
王友方　嘉定区安亭工业公司经理
钱俊龙　上海新业建筑五金(集团)有限公司总经理
周东兴　上海政联(集团)有限公司总经理
傅承宪　上海申新玩具厂厂长
奚国平　上海永和企业(集团)有限公司董事长
陈　龙　上海华龙企业集团总裁
梁立章　上海奉贤县海滨(集团)有限公司董事长
赵欢荣　上海凯灵空调设备有限公司总经理
徐雪鑫　上海浦东新区大桥(集团)有限公司董事长
周惠明　上海恒大(集团)有限公司总裁
张志林　上海汇阳实业公司总经理
倪荣昌　上海海航集装箱配件有限公司总经理
陈跃明　上海万强企业发展有限公司董事长、总经理
陶建平　上海虹桥喷漆总厂厂长

江苏省

祝义才　南京市雨润肉食品公司总经理
陈金根　南京金陵教具集团有限公司董事长
李德福　江苏华发化工集团有限公司董事长、总经理
周礼平　南京新合(集团)公司董事长、总经理
李　兴　江苏澄星磷化工集团董事长、总经理
曹明芳　江苏江阴模塑集团总公司董事长、总经理
周建平　三毛集团公司总经理
张国平　申达集团公司董事长
陈兴洪　江苏新伍集团公司董事长
杨仲华　江苏捷达摩托集团公司总经理
华若中　锡山市兴达泡塑材料厂厂长
冯建湘　江苏晶石集团公司董事长、总经理
唐炳泉　江苏双象集团公司董事长、总经理
刘茂金　无锡金都厨房设备有限公司总经理
蒋锡培　无锡远东(集团)公司总裁
周为贤　江苏得胜新型建材集团公司总经理
徐厚增　江苏鑫鑫集团公司董事长、总经理
金永利　江苏金永选矿(集团)厂董事长、总经理
渠敬勇　江苏龙飞集团有限公司董事长
张言顺　江苏顺天集团董事长
孙善华　江苏彭城集团有限公司董事长

秦志尚　江苏新科电子集团有限公司总经理
姚建坤　江苏神鸡集团有限公司董事长、总经理
周金清　江苏鸿联集团董事长、总经理
蒋建庭　江苏恒利集团有限公司董事长
潘中来　江苏远宇电子集团公司董事长
缪雪元　上海港口机械制造厂常州起重机分厂厂长
崔根良　亨通集团公司董事长、总经理
张剑明　华鑫集团公司董事长
宋七棣　吴江除尘设备厂(集团)董事长、总经理
杨雪林　江苏苏杭电路板集团公司董事长、总经理
周惠明　江苏AB集团有限责任公司总经理
戈益明　江苏旋力制管集团公司董事长
高德康　江苏康博集团公司董事长、总经理
陶国平　江苏江南化纤集团有限公司总经理
顾建平　江苏香塘集团有限公司董事长
吴耀芳　江苏永钢集团公司总经理
陈惠南　江苏华润集团公司董事长
秦大乾　华芳集团有限公司总经理
蒋维高　江苏苏中建材装备集团股份有限公司董事长、总经理
周文华　南通市棉织十六厂厂长
扈益民　江苏南黄海实业总公司总经理
陈卫东　南通江海电容器厂厂长
周　忠　江苏申海集团股份有限公司董事长、总经理
沈和新　江苏福斯特工艺品集团股份有限公司董事长、总经理
朱立启　连云港市研磨厂厂长
吴松青　连云港市兴云毛绒有限公司董事长、总经理
沈开成　江苏爱特福药物保健品有限公司董事长、总经理
吴重言　江苏克胜集团公司董事长
殷凤山　江苏丰山集团有限公司董事长
赵连萍　江苏升华集团公司董事长、总经理
吴洪生　江苏苏滨集团董事长、总经理
蒋茂远　江苏虎豹集团公司董事长、总经理
尹宏宝　扬州市平山钣金厂厂长
于国权　江都农药厂厂长
唐本荣　江苏长江电器集团公司总经理
刘和平　龙山集团总经理
张敬才　江苏高士达陶瓷娃娃集团有限公司总经理
荆玉堂　江苏堂皇床上用品集团公司总裁
刘锦兰　江苏兴达钢帘线股份有限公司董事长、总经理
杨善基　江苏双登电源有限公司总经理
曹茂盛　江苏皓月汽车锁制造集团公司董事长、总经理
张正西　江苏中丹化工集团公司董事长、总经理
苏剑龙　江苏洁莱雅集团有限公司董事长、总经理
米正祥　江苏双洪酒厂厂长
张庆愉　江苏珠花集团公司董事长、总经理
王学良　江苏翔峰人革集团公司董事长、总经理
张庆奇　扬州市飞达电机仪表公司董事长、总经理
朱产松　江苏华东邮电电缆厂厂长
杨金方　武进晨阳工业集团公司董事长
范朝洪　江苏光芒集团公司董事长、总经理
周德才　江苏鸿泰机电集团公司董事长
杨桂平　江苏天爱集团有限公司董事长
朱小坤　江苏天工实业集团公司董事长、总经理
杨晓伦　宜兴市生物化工厂厂长
黄智泽　锡山市洛社印染厂厂长
沈文乐　虎丘实业集团公司董事长、总经理
周建明　苏州上声电子有限公司总经理
顾振华　江苏雅鹿实业股份有限公司董事长、总经理
朱建荣　江苏鸿翔集团有限公司董事长、总经理
孙美英　江苏兰迪集团公司董事长、总经理
钱伯荣　江苏刘潭集团公司董事长、总经理
濮永法　江苏黄泥坝集团公司董事长、总经理
张逸明　江苏金达莱集团公司总经理
顾汉章　江苏汉光集团公司董事长、总经理
钱志林　江苏南明集团公司董事长、总经理
顾步铮　江苏南强集团公司总经理
陈鹏顺　淮安市远东木业集团公司总经理
何明阳　昆山兵希有机化工厂总经理
徐卫东　上海绢纺织厂昆山联营厂厂长
蒋家华　江苏曙光集团公司董事长、总经理
孙艳源　江苏东源集团公司董事长、总经理

浙江省

王鑫炎　浙江爱迪尔包装集团公司总裁
张德生　浙江万马集团公司董事长
章方祥　杭州东冠通信集团公司董事长、总裁
王水福　西子电梯集团公司董事长、总经理
徐冠巨　浙江传化化学集团公司总裁
黄妙福　浙江杭州湾建筑集团有限公司总经理
王建沂　杭州富通集团公司董事长、总经理
章妙虎　浙江杭宝集团有限公司董事长
戚长林　杭州东港时装有限公司总经理
郭明明　浙江东南网架集团有限公司董事长、总经理
华水芳　杭州长河水泥股份有限公司董事长
杨卫国　浙江富天集团有限公司总裁
夏柏潮　恒柏集团公司董事长、总裁

徐仁林　绍兴县安城丝织厂厂长
濮匡正　浙江亚太轻纺集团公司总裁
俞建虎　浙江上峰实业集团有限公司董事长
李方正　绍兴希望纸业集团公司董事长、总经理
王列东　浙江大普化纤集团公司董事长、总经理
陈森洁　浙江阳光集团股份有限公司董事长
冯光成　光宇集团公司董事长、总经理
钱家林　浙江八方纺织集团有限责任公司董事长、总经理
万爱法　浙江永通染织集团有限公司董事长
孙一飞　浙江阻燃集团公司董事长、总经理
胡成中　德力西集团公司董事局主席
李荣光　荣光集团有限公司董事长
王振滔　奥康集团有限公司董事长
李作虎　浙江虎豪集团有限公司董事长、总经理
孙福荣　温州人造革有限公司董事长
王迅行　环宇集团有限公司董事长
叶祥尧　长城电器集团有限公司董事长
南存飞　正泰集团公司总裁
周成建　温州市美特斯制衣有限公司董事长、总经理
陈士良　浙江桐昆集团总经理
牟水法　浙江神州毛纺集团有限公司董事长、总经理
潘广通　海宁市天通电子有限公司董事长
朱胜良　浙江一星饲料集团有限责任公司董事长、总经理
沈生荣　桐乡市红枫织造厂厂长
李勤夫　茉织华实业(集团)有限公司总经理
夏士林　升华集团公司董事长、总经理
俞锦方　浙江金洲集团有限公司总经理
宋根泉　浙江龙巢纺织集团公司总经理
周志江　浙江久立集团股份有限公司董事长、总经理
顾林祥　浙江长城线缆集团公司董事长、总经理
沈志荣　浙江欧诗漫集团公司董事长
邱继宝　飞跃缝纫机集团公司总经理
李书福　吉利集团董事长
叶仙玉　浙江星星电器工业公司总裁
王云友　东港工贸集团有限公司董事长、总经理
叶凤起　浙江永宁制药厂董事长、总经理
王江涛　浙江联化集团公司总经理
叶洋友　浙江腾达市政工程集团股份有限公司董事长
章卡鹏　浙江伟星集团有限公司总经理
邵钦祥　花园工贸集团有限公司董事长
张小平　浙江恒昌工贸集团有限公司董事长
贾小奶　浙江金岭集团有限公司董事长、总经理
胡济深　浙江星月动力机械有限公司董事长
陈溪君　浙江羽艳丝绸时装有限公司董事长
项青松　浙江001电子集团有限公司董事长
王金火　浙江省江山市大桥水泥厂厂长
蔡金树　江山双氧化工集团有限公司董事长
廖复新　浙江云和县新云玩具总厂厂长
吕普龙　浙江晨龙橡胶集团有限责任公司总经理
沈春雷　浙江宇雷包装集团有限公司总经理
姜银台　浙江舟山岱美聚氨酯有限公司总经理
何时金　浙江东阳磁性企业集团公司总经理
虞秀高　浙江省东阳市时装三厂有限公司董事长
毛兴贤　浙江贤盛轻纺集团有限公司董事长、总经理
干梅林　浙江先登桐集团有限公司董事长、总经理
裘宇朝　浙江正宇机电有限公司董事长
徐福祥　嘉兴市梦迪集团有限责任公司董事长、总经理
李仙玉　双鸽集团有限公司总经理
郑元豹　人民电器集团有限公司董事长
范允舟　浙江台州天轮集团公司董事长
张庆勇　温州太平洋集团有限公司董事长、总经理

安徽省

尚宏成　合肥金钟纸业股份有限公司董事长
王兴业　合肥桃花源实业有限公司董事长、总经理
刘志文　芜湖市金鸡肠衣集团有限责任公司总经理
夏成水　芜湖金田集团有限公司董事长、总经理
张宗金　安徽五河县贸工农实业开发总公司总经理
李建宏　固镇县王庄经济开发总公司总经理
蒋贵平　滁州市富爵集团有限公司董事长
何庆贵　来安县顺利聚氨脂制品有限公司董事长、总经理
徐先桂　安徽天大企业(集团)公司总经理
华文亮　安徽省潜山县八一纺织器材厂厂长
詹五四　安徽华阳纺织集团总经理
操文章　安徽攀登机械股份有限公司董事长、总经理
汪国华　马鞍山市雨山镀锌厂厂长
胡会义　马鞍山市巨星(集团)总公司总经理
王进丁　黄山市汽车电器有限公司总经理
胡天宝　黄山市屯溪第四建筑安装工程公司总经理
林文礼　淮北市美园化工公司总经理
任　勇　濉溪县任集镇搬运公司经理
廖延亮　安徽华阳玻璃企业集团总经理
朱文卷　安徽金光集团董事长
杨来根　安徽朝山金磁集团有限责任公司董事长
丁传彪　安徽省南扬制革有限公司董事长
葛怀勤　安徽省涡阳县骨化集团董事长

吕启秀　安徽省界首市毛巾厂厂长
朱家荣　灵璧县东风造纸厂厂长
陈怀庆　宿州市防水材料厂厂长
李继光　砀山县芒砀商场总经理
李成国　安徽省霍邱轧钢有限责任公司董事长
吕福印　六安地区兴达建筑安装工程公司经理
戴克来　寿县卫生材料总厂厂长
蒋家翔　皖南减震器有限责任公司总经理
夏鼎湖　安徽省宁国中鼎股份有限公司董事长、总经理
钱昌德　安徽省宣州市羽绒厂厂长
杨能玉　安徽官镇羽绒总厂厂长
杨俊斌　安徽富煌轻型建材集团董事长、总经理
李根贵　贵池桃坡快力水泥有限公司董事长
江　涛　安徽省东至县玩具总厂厂长
李洪亮　安徽亳州井中集团总公司总经理
张水兵　泾县李园宣纸厂厂长
钱五宝　安徽爱利德纺织工艺制品有限公司副总经理
廖长和　淮南市惠利集团房地产有限责仕公司董事长、总经理
万六九　枞阳县老洲油厂厂长
张化彩　安徽富利达织造有限公司董事长

福建省

林超祥　福建省洪山企业集团公司董事长
林梅燕　福建经纬集团有限公司董事长
吴志敏　福建省汇源(集团)公司董事长
苏尧棠　福建省佳美集团公司总经理
吴建发　福建省东方集团公司董事长
卢友廉　福建省东门企业集团公司董事长
林财龙　福建省官头海运总公司总经理
林厚云　福建三华股份有限公司董事长
黄连铨　福建省烟山集团公司总经理
陈明双　福州闽威电路板有限公司董事长
吴炳忠　福建省宏华集团公司总经理
林世钢　晋江市舒乐美鞋塑有限公司总经理
黄天火　福建省南安市闽发铝厂董事长
郭庭志　泉州正大集团有限公司董事长、总经理
蔡炯明　福建斯特兰体育用品有限公司董事长
叶金城　福建省安溪县金谷水泥厂董事长
吴衍庆　福建省漳州市嘉华饼业有限公司董事长、总经理
庄振生　福建闽星集团有限公司董事长
林海洋　龙海市角美建筑工程公司董事长、总经理
黄祥峰　福建省沙县麦丹生物工程企业集团有限公司董事长、总经理
任德福　三明市陈大明福琼胶厂厂长
余作树　福建省尤溪洋益纺织服装有限公司董事长
张茂涨　福建省莆田市中茂集团公司董事长
郭启迪　郭氏(福建)鞋业有限公司总经理
陈家添　福建南平长虹集团有限公司董事长
蔡星宝　福建省建瓯豪迪集团公司总经理
郭月深　龙岩西陂建筑工程有限公司总经理
吴冬平　福建省漳平木村林产有限公司董事长
陈少波　福建闽东安波电器有限公司董事长、总经理
林　股　闽东大地电机厂厂长
陈庆秋　福建省江盛集团公司总经理
张云开　福建三江集团股份有限公司董事长、总裁
吴建安　福建省万通集团公司总裁
潘邦炎　福建省邦辉集团公司董事长
吴端溯　福建省拿破仑集团公司总经理
王振华　南安市辉煌阀门厂厂长

江西省

陈年代　江西汇仁集团有限公司董事长、总裁
吴建民　江西省南昌市赣江医疗器械厂厂长
罗玉英　南昌鄱阳湖大酒店(集团)有限公司董事长、总经理
孙刘根　江西省绿色工业(集团)公司董事长、总经理
涂晋敏　江西金菱差速器制造有限公司董事长、总经理
刘　琪　江西洪城制药厂厂长
邹和生　江西赣达生物饲料有限公司董事长
龚　斌　赣州稀土金属冶炼厂厂长
张万洲　江西白云企业集团有限公司董事长
谢朗明　龙南县恒泰实业有限公司总经理
周少龙　江西省南康市龙事达矿业有限公司总经理
刘吉华　赣州市华通企业集团公司总经理
刘典平　武宁县有色金属加工厂厂长
李永胜　江西省彭泽县砂石总公司总经理
杨长新　江西省鹰潭市南站装卸储运公司经理
彭细毛　景德镇市竞成建筑工程公司经理
周世忠　江西省新余市包装彩印总厂厂长
魏大伥　江西省抚州地区华厦建筑工程公司董事长
邱大伥　江西省黎川县工艺瓷厂厂长
宁兴旺　江西兴河机械厂厂长
吴飘扬　江西省抚州地区飘扬集团公司董事长、总裁
冯省昌　东乡县酿酒厂厂长
胡新华　江西省德兴人造板集团公司董事长
张国寅　江西省上饶国人集团董事长
祝天才　江西德兴抗磨材料集团有限公司董事长

徐祥根　江西亚奇实业有限公司总经理
涂国身　吉安地区九鼎实业发展有限公司董事长
黄长枝　江西安福电器厂厂长
梁崇松　江西省泰和县纺纱厂厂长
曾震天　吉安县第二建筑工程公司经理
傅桂根　新干县第二建筑工程公司总经理
王定敏　萍乡市芦溪水泥厂厂长
张有忠　江西省萍乡市化工填料(集团)公司董事长
何长树　江西省萍乡市金山边坡煤矿矿长
陈凤林　樟树市牧工商实业股份公司总经理
熊冬根　江西瑞景陶瓷集团有限公司董事长、总经理
胡毅恒　江西高新陶瓷厂厂长
王业银　江西浮云酒厂厂长

山东省

赵文孝　山东金牛集团有限责任公司董事长
唐一林　济南圣泉集团股份有限公司董事长
赵至领　山东泺源集团董事长、总经理
李曰岭　山东贤文集团董事长
张宝元　中国重型汽车集团济南车厢厂厂长
贾庭山　济南古城实业总公司经理
薛安郡　山东曙光集团公司董事长
白富远　山东般阳集团公司董事长
刘效华　山东美陵化工设备股份有限公司董事长、总经理
曲玉璞　淄博染丝厂董事长
彭荣均　山东淄博傅山企业集团有限公司总经理
荆延杰　山东早春集团股份有限公司董事长、总经理
高敬方　山东益康集团公司董事长
种道友　山东省枣庄市玻璃制品总厂厂长
巴洪斌　万达集团股份有限公司董事长、总经理
宋作文　南山集团总经理
宫学斌　山东龙大企业集团公司总经理
王连忠　新牟国际集团公司总经理
李殿林　山东金城集团公司董事长
梁国春　山东珠玑集团公司总经理
潘书昌　中国环日集团总经理
孙厚连　山西省栖霞市桃村三行实业总公司总经理
王相泽　山东黄海明珠集团公司董事长、总经理
薛茂林　鲁丽集团公司董事长、总经理
李玉平　山东宏华集团公司总经理
孙成坡　山东腾达集团总公司董事长
孟庆升　山东裕源集团公司总经理
张继升　山东联华集团公司总经理
沈孝业　山东乐化集团有限公司董事长、总经理

丁立华　寿光市羊口渔业集团总公司总经理
牛宜顺　山东银河橡塑集团总公司董事长、总经理
邢东尚　山东华金集团总公司董事长、总经理
杨同昌　山东德昌集团总公司董事长
刘福东　新泰市汶河发电厂厂长
聂兆和　山东省泰山农牧机械总厂厂长
张汝文　山东虎山粮油机械股份有限公司董事长
张福厂　荣成市第二建筑工程公司总经理
王玉春　山东斥山水产集团总公司总经理
孙佑安　文登通信电缆集团公司总经理
毕庶峰　山东力象(集团)有限公司董事长、总经理
杨宝友　日照三木集团有限公司董事长、总经理
王庆龙　山东省标志服装股份有限公司董事长、总经理
李广远　山东汇金股份有限公司董事长、总经理
徐传亮　山东省沂水县青援食品厂厂长
齐德武　山东省临沂站前商场经理
赵运堂　山东东蒙企业集团公司总经理
赵传水　山东照东方纸业集团有限公司董事长
王增琛　德州市宴宾楼(集团)有限公司董事长、总经理
王新利　山东天华集团总公司董事长
范曰光　山东省博兴县厨房设备公司总经理
刘学建　山东花王高压容器厂集团董事长
张善绪　山东菏达集团有限公司董事长、总经理
孙洪源　山东昌裕集团有限公司董事长、总经理
吕学堂　山东超凡集团公司董事长、总经理
迟祥坤　山东蓬泰股份有限公司总经理
王汝江　山东金鸿集团公司董事长、总经理
刘清海　山东天幕集团总公司董事长
董延伟　山东工友集团股份有限公司董事长
吕务民　山东省莱芜市橡胶(集团)公司总经理
刘学景　山东凤祥集团总公司总经理
张　颖　山东颖汇纸业股份有限公司董事长、总经理
李福义　烟台东华实业集团总公司董事长、总经理
张文山　济南国际贸易大厦总经理
周凤先　山东省滕州市级索镇姚庄村董事长
许传弟　山东泸河集团总公司董事长
赵秉金　清河集团副总裁
付乃贵　潍坊昌进织造有限公司总经理
周庆民　山东中石化工集团股份合作公司董事长
马景海　山东东宇集团公司总经理
姬广金　山东省汶上县工程机械有限公司董事长、总经理
于同家　山东高泰鞋业集团有限公司总经理

王执通　烟台市黄海汽车大修厂厂长
刘　刚　济南市华宇(集团)总公司董事长
孙日贵　山东高密毛巾厂厂长
卢恩光　山东省方舟集团公司董事长
鹿成滨　山东鲁阳股份有限公司董事长
袁广立　山东麟洲肉类公司董事长
王立召　淄博裕民耐火材料有限公司董事长
王成强　长岛南隍城渔业总公司总经理
许少平　山东复兴集团公司总经理
井孝恒　山东恒成集团有限公司总经理
孙法才　枣庄市台港发达集团董事长
武士清　山东清源集团公司总经理
朱绍龙　临沂市河东区有为食品冷藏厂
修光玺　山东海阳方圆建设机械厂厂长
王秀华　山东胜坨集团董事长
许　强　山东北园集团董事长
张乔敏　山东隆基集团有限公司总经理
王生道　山东鹰轮集团公司总经理
胡志光　山东芝罘岛集团公司总经理
李宗武　龙口复兴机械制造厂厂长
邵仕祺　山东河西黄金矿业集团公司总经理
修新天　山东众冶集团公司总经理
唐传勤　山东邱家水产集团总公司总经理

河南省

赵明恩　河南竹林(集团)实业有限公司董事长
徐全新　河南奥克啤酒实业有限公司总经理
张春旺　河南鑫旺集团有限公司总经理
魏国钊　郑州市东方企业(集团)股份有限公司董事长
袁占国　郑州市磴槽集团有限公司董事长
刘增杰　河南东方集团有限公司总经理
王孝江　焦作市黄河集团公司经理
王福生　焦作市庙河水泥厂厂长
李尚春　河南省天虹造纸厂厂长
卫熙杰　河南双马纸品包装有限公司总经理
闫长顺　河南省武陟县糠醛厂厂长
段孝宁　河南省洛阳市染化一厂厂长
陈连亭　洛阳兴隆集团有限公司董事长
杜天贞　河南新乡中联总公司经理
张永茂　河南省新乡染化总厂厂长
穆新省　安阳市长虹彩印(企业)集团总经理
孔凡伦　安阳市新华(企业)集团董事长
赵启三　河南金丝猴集团有限公司董事长
朱祥杰　河南赛潮集团有限公司董事长
赵俊启　河南省球迷企业集团有限公司董事长
赵国珍　河南省葛天集团有限责任公司董事长
郑顺民　河南省鄢陵县顺兴实业总公司总经理
王建奇　河南大禹集团董事长
王鸿润　河南省南阳肉食企业集团有限公司董事长
李志杰　郑州市纸业集团有限公司董事长、总经理
徐德全　河南省北徐集团有限公司董事长、总经理
朱云鹏　河南省舞阳云鹏集团有限责任公司董事长
郭自安　河南省龙云集团有限公司董事长
张清海　河南省科迪食品(集团)股份有限公司董事长、总经理
赵天河　河南天河皮业集团公司总经理
张顺庆　河南省耕生实业(集团)有限公司董事长
李锡森　河南省洛阳市荣华实业公司总经理
李书成　河南省西峡保护材料厂厂长
常天义　河南棠河酒业股份有限公司董事长
赵茂胜　开封市第二粮食机械厂厂长
魏德哲　河南省郑州市上街蝶阀厂厂长
周宏祥　河南省温县机械厂厂长
宋悦奇　焦作市崇义轻工机械厂厂长
范清荣　河南省辉县市孟庄火电厂厂长
王仁远　河南省商城县水利机械厂厂长
丁友忠　河南省漯河市第一彩色造纸厂厂长
张鹏飞　三门峡蓝雪妇幼用品公司董事长、总经理
李新华　洛阳华达集团有限总公司董事长
朱治国　河南省淮阳皮革制品有限公司董事长
常振江　河南省安阳县永兴铁厂总经理
陈灵胜　河南凌plus(集团)股份有限公司董事长、总经理
王善有　新乡塑料制品集团董事长
鲁国甫　南阳利德纺织品有限公司董事长、总经理
魏国富　郑州市凤凰房屋开发公司总经理
邵志杰　河南省中州化纤工业有限公司董事长
郭如民　河南省浚县淀粉厂厂长
何金荣　平舆县荣明工贸集团董事长

湖北省

郭洪甫　湖北团结集团股份有限公司董事长
尹寿山　武汉红桥实业集团有限责任公司董事长
邓文振　武汉柴林集团有限责任公司董事长、总经理
陈志福　武汉竹叶山集团股份公司董事长
陈望年　武汉天马实业总公司总经理
潘天宝　黄石市鹿峰集团有限公司董事长、总经理
曹茂玉　大冶市大箕铺镇建筑工程总公司总经理
杨才学　湖北洋丰集团董事长、总经理
杨宝忠　湖北秦江集团董事长、总经理

陈育卿　湖北枫树纺织股份有限公司董事长
丁生富　湖北仙人酿酒集团公司总经理
刘国本　湖北骆驼蓄电池股份有限公司董事长
刘冬安　湖北襄阳第二建筑建材总公司总经理
秦道炳　湖北省枣阳市第四建筑公司经理
杨新远　湖北振声(集团)股份有限公司董事长
陈怀华　湖北省佳华机械股份有限公司董事长
易发祥　湖北省杨家溶集团总公司总经理
杨先龙　湖北省荆州拍马纸业集团公司董事长
叶兆清　湖北玉阳实业(集团)股份有限公司董事长
王宏富　三峡动力集团有限公司董事长
王诗春　湖北宜昌三峡食品工业公司经理
蔡宏柱　湖北三峡稻花香酒厂厂长
游安才　湖北九棵松集团董事长
倪敬东　湖北省黄冈市七一商场总经理
程理财　黄冈市琳山河建筑集团公司总经理
杨龙智　烯水县巴驿建筑安装总公司总经理
汪宗德　湖北英联营养食品有限公司总经理
喻天平　湖北江南电缆股份有限公司总经理
胡昌林　湖北长江电缆厂厂长
金柏清　湖北省孝感市小河钙镁磷肥厂厂长
陈安国　湖北神河汽车改装(集团)有限公司董事长
杨　斌　湖北大雁玻璃钢有限公司董事长
周宝生　湖北田野集团董事长
黎珊玉　湖北玉立砂带股份有限公司董事长
姚绍斌　湖北省八峰药化股份有限公司董事长
张长友　湖北省鹤峰县农副产品贸易公司经理
龚贻品　湖北天马抗磨材料有限公司经理
张晓林　湖北天宇时装有限公司董事长
何本俊　湖北亚细亚实业股份有限公司董事长
周厚林　湖北省随州市雄兴实业有限责任公司总经理
张修齐　湖北省活塞环股份有限公司总经理

湖南省

周雄辉　长沙高岭建筑总公司总经理
周建坤　湖南省长沙金井制革服装有限责任公司经理
冯友根　湘潭市红旗企业集团有限公司董事长、总经理
黄根深　湖南锦云实业股份有限公司董事长、总经理
刘放军　湖南鑫海集团董事长、总经理
李开喜　湖南省澧州啤酒厂厂长
杨社成　湖南省保安设备集团公司经理
杨国良　湖南省望城县湘江印刷厂厂长
吴福求　湖南长大建设集团有限公司董事长、总经理
周罗彬　湖南省长沙新星电碳集团公司总经理
秦长清　湖南省新化县电子器件厂厂长
喻国英　湖南金大乘化轻集团总裁
熊建明　湖南省益阳稀土材料总厂厂长
刘永山　湖南明月集团董事长
高宗德　湖南省桃江县向阳花企业总公司总经理
贺正友　湖南省衡阳市高兴企业集团董事长
李映武　祁东县黄花集团有限公司总经理
谭孔达　湖南省长沙县汽车覆盖件厂厂长
朱　敏　湖南省浏阳锌厂厂长
陈光明　长沙县春华制革厂厂长
唐建强　株州兴隆化工实业有限公司董事长
许君奇　湖南华联瓷业有限公司总经理
刘　杰　衡阳宏湘化工有限公司总经理
桂中明　湖南祁阳县祁山水泥厂厂长
饶德宗　花垣县振兴化工总厂厂长
刘本祥　湖南省娄底市白水泥厂厂长
杨铁光　湘潭县化工厂厂长
黄厚仁　湖南省兰岭茶厂厂长
叶金生　浏阳市青草出口花炮总厂厂长
贺凯良　宁乡县新田煤矿矿长
辜显旺　长沙西城电子有限公司总经理
毛文清　澧县第三建筑工程公司经理
杨社会　汨罗市第四建筑工程公司总经理
李玉明　长沙雨花建筑公司总经理
王碧云　湖南省桃源县汽车液压泵厂厂长
欧阳政光　衡南县松柏冶炼化工总厂厂长

广东省

谭钜添　广州市江村家禽企业发展公司总经理
张建好　广州市杨箕经济发展公司董事长
梁镜明　从化市先达集团董事长
莫志林　广州市第一水泵厂厂长
关　健　广东省番禺刺绣品服装厂厂长
郜定国　斗门县新富华快餐用品有限公司总经理
张桂溪　潮阳市桂光集团有限公司总裁
李德炮　汕头市金砂企业(集团)公司董事长
刘绍喜　广东省宜华企业(集团)有限公司总经理
罗佩昌　广东乐昌市棉织厂厂长
张国泉　紫金县古竹镇工业发展总公司总经理
钟林恩　广东省河源消防器材厂厂长
叶远新　兴宁市兴业集团有限公司董事长
林锦平　广东宝丽华实业股份有限公司总经理
欧　尧　陆丰市海产实业有限公司董事长、总经理
陈文锋　东莞市丰和制衣有限公司总经理
麦庆华　东莞市长安镇美泰玩具二厂厂长

赵玉昆　中山市石岐衡器厂厂长
何伯权　广东今日集团有限公司总经理
易福明　鹤山市恒基钢丝制品有限公司总经理
陈国生　台山市凤凰机电总厂厂长
谭　洋　新会市双水拆船钢铁公司经理
李朝旺　广东维达纸业股份有限公司总经理
潘　宁　广东科龙集团有限公司总裁
关润尧　广东南海罗南陶瓷企业集团董事长
莫均全　广东珠江开关有限公司董事长、总经理
张澍生　南海市南光树脂制品有限公司总经理
何享健　广东美的集团股份有限公司董事局主席、总裁
梁庆德　广东格兰仕企业集团公司董事长、总经理
麦祖新　阳江市银鹰刀剪有限公司董事长
黄建悦　湛江市乡镇企业物资供销公司经理
董遵秩　徐闻县第三建筑企业总公司总经理
郑华志　湛江市华正生物装备集团公司董事长、总经理
封亚军　广东省湛大集团有限公司董事长
梁　海　化州市海利集团有限公司董事长
李　文　电白县油脂化工厂厂长
丘杰文　肇庆市康蓝中密板企业集团公司董事长
黄月美　肇庆市昆庆毛绒厂有限公司董事长、总经理
林顺和　广东汾煌食品工业公司总经理
陈玩怀　广东启业工贸公司董事长
温鹏程　广东温氏食品集团有限公司董事长、总经理
施　忠　惠东县黄埠镇时艺皮制厂董事长
刘千方　惠阳市双新水泥厂厂长

广西壮族自治区

彭朝荣　广西平乐野牛(集团)有限责任公司董事长、总经理
张明星　广西明星商贸集团有限责任公司董事长
方秋潮　广西秋潮医保集团有限公司总裁
秦殿福　广西桂林金山化工有限责任公司总经理
何挺佳　广西挺佳节能热水器总厂厂长
朱芳培　广西横县郁江茶厂董事长、厂长
钟明达　广西恭城银殿集团有限责任公司董事长、总经理
方荣兴　广西龙胜华美滑石开发有限公司董事长、总经理
庞富英　玉林富英制革厂厂长
龚增森　广西容县灵山瓷厂厂长
严保华　玉林市环江水泥厂厂长
谢绿森　桂林能源开发集团公司大新冶化厂厂长
林北泉　广西桂花水暖器材股份有限公司总经理
钟　鹄　广西玉林金龙 PS 版印刷材料有限公司董事长
李　贤　广西柳州市汽车钢板弹簧厂厂长
秦高鹏　桂林安新塑料制品有限公司董事长、总经理
梁志林　玉林市石南饲料厂厂长
吴耀群　广西永兴实业集团有限公司董事长
黎　红　广西神通企业集团有限公司董事长
李旺兰　玉林市纸袋厂厂长
邓树明　玉林市电线厂厂长
黎福超　广西陆川机电制造总厂厂长
黄瑞生　广西钟山县有色金属冶炼厂经理
朱小林　广西博白县银龙集团有限公司总经理
班小南　广西金森林化学工业有限公司总裁

海南省

冯　驹　海南金利集团公司总经理
庄子通　海南庄氏(集团)有限公司董事长
吴江助　儋州银海矿业有限公司总经理
赵良臣　儋州市那大橡胶总厂厂长
符茂宣　海南玉沙实业有限公司总经理
黎关养　三亚市通华实业有限公司经理
符传胜　海南海胜(集团)有限公司董事长、总经理
李传明　海口市第五建筑工程公司经理
邢增平　三亚崖州开发建设总公司总经理
陈茂根　儋州弘茂实业有限公司总经理

重庆市

左宗申　重庆宗申摩托车开发有限公司董事长
涂建华　重庆隆鑫工业(集团)公司总经理
章开成　重庆立丹(集团)有限公司董事长
张朝刚　重庆花溪建筑(集团)有限公司董事长
张学忠　重庆显丰实业(集团)有限公司董事长
刘万志　重庆九龙建设(集团)有限公司总经理
尹兴明　重庆钰兴啤酒有限公司董事长
刘海波　重庆临江家具(集团)有限公司董事长
许世强　重庆红旗水泥厂厂长
蒋廷华　重庆南川市平板玻璃厂厂长
冷雪钢　重庆科而士鞋业有限公司董事长
吴永富　重庆市江津米花糖厂厂长
陈　强　重庆三和企业(集团)有限公司董事长
唐元华　重庆渝西矿业(集团)有限公司总经理
付章品　重庆丰都包装工业有限公司董事长
彭柏树　重庆渝发建设(集团)有限公司总经理
牟一兴　重庆市云阳县生物技术厂厂长

张献方 重庆市酉阳县金鑫化工集团有限责任公司董事长

四川省

贾正方 四川省彭州市宝山企业集团公司董事长、总经理
赖喜隆 成都中央花园实业股份有限公司董事长、总经理
钟永昭 成都金瑞通集团公司董事长、总经理
翁航琛 四川省威远白塔集团公司总经理
钟兴术 成都市龙双建筑工程公司经理
张贵书 成都海星实业总公司董事长、总裁
干贵昌 四川向阳房产(集团)有限责任公司董事长、总经理
杨荣喜 成都市太安铝型材厂厂长
王典灿 四川省宜宾金属复合板厂厂长
王华良 成都市泰华实业有限责任公司董事长、总经理
邓光发 成都市宏明企业总公司总经理
王春鸣 四川国栋建设集团公司董事长、总经理
彭仁义 成都强力工业(集团)有限公司总经理
刘沧龙 四川宏达(集团)有限公司董事长、总经理
李家权 四川绵竹龙蟒矿物质饲料集团公司董事长、总经理
杨同寿 四川省德阳市陶瓷集团公司董事长、总经理
周寿荣 四川省绵竹黄磷厂厂长
范平跃 四川广龙纸业股份有限公司董事长、总经理
钱大富 广汉市塑料模具一厂厂长
晏世明 四川省新特水泥有限公司总经理
段昌泉 四川彭山昌泉科农股份有限公司董事长、总经理
蒲敦武 四川加豪化工股份有限公司董事长
倪正刚 四川省甘洛县银都有色金属(集团)有限责任公司董事长
邬永平 四川东辰(集团)股份有限公司董事长、总裁
向乾允 四川通发股份有限公司副董事长
王长清 江油第三建筑工程有限公司董事长
王道明 四川省华蓥市建筑总公司总经理
邬宗奇 巴中市华兴建筑有限公司董事长
余相明 泸州比比利服装有限责任公司董事长
陈继宠 米易县莲华水泥厂厂长
李绥荣 四川西晶集团公司董事长、总经理
林守德 四川省达川地区第二建筑工程公司经理
黄英全 大竹县大枫树矿业有限责任公司董事长
庞成祥 四川省南充市第三建筑工程总公司总经理
吴和均 四川永丰纸业股份有限公司董事长、总经理
熊建华 四川省峨眉山市水泥厂厂长
吴兴华 四川石棉县大渡河工业硅厂厂长
郑建国 广元市中区矿业有限责任公司经理
王德军 四川省乐山川乐建筑(集团)公司经理
陈德容 四川省简阳标准件厂厂长
董绪刚 四川省三台复合肥厂厂长
龚必成 四川省崇州市蓄电池厂厂长
刘继全 四川省新都县第三建筑公司经理
王良金 四川华夏钙制品公司董事长、总经理
李兴成 成都桂湖实业有限公司董事长
黄志明 新津新筑路桥机械有限公司董事长
邹华严 四川龙都茶叶(集团)有限公司董事长
杨先富 绵阳富洋铝业有限责任公司总经理

贵州省

孙志坚 贵阳市黔中化工厂厂长
蔡瑞民 贵州云商印务有限公司董事长
武　伟 贵州高科印制发展公司总经理
徐祖芳 贵州省遵义县复合肥厂厂长
徐能折 贵州的确神药业有限公司董事长
牟进发 贵州省铜仁市多元速效化肥厂厂长
朱恩志 贵州省红果经济开发区信友实业有限公司总经理
刘金龙 福泉市牛场双星化肥厂厂长
赵联芳 贵州金沙黄磷厂厂长
刘衍寿 贵州顶效开发区南下水泥厂董事长、厂长
文建明 贵州省镇宁县黄果树造纸厂厂长
唐绍平 凯里市西城建筑工程公司经理

云南省

钟正昆 云南华帅铝业集团总裁
张同鑫 昆明市关上建筑经营公司总经理
郑自更 云南省自更集团股份有限公司董事长
赵云昆 云南华丰集团股份有限公司董事长
吴庭正 云南希地集团股份有限公司董事长
刘玉春 云南昆明市西山团结工业总公司总经理
杨绍和 云南省永平矿业有限公司董事长
赵家国 云南卷烟材料厂大理三塔分厂厂长
莫振洪 云南省禄丰县妥安建筑工程公司总经理
杨永平 云南玉溪卷烟厂滤嘴棒分厂厂长
杨开见 云甫省玉溪红塔工业总公司董事长
何金星 云南玉溪水松纸厂厂长
高发荣 云南高仓实业集团有限公司董事长
李自祥 云南云昌包装材料有限公司董事长

卢水清　云南省陆良丝绸厂厂长
李国辅　云南省弥勒县铝箔纸箱厂厂长

西藏自治区

向　东　拉萨市堆龙德庆县东嘎水泥厂厂长
索郎巴珠　拉萨市城关区扎细综合服务中心经理
达娃次仁　山南地区琼结县水晶玉石厂厂长
乃琼旺久　日喀则地区白郎县建筑公司经理
贵桑潘多　日喀则地区聂拉木藏药厂厂长
次仁罗布　林芝地区白巴乡综合服务公司经理
章　松　昌都地区昌都县日通藏药厂厂长
次仁卓玛　那曲地区那曲镇民族鞋帽厂厂长

陕西省

高玉峰　西安市临潼东方工贸集团公司总经理
蔺汉民　西安市阿房电焊机总厂厂长
王稳学　西安通惠实业集团公司总经理
李满年　西安三桥工业公司董事长、总经理
张仕明　西安市户县轻化电线厂厂长
樊朝武　西安明天企业集团董事长
谢延红　西安魔妮纸品股份有限公司董事长
赵育民　西安彩桥电子材料有限公司总经理
张国正　陕西省耀县华强企业总公司总经理
林纪功　陕西宝深建材机械制造有限公司董事长、总经理
王承英　宝鸡县西堡建筑工程公司董事长、总经理
蔡胜明　岐山县蔡家坡镇水寨农工商总公司经理
李黑记　宝鸡东岭集团董事长、总经理
王建中　咸阳彩虹电子配件厂厂长
常万全　陕西省三原白鹿总公司总经理
彭晓宏　陕西省兴平市纸品包装集团公司总经理
郭　涛　陕西省兴平油郭面粉厂厂长
张绪才　陕西省蒲城县永丰水泥总厂厂长
张振泰　渭南市红旗水泥制品厂厂长
屈亦鸣　陕西省大荔县新关集团公司总经理
杨正清　陕西省西乡县橡胶厂厂长
石玉宝　陕西省洋州葡萄糖厂厂长
张海彬　旬阳县庙坪乡铅锌矿矿长
郭祥生　镇安县月西矿业有限责任公司董事长
谢双营　富县茶坊建材厂厂长
石掌雄　陕西省府谷县天桥化工集团公司董事长
王军旗　西安市玉山奶粉厂董事长、厂长
李公正　陕西省宇华开发实业集团有限总公司总经理
陈国锁　宝鸡市渭滨包装材料厂厂长
张普成　陕西省神果股份有限公司董事长、总经理
戴永顺　蓝田县小寨第二水泥厂厂长
蒋智广　西安汉港化工有限公司董事长、总经理
张云侠　礼泉县烽联纸箱厂厂长
张志科　陕西省宝鸡尧帝企业集团公司董事长、总经理
吴平安　西安奇安集团董事长、总经理
桑喜善　西安山门口工贸公司总经理

甘肃省

周致文　甘肃榆中建筑实业集团公司总经理
李多润　兰州东方乐(集团)有限公司董事长
彭彦嘉　兰州市皋兰铁合金厂厂长
杨永平　兰州市城关区段家滩村农工商企业总公司总经理
瞿朝纲　兰州柳化企业集团公司董事长
张永芳　天水东方造纸实业有限公司董事长
吕苍中　天水市北道区东风机械厂厂长
李照基　甘肃省金昌市三星建筑集团总公司第一建筑安装公司经理
杨建华　嘉峪关市炭黑厂厂长
李守元　东乡族自治县建筑公司经理
谢忠爱　甘肃省酒泉市怀茂管道法兰厂厂长
吴兴有　山丹县清泉水泥厂厂长
张万忠　张掖市脱水蔬菜总公司总经理
杨发春　甘肃古浪泗水企业总公司总经理
张兴中　临洮县建筑工程总公司直属公司经理
许富忠　静宁县建筑企业集团公司董事长
王维江　甘肃省庆阳县土产果品公司经理
白汝麒　西峰市新兴建材公司经理

青海省

史建斌　青海星火化工有限责任公司董事长
罗永辉　西宁市农机制造有限责任公司董事长
马乙四哈格　青海雪舟三绒集团公司董事长
汪永浩　青海省互助县碳化硅厂董事长
马辉均　青海省化隆县毛纺厂厂长
陈青学　青海省民和县第一铁合金厂厂长
韩撒拉　青海省德令哈市丰乐农牧业开发有限公司总经理
沈生和　青海省门源县皇城乡农牧场场长
赵云庆　青海省同仁县第三建筑公司经理
马登科　青海省兴青工贸开发工程公司董事长
马福明　青海兴旺建工贸(集团)有限责任公司副总经理
马叶林　海南州碳化硅厂董事长

贾文芳　青海省平安县粮油集团公司精炼油厂厂长
张有录　青海省湟中县总寨乡逯家寨砖厂厂长

宁夏回族自治区

魏学军　吴忠市高闸煤矿矿长
朱宏魁　银川市郊区第二建筑公司经理
纳洪福　宁夏永宁造纸厂厂长
徐　毅　宁夏隆湖经济建设发展公司总经理
徐振荣　宁夏中卫县宣合电石厂厂长
杨立功　宁夏嘉源绒毛有限公司总经理
范海龙　宁夏中宁县第二水泥厂厂长
林奋勇　宁夏平罗县平兰焦化厂厂长
雷金丰　宁夏永宁第二造纸厂厂长

新疆维吾尔自治区

张新业　乌鲁木齐县仓房沟农工商总公司总经理
陈　田　鄯善金矿矿长
张立生　新疆库尔勒市东方实业集团公司董事长
道尔吉　乌苏市哈图布呼镇农工商贸总公司总经理
李金昌　乌鲁木齐大湾房地产开发有限公司总经理
张仁智　新疆焉耆苏海实业(集团)总公司董事长
肖远文　喀什市造纸厂厂长
艾海提·帕孜力　库车县墩阔坦乡煤矿矿长
吉多年　昌吉市瑞祥有限公司董事长
左如奎　新疆昭苏县洪那海建筑公司经理
安仰鳌　新疆阿勒泰市乳品实业有限公司经理

大连市

李广富　大连华农企业集团董事长、总经理
李传鸿　大连北大车行(集团)股份有限公司董事长、总经理
范广臣　大连金州区第一建筑工程公司总经理
孔兆恩　大连金港集团公司董事长、总裁
宫晓昌　大连丰荣企业集团董事长
于　敏　大连渤海企业集团公司董事长、总裁
刘吉才　大连旅桑铸铁有限公司总经理
迟福声　大连市金州区北乐实业总公司董事长、总经理
管殿富　大连雁鸣企业集团有限公司董事长、总经理
李宴清　大连宏孚实业有限公司董事长、总经理
王宝柱　大连渤海轴承工业总公司总经理
王明瑞　大连大雪企业集团董事长、总经理
于美艳　大连友兰服装有限公司总经理
沈良论　大连金洋总公司总经理
王明光　大连运城制版有限公司总经理
栾本立　大连特殊钢总公司总经理
张忠林　大连南海企业集团董事长、总经理

青岛市

华方廷　即墨市金华粮油食品集团公司总经理
王明福　青岛豪迈电缆集团股份有限公司董事长、总经理
刘全礼　山东华青建安集团公司总经理
郝建科　青岛同和集团公司总裁
李祖修　青岛琴畅集团股份有限公司董事长
胡谅伦　青岛广源发集团公司总经理
张思夏　青岛汉缆集团有限公司总经理
辛克禹　青岛工贸包装总公司总经理
王孔升　青岛星宝公司经理
朱建世　青岛崂发包装制品有限公司董事长、总经理
郑克堂　平度市旧店金矿矿长
段善亮　青岛万德集团股份有限公司董事长、总经理
王友旭　青岛良木集团公司总经理
张世安　青岛第九针织厂厂长
任家鹏　青岛天富莱集团股份有限公司董事长、总经理
王吉万　青岛亨达鞋业(集团)有限公司董事长

宁波市

徐万茂　宁波华茂(集团)股份有限公司总裁、董事长
郑坚江　宁波三星集团股份有限公司董事长、总经理
陈志校　宁波耐吉集团有限公司董事长、总经理
胡成江　宁波环驰集团公司总经理
茅理翔　宁波飞翔集团公司总经理
王文鉴　浙江舜宇(集团)股份有限公司董事长
邹国营　浙江帅康集团有限公司董事长
盛军海　宁波罗蒙服饰集团公司总经理
储吉旺　宁波如意股份有限公司董事长、总经理
蒋保民　宁波天安(集团)股份有限公司董事长
夏崇耀　宁波东方(线缆)集团公司总裁
孔根良　宁波甬江集团有限公司董事长

深圳市

刘日兴　深圳市龙岗区坂田实业股份有限公司董事长
张伟基　深圳市龙岗区布吉镇南岭经济发展公司董事长
姚民生　深圳市火王燃器具公司总经理
缪寿良　深圳市富源实业(集团)有限公司董事长
郑焯辉　深圳市劲力工贸有限发展公司董事长、总经理

姜翠玲　深圳市中元电子有限公司总经理
朱书鸿　深圳市新光电电容有限公司总经理
曾赐之　深圳市宝安区文乐实业总公司总经理

厦门市

陈清渊　厦门同茂食品罐头有限公司总经理
赖桂勇　厦门涌泉实业有限公司总经理
陈珠凉　厦门如意食品有限公司总经理
陈福祥　厦门同安银祥实业有限公司董事长、总经理

新疆生产建设兵团

张毅力　新疆兵团农一师乡镇企业运输公司经理
朱谊星　新疆兵团农四师六十一团酒精厂厂长
王中格　新疆兵团农八师一四八团西营棉纺厂厂长

中国乡镇企业功勋、全国优秀乡镇企业家及全国乡镇企业家复查合格名单

中国乡镇企业功勋名单

王建章　山东兴华集团公司总经理
尹大荣　四川新兴集团公司总经理
卢志民　四平红嘴集团总公司总经理
史来贺　河南省新乡县刘庄农工商总公司总经理
刘玉林　天津市环球企业集团公司总经理
李桂莲　大杨企业集团公司董事局主席、总裁
李培佩　上海望春花(集团)股份有限公司董事长
吴仁宝　江苏华西集团公司董事长
周作亮　幸福集团公司董事长
鲁冠球　万向集团公司董事局主席

全国优秀乡镇企业家名单

田　雄　韩村河建筑集团总公司总经理
刘玉山　北京新兴企业集团公司董事长
左　权　北方企业集团公司总经理
张金海　北京第二汽车齿轮厂厂长
张振宏　天津市亚中实业集团公司董事长
禹作尧　天津市尧舜集团公司董事长
张延军　天津市津海集团公司董事长
韩振国　河北唐山半壁店钢铁集团有限公司总经理
霍宗义　河北涿州东方企业集团有限公司董事长
温永和　河北省黄骅市大麻沽电路板总厂厂长
申礼成　河北省武安市磁山工业集团公司董事长
赵贵发　太原赵家堡企业集团公司董事长
段马柱　山西文水工程机械总厂书记
韩　瑞　呼和浩特市玛钢工业总公司总经理
周传淞　沈阳市万泉集团总经理
廉芳林　大石桥市官屯镁矿董事长
王国勋　辽宁隆德集团总经理
赵国清　伊通县酒精厂厂长
邵玉峰　黑龙江省阿城钢铁集团公司总经理
夏道余　上海干巷汽车镜(集团)有限公司董事长、总经理
奚云中　上海喔喔(集团)有限公司总经理
费钧德　上海界龙实业股份有限公司董事长、总经理
吴光英　江苏光英炉业有限责任公司董事长、总经理
周耀庭　红豆集团公司董事长
梁林宝　江苏沿山实业集团总公司董事长
陈人金　江苏兰陵化工集团公司董事长
奚也频　江苏贝贝集团公司董事长
孙金男　苏州金猫水泥有限公司董事长、总经理
肖水根　吴江达胜集团公司董事长、总经理
姚德荣　江苏艺龙集团公司董事长
朱相桂　江苏森达集团公司董事长、总经理
张国林　江苏省泰兴减速机厂(集团)总裁
周定伟　浙江伟业集团有限公司董事长
沈爱琴　万事利集团公司董事长
黄水寿　浙江大东南塑胶集团公司董事长
徐灿根　浙江上风集团公司董事长
王菊明　平湖光明电讯变压器厂厂长
徐文荣　横店集团公司董事长
庞青年　浙江杭通集团公司董事局主席
叶世渠　安徽天大企业(集团)公司董事长
赵开俊　安徽杭淮集团董事长
张贺林　安徽省阜阳乡镇企业中专学校校长
赵希良　安徽省良友建筑工程总公司总经理
陈水妹　福州鼓山针织厂厂长
吴夏云　福建新雅联合手袋公司总经理
刘模祥　南昌热心实业有限公司总经理
魏牛庚　江西东方企业集团董事长
李春圃　清河集团总裁
常宗琳　山东新牟国际集团公司董事长

孙启玉　万杰集团总裁
李德海　海德集团公司董事长
王景胜　山东龙喜集团公司总裁
张修基　山东丛林集团公司总裁
夏春良　威海木机集团总经理
李桂样　罗庄区委区委书记
王洪彬　河南省南街村(集团)有限公司总经理
乔金岭　河南黄河实业(集团)公司董事长
刘志华　河南省京华实业公司总经理
吴志泉　湖南太平集团公司总裁
曹国兴　湖南长沙县榔梨汽车车身厂厂长
张湘平　湖南三环颜料有限责任公司总经理
李　根　广州石井水泥公司经理
黄乐夫　珠海市湾仔工业集团公司总经理
彭灯亮　广东澄海永嘉企业(集团)有限公司总经理
冼国樑　佛山市石角棉织厂厂长
梁焕新　广西桂花水暖器材股份有限公司董事长
黎东明　南丹县龙泉矿冶总厂总经理
冼笃信　海南腾龙企业集团公司总经理
王周龙　四川省德阳钢铁集团公司董事长
周殿鳌　四川玻华实业股份有限公司董事长
徐怀忠　四川成都联益集团公司总经理
阳治国　四川红楼梦酒厂厂长
任新明　云南省玉溪市大营街实业有限公司董事长
陈绍祥　贵州金关企业集团有限责任公司董事长
郭建民　三原美乐集团公司总经理
雷仁义　渭南市五里铺集团董事长
杨玉平　兰州桃海门窗有限公司董事长、总经理
吕全福　兰州市甘草水泥集团有限责任公司董事长、总经理
赵延年　青海上新庄工贸总公司总经理
陈秀华　宁夏兰辉汽车维修实业公司经理
何占山　新疆乌鲁木齐八家户农工商总公司董事长
张传贵　大连华南企业集团董事长、总裁
纪玉君　青岛喜盈门集团公司董事长、总经理
国立坚　青岛即墨市城南工业园管委会主任
李如成　雅戈尔集团有限公司董事长
陈华娇　一休集团股份有限公司董事长

全国乡镇企业家名单

北京市

曹　文　张镇服装厂厂长
卢　腾　北京丽华棉纺织厂厂长
张子忠　北京钢顺楔模轧厂厂长
邢仲山　北京京州企业集团公司总经理
朱宝忠　北京鲁克时装有限公司总经理
朱光瑞　百兴防水材料厂厂长
郭利民　南邵钢管厂厂长
陈瑞福　北京星光影视设备集团公司总经理
傅书华　北京华德制衣有限公司总经理
见丽荣　平谷县华阳服装厂厂长
龚燕臣　玉渊潭华玉电子技术公司总经理
郎德林　北京市南苑制桶厂厂长
孙荣启　辛营服装厂厂长
刘晓东　北京市华东汽车配件厂厂长
程春博　北京高尔夫集团公司经理
秦士旺　高丽营毛织厂厂长
李万元　四季青乡北京工业锅炉厂厂长
刘长山　北京三优诚实业总公司总经理
梁洪全　北京渔阳服装厂厂长
贾秀河　红星小羊坊工业公司总经理

天津市

刘乃兰　天津市华明集团公司总经理
聂秀康　天津市宏发集团公司顾问
宋富仁　天津市大任庄农工商总公司总经理
张同生　天津市宁发集团公司董事长
张印朋　天津市恒兴顺集团公司总经理
杜宝山　天津市环保产业集团有限责任公司总经理
王孝杰　天津市大站集团公司总经理
龚世权　天津市港田集团公司总经理
柴竹金　天津市双街钢管集团有限公司总经理
周春玲　天津市华兴线材总厂厂长
邢玉良　天津市隆圣工业总公司董事长
李洪志　天津市渔网集团公司董事长
蔡连海　天津市海通工贸总公司总经理
张家广　天津市东塔服装集团公司董事长
孟庆明　天津市程子口农工商联合总公司董事长
张龙山　天津市大钟集团公司总经理
霍洪敏　天津市华旗集团公司总经理
王洪生　天津市富强集团公司总经理
王振武　天津市光华集团公司顾问
程　魁　天津市振华集团公司总经理
翟云奎　天津市环宇集团公司总经理
陈立新　天津市华隆集团公司总经理
刘世忠　天津市瀛海集团公司总经理
高庆增　天津市永兴企业集团公司总经理
庄朝荣　天津市荣亨精密铸造集团有限公司总经理

河北省

李进栓　河北美利达股份有限公司总经理
王长泉　中国天元散热器集团公司总经理
高若增　中国天元散热器集团公司董事长
蔡宗信　河北景明集团有限责任公司董事长
李立辰　河北弘飞线缆集团公司董事长
李永怀　河北新中企业集团公司董事长
张占领　深州市乡镇企业服务公司董事长
岳　明　河北荣华实业集团公司总经理
王淑贤　河北帝贤针纺集团公司董事长
陈晓峰　秦皇岛豪峰企业集团总经理
杨　斌　河北斌扬集团公司总经理
阎福顺　河北东华化工总公司总经理
杨树欣　华北蓄电池集团公司总经理
刘士永　石家庄市锅炉阀门厂厂长
殷丙戌　石家庄市荣昌企业集团总公司总经理
齐永昌　河北民用机械总厂厂长
王聚山　河北辛集金山企业集团公司总经理
张建庆　张家口荣庆实业(集团)有限公司董事长
田秋生　滦南县柏各庄镇经委主任
马鸿鸣　唐山富豪集团公司总裁
张继国　唐山国丰钢铁有限公司总经理
秦少彬　唐山市第四轧钢厂厂长
王　凤　河北华夏胶粘带有限公司董事长
张友方　河北丽友服装集团有限公司总经理
魏建军　保定市长城汽车工业公司总经理
贾荣昌　河北长天集团公司董事长
魏德义　河北保定太行集团有限公司董事长
李长庚　河北恒利集团公司董事长
宋永恒　河北东高集团有限公司董事长
秦树明　河北新华线缆集团公司董事长
李文明　河北黄骅渤海自行车(集团)有限公司总经理
孟庆尊　河北亚龙集团有限公司董事长
王存兴　河北省邯郸市变压器厂厂长
葛金柱　河北省磁县焦化有限公司董事长
赵寅时　河北青泉企业集团公司董事长

山西省

赵锁祥　太原市新固工贸总公司总经理
赵玉珍　大同市七峰山钢厂厂长
苗　锐　大同市恒兴集团有限公司董事长
李　斌　山西省云城建设集团公司总经理
李齐荣　山西五阳焦化厂董事长
翟焕文　山西晋城泰森总公司总经理
李继荣　晋城市北板桥企业总公司总经理
李国强　晋城市泽州县南马匠企业总公司总经理
尹　厚　朔州市平鲁区东易煤矿矿长
乔九崇　山西古城乳业集团公司董事长
江　洋　山西省繁峙县钢铁厂厂长
李安民　山西安泰集团股份有限公司董事长
李增虎　山西海威冶金集团有限公司董事长
袁玉珠　山西中阳钢厂厂长
刘海生　洪洞赵城北街企业集团公司总经理
李纯泰　翼城县北关农工贸总公司总经理
鹿英杰　山西丰昆冶金(集团)股份有限公司董事长
史民志　山西振兴集团总经理
李海仓　山西省海鑫钢铁有限公司董事长
张金奎　山西新星泵业有限公司董事长

内蒙古自治区

于　才　通辽市木里图镇农工商总公司总经理
黄　甫　通辽市飓力恒实业总公司总经理
亢玉强　赤峰市磨料磨具集团公司总经理
陆文彩　赤峰松山建筑集团公司总经理
孙学政　赤峰市八角楼实业总公司总经理
张跃堂　赤峰市建昌集团公司董事长
王　凯　呼和浩特市青山锅炉厂厂长
王东晓　内蒙古金河集团公司董事长
杨栓兵　内蒙古清水河脱水菜厂总经理
王学勤　呼和浩特市桥靠农工商公司总经理
王　军　包头市东宝实业总公司总经理
乔　飞　包头绒王集团总公司董事长
赵先孝　包头昆仑造纸集团总经理
马万良　乌海市黄河工贸集团公司总经理

辽宁省

徐宝文　沈阳望花集团总经理
刘广清　沈北实业公司总经理
戴有川　沈阳玻璃钢总公司总经理
傅金良　法库县啤酒厂厂长
张永全　鞍山市第二轧钢厂厂长
刘士军　海城市牌楼镁矿矿长
周福仁　海城市西洋耐火材料公司总经理
何著胜　海城市后英矿产品实业公司总经理
董少文　鞍山市天雍集团总公司总经理
王　生　海城市中兴集团公司总经理
张绍谦　海城市牌楼滑石矿总经理
李春颖　海城市华宇工贸集团公司总经理

王守彬　营口青花镁矿总公司总经理
赵连仲　大石桥市中大羽绒有限公司总经理
陈　凤　盖州市暖泉绢纺厂厂长
曲作祥　营口市华翔(集团)有限公司总经理
李崇岩　辽阳景凯玉米工程有限公司总经理
韩恩余　辽宁福泰石油机械制造有限公司总经理
张明玉　丹东市油泵厂厂长
赵宝贵　绥中县第四建筑工程公司总经理
杨天民　本溪天民集团总经理
周国栋　朝阳市水泥机械厂厂长
高胜春　抚顺新大集团总经理

吉林省

孙连财　长春宏新企业集团公司总经理
于　才　长春市光明实业集团有限责任公司董事长、总经理
杨　光　长春市长青实业集团有限责任公司董事长、总经理
黄永洲　长春市上台实业集团董事长
高　深　吉林省长发粮油制品有限公司总经理
宋广金　长春市奋进实业(集团)有限公司总经理
薄　贵　吉林省吉双实业集团董事长兼总裁
武庆存　吉林市松江工贸企业集团公司总经理
李奎光　长春长白山实业有限公司董事长
卢宪臣　巴斯金士百啤酒有限公司董事长
张玉佳　四平红嘴钢铁有限公司总经理
刘宗远　白山市东远农工商总公司总经理
张贵斌　吉林省白城市工贸企业集团总公司总经理
张法政　敦化市长白山木业总厂厂长
吴法政　敦化市通宝木业总厂厂长

黑龙江省

徐在山　哈尔滨红光锅炉集团公司总经理
王占山　哈尔滨香泉啤酒有限公司总经理
靳德发　哈尔滨市建国电磁线厂厂长
刘长久　黑龙江省向阳实业集团董事长
吴成鹤　黑龙江大田企业集团总公司总裁
崔相连　牡丹江市康达实业总公司总经理
李其龙　黑龙江华星集团有限公司董事长
高灿山　宁安河西企业总公司总经理
隋秀海　牡丹江市互感器一厂厂长
孙立春　佳木斯市长青建材集团公司总经理
贾宏修　佳木斯电缆厂厂长
吴国林　黑龙江省东华实业集团公司董事长
宋显和　大庆市油花乳制品有限公司总经理
岳开鹏　黑龙江省先锋亚麻集团有限责任公司董事长
陈学文　黑龙江省宋站乳品厂厂长
孙乃奇　黑龙江省绥滨啤酒总厂厂长
康有田　肇东市庆昌油脂化工厂厂长
王庭志　鸡西市城东冶炼股份有限公司总经理

上海市

顾宝生　上海彭浦橡胶制品总厂厂长
尤朝群　上海舒乐时装(集团)公司总经理
金金标　上海晓宝轻质建材有限公司总经理
陈伯兴　上海嘉宝实业(集团)股份有限公司副总经理
唐庆余　上海协通(集团)公司董事长、总裁
毛耀明　上海嘉定新行医药化工(集团)有限公司总经理
许明金　上海淀山湖时装总公司总经理
金杏荣　上海香花桥服装有限公司董事长
虞振国　上海信泰纺织制品有限公司总经理
黄　勇　上海环洲(集团)有限公司董事长
袁永兴　上海永兴(集团)公司总经理
袁永林　上海海欣集团股份有限公司总经理
蔡福忠　上海凯托(集团)有限公司总裁
周清泉　上海新世界电焊机厂厂长
蒋德昌　上海沪汇日用化学品公司总经理
季永官　上海双田橡胶(集团)公司董事长、总经理
顾锦文　上海华银日用品有限公司总经理
王妙其　上海虹丰商贸实业总公司总经理
张连均　上海方城(集团)有限公司总经理
黄海松　上海金山涤纶厂厂长
李顺发　上海宝山液压工具厂厂长
陶福民　上海罗店螺帽总厂厂长
张成冲　上海申光毛绒实业有限公司总经理
高平山　上海市东沟商业机械厂厂长

江苏省

曹礼华　南京晒图纸厂厂长
李顺祥　正方集团公司董事长
俞志伟　南京卫达集团总经理
江小来　南京高灵集团公司董事长、总经理
刘茂生　江苏新纺集团公司董事长
陆道君　江苏太湖锅炉集团公司董事长、总经理
浦惠林　锡山市雪浪初轧厂厂长
蔡桂兴　无锡太湖锅炉集团公司董事长、总经理
华介成　无锡市新扬色织厂厂长
张才云　江苏彩雯丝绸集团公司董事长、总裁

缪双大　江苏双良集团公司董事长、总经理
陆克平　江苏阳光集团公司总经理
范晓枫　江苏神鹰集团公司总裁
黄锡伦　江苏六通机械集团公司董事长、总经理
卞兴才　江苏三房巷实业集团总公司董事长
唐涌祥　江苏西塘实业集团有限公司董事长
李大美　江苏顺通集团有限公司董事长、总经理
孙吉安　江苏东方经济联合集团公司董事长、总经理
耿昌明　武进铜管厂厂长
王金成　江苏金牛线缆集团公司总经理
徐耀明　常州市茶山实业总公司董事长
庄维新　江苏新球稀土集团有限公司总经理
陈殿铭　常州市庆丰集团有限公司总经理
蔡兴华　江苏梁丰食品集团公司董事长
朱玉宝　江苏宏宝集团公司董事长、总经理
谭惠亚　张家港市沙洲纺织印染公司董事长
徐惠通　苏州林通染料化工集团公司董事长、总经理
周国平　太仓第三棉纺厂厂长
潘炳福　江苏秋艳集团公司董事长、总经理
杨泉元　江苏京山电线电缆集团公司董事长、总经理
夏嘉良　江苏彩华包装集团公司总经理
陈必亮　江苏银羊集团公司董事长、总经理
顾云奎　永鼎集团公司董事长
蒋学明　江苏东方国际集团公司董事长、总经理
徐关祥　鹰翔集团公司董事长、总经理
昝圣明　南通复盛木业有限公司董事长
刘　英　如皋市丁护织布厂厂长
朱盛国　南通市广盛丝绸实业公司董事长
昝圣达　江苏综艺股份有限公司董事长
倪新善　南通市缝纫机针一厂厂长
梅正友　连云港洋浦电化有限公司董事长
沈卫东　江苏珍丰集团股份有限公司董事长、总经理
葛兆金　江苏飞达尔集团有限公司董事长
罗书中　江苏华英集团公司董事长
桑海林　江苏捷凯电力器材集团公司董事长、总经理
王纪焱　江苏天爱集团有限公司党委书记
朱忠汉　江苏大海集团股份有限公司董事长
郭道鹏　华鹏集团公司董事长
徐广福　江苏长江电器集团公司董事长
谢仲英　江苏蓓花被服集团有限公司董事长
吴斌荣　镇江万新光学眼镜有限公司党支部书记
顾大友　江苏民生集团公司董事长
王庚贵　江苏飞船齿轮厂厂长
凌　晨　中华柔娜集团董事长、总经理
程裕民　江苏少女之春集团公司总经理
吴　静　宿迁市龙河油脂厂厂长
王林云　江苏省苏洋酿酒有限公司董事长
李仰进　江苏玖久丝绸股份有限公司总经理

浙江省

任建华　杭州老板实业集团有限公司董事长
朱重庆　浙江航民实业集团有限公司董事长
黄来兴　浙江亚太机电集团公司董事长
叶志明　杭州中新集团有限公司董事长
陈　浩　浙江精诚集团有限公司董事长
钭正刚　杭州锦江集团公司董事长
张智林　杭州西湖离合器有限公司董事长
王永良　浙江小小企业总公司总裁
王文千　浙江印染机械制造公司总经理
杨言荣　浙江春晖集团公司董事长
蒋梦兰　浙江联丰集团公司董事长
虞阿五　浙江日月首饰集团有限公司董事长
张道才　浙江三花集团公司董事长
陈建成　浙江卧龙集团公司董事长
马仕秀　浙江华天实业集团公司总经理
姚贵松　浙江天女集团公司董事长
宋贵法　中华化工集团有限责任公司董事长
俞敬民　浙江足佳集团公司总经理
曹浩强　雪豹集团公司董事长
许瑞坤　浙江富邦集团有限公司董事长
杨良如　浙江枫树集团有限公司董事长
章　义　温州海米特集团公司董事长
金祥佐　浙江真空包装机总厂厂长
南存辉　正泰集团公司董事长
郑元孟　新华电器集团有限公司董事长
宁炳泉　浙江船牌建材集团有限公司董事长
盛云龙　浙江依多金企业集团公司董事长
周绍昌　浙江山鹰建材集团公司董事长
花轩德　浙江九洲制药厂厂长
李云青　浙江珠光电器集团有限公司总经理
张小赧　浙江三友集团有限公司董事长
郭加明　浙江海鸿集团公司董事长
陈达富　浙江达富集团公司董事长
苏增福　浙江苏泊尔有限公司董事长
吴少华　浙江永康市城关五金厂厂长
章树根　浙江立马集团公司董事长
冯潮兴　浙江义乌造纸总厂厂长
徐位吉　浙江江山虎集团公司董事长
傅国定　浙江金鹰纺机股份有限公司总经理
周永川　舟山市普陀毛纺织总厂厂长

安徽省

吴大香　安徽双墩食品股份有限公司董事长、总经理
吴本仁　安徽省湖滨建筑安装工程总公司总经理
朱成友　来安县半塔镇成友联营贸易运输公司总经理
田发祥　安徽省全椒县长江超硬材料有限公司董事长
汪建国　安徽金光机械股份有限公司董事长、总经理
徐云凌　安徽省桐城玻璃纤维工业总公司董事长、总经理
周绪发　安徽省马鞍山濮塘轧钢厂厂长
程恒行　马鞍山市江南机电设备总公司总经理
叶秀华　安徽省黟县缫丝厂厂长
丁仰振　淮北市第三建筑安装公司第一分公司经理
张永卿　安徽永青日用化学品有限公司董事长
牛玉亮　安徽达裕实业总公司董事长、经理
刘湘盘　安徽龙盘集团公司董事长
陈长乐　安徽省黄淮海农贸总公司总经理
桂绍松　霍山县外贸产品联合加工厂厂长
杜应流　安徽应流集团总裁
张贻森　金寨县将军磁业有限公司董事长
陈宗明　安徽省宁国市耐磨材料总厂厂长
汪晓平　宁国市甲路通用机械厂厂长
汪开发　安徽省江坝油脂化工总厂董事长
林　迎　安徽省石台县煤气仪表总厂厂长
方启良　安徽省贵池市牌楼供销公司经理

福建省

郑庭富　福建省黎明企业集团公司总裁
钱光璋　福州传动机械厂厂长
董春宝　福建省文岭茶厂厂长
黄开惠　福州第二阀门厂厂长
许定国　晋江市华侨玩具有限公司董事长
余静娟　南安市南辉时装公司董事长
陈澄清　福建晋江凤竹针织漂染实业有限公司总经理
蔡东升　石狮市恒兴制衣实业有限公司总经理
许连捷　福建恒安集团有限公司总经理
宋太平　福建石狮胸罩服装厂董事长
陈庆元　福建泉州元鸿集团董事长
蔡土木　漳州市海新实业有限公司总经理
颜万生　漳州市芗城罐头厂厂长
洪长水　紫山食品饮料总公司总经理
邓顺增　永安市燕富水泥有限公司董事长
李新炎　龙岩工程机械厂厂长
郑秋木　龙岩市红坊镇正业联合总公司总经理
杜水旺　福建中外合资南平大展竹木业有限公司总经理
林　鹏　闽东联艺集团公司董事长
黄明富　福鼎县东风压铸总厂厂长

江西省

邓庆茂　江西进贤县李渡出口花炮厂厂长
谢抚州　江西沙神集团公司董事长
武金和　江西久安铆钉厂厂长
胡敦廉　赣州虔东工业公司总经理
欧阳效芳　江西赣南金达集团公司董事长
王槐月　庐山区房地产开发股份有限公司总经理
林积新　贵溪市活性炭厂厂长
方霞云　景德镇市洪源瓷厂厂长
鄢金珠　新余市第二水泥厂厂长
李晓龙　江西长衡机械有限公司总经理
朱秀云　上饶市纸管厂厂长
项勤星　遂川县秀州建材股份有限公司董事长
邓正云　萍乡市杨梅岭水泥厂厂长
兰万林　江西中英陶瓷有限公司总经理
罗　斌　江西高峰陶瓷集团公司董事长

山东省

姚升平　济南市黄台企业集团董事长
董庆根　济南市压力容器厂厂长
孙廷林　山东灵芝集团董事长
于锡俊　济南通讯电缆厂厂长
陈宜忠　章丘市供电局党委书记
侯金田　清河集团总经理
朱洪俊　淄博柳行国际实业总公司董事长
王遂孚　淄博工业搪瓷厂厂长
沈致祥　山东淄博万祥集团总公司董事长
王勉山　淄博轧钢股份有限公司董事长
程元佩　淄博市淄川兴龙企业总公司总经理
种道山　枣庄市薛城区厦庄乡东仓村企业集团董事长
周长琴　山东华丰印刷包装有限公司董事长
王玉明　滕州市化工原料厂厂长
李培义　东营市广饶县大王企业集团总公司总经理
李建华　山东华秦集团股份有限公司董事长
吕道龙　山东大西苑集团总公司董事长
李世励　山东只楚集团有限公司董事长
史桂开　山东大通集团公司总经理
高　秀　山东方圆集团董事长
于归赫　山东鸿达建工集团公司董事长
刘世武　招远市东良农工商联合总公司总经理
聂振龙　山东振龙集团公司董事长
丁焕相　山东宏祥集团总公司总经理

司继双　山东振兴集团总公司董事长
郑和平　得利斯集团总经理
孟庆元　山东瑞源集团总公司总经理
王兆华　山东省三佳集团总公司总经理
朱同然　潍坊市海洋化工开发区经济发展局局长
张庆训　山东泰昆集团总公司总经理
张维先　山东登峰集团总公司董事长
袁文和　耶莉亚集团总裁
崔安永　山东北联集团总公司董事长
李洪信　山东太阳(纸业)集团总公司董事长
李庆思　山东雪花集团董事长
江保安　菱花集团董事长
张永亮　山东济兴医化集团公司董事长
翟守才　山东黄岗集团总公司董事长
王志宪　山东大鹏企业总公司董事长
王　峰　兖州合金钢股份有限公司董事长
赵和迎　山东泰山衡器股份公司总经理
刘际法　山东云海集团公司总经理
李正庆　泰安市新星实业公司总经理
于东顺　山东崖头集团公司总经理
玉文茂　山东石岛船业集团总公司总经理
唐厚运　山东邱家水产集团总公司总经理
李允轶　山东连杆集团总公司总经理
陈光成　威海光威渔具集团公司总经理
王希文　五莲县钢圈厂厂长
李荣春　德州市天元集团总经理
王新成　临邑县万力集团董事长
苏寿堂　山东省乐陵市华乐工贸易总公司总经理
张炳谦　山东冠洲集团总公司董事长
闫存祥　山东骆驼企业集团公司董事长
张富禄　山东嘉明集团有限公司总经理
王廷江　山东华盛集团总公司党委书记
刘　伟　临沂华丰企业集团总公司董事长
高树典　临沭富民企业集团总公司董事长
李凡聪　山东裕鲁集团董事长
王显生　山东国华实业集团总公司董事长
苑宪章　山东裕鲁集团总经理
郝进燃　博兴县寨郝村总公司总经理
徐汉林　滨州市凯拓实业总公司总经理

河南省

张金木　河南新郑市金德恒食品总公司总经理
张治有　河南中州企业集团董事长
张铁山　河南金星啤酒集团有限公司董事长
杜葆华　河南豫州企业集团董事长
景银聚　河南省巩义市碱厂厂长
靳协成　河南金红石钛业有限公司董事长
白士云　河南省白云企业集团总公司经理
任金河　河南凤凰集团有限公司董事长
路明旺　郑州市经济发展总公司总经理
李起胜　郑州振中实业集团股份有限公司董事长
周文昌　河南少林汽车股份有限公司董事长
李长智　河南省凯祥企业有限公司董事长
何年保　河南华宝工贸总公司总裁
张生活　河南省凤凰实业总公司董事长
任太平　河南永威消防器材有限公司总经理
杨常武　河南修武永乐粮机集团有限责任公司总经理
李小达　洛阳活塞环(集团)有限公司总经理
郭中奎　洛阳市环球实业总公司总经理
李宪正　洛阳富兴集团有限公司董事长
赵福光　洛阳红牡丹(集团)有限公司董事长
王根成　洛阳市古城机械厂厂长
李增安　新乡市江河水泥有限公司经理
王发水　河南日月神集团总经理
李广元　河南省定角实业总公司总经理
李记拴　河南省安阳市铝业集团公司总经理
张新亚　河南沈丘新亚集团总经理
崔庆义　河南鞋城皮革(集团)总公司董事长
康启伦　河南康鑫集团有限公司董事长
吴天喜　河南省镇平县贾宋食品系列集团有限公司总经理
魏光明　河南省鸿羽股份有限总公司总经理
李鸿道　河南竹林(集团)实业有限公司书记

湖北省

赵竹青　武汉中胜(集团)公司董事长
谭国和　武汉石桥集团有限责任公司董事长
鲍德荣　武汉亚光股份有限公司董事长
鲁洪胜　武汉市白玉毛条厂厂长
熊兆康　武汉市和平乡湖光村企业负责人
卢修龙　湖北荆玻集团董事长
王进清　湖北晶牌建材股份有限公司董事长
安　明　湖北石花纺织股份有限公司董事长
卢光杰　湖北省奥西达建设(集团)股份公司董事长
乔书祥　湖北省襄樊瑞源纺织集团公司董事长
姚大银　湖北省枣阳市汉光纺织集团有限责任公司总经理
李宗元　湖北襄阳炬星纺织集团总公司董事长
石义成　湖北兴鑫集团总裁
叶昌保　湖北洪林集团董事长

陶忠智　湖北岑春针织制衣股份有限公司董事长
涂方铭　荆州市铝箔实业公司总经理
田洪先　湖北省武穴市二里半企业集团总公司总经理
郭新志　湖北十月集团董事长
赵胜茂　黄冈市黄州区楚虹化工有限公司经理
谭功炎　湖北省汉川钢丝绳股份有限公司董事长
杨海安　应城市强力集团公司总经理
周明炎　湖北省嘉鱼县床具厂厂长
万福贵　十堰市钢砂厂厂长
周作才　幸福集团公司副总经理
黄正付　湖北康达成皮件股份有限公司总经理

湖南省

涂日明　湖南桔洲农用运输车有限公司总经理
刘忠建　湖南长沙五星化建集团公司总经理
李焕然　湖南长沙印山实业公司总经理
章端祥　湖南长沙梅花车身厂厂长
谭长根　长沙铸铁制品有限公司总经理
吴松意　长沙洞井建筑股份有限公司总经理
蒋受会　湖南衡南具乡镇企业局局长
彭世凤　湖南澧县码头铺水泥厂厂长
涂昌广　湖南临澧县龙凤山水泥有限责任公司总经理
李正东　湖南汉旺进口汽车维修有限公司总经理
张孝贵　湖南株洲南方冶铸厂厂长
张日平　湖南高溪集团公司董事长
艾建勋　湖南平江电器厂厂长
刘会臣　湖南邵东五金机械集团公司总经理
钟梓衡　湖南新邵沙湾经济开发公司经理
段发洪　湖南郴州良田水泥厂厂长

广东省

刘照洪　深圳平湖联合实业股份公司董事长
李念慈　珠海市永隆集团公司总经理
罗寿棉　珠海特区界涌实业集团公司董事长
王必孝　广东南洋工业城(集团)有限公司总裁
刘金盛　梅县白渡水泥厂总经理
刘焕权　东莞雅文首饰制品有限公司董事长
罗　苏　广东兴发铝型材集团公司董事长
庞兆权　佛山市张槎针织厂厂长
张逢新　阳江工贸联营织贡五金厂厂长
许日贵　湛江市塑胶厂厂长
黄　统　高州市银江企业集团有限公司董事长
林　营　广东爱电电器有限公司董事长
蔡木藩　揭阳市天阳橡胶机械有限公司董事长

广西壮族自治区

韦清文　广西黑五类食品集团公司董事长
莫兆钦　广西源安堂制药厂厂长
劳朝义　灵山县檀圩镇水泥厂厂长
李有龙　广西壮族自治区陆川县第二水泥厂厂长
徐　晖　合浦县龙联水泥厂厂长

海南省

刘扬武　海南椰风食品总厂厂长
崔家壮　琼海市包装厂厂长
林学武　海南洋浦农贸开发总公司总经理
王进义　通什市黎苗山寨总经理
符昌海　海南美兰国际药业城有限公司董事长
黎北树　三亚市滨海实业发展总公司总经理

重庆市

刘有伦　重庆北碚宏大集团公司董事长、总经理
马厚富　重庆市江津实业公司总经理
周光龙　重庆荣龙实业总公司总经理
刘传清　重庆市开县星星建材总厂厂长
刘洪亮　重庆华蓉山建筑建材总公司总经理

四川省

周德如　成都双流高频焊管厂董事长
张正达　苍溪县丝织厂厂长
罗焱明　威远县建业总公司总经理
周继璁　成都通力电器集团公司董事长
刘达泉　万源市白沙水泥厂董事长
江仕高　德阳市八角水泥厂厂长
任世斌　芦山县华光石材总公司总经理
陈修琪　乐山市第五建筑公司总经理
李建华　崇州市建新防水粉末厂总经理
李树全　四川省双流羽绒厂董事长
税尚伟　绵阳市三力股份有限公司董事长
谢福先　四川关家实业股份有限公司董事长
董德寿　成都长城实业公司董事长
詹庆富　四川龙虎门窗集团公司董事长
丁光银　汉源县工业总公司总经理
王学茂　成都八一家具实业公司总经理
叶　治　四川金炜集团董事长
朱厚利　泸州印染二厂厂长
陈文兴　绵阳市新皂化工总厂董事长
赵富源　苍溪县元坝缫丝厂厂长
贾天高　四川南充亚华丝绸集团有限公司董事长

彭斌茹　眉山食品调味厂董事长

贵州省

田贵阳　贵州沿河土家族自治县乡镇航运公司经理
夏都佃　遵义县新舟造纸厂董事长
张开林　上海锌厂赫章分厂厂长
邓洪显　赫章县山脚冶炼厂厂长
颜学益　安龙县龙山煤矿产销公司经理
王德民　开阳县双流黄磷厂厂长
张松让　贵州遵畅实业开发集团总公司董事长
刘元举　贵州三山企业集团总公司董事长
傅相国　桐梓县娄山关镇鞍山水泥厂厂长
吴作俊　锦屏县木竹工艺公司总经理

云南省

李洪生　云南永生有色金属集团有限公司董事长
李黎明　云南康发集团有限公司董事长
杨　明　云南省昆明市福保彩印包装厂厂长
冷忠福　云南牟定南塔人造板集团有限公司董事长
赵存兰　云南省宣威市利民粮食有限公司经理
梁丕宏　云南省师宗县丹凤县水泥厂厂长
戴　云　云南省昆明市呈贡钢铁厂厂长
马　翔　云南玉溪新兴仁恒包装材料有限公司董事长
金长能　云南省玉溪市莲池实业总公司董事长

西藏自治区

洛桑多吉　西藏自治区山南地区曲松县民采矿矿长
普　穷　阿里地区改则县社会车辆运输联营公司经理
群培次仁　仁布县仁布乡建筑公司经理
强　久　西藏日喀则市桑珠孜饭店经理

陕西省

刘华国　西安银桥企业集团董事长、总经理
李军平　长安前进电器厂厂长
赵天祥　西安北方电缆厂厂长
余长庚　陕西高校木器厂厂长
许宗林　西安翠宝首饰集团公司总经理
黄经济　西安前进实业集团总公司总经理
李伯虎　陕西省宇华开发实业集团有限总公司董事长
冯德玉　岐山岐星企业集团董事长、总经理
祁五泉　凤翔县水沟集团公司总经理
杨　侃　宝陵企业(集团)有限公司董事长、总经理
王周权　陕西省扶风造纸厂厂长
王世明　西电公司眉县钢铁厂总经理
陈元杰　吉元线缆电器制造公司董事长
焦志学　泾云实业开发总公司董事长、总经理
赵景山　武功铁合金总厂厂长
郭建华　陕西省三原东周实业公司总经理
王克勤　咸阳彩虹包装箱厂厂长
郝进禄　华县桥上桥有限公司董事长、总经理
任兴田　渭南市临渭区秦东实业总公司董事长、总经理
王宏斌　陕西省城固县东方精制食品厂厂长
尚双印　洛南县杨河企业总公司总经理
杨维成　延川县永洲开发集团有限公司董事长、总经理
张侯华　府谷县黄河集团总公司总经理

甘肃省

杨纪强　兰州黄河企业集团公司董事长
刘玉林　甘肃东部企业集团公司董事长
杨文明　甘肃省天水南山集团公司董事长
黄发胜　甘肃省甘谷县六峰建筑公司经理
黄登贵　平凉百兴实业集团公司董事长、总经理
茅德贤　甘肃锌宇集团公司董事长
张严德　甘肃省武威荣华工贸总公司总经理
魏世杰　甘肃省酒泉市第二建筑安装总公司总经理
于国华　甘肃省酒泉河西实业公司总经理
宋有年　张掖市第三建筑工程总公司总经理
王者发　甘肃泰昌实业集团公司董事长、总经理

青海省

甘生福　西宁城北福利铁合金厂厂长
陈世雄　民和县第一铁合金厂厂长
冶廷祥　民和县川口铁合金厂厂长
庞庆义　西宁东川铁窗厂厂长
韩有发　同仁县第四建筑公司经理
韩兴旺　循化县建筑建材开发总公司经理

宁夏回族自治区

刘学刚　宁夏吴忠市红旗铸造厂厂长
戈兆义　宁夏保险汽车修配厂厂长
李荣华　宁夏龙华工贸股份有限公司董事长
杨正栋　宁夏中卫县常乐建筑公司总经理

新疆维吾尔自治区

李延杰　新疆巴州泰昌工贸公司总经理
杨克迎　新疆布尔津毛纺集团有限责任公司董事长
热扎克·热外都力　新疆托克逊县伊拉湖联合煤矿总经理
热合曼·库尔班　新疆库尔勒市工贸实业股份有限总

公司总经理
冶占林　新疆南湖企业集团董事长
周殿沛　新疆呼图壁县达理工贸总公司总经理

大连市

孙荫环　大连亿达集团有限公司董事长、总经理
冯加志　辽宁华鑫企业集团董事长、总经理
王学义　大连大实企业集团董事长、总经理
周绪林　大连北市集团公司董事长、总经理
徐世有　大连金华特钢集团公司董事长、总经理
周喜玉　大连冶金轴承集团公司董事长、总经理
石家财　大连开发区大孤建筑工程总公司总经理
孙菊花　大连大菊企业集团有限公司董事长、总经理

青岛市

张希春　青岛飞龙工艺品公司总经理
崔兆启　青岛星火纺机纺织集团公司董事长
臧德华　青岛楼山织布厂厂长
周进善　青岛崂山仰口海洋化工集团公司总经理
郭方华　青岛黄海建材集团总经理
王义锡　青岛面粉机械厂厂长

宁波市

钟阿咪　宁波中环(集团)有限公司董事长
陆汉振　金轮集团公司董事长
胡先根　宁波慈兴集团公司董事长
诸建平　浙江姚冶集团股份有限公司董事长
张勤昌　宁波万安集团股份有限公司董事长
赖振元　象山二建集团股份有限公司董事长
张静章　宁波海天股份有限公司总经理

深圳市

潘强恩　深圳市宝安区万丰股份有限公司董事长
刘照洪　深圳市龙岗区平湖联合实业股份有限公司董事长

厦门市

颜国南　厦门海沧石材集团有限公司总经理

◀企业家介绍▶

李　兴　北京昊达实业集团公司总经理。自1989年以来连续获得北京市房山区劳动模范称号,1993年获得北京市劳动模范称号。

李兴自1987年12月任北京昊达实业集团公司总经理以来,将几乎倒闭的小型修配厂,发展到拥有1 450万元固定资产,职工750人,总资产达3 530万元的京郊大型乡镇企业。公司拥有整齐优美的工业区、众多品类的产品。集团公司被评为“北京市优秀乡镇企业”、“北京星火示范企业”、“北京市计量信得过单位”。

这些业绩的取得,李兴靠的是六种精神。即:负重拼搏,实干苦干的顽强精神;解放思想,敢闯新路的探索精神;争创一流,奋发向上的进取精神;团结互助,顾全大局的协作精神;敢抓敢管,无私无畏的正气精神;以事业为重的奉献精神。

李兴1987年接手良乡汽车配件厂,这是一个家底只有50万元,外债欠款62.7万元的亏损企业。职工几个月见不到工资,人心涣散。进厂后,李兴一头扎进车间3个月,从没有回过家。通过明查暗访,找到了“病根”。制度不全、管理不严、嫡系亲戚过多、公私不分、产品单一、质量低劣是企业亏损的主要原因。于是,他大刀阔斧,对准关系网,快刀斩乱麻,撤掉5名不称职的车间主任,开除了12名关系硬、工作散的职工,其中包括5名亲戚。这一刀砍下去,令人始料不及。有的人自以为是他的亲戚,叫、骂、死磨硬泡,软硬兼施,但李兴毫不动摇。

随即,李兴制定37项管理制度,他带头执行不走样。一次生产出口法国法兰盘,因为这种产品工艺简单,放松了质量,造成产品不合格,给企业造成了损失。李兴第一个把罚款交到了会计手里,并且把自己的检讨书写成布告,与罚款收据一同贴在墙上示众。紧接着抓班子建设,抓党的建设,在党员中开展“企业面临困难,党员干部怎么办”的大讨论。

核心确定,改革之志愈坚,李兴当机立断淘汰了既无市场又无竞争能力的老产品。兵分两路,国内国外双箭齐发。国内向冶金行业靠拢,国外与北方公司联盟,主攻出口美国、英国的污水井盖和健身器材。出口

产品一炮打响，当年产品就打入英国，随后进入美国、韩国及东欧国家。1992 年 10 月，李兴同美国两家公司合资建起"北京通用铸造产品有限公司"、"北京昊达机械产品有限公司"两家企业。为了提高企业的竞争力，使自己的出口产品在国际市场上不败，李兴请来 6 名铸造专家，组成高科技攻关小组，并引进国内最先进的固状半导体电炉，大胆进行国际高新球磨铸铁技术产品的研究、开发、生产。仅一个多月时间，就生产出第一批高强度、高韧性的球磨铸铁产品，以可靠的质量销往美国。

在企业管理上，李兴开创了"模范效应法"。他首先以身作则，吃苦在前、干在前，外出办事西装革履派头十足，回到厂里工作服、油手套，与普通工人没两样。开叉车、汽车、装铁卸煤、送货，李兴总是干在最前边。在他的带动下，干部职工干工作不用强迫、不用命令，组织性、纪律性、自觉性非常强。

在经营上，李兴讲究"信誉"。他常说，"信誉"是企业的生命。一次，生产一种出口产品，为了赢得外商的信誉，他宁愿多加工序，来个"双保险"，使外商大受感动。一次，哈尔滨制锨厂要求比合同规定时间提前 20 天把货物运到，否则全厂停产。如果不提前送货，对方无话可说。但为保证对方生产，李兴当机立断组织加班赶制，调配汽车日夜奔行，按时把货送到，对方十分感动。

李兴是永不满足的人，是勇于向荒芜宣战的开拓者。当获得国家将限制黏土砖生产的信息时，他聘请了高级工程师，建起了十条生产线的建材厂，年产量可达 15 万立方米。1997 年初使用新型建材建起了欧式样板办公楼，美观、大方，受到专家的好评。新型建材的生产，为企业开拓了广阔的市场前景。

从 1987 年以来，李兴很少休息，就是有伤病也难呆得住。有了他这个顶梁柱、主心骨，企业干部职工干劲倍增。1997 年初仅用两三个月时间，就用企业自己生产的建筑材料建起了一个昊岗工业区，建筑面积 4 000平方米，将分散的企业集中于此，更有利于管理、能源的利用、排污的治理，为企业的进一步发展打下了坚实的基础。

（李新志）

李先航　北京天普太阳能工业有限公司总经理。

早在 1993 年之前，李先航就在家乡山东省开办了一家太阳能热水器的工厂，但由于区域的局限，工厂只能停留在一般的生产水平上，没有条件开发新产品，与世界应用太阳能的先进产品而言，李先航清楚自身的差距。1993 年在朋友的帮助下，李先航怀着对应用太阳能的热恋之情，更近地靠近科技信息之源，只身来到北京，在京郊大兴县芦城乡创立了以生产太阳能热水器为主的北京天普太阳能工业有限公司。

李先航看到的是北京得天独厚的优越条件，在这里他广泛地接触到了一些太阳能专家，吸收了大量的国内外信息。他认为低价位固然能吸引用户，而只有建立在过硬的质量基础上的知名品牌，才是企业生存的根本。公司一开张，他就把企业的立足之本定位在出精品、创名牌上。创业的当年，投资见效，实现了利润。1997 年销售收入达到5 000万元，实现产值6 500万元。天普公司累积利税达1 500万元，资产膨胀达到最初的20～30 倍。

李先航经营的特点是：精、信、严。精是工艺精，技术精，质量精；信是对客户必须讲信，对员工要讲信；严是严格管理，严格自律。成功的企业都是相似的，倒闭或经营不善的企业各有各的原因。除了这些，李先航还有其独到之处。

一是管理到位。李先航在企业管理上，以勤为本，光动嘴不行，因此他总是亲临现场。他认为，企业经营管理千头万绪，作为当家人，不能只做调度，不管不行，还要监督有效。

二是不断提高技术水平。太阳能热水器技术涉及到物理、化工、机械、力学等多学科的知识，其技术含量较高。因此，李先航首先提高工人的技术水平。他聘请有经验的专家、学者讲学，对职工进行技术培训，使工人掌握操作工艺中的技术要领，同时选派优秀职工到大、中专院校学习深造。其次，不断更新、改造设备，进行机械化、半机械化生产。第三，及时掌握热水器的市场动向和科技信息，积极参加有关热水器的技术交流活动，取长补短，不断提高产品的技术含量。

三是销售市场两步走。李先航在销售管理上，在省级城市独立建分公司或办事处，由总公司直接管理；在县级城市搞联营、合作，由联营、合作一方负责管理、经销天普公司的产品。公司不封闭，进行公开、公正、公平的现货交易，稳定了市场，使购销双方都满意。

四是不断开发新产品。李先航从公司成立开始，就注重新产品的开发，已开发研究出多种产品，普遍受到客户的好评。尤其是新近开发的"U 型管傻子太阳能热系统"，显示了原真空管太阳能热水系统和平板热水系统无法比拟的优越性。这种产品一面市，立即吸引了众多的客户。

凭借这四条，李先航已把天普公司发展成为具备年产 500 万支全玻璃太阳能真空集热管、热管和 110 万平方米铜铝板芯以及 35 万台太阳能热水器的生产能力，年产值达 5 亿元以上。在全国设有 500 多家销售代理和25个销售公司，产品行销全国并出口欧美和日本等发达国家。成为国内最大的成套太阳能热水器生产企业。

（陈　颖）

蒋锡培　江苏新远东电缆有限公司总裁。蒋锡培自1990年创办宜兴市范道电工塑料厂（江苏新远东电缆有限公司前身）以来，带领全体员工经过9年的艰苦创业，公司由180万元起家的乡办小企业发展成为拥有总资产5.6亿元，占地37.8万平方米，员工近2 000人，在全国各地设有218个全资子公司的大型现代化国家企业集团，产、销、利每年都以较快的速度增长。公司先后被评为农业部"最佳经济效益乡镇企业"、"国家级乡镇企业集团"、"中国最大经营规模乡镇企业"，连续多年荣膺"江苏省明星企业"等称号，是江苏省26个重点乡镇企业集团之一。

为使企业走资本经营之路，实现规模效益，蒋锡培九上北京，积极与国有企业洽谈，最终凭着过硬的实力和优势与中国华能集团等4个国有企业成功实现合资合作，走上了资本运营快车道。这种跨区域、跨所有制的强强联合，吸引了众多经济学家和企业界人士的关注，被称之为混合所有制经济的成功典范。为了争创品牌，提高产品科技含量，蒋锡培不遗余力地增加创新投入，1995年和1997年共从芬兰诺基亚公司引进两条具有世界先进水平的交联生产线，并不惜重金招贤纳才组建电缆研究所，为科技更新提供技术支撑，使公司产品结构和科技含量得到很大提高。在短短几年时间内，"远东"产品就覆盖了全国30多个省份的100多个大中城市，"远东"电缆也相继通过ISO9001质量认证并获自营进出口权。

在注重经济建设的同时，蒋锡培还非常重视精神文明建设，每年拨出专款对员工进行智能知识培训，并运用利益、文化、组织、目标、榜样等激励措施营造企业文化，公司于1997年荣获"江苏省文明单位"称号。由于在经济建设和精神文明建设中成绩突出，蒋锡培先后被授予"江苏省劳动模范"、"江苏省乡镇企业家"、"江苏省优秀共产党员"、"江苏省优秀企业经营管理者"、"无锡市第三届十大杰出青年"、"全国优秀乡镇企业经理"等荣誉称号，并多次受到无锡市、宜兴市人民政府的嘉奖。

（陆元华）

胡　平　贵州省罗甸县龙泉铁合金厂厂长。1995年，在国家和省关于加快发展乡镇企业政策的鼓舞下，胡平依靠个人的自有资金50万元，开始了艰辛的创业之路，着手创建龙泉铁合金厂。筹建期间，由于得到县委、政府及有关部门的大力支持，通过自身的艰苦努力，克服种种困难，采取各种渠道从银行、财政等部门争取到50万元的启动资金，经过一年的艰苦奋战，使该厂于1996年建成投产。项目建成后，最初的年生产能力只有1 000吨，不能满足发展的需要。为扩大再生产，胡平又四方奔走，以一个企业家的胆识和信誉，筹集资金进行扩建。到1998年，该厂的固定资产从建厂初期的100万元扩大到520万元，设计能力从1996年的年产1 000吨扩大到5 000吨，实现收入从1996年的400万元扩大到850万元。

企业规模逐年扩大，经济效益提高了，但胡平并没有满足于现状，而是积极寻求更大的发展。1997年，胡平又筹集资金150万元，与浙江淳安化工厂联合新建了电石厂，设计能力为年产10 000吨电石。之后又筹建碳化硅厂，设计规模为年产2 500吨碳化硅，可实现产值800万元，实现利税70万元。

经过胡平多年辛勤劳动培植起来的龙泉铁合金厂，已拥有固定资产1 100万元。为使企业生存和发展，胡平先后采取了一系列措施。

一是立足资源，依托市场，创立品牌，开发优势产品。由于严格加强质量管理，生产工艺先进，产品质量优良，铁合金产品已畅销日本等东南亚市场。

二是多方筹集资金，加快技改步伐，创建规模效应。企业建厂初期只有50万元启动资金，通过多形式、多渠道筹集资金，狠抓技改，铁合金冶炼炉从1台发展到4台，从生产单一的铁合金产品发展到集铁合金、电石、碳化硅产品为一体的多样化产品。逐步实现了规模效应。

三是依靠科技，引进人才，走科技兴厂之路。全厂共有员工116人，其中引进、招聘的技术管理人员达18人。这批科技人员已成为厂里的中坚力量，在生产经营、技术改造中发挥了重要作用。

四是健全制度，强化管理。根据国家有关政策法规，借鉴沿海发达地区的经验，结合实际，制定了一套强有力的管理措施。依靠制度，加强管理，增强了职工的责任感和使命感，发扬敬业爱岗精神，提高了工作效率。

五是重视发展企业文化，推动两个文明建设。为了丰富职工的业余文化生活，建起了歌舞厅、阅览室，同时还开展了创"文明五好家庭"、评选"劳动模范"、"职工谈心"、"职工献计献策"等活动，企业精神文明建设开展得有声有色，从而促进了企业物质文明建设的发展。

（陈　良）

吕全福

兰州市甘草水泥集团有限责任公司(原榆中县甘草水泥厂)董事长兼总经理。

多年来,吕全福带领全体职工始终坚持“发展才是硬道理”的原则,在市场经济大潮中勇于探索,开拓进取,经过十几年的艰苦奋斗,使企业从最初的年产水泥7 000吨、资金50万元、职工不足100人的乡办小厂发展成为拥有1个总厂、5个分厂、5个分公司,实有资产1.78亿元,职工1 800人,年产水泥35万吨,箱板纸13 500吨,机砖3 400万块的国家中型一档企业。已跨入全国500家最佳经济效益乡镇企业、甘肃省工业企业实现利税50强、兰州市10个重点企业和省、市发展乡镇企业10强行列。先后获得“全国乡镇企业思想政治工作先进单位”、“全国乡镇企业科技进步先进单位”、“全国文明乡镇企业”、“甘肃省先进纳税企业”等多项荣誉称号。并被农业部和甘肃省经贸委分别批准为“全国乡镇企业集团”、“甘肃省乡镇企业集团”。

*加强企业管理,提高企业管理水平。*吕全福在企业管理工作中始终坚持“要求严、起点高、落实细”的原则,通过质量管理、定额管理、财务管理、现场管理等基础管理工作,不断地提高企业管理水平,以适应企业持续、健康、快速发展的需要。在他的主持下,先后建立健全了管理制度、技术标准、工作标准,并以严于国家标准的企业内控标准保证各项工作的实施。以后,又逐年完善健全了以质量否决、能源奖罚、承包考核为中心的管理工作系统。公司主导产品425R、525# 普通硅酸盐水泥双双取得《采用国际标准产品标志证书和《质量认证产品证书》,其中425R水泥先后被命名为“甘肃省名牌产品”和“中国乡镇企业名牌产品”,“龙峡牌”商标被授予“甘肃省著名商标”称号。

*加强科技进步,走科技兴厂之路。*吕全福坚持“科技是第一生产力”的真理,把加快技术改造和科技进步作为一项主要工作,善于学习和运用科学技术,善于培养和使用人才,通过引进设备、技术、人才来提高企业的综合实力。多年来,为了提高企业整体素质,他采取了职工进厂必须通过文化考试,先培训后上岗的措施,并与省建材学校、省电大等大中专院校签订了委培合同,共培养接收水泥工艺、机电等对口专业学生近100人。与此同时,先后淘汰一批性能差、能耗高的落后设备,投入较大资金选用了电子翻斗秤、窑外保温、微机控制配料、预加水成球等多项先进装备,使企业技术水平上了一个新的档次。

*深化改革,完善机制,加大转换力度。*自1992年以来,在吕全福的主持下,先后推行和完善了股份制改革,理顺了管理机制,把董事会决策、党委监督和职工民主管理作用结合起来,同时完成了对下属分厂、公司自主经营、单独核算、自负盈亏、自我发展经营体制的改革。同时,在企业内部实施了多项改革措施,在劳动用工上打破了各种界线,论知识、论水平、论实绩,干部实行年度聘任制。在分配制度上,向生产一线倾斜,极大地调动了一线职工的生产积极性,推动了产量、质量等经济指标的顺利完成。

*加强物质文明和精神文明同步建设。*吕全福坚持两个文明一起抓、两个轮子一起转,重视企业文化建设和职工福利设施建设,通过各种形式的活动调动职工参与改革和发展的自觉性和积极性,增强企业的凝聚力。在他的支持下,公司先后建立了卫星闭路电视、广播室及其他文化娱乐设施。每年举行职工运动会和各种寓教于乐的活动,近年先后举办“三五”普法、迎香港回归、精神文明建设等知识竞赛活动多次。同时,积极参与捐资助教、抗洪救灾等公益事业。公司先后为榆中教育投资230余万元。在1998年夏季全国抗洪救灾中,吕全福率先捐款,在他的带动下,广大职工积极响应,短短3天捐款达10万余元,并及时转交灾区。

吕全福以高度责任心和使命感,全身心投入到乡镇企业的发展中,为促进地方经济发展做出了突出贡献,企业取得了显著的经济和社会效益。自建厂以来,企业共生产水泥206万吨,总收入4.86亿元,实现利税8 265万元,其中上缴国家税金5 726万元。特别是1996—1998年,生产水泥80.6万吨,企业总收入2.51亿元,实现利税3 944万元,其中税金3 550万元。吕全福先后荣获“全国农业劳动模范”、“全国优秀乡镇企业家”、“全国优秀农民企业家”、“甘肃省最佳乡镇企业家”等多项称号。

(张富奎)

陆汉振

中国金轮集团公司董事长兼总裁。全国农业劳动模范、全国优秀乡镇企业家。

*金轮速度。*1986年,陆汉振获得一条极为重要的信息:用作轮胎骨架材料的锦纶帘子线、帘子布,全国当时的生产量仅占市场需要的60%,国家每年得花费大量外汇进口。而且,随着我国汽车工业的发展,这个缺口将越来越大。

这是个难得的机遇。难度虽高,陆汉振冒着风险当机立断,投资250万元,兴办一座年产2 000吨帘子线的锦纶一厂。1987年6月，锦纶一厂建成投产。仅半年就奇迹般地收回了全部投资。

1988年3月，在锦纶一厂帘子线鉴定会的第二天，陆汉振又出人意料地决定：以10倍于一厂的投资，筹建年产5 000吨级帘子线的锦纶二厂。

1990年，陆汉振领导的这家乡镇企业就已实现产值超1亿元、利润超2 000万元的目标。

就在这个时候，陆汉振又一次作出大胆决定：筹建年产帘子布1.5万吨级的锦纶三厂。他认为，只有迅速扩大生产能力，上等级、上规模、上台阶，才能在市场竞争中立于不败之地。

1990年9月，锦纶三厂破土动工，11个月后投产。1992年7月，锦纶四厂又迅速上马，企业奇迹般地成为全国第二大帘子布生产基地。

1992年12月28日，陆汉振组建了拥有18个成员企业的中国金轮集团。1993年，创产值8.012亿元，销售8.01亿元，获利税8 162万元，出口创汇8 214万元。1994年，该集团积极转换经营机制，及时调整行业、产品和投资结构，向高新技术行业靠拢，并加快了贸易和第三产业的发展步伐。中国金轮集团被评为全国十大优秀企业，荣获全国企业界的最高荣誉奖——“金马奖”。1995年在全国500强最大工业企业中排名第176位，全国最大乡镇企业排名第8位，连续6年雄居浙江省乡镇企业首位。1995年11月，陆汉振荣获“全国十大杰出青年企业家”荣誉称号。1997年1月，陆汉振荣获香港“紫荆花杯”中国杰出企业家桂冠。

1998年，中国金轮集团实现工业总产值20亿元，创利税2亿元，出口创汇2亿元。核心企业宁波锦纶股份有限公司生产的锦纶帘子布荣获中国乡镇企业名牌产品，产量达6.5万吨，雄居亚洲第一，世界第三。国内市场占有率达45%。产品在各种质量评比中多次获奖。摩托车产量达12.3万辆，荣获机械工业部颁发的出口质量许可证，远销东南亚各国和南美等地区。

中国金轮集团拥有成员企业30多个，总资产30亿元，员工13 800多人，已发展成为集工贸、科技、金融、服务于一体的国家大型一档企业。集团公司被浙江省政府批准为大企业集团培育对象。

*勇于革新自我。*自觉学习、虚心求教、自我革命是陆汉振人生的一大主题，也是他创造业绩的一条主线。他惯于在浩瀚的市场中捕捉信息、运筹决策，抓住一个个新的机遇。第一次是抓住80年代中期国内锦纶帘子布市场紧缺的时机，大胆上马了这种技术难度高、工艺复杂的“重型产业”产品，为企业规模发展奠定了基础。第二次是抓住80年代末国内同类产品生产厂家普遍规模尚不够大的时机，迅速建起锦纶二厂、三厂，占据了行业规模优势。第三次是抓住了90年代初乡镇企业上规模、上档次的机遇，投资2亿元，建起了规模更大的锦纶四厂，成为国内的“行业龙头”，使金轮集团驶入现代化企业的快车道。党的十五大以后，陆汉振明确提出了“换脑子、转机制、抓三本(人本、成本、资本)、上水平”的经营方针。这一方针，既是迎接时代的挑战，又是对自我的挑战，是革新自我的大超越。

陆汉振不仅是一个开拓创新的企业家，还是一个克己奉公、清正廉洁、善于团结同志的好当家。他有办好企业的决心和行动。在日常生活中，他勤俭节约，但为了公益事业又有一掷千金的豪气。扶贫、助学、养老保险、修桥建路、创办学校等捐资已达5 000万元。他觉得战胜困难是一种享受，爱和奉献更是一种责任。正是这种崇高的精神，才使陆汉振和他的中国金轮集团实现一次次自我超越。

*为了明天的辉煌。*陆汉振主张，企业应该形成科学民主的管理体系。实力雄厚的管理人才和技术后盾使得金轮的产品在各种技术检测、评比中连获国家、省、市桂冠。但陆汉振永不满足。为了创造明天的辉煌，他坚持以人才管理为基础、科学管理为后盾的企业管理思路。在管理体制上，结合十五大精神，按照“抓大放小”的原则，加快集团内部部分企业体制转换工作。在人才培养和管理上，花大本钱投入教育，以走出去、请进来的方式注重人才的培养与引进。

在现代市场的竞争中，陆汉振把人才的竞争放在头等位置。他求贤若渴，不惜重金聘请了一批沪、杭化纤工业、纺织工业的高级人才。这种“请财神”的办法，是众多乡镇企业家的发展策略。然而陆汉振的高明之处在于：在不惜重金引进人才的同时，把视线投向未来，更不惜重金培养自己的人才队伍，为企业发展后劲投下重重的一笔。

公司有一所耗资近1 000万元的职工学校，对来自5个省市12个县的1万余名员工进行各类程度不同的技术培训和文化培训。为了培养自己的高级人才，公司鼓励职工上“五大”进修。在10余年中，共花费1 500多万元选送800余人去中国纺织大学、浙江大学等高校深造，选派500余人委托国有大企业进行技术培训。正如陆汉振所说的，“得人才者得市场，得人才者得优势。”职工的再教育，领导班子的再学习，人才的引进和大胆使用，使金轮集团如虎添翼，展翅腾飞。

(朱焕清　董其岳)

李如成　雅戈尔集团公司董事长兼总裁。1990年8月，中外合资雅戈尔制衣公司诞生。李如成一次投入数百万美元，从日、德、美等国引进

300多套最新的一流设备,使企业的装备一步跃入了80年代后期的国际先进行列。凭借设备的优势,合资企业的机制,加之通过外贸加工培育的高素质技术队伍,使雅戈尔高档衬衫一推上市场,就具有很大的魅力。雅戈尔衬衫声誉鹊起,很快成为享誉中国的名牌。从此,步步是台阶,年年是起点,每一步都是超越。

当时,雅戈尔集团的经济实力尚不雄厚。然而,李如成又以超前思维的惯性,开始了一条全方位发展思想的探索。他开始涉足贸易、房地产业,运作十分成功。嗣后,又乘胜进击,涉足金融、商业、广告、包装等多种产业,成功地兼并了一家破产的福利厂。先后投资数千万元引进90年代国际先进水平生产流水线,建成设计生产能力为年产50万套的国内一流的雅戈尔西服公司,与意大划合作生产的具有意大利风格的欧式西服,已被评为中国名牌产品。

李如成从不甘于迈着悠闲步子过平庸的日子,总在构划着一幅又一幅宏大而美妙的蓝图。当企业步入良性运转之日,他的目光开始投向"实行股份制,实现内部机制改革"的新目标。在当地政府的重视和扶持下,雅戈尔公司作为宁波市第一批股份制改造试点企业给推上了马,在资产界定,产权、股权配置等方面进行了大胆的探索和尝试。股份制的实施极大地调动了生产者、经营者和投资者的积极性,企业由此产生了巨大的凝聚力和爆发力。1993年到1997年,雅戈尔公司的销售每年以88%的速度递增,利润以95%的速度增长,企业的净资产增长了10余倍。与此同时,以李如成为首的雅戈尔集团本着"装点人生,服务社会"的企业理念,在回报社会方面做出了卓著的贡献。仅在当地捐资助建的医院、学校、敬老院、幼儿园、天桥、公路就达20多个,捐资总额达4 000万元。

李如成一手创建的雅戈尔集团,已拥有20余个经济实体,其总面积为39 600平方米的中央空调全封闭衬衫大楼属亚洲之最,总面积为1.8万平方米的西服厂房及其设备亦属亚洲一流,其主导产品雅戈尔衬衫1994年以来蝉联全国十大名牌第一名;其"棉免熨衬衫"获国家级新产品的殊荣,雅戈尔商标荣膺"中国驰名商标"称号,年产量达1 000万件的雅戈尔衬衫在国内市场销售居第一。雅戈尔西服后来居上,居全国西服市场占有率第二。投资5亿元,占地26万平方米的国际服装城已破土动工,西服一期工程已竣工投产,年产西服总量达200万套。然而李如成恪守"认认真真唱戏,清清白白做人"的准则,韬光养晦,全性葆真,俭以养德。为此,他又一次奏响"二次创业"的进行曲,对雅戈尔集团1996—2010年第二个15年二次创业的发展战略作科学的论证与规划,所属各成员企业将全面导入CIS,对雅戈尔实施整体形象策划。以"创世界名牌,建跨国集团"作为激励雅戈尔人二次创业的强大动力。

为了巩固国内市场,为创世界名牌,建跨国集团奠定扎实的基础,李如成一直致力于构筑有中国特色的雅戈尔营销网络体系。雅戈尔集团已有110个配货中心遍及全国各地,有效地实施了售前、售中、售后服务。李如成创造性地提出了雅戈尔的营销理念:让消费者满意,使合作者发展。从营销活动社会化的角度把企业与消费者,企业与合作者的关系作了重新定位。在经历了全国范围内的推销,设分支机构、办事处两个初级阶段后,李如成审时度势,果断地将营销网络建设纳入科学化、规范化的轨道上来,组建与国际接轨的营销网络体系。营建三个系统,一个营销网络运作系统,一个支持系统,一个控制系统。这个营销体系建立以后,不仅可以销售雅戈尔的衬衫、西服,还可以开发雅戈尔的系列产品,如T恤、休闲装、服饰、皮具等,同时也可以作国外品牌的代理,使整个企业有新的增长点。

1998年在全国市场竞争激烈,经济形势严峻的情形下,雅戈尔服饰的销售在上半年有近50%的增幅。中华工商信息中心统计的全国服装市场各品牌市场占有率排行榜显示:1—10月份,雅戈尔衬衫、西服分别获得第一、第二名,11月份雅戈尔衬衫、西服双双摘取排行榜的桂冠,成为国内服装企业中惟一有两项产品同时上龙虎榜的企业。

在巩固和扩大产品市场的同时,李如成积极促成雅戈尔进入资本市场。1998年10月12日,雅戈尔股票5 500万社会公众股上网发行,11月19日,雅戈尔A股股票在上证所正式挂牌交易,标志着雅戈尔正式进入资本市场。

(于　澄　董其岳)

陈华姣　一休集团股份有限公司董事长兼总裁。陈华姣是我国乡镇企业中具有开拓精神的女企业家。从1984年开始在第一个十年创业期,她推出了"投石问路经营法"、"快速生产法"等独特的经营策略,以新取胜,赢得了全国市场。一休集团年销售、年利润和固定资产分别自1984年的27万元、8 000元、2万元增长到1994年的1.7亿元、2 000多万元、3 000万元。"一休"品牌在国内市场的份额以绝对优势领先。陈华姣被评为全国劳动模范、全国优秀乡镇企业家、全国优秀女企业家。

当中国告别短缺经济年代后,市场由供不应求转向供大于求。此时,很多在首次创业期间曾经辉煌的企业,经受不住这种激烈的多元化竞争格局,纷纷被淘汰。而陈华姣领导的一休集团，由于始终居安思危、以敢为人先的开拓精神寻找自己的不足，借助外脑，制订了坚持核心产业集中化发展战略，走集约化经营的道路，通过机制创新、实现管理现代化和提高全员素质等方式，而年复一年地以相当大的幅度逐步壮大。在1995年一休集团公司被国务院经济研究中心评为“中国最大童装企业”，成为国内最大的儿童服饰及儿童系列用品生产基地。到1998年，已在国内外拓展了1 000多个销售网点，配以计算机进行网络管理，一休集团的销量实现了连续七年国内同行排位第一，并以强大的综合实力成为国家级乡镇企业集团、全国乡镇企业现代企业制度试点单位，省“五个一批”重点骨干企业，省最佳经济效益、最大经营规模企业，市县实力型企业。一休产品连续四年蝉联全国最畅销国产名牌产品“金桥奖”童装第一名，荣获部、省名牌产品称号。陈华姣由于突出的经营业绩与管理才能荣获1997香港“紫荆花杯”中国杰出企业家成就奖，1998年又荣获浙江省突出贡献企业经营者称号，且再度评为全国优秀乡镇企业家。

陈华姣在开拓了一休集团发展前景的同时，更带动了地方经济与社区有关事业的发展。历年来，一休集团均为县纳税大户，为地方财政做出了贡献。1998年，她又大力响应国家科教兴国的方针，为支持宁海地区教育事业，个人捐款100万元建造教学大楼。当地以及周边县为一休集团加工制作服装的人员约达8 000多人，一休集团的发展解决了大批劳动力的就业，很好地配合了再就业工程的开展。

1998年，长江流域遭受水灾后，陈华姣马上派遣公司驻外各分公司负责人多次向民政部门、新闻媒体单位等了解、联络有关赈灾捐助事项。最后在宁波市民政局、宁波市慈善总会等的统筹安排下，将价值328余万元的一休童装、学习用品发送受灾地区。

（毛玮莹　董其岳）

王文鉴

浙江舜宇集团股份有限公司董事长兼总经理。1984年，正逢改革开放的大好时机，乡镇企业蓬勃兴起，步入而立之年的王文鉴带领几名本乡青年，创办了余姚市第二光学仪器厂——浙江舜宇(集团)股份有限公司的前身。

王文鉴靠6万元的银行贷款、8名初出校门的职工起家，经过14年的艰苦努力，舜宇集团已形成光学镜头、显微镜、望远镜、测量仪器等四大系列产品的开发、设计、生产能力。1997年创产值2.24亿元，销售收入1.83亿元，利税3 600万元，出口创汇2 170万美元，排名1997中国最高利税总额乡镇企业第461名，出口创汇第164名，为全国机电产品出口基地和先进单位、全国乡镇企业科技进步先进单位，荣获浙江省首届科技进步重大贡献奖。王文鉴多次被评为省、市、县级优秀企业家、先进生产者、劳动模范。

舜宇集团公司的迅速崛起，与连任厂长、总经理、董事长王文鉴本人的品格、能力和所起的作用是分不开的。

依靠科技拓展市场，创立厂校联袂新形式。王文鉴曾用“厂校联袂迈大步，依靠科技闯市场”这句话概括自己的创业经验。他说：“我们企业之所以能由一家名不见经传的乡镇企业，迅速发展成为国内同行中享有较高声誉的企业集团，其中一个重要因素，是因为选择了一条厂校联袂、生产与科技相结合的发展之路。”他选择与浙江大学联袂，就是要把产、学、研三者结合为一体，借助学校、科研部门的力量，为企业创造更多的经济效益，为社会创造更多的物质财富。这就是王文鉴所选择的推进企业由劳动密集型向智力密集型转变的途径。从1988年开始，舜宇集团借助浙江大学雄厚的科技实力作后盾，不断开发新产品，打开国外市场，才给企业插上了腾飞的翅膀，保证经济效益大幅度持续增长。

王文鉴所创立的厂校联袂模式：第一，提高科技意识，寻求生产和科技的最佳结合，是厂校联袂的前提。第二，建立一个合理的机制，形成一个共同体，是厂校联袂的保证。第三，从国内市场闯向国际大市场，是厂校联袂的导向。第四，提高企业整体素质，是厂校联袂的基础。

抢占制高点，拓展国际市场。由于国内光学工业起步晚，基础薄弱，技术落后，国内许多光学产品生产厂家因为缺乏正面竞争能力，在国外产品的强大冲击下，纷纷萎缩。面对这一严峻的现实，王文鉴经过冷静分析，确立了“当好名配角，占领制高点，先求生存，再求发展”的策略。看准在光学元件方面，与国外在技术与工艺方面的差距相对较小，更重要的是光学元件是劳动密集型产品，由于劳动力成本相对较低，具有很大的成本优势，可以利用发达国家向不发达国家转移劳动密集产品之际，夺取光学元件产品的市场份额。以光学元件为国外大公司配套，达到跻身国际市场的目的。经过艰苦努力，以优良的质量，较低的价格，快速的开发与交货，击败了国内外众多的竞争对手，光学元件与美国柯达、日本美能达、韩国三星等光电产品配上了套，并与这些国外大公司建立了长期稳固的业务关系，成了这些名牌公司的名配角。集团已经形成年产600万只镜头的生产能力，并正在实施360万只扫描镜头的技改方案，已成为国内最大的光学镜头生产基地。

为实现战略的重大转移,王文鉴经过广泛调查,作出了"两个转变"的决策,即生产上由单一的光学元部件转向光学元部件与整机生产并举,销售上由单一的面向国内市场转向国内与国际市场并进。利用大公司的销售网络直接进入了国际市场,并迅速在国际市场找到了立足点。天体望远镜通过世界著名的经销商美国 TASCO 公司进入欧美市场,实现年销售 35 万架,已成为国内最大的天体望远镜生产基地,销售量占全世界同类产品 50%以上。

*以人为本,注重培养和引进人才。*王文鉴深切地体会到乡镇企业的历史与现状决定了必须加速培养和引进人才。1995 年企业就获得自营进出口权,但由于缺乏精通国际商贸规则与惯例的人才,致使业务迟迟难以开展。1996 年通过人才引进,使自营进出口业务得以顺利开展。通过自营进出口业务,企业真正进入了国际市场,与国外客户建立了牢固的业务关系,赢得了市场主动权。对人才做到政治上信任、生活上关心、待遇上保证,加大人才引进的力度和速度。公司已引进博士 2 人、硕士 1 人,大中专毕业生 70 余人,形成了"金字塔"型的人才结构。王文鉴还积极组织职工文化学习和业务培训,通过自办职工学校以及派出去培训等多种形式,提高职工素质,形成了一支高素质的员工队伍,为企业的进一步发展打下了坚实的基础。

*身体力行,抓好两个文明建设。*王文鉴自 1984 年创建余姚市第二光学仪器厂,艰苦创业已达 14 年,始终坚持改革开放,坚持以经济建设为中心,走共同富裕的道路。在提高企业经济效益的同时,十分注重社会效益,坚持两个文明一起抓。王文鉴在企业发展的同时,积极为社会分忧解难。1998 年初拿出 100 个招工名额优先招聘下岗(失业)职工。他还积极支持教育,在浙江大学、余姚中学等设立舜宇奖学金。创办了扶贫企业,支持老区人民脱贫致富。

王文鉴最突出的特点就是脚踏实地,"待遇上知足长乐,事业上永不满足",为企业的发展壮大倾注了全部心血。1994 年,率先实行现代股份制试点。1995 年升格为浙江省批集团企业,实现产值、利税翻番目标。1996 年在全省工业企业评价排序中,经济效益列行业第一,经营规模名列行业第五,被列入浙江省最佳经济效益工业企业行列。

王文鉴坚信要办好企业,固然必先注重经济效益,但社会效益也决不可忽视。因此,他从实际出发,把企业定位在光电产品发展上,鉴于国内光学工业现状和光电产业迅速发展趋势,提出了以振兴民族光电工业为己任,争创"舜宇"名牌,争取在不太长的时间里进入世界光电行业先进行列的奋斗目标。在他的全部企业行为中,充分体现了坚持两手抓、两手都要硬的战略思想。从 1988 年以来,集团年年被评为文明单位,重合同、守信用 AAA 级企业。

王文鉴明确认识到思想道德建设决定着精神文明建设的性质和方向,是解决精神支柱和精神动力问题,因而着力提高企业职工的整体素质。一靠教育,他从我做起,以自身的行为给职工做表率。二靠法制,以法治代人治,大力推行现代化管理,完善规章制度,切实抓好基础管理和专项管理。王文鉴处处以身作则,自觉遵守国家法律、法规和各项政策,严于律己。

*不断总结经验教训,使实践升华为理论。*王文鉴的业余爱好就是读书,读经济、读科技、读政治、读哲学、读文艺、读历史……而且认真作笔记、写心得,在报刊上发表了一篇篇管理论文。他坚持走自学成才之路,1995 年被破格评为高级经济师,1996 年受聘为"宁波市乡镇企业局参事"。王文鉴的论文注重从实际出发,把实践经验升华为理论,针对性强,富有现实指导意义。1993 年以来,他发表了《企业兴旺发达的必由之路——科技与生产相结合》、《进军国际市场三部曲》、《强化管理才能上水平》、《依靠科技上规模,走向国际大市场》、《依靠科技,发展外向型经济》、《厂校联袂迈大步,依靠科技闯市场》、《向管理要效益,推进经济增长方式转变》、《乡镇企业的发展与人才培养》、《观念更新是企业长足发展的先导》等文章。在王文鉴的言传身教下,公司职工人人好读书,读好书,提倡理论学习和法制建设,尤其在公司管理层,十分注重培养企业管理理论和实践。

(王文杰　董其岳)

盛军海　宁波罗蒙集团股份有限公司董事长。罗蒙集团拥有2 000名职工,1.2 亿元固定资产,下辖 5 个分公司。1998 年完成产值 5 亿元,创利税5 000多万元,已连续 5 年成为奉化市工业企业的第一创利大户、全国最佳效益乡镇企业。

*闯三关。*1984 年,罗蒙建厂时,盛军海可以说是赤手空拳打天下:无厂房,借用镇政府的老房子;没有缝纫机,叫职工把私人的扛来;缺资金向信用社贷款、向职工筹集……

当时,罗蒙与培罗蒙联营,而培罗蒙是上海有名的西服店,质量要求很高。为了在激烈的竞争中站住脚跟,盛军海不分昼夜蹲在车间里,与技术人员一起研究新工艺,还节衣缩食聘请高级名师把关指导。功夫不负有心人,1985 年罗蒙厂生产的服装终于被上海市服装公司评为优质产品,企业闯过了生存关。

1986 年下半年,西服热开始降温。培罗蒙西服店也感到了压力，便提出由包销改为经销。这时，厂里已有200多名工人。盛军海经过深思熟虑，决定打自己的牌子——“罗蒙”商标。与此同时，罗蒙还开发有自己风格的系列服装。1987年，罗蒙牌男大衣被农业部评为部优产品。1989年，男西服被评为省优质产品，1990年又被纺织工业部评为优质产品，因“规格准确、造型优美、缝制精细、漏验率为零”，名列全国毛呢西服类质量抽查第一名，受到国家技术监督局的表扬，罗蒙在同行中脱颖而出，闯过了成名关。

1992年春，盛军海又与日本三泰衣料株式会社接上关系。几番考察，日方既对罗蒙崭新的厂房、职工良好的素质感兴趣，更对盛军海办事果断、精明，十分信任，很快签订了合资意向书。此后进展快速，8月投入试生产，当年完成外贸出口货值300多万美元。罗蒙终于闯出了国门关。

胜三仗。第一仗是兼并宁波富贝特制衣公司。宁波富贝特制衣公司是一家中美合资企业，与罗蒙集团公司毗邻，由于经营不善，虚盈实亏，有几百万元的债务。盛军海把握时机，向有关方面提出愿意接收富贝特制衣公司中方的40%股权。当时厂里不少人有顾虑，盛军海认为，接收富贝特公司股权，近期确实是一个包袱，但从长远看，富贝特公司一流的厂房与罗蒙集团连成一片，对罗蒙集团的发展很有利。如今，富贝特公司“旧貌换新颜”，已发展成中日合资宁波罗蒙三洋公司，不但厂房与罗蒙集团连成一片，而且成为罗蒙集团公司外向型经济的一支劲旅。

第二仗是出击大市场。1993年下半年，由于国家再次实行宏观调控，原先形成的商业窗口、门市部和个体户三结合的销售网络已不能适应新的形势。这时，盛军海决定考察市场，先后三次足迹遍布上海、南京、武汉、北京等大中城市。行数万里，访问了几百家店，既了解行情，又大刀阔斧整顿各个销售点，使之重新焕发生机。

第三仗是强攻“首届中国十大名牌”。盛军海通过市场考察，认真分析了罗蒙集团的现状：有名牌质量却不能收到名牌效应。1994年初，罗蒙集团收到国家计委评选“首届全国十大名牌西服”的函件。盛军海决定：“要参加！不能错过这一机会！”首先成立由自己挂帅的班子，按要求作出总体安排，然后“兵分三路”，协同作战，并有条不紊地落实人员、职责。最后凭过硬的质量和工艺，罗蒙西服终于以“质量分第一，总分第二”的佳绩摘取了“首届中国十大名牌西服”的桂冠。

展宏图。盛军海在办公室墙上挂了标有销售网络标志的中国地图和世界地图，在他的心目中时刻注视着国内外两个市场。1996年，盛军海一下征用了6公顷土地，设计一座工人从早晨进厂到晚上下班不用下楼的现代化工厂。并抓住参加巴黎世界服装博览会的机会，与有世界服装王国之称的法国一家老牌服装企业——高纳公司签订了合资意向书。罗蒙集团已获得自营进出口权，在美国、日本、韩国等国家和香港特区注册了商标，国际标准质量体系认证也在紧张进行。

（原　杰　董其岳）

大 事 记

▲1月12日　农业部、劳动部联合发出《关于印发刘成果、林用三同志在全国乡镇企业安全生产综合治理工作总结会议上的讲话的通知》，要求各地做好贯彻落实工作。

▲1月13日　国家档案局和农业部联合发出《关于印发＜乡镇企业档案管理办法＞的通知》，对乡镇企业档案管理工作作出规定，同时宣布废止原《乡镇企业档案管理暂行规定》。

▲1月19日　农业部、财政部联合发出《关于印发农村集体资产清产核资工作方案和办法的通知》，要求各地加强对农村集体资产清产核资工作的组织领导。在各级人民政府清产核资办事机构的协调、指导下，由农业和乡镇企业行政管理部门按照统一领导、统一部署、统一政策和分工协作的原则，开展清产核资工作。

▲1月19日　国家建筑材料工业局、农业部、国家技术监督局、建设部联合发出《关于颁发〈烧结砖质量整顿工作方案〉的通知》，要求各地在提高烧结砖质量试点工作的基础上，进一步采取措施，认真组织开展烧结砖质量整顿工作，努力提高烧结砖企业整体素质，提高产品质量。

▲1月23日　农业部、人事部发出《关于印发〈关于加强乡镇企业专业技术人员继续教育工作的意见〉的通知》，要求各地充分认识继续教育工作的重要意义，紧密联系经济发展实际进行继续教育。

▲3月6日　农业部发出《关于开展乡镇企业登记备案工作的通知》，要求各地充分认识乡镇企业登记备案工作的重要意义，严格掌握乡镇企业登记备案的方法和步骤，认真贯彻乡镇企业登记备案工作的基本要求。

▲4月6日　农业部、对外贸易经济合作部联合发出《关于表彰全国乡镇企业出口创汇先进单位及企业的通知》，决定1998年继续联合表彰全国乡镇企业出口创汇先进单位及企业，并就表彰条件、申报工作提出了要求。

▲4月30日　农业部发出《关于学习宣传贯彻落实江总书记考察乡镇企业重要讲话的通知》，要求各地认真学习宣传贯彻落实江泽民总书记4月20—22日视察江苏省乡镇企业时的重要讲话精神。

▲5月23—27日　全国乡镇企业改革与发展工作会议在广西南宁市召开。会议议题是：学习贯彻落实江泽民总书记考察乡镇企业的重要讲话，分析乡镇企业当前面临的新形势，积极稳妥地推进乡镇企业改革，研究部署保持18%的有效增长速度的战略措施。农业部副部长齐景发出席会议并作题为《贯彻江总书记重要讲话精神，开创乡镇企业改革与发展新局面》的讲话。

▲6月25日　国务院办公厅印发《农业部职能配置内设机构和人员编制规定》明确农业部内设乡镇企业局，其职能是：研究拟定有关乡镇企业技术改造的政策措施；指导乡镇企业体制改革；引导乡镇企业的产业、产品结构调整，提高产品质量和经营管理水平；制定乡镇企业财务会计、内部审计工作；组织乡镇企业统计工作。经农业部党组研究决定，乡镇企业局设置7个处级机构，编制数为29，其中处室编制数为25人。

▲7月10日　农业部印发《关于当前深化乡镇企业改革有关问题的通知》，要求各地认真贯彻落实国务院领导的指示和有关文件精神，积极稳妥地推进改革。

▲7月17日　农业部发出《关于切实加强乡镇企业统计工作的通知》，就进一步明确乡镇企业统计范围、认真做好乡镇企业定期统计报表和统计分析工作等问题提出要求。

▲8月3日　农业部、对外贸易经济合作部联合发出《关于表彰1995—1997年度全国乡镇企业出口创汇管理先进单位和全国出口创汇先进乡镇企业的通报》，授予江阴市乡镇企业管理局等100个县(市)乡镇企业局、东莞市长安镇对外经济办公室等100个乡镇级乡镇企业管理部门为1995—1997年度全国乡镇企业出口创汇管理先进单位；授予中山东茗影音电子有限公司等1 000个企业为1995—1997年度全国出口创汇先进乡镇企业。同时授予江阴市等5个县(市)为全国乡镇企业出口创汇五强县(市)，东莞市长安镇等5个乡(镇)为全国乡镇企业出口创汇五强乡(镇)，龙山集团

有限公司等10个企业为全国乡镇企业出口创汇十强企业。

▲9月1日　农业部向国务院办公厅报送《关于对工商行政管理机关实行垂直管理体制有关问题意见的报告》，提出农村个体、合伙、私营企业是乡镇企业的组成部分，各部门、各地区应坚决贯彻党和国家有关乡镇企业的法律、法规和政策，乡镇企业行政管理部门是农村个体、合伙、私营企业的主管部门，工商行政管理部门和乡镇企业行政管理部门应按照各自的职责对其进行管理，各级工商行政管理部门不应对农村个体、合伙、私营企业收取管理费，或将其登记为个体工商户收取管理费。

▲9月14日　农业部发出《关于扎实工作，确保实现乡镇企业全年发展目标的通知》，要求各地在今后几个月，必须紧紧抓住国家实施更加积极的财政信贷政策，加大基础设施投入，组织灾后重建和恢复生产，扩大国内需求，拉动经济增长的有利契机，艰苦奋斗，坚定信心，扎实工作，努力完成乡镇企业年初确定的增长目标。

▲10月20日　农业部发出《关于推荐全国乡镇企业科技进步示范单位的通知》，要求各地推荐一批乡镇企业科技进步示范单位。

▲11月9日　农业部发出《关于命名全国乡镇企业科技进步示范单位的通知》，决定命名北京市星光影视设备集团公司等94个单位为全国乡镇企业技术创新示范单位，北京市乡镇企业培训中心等11个单位为全国乡镇企业育才兴教示范单位。

▲11月16日　农业部发出《关于命名全国优秀乡镇企业厂长（经理、董事长）的通知》，命名北京一路发联合发展公司总经理程洪云等1 000人为全国优秀乡镇企业厂长（经理、董事长），并对第二届中国乡镇企业功勋、全国优秀乡镇企业家和全国乡镇企业家进行了复查，决定继续保留浙江万向集团董事局主席鲁冠球等728人的原有称号。

▲11月18—20日　农业部乡镇企业局在浙江省杭州市召开全国乡镇企业科技进步工作会议。农业部部长陈耀邦作题为《大力推进乡镇企业科技进步，努力提高产品市场竞争力》的讲话，农业部总经济师、乡镇企业局局长姜永涛作题为《开拓创新，真抓实干，大力推动乡镇企业科技进步》的讲话。

▲12月4—8日　农业部、河南省人民政府在河南省驻马店市联合举办'98全国乡镇企业东西合作经贸洽谈会。全国政协副主席陈俊生出席大会开幕式并致词，农业部副部长刘成果、河南省代省长李克强在大会开幕式上讲话。河南省省委书记马忠臣，农业部总经济师、乡镇企业局局长姜永涛，农业部原副部长刘培植等领导以及中国农业银行信贷部总经理林娇绒出席大会开幕式。

（江文胜）

天津市

▲1月8日　天津市乡镇企业局召开全市乡镇企业系统外经贸工作会议。会议传达了农业部召开的全国乡镇企业外经贸处长会议精神。市乡镇企业局局长王武敬出席会议并作总结报告。

▲1月14日　天津市政府召开乡镇企业专业会议。会议传达了全国乡镇企业专业会议的精神，总结了1997年全市乡镇企业工作，分析了形势，部署了1998年的工作。副市长朱连康参加会议并讲话。市乡镇企业局局长王武敬作工作报告。

▲1月21日　全市乡镇企业家新春座谈会召开。市人大副主任张毓环、副市长朱连康等与来自全市的20位乡镇企业家共商新的一年乡镇企业改革发展大计。

▲2月11日　天津市副市长朱连康主持召开全市乡镇企业专项扶持资金领导小组第一次会议。会议确认了天津市乡镇企业专项扶持资金领导小组及办事班子，通过了《天津市乡镇企业专项扶持资金管理办法》，并研究确定了要抓的几项工作。

▲2月24日至3月2日　天津市副市长朱连康带领市有关部门和农口区县主要负责人一行35人赴江苏、浙江两省学习考察乡镇企业改革和发展的经验和做法。

▲3月11日　天津市副市长朱连康、市农办副主任李瑞营到市乡镇企业局现场办公，听取工作汇报，并对乡镇企业克服困难、深化改革、加快发展提出要求。

▲3月13日　天津市人民政府批转市农办、市乡镇企业局《关于进一步深化乡镇企业改革的意见》。

▲3月16—17日　天津市政府召开全市乡镇企业生产形势分析会。农口各区县主要负责人参加会议并汇报一季度乡镇企业的生产情况。

▲3月21日　天津市政府批准市体改委、市乡镇企业局关于《天津市乡镇企业股份合作制暂行办法》。

▲3月28日　共青团天津市委、天津市乡镇企业局命名天津市飞鹰集团利达实业公司研磨车间等40个青年集体和岗位为1997年度市乡镇企业“青年文明号”。

▲4月6日　天津市乡镇企业有13个项目列入1998年度天津市技术创新计划。

▲5月13日　天津市政府组织召开1 000多人参加的乡镇企业改革报告会。江苏省乡镇企业局等单位介绍了搞好乡镇企业产权制度改革的经验和做法。

▲6月16日　天津市乡镇企业局、环保局、计委、经委、农办、财政局、市容办等七部门联合发布《关于贯彻落实国务院四部委〈关于加强乡镇企业环境保护工作的规定〉的实施意见》。

▲6月20—21日　农业部乡镇企业局局长姜永涛，副局长刘同占、宗锦耀等40余人对天津市乡镇企业进行为期两天的考察。

▲6月23日　天津市政府召开乡镇企业工作汇报会。副市长孙海麟听取了市乡镇企业局关于乡镇企业发展情况的汇报，并作了重要指示，强调发展乡镇企业不能动摇。

▲7月10日　全市乡镇企业家座谈会召开。副市长孙海麟出席并讲话。津海集团张延君等11位乡镇企业家出席座谈会并发言。

▲7月14日　天津市政府任命李瑞营为天津市乡镇企业局局长。

▲8月11日　经天津市政府批准，全市乡镇企业又有8个产品获市级名牌产品称号。乡镇企业市级名牌产品已达到30个。

▲8月20日　天津市政府在北辰区召开全市乡镇企业工作会议。副市长杨新成、孙海麟出席会议并讲话。市乡镇企业局局长李瑞营通报了乡镇企业发展情况和工作意见。

▲8月26日　天津市乡镇企业局、劳动和社会保障局联合发文，决定在全市乡镇企业系统开展职工职业技能培训及职业技能考核鉴定工作。

▲9月15日　天津市副市长杨新成到市乡镇企业局现场办公，听取了市乡镇企业局的工作汇报，并对开展乡镇企业二次创业、实行低成本扩张及做好当前工作提出了要求。

▲9月22日　天津市政府农业办公室和市乡镇企业局联合召开天津市乡镇企业工商贸联手开拓市场工作会议。副市长夏宝龙、王述祖、孙海麟参加会议并讲话。市乡镇企业局局长李瑞营作工作报告。市商委、建委、外经贸委的主要负责人参加会议并讲话。

▲9月28日　天津市副市长孙海麟到市乡镇企业局调查研究。市乡镇企业局局长李瑞营汇报了1999年的工作思路。

▲10月8—9日　天津市人大副主任罗远鹏、张毓环及20多位市人大常委会委员对天津市贯彻实施《中华人民共和国乡镇企业法》的情况进行了为期两天的视察。听取了市乡镇企业局的情况汇报，到静海县、西青区、北辰区实地考察了部分乡镇企业的生产经营情况。

▲10月29日　天津市农办、市乡镇企业局联合召开全市乡镇企业改革汇报交流会。市农办主任崔士光、市乡镇企业局副局长李占发出席会议并对改革工作提出了要求。

▲10月30日　天津市乡镇企业局召开区县乡镇企业主要负责人会议，学习贯彻十五届三中全会精神，讨论了乡镇企业的工作思路。

▲12月15—16日　天津市副市长孙海麟先后到东丽区、西青区、北辰区、武清县视察了部分乡镇企业。

（张晓建）

河北省

▲1月9日　河北省委、省政府印发《关于进一步深化乡镇企业改革的意见》，要求通过改制“指导和帮助乡镇企业建立一个好机制，开发一个好产品，建立一套好的管理制度，培养一个适应社会化大生产和市场经济发展的领导班子，实现资产增值、企业增效、职工增收，为农村经济持续、快速发展，再做新的贡献”。

▲2月24日　河北省委、省政府印发《关于1998年农业和农村工作的意见》，要求“以‘四创’为目标，不断提高乡镇企业和区域特色经济的发展水平”；“大力推进‘三改’（改革、改制、改造）、‘两开’（技术开发、产品开发）、‘一加强’（加强企业管理），促其上规模、上档次、上质量、上效益，尽快形成有河北特色的产业格局”。

▲2月24—25日　河北省乡镇企业局局长会议在石家庄市召开。会议研究部署1998年乡镇企业工作。副省长郭庚茂、省政府顾问陈立友、农业部乡镇企业局局长姜永涛出席会议并讲话。

▲3月13日　在有国内8家实力强劲电缆企业参加的大亚湾核电工程岭澳核电站动力电缆招标中，河北新华线缆集团的产品一举中标，首批供货额1 700万元。这是乡镇企业生产的电缆首次大规模进入核电工程。新华线缆集团先后引进了芬兰、德国、瑞士、俄罗斯的先进生产和检测设备，在同行中较早取得ISO9001、9002认证。在大亚湾核电工程中标后，新华线缆集团的产品又进入三峡工程、太原超高压输电工程、甘肃长庆油田等国家重点工程。

▲4月6—7日　河北省委书记程维高、省长叶连松在保定市召集部分区域特色产业龙头企业现场办公，解决企业的具体问题。

▲4月9日　河北省乡镇企业局印发《河北省乡镇企业专业技术人员管理暂行办法》，对乡镇企业专业技术人员的范围、岗位、聘任、待遇、考核、档案、继续教育等作出明确规定。

▲4月24日　河北省乡镇企业局向各市乡镇企业局发出传真电报，要求全省乡镇企业系统干部职工认真贯彻学习江泽民总书记视察江苏省乡镇企业的重要讲话，促进河北乡镇企业持续快速健康发展。

▲5月24日　中国国际贸易促进委员会河北省乡镇企业支会成立。

▲5月至6月　《河北日报》、河北人民广播电台同时开辟《市委书记话乡企》专栏。全省11个市的市委书记在该专栏发表了署名文章，省委副书记赵金铎为该专栏发表总结文章。

▲6月1—2日　河北省政府在石家庄市召开全省乡镇企业工作会议。会议研究贯彻落实江泽民总书记在江苏考察乡镇企业时的重要讲话精神和全国乡镇企业改革与发展工作会议精神。省长叶连松作题为《加快乡镇企业发展和提高，为全省GDP增长11%做贡献》的讲话，省委副书记赵金铎作题为《抓住机遇，奋力拼搏，努力开创乡镇企业改革与发展新局面》的讲话，副省长郭庚茂作题为《坚定信心，开拓进取，确保全省乡镇企业持续快速健康发展》的主题报告。

▲7月27日　河北省省乡镇企业局印发《河北省乡镇企业优秀经营管理者管理办法》。

▲9月7日　河北省政府办公厅印发《河北省乡镇企业局、河北省科学技术委员会关于加快乡镇企业向科技型企业转化的意见》。

▲10月16日　河北省乡镇企业局命名辛集市制革工业区等15个小区为第二批河北省乡镇工贸小区。

▲10月23—24日　河北省政府在辛集市召开河北省乡镇企业工贸小区建设经验交流会议。省直有关部门的领导、各市主管乡镇企业的副市长、市乡镇企业局长、年产值5亿元以上的工业小区管委会主任及小区所在地的乡(镇)长共200多人参加了会议。会议总结交流了全省工贸小区建设经验，部署了小区建设的目标和任务。

▲11月8日　河北省委五届七次全委(扩大)会议通过了《中共河北省委关于贯彻落实〈中共中央关于农业和农村工作若干重大问题的决定〉的实施意见》，提出以结构调整和体制创新为重点，全面提高乡镇企业的整体素质和水平。

▲12月26日　河北省第九届人民代表大会常务委员会第六次会议通过《河北省实施〈中华人民共和国乡镇企业法〉办法》。

▲10月至12月　河北省农民负担监督管理领导小组办公室和省乡镇企业局联合进行乡镇企业负担大检查，采取全面普查和重点调查相结合的方法，重点调查了2 000个企业，摸清了乡镇企业税外收费、集资、摊派、罚款等企业负担的情况，摸清了企业负担的项目、依据、数额比例、收费部门、资金用途等底数。由省农民负担监督管理小组办公室召集省直有关部门对收费项目进行审核、认定，分别提出了保留、降标、取消的意见。

(高惠民)

辽宁省

▲3月8—10日　辽宁省乡镇企业局长会议在沈阳市召开。参加会议的有省人大副主任王向民、副省长杨新华、省政协副主席肖作福及14个市的乡镇企业局局长等。省乡镇企业局副局长高茂新作工作报告，副省长杨新华作题为《认清形势，迎接挑战，真抓实干，推动全省乡镇企业再上新台阶》的讲话。

▲3月30日　辽宁省委书记闻世震对省乡镇企业局上报的《关于乡镇企业统计口径调整后出现新情况的报告》作出批示：要从统计口径调整后主要经济指标的变化，看到全省乡镇企业存在的结构性矛盾，即水平低，规模小，改革滞后，机制落后。要从数字中看差距，找动力，加快乡镇企业两个根本性转变，抓住发展机遇，再上新台阶。

▲4月下旬　农业部副部长齐景发、农业部乡镇企业局副局长刘同

占等视察辽宁省乡镇企业、畜牧业和水产业,先后到大连、鞍山、沈阳等地参观考察了大连韩伟集团、鞍山第二轧钢厂、辽河饲料集团、沈阳远大铝业集团等,并参加了4月26日在沈阳市召开的辽宁省乡镇企业改革与发展座谈会。

▲5月18日　为落实江泽民总书记在江苏省考察乡镇企业时的讲话精神,辽宁省委书记闻世震批示:要求对全省乡镇企业状况进行调查、分析,提出加快乡镇企业改革、调整结构、提高素质、加快发展的意见。为落实这一批示精神,省委政研室、省乡镇企业局、体改委组成联合调查组,6月2—11日先后对鞍山、沈阳、营口、铁岭等市乡镇企业改革与发展情况进行了调研。

▲7月27—29日　辽宁省委、省政府在盖州市召开全省乡镇企业工作会议。参加会议的有各市主管副市长、乡镇企业局长,各县县长、乡镇企业局长,部分乡镇企业家、新闻单位记者等200多人。省委书记闻世震作题为《从战略高度认识乡镇企业地位和作用,进一步促进我省乡镇企业加快发展》的报告,省长张国光作题为《加快实现"两个根本性转变",开创乡镇企业改革和发展的新局面》的讲话,副省长杨新华作会议总结。

▲9月10日　农业部乡镇企业局发文决定,在辽宁省成立中国乡镇企业信息产品博览中心,为省乡镇企业局所属事业单位。

▲10月7—8日　辽宁省乡镇企业局组织各市乡镇企业局局长及省乡镇企业局各处处长30余人赴吉林省公主岭市考察学习开发开放、招商引资、发展区域经济的经验。考察团听取了公主岭市的经验介绍,参观了中国北方温州商城、青威轮胎厂、百万头猪加工厂等招商引资项目。

▲10月12日　经辽宁省档案局验收,省乡镇企业局档案管理工作跃升为省档案管理工作二级单位。

（冯国军）

浙江省

▲1月20日　浙江省九届人大一次会议选举产生出席全国人大一次会议的代表,其中有雅戈尔集团公司董事长兼总经理李如成、万事利集团董事长兼总经理沈爱琴、一休集团公司总经理陈华姣、正泰集团公司董事长南存辉、万向集团公司董事局主席鲁冠球五位乡镇企业家当选。

▲1月28日　由正泰集团公司出资60万元协办的"虎年春节"晚会在中央电视台播出。

▲2月13日　浙江省副省长章猛进到省乡镇企业局听取工作汇报后指出:为农业、农村、农民做好服务,是乡镇企业生存发展的生命线,支持农业要坚定不移,繁荣农村要坚定不移,富裕农民要坚定不移。

▲2月20日　在浙江省乡镇企业局局长钱信浩主持下,副省长章猛进、省政协副主席程炜等与出席全国九届人大代表鲁冠球、沈爱琴、南存辉和九届全国政协委员高天乐等进行座谈。

▲4月16日　浙江省乡镇企业工作会议召开。副省长章猛进、原省人大副主任许行贯出席会议并讲话。会上表彰了32个发展乡镇企业工作先进县(市、区)局、57个文明乡镇企业、10个质量效益型乡镇企业、32个乡镇企业资产评估先进单位等。

▲5月7日　浙江省省长柴松岳、副省长章猛进与杭州市委书记李金明、市长王永明到东冠集团、万向集团、传化集团等调查。柴松岳强调,乡镇企业的发展对浙江省经济发展全局意义重大,各地和各有关部门都要很好地总结经验,推动乡镇企业再创新优势。

▲6月29日　浙江省乡镇企业局与省人民银行联合举办全省乡镇企业重点项目银企洽谈会。11个省级金融机构、63个乡镇企业面对面洽谈,达成意向项目32个,总投资9.71亿元,这在浙江省尚属首次。

▲8月24日　浙江省政府召开全省乡镇企业开放型经济会议。副省长章猛进主持会议,副省长黄兴国作重要讲话。

▲9月27日　全国东部省、市乡镇企业局局长会议在奉化市召开。农业部乡镇企业局副局长宗锦耀、浙江省乡镇企业局副局长林耘等出席会议并讲话。

▲10月5日　浙江省政府办公厅印发《关于加快发展乡镇企业的通知》。

▲10月24—26日　浙江省委书记张德江、省委秘书长吕祖善等到温州、台州、丽水考察乡镇企业。

▲10月28日　春晖集团获世界银行臭氧项目信托基金320万美元赠款,这是浙江省企业获得世界银行最大的一笔赠款。副省长叶荣宝等参加了赠款签字仪式。

▲11月18—20日　在杭州市召开

的全国乡镇企业科技进步工作会议的代表先后考察了万向集团、西子电梯集团、万事利集团公司、东冠集团等乡镇企业。

▲11月13日　浙江省乡镇企业局局长钱信浩和宁波大榭开发区管委会主任、中信大榭开发公司总经理林峰分别在协议书上签字，在大榭岛建立浙江省乡镇企业示范园区。

▲12月15日　浙江省乡镇企业局在杭州市举行纪念乡镇企业异军突起20周年大会。副省长章猛进、全国政协常委沈祖伦、省政协副主席程炜等有关方面的领导、代表400余人参加会议。

（戴均玺）

安徽省

▲1月13日　安徽省乡镇企业局在合肥市召开全省乡镇企业宣传工作会议。会议要求各地把宣传工作当作一件大事来抓，进一步加大宣传力度，为乡镇企业改革、发展、提高大造舆论，提供更多更好的服务。

▲2月5日　为认真履行《中华人民共和国乡镇企业法》赋予各级乡镇企业行政管理部门执法职能，安徽省乡镇企业局发文要求各地加强乡镇企业执法工作。

▲3月3日　安徽省乡镇企业局在合肥市召开1998年全省乡镇企业职工教育暨招生工作会议，总结1997年工作，部署1998年任务。

▲3月5日　安徽省乡镇企业局在合肥市召开地、市乡镇企业局（委）局长（主任）会议，研究部署1998年工作。

▲3月11日　安徽省乡镇企业局与省档案局联合发文，确定在合肥市郊区、宁国市、天长市、全椒县乡镇企业进行企业档案试点工作。

▲3月12—19日　由安徽省委政研室、省政府办公厅、省乡镇企业局、省农业银行组成4个联合调查组，分别对滁州市、阜阳市、巢湖地区、六安地区的乡镇企业改革发展情况进行专题调研，重点调查了9个县（市、区）。

▲3月24日　安徽省副省长汪洋主持召开会议，副省长黄岳忠，省政府办公厅、省财政厅、省农业银行等单位负责人出席会议，在听取省乡镇企业局关于当前乡镇企业发展形势和下一步工作意见后，充分肯定乡镇企业的地位和作用，强调当前乡镇企业面临许多困难和问题，越是在这种情况下，越是要重视乡镇企业。

▲3月24日　安徽省政府发出《关于进一步深化乡镇企业产权制度改革的通知》。

▲4月26日　安徽省乡镇企业局召开全省乡镇企业计财工作会议。省乡镇企业局副局长杨培金到会讲话，对如何做好计财工作提出要求。

▲5月14日　安徽省委办公厅、省政府办公厅发出传真电报《关于认真学习贯彻江泽民总书记考察乡镇企业重要讲话精神的通知》。通知指出，江泽民总书记在江苏考察乡镇企业重要讲话，再一次体现了中央对乡镇企业的高度重视、热情支持和殷切希望，是今后乡镇企业改革与发展的行动指南和基本纲领。要求各地认真学习贯彻，推动全省乡镇企业新发展。

▲5月中旬　安徽省委、省政府召开联席会议，专题研究乡镇企业工作。

▲5月28日　安徽省委、省政府发出《关于表彰1997年度全省发展乡镇企业先进地区和单位的决定》，表彰了阜阳市等5个先进地市，合肥市郊区等20个先进县（市、区），宁国市中鼎股份有限公司等50强乡镇企业。

▲6月2—3日　安徽省委、省政府在合肥市召开全省乡镇企业工作会议。会议认真学习了江泽民总书记考察江苏乡镇企业的重要讲话，动员全省上下统一认识、振奋精神、坚定信心、战胜困难、锐意进取，努力开创乡镇企业工作新局面。

▲6月18日　安徽省乡镇企业局发出文件，要求进一步加强乡镇企业统计工作。

▲6月15—24日　中央党校和安徽省乡镇企业局在中央党校联合举办第2期安徽省乡镇企业家培训班，安徽省各地100名大中型乡镇企业的厂长（经理）参加了培训。

▲6月25—27日　安徽省乡镇企业局在合肥市召开全省乡镇企业内部审计工作会议。省乡镇企业局副局长杨培金发表讲话，要求适应形势，强化意识，扎实做好乡镇企业内部审计工作。

▲7月24日　安徽省委、省政府发出《关于加快乡镇企业发展若干问题的决定》。

▲8月5—6日　安徽省乡镇企业局在合肥市召开乡镇企业调度汇报会。副省长王昭耀到会作重要讲话，强调从战略高度认识完成乡镇企业目标任务的现实意义，增强紧

迫感、危机感和责任感，振奋精神，坚定信心，迎难而上。要求各地各部门要认真贯彻有关文件精神，狠抓落实，扶持乡镇企业发展。

▲8月18日　安徽省乡镇企业局与省审计厅联合印发《安徽省乡镇企业内部审计工作暂行办法》。

▲8月20日　安徽省乡镇企业局与省经贸委、省科委发出《关于颁发1997年度安徽省乡镇企业科技进步奖的决定》，公布表彰1997年度安徽省乡镇企业科技进步奖21项，技术进步优秀企业29个，科技管理先进集体26个，科技管理先进个人54名，突出贡献科技人员26名。

▲9月中旬　安徽省开展"安徽省乡镇企业优质产品"和"安徽省乡镇企业名牌产品"评选工作。

▲10月18—31日　安徽省政府组织3个督查组对阜阳、滁州、蚌埠、淮北、亳州和宿县行署6个市、地贯彻落实全省乡镇企业工作会议和皖发[1998]6号文件精神情况，集中开展抽查。

▲11月4—6日　安徽省乡镇企业局在阜阳市和亳州市召开全省地市乡镇企业局长会议，传达党的十五届三中全会和省委六届八次全会精神，分析1998年形势，研究探讨1999年发展思路和工作措施。

▲11月13日　安徽省乡镇企业局在合肥市召开全省乡镇企业东西合作会议，省政府副秘书长、省乡镇企业东西合作领导小组副组长张锋生作工作报告。

▲11月25—26日　安徽省委、省政府在桐城市召开全省乡镇企业"1235"工程现场办公会议。

▲11月30日至12月4日　安徽省乡镇企业局与省环保局联合举办全省乡镇企业环境保护培训班。

▲12月23日　在全省经济工作会议上，安徽省萧县乡镇企业局局长陈安源被评为"优秀公务员"，吴大香等5名乡镇企业厂长(经理)被评为"优秀中青年企业经营者"。

(时思玉)

湖北省

▲2月19日　湖北稻花香集团与法国波尔多葡萄酒公司合资成立宜昌葡萄酒业有限公司，法方将灌装销售权独家特许给合资公司，这在全国尚属第一家。

▲2月27日　湖北省委书记贾志杰、省长蒋祝平等率省直机关15个部门的负责人到省乡镇企业局现场办公，共商乡镇企业改革与发展大计。贾志杰、蒋祝平分别发表重要讲话。省委办公厅、省政府办公厅于4月20日发出《关于印发〈省委、省政府乡镇企业改革与发展现场办公会议纪要〉的通知》，要求各地、各有关部门认真分析乡镇企业面临的机遇和挑战，大力支持乡镇企业开展第二次创业。

▲3月29—30日　湖北省乡镇企业局中心学习小组在汉川市进行现场学习研讨，研究全省乡镇企业开展"二次创业，再创辉煌"的思路和措施。

▲4月27—30日　湖北省委、省政府在荆州市召开全省农业产业化暨乡镇企业工作会议。会议的主题是分析形势，明确任务，部署乡镇企业二次创业，同时表彰"十强百家"。省委书记贾志杰、省长蒋祝平到会并讲话。

▲6月11—12日　湖北省乡镇企业职称工作会议在武汉市召开。会议传达了全国乡镇企业职称工作会议精神，总结交流全省乡镇企业职称改革工作的经验，研究部署全省乡镇企业职称工作。

▲6月25日　全省部分乡镇企业厂长(经理)座谈会在黄石市召开。湖北省委书记贾志杰、副省长王生铁与40多名厂长(经理)座谈。

▲7月9日　湖北省委办公厅、省政府办公厅印发《关于学习贯彻江泽民总书记考察江苏乡镇企业重要讲话的通知》，要求把对乡镇企业的认识统一到江泽民总书记讲话精神上来，增强发展乡镇企业的决心和信心。

▲8月　在长江防汛抢险的关键时期，80多万名乡镇企业职工奋战在抗洪抢险第一线，为防汛工作做出了贡献。

▲8月10日　潜江市幸福集团等5个乡镇企业被列为湖北省抗洪救灾生产调度指挥部直接调度的85个重点企业。同时省乡镇企业局也确定100个重点企业，实行局领导分片负责的办法，确保全年乡镇企业发展目标的实现。

▲8月22日　湖北省政府办公厅印发《关于切实减轻乡镇企业负担的通知》，要求切实减轻乡镇企业负担，保护乡镇企业的合法权益，促进乡镇企业的改革与发展。

▲9月26—27日　湖北省乡镇企业宣传工作会议在宜昌县召开。会议传达贯彻全国乡镇企业宣传工作会议精神，总结交流经验，表彰先进，研究部署今后乡镇企业的宣传工作。

▲10月6日　湖北省乡镇企业局与省委政策研究室联合发出《关于开展乡镇企业“二次创业”情况调查的通知》，要求各地对“二次创业”的内涵和措施进行全面调查。并于12月8—9日召开乡镇企业“二次创业”调查汇报会，交流情况，分析形势，进一步理顺“二次创业”的思路。

▲10月27—28日　湖北省乡镇企业技术创新机构建设座谈会在武穴市召开。会议总结交流经验，研究布置全省乡镇企业技术创新机构建设工作。

▲11月20日　湖北省政府发出《关于推进乡镇企业改革与发展的通知》，从深化认识、推进改革、开拓市场、加快科技进步等10个方面作出具体规定，着力营造乡镇企业“二次创业”的良好环境。

（刘卫军）

栏目主编名单

栏　目	主　编
发展综述	陈剑光
各地概况	张国良
文献法规	邹范鸣
统计资料	刘学勤
经营管理	胡永万
质量标准	王秀忠
深化改革	潘利兵
科技教育	顾大智
东西合作	戚惟恺
专题文章	姜　倩
先进县市	张纪新
明星乡镇	刘建水
优秀企业	孙学诚
企 业 家	赵长军
大 事 记	付金凯

主要编辑出版人员

总 编 辑　沈镇昭

副总编辑　梁书升

责任编辑　张德君

封面设计　卫水山

彩页设计　胡金刚

版式设计　川　水

责任印制　邹积川

特约编辑　（以姓氏笔画为序）

于美娟　王乃昌　王晓红　王锡恒　田德云

包力革　冯　笪　冯国军　冯晓善　邱毓铭

刘卫军　刘滨寄　孙玉志　孙利民　孙学群

李　庆　李开信　李长征　李新志　时思玉

何龙根　宋学铿　张　弛　张建锁　张柯静

张洪祥　张晓建　张富奎　陆元华　陈　良

林建荣　林炳强　和开道　赵华德　赵宝林

胡立新　姜路辉　袁正雄　高惠民　黄永礼

黄亚聪　盛顺吉　常代友　董其岳　韩志杰

曾　伟　戴均玺　尼玛次仁

中国乡镇企业年鉴编辑部

通讯地址　北京市朝阳区农展馆北路2号

邮政编码　100026

电　　话　(010)65061875　64195149

传　　真　(010)65005665

电子信箱　bk@bj.col.com.cn

图书在版编目(CIP)数据

中国乡镇企业年鉴 1999/中国乡镇企业年鉴编辑委员会编—北京:中国农业出版社,1999.10
ISBN 7-109-06138-8

Ⅰ.中… Ⅱ.中… Ⅲ.乡镇企业-中国-1999-年鉴
Ⅳ.F279.243-54

中国版本图书馆 CIP 数据核字(1999)第 62744 号

ISBN 7-109-06138-8

9 787109 061385 >

中国农业出版社出版
(北京市朝阳区农展馆北路 2 号)
(邮政编码 100026)
出 版 人:沈镇昭
责任编辑:张德君

中国农业出版社印刷厂印刷 新华书店北京发行所发行
1999 年 10 月第 1 版 1999 年 10 月北京第 1 次印刷

开本:787mm×1092mm 16 开本 印张:30.25
34 插页 字数:1 068 千字
国内定价:150.00 元